KODEX

DES ÖSTERREICHISCHEN RECHTS

Herausgeber: Univ-Prof. Dr. Werner Doralt

Redaktion: Dkfm. Dr. Anica Doralt

W0069115

UMGRÜNDUNGS-STEUER

RL-KOMMENTAR 2018

bearbeitet von

Dr. Günter WELLINGER
Innsbruck

KODEX

DES ÖSTERREICHISCHEN RECHTS

ISBN: 978-3-7073-3942-0
LINDE VERLAG Ges. m. b. H., 1211 Wien, Scheydgasse 24
Telefon: 01/24 630 Serie, Telefax: 01/24 630-23 DW

Satz und Layout: psb, Rosenthaler Str. 9, 10119 Berlin

Druck: Hans Jentzsch & Co. Ges. m. b. H., 1210 Wien, Scheydgasse 31

UMGRÜNDUNGSSTEUERRICHTLINIEN 2002
UmgrStR 2002

Erlass des BMF vom 17. März 2003, AÖF 2003/129 idF

Inhaltsverzeichnis

Umgründungssteuerrichtlinien 2002 (UmgrStR 2002)

Erlass des BM für Finanzen vom 17. März 2003, GZ. 06 8603/1-IV/6/03

Einführung
I. Einleitung

Die Umgründungssteuerrichtlinien 2002 (UmgrStR 2002) stellen einen **Auslegungsbehelf** zum Umgründungssteuergesetz, BGBl. Nr. 699/1991 idF AbgÄG 2001 dar, der im Interesse einer einheitlichen Vorgangsweise mitgeteilt wird. Über die gesetzlichen Bestimmungen hinausgehende Rechte und Pflichten können aus den Richtlinien nicht abgeleitet werden. Bei Erledigungen haben Zitierungen mit Hinweisen auf diese Richtlinien zu unterbleiben. Die UmgrStR 2002 sind **ab** der **Veranlagung 2003** generell anzuwenden. Bei abgabenbehördlichen Prüfungen für vergangene Zeiträume und auf offene Veranlagungsfälle sind die UmgrStR 2002 anzuwenden, soweit nicht für diese Zeiträume andere Bestimmungen in Gesetzen oder Verordnungen Gültigkeit haben oder andere Erlässe für diese Zeiträume günstigere Regelungen vorsehen. § 117 BAO ist zu beachten. Hinsichtlich im Zuge der Umgründung zu übertragender Verluste ist die Veranlagungsjahr bezogene Anwendung so zu verstehen, dass hinsichtlich der Frage des Verlustüberganges die Rechtslage in jenem Veranlagungsjahr anzuwenden ist, in das der der jeweiligen Umgründung zu Grunde liegende Stichtag fällt. Rechtsauskünfte des Bundesministeriums für Finanzen in Einzelfällen sind – sofern sie den UmgrStR 2002 nicht widersprechen – weiterhin zu beachten. Folgende Erlässe werden mit dem Inkrafttreten der UmgrStR 2002 aufgehoben:

1. Erlass des BM für Finanzen vom 12. September 1996, 06 8661/1-IV/6/96, betreffend Anwendung des Art. II und VI UmgrStG auf Umgründungen nach dem Umwandlungsgesetz und dem Spaltungsgesetz, beide BGBl. Nr. 304/1996.

2. Die Pkt 5.1 bis 5.4 im Erlass des BM für Finanzen vom 31. März 1998, 06 0257/1-IV/6/98, betreffend steuerliche Behandlung von Einlagenrückzahlungen im Sinne des § 4 Abs. 12 und § 15 Abs. 4 EStG

3. Erlass des BM für Finanzen vom 7. September 1998, 06 8641/2-IV/6/98, betreffend Folgen eines Zusammenschlusses nach Art. IV UmgrStG oder einer Realteilung nach Art. V UmgrStG bei fortgesetzter Einnahmen-Ausgaben-Rechnung.

4. Erlass des BM für Finanzen vom 19. Jänner 1999, 06 8651/1-IV/6/98, betreffend Realteilung im Sinne des Art. V UmgrStG von Forstbetrieben

5. Erlass des BM für Finanzen vom 15. Juni 1999, 06 8601/2-IV/6/99, betreffend Wahrung und Verletzung der Rückwirkungsfrist im Umgründungssteuergesetz.

Die UmgrStR 2002 sind als Zusammenfassung des geltenden Umgründungssteuerrechts und damit als Nachschlagewerk für die Verwaltungspraxis und die betriebliche Praxis anzusehen.

II. Grundsätze des Umgründungssteuergesetzes

Umgründungen sind Änderungen bestehender Unternehmensformen im Wege einer Vermögensübertragung auf gesellschaftsrechtlicher oder gesellschaftsrechtsähnlicher Grundlage. Das UmgrStG ist aus Gründen der Kompakt-

Einführung

darstellung aller betroffenen Abgaben ein **Sondergesetz** für bestimmte Vermögensübertragungstatbestände.

A. Ertragsteuerrechtliche Grundsätze:

- Grundsatz der **Verknüpfung** mit dem allgemeinem Ertragsteuerrecht

  Das UmgrStG ist eine Dauernorm und ungeachtet der gesonderten gesetzlichen Verankerung Teil das allgemeinen Steuerrechts für bestimmte Sondertatbestände

  Es gilt die **Einheitsbetrachtung**, dh zwingende Anwendung des UmgrStG bei Vorliegen der Anwendungsvoraussetzungen (kein Wahlrecht für eine Umgründung mit oder ohne Anwendung des UmgrStG) bzw. zwingende Anwendung des EStG 1988 bzw. KStG 1988 bei Nichtvorliegen der Anwendungsvoraussetzungen durch Verknüpfung in § 6 Z 14 lit. b EStG 1988, § 24 Abs. 7 EStG 1988 und § 20 KStG 1988

- Grundsatz der **Maßgeblichkeit des Gesellschaftsrechts**

  Die Maßgeblichkeit gilt für Verschmelzungen nach Art. I UmgrStG, Umwandlungen nach Art. II UmgrStG, BWG- und VAG-Einbringungen als Fälle des Art. III UmgrStG und für Handelsspaltungen nach Art. VI UmgrStG dahingehend, dass der mit der Eintragung in das Firmenbuch bestätigte Vollzug steuerlich die Anwendung des UmgrStG dem Grunde nach eröffnet

  Ausnahmen von der Maßgeblichkeit:

  – Unanwendbarkeit des UmgrStG bei Fehlen einer steuerlichen Anwendungsvoraussetzung

  – Unmaßgeblichkeit der gesellschaftsrechtlichen Bewertungsregeln

  – Voll- oder Teilunanwendbarkeit bei Vorliegen eines Missbrauchs

- Grundsatz der **Internationalisierung**

  – Auslandsverschmelzungen fallen unter Art. I UmgrStG, soweit ein Inlandsbezug (inländisches Vermögen oder inländische Gesellschafter) vorliegt.

  – Auslandsumwandlungen fallen unter Art. II UmgrStG, soweit ein Inlandsbezug (inländisches Vermögen oder inländische Gesellschafter) gegeben ist. Grenzüberschreitende Umwandlungen fallen unter Art. II UmgrStG.

  – Ausländereinbringung, Auslandsvermögenseinbringung und Einbringung in Auslandskörperschaften ist nach Art. III UmgrStG möglich

  – Zusammenschluss zu in- und ausländischen Mitunternehmerschaften durch in- und ausländische Übertragende mittels in- und ausländischen Vermögens ist nach Art. IV UmgrStG möglich

  – Realteilung in- und ausländischer Mitunternehmerschaften mit ausscheidenden in- und ausländischen Mitunternehmern unter Übertragung von in- und ausländischem Vermögen ist nach Art. V UmgrStG möglich

  – Auslands-Handelsspaltungen fallen unter Art. VI UmgrStG, soweit ein Inlandsbezug (inländisches Vermögen oder inländische Gesellschafter) gegeben ist. Grenzüberschreitende Handelsspaltungen sind analog zum SpaltG in Art. VI UmgrStG nicht geregelt

– Steuerspaltungen sind auch für spaltende und übernehmende EU-Körperschaften laut Anlage zum UmgrStG nach Art. VI UmgrStG möglich

• Grundsatz des **ertragsteuerlichen Formwechsels**

Nahezu alle Umgründungen sind begrifflich mit einem **Tauschgedanken** dahingehend verbunden, dass die Vermögenshingabe unmittelbar oder mittelbar mit einer gesellschaftsrechtlichen Gegenleistung positiver Natur (Gewährung oder Erweiterung eines Anteils) oder negativer Natur (Aufgabe oder Verminderung eines Anteils) verbunden ist. Für Umgründungen iSd UmgrStG wird der Tausch- oder Veräußerungs- oder Liquidationsgrundsatz seiner Wirkung als Realisierungstatbestand entkleidet

Daraus ergibt sich für alle Regelumgründungen die **zwingende steuerliche Buchwertumgründung** (= Übernahme und Fortführung der steuerlich maßgebenden Buchwerte des Rechtsvorgängers)

Ausnahmen im Rahmen des UmgrStG:

– Steuerwirksame Aufwertungsoption für umgegründetes **Auslandsvermögen** bei Inlandsumgründungen und für Inlandsvermögen bei Auslandsumgründungen in Fällen eines DBA mit Anrechnungsmethode

– Steuerwirksame Aufwertungsoption bei der **Einbringung nichtsteuerhängiger Beteiligungen** zur Vermeidung der Nacherfassung von bis zur Einbringung entstandener stiller Reserven

– Steuerwirksame Zwangsaufwertung bei umgründungsbedingter Einschränkung des Besteuerungsrechtes der Republik Österreich hinsichtlich des übertragenen Vermögens bzw. bei einbringungsbedingter teilweiser Einschränkung des Besteuerungsrechts sowie bei einbringungsbedingter Einschränkung des Besteuerungsrechts hinsichtlich der Gegenleistung gegenüber Drittstaaten.

– Steuerwirksame Aufwertung bei umgründungsbedingtem Entstehen des Besteuerungsrechts der Republik Österreich hinsichtlich des übertragenen Vermögens.

– Steuerwirksame Aufwertungsoption für Grund und Boden bei Einbringungen, Zusammenschlüssen und Realteilungen, wenn im Falle der Veräußerung des Grund und Bodens am Umgründungsstichtag § 30 Abs. 4 EStG 1988 anwendbar wäre.

– Steuerwirksame Zwangsaufwertung bei fehlender Vorsorge zur Vermeidung einer endgültigen Steuerlastverschiebung auf Grund von Zusammenschlüssen und Realteilungen.

• Äquivalenzgrundsatz

Umgründungen sind im Regelfall von der **Gleichwertigkeit von Leistung und Gegenleistung** getragen, wobei dieser Grundsatz nicht zu den Anwendungsvoraussetzungen der einzelnen Umgründungstatbestände gehört; ein bewusster Verzicht auf eine gleichwertige Gegenleistung führt als Verletzung dieses Grundsatzes zu einer Bereicherung der dadurch begünstigten Umgründungspartner

• Grundsatz der rückwirkenden Umgründung (**Rückwirkungsfiktion**)

Die unternehmensrechtliche Neunmonatsfrist ist steuerlich maßgebend. Im Gegensatz zur zivilrechtlich möglichen schuldrechtlichen Rückbeziehung gilt ertragsteuerlich die Umgründung als mit Ablauf des vereinbarten Stichtages als vollzogen. Das Vermögen und die Einkünfte sind daher dem Rechtsvorgänger bis zum Ende des Stichtages und dem Rechtsnachfolger mit Beginn des Folgetages zuzurechnen.

Die Rückwirkungsfiktion gilt

– generell innerhalb und außerhalb des Anwendungsbereiches des UmgrStG für Verschmelzungen, Umwandlungen und Handelsspaltungen, auch wenn der Rechtsnachfolger erst nach dem Umgründungsstichtag zivilrechtlich entstanden ist

– generell für Einbringungen, Zusammenschlüsse, Realteilungen und Steuerspaltungen innerhalb der Art. III bis VI UmgrStG, wenn das zu übertragende Vermögen dem Übertragenden zum Umgründungsstichtag zuzurechnen war (gilt nicht bei Erbfolge), und für solche Umgründungen außerhalb der Art. III bis VI UmgrStG, soweit Vermögen iSd UmgrStG betroffen ist

– speziell in allen Umgründungstatbeständen für Veränderungen des umzugründenden Vermögens im Wege rückbezogener Erhöhungen oder Verminderungen im Rahmen entsprechender Bewertungsregeln.

Die Rückwirkungsfiktion **gilt nicht**

– generell bei Anmeldung oder Meldung einer Umgründung nach Ablauf der Neunmonatsfrist

– für die Ansprüche abfindungsberechtigter Gesellschafter bei Verschmelzungen, Umwandlungen und Spaltungen

– generell für die Empfänger von nach dem Umgründungsstichtag erfolgenden Ausschüttungen im Sinne des § 8 Abs. 2 KStG 1988 oder Einlagenrückzahlungen iSd § 4 Abs. 12 EStG 1988 bzw. fiktiven Ausschüttungen bei Umwandlungen nach Art. II UmgrStG

– für Arbeitsvergütungen für Zeiträume nach dem Umgründungsstichtag (Art. I bis III und VI UmgrStG, zum Teil Art. IV UmgrStG)

– für Vergütungen für die Nutzungsüberlassung von Geld und Wirtschaftsgütern nach dem Einbringungsstichtag, sofern nicht § 18 Abs. 3 letzter Satz UmgrStG zur Anwendung gelangt (Art. III UmgrStG)

– generell für die Lohnsteuerabfuhr, Umsatzsteuer, Gebühren und Verkehrsteuern.

• Grundsatz der **Neutralität von Buchgewinnen und -verlusten**

Ausnahmen davon (dh. Steuerwirksamkeit) bestehen für Confusiotatbestände.

• Grundsatz des **objektbezogenen Verlustabzugs**

Der einkommen- und körperschaftsteuerliche Verlustvortrag folgt bei Umgründungen nach Art. I bis III und VI UmgrStG zwingend dem verlustverursachenden übertragenen Vermögen, auch der eigene vortragsfähige Verlust übernehmender Körperschaften ist nur bei Vorhandensein des verlustverursachenden Vermögens weiterhin abzugsfähig.

Ausnahmen vom Verlustübergang:

– Kürzung übergehender Verluste bei Verschmelzung oder Umwandlung verbundener Körperschaften bei Zusammentreffen in Höhe teilwertberichtigter Beteiligungen an der verbundenen Körperschaft (Vermeidung der Doppelverlustverwertung)

– Wegfall des Verlustabzugs bei Vorliegen des Mantelkauftatbestandes, soweit keine Ausnahmetatbestände vorliegen (Art. I bis Art. III und Art VI UmgrStG)

– Aufteilung des vortragsfähigen Verlustes in einen übergehenden und zurückbleibenden (im Schätzungswege) bei mangelnder eindeutiger Zurechenbarkeit zum übertragenen Vermögen (kein Wahlrecht)

• Grundsatz des **modularen Umgründungssteuerrechtes**

Mehrfache Umgründungsschritte, die dasselbe Vermögen ganz oder zum Teil betreffen, können ertragsteuerlich zur Vermeidung von Zwischenwirtschaftstagen wie Module auf ein und denselben Stichtag verknüpft werden, wenn ein Umgründungsplan erstellt wird (§ 39 UmgrStG).

B. Umsatzsteuerrechtliche Grundsätze

• **Nichtsteuerbarkeit** der Umgründung

• **Keine Vorsteuerkorrektur** (außer bei Verhältnisänderung)

• **Keine Rückwirkung**

C. Gebühren- und verkehrsteuerrechtliche Grundsätze

• **Zweijahresfrist** für Gebührenbefreiung (§ 33 TP 21 GebG) bezogen

– bei Verschmelzungen, Umwandlungen und Aufspaltungen auf das Bestehen der übertragenden Körperschaft und

– bei den übrigen Umgründungen auf den Besitz des umzugründenden Vermögens, in Fällen der Gesamtrechtsnachfolge unter Anrechnung der Vorbesitzzeit des Rechtsvorgängers.

• **Gebührenbefreiung** für Vertragsübernahme anlässlich einer Umgründung nach Art. III bis Art. VI UmgrStG (Steuerspaltung)

• Grunderwerbsteuer bei nicht land- und forstwirtschaftlichen Grundstücken in Höhe von 0,5% des Grundstückswertes (§ 4 Abs. 1 iVm § 7 Abs. 1 Z 2 lit. c GrEStG 1987), bei land- und forstwirtschaftlichen Grundstücken in Höhe von 3,5% vom einfachen Einheitswert (§ 4 Abs. 2 Z 3 und 4 iVm § 7 Abs. 1 Z 3 GrEStG 1987).

• **Keine Rückwirkung**

D. Grundsatz der wirtschaftlichen Sinnhaftigkeit von Umgründungen

• Erfordernis einer **sinnvollen zivilrechtlichen Begründung** für eine Umgründung infolge der weiten Fassung des Umgründungssteuerrechtes

• Gänzliche oder teilweise Versagung der Wirkungen des UmgrStG bei missbräuchlicher Anwendung; einzelne Umgründungsakte; Missbrauch bezieht sich nicht auf einen einzelnen Umgründungsakt.

1. TEIL
UMGRÜNDUNGSSTEUERGESETZ

1. HAUPTSTÜCK
Umgründungen

Artikel I
Verschmelzung

Anwendungsbereich

§ 1. (1) Verschmelzungen im Sinne dieses Bundesgesetzes sind

1. Verschmelzungen auf Grund gesellschaftsrechtlicher Vorschriften,

2. Verschmelzungen im Sinne gesellschaftsrechtlicher Vorschriften auf Grund anderer Gesetze,

3. Vermögensübertragungen im Sinne des § 236 des Aktiengesetzes und

4. Verschmelzungen ausländischer Körperschaften im Ausland auf Grund vergleichbarer Vorschriften.

(2) Abs. 1 Z 1 bis 4 findet nur insoweit Anwendung, als das Besteuerungsrecht der Republik Österreich hinsichtlich der stillen Reserven einschließlich eines allfälligen Firmenwertes bei der übernehmenden Körperschaft nicht eingeschränkt wird. Soweit bei der Verschmelzung auf eine übernehmende

– in der Anlage genannte Gesellschaft eines Mitgliedstaates der Europäischen Union oder

– den Kapitalgesellschaften vergleichbare Gesellschaft eines Staates des Europäischen Wirtschaftsraumes,

die auch den Ort der Geschäftsleitung in einem Mitgliedstaat der Europäischen Union oder in einem Staat des Europäischen Wirtschaftsraumes hat, eine Steuerpflicht nach § 20 des Körperschaftsteuergesetzes 1988 entsteht, ist die Abgabenschuld auf Grund eines in der Steuererklärung gestellten Antrages in Raten zu entrichten; dabei sind § 6 Z 6 lit. d bis e des Einkommensteuergesetzes 1988 sinngemäß anzuwenden.

(3) Auf Verschmelzungen sind die §§ 2 bis 6 anzuwenden.

(BGBl I 2018/62)

Gliederung:

1. Verschmelzungen (Art. I UmgrStG)

1.1. System und Anwendungsbereich (§ 1 UmgrStG)

1.1.1. Allgemeines

Die Regelungen des Art. I UmgrStG sind wie alle anderen Umgründungstat- **1**
bestände Teil des allgemeinen Steuerrechts und nur zwecks kompakter Darstellung in einem Sondergesetz zusammengefasst. Ertragsteuerrechtlich gilt für
sämtliche Umgründungstatbestände und damit auch für alle Verschmelzungsformen, dass sie als Formwechsel idR keine Realisierungstatbestände darstellen,
wobei die Steuerhängigkeit der stillen Reserven durch den Buchansatz beim
Umgründenden und die zwingende Buchwertfortführung beim Rechtsnachfolger gewahrt bleibt. Die Steuerneutralität gilt im Grundsatz auch für die Anteilsinhaber.

Die Normen des UmgrStG sind zwingendes Recht, dh. es besteht kein Wahl- **2**
recht zwischen der Anwendung des UmgrStG und dem Verzicht auf seine Anwendung.

Die Normen des Art. I UmgrStG sind im Hinblick auf § 1 Abs. 2 UmgrStG **3**
auch gesamthaft als Einheit zu sehen (siehe dazu Rz 22 ff).

1.1.1.1. Verschmelzungsbegriff

1.1.1.1.1 Begriffsbestimmung

4   Unter Verschmelzung (Fusion, merger) im rechtlichen Sinn versteht man die Vereinigung von Körperschaften mit eigener Rechtspersönlichkeit, wobei das gesamte Vermögen (einschließlich der Schulden) der übertragenden Körperschaft unter Ausschluss der Abwicklung im Wege der Gesamtrechtsnachfolge (Universalsukzession) auf die übernehmende Körperschaft übergeht und die Rechtspersönlichkeit der übertragenden Körperschaft erlischt. Die aktienrechtlichen Verschmelzungsvorschriften gelten sinngemäß auch für Gesellschaften mit beschränkter Haftung. Die in- und ausländischen gesellschaftsrechtlichen Vorschriften über Verschmelzungen sind die Rechtsgrundlagen für den Geltungsbereich des Art. I UmgrStG. Zu den steuerlichen Anwendungsvoraussetzungen siehe Rz 22 ff. *(AÖF 2008/243)*

1.1.1.1.2. Gegenleistung

5   Grundsätzlich sind den Gesellschaftern der übertragenden Körperschaft Gesellschaftsanteile an der übernehmenden Körperschaft als Gegenleistung für die Vermögensübertragung zu gewähren. Verfügt eine aufnehmende Körperschaft nicht über die dazu erforderliche Anzahl eigener Anteile, hat sie ihr Nominalkapital entsprechend zu erhöhen.

6   Die Gewährung von Anteilsrechten an der aufnehmenden Körperschaft ist allerdings kein unabdingbares Wesensmerkmal der Verschmelzung. Nach § 224 Abs. 1 AktG ist eine Anteilsgewährung verboten, soweit die übernehmende Körperschaft Anteile an der übertragenden Körperschaft besitzt oder die übertragende Körperschaft eigene Anteile besitzt. Nach § 224 Abs. 2 AktG darf die übernehmende Körperschaft von der Gewährung von Anteilen absehen, soweit

- die Anteile an der übertragenden und übernehmenden Körperschaft in einer Hand vereinigt sind und kein Fall der Einlagenrückgewähr bzw. Befreiung von der Einlagenverpflichtung vorliegt (§ 224 Abs. 2 Z 1 AktG),

- die Anteilseigner der übertragenden Körperschaft auf die Gewährung von Anteilen verzichten (§ 224 Abs. 2 Z 2 AktG),

- die übernehmende Körperschaft bare Zuzahlungen (bis zu 10 % des Gesamtnennbetrages der gewährten Aktien der übernehmenden Gesellschaft) leistet (§ 224 Abs. 5 AktG).

1.1.1.2 Eintragung in das Firmenbuch

1.1.1.2.1 Anmeldung der Verschmelzung

7   Die vertretungsbefugten Organe jeder beteiligten Körperschaft haben die Verschmelzung zur Eintragung bei dem Firmenbuchgericht anzumelden, in dessen Sprengel die Körperschaft ihren Sitz hat.

Bei sprengelübergreifenden Verschmelzungen hat das Firmenbuchgericht der übertragenden Körperschaft das Ende seiner Zuständigkeit auszusprechen und dies dem Gericht der übernehmenden Körperschaft mitzuteilen und die bei ihm aufbewahrten Urkunden und sonstigen Schriftstücke zu übersenden (§ 225 Abs. 3 AktG).

1.1.1.2.2 Eintragung der Verschmelzung

8   Für die Eintragung der Verschmelzung ist ausschließlich das Firmenbuch-

gericht der übernehmenden Körperschaft zuständig. Es hat die Verschmelzung bei allen beteiligten Körperschaften gleichzeitig einzutragen (§ 225a Abs. 1 AktG). Mit der Verschmelzung ist gleichzeitig auch eine zu deren Durchführung beschlossene Kapitalerhöhung einzutragen.

Unabhängig von der Eintragung ins Firmenbuch muss innerhalb von neun Monaten ab dem Umgründungsstichtag eine Anzeige beim zuständigen Finanzamt erfolgen (§ 43 Abs. 1 UmgrStG). Die Verletzung dieser Frist kann eine Finanzordnungswidrigkeit gemäß § 51 Abs. 1 lit. a FinStrG darstellen (siehe Rz 1900). *(BMF-AV Nr. 193/2015)*

1.1.1.2.3 Rechtswirkungen der Eintragung

Mit der Eintragung der Verschmelzung bei der übernehmenden Körperschaft 9 sind gemäß § 225a Abs. 3 AktG folgende Rechtswirkungen verbunden:

- Das Vermögen der übertragenden Körperschaft geht einschließlich der Schulden auf die übernehmende Körperschaft über;

- die Rechtssubjektivität der übertragenden Körperschaft erlischt, wozu es keiner besonderen Löschung der übertragenden Körperschaft bedarf;

- die Anteilsinhaber der übertragenden Körperschaft werden zu Anteilsinhabern der übernehmenden Körperschaft, es sei denn, die Verschmelzung wäre ohne Anteilsgewährung im Sinne des § 224 AktG erfolgt;

- Mängel der Verschmelzung lassen die Wirkungen der Eintragung gemäß § 225a Abs. 3 AktG unberührt; die Verschmelzung ist daher steuerlich anzuerkennen. Nach der Eintragung in das Firmenbuch können nur noch Schadenersatzansprüche gerichtlich geltend gemacht werden (§ 230 AktG). Einen Schutz vor einer überstürzten Eintragung der Verschmelzung bietet aber § 225 Abs. 2 AktG, der die Erklärungen der vertretungsbefugten Organe verlangt, dass eine Klage auf Anfechtung oder Feststellung der Nichtigkeit der Verschmelzungsbeschlüsse innerhalb eines Monats nach der Beschlussfassung nicht anhängig ist.

Zu den steuerlichen Wirkungen der Eintragung im Firmenbuch siehe Rz 46.

1.1.1.3 Verschmelzungsformen

1.1.1.3.1 Verschmelzung durch Aufnahme und durch Neugründung

Das Gesellschaftsrecht (§§ 219 ff AktG, § 96 ff GmbHG, § 1 GenVG, § 25 10 Abs. 1 SpG, § 60 VAG 2016) unterscheidet zwei Formen der Verschmelzung: *(BMF-AV Nr. 40/2017)*

- **Verschmelzung durch Aufnahme:**

  Die übertragende Körperschaft überträgt ihr Vermögen als Ganzes auf eine bestehende übernehmende Körperschaft (grundsätzlich) gegen Gewährung von Anteilsrechten an ihre Gesellschafter (§ 219 Z 1 AktG).

- **Verschmelzung durch Neugründung:**

  Zwei oder mehrere übertragende Körperschaften übertragen ihr Vermögen im Wege der Gesamtrechtsnachfolge auf eine im Zuge der Verschmelzung neu zu gründende Körperschaft gegen Gewährung von Anteilsrechten an der neuen Körperschaft (§ 219 Z 2 AktG). *(AÖF 2008/243)*

1.1.1.3.2 Konzentrationsverschmelzung und Konzernverschmelzung

1.1.1.3.2.1 Konzentrationsverschmelzung

11   Konzentrationsverschmelzung bedeutet die Vereinigung zweier oder mehrerer zum Verschmelzungszeitpunkt weder unmittelbar noch mittelbar durch Beteiligungen verbundener Körperschaften, wodurch eine rechtliche, wirtschaftliche und organisatorische Unternehmenskonzentration bewirkt wird.

Die Verschmelzung erfolgt gegen Anteilsgewährung, dh. dass die Anteilsinhaber der übertragenden Körperschaft als Ersatz für ihre untergehende Beteiligung Anteile an der übernehmenden Gesellschaft erhalten müssen. Dabei kann der erforderliche Anteilstausch entweder durch Gewährung neuer durch Kapitalerhöhung geschaffener Anteile oder durch Gewährung alter Anteile (eigener Anteile) erfolgen.

1.1.1.3.2.2 Konzernverschmelzung

12   Bei der Verschmelzung im Rahmen eines Konzernverbundes kommt es idR zu keiner Kapitalerhöhung, da die Körperschaften bereits vor der Verschmelzung konzernmäßig durch Beteiligungen – im Extremfall zu 100 % – verbunden sind.

Im Gegensatz zur Konzentrationsverschmelzung wird bei der Konzernverschmelzung keine Erweiterung angestrebt, sondern eine Veränderung (Bereinigung) bestehender Konzernstrukturen. Je nach Verschmelzungsrichtung sind folgende Fälle zu unterscheiden:

13   • **Up-stream-merger** (Verschmelzung der Tochtergesellschaft auf die Muttergesellschaft):

Gemäß § 224 Abs. 1 Z 1 AktG hat eine Kapitalerhöhung zu unterbleiben, soweit die übernehmende Muttergesellschaft Anteile an der übertragenden Tochtergesellschaft besitzt (bei einer 100-prozentigen Beteiligung hat daher eine Kapitalerhöhung zur Gänze zu unterbleiben). Dem Wegfall der Beteiligung an der übertragenden Tochtergesellschaft steht die Übernahme ihres Vermögens gegenüber. *(AÖF 2011/268)*

14   • **Down-stream-merger** (Verschmelzung der Muttergesellschaft auf die Tochtergesellschaft):

Anlässlich einer Konzernverschmelzung „down-stream" gehen mit dem Vermögen auch die Anteile an der Tochtergesellschaft verschmelzungsbedingt auf die Tochtergesellschaft über und werden bei dieser zu eigenen Anteilen. Dies ist trotz der Einschränkung der § 65 AktG und § 81 GmbHG zulässig, sofern die Anteile zur Abfindung der Gesellschafter für den Verlust der Anteile an der übertragenden Obergesellschaft verwendet werden (Durchgangserwerb durch die Untergesellschaft). Insoweit hat bei der Tochtergesellschaft eine verschmelzungsbedingte Kapitalerhöhung zu unterbleiben (§ 224 Abs. 3 AktG). Eine verschmelzungsbedingte Kapitalerhöhung bei der Tochtergesellschaft ist daher nur in dem Umfang zulässig, als der übernehmenden Tochtergesellschaft sonstiges Vermögen der übertragenden Muttergesellschaft verbleibt.

Der OGH hat sich mit der Frage der gesellschaftsrechtlichen Zulässigkeit des down-stream-mergers grundlegend in der Entscheidung OGH 11.11.1999, 6 Ob 4/99b, auseinandergesetzt. Danach ist eine Verschmelzung „down-stream" grundsätzlich zulässig. Als Verstoß gegen die Kapitalerhaltungsvorschriften (§ 52 AktG, § 82 GmbHG) ist aber zu werten (Nichtigkeit des Verschmelzungsvertrages), wenn der Wert des übertragenen Vermögens (nach Wegfall der Beteiligung) negativ ist, da sonst eine verbotene Einlagenrückgewähr gegeben wäre. Ein down-stream-merger ist danach nur dann zulässig, wenn trotz Nichtberücksichtigung des Wertes der Beteiligung an der Tochtergesellschaft bei der übertragenden Muttergesellschaft noch immer ein positiver Verkehrswert des zu übertragenden Vermögens gegeben ist. *(AÖF 2008/243)*

- **Side-stream-merger** (Schwesternverschmelzung):   15

  Eine Schwesternverschmelzung liegt vor, wenn an den zu verschmelzenden Gesellschaften dieselben Personen unmittelbar oder mittelbar im gleichen Verhältnis beteiligt sind. Eine Kapitalerhöhung ist zulässig, zur Aufrechterhaltung der Beteiligung der Gesellschafter an der übernehmenden Körperschaft aber nicht erforderlich, weshalb gemäß § 224 Abs. 2 Z 1 AktG auf eine solche verzichtet werden kann, es sei denn, dass Anteile an der übertragenden Körperschaft über eine Zwischengesellschaft gehalten werden und deshalb bei dieser eine verbotene Einlagenrückgewähr (§ 52 AktG, § 82 GmbHG) gegeben ist. *(AÖF 2013/301)*

1.1.1.3.2.3 Gemischte Konzentrations- und Konzernverschmelzung

Eine gemischte Konzentrations- und Konzernverschmelzung liegt vor, wenn   16
die zu verschmelzenden Körperschaften nicht zu 100 % beteiligungsmäßig verbunden sind.

In einem solchen Fall kann oder muss eine Anteilsgewährung anteilig unterbleiben. Die außenstehenden (konzernfremden) Gesellschafter sind beim Upstream-merger mit Anteilen an der übernehmenden Obergesellschaft und beim Down-stream-merger mit Anteilen der übernehmenden Untergesellschaft abzufinden.

1.1.1.3.3 Unechte Verschmelzung

Im Gegensatz zur echten Verschmelzung kommt es bei einer unechten Verschmelzung zu keiner rechtlichen Vereinigung der beteiligten Körperschaften.   17
Von einer unechten Verschmelzung spricht man

- bei Einbringung des Unternehmens einer Körperschaft in eine andere Körperschaft gegen Gewährung von Gesellschaftsrechten, bzw.
- der Übertragung des ganzen Gesellschaftsvermögens im Wege der Einzelrechtsnachfolge (§ 237 AktG).

Diese Vorgänge stellen keine Verschmelzungen im Sinne der aktienrechtlichen Vorschriften dar. Andererseits gibt es für die Unternehmenseinbringung auch keine umfassenden gesellschaftsrechtlichen Regelungen. Auf derartige Vorgänge sind grundsätzlich die Bestimmungen über die Einbringung von Sacheinlagen anzuwenden. Umgründungssteuerrechtlich fallen derartige Einbringungsvorgänge dem Grunde nach unter Art. III UmgrStG.

Eine Körperschaft, die ihr Vermögen nach § 237 AktG überträgt, verliert   18
deswegen nicht ihre Rechtspersönlichkeit. Sie kann ihren Status als werbende Gesellschaft beibehalten oder in die Abwicklung übertreten.

Im Gegensatz zur verschmelzungsbedingten Vermögensübertragung, bei   19
welcher der Rechtsgrund im Gesellschaftsverhältnis begründet sein muss (causa societatis), führen schuldrechtliche Gegenleistungsformen idR zu einem gewinnrealisierenden Veräußerungsgeschäft.

1.1.1.4 Besteuerung der Verschmelzung nach allgemeinen Besteuerungsgrundsätzen

20   Zur Einbindung des Umgründungssteuerrechtes in das allgemeine Steuerrecht siehe § 20 KStG 1988 und KStR 2013 Rz 1454 ff. *(AÖF 2013/301)*

21   Eine Verschmelzung berührt die Steuerrechtsverhältnisse auf drei Ebenen, nämlich der der übertragenden Körperschaft, der übernehmenden Körperschaft und der Gesellschafter der beteiligten Körperschaften. Zu den Rechtsfolgen einer nicht unter Art. I UmgrStG fallenden Verschmelzung siehe Rz 386 ff.

1.1.1.5 Steuerliche Anwendungsvoraussetzungen

22   § 1 Abs. 1 UmgrStG enthält zwei Anwendungsvoraussetzungen für die Geltung des Art. I UmgrStG, nämlich

• dass eine der in § 1 Abs. 1 Z 1 bis 4 UmgrStG genannten Verschmelzungsarten vorliegt:

  – Inlandsverschmelzung (§ 1 Abs. 1 Z 1 bis 3 UmgrStG), dh. Verschmelzung inländischer Körperschaften nach inländischem Verschmelzungsrecht (vgl. Rz 28 ff), oder

  – grenzüberschreitende Verschmelzung (§ 1 Abs. 1 Z 1 UmgrStG), dh. Verschmelzung inländischer Körperschaften auf ausländische (Export-Verschmelzung, siehe Rz 23 und Rz 41 ff) oder ausländischer Körperschaften auf inländische (Import-Verschmelzung, siehe Rz 23 und Rz 160a ff), oder

  – Auslandsverschmelzung (§ 1 Abs. 1 Z 4 UmgrStG), dh. Verschmelzung ausländischer Körperschaften im Ausland auf Grund vergleichbarer ausländischer Verschmelzungsvorschriften (vgl. Rz 36 ff)

• dass das Besteuerungsrecht der Republik Österreich hinsichtlich der stillen Reserven einschließlich eines allfälligen Firmenwertes nicht eingeschränkt wird (vgl. Rz 43 ff und 54 ff).

Zur Maßgeblichkeit des Gesellschaftsrechtes siehe Rz 46 ff. *(AÖF 2011/268)*

23   Seit 15.12.2007 ist eine grenzüberschreitende Verschmelzung von Kapitalgesellschaften eines EU-Mitgliedstaates auf Kapitalgesellschaften anderer EU-Mitgliedstaaten aufgrund des EU-Verschmelzungsgesetzes, BGBl. I Nr. 72/2007, möglich.

Sollte eine grenzüberschreitende Verschmelzung außerhalb der dargestellten Regelungen in das Firmenbuch eingetragen werden (eingetragen worden sein), ist im Hinblick auf die Maßgeblichkeit des Gesellschaftsrechtes dem Grunde nach ein Anwendungsfall des Art. I UmgrStG gegeben. *(AÖF 2011/268)*

24   Zum Besteuerungsrecht der Republik Österreich siehe Rz 54 ff.

25   Sind beide vorstehend angeführten Voraussetzungen erfüllt, liegt eine Verschmelzung im Sinne des § 1 Abs. 1 UmgrStG vor, auf die Art. I UmgrStG insgesamt zur Anwendung kommt.

Infolge des Rechtsfolgenverweises des § 1 Abs. 3 UmgrStG regeln die dort genannten Bestimmungen die Steuerrechtsfolgen der Verschmelzung für

• die übertragende Körperschaft (§ 2 UmgrStG)

• die übernehmende Körperschaft (§ 3 UmgrStG)

• den Verlustabzug (§ 4 UmgrStG)

- die Anteilsinhaber (§ 5 UmgrStG)

- sonstige Rechtsfolgen (§ 6 UmgrStG), betreffend Eintritt in Lohnverhältnisse, Äquivalenzgrundsatz, Umsatzsteuer, Kapitalverkehrssteuern, Grunderwerbssteuer, zweites Hauptstück und dritter Teil des UmgrStG). *(AÖF 2011/268)*

Die umfassende Anwendbarkeit oder Nichtanwendbarkeit des Art. I **26** UmgrStG ist in Fällen der Aufwertungsoption oder des teilweisen Wegfalls des Besteuerungsrechtes der Republik Österreich geteilt zu betrachten.

- Soweit das Besteuerungsrecht der Republik Österreich eingeschränkt wird, ist Art. I UmgrStG umfassend nicht anzuwenden, soweit nicht die Ausnahmeregelung des § 5 Abs. 1 Z 3 UmgrStG zur Anwendung gelangt (siehe Rz 264), im Übrigen kommt Art. I UmgrStG umfassend zur Anwendung; zu den Fällen der Exportverschmelzung mit Ratenzahlung (ab 1.1.2016) bzw. Nichtfestsetzung (bis 31.12.2015) siehe Rz 72 ff.

- Soweit die Aufwertungsoption des § 2 Abs. 2 UmgrStG genutzt wird, bleibt Art. I UmgrStG abgesehen vom Verzicht auf die Buchwertfortführung (siehe Rz 135) und dem Wegfall des Verlustvortragsüberganges (siehe Rz 194) umfassend anwendbar. *(AÖF 2008/243, BMF-AV Nr. 40/2017)*

Die für die Ertragsbesteuerung der übertragenden und übernehmenden Körperschaft zuständigen Abgabenbehörden haben – soweit sie nicht ident sind – im Rahmen des Informationsaustausches das Zutreffen oder Nichtzutreffen der Anwendungsvoraussetzungen des § 1 UmgrStG mitzuteilen. Sollte Art. I UmgrStG nicht oder nicht zur Gänze zur Anwendung kommen, sind die für sonstige Steuerrechtsfolgen zuständigen Abgabenbehörden zu benachrichtigen. **27**

Entstehen bei der für die Verkehrssteuern oder die für die Anteilsinhaber zuständigen Abgabenbehörde auf Grund der eingereichten Unterlagen Zweifel, ob die Anwendungsvoraussetzungen des § 1 UmgrStG erfüllt sind, ist im Interesse einer einheitlichen Beurteilung der Umgründung eine Abstimmung mit dem für die Ertragsbesteuerung der übertragenden und übernehmenden Körperschaft zuständigen Abgabenbehörde herbeizuführen. *(AÖF 2008/243)*

1.1.2. Inländische Verschmelzungen (§ 1 Abs. 1 Z 1 bis Z 3 UmgrStG)

1.1.2.1 Allgemeines

Unter § 1 Abs. 1 Z 1 bis 3 UmgrStG fallen Verschmelzungen nach inländischem Verschmelzungsrecht. Die Voraussetzungen und das Verfahren der Verschmelzung richten sich nach dem Personalstatut der beteiligten Körperschaften. Gemäß § 10 IPRG ist das Personalstatut einer juristischen Person das Recht des Staates, in dem der Rechtsträger den tatsächlichen Sitz seiner Hauptverwaltung hat (Verwaltungssitz). Im Gegensatz zur Gründungstheorie, nach welcher das Recht jenes Staates maßgebend ist, nach dem die Körperschaft gegründet worden ist (Staat in dem die Körperschaft ihren statutarischen Sitz hat) folgt § 10 IPRG der Sitztheorie. Der tatsächliche Verwaltungssitz ist jener Ort, an dem üblicherweise die leitenden Entscheidungen des ständigen Geschäftsbetriebes gefasst werden. Der für die unbeschränkte Steuerpflicht maßgebende Ort der Geschäftsleitung (§ 27 Abs. 2 BAO) ist zwar mit dem gesellschaftsrechtlichen effektiven Verwaltungssitz nicht deckungsgleich, im Regelfall werden allerdings beide Orte übereinstimmen *(AÖF 2011/268)* **28**

Nach § 12 IPRG ist die Rechts- und Handlungsfähigkeit einer Person nach **29** deren „Personalstatut" zu beurteilen (siehe hierzu Rz 28). In der Vergangenheit haben die österreichischen Gerichte daher auf der Grundlage der §§ 12 und 10 IPRG auf Gesellschaften, die nach dem Recht eines anderen Staates errichtet worden sind, jedoch ihren tatsächlichen Sitz der Hauptverwaltung nach Österreich verlegt hatten, die materiellen Normen des österreichischen Gesellschaftsrechts angewendet. Danach aber erwirbt eine Gesellschaft ihre Eigenschaft als juristische Person und damit ihre Rechtsfähigkeit erst mit der Eintragung in das österreichische Firmenbuch. Da aber eine nach ausländischem Recht wirksam errichtete Gesellschaft nicht alle formellen und materiellen Gründungsvoraussetzungen des österreichischen Rechts erfüllt, wurde ihr als solche die Eintragung in das Firmenbuch verweigert und sie wurde folglich von den österreichischen Gerichten nicht als rechtsfähige juristische Person anerkannt (so zB OGH 28.08.1997, 3 Ob 2029/96w). Allerdings hat sich durch die EuGH-Rechtsprechung (zunächst EuGH 09.03.1999, in der Rechtssache C-212/97, Centros Ltd., und schließlich EuGH 05.11.2002, in der Rechtssache C-208/00, Überseering) im EU/EWR-Raum eine Wende in Richtung Gründungstheorie vollzogen. Nun sind auch Staaten, die der „Sitztheorie" folgen, verpflichtet, bei einer Gesellschaft, die nach dem Recht eines anderen Mitgliedstaates gegründet wurde, nach Verlegung des Verwaltungssitzes in ihr Staatsgebiet die Rechts- und Parteifähigkeit dieser Gesellschaft anzuerkennen, wenn diese Gesellschaft aus einem der Gründungstheorie folgenden Mitgliedstaat zugezogen ist und auch nach der Verlegung des Verwaltungssitzes in das Inland nach dem Gründungsstatut rechtlich weiter bestehen bleibt und nicht aus diesem Anlass aufgelöst wird. Die durch die EuGH-Rechtsprechung geklärte Frage der zivil- und gesellschaftsrechtlichen Rechtsfähigkeit einer im Ausland gegründeten Gesellschaft mit inländischem Verwaltungssitz (doppelt ansässige Gesellschaft) war allerdings einerseits für die Frage ihrer Körperschaftsteuerpflicht insoweit nicht von Bedeutung, als der Umstand, dass einer im Ausland gegründeten Kapitalgesellschaft im Inland keine gesellschaftsrechtliche Rechtsfähigkeit zuerkannt wurde, auch in der Vergangenheit ihre unbeschränkte Steuerpflicht nicht ausgeschlossen hat (BFH 23.06.1992, BStBl II 1992, 972). Andererseits kann aber nach wie vor durch die Verlegung des Verwaltungssitzes aus der „ausländischen Körperschaft" keine „inländische Körperschaft" werden.

Aufgrund des EU-Verschmelzungsgesetzes, BGBl. I Nr. 72/2007, sind grenzüberschreitende Verschmelzungen von Kapitalgesellschaften, die nach dem Recht eines der Mitgliedstaaten gegründet worden sind und ihren satzungsmäßigen Sitz, ihre Hauptverwaltung oder ihre Hauptniederlassung in der Gemeinschaft haben, zulässig, ohne dass zu prüfen ist, ob das Gesellschaftsrecht jenes Mitgliedstaates, nach dessen Recht die von der Verschmelzung betroffene Kapitalgesellschaft gegründet wurde, mit dem österreichischen Gesellschaftsrecht vergleichbar ist. Dies gilt auch für grenzüberschreitende Verschmelzungen zur Gründung einer SE oder SCE. *(AÖF 2011/268)*

30   Nach dem Verständnis der in Österreich herrschenden Sitztheorie ist anlässlich der Verlegung des Verwaltungssitzes einer juristischen Person in das Ausland ein Wechsel des Gesellschaftsstatuts in identitätswahrender Form nicht möglich, da der Wegzugsstaat idR eine Liquidation und der Zuzugsstaat eine Neugründung nach Maßgabe der nationalen Gründungserfordernisse verlangt. Führt die Verlegung des Verwaltungssitzes kraft gesellschaftsrechtlichen Vorschriften zu einer Auflösung der Körperschaft und wird sie tatsächlich abgewickelt, ist gemäß § 19 KStG 1988 der Liquidationsgewinn der Besteuerung zu Grunde zu legen. *(AÖF 2011/268)*

1.1.2.2 Verschmelzungen auf Grund gesellschaftsrechtlicher Vorschriften (§ 1 Abs. 1 Z 1 UmgrStG)

Nach den geltenden gesellschaftsrechtlichen Verschmelzungsvorschriften   31
sind nachstehende Verschmelzungsformen geregelt:

- Verschmelzung von Aktiengesellschaften durch Aufnahme (§§ 220 ff AktG)
- Verschmelzung von Aktiengesellschaften durch Neugründung (§ 233 AktG)
- Verschmelzung einer GmbH als übertragende Gesellschaft auf eine Aktien-gesellschaft (§ 234 AktG)
- Verschmelzung einer Aktiengesellschaft als übertragende Gesellschaft auf eine GmbH (§ 234a AktG idF GesRÄG 2007, BGBl. I Nr. 72/2007),
- Verschmelzung von GmbHs (§ 96 GmbHG in Verbindung mit §§ 219 ff AktG),
- Verschmelzung von Genossenschaften (§ 1 ff GenVG).
- Gründung einer Europäischen Gesellschaft (SE) durch Verschmelzung (§§ 17 ff SEG),
- Gründung einer Europäischen Genossenschaft (SCE) durch Verschmelzung (§§ 11 ff SCEG),
- Folgeverschmelzungen von bereits bestehenden SE und SCE,
- Grenzüberschreitende Verschmelzungen von Kapitalgesellschaften aufgrund des EU-Verschmelzungsgesetzes, BGBl. I Nr. 72/2007. *(AÖF 2011/268)*

1.1.2.3 Verschmelzungen auf Grund anderer Gesetze (§ 1 Abs. 1 Z 2 UmgrStG)

Nach § 1 Abs. 1 Z 2 UmgrStG fallen auch Verschmelzungen nach Sonderge-   32
setzen unter den Anwendungsbereich des Art. I UmgrStG. Andere bundes-gesetzlich geregelte Vorschriften betreffen die

- Verschmelzung von Sparkassen (§ 25 SpG)
- Verschmelzung von Sparkassen-Privatstiftungen (§ 27c SpG)
- Verschmelzung von Versicherungsvereins-Privatstiftungen (§ 67 VAG 2016)
- Verschmelzung von Versicherungsvereinen auf Gegenseitigkeit (§ 60 VAG 2016, § 81 VAG 2016).

§ 1 Abs. 1 Z 2 UmgrStG stellt eine Generalklausel für künftig zu schaffende Verschmelzungsregelungen bundes- und landesgesetzlicher Art außerhalb von gesellschaftsrechtlichen Vorschriften oder für die Verschmelzung staatsnaher Gesellschaften dar, sofern diese Vorschriften dem Wesen nach gesellschafts-rechtlichen Verschmelzungsvorschriften entsprechen. *(AÖF 2008/243, BMF-AV Nr. 40/2017)*

1.1.2.4 Verschmelzungsartige Vermögensübertragungen (§ 1 Abs. 1 Z 3 UmgrStG)

Gemäß § 1 Abs. 1 Z 3 UmgrStG fallen auch   33

- Vermögensübertragungen einer AG auf einen Versicherungsverein auf Ge-genseitigkeit im Sinne des § 236 AktG und
- Vermögensübertragungen eines Versicherungsvereines auf Gegenseitigkeit auf eine AG gemäß § 60 VAG (entfällt ab 1.1.2016 gemäß VAG 2016, BGBl. I Nr. 34/2015)

unter den Anwendungsbereich des Art. I UmgrStG. *(BMF-AV Nr. 40/2017)*

34   Gemäß § 236 AktG kann eine AG, die den Betrieb des Versicherungsgeschäftes zum Gegenstand hat, ihr Vermögen als Ganzes im Wege der Verschmelzung auf einen „großen" Versicherungsverein auf Gegenseitigkeit übertragen. Die übertragende AG erlischt ohne Liquidation. Anders als bei Verschmelzungen werden die Aktionäre der übertragenden AG nicht mit Mitgliedschaftsrechten am übernehmenden Rechtsträger sondern durch andere Entschädigungen (Barzahlungen) abgefunden.

35   Für die Rechtslage vor VAG 2016, BGBl. I Nr. 34/2015, gilt:

Umgekehrt kann auch ein Versicherungsverein auf Gegenseitigkeit gemäß § 60 VAG sein Vermögen als Ganzes ohne Abwicklung auf eine AG, die den Betrieb der Vertragsversicherung zum Gegenstand hat, übertragen. Diese Vermögensübertragung entspricht der Verschmelzung durch Aufnahme. Der übertragende Versicherungsverein geht ohne Liquidation unter und die Mitglieder sind mit Aktien an der übernehmenden AG abzufinden.

Zufolge § 63 Abs. 1 VAG steht diese Art der Vermögensübertragung auch kleinen Versicherungsvereinen im Sinne des § 62 ff VAG offen.

Ab 1.1.2016 ist die Übertragungsmöglichkeit des § 60 VAG 1978 im nunmehrigen VAG 2016, BGBl. I Nr. 34/2015 nicht mehr vorgesehen (siehe 3. Teil Z 28 UmgrStG). *(BMF-AV Nr. 40/2017)*

1.1.3. Ausländische Verschmelzungen (§ 1 Abs. 1 Z 4 UmgrStG)

1.1.3.1 Anwendungsvoraussetzungen

36   Eine Auslandsverschmelzung im Sinne des § 1 Abs.1 Z 4 UmgrStG liegt dann vor, wenn an einer solchen ausschließlich ausländische Körperschaften beteiligt sind und zwar unabhängig davon, ob inländisches oder ausländisches Vermögen übertragen wird. Maßgebend ist das Personalstatut (vgl. Rz 28), dem die an der Verschmelzung beteiligten Körperschaften unterliegen. Kommt demnach ausschließlich ausländisches Gesellschaftsrecht zur Anwendung, fällt die Übertragung von inländischem Vermögen unter Art. I UmgrStG. Auf inländische Anteilsinhaber von ausländischen verschmelzenden Körperschaften ist Art. I UmgrStG ebenfalls anzuwenden. Die Steueransässigkeit der an der Verschmelzung beteiligten Körperschaften ist nicht maßgebend. Unter § 1 Abs. 1 Z 4 UmgrStG fallen daher nicht Verschmelzungen österreichischer Körperschaften, die auf Grund des Ortes der Geschäftsleitung im Ausland steueransässig sind.

37   Eine Auslandsverschmelzung liegt auch vor, wenn die verschmolzenen Körperschaften dem Personalstatut verschiedener Staaten unterliegen (grenzüberschreitende Auslandsverschmelzung) und die Rechtsordnungen der beteiligten Staaten eine solche Verschmelzung zulassen. Sind die verschmolzenen Körperschaften in verschiedenen Mitgliedsstaaten der EU steueransässig, kommen neben Art. I UmgrStG vorrangig auch die Bestimmungen der Richtlinie des Rates vom 23.07.1990, 90/434 EWG (Fusionsbesteuerungsrichtlinie) zur Anwendung.

Beispiel:

Eine französische Aktiengesellschaft (SA) wird auf eine deutsche Aktiengesellschaft unter Wandlung zu einer SE verschmolzen. Der Vermögensübergang der inländischen Zweigniederlassung und des gemäß § 21 KStG die gemäß § 1 Z 3 KStG 1988 Einkünfte aus Gewerbebetrieb vermittelnden inländischen Mietwohngrundstücks der SA sowie die Beteiligungen der inländischen Anteilsinhaber der SA und der übernehmenden AG unterliegen dem Art I UmgrStG. *(AÖF 2008/243)*

1.1.3.2 Vergleichbarkeit des ausländischen Verschmelzungsrechtes

Gemäß § 1 Abs. 1 Z 4 UmgrStG fallen nur Auslandsverschmelzungen auf 38 Grund vergleichbarer Vorschriften unter das UmgrStG. Die Vergleichbarkeit muss insoweit gegeben sein, als es sich beim ausländischen Recht um gesellschaftsrechtliche Vorschriften handelt, die im Wesentlichen dem österreichischen Verschmelzungsrecht entsprechen. Dabei ist auch auf die konkrete Ausgestaltung der Verschmelzung Bedacht zu nehmen; sieht das ausländische Recht mehrere Gestaltungsmöglichkeiten vor, ist eine Vergleichbarkeit dann gegeben, wenn die konkrete Ausgestaltung der Verschmelzung dem österreichischen Verschmelzungsrecht entspricht.

Entscheidende Kriterien der Vergleichbarkeit sind die Auflösung der übertragenden Körperschaft ohne Abwicklung sowie die Übertragung des gesamten Vermögens auf die übernehmende Körperschaft grundsätzlich gegen Gewährung von Gesellschaftsrechten an die Gesellschafter der übertragenden Gesellschaft (vgl. Rz 4). Unschädlich ist hingegen, wenn eine Gewährung von Gesellschaftsrechten in den dem § 224 AktG vergleichbaren Fällen unterbleibt. Ins Gewicht fallende, den Rahmen des § 224 Abs. 5 AktG überschreitende Zuzahlungen wären hingegen als Indiz für das Vorliegen eines Veräußerungsvorganges zu werten.

Es ist im EU-Raum bei einer grenzüberschreitenden Auslandsverschmelzung von einer Vergleichbarkeit mit dem österreichischen Verschmelzungsrecht auszugehen, wenn das ausländische Verschmelzungsrecht an die EU-Verschmelzungsrichtlinie 2005/56/EG angepasst wurde. *(BMF-AV Nr. 40/2017)*

1.1.3.3 Vergleichbarkeit mit inländischen Körperschaften

§ 1 Abs. 1 Z 4 UmgrStG umfasst die Verschmelzung ausländischer Körper- 39 schaften. Die Frage, ob die verschmolzenen ausländischen Rechtsträger als Körperschaften zu qualifizieren sind, richtet sich nicht nach deren Personalstatut, sondern danach, ob sie nach ihren Rechtsgrundlagen und ihrer Organisation einer österreichischen juristischen Person vergleichbar sind (siehe KStR 2013 Rz 133). Diese Beurteilung hat ausschließlich nach österreichischen Rechtsnormen zu erfolgen.

Zu den Kriterien der Vergleichbarkeit siehe KStR 2013 Rz 1204. *(AÖF 2013/301)*

1.1.3.4 Auslandsverschmelzungen außerhalb des UmgrStG

Fällt eine Auslandsverschmelzung nicht unter Art. I UmgrStG, kommt es bei 40 der übertragenden Körperschaft hinsichtlich ihres Inlandsvermögens zu einer Besteuerung im Rahmen der beschränkten Steuerpflicht gemäß § 21 Abs. 1 KStG 1988 in Verbindung mit § 98 EStG 1988 (siehe KStR 2013 Rz 1475 ff). Auf Ebene der in Österreich steueransässigen Anteilsinhaber stellt der Wegfall der Anteile an der übertragenden Gesellschaft gegen Gewährung von Anteilen an der übernehmenden Gesellschaft einen Anteilstausch im Sinne des § 6 Z 14 EStG 1988 dar (siehe EStR 2000 Rz 2588 ff). *(AÖF 2013/301)*

1.1.4. Grenzüberschreitende Verschmelzungen (§ 1 Abs. 1 Z 1 UmgrStG)

Unter einer grenzüberschreitenden Verschmelzung ist die Verschmelzung 41 von Gesellschaften mit unterschiedlichem Personalstatut zu verstehen, dh. dass deren Zivilrechtsverhältnisse verschiedenen nationalen Gesellschaftsrechtsordnungen unterliegen. Zur grenzüberschreitenden Verschmelzung ohne Beteiligung österreichischer Körperschaften siehe Rz 36 ff.

1.1.4.1 Grenzüberschreitende Verschmelzungen auf eine Europäische Gesellschaft

41a   Mit der Verordnung Nr. 2157/2001 des Rates der Europäischen Union vom 8. Oktober 2001 über das Statut der Europäischen Gesellschaft (Societas Europaea, SE) wurde eine supranationale Gesellschaftsform für grenzüberschreitend tätige Unternehmen geschaffen, die grenzüberschreitende Fusionen und Sitzverlegungen eröffnet. Nach dieser Verordnung ist die SE eine Kapitalgesellschaft in der Rechtsform einer AG, deren Sitz (Hauptverwaltung im Sinne der Sitztheorie) sich in einem EU-Mitgliedsstaat befindet (Art. 7). Nach Art. 8 der Verordnung kann der Sitz der SE in einen anderen Mitgliedsstaat verlegt werden, ohne dass die Verlegung zur Auflösung der SE bzw. zur Gründung einer neuen SE führt.

Die Gründung einer SE kann nach Art. 2 Abs. 1 der SE-Verordnung durch die Verschmelzung von Aktiengesellschaften erfolgen, sofern mindestens zwei von ihnen dem Recht verschiedener EU-Mitgliedsstaaten unterliegen. Ferner können sich auch (bereits gegründete) Europäische Gesellschaften nach Art. 3 Abs. 1 der SE-Verordnung an einer grenzüberschreitenden Verschmelzung zur Gründung einer neuen SE beteiligen.

Mit 8. Oktober 2004 ist das Bundesgesetz vom 24. Juni 2004, BGBl. Nr. I 67/2004, mit dem ein Bundesgesetz über das Statut der Europäischen Gesellschaft (SE) in Kraft getreten. Mit dem SE-Gesetz (SEG) werden in Ausführung der Regelungsaufträge und Regelungsermächtigungen der SE-Verordnung einzelne nationale gesellschaftsrechtliche Ergänzungsvorschriften erlassen.

Auf die Gründung einer in- oder ausländischen Europäischen Gesellschaft durch Verschmelzung finden die Art. 17 ff der SE-Verordnung, die §§ 17 ff SEG und die §§ 219 ff AktG Anwendung. Auf eine solche Verschmelzung findet Art. I UmgrStG dem Grunde nach Anwendung. *(AÖF 2008/243)*

1.1.4.2 Grenzüberschreitende Verschmelzungen auf eine Europäische Genossenschaft

41b   Mit der Verordnung Nr. 1435/2003 des Rates der Europäischen Union vom 22. Juli 2003 über das Statut der Europäischen Genossenschaft (SCE) (SCE-VO) wurde eine supranationale Genossenschaftsform geschaffen, die grenzüberschreitende Fusionen und Sitzverlegungen ermöglicht. Eine SCE kann unter anderem durch Verschmelzung von Genossenschaften, die nach dem Recht eines Mitgliedstaates gegründet worden sind und ihren Sitz sowie ihre Hauptverwaltung in der Gemeinschaft haben, gegründet werden, sofern mindestens zwei von ihnen dem Recht verschiedener Mitgliedstaaten unterliegen (Art. 2 Abs. 1 TS 4 SCE-VO). Am 18. August 2006 ist das Gesetz über das Statut der Europäischen Genossenschaft (Sozietas Cooperativa Europaea-SCE) – (SCE-Gesetz – SCEG) Art. I BGBl. I 104/2006 in Kraft getreten. Auf die Gründung einer Europäischen Genossenschaft durch Verschmelzung finden neben den Art. 19 ff SCE-VO, den §§ 11 ff SCEG auch die Bestimmungen des Genossenschaftsverschmelzungsgesetzes Anwendung. Auf eine solche Verschmelzung findet daher auch Art I UmgrStG dem Grunde nach Anwendung. *(AÖF 2008/243)*

Dem Grunde nach ist eine unter § 1 Abs. 1 Z 1 UmgrStG fallende Ver- 42
schmelzung auch eine solche

- auf eine ausländische SE oder SCE („Export-Verschmelzung"), siehe dazu
  Rz 43 ff und Rz 70 ff, und

- auf eine inländische SE oder SCE („Import-Verschmelzung"), siehe dazu
  Rz 160a ff. *(AÖF 2008/243)*

1.1.4.3 Steuerhängigkeit des übertragenen Vermögens (AÖF 2011/268)

1.1.4.3.1. Einschränkung des Besteuerungsrechtes der Republik Österreich *(BMF-AV Nr. 40/2017)*

Soweit das Besteuerungsrecht der Republik Österreich hinsichtlich des Ver- 43
mögens der übertragenden Körperschaft verschmelzungsbedingt nicht eingeschränkt wird, kommt eine Besteuerung anlässlich der Verschmelzung nicht in
Betracht. Die Steuerverstrickung des Vermögens bleibt auch nach der Export-
Verschmelzung aufrecht, wenn und soweit

- das übertragene Vermögen einer inländischen Betriebsstätte der ausländischen übernehmenden Körperschaft zuzuordnen ist;

- im Inland eine Betriebsstätte verbleibt;

- im Inland unbewegliches Vermögen verbleibt;

- auf die ausländische übernehmende Körperschaft Anteile an einer inländischen Immobiliengesellschaft übergehen, die nach dem DBA mit dem Ansässigkeitsstaat der ausländischen Gesellschaft entsprechend Art. 13 Abs. 4
  OECD-MA besteuert werden können;

- auf die ausländische übernehmende Körperschaft Anteile an einer inländischen Kapitalgesellschaft übergehen und diese Anteile infolge Fehlens eines
  DBA oder infolge eines von Art. 13 Abs. 5 OECD-MA abweichenden DBA
  mit dem Ansässigkeitsstaat der ausländischen Gesellschaft (zB DBA Frankreich, DBA China, DBA Japan, wonach der Ansässigkeitsstaat der Beteiligungskörperschaft Gewinne aus der Veräußerung der Beteiligung auch besteuern darf) gemäß § 98 Abs. 1 Z 5 lit. e EStG 1988 in Verbindung mit § 21
  Abs. 1 Z 1 KStG 1988 der beschränkten Steuerpflicht Österreichs unterliegen. *(BMF-AV Nr. 40/2017)*

Soweit das Besteuerungsrecht der Republik Österreich hinsichtlich des Ver- 44
mögens der übertragenden Körperschaft verschmelzungsbedingt eingeschränkt
wird, ist Art. I UmgrStG nicht anwendbar und ein Liquidationsbesteuerungstat-
bestand im Sinne des § 20 bzw. des § 19 KStG 1988 gegeben. Zu einem Ausscheiden aus der österreichischen Besteuerungshoheit im Sinne von § 1 Abs. 2
UmgrStG kommt es durch eine Export-Verschmelzung insbesondere dann,
wenn

- nicht zu einer inländischen Betriebsstätte gehörende Anteile an einer inländischen Körperschaft übergehen und mit dem Ansässigkeitsstaat der übernehmenden Körperschaft ein DBA besteht, das entsprechend Art. 13 Abs. 5
  OECD-MA die beschränkte Steuerpflicht hinsichtlich der Anteile an der inländischen Körperschaft ausschließt;

- nicht zu einer inländischen Betriebsstätte gehörende Anteile an einer ausländischen Körperschaft oder einer in- oder ausländischen Genossenschaft
  übergehen (auf ein DBA mit dem Ansässigkeitsstaat der übernehmenden

Körperschaft kommt es nicht an, weil § 98 Abs. 1 Z 5 lit. e EStG 1988 nur Anteile an inländischen Kapitalgesellschaften erfasst);

- auf die ausländische Gesellschaft Auslandsvermögen (zB Betriebsstätte, unbewegliches Vermögen) übergeht, das mangels eines DBA oder aufgrund eines DBA mit Anrechnungsmethode mit dem Lagestaat vor der verschmelzungsbedingten Übertragung in Österreich besteuert werden konnte;

- ein Schifffahrt- oder Luftfahrtunternehmen übertragen wird und dieses aufgrund eines DBA mit dem Ansässigkeitsstaat der übernehmenden Körperschaft, das wie Art. 8 OECD-MA ausgestaltet ist, nach der Verschmelzung infolge verschmelzungsbedingter Verlagerung des Orts der Geschäftsleitung nicht besteuert werden kann. *(AÖF 2013/301)*

1.1.4.3.2. Ratenzahlungskonzept ab 1.1.2016 *(BMF-AV Nr. 40/2017)*

44a   Für Verschmelzungen, die nach dem 31.12.2015 beschlossen oder vertraglich unterfertigt werden, gilt:

Insoweit es aufgrund einer Einschränkung des Besteuerungsrechts der Republik Österreich zu einer Liquidationsbesteuerung nach § 20 KStG 1988 kommt, kann die übertragende Körperschaft aufgrund von § 1 Abs. 2 UmgrStG idF AbgÄG 2015 bei Verschmelzung auf eine übernehmende

- in der Anlage zum UmgrStG genannten Gesellschaft oder

- eine den Kapitalgesellschaften vergleichbare Gesellschaft eines Mitgliedstaates des Europäischen Wirtschaftsraumes (Norwegen, Liechtenstein und Island),

die den Ort der Geschäftsleitung in einem Mitgliedstaat der Europäischen Union oder in einem Staat des Europäischen Wirtschaftsraums haben, zwischen der sofortigen Entrichtung der festgesetzten Steuerschuld und der Entrichtung der festgesetzten Steuerschuld in Raten (Ratenzahlungskonzept durch die sinngemäße Anwendung des § 6 Z 6 lit. d bis e EStG 1988 idF AbgÄG 2015) wählen. Dies gilt sinngemäß für Einschränkungen des Besteuerungsrechtes gemäß § 1 Abs. 2 UmgrStG bei Auslandsverschmelzungen mit Inlandsbezug.

Ist die übertragende Körperschaft zum Zeitpunkt der Abgabe der Körperschaftsteuererklärung bereits erloschen, hat die übernehmende Körperschaft die Körperschaftsteuererklärung als Gesamtrechtsnachfolger der übertragenden Körperschaft abzugeben und darin den Antrag auf Ratenzahlung zu stellen. Wird die Verschmelzung erst nach einer bereits abgegebenen Körperschaftsteuererklärung wirksam, hat eine Korrektur dieser Erklärung (Antragstellung auf Ratenzahlung) zu erfolgen (für bis zum 31.12.2015 beschlossene oder unterfertigte Umgründungen gilt dies auch hinsichtlich des Nichtfestsetzungsantrages, siehe dazu Rz 44b).

Das Ratenzahlungskonzept wurde im Zuge der grundlegenden Neuregelung der Entstrickungsbesteuerung mit dem AbgÄG 2015, BGBl. I Nr. 163/2015, in § 6 Z 6 EStG 1988 eingeführt und ersetzt im betrieblichen Bereich das bisherige Nichtfestsetzungskonzept im Verhältnis zu EU/EWR-Staaten. Die Neuregelung geht auf die jüngeren Entwicklungen der EuGH-Rechtsprechung zurück (EuGH 23.1.2014, Rs C-164/12, DMC und EuGH 21.5.2015, Rs C-657/13, Verder Lab-Tec).

Das Ratenzahlungskonzept ersetzt daher in sämtlichen Artikeln des UmgrStG das Nichtfestsetzungskonzept für Umgründungen, die nach dem 31.12.2015 beschlossen oder vertraglich unterfertigt werden (lediglich der Anteilstausch des § 16 Abs. 1a UmgrStG idF AbgÄG 2015, bei dem die Steuerschuld nicht entsteht, bleibt aufgrund der Fusionsrichtlinie bestehen). Für diese Zwecke verweist das UmgrStG auf § 6 Z 6 EStG 1988 idF AbgÄG 2015, soweit es nach den jeweiligen Bestimmungen des UmgrStG zu einer umgründungsbedingten Einschränkung des Besteuerungsrechtes kommt. Dabei sind insbesondere die folgenden in § 6 Z 6 EStG 1988 idF AbgÄG 2015 geregelten Bestimmungen zur Ratenzahlung sinngemäß anzuwenden:

- Im Verhältnis zu EU/EWR-Staaten kann die Steuerschuld auf Antrag in Raten entrichtet werden (§ 6 Z 6 lit. c EStG 1988 idF AbgÄG 2015):
  - Bei Umgründungen mit Stichtag nach dem 31.12.2018 kann die Steuerschuld für das Anlagevermögen nach § 6 Z 6 lit. d EStG 1988 idF JStG 2018 auf fünf Jahre verteilt entrichtet werden.
  - Bei Umgründungen mit Stichtag bis zum 31.12.2018 kann die Steuerschuld für das Anlagevermögen nach § 6 Z 6 lit. d EStG 1988 idF AbgÄG 2015 auf sieben Jahre verteilt entrichtet werden. Diese auf § 6 Z 6 EStG 1988 idF vor JStG 2018 basierenden Ratenzahlungen laufen unverändert weiter (Fälligkeitstermin der weiteren Raten jeweils zum 30. September der Folgejahre).
  - Für das Umlaufvermögen kann eine auf zwei Jahre (§ 6 Z 6 lit. e EStG 1988 idF AbgÄG 2015) verteilte Entrichtung der Abgabenschuld zur Anwendung kommen.

Beispiel:

Die inländische A-AG (Holding) hält eine 60-prozentige Beteiligung an der ebenfalls inländischen T-GmbH. Im Zuge einer Exportverschmelzung der A-AG auf die deutsche Kapitalgesellschaft X-AG zum 31.12.19 geht auch die Beteiligung an der T-GmbH über. Der Buchwert der Beteiligung an der T-GmbH zum 31.12.19 beträgt 4.000, der gemeine Wert 5.400.

Verschmelzungsbedingt kommt es zu einer Einschränkung des Besteuerungsrechtes Österreichs hinsichtlich der Anteile an der inländischen T-GmbH. Da die übernehmende X-AG eine in der Anlage zum UmgrStG genannte Gesellschaft eines EU-Staates ist (§ 1 Abs. 2 erster Teilstrich UmgrStG), stellt die A-AG gemäß § 1 Abs. 2 zweiter Satz UmgrStG in ihrer Körperschaftsteuererklärung für das Jahr 19 einen Antrag auf Ratenzahlung der auf die stillen Reserven des Anteils (1.400) entfallenden Steuerschuld (* 0,25 = 350). Dabei ist gemäß § 1 Abs. 2 UmgrStG die Entstrickungsbestimmung des § 6 Z 6 lit. d bis e EStG 1988 sinngemäß anzuwenden, weshalb die Steuerschuld in fünf Jahresraten zu entrichten ist (je 70).

- Werden einzelne Wirtschaftsgüter des Anlagevermögens, Betriebe oder Betriebsstätten
  - vor Ablauf von fünf (bzw. sieben) Jahren veräußert,
  - scheiden sie auf sonstige Weise aus oder werden sie
  - in einen „nicht begünstigten" Staat (dh. außerhalb des EU/EWR-Raumes) überführt,

  sind noch offene Raten insoweit vorzeitig fällig zu stellen, wobei den Steuerpflichtigen oder dessen Rechtsnachfolger eine Anzeigepflicht über den Eintritt eines dieser Umstände trifft (§ 6 Z 6 lit. d EStG 1988 idF AbgÄG 2015). Für Umgründungen mit einem Stichtag nach dem 31.12.2018 führen zudem folgende Umstände zu einer vorzeitigen Fälligstellung der offenen Raten (§ 6 Z 6 lit. d EStG 1988 idF JStG 2018):

  - Verlegung des Ortes der Geschäftsleitung der die Raten schuldenden Körperschaft in einen Staat außerhalb des EU/EWR-Raumes,

- Anmeldung der Insolvenz des die Raten schuldenden Steuerpflichtigen oder dessen Abwicklung,

- die Nichtentrichtung einer Rate binnen zwölf Monaten ab Eintritt der Fälligkeit oder die Entrichtung in zu geringer Höhe.

Hinsichtlich des Umlaufvermögens kommt es bei Veräußerung vor Ablauf von zwei Jahren nicht zu einer vorzeitigen Fälligstellung noch offener Raten.

Die in § 6 Z 6 lit. d EStG 1988 idF JStG 2018 genannten Umstände sind auch für eine vorzeitige Fälligstellung noch offener Raten im UmgrStG maßgeblich; lediglich im Falle der Einschränkung des Besteuerungsrechts aufgrund einer Einbringung nach Art. III UmgrStG unter Anwendung des Ratenzahlungskonzepts sind neben den in § 6 Z 6 lit. d EStG 1988 genannten Umständen die Sonderregelungen über eine vorzeitige Fälligstellung noch offener Raten gemäß § 16 Abs. 1 dritter und fünfter Satz UmgrStG zu beachten (siehe dazu Rz 860g).

Beispiel Fortsetzung Variante 1:

Wird die Beteiligung an der T-GmbH von der übernehmenden deutschen X-AG als Gesamtrechtsnachfolgerin der A-AG später veräußert, sind sämtliche noch offene Ratenzahlungen hinsichtlich der übertragenen Beteiligung bei der X-AG vorzeitig fällig zu stellen.

Im Falle einer bloß anteiligen Veräußerung der Beteiligung an der T-GmbH kommt es nur insoweit zu einer Fälligstellung, als die noch offenen Raten auf die veräußerten Beteiligungsquoten entfallen (anteilige Fälligstellung).

Neben der (teilweisen) Veräußerung des übertragenen Vermögens durch die übernehmende Körperschaft können insbesondere Folgeumgründungen – als sonstiges Ausscheiden – zu einer vorzeitigen Fälligstellung noch offener Raten führen.

Beispiel Fortsetzung Variante 2:

Wird die deutsche X-AG als Gesamtrechtsnachfolgerin der A-AG später auf die in einem Drittstaat ansässig X-Corp verschmolzen (grenzüberschreitende Auslandsverschmelzung), sind sämtliche noch offene Ratenzahlungen hinsichtlich der übertragenen Beteiligung bei der X-AG vorzeitig fällig zu stellen.

Scheidet ein verschmelzungsbedingt unter Anwendung des Ratenzahlungskonzepts übernommenes Vermögen aus der übernehmenden ausländischen Körperschaft auf Grund einer Folgeumgründung nach ausländischem Abgabenrecht ohne Gewinnverwirklichung aus, gehen noch offene Ratenzahlungen auf den Rechtsnachfolger dieser Folgeumgründung über, sofern es sich bei diesem um eine in der Anlage zum UmgrStG genannte EU-Gesellschaft oder eine vergleichbare Gesellschaft eines EWR-Staates (Norwegen, Liechtenstein und Island) handelt.

Beispiel Fortsetzung Variante 3:

Bringt die übernehmende deutsche X-AG den Anteil an der T-AG später nach ausländischem Umgründungssteuerrecht zu Buchwerten in eine im selben Staat ansässige Kapitalgesellschaft ein, liegt kein Umstand vor, der zu einer vorzeitigen Fälligstellung noch offener Raten bei der X-AG führt.

Wird eine inländische Körperschaft, die eine optierte internationale Schachtelbeteiligung hält, exportverschmolzen und ist die Beteiligung nach der Verschmelzung auch keiner inländischen Betriebsstätte zuzurechnen, geht das Besteuerungsrecht Österreichs hinsichtlich der stillen Reserven in der internationalen Schachtelbeteiligung verloren. Im Falle der Einschränkung des Besteuerungsrechtes gegenüber einem EU/EWR-Staat kann ein Antrag auf Ratenzahlung gestellt werden. Wird in weiterer Folge die Körperschaft, an der die übertragene internationale Schachtelbeteiligung bestand, up-stream auf die im Zuge der Erstverschmelzung übernehmende ausländische Körperschaft verschmolzen, liegt ein sonstiges Ausscheiden des vormals übertragenen Vermögens vor, das zur Fälligstellung noch offener Raten führt.

- Im Ratenzahlungskonzept sind nach der Umgründung im Ausland eintretende Wertveränderungen des übertragenen Vermögens - anders als im Nichtfestsetzungskonzept (dazu Rz 44b) - unbeachtlich, weil bereits anlässlich der Einschränkung des Besteuerungsrechtes eine Realisierung der in der österreichischen Besteuerungshoheit entstandenen stillen Reserven und damit eine "Trennung" der Besteuerungshoheiten erfolgt. Aus diesem Grund erfolgt auch ein späterer Reimport des Vermögens - wie bei jedem Vermögen, hinsichtlich dessen das Besteuerungsrecht der Republik Österreich entsteht - zum gemeinen Wert (§ 3 Abs. 1 Z 2 Teilstrich 1 UmgrStG, siehe Rz 160b und 160d). Tritt das betreffende Vermögen vor Ablauf von fünf (bzw. sieben) Jahren wieder in die österreichische Besteuerungshoheit ein, laufen noch offene Raten weiter, solange keine Gründe für eine vorzeitige Fälligstellung eintreten. *(BMF-AV Nr. 131/2018)*

1.1.4.3.3. Nichtfestsetzungskonzept bis 31.12.2015 *(BMF-AV Nr. 40/2017)*

Für Umgründungen, die bis zum 31.12.2015 beschlossen oder vertraglich unterfertigt werden, gilt: 44b

Insoweit es aufgrund einer Einschränkung des Besteuerungsrechtes der Republik Österreich zu einer Liquidationsbesteuerung kommt, kann die übertragende Körperschaft aufgrund von § 1 Abs. 2 UmgrStG idF vor AbgÄG 2015 in der Körperschaftsteuererklärung einen Antrag auf Nichtfestsetzung der Steuerschuld stellen.

Dabei wird zum Verschmelzungsstichtag die Körperschaftsteuerschuld der auf das in das Ausland transferierte Vermögen entfallenden stillen Reserven bescheidmäßig festgestellt, aber bis zur tatsächlichen Realisierung der stillen Reserven des Vermögens (Veräußerung, Liquidation, sonstiges Ausscheiden aus der Körperschaft) nicht festgesetzt; die tatsächliche Realisierung der Steuerschuld gilt als rückwirkendes Ereignis im Sinne des § 295a BAO. Analog zu den Regelungen im EStG 1988 idF vor AbgÄG 2015 erstreckt sich die dabei einsetzende Besteuerung auf die bescheidmäßig festgestellten stillen Reserven, Werterhöhungen nach dem Verschmelzungsstichtag bleiben unberücksichtigt, Wertminderungen nach dem Verschmelzungsstichtag, berechnet nach inländischem Abgabenrecht, sind zu berücksichtigen, soweit sie nicht im anderen Staat berücksichtigt wurden (Verbot der Doppelberücksichtigung). Weiters erfolgt eine Berücksichtigung höchstens im Umfang der Bemessungsgrundlage zum Verschmelzungsstichtag, dh. die steuerliche Berücksichtigung eines aus der Wertminderung resultierenden Verlustes ist ausgeschlossen.

Die absolute Verjährungsfrist des § 209 Abs. 5 BAO für die nachträgliche Abgabenfestsetzung aufgrund eines Nichtfestsetzungsantrages beginnt mit Eintritt des rückwirkenden Ereignisses zu laufen. Zur Durchbrechung der absoluten Verjährungsfrist betreffend eine nach dem 31.12.2005 entstandene aber nicht festgesetzte Steuerschuld siehe Rz 44c.

Beispiel:

Die inländische A-AG (Holding) hält eine 60-prozentige Beteiligung an der ebenfalls inländischen T-GmbH. Im Zuge einer Exportverschmelzung auf die ausländische Kapitalgesellschaft X-AG zum 31.12.2008 geht auch die Beteiligung an der T-GmbH über.

Die A-AG hat in ihrer Körperschaftsteuererklärung für das Jahr 08 einen Antrag auf Nichtfestsetzung gemäß § 1 Abs. 2 zweiter Satz UmgrStG gestellt. Der Buchwert der Beteiligung an der T-GmbH zum 31.12.08 hat 4.000 und der gemeine Wert hat 5.400 betragen. Aufgrund des gestellten Antrages auf Steueraufschub wird bescheidmäßig eine Körperschaftsteuerschuld iHv 350 (25% von 1.400) festgestellt.

Jahr 09:

Die übernehmende X-AG wertet die Beteiligung an der T-GmbH (nach ausländischen Steuerrecht steuerneutral) zum 1.1.09 auf 5.400 auf (Variante: Die X-AG übernimmt den Buchwert der Beteiligung an der T-GmbH).

Im Jahr 09 hat die X-AG auf die Beteiligung an der T-GmbH eine Wertberichtigung (nach österr. Ertragsteuerrecht: Teilwertabschreibung) iHv 300 vorgenommen, die nach dem ausländischen Steuerrecht den Gewinn gemindert hat (keine Gewinnminderung in der Variante).

Jahr 10:

Die X-AG veräußert die Beteiligung an der T-GmbH im Jahr 10 um 4.200, wobei ein Veräußerungsverlust aus der Beteiligungsveräußerung nach ausländischem Steuerrecht den steuerlichen Gewinn mindert (Variante: Veräußerungsgewinn von 200).

(Grundsachverhalt):

Die Beteiligung an der T-GmbH hat nach der Verschmelzung insgesamt 1.200 an Wert verloren, wobei die X-AG diesen Wertverlust nach ausländischem Steuerrecht berücksichtigen konnte (300 aus der Wertberichtung im Jahr 09 und 900 als Veräußerungsverlust im Jahr 10). Es ist daher für das Jahr 08 eine Körperschaftsteuer auf Basis von 1.400 (300 aus der Wertberichtigung 09, 900 aus dem Veräußerungsverlust 10 und 200 aus der verbliebenen stillen Reserve) festzusetzen.

Der Bescheid ergeht an die X-AG als Gesamtrechtsnachfolgerin der A-AG im Rahmen der umfassenden Amts- und Rechtshilfe, wobei gemäß § 1 Abs. 2 fünfter Satz UmgrStG die verfahrensrechtliche Rechtsgrundlage § 295a BAO ist.

(Variante):

Der nach der Verschmelzung eingetretene Wertverlust der Beteiligung an der T-GmbH konnte von der X-AG nach ausländischem Steuerrecht nicht geltend gemacht werden, weil es zur Buchwertübernahme gekommen ist. Es ist daher für das Jahr 08 lediglich eine Körperschaftsteuer auf Basis von 200 (aus der verbliebenen stillen Reserve) festzusetzen.

Bei Verschmelzungen unter Anwendung des Nichtfestsetzungskonzeptes geht der Nichtfestsetzungsantrag im Fall einer Folgeumgründung auf den Rechtsnachfolger über und es kommt erst bei Realisierung durch den Rechtsnachfolger zu einer Festsetzung der Steuerschuld, sofern es sich bei diesem um eine in der Anlage zum UmgrStG genannte Gesellschaft oder eine vergleichbare Gesellschaft eines EWR-Staates mit umfassender Amts- und Vollstreckungshilfe (Norwegen, Liechtenstein, ab 1.1.2017 Island) handelt.

Fortsetzung des Beispiels:

Die übernehmende X-AG bringt die von ihr verschmelzungsbedingt übernommene Beteiligung an der T-GmbH zum 31.12.11 nach ausländischem Umgründungssteuerrecht zu Buchwerten in eine im selben Staat ansässige Kapitalgesellschaft ein. Die Steuerhängigkeit bleibt weiter bestehen und der Nichtfestsetzungsantrag weiterhin aufrecht, bis die übernehmende Gesellschaft die Beteiligung an der T-GmbH veräußert.

Zur Rückübertragung des Vermögens siehe Rz 160d. Zur Behandlung der Anteilsinhaber in Fällen der sofortigen oder aufgeschobenen Besteuerung siehe Rz 264.

Sollten Vermögensteile nach dem Verschmelzungsvertrag in das Ausland übertragen werden, liegt ein unter § 6 Z 6 EStG 1988 idF vor AbgÄG 2015 fallender, nicht von der Rückwirkungsfiktion betroffener Transfer vor.

Eine Ausnahme vom Nichtfestsetzungskonzept besteht für den Fall der verschmelzungsbedingten Übertragung von nicht entgeltlich erworbenen unkörperlichen Wirtschaftsgütern des Anlagevermögens (vgl. EStR 2000 Rz 2517m) auf eine Gesellschaft im Sinne des § 1 Abs. 2 UmgrStG. Kommt es aufgrund der Verschmelzung bei der übernehmenden ausländischen Körperschaft nach ausländischem Steuerrecht zum Ansatz eines Aktivpostens für die genannten Wirtschaftsgüter, hat eine Besteuerung der bisher im Inland steuerwirksam geltend gemachten Aufwendungen zu erfolgen, wenn die übertragende Körperschaft den Betrag der Aufwendungen nachweist. Erfolgt kein Nachweis der Aufwendungen auf die verschmelzungsbedingt ins Ausland transferierten unkörperlichen Wirtschaftsgüter, sind 65% des Fremdvergleichswertes festzusetzen (vgl. EStR 2000 Rz 2517n). In beiden Fällen ist allerdings höchstens der im Ausland angesetzte Aktivposten Basis für die Festsetzung.

Beispiel:

Die inländische X-GmbH ist auf dem Gebiet der Forschung tätig. Zum 31.12.08 wird die X-GmbH auf die Y-Ges. verschmolzen, die in einem EU-Mitgliedstaat ansässig ist, dessen Steuerrecht die Aktivierung der Forschungsaufwendungen vorsieht (das durch die Forschungstätigkeit geschaffene immaterielle Wirtschaftsgut verbleibt nicht im Inland).

Weist die X-GmbH die Höhe der Forschungsaufwendungen nicht nach, sind 65% des Fremdvergleichswertes für die aktivierten Forschungsaufwendungen nachzuversteuern. *(BMF-AV Nr. 40/2017)*

Wurde aufgrund der ertragsteuerlichen Regelungen idF vor dem AbgÄG 2015 ein Antrag auf Nichtfestsetzung der Steuerschuld gestellt (siehe Rz 44b) und kam es mangels tatsächlicher Realisierung bis zum 31.12.2015 noch nicht zu einer Festsetzung der Steuerschuld, ist die Änderung des § 209 Abs. 5 BAO idF AbgÄG 2015 zu beachten: 44c

Die absolute Verjährungsfrist von 10 Jahren wurde für sämtliche Nichtfestsetzungen durchbrochen, denen eine nach dem 31.12.2005 entstandene Steuerschuld zu Grunde liegt. Das sind jene Nichtfestsetzungsfälle, für die die absolute Verjährungsfrist mit 1.1.2016 (= Inkrafttreten § 209 Abs. 5 BAO idF AbgÄG 2015) noch nicht abgelaufen sind. Das Recht auf Festsetzung verjährt gemäß § 209 Abs. 5 BAO idF AbgÄG 2015 erst 10 Jahre nach Ablauf des Jahres, in dem das rückwirkende Ereignis (zB Veräußerung) eintritt. Es kann daher im Falle einer nach dem 31.12.2005 entstandenen, aber nichtfestgesetzten Steuerschuld künftig noch zu einer Festsetzung kommen, auch wenn das rückwirkende Ereignis erst nach Ablauf der bisherigen absoluten Verjährungsfrist (10 Jahre ausgehend vom damaligen Entstrickungszeitpunkt) eintritt. *(BMF-AV Nr. 40/2017)*

Randzahlen 44d und 44e: *entfallen (BMF-AV Nr. 40/2017)*

1.1.4.4 Grenzüberschreitende Verschmelzungen auf andere Körperschaften (AÖF 2011/268)

Auf Export-Verschmelzungen auf übernehmende 45

• in der Anlage zum UmgrStG genannte Körperschaften außerhalb des Regelungsbereiches des SEG, des SCEG und des EU-Verschmelzungsgesetzes

• in Staaten außerhalb der EU oder außerhalb des EWR ansässige Körperschaften

findet Art I UmgrStG dem Grunde nach Anwendung, wenn sie im Firmenbuch bzw. dem ausländischen entsprechenden Register eingetragen und damit gesellschaftsrechtlich wirksam werden.

Inwieweit solche grenzüberschreitende Verschmelzungen unter Beteiligung einer österreichischen Körperschaft gesellschaftsrechtlich zulässig sind, ist somit eine vom zuständigen Firmenbuchgericht abschließend zu beurteilende Vorfrage (siehe Rz 46). Sollte ein inländisches Firmenbuchgericht eine derartige grenzüberschreitende Verschmelzung genehmigen, fällt diese unter § 1 Abs. 1 Z 1 UmgrStG und nicht unter § 1 Abs. 1 Z 4 UmgrStG.

Im zweiten aufgezählten Fall kommt im Falle der Einschränkung des Besteuerungsrechtes der Republik Österreich eine Antragsmöglichkeit auf Ratenzahlung (ab 1.1.2016, siehe Rz 44a) bzw. ein Steueraufschub mittels Antrag auf Nichtfestsetzung (bis 31.12.2015, siehe Rz 44b) nicht in Betracht.

Zur Import-Verschmelzung siehe Rz 160a. *(AÖF 2011/268, BMF-AV Nr. 40/ 2017, BMF-AV Nr. 131/2018)*

1.1.5 Maßgeblichkeit des Gesellschaftsrechte

1.1.5.1 Allgemeines

46 Infolge des Verweises des § 1 Abs. 1 Z 1 UmgrStG auf gesellschaftsrechtliche Verschmelzungsvorschriften ist die Frage, ob eine Verschmelzung im Sinne des Art. I UmgrStG vorliegt, eine gesellschaftsrechtliche vom zuständigen Firmenbuchgericht zu lösende Vorfrage. Der Grundsatz der Maßgeblichkeit des Gesellschaftsrechtes (vgl. VwGH 18.06.2002, 2001/16/0597, 0598) bewirkt auch die Bindung der Abgabenbehörde an die Eintragung der Verschmelzung in das Firmenbuch (§ 116 Abs. 2 BAO). Die rechtskräftig eingetragene Verschmelzung gilt somit für steuerliche Zwecke als maßgebend, solange sie nicht für nichtig erklärt wird.

Wird der Antrag auf Eintragung des Verschmelzungsbeschlusses im Firmenbuch zurückgewiesen, kommt eine Verschmelzung weder gesellschaftsrechtlich noch abgabenrechtlich zustande.

Die übernehmende Körperschaft muss am Verschmelzungsstichtag noch nicht zivilrechtlich existent sein. Sie kann auch im Rückwirkungszeitraum bzw. bei einer Verschmelzung zur Neugründung gegründet werden. Körperschaftsteuerrechtlich entsteht die übernehmende Gesellschaft in diesen Fällen bereits mit Beginn des auf den Verschmelzungsstichtag folgenden Tages.

Auch dann, wenn es zwischen dem rückwirkenden Stichtag und der Eintragung der Verschmelzung im Firmenbuch zu einem Wechsel auf Anteilsinhaberebene (Gesellschafterwechsel) kommt, ändert dies an der Anwendbarkeit des Art. I nichts (vgl. auch Rz 85). Auf die Übertragung von Anteilen an der übertragenden Körperschaft im Rückwirkungszeitraum kommt das allgemeine Ertragsteuerrecht zur Anwendung. *(AÖF 2011/268)*

47 Wird die Eintragung der Verschmelzung im Firmenbuch nachträglich als nichtig gelöscht, ist davon auszugehen, dass eine Vermögensübertragung nicht stattgefunden hat und eine getrennte Besteuerung der verschmolzenen Körperschaften ab dem Verschmelzungsstichtag vorzunehmen ist. Sofern eine getrennte Einkommensermittlung aus dem Rechenwerk der verschmolzenen Körper-

schaften nicht ableitbar ist, sind deren Besteuerungsgrundlagen im Schätzungswege zu ermitteln.

Die gesellschaftsrechtliche Rückwirkungsfrist des § 220 Abs. 3 AktG sowie   48
§ 202 Abs. 2 Z 1 UGB von neun Monaten für die Anmeldung der Verschmelzung zum Firmenbuch ist auch für die abgabenrechtliche Rückwirkung maßgebend (siehe Rz 80 ff). *(AÖF 2008/243)*

1.1.5.2 Vermögen

Anders als im Rahmen der übrigen Umgründungstatbestände setzt § 1   49
UmgrStG nicht voraus, dass im Zuge der Verschmelzung ein steuerlich definier-
tes Vermögen (Betrieb, Teilbetrieb, Mitunternehmeranteil, Kapitalanteil) übergeht. Es fällt daher auch die Verschmelzung bloß vermögensverwaltender Körperschaften (Holdinggesellschaften, Besitzgesellschaften) sowie von Mantelge-
sellschaften unter Art I UmgrStG.

Im Hinblick auf die Maßgeblichkeit der gesellschaftsrechtlichen Vorschrif-   50
ten ist eine umgründungssteuerrechtliche Regelung über das Erfordernis eines
positiven Verkehrswertes bei der übertragenden und übernehmenden Körperschaft nicht erforderlich. Wird eine Verschmelzung trotz realer Überschuldung
im Firmenbuch eingetragen, ist Art. I UmgrStG anzuwenden, solange die Firmenbucheintragung der Verschmelzung nicht nachträglich gelöscht wird. *(AÖF
2008/243)*

1.1.5.3 Verbotene Einlagenrückgewähr

Ein gesellschaftsrechtliches Hindernis für die Verschmelzung bei verbunde-   51
nen Körperschaften oder bei einer Schwesterverschmelzung kann das Vorliegen
einer verbotenen Einlagenrückgewähr sein. Ein Anwendungsfall des Art. I
UmgrStG ist allerdings auch dann gegeben, wenn ein Verschmelzungsbeschluss
trotz Vorliegens einer verbotenen Einlagenrückgewähr in das Firmenbuch eingetragen wird.

Zur verbotenen Einlagenrückgewähr bei Einbringungen siehe Rz 1084 ff.
(AÖF 2008/243)

1.1.5.4 Ausnahmen von der Maßgeblichkeit

Von der Maßgeblichkeit gesellschaftsrechtlicher Verschmelzungsvorschrif-   52
ten ausgenommen ist die Bewertung, da die §§ 2 und 3 UmgrStG eigenständige
steuerliche Bewertungsvorschriften (grundsätzlich zwingende Buchwertfortführung bzw. Aufwertungsoption in bestimmten Ausnahmefällen) vorsehen, wo-
gegen in der UGB-Bilanz nach Maßgabe des § 202 UGB eine Aufwertung erfolgen kann, ohne dass dadurch die Geltung des Art. I UmgrStG oder zwingende
(fakultative) steuerliche Bewertungen tangiert werden. Unterschiedliche Ansätze in der UGB- und Steuerbilanz sind daher hinsichtlich ihrer steuerlichen
Auswirkungen in einer steuerlichen Mehr-Weniger-Rechnung zu korrigieren,
sofern nicht eine Steuerbilanz neben der UGB-Bilanz erstellt wird. *(AÖF 2008/
243)*

Sollte anlässlich einer Verschmelzung auf Grund bundes- oder landesgesetz-   53
licher Sondernormen im Sinne des § 1 Abs. 1 Z. 2 UmgrStG die Befassung eines
Firmenbuchgerichtes nicht erforderlich sein, hat die Abgabenbehörde das Vorliegen der Anwendungsvoraussetzungen des Art. I UmgrStG eigenständig zu beurteilen.

Die zuständige Abgabenbehörde hat gleichfalls zu entscheiden, ob eine Auslandsverschmelzung den inländischen Verschmelzungsvorschriften entspricht (vgl. Rz 38 ff) bzw. die verschmolzenen ausländischen Rechtsträger inländischen Körperschaften vergleichbar sind (vgl. Rz 39).

1.1.6 Besteuerungsrecht der Republik Österreich

1.1.6.1 Allgemeines

54   Gemäß § 1 Abs. 2 erster Satz UmgrStG ist für eine steuerneutrale Vermögensübertragung erforderlich, dass das Besteuerungsrecht der Republik Österreich hinsichtlich der stillen Reserven einschließlich eines allfälligen Firmenwertes durch die Verschmelzung beim Rechtsnachfolger nicht eingeschränkt werden darf. Dieses Steuerverstrickungserfordernis wird dadurch realisiert, dass der Rechtsnachfolger die steuerlichen Buchwerte der übertragenen Körperschaft fortzuführen hat (Wertverknüpfung). Diese Voraussetzung gilt sowohl für Inlandsverschmelzungen und grenzüberschreitende Verschmelzungen (§ 1 Abs. 1 Z 1 bis 3 UmgrStG) als auch für Auslandsverschmelzungen (§ 1 Abs. 1 Z 4 UmgrStG) hinsichtlich deren inländischer Betriebsstätten und sonstigem Vermögen. *(BMF-AV Nr. 40/2017)*

55   War das Besteuerungsrecht bei der übertragenden Gesellschaft schon vor der Verschmelzung nicht gegeben, ist Art. I UmgrStG unabhängig davon anwendbar, ob die Steuerhängigkeit des Vermögens nach der Verschmelzung gegeben ist oder nicht. Bleibt bloß ein Teil des verschmelzungsbedingt übergehenden Vermögens im Inland steuerhängig, ist Art. I UmgrStG bloß partiell auf den steuerhängig bleibenden Teil des übergehenden Vermögens anwendbar, dh. dass diejenigen Vermögensteile, hinsichtlich derer das inländische Besteuerungsrecht erlischt, einer Teilliquidationsbesteuerung im Sinne des § 20 KStG 1988 unterliegen.

56   Gleiches gilt für den Anteilstausch auf Gesellschafterebene. Nur im Verhältnis der Verkehrswerte der unter Art. I UmgrStG fallenden übergehenden Vermögensteile zu den nach § 20 KStG 1988 von der Teilliquidationsbesteuerung erfassten Vermögensteilen kann gemäß § 5 UmgrStG ein steuerneutraler Anteilstausch erfolgen. Zu den Rechtsfolgen einer grenzüberschreitenden Verschmelzung mit sofortiger Besteuerung oder Entrichtung der Steuerschuld in Raten (bis 31.12.2015: aufgeschobener Besteuerung im Rahmen des Nichtfestsetzungskonzepts) siehe Rz 264. Zu den Rechtsfolgen einer nicht unter Art. I UmgrStG fallenden Verschmelzung bei den Anteilsinhabern siehe Rz 402 ff. *(BMF-AV Nr. 40/2017)*

57   Das Erfordernis der aufrecht bleibenden Steuerverstrickung bezieht sich nur auf das übergehende Vermögen der übertragenden Körperschaft, nicht hingegen auf die in den Anteilen enthaltenen stillen Reserven. Der verschmelzungsbedingte Entfall der Steuerverstrickung auf Ebene der Anteilsinhaber steht der Anwendung des Art. I UmgrStG nicht entgegen. Auf Anteilsinhaberebene kommt es allerdings in den Fällen des § 5 Abs. 1 Z 4 und 5 UmgrStG zu einer sofortigen Besteuerung bzw. zur Entrichtung der Steuerschuld in Raten (bis 31.12.2015: aufgeschobenen Besteuerung im Rahmen des Nichtfestsetzungskonzepts). Siehe hiezu Rz 265a ff.

Das steuerliche Tatbestandsmerkmal der Aufrechterhaltung der Steuerhängigkeit der stillen Reserven ist ausschließlich von den Abgabenbehörden zu beurteilen. *(BMF-AV Nr. 40/2017)*

1.1.6.2 Inlandsverschmelzungen auf steuerbefreite Körperschaften

Da die Anwendung von Art. I UmgrStG voraussetzt, dass das Besteuerungs- 58
recht der Republik Österreich nicht eingeschränkt werden darf (§ 1 Abs. 2
UmgrStG), fällt die Verschmelzung einer ganz oder teilweise steuerbefreiten
Körperschaft auf eine ganz oder teilweise steuerbefreite Körperschaft unter
Art. I UmgrStG, wenn sich dadurch an der bestehenden (Teil)Steuerpflicht der
übertragenden Körperschaft bei der übernehmenden Körperschaft nichts ändert.
Die Verschmelzung einer steuerpflichtigen Körperschaft auf eine persönlich befreite Körperschaft fällt daher nur dann unter Art. I UmgrStG, wenn sich die Befreiung der übernehmenden Körperschaft nicht auf das übernommene Vermögen
erstreckt. Im Falle der Verschmelzung einer steuerbefreiten Körperschaft auf
eine steuerpflichtige Körperschaft ist mit der Anwendung des Art. I UmgrStG
der Eintritt in die Steuerpflicht im Sinne des § 18 Abs. 2 KStG 1988 verbunden
(siehe dazu KStR 2013 Rz 1421 f). *(BMF-AV Nr. 40/2017)*

1.1.6.3 Inlandsverschmelzungen mit Auslandsbezug

Wird anlässlich einer Inlandsverschmelzung im Ausland gelegenes Vermö- 59
gen mitübertragen, hat Österreich hinsichtlich der im Auslandsvermögen enthaltenen stillen Reserven dann kein Besteuerungsrecht, wenn das mit dem Belegenheitsstaat abgeschlossene DBA die Befreiungsmethode vorsieht. Da das inländische Besteuerungsrecht durch die Verschmelzung nicht eingeschränkt wird,
kommt Art. I UmgrStG zur Anwendung.

Sieht das DBA mit dem Belegenheitsstaat die Anrechnungsmethode vor,
kommt Art. I UmgrStG gleichfalls zur Anwendung, da das österreichische Besteuerungsrecht durch die Verschmelzung ebenfalls nicht eingeschränkt wird.
Zur Vermeidung einer doppelten Besteuerung der im ausländischen Vermögen
angesammelten stillen Reserven räumt § 2 Abs. 2 Z 1 UmgrStG der übertragenden Körperschaft insoweit ein Aufwertungswahlrecht ein

Beispiel:

Die inländische A-GmbH unterhält in Kanada eine Betriebsstätte. Führt die Verschmelzung der A-GmbH auf die inländische B-GmbH nach kanadischem Abgabenrecht zur Besteuerung der stillen Reserven in der Betriebsstätte, kann die A-GmbH in
dem mit dem Verschmelzungsstichtag endenden Wirtschaftsjahr die nach inländischem Abgabenrecht ermittelten stillen Reserven der kanadischen Betriebsstätte versteuern. Soweit die kanadische Körperschaftsteuer in der auf die Aufdeckung der stillen Reserven im Inland entstandene Körperschaftsteuer Deckung findet, kann sie auf
diese angerechnet werden. *(AÖF 2008/243, BMF-AV Nr. 40/2017)*

Die Anwendbarkeit des Art. I UmgrStG ist nur dann und insoweit nicht ge- 60
geben, als die Umgründung zu einer Einschränkung des Besteuerungsanspru-
ches der Republik Österreich führt. Dies kann bereits dann der Fall sein, wenn
Österreich aufgrund von Doppelbesteuerungsabkommen keinen Besteuerungsanspruch mehr hat (siehe Rz 72); jedenfalls liegt eine Einschränkung vor, wenn
innerstaatlich keine Besteuerung mehr vorgesehen ist. *BMF-AV Nr. 40/2017*

1.1.6.4 Auslandsverschmelzungen mit Inlandsbezug

1.1.6.4.1 Allgemeines

Die Anwendungsvoraussetzung der Steuerhängigkeit der stillen Reserven 61
bei der übernehmenden Gesellschaft gilt grundsätzlich auch für Auslandsverschmelzungen im Sinne des § 1 Abs. 1 Z 4 UmgrStG hinsichtlich des von der
Verschmelzung betroffenen inländischen Vermögens. Unter inländischem Ver-

mögen sind nicht nur Betriebsstätten, sondern auch sonstige Vermögensteile, wie insbesondere Beteiligungen an einer inländischen Tochtergesellschaft im Sinne des § 98 Abs. 1 Z 5 lit. e EStG 1988 zu verstehen (zum inländischen unbeweglichen Vermögen siehe Rz 66). *(AÖF 2013/301)*

62   Sind die verschmolzenen ausländischen Körperschaften steuerlich in demselben Staat ansässig, kann es durch die Verschmelzung zu keiner Einschränkung des österreichischen Besteuerungsrechtes kommen, da auch nach der Verschmelzung unverändert dasselbe DBA anzuwenden ist. Eine Einschränkung des inländischen Besteuerungsrechtes ist daher nur dann denkbar, wenn es sich um eine grenzüberschreitende Auslandsverschmelzung handelt (vgl. Rz 37).

63   Wird anlässlich einer Auslandsverschmelzung steuerhängiges Inlandsvermögen übertragen, für das nach zwischenstaatlichem Steuerrecht Österreich das Besteuerungsrecht nach der Verschmelzung nicht mehr zusteht, ist dieser Besteuerungsanspruch im Rahmen der beschränkten Steuerpflicht gegen die übertragende Körperschaft geltend zu machen.

1.1.6.4.2 Inländisches Betriebsvermögen

64   Inländische Zweigniederlassungen oder Betriebsstätten der ausländischen übertragenden Körperschaft gehen durch die Auslandsverschmelzung auf die ausländische übernehmende Körperschaft über. Durch den verschmelzungsbedingten Vermögensübergang wird die österreichische beschränkte Steuerpflicht hinsichtlich der Betriebsstättengewinne (§ 21 Abs. 1 KStG 1988 in Verbindung mit § 98 Abs. 1 Z 3 EStG 1988 und Art. 7 OECD-Musterabkommen) idR nicht berührt. Unter der Voraussetzung einer steuerlichen Buchwertfortführung kommt es daher idR auch zu keiner Einschränkung des österreichischen Besteuerungsrechtes hinsichtlich der übergehenden stillen Reserven.

Die Besteuerung der stillen Reserven beim Rechtsnachfolger kann aber eingeschränkt sein, wenn bei einer grenzüberschreitenden Auslandsverschmelzung durch den DBA-Wechsel die Betriebsstättenqualifikation entfällt. In einem solchen Fall wäre Art. I UmgrStG auf die inländische Vermögensübertragung nicht anwendbar. Erfolgt die Verschmelzung auf eine übernehmende in der Anlage zum UmgrStG genannte EU-Gesellschaft oder eine den Kapitalgesellschaften vergleichbare Gesellschaft eines EU/EWR-Staates, kann die übertragende Körperschaft die Entrichtung der verschmelzungsbedingt entstandenen Steuerschuld in Raten beantragen (siehe Rz 44a; bis 31.12.2015: Antrag auf Nichtfestsetzung, siehe Rz 44b). Dies gilt auch, wenn die übertragende Körperschaft in einem Drittstaat ansässig ist. *(BMF-AV Nr. 40/2017, BMF-AV Nr. 131/2018)*

65   Die Beteiligung der ausländischen übertragenden Körperschaft an einer inländischen Mitunternehmerschaft ist einer anteiligen inländischen Betriebsstätte gleichzuhalten. Vortragsfähige Betriebsstättenverluste und Verluste aus unbeweglichem Vermögen gehen gemäß § 4 UmgrStG nach Maßgabe des § 102 Abs. 2 EStG 1988 auf den Rechtsnachfolger über (siehe EStR 2000 Rz 8059). *(AÖF 2008/243)*

1.1.6.4.3 Inländisches außerbetriebliches Vermögen

66   Außerhalb einer Betriebsstätte erzielte Einkünfte aus inländischem unbeweglichen Vermögen werden bei beschränkt steuerpflichtigen Körperschaften als Einkünfte aus Gewerbebetrieb besteuert (§ 21 Abs. 1 Z 3 KStG 1988; vgl. KStR 2013 Rz 1477). Doppelbesteuerungsabkommen, die eine Art. 13 Abs. 1 OECD-MA entsprechende Regelung enthalten, weisen das Besteuerungsrecht

für die Einkünfte aus der Veräußerung dieses Vermögens dem Belegenheitsstaat (Österreich) zu. *(BMF-AV Nr. 40/2017)*

Außerbetriebliche Einkünfte beschränkt steuerpflichtiger Körperschaften 67 iSd § 1 Abs. 3 Z 1 KStG 1988 sind nur mehr relevant, wenn sie aus der Veräußerung einer Beteiligung an einer inländischen Kapitalgesellschaft stammen, an der die ausländische Körperschaft zu mindestens 1% beteiligt war (Einkünfte aus realisierten Wertsteigerungen von Kapitalvermögen, § 98 Abs. 1 Z 5 lit. e EStG 1988). *(AÖF 2013/301)*

Doppelbesteuerungsabkommen, deren Zuteilungsnormen dem OECD-Mu- 68 sterabkommen folgen, weisen das Besteuerungsrecht für die Einkünfte aus der Veräußerung von Beteiligungen dem Ansässigkeitsstaat des Veräußerers zu (Art. 13 Abs. 5 OECD-MA). Daraus folgt, dass Österreich bei einer Auslandsverschmelzung das Besteuerungsrecht an den Veräußerungsgewinnen von Anteilen verliert, wenn mit dem Ansässigkeitsstaat der übertragenden Körperschaft überhaupt kein DBA oder ein DBA besteht, das auch Österreich als Quellenstaat das Besteuerungsrecht an den Anteilen entgegen Art. 13 Abs. 5 OECD-Musterabkommen belässt, das mit dem Ansässigkeitsstaat der übernehmenden Körperschaft abgeschlossene DBA aber Art. 13 Abs. 5 OECD-Musterabkommen folgt.

Beispiel:

Die X Ltd hat ihren Sitz und Geschäftsleitung in Indien und besitzt eine 10-prozentige Beteiligung an der inländischen A GmbH. Bei der A GmbH handelt es sich um keine Immobiliengesellschaft. Zum 31.12.07 erfolgt eine (upstream) Verschmelzung der X Ltd auf ihre englische Mutter, die Z Ltd.

Durch die Verschmelzung kann Österreich keine Besteuerung der Veräußerung der Anteile an der A GmbH gemäß § 98 Abs. 1 Z 5 lit. e EStG 1988 mehr vornehmen, weil entgegen dem DBA Indien (Art. 13 Abs. 5: Ansässigkeit der Gesellschaft, deren Anteile veräußert werden, ist maßgeblich) das DBA Großbritannien entsprechend Art. 13 Abs. 5 OECD-MA das Besteuerungsrecht dem Ansässigkeitsstaat des Veräußerers der Anteile zuweist (Art. 13 Abs. 4). Die Verschmelzung unterliegt folglich nicht Art. I UmgrStG. Es entsteht eine Steuerschuld auf Ebene von X Ltd. hinsichtlich der in der Beteiligung an A GmbH enthaltenen stillen Reserven. X Ltd. kann einen Antrag auf Ratenzahlung (bis 31.12.2015: Antrag auf Nichtfestsetzung) gemäß § 1 Abs. 2 UmgrStG beantragen. *(BMF-AV Nr. 40/2017)*

Bei bloß teilweiser Steuerentstrickung kommt es lediglich zu einer teilwei- 69 sen Einschränkung des österreichischen Besteuerungsrechtes. Art. I UmgrStG (und damit sämtliche Bestimmungen des Art. I UmgrStG) kommt daher insoweit nicht zur Anwendung (vgl. Rz 54 ff).

1.1.6.5 Besteuerungsrecht bei grenzüberschreitenden Verschmelzungen

Zu den Grundsätzen der grenzüberschreitenden Verschmelzung siehe die 70 Rz 41 ff. *(AÖF 2008/243)*

1.1.6.5.1 „Import-Verschmelzung"

Bei einer „Import-Verschmelzung" (siehe Rz 160a) ist das Steuerverstrik- 71 kungserfordernis hinsichtlich eines allenfalls verschmelzungsbedingt mitübertragenen Inlandsvermögens idR durch die unbeschränkte Steuerpflicht der inländischen übernehmenden Körperschaft gewahrt. Gegebenenfalls wachsen der Republik Österreich neue Besteuerungsrechte am übertragenen Auslandsvermögen zu. *(BMF-AV Nr. 40/2017)*

1.1.6.5.2 „Export-Verschmelzung"

72   Im Falle der „Export-Verschmelzung" (siehe Rz 41 ff) geht das Vermögen der übertragenden österreichischen Körperschaft ohne Abwicklung auf die übernehmende ausländische Körperschaft über. Durch die Verschmelzung geht die bisher im Inland unbeschränkt steuerpflichtige Körperschaft unter, sodass bisher bestehende Besteuerungsrechte an den stillen Reserven verloren gehen können. Der verschmelzungsbedingte Entfall der Steuerhängigkeit der stillen Reserven führt daher zu einer (partiellen) Nichtanwendbarkeit des Art. I UmgrStG und damit zu einer (partiellen) Liquidationsbesteuerung nach § 20 KStG 1988. Kommt es zum Entfall der Steuerhängigkeit der stillen Reserven durch Verschmelzung auf eine in der Anlage zum UmgrStG angeführte EU-Gesellschaft oder auf eine einer Kapitalgesellschaft vergleichbare Gesellschaft eines Mitgliedstaates des EWR (Norwegen, Liechtenstein und Island), kann die übertragende Körperschaft beantragen, die anlässlich der Einschränkung des Besteuerungsrechtes entstehende Steuerschuld in Raten zu entrichten (siehe Rz 44a; bis 31.12.2015: Antrag auf Nichtfestsetzung, siehe Rz 44b).

Zur Behandlung der Anteilsinhaber in einem solchen Fall siehe Rz 264.

Bleiben die Wirtschaftsgüter aus Anlass der Verschmelzung in einer inländischen Betriebsstätte verstrickt (steuerhängig), werden sie aber in der Folge in das Ausland verbracht (überführt), greift nicht die Entstrickungsbesteuerung des § 1 Abs. 2 UmgrStG, sondern es kommt § 6 Z 6 EStG 1988 zur Anwendung: Die ins Ausland überführten Wirtschaftsgüter sind mit dem Fremdvergleichswert anzusetzen; die dabei entstehende Steuerschuld kann bei Überführung in einen EU/EWR-Staat gemäß § 6 Z 6 lit. c erster Teilstrich EStG 1988 idF AbgÄG 2015 auf Antrag in Raten entrichtet werden (für Überführungen bis 31.12.2015 kann aufgrund von § 6 Z 6 EStG 1988 idF vor AbgÄG 2015 ein Antrag auf Nichtfestsetzung der Steuerschuld gestellt werden, siehe EStR 2000 Rz 2517a ff).

Sind in Österreich belegene Wirtschaftsgüter keiner inländischen Betriebsstätte zuzuordnen und wird anlässlich der Verschmelzung das Besteuerungsrecht an diesen Wirtschaftsgütern eingeschränkt, greift die Entstrickungsbesteuerung nach § 1 Abs. 2 zweiter Satz UmgrStG ein. Eine der Verschmelzung nachfolgende tatsächliche Verbringung (Überführung) der in Österreich belegenen Wirtschaftsgüter in das Ausland ist sodann im Hinblick auf die Entstrickungsbesteuerung irrelevant; § 6 Z 6 EStG 1988 kann nicht mehr eingreifen.

• Inländische Betriebsstätten

Anlässlich des verschmelzungsbedingten Überganges von inländischen Betriebsstätten unterliegt die übernehmende ausländische Körperschaft mit ihren Betriebsstätteneinkünften der inländischen beschränkten Steuerpflicht. Die im übergegangenen Betriebsvermögen enthaltenen stillen Reserven bleiben im Falle der steuerlichen Buchwertfortführung im Rahmen der beschränkten Steuerpflicht steuerhängig, sodass Art. I UmgrStG anwendbar ist.

Dies entspricht auch Art. 4 der kodifizierten Fusionsbesteuerungsrichtlinie, RL 2009/133/EG (Erfordernis der Betriebsstättenverhaftung).

Hingegen wird das inländische Besteuerungsrecht dann eingeschränkt, wenn nach dem DBA mit dem Ansässigkeitsstaat der übernehmenden Körperschaft die inländische Geschäftseinrichtung nicht mehr als Betriebsstätte gilt. In diesem Fall hat eine Liquidationsbesteuerung nach § 20 KStG 1988 zu erfolgen. Zur Frage eines allfälligen Antrages auf Ratenzahlung siehe Rz 44a (bis 31.12.2015: Antrag auf Nichtfestsetzung, siehe Rz 44b).

- Ausländische Betriebsstätten

Der verschmelzungsbedingte Übergang einer ausländischen Betriebsstätte auf eine ausländische übernehmende Körperschaft fällt unter Art. I UmgrStG, wenn Österreich mit dem Betriebsstättenstaat ein DBA abgeschlossen hat, das die Befreiungsmethode vorsieht, da die stillen Reserven dieser ausländischen Betriebsstätte schon bis zur Verschmelzung im Inland nicht steuerhängig waren. Wurden Verluste dieser Betriebsstätte auf Grund von § 2 Abs. 8 EStG 1988 in der Vergangenheit mit den positiven Inlandseinkünften der übertragenen Körperschaft verrechnet (vgl. KStR 2013 Rz 376 ff), kommt es durch die Verschmelzung nicht zu einer Nachversteuerung (Zurechnung zu inländischen betrieblichen Einkünften) sondern erst dann, wenn die Verluste im Ausland berücksichtigt werden. Zur Nachversteuerung gemäß § 2 Abs. 8 Z 4 EStG 1988 idF AbgÄG 2014 in Folge Zeitablauf siehe EStR 2000 Rz 212 ff.

Hingegen führt der verschmelzungsbedingte Übergang einer ausländischen Betriebsstätte dann zur Einschränkung des österreichischen Besteuerungsrechtes und damit zur Nichtanwendbarkeit des Art. I UmgrStG, wenn mit dem Betriebsstättenstaat kein DBA besteht, oder ein DBA abgeschlossen wurde, das die Anrechnungsmethode vorsieht (zB Italien; zur Frage eines allfälligen Antrages auf Ratenzahlung siehe Rz 44a bzw. auf Nichtfestsetzung siehe Rz 44b).

- Beteiligungen

Das inländische Besteuerungsrecht an den stillen Reserven von Beteiligungen an in- oder ausländischen Tochtergesellschaften geht gleichfalls unter, wenn die Beteiligungen verschmelzungsbedingt auf eine ausländische Körperschaft übergehen und das DBA mit dem Ansässigkeitsstaat der übernehmenden Körperschaft das Besteuerungsrecht hinsichtlich der Anteile entsprechend Art. 13 Abs. 5 OECD-Musterabkommen dem Ansässigkeitsstaat des Gesellschafters zuweist, es sei denn, die Beteiligungen sind einer inländischen Betriebsstätte zuzurechnen.

- Internationale Schachtelbeteiligungen

Ebenso ist das Steuerverstrickungserfordernis nicht gewahrt, wenn eine (fiktiv) teilwertberichtigte internationale Schachtelbeteiligung, bei der ein Teil von der Steuerneutralität ausgenommen ist, oder eine internationale Schachtelbeteiligung, für die zur Steuerwirksamkeit optiert wurde (§ 10 Abs. 3 Z 1 KStG 1988), verschmelzungsbedingt auf eine ausländische übernehmende Körperschaft übergeht und dadurch das inländische Besteuerungsrecht erlischt. Das Steuerverstrickungserfordernis ist aber auch dann nicht gewahrt, wenn das abkommensrechtliche Besteuerungsrecht erlischt - unabhängig davon, ob es innerstaatlich ausgeübt wird (wie zB bei einer steuerneutralen internationalen Schachtelbeteiligung, wobei sich Auswirkungen in der Regel jedoch nur auf Ebene der Anteilsinhaber ergeben können, wenn diese nicht im EU/EWR-Raum ansässig sind).

- Sonstiges Inlandsvermögen

Überträgt eine bloß vermögensverwaltend tätige österreichische Körperschaft im Wege einer Verschmelzung inländische Grundstücke auf eine ausländische Körperschaft, geht die Steuerhängigkeit der stillen Reserven infolge der Betriebsvermögensfiktion des § 21 Abs. 1 Z 3 KStG 1988 nicht verloren, sodass Art. I UmgrStG anwendbar ist.

Werden sonstige Wirtschaftsgüter (bewegliche Wirtschaftsgüter, Rechte, Patente, Kapitalanteile usw.) auf die ausländische Körperschaft übertragen, wird hingegen das Besteuerungsrecht eingeschränkt und Art. I UmgrStG ist insoweit nicht anwendbar, sofern diese Wirtschaftsgüter keiner inländischen Betriebsstätte der ausländischen übernehmenden Körperschaft zuzurechnen sind. Zur Frage eines allfälligen Antrages auf Ratenzahlung siehe Rz 44a (bis 31.12.2015: Nichtfestsetzung, siehe Rz 44b).

• Sonstiges Auslandsvermögen

Zu einer Entstrickung von Auslandsvermögen kommt es dann, wenn Österreich hinsichtlich des Auslandsvermögens der übertragenden inländischen Körperschaft ein Besteuerungsrecht zustand, das nach der Verschmelzung nicht mehr gegeben ist. *(BMF-AV Nr. 131/2018)*

1.1.7. Unmaßgeblichkeit eines Gesellschafterwechsels nach dem Verschmelzungsstichtag

73   Zum Gesellschafterwechsel bei der übertragenden oder übernehmenden Körperschaft nach dem Verschmelzungsstichtag aber vor Beschlusserfassung der Verschmelzung siehe Rz 85.

Übertragende Körperschaft

§ 2. (1) Bei der Ermittlung des Gewinnes ist für das mit dem Verschmelzungsstichtag endende Wirtschaftsjahr das Betriebsvermögen mit dem Wert anzusetzen, der sich nach den steuerrechtlichen Vorschriften über die Gewinnermittlung ergibt.

(2) Abweichend von Abs. 1 kann

1. bei Verschmelzungen im Sinne des § 1 Abs. 1 Z 1 bis 3 das ausländische Vermögen und

2. bei Verschmelzungen im Sinne des § 1 Abs. 1 Z 4 das Betriebsvermögen und sonstige Vermögensteile

mit dem sich aus § 20 des Körperschaftssteuergesetzes 1988 ergebenden Wert angesetzt werden, wenn die Verschmelzung im Ausland zur Gewinnverwirklichung führt und mit dem in Betracht kommenden ausländischen Staat ein Doppelbesteuerungsabkommen besteht, das dafür die Anrechnungsmethode vorsieht, oder eine vergleichbare innerstaatliche Maßnahme zur Vermeidung der Doppelbesteuerung getroffen wurde.

(3) Das Einkommen der übertragenden Körperschaft ist so zu ermitteln, als ob der Vermögensübergang mit Ablauf des Verschmelzungsstichtages erfolgt wäre.

(4) Abs. 3 gilt nicht für Gewinnausschüttungen der übertragenden Körperschaft auf Grund von Beschlüssen nach dem Verschmelzungsstichtag sowie für

– die Einlagenrückzahlung im Sinne des § 4 Abs. 12 des Einkommensteuergesetzes 1988 durch die übertragende Körperschaft und

– Einlagen im Sinne des § 8 Abs. 1 des Körperschaftsteuergesetzes 1988 in die übertragende Körperschaft

in der Zeit zwischen dem Verschmelzungsstichtag und dem Tag des Abschlusses des Verschmelzungsvertrages.

(5) Verschmelzungsstichtag ist der Tag, zu dem die Schlussbilanz aufgestellt ist, die der Verschmelzung zugrunde gelegt wird. Zum Verschmelzungsstichtag ist weiters eine Verschmelzungsbilanz aufzustellen, in der die nach Abs. 1 oder 2 steuerlich maßgebenden Buchwerte oder Werte und das sich daraus ergebende Verschmelzungskapital unter Berücksichtigung nachträglicher Veränderungen im Sinne des Abs. 4 darzustellen sind.

(BGBl 1996/797)

Gliederung:

1.2. Übertragende Körperschaft (§ 2 UmgrStG)

1.2.1. Verschmelzungsstichtag

1.2.1.1 Allgemeines

74
Gemäß § 2 Abs. 5 UmgrStG ist Verschmelzungsstichtag der Tag, zu dem die Schlussbilanz aufgestellt ist, die der Verschmelzung zugrunde gelegt wird. Durch den Verweis auf die Schlussbilanz bedient sich das Abgabenrecht der Regeln des AktG. § 220 Abs. 2 Z 5 AktG definiert den Verschmelzungsstichtag als jenen Stichtag, von dem an die Handlungen der übertragenden Gesellschaften als für Rechnung der übernehmenden Gesellschaft vorgenommen gelten. Der Verschmelzungsstichtag ist im Verschmelzungsvertrag oder in dem vom Gesetzgeber geforderten Entwurf festzusetzen. Die Schlussbilanz muss somit auf den vertraglich festgelegten Stichtag aufgestellt werden.

75
Alle bis zum Ablauf des Verschmelzungsstichtages realisierten Geschäftsfälle sind in die verpflichtend aufzustellende Schlussbilanz gemäß § 220 Abs. 3 Satz 1 AktG aufzunehmen. Obwohl das Erlöschen der übertragenden Gesellschaft und der sachenrechtliche Vermögensübergang gemäß § 225a Abs. 3 AktG erst am Tag der Eintragung der Verschmelzung in das Firmenbuch erfolgt, werden die Geschäftsfälle, die nach dem Verschmelzungsstichtag realisiert werden, bereits buchhalterisch bei der übernehmenden Gesellschaft erfasst und damit in den folgenden Rechnungsabschluss der übernehmenden Gesellschaft aufgenommen.

76
Gemäß § 220 Abs. 3 AktG sind für die aufzustellende Schlussbilanz die Vorschriften des UGB über den Jahresabschluss und dessen Prüfung sinngemäß anzuwenden. Neben den formalen Gliederungsvorschriften und materiellen Bewertungsvorschriften für die Schlussbilanz gelten auch die gesellschaftsrechtlichen Prüfungsvorschriften, nicht aber die Veröffentlichungsvorschriften. Gemäß OGH 11.11.1999, 6 Ob 4/99b, ist zwingender Bestandteil dieser Schlussbilanz auch ein diese Schlussbilanz erläuternder Anhang. *(AÖF 2008/243)*

77
Der Verschmelzungsstichtag darf höchstens neun Monate vor der Anmeldung der Verschmelzung liegen. Im Verschmelzungsvertrag können die Gesellschaften auch einen künftigen Stichtag vereinbaren, wobei die Beschlussfassung über die Verschmelzung und damit die Anmeldung beim Firmenbuch aber erst nach Vorliegen der Schlussbilanz vorgenommen werden kann. Die für die Firmenbuchanmeldung zur Verfügung stehende Neunmonatsfrist ist als materiellrechtliche Frist zu verstehen, das heißt, dass die Anmeldung beim zuständigen Firmenbuch spätestens am letzten Tag der Neunmonatsfrist einlangen muss (OGH 17.7.1997, 6 Ob 124/97x). Zur Zurückweisung des Antrags auf Eintragung des Verschmelzungsbeschlusses in das Firmenbuch und zur nachträglichen Löschung einer eingetragenen Verschmelzung siehe Rz 46 und Rz 86.

78
Über § 96 Abs. 2 GmbHG gelten die aktienrechtlichen Vorschriften auch für die Gesellschaft mit beschränkter Haftung. Der gesellschaftsrechtliche Ver-

schmelzungsstichtag deckt sich durch die Bestimmung des § 2 Abs. 5 Satz 1 UmgrStG somit mit dem steuerrechtlichen Verschmelzungsstichtag, sodass sich die steuerlichen Wirkungen auf diesen Stichtag beziehen. *(AÖF 2008/243)*

Verschmelzungsstichtag kann sowohl der Regelbilanzstichtag der übertra-   79
genden Körperschaft als auch jeder andere Stichtag sein. Die Wahl eines vom Regelbilanzstichtag abweichenden Stichtages ist kein zustimmungsbedürftiger Wechsel im Sinne des § 7 Abs. 5 KStG 1988 in Verbindung mit § 2 Abs. 7 EStG 1988.

Zu einer auf dem Jahresabschluss des Vortages basierenden Bilanz siehe Rz 766. *(BMF-AV Nr. 193/2015)*

1.2.1.2 Rückwirkungsfiktion

Gemäß § 2 Abs. 3 UmgrStG ist das Einkommen der übertragenden Körper-   80
schaft so zu ermitteln, als ob der Vermögensübergang mit Ablauf des Verschmelzungsstichtages erfolgt wäre. Das UmgrStG normiert somit keine eigenständige Rückwirkungsfrist, sondern bestimmt dafür die maßgeblichen gesellschaftsrechtlichen Fristen des § 220 Abs. 2 und Abs. 3 AktG. Diese Fristen decken sich auch mit der in § 202 Abs. 2 UGB für Umgründungen mit Buchwertfortführung festgesetzten Frist, womit die zugrundegelegte Bilanz höchstens neun Monate vor der Anmeldung zum Firmenbuch liegen darf. *(AÖF 2008/243)*

Da die steuerrechtliche Rückwirkung auf den Vermögensübergang anknüpft,   81
ergibt sich daraus die Vermögens- und Ergebniszurechnung zur übertragenden Körperschaft bis zum Ablauf des Verschmelzungsstichtages und eine solche zur übernehmenden Körperschaft mit Beginn des dem Verschmelzungsstichtag folgenden Tages. Daraus folgt aber auch, dass der Verschmelzungsstichtag die Einkommens- und Gewinnermittlung für die übertragende und die übernehmende Körperschaft zuteilt. Obwohl die mit dem Beginn des auf den Verschmelzungsstichtag folgenden Tages abgeschlossenen Rechtsgeschäfte und Geschäftsfälle zivilrechtlich noch der übertragenden Körperschaft zuzurechnen sind, werden sie im Rahmen der steuerrechtlichen Einkommens- und Gewinnermittlung bereits der übernehmenden Körperschaft zugerechnet. Damit werden auch alle Rechtsgeschäfte zwischen der übertragenden und der übernehmenden Körperschaft nach dem Verschmelzungsstichtag durch die gesetzlich angeordnete Rückwirkung ertragsteuerlich zu Innengeschäften. Buchtechnisch sind daher alle bereits erfassten Steuerwirkungen zu neutralisieren.

Beispiel:

Die A-GmbH (Wirtschaftsjahr 1.4. bis 31.3.) wird zum 30.6.01 auf die B-GmbH (Wirtschaftsjahr 1.11. bis 31.10.) verschmolzen. Der Verschmelzungsbeschluss wird am 5.5.02 in das Firmenbuch eingetragen.

A-GmbH:

Gesellschaftsrechtlich existiert die A-GmbH bis 5.5.02, umgründungssteuerrechtlich existiert die A-GmbH bis zum 30.6.01. Mit der zum 30.6.01 zu erstellenden Schlussbilanz endet das letzte Wirtschaftsjahr der A-GmbH als Rumpfwirtschaftsjahr vom 1.4.01 bis 30.6.01 (siehe Rz 91). Der Gewinn dieses Wirtschaftsjahres ist der A-GmbH zuzurechnen. Mit Ablauf des 30.6.01 endet die persönliche und sachliche Steuerpflicht. Die Erstellung eines Jahresabschlusses zum 31.3.02 hat keine steuerliche Bedeutung mehr.

B-GmbH:

Mit 1.7.01 ist steuerrechtlich das Vermögen der A-GmbH auf die B-GmbH überge-

gangen, sämtliche Geschäftsvorfälle sind der B-GmbH zuzurechnen. Der Vermögensübergang zum 1.7.01 ändert nichts am laufenden Wirtschaftsjahr der B-GmbH vom
1.11.00 bis 31.10.01. Der Jahresabschluss der B-GmbH zum 31.10.01 umfasst steuerlich auch das Vermögen der A-GmbH, dh das vereinigte Vermögen kann nur in einer
Steuerbilanz der B-GmbH dargestellt werden, die steuerliche Gewinnermittlung umfasst auch den Teilgewinn oder -verlust aus den Geschäftsvorfällen der A-GmbH vom
1.7.01 bis 31.10.01. Dies gilt auch für das nachfolgende Wirtschaftsjahr der B-GmbH
vom 1.11.01 bis 31.10.02. Der gesellschaftsrechtliche Übergang des Vermögens der
A-GmbH am 5.5.02 ist steuerlich unbeachtlich. *(AÖF 2008/243)*

82   Es ergeben sich daher folgende steuerliche Konsequenzen:

• Rechtsgeschäfte zwischen übertragender und übernehmender Körperschaft
  im Rückwirkungszeitraum sind steuerrechtlich unbeachtlich; insb. gelten sie
  nicht als Anschaffung bzw. Veräußerung.

• Bei Konzernverschmelzungen können nicht zu fremdüblichen Bedingungen
  vorgenommene Rechtsgeschäfte zwischen übertragender und übernehmender Gesellschaft mit dem Ablauf des Verschmelzungsstichtages keine verdeckte Ausschüttungen bzw. verdeckte Einlagen auslösen. *(AÖF 2008/243)*

83   Die übertragende Körperschaft muss im Normalfall am Verschmelzungsstichtag bereits existiert haben. Dadurch ist es ihr möglich, auf den Verschmelzungsstichtag eine Schlussbilanz gemäß § 220 Abs. 3 Satz 1 AktG aufzustellen.
Bei gesellschaftsrechtlicher und firmenbuchrechtlicher Zulässigkeit kann allerdings eine durch eine Spaltung nach dem SpaltG zur Neugründung rückwirkend
entstandene Körperschaft auf diesen Stichtag auch übertragende Körperschaft
sein (Anwendungsfall einer Mehrfachumgründung auf einen Stichtag, siehe
Rz 1874 ff). Damit ist die spaltungsrechtlich gebotene Eröffnungsbilanz gleichzeitig die Schlussbilanz.

Übernehmende Körperschaften müssen am Verschmelzungsstichtag nicht
unbedingt existieren, sie können auch nach dem Verschmelzungsstichtag gegründet worden sein (siehe Rz 46). *(AÖF 2008/243)*

84   Die übertragende Körperschaft muss am Verschmelzungsstichtag nicht Eigentümer des übergehenden Vermögens gewesen sein. Eine steuerliche Zurechnungsvorschrift, wie sie für Einbringungen, Zusammenschlüsse und Realteilungen gemäß § 13 Abs. 2 UmgrStG besteht, existiert für Verschmelzungen nicht.
Damit muss das tatsächlich übergehende Vermögen nicht unbedingt mit dem in
der Schlussbilanz ausgewiesenen Vermögen übereinstimmen.

85   Die steuerliche Rückwirkungsfiktion beschränkt sich auf den ertragsteuerlichen Bereich, sie erstreckt sich nicht auf den Bereich der Umsatzsteuer und der
Gebühren und Verkehrsteuern (siehe Rz 319).

Zur Rückwirkung auf Anteilsinhaberebene siehe Rz 262. *(AÖF 2011/268)*

Von der Rückwirkungsfiktion sind weiters nicht die Anteilsinhaber der übertragenden und der übernehmenden Körperschaft betroffen. Damit lässt ein Gesellschafterwechsel bei der übertragenden oder übernehmenden Körperschaft
nach dem Verschmelzungsstichtag bzw. vor Beschlussfassung der Verschmelzung die Anwendbarkeit des Art. I UmgrStG unberührt. Die Rückwirkungsfiktion gilt weiters außerhalb der Konzernverschmelzung auch nicht für den verschmelzungsbedingten Anteilstausch (siehe Rz 261).

86   Die steuerrechtliche Maßgeblichkeit der firmenbuchrechtlichen Eintragung
der Verschmelzung bedeutet, dass sie unabhängig von der Dauer des Firmenbuchverfahrens auf den Verschmelzungsstichtag wirksam wird. Solange keine
Eintragung der Verschmelzung stattgefunden hat, bleibt die übertragende Kör-

perschaft Steuersubjekt und Steuerobjekt. Sollte die begehrte Eintragung des Verschmelzungsbeschlusses in das Firmenbuch versagt werden, kann mangels Untergangs der übertragenden Körperschaft auch eine Liquidationsbesteuerung im Sinne des § 20 KStG 1988 nicht Platz greifen.

Ist bei der Auslandsverschmelzung inländisches Vermögen betroffen, wird 87 die Rückwirkungsfiktion durch den Nachweis einer im Ausland (dem ausländischen Gesellschaftsrecht entsprechenden) fristgerecht durchgeführten Verschmelzung ausgelöst.

Sieht das ausländische Gesellschaftsrecht keine Rückwirkung vor, ist die erfolgreiche Protokollierung der Umgründung im Ausland innerhalb der 9-Monatsfrist dem inländischen Finanzamt anzuzeigen. Erfolgt keine fristgerechte Anzeige, stellt dies eine Finanzordnungswidrigkeit im Sinne des § 51 FinStrG dar. Für die Wahrung der Neunmonatsfrist gilt § 108 BAO (siehe Rz 774). *(BMF-AV Nr. 131/2018)*

1.2.2. Schlussbilanz

Siehe Rz 74 ff.   88

1.2.3. Steuerliche Gewinnermittlung

1.2.3.1 Gewinnermittlung bei Inlandsverschmelzungen

Liegt bei einer im Firmenbuch eingetragenen Verschmelzung die Anwen- 89 dungsvoraussetzung des § 1 UmgrStG vor, ist gemäß § 2 Abs. 1 UmgrStG bei der übertragenden Körperschaft für das mit dem Verschmelzungsstichtag endende Wirtschaftsjahr das Betriebsvermögen mit dem Wert anzusetzen, der sich nach den steuerrechtlichen Vorschriften über die Gewinnermittlung ergibt.

Diese für die verschmelzungsbedingt untergehende Körperschaft vorgesehene Bewertungsvorschrift ist für die Ansätze in der auf den Verschmelzungsstichtag aufzustellenden (letzten) Steuerbilanz vorgesehen. Durch die zwingende steuerrechtliche Buchwertfortführung (§ 3 Abs. 1 UmgrStG) bleiben die stillen Reserven und ein bestehender Firmenwert bei der übernehmenden Körperschaft steuerhängig. Zur Aufwertungsoption siehe Rz 101 ff. *(AÖF 2011/268)*

Eine nicht oder nicht zur Gänze unter Art. I UmgrStG fallende Verschmel- 90 zung löst nach § 20 Abs. 1 Z 1 KStG 1988 in Verbindung mit § 19 KStG 1988 ganz oder zum Teil die Liquidationsbesteuerung aus (siehe Rz 386 ff).

§ 2 Abs. 1 und Abs. 3 UmgrStG normieren zur Rückwirkungsfiktion, dass 91 die übertragende Körperschaft bis zum Ablauf des Verschmelzungsstichtages persönlich und sachlich steuerpflichtig ist und dass das Betriebsvermögen auf den Verschmelzungsstichtag nach den allgemeinen Gewinnermittlungsvorschriften zu ermitteln ist. Damit wird erreicht, dass

- der Gewinn für das letzte mit dem Verschmelzungsstichtag endende Wirtschaftsjahr ermittelt werden kann und

- infolge der Unmaßgeblichkeit der unternehmensrechtlichen Bewertungsvorschriften für Umgründungen die steuerlichen Bewertungsvorschriften unabhängig davon anzuwenden sind, ob der Rechtsnachfolger das übernommene Vermögen mit dem Buchwert oder dem beizulegenden Wert ansetzt (§ 202 UGB). Es ist daher sowohl in Fällen der steuerlich zwingenden Buchwertfortführung als auch der steuerlich vorgesehenen Aufwertungsoption und des steuerlichen Aufwertungszwanges unmaßgeblich, ob eine Übereinstimmung mit der unternehmensrechtlichen Bewertung besteht. Unterschiedliche Ansätze sind hinsichtlich der Auswirkung auf den steuerlichen Gewinn in der jährlichen Steuererklärung in der Mehr-Weniger-Rechnung zu korrigieren, sofern nicht eine Steuerbilanz erstellt wird. Die steuerrechtlichen Vorschriften über die Gewinnermittlung sind insb. auf Grund des Verweises des § 7 Abs. 2 bzw. Abs. 3 KStG 1988 die §§ 4 bis 14 EStG 1988 maßgebend. *(AÖF 2008/243)*

92   Ist die übertragende Körperschaft an einer Mitunternehmerschaft beteiligt, deren Bilanzstichtag nicht mit dem Verschmelzungsstichtag übereinstimmt, wird die Geltung des Art. I UmgrStG durch das Fehlen einer Zwischenbilanz der Personengesellschaft nicht beeinträchtigt. Es muss in diesem Fall das steuerliche Jahresergebnis der Mitunternehmerschaft im Wege der Schätzung auf die übertragende und übernehmende Körperschaft aufgeteilt werden.

93   Zu den Umgründungskosten siehe Rz 141.

1.2.3.2 Gewinnermittlung bei Auslandsverschmelzungen

94   Führt eine Auslandsverschmelzung zum Übergang einer inländischen Betriebsstätte, kommt es zur Buchwertfortführung. Da die subjektive und objektive Steuerpflicht der ausländischen übertragenden Körperschaft mit Ablauf des Verschmelzungsstichtages endet, hat sie daher ebenso wie bei Inlandsverschmelzungen eine Schlussbilanz der Betriebsstätte zum Verschmelzungsstichtag unter Beachtung der nach § 21 Abs. 1 Z 1 KStG 1988 maßgebenden Gewinnermittlungsvorschriften des EStG 1988 aufzustellen.

95   Bei der Übertragung außerbetrieblichen Vermögens, insbesondere einer Beteiligung im Sinne des § 98 Abs. 1 Z 5 lit. e EStG 1988 sind die (außerbetrieblichen) Anschaffungskosten fortzuführen.

Zu den Umgründungskosten siehe Rz 141. *(AÖF 2013/301)*

1.2.3.3 Gewinnermittlung bei grenzüberschreitender Verschmelzung

95a   Die Gewinnermittlung der inländischen übertragenden Körperschaft unterscheidet sich von jener bei Inlandsverschmelzungen (Rz 89 bis 93) nur dann und insoweit, als es zum Verschmelzungsstichtag zur sofortigen oder über einen Feststellungsbescheid aufgeschobenen Besteuerung stiller Reserven auf Grund der Einschränkung des Besteuerungsrechtes hinsichtlich des Vermögens der übertragenden Körperschaft kommt (siehe Rz 44). *(AÖF 2008/243)*

1.2.4. Verschmelzungsbilanz

1.2.4.1 Zweck der Verschmelzungsbilanz

96   § 2 Abs. 5 UmgrStG verlangt die Aufstellung einer Verschmelzungsbilanz zum Verschmelzungsstichtag. Neben der gemäß § 220 Abs. 3 Satz 1 AktG aufzustellenden unternehmensrechtlichen Schlussbilanz ist somit eine für steuerrechtliche Zwecke erforderliche Verschmelzungsbilanz zu erstellen, in der die steuerrechtlichen Werte anzusetzen sind. *(AÖF 2008/243)*

97   Zweck der Verschmelzungsbilanz ist somit

- die Darstellung des Vermögens der übertragenden Körperschaft zum Verschmelzungsstichtag mit den sich nach § 2 Abs. 1 oder Abs. 2 UmgrStG steuerlich maßgebenden Buchwerten,

- der Ausweis rückwirkender Veränderungen des Vermögens im Sinne des § 2 Abs. 4 UmgrStG (siehe Rz 110),

- der Ausweis der steuerwirksam aufgewerteten Vermögensteile bei Nutzung der Aufwertungsoption im Sinne des § 2 Abs. 2 UmgrStG (siehe Rz 101 ff) und

- die Zusammenfassung des zu übertragenden Nettovermögens unter der Bezeichnung Verschmelzungskapital.

Das Verschmelzungskapital errechnet sich somit aus dem Saldo der mit den steuerrechtlichen Werten angesetzten aktiven und passiven Wirtschaftsgüter. Das Verschmelzungskapital wird daher durch eine Zahl dargestellt und weicht somit von den Gliederungsvorschriften des § 224 Abs. 3, A, UGB ab. *(AÖF 2008/243)*

Das Erfordernis des Aufstellens einer Verschmelzungsbilanz ist eine steuer- 98 liche Ordnungsvorschrift und gehört nicht zu den Anwendungsvoraussetzungen des Art. I UmgrStG. Die Verschmelzungsbilanz hat allerdings insoweit steuerliche Bedeutung, als die übernehmende Körperschaft nach § 3 Abs. 1 UmgrStG zur Übernahme und Fortführung der steuerlich maßgebenden Buchwerte laut Verschmelzungsbilanz verpflichtet ist.

1.2.4.2 Darstellungsform

Die bilanzmäßige Darstellung der Verschmelzungsbilanz erfüllt den Zweck, 99 die Bindungswirkung der übernehmenden Körperschaft an die steuerlich maßgebenden (Buch)Werte der übertragenden Körperschaft zu erhärten und zu dokumentieren.

Die Darstellung der steuerrechtlichen Werte in Bilanzform ist dann nicht erforderlich, wenn im Verschmelzungsvertrag die Abweichungen zwischen UGB-Bilanz und Steuerbilanz beschrieben werden und auch das steuerliche Verschmelzungskapital dargestellt wird. *(AÖF 2008/243)*

1.2.5. Steuerliche Bewertung

1.2.5.1 Allgemeines

Zur Buchwertfortführung bzw. Liquidationsbesteuerung siehe Rz 89 ff. 100

1.2.5.2 Aufwertungsoption

1.2.5.2.1 Allgemeines

§ 2 Abs. 2 UmgrStG lässt abweichend vom Buchwertfortführungsgrundsatz 101 gemäß § 2 Abs. 1 UmgrStG für die übertragende Körperschaft eine Aufwertungsoption zur Vermeidung einer Doppelbesteuerung zu.

Anwendungsvoraussetzung für das Geltendmachen der Aufwertungsoption ist:

- eine Verschmelzung mit Auslandsbezug (Verschmelzung inländischer Körperschaften mit ausländischem Vermögen oder Verschmelzung ausländischer Körperschaften mit inländischem Betriebsvermögen und sonstigen inländischen Vermögensteilen),

- eine tatsächliche steuerpflichtige Gewinnverwirklichung im Ausland und

- das Vorliegen eines DBA mit Anrechnungsmethode oder eine vergleichbare innerstaatliche Maßnahme zur Vermeidung der Doppelbesteuerung (Anrechnungsmethode auf Grund innerstaatlicher Maßnahme; idR § 48 BAO bzw. in ausländischen Steuergesetzen vorgesehene Anrechnungsverfahren). *(AÖF 2013/301)*

1.2.5.2.2 Inlandsverschmelzungen

102   Die im Zusammenhang mit Inlandsverschmelzungen vorgesehene Aufwertungsoption setzt die Anwendbarkeit österreichischer gesellschaftsrechtlicher Verschmelzungsvorschriften voraus.

Die Steueransässigkeit der Gesellschaften selbst ist nicht entscheidend. Die übertragende Körperschaft muss im Inland im Sinne des § 1 Abs. 2 KStG 1988 unbeschränkt steuerpflichtig sein. Damit unterliegt auch die Übertragung des ausländischen Vermögens der inländischen Steuerpflicht.

103   Das ausländische Vermögen umfasst alle Wirtschaftsgüter, die auf Grund des betreffenden DBA und der innerstaatlichen Rechtslage des ausländischen Staates der ausländischen Besteuerung unterliegen. Neben ausländischen Betriebsstätten sind dies vor allem Beteiligungen an ausländischen Kapitalgesellschaften, ausländischer Grundbesitz und ausländisches Finanzvermögen.

104   Mit dem ausländischen Staat muss ein DBA bestehen, das die Anrechnungsmethode vorsieht, und der ausländische Staat muss den Verschmelzungsakt als Besteuerungsanknüpfung heranziehen. *(AÖF 2013/301)*

105   Die Aufwertung muss nicht zwingend das gesamte ausländische Vermögen umfassen, sondern trifft nur jenes ausländische Vermögen, welches auf Grund des ausländischen Steuerrechtes zur Besteuerung herangezogen wird.

Hinsichtlich des anlässlich der Verschmelzung übergehenden Inlandsvermögens bleibt es bei der zwingenden Buchwertfortführung.

1.2.5.2.3 Auslandsverschmelzungen

106   Werden ausländische Körperschaften im Ausland auf Grund vergleichbarer Vorschriften verschmolzen (§ 1 Abs. 1 Z 4 UmgrStG), kann dabei auch inländisches Vermögen übergehen.

107   Beim Übergang von inländischem Vermögen im Zusammenhang mit einer Auslandsverschmelzung kann die Aufwertungsoption nur zu einer Besteuerung des Veräußerungsgewinnes im Rahmen der beschränkten Steuerpflicht gemäß § 1 Abs. 3 Z 1 KStG 1988 führen. Diesfalls müssen Einkünfte im Sinne des § 98 EStG 1988 vorliegen und darf das österreichische Besteuerungsrecht durch ein DBA nicht eingeschränkt sein.

108   Ein steuerpflichtiger Veräußerungsgewinn kommt nur dann in Betracht, wenn

• eine inländische Betriebsstätte (§ 98 Abs. 1 Z 3 EStG 1988; Art. 7 OECD-Musterabkommen),

• unbewegliches Vermögen (§ 21 Abs. 1 Z 3 KStG 1988; Art. 13 Abs. 1 OECD-MA),

• private Grundstücksveräußerungen im Sinne des § 30 EStG 1988 (§ 98 Abs. 1 Z 7 EStG 1988; Art. 13 Abs. 1 OECD-MA) oder

• eine mindestens 1-prozentige Beteiligung an einer inländischen Kapitalgesellschaft (Art. 13 Abs. 5 OECD-Musterabkommen)

vorliegen. *(AÖF 2013/301)*

109   Die steuerwirksame Aufwertung versteht sich nicht als eine das gesamte inländische Vermögen umfassende Bewertungsmaßnahme, sondern sie bezieht sich nur auf jenes Vermögen, das durch die ausländische verschmelzungsveranlasste Besteuerung tatsächlich betroffen ist.

1.2.5.3 Rückwirkende Änderungen des zu übertragenden Vermögens

§ 2 Abs. 4 UmgrStG nimmt bestimmte auf verbandsrechtlicher Grundlage   110
beruhende Vorgänge zwischen der übertragenden Körperschaft und ihren Gesellschaftern von der Rückwirkungsfiktion des § 2 Abs. 3 UmgrStG aus. Es handelt sich um

- beschlossene Gewinnausschüttungen,
- Einlagenrückzahlungen im Sinne des § 4 Abs. 12 EStG 1988 und
- Einlagen im Sinne des § 8 Abs. 1 KStG 1988

in der Zeit zwischen dem Verschmelzungsstichtag und dem Tag des Abschlusses
des Verschmelzungsvertrages.

Gewinnausschüttungen der übertragenden Körperschaft, die nach dem Ver-   111
schmelzungsstichtag und vor dem Tag des Abschlusses des Verschmelzungsvertrages beschlossen werden, werden daher weiterhin der übertragenden Körperschaft zugerechnet und stellen somit steuerlich Gewinnausschüttungen dieser
Körperschaft dar; sie vermindern daher gemäß § 4 Abs. 12 Z 4 EStG 1988 idF
AbgÄG 2015 die Innenfinanzierung dieser Körperschaft; zu den Auswirkungen
der Verschmelzung auf die Innenfinanzierung der übertragenden und der übernehmenden Körperschaft siehe Rz 380 f).

Da die offene Gewinnausschüttung noch der übertragenden Körperschaft zuzurechnen ist, geht steuerlich auch ein um die Ausschüttung vermindertes Vermögen der übertragenden Körperschaft zum Verschmelzungsstichtag auf die
übernehmende Körperschaft über. In der steuerlichen Verschmelzungsbilanz ist
daher die Gewinnausschüttung durch Ansatz eines entsprechenden Passivpostens auszuweisen.

Die dargestellte Ausnahme von der Rückwirkungsfiktion gilt nur für offene
Gewinnausschüttungen und daher nicht für verdeckte Ausschüttungen der übertragenden Körperschaft nach dem Verschmelzungsstichtag. Diese bzw. die sich
daraus ergebenden Berichtigungen werden schon der übernehmenden Körperschaft zugerechnet. *(BMF-AV Nr. 40/2017)*

Einlagenrückzahlungen im Sinne des § 4 Abs. 12 EStG 1988 durch die über-   112
tragende Körperschaft in der Zeit zwischen dem Verschmelzungsstichtag und
dem Tag des Abschlusses des Verschmelzungsvertrages sind ebenfalls von der
Rückwirkungsfiktion ausgenommen. Sie werden daher noch der übertragenden
Körperschaft zugerechnet und durch Ansatz eines Passivpostens in der steuerlichen Verschmelzungsbilanz ausgewiesen. Durch die Zurechnung der Einlagenrückzahlung zur übertragenden Körperschaft wird auch das steuerliche Einlagenevidenzkonto bei ihr entsprechend vermindert (§ 4 Abs. 12 Z 3 Satz 2
EStG 1988 idF AbgÄG 2012, BGBl. I Nr. 112/2012, siehe auch Rz 363 ff).
(AÖF 2013/301)

Einlagen der Anteilsinhaber im Sinne des § 8 Abs. 1 KStG 1988 in die über-   113
tragende Körperschaft in der Zeit zwischen dem Verschmelzungsstichtag und
dem Tag des Abschlusses des Verschmelzungsvertrages sind ebenfalls von der
Rückwirkungsfiktion ausgenommen. Diese Einlagen werden daher noch der
übertragenden Gesellschaft zugerechnet und durch Ansatz eines Aktivpostens in
der steuerlichen Verschmelzungsbilanz ausgewiesen. Unter Einlagen im Sinne
des § 8 Abs. 1 KStG 1988 werden sowohl offene Geld- oder Sacheinlagen als
auch verdeckte Einlagen verstanden. Nutzungseinlagen fallen mangels Übertragung von Wirtschaftsgütern nicht unter § 8 Abs. 1 KStG 1988 und können daher
auch das zu übertragende Vermögen nicht rückwirkend erhöhen (vgl. dazu KStR
2013 Rz 501). *(AÖF 2013/301)*

Übernehmende Körperschaft

§ 3. (1) Für die übernehmende Körperschaft gilt Folgendes:

1. Sie hat die zum Verschmelzungsstichtag steuerlich maßgebenden Buchwerte im Sinne des § 2 fortzuführen.

2. Soweit das Besteuerungsrecht der Republik Österreich hinsichtlich des übernommenen Vermögens entsteht, gilt Folgendes:
   – Das übernommene Vermögen ist mit dem gemeinen Wert anzusetzen.

   – Wird Vermögen ganz oder teilweise übernommen, für das die Abgabenschuld bei der übernehmenden Körperschaft oder einer konzernzugehörigen Körperschaft der übernehmenden Körperschaft nicht festgesetzt worden ist oder gemäß § 16 Abs. 1a nicht entstanden ist, sind die fortgeschriebenen Buchwerte, höchstens aber die gemeinen Werte anzusetzen. Die spätere Veräußerung oder das sonstige Ausscheiden gilt nicht als rückwirkendes Ereignis im Sinn des § 295a der Bundesabgabenordnung. Weist die übernehmende Körperschaft nach, dass Wertsteigerungen im übrigen EU/EWR-Raum eingetreten sind, sind diese vom Veräußerungserlös oder vom gemeinen Wert im Zeitpunkt des Ausscheidens abzuziehen.

3. Ist die übernehmende Körperschaft oder ein konzernzugehöriges Unternehmen der übernehmenden Körperschaft am Verschmelzungsstichtag an der übertragenden ausländischen Körperschaft beteiligt und würden die Gewinnanteile der übertragenden Körperschaft bei der übernehmenden Körperschaft oder dem konzernzugehörigen Unternehmen am Verschmelzungsstichtag § 10 Abs. 4 oder Abs. 5 in der Fassung vor BGBl. I Nr. 62/2018 oder § 10a Abs. 7 des Körperschaftsteuergesetzes 1988 unterliegen, gilt der Unterschiedsbetrag zwischen dem Verschmelzungskapital im Sinne des § 2 Abs. 5 und den vorhandenen Einlagen im Sinne des § 4 Abs. 12 des Einkommensteuergesetzes 1988 zum Verschmelzungsstichtag mit dem Beginn des auf den Verschmelzungsstichtag folgenden Tages als offen ausgeschüttet. Dies gilt nur für Gewinne der übertragenden Körperschaft aus Wirtschaftsjahren, die vor dem 1. Jänner 2019 geendet haben. Der Steuerpflichtige hat nachzuweisen, dass die Einlagen nicht aus Gesellschaftsmitteln stammen.

4. § 2 Abs. 3 gilt mit dem Beginn des auf den Verschmelzungsstichtag folgenden Tages.

(2) Buchgewinne und Buchverluste bleiben bei der Gewinnermittlung außer Ansatz.

(3) Unabhängig vom Vorliegen eines Buchgewinnes oder -verlustes sind Veränderungen des Betriebsvermögens, die aus der Vereinigung von Aktiven und Passiven (Confusio) stammen, in dem dem Verschmelzungsstichtag folgenden Wirtschaftsjahr zu berücksichtigen.

(4) Entsteht durch die Verschmelzung bei der übernehmenden Körperschaft eine internationale Schachtelbeteiligung im Sinne des § 10 Abs. 2 des Körperschaftsteuergesetzes 1988 oder wird ihr Ausmaß er-

weitert, ist hinsichtlich der bisher nicht steuerbegünstigten Beteiligungsquoten auf den Unterschiedsbetrag zwischen den Buchwerten
und den höheren Teilwerten § 10 Abs. 3 erster Satz des Körperschaftsteuergesetzes 1988 nicht anzuwenden.

(BGBl I 2018/62)

Gliederung:

1.3. Übernehmende Körperschaft (§ 3 UmgrStG)

1.3.1. Rechtsnachfolge

1.3.1.1 Allgemeines

Gesamtrechtsnachfolge (Universalsukzession) im Rahmen von Verschmel-   114
zungen bedeutet, dass das gesamte Vermögen der übertragenden Körperschaft
mit allen Rechten und Pflichten uno actu mit dem Wirksamwerden der Verschmelzung (vgl. Rz 9) übergeht. Die übernehmende Körperschaft tritt in sämtliche Rechtspositionen der übertragenden Körperschaft ein, unabhängig davon,
ob ihr diese bekannt sind oder nicht. Die Gesamtrechtsnachfolge wirkt ipso jure
und verdrängt andere privatrechtliche Regelungen der Weitergabe von Rechten
und Pflichten, wodurch die Kontinuität der Rechtsverhältnisse sichergestellt
werden soll.

1.3.1.2 Gesellschaftsrechtliche Gesamtrechtsnachfolge

§ 225a Abs. 3 Z 1 AktG bewirkt den Übergang sämtlicher privatrechtlicher   115
Rechtsverhältnisse des Rechtsvorgängers.

Für öffentlich-rechtliche Rechtsverhältnisse fehlt eine vergleichbare allge-   116
meine normative Aussage. Diese sind daher gesondert nach den jeweiligen Regelungen der konkreten Berechtigung zu beurteilen. Verwaltungsrechtliche
Rechtsverhältnisse (öffentlich-rechtliche Berechtigungen und Genehmigungen)
gehen stets dann auf den Rechtsnachfolger über, wenn eine öffentlich-rechtliche
Sondervorschrift dies ausdrücklich vorsieht. Bei Fehlen einer ausdrücklichen
Regelung führt die gesellschaftsrechtliche Universalsukzession auch dann zur
Übertragung verwaltungsrechtlich verliehener Rechtsverhältnisse, wenn öffentlich-rechtliche Vorschriften dem Rechtsübergang nicht entgegenstehen, indem
sie den Übergang ausdrücklich untersagen und der Nachfolgerechtsträger die

entsprechenden persönlichen Voraussetzungen für die betreffende öffentlich-rechtliche Rechtsposition erfüllt (VwGH 26.5.1998, 97/07/0168).

117 Dingliche Rechtsverhältnisse, die sich derart auf eine bestimmte Sache beziehen, dass es lediglich auf die Eigenschaft der Sache und nicht auf die berechtigte Person ankommt, gehen regelmäßig im Wege der Gesamtrechtsnachfolge auf den übernehmenden Rechtsträger über.

1.3.1.3 Abgabenrechtliche Gesamtrechtsnachfolge

1.3.1.3.1 Allgemeines

118 § 19 Abs. 1 BAO sieht im Falle der zivilrechtlichen Gesamtrechtsnachfolge auch den Übergang der sich aus den Abgabenvorschriften ergebenden Rechte und Pflichten des Rechtsvorgängers auf den Rechtsnachfolger vor. Hinsichtlich des Umfanges des Rechtsüberganges wird auf die Vorschriften des bürgerlichen Rechtes verwiesen. Eine gesonderte steuerrechtliche Rechtsnachfolgeregelung für Verschmelzungen ist deshalb nicht erforderlich.

119 § 19 Abs. 1 BAO ordnet nicht nur den Übergang der Abgabenschulden des Rechtsvorgängers auf den Rechtsnachfolger, sondern auch die Rechtsnachfolge von – in zum Zeitpunkt der Gesamtrechtsnachfolge noch nicht vollendeten – Steuertatbeständen an. Daher gehen grundsätzlich schon nach § 19 Abs. 1 BAO gewinnermittlungsrechtliche, lohnsteuerliche, umsatzsteuerliche und verfahrensrechtliche Rechtspositionen der übertragenden Körperschaft auf die übernehmende Körperschaft über. Nicht übergehen können hingegen Rechte und Pflichten, wenn speziellere Abgabenvorschriften dem entgegenstehen. *(AÖF 2008/243)*

1.3.1.3.2 Gewinnermittlungsrechtliche Positionen bei Buchwertverschmelzungen

1.3.1.3.2.1 Abschreibungsgrundsätze

120 Die Abschreibungsgrundsätze der übertragenden Körperschaft wie Abschreibungsmethode und Gesamtnutzungsdauer sind bei der übernehmenden Körperschaft fortzusetzen. Wird bei deckungsgleichem Bilanzstichtag von übertragender und übernehmender Körperschaft ein Zwischenstichtag als Verschmelzungsstichtag gewählt, darf von der übertragenden und übernehmenden Körperschaft insgesamt nicht mehr als eine volle Jahres-AfA geltend gemacht werden (vgl. EStR 2000 Rz 3132). Der übertragenden Körperschaft steht hinsichtlich der Aufteilung der AfA das Wahlrecht zu, ob sie die Anwendung der Halbjahresregel des § 7 Abs. 2 EStG 1988 oder eine Aliquotierung pro rata temporis in Anspruch nimmt. Da die Entscheidung Auswirkung auf die Gewinnermittlung der übernehmenden Körperschaft hat, wird sie in geeigneter Weise (zB. im Verschmelzungsvertrag) zu dokumentieren sein.

121 Erfolgt die Verschmelzung auf einen Regelbilanzstichtag oder auf einen Zwischenstichtag und weisen übertragende und übernehmende Körperschaft unterschiedliche Bilanzstichtage auf, sind nachfolgende Fälle zu unterscheiden:

Ergeben hinsichtlich des übertragenen Vermögens das letzte Wirtschaftsjahr der übertragenden Körperschaft und das Wirtschaftsjahr der übernehmenden Körperschaft vom Verschmelzungsstichtag bis zum nächsten Regelbilanzstichtag (bezogen auf das übernommene Vermögen) insgesamt einen Zeitraum von

• bis zu 6 Monaten, steht insgesamt nur die Halbjahres-AfA zu

- mehr als 6 bis 12 Monaten, kann insgesamt eine Ganzjahres-AfA verrechnet werden

- mehr als 12 bis 18 Monaten, kann insgesamt eine 1,5-fache AfA-Quote angesetzt werden

- mehr als 18 Monaten, kann bei der übertragenden und der übernehmenden Körperschaft jeweils die volle Jahres-AfA geltend gemacht werden.

Hinsichtlich des Aufteilungsmodus steht auch hier der übertragenden Körperschaft das Wahlrecht zu, ob sie die Halbjahres-AfA des § 7 Abs. 2 EStG 1988 oder eine Aliquotierung pro rata temporis in Anspruch nimmt. *(AÖF 2011/268)*

Wird von einer natürlichen Person für einen Betrieb ein Gewinnfreibetrag 122 gemäß § 10 EStG 1988 geltend gemacht und wird in der Folge dieser Betrieb gemäß Art. III UmgrStG eingebracht, geht die Nachversteuerungsverpflichtung gemäß § 10 Abs. 5 EStG 1988 auf die übernehmende Körperschaft über (§ 10 Abs. 6 EStG 1988). Wird diese Körperschaft in der Folge auf eine andere verschmolzen, kommt es zu einem weiteren Übergang dieser Verpflichtung. *(AÖF 2011/268)*

1.3.1.3.2.2 derzeit nicht belegt

Rz 123: *derzeit nicht belegt (AÖF 2008/243)*

1.3.1.3.2.3 Schwebeverluste

Zum Übergang von Schwebeverlusten siehe Rz 211 ff. 124

1.3.1.3.2.4 Zuschreibungsverpflichtung

Zum Übergang der Zuschreibungsverpflichtung bei Beteiligungen gemäß 125 § 6 Z 13 EStG 1988 siehe Rz 952; zur Zuschreibungsverpflichtung im Allgemeinen siehe EStR 2000 Rz 2583. *(AÖF 2013/301)*

1.3.1.3.2.5. derzeit nicht belegt. *(AÖF 2013/301)*

Randzahl 126: *derzeit frei (AÖF 2013/301)*

1.3.1.3.2.6 Bildungsfreibetrag

Zum Übergang der Nachversteuerungsverpflichtung für den Bildungsfrei- 127 betrag gemäß § 4 Abs. 4 Z 8 EStG 1988 siehe EStR 2000 Rz 1370 ff.

1.3.1.3.2.7 Siebentelabsetzung

Zur Fortführung der Siebentelabsetzung bei Teilwertabschreibungen auf Be- 128 teiligungen gemäß § 12 Abs. 3 Z 2 KStG 1988 siehe Rz 211. *(AÖF 2013/301)*

1.3.1.3.2.8 Abzugsverbote

Bei der übertragenden Körperschaft bestehende steuerliche Abzugsverbote 129 gelten grundsätzlich bei der übernehmenden Körperschaft weiter. *(AÖF 2008/243)*

1.3.1.3.2.9 Nachversteuerung gemäß § 2 Abs. 8 EStG 1988 *(AÖF 2011/268)*

Hat die übertragende Körperschaft eine ausländische Betriebsstätte, für die 130 in Vorjahren gemäß § 2 Abs. 8 EStG 1988 iVm § 7 Abs. 2 KStG 1988 Verluste geltend gemacht worden sind, führt die Verschmelzung dann zur Nachversteuerung, wenn der Betriebsstättenstaat aufgrund der Verschmelzung die stillen Reserven in der Betriebsstätte besteuert und dabei die Verluste abgezogen wurden oder abzugsfähig wären (vgl. auch EStR 2000 Rz 207). *(AÖF 2013/301)*

1.3.1.3.2.10. Einlagenevidenzkonto und Innenfinanzierung *(BMF-AV Nr. 40/2017)*

131   Zu den Auswirkungen der Verschmelzung auf das Einlagenevidenzkonto der übernehmenden Körperschaft siehe Rz 363 ff.

Zu den Auswirkungen der Verschmelzung auf die Innenfinanzierung der übernehmenden Körperschaft siehe Rz 380 f. *(BMF-AV Nr. 40/2017)*

1.3.1.3.2.11 Verlustvorträge

132   Zum Übergang von Verlustvorträgen siehe Rz 187 ff.

1.3.1.3.2.12 Mindestkörperschaftsteuer

133   Zum Übergang der noch nicht verrechneten Beträge an Mindestkörperschaftsteuer siehe KStR 2013 Rz 1556, Rz 1560 und Rz 1568. *(AÖF 2013/301)*

1.3.1.3.2.13 Gruppenbesteuerung

134   Zu den verschmelzungsbedingten Auswirkungen auf eine Unternehmensgruppe gemäß § 9 KStG 1988 siehe Rz 349 ff. *(AÖF 2008/243)*

1.3.1.3.3 Gewinnermittlungsrechtliche Positionen bei Aufwertungsverschmelzungen

135   Für die gesellschaftsrechtliche Gesamtrechtsnachfolge im Sinne des §225a Abs. 3 Z 1 AktG ist die umgründungssteuerrechtliche Unterscheidung in Buchwertverschmelzung oder (fakultative) Aufwertungsverschmelzung gemäß § 2 Abs. 2 UmgrStG nicht von Bedeutung. Da § 19 Abs. 1 BAO an die gesellschaftsrechtliche Gesamtrechtsnachfolge anknüpft, liegt auch anlässlich einer Aufwertungsverschmelzung abgabenrechtlich eine Gesamtrechtsnachfolge vor. Die aufnehmende Körperschaft übernimmt daher auch bei Aufwertungsverschmelzungen grundsätzlich sämtliche Rechtspositionen der übertragenden Körperschaft. Hinsichtlich der gewinnermittlungsrechtlichen Positionen ist allerdings zu beachten, dass solche, die an eine Fortführung der Buchwerte anknüpfen, nicht auf die übernehmende Körperschaft übergehen können. *(AÖF 2008/243)*

136   Die verschmelzungsbedingt auf die übernehmende Gesellschaft übergegangenen Wirtschaftsgüter gelten daher bei dieser mit den sich nach § 20 Abs. 2 Z 1 KStG 1988 ergebenden Werten als angeschafft. Die Anschaffungskosten der abnutzbaren Wirtschaftsgüter des Anlagevermögens sind bei der übernehmenden Gesellschaft auf die Restnutzungsdauer verteilt abzuschreiben. Es besteht diesbezüglich keine Bindungswirkung an die AfA-Methode oder Nutzungsdauer der übertragenden Körperschaft.

137   Steuerfreie Rücklagen sind bei der übertragenden Körperschaft im Rahmen der Liquidationsbesteuerung nachzuversteuern und gehen nicht auf die übernehmende Körperschaft über.

138   Besitz- und Behaltefristen gehen auf die übernehmende Körperschaft über. Die Aufwertung einer übergehenden internationalen Schachtelbeteiligung ist nur steuerwirksam, wenn für sie eine Option zugunsten der Steuerwirksamkeit

erklärt wurde. Die Wirkungen einer internationalen Schachtelbeteiligung gehen beim Rechtsnachfolger nicht verloren. *(AÖF 2008/243)*

Zur umsatzsteuerlichen Rechtsnachfolge siehe Rz 318 ff.   139

Zur lohnsteuerlichen Rechtsnachfolge siehe Rz 304 ff und Rz 1888 ff.   140

1.3.1.3.4 Umgründungskosten

Die mit der Verschmelzung zusammenhängenden Kosten, wie Rechtsan-   141
walts-, Notars-, Wirtschaftstreuhand-, Firmenbuchkosten oder verschmelzungsveranlasste Gebühren oder Verkehrssteuern sind in sinngemäßer Anwendung
des § 11 Abs.1 Z 1 KStG 1988 sofort abzugsfähige Aufwendungen.

1.3.1.3.5 Verfahrensrechtliche Rechtsnachfolge

Ab der Eintragung der Verschmelzung in das Firmenbuch (zivilrechtliche   142
Wirksamkeit) tritt die übernehmende Körperschaft auch in alle verfahrensrecht-
lichen Rechtspositionen der übertragenden Körperschaft ein, dh. dass abgabenrechtliche Ansprüche, Schulden und Haftungsschulden, Berechtigungen und
Pflichten verfahrensrechtlicher Art auf den Gesamtrechtsnachfolger übergehen.

Bescheide, die dem Rechtsvorgänger gegenüber ergangen sind, wirken auch
gegen den Rechtsnachfolger.

Ist die Verschmelzung durch die Eintragung in das Firmenbuch zivilrechtlich   143
wirksam geworden und die übertragende Körperschaft damit erloschen, sind Bescheide, die die Abgabenpflicht der übertragenden Körperschaft betreffen, an
die übernehmende Körperschaft zu richten. Der Bescheid hat somit an die X-
Gesellschaft als Rechtnachfolgerin der Y-Gesellschaft adressiert zu werden. Bescheide, die an die nicht mehr existente übertragende Körperschaft gerichtet
sind, können keine Rechtswirkung entfalten (VwGH 21.12.1999, 95/14/0095,
VwGH 31.3.1998, 98/13/0016, VwGH 10.11.1993, 93/13/0162, VwGH
17.10.1989, 88/14/0183, VwGH 21.11.1986, 86/17/0131). *(AÖF 2008/243)*

Das Geltendmachen der Abgabenansprüche gegenüber dem Gesamtrechts-   144
nachfolger obliegt dem für den Rechtsvorgänger zuständig gewesenen Finanzamt (VwGH 18.3.1987, 86/13/0165).

Verfahrensrechtliche Rechte (zB Berufungsrecht, Antragsrecht auf Wieder-   145
aufnahme des Verfahrens, auf Wiedereinsetzung, auf Zahlungserleichterungen,
auf Akteneinsicht), Pflichten (zB Erklärungs- und Aufzeichnungspflichten, An-
zeige- Offenlegungs- und Wahrheitspflichten, Beweispflichten) sowie Fristen
(zB Berufungsfristen, Zahlungsfristen) gehen gleichfalls auf den Rechtsnachfolger über.

1.3.1.4 Zeitpunkt der Vermögensübernahme

1.3.1.4.1 Vermögensübergang nach Gesellschaftsrecht

Gesellschaftsrechtlich geht das Vermögen der übertragenden Körperschaft   146
zufolge § 225a Abs. 3 Z 1 AktG im Zeitpunkt der Eintragung der Verschmelzung in das Firmenbuch auf die übernehmende Körperschaft über und nicht
rückwirkend zum Verschmelzungsstichtag. *(AÖF 2008/243)*

1.3.1.4.2 Vermögensübergang nach Umgründungssteuerrecht

Gemäß § 2 Abs. 3 UmgrStG ist das Einkommen der übertragenden Körper-   147 schaft so zu ermitteln, als ob der Vermögensübergang mit Ablauf des Verschmelzungsstichtages, also um 24 Uhr, erfolgt wäre.

148   Gemäß § 3 Abs. 1 Z 4 UmgrStG ist das Einkommen der übernehmenden Körperschaft so zu ermitteln, als ob die verschmelzungsbedingte Vermögensübernahme mit dem Beginn des auf den Verschmelzungsstichtag folgenden Tages, also 0 Uhr, erfolgt wäre. *(AÖF 2013/301)*

149   Mit dieser steuerlichen Rückwirkung und dem Anstoßverfahren wird fingiert, dass das Verschmelzungsvermögen mit dem Beginn des auf den Umgründungsstichtag folgenden Tages nahtlos auf die übernehmende Körperschaft übergeht und nach dem Verschmelzungsstichtag noch von der übertragenden Körperschaft abgeschlossene Rechtsgeschäfte im Rahmen der Einkommensermittlung der übernehmenden Körperschaft zuzurechnen sind. Diese steuerrechtliche Rückwirkungsfiktion gilt auch für Rechtsgeschäfte zwischen der übertragenden und übernehmenden Körperschaft, die dadurch ertragsteuerlich zu Innengeschäften werden.

Zu den steuerlichen Konsequenzen siehe Rz 81 f. Zu den Ausnahmen von der steuerlichen Rückwirkung im Bereich der Vermögensänderungen societatis causa siehe Rz 110 ff.

150   Die Rückbeziehung der steuerlichen Wirkungen hat ausschließlich im Bereich der Einkommensermittlung zu erfolgen und betrifft nicht andere Steuern und Abgaben.

Zur Frage, ob die übertragende Körperschaft am Verschmelzungsstichtag Eigentümer des übergehenden Verschmelzungsvermögens sein musste, die übernehmende Körperschaft am Verschmelzungsstichtag bereits existent sein musste und inwieweit ein Gesellschafterwechsel auf Ebene der übertragenden oder übernehmenden Körperschaft der Anwendbarkeit des Art. I UmgrStG entgegensteht, siehe Rz 80 ff.

1.3.1.4.3 Rückwirkungsfrist

151   Art. I UmgrStG enthält keine eigenständigen Rückwirkungsfristen.

1.3.1.4.3.1 Inlandsverschmelzungen

152   Im Hinblick auf die Maßgeblichkeit des Gesellschaftsrechtes sind die gesellschaftsrechtlichen Rückwirkungsfristen auch für steuerliche Belange maßgebend (siehe Rz 48).

Gemäß § 220 Abs. 3 AktG sowie § 202 Abs. 2 Z 1 UGB muss die übertragende Körperschaft eine Schlussbilanz erstellen, deren Stichtag höchstens 9 Monate vor der Anmeldung der Verschmelzung zur Eintragung in das Firmenbuch liegt. Diese Neunmonatsfrist ist eine materiellrechtliche, welche die Geltung anderer verfahrensrechtlicher Fristenregelungen ausschließt (OGH 17.7.1997, 6 Ob 124/97 x). *(AÖF 2008/243)*

153   Die steuerliche Rückwirkung ist somit davon abhängig, dass die Anmeldung beim zuständigen Firmenbuchgericht spätestens am letzten Tag der Neunmonatsfrist einlangt.

154   Für die Berechnung der Neunmonatsfrist ist nach der oa. Entscheidung des OGH § 902 Abs. 2 ABGB sinngemäß anzuwenden. Danach fällt das Ende einer nach Monaten bestimmten Frist auf denjenigen Tag des letzten Monats, welcher nach seiner Benennung oder Zahl dem Tage des Ereignisses entspricht, mit dem

der Lauf der Frist beginnt. Die Neunmonatsfrist wird mit dem der Verschmelzung zugrunde liegenden Stichtag in Gang gesetzt. Es ist daher erforderlich, dass der Stichtag klar und eindeutig festgelegt wird.

Für alle Verschmelzungen nach inländischen gesellschaftsrechtlichen Vor-   155
schriften oder sonstigen Gesetzen (siehe Rz 28 ff) sind die Firmenbuchgerichte der übertragenden und der übernehmenden Körperschaft zuständige Behörde. Protokolliert wird die Verschmelzung vom Firmenbuchgericht der übernehmenden Körperschaft. *(AÖF 2008/243)*

Bei verspäteter Anmeldung einer Inlandsverschmelzung kommt infolge der   156
Zurückweisung der Anmeldung durch das Firmenbuchgericht als verspätet die beantragte Verschmelzung nicht zustande. Dabei ist unabhängig davon, ob schon vor der Anmeldung eine faktische Vermögensübertragung erfolgt ist, davon auszugehen, dass eine steuerliche Rechtsfolge nicht eintreten kann und das zu übertragende Vermögen der übertragenden Körperschaft weiterhin zuzurechnen ist.

Sollte trotz verspäteter Anmeldung eine Eintragung der Verschmelzung in das Firmenbuch erfolgen, ist sie im Hinblick auf die Maßgeblichkeit des Gesellschaftsrechtes als Verschmelzung im Sinne des Art. I UmgrStG zu werten. *(AÖF 2008/243)*

1.3.1.4.3.2 Auslandsverschmelzungen

Zur steuerlichen Anerkennung der Rückwirkung siehe Rz 87. Sollte die aus-   157
ländische Verschmelzung infolge Zurückweisung des zuständigen ausländischen Registergerichtes nicht zustande kommen, ergeben sich mangels eines Vermögensübergangs keine steuerlichen Folgen im Inland. Sollte mangels einer ausländischen Fristenregelung die Meldung der im Ausland wirksam zustande gekommenen Verschmelzung bei dem für die übertragende Körperschaft zuständigen inländischen Finanzamt nicht innerhalb der Neunmonatsfrist erfolgen, stellt dies eine Finanzordnungswidrigkeit im Sinne des § 51 FinStrG dar. *(BMF-AV Nr. 131/2018)*

Für inländische Anteilsinhaber ist die Tauschneutralität (§ 5 Abs. 1 Z 1   158
UmgrStG) bei einer nach ausländischem Recht wirksam zustandegekommenen Verschmelzung und Fehlen von inländischem Vermögen stets gegeben. Soweit hinsichtlich des inländischen Vermögens infolge einer Einschränkung des Besteuerungsrechtes der Republik Österreich Art. I UmgrStG nicht anwendbar ist, gilt die Tauschneutralität der Z 1 auch für Anteilsinhaber, die in einem Staat der EU (somit auch inländische Anteilsinhaber) oder des EWR mit umfassender Amts- und Vollstreckungshilfe (Norwegen, Liechtenstein und ab 1.1.2017 Island) ansässig sind (§ 5 Abs. 1 Z 3 UmgrStG). *(BMF-AV Nr. 40/2017)*

1.3.1.5 Bewertung des übernommenen Vermögens

1.3.1.5.1 Inlandsverschmelzungen

Aus § 3 Abs. 1 UmgrStG erster Satz ergibt sich die Buchwertfortführungs-   159
pflicht. Die übernehmende Körperschaft hat die in der steuerlichen Verschmelzungsbilanz der übertragenden Körperschaft gemäß § 2 UmgrStG angesetzten Werte (Buchwerte gemäß § 2 Abs. 1 UmgrStG, siehe Rz 89 ff, oder im Rahmen des Wahlrechtes gemäß § 2 Abs. 2 UmgrStG aufgewertete Bilanzansätze, siehe Rz 101 ff) zwingend fortzuführen (Buchwertverknüpfung).

Durch diese legistische Maßnahme wird sichergestellt, dass die in der Verschmelzung im übertragenen Vermögen gelegten stillen Reserven auch nach der Verschmelzung beim Rechtsnachfolger steuerhängig bleiben.

Zum Steuerverstrickungserfordernis als Anwendungsvoraussetzung des Art. I UmgrStG siehe Rz 54 ff.

160   Die Wertverknüpfung mit den steuerlichen Bilanzansätzen der übertragenden Körperschaft hat unabhängig von der Bewertung in der UGB-Bilanz der übernehmenden Körperschaft zu erfolgen. Eine im Folgejahresabschluss der übernehmenden Körperschaft allenfalls vorgenommene Neubewertung des übertragenen Vermögens (§ 202 Abs. 1 UGB) ist steuerlich nicht maßgebend (siehe Rz 52), sie führt auch zu keiner umgekehrten Maßgeblichkeit dahingehend, dass die zwingende steuerliche Buchwertfortführung von einer Aufwertung in der UGB-Bilanz unberührt bleibt. *(AÖF 2008/243)*

1.3.1.5.2 Importverschmelzungen

160a   Soweit schon vor der Verschmelzung inländische Betriebsstätten der ausländischen übertragenden Körperschaft vorliegen, ändert sich durch Übergang von der beschränkten zur unbeschränkten Steuerpflicht nichts an der Steuerhängigkeit der stillen Reserven. Dies gilt auch für inländisches, außerhalb einer Betriebsstätte gehaltenes unbewegliches Vermögen (§ 21 Abs. 1 Z 3 KStG 1988). Eine steuerneutrale Aufwertung kommt daher nicht in Betracht.

Die Übernahme ausländischer Betriebsstätten durch die übernehmende inländische Körperschaft löst keinen verschmelzungsbedingten Handlungsbedarf aus, soweit kein Besteuerungsrecht der Republik Österreich entsteht.

Ausländische Verluste, die bis zur Verschmelzung angefallen und nicht verwertet worden sind, besaßen nicht die Eigenschaft von Verlusten im Sinne des § 8 Abs. 4 Z 2 KStG 1988 und gehen nicht auf die inländische übernehmende Körperschaft über, können aber im Rahmen der ausländischen Betriebsstätte verwertet werden. *(AÖF 2013/301)*

160b   Soweit für Vermögen(steile) der übertragenden Körperschaft verschmelzungsbedingt das Besteuerungsrecht der Republik Österreich entsteht, kommt es unabhängig davon, welche Rechtsfolgen sich nach dem Abgabenrecht des Staates der übertragenden Gesellschaft ergeben, in Österreich nach § 3 Abs. 1 Z 2 erster Teilstrich UmgrStG zu einer steuerneutralen Neubewertung des übernommenen Vermögens zum gemeinen Wert. Damit wird erreicht, dass im Ausland entstandene stille Reserven für den Fall einer späteren Realisierung im Inland von der Besteuerung ausgenommen werden. Sollten Vermögensteile nach dem Verschmelzungsvertrag vom Ausland in das Inland überführt werden, liegt ein unter § 6 Z 6 EStG 1988 fallender, nicht von der Rückwirkungsfiktion betroffener Transfer vor.

Die steuerneutrale Neubewertung mit dem gemeinen Wert kommt auch bei der Übernahme ausländischen Vermögens im Falle „Hineinwachsens" in ein Doppelbesteuerungsabkommen mit Anrechnungsmethode in Betracht, durch den das Besteuerungsrecht der Republik Österreich entsteht.

Beispiel 1:

Anlässlich der Import-Verschmelzung einer französischen Aktiengesellschaft auf eine inländische SE geht neben dem in Frankreich gelegenen Vermögen die italienische Betriebsstätte auf die übernehmende inländische SE über. Damit erlangt die Republik Österreich das Besteuerungsrecht am Vermögen und den stillen Reserven der italienischen Betriebsstätte.

Bei internationalen Schachtelbeteiligungen ist zu beachten, dass auch bei

Steuerneutralität ein Besteuerungsanspruch der Republik Österreich aus abkommensrechtlicher Sicht entsteht, der sich insbesondere durch die Berücksichtigung eines tatsächlichen und endgültigen Vermögensverlustes gemäß § 10 Abs. 3 zweiter Satz KStG 1988 auswirken kann.

Entsteht das Besteuerungsrecht der Republik Österreich wieder für übernommenes Vermögen (Reimport), für das aufgrund der ertragsteuerlichen Vorschriften ein Antrag auf Ratenzahlung gestellt wurde (siehe Rz 44a), ist dieses Vermögen bei der übernehmenden Körperschaft aufgrund von § 3 Abs. 1 Z 2 erster Teilstrich UmgrStG idF AbgÄG 2015 mit dem gemeinen Wert anzusetzen. Allfällige noch offene Raten betreffend das übernommene Vermögen laufen bei der übernehmenden Körperschaft unverändert weiter (zu den Gründen für eine vorzeitige Fälligstellung siehe Rz 44a). Der Reimport von Vermögen, für das in der Vergangenheit eine Festsetzung der Steuerschuld mit Antrag auf Ratenzahlung erfolgte, unterscheidet sich somit hinsichtlich der Bewertung nicht von übernommenem Vermögen, für das ein Besteuerungsrecht der Republik Österreich erstmals entsteht.

Beispiel 2:

Der im Inland ansässige A bringt die in seinem Einzelunternehmen gehaltene Beteiligung an der inländischen B-GmbH zum 30.9.2019 (Buchwert 1.000, Fremdvergleichswert 8.000) nach Art. III UmgrStG in die in der EU ansässige vermögensverwaltende C-AG gegen Gewährung neuer Anteile ein. Das Doppelbesteuerungsabkommen mit dem Ansässigkeitsstaat der C-AG folgt dem OECD-MA, weshalb das Besteuerungsrecht Österreichs an der Gegenleistung gemäß § 16 Abs. 2 UmgrStG nicht eingeschränkt ist. Allerdings geht durch die Einbringung das Besteuerungsrecht hinsichtlich des eingebrachten Vermögens verloren, weshalb es gemäß § 16 Abs. 1 UmgrStG iVm § 6 Z 6 EStG 1988 jeweils idF AbgÄG 2015 zum Ansatz des Fremdvergleichswertes (8.000) kommt. A beantragt die dabei entstehende Steuerschuld in fünf Raten zu entrichten. Die Anschaffungskosten der dem A als Gegenleistung gewährten Beteiligung an der C-AG entsprechen ebenso dem für den Ansatz des Vermögens maßgeblichen Fremdvergleichswert (lediglich bei Nichtfestsetzungen idF vor AbgÄG 2015 entsprechen nach § 20 Abs. 2 Z 5 UmgrStG die Anschaffungskosten zunächst den Buchwerten und eine Erhöhung erfolgt bei späterer Realisierung; siehe Rz 160d).

Zum 31.12.2020 wird die C-AG nach Art. I UmgrStG auf die inländische D-AG bzw. nachfolgend D-SE importverschmolzen, wodurch das Besteuerungsrecht der Republik Österreich ua. hinsichtlich der seinerzeit von A eingebrachten Beteiligung (wieder) entsteht. Die D-AG hat aufgrund von § 3 Abs. 1 Z 2 erster Teilstrich UmgrStG idF AbgÄG 2015 das übernommene Vermögen mit dem gemeinen Wert anzusetzen; die noch offenen Raten laufen - vorbehaltlich des Eintritts der in § 6 Z 6 lit. d EStG 1988 idF AbgÄG 2015 genannten Umstände (siehe Rz 44a) - unverändert bei A weiter. *(BMF-AV Nr. 40/2017, BMF-AV Nr. 131/2018)*

Entsteht das Besteuerungsrecht der Republik Österreich wieder für übernommenes Vermögen (Reimport), für das die Steuerschuld aufgrund der ertragsteuerlichen Vorschriften nicht festgesetzt wurde bzw. nicht entstanden ist, ist dieses aufgrund von § 3 Abs. 1 Z 2 zweiter Teilstrich UmgrStG – abweichend von § 3 Abs. 1 Z 2 erster Teilstrich UmgrStG (Rz 160b) – grundsätzlich mit den fortgeschriebenen Buchwerten anzusetzen. Dies betrifft folgende Fälle: 160c

• Übernommenes Vermögen, für das anlässlich einer bis zum 31.12.2015 abgeschlossenen oder unterfertigten Umgründung im Sinne des UmgrStG bei der übernehmenden Körperschaft oder einer konzernzugehörigen Körperschaft der übernehmenden Körperschaft das Besteuerungsrecht eingeschränkt wurde und dabei die Steuerschuld aufgrund der umgründungssteuerlichen Vorschriften idF vor AbgÄG 2015 nicht festgesetzt worden ist (Nichtfestsetzung nach alter Rechtslage, siehe Rz 44b).

- Übernommenes Vermögen, das von der übernehmenden Körperschaft oder einer konzernzugehörigen Körperschaft der übernehmenden Körperschaft bis zum 31.12.2015 in das Ausland überführt wurde und für das die Steuerschuld aufgrund ertragsteuerlicher Vorschriften idF vor AbgÄG 2015 nicht festgesetzt worden ist (Nichtfestsetzung nach alter Rechtslage, siehe EStR 2000 Rz 2517a ff).

- Übernommenes Vermögen, für das bei der übernehmenden Körperschaft oder einer konzernzugehörigen Körperschaft der übernehmenden Körperschaft das Besteuerungsrecht eingeschränkt wurde und dabei die Steuerschuld aufgrund von § 16 Abs. 1 UmgrStG idF vor AbgÄG 2015 oder aufgrund von § 16 Abs. 1a UmgrStG idF AbgÄG 2015 nicht entstanden ist (einbringungsbedingter Anteilstausch nach alter oder neuer Rechtslage, siehe Rz 860h).

- Übernommenes Vermögen, für das die Steuerschuld gemäß § 27 Abs. 6 EStG 1988 idF vor AbgÄG 2015 oder idF AbgÄG 2015 nicht festgesetzt wurde (Nichtfestsetzung im außerbetrieblichen Bereich nach alter oder neuer Rechtslage).

Dabei ist eine Bewertungshöchstgrenze zu beachten, wenn der Reimport des übernommenen Vermögens aufgrund von

- nach dem 31.12.2015 beschlossenen Umgründungen (Rechtslage idF AbgÄG 2015) oder

- Überführungen gemäß § 6 Z 6 EStG 1988 nach dem 31.12.2015 (Rechtslage idF AbgÄG 2015)

erfolgt. Diesfalls kann das Vermögen gemäß § 3 Abs. 1 Z 2 zweiter Teilstrich UmgrStG idF AbgÄG 2015 höchstens mit dem gemeinen Wert angesetzt werden, sollte dieser zum Umgründungsstichtag unter den fortgeschriebenen Buchwerten liegen.

Beispiel:

Die inländische A-GmbH ist an der inländischen B-GmbH zu 80% beteiligt. Zum 30.9.2016 bringt die A-GmbH die Beteiligung an der B-GmbH in die in der EU ansässige, in der Anlage zum UmgrStG genannte C-GmbH ein. Das Doppelbesteuerungsabkommen mit dem Ansässigkeitsstaat der C-AG folgt dem OECD-MA, weshalb das Besteuerungsrecht Österreichs an der Gegenleistung gemäß § 16 Abs. 2 UmgrStG nicht eingeschränkt ist. Allerdings geht durch die Einbringung das Besteuerungsrecht hinsichtlich des eingebrachten Vermögens verloren. Abweichend von § 16 Abs. 1 UmgrStG kommt es jedoch nicht zu einer Festsetzung der Steuerschuld, sondern die Einbringung erfolgt zu Buchwerten. Die Steuerschuld in Höhe des Unterschiedsbetrages zwischen Buchwert und dem gemeinen Wert zum Einbringungsstichtag entsteht gemäß § 16 Abs. 1a UmgrStG erst bei Veräußerung der Beteiligung an der B-GmbH durch die übernehmende C-GmbH (Sonderregime Anteilstausch; siehe Rz 860h).

Zum 31.12.2017 wird die C-AG nach Art. I UmgrStG auf die inländische D-AG importverschmolzen. An der übernehmenden D-AG ist auch die ursprünglich einbringende A-GmbH zu 100% beteiligt. Das Besteuerungsrecht der Republik Österreich entsteht ua. hinsichtlich der seinerzeit von der A-GmbH eingebrachten Beteiligung an der B-GmbH (wieder). Die D-AG übernimmt – als konzernzugehörige Körperschaft der die Beteiligung ursprünglich „exportierenden" A-GmbH – aufgrund von § 3 Abs. 1 Z 2 zweiter Teilstrich UmgrStG idF AbgÄG 2015 die Beteiligung an der B-GmbH mit den fortgeschriebenen Buchwerten, höchstens jedoch mit dem gemeinen Wert zum Verschmelzungsstichtag.

§ 3

Der gemeine Wert als Bewertungshöchstgrenze ist hingegen unbeachtlich, wenn der Reimport aufgrund

- einer bis zum 31.12.2015 beschlossenen Umgründung (Rechtslage idF vor dem AbgÄG 2015) oder
- einer Überführung gemäß § 6 Z 6 EStG 1988 bis zum 31.12.2015 (Rechtslage idF vor dem AbgÄG 2015)

erfolgt. Diesfalls ist das Vermögen gemäß § 3 Abs. 1 Z 2 zweiter Teilstrich UmgrStG idF vor AbgÄG 2015 mit den fortgeschriebenen Buchwerten – ungeachtet des gemeinen Werts zum Umgründungsstichtag – anzusetzen.

Zusammenfassend ergibt sich für die in Rz 160b und Rz 160c behandelten Konstellationen folgender Überblick zur Bewertung von verschmelzungsbedingt übernommenem Vermögen, für das das Besteuerungsrecht wieder entsteht:

	Reimport vor dem 31.12.2015 (Rechtslage vor AbgÄG 2015)	Reimport nach dem 31.12.2015 (Rechtslage idF AbgÄG 2015)
Entstrickung/Überführung/ Wegzug vor 31.12.2015 mit Antrag auf Nichtfestsetzung nach Rechtslage vor AbgÄG 2015	Ansatz mit fortgeschriebenem Buchwert, wenn Nichtfestsetzung bei übernehmender oder konzernzugehöriger Körperschaft erfolgte (§ 3 Abs. 1 Z 2 zweiter Teilstrich UmgrStG)	Ansatz mit fortgeschriebenem Buchwert, höchstens gemeinem Wert, wenn Nichtfestsetzung bei übernehmender oder konzernzugehöriger Körperschaft erfolgte (§ 3 Abs. 1 Z 2 zweiter Teilstrich UmgrStG)
Entstrickung/Überführung/ Wegzug nach 31.12.2015 mit Antrag auf Ratenzahlung nach Rechtslage idF AbgÄG 2015	/	Ansatz mit gemeinem Wert (§ 3 Abs. 1 Z 2 erster Teilstrich UmgrStG)
Nichtentstehung der Steuerschuld aufgrund Anteilstausch	Ansatz mit fortgeschriebenem Buchwert, wenn Steuerschuld bei übernehmender oder konzernzugehöriger Körperschaft nicht entstand (§ 3 Abs. 1 Z 2 zweiter Teilstrich UmgrStG)	Ansatz mit fortgeschriebenem Buchwert, höchstens gemeinem Wert, wenn Steuerschuld bei übernehmender oder konzernzugehöriger Körperschaft nicht entstand (§ 3 Abs. 1 Z 2 zweiter Teilstrich UmgrStG)
Wegzug mit Antrag auf Nichtfestsetzung gemäß § 27 Abs. 6 EStG 1988 idF vor bzw. idF nach AbgÄG 2015	Ansatz mit fortgeschriebenem Buchwert, wenn Nichtfestsetzung bei übernehmender oder konzernzugehöriger Körperschaft erfolgte (§ 3 Abs. 1 Z 2 zweiter Teilstrich UmgrStG)	Ansatz mit fortgeschriebenem Buchwert, höchstens gemeinem Wert, wenn Nichtfestsetzung bei übernehmender oder konzernzugehöriger Körperschaft erfolgte (§ 3 Abs. 1 Z 2 zweiter Teilstrich UmgrStG)

(BMF-AV Nr. 40/2017)

160d   Ungeachtet dessen, ob in den in Rz 160c genannten Fällen (Nichtfestsetzung
der Steuerschuld aufgrund der Rechtslage idF vor AbgÄG 2015) der Reimport
aufgrund der ertragsteuerlichen Vorschriften idF AbgÄG 2015 (Deckelung mit
gemeinem Wert) oder idF vor AbgÄG 2015 (keine Deckelung mit dem gemeinen Wert) erfolgt, ist für die weitere steuerliche Behandlung des übernommenen
Vermögens zu beachten:

Bei späterer Gewinnverwirklichung (Veräußerung) im Inland sind nachweislich im Ausland entstandene stille Reserven auszuscheiden. Die Veräußerung
gilt nicht als rückwirkendes Ereignis im Sinne des § 295a BAO und führt nicht
zur Nachversteuerung zB gemäß § 1 Abs. 2 fünfter Satz UmgrStG idF vor
AbgÄG 2015 oder § 6 Z 6 lit. b Z 2 EStG 1988 idF vor AbgÄG 2015, sondern
ist im Zeitpunkt der Realisation als laufender Geschäftsfall zu erfassen.

Sollte das rückübertragene Vermögen nicht von der nunmehr übernehmenden Körperschaft (sondern von einem anderen Abgabenpflichtigen) in das Ausland übertragen worden sein, ist die Neubewertung vorzunehmen; dies gilt gemäß § 3 Abs. 1 Z 2 zweiter Teilstrich UmgrStG aber nicht, wenn die Übertragung durch eine konzernzugehörige Körperschaft der nunmehr übernehmenden
Körperschaft erfolgte. Eine konzernzugehörige Körperschaft liegt auch dann
vor, wenn die betreffende übernehmende Körperschaft im Rückwirkungszeitraum gegründet wurde.

Hat der exportierende Abgabepflichtige aufgrund der ertragsteuerlichen Vorschriften idF vor AbgÄG 2015 einen Antrag auf Nichtfestsetzung gestellt, bleibt
diese Steuerhängigkeit auch nach dem Import – sofern eine Aufwertung auf den
gemeinen Wert gemäß § 3 Abs. 1 Z 2 erster Teilstrich UmgrStG erfolgte – aufrecht und wird bei Realisierung im Inland schlagend. Ist der exportierende Abgabepflichtige umgründungsbedingt untergegangen (Verschmelzung; Umwandlung; Aufspaltung), ist dann keine Neubewertung gemäß § 3 Abs. 1 Z 2 erster
Teilstrich UmgrStG vorzunehmen, wenn die inländische übernehmende Körperschaft Gesamtrechtsnachfolgerin jener Körperschaft ist, die das Vermögen zunächst ins Ausland übertragen und den Nichtfestsetzungsantrag aufgrund der ertragsteuerlichen Vorschriften idF vor dem AbgÄG 2015 gestellt hat.

Beispiel 1:

Die Gesellschafter der A-GmbH&CoKG haben anlässlich der Einbringung der Beteiligung an der X-GmbH zum 31.12.01 in die in der EU ansässige B Holding-AG nach
Art. III UmgrStG nach § 16 Abs. 1 UmgrStG idF vor AbgÄG 2015 die Nichtfestsetzung der Steuerschuld beantragt. Im Zuge der Import-Verschmelzung der B-AG auf
die konzernfremde C-AG bzw. nachfolgend C-SE zum 31.12.04 entsteht bei dieser
das Besteuerungsrecht ua. hinsichtlich der übernommenen Beteiligungen. Die C-SE
hat die Beteiligungen mit dem gemeinen Wert anzusetzen.

Die A-GmbH&CoKG bleibt hinsichtlich der nicht festgesetzten Beträge steuerhängig. Die Festsetzung hat zu erfolgen, wenn die C-SE die übernommene Beteiligung
an der X-GmbH veräußert, die Höhe der festzusetzenden Steuer ergibt sich aus dem
Unterschiedsbetrag zwischen dem Buchwert und dem gemeinen Wert zum Einbringungsstichtag, maximal aber dem Unterschiedsbetrag zwischen Buchwert zum Einbringungsstichtag und dem von der C-SE erzielten Veräußerungserlös.

Beispiel 2:

Die inländische Körperschaft A bringt im Jahr 01 ihre italienische Betriebsstätte
(Buchwert 10, gemeiner Wert 100) in die italienische Körperschaft B ein (Anrechnungsmethode im DBA Italien). A stellt gemäß § 16 Abs. 1 zweiter Satz idF vor
AbgÄG 2015 in Verbindung mit § 1 Abs. 2 UmgrStG idF vor AbgÄG 2015 einen Antrag auf Nichtfestsetzung der Steuerschuld (Bemessungsgrundlage iHv 90; eine allenfalls in Italien entstehende Steuerschuld wäre jedoch abzuziehen). Im Jahr 05 wird B

auf die inländische Körperschaft C verschmolzen, an der die Körperschaft A wiederum 100% der Anteile hält. Da bei der konzernzugehörigen Körperschaft A die Steuerschuld ursprünglich nicht festgesetzt wurde, hat C die Betriebsstätte mit den fortgeführten Buchwerten anzusetzen (bei Reimport nach § 3 Abs. 1 Z 2 Teilstrich 2 UmgrStG idF AbgÄG 2015 ist die Deckelung mit dem gemeinen Wert zu beachten). Aufgrund des Reimports zu Buchwerten kommt eine Festsetzung der Steuerschuld aufgrund der ertragsteuerlichen Vorschriften idF vor AbgÄG 2015 später nicht mehr in Frage.

Werden Kapitalanteile umgründungsbedingt auf einen ausländischen in der EU oder in einem EWR-Staat (Rz 158) ansässigen Rechtsnachfolger übertragen, unterbleibt unter den Voraussetzungen des § 16 Abs. 1 UmgrStG idF vor AbgÄG 2015 eine sofortige oder aufgeschobene Steuerfestsetzung, ohne dass sich im Falle der Import-Verschmelzung etwas an der Abhängigkeit der Neubewertung von der Identität oder Nichtidentität der übernehmenden Körperschaft ändert.

Beispiel 3:

Der im Inland ansässige A bringt die in seinem Einzelunternehmen gehaltene Beteiligung an der inländischen B-GmbH zum 31.12.01 (Buchwert 1.000, Verkehrswert 5.000) nach Art. III UmgrStG in die in der EU ansässige vermögensverwaltende C-AG gegen Gewährung neuer Anteile an dieser ein. A beantragt nach § 16 Abs. 1 UmgrStG idF vor AbgÄG 2015 die Nichtfestsetzung der entstandenen Steuerschuld (siehe dazu auch Rz 860b). Die Anschaffungskosten der als Gegenleistung gewährten Beteiligung an der C-AG entsprechen nach § 20 Abs. 2 Z 5 UmgrStG zunächst dem Buchwert, im Falle der Gewinnrealisierung im Ausland wäre die Festsetzung der aufgeschobenen Steuerschuld nach § 20 Abs. 2 Z 5 UmgrStG mit einer entsprechenden Anhebung der Anschaffungskosten verbunden.

Im Zuge der Import-Verschmelzung der C-AG auf die inländische konzernfremde D-AG bzw. nachfolgend D-SE zum 31.12.04 erlangt die Republik Österreich ua. hinsichtlich der seinerzeit von A eingebrachten Beteiligung (wieder) das Besteuerungsrecht.

• Die D-SE hat die übernommene Beteiligung mit dem gemeinen Wert zum Verschmelzungsstichtag (zB 5.800) anzusetzen. Bei späterer Veräußerung der Beteiligung lösen bei ihr nur neu entstandene stille Reserven eine Veräußerungsgewinnbesteuerung aus.

• A bleibt auf Grund des in § 16 Abs. 1 UmgrStG verankerten Besteuerungsvorbehaltes mit den nichtfestgesetzten stillen Reserven auch nach der Import-Verschmelzung hängig, der Tausch der Anteile an der C-AG gegen Aktien an der übernehmenden D-SE ist nach § 5 Abs. 1 UmgrStG steuerneutral, dh die Anschaffungskosten von 1.000 haben sich verschmelzungsbedingt nicht geändert. Die Festsetzung der aufgeschobenen Steuer hat in jenem Jahr zu erfolgen, in dem die D-SE die übernommene Beteiligung veräußert. Die Höhe der festzusetzenden Steuer ergibt sich aus dem Unterschiedsbetrag zwischen dem Buchwert und dem gemeinen Wert zum Einbringungsstichtag, maximal aber dem Unterschiedsbetrag zwischen Buchwert zum Einbringungsstichtag und dem von der D-SE erzielten Veräußerungserlös. Erzielt die D-SE bei der Veräußerung am 15.5.06 a) 6.000, b) 4.200, entsteht im Fall a) Einkommensteuerpflicht in Höhe von 4.000 und im Fall b) eine solche von 3.200. Die Anschaffungskosten der Beteiligung an der D-SE erhöhen sich mit 15.5.06 im Falle a) um 4.000 auf 5.000 und im Falle b) um 3.200 auf 4.200.

Ein Ansatz zu den (fortgeschriebenen) Buchwerten ist auch dann vorzunehmen, wenn im Zuge der Verschmelzung eine Beteiligung übernommen wird, an der das Besteuerungsrecht der Republik Österreich aufgrund einer Umgründung mit einem Stichtag vor dem 8.10.2004 oder einer Verlegung eines Betriebes vor dem 1.1.2005 eingeschränkt worden ist und keine Besteuerung der stillen Reserven anlässlich des Verlustes des österreichischen Besteuerungsrechts vorgenommen wurde (3. Teil Z 27 lit. b UmgrStG).

Beispiel 4:

Zum 31.12.2002 wurde von der inländischen A-AG die Beteiligung an der inländischen X-GmbH (Buchwert 10, gemeiner Wert 100) in die innerhalb der EU ansässige B-AG eingebracht, wodurch das Besteuerungsrecht der Republik Österreich am eingebrachten Vermögen verloren ging. Die Einbringung zum 31.12.2002 erfolgte gemäß § 16 Abs. 1 iVm Abs. 2 Z 2 UmgrStG in der Fassung BGBl. Nr. 797/1996 zum Buchwert.

Zum 31.12.2015 wird die B-AG auf die inländische A-AG verschmolzen. Durch die Verschmelzung kommt es nun zu einem Reimport der ursprünglich ins Ausland eingebrachten Beteiligung an der X-AG, weshalb diese Beteiligung mit den fortgeschriebenen Buchwerten anzusetzen ist (für Reimporte aufgrund von Umgründungen, die ab dem 31.12.2015 beschlossen oder unterfertigt werden, kann höchstens der gemeine Wert angesetzt werden). *(BMF-AV Nr. 40/2017, BMF-AV Nr. 131/2018)*

160e   Ist die übernehmende Körperschaft am Verschmelzungsstichtag an einer übertragenden ausländischen Körperschaft beteiligt (up-stream Importverschmelzung), und würden die Gewinnanteile der übertragenden Körperschaft bei der übernehmenden Körperschaft ganz oder teilweise aufgrund § 10 Abs. 4 oder 5 KStG 1988 in der Fassung vor JStG 2018 oder § 10a Abs. 7 KStG 1988 steuerpflichtig sein, ist gemäß § 3 Abs. 1 Z 3 UmgrStG bei der übernehmenden Körperschaft eine fiktive Ausschüttung zu erfassen. Die fiktive Ausschüttungsbesteuerung betrifft jene Auslandsbeteiligungen, bei denen zur Vermeidung von Steuerhinterziehung und Missbrauch bzw. wegen Niedrigbesteuerung von Passiveinkünften im Ausland (siehe KStR 2013 Rz 1228 ff) der Methodenwechsel (dh. Anrechnungsmethode statt Befreiungsmethode) für Gewinnteile zur Anwendung kommt. Die fiktive Ausschüttung ist mit Beginn des dem Verschmelzungsstichtag folgenden Tages zu erfassen.

Die Regelung ist allerdings nur mehr auf Gewinne der übertragenden Körperschaft aus Wirtschaftsjahren anzuwenden, die vor dem 1. Jänner 2019 geendet haben; dies gilt unabhängig vom Zeitpunkt der Verschmelzung. Für danach entstehende Gewinne kommt bereits die Hinzurechnungsbesteuerung des § 10a KStG 1988 zur Anwendung.

Für Verschmelzungen, die nach dem 31.12.2012 zur Eintragung in das Firmenbuch angemeldet werden, gilt darüber hinaus Folgendes:

Unterliegen die Gewinnanteile der ausländischen übertragenden Körperschaft am Verschmelzungsstichtag zwar nicht bei der übernehmenden Körperschaft selbst dem Methodenwechsel gemäß § 10 Abs. 4 oder Abs. 5 KStG 1988 in der Fassung vor JStG 2018 oder § 10a Abs. 7 KStG 1988 (dazu siehe oben), wäre aber der Methodenwechsel bei einer konzernzugehörigen Körperschaft der übernehmenden Körperschaft anwendbar, kommt es ebenso zur fiktiven Ausschüttungsbesteuerung gemäß § 3 Abs. 1 Z 3 UmgrStG bei dieser konzernzugehörigen Körperschaft. Der Konzernbegriff ist im Sinne des § 15 AktG zu verstehen (siehe KStR 2013 Rz 1125).

Der fiktive Ausschüttungsbetrag errechnet sich – entsprechend dem Beteiligungsausmaß – aus der Differenz zwischen dem Verschmelzungskapital im Sinne des § 2 Abs. 5 UmgrStG der übertragenden Körperschaft zum Verschmelzungsstichtag und dem vorhandenen Einlagenstand im Sinne des § 4 Abs. 12 EStG 1988. Den Steuerpflichtigen trifft die Beweislast dafür, dass die als Einlagen abgezogenen Beträge nicht aus Gesellschaftsmitteln stammen.

Beispiel:

Die X-AG ist jeweils zu 100% an der inländischen A-GmbH und an der ausländischen B-Ltd, die in einem Niedrigsteuerland ansässig ist (KÖSt-Satz von 12%) und einen passiven Unternehmensschwerpunkt aufweist, beteiligt. Die B-Ltd wird zum 30.6.01 auf die A-GmbH verschmolzen (Art. I UmgrStG ist anwendbar), wobei das Verschmelzungskapital der B-Ltd am Verschmelzungsstichtag 10 Mio. beträgt. Die X-AG hat nachweisbar Einlagen an die B-Ltd iHv 500.000 geleistet.

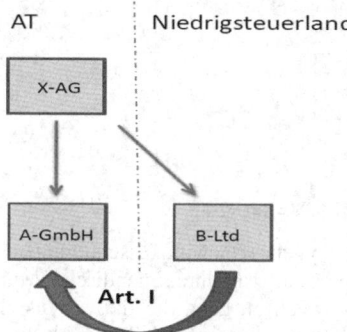

Da bei der konzernzugehörigen X-AG am Verschmelzungsstichtag die Gewinnanteile der B-Ltd dem Methodenwechsel gemäß § 10 Abs. 4 KStG 1988 in der Fassung vor JStG 2018 oder § 10a Abs. 7 KStG 1988 unterliegen würden, ist zum 1.7.01 bei der X-AG ein Betrag von 9,5 Mio. als Ausschüttung zu erfassen (Verschmelzungskapital am Verschmelzungsstichtag abzüglich des Einlagenstandes der übertragenden Körperschaft). Dieser Ausschüttungsbetrag ist unter Anrechnung der ausländischen, bei der B-Ltd angefallenen Steuern (KöSt, Quellensteuer) steuerpflichtig (vgl. KStR 2013 Rz 1244). Der Ausschüttungsbetrag führt in weiterer Folge zu einer Einlage der X-AG in die A-GmbH; der Beteiligungsansatz an der A-GmbH erhöht sich folglich entsprechend. *(BMF-AV Nr. 131/2018)*

Bei einer Verschmelzung auf eine ausländische Körperschaft ist für die Anwendung von § 3 Abs. 1 Z 3 UmgrStG idF AbgÄG 2012 zu differenzieren: 160f

• Grundsätzlich kommt die fiktive Ausschüttungsbesteuerung auch bei Verschmelzungen auf ausländische übernehmende Körperschaften zur Anwendung, wenn die Gewinnausschüttungen der übertragenden Körperschaft bei ihrer inländischen Muttergesellschaft dem Methodenwechsel unterliegen würden.

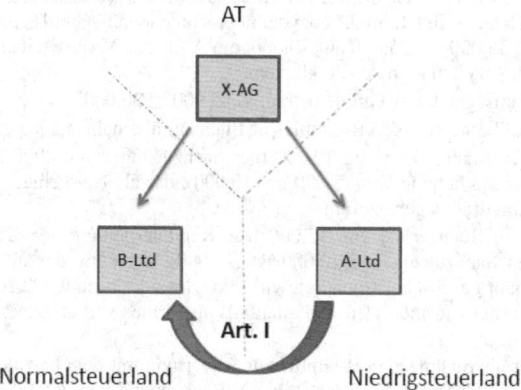

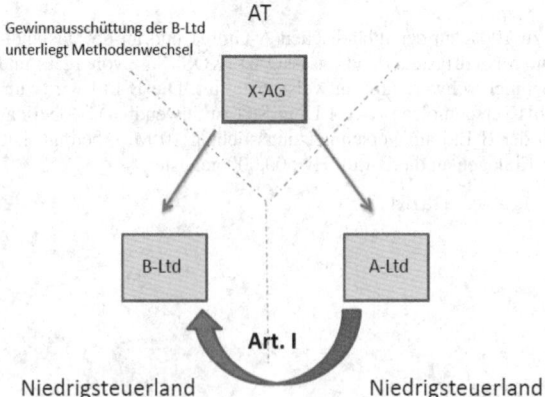

Gewinnausschüttung der B-Ltd
unterliegt Methodenwechsel

AT

X-AG

B-Ltd   A-Ltd

Art. I

Niedrigsteuerland   Niedrigsteuerland

• Unterliegen jedoch auch sämtliche (eigene) Gewinnausschüttungen der übernehmenden ausländischen Körperschaft an ihre inländische Muttergesellschaft bei dieser dem Methodenwechsel, kann die fiktive Ausschüttungsbesteuerung im Rahmen der Verschmelzung unterbleiben, weil die Anwendbarkeit des Methodenwechsels auf tatsächliche spätere Ausschüttungen gewahrt bleibt. *(AÖF 2013/301)*

1.3.2. Buchgewinne und Buchverluste

1.3.2.1 Steuerneutrale Unterschiedsbeträge

161   Buchgewinne und Buchverluste können sowohl bei Verschmelzungen auf gesellschaftsrechtlicher Grundlage (einlagenartige Tatbestände) als auch bei solchen auf betrieblicher Grundlage (bei verbundenen Körperschaften) entstehen. Buchdifferenzen bei Verschmelzungen auf gesellschaftsrechtlicher Grundlage sind im Hinblick auf die gesellschaftsrechtliche Ursache (Mehreinlage auf Basis des Buchwertes oder des beizulegenden Wertes als Agiotatbestand, Mindereinlage als Umkehrung des Agiotatbestandes) schon nach allgemeinem Körperschaftsteuerrecht nicht steuerwirksam.

Beispiel 1:

Die dem A gehörende A-GmbH soll zum 31.12.01 auf die dem B gehörende B-GmbH verschmolzen werden. Da die Verkehrswerte der beiden Gesellschaften mit jeweils 300.000 gleich hoch sind, führt dies bei der übernehmenden B-GmbH zu einer Kapitalerhöhung von 35.000 um 35.000 auf 70.000, um A für den Verlust seiner Anteile mit äquivalenten Anteilen abfinden zu können.

Der Buchwert der übertragenden A-GmbH beträgt a) 45.000 b) 20.000.

• Kommt es bei der übernehmenden B-GmbH zur Buchwertübernahme, entsteht
  – im Falle a) ein Buchgewinn von 10.000 (der Sachzugang von 45.000 übersteigt die Kapitalerhöhung von 35.000 um 10.000), der als Agio einer ungebundenen Kapitalrücklage zuzuführen ist,
  – im Falle b) ein Buchverlust von 15.000 (die Kapitalerhöhung von 35.000 übersteigt den Sachzugang von 20.000 um 15.000), der entweder im Verschmelzungsjahr gesellschaftsrechtlich wirksam wird oder nach § 202 Abs. 2 UGB als Umgründungsmehrwert und allenfalls als Firmenwert aktiviert werden kann.

• Kommt es bei der übernehmenden B-GmbH zur Bewertung mit dem beizulegenden Wert gemäß § 202 Abs. 1 UGB, entsteht ein Buchgewinn von 265.000 (der Sachzugang von 300.000 übersteigt die Kapitalerhöhung von 35.000 um 265.000), der im Falle a) hinsichtlich eines Teilbetrages von 255.000 (die ungebundene Kapitalrücklage erhöht sich gegenüber der Buchwertübernahme zusätzlich um diesen Betrag) und im Falle b) hinsichtlich eines Teilbetrages von 265.000 (die gesamte ungebundene Kapitalrücklage entsteht durch den Ansatz des Vermögens zum beizulegenden Wert) gemäß § 235 Abs. 1 UGB ausschüttungsbeschränkt ist.

Sowohl Buchgewinne als auch Buchverluste bei diesen Vorgängen sind steuerneutral. Die Steuerneutralität betrifft auch die Abschreibung von aktivierten Buchverlusten. Dies gilt in gleicher Weise, wenn die steuerlich maßgebenden Buchwerte von den unternehmensrechtlichen abweichen und sich dadurch ein höherer oder geringerer Buchgewinn oder Buchverlust ergibt.

Die steuerliche Neutralstellung von Buchgewinnen und Buchverlusten gemäß § 3 Abs. 2 UmgrStG hat damit nur für Verschmelzungen auf betrieblicher Grundlage Bedeutung.

Beispiel 2:

Die A-GmbH soll zum 31.12.01 auf die ihr zu 100% gehörende B-GmbH (down stream) verschmolzen werden. Die Beteiligung an der B-GmbH steht mit 500 zu Buch, der Verkehrswert der B-GmbH beträgt 800. Der Buchwert (Eigenkapital) der A-GmbH beträgt a) 350 b) 700.

Bei der übernehmenden B-GmbH kommt es nach der Vermögensübernahme zu Buchwerten zur Herausgabe (Durchschleusung) der mitübernommenen Beteiligung an die Anteilsinhaber der untergegangenen A-GmbH und dadurch netto

- im Falle a) zu einem Buchverlust von 150, der als solcher ausgewiesen oder nach § 202 Abs. 2 UGB als Umgründungsmehrwert bzw. Firmenwert aktiviert werden kann und
- im Falle b) zu einem Buchgewinn von 200, der im Falle des Verzichts auf eine Kapitalerhöhung auf Grund des Einlagentatbestandes in die Kapitalrücklage einzustellen ist.

Sowohl Buchgewinne als auch Buchverluste bei diesem Vorgang sind steuerneutral. Die Steuerneutralität betrifft auch die Abschreibung von aktivierten Buchverlusten. Dies gilt in gleicher Weise, wenn die steuerlich maßgebenden Buchwerte von den unternehmensrechtlichen abweichen und sich dadurch ein höherer oder geringerer Buchgewinn oder Buchverlust ergibt.

Der bei der übertragenden Körperschaft im Fall der Inanspruchnahme der Aufwertungsoption gemäß § 2 Abs. 2 UmgrStG entstandene Gewinn ist kein Buchgewinn im Sinne des § 3 Abs. 2 UmgrStG. Siehe Rz 101.

Zu den Auswirkungen von Buchgewinnen und Buchverlusten auf die Innenfinanzierung siehe Rz 379.

Zur Behandlung von Buchgewinnen und Buchverlusten bei Verschmelzungen außerhalb des Art. I UmgrStG siehe Rz 396 ff. *(BMF-AV Nr. 40/2017)*

1.3.2.2. Steuerwirksame Unterschiedsbeträge (Confusio) (BMF-AV Nr. 40/2017)

Abweichend von § 3 Abs. 2 UmgrStG enthält § 3 Abs. 3 UmgrStG eine Ausnahme der Steuerneutralität von Buchgewinnen oder Buchverlusten aus Confusiotatbeständen. Sie gilt für sämtliche Verschmelzungen.   162

Confusio liegt vor, wenn sich Rechtsbeziehungen zweier Körperschaften (Gläubiger- und Schuldnerposition) durch ihr Zusammenfallen in einer Körperschaft auflösen, wenn also Forderung und Verbindlichkeit oder das Recht und die Verpflichtung in einer Körperschaft zusammenfallen. Sind die zusammentreffenden Bilanzpositionen gleich hoch, ergibt sich ein Nullsaldo. Sind die Bilanzpositionen ungleich, ergibt sich bei der übernehmenden Körperschaft ein steuerwirksamer Buchgewinn oder ein steuerwirksamer Buchverlust.

Die steuerwirksame Berücksichtigung von Buchgewinnen und Buchverlusten setzt somit voraus, dass diese durch Confusio entstehen. Ob verschmelzungsbedingt ein aus dem Zusammenfall von Gläubiger- und Schuldnerposition resultierender Confusiotatbestand vorliegt, ist im jeweiligen Einzelfall zu beurteilen (siehe dazu etwa VwGH 28.6.2012, 2008/15/0228 zum Wegfall eines Fruchtgenussrechtes):

Beispiel:

Der A-GmbH steht ein entgeltlich erworbenes Fruchtgenussrecht an den Aktien der X-AG zu. Gesellschafter der X-AG und somit Fruchtgenussbelastete sind B und C. Zum 31.12.00 wird die A-GmbH auf die X-AG verschmolzen; Art. I UmgrStG ist anwendbar. Da das Fruchtgenussrecht der A-GmbH nicht durch die X-AG, sondern durch deren Gesellschafter begründet wurde, stellt der aus der Ausbuchung des Fruchtgenussrechtes resultierende Buchverlust bei der X-AG keinen Confusiotatbestand dar: Der Buchverlust resultiert nicht aus einem Zusammenfall von Gläubiger- und Schuldnerposition und ist folglich steuerneutral zu behandeln.

Zu den Auswirkungen von Confusiogewinnen und Confusioverlusten auf die Innenfinanzierung siehe Rz 379. *(AÖF 2013/301, BMF-AV Nr. 40/2017)*

163   In folgenden Fällen kann es zu steuerwirksamen Unterschiedsbeträgen kommen:

- **Teilwertberichtigte Forderung:**

  Trifft eine teilwertberichtigte Forderung verschmelzungsbedingt mit der zum Nennwert bilanzierten Verbindlichkeit zusammen, entsteht ein steuerpflichtiger Confusiogewinn. Bei Mutter-Tochter-Verschmelzungen ist hinsichtlich eines vor der Verschmelzung rechtzeitig ausgesprochenen Forderungsverzichtes EStR 2000 Rz 2599 zu beachten.

- **Rückstellungen:**

  Sofern eine Körperschaft für eine Verpflichtung durch Bildung einer steuerwirksamen Rückstellung Vorsorge getroffen und die andere Körperschaft die Forderung noch nicht oder nur in geringerem Umfang aktiviert hat, entsteht anlässlich der Verschmelzung der beiden Körperschaften gleichfalls ein ergebniswirksamer Confusiogewinn.

- **Erwerb eines Bestandrechtes:**

  Erwirbt eine Körperschaft entgeltlich ein Bestandrecht und wird sie anschließend mit der bestandgebenden Körperschaft verschmolzen, kommt es zum Untergang dieses Bestandrechtes. Ein allfälliger Restbuchwert des Bestandrechtes ist nach Saldierung mit einem allenfalls bestehenden zugehörigen passiven Rechnungsabgrenzungsposten als Confusioverlust ergebniswirksam auszubuchen.

- **Echte stille Gesellschaft:**

  Ist eine Körperschaft am Unternehmen einer anderen Körperschaft als echter stiller Gesellschafter beteiligt, fällt durch die Verschmelzung der beiden Körperschaften die echte stille Beteiligung mit der bei anderen Körperschaft ausgewiesenen Schuldposition zusammen. Allfällige Confusio-Differenzbeträge sind steuerwirksam.

- **Mitunternehmeranteile:**

  Verschmelzungsbedingt können die von der übertragenden und übernehmenden Körperschaft gehaltenen Anteile an einer Mitunternehmerschaft zusammenfallen und in der Folge zum Untergang der Mitunternehmerschaft nach § 142 UGB führen. Dabei ist gedanklich zunächst vom Zusammentreffen der beiden Mitunternehmeranteile und in der Folge vom Wegfall der dadurch entstandenen 100-prozentigen Beteiligung gegen Übernahme der Buchwerte der Mitunternehmerschaft auszugehen. Auf Grund der Spiegelbildtheorie können sich daraus keine steuerwirksamen Confusiotatbestände ergeben. Allenfalls erwerbsbedingt bestehendes Ergänzungskapital ist nicht auszubuchen sondern den Buchwerten des übernommenen Mitunternehmerschaftsvermögen zuzuschreiben. Allfällige bilanztechnische Unterschiedsbeträge der UGB-Bilanz sind steuerneutral zu behandeln.

Gleiches gilt für die Verschmelzung einer die atypisch stille Beteiligung haltenden Körperschaft mit der den Inhaber des Unternehmens darstellenden Körperschaft, die zu einer Vereinigung der Anteile an der stillen Mitunternehmerschaft in einer Person und damit zu einer Anteilsvereinigung nach Art des § 142 UGB führt.

- **Genussrechte:**

  Das verschmelzungsbedingte Zusammenfallen von Genussberechtigung und Genussrechtsverpflichtung ist hinsichtlich der steuerlichen Folgen von der Art der Genussrechte abhängig:
  - Bei Substanzgenussrechten gemäß § 8 Abs. 3 Z 1 KStG 1988 sind allfällige Unterschiedsbeträge gemäß § 3 Abs. 2 UmgrStG steuerneutral.
  - Nominalgenussrechte (obligationsähnliche Genussrechte) fallen unter den Confusio-Tatbestand des § 3 Abs. 3 UmgrStG. *(AÖF 2008/243)*

164 Sämtliche Confusio-Einzeltatbestände sind zusammenzufassen und ergeben bei der übernehmenden Körperschaft einen steuerwirksamen Gesamtbuchgewinn oder -verlust. Die Steuerwirksamkeit der Confusio-Differenzbeträge besteht unabhängig davon, ob sich aus der Verschmelzung insgesamt ein Buchgewinn oder Buchverlust ergibt.

165 Confusio-Differenzbeträge sind bei der Gewinnermittlung des Wirtschaftsjahres zu berücksichtigen, das dem Verschmelzungsstichtag folgt. Darunter ist nicht jenes Wirtschaftsjahr der aufnehmenden Körperschaft zu verstehen, in welches der Verschmelzungsstichtag fällt, sondern das darauf folgende Wirtschaftsjahr.

Beispiel:
Der Verschmelzungsstichtag 31.3.01 fällt in das laufende mit 31.12.01 endende Wirtschaftsjahr der übernehmenden Gesellschaft. Der Confusiotatbestand ist im Wirtschaftsjahr 02 steuerlich zu erfassen.

Randzahlen 166 bis 171: *entfallen (BMF-AV Nr. 40/2017)*

1.3.3. Entstehen bzw. Erweiterung einer internationalen Schachtelbeteiligung

1.3.3.1 Allgemeines

172 § 3 Abs. 4 UmgrStG bezweckt, das inländische Besteuerungsrecht für den Fall zu sichern, dass aus der verschmelzungsbedingten Vereinigung von bisherigen ausländischen Minderheitsbeteiligungen (Portfoliobeteiligungen) von weniger als 10% auf Grund einer Inlandsverschmelzung (siehe Rz 28 ff) bei der übernehmenden Körperschaft eine internationale Schachtelbeteiligung gemäß § 10 Abs. 2 KStG 1988 entsteht. Da mit der verschmelzungsbedingten Vermögens-

übernahme kein Anschaffungstatbestand verbunden ist, tritt die Steuerneutralität der internationalen Schachtelbeteiligung zwingend ein, eine Option zu Gunsten der Steuerwirksamkeit im Sinne des § 10 Abs. 3 KStG 1988 ist nicht möglich. *(BMF-AV Nr. 40/2017)*

173   Zu den steuerlichen Konsequenzen einer Auslandsverschmelzung (siehe Rz 36 ff) auf Ebene der Anteilsinhaber siehe Rz 290 ff.

174   Zu den Voraussetzungen für das Vorliegen einer internationalen Schachtelbeteiligung siehe KStR 2013 Rz 1200 ff. *(AÖF 2013/301)*

175   Technisch wird dem Regelungszweck des § 3 Abs. 4 UmgrStG Rechnung getragen, indem die in den „bisher nicht steuerbegünstigten" Beteiligungsquoten enthaltenen stillen Reserven zum Verschmelzungsstichtag in Evidenz zu nehmen sind und bei späterer Veräußerung von der Steuerneutralität ausgenommen werden (siehe Rz 183 ff). Insoweit wird die Wirkung des § 10 Abs. 3 erster Satz KStG 1988 eingeschränkt. Die Steuerneutralität ist im Ergebnis nur auf nach der Verschmelzung und damit ab Entstehen einer steuerneutralen internationalen Schachtelbeteiligung neu entstandene stille Reserven anwendbar. *(BMF-AV Nr. 40/2017)*

176   § 3 Abs. 4 UmgrStG ist nur anzuwenden, wenn die Teilwerte der bisher nicht steuerbegünstigten Beteiligungsquoten höher sind als die Buchwerte. Übersteigt der Teilwert der Anteile einer der beteiligten Körperschaften den Buchwert, ist aber bei der anderen Körperschaft der Teilwert niedriger als der Buchwert, ohne dass es zu einer steuerwirksamen Teilwertabschreibung gekommen ist, sind im Sinne eines Identitätsverfahrens die stillen Reserven der neuen Beteiligung nur bei Veräußerung dieser konkreten Beteiligungsquote von der Steuerneutralität ausgenommen. Dies erfordert, die Beteiligungsquoten entweder buchhalterisch getrennt zu führen, oder die getrennten Werte in sonstiger Weise in Evidenz zu nehmen, um im Falle von Teilverkäufen eine exakte Zuordnung des von der Schachtelbefreiung ausgenommenen Betrages zu gewährleisten. *(AÖF 2008/243)*

177   Wurde von den Anschaffungskosten der steuerhängigen Beteiligung vor der Verschmelzung eine Teilwertabschreibung im Sinne des § 12 Abs. 3 Z 2 KStG 1988 vorgenommen, ohne dass es bis zum Verschmelzungsstichtag zu einer steuerwirksamen Zuschreibung gekommen ist, ist der Buchwert von der übernehmenden Körperschaft ohne Rücksicht darauf anzusetzen, ob die Siebentelabsetzungen schon erfolgt sind. Auch in diesem Fall ist der Unterschiedsbetrag zwischen dem Buchwert und dem höheren Teilwert der Beteiligung zum Verschmelzungsstichtag von der Schachtelbefreiung ausgenommen. Die offenen Siebentel sind von der übernehmenden Körperschaft als Rechtsnachfolgerin planmäßig abzusetzen (Rz 128). *(AÖF 2008/243)*

1.3.3.2 Anwendungsbereich

178   Der Tatbestand des § 3 Abs. 4 UmgrStG setzt voraus, dass die ausländischen Minderheitsbeteiligungen von den zu verschmelzenden Körperschaften gehalten werden und durch die verschmelzungsbedingte Anteilsvereinigung bei der übernehmenden Körperschaft eine unter die Steuerneutralität des § 10 Abs. 3 erster Satz KStG 1988 fallende internationale Schachtelbeteiligung iSd § 10 Abs. 2 KStG 1988 entweder neu entsteht oder eine bereits bestehende steuerneutrale internationale Schachtelbeteiligung um eine unter 10-prozentige Beteiligung erweitert wird; hinsichtlich der unter 10-prozentigen Beteiligung liegen diesfalls

bisher nicht steuerbegünstigte Beteiligungsquoten im Sinne des § 3 Abs. 4 UmgrStG vor.

Keine Anwendungsfälle des § 3 Abs. 4 UmgrStG liegen vor,

- wenn für eine mindestens 10-prozentige Auslandsbeteiligung vor der Verschmelzung im Anschaffungsjahr zugunsten der Steuerpflicht im Sinne des § 10 Abs. 3 KStG 1988 optiert wird (Bindungswirkung der ausgeübten Option erstreckt sich auch auf allfällig hinzukommende Minderheitsbeteiligungen)

- wenn eine bereits bestehende, unter die Steuerneutralität des § 10 Abs. 3 erster Satz KStG 1988 fallende internationale Schachtelbeteiligung verschmelzungsbedingt auf die übernehmende Körperschaft, die vor der Verschmelzung an der ausländischen Körperschaft nicht beteiligt war, übertragen wird (keine „bisher nicht steuerbegünstigten Beteiligungsquoten", weil die Steuerneutralität auch die übernehmende Körperschaft bindet und keine Minderheitsbeteiligungen bestehen). Dies gilt auch für den Fall, dass die Jahresfrist zum Verschmelzungsstichtag noch nicht erfüllt ist. In diesem Fall entsteht bei der übernehmenden Körperschaft keine internationale Schachtelbeteiligung neu und es wird auch keine bei der übernehmenden Körperschaft bereits bestehende erweitert (siehe Rz 183 ff). War die übernehmende Körperschaft hingegen vor der Verschmelzung schon selbst mit einer Minderheitsbeteiligung an der ausländischen Körperschaft beteiligt, ist § 3 Abs. 4 UmgrStG hinsichtlich der zum Verschmelzungsstichtag in den „bisher nicht steuerbegünstigten Beteiligungsquoten" enthaltenen stillen Reserven anzuwenden, weil sie nach der Verschmelzung auch in der steuerneutralen internationalen Schachtelbeteiligung aufgehen.

- wenn zwei bestehende internationale Schachtelbeteiligungen an derselben ausländischen Körperschaft verschmelzungsbedingt zusammentreffen. Fällt die eine Beteiligung unter die Steuerneutralität des § 10 Abs. 3 erster Satz KStG 1988 und die andere aufgrund ausgeübter Option unter die Steuerpflicht im Sinne des § 10 Abs. 3 KStG 1988, ändern sich die jeweiligen Eigenschaften nach § 10 Abs. 3 Z 4 KStG 1988 auch nach der Verschmelzung nicht. Sollte in der Folge eine weniger als 10% betragende Beteiligung an der ausländischen Körperschaft umgründungsbedingt dazuerworben werden, ist der Beteiligungszugang im Verhältnis des steuerneutralen zum steuerwirksamen Teiles der bestehenden Beteiligung zuzuordnen (siehe KStR 2013 Rz 1217). *(BMF-AV Nr. 40/2017)*

Gewinnanteile unterliegen bei der übernehmenden Körperschaft gegebenenfalls der vorläufigen Besteuerung (§ 200 BAO), sofern die von der übertragenden Körperschaft begonnene Jahresfrist noch nicht abgelaufen ist. Wird die Besitzfrist anschließend gewahrt, sind die Gewinnanteile aus der internationalen Schachtelbeteiligung endgültig steuerfrei. Bei Veräußerungsgewinnen kann bereits abschließend beurteilt werden, ob die Jahresfrist eingehalten wurde oder nicht (siehe KStR 2013 Rz 1212 ff). *(AÖF 2013/301)*   179

1.3.3.3 Besitzfrist

Aus dem Blickwinkel des § 3 Abs. 4 UmgrStG sind hinsichtlich der Besitzfrist nachstehende Fälle zu unterscheiden: 180

- Durch die verschmelzungsbedingte Vereinigung zweier bisher nicht steuerbegünstigter Minderheitsbeteiligungen (weniger als 10%) entsteht bei der übernehmenden Körperschaft erstmals eine internationale Schachtelbeteiligung. Da die Anteilsvereinigung keinen Anschaffungstatbestand und daher keinen Anwendungsfall der Option zu Gunsten der Steuerwirksamkeit im Sinne des § 10 Abs. 3 KStG 1988 darstellt, kommt es bei der übernehmenden Körperschaft zwingend zur Steuerneutralität. Die Jahresfrist beginnt in diesem Fall ab dem dem Verschmelzungsstichtag folgenden Tag zu laufen.

- Durch die verschmelzungsbedingte Übertragung einer steuerwirksamen internationalen Schachtelbeteiligung auf eine eine Minderheitsbeteiligung haltende übernehmende Körperschaft ändert sich hinsichtlich der vereinigten Beteiligung nichts an der steuerwirksamen internationalen Schachtelbeteiligung. Gleiches gilt für die Übertragung einer Minderheitsbeteiligung auf die eine steuerwirksame internationale Schachtelbeteiligung haltende übernehmende Körperschaft. In beiden Fällen stellt sich keine Fristenfrage und ist eine Optionsmöglichkeit im Sinne des § 10 Abs. 3 KStG 1988 nicht gegeben. Es bleibt insgesamt bei der Steuerwirksamkeit.

- Durch die verschmelzungsbedingte Übertragung einer steuerneutralen internationalen Schachtelbeteiligung wird bei der übernehmenden Körperschaft die bisher nicht steuerbegünstigte Minderheitsbeteiligung auf eine internationale Schachtelbeteiligung erweitert. Bezüglich der übertragenen Schachtelbeteiligung setzt die übernehmende Körperschaft die von der übertragenden Körperschaft begonnene Besitzfrist fort. Die bisher nicht steuerbegünstigte eigene Minderheitsbeteiligung ist in die Schachtelwirkung einzubeziehen, für sie beginnt daher keine Jahresfrist zu laufen.

- Durch die Verschmelzung wird eine bei der übernehmenden Körperschaft schon bestehende steuerneutrale internationale Schachtelbeteiligung um eine bisher nicht begünstigte Auslandsbeteiligung der übertragenden Körperschaft erweitert und ist diese daher in die Schachtelwirkung einzubeziehen; auch hier beginnt daher keine Jahresfrist zu laufen. *(AÖF 2008/243)*

181   Werden durch die Verschmelzung zwei sowohl bei der übertragenden als auch bei der übernehmenden Körperschaft schon – unterschiedlich lang – bestehende mindestens zehnprozentige internationale Schachtelbeteiligungen zusammengeführt, richtet sich das Erreichen der Jahresfrist nach der länger bestehenden Beteiligung, sofern die verschmelzungsbedingt zusammengeführten Beteiligungen steuerlich dasselbe Schicksal teilen (beide steuerneutral bzw. beide optiert). *(AÖF 2008/243)*

182   Wird trotz verschmelzungsbedingter Vereinigung zweier bisher steuerlich nicht begünstigter ausländischer Minderheitsbeteiligungen das für eine internationale Schachtelbeteiligung vorgesehene Mindestbeteiligungsausmaß von 10% nicht erreicht, liegt bei der übernehmenden Körperschaft sowohl vor als auch nach der Verschmelzung keine internationale Schachtelbeteiligung vor. *(AÖF 2008/243)*

1.3.3.4 Ausnahme von der Substanzgewinnbefreiung

183   Waren sowohl die übertragende Körperschaft als auch die übernehmende Körperschaft vor der Verschmelzung zu weniger als 10% beteiligt und entsteht bei der übernehmenden Körperschaft verschmelzungsbedingt eine internationale Schachtelbeteiligung, ist mangels einer Optionsmöglichkeit (siehe Rz 180) der volle Unterschiedsbetrag zwischen dem höheren Teilwert der Beteiligung im Verschmelzungszeitpunkt (Verschmelzungsstichtag) und dem neuen Buchwert

der Beteiligung im Veräußerungsfall von der Steuerfreiheit ausgenommen. Der Unterschiedsbetrag ist daher in Evidenz zu nehmen.

Als Buchwert gilt der steuerlich maßgebende Buchwert. Wurde auf die Beteiligung vor der Verschmelzung eine steuerwirksame Teilwertabschreibung gemäß § 12 Abs. 3 Z 2 KStG 1988 vorgenommen, ist dieser Buchwert unabhängig davon maßgebend, ob die Siebentelabsetzung bis zum Verschmelzungsstichtag abgeschlossen wurde. Die übernehmende Körperschaft setzt als Gesamtrechtsnachfolgerin nach Maßgabe des § 4 UmgrStG die offenen Siebentel ab (Rz 211 f). *(AÖF 2013/301)*

Wird die bisher nicht steuerbegünstigte Minderheitsbeteiligung der übernehmenden Körperschaft verschmelzungsbedingt durch die Übertragung einer bestehenden steuerneutralen internationalen Schachtelbeteiligung auf eine internationale Schachtelbeteiligung erweitert, ist die Ausnahme von der Schachtelbefreiung gemäß § 3 Abs. 4 UmgrStG nur bezüglich der bisher nicht steuerbegünstigten Minderheitsbeteiligung zu berücksichtigen. Hinsichtlich der übertragenen bestehenden internationalen Schachtelbeteiligung ist die übernehmende Gesellschaft als Gesamtrechtsnachfolger gemäß § 19 Abs. 1 BAO anzusehen, an der Steuerneutralität dieser Beteiligungsquoten ändert sich folglich nichts. *(BMF-AV Nr. 40/2017)*
184

Die Ausführungen in Rz 184 gelten auch für den Fall, dass eine bei der übernehmenden Körperschaft schon bestehende steuerneutrale internationale Schachtelbeteiligung verschmelzungsbedingt um eine bisher nicht begünstigte Auslandsbeteiligung der übertragenden Körperschaft erweitert wird. Durch die Ausnahme von der Schachtelbefreiung bleiben die stillen Reserven der übertragenen bisher nicht steuerbegünstigten Beteiligungsquote bei der übernehmenden Körperschaft steuerverstrickt. Ob bzw. in welcher Höhe der in Evidenz genommene Unterschiedsbetrag im Realisierungsfall zur Nachversteuerung führt, hängt von der Höhe des Veräußerungspreises ab. *(BMF-AV Nr. 40/2017)*
185

Befindet sich im Vermögen der übertragenden und/oder der übernehmenden Körperschaft eine internationale Schachtelbeteiligung, bei welcher die einjährige Behaltefrist am Verschmelzungsstichtag noch nicht abgelaufen ist, die aber sonst alle Kriterien einer unter § 10 Abs. 2 KStG 1988 fallende internationalen Schachtelbeteiligung erfüllt, läuft die Jahresfrist nach der Verschmelzung unverändert weiter. Es liegt damit kein Anwendungsfall der Ausnahme von der Schachtelbefreiung gemäß § 3 Abs. 4 UmgrStG und der damit zeitlich unbeschränkten Steuerhängigkeit der stillen Reserven vor. Die Veräußerung der Beteiligung innerhalb der einjährigen Behaltefrist führt unabhängig davon zur vollständigen Besteuerung der stillen Reserven, ob diese auf Zeiträume vor oder nach der Verschmelzung entfallen. Sollte die internationale Schachtelbeteiligung außerhalb der einjährigen Behaltefrist veräußert werden, ist die Ausnahmeregelung im Rahmen der Substanzgewinnbefreiung nicht zu berücksichtigen. *(AÖF 2008/243)*
186

Verlustabzug

§ 4. **§ 8 Abs. 4 Z 2 des Körperschaftsteuergesetzes 1988 ist nach Maßgabe folgender Bestimmungen anzuwenden:**

1. a) **Verluste der übertragenden Körperschaft, die bis zum Verschmelzungsstichtag entstanden und noch nicht verrechnet sind, gelten im Rahmen der Buchwertfortführung ab dem dem Verschmelzungsstichtag folgenden Veranlagungszeitraum der übernehmenden Körperschaft insoweit als abzugsfähige Verluste dieser Körperschaft, als sie den übertragenen Betrieben, Teilbetrieben oder nicht einem Betrieb zurechenbaren Vermögensteilen zugerechnet werden können. Voraussetzung ist weiters, daß das übertragene Vermögen am Verschmelzungsstichtag tatsächlich vorhanden ist.**

   b) **Verluste der übernehmenden Körperschaft, die bis zum Verschmelzungsstichtag entstanden und noch nicht verrechnet sind, bleiben abzugsfähig, soweit die Betriebe, Teilbetriebe oder nicht einem Betrieb zurechenbaren Vermögensteile, die die Verluste verursacht haben, am Verschmelzungsstichtag tatsächlich vorhanden sind.**

   c) **Ist in den Fällen der lit. a und b der Umfang der Betriebe, Teilbetriebe oder nicht einem Betrieb zurechenbaren Vermögensteile am Verschmelzungsstichtag gegenüber jenem im Zeitpunkt des Entstehens der Verluste derart vermindert, daß nach dem Gesamtbild der wirtschaftlichen Verhältnisse eine Vergleichbarkeit nicht mehr gegeben ist, ist der von diesen Betrieben, Teilbetrieben oder Vermögensteilen verursachte Verlust vom Abzug ausgeschlossen.**

   d) **Im Falle der Verschmelzung verbundener Körperschaften sind vortragsfähige Verluste der Körperschaft, an der die Beteiligung besteht, um abzugsfähige Teilwertabschreibungen zu kürzen, die die beteiligte Körperschaft auf die Beteiligung in Wirtschaftsjahren, die nach dem 31. Dezember 1990 geendet haben, vorgenommen hat; die Kürzung vermindert sich insoweit, als in der Folge Zuschreibungen erfolgt sind. Eine Kürzung unterbleibt, soweit eine solche nach dem letzten Satz erfolgt ist. Die Kürzung hat im Falle der Verschmelzung auf die Mutterkörperschaft in dem dem Verschmelzungsstichtag folgenden Veranlagungszeitraum und im Falle der Verschmelzung auf die Tochterkörperschaft in dem Veranlagungszeitraum zu erfolgen, in den der Verschmelzungsstichtag fällt. § 12 Abs. 3 Z 2 des Körperschaftsteuergesetzes 1988 gilt im Falle der Verschmelzung auf die Tochterkörperschaft ab dem dem Verschmelzungsstichtag folgenden Wirtschaftsjahr und im Übrigen mit der Maßgabe, dass in dem Jahr, in dem die Kürzung zu erfolgen hat, zusätzlich der Unterschiedsbetrag zwischen den insgesamt berücksichtigten Teilen der Teilwertabschreibung und dem Kürzungsbetrag im Sinne des ersten Satzes zu berücksichtigen ist. Die vorstehenden Bestimmungen gelten sinngemäß auch im Falle der Verschmelzung mittelbar** verbundender Körperschaften, soweit abzugsfähige Teilwert-abschreibungen auf Verluste zurückzuführen sind, die die mittel-bar verbundene Körperschaft erlitten hat.

§ 4

2. Ein Mantelkauf, der den Abzug von Verlusten ausschließt, liegt auch dann vor, wenn die wesentlichen Änderungen der Struktur zu einem Teil bei der übertragenden und zum anderen Teil bei der über-nehmenden Körperschaft erfolgen. Änderungen zum Zwecke der Verbesserung oder Rationalisierung der betrieblichen Struktur im Unternehmenskonzept der übernehmenden Körperschaft stehen Sa-nierungen im Sinne des § 8 Abs. 4 Z 2 dritter Satz des Körperschaft-steuergesetzes 1988 gleich.

(BGBl I 2003/71)

Gliederung:

1.4. Verlustabzug (§ 4 UmgrStG)

1.4.1. Allgemeines

§ 4 UmgrStG regelt abweichend vom allgemeinen Steuerrecht die Frage des Schicksals vortragsfähiger Verluste der übertragenden und der übernehmenden Körperschaft nach der Verschmelzung. Die Regelungen beziehen sich nur auf den Verlustabzug im Sinne des § 8 Abs. 4 Z 2 KStG 1988 und damit im Sinne des § 18 Abs. 6 EStG 1988. Besondere Verlustverrechnungsvorschriften, wie die Verlustausgleichsbeschränkung und Schwebeverlustregelung des § 7 Abs. 2 KStG 1988 werden daher durch § 4 UmgrStG nicht berührt. *(AÖF 2008/243, BMF-AV Nr. 131/2018)* 187

Das Recht auf den Verlustvortragsübergang ist mit der Buchwertübertragung der verlustverursachenden (verlustproduzierenden) Einkunftsquelle verknüpft 188

(Grundsatz des objektbezogenen Verlustvortragsübergangs). Das Recht auf fort-gesetzten Verlustabzug bei der übernehmenden Körperschaft ist mit dem Vor-handensein des verlusterzeugenden Objekts verknüpft.

189   Die Beschränkungen des § 4 UmgrStG gelten **nicht** für die vortragsfähigen Verluste der Anteilsinhaber der an der Verschmelzung beteiligten Gesellschaf-ten, sofern bzw soweit nicht eine Konzernverschmelzung stattfindet.

190   Die Regelungen des § 4 UmgrStG gelten nicht nur für Verschmelzungen (Art. I UmgrStG), sondern haben auch für Umwandlungen (Art. II UmgrStG – § 10, siehe Rz 566 ff), Einbringungen (Art. III UmgrStG – § 21, siehe Rz 1171 ff) und Spaltungen (Art. VI UmgrStG – § 35, siehe Rz 1702 ff) Bedeu-tung.

191   Systematischer Aufbau des § 4 UmgrStG:

- Z 1 lit. a regelt die Voraussetzungen und den Zeitpunkt des Überganges der Verluste der übertragenden Körperschaft (siehe Rz 192 ff).

- Z 1 lit. b enthält Einschränkungen beim Abzug der bis zum Verschmelzungs-stichtag entstandenen und noch nicht verrechneten Verluste der übernehmen-den Körperschaft (siehe Rz 216 ff).

- Z 1 lit. c enthält eine Einschränkung für Fälle von qualifizierter Umfangs-minderung, die sowohl für die Verluste der übertragenden als auch der über-nehmenden Körperschaft gilt (siehe Rz 218 ff).

- Z 1 lit. d enthält Bestimmungen über die Kürzung von Verlustvorträgen, mit denen eine doppelte Verwertung von Verlusten im Fall von Teilwertabschrei-bungen verhindert wird (siehe Rz 223 ff).

- Z 2 enthält eine Erweiterung der Mantelkaufregelung des § 8 Abs. 4 Z 2 KStG 1988 (siehe Rz 241 ff).

Zur Reihenfolge der Ermittlung der übergehenden bzw. der bei der überneh-menden Körperschaft bestehenden, vortragsfähig bleibenden Verluste siehe Rz 255. *(AÖF 2013/301)*

1.4.2. Vortragsfähige Verluste der übertragenden Körperschaft

192   § 4 Z 1 lit. a UmgrStG normiert für den Übergang der bis zum Verschmel-zungsstichtag entstandenen und noch nicht verrechneten Verluste der übertra-genden Körperschaft auf die übernehmende Körperschaft den Grundsatz des ob-jektbezogenen Verlustvortragsübergangs. *(AÖF 2013/301)*

193   Im Falle einer Verschmelzung ausländischer Körperschaften (siehe Rz 36 ff) geht der einer inländischen Betriebsstätte der übertragenden Körperschaft zu-rechenbare Verlust bzw. Verlustvortrag (§ 102 Abs. 2 Z 2 EStG 1988 in Verbin-dung mit § 21 Abs. 1 Z 1 letzter Satz KStG 1988) auf die übernehmende Körper-schaft über und kann mit zukünftigen Betriebsstättengewinnen verrechnet wer-den. Gleiches gilt für inländisches unbewegliches Vermögen der übertragenden unter § 21 Abs. 1 Z 3 KStG 1988 fallenden Körperschaft, das einer inländischen Betriebsstätte gleichgestellt ist.

Im Falle einer Exportverschmelzung geht der einer inländischen Betriebs-stätte oder inländischem unbeweglichen Vermögen der übertragenden Körper-schaft zurechenbare Verlust bzw. Verlustvortrag (§ 8 Abs. 4 Z 2 KStG 1988) auf die übernehmende Körperschaft über und kann im Rahmen der beschränkten Körperschaftsteuerpflicht nach Maßgabe des § 102 Abs. 2 Z 2 EStG 1988 in Verbindung mit § 21 Abs. 1 Z 1 letzter Satz KStG 1988 abgesetzt werden.

Die Diskriminierungsverbote der Doppelbesteuerungsabkommen, die im gegebenen Zusammenhang im Gleichklang mit den Nichtdiskriminierungserfordernissen des Unionsrechts ausgelegt werden, sind zu beachten; danach kommt § 102 Abs. 2 Z 2 EStG 1988 nur die Wirkung eines Schutzmechanismus gegen tatsächliche Verlustdoppelverwertungen zu. Der Verlustvortrag in der inländischen Betriebsstätte wird daher nur mehr dann verwehrt, wenn diese Verluste auch im ausländischen Staat – ohne dortige Nachversteuerung – verwertet werden. *(AÖF 2013/301)*

Voraussetzung für den Übergang der Verluste der übertragenden Körperschaft ist die Buchwertfortführung. Im Falle der Aufwertung eines Auslandsvermögens ist der Übergang des Verlustvortrages hinsichtlich des dem Inlandsvermögen zuordenbaren Verlustes nicht beeinträchtigt. **194**

Im Falle einer Import-Verschmelzung sind die mit ausländischen Betriebsstätten oder sonstigem Vermögen der übertragenden Körperschaft verbundenen nach ausländischem Abgabenrecht ermittelten Verluste mangels der Eigenschaft von Verlusten im Sinne des § 8 Abs. 4 Z 2 KStG 1988 kein Gegenstand des Verlustvortragsübergangs. Soweit das Besteuerungsrecht der Republik Österreich entsteht, kommt ein Verlustvortragsübergang zusätzlich durch die Neubewertung nicht in Betracht (siehe auch Rz 160a). *(AÖF 2011/268)*

1.4.2.1 Objektbezogener Verlustvortragsübergang

1.4.2.1.1 Allgemeines

Bis zum Verschmelzungsstichtag entstandene und noch nicht verrechnete Verluste der übertragenden Körperschaft sind mit den verlustverursachenden Objekten zu verknüpfen, wobei die Verlustzuordnung **195**

- bei betriebsführenden (operativen) Gesellschaften zu Betrieben, Teilbetrieben, gegebenenfalls einem Betrieb gleichzuhaltenden Mitunternehmeranteilen und unter Umständen zu nicht einem Betrieb zurechenbaren Vermögensteilen (siehe Rz 202 ff) und

- bei nicht betriebsführenden (vermögensverwaltenden) Gesellschaften grundsätzlich zu den einzelnen Vermögensteilen (siehe Rz 208 f)

erfolgt. Das verlusterzeugende Vermögen muss am Verschmelzungsstichtag tatsächlich vorhanden sein. Mehrere inländische Grundstücke sind gemäß § 98 Abs. 1 Z 3 EStG 1988 als ein Betrieb anzusehen.

Ist dieses Vermögen am Verschmelzungsstichtag – aus welchen Gründen auch immer (zB Verkauf, Liquidation, sonstiger Untergang) – nicht mehr vorhanden, können die bezughabenden Verluste bzw. Verlustvorträge nicht auf die übernehmende Körperschaft übergehen und gehen daher durch die Verschmelzung unter. Ist die Körperschaft zum Verschmelzungsstichtag überhaupt vermögenslos, gehen sämtliche Verluste unter. *(AÖF 2008/243)*

Der Verlustvortragsübergang hat mit dem Schicksal des übergegangenen Vermögens nach dem Verschmelzungsstichtag dem Grunde nach nichts zu tun, es sei denn, es liegt ein Mantelkauftatbestand gemäß § 4 Z 2 UmgrStG vor, auf den keine Ausnahmeklauseln anwendbar sind (siehe Rz 241). **196**

Verluste sind primär den einzelnen Verlustentstehungsquellen (Betriebe oder Teilbetriebe bei operativen Körperschaften, nicht einem Betrieb zurechenbare Vermögensteile bei vermögensverwaltenden Körperschaften) direkt zuzuordnen. **197**

198   Nur wenn keine eindeutige Zuordnung der Verluste zu den noch vorhandenen und nicht mehr vorhandenen Betrieben, Teilbetrieben bzw. nicht einem Betrieb zurechenbaren Vermögensteilen möglich ist, ist eine sachgerechte Aliquotierung der Verlustvorträge vorzunehmen. Dabei besteht kein Wahlrecht hinsichtlich einer früheren oder späteren Verrechnung von einzelnen Verlustkomponenten aus verschiedenen Einkunftsquellen, dh. es ist von einer gleichmäßigen Verrechnung aller Teilverluste im Rahmen des Verlustausgleichs und des Verlustvortrags bis zur Verschmelzung auszugehen.

199   Die Typen des verlustverursachenden Vermögens – Betrieb, Teilbetrieb oder nicht einem Betrieb zurechenbarer Vermögensteil – sind sowohl für die verlustvortragsbezogenen Einschränkungen nach § 4 Z 1 lit. a und lit. b UmgrStG (tatsächliches Vorhandensein des verlustverursachenden Vermögens) als auch nach § 4 Z 1 lit. c UmgrStG (qualifizierte Umfangsminderung und wirtschaftliche Vergleichbarkeit des verlustverursachenden Vermögens) maßgeblich.

200   Die Begriffe „Betrieb" und „Teilbetrieb" sind nach ertragsteuerlichen Kriterien auszulegen (siehe EStR 2000 Rz 5506 ff). Entsteht ein Verlust aufgrund des Haltens eines Mitunternehmeranteiles, ist als verlustverursachendes Vermögen der von der Mitunternehmerschaft geführte Betrieb anzusehen. Besteht dieser Mitunternehmerbetrieb im Zeitpunkt des Verschmelzungsstichtages (anteilig) bei der übertragenden Körperschaft nicht mehr, kommt es daher zu einem Untergang der durch diesen Mitunternehmeranteil verursachten Verluste (VwGH 18.11.2009, 2006/13/0160). Auch die vor der Verschmelzung erfolgte (aliquote) Übertragung des Mitunternehmeranteiles führt zu einem (aliquoten) Wegfall der durch den Anteil verursachten Verluste.

   Der Verkauf, die Stilllegung oder die qualifizierte Umfangsverminderung einer (verlustverursachenden) Produktionseinheit oder Filiale, die für sich keine Teilbetriebseigenschaft aufweist, vor dem Verschmelzungsstichtag führt daher für sich allein zu keiner Kürzung eines Verlustabzuges. Näheres siehe Rz 202. *(AÖF 2011/268)*

201   „Nicht einem Betrieb zurechenbare Vermögensteile" sind alle außerhalb einer betrieblichen Einheit stehenden Vermögenswerte (zB Beteiligung, Grundstücke usw.). Näheres siehe Rz 208 f.

1.4.2.1.2 Betriebsführende (operative) Körperschaft

202   Bei betriebsführenden Körperschaften ist für die Frage, ob der Wegfall von Vermögensteilen des übertragenen Betriebes vor der Verschmelzung zu einer Kürzung übergehender vortragsfähiger Verluste führt, auf (weggefallene) Teilbetriebe als kleinste wirtschaftliche Einheit abzustellen. Der Wegfall eines unter Umständen auch bedeutsamen betriebsbezogenen Wirtschaftsgutes (etwa auf Grund der Veräußerung oder des konkursbedingten Untergangs einer betriebszugehörigen qualifizierten Beteiligung an einer Kapitalgesellschaft) führt daher nicht zu einer entsprechenden Kürzung des übergehenden vortragsfähigen Verlustes. Ein Mitunternehmeranteil stellt für Zwecke der Verlustzurechnung stets einen eigenständigen Betrieb und damit ein eigenständiges Verlustzuordnungsobjekt dar. Wurde ein vormals (teil-)betriebszugehöriger Mitunternehmeranteil veräußert und ist er folglich am Verschmelzungsstichtag nicht mehr vorhanden, ist ein Übergang der auf den Mitunternehmeranteil entfallenden Verlustvorträge nicht möglich (siehe Rz 1191 und Rz 1711a).

   Beteiligungen an ARGEN, die zur Abwicklung einzelner (Bau-)Projekte eingerichtet werden und für steuerliche Zwecke als Mitunternehmerschaft behandelt werden (§ 2 Abs. 4 Z 2 EStG 1988), stellen für sich genommen keine eigenständigen Verlustzuordnungsobjekte dar. *(BMF-AV Nr. 40/2017)*

Bei betriebsführenden Gesellschaften ist im Hinblick auf die Eigenschaft als 203 unter § 7 Abs. 3 KStG 1988 fallenden Körperschaften in Verbindung mit der Gewinnermittlung nach § 5 Abs. 1 EStG 1988 davon auszugehen, dass Vermögensteile bzw Wirtschaftsgüter, die nicht unmittelbar einem Betrieb dienen, als gewillkürtes Betriebsvermögen keine eigenständige für den Verlustvortragsübergang relevante Bedeutung haben. Bei betriebsführenden Gesellschaften ist daher auf den Betrieb bzw Teilbetrieb abzustellen.

Sollte ausnahmsweise ein Vermögensteil von nicht untergeordneter Bedeutung vor dem Verschmelzungsstichtag weggefallen sein, der dem (den) übertragenen Betrieb(en) objektiv überhaupt nicht zurechenbar war und auch nicht unter den einkommensteuerlichen Begriff des gewillkürten Betriebsvermögens (als ein außerhalb des Betriebszweckes stehendes, aber ertragbringendes Vermögen) subsumiert werden konnte, ist diesbezüglich der Verlustvortragsübergang ausgeschlossen (Erläuterungen zur Novellierung des § 4 Z 1 lit. a UmgrStG im AbgÄG 1998), dh eine Zuordnung der Verlustvorträge differenziert nach den (Teil-)Betrieben und den (separaten) Vermögensteilen von nicht untergeordneter Bedeutung vorzunehmen.

Beispiel:
Die A-GmbH betreibt einen Papierhandel. Im Jahr 01 erwirbt sie ein Patent betreffend die Gestaltung von Abrisskanten an Flugzeugtragflächen vom Erfinder, da eine starke Wertsteigerung erwartet wird. Im Jahr 02 beginnt hinsichtlich des Patentes ein Patentrechtsstreit, der in den Jahren 02, 03 und 04 hohe Verluste erzeugt. Als Ergebnis des Streites muss das Patent unter den Anschaffungskosten an den Prozessgegner abgetreten werden. Im Jahr 05 wird die A-GmbH auf die B-AG verschmolzen. Die zum Verschmelzungsstichtag vorhandenen Verluste sind ausschließlich aus dem Patentrechtsstreit und dem Veräußerungsverlust entstanden. Da das verlusterzeugende Vermögen, das in keinerlei Zusammenhang mit dem Papierhandelsbetrieb steht, am Verschmelzungsstichtag nicht mehr vorhanden ist, kommt ein verschmelzungsbedingter Übergang des Verlustes auf die B-AG nicht in Betracht.

Eine vom übertragenen mit vortragsfähigen Verlusten verbundenen Vermögen gesonderte Beurteilung ist auch bei Mitübertragung von Vermögen oder Vermögensteilen gegeben, die die Eigenschaft von Voluptuar oder von außerbetrieblichem (gesellschaftsrechtlichem) Vermögen besitzen.

Beispiele:
1. Erfolgt bei einem (bisherigen) Betrieb ein Wechsel der Bewirtschaftung, die steuerlich zu einer Einstufung als Liebhaberei führt, fehlt es ab dem Wechsel der Bewirtschaftung an einem Betrieb. Mangels Betrieb kommt ein verschmelzungsbedingter Übergang von Verlusten nicht bzw. nur für unter eine Einkunftsquelle darstellende Betriebe in Betracht.
2. Fällt eine dem Gesellschafter-Geschäftsführer zur privaten Nutzung überlassene Liegenschaft nach den besonderen Umständen des Einzelfalles nicht unter das Betriebsvermögen der Kapitalgesellschaft (VwGH 20.6.2000, 98/15/0169), sind die zum Verschmelzungsstichtag auf dieses Vermögen entfallenden Verluste vom Übergang auf eine übernehmende Kapitalgesellschaft ausgeschlossen. *(AÖF 2008/243)*

Die Eigenschaft einer ausschließlich betriebsführenden Gesellschaft mit 204 sonstigem dem einkommensteuerrechtlichen Begriff des gewillkürten Vermögen zuzurechnenden Wirtschaftsgütern ist nicht gegeben, wenn das Verhältnis des Wertes eines Betriebes gegenüber dem nicht unmittelbar betriebszugehörigen Vermögen von untergeordneter Bedeutung ist. In diesem Fall ist eine verlustbezogene Zellteilung vorzunehmen und auf den Vermögensverwaltungsteil die wirtschaftsgutbezogene Betrachtung anzuwenden (siehe Rz 208). Ist zB der Betrieb am Verschmelzungsstichtag nicht mehr oder nicht mehr in wirtschaftlich vergleichbarem Umfang vorhanden, bleibt der den selbständig zu behandelnden Vermögensteilen zurechenbare Verlustvortrag erhalten. *(AÖF 2008/243)*

205   Für die Frage der Verlustzurechnung zum Verschmelzungsstichtag ist auf die seinerzeitige Zurechnung des Vermögensteils im Zeitpunkt der Verlustentstehung abzustellen. War ein Vermögensteil (zB Beteiligung oder Zinshaus) im Sinne der obigen Ausführungen im Zeitpunkt der Vornahme einer Teilwertabschreibung objektiv einem Betrieb zurechenbar und wurde dieser Betrieb vor der Verschmelzung stillgelegt, geht ein am Verschmelzungsstichtag noch vorhandener Verlust aus der Teilwertabschreibung des Vermögensteiles durch die Verschmelzung auch dann unter, wenn der betreffende Vermögensteil zum Verschmelzungsstichtag noch tatsächlich vorhanden ist (weil der Gesamtverlust eben der Einheit „Betrieb" und nicht dem betriebszugehörigen einzelnen Vermögensteil zugerechnet wird).

206   Diente ein verlustverursachender „Vermögensteil" im Sinne der obigen Ausführungen mehreren Betrieben, ist er jenem Betrieb zuzurechnen, dem er überwiegend diente (siehe EStR 2000 Rz 468).

207   Im Falle der Verpachtung eines Betriebes durch die übertragende Körperschaft vor der Umgründung müssen die einkommensteuerlichen Grundsätze dahingehend angewendet werden, ob mit einer Wiederaufnahme der Betriebstätigkeit zu rechnen war und daher weiterhin der betreffende Betrieb vorliegt oder ob anlässlich der Verpachtung eine Betriebsaufgabe zu unterstellen war. Im erstgenannten Fall gehen vortragsfähige Verluste auf die übernehmende Körperschaft über, sofern eine Vergleichbarkeit gegeben ist, im zweiten Fall können vortragsfähige Verluste aus der Zeit bis zur Verpachtung nicht übergehen, weil sich die Vermögensstruktur mit der durch die Verpachtung ausgelösten Betriebsaufgabe geändert hat. Diesfalls können nur jene Verluste übergehen, die auf das nach der Aufgabe entstandene sonstige Vermögen entfallen.

207a   Wurden von der übertragenden Körperschaft bei einer vorgelagerten Umgründung mit einem (Teil)Betrieb Verluste übernommen, die sie bis zum Verschmelzungsstichtag noch nicht verwerten konnte, ist ein objektbezogener Übergang nur möglich, wenn der verlustverursachende (Teil)Betrieb am Verschmelzungsstichtag als eigenständiges Verlustzuordnungsobjekt tatsächlich vorhanden ist.

Hat ein (Teil)Betrieb, der die Verluste verursachte, seine Identität als eigenständige Einheit verloren, weil er nach einer Vorumgründung mit dem Betrieb der nunmehr übertragenden Körperschaft vereinigt wurde, ist der Objektbezug grundsätzlich nicht mehr gegeben. Es bestehen jedoch keine Bedenken, den Verlustübergang anzuerkennen, wenn nachgewiesen wird, dass der verlustverursachende (Teil)Betrieb in Folge der Eingliederung zwar seine Identität als eigenständige Einheit verloren hat, die verlustverursachenden Aktivitäten aber im Rahmen des Gesamtbetriebes der übertragenden Körperschaft noch in vergleichbarem (§ 4 Z 1 lit. c UmgrStG) Umfang vorhanden sind.

Beispiel:

Ein Einzelunternehmer betreibt einen Elektrogerätehandel an zwei Standorten, wobei die Filialen als Teilbetriebe anzusehen sind (vgl. EStR 2000 Rz 5593). Eine der Filialen, die in der Vergangenheit Verluste verursacht hat, die noch nicht verrechnet sind, wird in die X-GmbH eingebracht, die ebenfalls einen Elektrogerätehandel betreibt. Ist aufgrund von organisatorischen Maßnahmen (zB einheitliche Werbung für alle Standorte) zwar die ertragsteuerliche Teilbetriebseigenschaft der eingebrachten Filiale bei der X-GmbH in der Folge weggefallen, wird aber jene betriebliche Aktivität, die den Verlust verursacht hat, in der übernehmenden X-GmbH unverändert fortgesetzt, dh. die übernommene Filiale wird weiter betrieben, gehen diese im Rahmen der Einbringung übergegangenen Verluste bei einer nachfolgenden Verschmelzung der X-GmbH auf die Y-GmbH über.

Dies gilt sinngemäß für die eigenen Verluste aus verlustverursachenden (Teil)Betrieben der übernehmenden Gesellschaft und unabhängig von der Verschmelzungsrichtung. *(BMF-AV Nr. 131/2018)*

1.4.2.1.3 Nicht betriebsführende (vermögensverwaltende) Körperschaft

Bei ausschließlich vermögensverwaltend tätigen Körperschaften ist die **208** kleinste Verlustzuordnungseinheit für die Beurteilung des objektbezogenen Verlustvortragsüberganges der einzelne Vermögensteil von nicht untergeordneter Bedeutung (zB eine Liegenschaft einer vermögensverwaltenden Kapitalgesellschaft oder eine wesentliche Beteiligung einer Holdinggesellschaft). Verluste, die von jenen Vermögensteilen verursacht wurden, die am Verschmelzungsstichtag nicht mehr oder nicht mehr in wirtschaftlich vergleichbarem Umfang vorhanden sind, gehen bei der Verschmelzung unter.

Im Bereich des Kapitalvermögens, das im Sinne einer Portfolioveranlagung verwaltet wird, ist – auf Grund des Funktionszusammenhanges – von einer einzigen Zuordnungseinheit auszugehen. Unter einer Portfolioveranlagung ist die Bündelung eines Wertpapierbestandes für einen einheitlichen Veranlagungszweck zu verstehen, wobei es sich nicht um wesentliche Beteiligungen handeln darf. In ein Portfolio können auch verschiedene Wertpapiertypen fallen (zB Aktien und Anleihen). Unter Berücksichtigung des Veranlagungszweckes liegt eine wesentliche Beteiligung jedenfalls vor, wenn der Anteil zumindest 1% beträgt. *(AÖF 2011/268)*

Ob eine Holdinggesellschaft eine vermögensverwaltende oder infolge ihrer **209** konzernleitenden Tätigkeit als betriebsführende und damit nach Rz 202 ff zu beurteilen ist, hängt von den Umständen des Einzelfalles ab.

1.4.2.1.4 Zeitliches Wirksamwerden des Verlustvortragsüberganges

§ 4 Z 1 lit. a UmgrStG normiert, dass die übergehenden Verluste erstmals in **210** jenem Veranlagungszeitraum (= Kalenderjahr) von der übernehmenden Körperschaft als Sonderausgabe abgezogen werden können, das dem Jahr folgt, in das der Verschmelzungsstichtag fällt.

Beispiel 1:

Die X-GmbH (Bilanzstichtag 31.12.) wird zum 30.9.09 auf die Y-GmbH (Bilanzstichtag ebenfalls 31.12.) verschmolzen. Das durch den Betrieb der X-GmbH für den Zeitraum 1.1.09 bis 30.09.09 erzielte Ergebnis beträgt 40.000. Die X-GmbH verfügt zum 31.12.08 über Verlustvorträge von 200.000.

Das Ergebnis der X-GmbH für das Rumpfwirtschaftsjahr 1.1.09 bis 30.9.09 beträgt unter Berücksichtigung des Verlustabzuges 10.000 (aufgrund der Vortragsgrenze des § 8 Abs. 4 Z 2 lit. a KStG 1988).

Das von der X-GmbH für den Zeitraum 1.10. bis 31.12.09 unternehmensrechtlich erzielte Ergebnis geht in die Gewinnermittlung der Y-GmbH im Rahmen der Veranlagung 09 ein (§ 3 Abs. 1 UmgrStG), ohne dass ihr für diesen Zeitraum die Verlustabzüge der X-GmbH bereits zur Verfügung stehen. Auf die Y-GmbH gehen ab der

Veranlagung 10 sohin 170.000 an Verlustvorträgen bei Vorliegen der Voraussetzungen des § 4 UmgrStG über.

Beispiel 2:

Die übernehmende Gesellschaft bilanziert auf den 31.3.02:

Unabhängig davon, ob die Verschmelzung zB auf den 31.1., 31.3., 30.6. oder 31.12.02 erfolgt, steht ein bei der übertragenden Gesellschaft bestehender vortragsfähiger Verlust aus 01 sowie ein laufender Verlust aus 02 der übernehmenden Gesellschaft erst ab der Veranlagung 03 (= Wirtschaftsjahr 1.4.02 – 31.3.03) als Sonderausgabe zu. *(BMF-AV Nr. 193/2015)*

1.4.2.1.5 Behandlung von Schwebeverlusten

211   Zu den Schwebeverlusten, die nicht unter § 8 Abs. 4 Z 2 KStG 1988 in Verbindung mit § 18 Abs. 6 EStG 1988 fallen, zählen ua. solche nach § 26a Abs. 6 KStG 1988, nach § 2 Abs. 2a EStG 1988, § 7 Abs. 2 KStG 1988 sowie - soweit noch vorhanden - gemäß § 10 Abs. 8 EStG 1988 in der Fassung BGBl. Nr. 201/ 1996 oder § 23a EStG 1972 (zum Übergang von Verlusten aus kapitalistischen Mitunternehmerbeteiligungen gemäß § 23a EStG 1988 idF StRefG 2015/2016 nach Maßgabe des § 21 UmgrStG siehe Rz 1190 und 1177). Nicht zu den Schwebeverlusten gehören am Verschmelzungsstichtag offene Siebentel aufgrund einer abzugsfähigen Teilwertabschreibung oder aufgrund eines Verlustes anlässlich der Veräußerung bzw. eines sonstigen Ausscheidens einer zum Anlagevermögen gehörenden Beteiligung gemäß § 12 Abs. 3 Z 2 KStG 1988.

Für Verschmelzungsbeschlüsse ab dem 1.1.2011 gilt Folgendes:

Offene Siebentel aufgrund einer abzugsfähigen Teilwertabschreibung oder aufgrund eines Verlustes anlässlich der Veräußerung bzw. eines sonstigen Ausscheidens einer zum Anlagevermögen gehörenden Beteiligung gemäß § 12 Abs. 3 Z 2 KStG 1988 sind ebenso wie die in den vortragsfähigen Verlusten enthaltenen Komponenten (abgereifte Siebentel) von der Regelung des § 4 UmgrStG umfasst. Auch für diese ist der Übergang auf die übernehmende Körperschaft bzw. die Fortsetzung bei der übernehmenden Körperschaft davon abhängig, ob der Objektbezug und die Vergleichbarkeit des umgegründeten Vermögens gegeben ist (VwGH 14.10.2010, 2008/15/0212; siehe Rz 254). Der Umstand, dass offene oder "abreifende" Siebentel keine vortragsfähigen Verluste sind, führt zu keinem anderen Ergebnis (VwGH 31.5.2017, Ro 2015/13/0024). *(BMF-AV Nr. 131/2018)*

212   Verrechenbare Schwebeverluste der übertragenen Körperschaft sind von § 4 UmgrStG nicht berührt und gehen daher uneingeschränkt auf die übernehmende Körperschaft über. Sie sind auch nicht von der vorgenannten zeitlichen Verschiebung betroffen und sind mit den Gewinnen jenes Wirtschaftsjahres der übernehmenden Körperschaft zu verrechnen, in das die Verschmelzungswirkungen fallen.

Beispiel:

Die A-GmbH wird a) zum 31.3.02, b) zum 30.4.02 auf die zum 30.4. bilanzierende stets Gewinne ausweisende B-GmbH verschmolzen. Ein im letzten mit a) 31.3.02 b) 30.4.02 endenden Wirtschaftsjahr der A-GmbH entstehender oder vorhandener Schwebeverlust im Sinne des § 10 Abs. 8 EStG 1988 in der Fassung BGBl. Nr. 201/ 1996 geht auf die BGmbH über und ist im Falle a) gegen den Gewinn des am 30.4.02 endenden Wirtschaftsjahres und im Falle b) im Hinblick auf § 3 Abs. 1 zweiter Satz UmgrStG gegen den Gewinn des am 30.4.03 endenden Wirtschaftsjahres zu verrechnen. *(AÖF 2008/243)*

1.4.2.2 Vorhandensein des Vermögens am Stichtag

Voraussetzung für den Übergang des Verlustvortragsrechtes ist ua., dass das 213
verlustverursachende Vermögen am Umgründungsstichtag tatsächlich vorhanden ist. Was mit diesem Vermögen nach dem Verschmelzungsstichtag passiert,
hat auf den Verlustübergang nach § 4 Z 1 UmgrStG keine Auswirkung (möglicherweise aber nach § 4 Z 2 UmgrStG, siehe Rz 223 ff).

Bei einer Verschmelzung der Muttergesellschaft auf die Tochtergesellschaft 214
(down stream) gehen allfällige Verluste der Muttergesellschaft aus einer Teilwertabschreibung dieser Beteiligung auf die übernehmende Körperschaft über.

Bei einer Verschmelzung der Tochter- auf die Muttergesellschaft (up stream) 215
bleibt der aus einer Teilwertabschreibung der Beteiligung an der Tochtergesellschaft resultierende Verlustvortrag bei der Muttergesellschaft erhalten.

Handelt es sich beim verlusterzeugenden Vermögen um eine Beteiligung, 215a
die verschmelzungsbedingt nicht mehr vorhanden ist (siehe Rz 214 f), tritt bei
zukünftigen Umgründungen für Zwecke des Objektbezuges das Vermögen der
verschmelzungsbedingt untergegangenen Körperschaft (zB Betrieb oder Beteiligung) an die Stelle der nicht mehr vorhandenen Beteiligung. Dabei bleiben Verlustvorträge aus Teilwertabschreibungen oder Fremdfinanzierungen erhalten,
wenn das an die Stelle der untergegangenen Beteiligung tretende Vermögen am
Stichtag noch vergleichbar im Sinne des § 4 UmgrStG vorhanden ist (siehe
Rz 218 ff).

Für diese Zwecke ist das an die Stelle der untergegangenen Beteiligung tretende Vermögen (zB Betrieb) zum Stichtag der Folgeumgründung mit eben diesem Vermögen zum Zeitpunkt der ursprünglichen Verlustentstehung des im
Zuge der Erstverschmelzung untergegangenen Vermögens (Zeitpunkt der Teilwertabschreibung der Beteiligung) zu vergleichen.

Beispiel:

Die A-GmbH ist zu 100% an der nicht operativ tätigen B-GmbH und zu 100% an der
D-GmbH beteiligt; die B-GmbH wiederum zu 100% an der betriebsführenden C-
GmbH. Da die C-GmbH in ihrem Betrieb Verluste erzielt, nimmt die B-GmbH eine
Teilwertabschreibung auf ihre Beteiligung an der C-GmbH vor; diese geht bei der B-
GmbH in den Verlustvortrag ein.

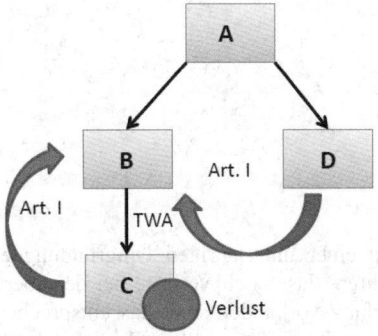

Zum Stichtag 31.12.01 wird die C-GmbH gemäß Art. I UmgrStG auf die B-GmbH
verschmolzen, dabei bleiben die Verlustvorträge der B-GmbH aufrecht (siehe
Rz 215). Die Verluste der C-GmbH sind um die Teilwertabschreibungen zu kürzen
(siehe Rz 223 ff).

Zum Stichtag 31.12.02 wird die D-GmbH auf die B-GmbH gemäß Art. I UmgrStG verschmolzen. Ob die Verluste bei der B-GmbH erhalten bleiben, ist vom Vorhandensein des verlustverursachenden Vermögens am Verschmelzungsstichtag abhängig. Zwar ist die Beteiligung an der C-GmbH im Zuge der Erstverschmelzung untergegangen, an deren Stelle kann jedoch der Betrieb der C-GmbH treten. Da dieser Betrieb zum Verschmelzungsstichtag 02 bei der B-GmbH vergleichbar im Sinne des § 4 UmgrStG vorhanden ist (keine die Vergleichbarkeit ausschließende Vermögensminderung zwischen ursprünglichem Verlustentstehungszeitpunkt vor der Erstverschmelzung und Stichtag 31.12.02), bleiben die Verluste bei dieser erhalten.

Dies gilt auch, wenn es sich bei der Erstumgründung um eine down-stream-Umgründung handelt und daher im Zeitpunkt der Folgeumgründung das ursprünglich verlustverursachende Vermögen an die Anteilsinhaber ausgekehrt worden ist.

Beispiel:

Die A-GmbH hält eine 100-prozentige Beteiligung an der operativ tätigen B-GmbH, die wiederum eine 100-prozentige Beteiligung an der C-GmbH hält. Die A-GmbH nimmt eine Teilwertabschreibung auf die B-GmbH vor. Zum Stichtag 31.12.01 wird die A-GmbH auf die B-GmbH down-stream gemäß Art. I UmgrStG verschmolzen. Die bei der A-GmbH noch vorhandenen Verlustvorträge aus der Teilwertabschreibung gehen auf die B-GmbH über (allfällige Verlustvorträge der B-GmbH sind um die Teilwertabschreibung zu kürzen, siehe Rz 223 ff).

Zum Stichtag 31.12.02 wird die C-GmbH auf die B-GmbH verschmolzen. Das ursprünglich verlustverursachende Vermögen (= Anteil an der B-GmbH) ist zu diesem Verschmelzungsstichtag bei der Rechtsnachfolgerin der A-GmbH (= B-GmbH) nicht mehr vorhanden, weil anlässlich der Erstverschmelzung die Anteile an der B-GmbH an die Anteilsinhaber der A-GmbH ausgekehrt wurden. An Stelle der ausgekehrten Beteiligung kann der Betrieb der B-GmbH treten. Ist dieser Betrieb zum Verschmelzungsstichtag 02 bei der B-GmbH vergleichbar im Sinne des § 4 UmgrStG vorhanden, bleiben die Verluste bei dieser erhalten.

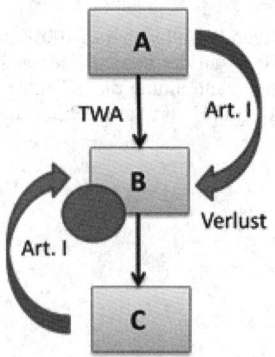

(BMF-AV Nr. 131/2018)

215b   Erfolgt im Rückwirkungszeitraum einer unterjährigen Umgründung eine Folgeumgründung, kann dies dazu führen, dass noch Verluste bei der übertragenden Körperschaft der Erstumgründung vorhanden sind, das entsprechende verlustverursachende Vermögen aber bereits einem anderen Rechtsträger (der übernehmenden Körperschaft der Erstumgründung) zugerechnet wird. In solchen Konstellationen ist aber zu beachten, dass nach dem Wortlaut des § 4 Z 1 lit. b UmgrStG die Verlustvorträge bei der übertragenden Körperschaft der Erstumgründung nicht untergehen, sondern lediglich bei dieser nicht mehr abzugsfähig sind. Daher können die Verlustvorträge umgründungsbedingt in voller Höhe auf die übernehmende Körperschaft der Erstumgründung übergehen.

Beispiel:

Die X-AG bilanziert zum 31.12. und spaltet per 30.6.X2 einen Teilbetrieb nach Art. VI UmgrStG in die Y-AG ab. Der Teilbetrieb hat laufend Verluste erzielt, die noch im Verlustvortrag der X-AG enthalten sind (nach der Veranlagung X1 iHv -50); auch im Zeitraum 1.1.X2 - 30.6.X2 konnte kein positives Ergebnis im Teilbetrieb erzielt werden (-5), aus dem restlichen Betrieb der X-AG wurde im Jahr X2 ein ausgewogenes Ergebnis (0) erzielt. Zum Spaltungsstichtag ist der Teilbetrieb noch vergleichbar vorhanden.

Zum 30.9.X2 wird zudem die Z-AG nach Art. I UmgrStG auf die X-AG verschmolzen.

Im Zuge der Spaltung kommt es zu einem Übergang der Verlustvorträge bzw. der laufenden Verluste nach Maßgabe des § 35 iVm §§ 21 und 4 UmgrStG (siehe Rz 1182): Somit können die Verluste aus dem Teilbetrieb (insgesamt -55) im Rahmen der Veranlagung X2 noch von der X-AG genützt werden, der Rest kann ab der Veranlagung X3 von der übernehmenden Y-AG verwertet werden.

Im Zuge der Verschmelzung der Z-AG auf die X-AG ist § 4 Z 1 lit. b UmgrStG auf die Verlustvorträge der X-AG anzuwenden. Zum Verschmelzungsstichtag sind diese noch bei der X-AG vorhanden (sie kann diese grundsätzlich im Rahmen der Veranlagung X2 nützen), jedoch ist das verlustverursachende Vermögen (=abgespaltener Teilbetrieb) aufgrund der Rückwirkungsfiktion bereits der Y-AG zuzurechnen. Daher sind die Verlustvorträge zwar bei der X-AG nicht mehr abzugsfähig; sie gehen jedoch nicht unter und können mit Ablauf der Veranlagung X2 spaltungsbedingt in voller Höhe auf die Y-AG übergehen. Der laufende Verlust (-5) kann hingegen noch im Rahmen der Veranlagung X2 bei der X-AG genützt werden bzw. geht, soweit ein Rest verbleibt, mit der Veranlagung X3 auf die Y-AG über. *(BMF-AV Nr. 40/2017)*

1.4.3. Vortragsfähige Verluste der übernehmenden Körperschaft

§ 4 Z 1 lit. b UmgrStG normiert die **Objektverknüpfung** auch hinsichtlich der Verluste der übernehmenden Körperschaft. Die Abzugsfähigkeit eigener Verluste der übernehmenden Körperschaft ist wie der Verlustübergang bei der übertragenden (siehe Rz 187 ff) an das verlustverursachende Vermögen bei der übernehmenden Körperschaft gebunden.   **216**

Damit unterliegen die Verluste der übernehmenden Körperschaft auch den Vorschriften hinsichtlich des Vorhandenseins des verlustverursachenden Vermögens am Verschmelzungsstichtag (siehe Rz 213 ff und VwGH 18.12.2002, 98/13/0064, ergangen zur inhaltsgleichen Aussage des StruktVG) sowie der umfänglichen Vergleichbarkeit (siehe Rz 218 ff).

Beschränkungen, wie etwa die in § 4 Z 1 lit. a UmgrStG für den Verlustübergang bei der übertragenden Körperschaft normierte Voraussetzung der Buchwertfortführung oder die zeitliche Verschiebung des Abzugs der übernommenen Verluste bzw. Verlustvorträge in den folgenden Veranlagungszeitraum, gelten für Verluste der übernehmenden Körperschaft nicht.   **217**

1.4.4. Vergleichbarkeit des vorhandenen Vermögens

1.4.4.1 Allgemeines

§ 4 Z 1 lit. c UmgrStG normiert zusätzlich zur Objektverknüpfung der Verluste in § 4 Z 1 lit. a UmgrStG (siehe Rz 195 ff) und in § 4 Z 1 lit. b UmgrStG (siehe Rz 216 f) die Voraussetzung der umfänglichen Vergleichbarkeit des ver-   **218** lustbehafteten Vermögens für einen Verlustübergang bzw. für das Aufrechtbleiben des Verlustabzuges.

Die Verluste sind nach der Verschmelzung auch dann vom Abzug ausgeschlossenen, wenn die verlustverursachenden Betriebe, Teilbetriebe oder nicht einem Betrieb zurechenbaren Vermögensteile am Verschmelzungsstichtag zwar noch tatsächlich vorhanden sind, ihr Umfang gegenüber jenem im Zeitpunkt des Entstehens der Verluste aber derart vermindert ist, dass nach dem Gesamtbild der wirtschaftlichen Verhältnisse eine Vergleichbarkeit nicht mehr gegeben ist (Kriterium der „qualifizierten Umfangsminderung").

Der Umfang des Betriebes zum Verschmelzungsstichtag ist mit dem Umfang des Betriebes im Zeitpunkt der Verlustentstehung zu vergleichen. Ausgehend vom Umfang des Betriebes im vorgenannten Zeitpunkt der Verschmelzung hat daher eine fraktionierte Betrachtung des Umfanges des Vermögens zu den Bilanzstichtagen vor der Verschmelzung zu erfolgen (Rückwärtsbetrachtung).

Verluste an und vor jenem Bilanzstichtag, zu dem eine Vergleichbarkeit nicht mehr gegeben ist, können verschmelzungsbedingt nicht übergehen (siehe dazu Rz 222). Es hat damit eine wirtschaftsjahrbezogene Prüfung der Vergleichbarkeit zu erfolgen. *(AÖF 2008/243)*

219   Maßgeblich ist, dass die Vergleichbarkeit am Verschmelzungsstichtag gegeben ist; spätere Änderungen sind für die Frage des Verlustübergangs oder des weiteren Verlustabzuges nach § 4 Z 1 UmgrStG ohne Auswirkung.

1.4.4.2 Vergleichskriterien

220   Die Vergleichbarkeit ist anhand von gewichteten, quantitativen betriebswirtschaftlichen Kriterien zu beurteilen. Bei betrieblichen Einheiten kommen vor allem folgende Kriterien in Frage:

• Umsatz

• Auftragsvolumen und Produktionsvolumen

• Anlagevermögen, Anlageintensität

• Umlaufvermögen

• Bilanzsumme

• Beschäftigtenzahl.

Bei einzelnen nicht einer betrieblichen Einheit zuzurechnenden Vermögensteilen (zB Vermögenswerte von rein vermögensverwaltend tätigen Körperschaften) ist auf andere, der jeweiligen Vermögensart entsprechende Kriterien abzustellen. *(AÖF 2013/301)*

221   Geeignete Kriterien können bei Beteiligungen der Umfang der Beteiligung (Beteiligungsquote), bei Liegenschaften die Nutzfläche sein. Für die Beurteilung der Vergleichbarkeit im Sinne des § 4 Z 1 lit. c UmgrStG bei Beteiligungen ist das Beteiligungsausmaß im Zeitpunkt der Teilwertabschreibung dem Beteiligungsausmaß zum (späteren) Verschmelzungsstichtag gegenüber zu stellen. Ein erheblicher Wertverlust bei Vorliegen einer umfänglich unverändert gehaltenen Beteiligung ist kein Vergleichsfaktor. Ein Absinken der Beteiligung auf Grund einer bei der Beteiligungskörperschaft erfolgten Kapitalerhöhung unter Ausschluss des Bezugsrechtes oder Verzicht auf das Bezugsrecht stellt bei Wahrung der Äquivalenz keinen für den Vergleich relevanten Faktor dar. *(AÖF 2008/243)*

222   Eine Vergleichbarkeit im Sinne des § 4 Z 1 lit. c UmgrStG ist ab einer quali-

§ 4

fizierten Umfangsminderung der in Frage kommenden betriebswirtschaftlichen Kriterien um 75% nach dem Gesamtbild der Verhältnisse unter Beachtung der unternehmens- und branchenbezogenen Umstände nicht mehr gegeben.

Hat sich der Umfang des betroffenen Vermögens (Betrieb, Teilbetrieb, nicht betriebszuzurechnender Vermögensteil) qualifiziert vermindert, geht ein von diesem Vermögen verursachter und am Verschmelzungsstichtag noch nicht verrechneter Verlustvortrag anlässlich der Verschmelzung zur Gänze verloren, andernfalls bleibt er zur Gänze erhalten.

Beispiel:

Die übertragende GmbH hat in den Jahren 00 bis 06 vortragsfähige Verluste erlitten. Die Unternehmensparameter der stets denselben Betrieb führenden GmbH haben sich in den Vorjahren in folgender Weise entwickelt (in Klammer das Absinken der Parameter bezogen auf die Größe zum Verschmelzungsstichtag 31.12.06):

31.12.06: 50

31.12.05: 100 (Absinken 06 gegenüber 05 auf 50%)

31.12.04: 105 (Absinken auf 47,61%)

31.12.03: 130 (Absinken auf 38,46%)

31.12.02: 220 (Absinken auf 22,72%)

31.12.01: 170 (Absinken auf 29,41%)

31.12.00: 300 (Absinken auf 16,66%)

Da ausgehend von den Unternehmensparametern (Vermögen) zum 31.12.06 ab dem Bilanzstichtag 31.12.02 eine Vergleichbarkeit nicht mehr gegeben ist (50 bedeutet im Verhältnis zu 220 eine Absinken auf 22,72%), gehen auf die übernehmende Körperschaft Verluste der Jahre 06, 05, 04 und 03 über. Verluste die im Jahr 02 und zeitlich davor entstanden sind, gehen nicht über. *(AÖF 2008/243)*

1.4.5. Verbundene Körperschaften (Doppelverlustverwertung)

1.4.5.1 Allgemeines zur Kürzung

§ 4 Z 1 lit. d UmgrStG umfasst die Verschmelzung verbundener Körperschaften (Konzernverschmelzungen), bei denen es durch die Verschmelzung zu einem Zusammenfallen von übernommenem Vermögen (mit Verlusten) und Beteiligung (mit Teilwertabschreibung) kommt. 223

Die mit dem Begriff „verbundene Körperschaften" angesprochenen Konzernverschmelzungen beziehen sich auf solche unabhängig vom Ausmaß der Beteiligung. 224

Neben der Geltung dieser Gesetzesbestimmung für unmittelbar verbundene Körperschaften ist eine solche auch bei mittelbarer Verbindung im Wege der Verschmelzung einer Großmuttergesellschaft auf die Enkelgesellschaft oder umgekehrt anzunehmen, soweit im Konzern vorgenommene Teilwertabschreibungen von Beteiligungen auf die Enkelgesellschaft zurückzuführen sind. 225

Diese Bestimmung gilt nicht bei der Verschmelzung von Schwesterkörperschaften. 226

1.4.5.2 Betroffene Verluste

Von der Kürzungsvorschrift des § 4 Z 1 lit. d UmgrStG sind ausschließlich vortragsfähige Verluste der Tochterkörperschaft betroffen. 227

- Bei einem up-stream-merger werden die übergehenden Verlustvorträge der übertragenden (Tochter)Körperschaft um Teilwertabschreibungen (der Mutterkörperschaft) auf die Beteiligung an der Tochterkörperschaft gekürzt.

- Im Falle eines down-stream-merger sind die vortragsfähigen Verluste der übernehmenden (Tochter)Körperschaft um Teilwertabschreibungen (der Mutterkörperschaft) auf die Beteiligung an der Tochterkörperschaft zu kürzen.

228 In Fällen mittelbarer Verschmelzungen sind die Verlustvorträge der Enkelgesellschaft um Teilwertabschreibungen der Großmuttergesellschaft auf die Beteiligung an der Mutter(Zwischen)Gesellschaft, soweit sie auf die Enkelgesellschaft zurückzuführen sind, zu kürzen. Teilwertabschreibungen der Zwischengesellschaft auf die Beteiligung der Enkelgesellschaft sind dabei unbeachtlich. Für den Fall einer nachfolgenden Verschmelzung mit der vormaligen Zwischenkörperschaft unterbleibt eine nochmalige Kürzung, soweit die Verluste der Enkelgesellschaft betroffen sind.

Beispiel:

Die A-GmbH ist mit 100% an der B-GmbH und die B-GmbH wiederum mit 100% an der C-GmbH beteiligt. Im Jahr 06 hat die A-GmbH auf die Beteiligung an der B-GmbH eine steuerwirksame Teilwertabschreibung von 700 vorgenommen, die zu 400 auf Verluste der C-GmbH und zu 300 auf solche der B-GmbH zurückzuführen ist. Die B-GmbH hat im selben Jahr eine Teilwertabschreibung auf die Beteiligung an der C-GmbH iHv 400 durchgeführt. Der Verlustvortrag der B-GmbH beträgt 1.000 und jener der C-GmbH 1.500.

Im Jahr 07 wird die C-GmbH up-Stream auf die A-GmbH verschmolzen. Sodann erfolgt 09 eine down-Stream-Verschmelzung der A-GmbH auf die BGmbH.

Aufgrund der Up-Stream-Verschmelzung der C-GmbH auf die A-GmbH hat im Jahr 08 eine Kürzung der von der C-GmbH auf die A-GmbH übergehenden vortragsfähigen Verluste von 400 zu erfolgen.

Infolge der anschließenden Down-Stream-Verschmelzung sind die vortragsfähigen Verluste der B-GmbH um einen Betrag von 300 (und nicht 700) zu kürzen. *(AÖF 2011/268)*

229 Die Kürzung der Verluste hat sich an zwei Obergrenzen zu orientieren: Eine Grenze ist der Gesamtbetrag der bei der Mutterkörperschaft auf die Beteiligung an der betroffenen Tochterkörperschaft vorgenommenen Teilwertabschreibungen, die zweite Grenze ist der Gesamtbetrag der (nach § 4 Z 1 lit. a bis c und Z 2 UmgrStG grundsätzlich übergehenden) Verluste der Tochterkörperschaft. Zu kürzen ist um den geringeren dieser beiden Beträge. Sind die übergehenden Verluste der Tochterkörperschaft geringer als der Betrag der Teilwertabschreibung, beschränkt sich die Kürzung auf diesen geringeren Betrag.

230 Die Tochterverluste sind auch dann um den Betrag einer steuerwirksamen Teilwertabschreibung zu kürzen, wenn die Teilwertabschreibung bei der Mutterkörperschaft zu keinem Verlust geführt hat (weil im Jahr der Teilwertabschreibung insgesamt ein Gewinn erzielt worden ist) bzw. ein allfälliger Verlustvortrag zwischenzeitlich mit Gewinnen ausgeglichen worden ist.

231 Zum Verschmelzungsstichtag bestehende Verluste der Mutterkörperschaft sind nach der geltenden Rechtslage von keiner Kürzung betroffen.

232 Der Kürzungsbetrag bezieht sich auf in nach dem 31.12.1990 endenden Wirtschaftsjahren vorgenommene Teilwertabschreibungen. Der Kürzungsbetrag vermindert sich konsequenterweise insoweit, als nach der Teilwertabschreibung und vor der Verschmelzung (steuerwirksame) Zuschreibungen (§ 6 Z 13 EStG 1988) erfolgt sind. Da es sich um „abzugsfähige" Teilwertabschreibungen handeln muss, können nach § 12 Abs. 3 Z 1 KStG 1988 steuerlich nicht absetzbare ausschüttungsbedingte Teilwertabschreibungen zu keiner Kürzung der Tochterverluste führen.

Für in nach 1995 endenden Wirtschaftsjahren vorgenommene Teilwert-   233
abschreibungen bezieht sich die Kürzung auf den vollen Betrag der Teilwertabschreibung (abzüglich späterer Zuschreibungen), unabhängig davon, in welchem Ausmaß sie nach der ab der Veranlagung 1996 geltenden Siebentelverteilung nach § 12 Abs. 3 Z 2 KStG 1988 bis zum Verschmelzungsstichtag
tatsächlich bereits geltend gemacht werden konnte.

Die Kürzung hat im up-stream-merger-Fall in dem dem Verschmelzungsstichtag folgenden Veranlagungszeitraum und im down-stream-merger-Fall in
dem Veranlagungszeitraum zu erfolgen, in das der Verschmelzungsstichtag fällt.

Beispiel:

a) up stream merger:

Die zum 31.12. bilanzierende Tochtergesellschaft T-GmbH wird als übertragende
Gesellschaft zum 30.6.00 mit ihrer ebenfalls auf den 31.12. bilanzierenden 100-pro-
zentigen Muttergesellschaft M-GmbH (= übernehmende Gesellschaft) „up stream"
verschmolzen. Als Folge der Verschmelzung sind die vortragsfähigen Verluste der
übertragenden Tochtergesellschaft im Gesamtbetrag von 20.000 um die bei der Muttergesellschaft vorgenommene dem Grunde nach abzugsfähige Teilwertabschreibung
von 10.000 zu kürzen. Der Verlustvortrag der Tochtergesellschaft T-GmbH geht in
dem dem Verschmelzungsstichtag 30.6.00 folgenden Veranlagungsjahr 01 auf die
übernehmende M-GmbH über. Auch die Kürzung hat in diesem Jahr (= 01) zu erfolgen. Die vortragsfähigen Verluste der übernehmenden M-GmbH in Höhe von 9.000
sind von der Kürzung nicht betroffen und stehen ungekürzt auch im Verschmelzungsjahr zur Verfügung.

b) down-stream-merger:

Die zum 31.12. bilanzierende Muttergesellschaft M-GmbH wird als übertragende Gesellschaft per 30.6.00 auf ihre ebenfalls zum 31.12. bilanzierende 100-prozentige
Tochtergesellschaft T-GmbH (= übernehmende Gesellschaft) „down stream" verschmolzen. Als Folge der Verschmelzung sind die eigenen vortragsfähigen Verluste
der übernehmenden Tochtergesellschaft im Gesamtbetrag von 20.000 um die bei der
Muttergesellschaft vorgenommene dem Grunde nach abzugsfähige Teilwertabschreibung von 10.000 zu kürzen. Die Kürzung wird im Veranlagungszeitraum 00 (= Verschmelzungsjahr) wirksam. Die Verluste der übertragenden M-GmbH in Höhe von
9.000 sind von der Kürzung zwar nicht betroffen, stehen der übernehmenden T-
GmbH nach § 4 Z 1 lit. a UmgrStG aber erst ab dem dem Verschmelzungsstichtag
folgenden Veranlagungszeitraum, also bei der Veranlagung 01 zur Verfügung. *(AÖF
2011/268)*

1.4.5.3 Behandlung offener Siebentel aus einer Teilwertabschreibung

Nach § 12 Abs. 3 Z 2 KStG 1988 sind steuerlich dem Grunde nach abzugs-   234
fähige Teilwertabschreibungen auf zum Anlagevermögen gehörende Beteiligungen an Körperschaften (im Sinne des § 10 Abs. 1 KStG 1988) oder Verluste aus
der Veräußerung oder aus einem sonstigen Ausscheiden (zB Liquidation) einer
derartigen Beteiligung linear auf sieben Jahre mit je einem Siebentel zu verteilen
(siehe KStR 2013 Rz 1299 ff). *(BMF-AV Nr. 131/2018)*

§ 4 Z 1 lit. d erster Satz UmgrStG normiert, dass die Verluste der Tochter-   235
körperschaft immer um den vollen Betrag der bei der Mutterkörperschaft vorgenommenen Teilwertabschreibung zu kürzen sind, unabhängig davon, in welchem Ausmaß die Teilwertabschreibung wegen der Siebentelverteilung nach
§ 12 Abs. 3 Z 2 KStG 1988 bis zum Verschmelzungsstichtag tatsächlich steuerlich geltend gemacht werden konnte. *(AÖF 2013/301)*

Die umgründungsbedingte Übertragung einer (abgewerteten) Beteiligung   236
führt zu einem Übergang der restlichen noch offenen Siebentel auf den Rechts-

nachfolger, der umgründungsbedingte Wegfall der Beteiligung (up-stream- und down-stream-merger) zu einem Weiterlaufen der Siebentelabschreibungen beim bisherigen Anteilsinhaber. *(AÖF 2013/301)*

237   Im Jahr der Kürzung ist zusätzlich der Unterschiedsbetrag zwischen den insgesamt berücksichtigten Teilen der Teilwertabschreibung und dem Kürzungsbetrag im Sinne des ersten Satzes § 4 Z 1 lit. d UmgrStG zu berücksichtigen. Das bewirkt, dass die übernehmende Körperschaft zwar die Kürzung der Verlustvorträge der Tochterkörperschaft um die durchgeführte Teilwertabschreibung durchzuführen hat, dafür aber die noch vorhandenen Siebentelbeträge aus der Teilwertabschreibung beschleunigt (= früher) absetzen kann.

328   Konkret ist daher – im up-stream-Fall zusätzlich zum normalen Siebentelbetrag nach § 12 Abs. 3 Z 2 KStG 1988 – die Differenz zwischen den insgesamt im Rahmen der Siebentelregelung nach § 12 Abs. 3 Z 2 KStG 1988 schon berücksichtigten Teilen der Teilwertabschreibung (Siebentelbeträgen) und dem Kürzungsbetrag nach dem ersten Satz des § 4 Z 1 lit. d UmgrStG (das ist maximal der Betrag der gesamten bei der Mutterkörperschaft vorgenommenen Teilwertabschreibung bzw. der geringere Betrag der vorhandenen Tochterverluste)absetzbar.

Dieser zusätzlich im Kürzungsjahr absetzbare Unterschiedsbetrag führt zu einem Vorziehen künftiger Siebentelbeträge, mindert daher die noch verbleibenden Siebentelbeträge und verkürzt damit den (restlichen) Verteilungszeitraum.

239   Bei up-stream-Verschmelzungen hat die Muttergesellschaft, bei down-stream-Verschmelzungen die Tochtergesellschaft den Unterschiedsbetrag zu berücksichtigen.

Beispiel:

Die Muttergesellschaft M-GmbH hat im Jahre 01 eine Teilwertabschreibung in Höhe von 700 auf die hundertprozentige Beteiligung an der Tochtergesellschaft T-GmbH vorgenommen und steuerlich 100 absetzen können. Im Jahre 03 (Verschmelzungsstichtag im Jahr 03, zB 30.6.03 oder auch 31.12.03) wird in

Variante 1 die T-GmbH auf die M-GmbH (up-stream-merger) und in

Variante 2 die M-GmbH auf die T-GmbH (down-stream-merger) verschmolzen. Der vortragsfähige Verlust der T-GmbH beträgt a) 1.000 und b) 450.

Variante 1 (up-stream-merger):

Fall 1 a) Verlustvortrag T-GmbH   1000

Im Falle a) kann der übertragene vortragsfähige Verlust der T-GmbH von 1.000 bei der übernehmenden M-GmbH im Jahre 04 geltend gemacht werden. Der Betrag von 1.000 ist aber um den vollen Betrag der Teilwertabschreibung in Höhe von 700 zu kürzen, sodass die übernehmende M-GmbH nur mehr 300 als Sonderausgaben-Verlust absetzen kann. Die übernehmende M-GmbH konnte weiters bis zum Verschmelzungsstichtag von der Teilwertabschreibung von 700 drei Siebentel von 700, das sind 300, steuerwirksam absetzen. Sie kann im Jahre 04 das vierte Siebentel in Höhe von 100 geltend machen. Zusätzlich kann sie im Jahre 04 den Unterschiedsbetrag zwischen den insgesamt bisher abgesetzten Siebentelbeträgen von 400 und dem Kürzungsbetrag im Sinne des ersten Satzes der lit. d in Höhe von 700, somit einen Betrag von 300 geltend machen, sodass eine weitere Siebentelabschreibung entfällt. Die übernehmende M-GmbH kann daher im Jahr 04 folgende Beträge absetzen:

Restlicher Sonderausgaben-Verlust T-GmbH   300

normale Siebentelabsetzung gemäß § 12
Abs. 3 Z 2 KStG 1988 (= viertes Siebentel)   100

zusätzliche (= restliche) Siebentel
(„Unterschiedsbetrag")   300

Die Siebentelabsetzungen sind damit zur Gänze erschöpft.

Fall 1 b) Verlustvortrag T-GmbH   450

Im Falle b) übersteigt die von der M-GmbH vorgenommene Teilwertabschreibung von 700 den übergehenden Verlustvortrag der T-GmbH von 450; auf Grund der (vollen) Kürzung um 450 kommt für die übernehmende M-GmbH ein weiterer Abzug als Sonderausgabe nicht mehr in Betracht. Die M-GmbH kann im Jahre 04 das vierte Siebentel in Höhe von 100 geltend machen. Zusätzlich kann sie den Unterschiedsbetrag zwischen den insgesamt abgesetzten Siebentelbeträgen von 400 und dem Kürzungsbetrag von 450, das ergibt einen Betrag von 50, geltend machen. Im Hinblick auf die zusätzliche Abschreibung kann die M-GmbH in den Jahren 05 und 06 die nächsten Siebentel in Höhe von je 100 und im Jahre 07 den Restbetrag von 50 absetzen. Die übernehmende M-GmbH kann daher im Jahr 04 insgesamt folgende Beträge absetzen:

Restlicher Sonderausgaben-Verlust T-GmbH   0

normale Siebentelabsetzung gemäß § 12
Abs. 3 Z 2 KStG 1988 (= viertes Siebentel)   100

zusätzliche Siebentel („Unterschiedsbetrag")   50

In den Folgejahren können die restlichen Siebentelbeträge nach § 12 Abs. 3 Z 2 KStG 1988 (Teilwertabschreibung von 700 abzüglich Absetzung in den Jahren 01 bis 03 von 300 und abzüglich Absetzung im Jahr 04 in Höhe von 150 = 250) wie folgt abgesetzt werden:

Jahr 05   100

Jahr 06   100

Jahr 07 (Rest)   50

Variante 2 (Down-stream-merger):

Fall 2 a) Verlustvortrag T-GmbH   1.000

Im Falle a) kann die übernehmende Tochtergesellschaft T-GmbH ihren eigenen vortragsfähigen Verlust in Höhe von 1.000 im Jahre 03 nur um den vollen Betrag der Teilwertabschreibung von 700 gekürzt geltend machen, sodass sie noch 300 als Sonderausgabe absetzen kann. Die übertragende M-GmbH konnte bis zum Verschmelzungsstichtag im Jahre 03 drei Siebentel der vollen Teilwertabschreibung von 700, das sind 300, steuerwirksam absetzen. Die übernehmende T-GmbH kann im Jahre 03 kein (viertes) Siebentel (in Höhe von 100), wohl aber zusätzlich den Unterschiedsbetrag zwischen den von der M-GmbH insgesamt (bis einschließlich 03) abgesetzten Siebentelbeträgen von 300 und dem Kürzungsbetrag (= Teilwertabschreibung) von 700, das sind 400, geltend machen, sodass eine weitere Siebentelabschreibung entfällt. Die übernehmende T-GmbH kann daher im Jahr 03 folgende Beträge absetzen:

Restlicher Sonderausgaben-Verlust T-GmbH   300

zusätzliche (= restliche) Siebentel
(„Unterschiedsbetrag")   400

Die Siebentelabsetzungen sind damit zur Gänze erschöpft.

Fall 2 b) Verlustvortrag T-GmbH   450

Im Falle b) ist der eigene vortragsfähige Verlust der übernehmenden T-GmbH im Jahre 03 in Höhe von 450 um die volle von der M-GmbH vorgenommene Teilwertabschreibung von 700 zu kürzen (das sind in diesem Fall 450), sodass kein weiterer Sonderausgabenverlust verbleibt. Die übertragende M-GmbH konnte bis zum Verschmelzungsstichtag drei Siebentel der Teilwertabschreibung von 700, das sind 300, steuerwirksam absetzen. Die T-GmbH kann im Jahre 03 kein (viertes) Siebentel in Höhe von 100 absetzen, wohl aber den Unterschiedsbetrag zwischen den insgesamt abgesetzten Siebentelbeträgen von 300 und dem Kürzungsbetrag von 450, das sind 150, geltend machen. Im Hinblick auf die Abschreibung im Jahre 03 kann die T-GmbH in den Jahren 04 und 05 die nächsten Siebentel in Höhe von je 100 und im

Jahre 06 den Restbetrag von 50 absetzen. Die übernehmende T-GmbH kann daher im Jahr 03 folgende Beträge absetzen:

Restlicher Sonderausgaben-Verlust T-GmbH   0

zusätzliche Siebentel („Unterschiedsbetrag")   150

In den Folgejahren können die restlichen Siebentelbeträge nach § 12 Abs. 3 Z 2 KStG 1988 (Teilwertabschreibung von 700 abzüglich Absetzung in den Jahren 01 bis 03 von 300 und abzüglich der zusätzlichen Absetzung im Jahr 03 in Höhe von 150 = 250) wie folgt abgesetzt werden:

Jahr 04   100

Jahr 05   100

Jahr 06 (Rest)   50

240   In Fällen mittelbarer Verschmelzungen ist der Unterschiedsbetrag bei der übernehmenden Körperschaft zu berücksichtigen, der sich als Differenzbetrag zwischen dem auf die Enkelgesellschaft bezogenen Kürzungsbetrag und den bisher bei der Großmuttergesellschaft abgesetzten Siebentelbeträgen ergibt. *(AÖF 2013/301)*

1.4.6. Mantelkauf

241   Die Mantelkaufbestimmung des § 8 Abs. 4 Z 2 KStG 1988 knüpft den Abzug von Verlusten an die Voraussetzung, dass es bei der Körperschaft zwischen dem Zeitpunkt des Entstehens eines Verlustes und dem Zeitpunkt des Verlustabzuges zu keinem Verlust der (wirtschaftlichen) Identität der Körperschaft durch einen so genannten „Mantelkauf" gekommen ist (siehe KStR 2013 Rz 993 bis Rz 1003). *(AÖF 2013/301)*

1.4.6.1 Voraussetzungen für den verschmelzungsbezogenen Mantelkauftatbestand

242   Ein Mantelkauf liegt vor, wenn alle in § 8 Abs. 4 Z 2 KStG 1988 geforderten wesentlichen Änderungen, also jene der persönlichen, der organisatorischen und der betrieblichen Strukturen der Körperschaft, innerhalb eines überschaubaren Zeitraumes (vor und nach der Verschmelzung) eintreten und dadurch nach dem Gesamtbild der Verhältnisse die wirtschaftliche Identität einer vortragsfähige Verluste besitzenden Körperschaft verloren geht.

243   Nach § 4 Z 2 erster Satz UmgrStG liegt ein Mantelkauf im Sinne des § 8 Abs. 4 Z 2 KStG 1988, der den Abzug von Verlusten ausschließt, auch dann vor, „wenn die wesentlichen Änderungen der Struktur zu einem Teil bei der übertragenden und zum anderen Teil bei der übernehmenden Körperschaft erfolgen." Zu einem Wegfall von Verlusten kann es gemäß § 4 Z 2 UmgrStG daher sowohl bei der übertragenden als auch bei der übernehmenden Körperschaft kommen.

Es ist zwischen dem vorumgründungs- und dem umgründungsveranlassten Manteltatbestand zu unterscheiden:

•   Liegen die Voraussetzungen für einen Manteltatbestand bereits in einem Jahr vor der Umgründung oder in dem mit dem Umgründungsstichtag endenden Wirtschaftsjahr der übertragenden Körperschaft nach § 8 Abs. 4 Z 2 KStG 1988 vor, ist bereits am Umgründungsstichtag ein vortragsfähiger Verlust aus den betroffenen Vorjahren nicht mehr gegeben. Fällt der verwirklichte Manteltatbestand in das Wirtschaftsjahr, in das der Umgründungsstichtag fällt, sind sämtliche Vorjahresverluste schon am Umgründungsstichtag keine vortragsfähigen Verluste mehr; ein laufender Verlust (VwGH 22.12.2005, 2002/15/0079) ist nach den Grundsätzen des § 4 UmgrStG zu beurteilen.

- Für die Beurteilung des umgründungsveranlassten Manteltatbestandes sind die übertragende und die übernehmende Körperschaft als Einheit anzusehen, und zwar insoweit, als die wesentlichen Änderungen der Struktur innerhalb eines überschaubaren Zeitraumes zum Teil vor und zum Teil nach der Verschmelzung, also bei der übertragenden und/oder bei der übernehmenden Körperschaft erfolgen können.

Demzufolge ist zunächst bei Vorliegen der Objektverknüpfung des vergleichbaren Umfangs von einem Übergang des vortragsfähigen Verlustes auszugehen; es ist im folgenden (bzw. unter Umständen einem späteren) Veranlagungszeitraum der übernehmenden Körperschaft zu prüfen, ob der Manteltatbestand verwirklicht ist.

Beispiel:

Die A-GmbH erwirbt am 1.6.01 alle Anteile der operativen B-GmbH. Zum Verschmelzungsstichtag 31.12.01 ist der verlusterzeugende Betrieb in einem die Vergleichbarkeitsschwelle nicht unterschreitendem Umfang vorhanden, sodass die vortragsfähigen Verluste der übertragenden B-GmbH auf die A-GmbH übergehen und im Veranlagungszeitraum 02 dem Grunde nach als Sonderausgaben zur Verfügung stehen. Wird der übernommene Betrieb im Laufe des Jahres 02 liquidiert, ohne dass ein Ausnahmetatbestand (Rz 251 f) vorliegt, verliert der übergegangene vortragsfähige Verlust im Jahr 02 mit Ausnahme der Verrechnungsmöglichkeit mit in diesem Jahr aufgedeckten stillen Reserven seine Wirkung als Sonderausgabe. Keine andere Rechtsfolge ergibt sich bei Umkehrung der Verschmelzungsrichtung. In diesem Fall verliert der eigene Verlustvortrag der übernehmenden B-GmbH seine Wirkung als Sonderausgabe.

Da § 4 Z 2 UmgrStG hinsichtlich der „wesentlichen Änderungen der Struktur" alle drei Strukturmerkmale des Mantelkaufs gleichermaßen anspricht, kann es aufgrund von § 4 Z 2 UmgrStG auch zu einem Wegfall von Verlustvorträgen kommen, obwohl die Änderung des jeweiligen Strukturmerkmals nicht bei der die Verlustvorträge besitzenden Körperschaft eingetreten ist (zB können daher Verlustvorträge einer Körperschaft wegfallen, obwohl bei dieser kein Gesellschafterwechsel stattgefunden hat und die Beteiligung bereits vor der Umgründung gehalten wurde). § 4 Z 2 UmgrStG kommt hingegen nicht zur Anwendung, wenn diese wesentlichen Änderungen der Struktur nicht in einem engen sachlichen und zeitlichen Zusammenhang erfolgen. *(BMF-AV Nr. 131/2018)*

1.4.6.1.1 Änderung der Gesellschafterstruktur

Die Gesellschafterstruktur ist wesentlich geändert, wenn ein Gesellschafterwechsel drei Viertel des Nennkapitals der Körperschaften oder mehr betrifft. 244

Auch für den verschmelzungsbedingten Mantelkauftatbestand gilt, dass die Änderung der Gesellschafterstruktur auf entgeltlicher Basis erfolgen muss. Ein typischer Fall ist die Konzernverschmelzung mit einem unmittelbar vorgelagerten vorbereitenden Anteilserwerb (Körperschaft erwirbt entgeltlich Anteile an einer übertragenden Verlust-Körperschaft, beide Körperschaften werden anschließend verschmolzen). Auch eine Anteilsveräußerung nach der Verschmelzung kann unter Umständen für den Mantelkauftatbestand eine Rolle spielen.

Die Verschmelzungsrichtung hat auf die Anwendung des Mantelkauftatbestands keine Auswirkung. Es ist daher unmaßgeblich, ob der Gesellschafterwechsel bei der übertragenden oder bei der übernehmenden Körperschaft (vor oder nach Verschmelzung) erfolgt. 245

Zu keiner Änderung der Beteiligungsstruktur kommt es bei einer Verschmelzung ohne Gewährung von Gesellschaftsanteilen (was zB auf den Fall der Mut- 246 ter-Tochter-Verschmelzung zutrifft), soweit die Anteile an der übertragenden oder übernehmenden Körperschaft nicht im zeitlichen Naheverhältnis zur Verschmelzung erworben wurden. Gleiches gilt auch für eine Konzernverschmelzung in Form einer Schwesternverschmelzung ohne Kapitalerhöhung (weil die Anteile an beiden Körperschaften mittelbar oder unmittelbar in einer Hand vereinigt sind), da auch in diesem Fall eine Entgeltlichkeit nicht gegeben ist.

1.4.6.1.2 Änderung der organisatorischen Struktur

247   Für die Beurteilung dieser Komponente ist auf die organisatorische Struktur bei der übernehmenden Körperschaft nach der Verschmelzung dahingehend abzustellen, ob und wieweit die Geschäftsleitung der übertragenden Körperschaft in der übernehmenden Körperschaft nach der Verschmelzung vertreten ist (siehe dazu auch KStR 2013 Rz 995). Wird die Geschäftsleitung der übertragenden (untergehenden) Körperschaft nicht mehr in jene der übernehmenden Körperschaft aufgenommen, wird die Änderung der organisatorischen Struktur letztlich durch den Verschmelzungsvorgang selbst realisiert. *(AÖF 2013/301)*

1.4.6.1.3 Änderung der wirtschaftlichen Struktur

248   Die wirtschaftliche Struktur ist wesentlich geändert, wenn der frühere (verlusterzeugende) Betrieb bzw. die frühere Geschäftstätigkeit nicht mehr oder nur mehr in einem untergeordneten Ausmaß existiert oder wenn die vorhandene Betriebsstruktur wesentlich erweitert oder in der Folge durch eine neue ersetzt wird. Die Veräußerung oder Stilllegung eines Betriebes stellt daher idR eine wesentliche wirtschaftliche Strukturänderung dar.

249   Die Komponente der wirtschaftlichen Strukturänderung ist umgründungssteuerrechtlich insoweit modifiziert zu beurteilen, als nur wirtschaftliche Strukturänderungen nach der Verschmelzung maßgeblich sein können. Bei wesentlichen wirtschaftlichen Strukturänderungen vor der Verschmelzung wird der Übergang bzw. die Vortragsfähigkeit von Verlusten nämlich bereits durch § 4 Z 1 UmgrStG verhindert.

250   Für die Beurteilung der wirtschaftlichen Strukturänderung ist die konkrete betriebliche (vermögensmäßige) Struktur der im Sinne der § 4 Z 2 UmgrStG vom Mantelkauftatbestand potenziell betroffenen Körperschaft vor und nach der Verschmelzung zu vergleichen. Ist diese konkrete Struktur – unabhängig von der betrieblichen Struktur (Betriebsgröße, Branche etc) der zweiten an der Verschmelzung beteiligten Körperschaft – auch nach der Verschmelzung unverändert geblieben, kann kein Mantelkauf vorliegen.

Beispiel:

Eine AG, die sich mit der industriellen Möbelerzeugung beschäftigt und einen Umsatz von 100.000 erzielt, erwirbt alle Anteile an einer als GmbH geführten Stilmöbeltischlerei mit einem Jahresumsatz von 1.000. Die Geschäftsführung wird ausgewechselt und die GmbH auf ihre nunmehrige Muttergesellschaft verschmolzen. Die wirtschaftliche Struktur der Stilmöbeltischlerei (Standort, maschinelle Ausstattung, Personal) wird aber beibehalten. Trotz Änderung der Beteiligungsstruktur und der organisatorischen Struktur ist der Mantelkauftatbestand mangels Änderung der wirtschaftlichen Struktur nicht erfüllt.

1.4.6.2 Ausnahmetatbestände

251   Trotz Vorliegen aller Strukturänderungen ist ein Mantelkauf bei Verschmelzungen dann nicht anzunehmen, wenn entweder

- die Sanierungsklausel des § 8 Abs. 4 Z 2 vorletzter Satz KStG 1988 oder
- die Rationalisierungsklausel des § 4 Z 2 letzter Satz UmgrStG

zur Anwendung kommt.

Zur Sanierungsklausel siehe KStR 2013 Rz 1002. Die Verlustvorträge blei- **252** ben gemäß § 4 Z 2 letzter Satz UmgrStG auch dann erhalten, wenn die den Man- telkauftatbestand grundsätzlich erfüllende Totaländerung eine Verbesserung oder Rationalisierung der betrieblichen Struktur im Unternehmenskonzept der übernehmenden Körperschaft zum Ziel hat. Dies kann bei der Gewinnung von Synergieeffekten gegeben sein, etwa wenn ein verschmelzungsbedingtes Zu- sammenwirken verschiedener getrennt unwirksamer Faktoren zu einer wirt- schaftlichen Optimierung führt oder wenn das Stilllegen der verschmelzungs- veranlasst übernommenen Produktion eines Marktkonkurrenten zu einer besse- ren Auslastung im branchengleichen Betrieb der übernehmenden Körperschaft führt. Das Rationalisierungsmotiv muss erkennbar und der Abgabenbehörde ge- genüber auch darstellbar sein. *(AÖF 2013/301)*

1.4.7. derzeit nicht belegt

Rz 253: *derzeit nicht belegt (AÖF 2008/243)*

1.4.8. Behandlung von Verlustkomponenten aus einer Teilwert- abschreibung gemäß § 12 Abs. 3 Z 2 KStG 1988 *(AÖF 2011/268)*

Im Hinblick auf das Erfordernis einer Verteilung des Aufwandes aus einer **254** Teilwertabschreibung auf zum Anlagevermögen gehörende Beteiligungen an Körperschaften (im Sinne des § 10 Abs. 1 KStG 1988) oder eines Verlustes aus der Veräußerung oder aus einem sonstigen Ausscheiden (zB Liquidation) einer derartigen Beteiligung auf sieben Jahre können sich Siebentelkomponenten mangels Verrechnung mit Gewinnen im vortragsfähigen Verlust befinden oder als offene Siebentelbeträge am Stichtag vorhanden sein. Die im vortragsfähigen Verlust enthaltenen Komponenten teilen das Schicksal der übrigen Verluste und gehen nach Maßgabe des § 4 UmgrStG über oder nicht über bzw. bleiben bei der übernehmenden Körperschaft abzugsfähig oder nicht. Im Hinblick auf die glei- che Grundlage sind die am Stichtag offenen Komponenten nicht anders zu be- handeln als die übrigen Verluste. Auch für sie ist der Übergang auf die überneh- mende Körperschaft bzw. die Fortsetzung bei der übernehmenden Körperschaft davon abhängig, ob der Objektbezug und die Vergleichbarkeit des umgegründe- ten Vermögens gegeben ist (VwGH 14.10.2010, 2008/15/0212).

Beispiel:

Im Jahr 02 führt die X-AG (Bilanzstichtag 31.12.) auf die 50-prozentige Beteiligung an der inländischen A-GmbH eine Teilwertabschreibung über 70.000 durch, die steu- erlich zu einem Verlust führt. Sie macht das erste Siebentel im Rahmen der Veranla- gung 02 geltend. Zum Stichtag 30.9.03 wird die X-AG auf die Y-AG (Bilanzstichtag ebenfalls 31.12.) verschmolzen.

Im Jahr 03 kann nur die X-AG ein weiteres Siebentel aus der Teilwertabschreibung geltend machen, nicht aber die Y-AG, weil auch für die noch offenen Siebentel aus der Teilwertabschreibung § 4 UmgrStG zur Anwendung kommt und daher eine Gel- tendmachung erstmals in dem dem Verschmelzungsstichtag folgenden Veranlagungs- zeitraum, dh. im Jahr 04 möglich ist. Weiters ist eine Geltendmachung der offenen Teilwertabschreibungssiebentel durch die Y-AG ab 04 nur dann möglich, wenn die Voraussetzungen des § 4 UmgrStG wie insbesondere Vorhandensein des verlustverur- sachenden Vermögens am Stichtag und Vergleichbarkeit des vorhandenen Vermögens gegeben sind. *(BMF-AV Nr. 131/2018)*

1.4.9. Ermittlung der tatsächlich übergehenden bzw. bestehenden vortragsfähigen Verluste *(AÖF 2011/268)*

255   Bei der Ermittlung der nach der Verschmelzung noch verfügbaren Verluste (der übernehmenden bzw. übertragenden Körperschaft) ist wie folgt vorzugehen:

• Die zum Verschmelzungsstichtag bestehenden Verluste von übertragender und übernehmender Körperschaft sind darauf zu untersuchen, ob sie Vermögenswerten (Betrieben, Teilbetrieben oder nicht einem Betrieb zurechenbaren Vermögensteilen) zuzuordnen sind, die am Verschmelzungsstichtag nicht mehr tatsächlich vorhanden sind (§ 4 Z 1 lit. a und lit. b UmgrStG). Bejahendenfalls sind diese (Teile der) Verluste (Verlustvorträge) auszuscheiden.

• Bei den danach verbleibenden Verlusten ist zu überprüfen, ob bei diesen Betrieben usw., die diese Verluste verursacht haben, im Vergleich zum Zeitpunkt der Verlustentstehung eine qualifizierte Umfangsminderung eingetreten ist (§ 4 Z 1 lit. c UmgrStG). Bejahendenfalls sind auch diese Verluste – trotz tatsächlichem Vorhandensein der verlustverursachenden Vermögenswerte – auszuscheiden.

• Bei Mutter-Tochter-Verschmelzungen (bzw. Großmutter-Enkel-Verschmelzungen) sind die danach verbleibenden Verluste der (übertragenden oder übernehmenden) Tochterkörperschaft (Enkelkörperschaft) um Teilwertabschreibungen zu kürzen, welche die Mutterkörperschaft (Großmutterkörperschaft) auf die Beteiligung an der Tochterkörperschaft (wegen der Enkelverluste) in Wirtschaftsjahren mit Bilanzstichtag nach dem 31. Dezember 1990 vorgenommen hat (§ 4 Z 1 lit. d UmgrStG).

• Die danach verbleibenden Verluste von übertragender und übernehmender Körperschaft sind dahingehend zu prüfen, ob sie bei gesamthafter Betrachtung wegen Anwendung des Mantelkauftatbestandes (unter Berücksichtigung der Ausnahmeklauseln nach § 8 Abs. 4 Z 2 lit. c KStG 1988 sowie § 4 Z 2 letzter Satz UmgrStG) auszuscheiden sind (§ 4 Z 2 UmgrStG).

• Die nach diesen vier Schritten noch verbleibenden Sonderausgabenverluste können nach der Verschmelzung – unter Beachtung der Einschränkung des § 8 Abs. 4 Z 2 lit. a KStG 1988 – weiterhin abgezogen werden. *(BMF-AV Nr. 193/2015)*

Behandlung der Anteilsinhaber

§ 5. (1) Für die Anteilsinhaber gilt Folgendes:

1. Der Austausch von Anteilen an der übertragenden Körperschaft auf Grund der Verschmelzung gilt nicht als Tausch. Die Anteile an der übernehmenden Körperschaft gelten mit Beginn des dem Verschmelzungsstichtag folgenden Tages als erworben.

2. Zuzahlungen auf Grund gesellschaftsrechtlicher Vorschriften kürzen die Anschaffungskosten oder Buchwerte.

3. Soweit das Besteuerungsrecht der Republik Österreich hinsichtlich des übertragenen Vermögens auf Grund der Verschmelzung eingeschränkt wird, gilt Z 1 auch für Anteilsinhaber, die in einem Staat des EU/EWR-Raumes ansässig sind.

4. Soweit das Besteuerungsrecht der Republik Österreich hinsichtlich der Anteile der übertragenden Körperschaft an der übernehmenden Körperschaft eingeschränkt wird, sind diese bei der übernehmenden Körperschaft mit den nach § 6 Z 6 lit. a des Einkommensteuergesetzes 1988 maßgebenden Werten anzusetzen, wobei § 6 Z 6 lit. c bis e des Einkommensteuergesetzes 1988 sinngemäß anzuwenden sind.

5. Werden ausländischen Anteilsinhabern eigene Anteile der übernehmenden Körperschaft gewährt, sind diese mit den nach § 6 Z 6 lit. a des Einkommensteuergesetzes 1988 maßgebenden Werte anzusetzen, wobei § 6 Z 6 lit. c bis e des Einkommensteuergesetzes 1988 sinngemäß anzuwenden sind.

(2) Für neue Anteile sind die Anschaffungszeitpunkte der alten Anteile maßgeblich.

(3) (entfallen)

(4) (entfallen)

(5) Unterbleibt die Gewährung von Anteilen, weil die Beteiligungsverhältnisse an der übertragenden und der übernehmenden Körperschaft übereinstimmen (§ 224 Abs. 2 Z 1 des Aktiengesetzes), sind die steuerlich maßgebenden Anschaffungskosten oder Buchwerte der Anteile an der übertragenden Körperschaft den Anteilen an der übernehmenden Körperschaft zuzurechnen.

(6) Unterbleibt die Gewährung von Anteilen, weil Anteilsinhaber der übertragenden Körperschaft auf die Gewährung verzichten (§ 224 Abs. 2 Z 2 des Aktiengesetzes), ist § 3 Abs. 2 anzuwenden.

(7) Für internationale Schachtelbeteiligungen im Sinne des § 10 Abs. 2 des Körperschaftsteuergesetzes 1988 gilt folgendes:

1. Entsteht durch eine Verschmelzung im Sinne des § 1 Abs. 1 bei einer Körperschaft als Anteilsinhaber eine internationale Schachtelbeteiligung oder wird ihr Ausmaß durch neue Anteile oder durch Zurechnung zur bestehenden Beteiligung verändert, ist hinsichtlich der bisher nicht steuerbegünstigten Beteiligungsquoten auf den Unterschiedsbetrag zwischen den Buchwerten und den höheren Teil-

werten § 10 Abs. 3 erster Satz des Körperschaftsteuergesetzes 1988 nicht anzuwenden.

2. Geht durch eine Verschmelzung im Sinne des § 1 Abs. 1 die Eigenschaft einer Beteiligung als internationale Schachtelbeteiligung unter, gilt, soweit für sie keine Option zugunsten der Steuerwirksamkeit erklärt worden ist, der höhere Teilwert zum Verschmelzungsstichtag, abzüglich auf Grund einer Umgründung nach diesem Bundesgesetz von § 10 Abs. 3 erster Satz des Körperschaftsteuergesetzes 1988 ausgenommener Beträge, als Buchwert.

(BGBl I 2018/62)

Gliederung:

1.5. Behandlung der Anteilsinhaber (§ 5 und § 3 UmgrStG)

1.5.1. Allgemeines

256   Während die §§ 2 bis 4 UmgrStG im Wesentlichen die steuerrechtlichen Folgen für eine Verschmelzung nach Art. I UmgrStG bei der übertragenden und übernehmenden Körperschaft regeln, befasst sich § 5 UmgrStG mit den steuerlichen Folgen für den Anteilsinhaber, insb. der steuerlichen Behandlung des verschmelzungsbedingten Anteilstausches.

257   Nach allgemeinem Steuerrecht gilt dieser Anteilstausch als Tausch, der nach § 6 Z 14 EStG 1988 für jeden Tauschpartner eine Anschaffung und eine Veräußerung bewirkt (siehe EStR 2000 Rz 2588 ff) und im Betriebsvermögen sowie im Rahmen des § 27 Abs. 3 EStG 1988 zu einer Besteuerung führt. § 5 Abs. 1 UmgrStG stellt den verschmelzungsbedingten Anteilstausch steuerneutral, sofern die Anwendungsvoraussetzungen des Art. I UmgrStG vorliegen (siehe Rz 264 ff). Die Steuerneutralität des Anteilstausches wird nicht beeinträchtigt, wenn die übertragende Körperschaft von der Aufwertungsoption des § 2 Abs. 2 UmgrStG Gebrauch macht. *(BMF-AV Nr. 40/2017)*

258   Im Rahmen einer Verschmelzung erhalten die Gesellschafter für den Verlust der Anteile an der übertragenen Gesellschaft als Ausgleich idR entsprechende Gegenleistungen.

Diese Abfindungen können etwa sein:

- neue Gesellschaftsanteile der übernehmenden Körperschaft auf Grund einer durchgeführten Kapitalerhöhung (siehe Rz 264 ff);
- eigene Anteile der übernehmenden Gesellschaft (siehe Rz 282);
- Anteile der übernehmenden Gesellschaft, die von den Altgesellschaftern der übernehmenden Gesellschaft überlassen werden (siehe Rz 286 ff);
- durchgereichte Anteile an der übernehmenden Körperschaft im Zuge eines down-streammergers (siehe Rz 280 f);
- Zuzahlungen zum Spitzenausgleich (siehe Rz 266 ff);
- entgeltlicher Verzicht durch Barabfindungen oder sonstige Vermögenswerte (zB Anteile an dritten Gesellschaften; siehe Rz 289). *(AÖF 2011/268)*

§ 5 UmgrStG ist auch anzuwenden, wenn die Gesellschafter der übertrage-   259
nen Gesellschaft auf Grund des vor der Verschmelzung vorliegenden Beteiligungsverhältnisses keine Abfindung erhalten, zB bei Konzernverschmelzungen
in der Form eines up-stream-mergers oder bei Schwesternverschmelzungen
(siehe Rz 280 f und Rz 282), sowie beim (unentgeltlichen) Verzicht nach § 224
Abs. 2 Z 2 AktG (siehe Rz 287 f). *(AÖF 2011/268)*

§ 5 UmgrStG hat nur ertragsteuerliche Bedeutung und gilt nicht für den Be-   260
reich der Verkehrsteuern (siehe Rz 302 ff).

Randzahl 261: derzeit nicht belegt *(AÖF 2011/268)*

Anteile an der übernehmenden Körperschaft gelten gemäß § 5 Abs. 1 Z 1   262
Satz 2 UmgrStG mit Beginn des dem Verschmelzungsstichtag folgenden Tages
als erworben. Dieser rückwirkend fingierte Anteilserwerb ist nach § 9 Abs. 5
dritter Satz KStG 1988 für die finanzielle Verbindung im Rahmen der Gruppenbesteuerung relevant (siehe Rz 349b), sofern die Beteiligung an der übertragenden Körperschaft auch tatsächlich spätestens am Folgetag des Verschmelzungsstichtages angeschafft wurde.

Beispiel:
Die X-GmbH ist Gruppenträger einer Unternehmensgruppe. Seit Mitte 01 hält die X-
GmbH einen 30-prozentigen Anteil an der A-GmbH und einen 40-prozentigen an der
B- GmbH (Wirtschaftsjahr = Kalenderjahr). Zum 31.12.01 wird die A-GmbH auf die
B- GmbH aufgrund des Verschmelzungsbeschlusses vom 28.9.02 rückwirkend ver-
schmolzen. Verschmelzungsbedingt erhält der Gruppenträger von den übrigen Anteilsinhabern weitere 15%, sodass er ab 1.1.02 mit 55% an der B-GmbH beteiligt ist.
Die Aufnahme der B-GmbH in die Unternehmensgruppe ist ab der Veranlagung 02
möglich, weil die X-GmbH sowohl an der übertragenden als auch der übernehmenden Körperschaft durchgehend im Jahr 02 beteiligt war.
Sollte die X-GmbH die Beteiligung an der A-GmbH hingegen erst im Rückwirkungszeitraum angeschafft haben, kann die B-GmbH erst im Jahr 03 in die Gruppe aufgenommen werden. *(AÖF 2013/301)*

1.5.2. Behandlung verschmelzungsgeborener Anteile

1.5.2.1. Ausnahme vom Tauschgrundsatz und Identitätsfiktion (BMF-AV Nr. 40/2017)

§ 5 Abs. 1 Z 1 erster Satz UmgrStG normiert, dass der verschmelzungsbe-   263
dingte Anteilstausch nicht unter den Tauschgrundsatz fällt und ertragsteuerlich
nicht als Tausch gilt. Es liegt daher keine Anschaffung oder Veräußerung vor
und es kann auch nicht zu einer Realisierung der in den untergehenden Anteilen
enthaltenen stillen Reserven bei den Anteilsinhabern der übertragenden Gesellschaft kommen.

Auf die Anteile bezogen spricht man auch von der so genannten Identitäts-fiktion, dh. die neuen Anteile treten an Stelle der untergehenden Anteile und sind so zu behandeln, als wären sie mit den untergehenden („alten") Anteilen ident (§ 5 Abs. 2 UmgrStG). Daher sind für die verschmelzungsbedingt gewähr-ten Anteile die Anschaffungszeitpunkte sowie die Anschaffungskosten/Buch-werte der untergehenden Anteile maßgeblich.

Dies gilt grundsätzlich unabhängig davon, ob die Anteile betrieblich oder privat gehalten werden, ob die Anteilsinhaber unbeschränkt oder beschränkt steuerpflichtig sind oder ob es sich hierbei um eine Inlands- oder Auslandsver-schmelzung handelt (zur Wirkung bei einer grenzüberschreitenden Verschmel-zung siehe Rz 264).

Die Identitätsfiktion gilt auch dann, wenn die Gegenleistung in bereits beste-henden Anteilen der übertragenden Körperschaft an der übernehmenden Kör-perschaft besteht, wie im Falle der Anteilsauskehr im Zuge von down-stream-Verschmelzungen: Der Tausch der untergehenden Anteile an der übertragenden Muttergesellschaft gegen die von der Muttergesellschaft an der Tochtergesell-schaft gehaltenen, verschmelzungsbedingt an die Anteilsinhaber ausgekehrten Anteile, ist bei den Anteilsinhabern grundsätzlich steuerneutral. Die Anschaf-fungskosten/Buchwerte der untergehenden Anteile setzen sich in den ausgekehr-ten Anteilen fort. Dies gilt auch für eine nach § 10 Abs. 3 erster Satz KStG 1988 getroffene Entscheidung hinsichtlich der Steuerwirksamkeit, die seitens der An-teilsinhaber hinsichtlich der untergehenden Anteile an der übertragenden Kör-perschaft getroffen wurde (Fortsetzung der von den Anteilsinhabern getroffenen Entscheidung über Steuerwirksamkeit oder Steuerneutralität). Folglich spielt die Verschmelzungsrichtung für den Fortbestand der Steuerneutralität oder Steuer-wirksamkeit keine Rolle.

Beispiel:

Die österreichische Körperschaft M-GmbH hält 100% der Anteile an der österreichi-schen T1-GmbH und 100% der Anteile an der österreichischen T2-GmbH. Die T1-GmbH hält wiederum 100% an der deutschen D1-GmbH (keine Option zur Steu-erwirksamkeit nach § 10 Abs. 3 erster Satz KStG 1988 abgegeben); die T2-GmbH hält ihrerseits 100% an der deutschen D2-GmbH (Option zur Steuerwirksamkeit nach § 10 Abs. 3 erster Satz KStG 1988).

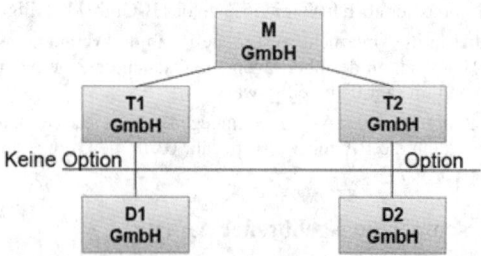

Zunächst veräußert die T2-GmbH ihre Beteiligung an der D2-GmbH an die D1-GmbH; die Veräußerung der Anteile ist in Österreich auf Ebene der T2-GmbH steuerwirksam. Aufgrund der Veräußerung einer bestehenden internationalen Schach-telbeteiligung an die unmittelbar oder mittelbar konzernzugehörige Gesellschaft D1-GmbH ist auch diese (als beschränkt steuerpflichtige Körperschaft) dem Grunde nach an die von der T2-GmbH hinsichtlich der D2-GmbH ausgeübte Option zur Steu-erwirksamkeit gebunden (§ 10 Abs. 3 Z 4 KStG 1988), auch wenn zukünftige Wert-steigerungen nicht der österreichischen Steuerhoheit unterliegen würden. Die ursprünglich ausgeübte Option bleibt somit dem Grunde nach auch nach der Veräußerung auf Ebene der D1-GmbH weiterhin aufrecht.

In weiterer Folge wird die D1-GmbH down-stream auf die D2-GmbH verschmolzen (Auslandsverschmelzung).

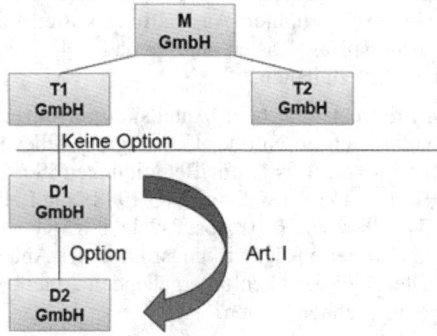

Die Anteile an der D2-GmbH gehen als Gegenleistung für den Untergang der Anteile an der D1-GmbH an die T1-GmbH über. Der Tausch dieser Anteile ist bei der T1-GmbH steuerneutral, die erworbenen Anteile (an D2-GmbH) gelten als ident mit den untergegangenen Anteilen (an D1-GmbH). Folglich geht auch die vor der Verschmelzung getroffene Entscheidung der T1-GmbH hinsichtlich der Anteile an der D1-GmbH (Nicht-Ausübung der Option) auf die erhaltenen Anteile an der D2-GmbH über. Die von der T2-GmbH hinsichtlich der D2-GmbH ursprünglich ausgeübte Entscheidung ist hingegen nicht maßgeblich.

Von der in § 5 Abs. 1 UmgrStG angeordneten Steuerneutralität bestehen jedoch folgende Ausnahmen:

- § 5 Abs. 1 Z 4 UmgrStG sieht eine Sofortbesteuerung bzw. eine Antragsmöglichkeit auf Ratenzahlung (bis 31.12.2015: Antragsmöglichkeit auf Nichtfestsetzung) auch für den Fall vor, dass das Besteuerungsrecht der Republik Österreich nur bei der Gegenleistung eingeschränkt ist (siehe Rz 265a).

- Werden ausländischen Anteilsinhabern eigene Anteile der übernehmenden Gesellschaft gewährt, sieht § 5 Abs. 1 Z 5 UmgrStG eine Sofortbesteuerung bzw. eine Antragsmöglichkeit auf Ratenzahlung (bis 31.12.2015: Antragsmöglichkeit auf Nichtfestsetzung) hinsichtlich der stillen Reserven dieser Anteile vor (siehe Rz 265b). *(BMF-AV Nr. 40/2017)*

Die Geltung des § 5 UmgrStG setzt dem Grunde nach eine die Anwendungsvoraussetzungen des § 1 UmgrStG erfüllende Verschmelzung voraus. Zu den Rechtsfolgen einer nicht unter Art. I UmgrStG fallenden Verschmelzung auf Gesellschafterebene siehe Rz 402 ff. § 5 Abs. 1 Z 3 UmgrStG enthält allerdings eine Ausnahme von der Maßgeblichkeit einer unter Art. I UmgrStG fallenden Verschmelzung: Soweit bei einer grenzüberschreitenden Verschmelzung das Besteuerungsrecht der Republik Österreich eingeschränkt wird und damit insoweit Art. I UmgrStG nicht Anwendung finden kann, ist ein steuerwirksamer Anteilstausch für jene Anteilsinhaber nicht gegeben, die in der EU oder in einem EWR-Staat mit umfassender Amts- und Vollstreckungshilfe (Rz 158) ansässig sind. Damit kommt es ua. bei inländischen Anteilsinhabern zu einem steuerneutralen Anteilstausch und zur Identitätsfiktion. *(AÖF 2013/301)* 264

Die Steuerneutralität bzw. Identitätsfiktion hat folgende Konsequenzen: 265

- Die den Anteilsinhabern gewährten Anteile sind mit dem Buchwert bzw. im außerbetrieblichen Bereich mit den Anschaffungskosten der untergehenden Anteile anzusetzen (Wertfortführung auf Gesellschafterebene). Sollte es mit dem Verschmelzungsbeschluss gemäß § 18 Abs. 2 Z 1 UmgrStG zu einer KESt-Pflicht von Anteilsinhabern der übertragenden Gesellschaft kommen, sind die nach § 20 Abs. 2 UmgrStG erhöhten Anschaffungskosten maßgebend. Die Buchwerte und Anschaffungskosten sind gemäß § 43 Abs. 2 UmgrStG aufzuzeichnen und evident zu halten.

- Alle steuerlich maßgeblichen Fristen laufen beim Anteilsinhaber unverändert weiter, wie etwa die Behaltefristen im Fall der Übertragung stiller Reserven nach § 12 EStG 1988, sowie die Fristen für Beteiligungen iSd § 31 EStG 1988 idF vor BudBG 2011 (§ 124b Z 185 lit. a EStG 1988), die Behaltedauer gemäß § 94 Z 2 EStG 1988 sowie § 10 Abs. 2 Satz 1 KStG 1988. Die in § 5 Abs. 1 Z 1 UmgrStG normierte Rückwirkungsfiktion des Anteilserwerbs führt dazu, dass Behaltezeiten der alten untergehenden Anteile bis zum Verschmelzungsstichtag eingerechnet werden.

Beispiel 1:

A erwirbt am 15.6.2008 einen 4-prozentigen Anteil an der X-AG um 10.000. Am 31.12.2010 findet eine Kapitalerhöhung statt, an der A nicht teilnimmt; seine Beteiligung sinkt daher auf 0,8%. Zum Stichtag 31.12.2012 wird die X-AG auf die Y-AG verschmolzen. A erhält von den bisherigen Anteilsinhabern der Y-AG als Gegenleistung Anteile. Die fünfjährige Frist des § 31 EStG 1988 idF vor BudBG 2011 läuft für die verschmelzungsbedingt erworbenen Anteile des A an der Y-AG am 31.12.2015 ab.

- Für im Zuge einer Verschmelzung neu erworbene Anteile sind die Anschaffungszeitpunkte der alten Anteile, für die die Gegenleistung gewährt wurde, maßgeblich (§ 5 Abs. 2 UmgrStG). Folglich ist für die Steuerhängigkeit der verschmelzungsbedingt erworbenen Anteile auf die untergegangenen Anteile an der übertragenden Gesellschaft abzustellen.

§ 5 Abs. 2 UmgrStG ist daher für die Abgrenzung von Alt- und Neuvermögen iSd § 27 EStG 1988 der neu erworbenen Anteile maßgeblich (siehe dazu auch EStR 2000 Rz 6103b): Werden Anteile als Gegenleistung für nicht steuerhängigen Altbestand gewährt, stellen auch die verschmelzungsbedingt erworbenen Gegenleistungsanteile nicht steuerhängigen Altbestand dar; waren die untergegangenen Anteile hingegen nach § 31 EStG 1988 idF vor BudBG 2011 bzw. § 124b Z 185 lit. a Teilstrich 1 EStG 1988 (befristet) steuerhängig, setzt sich diese (befristete) Steuerhängigkeit auch in den verschmelzungsbedingt erworbenen Gegenleistungsanteilen fort; dies unabhängig von deren Höhe (3. Teil Z 21 letzter Satz UmgrStG).

Beispiel 2:

A erwirbt am 15.06.2009 einen 3-prozentigen Anteil an der X-AG. Zum Stichtag 31.12.2012 wird die X-AG auf die Y-AG verschmolzen; Art. I UmgrStG ist anwendbar. A erhält im Zuge der Verschmelzung Anteile an der Y-AG im Ausmaß von 0,5%.

Die verschmelzungsbedingt erworbenen Anteile gelten aufgrund von § 5 Abs. 1 Z 1 UmgrStG grundsätzlich als zum 1.1.2013 erworben; § 5 Abs. 2 UmgrStG sieht aber vor, dass für die neuen Anteile die Anschaffungszeitpunkte der alten Anteile maßgeblich sind. § 27 Abs. 3 EStG 1988 ist auf die neuen Anteile dennoch anwendbar, weil es sich bei den untergegangenen Anteilen, für die die Gegenleistungsanteile gewährt wurden, um Neuvermögen iSd § 124b Z 185 lit. a Teilstrich 1 EStG 1988 gehandelt hat (Beteiligungen, die am 31. März 2012 die Voraussetzungen des § 31 EStG 1988 idF vor BudBG 2011 erfüllen).

Beispiel 3:

A hat am 1.4.2009 100 Aktien (im Ausmaß von weniger als 1%) an der börsennotierten X-AG erworben. Die X-AG wird zum 31.12.2012 auf die Y-AG verschmolzen; Art. I UmgrStG ist anwendbar. A erhält für seine im Zuge der Verschmelzung untergegangenen Aktien an der X-AG neue Aktien an der Y- AG. Die verschmelzungsbedingt erhaltenen Aktien an der Y-AG gelten gemäß § 5 Abs. 1 Z 1 Satz 2 UmgrStG grundsätzlich als am 1.1.2013 erworben; § 5 Abs. 2 UmgrStG sieht jedoch vor, dass für die neuen Anteile die Anschaffungszeitpunkte der alten Anteile maßgeblich sind. Da es sich bei den untergegangenen Aktien auch nicht um Neuvermögen iSd § 124b Z 185 lit. a EStG 1988 handelt, liegt hinsichtlich der verschmelzungsbedingt erworbenen Aktien an der Y-AG kein Neuvermögen vor.

Die Steuerhängigkeit der untergegangenen Anteile an der übertragenden Gesellschaft wird den verschmelzungsbedingt erworbenen Anteilen im entsprechenden Ausmaß zugeordnet: Von den neu erworbenen Anteilen sind daher ebenso viele – im selben prozentuellen Ausmaß – (zeitlich begrenzt oder zeitlich unbegrenzt) steuerhängig bzw. nicht steuerhängig, wie jene Anteile an der übertragenden Gesellschaft. Handelt es sich bei den erworbenen Anteilen um Aktien, muss allerdings immer eine Aktie zur Gänze (zeitlich begrenzt oder zeitlich unbegrenzt) steuerhängig oder nicht steuerhängig sein. Es bestehen in solchen Fällen keine Bedenken, kaufmännisch zu runden.

Beispiel 4:

Bei einer Verschmelzung zweier Aktiengesellschaften, die unter Art. I UmgrStG fällt, ergibt sich ein Umtauschverhältnis von 40:26. Für 40 Aktien der (untergehenden) X-AG erhalten daher deren Gesellschafter 26 Aktien an der übernehmenden Y-AG.

Z hält 39 Aktien an der (untergehenden) X-AG; diese Aktien stellen bei ihm Altbestand dar. Um Spitzenausgleichszahlungen zu vermeiden, erwirbt Z vor der Verschmelzung eine zusätzliche Aktie an der X-AG; die zusätzlich erworbene Aktie stellt bei ihm Neubestand dar. Z hält somit insgesamt 40 Aktien, von denen 39 (97,5%) Altbestand und 1 (2,5%) Neubestand darstellen.

Die im Zuge der Verschmelzung erworbenen 26 Aktien der übernehmenden Y- AG stellen daher ebenso zu 97,5% (25,35 Aktien) Altbestand und zu 2,5% (0,65 Aktie) Neubestand dar. Da immer eine ganze Aktie entweder Alt- oder Neubestand sein muss, muss in diesem Fall kaufmännisch gerundet werden, womit 25 Aktien der Y-AG Altbestand und eine Aktie für Z Neubestand darstellt.

Werden im Zuge einer Umgründung unterschiedliche Anteilstypen – wie etwa Stammaktien oder Vorzugsaktien – übertragen (bzw. gehen sie unter), denen zum Teil der Status von Alt- und zum Teil der von Neubestand zukommt, stellen entsprechend dem Verhältnis des Alt- zum Neubestand auch die neu erhaltenen Anteile – und zwar jeweils jeder Aktientyp – Alt- und Neubestand dar.

Beispiel 5:

Bei einer Verschmelzung zweier Aktiengesellschaften, die unter Art. I UmgrStG fällt, ergibt sich für Stammaktien ein Umtauschverhältnis von 1:2 und für Vorzugsaktien ein Umtauschverhältnis von 5:7. Das heißt für 1 Stammaktie der (untergehenden) X-AG erhalten deren Gesellschafter 2 Aktien an der übernehmenden Y-AG und für 5 Vorzugsaktien der (untergehenden) X- AG erhalten deren Gesellschafter 7 Aktien an der übernehmenden Y-AG.

Z hält an der (untergehenden) X-AG 30 Stammaktien, von denen 20 Altbestand darstellen (2/3) und 50 Vorzugsaktien, von denen 25 Altbestand darstellen (1/2). Z erhält im Zuge der Verschmelzung 60 Stammaktien und 70 Vorzugsaktien an der übernehmenden Y-AG; von diesen stellen 40 Stammaktien (2/3) und 35 Vorzugsaktien (1/2) ebenfalls Altbestand dar.

- Sonstige Steuerrechtsfolgen eines Veräußerungs- bzw. Anschaffungsvorganges treten nicht ein. Es wird daher auch der Nachversteuerungstatbestand bei

verbilligten Mitarbeiteraktien infolge des verschmelzungsbedingten Anteilstausches nicht ausgelöst, da keine Übertragung im Sinne des § 3 Abs. 1
Z 15 lit. b EStG 1988 vorliegt.

- Der Wegzugsbesteuerungstatbestand des § 27 Abs. 6 Z 1 EStG 1988 idF
  AbgÄG 2015 bzw. des § 27 Abs. 6 Z 1 lit. b EStG 1988 idF vor dem AbgÄG
  2015 (EStR 2000 Rz 6162 ff) kommt auf Grund der lex specialis des § 5
  Abs. 1 UmgrStG ebenfalls nicht zur Anwendung.

*1.5.2.2. Einschränkung des Besteuerungsrechtes hinsichtlich der Gegenlei-
stung (BMF-AV Nr. 40/2017)*

265a   Soweit das Besteuerungsrecht der Republik Österreich hinsichtlich der Anteile der übertragenden an der übernehmenden Körperschaft durch den verschmelzungsbedingten Anteilstausch (Durchschleusung der Anteile an die Anteilsinhaber) eingeschränkt wird, sind diese aufgrund von § 5 Abs. 1 Z 4
UmgrStG idF AbgÄG 2015 bei der übernehmenden Körperschaft mit dem
Fremdvergleichswert nach § 6 Z 6 lit. a EStG 1988 an dem dem Verschmelzungsstichtag folgenden Tag anzusetzen, wobei ein Antrag auf Ratenzahlung
durch die übernehmende, die Anteile auskehrende Körperschaft gestellt werden
kann, wenn die Anteilsinhaber der übertragenden Körperschaft in einem EU/
EWR-Staat ansässig sind.

Für bis zum 31.12.2015 beschlossene oder unterfertigte Verschmelzungen
gilt dieser Vorgang als Tausch und die Anteile sind mit dem gemeinen Wert im
Sinne des § 6 Z 14 lit. b EStG 1988 an dem dem Verschmelzungsstichtag folgenden Tag anzusetzen, wobei ein Antrag auf Nichtfestsetzung gestellt werden
kann, wenn die Anteilsinhaber in einem EU/EWR-Staat ansässig sind; § 5
Abs. 1 Z 4 UmgrStG idF vor AbgÄG 2015.

- Die Regelung des § 5 Abs. 1 Z 4 UmgrStG kommt daher insbesondere für
  down-stream-Verschmelzungen inländischer Körperschaften mit ausländi-
  schen Anteilsinhabern zur Anwendung, wenn das jeweilige DBA mit dem
  Ansässigkeitsstaat der Anteilsinhaber dem OECD-Musterabkommen folgt.
  Im Falle der Anwendbarkeit des Ratenzahlungskonzepts (bis 31.12.2015:
  Nichtfestsetzungskonzept) hat die übernehmende, die Anteile auskehrende
  Körperschaft den Antrag auf Ratenzahlung (bis 31.12.2015: Nichtfestset-
  zung) zu stellen.

Falls die an der Verschmelzung beteiligten Körperschaften Mitglieder einer
Unternehmensgruppe im Sinne des § 9 KStG 1988 sind, ist bei der Anwendung des § 5 Abs. 1 Z 4 UmgrStG zu beachten, dass zum Verschmelzungsstichtag die vorgenommene Firmenwertabschreibung gemäß § 9 Abs. 7 letzter Teilstrich KStG 1988 nachzuerfassen ist (weil aufgrund des Untergangs
der Beteiligung die Möglichkeit der Nacherfassung nicht mehr besteht) und
die darüber hinaus gehenden stillen Reserven in der Beteiligung am Tag
nach dem Verschmelzungsstichtag gemäß § 5 Abs. 1 Z 4 UmgrStG der sofortigen oder aufgeschobenen Besteuerung unterliegen (siehe auch Rz 352a
und 353i).

Beispiel:

Die deutsche X-AG ist zu 100% an der inländischen M-GmbH beteiligt, die im Jahr
06 die Anteile an der inländischen T-GmbH um 10 Mio. erworben hat. Die M-GmbH
(Wirtschaftsjahr entspricht dem Kalenderjahr) bildet ab 07 mit der T-GmbH eine
Gruppe und macht eine Firmenwertabschreibung in Höhe von 5 Mio. geltend. Zum

31.12.09 wird die M-GmbH auf die T-GmbH down stream verschmolzen. Die Beteiligung der M-GmbH an der T-GmbH ist zum Verschmelzungsstichtag 12 Mio. wert. Hinsichtlich eines Betrages von 1 Mio. (Firmenwertabschreibungsfünfzehntel der Jahre 07 bis 09) führt die Verschmelzung zur Nachversteuerung der Firmenwertabschreibung gemäß § 9 Abs. 7 letzter Teilstrich KStG 1988 zum 31.12.09 bei der M-GmbH. Bezüglich des Restbetrages von 2 Mio. kann die T-GmbH einen Antrag auf Ratenzahlung (bis 31.12.2015: Nichtfestsetzungsantrag) stellen.

- § 5 Abs. 1 Z 4 UmgrStG ist allerdings nicht nur auf ausländische Anteilsinhaber der übertragenden Körperschaft eingeschränkt, sondern erfasst alle Fälle, bei denen das Besteuerungsrecht der Republik Österreich an den durchgeschleusten Anteilen eingeschränkt wird. Da aber insbesondere Körperschaften des öffentlichen Rechts und nach § 5 KStG 1988 von der unbeschränkten Körperschaftsteuerpflicht befreite Körperschaften mit realisierten Wertsteigerungen gemäß § 27 Abs. 3 EStG 1988 in der Regel der beschränkten Körperschaftsteuerpflicht unterliegen, hat § 5 Abs. 1 Z 4 UmgrStG im Falle einer inländischen down-stream-Verschmelzung mit Durchschleusung der Anteile an eine solche Körperschaft keine Anwendung, weil die Anteile bei dieser steuerhängig bleiben. Dies gilt auch für Privatstiftungen gemäß § 13 KStG 1988. *(BMF-AV Nr. 40/2017, BMF-AV Nr. 131/2018)*

Werden ausländischen Anteilsinhabern eigene Anteile (Aktien oder GmbH-Anteile) der übernehmenden Körperschaft gewährt, sind diese gemäß § 5 Abs. 1 Z 5 UmgrStG mit dem Fremdvergleichswert nach § 6 Z 6 lit. a EStG 1988 anzusetzen, wenn das Besteuerungsrecht der Republik Österreich hinsichtlich dieser Anteile eingeschränkt wird. Ein Antrag auf Ratenzahlung kann gestellt werden, wenn die Einschränkung gegenüber einem EU/EWR-Staat erfolgt (sinngemäße Anwendung von § 6 Z 6 lit. c bis e EStG 1988); dafür ist die Ansässigkeit der Anteilsinhaber der übernehmenden Körperschaft maßgeblich. *(BMF-AV Nr. 131/2018)*   265b

Mit dieser Regelung wird für den Fall, dass eine übernehmende inländische Aktiengesellschaft als Gegenleistung (steuerhängige) eigene Aktien ausgibt und diese Aktien ausländischen Anteilsinhabern zukommen, das Besteuerungsrecht der Republik Österreich an den stillen Reserven in den ausgegebenen eigenen Anteilen gewahrt. Eine durch Ansatz des Fremdvergleichswertes eintretende Besteuerung bzw. eine Antragstellung auf Entrichtung der Steuerschuld in Raten erfolgt auf Ebene der übernehmenden Aktiengesellschaft, die die Gegenleistung gewährt. *(BMF-AV Nr. 40/2017)*

1.5.2.3 Zuzahlungen (AÖF 2011/268)

Werden im Zuge einer Konzentrationsverschmelzung neue Anteile gewährt und entspricht das Wertverhältnis der verschmolzenen Gesellschaftsanteile nicht exakt dem gewünschten Beteiligungsverhältnis, ist es gesellschaftsrechtlich möglich (§ 224 Abs. 5 AktG), dass die übernehmende Körperschaft bare Zuzahlungen bis zu 10% des Gesamtnennbetrages der gewährten Gesellschaftsanteile leistet (Spitzenausgleich). Außerdem können Zuzahlungen über Antrag bei unangemessenen Umtauschverhältnissen gerichtlich angeordnet werden (§ 225c AktG). *(AÖF 2011/268)*   266

Beim Empfänger vermindern diese Zuzahlungen nach § 5 Abs. 1 UmgrStG die Anschaffungskosten bzw. Buchwerte der Anteile. Übersteigen Zuzahlungen die Anschaffungskosten bzw. Buchwerte, ergeben sich steuerlich in Evidenz zu nehmende negative Anschaffungskosten bzw. Buchwerte. Im Falle einer späte-   267 ren Veräußerung kommt es insoweit zur Ertragsteuerpflicht, als die gewährten Anteile zum Betriebsvermögen gehören oder der Tatbestand des § 27 Abs. 3 EStG 1988 erfüllt ist. *(AÖF 2013/301)*

268   Ausgaben, die im Zusammenhang mit der Gewährung der Zuzahlungen bei den empfangenden Gesellschaftern anfallen, wie etwa die Kosten für die gerichtliche Geltendmachung bzw. darauf entfallende Beratungskosten, können nicht sofort als Abzugsposten (Betriebsausgaben oder Werbungskosten) geltend gemacht werden, sondern erst im Rahmen der Ermittlung der Einkünfte auf Grund der Veräußerung der Anteile. *(AÖF 2008/243)*

269   Bei der übernehmenden Körperschaft sind die getätigten baren Zuzahlungen als ein gesellschaftsrechtlich veranlasster Teil der Gegenleistung für die Übernahme des Vermögens der übertragenden Körperschaft nicht abzugsfähig.

1.5.2.4. derzeit nicht belegt (AÖF 2013/301)

Randzahlen 270 bis 278: *derzeit frei (AÖF 2013/301)*

1.5.3. Behandlung bei Unterbleiben einer Anteilsgewährung

279   Zur Frage, in welchen Fällen eine Anteilsgewährung im Rahmen einer Verschmelzung verboten ist bzw. wann von einer Gewährung von Anteilen abgesehen werden kann, siehe Rz 5 ff, sowie Rz 12 ff und Rz 16.

1.5.3.1 Gesellschaftsrechtliches Verbot der Anteilsgewährung

1.5.3.1.1 Besitz von Anteilen an der übertragenden Körperschaft

280   Zu den Rechtsfolgen für den Fall, dass die übernehmende Körperschaft vor der Verschmelzung Anteile an der übertragenden Körperschaft besitzt (beim up-stream-merger und beim down-stream-merger, sowie der gemischten Konzentrations- und Konzernverschmelzung) siehe Rz 12 ff und Rz 16. *(AÖF 2013/ 301)*

281   Zur Verschmelzung einer Enkelgesellschaft auf die Muttergesellschaft, wobei die umgangene Tochtergesellschaft auf die Anteilsgewährung verzichtet, siehe Rz 286 ff; bezüglich des Falles der Verschmelzung einer Tochtergesellschaft einer Schwestergesellschaft auf die andere Schwestergesellschaft siehe das Beispiel in Rz 285.

1.5.3.1.2 Besitz eigener Anteile der übertragenden Körperschaft

282   Insoweit die übertragende Gesellschaft eigene Anteile besitzt, darf keine Anteilsgewährung erfolgen (siehe Rz 6).

1.5.3.2 Absehen von einer Anteilsgewährung

1.5.3.2.1 Gleichbeteiligung an beiden Körperschaften (Schwestersituation)

283   Die Anteilsgewährung kann auch unterbleiben, wenn

*   entweder eine Person Alleingesellschafter der übertragenden und der übernehmenden Körperschaft ist

*   oder mehrere Gesellschafter sowohl an der übernehmenden als auch an der übertragenden Gesellschaft unmittelbar oder mittelbar in gleichen Verhältnis (Identität der Beteiligungsverhältnisse) beteiligt sind (§ 224 Abs. 2 Z 1 AktG),

wobei die Anteile im Betriebsvermögen oder auch im Privatvermögen gehalten werden können.

Bei unmittelbarer Beteiligung im gleichen Verhältnis (Schwesternver- 284 schmelzung) kommt es gemäß § 5 Abs. 5 UmgrStG zu einer Übertragung der Buchwerte (Anschaffungskosten) der Anteile an der übertragenden Gesellschaft vor Verschmelzung auf die Buchwerte (Anschaffungskosten) der Anteile der übernehmenden Gesellschaft, wobei die steuerlich maßgebenden Werte nach Verschmelzung der Summe der Werte vor Verschmelzung entsprechen.

Beispiel:

Die A-GmbH ist je zu 80% und B ist je zu 20% an der X-GmbH und der Y-GmbH beteiligt. In Folge wird die X-GmbH auf die Y-GmbH verschmolzen. Die Buchwerte der Beteiligung vor Verschmelzung bei der A-GmbH betragen bei X-GmbH 40, bei der Y- GmbH 80. Die Anschaffungskosten der Beteiligung vor Verschmelzung bei B betragen bei der X-GmbH und bei der Y-GmbH je 20. (Die nicht dem Beteiligungs-verhältnis entsprechenden unterschiedlichen Wertansätze der Beteiligungen an der X-GmbH beruhen auf einer vorgenommenen Teilwertabschreibung bei der A-GmbH). Nach der Verschmelzung betragen der Buchwert der Beteiligung der Y-GmbH bei der A-GmbH 120 und die Anschaffungskosten der im Privatvermögen gehaltenen Beteiligung bei B 40.

Für die neu erworbenen Anteile sind die Anschaffungszeitpunkte der unter-gegangenen Anteile an der übertragenden Körperschaft maßgeblich (siehe zur Übergangsregelung Rz 265). *(AÖF 2013/301)*

Bei mittelbarer Beteiligung im gleichen Verhältnis (Verschmelzung von Ge- 285 sellschaften unterschiedlicher Konzernebenen oder -zweige) ist, damit dies ge-sellschaftsrechtlich zulässig ist, durch geeignete Begleitmaßnahmen sicher zu stellen, dass es durch den Wegfall der Beteiligung bei der Zwischengesellschaft bzw. den Zwischengesellschaften zu keinem Verstoß gegen das Verbot der Einlagenrückgewähr bzw. Befreiung von Einlagenverpflichtungen kommt (siehe Rz 51).

Beispiel:

Die Muttergesellschaft (M) ist zu 100 % an der Tochtergesellschaft 1 (T1) und der Tochtergesellschaft 2 (T2) beteiligt. T1 hält sämtliche Anteile an der Enkelgesell-schaft (E). In weiterer Folge wird E auf T2 verschmolzen. Die Wertminderung des Beteiligungsansatzes T1 bei M durch Wegfall der Beteiligung der E bei T1 muss durch gesellschaftsrechtliche Begleitmaßnahmen ausgeglichen werden. Steuerlich führt der Abgang der Beteiligung E bei T1 zu einem steuerneutralen Buchverlust (§ 3 Abs. 2 UmgrStG), der verschmelzungsbedingte Vermögenszugang bei der überneh-menden T2 führt zu einem steuerneutralen Buchgewinn. Die Muttergesellschaft muss den verschmelzungsbedingten Wertverlust der Beteiligung T1 steuerneutral abstok-ken und der Beteiligung T2 steuerneutral zuschreiben. Das Verhältnis der Verkehrs-werte der E zu T1 (nach Wegfall der Beteiligung E), wird in Analogie zu § 20 Abs. 4 Z 3 UmgrStG als Maßstab für die Werteverschiebung zwischen den Beteiligungen auf der Ebene von M angenommen; dh.. im selben prozentuellen Ausmaß ist der Betei-ligungsansatz T1 bei M abzustocken und der sich dabei ergebende Betrag beim Betei-ligungsansatz T2 zuzuschreiben.

1.5.3.2.2 Verzicht auf die Anteilsgewährung

Nach § 224 Abs. 2 Z 2 AktG kann es zu einem Verzicht auf Anteilsgewäh- 286 rung durch die Gesellschafter der übertragenden Körperschaft kommen.

Wenn die Gesellschafter der übertragenden Gesellschaft auf die Gewährung von Anteilen verzichten, ist zwischen unentgeltlichem und entgeltlichem Ver-zicht zu unterscheiden. *(BMF-AV Nr. 40/2017)*

1.5.3.2.2.1 Unentgeltlicher Verzicht

287   Gemäß § 5 Abs. 6 UmgrStG ist der durch den Untergang der Beteiligung entstehende Buchverlust nach § 3 Abs. 2 UmgrStG steuerneutral zu stellen. Wenn bei Verschmelzungen nach dem 31.12.2008 Bereicherungsabsicht vorliegt, kann überdies eine Anzeigepflicht gemäß § 121a BAO bestehen und zwar dann, wenn das Vermögen der übertragenden Körperschaft unter § 121a Abs. 1 BAO fällt (im Regelfall: Betrieb bzw. bei vermögensverwaltenden Kapitalgesellschaften Kapitalanteile). Maßgeblich für das Auslösen der dreimonatigen Frist für die Anzeige ist die Durchführung der Verschmelzung (Eintragung im Firmenbuch; vgl. auch den Erlass des BMF vom 17.12.2008, BMF-010103/ 0219-VI/2008, AÖF Nr. 37/2009). Handelt es sich bei dem durch den Verzicht auf die Anteilsgewährung bereicherten Gesellschafter der übernehmenden Körperschaft um eine Privatstiftung bzw. ein anderes unter § 1 Abs. 1 StiftEG fallendes Gebilde, kann dies Stiftungseingangssteuerpflicht auslösen.

Bei Vornahme einer Barabfindung unter dem Buchwert der Beteiligung liegt auch hinsichtlich des Minderbetrages ein steuerneutraler Buchverlust vor. *(AÖF 2011/268)*

288   Wenn die Enkelgesellschaft im Fall eines up-stream-merger auf die (Groß)Muttergesellschaft verschmolzen wird, muss die umgangene Tochtergesellschaft auf die Anteilsgewährung verzichten, was auch grundsätzlich nach § 224 Abs. 2 Z 2 AktG zulässig ist. Es ist jedoch durch geeignete Maßnahmen sicherzustellen, dass es zu keinem Verstoß gegen das Verbot der Einlagenrückgewähr bzw. Befreiung von Einlagenverpflichtungen kommt (siehe auch Rz 289). Der bei der Tochtergesellschaft entstehende Buchverlust ist gemäß § 3 Abs. 2 UmgrStG steuerneutral. Bei der Großmuttergesellschaft sind auch allfällige Wertdifferenzen, die sich durch die verschmelzungsbedingte Übernahme des Vermögens der Enkelgesellschaft sowie einer allfälligen Teilwertabschreibung des Beteiligungsansatzes -Tochtergesellschaft ergeben, ebenfalls steuerneutral.

1.5.3.2.2.2 Entgeltlicher Verzicht

289   Bei Vorliegen einer Gegenleistung für den Verzicht ist die Art der Gegenleistung zu prüfen:

• Entgeltlicher Anteilstausch:

Die Gesellschafter der übertragenden Gesellschaft werden abgefunden

– mit bereits bestehenden Anteilen der Altgesellschafter der übernehmenden Gesellschaft an dieser, die diese dafür zur Verfügung stellen, und daher die Gesellschafter der übertragenden Gesellschaft auf die Gewährung von neuen Anteilen an der übernehmenden Körperschaft verzichten,

– mit eigenen Anteilen der übernehmenden Körperschaft, die sich schon vor der Verschmelzung in ihrem Eigentum befinden (zu einer allfälligen Steuerpflicht siehe Rz 265b).

– mit Anteilen dritter Gesellschaften (Konzerngesellschaften) nach Maßgabe der verschmelzungsrechtlichen Bestimmungen.

Die Buchwerte bzw. Anschaffungskosten der untergehenden Anteile gehen auf die gewährten Abfindungsanteile über (§ 5 Abs. 1 UmgrStG) und es kann daher zu keinem Buchgewinn oder Buchverlust kommen – es liegt kein Anwendungsfall des § 5 Abs. 6 UmgrStG vor.

- Verzicht auf Grund von sonstiger Gegenleistung:

Die Gesellschafter werden durch Barzahlungen oder Gewährung von sonstigen Vermögensleistungen abgefunden; es kommt zu einer Anteilsveräußerung, die nach allgemeinem Steuerrecht zu beurteilen ist – es liegt kein Anwendungsfall des § 5 Abs. 6 UmgrStG vor. Bei den die Abfindungen leistenden Anteilsinhabern liegen aktivierungspflichtige Anschaffungskosten der Beteiligung vor. Beim verzichtenden Anteilsinhaber liegt,

§ 5

– wenn er die Anteile im Betriebsvermögen hält, ein steuerpflichtiger Veräußerungsgewinn in Höhe der Differenz zwischen Verzichtsentgelt und Buchwert der Beteiligung vor,

– bei außerbetrieblich gehaltenen Anteilen ein durch Tausch begründeter Veräußerungsvorgang vor, der im Rahmen des § 27 Abs. 3 EStG 1988 zu berücksichtigen ist. *(AÖF 2013/301)*

1.5.4. Internationale Schachtelbeteiligung

1.5.4.1 Entstehen bzw. Erweiterung einer internationalen Schachtelbeteiligung

§ 5 Abs. 7 Z 1 UmgrStG regelt die sich ergebenden Auswirkungen einer   290
Auslandsverschmelzung auf Ebene der inländischen Anteilseigner hinsichtlich des Entstehens oder der Veränderung einer internationalen Schachtelbeteiligung im Sinne des § 10 Abs. 2 KStG 1988.

Zu den Rechtsfolgen einer Inlandsverschmelzung auf Ebene der zu verschmelzenden Körperschaften hinsichtlich der internationalen Schachtelbeteiligungen siehe Rz 172 ff.

Zu den Voraussetzungen für das Vorliegen einer internationalen Schachtelbeteiligung siehe KStR 2013 Rz 1200 ff. *(BMF-AV Nr. 40/2017)*

§ 5 Abs. 7 UmgrStG hat nur Bedeutung für die in § 10 Abs. 3 erster Satz   291
KStG 1988 verankerte Steuerneutralität der internationalen Schachtelbeteiligung iSd § 10 Abs. 2 KStG 1988. *(AÖF 2013/301)*

Zur Vermeidung des Effektes, dass vor der Auslandsverschmelzung nicht   292
begünstigte Beteiligungsquoten nach der Verschmelzung im Realisierungsfall (Veräußerung, Liquidation) außer Ansatz bleiben, nimmt § 5 Abs. 7 Z 1 UmgrStG eine zeitliche Abgrenzung in der Weise vor, dass die in der bis zur Verschmelzung steuerhängigen Beteiligungsquote enthaltenen stillen Reserven auch nach der Verschmelzung steuerhängig bleiben. Erreicht wird dies durch eine Ausnahme von der Steuerneutralität gemäß § 10 Abs. 3 erster Satz KStG 1988 dahingehend, dass der im Realisierungsfall entstehende Gewinn bis zur Höhe des Unterschiedsbetrages zwischen dem höheren Teilwert und dem Buchwert der Beteiligung zum Verschmelzungsstichtag steuerpflichtig ist.

Die Steuerneutralität der Beteiligung des § 10 Abs. 3 erster Satz KStG 1988   293
ist nur für die nach der Verschmelzung neu entstandenen stillen Reserven anwendbar. *(AÖF 2008/243)*

Die Anwendung des § 5 Abs. 7 Z 1 UmgrStG setzt voraus, dass eine inländi-   294
sche unter § 7 Abs. 3 KStG 1988 fallende Körperschaft zumindest an der ausländischen übertragenden oder zugleich auch an der übernehmenden ausländischen Körperschaft oder im Falle einer Export-Verschmelzung an der inländischen übertragenden Körperschaft beteiligt ist.

Wird als Folge der Auslandsverschmelzung die Beteiligungsquote an der übernehmenden Körperschaft auf zumindest 10% aufgestockt, entsteht eine internationale Schachtelbeteiligung. Zum Entstehen einer internationalen Schachtelbeteiligung kann es sowohl durch die Gewährung neuer Anteile als auch durch die Übertragung von Altanteilen (Vorratsaktien) kommen. *(AÖF 2008/ 243)*

295   Beim Unterbleiben einer Anteilsgewährung infolge identer Beteiligungsverhältnisse (zB Verschmelzungen von Schwesterngesellschaften) sind gemäß § 5 Abs. 5 UmgrStG die Buchwerte der Anteile an der übertragenden Körperschaft den Buchwerten an der übernehmenden Körperschaft hinzuzurechnen. *(AÖF 2004/116)*

296   Da infolge der notwendigen Beteiligungsidentität die Veränderung einer internationalen Schachtelbeteiligung nur dann in Betracht kommt, wenn bereits vor der Verschmelzung eine 10-prozentige – oder höhere – Beteiligung an der übernehmenden Körperschaft bestand, ist § 5 Abs. 7 Z 1 UmgrStG nur für den Fall anwendbar, dass die ausländische übertragende Körperschaft nicht einer inländischen Kapitalgesellschaft vergleichbar ist (zB Verschmelzung einer ausländischen Genossenschaft mit einer ausländischen vergleichbaren Kapitalgesellschaft; vgl. KStR 2013 Rz 1204 f). *(AÖF 2013/301)*

297   Aus der Sicht des § 5 Abs. 7 Z 1 UmgrStG sind folgende Fälle einer Beteiligungsänderung zu unterscheiden:

• War der inländische Gesellschafter vor der Verschmelzung sowohl an der übertragende als auch an der übernehmenden Körperschaft zu weniger als 10% – beteiligt, ist der volle Unterschiedsbetrag zwischen dem neuen Buchwert der Beteiligung an der übernehmenden Gesellschaft und dem höheren Teilwert im Verschmelzungszeitpunkt von der Steuerneutralität ausgenommen und bleibt daher steuerhängig.

• War der inländische Gesellschafter zum Verschmelzungszeitpunkt nur an der übernehmenden Gesellschaft mit 10% – oder mehr beteiligt, betrifft die Ausnahme von der Steuerneutralität nur die Beteiligungserweiterung.

Beispiel:

Die inländische A-AG ist seit 3 Jahren zu 10% an der deutschen M-GmbH (Buchwert der Beteiligung 20) und zu 5% an der deutschen T-GmbH (Buchwert der Beteiligung 4) beteiligt. Die M-GmbH ist zu 40% an der T-GmbH beteiligt. Die Verkehrswerte der M und der T betragen je 320. Die T-GmbH wird auf die M-GmbH (up-stream-merger) verschmolzen.

Bei der A-AG ist der Buchwert der Beteiligung an T dem Buchwert der Beteiligung an M steuerneutral zuzuschreiben: der Buchwert der M nach Verschmelzung beträgt 24. Darin sind stille Reserven von 24 enthalten (10% von 320 + 5% von 320 = 48 abzüglich 24), davon entfallen auf T und auf M je 12. Da die Beteiligung von der A-AG an M schon vor Verschmelzung eine steuerneutrale internationale Schachtel gewesen ist, waren bisher nur stille Reserven von 12 (auf die Beteiligung T entfallend) steuerhängig. Es ist daher in dieser Höhe eine Ausnahme von der Steuerneutralität gegeben. Wird die Beteiligung um 50 verkauft, sind vom Veräußerungsgewinn von 26 (50 abzüglich Buchwert von 24) 12 steuerpflichtig.

• War der inländische Gesellschafter nur an der übertragenden Gesellschaft mit 10% oder mehr beteiligt, kann auf Grund des Umtauschverhältnisses durch die Ausgabe neuer Anteile eine internationale Schachtelbeteiligung entstehen. Da die Fortsetzung der bisherigen internationalen Schachtelbeteiligung in der Beteiligung an der übernehmenden Gesellschaft keine Ausnahme von der Steuerneutralität auslöst, kann sich diese nur auf die bisherige Minderbeteiligung an der übernehmenden Gesellschaft erstrecken.

§ 5

- War der inländische Gesellschafter vor der Verschmelzung an der übernehmenden Körperschaft überhaupt nicht beteiligt, ist der Erwerb einer internationalen Schachtelbeteiligung an der übernehmenden Gesellschaft nur dann möglich, wenn der Gesellschafter bereits an der übertragenden Gesellschaft eine steuerneutrale internationale Schachtelbeteiligung hielt. Da diesfalls eine Steuerhängigkeit stiller Reserven nicht entsteht, liegt kein Anwendungsfall des § 5 Abs. 7 Z 1 UmgrStG vor. Ein allfälliges Absinken der Beteiligungsquote unter 10% kann aber zum Wegfall der inländischen Schachtelbeteiligung führen (siehe Rz 298).

- Die einjährige Mindestbehaltedauer gemäß § 10 Abs. 2 KStG 1988 auf Anteilsinhaberebene wird durch eine unter das UmgrStG fallende Auslandsverschmelzung nicht unterbrochen. Gewinnanteile vor Ablauf der Jahresfrist unterliegen daher der vorläufigen Besteuerung. Wird die Besitzfrist nachträglich erfüllt, sind die Gewinnanteile aus der internationalen Schachtelbeteiligung endgültig steuerbefreit bzw. steuerneutral.

  Bei Substanzgewinnen kann bereits zum Veräußerungszeitpunkt endgültig beurteilt werden, ob die Jahresfrist eingehalten wurde oder nicht (siehe KStR 2013 Rz 1212 ff). *(AÖF 2013/301)*

- War der inländische Gesellschafter an der übertragenden und an der übernehmenden Gesellschaft vor der Verschmelzung zu weniger als 10% beteiligt, lag keine internationale Schachtelbeteiligung vor. Durch das verschmelzungsbedingte Entstehen der internationalen Schachtelbeteiligung beginnt die Jahresfrist für die vereinigten Anteile ab dem maßgebenden Erwerbszeitpunkt der übernommenen Anteile (Rz 262) zu laufen.

- War der Gesellschafter zum Verschmelzungszeitpunkt an beiden Gesellschaften zwar mit 10% oder mehr, aber weniger als ein Jahr beteiligt, ist die Jahresfrist auf die ursprünglichen Anschaffungszeitpunkte zu beziehen.

- War der Gesellschafter zum Verschmelzungszeitpunkt nur an der übernehmenden Gesellschaft länger als ein Jahr mit 10% oder mehr beteiligt, beginnt hinsichtlich der Beteiligungserweiterung die Jahresfrist ab dem maßgebenden Erwerbszeitpunkt der übernommenen Anteile (Rz 262) zu laufen. Sollte die erweiterte Beteiligung innerhalb der Jahresfrist veräußert werden, tritt Steuerpflicht nicht nur hinsichtlich der Ausnahme von der Substanzgewinnbefreiung, sondern auch hinsichtlich der nach dem Verschmelzungszeitpunkt entstandenen und auf die Erweiterung der internationalen Schachtelbeteiligung entfallenden stillen Reserven ein.

- Bestand die Beteiligung des Gesellschafters an der übernehmenden Gesellschaft zwar mit 10% oder mehr aber weniger als ein Jahr, ist hinsichtlich des Beginnes der Jahresfrist gleichfalls auf den ursprünglichen Anschaffungszeitpunkt abzustellen. Die Veräußerung der Beteiligung innerhalb der Jahresfrist führt zur vollständigen Besteuerung der stillen Reserven, gleichgültig, ob diese auf Zeiträume vor der Verschmelzung oder danach entfallen. Sollte die mindestens 10%ige Beteiligung zum Verschmelzungszeitpunkt die Jahresfrist nicht erfüllen und wird diese Beteiligung außerhalb der Jahresfrist veräußert, ist für die Substanzgewinnbefreiung die Ausnahme von der Steuerneutralität nicht maßgebend.

- War der Gesellschafter an beiden Gesellschaften länger als ein Jahr aber nur an der übertragenden Gesellschaft mindestens 10% beteiligt, läuft hinsichtlich der begünstigten Beteiligungsquote die bereits begonnene Besitzfrist weiter, für die nicht begünstigte Beteiligungsquote beginnt ab dem maßgebenden Erwerbszeitpunkt der übernommenen Anteile (Rz 262) eine neue Besitzfrist zu laufen. Die Ausnahme von der Steuerneutralität ist auf die mindestens 10-prozentige Beteiligung an der übertragenden Gesellschaft auch dann nicht anzuwenden, wenn die Jahresfrist im Verschmelzungszeitpunkt nicht erfüllt ist. *(AÖF 2011/268)*

1.5.4.2 Untergang einer internationalen Schachtelbeteiligung

298   Eine bestehende internationale Schachtelbeteiligung kann auf Grund einer Auslandsverschmelzung wegfallen, wenn die Beteiligung an der übernehmenden Körperschaft nach der Verschmelzung weniger als 10% beträgt. Auch durch eine grenzüberschreitende Verschmelzung auf eine inländische übernehmende Körperschaft (siehe Rz 41 ff) kann eine internationale Schachtelbeteiligung auf Ebene der Anteilsinhaber der übertragenden Körperschaft untergehen.

Ohne Sonderregelung des § 5 Abs. 7 Z 2 UmgrStG wäre in diesem Fall der gesamte Substanzgewinn bei einer Beteiligungsveräußerung oder Liquidation der ausländischen oder inländischen übernehmenden Körperschaft nach der Verschmelzung steuerpflichtig. Damit die bis zur Verschmelzung gebildeten stillen Reserven nicht steuerhängig werden, ist in diesen Fällen der höhere Teilwert zum Verschmelzungsstichtag der bisherigen internationalen Schachtelbeteiligung – abweichend vom Prinzip der Buchwertfortführung – anzusetzen, sofern für die internationale Schachtelbeteiligung nicht in die Steuerwirksamkeit optiert worden ist.

Beispiel 1:

Die inländische A-GmbH ist seit Jahren an der deutschen B-GmbH mit 30% beteiligt. Der Buchwert der Beteiligung beträgt 25.000, die stillen Reserven 10.000. Die B-GmbH wird auf die deutsche C-GmbH verschmolzen. Nach Verschmelzung beträgt die Beteiligung der A-GmbH an der C-GmbH nur noch 8%. Diese Beteiligung ist steuerlich mit dem höheren Teilwert von 35.000 anzusetzen.

Beispiel 2:

Die inländische M-GmbH ist sowohl an der deutschen T1-GmbH als auch an der inländischen T2-GmbH zu je 100% beteiligt. Zum 30.4.08 wird die T1-GmbH nach dem EU-Verschmelzungsgesetz auf die T2-GmbH importverschmolzen (Schwesterverschmelzung). Auf eine Anteilsgewährung an die M-GmbH wird verzichtet. Durch die Verschmelzung geht die internationale Schachtel der M-GmbH an der T1-GmbH unter. Der Buchwert der Anteile an der T2-GmbH ist um den Teilwert der Anteile an der T1-GmbH zu erhöhen (siehe Rz 284). *(AÖF 2011/268)*

299   Ein weiterer Anwendungsfall ist die verschmelzungsbedingte Aufnahme durch eine nicht unter § 10 Abs. 2 KStG 1988 fallende ausländische Körperschaft. *(AÖF 2004/116)*

300   Der höhere Teilwert ist nach § 5 Abs. 7 Z 2 UmgrStG um bis zum Verschmelzungsstichtag umgründungsbedingt entstandene, von der Steuerneutralität ausgenommene Beträge (Rz 292) zu kürzen. Der sich ergebende Betrag ist als steuerlich maßgebender Buchwert der Beteiligung für die weitere steuerliche Behandlung maßgebend und in Evidenz zu nehmen. *(AÖF 2013/301)*

301   Wenn auf Grund der Missbrauchsbestimmung des § 10 Abs. 4 KStG 1988 in der Fassung vor JStG 2018 oder § 10a KStG 1988 die Wirkungen der Steuerbefreiungen der internationalen Schachtelbeteiligung nicht gegeben sind, kann es auch zu keiner Aufwertung auf den höheren Teilwert kommen. *(BMF-AV Nr. 131/2018)*

Sonstige Rechtsfolgen der Verschmelzung

§ 6. (1) Die übertragende Körperschaft bleibt bis zu ihrem Erlöschen Arbeitgeber im Sinne des § 47 des Einkommensteuergesetzes 1988. Dies gilt auch für die Beurteilung von Tätigkeitsvergütungen als solche im Sinne des § 22 Z 2 des Einkommensteuergesetzes 1988.

(2) Entsprechen die Beteiligungsverhältnisse nach der Verschmelzung nicht den Wertverhältnissen, gilt der Unterschiedsbetrag, wenn der Wertausgleich nicht auf andere Weise erfolgt, als unentgeltlich zugewendet. Die Wertverhältnisse sind im Zweifel durch das Gutachten eines Sachverständigen nachzuweisen.

(3) Die Annahme eines Abfindungsangebotes gilt als Anteilsveräußerung. Beim Erwerber gilt der Beginn des dem Verschmelzungsstichtag folgenden Tages als Anschaffungstag der Anteile.

(4) Verschmelzungen nach § 1 gelten nicht als steuerbare Umsätze im Sinne des Umsatzsteuergesetzes 1994; die übernehmende Körperschaft tritt für den Bereich der Umsatzsteuer unmittelbar in die Rechtsstellung der übertragenden Körperschaft ein.

(5) Verschmelzungen nach § 1 sind von den Kapitalverkehrsteuern befreit, wenn die Übertragende Körperschaft am Tag der Anmeldung des Verschmelzungsbeschlusses zur Eintragung in das Firmenbuch länger als zwei Jahre besteht.

(6) Werden auf Grund einer Verschmelzung nach § 1 Erwerbsvorgänge nach § 1 des Grunderwerbsteuergesetzes 1987 verwirklicht, so ist die Grunderwerbsteuer gemäß § 4 in Verbindung mit § 7 des Grunderwerbsteuergesetzes 1987 zu berechnen.

(BGBl I 2015/118)

Gliederung:

1.6. Sonstige Rechtsfolgen der Verschmelzung (§ 6 UmgrStG)

302   § 6 UmgrStG normiert sonstige – nicht ertragsteuerliche – Rechtsfolgen für Verschmelzungen zu folgenden Bereichen:

- § 6 Abs. 1 UmgrStG ordnet für lohnsteuerliche Verhältnisse eine Ausnahme von der Rückwirkung an.

- § 6 Abs. 2 UmgrStG befasst sich mit den Folgen einer Äquivalenzverletzung.

- § 6 Abs. 3 UmgrStG enthält die ertragsteuerlichen Konsequenzen der Annahme eines Abfindungsangebotes im Zuge der Verschmelzung auf Gesellschafterebene (vgl. Rz 317b).

- § 6 Abs. 4 UmgrStG enthält umsatzsteuerliche Regelungen für die Verschmelzung.

- § 6 Abs. 5 UmgrStG beinhaltet eine Befreiung von den Kapitalverkehrsteuern.

- § 6 Abs. 6 UmgrStG sieht eine grunderwerbsteuerliche Begünstigung für Verschmelzungen vor. *(AÖF 2013/301)*

Zu anderen Steuern (zB KFZ-Steuer, Grundsteuer usw.) enthält das UmgrStG keine Aussagen. Die Rechtsnachfolge richtet sich in diesen Fällen nach den allgemeinen rechtlichen Vorschriften. *(AÖF 2011/268)*   303

1.6.1. Arbeitsverhältnisse

Nach § 6 Abs. 1 UmgrStG bleibt die übertragende Körperschaft bis zu ihrem Erlöschen aus lohnsteuerlicher Sicht Arbeitgeber im Sinne des § 47 EStG 1988. Der verschmelzungsbedingte Arbeitgeberwechsel deckt sich daher nach dem Gesetz mit dem Zeitpunkt der zivilrechtlichen Gesamtrechtsnachfolge. Dies gilt nach § 6 Abs. 1 zweiter Satz UmgrStG auch für die Beurteilung von Tätigkeitsvergütungen als solche von wesentlich Beteiligten im Sinne des § 22 Z 2 EStG 1988 (siehe EStR 2000 Rz 5267ff). Es bestehen allerdings keine Bedenken, wenn der Übergang der Arbeitgebereigenschaft in Abstimmung mit der Abgabenbehörde mit dem der Anmeldung zur Eintragung im Firmenbuch folgenden Lohnzahlungszeitraum angenommen wird.   304

1.6.2. Äquivalenzverletzung

1.6.2.1 Allgemeines

Entsprechen die Beteiligungsverhältnisse nach der Verschmelzung nicht den Wertverhältnissen, gilt nach § 6 Abs. 2 UmgrStG der Unterschiedsbetrag, wenn der Wertausgleich nicht auf andere Weise erfolgt, mit dem Erwerb der Anteile als unentgeltlich zugewendet. Die Wertverhältnisse sind im Zweifel durch das Gutachten eines Sachverständigen nachzuweisen. *(AÖF 2008/243)*   305

Durch diese Bestimmung (siehe Rz 305) wird bewirkt, dass die fehlende, im Umtauschverhältnis zum Ausdruck kommende Äquivalenz zwischen dem Wert der Anteile der übertragenden Gesellschaft und der erhaltenen Gegenleistung die Anwendung des Art. I UmgrStG nicht ausschließt und dass sich die Wirkungen einer Äquivalenzverletzung auf das Vorliegen einer unentgeltlichen Zuwendung auf Gesellschafterebene beschränken.   306

Es ist dabei vom Grundsatz auszugehen, dass sich Kaufleute, die einander fremd gegenüberstehen, nichts zu schenken pflegen und daher das ermittelte Umtauschverhältnis marktverprobt und richtig ist. Ein denkbares objektiv unrichtiges Umtauschverhältnis wird idR auf eine unrichtige Einschätzung der Situation zurückzuführen sein. Ein Anwendungsfall der Äquivalenzverletzung ist demgemäß in erster Linie bei Vorliegen von Nahebeziehungen auf Gesellschafterebene denkbar.

Liegt eine objektiv bestehende Bereicherung zugunsten einer Körperschaft, die unter § 7 Abs. 3 KStG 1988 fällt, als Gesellschafterin vor, führt diese objektiv gegebene Äquivalenzverletzung darüber hinaus nur dann zu einer Betriebseinnahme (vgl. KStR 2013 Rz 490), wenn die verschmelzungsbedingt eingeräumte Gegenleistung nicht das Ergebnis einer marktkonformen Preisbildung ist.

Als Maßstab, ob eine Äquivalenzverletzung noch Ergebnis einer marktkonformen Preisgestaltung ist oder Zuwendungscharakter hat, ist die Bandbreite der am Markt denkbaren Preise heranzuziehen. Liegt eine gewährte Gegenleistung außerhalb dieser Bandbreite, steht der Zuwendungscharakter im Vordergrund. Davon ist auszugehen, wenn die gewährte Gegenleistung um mehr als 50% vom Wert des (anteilig) übertragenen Vermögens abweicht. Beträgt die Abweichung weniger als 50%, ist das Vorliegen einer Bereicherungsabsicht nach dem Gesamtbild der Verhältnisse zu beurteilen. *(BMF-AV Nr. 193/2015)*

307 Zur Vermeidung einer Äquivalenzverletzung kann nach dem Gesetz ein „Wertausgleich auf andere Weise" erfolgen. Ein solcher Wertausgleich ist nur dann steuerneutral, wenn er auf gesellschaftsrechtlicher Ebene erfolgt. Dazu dient die vertragliche Vereinbarung einer alinearen Gewinnausschüttung im Zusammenhang mit dem Verschmelzungs- oder Gesellschaftsvertrag, die der Höhe nach mit dem Erreichen der Äquivalenz begrenzt ist. Ein Wertausgleich in Form von Zahlungen der begünstigten Anteilsinhaber an die Benachteiligten setzt die Steuerneutralität des Anteilstausches im Sinne des § 5 UmgrStG außer Kraft und bewirkt Veräußerungs- bzw. Anschaffungstatbestände bei den Anteilsinhabern. *(AÖF 2013/301)*

1.6.2.2 Ertragsteuerliche Folgen

308 Die Beurteilung der Wertäquivalenz hat auf Basis der Verkehrswerte der zu verschmelzenden Gesellschaften zu erfolgen. Zum Nachweis ist im Zweifel ein Bewertungsgutachten eines Sachverständigen erforderlich. Die Wertäquivalenz ist dabei nach den Wertverhältnissen im Zeitpunkt der Beschlussfassung der Verschmelzung zu beurteilen. Spätere Wertänderungen sind für die Überprüfung der Äquivalenz unbeachtlich.

309 Als Folge einer Äquivalenzverletzung kommt es in Höhe der Wertverschiebung zu einer Korrektur der Anschaffungskosten der Gesellschaftsanteile:

• In einem ersten Schritt ist unter Außerachtlassung des tatsächlich vereinbarten (inäquivalenten) Umtauschverhältnisses eine sachgerechte (den tatsächlichen Werten entsprechende, also äquivalente) Zuordnung der Anteilsrechte zu unterstellen.

• Anschließend werden bei den durch die Äquivalenzverletzung begünstigten Anteilsinhabern zusätzliche Anschaffungskosten in Höhe der ihnen unentgeltlich zugewendeten Anteile angesetzt; in gleicher Höhe vermindern sich die Anschaffungskosten (Buchwerte) der Anteile jener Gesellschafter, die diese Vorteile unentgeltlich zuwenden.

Beispiel:

A ist Alleingesellschafter der A-GmbH (Anschaffungskosten 100, Verkehrswert der Beteiligung 1.000), B ist Alleingesellschafter der B-GmbH (Anschaffungskosten 1.500, Verkehrswert der Beteiligung 3.000). Die A-GmbH soll als übertragende Gesellschaft auf die B-GmbH verschmolzen werden. Auf Grund des sich aus den Verkehrswerten ergebenden Umtauschverhältnisses von 3:1 müsste A bei einer wertäquivalenten Verschmelzung eine 25%ige Beteiligung an der übernehmenden B-GmbH erhalten (zB im Wege einer Kapitalerhöhung oder einer Anteilsverschiebung auf Basis von § 224 Abs. 2 Z 2 AktG), während die Beteiligung von B an der B-GmbH von 100% auf 75% sinkt. Tatsächlich wird das Umtauschverhältnis auf Grund einer Nahebeziehung der beiden Gesellschafter mit 1:1 festgelegt. Da kein Wertausgleich auf andere Weise getroffen wurde, liegt eine Äquivalenzverletzung (unentgeltliche Zuwendung) vor. Aus ertragsteuerlicher Sicht ist daher in der ersten Fiktionsstufe davon auszugehen, dass A eine 25%ige Beteiligung erwirbt (mit Anschaffungskosten nach § 5 UmgrStG in Höhe von 100) und die Beteiligung von B auf 75% sinkt (unveränderte Anschaffungskosten von 1.500). In der Folge wendet B von seiner wertäquivalenten 75%igen Beteiligung fiktiv ein Drittel (also einen Anteil von 25%) unentgeltlich an A zu. Die steuerlichen Anschaffungskosten für den verbleibenden 50%-Anteil des B betragen daher 1.000, die steuerlichen Anschaffungskosten für den 50%igen Anteil von A ergeben sich aus den ursprünglichen Anschaffungskosten von 100 und den Anschaffungskosten von 500 für den unentgeltlich erworbenen Anteil und betragen daher insgesamt 600.

Infolge der in § 5 Abs. 1 UmgrStG angeordneten Rückwirkung des Erwerbes der Anteile mit Beginn des dem Verschmelzungsstichtag folgenden Tages erfolgt auch das Auf- oder Abstocken der Anschaffungskosten der Gesellschaftsanteile mit diesem Tag (gilt für Verschmelzungen mit einem Stichtag nach 31.12.2006). *(AÖF 2011/268)* **310**

1.6.2.3 Schenkungssteuerliche Folgen einer Äquivalenzverletzung für Erwerbe bis 31.7.2008 sowie Meldepflicht gemäß § 121a BAO einer Äquivalenzverletzung und stiftungseingangssteuerliche Folgen für Erwerbe ab dem 1.8.2008 (AÖF 2011/268)

Als weitere Folge ist bei Vorliegen einer Äquivalenzverletzung zu überprüfen, ob hierdurch eine Schenkung im Sinn des § 3 ErbStG 1955 oder eine Zweckzuwendung im Sinn des § 4 Z 2 ErbStG 1955 verwirklicht wurde, die die Meldepflicht gemäß § 121a BAO auslöst (gilt für Äquivalenzverletzungen ab dem 1.8.2008). Ist der durch die Äquivalenzverletzung bereicherte Gesellschafter eine privatrechtliche Stiftung oder eine vergleichbare Vermögensmasse im Sinn des § 1 Abs. 1 StiftEG, kann die Äquivalenzverletzung zu einer Stiftungseingangssteuerpflicht führen (siehe dazu Rz 317a). **311**

Nach dem Wortlaut der Bestimmung des § 6 Abs. 2 UmgrStG gilt im Falle einer Äquivalenzverletzung der Unterschiedsbetrag als unentgeltlich zugewendet. Diese gesetzliche Fiktion beschränkt sich jedoch auf die ertragsteuerliche Beurteilung. Für das Vorliegen einer gemäß § 121a BAO meldepflichtigen Schenkung muss zusätzlich zur objektiven Unentgeltlichkeit einer der in § 3 ErbStG 1955 genannten Tatbestände (Bereicherungswille) verwirklicht werden. *(AÖF 2011/268)*

Eine freigebige Zuwendung setzt voraus, dass im Vermögen des Bedachten eine Bereicherung auf Kosten und mit Willen des Zuwendenden eintritt. Eine freigebige Zuwendung liegt dabei nur vor, wenn es auf eine (Gegen)Leistung des bereicherten Teils nicht ankommt. Der Bereicherungswille braucht kein unbedingter sein, es genügt, dass der Zuwendende eine Bereicherung des Empfängers bejaht bzw. in Kauf nimmt, falls sich eine solche Bereicherung im Zuge der Abwicklung des Geschäftes ergibt. Der Beweggrund für die Bereicherung des Zuwendungsempfängers ist für das Vorliegen des Bereicherungswillens nicht weiter von Bedeutung (siehe ua. VwGH 27.4.2000, 99/16/0249). **312**

Der (zumindest bedingte) Bereicherungswille muss bei Abschluss des Verschmelzungsvertrages vorliegen. Entscheidend sind die Wertvorstellungen der Vertragspartner in diesem Zeitpunkt. Eine sich ohne Willen der Beteiligten (quasi zufällig) später bei Durchführung der Verschmelzung ergebende Wertverschiebung, kann keinen schenkungssteuerpflichtigen Tatbestand (für Erwerbe bis 31.7.2008) erfüllen bzw. eine Meldepflicht gemäß § 121a BAO (für Erwerbe ab 1.8.2008) auslösen. Ein Bereicherungswille kann insb. bei nahen Angehörigen vermutet werden bzw. wenn die Wertverschiebung auffallend hoch ist. *(AÖF 2011/268)*

313   Für die Beurteilung der Frage, ob eine objektive Bereicherung bzw. ein Missverhältnis zwischen Leistung und Gegenleistung vorliegt oder nicht, sind die gemeinen Werte von Leistung und Gegenleistung gegenüber zu stellen. Der Schenkungssteuer (für Erwerbe bis 31.7.2008) bzw. der Meldepflicht gemäß § 121a BAO (für Erwerbe ab 1.8.2008) unterliegt eine Äquivalenzverletzung dann, wenn zwischen dem Wert des hingegebenen Vermögens und dem Wert der dafür gewährten Gesellschaftsrechte ein offensichtliches oder deutliches Missverhältnis besteht. Ein offenbares oder erhebliches Missverhältnis zwischen Leistung und Gegenleistung ist anzunehmen, wenn die tatsächliche Gegenleistung die sonst übliche angemessene Gegenleistung um ca. 20 bis 25% unterschreitet (siehe ua. VwGH 12.07.1990, 89/16/0088, VwGH 01.12.1987, 86/16/0008, sowie Abschnitt 1.3 des Erlasses des BMF vom 17.12.2008, BMF-010103/0219-VI/2008, AÖF Nr. 37/2009, zur Anzeigepflicht nach § 121a BAO). Je höher der Differenzbetrag in absoluten Zahlen ist, umso geringer darf der Prozentsatz der Abweichung sein, damit die Äquivalenzverletzung noch nicht der Schenkungssteuer (für Erwerbe bis 31.7.2008) bzw. der Meldepflicht gemäß § 121a BAO (für Erwerbe ab 1.8.2008) unterliegt. *(AÖF 2011/268)*

314   Auch geringere Wertverschiebungen können eine Schenkungssteuerpflicht (für Erwerbe bis 31.7.2008) bzw. eine Meldepflicht gemäß § 121a BAO (für Erwerbe ab 1.8.2008) auslösen, wenn die Ursache der Wertverschiebung nicht in einem Bewertungsspielraum liegt, sondern die Vertragsparteien bei Abschluss des Verschmelzungsvertrages bewusst von der Gleichwertigkeit abgehen. *(AÖF 2011/268)*

315   Erwerbe zwischen Angehörigen sind von der Anzeigepflicht gemäß § 121a BAO befreit, wenn der gemeine Wert (§ 10 BewG 1955) 50.000 Euro nicht übersteigt, wobei Erwerbe von derselben Person innerhalb eines Jahres zusammenzurechnen sind. Die Grenze für Erwerbe zwischen anderen Personen, die nicht Angehörige sind, beträgt 15.000 Euro (Zusammenrechnungszeitraum fünf Jahre; zur Frage, wer als Angehöriger im Sinn des § 121a Abs. 2 lit. a BAO anzusehen ist sowie zur Zusammenrechnung im Detail siehe Abschnitt 4.2 des Erlasses des BMF vom 17.12.2008, BMF-010103/0219-VI/2008, AÖF Nr. 37/2009, zur Anzeigepflicht nach § 121a BAO). Maßgebend sind die wertrelevanten Verhältnisse im Zeitpunkt der Schenkung. Bei Anteilen an Kapitalgesellschaften ist nach § 13 BewG 1955 primär der inländische Kurswert anzusetzen. Ist ein solcher nicht vorhanden, ist der gemäß § 13 Abs. 2 BewG 1955 ermittelte gemeine Wert maßgebend. Lässt sich dieser nicht aus Verkäufen ableiten, ist er unter Berücksichtigung des Gesamtvermögens und der Ertragsaussichten der Gesellschaft zu schätzen (vgl. die Ermittlung nach dem „Wiener Verfahren 1996", AÖF Nr. 189/1996). *(AÖF 2011/268)*

316   Stellt die Äquivalenzverletzung eine Schenkung im Sinn des § 121a BAO dar, wobei der (zusammengerechnete) Wert der Zuwendung(en) den Betrag von

50.000 Euro (bei einer Äquivalenzverletzung zugunsten eines Angehörigen)
bzw. 15.000 Euro übersteigt, sind zur ungeteilten Hand folgende Personen zur
Anzeige verpflichtet:

- Der bereicherte sowie der entreicherte Gesellschafter

- Rechtsanwälte und Notare, die beim Erwerb oder bei der Errichtung des Verschmelzungsvertrages, in dem das Umtauschverhältnis gemäß § 220 Abs. 2
  Z 3 AktG festgelegt wurde, mitgewirkt haben (zur Frage, wann im Einzelnen
  von einem „Mitwirken" im Sinn des § 121a Abs. 3 BAO auszugehen ist, vgl.
  Abschnitt 5.3 des Erlasses des BMF vom 17.12.2008, BMF-010103/0219-
  VI/2008, AÖF Nr. 37/2009, zur Anzeigepflicht nach § 121a BAO) oder die
  zur Erstattung der Anzeige beauftragt worden sind. *(AÖF 2011/268)*

Die Anzeige einer gemäß § 121a BAO meldepflichtigen Schenkung bzw. **317**
freigebigen Zuwendung aufgrund einer Äquivalenzverletzung ist binnen drei
Monaten ab dem tatsächlichen Erwerb bei jedem Finanzamt (außer an das Finanzamt für Gebühren, Verkehrsteuern und Glücksspiel) zu erstatten. Erwerb
bei Schenkungen im bürgerlichrechtlichen Sinn ist das Erfüllungsgeschäft und
bei freigebigen Zuwendungen der Zeitpunkt der tatsächlich erfolgten Zuwendung. Im Regelfall erfolgt der Erwerb der Anteile an der übernehmenden Körperschaft mit der Eintragung der Verschmelzung bei der übernehmenden Körperschaft (§ 225a Abs. 3 AktG), sodass die Dreimonatsfrist ab diesem Zeitpunkt
zu laufen beginnt. Daran ändert die gesetzliche angeordnete Rückwirkung des
Anteilserwerbs nichts (siehe Rz 310). Die Anzeige ist grundsätzlich auf elektro-
nischem Weg zu übermitteln. In der Anzeige ist der (geschätzte) gemeine Wert
der Zuwendung anzugeben. Zu Form und Inhalt der Anzeige siehe auch Abschnitt 7. des Erlasses des BMF vom 17.12.2008, BMF-010103/0219-VI/2008,
AÖF Nr. 37/2009, zur Anzeigepflicht nach § 121a BAO.

Eine vorsätzliche Verletzung der Anzeigepflicht gemäß § 121a BAO stellt
eine Finanzordnungswidrigkeit gemäß § 49a FinStrG dar. *(AÖF 2013/301)*

Tritt durch die Äquivalenzverletzung eine Bereicherung einer privatrechtli- **317a**
chen Stiftung oder einer damit vergleichbaren Vermögensmasse iSd § 1 Abs. 1
StiftEG als Gesellschafterin ein, begründet dies nach Maßgabe des § 1 Abs. 2
StiftEG als unentgeltliche Zuwendung Stiftungseingangssteuerpflicht (vgl.
StiftR 2009 Rz 313). *(AÖF 2011/268)*

1.6.2a. Annahme eines Abfindungsangebots im Zuge der Verschmel-
zung *(AÖF 2011/268)*

Bei rechtsformübergreifenden Verschmelzungen (§ 234a und § 234b AktG) **317b**
sowie auch bei grenzüberschreitenden Verschmelzungen nach dem EU-
VerschG, BGBl. I Nr. 72/2007, und der Gründung einer SE durch Verschmel-
zung ist die Barabfindung widersprechender Gesellschafter der übertragenden
Gesellschaft(en) durch die übernehmende bzw. neue Gesellschaft oder einen
Dritten vorgesehen (§ 234b Abs. 3 AktG; § 10 Abs. 1 EU-VerschG; § 21 SEG).

Wird das im Verschmelzungsvertrag bzw. Verschmelzungsplan enthaltene
Barabfindungsangebot durch die der Verschmelzung widersprechenden Gesellschafter gegen Hingabe ihrer Anteile angenommen, stellt dies eine Veräußerung
der Anteile dar. Diese Anteilsveräußerung ist jedenfalls steuerpflichtig, wenn
die hingegebenen Anteile im Betriebsvermögen gehalten wurden (außer es handelt sich um eine internationale Schachtelbeteiligung, hinsichtlich der nicht gemäß § 10 Abs. 3 KStG 1988 zur Steuerpflicht optiert wurde). Stellen die gegen

die Barabfindung übertragenen Anteile Privatvermögen dar, kommt es zur Steuerpflicht nach Maßgabe der allgemeinen einkommensteuerlichen oder körperschaftsteuerlichen Bestimmungen.

Der Erwerb der Anteile der ausgeschiedenen Gesellschafter erfolgt mit dem Tag, der auf den Verschmelzungsstichtag folgt (§ 6 Abs. 3 UmgrStG). *(AÖF 2011/268)*

1.6.3. Umsatzsteuer

318   § 6 Abs. 4 UmgrStG legt fest, dass die unter das UmgrStG fallenden Verschmelzungen nicht als steuerbare Umsätze im Sinne des UStG 1994 gelten. *(AÖF 2011/268)*

319   Mangels Rückwirkungsfiktion für den Bereich der Umsatzsteuer besteht die Unternehmereigenschaft der übertragenden Körperschaft nach dem Gesetz bis zur Eintragung der Verschmelzung im Firmenbuch (= Löschung der übertragenden Körperschaft). Der Übergang der umsatzsteuerlichen Zurechnung kann allerdings mit dem der Anmeldung zur Eintragung im Firmenbuch folgenden Monatsersten angenommen werden, sofern der zuständigen Abgabenbehörde kein anderer Stichtag des tatsächlichen Wechsels der Unternehmereigenschaft dargetan wird. Siehe auch UStR 2000 Rz 56. *(AÖF 2008/243)*

320   Die übertragende Körperschaft muss daher für den Zeitraum vom Verschmelzungsstichtag bis zum Ende der Unternehmerfunktion noch Umsatzsteuervoranmeldungen erstellen und eine gesonderte (Jahres)Umsatzsteuererklärung abgeben. Bis zu diesem Zeitpunkt hat die übertragende Körperschaft unter ihrem Namen noch Ausgangsrechnungen im Sinne des § 11 UStG 1994 auszustellen und es haben auch die Eingangsrechnungen für Lieferungen und Leistungen an die übertragende Körperschaft noch auf ihren Namen zu lauten. *(AÖF 2013/301)*

321   Die übernehmende Körperschaft tritt für den Bereich der Umsatzsteuer unmittelbar in die Rechtsstellung der übertragenden Körperschaft ein. Die übernehmende Körperschaft setzt damit die Unternehmereigenschaft der übertragenden und verschmelzungsbedingt untergehenden Körperschaft nahtlos fort und tritt unmittelbar in deren umsatzsteuerrechtliche Positionen ein (siehe UStR 2000 Rz 54 f). Diese Rechtsnachfolgeregelung bedeutet in der Praxis ua. Folgendes:

- Änderungen der Bemessungsgrundlage, die erst bei der übernehmenden Körperschaft eintreten, sind bei dieser zu berücksichtigen. Dies gilt unabhängig davon, ob die übertragende Körperschaft Leistender oder Leistungsempfänger war.

- Hat die übertragende Körperschaft Leistungen für ihr Unternehmen erhalten und geht die Rechnung erst bei der übernehmenden Körperschaft ein, ist diese jedenfalls zum Vorsteuerabzug berechtigt.

- Umsatzsteuerrechtlich maßgebliche Fristen, die von der übertragenden Körperschaft in Gang gesetzt wurden, laufen bei der übernehmenden Körperschaft weiter, wenn dies dem Zweck des Fristenlaufs entspricht. Dies gilt etwa für den Eintritt der übernehmenden Körperschaft in die Verpflichtung oder Berechtigung zur Vorsteuerberichtigung gemäß § 12 Abs. 10 UStG 1994 hinsichtlich der von der übertragenden Körperschaft geltend oder nicht geltend gemachten Vorsteuern.

- Hat die übertragende Körperschaft für eine an einen Unternehmer erbrachte umsatzsteuerpflichtige Leistung noch keine Rechnung gelegt, richtet sich der zivilrechtliche Anspruch des Leistungsempfängers auf Ausstellung einer mehrwertsteuergerechten Rechnung gegen die übernehmende Körperschaft. *(AÖF 2011/268)*

Die Umsatzsteuer für Dienstleistungen, die die übertragende Körperschaft 322 für die Durchführung der Übertragung in Anspruch nimmt (zB Beratungsleistungen), ist insoweit als Vorsteuer abzugsfähig, als für die Umsätze der übertragenden Körperschaft das Recht auf Vorsteuerabzug besteht (EuGH vom 22. Februar 2001, Rs C-408/98, Abbey National plc).

1.6.4. Kapitalverkehrsteuern

1.6.4.1 Allgemeines

Gemäß § 38 Abs. 3e KVG tritt die Gesellschaftsteuer mit Ablauf des 323 31.12.2015 außer Kraft (AbgÄG 2014). Die Vorschriften des ersten Teils des KVG sind letztmalig auf Rechtsvorgänge anzuwenden, bei denen die Steuerschuld vor dem 1. Jänner 2016 entsteht bzw. entstanden ist. Das KVG enthält keine gesonderte Regelung über das Entstehen der Steuerschuld, weshalb auf § 4 Abs. 1 BAO abzustellen ist, wonach der Abgabenanspruch zu jenem Zeitpunkt entsteht, in dem der Tatbestand verwirklicht wird, an den das Gesetz die Abgabepflicht knüpft. Die Gesellschaftsteuerschuld entsteht daher dann, wenn ein in § 2 KVG genannter Tatbestand verwirklicht wird. Dies gilt auch dann, wenn ein Gesellschaftsteuertatbestand im Rahmen eines Vorganges nach dem UmgrStG verwirklicht wird; auf den Umgründungsstichtag kommt es nicht an. Umgründungsvorgänge ab 1.1.2016, bei denen ein Umgründungsstichtag bis zum 31.12.2015 zu Grunde gelegt wird, können keine Gesellschaftsteuerpflicht mehr auslösen. *(BMF-AV Nr. 193/2015)*

Für Umgründungsvorgänge, die noch Gesellschaftsteuerpflicht auslösen 324 können (zum Auslaufen der Gesellschaftsteuer siehe Rz 323), sind die folgenden Ausführungen zu beachten:

Verschmelzungen im Sinne des § 1 UmgrStG sind nach § 6 Abs. 5 UmgrStG von der Gesellschaftsteuer befreit, wenn die übertragende Körperschaft am Tag der Anmeldung des Verschmelzungsbeschlusses zur Eintragung in das Firmenbuch länger als zwei Jahre besteht.

Neben dieser Spezialbestimmung für Verschmelzungen sieht auch das KVG eine Befreiung von der Gesellschaftsteuer vor, der gerade für den Bereich der Umgründungen eine große praktische Bedeutung zukommt. Gemäß § 6 Abs. 1 Z 3 KVG ist der Erwerb von Gesellschaftsrechten oder deren Erhöhung von der Besteuerung ausgenommen, wenn und soweit auf die Kapitalgesellschaft als Gegenleistung das gesamte Vermögen, ein Betrieb oder Teilbetrieb einer anderen Kapitalgesellschaft übertragen wird. Das gilt nicht, wenn die Kapitalgesellschaft, an der Gesellschaftsrechte erworben werden, für die übernommenen Sacheinlagen bare Zahlungen oder sonstige Leistungen von mehr als 10% der Gesellschaftsrechte leistet oder gewährt.

Dieser Tatbestand bezieht sich nicht nur auf Einbringungen im engeren Sinn, sondern auf sämtliche Rechtstitel, mit welchen das gesamte Vermögen, ein Betrieb oder Teilbetrieb einer Kapitalgesellschaft gegen Gewährung (Erhöhung) von Gesellschaftsrechten auf eine andere Kapitalgesellschaft übertragen wird, somit auch auf Verschmelzungen. Da nach § 224 Abs. 5 AktG die Leistung von baren Zuzahlungen durch die übernehmende Gesellschaft insofern limitiert ist, als diese den zehnten Teil des auf die gewährten Aktien der übernehmenden Gesellschaft entfallenden anteiligen Betrages ihres Grundkapitals nicht übersteigen dürfen, werden bei einer Verschmelzung mit oder ohne Gewährung von Anteilen idR die Voraussetzungen für eine Gesellschaftsteuerbefreiung nach § 6 Abs. 1 Z 3 KVG vorliegen. *(BMF-AV Nr. 193/2015, BMF-AV Nr. 40/2017)*

325 Beide Befreiungsbestimmungen, jene des KVG und jene des UmgrStG, bestehen nebeneinander. Es sind grundsätzlich die für die Abgabepflichtigen jeweils günstigeren Bestimmungen anzuwenden.

1.6.4.2 Befreiung nach dem UmgrStG

326 Eine Befreiung nach § 6 Abs. 5 UmgrStG ist an zwei Voraussetzungen geknüpft:

• Es muss sich um eine Verschmelzung im Sinne des § 1 UmgrStG handeln

• Die übertragende Körperschaft muss am Tag der Anmeldung des Verschmelzungsbeschlusses zur Eintragung in das Firmenbuch länger als zwei Jahre bestehen.

• Zur Beurteilung des Vorliegens der Anwendungsvoraussetzungen des Art. I UmgrStG im Zweifelsfall siehe Rz 27. *(AÖF 2011/268)*

327 Die Zweijahresfrist ist subjektbezogen, da es nach dem Wortlaut der Bestimmung nur auf das Bestehen der übertragenden Körperschaft ankommt. Es ist irrelevant, seit wann das der Körperschaft gehörende Vermögen zu einem bestimmten Betrieb gehört oder einem bestimmten Unternehmen dient. Da eine Kapitalgesellschaft erst mit der Eintragung in das Firmenbuch rechtlich existent wird, ist für die Berechnung der Zweijahresfrist entscheidend, wann die durch eine Verschmelzung untergehende Gesellschaft seinerzeit erstmalig ins Firmenbuch eingetragen wurde. Im Falle der Aufeinanderfolge mehrerer Umgründungsvorgänge hat bei der Berechnung der 2-Jahresfrist keine Zusammenrechnung mit Zeiten des Rechtsvorgängers zu erfolgen. So ist bspw. bei einer Spaltung zur Neugründung mit unmittelbar nachfolgender Verschmelzung (auch wenn die Spaltung gemäß § 38 Abs. 3 UmgrStG von der Gesellschaftsteuer befreit ist) hinsichtlich der durch die Aufspaltung neugegründeten Gesellschaft zwangsläufig die Voraussetzung des zweijährigen Bestehens nicht gegeben und kann deshalb für die Verschmelzung die Befreiungsbestimmung des § 6 Abs. 5 UmgrStG nicht zur Anwendung kommen. *(BMF-AV Nr. 193/2015, BMF-AV Nr. 40/2017)*

328 Erbringen die Gesellschafter im Zuge der Vorbereitung einer Verschmelzung freiwillige Leistungen im Sinne des § 2 Z 4 KVG (bspw. damit die Voraussetzung eines positiven Verkehrswertes erfüllt wird), ist hierfür die Befreiung nach § 6 Abs. 5 UmgrStG nicht anwendbar. *(AÖF 2011/268)*

329 Trotz Befreiung von der Gesellschaftsteuer ist für die Eintragung der Verschmelzung in das Firmenbuch gemäß § 160 Abs. 2 BAO die Vorlage einer Unbedenklichkeitsbescheinigung (bzw. im Falle der Selbstberechnung die Vorlage einer Selbstberechnungserklärung gemäß § 10a Abs. 6 KVG) erforderlich.

1.6.5. Grunderwerbsteuer

1.6.5.1 Erwerbsvorgänge

330 Werden auf Grund einer Verschmelzung nach § 1 UmgrStG Erwerbsvorgänge nach § 1 GrEStG 1987 verwirklicht, ist nach § 6 Abs. 6 UmgrStG die Grunderwerbsteuer gemäß § 4 iVm § 7 GrEStG 1987, somit ausschließlich nach den

Vorschriften des GrEStG 1987 zu berechnen. Die Grunderwerbsteuer ist daher bei nicht land- und forstwirtschaftlichen Grundstücken in Höhe von 0,5% vom Grundstückswert (§ 4 Abs. 1 iVm § 7 Abs. 1 Z 2 lit. c GrEStG 1987), bei land- und forstwirtschaftlichen Grundstücken in Höhe von 3,5% vom einfachen Einheitswert (§ 4 Abs. 2 Z 4 iVm § 7 Abs. 1 Z 3 GrEStG 1987) zu berechnen; dies gilt unabhängig davon, ob eine Gegenleistung vorliegt oder nicht. Das Gleiche trifft zu, wenn im Zuge einer Verschmelzung ein Tatbestand gemäß § 1 Abs. 2a oder Abs. 3 GrEStG 1987 verwirklicht wird.

§ 6

Diese mit dem StRefG 2015/2016 angepasste Bestimmung des UmgrStG ist erstmals auf Verschmelzungen mit einem Stichtag nach dem 31.12.2015 anzuwenden. Für alle Verschmelzungen mit einem früheren Stichtag, unabhängig davon, ob die Grundstücke zivilrechtlich erst im Jahr 2016 erworben werden, gilt nach wie vor die Rechtslage des UmgrStG idF vor dem StRefG 2015/2016. Für diese Fälle ist als Bemessungsgrundlage der zweifache Einheitswert heranzuziehen, der Steuersatz beträgt 3,5%. *(BMF-AV Nr. 40/2017)*

Zu den Rechtsgeschäften, die einen Anspruch auf Übereignung eines Grund- 331 stückes im Sinne des § 1 Abs. 1 Z 1 GrEStG 1987 begründen, zählen auch die Verträge über Verschmelzungen von Gesellschaften, sofern sich im Vermögen der untergehenden Gesellschaft Grundstücke im Sinne des § 2 GrEStG 1987 (das sind Grundstücke im Sinne des bürgerlichen Rechtes, weiters Baurechte und Gebäude auf fremdem Boden) befinden. *(BMF-AV Nr. 40/2017)*

Ist das Grundstück zwischen dem Verschmelzungsstichtag und dem Ab- 332 schluss des Verschmelzungsvertrages (§ 8 GrEStG 1987) verkauft worden, ist der Ausweis des Grundstückes in der Verschmelzungsbilanz unmaßgeblich. Der durch die Verschmelzung ausgelösten Grunderwerbsteuer unterliegen daher mangels Rückwirkung nur jene Grundstücke, die sich im Zeitpunkt des Abschlusses des Verschmelzungsvertrages im Eigentum der übertragenden Gesellschaft befinden, es sei denn, die Grundstücke sind in diesem Zeitpunkt bereits verkauft worden und die Verbücherung des Eigentumsrechtes des Erwerbers ist noch nicht erfolgt. *(AÖF 2011/268)*

Für den umgekehrten Fall, dass die übertragende Gesellschaft zwischen dem 333 Verschmelzungsstichtag und dem Abschluss des Verschmelzungsvertrages ein Grundstück erworben hat, ist Folgendes zu beachten: Da nach § 1 Abs. 1 Z 3 GrEStG 1987 auch Rechtsgeschäfte, die den Anspruch auf Abtretung eines Übereignungsanspruches begründen, einen grunderwerbsteuerpflichtigen Erwerbsvorgang darstellen, löst der Verschmelzungsvertrag nicht nur dann Grunderwerbsteuerpflicht aus, wenn die übertragenden Gesellschaft bereits Eigentümerin des Grundstückes wurde, sondern auch dann, wenn der übertragenden Gesellschaft bloß ein Übereignungsanspruch zu stand. *(BMF-AV Nr. 40/2017)*

Eine Grunderwerbsteuerpflicht wird durch die Bestimmung des § 1 Abs. 2 334 GrEStG 1987 auch durch Grundstücke, die sich bloß in der wirtschaftlichen Verfügungsmacht der übertragenden Gesellschaft befinden, ausgelöst. *(BMF-AV Nr. 40/2017)*

Randzahl 335: *entfällt (BMF-AV Nr. 40/2017)*

Scheidet aus einer grundstücksbesitzenden OG, die nur aus zwei Gesell- 336 schaftern besteht, einer der Gesellschafter durch Erlöschen auf Grund einer Verschmelzung nach § 1 UmgrStG aus, ist im Fall der verschmelzungsbedingten Geschäftsübernahme (§ 142 UGB) durch den übernehmenden Gesellschafter auf den Übergang des Gesellschaftsvermögens in sein Alleineigentum die Bestimmung des § 6 Abs. 6 UmgrStG iVm §§ 4 und 7 GrEStG 1987 anzuwenden (siehe Rz 330).

Zur Beurteilung des Vorliegens der Anwendungsvoraussetzungen des Art. I UmgrStG im Zweifelsfall siehe Rz 27. *(AÖF 2011/268, BMF-AV Nr. 40/2017)*

1.6.5.2 Bemessungsgrundlage

337   Die Bemessungsgrundlage - Grundstückswert (bei nicht land- und forstwirtschaftlichen Grundstücken) oder einfacher Einheitswert (bei land- und forstwirtschaftlichen Grundstücken) - gilt unabhängig davon, ob eine Verschmelzung mit einer grunderwerbsteuerlichen Gegenleistung (zB Anteilsgewährung) oder ohne eine solche erfolgt. *(BMF-AV Nr. 40/2017)*

338   Bei land- und forstwirtschaftlichen Grundstücken ist der Einheitswert maßgebend, der auf den dem Erwerbsvorgang unmittelbar vorangegangenen Feststellungszeitpunkt festgestellt wurde (§ 6 Abs. 1 GrEStG 1987). Wird der Einheitswertbescheid nach Erlassung des Grunderwerbsteuerbescheides geändert, ist der Grunderwerbsteuerbescheid als abgeleiteter Bescheid gemäß § 295 BAO ebenfalls zu ändern.

Solange ein Einheitswertbescheid auf Basis der Hauptfeststellung 2014 noch nicht ergangen ist, stellt der "alte" Einheitswert die Besteuerungsbasis dar. Ein nach der vorgenommenen Selbstberechnung oder nach Ergehen des Grunderwerbsteuerbescheides ergehender (vom alten Einheitswertbescheid abweichender) Einheitswertbescheid hat – sobald er rechtskräftig geworden ist – zu einer Festsetzung der selbstberechneten Grunderwerbsteuer gemäß § 201 Abs. 3 Z 3 BAO (etwa über Anregung des Steuerpflichtigen) oder zur Änderung des Grunderwerbsteuerbescheides gemäß § 295 Abs. 1 BAO zu führen.

Einwendungen gegen die Richtigkeit des Einheitswertbescheides können entsprechend der Bestimmung des § 252 BAO nicht im Grunderwerbsteuerverfahren geltend gemacht werden. *(BMF-AV Nr. 40/2017)*

339   Haben sich die Verhältnisse zwischen dem unmittelbar vorausgegangenen Feststellungszeitpunkt und dem Zeitpunkt des Erwerbsvorganges so geändert, dass nach den Vorschriften des Bewertungsgesetzes die Voraussetzungen für eine Wert- oder Artfortschreibung oder spätestens durch den Erwerbsvorgang die Voraussetzungen für eine Nachfeststellung gegeben sind, ist gemäß § 6 Abs. 3 GrEStG 1987 auf den Zeitpunkt des Erwerbsvorganges ein besonderer Einheitswert (unter sinngemäßer Anwendung der Grundsätze für Fortschreibungen oder Nachfeststellungen im Sinne des § 21 BewG 1955) zu ermitteln. Wurde ein solcher besonderer Einheitswert ermittelt, ist dieser mit dem Grunderwerbsteuerbescheid anfechtbar. *(BMF-AV Nr. 40/2017)*

1.6.5.3 Anteilsvereinigung

340   Im Zuge einer Verschmelzung kann auch ein grunderwerbsteuerpflichtiger Übergang der Anteile am Vermögen einer Personengesellschaft auf neue Gesellschafter (§ 1 Abs. 2a GrEStG 1987) oder eine grunderwerbsteuerpflichtige Anteilsvereinigung (§ 1 Abs. 3 GrEStG 1987) erfolgen.

Grunderwerbsteuerpflicht tritt somit insbesondere dann ein,

- wenn zum Vermögen der übertragenden Körperschaft unmittelbar mindestens 95% der Anteile am Gesellschaftsvermögen einer grundstücksbesitzenden Personen- oder Kapitalgesellschaft gehören,

- wenn durch die Übertragung von Anteilen am Gesellschaftsvermögen einer grundstücksbesitzenden Personengesellschaft eine Änderung des Gesellschafterbestandes in der Form bewirkt wird, dass innerhalb von fünf Jahren unmittelbar mindestens 95% der Anteile auf neue Gesellschafter übergegangen sind, oder

- wenn die übertragende und übernehmende Körperschaft an derselben grundstücksbesitzenden Personen- oder Kapitalgesellschaft beteiligt sind und es durch die Verschmelzung zur zivilrechtlichen Vereinigung von unmittelbar mindestens 95% der Anteile an dieser Gesellschaft in der Hand der übernehmenden Körperschaft kommt.

Anteile, die treuhändig für die übertragende oder übernehmende Körperschaft gehalten werden, sind der Treugeberin zuzurechnen.

Besitzt die übertragende Körperschaft mindestens 95% der Anteile an einer grundstücksbesitzenden Personengesellschaft und gehen diese Anteile durch die Verschmelzung auf die übernehmende Körperschaft über, dann wird – sofern die übernehmende Körperschaft nicht bereits (Minderheits-)Gesellschafterin der Personengesellschaft ist – sowohl ein Tatbestand nach § 1 Abs. 2a GrEStG 1987 als auch ein Tatbestand nach § 1 Abs. 3 GrEStG 1987 verwirklicht. In diesem Fall liegt auf Grund der „Vorrangregel" im § 1 Abs. 3 erster Satz GrEStG 1987 ein Rechtsvorgang gemäß § 1 Abs. 2a GrEStG 1987 vor.

Ein Grundstück gehört nicht nur dann zum Vermögen einer Gesellschaft, wenn es in deren (zivilrechtlichen) Eigentum steht, sondern immer dann, wenn sie das Grundstück durch einen Rechtsvorgang gemäß § 1 Abs. 1 oder Abs. 2 GrEStG 1987 erworben hat (vgl. § 1 Abs. 2a und Abs. 3 GrEStG 1987).

Werden bei Verschmelzung der Muttergesellschaft auf ihre eigene grundstücksbesitzende Tochtergesellschaft die Anteile an der Tochtergesellschaft an den Alleingesellschafter (oder an mehrere Mitglieder einer Unternehmensgruppe gemäß § 9 KStG 1988) der Muttergesellschaft zur Abfindung ihrer aufzugebenden Anteile übertragen (Anteilsdurchschleusung, Durchgangserwerb), unterliegt der Erwerb von mindestens 95% der Anteile an der Tochtergesellschaft durch den Alleingesellschafter (oder durch mehrere Mitglieder einer Unternehmensgruppe gemäß § 9 KStG 1988) gemäß § 1 Abs. 3 GrEStG 1987 der Grunderwerbsteuer.

Besitzt die Muttergesellschaft Grundstücke, liegen zwei grunderwerbsteuerliche Vorgänge vor:

- In einem ersten Erwerbsvorgang gehen die Grundstücke auf die übernehmende Tochtergesellschaft über, wodurch ein Erwerbsvorgang gemäß § 1 Abs. 1 Z 1 GrEStG 1987 verwirklicht wird.

- In weiterer Folge führt das Auskehren der Anteile an den Gesellschafter (bzw. an mehrere Mitglieder einer Unternehmensgruppe gemäß § 9 KStG 1988) der Muttergesellschaft gemäß § 1 Abs. 3 GrEStG 1987 zu einer Anteilsvereinigung beim Gesellschafter (bzw. bei den Mitgliedern der Unternehmensgruppe). Bei diesem zweiten Rechtsvorgang ist die Grunderwerbsteuer vom Grundstückswert sowohl der Grundstücke, die die Tochtergesellschaft schon vor der Verschmelzung besessen hat, als auch der Grundstücke, die von der Muttergesellschaft übertragen wurden, zu bemessen; die Anrechnungsvorschriften („Differenzbesteuerung") des § 1 Abs. 4 letzter Satz GrEStG 1987 und des § 1 Abs. 5 letzter Satz GrEStG 1987 kommen nicht zur Anwendung. *(BMF-AV Nr. 131/2018)*

Randzahl 341: *entfällt (BMF-AV Nr. 40/2017)*

1.6.5.4 Mehrfachzüge

342   Für mehrfache Umgründungen auf denselben Stichtag enthält § 39 UmgrStG Regelungen für ertragsteuerliche Zwecke (siehe Rz 1874 ff). Diese Bestimmung gilt aber nicht für die Verkehrsteuern. Bei der Grunderwerbsteuer als einer Verkehrsteuer ist an die äußere zivilrechtliche (hier gesellschaftsrechtliche) durch die Umgründungsvorgänge bewirkte Gestaltung anzuknüpfen. Daher sind die in einer gemeinsamen Urkunde nacheinander vereinbarten, rechtlich verschiedenen Umgründungsschritte jeweils gesondert der Grunderwerbsteuer zu unterwerfen, weil durch sie jeweils Grunderwerbsteuervorgänge im Sinne des § 1 GrEStG 1987 verwirklicht werden (VwGH 27.5.1999, 98/16/0304). *(BMF-AV Nr. 40/2017)*

343   Bei der gleichzeitigen Vereinbarung eines Anteilsüberganges auf neue Gesellschafter oder einer Anteilsvereinigung und einer Verschmelzung handelt es sich um zwei selbständige Rechtsvorgänge, die für sich allein und unabhängig vom anderen bestehen können, und daher grunderwerbsteuerrechtlich nicht einheitlich zu beurteilen sind. Jeder Erwerbsvorgang löst selbständig die Grunderwerbsteuerpflicht aus (VwGH 28.9.1998, 98/16/0052). *(BMF-AV Nr. 40/2017)*

344   Im Falle der Aufeinanderfolge mehrerer Erwerbsvorgänge, die dasselbe Grundstück betreffen, sieht § 1 Abs. 4 letzter Satz GrEStG 1987 eine Anrechnungsvorschrift vor („Differenzbesteuerung"). Voraussetzung für die Anwendung des § 1 Abs. 4 letzter Satz GrEStG 1987 ist allerdings, dass die einzelnen Erwerbsvorgänge zwischen den gleichen Vertragspartnern stattfinden (VwGH 27.5.1999, 98/16/0304). *(BMF-AV Nr. 40/2017)*

345   Nach § 1 Abs. 4 letzter Satz GrEStG 1987 wird die Steuer nur insoweit erhoben, als die Bemessungsgrundlage für den späteren Rechtsvorgang den Betrag übersteigt, von dem beim vorausgegangenen Rechtsvorgang die Steuer berechnet worden ist. *(BMF-AV Nr. 40/2017)*

346   Bei einer Anteilsvereinigung im Sinne des § 1 Abs. 3 GrEStG 1987 wird derjenige, in dessen Hand sich mindestens 95% der Anteile vereinigen (= Alleingesellschafter A-GmbH), grunderwerbsteuerlich so behandelt, als habe er die Grundstücke von der Gesellschaft (T-GmbH) erworben, deren Anteile sich in seiner Hand vereinigen. Es findet deshalb im Falle der nachfolgenden Verschmelzung der T-GmbH mit der A-GmbH (als aufnehmende Körperschaft; upstream-Verschmelzung) ein Erwerbsvorgang zwischen denselben Personen statt; eine Anrechnung der Grunderwerbsteuer des früheren Erwerbsvorganges nach § 1 Abs. 4 GrEStG 1987 ist möglich. *(BMF-AV Nr. 40/2017)*

1.6.5.5 Rückerwerb

347   Kommt es durch eine Verschmelzung zum Rückerwerb eines zuvor (innerhalb von drei Jahren vor der Verschmelzung) veräußerten Grundstücks, wird die Grunderwerbsteuer auf Antrag nach Maßgabe von § 17 Abs. 1 Z 1 GrEStG 1987 für den seinerzeitigen Erwerbsvorgang nicht festgesetzt; weiters ist auch der verschmelzungsbedingte Übergang (= Rückerwerb) des Grundstücks selbst nach § 17 Abs. 2 GrEStG 1987 grunderwerbsteuerfrei. Für die Anwendung des § 17 Abs. 1 Z 1 GrEStG 1987 ist es nicht erforderlich, dass die Rückgängigmachung des ursprünglichen Erwerbsvorganges durch das gleiche Verpflichtungsgeschäft wie das vorangegangene erfolgt; es kann daher ein Kaufvertrag auch durch eine Umgründung (zB eine Verschmelzung) rückgängig gemacht werden. Weiters ist es nicht erforderlich, dass der zur Rückgängigmachung führende Rechtsakt (zB Verschmelzung) ausdrücklich auf die (Rück)Übertragung des Grundstücks auf

den ursprünglichen Eigentümer gerichtet ist. Die Vereinbarung, die zur Rückgängigmachung führt, muss allerdings zwischen denselben Vertragsparteien abgeschlossen werden, zwischen denen der seinerzeitige Erwerbsvorgang vereinbart wurde (VwGH 29.10.1998, 98/16/0115). *(BMF-AV Nr. 40/2017)*

§ 6

Diese Voraussetzung der Parteienidentität wird insb. bei Mehrfachumgründungen nicht gegeben sein. Auch im Falle der Gesamtrechtsnachfolge sind Rechtsvorgänger und Rechtsnachfolger nicht als ident anzusehen.   348

1.7 Verschmelzung und Unternehmensgruppen

1.7.1 Allgemeines

1.7.1.1 Eckwerte der Gruppenbesteuerung

Die Gruppenbesteuerung ist von folgenden Eckwerten getragen: 349

• Die Bildung einer Unternehmensgruppe ist optional.

– Einzige materielle Voraussetzung ist eine ausreichende finanzielle Verbindung zwischen den gruppenfähigen Körperschaften während des gesamten Wirtschaftsjahres der Beteiligungskörperschaft.

– Formelle Voraussetzung für die Gruppenbildung ist ein Gruppenantrag und eine bescheidmäßige Feststellung des Vorliegens der Voraussetzungen für die Gruppenbildung.

• Gruppenträger können unbeschränkt steuerpflichtige operative wie vermögensverwaltende Kapitalgesellschaften und unter § 7 Abs. 3 KStG 1988 fallende Genossenschaften, sowie Beteiligungsgemeinschaften („Mehrmüttergruppen“) sowie beschränkt steuerpflichtige EU- und EWR-Körperschaften sein, die mit einer Zweigniederlassung protokolliert sind und die Beteiligungen an Gruppenmitgliedern in der Zweigniederlassung halten.

• Gruppenmitglieder können unbeschränkt steuerpflichtige operative wie vermögensverwaltende Kapitalgesellschaften und unter § 7 Abs. 3 KStG 1988 fallende Genossenschaften, sowie vergleichbare ausländische Körperschaften sein, mit deren Ansässigkeitsstaat eine umfassende Amtshilfe besteht (§ 9 Abs. 2 TS 2 KStG 1988 idF AbgÄG 2014 sowie KStR 2013 Rz 1013a).

• Die Unternehmensgruppe bewirkt eine steuerliche Ergebniszurechnung.

• Die Gruppenbesteuerung erfolgt in einer Ebenenzurechnung dahingehend, dass das vom untersten Gruppenmitglied selbstständig ermittelte Einkommen dem nächstbeteiligten Gruppenmitglied und vereinigt mit dem selbstständig ermittelten Einkommen dem nächstbeteiligten Gruppenmitglied zugerechnet wird, bis sämtliche vereinigten Einkommen beim Gruppenträger zusammengefasst und der Besteuerung unterworfen werden.

• Die Zurechnung inländischer Gruppenmitglieder bezieht sich stets auf 100% des Einkommens, die Zurechnung der Verluste ausländischer Gruppenmitgliedern erfolgt aliquot im Ausmaß der unmittelbaren Beteiligung in Verbindung mit einer Nachversteuerung mit späteren Gewinnen bzw. mit offenen Verlusten bei Ausscheiden des Mitglieds außerhalb einer Insolvenz oder Liquidation. Zurechenbare Verluste ausländischer Gruppenmitglieder können jedoch nur im Ausmaß von 75% der Summe der eigenen Einkommen sämtlicher inländischer Gruppenmitglieder sowie des Gruppenträgers berücksichtigt werden (§ 9 Abs. 6 Z 6 KStG 1988 idF AbgÄG 2014).

• Teilwertabschreibungen auf Beteiligungen an Gruppenmitgliedern sind steuerneutral.

- Die Anschaffung einer Beteiligung an unbeschränkt steuerpflichtigen betriebsführenden Körperschaften führt bei nachfolgender Gruppenzugehörigkeit dem Grunde nach zur Abschreibung des im Kaufpreis miterworbenen Firmenwerts.

- Die erforderliche Mindestdauer für die endgültige Anerkennung der Unternehmensgruppe beträgt 3 volle Wirtschaftsjahre.

Hinsichtlich der Einzelheiten der körperschaftsteuerrechtlichen Bestimmungen siehe die KStR 2013 Rz 1004 ff. *(BMF-AV Nr. 193/2015)*

349a   Nach § 9 Abs. 5 dritter Satz KStG 1988 ist die Rückwirkungsfiktion im Zusammenhang mit einer umgründungsveranlassten Beteiligungsübertragung bzw. -übernahme auch für die Gruppenbesteuerung maßgebend.

Nach § 9 Abs. 5 vierter Satz KStG 1988 sind Vermögensübertragungen innerhalb der Unternehmensgruppe für ihren Bestand nicht schädlich, sofern sich am Vorliegen der finanziellen Verbindung nichts ändert.

Das UmgrStG selbst enthält keine Sonderbestimmungen für die Auswirkungen von Umgründungen auf Unternehmensgruppen. Alle Umgründungstatbestände sind im Lichte der beiden körperschaftsteuergesetzlichen Aussagen zu würdigen. Verschmelzungsveranlasst ist zu beurteilen

- die Begründung einer Unternehmensgruppe (Rz 350)

- die Erweiterung einer Unternehmensgruppe (Rz 351 ff)

- die Veränderung innerhalb einer Unternehmensgruppe (Rz 352 ff)

- die Verminderung einer Unternehmensgruppe (Rz 354 ff)

- die Beendigung einer Unternehmensgruppe (Rz 354c ff). *(AÖF 2008/243)*

1.7.1.2 Grundfragen bei Umgründungen und Gruppenbesteuerung

349b   Folgende wesentliche Fragen ergeben sich bei sämtlichen Umgründungstatbeständen im Zusammenhang mit einer Unternehmensgruppe:

- Beteiligungsverhältnisse: Bedingt durch umgründungsveranlasste Kapitalerhöhungen oder Anteilsabtretungen kann die ausreichende unmittelbare oder mittelbare finanzielle Verbindung verloren gehen.

Für Verschmelzungen und Spaltungen mit Stichtag nach dem 31.12.2006 wurde die Rückwirkungsfiktion auch auf Anteilsinhaberebene ausgedehnt (vgl. Rz 262), sodass eine verschmelzungs- oder spaltungsbedingte Erweiterung der Beteiligung an der übernehmenden Körperschaft die ausreichende finanzielle Verbindung rückwirkend mit Ablauf des Verschmelzungs- bzw. Spaltungsstichtages herstellen kann, um die Gruppe mit der übernehmenden Körperschaft zu begründen oder zu erweitern.

- Teilwertabschreibungen auf die Beteiligung: Da eine Teilwertabschreibung im Rahmen der Unternehmensgruppe nicht steuerwirksam ist, können nur Teilwertabschreibungen vor Eintritt in die Unternehmensgruppe eine Rolle spielen. Da solche begonnenen Teilwertabschreibungssiebentel in der Gruppe weiterlaufen, gehen sie auch grundsätzlich umgründungsbedingt auf die übernehmende Körperschaft über (vgl. aber Rz 254).

- Firmenwertabschreibung auf die Beteiligung: Für Beteiligungen, die nach dem 28. Februar 2014 angeschafft wurden, kann gemäß § 9 Abs. 7 iVm § 26c Z 47 KStG 1988 idF AbgÄG 2014 keine Firmenwertabschreibung mehr vorgenommen werden.

Sind die Voraussetzungen für die Firmenwertabschreibung für eine vor dem 1. März 2014 angeschaffte Beteiligung gemäß § 9 Abs. 7 KStG 1988 erfüllt, sind jene Fünfzehntel steuerwirksam absetzbar, die in den Bestand der Unternehmensgruppe fallen. Im Falle einer Umgründung kann es

§ 6

- zum Ende der Firmenwertabschreibung kommen, wenn die Beteiligung endgültig untergeht, die Eigenschaft einer Beteiligung an einer betriebsführenden Körperschaft durch die Umgründung verloren geht, oder die Unternehmensgruppe umgründungsbedingt untergeht,

- mangels Anschaffung nicht zur Begründung einer Firmenwertabschreibung kommen (vgl. KStR 2013 Rz 1119), wenn der Umgründungsvorgang umgründungssteuerrechtlich von den Tauschwirkungen ausgenommen wird, wie zB bei unter Art. I UmgrStG fallenden Verschmelzungen,

- zu einer Verminderung der Firmenwertabschreibung kommen, wenn sich die Beteiligung umgründungsveranlasst vermindert oder ein Teil des zur Abschreibung Anlass gebenden Vermögens ausgelagert wird,

- zu einer Fortsetzung der Firmenwertabschreibung kommen, wenn die Beteiligung auf andere übergeht oder als übertragen gilt, oder

- zu einer Nachversteuerung kommen, wenn die Beteiligung, auf die eine Firmenwertabschreibung vorgenommen wurde, umgründungsbedingt untergeht oder zur Abfindung der Anteilsinhaber der übertragenden Körperschaft verwendet wird (gilt für Verschmelzungen mit einem Stichtag nach dem 30.12.2007).

Noch offene Fünfzehntel (siehe KStR 2013 Rz 1116) aus der Firmenwertabschreibung für Beteiligungen, die vor dem 1.3.2014 angeschafft wurden, können weiter abgesetzt werden, wenn sich der steuerliche Vorteil aus der Firmenwertabschreibung beim ursprünglichen Erwerb der Beteiligung auf die Kaufpreisbemessung auswirken konnte und die Einbeziehung der Körperschaft in eine Unternehmensgruppe spätestens für ein Wirtschaftsjahr dieser Körperschaft erfolgt, das im Kalenderjahr 2015 endet (siehe § 26c Z 47 KStG 1988; siehe KStR 2013 Rz 1110a).

Die Einbeziehung der Körperschaft in die Unternehmensgruppe einer umgründungsbedingten Rechtsnachfolgerin nach dem 1.3.2014 ist für die Geltendmachung noch offener Fünfzehntel nicht schädlich (§ 26c Z 47 KStG 1988), wenn die Beteiligung von der Rechtsvorgängerin vor dem 1.3.2014 angeschafft, spätestens bis 2015 in die Unternehmensgruppe einbezogen wurde und sich der steuerliche Vorteil auf den Kaufpreis auswirken konnte (siehe KStR 2013 Rz 1110a).

• Verlustvortrag: Dem Grunde nach gelten die Regelungen der §§ 4, 21 und 35 UmgrStG. Vortragsfähige Vor- oder Außergruppenverluste sind ebenso betroffen wie solche im Sinne des § 8 Abs. 4 Z 2 KStG 1988 in Verbindung mit § 7 Abs. 2 KStG 1988, wobei allerdings eine gruppenbezogene Betrachtung anzustellen ist (vgl. Rz 351e und 352); dies gilt für alle Umgründungen, denen ein Beschluss bzw. Vertrag ab dem 1.12.2011 zugrunde liegt. Weiters kann es zu einem Wechsel zwischen der Eigenschaft von Vor- oder Außergruppenverlusten zu konventionellen oder umgekehrt kommen.

• Mindeststeuer: Umgründungen führen zum Übergang von Vorgruppenmindeststeuern und Mindeststeuern, die während aufrechter Gruppe entstanden sind.

• Mindestzugehörigkeit: Die in § 9 Abs. 10 KStG 1988 vorgesehene Mindestdauer der Gruppenzugehörigkeit durch die Zurechnung der Ergebnisse von drei jeweils zwölf Monate umfassenden Wirtschaftsjahren wird durch die Verschmelzung, Umwandlung oder Aufspaltung eines Gruppenmitglieds vor Ablauf der Mindestdauer nicht beeinträchtigt, wenn der Vermögensübergang auf Gruppenangehörige als Rechtsnachfolger stattfindet. Dies gilt auch für eine errichtende Umwandlung und eine verschmelzende Umwandlung auf eine die finanzielle Verbindung an der übertragenden Gesellschaft vermittelnde Hauptgesellschafter-Personengesellschaft.

Wenn in den einzelnen Umgründungsfallgruppen in- bzw. ausländische Körperschaften angesprochen werden, sind darunter im Inland oder Ausland ansässige Körperschaften zu verstehen. Doppelansässige Körperschaften sind unbeschränkt steuerpflichtig. *(BMF-AV Nr. 193/2015)*

1.7.2 Begründung einer Unternehmensgruppe

350   Die Gründung einer Unternehmensgruppe ist verschmelzungsbedingt nicht möglich, sie kann aber eine Gründung mit Hilfe der Rückwirkungsfiktion unterstützen. Entsteht durch eine Konzentrationsverschmelzung zweier jeweils Beteiligungen haltender Gesellschaften auf den 31. Dezember eine ausreichende finanzielle Verbindung an einer Beteiligungskörperschaft oder wird eine schon vor der Verschmelzung bestehende Verbindung fortgesetzt, steht der Gruppenbildung im Folgejahr mit Wirkung ab dem Folgejahr nichts im Wege, wenn alle Beteiligungsgesellschaften auf das Kalenderjahr bilanzieren oder die Beteiligung bei abweichenden Wirtschaftsjahren zumindest seit Beginn des Wirtschaftsjahres besteht.

Die Gruppenbildung bei abweichendem Wirtschaftsjahr der Beteiligungskörperschaften ist bereits mit Wirkung ab dem Folgejahr möglich, wenn die übertragende und übernehmende Körperschaft die Beteiligungen zumindest seit Beginn des Wirtschaftsjahres der Beteiligungskörperschaft halten.

Beispiel 1:

Die A-GmbH (Wirtschaftsjahr = Kalenderjahr) und die B-GmbH (Wirtschaftsjahr = Kalenderjahr) halten seit 1.7.06 jeweils eine 30%ige Beteiligung an der C-GmbH (Wirtschaftsjahr 1.7. bis 30.6.). Die A-GmbH wird zum 31.12.06 auf die B-GmbH verschmolzen.

Die Gruppenbildung ist ab Veranlagung 08 möglich.

Beispiel 2:

Selber Sachverhalt wie Beispiel 1, allerdings ist der Verschmelzungsstichtag der 30.6.06.

Die Gruppenbildung ist ab Veranlagung 07 möglich, weil sowohl die A-GmbH als auch die B-GmbH die Anteile an der C-GmbH bereits zum 1.7.06 tatsächlich gehalten haben.

Beispiel 3:

Selber Sachverhalt mit gleichem Stichtag wie Beispiel 2, allerdings ist die Anschaffung der A-GmbH nicht bereits zum 1.7.06, sondern erst zum 1.8.06 erfolgt.

Die Gruppenbildung ist erst ab der Veranlagung 08 möglich, weil zum 1.7.06 die A-GmbH noch nicht beteiligt war.

Rückwirkend mit Beginn des dem Verschmelzungsstichtag folgenden Tages wirksam werdende Unternehmensgruppen bewirken das Ende der objektiven Steuerpflicht der neuen Gruppenmitglieder. Vortragsfähige Verluste der neuen Gruppenmitglieder wandeln sich in Vorgruppenverluste.

Auf vor der Verschmelzung angeschaffte Beteiligungen an betriebsführenden zu Gruppenmitgliedern werdenden Körperschaften ist nach Maßgabe des § 9 Abs. 7 KStG 1988 ein Fünfzehntel des ermittelten Firmenwertes absetzbar.

Offene Mindestkörperschaftsteuerbeträge der neuen Gruppenmitglieder sind nach Maßgabe des § 24a Abs. 4 Z 2 KStG 1988 verrechenbar. *(AÖF 2011/268)*

§ 6

1.7.3 Erweiterung einer Unternehmensgruppe

1.7.3.1 Verschmelzung auf ein Gruppenmitglied

1.7.3.1.1 Verschmelzung einer gruppenfremden Körperschaft auf ein inländisches Gruppenmitglied

Wird eine inländische nicht der Unternehmensgruppe angehörige Körperschaft auf ein Gruppenmitglied verschmolzen, berührt der Vermögenszugang die bestehende Unternehmensgruppe nicht. 351

• Im Falle einer Konzentrationsverschmelzung kommt es entweder beim Gruppenmitglied zu einer umtauschverhältnisbedingten Kapitalerhöhung oder zu einer Anteilsabtretung seitens des (der) Anteilsinhaber(s), die zu einer Verminderung der Beteiligung an der Beteiligungskörperschaft führt. Solange die Beteiligung der beteiligten Körperschaft oder des Gruppenträgers mehr als 50% beträgt, ändert sich an der Gruppenzugehörigkeit nichts. Für Verschmelzungen mit einem Stichtag bis 31.12.2006 ist zu berücksichtigen, dass der verschmelzungsbedingte Anteilstausch nach § 5 UmgrStG nicht rückwirkend, sondern mit dem Tag der Firmenbucheintragung erfolgt. Sinkt die Beteiligung an der Beteiligungskörperschaft auf unter 50%, beträgt sie aber zumindest 40%, kann unter Umständen mit einer geeigneten Partnerkörperschaft eine Beteiligungsgemeinschaft gegründet werden, wobei für Verschmelzungen mit einem Stichtag bis 31.12.2006 eine nahtlose Fortsetzung der Gruppe im Weg der Beteiligungsgemeinschaft nur mit Altgesellschaftern der beteiligten Körperschaft bzw. des Gruppenträgers möglich ist. *(AÖF 2013/301)*

Beispiel 1:

An der B-GmbH (Wirtschaftsjahr = Kalenderjahr) ist der Gruppenträger A-GmbH (Wirtschaftsjahr = 1.7. bis 30.6.) mit 70% beteiligt. Die nicht der Gruppe angehörige C-GmbH wird zum 31.12.07 auf die B-GmbH verschmolzen. An der C-GmbH ist unter anderem die D-GmbH mit 40% beteiligt (die restlichen Anteile halten natürliche Personen). Verschmelzungsbedingt erhält die D-GmbH 15% an der C-GmbH. Das Beteiligungsausmaß der A-GmbH an der B-GmbH sinkt durch die Verschmelzung auf 43,75%.

Die A-GmbH kann mit der D-GmbH als Minderbeteiligte eine Beteiligungsgemeinschaft bis zum Ablauf des Wirtschaftsjahres 08 der B-GmbH bilden. Das Ergebnis der B-GmbH des Wj 08 (sowie späterer Jahre) wird daher nicht der A-GmbH, sondern der Beteiligungsgemeinschaft bestehend aus A-GmbH und D-GmbH zugerechnet.

Vor Verschmelzung:

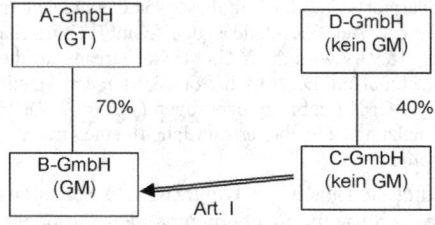

Nach Verschmelzung

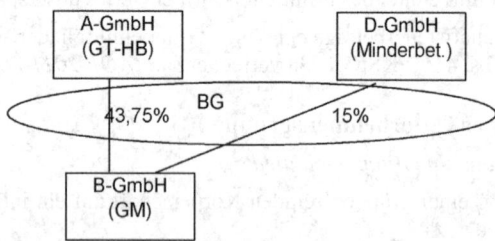

Sollte die beteiligte Körperschaft auf die Beteiligung an der übernehmenden Beteiligungskörperschaft eine Firmenwertabschreibung gemäß § 9 Abs. 7 KStG 1988 vornehmen, ändert das Absinken des Ausmaßes der Beteiligung auf Grund der Kapitalerhöhung zugunsten der Gesellschafter der übertragenden Körperschaft nichts an der Firmenwertabschreibung, solange die ausreichende finanzielle Verbindung bestehen bleibt. Es hat auch keine Neuberechnung der Firmenwertabschreibung zu erfolgen.

Beispiel 2:

Die A-GmbH (Wirtschaftsjahr = 1.7. bis 30.6.) ist 75%-Gesellschafterin der gruppenzugehörigen B-GmbH. Die gruppenfremde C-GmbH wird zum 31.12.01 (Protokollierung am 14.11.02) auf die B-GmbH verschmolzen. Auf Grund des Umtauschverhältnisses sinkt die Beteiligung der A-GmbH von 75% auf 60%. Die Gruppenzugehörigkeit bleibt gewahrt. Die A-GmbH hat bis zum 30.6.01 drei Fünfzehntel des mit 7.500 (75% von 10.000) ermittelten Firmenwertes und damit jährlich 500 abgeschrieben. Ungeachtet des Absinkens der Beteiligung kann die A-GmbH die Firmenwertabschreibung in vollem Umfang fortsetzen.

Konnte die beteiligte Körperschaft auf die angeschaffte Beteiligung an der übernehmenden Körperschaft mangels Vorliegens eines Betriebes keine Firmenwertabschreibung vornehmen, ändert auch der verschmelzungsbedingte Zugang eines Betriebes nichts am Ausschluss von der Firmenwertabschreibung.

• Im Falle der Konzernverschmelzung einer bisher nicht gruppenzugehörigen 100-prozentigen Tochterkörperschaft ändert sich durch den Vermögenszugang nichts am Gruppenbestand und nichts hinsichtlich der Beteiligung an der übernehmenden Körperschaft. Liegt keine 100-prozentige Beteiligung vor, gilt die Überlegung im vorigen bullet point entsprechend.

• Die Rückwirkung auf Anteilsinhaberebene führt jedoch nicht zu einer rückwirkenden Begründung der Firmenwertabschreibung, weil der fiktive rückwirkende Erwerb iSd § 5 Abs. 1 Z 1 UmgrStG keinen Anschaffungsvorgang darstellt.

Beispiel 3:

Die M-AG hält seit Jahren die 100-prozentige Beteiligung an der X-GmbH (Wirtschaftsjahr entspricht dem Kalenderjahr) und bildet mit dieser seit 05 eine Unternehmensgruppe. Zum 1.9.09 erwirbt die M-AG die Anteile an der Y-GmbH (Wirtschaftsjahr ebenfalls Kalenderjahr). Zum 15.9.09 wird die Y-GmbH side stream auf die X-GmbH mit Stichtag 31.12.08 verschmolzen. Die Anschaffungskosten der Anteile an der Y-GmbH sind zwar auf jene an der X-GmbH zu übertragen (vgl. Rz 284). Mangels Anschaffung infolge Verschmelzung kann aber erst im Jahr 10 eine Firmenwertabschreibung geltend gemacht werden.

Der Verlustvortragsübergang richtet sich nach § 4 UmgrStG. Zu beachten ist, dass übergehende vortragsfähige Verluste beim übernehmenden Gruppenmitglied zu Außergruppenverlusten werden (§ 9 Abs. 6 Z 4 KStG 1988). Bestehende Vor- oder Außergruppenverluste der übernehmenden Körperschaft bleiben nach Maßgabe des § 4 UmgrStG abzugsfähig. Hinsichtlich jener Verluste des übernehmenden Gruppenmitgliedes, die seit der Gruppenzugehörigkeit entstanden, in den Verlustvortrag des Gruppenträgers Eingang gefunden haben (vgl. KStR 2013 Rz 1062 und 1105) und zum Verschmelzungsstichtag noch nicht verrechnet sind, kommt § 4 UmgrStG ebenfalls zur Anwendung. Dabei ist allerdings zu beachten, dass bei der Prüfung, ob das verlustverursachende Vermögen in umfänglich vergleichbarer Weise zum Verschmelzungsstichtag noch vorhanden ist oder nicht, eine gruppenbezogene Betrachtungsweise anzustellen ist (siehe die Rz 352). Sollte der Objektbezug bzw. die Vergleichbarkeit nicht gegeben sein, kommt es zu einer entsprechenden Kürzung des Verlustvortrages beim Gruppenträger. *(AÖF 2011/268, AÖF 2013/301)*

§ 6

Wird eine ausländische nicht der Unternehmensgruppe angehörige Körperschaft auf ein inländisches Gruppenmitglied verschmolzen, berührt der Vermögenszugang beim Gruppenmitglied die bestehende Unternehmensgruppe nicht. War die übertragende Körperschaft operativ tätig, entsteht beim Gruppenmitglied eine ausländische Betriebsstätte, auf deren Ergebnis § 2 Abs. 8 EStG 1988 anzuwenden ist. Verluste der übertragenden Körperschaft aus Jahren bis zum Verschmelzungsstichtag gehen zwar grundsätzlich über, können aber nur mit nachfolgenden Gewinnen der ausländischen Betriebsstätte verrechnet werden, soweit sie der ausländischen und nicht einer inländischen Betriebsstätte zuzurechnen sind (siehe auch Rz 160a). Auf das Gruppenmitglied verschmelzungsveranlasst übertragene Wirtschaftsgüter sind nach § 3 Abs. 1 Z 2 UmgrStG neu zu bewerten.

351a

Hinsichtlich der beteiligten Körperschaft gelten die Überlegungen der Rz 351 entsprechend. *(AÖF 2008/243)*

Wird eine inländische, nicht der Unternehmensgruppe angehörige, aber als Minderheitspartner einer Gruppenmitglieder-Beteiligungsgemeinschaft fungierende Körperschaft auf den Hauptbeteiligten verschmolzen (die Bildung von Beteiligungsgemeinschaften auf Gruppenmitgliederebene war nur bis 30.6.2010 möglich; § 9 Abs. 2 letzter Satz KStG 1988 idF AbgÄG 2010, BGBl. I Nr. 34/2010; für am 30.6.2010 bereits bestehende Beteiligungsgemeinschaften auf Gruppenmitgliederebene besteht eine Übergangsfrist bis 31.12.2020, siehe dazu KStR 2013 Rz 1018), verdichtet sich das Beteiligungsverhältnis des Hauptbeteiligten zu einer ausreichenden finanziellen Verbindung an der bisher über die Beteiligungsgemeinschaft gehaltenen Beteiligungskörperschaft. Das Ende der Beteiligungsgemeinschaft ändert daher nichts an der Unternehmensgruppe, wenn sich umtauschverhältnisbedingt kein Entfall der ausreichenden finanziellen Verbindung ergibt.

351b

Ab dem rückwirkenden Erreichen der unmittelbaren ausreichenden finanziellen Verbindung kann eine von beiden Körperschaften vorgenommene anschaffungsbedingte Firmenwertabschreibung hinsichtlich restlicher Fünfzehntelbeträge fortgesetzt werden.

Beispiel:

Die Beteiligungskörperschaft A-GmbH (Wirtschaftsjahr = Kalenderjahr) hatte im Jahr 01 eine 40-prozentige Beteiligung an der B-GmbH (Wirtschaftsjahr = Kalenderjahr) angeschafft. Im Jahre 02 (= vor 30.6.2010) bildet sie mit der zu 25% an der B-GmbH beteiligten C-GmbH (Wirtschaftsjahr = Kalenderjahr), die die Beteiligung ebenfalls im Jahr 01 angeschafft hat, eine Beteiligungsgemeinschaft auf Gruppenmitgliederebene, wodurch die B-GmbH Gruppenmitglied wird. Zum 31.12.05 wird die C-GmbH auf die A-GmbH verschmolzen. Die A-GmbH ist ab 1.1.06 mit 65% an der B-GmbH beteiligt; die vormals durch die A-GmbH und die C-GmbH gebildete Beteiligungsgemeinschaft endet dadurch. Die A-GmbH kann ab diesem Jahr auf die vereinigte 65-prozentige Beteiligung an der B-GmbH die Firmenwertabschreibung mit dem sechsten Fünfzehntel fortsetzen.

Vor Verschmelzung:

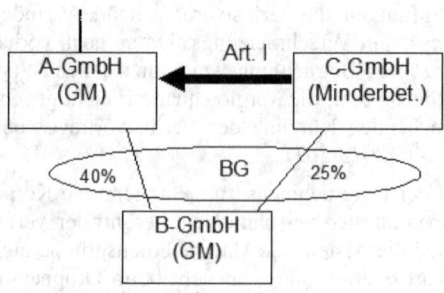

Nach Verschmelzung:

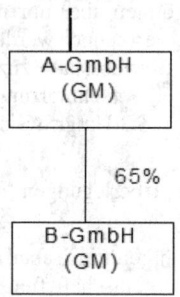

Hätte die C-GmbH die 25-prozentige Beteiligung im Jahre 02 angeschafft, kann die A- GmbH im Jahre 06 das sechste Fünfzehntel auf ihre 40-prozentige Beteiligung und das fünfte Fünfzehntel auf die verschmelzungsbedingt erworbene 25-prozentige Beteiligung geltend machen. *(AÖF 2013/301)*

1.7.3.1.2 Verschmelzung einer gruppenfremden Körperschaft auf ein ausländisches Gruppenmitglied

351c   Wird eine inländische, nicht der Unternehmensgruppe angehörige Körperschaft auf ein ausländisches Gruppenmitglied verschmolzen, berühren die mit der Vermögensübertragung verbundenen Folgen die bestehende Unternehmensgruppe grundsätzlich nicht.

War die übertragende Körperschaft operativ tätig, entsteht beim ausländischen Gruppenmitglied eine inländische Betriebsstätte, deren Ergebnisse im Rahmen der beschränkten Körperschaftsteuerpflicht des ausländischen Gruppenmitglieds unmittelbar erfasst und der beteiligten Körperschaft zugerechnet werden. Gleiches gilt für nicht der Betriebsstätte zurechenbare Liegenschaften, die nach § 21 Abs. 1 Z 3 KStG 1988 in den Geltungsbereich des § 7 Abs. 3 KStG 1988 fallen. Ist das übernehmende Gruppenmitglied in der EU oder in Norwegen beziehungsweise (ab dem 1.1.2014) im Fürstentum Liechtenstein (Rz 158) ansässig, kommt für auf dieses übertragene Vermögen, hinsichtlich dessen Österreich das Besteuerungsrecht verliert, die Möglichkeit des Steuer-aufschubs in Betracht.

Hinsichtlich der Folgen der Verschmelzung für die inländische beteiligte Körperschaft (Wegfall der ausreichenden finanziellen Verbindung; Firmenwert-abschreibung) gelten die Überlegungen der Rz 351 entsprechend.

§ 6

Vortragsfähige Verluste der übertragenden Körperschaft gehen nach Maß-gabe des § 4 UmgrStG auf die übernehmende über und können mit inländischen betrieblichen Einkünften der Folgejahre verrechnet werden. *(AÖF 2013/301)*

Wird eine ausländische nicht der Unternehmensgruppe angehörige Körper-schaft auf ein ausländisches Gruppenmitglied verschmolzen, berührt der Vermö-genszugang die Unternehmensgruppe nicht.

351d

Hinsichtlich der inländischen beteiligten Körperschaft gelten die Überlegun-gen der Rz 351 entsprechend. Bei Fortbestand der Unternehmensgruppe unter-bleibt eine Nachverrechnung von im Inland angesetzten und nicht ausgegliche-nen Vorjahresverlusten des ausländischen Gruppenmitglieds.

Für Verschmelzungen mit einem Stichtag ab 1.1.2007 vermindert sich die Verlustzurechnung ab dem Jahr, in das der Tag nach dem Ablauf des Verschmel-zungsstichtages fällt, auf das nach dem Umtauschverhältnis gesunkene Ausmaß.

Beispiel:
Zur Unternehmensgruppe gehören ua. die Z-GmbH (Wirtschaftsjahr = Kalenderjahr) und auf Grund der 75%-Beteiligung die in Deutschland ansässige Y-GmbH (Wirt-schaftsjahr = 1.7. bis 30.6.). Auf Grund der Verschmelzung der gruppenfremden deut-schen X-GmbH auf die Y-GmbH zum 31.12.07 sinkt die Beteiligung der Y-GmbH umtauschverhältnisbedingt mit Wirkung ab 1.1.08 von 75% auf 60%. Das (negative) Ergebnis des Wirtschaftsjahres 07/08 der Y-GmbH wird der Z-GmbH nur mehr zu 60% zugerechnet.

Vor Verschmelzung:

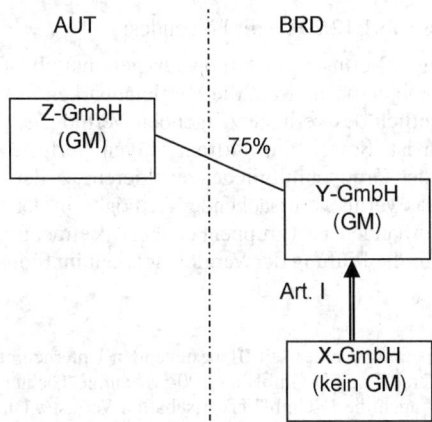

Nach Verschmelzung:

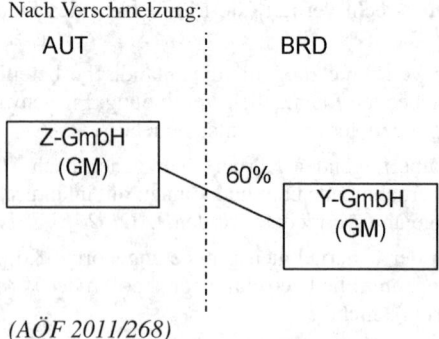

(AÖF 2011/268)

1.7.3.2 Verschmelzung auf den Gruppenträger

1.7.3.2.1 Verschmelzung einer gruppenfremden Körperschaft auf den inländischen Gruppenträger

351e   Wird eine inländische nicht der Unternehmensgruppe angehörige Körperschaft auf den inländischen Gruppenträger verschmolzen, berührt der Vermögenszugang die Unternehmensgruppe nicht. Die Änderung der Beteiligungsverhältnisse am Gruppenträger auf Grund einer Konzentrationsverschmelzung hat für die Unternehmensgruppe keine Bedeutung. Dies gilt auch für eine Downstream-Verschmelzung auf den Gruppenträger.

Soweit vortragsfähige Verluste der übertragenden Körperschaft nach Maßgabe des § 4 UmgrStG auf den Gruppenträger übergehen, sind diese ab dem dem Verschmelzungsstichtag folgenden Veranlagungszeitraum im Rahmen der Ermittlung des Gruppeneinkommens neben den vorhandenen weiterhin vortragsfähigen Verlusten des Gruppenträgers verrechenbar.

Für Verschmelzungsbeschlüsse ab 1.12.2011 gilt Folgendes:

Hinsichtlich der vortragsfähigen Verluste des Gruppenträgers hat ebenfalls eine Prüfung zu erfolgen, ob der Objektbezug bzw. die Vergleichbarkeit iSd § 4 Z 1 lit. b und c UmgrStG hinsichtlich des verlusterzeugenden Vermögens zum Verschmelzungsstichtag gegeben ist. Soweit die vortragsfähigen Verluste aus der Zurechnung der Ergebnisse der Gruppenmitglieder resultieren, ist der Objektbezug nicht gewahrt, wenn das verlustverursachende Vermögen in der Unternehmensgruppe nicht mehr vorhanden ist (gruppenbezogene Betrachtungsweise). Dies gilt gleichermaßen für die Prüfung der Vergleichbarkeit im Sinn des § 4 Z 1 lit. c UmgrStG.

Beispiel 1:

Die Holding A-GmbH ist Gruppenträger einer seit 01 bestehenden Unternehmensgruppe, zu der die B-GmbH, C-GmbH und D-GmbH als 100-prozentige Töchter gehörten. Sowohl die C-GmbH als auch die D-GmbH erwirtschaften Verluste. Die C-GmbH wird zum 31.12.06 auf die B-GmbH verschmolzen, wobei der Betrieb der C-GmbH fortgeführt wird. Während des Jahres 07 wird von der D-GmbH der verlustverursachende Betrieb eingestellt.

Zum 31.12.08 wird die gruppenfremde X-GmbH auf den Gruppenträger verschmolzen.

Der vortragsfähige Verlust der A-GmbH zum 31.12.08 iHv 500.000 stammt mit 100.000 aus der Zurechnung der Verluste der C-GmbH und mit 70.000 aus der Zurechnung der Verluste der D-GmbH und zwar resultieren sie aus dem im Jahr 07 eingestellten Betrieb.

Die Verluste der C-GmbH bleiben erhalten, weil das verlustverursachende Vermögen nach wie vor in der Gruppe (nunmehr bei der B-GmbH) in vergleichbarem Umfang vorhanden ist. Die dem Gruppenträger A-GmbH zugerechneten Verluste der D-GmbH fallen hingegen mit Ablauf des 31.12.08 weg, weil das verlustverursachende Vermögen infolge Einstellung des Betriebes im Jahr 07 nicht mehr vorhanden ist

Die Zuordnung der noch offenen Verlustvorträge zu den einzelnen Gruppenmitgliedern für Zwecke der gruppenbezogenen Betrachtungsweise erfolgt anhand der folgenden Grundsätze:

- Es können nur Verluste aus jenen Jahren in den Verlustvortrag des Gruppenträgers eingehen, in denen das Gruppenergebnis negativ war.

- Sind im Verlustvortrag Verluste aus mehreren Jahren enthalten, sind in Gewinnjahren zunächst die ältesten Verluste zu verrechnen („first-in-first-out"-Prinzip).

- Die Grundsätze der Ergebniszurechnung gemäß § 9 Abs. 1 und Abs. 6 KStG 1988 sind zu beachten, weshalb Verluste dem unmittelbar oder mittelbar beteiligten Gruppenmitglied zuzurechnen sind und bei diesem gegebenenfalls saldiert werden können.

- Lassen die Grundsätze der Ergebniszurechnung gemäß § 9 Abs. 1 und Abs. 6 KStG 1988 keine eindeutige Verrechnung zu, sind die verbleibenden Verluste im Verhältnis der ursprünglichen Verlusthöhe den verlusterzeugenden Gruppenmitgliedern zuzurechnen (Relationsrechnung).

Beispiel 2:
Eine Unternehmensgruppe (alle Mitglieder bilanzieren zum 31.12.) hat folgenden Aufbau: Der Gruppenträger GT ist an zwei Gruppenmitgliedern GM1 und GM2 beteiligt. GM1 ist wiederum an GM3 und GM4; GM2 an GM5 beteiligt. GM3 hält eine Beteiligung an GM6, GM5 Beteiligungen an GM7 und GM8. Das Beteiligungsausmaß beträgt jeweils 100%.

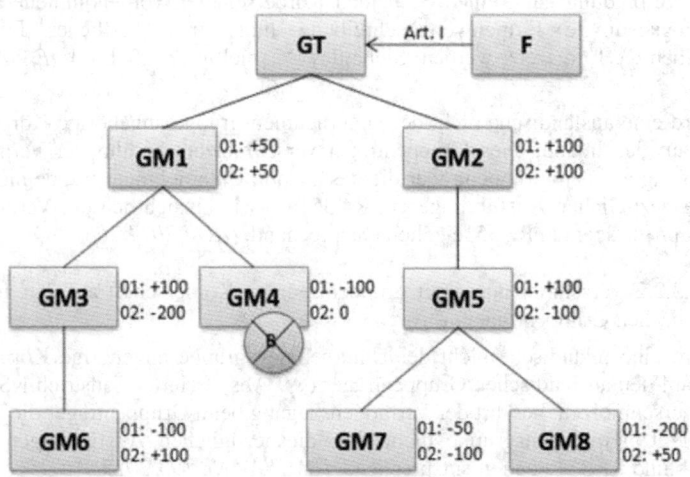

Im Jahr 01 erzielten die Gruppenmitglieder folgende Ergebnisse:
GM1: +50; GM2, GM3 und GM5 jeweils: +100; GM4 und GM6 jeweils: –100; GM7: –50; GM8: -200; GT: 0.

Das Gruppenergebnis beträgt daher im Jahr 01 –100; dieser Verlust geht in den Verlustvortrag des Gruppenträgers ein. Der Verlust ist zur Hälfte (50) von GM4 verursacht worden, weil der Verlust von GM6 zur Gänze mit dem Gewinn von GM3 verrechnet werden konnte. Weiters wurde ein Verlust in Höhe von 40 von GM8 und ein Verlust in Höhe von 10 von GM7 verursacht (Relationsrechnung).

Im Jahr 02 erzielten die Gruppenmitglieder folgende Ergebnisse:

GM1: +50; GM2 +100; GM3: –200; GM4: 0; GM5: –100; GM6: +100; GM7: –100; GM8: +50; GT: 0.

Das Gruppenergebnis im Jahr 02 beträgt ebenfalls –100. Ein Verlust in Höhe von 50 wurde von GM3 verursacht; ein Verlust in Höhe von 25 durch GM5 und GM7 (Relationsrechnung).

Im Jahr 03 kann ein positives Gruppenergebnis von 50 mit dem bestehenden Verlustvortrag von 200 verrechnet werden, wobei zunächst die älteren Verluste aus dem Jahr 01 abzuziehen sind. Dadurch halbiert sich der aus dem Jahr 01 zugewiesene Verlust bei GM4 auf 25, bei GM8 auf 20 und bei GM7 auf 5.

Im Jahr 04 wird die gruppenfremde Körperschaft F auf GT verschmolzen; der verlustverursachende Betrieb ist bei GM4 nicht mehr vergleichbar vorhanden. Es kommt daher zu einer Kürzung der Verlustvorträge bei GT im Ausmaß von 25.

Sofern eine eindeutige Zuordnung der Verluste zum verlustverursachenden Vermögen nicht möglich ist, bestehen keine Bedenken, eine sachgerechte, betriebswirtschaftlich nachvollziehbare Aliquotierung der Verlustvorträge vorzunehmen (siehe Rz 198). *(BMF-AV Nr. 193/2015)*

351f   Wird eine inländische nicht der Unternehmensgruppe angehörige, aber als Minderheitspartner einer Gruppenträger-Beteiligungsgemeinschaft fungierende Körperschaft auf den Hauptbeteiligten verschmolzen, verdichtet sich das Beteiligungsverhältnis des Hauptbeteiligten zu einer ausreichenden finanziellen Verbindung. Das Ende der Beteiligungsgemeinschaft ändert daher ungeachtet der Tatsache, dass die Beteiligungsgemeinschaft als Gruppenträger galt, nichts an der Unternehmensgruppe.

Ab dem rückwirkenden Erreichen der unmittelbaren ausreichenden finanziellen Verbindung kann eine von beiden Körperschaften vorgenommene anschaffungsbedingte Firmenwertabschreibung hinsichtlich restlicher Fünfzehntelbeträge fortgesetzt werden. Siehe das Beispiel in Rz 351b. *(AÖF 2008/ 243)*

351g   Wird eine ausländische nicht der Unternehmensgruppe angehörige Körperschaft auf den inländischen Gruppenträger verschmolzen, berührt der Vermögenszugang auf den Gruppenträger die bestehende Unternehmensgruppe nicht. Die diesbezüglichen Ausführungen in Rz 351a sowie hinsichtlich der Verluste des Gruppenträgers in Rz 351e gelten entsprechend. *(AÖF 2011/268)*

1.7.3.2.2 Verschmelzung einer gruppenfremden Körperschaft auf den ausländischen Gruppenträger

351h   Wird eine inländische nicht der Unternehmensgruppe angehörige Körperschaft auf den ausländischen Gruppenträger (§ 9 Abs. 3 vierter Teilstrich KStG 1988) verschmolzen, berührt der Vermögenszugang beim Gruppenträger die bestehende Unternehmensgruppe nicht. Die diesbezüglichen Ausführungen in Rz 351b und Rz 351e gelten entsprechend. *(BMF-AV Nr. 193/2015)*

1.7.4 Veränderung innerhalb einer Unternehmensgruppe

1.7.4.1 Verschmelzung unmittelbar verbundener Gruppenmitglieder

1.7.4.1.1 Verschmelzung inländischer Gruppenmitglieder

352   Die Verschmelzung unmittelbar finanziell ausreichend verbundener Grup-

penmitglieder kann als Down-stream-merger auf die Beteiligungskörperschaft oder als Up-stream-merger auf die beteiligte Körperschaft erfolgen.

- Bei einem Up-stream-merger erfolgt in dem mit dem Verschmelzungsstichtag endenden Wirtschaftsjahr der übertragenden Körperschaft die letzte Gewinn- bzw. Einkommensermittlung mit Zurechnung des Einkommens einschließlich weiterer der übertragenden Körperschaft zugerechneten Einkommen von Beteiligungskörperschaften.

§ 6

Beispiel 1:

Die übernehmende A-GmbH (100-prozentige Tochter des zum 31.12. bilanzierenden Gruppenträgers X-GmbH; Wirtschaftsjahr 1.7. bis 30.6.) ist zu 100% an der übertragenden B-GmbH (Wirtschaftsjahr = Kalenderjahr) beteiligt. Die B-GmbH ist an der C-GmbH (Wirtschaftsjahr = Kalenderjahr) ebenfalls mit 100% beteiligt. Im Falle der Verschmelzung zum 31.3.08 (Firmenbucheintragung 20.2.09) endet für die B-GmbH mit dem Verschmelzungsstichtag ein Rumpfwirtschaftsjahr vom 1.1.08 bis 31.3.08. Das sich daraus ergebende Einkommen der B-GmbH wird der A-GmbH im Wirtschaftsjahr 1.7.07 bis 30.6.08 zugerechnet. Mit Ablauf des 31.3.08 endet steuerlich die subjektive und objektive Steuerpflicht der B-GmbH, mit 1.4.08 übernimmt die A-GmbH das Vermögen, sämtliche Geschäftsvorfälle der bis zur Eintragung des Verschmelzungsbeschlusses in das Firmenbuch gesellschaftsrechtlich bestehenden B-GmbH sind der A-GmbH zuzurechnen. Das Ergebnis des Gruppenmitgliedes C-GmbH des Wirtschaftsjahres 08 ist nicht der B-GmbH, sondern bereits der A-GmbH zuzurechnen (in deren Wirtschaftsjahr 08/09).

Vor Verschmelzung:

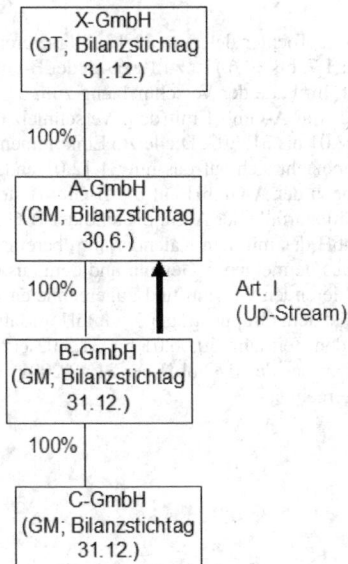

Nach Verschmelzung:

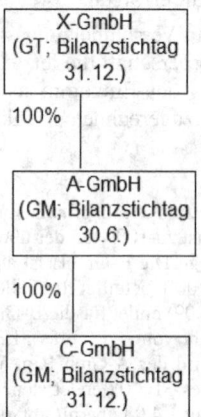

- Bei einem Down-stream-merger gilt dies für die übertragende beteiligte Körperschaft. Stimmt der Verschmelzungsstichtag nicht mit dem Bilanzstichtag der Beteiligungskörperschaft überein, erfolgte die letzte Einkommenszurechnung der übernehmenden Beteiligungskörperschaft an die beteiligte zu ihrem letzten vorangegangenen Bilanzstichtag.

Beispiel 2:

Die übertragende A-GmbH (100-prozentige Tochter des zum 31.12. bilanzierenden Gruppenträgers X-GmbH; Wirtschaftsjahr 1.7. bis 30.6.) ist zu 100% an der B-GmbH (Wirtschaftsjahr = Kalenderjahr) beteiligt. Im Falle der Verschmelzung zum 31.3.02 (Firmenbucheintragung 20.2.03) endet für die A-GmbH mit dem Verschmelzungsstichtag ein Rumpfwirtschaftsjahr vom 1.7.01 bis 31.3.02. Die letzte Einkommenszurechnung der B-GmbH an die A-GmbH bezieht sich auf das mit 31.12.01 endende Wirtschaftsjahr. Mit 1.4.02 ist das Vermögen der A-GmbH auf die B-GmbH steuerrechtlich übergegangen, sämtliche Geschäftsvorfälle der A-GmbH sind der B-GmbH zuzurechnen. Das Einkommen der B-GmbH des mit dem Kalenderjahr übereinstimmenden Wirtschaftsjahres 02 bestehend aus dem eigenen Gewinn und dem aus dem mit 1.4.02 übernommen Vermögen resultierenden Gewinn und zugerechneten Einkommen von Beteiligungskörperschaften ist dem Gruppenträger X-GmbH im Jahr 02 zuzurechnen. Das von der A-GmbH für den Zeitraum 30.06.01 bis 31.3.02 erzielte Ergebnis (inkl. der Zurechnung des Ergebnisses der B-GmbH per 31.12.2001) wird der X-GmbH noch über die A-GmbH zugerechnet.

Vor Verschmelzung:

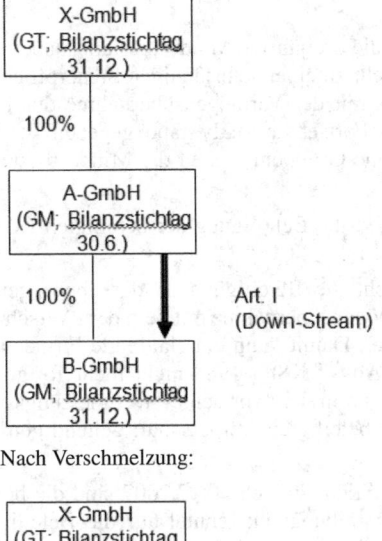

Nach Verschmelzung:

Der Verlustvortragsübergang richtet sich nach § 4 UmgrStG.

Für Verschmelzungsbeschlüsse ab dem 1.3.2011 gilt Folgendes:

Hinsichtlich jener Verluste des übertragenden bzw. übernehmenden Gruppenmitgliedes, die seit der Gruppenzugehörigkeit entstanden sind, in den Verlustvortrag des Gruppenträgers Eingang gefunden haben (vgl. KStR 2013 Rz 1062 und 1105) und zum Verschmelzungsstichtag noch nicht verrechnet sind, kommt § 4 UmgrStG ebenfalls zur Anwendung. Dabei ist allerdings zu beachten, dass bei der Prüfung, ob das verlustverursachende Vermögen in umfänglich vergleichbarer Weise zum Verschmelzungsstichtag noch vorhanden ist oder nicht, eine gruppenbezogene Betrachtungsweise anzustellen ist. Maßgebend für den Objektbezug bzw. die Vergleichbarkeit ist, ob das verlustverursachende Vermögen des übertragenden bzw. übernehmenden Gruppenmitgliedes (zB Betrieb) zum Verschmelzungsstichtag in der Unternehmensgruppe in vergleichbarer Form noch vorhanden ist. Ein Transfer dieses Vermögens innerhalb der Gruppe (zB aufgrund einer vor der Verschmelzung erfolgten Einbringung in ein anderes Gruppenmitglied) ist daher unschädlich. *(AÖF 2013/301)*

Sollte der Objektbezug bzw. die Vergleichbarkeit nicht gegeben sein, kommt es zu einer entsprechenden Kürzung des Verlustvortrages beim Gruppenträger.

Übergehende vortragsfähige Vor- und Außergruppenverluste des übertragenden Gruppenmitgliedes werden beim übernehmenden Gruppenmitglied zu Außergruppenverlusten.

Ist zum Verschmelzungsstichtag die dreijährige Mindestbestandsdauer noch nicht gegeben, führt dies dennoch nicht zu einer selbständigen Steuerpflicht für die Jahre bis zur Verschmelzung, da mit der Vermögensübernahme durch das übernehmende Gruppenmitglied ein Fortsetzungstatbestand gegeben ist. Voraussetzung ist, dass das übernehmende Gruppenmitglied die Mindestbestandsdauer erfüllt. *(AÖF 2011/268)*

352a   Die Konzernverschmelzung berührt die Beteiligung der beteiligten Körperschaft an der Beteiligungskörperschaft:

- Bei einem Up-stream-merger geht die Beteiligung an der übertragenden Körperschaft auf Grund der Vermögensübernahme mit dem dem Verschmelzungsstichtag folgenden Tag unter. Damit kann eine laufende Firmenwertabschreibung im Sinne des § 9 Abs. 7 KStG 1988 nicht mehr fortgesetzt werden. Das letzte Fünfzehntel kann in dem vor dem Verschmelzungsstichtag endenden Wirtschaftsjahr der beteiligten Körperschaft geltend gemacht werden.

  Bei Verschmelzungen mit einem Stichtag nach 30.12.2007 sind die bereits vorgenommenen Firmenwertabschreibungsfünfzehntel auf die Beteiligung an der übertragenden Körperschaft von der übernehmenden Körperschaft gemäß § 9 Abs. 7 letzter Teilstrich KStG 1988 idF AbgSiG 2007 zum Verschmelzungsstichtag insoweit nachzuversteuern, als die abgesetzten Fünfzehntel im Unterschiedsbetrag zwischen Buchwert und Verkehrswert der abgeschriebenen Beteiligung an der übertragenden Körperschaft Deckung finden.

  Beispiel 3:

  Angaben wie im Beispiel 1 (vgl. die Rz 352); die A-GmbH hat ab dem Wirtschaftsjahr 00/01 eine Firmenwertabschreibung auf die Beteiligung an der B-GmbH von je 10.000 geltend gemacht. Die Beteiligung wurde um 300.000 angeschafft. Zum Stichtag 31.3.08 hat die Beteiligung nur mehr einen Verkehrswert von 250.000.

  Die A-GmbH kann die Firmenwertabschreibung letztmalig zu Lasten des Wirtschaftsjahres 1.7.06 bis 30.6.07 geltend machen, da im Falle einer Konzernverschmelzung mit dem dem Verschmelzungsstichtag folgenden Tag, also mit 1.4.08, auch die Beteiligung untergeht und daher im Wirtschaftsjahr 1.7.07 bis 30.6.08 nicht mehr vollständig besteht. Insgesamt hat die A-GmbH eine Abschreibung von 70.000 (7/15) vorgenommen, sodass der Buchwert zum 31.3.08 230.000 beträgt. Es hat daher durch die A-GmbH im Wirtschaftsjahr 1.7.07 bis 30.6.08 eine Nacherfassung der vorgenommenen Firmenwertabschreibung gemäß § 9 Abs. 7 letzter Teilstrich KStG 1988 im Betrag von 20.000 zu erfolgen (vorgenommene Abschreibung minus Wertverlust).

  Fassung für Verschmelzungen mit einem Beschlussdatum bis 30.11.2011

- Bei einem Down-stream-merger geht das Gesamtvermögen der übertragenden beteiligten Körperschaft und damit auch die Beteiligung an der übernehmenden Körperschaft auf diese über. Diese übernommene Beteiligung wird in der Folge zur Abfindung der Anteilsinhaber der übertragenden Körperschaft verwendet (Durchschleuseffekt). Damit kann die übernehmende Körperschaft eine von der übertragenden Körperschaft vorgenommene laufende Firmenwertabschreibung auf die angeschaffte Beteiligung an der übernehmenden Körperschaft im Sinne des § 9 Abs. 7 KStG 1988 nicht mehr fortsetzen. Sollte die durchgeschleuste Beteiligung auf beteiligte Körperschaften oder den Gruppenträger übergehen, kommt es bei diesen zur Fortsetzung der Firmenwertabschreibung ab dem dem Verschmelzungsstichtag folgenden Wirtschaftsjahr, maximal im Prozentausmaß der von der übertragenden Körperschaft vorgenommenen Abschreibung. Andererseits entfällt bei der an der übertragenden Körperschaft beteiligten Körperschaft oder bei dem beteiligten Gruppenträger die Firmenwertabschreibung auf die angeschaffte Beteiligung an der übertragenden Körperschaft.

Beispiel 4 Variante 1:

a) Im Falle des Beispiels 2 geht die Firmenwertabschreibung des Gruppenträgers X auf die Beteiligung an der A-GmbH unter; X kann das letzte Fünfzehntel zu Lasten ihres mit 31.12.01 endenden Wirtschaftsjahres geltend machen. Die übertragende A-GmbH kann die Firmenwertabschreibung auf die Beteiligung an der B-GmbH letztmalig zu Lasten des Rumpfwirtschaftsjahres 1.7.01 bis 31.3.02 geltend machen. Der Gruppenträger X kann auf Grund der Anteilsdurchschleusung die von der A-GmbH begonnene Firmenwertabschreibung fortsetzen. Da X auf den 31.12. bilanziert und die durchgeschleuste Beteiligung mit 1.4.02 erwirbt, kann er im Jahr 02 noch kein Fünfzehntel geltend machen , er kann das nächste Fünfzehntel zu Lasten des Wirtschaftsjahres 03 geltend machen.

b) Sollte gegenüber der lit. a an der A-GmbH neben dem mit 75% beteiligten Gruppenträger ein Gruppenmitglied Y mit 25% beteiligt sein, wird die 100-prozentige Beteiligung an der B-GmbH aliquot auf den Gruppenträger und das Gruppenmitglied Y übertragen. Beim Gruppenträger vermindert sich in diesem Fall die Firmenwertabschreibung auf die 75-prozentige Beteiligung, das Gruppenmitglied Y ist von der Firmenwertabschreibung ausgeschlossen.

Fassung für Verschmelzungen mit einem Beschlussdatum ab 1.12.2011

• Bei einem Down-stream-merger geht das Gesamtvermögen der übertragenden beteiligten Körperschaft und damit auch die Beteiligung an der übernehmenden Körperschaft auf diese über. Diese übernommene Beteiligung wird in der Folge zur Abfindung der Anteilsinhaber der übertragenden Körperschaft verwendet (Durchschleuseffekt; zur Zulässigkeit der Anteilsauskehrung vgl. OGH 11.11.1999, 6 Ob 4/99b). Bei den Anteilsinhabern der übertragenden Gesellschaft ersetzt daher die durchgeschleuste Beteiligung die untergehenden Anteile. Soferne ein Anteilsinhaber der übertragenden Gesellschaft Gruppenmitglied bzw. Gruppenträger ist, ist die begonnene Firmenwertabschreibung auf die Anteile an der übertragenden Gesellschaft fortzusetzen. Eine von der übertragenden auf die übernehmende Körperschaft durchgeführte Firmenwertabschreibung kann hingegen nicht fortgesetzt werden.

Handelt es sich um eine Verschmelzung mit einem Stichtag nach dem 30.12.2007, führt die Durchschleusung der ausgekehrten Anteile (sofern von der übertragenden Körperschaft eine Firmenwertabschreibung auf die Anteile an der übernehmende Körperschaft vorgenommen wurde) zu einer Nacherfassung gemäß § 9 Abs. 7 letzter Teilstrich KStG 1988 zum Verschmelzungsstichtag bei der übertragenden Körperschaft.

Beispiel 4 Variante 2:

a) Im Falle des Beispiels 2 geht die durchgeschleuste Beteiligung an der B-GmbH auf den Gruppenträger X-GmbH über. Infolge der in § 9 Abs. 7 letzter Teilstrich KStG 1988 getroffenen Anordnung führt diese Durchschleusung zur Nachversteuerung der von der A-GmbH auf die B-GmbH durchgeführten Firmenwertabschreibung und kann auch nicht fortgesetzt werden.

Die Firmenwertabschreibung des Gruppenträgers X-GmbH auf die Beteiligung an der A- GmbH ist dagegen fortzusetzen.

b) Sollte gegenüber der lit. a an der A-GmbH neben dem mit 75% beteiligten Gruppenträger ein Gruppenmitglied Y mit 25% beteiligt sein, wird die 100-prozentige Beteiligung an der B-GmbH aliquot auf den Gruppenträger und das Gruppenmitglied Y übertragen. Beim Gruppenträger ändert sich in diesem Fall die Firmenwertabschreibung nicht, das Gruppenmitglied Y war auch vor der Verschmelzung bereits von der Firmenwertabschreibung ausgeschlossen. *(AÖF 2013/301)*

352b   Am 30.6.2010 bestehende Gruppenmitglieder-Beteiligungsgemeinschaften müssen in ihrer Struktur – bei sonstigem Untergang – unverändert bleiben („Einfrierwirkung"). Ein Weiterbestehen der Beteiligungsgemeinschaft bis zum Ablauf der Übergangsfrist setzt voraus, dass keine neuen Körperschaften in die Unternehmensgruppe und keine neuen Mitbeteiligten in die Beteiligungsgemeinschaft aufgenommen werden. Zudem muss das Beteiligungsausmaß an den Beteiligungskörperschaften unverändert bleiben. Auch Umgründungsmaßnahmen können eine schädliche Strukturveränderung der Beteiligungsgemeinschaft – und damit deren Beendigung – bewirken. Die Verschmelzung eines Mitglieds einer Gruppenmitglieder- Beteiligungsgemeinschaft auf ein inländisches, an der betreffenden Beteiligungskörperschaft nicht beteiligtes Gruppenmitglied (zB Schwesternverschmelzung) stellt eine solche schädliche Strukturveränderung dar und führt folglich zum Untergang der Gruppenmitglieder-Beteiligungsgemeinschaft. *(AÖF 2013/301)*

352c   Wird die Beteiligungskörperschaft, hinsichtlich deren Anteile eine Gruppenmitglieder- Beteiligungsgemeinschaft besteht, auf ein anderes inländisches Gruppenmitglied verschmolzen, liegt ebenso eine schädliche Strukturveränderung der Beteiligungsgemeinschaft vor, die zum Untergang derselben führt. *(AÖF 2013/301)*

1.7.4.1.2 Verschmelzung ausländischer Gruppenmitglieder

352d   Im Hinblick auf die Beschränkung der Zugehörigkeit ausländischer Gruppenmitglieder auf die „erste Ebene" (§ 9 Abs. 2 zweiter Teilstrich KStG 1988; siehe aber zu den Folgewirkungen der Rs *Papillon* KStR 2013 Rz 1014) ist eine Verschmelzung unmittelbar verbundener ausländischer Gruppenmitglieder nur bei Bestehen einer maximal 50-prozentigen unmittelbaren Beteiligung in Verbindung mit einer mittelbaren finanziellen Verbindung möglich. Auch in diesem Fall kann die Verschmelzung als down-stream-merger auf die Beteiligungskörperschaft oder als up-stream-merger auf die beteiligte Körperschaft erfolgen. Hinsichtlich der Beteiligungsverhältnisse siehe Rz 351.

Bei Fortbestand der Unternehmensgruppe unterbleibt nur dann eine Nachversteuerung von im Inland angesetzten Vorjahresverlusten des übertragenden ausländischen Gruppenmitglieds, wenn beim übernehmenden ausländischen Gruppenmitglied (zB side-stream-merger) eine Verlustverrechnung und damit eine Nachversteuerung in der Unternehmensgruppe Platz greifen kann. Dies setzt voraus, dass es nach den ausländischen umgründungssteuerlichen Vorschriften zu einem Übergang der Verlustvorträge des durch die Verschmelzung untergehenden Gruppenmitgliedes auf das aufnehmende Gruppenmitglied kommt (vgl. KStR 2013 Rz 1088).

Zur Mindestbestandsdauer siehe Rz 352.

Beispiel 5:

Die Unternehmensgruppe besteht aus der A-GmbH (Gruppenträger) sowie der inländischen B-GmbH, an der die A-GmbH zu 100% beteiligt ist, sowie aus den ausländischen Gruppenmitgliedern C-GmbH, an der die B-GmbH mit 100% beteiligt ist, und

D-GmbH, an der die B-GmbH mit 10% und die C-GmbH mit 45% beteiligt sind. Zum 31.12.07 wird die C-GmbH auf die D-GmbH down stream verschmolzen.

Falls das ausländische Verschmelzungsrecht mit dem inländischen vergleichbar ist, ist Art. I UmgrStG anwendbar.

Infolge der Verschmelzung erhöht sich die Beteiligungshöhe der B-GmbH auf mehr als 55% (bisherige Beteiligung von 10% sowie durchgeschleuste Beteiligung von 45%). Zu einer Verlustnachverrechnung der verwerteten Auslandsverluste der C-GmbH kommt es dann nicht, wenn das ausländische Umgründungssteuerrecht einen Übergang der Verlustvorträge auf die D-GmbH vorsieht.

Vor Verschmelzung:

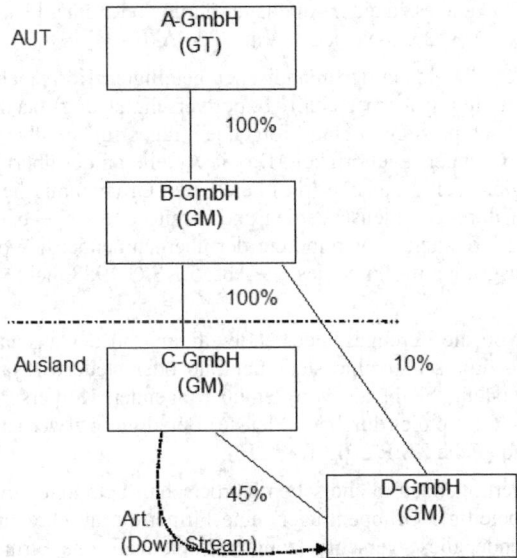

Nach Verschmelzung:

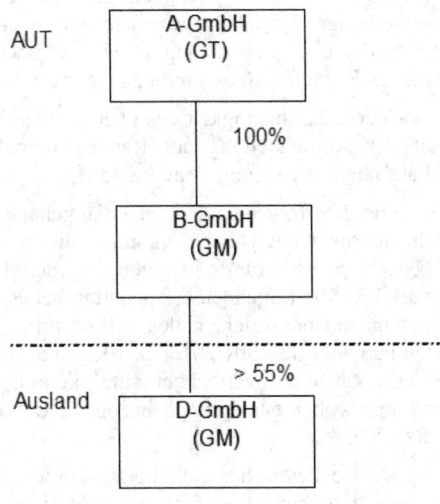

Im Falle von „grenzüberschreitenden" Auslandsumgründungen (zB Verschmelzung zweier ausländischer Gruppenmitglieder in unterschiedlichen Staaten) ist eine künftige Nachversteuerung in der Unternehmensgruppe nicht ausreichend sichergestellt, weshalb ein Fall des Ausscheidens mit Nachversteuerung der noch offenen Verluste des übertragenden Gruppenmitgliedes vorliegt (siehe auch KStR 2013 Rz 1088). *(BMF-AV Nr. 193/2015)*

1.7.4.1.3 Grenzüberschreitende Verschmelzung von Gruppenmitgliedern

352e   Die Verschmelzung unmittelbar verbundener in- und ausländischer Gruppenmitglieder kann eine Export- oder Importverschmelzung sein, je nach den Beteiligungsverhältnissen kann es zu einer Anteilsgewährung oder einem Unterbleiben kommen (vgl. § 3 Abs. 2 EU-VerschG iVm § 224 AktG).

Die down-stream-Verschmelzung der inländischen beteiligten Körperschaft auf die ausländische Beteiligungskörperschaft (Exportverschmelzung) beendet mit Beginn des dem Verschmelzungsstichtag folgenden Tages für die übertragende Körperschaft die Gruppenzugehörigkeit. Da die Anteile an der übernehmenden Körperschaft gleichzeitig auf den (die) beteiligten Gruppenmitglieder oder den Gruppenträger durchgeschleust werden und damit die untergehenden Anteile ersetzen, geht die finanzielle Verbindung der übernehmenden Körperschaft zur Unternehmensgruppe im Sinne des § 9 Abs. 5 KStG 1988 nicht verloren.

Unabhängig davon, ob die durchgeschleuste Beteiligung an der ausländischen übernehmenden Körperschaft eine steuerneutrale oder steuerwirksame Schachtelbeteiligung darstellt, bleibt die von der übertragenden Körperschaft getroffene Entscheidung für die die (durchgeschleuste) Beteiligung erwerbende Körperschaft maßgebend (siehe KStR 2013 Rz 1216).

Sollte das an der übertragenden inländischen Körperschaft beteiligte Gruppenmitglied (oder der beteiligte Gruppenträger) eine Firmenwertabschreibung vorgenommen haben, endet diese verschmelzungsbedingt, weil eine Firmenwertabschreibung nur auf unbeschränkt steuerpflichtige Gruppenmitglieder möglich ist (vgl. KStR 2013 Rz 1129). Zu einer Nachversteuerung der bereits vorgenommenen Firmenwertabschreibungen gemäß § 9 Abs. 7 letzter Teilstrich KStG 1988 kommt es nicht. Hinsichtlich einer Fortsetzung der von der übertragenden Körperschaft vorgenommenen Firmenwertabschreibung siehe Rz 352a.

Hinsichtlich des Erfordernisses der Steuerhängigkeit des übertragenen Vermögens sowie der Möglichkeit der Antragstellung auf Ratenzahlung (bis 31.12.2015: Antragsmöglichkeit auf Nichtfestsetzung siehe Rz 43 ff).

Vor- oder Außergruppenverluste der übertragenden Körperschaft gehen nach Maßgabe des § 4 UmgrStG auf die übernehmende über, sie können mit nachfolgenden Gewinnen inländischer betrieblicher Einkünfte verrechnet werden. Hinsichtlich jener Verluste des inländischen übertragenden Gruppenmitgliedes, die seit der Gruppenzugehörigkeit entstanden sind, welche in den Verlustvortrag des Gruppenträgers Eingang gefunden haben (vgl. KStR 2013 Rz 1062 und 1105), und zum Verschmelzungsstichtag noch nicht verrechnet sind, kommt § 4 UmgrStG ebenfalls zur Anwendung, wobei eine gruppenbezogene Betrachtungsweise anzustellen ist (vgl. Rz 352).

Die up-Stream-Verschmelzung der ausländischen Beteiligungskörperschaft auf die inländische beteiligte Körperschaft (Importverschmelzung) ändert infolge der Verdichtung der Vermögen ungeachtet des Untergangs der übertragenden ausländischen Körperschaft nichts an der Unternehmensgruppe. Beteiligungen der übertragenden Körperschaft, die zur Zugehörigkeit weiterer ausländischer Körperschaften beigetragen haben, sind der übernehmenden zuzurechnen. Tochterkörperschaften der übertragenden Körperschaft, die bis zur Verschmelzung von der Gruppenzugehörigkeit ausgeschlossen waren, können als nunmehr „erste Auslandsebene" in die Unternehmensgruppe einbezogen werden. Durch diese Importverschmelzung kommt es zur Nachversteuerung noch offener Verluste zum Verschmelzungsstichtag (siehe KStR 2013 Rz 1088). Zur Behandlung des ausländischen Vermögens der übertragenden Körperschaft siehe Rz 351a.

Die Beteiligung der übernehmenden Körperschaft an der übertragenden geht verschmelzungsbedingt unter, daraus resultierende Buchgewinne oder Buchverluste sind – ausgenommen Confusiotatbestände – unabhängig davon steuerneutral, ob es sich um eine steuerneutrale oder steuerwirksame Schachtelbeteiligung gehandelt hat.

Zur Mindestbestandsdauer siehe Rz 352.

Beispiel 6:

Die D-GmbH (Wj=Kj) ist Gruppenträger, die 100% der Anteile am inländischen Gruppenmitglied E-GmbH (Wj=1.9.-31.8.) hält. Die Gruppe besteht seit dem Jahr 04. Die lediglich vermögensverwaltend tätige E-GmbH ihrerseits hält 100% der Anteile am inländischen Gruppenmitglied G-GmbH (Wj=Kj) sowie ebenfalls 100% am ausländischen (deutschen) Gruppenmitglied F-GmbH (Wj=Kj).

Zum 31.12.07 wird die E-GmbH in Anwendung des EU-VerschG auf die F-GmbH down stream verschmolzen. Die E-GmbH verfügt zum 31.12.07 über Vorgruppenverluste von 50.000. Der gemeine Wert der Beteiligung der E-GmbH an der G-GmbH beträgt zum 31.12.07 450.000 (Buchwert 405.000).

Mit dem Ablauf des 31.12.07 endet für die E-GmbH das letzte Rumpfwirtschaftsjahr. Ein (positives) Einkommen der E-GmbH im Zeitraum 1.9.07 bis 31.12.07 ist mit den Vorgruppenverlusten zu verrechnen. Sodann ist ein allfälliger – auf österreichisches Steuerrecht umgerechneter – Verlust der F-GmbH des Jahres 07 zuzurechnen. Die Ergebnisse der G-GmbH können ab dem Verschmelzungsstichtag in die Unternehmensgruppe einfließen, sie ist jedoch kein Vollmitglied (siehe dazu KStR 2013 Rz 1014), weshalb eine Firmenwertabschreibung nicht fortgeführt werden kann.

Durch die Verschmelzung kommt es zum Verlust des Besteuerungsrechts hinsichtlich der Beteiligung an der G-GmbH (Art. 13 Abs. 5 DBA-D). Die E-GmbH kann im Rahmen der Veranlagung 07 gemäß § 1 Abs. 2 UmgrStG iVm § 6 Z 6 EStG 1988 idF AbgÄG 2015 einen Antrag auf Ratenzahlung (bis 31.12.2015: gemäß § 1 Abs. 2 UmgrStG idF vor AbgÄG 2015 einen Antrag auf Nichtfestsetzung) stellen (Differenz zwischen dem Wert von 450.000 und dem Buchwert von 405.000 = 45.000; Steuerschuld sohin 11.250).

Zu einer Nachverrechnung der bisher der E-GmbH zugerechneten ausländischen Verluste der F-GmbH kommt es nicht, weil die Gruppenzugehörigkeit durch die Verschmelzung nicht weggefallen ist (nunmehr finanzielle Verbindung direkt mit dem Gruppenträger, der die Anteile im Wege der Durchschleusung erhält).

Zu einer Nachversteuerung der bereits vorgenommenen Firmenwertabschreibung gemäß § 9 Abs. 7 letzter Teilstrich KStG 1988 kommt es nicht.

Vor Verschmelzung:

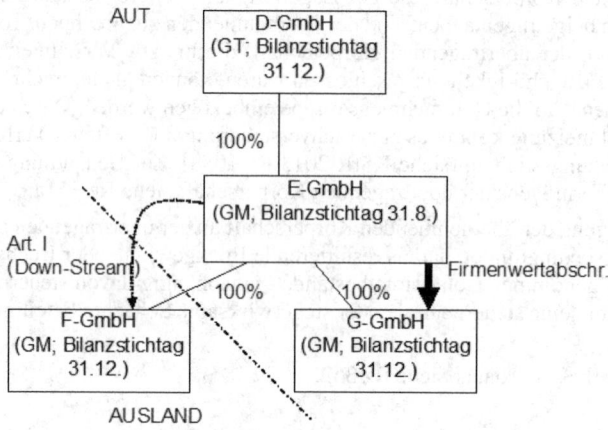

Nach Verschmelzung:

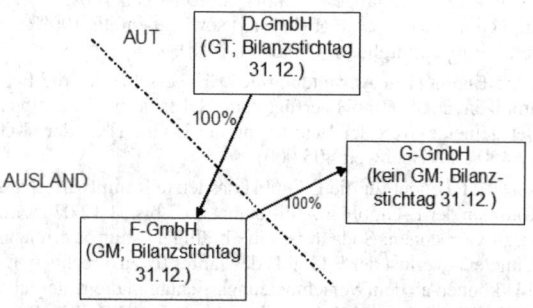

Variante:

Selber Sachverhalt wie Beispiel 6; allerdings wird die deutsche F-GmbH auf die E-GmbH up-stream verschmolzen.

In diesem Fall hat eine Nachversteuerung der im Rahmen der Unternehmensgruppe bereits angesetzten ausländischen Verluste der F-GmbH zu erfolgen. *(AÖF 2013/301, BMF-AV Nr. 40/2017)*

1.7.4.2 Verschmelzung mittelbar verbundener Gruppenmitglieder

1.7.4.2.1 Verschmelzung von inländischen Schwester-Mitgliedern

353   Die Verschmelzung von Schwester-Mitgliedern entspricht hinsichtlich des Vermögensübergangs jener von unmittelbar verbundenen Mitgliedern. Der verschmelzungsbedingte Untergang der übertragenden Körperschaft hat auf den Bestand der Unternehmensgruppe keinen Einfluss, da die beteiligte(n) Körperschaft(en) unverändert am vereinigten Vermögen beteiligt ist (sind) und damit die finanzielle Verbindung weiterhin besteht.

Da der Buchwert der Beteiligung an der übertragenden Körperschaft auf die Beteiligung an der übernehmenden Körperschaft aktiviert wird und damit kein Veräußerungs-Anschaffungs- Tatbestand verbunden ist, kann die laufende Firmenwertabschreibung auf die Beteiligung an der übertragenden Körperschaft fortgesetzt werden.

Vor- oder Außergruppenverluste der übertragenden Körperschaft gehen nach Maßgabe des § 4 UmgrStG auf die übernehmende Körperschaft über. Vor- oder Außergruppenverluste der übernehmenden Körperschaft bleiben nach Maßgabe des § 4 UmgrStG vortragsfähig.

Für Verschmelzungen mit einem Beschlussdatum ab 1.12.2011 gilt Folgendes:

Hinsichtlich jener Verluste des inländischen übertragenden Gruppenmitgliedes und des inländischen übernehmenden Gruppenmitgliedes, die seit der Gruppenzugehörigkeit entstanden sind, in den Verlustvortrag des Gruppenträgers Eingang gefunden haben (vgl. KStR 2013 Rz 1062 und 1105) und zum Verschmelzungsstichtag noch nicht verrechnet sind, ist § 4 UmgrStG unter Berücksichtigung der gruppenbezogenen Betrachtungsweise relevant (vgl. Rz 352).

Offene Mindestkörperschaftsteuerbeträge gehen auf die übernehmende Körperschaft über und sind zusammen mit allfälligen eigenen Mindestkörperschaftsteuerbeträgen im Sinne des § 24a Abs. 4 Z 2 KStG 1988 zu verrechnen (siehe KStR 2013 Rz 1568).

Zur Mindestbestandsdauer siehe Rz 352. *(AÖF 2013/301)*

1.7.4.2.2 Verschmelzung von ausländischen Gruppenmitgliedern (Schwester-Mitgliedern)

Die Verschmelzung ausländischer Gruppenmitglieder entspricht dem Grunde nach der Inlandsverschmelzung laut Rz 353. Im Hinblick auf die Rechtsnachfolge der übernehmenden Körperschaft unterbleibt in diesem Fall eine Nachverrechnung von den in die Unternehmensgruppe hineingerechneten und noch nicht gegenverrechneten Verlusten, sofern eine Nachversteuerung dieser noch offenen Verluste beim Rechtsnachfolger möglich bleibt (siehe Rz 352d). 353a

Zu bedenken ist, dass sich verschmelzungsbedingt die Minderbeteiligungen an weiteren ausländischen Gruppenmitgliedern bei der übernehmenden Körperschaft zu einer mehr als 50-prozentigen vereinigen können und damit diese Gruppenmitglieder aus der Unternehmensgruppe ausscheiden.

Zur Mindestbestandsdauer siehe Rz 352. *(AÖF 2013/301)*

1.7.4.2.3 Grenzüberschreitende Verschmelzung von Schwester-Mitgliedern

Die grenzüberschreitende Export-Verschmelzung von einem inländischen Gruppenmitglied auf ein ausländisches Gruppenmitglied entspricht dem Grunde nach jener von unmittelbar verbundenen Mitgliedern (siehe Rz 352). Die verschmelzungsbedingte Übertragung der Anschaffungskosten auf die Beteiligung der übernehmenden Körperschaft führt entweder zum Untergang oder zu einer Anreicherung einer internationalen Schachtelbeteiligung im Sinne des § 5 Abs. 7 UmgrStG. 353b

Wird die inländische Schwester auf die ausländische Schwester verschmolzen, kann es zum Wegfall der finanziellen Verbindung zu einer ausländischen (Enkel)Gesellschaft kommen.

Wurde auf die angeschaffte Beteiligung am inländischen übertragenden Gruppenmitglied eine Firmenwertabschreibung vorgenommen, kann diese mangels weiterer Beteiligung an einem inländischen Gruppenmitglied nicht fortgesetzt werden.

Hinsichtlich vortragsfähiger Vor- oder Außergruppenverluste sowie jener

Verluste der übertragenden inländischen Körperschaft, die in den Verlustvortrag des Gruppenträgers eingegangen sind, bzw. der Verluste der übertragenden ausländischen Körperschaft siehe Rz 352.

Zur Mindestbestandsdauer siehe Rz 352.

Beispiel:

Die A-GmbH ist Gruppenträger, die sowohl an der inländischen B-GmbH (Holding) als auch der ausländischen C-GmbH mit je 100% beteiligt ist. Die B-GmbH ihrerseits ist mit 30% an der ausländischen D-GmbH beteiligt. Die ausreichende finanzielle Verbindung zur D-GmbH wird über eine 25-prozentige Beteiligung der C-GmbH hergestellt. Zum 31.12.07 wird die B-GmbH auf die C-GmbH verschmolzen.

Durch die Verschmelzung scheidet die D-GmbH aus der Gruppe aus, weil eine zweite Auslandsebene nicht möglich ist, weswegen eine Nachversteuerung der in der Gruppe verwerteten Verluste der D-GmbH zu erfolgen hat.

Vor Verschmelzung:

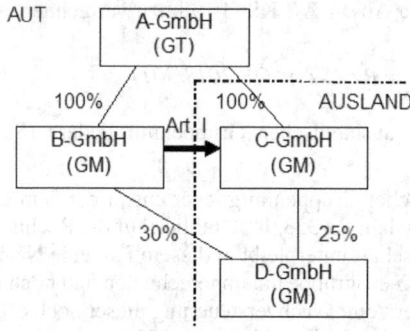

Nach Verschmelzung:

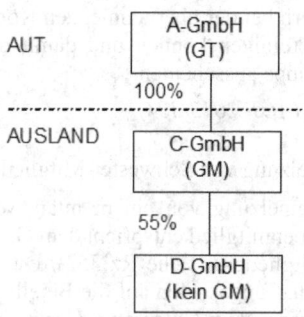

(AÖF 2011/268)

1.7.4.2.4 Verschmelzung von sonst mittelbar verbundener inländischer Gruppenmitglieder

353c   Eine Verschmelzung zwischen nicht unmittelbar verbundenen Gruppenmitgliedern, sei es zB eine Enkel-Großmutter-Verschmelzung oder eine Tantenverschmelzung kann im Bereich der Beteiligungsverhältnisse Änderungen auslösen. Eine Unterbrechung der finanziellen Verbindungen ist damit nicht verbunden, soweit es nicht durch gruppenfremde Anteilsinhaber unter Umständen zu einem Herabsinken der Beteiligung auf 50% oder weniger kommt. Zum gleichgelagerten Fall einer Großmutter-Enkel-Verschmelzung siehe Rz 353i.

Zur Mindestbestandsdauer siehe Rz 352. *(AÖF 2008/243)*

1.7.4.3 Verschmelzung auf den oder durch den Gruppenträger

§ 6

1.7.4.3.1 Verschmelzung eines Gruppenmitglieds auf den inländischen Gruppenträger

Die Verschmelzung eines inländischen Gruppenmitglieds auf den unmittel-   353d
bar beteiligten inländischen Gruppenträger ist nach den Regeln der Up-stream-Verschmelzung zu beurteilen. Die Unternehmensgruppe wird dabei nur verdichtet, ihr Bestand ist nicht gefährdet. Die Erläuterungen in der Rz 352 und Rz 352a sind entsprechend anwendbar.

Nach Maßgabe des § 4 UmgrStG übergehende Vor- oder Außergruppenverluste der übertragenden Körperschaft wandeln sich ab dem dem Verschmelzungsstichtag folgenden Veranlagungszeitraum in vortragsfähige Verluste, die unter die 75%-Begrenzung des § 8 Abs. 4 Z 2 lit. a KStG 1988 (Vortragsgrenze) in Verbindung mit § 7 Abs. 2 KStG 1988 fallen.

Hinsichtlich der im Verlustvortrag des Gruppenträgers enthaltenen Verluste kommt § 4 UmgrStG ebenfalls zur Anwendung, wobei hinsichtlich des Objektbezuges sowie der Vergleichbarkeit des verlustverursachenden Vermögens (Betrieb, Teilbetrieb, einzelner verlustverursachender Vermögensteil bei nicht betriebsführenden Gesellschaften; vgl. Rz 202 ff) eine gruppenbezogene Betrachtungsweise anzustellen ist. Dies betrifft sowohl die vom Gruppenträger selbst erwirtschafteten Verluste als auch jene der Gruppenmitglieder, die ihm zugerechnet wurden.

Kommt es infolge Nichtvorliegens der Voraussetzungen des § 4 UmgrStG zu einem Untergang von Verlusten, die sich zum Teil zum Verschmelzungsstichtag im Verlustvortrag des Gruppenträgers befinden und zum Teil bereits verwertet wurde, ist von einer jahresweisen aliquoten Verrechnung auszugehen (siehe auch Rz 198).

Wurde auf das übertragende Gruppenmitglied eine Firmenwertabschreibung vorgenommen, ist diese letztmalig in jenem Wirtschaftsjahr der übernehmenden Körperschaft geltend zu machen, in dem die Beteiligung durchgehend bestanden hat. Weiters kommt es zum Verschmelzungsstichtag zur Nacherfassung bereits geltend gemachter Firmenwertabschreibungen, weil die Beteiligung verschmelzungsbedingt untergeht, wenn der Verschmelzungsstichtag nach dem 30.12.2007 liegt (§ 9 Abs. 7 letzter Teilstrich KStG 1988).

Zur Mindestbestandsdauer siehe Rz 352. *(BMF-AV Nr. 193/2015)*

Auf die Verschmelzung eines ausländischen Gruppenmitglieds auf den un-   353e
mittelbar beteiligten inländischen Gruppenträger ist die Rz 353d mit der Maßgabe anzuwenden, dass in das Inland verrechnete und noch nicht nachverrechnete Verluste nachzuverrechnen sind.

Zur Mindestbestandsdauer siehe Rz 352. Zur Nachversteuerung von zugerechneten Verlusten und zum Übergang des ausländischen Verlustvortrages siehe Rz 352e. *(AÖF 2008/243)*

Ist nur der Gruppenträger oder nur die Beteiligungskörperschaft Hauptbetei-   353f
ligter einer Beteiligungsgemeinschaft, kann dies auf den Bestand der jeweils bestehenden Beteiligungsgemeinschaft Auswirkung haben.

- Besteht nur eine Gruppenträger-Beteiligungsgemeinschaft, geht diese durch die Up- stream-Verschmelzung des im Wege der Beteiligungsgemeinschaft in die Gruppe einbezogenen Gruppenmitgliedes auf den Gruppenträger unter, die minderheitsbeteiligte Körperschaft muss mit Anteilen am Gruppenträger abgefunden werden. Die Vor- bzw. Außergruppenverluste des auf den Gruppenträger verschmolzenen Gruppenmitgliedes gehen bei Vorliegen der Voraussetzungen des § 4 UmgrStG auf den Gruppenträger über und können ab dem dem Verschmelzungsstichtag folgenden Veranlagungsjahr als Sonderausgabe abgesetzt werden. Betreffend die bei der übertragenden Körperschaft während der Gruppenzugehörigkeit entstandenen Verluste, die in den Verlustvortrag des Gruppenträgers Eingang gefunden haben sowie die übrigen Verluste des Gruppenträgers gelten die Ausführungen in der Rz 353d sinngemäß.

Wurde vom Gruppenträger auf das verschmolzene Gruppenmitglied eine Firmenwertabschreibung vorgenommen, kann diese letztmalig in jenem vor dem Verschmelzungsstichtag gelegenen Wirtschaftsjahr geltend gemacht werden. Liegt der Verschmelzungsstichtag nach dem 30.12.2007, kommt es beim Gruppenträger zur Nachversteuerung der geltend gemachten Firmenwertabschreibungen in jenem Jahr, in das der Verschmelzungsstichtag fällt.

•   Besteht nur eine Gruppenmitglieder-Beteiligungsgemeinschaft, führt jede Verschmelzung eines Mitglieds einer Gruppenmitglieder- Beteiligungsgemeinschaft auf ein (anderes) Gruppenmitglied zur Beendigung der Gruppenmitglieder-Beteiligungsgemeinschaft, weil dadurch eine schädliche Strukturveränderung der Beteiligungsgemeinschaft bewirkt wird (siehe Rz 352b, KStR 2013 Rz 1016); diese Beendigung erfolgt vor dem Hintergrund der mit dem AbgÄG 2010 hinsichtlich Gruppenmitglieder- Beteiligungsgemeinschaften verfolgten „Einfrierwirkung". Die Frage, ob die Beteiligungskörperschaft (an der die Gruppenmitglieder- Beteiligungsgemeinschaft bisher bestand) aus der Unternehmensgruppe ausscheidet oder in der Unternehmensgruppe verbleibt, hängt vom Bestehen einer ausreichenden finanziellen Verbindung der übernehmenden Körperschaft an der Beteiligungskörperschaft ab.

•   Bei einer up-stream-Verschmelzung des Hauptbeteiligten einer Gruppenmitglieder-Beteiligungsgemeinschaft auf den Gruppenträger kann sich die Gruppenmitglieder-Beteiligungsgemeinschaft in eine – auch nach dem AbgÄG 2010 zulässige – Gruppenträger-Beteiligungsgemeinschaft wandeln. Ob eine nahtlose Fortsetzung als Gruppenträger-Beteiligungsgemeinschaft möglich ist, hängt davon ab, ob im Syndikatsvertrag ein entsprechender Übergang vorgesehen ist. Ein weiterer Einbezug der bisher über die Gruppenmitglieder-Beteiligungsgemeinschaft einbezogenen Beteiligungskörperschaft in die Unternehmensgruppe wäre auch ohne nahtlose Fortsetzung als Gruppenträger-Beteiligungsgemeinschaft denkbar, wenn der Gruppenträger nach der Verschmelzung selbst eine ausreichende finanzielle Verbindung zur Beteiligungskörperschaft hat, sodass deren Einbezug in die Unternehmensgruppe über eine (fortzusetzende) Gruppenträger-Beteiligungsgemeinschaft nicht erforderlich ist. *(AÖF 2013/301)*

1.7.4.3.2 Verschmelzung eines Gruppenmitglieds auf den ausländischen Gruppenträger

353g   Die Verschmelzung eines inländischen Gruppenmitglieds auf den ausländischen Gruppenträger berührt die Unternehmensgruppe nicht, wenn Beteiligungen der übertragenden Körperschaft an weiteren Gruppenmitgliedern einer

§ 6

neuen eingetragenen Zweigniederlassung oder der bestehenden Zweigniederlassung zukommen und damit die finanzielle Verbindung erhalten bleibt. Insoweit kann auch eine von der übertragenden Körperschaft begonnene Firmenwertabschreibung auf angeschaffte Beteiligungen an inländischen Gruppenmitgliedern fortgesetzt werden. Die auf die angeschaffte Beteiligung an der übertragenden Körperschaft begonnene Firmenwertabschreibung endet hingegen verschmelzungsbedingt.

Bei Verschmelzungen auf einen Stichtag nach dem 30.12.2007 kommt es zur Nachversteuerung der Firmenwertabschreibung auf die Beteiligung an der übertragenden Körperschaft (auch bei Enkel-Großmutter-Verschmelzung; vgl. Rz 288) im Wirtschaftsjahr, in das der Verschmelzungsstichtag fällt und zwar bei demjenigen, der die Firmenwertabschreibung vorgenommen hat.

Vor- oder Außergruppenverluste der übertragenden Körperschaft gehen nach Maßgabe des § 4 UmgrStG objektbezogen auf die Zweigniederlassung des Gruppenträgers über und können im Rahmen der beschränkten Körperschaftsteuerpflicht in der Folge unter Beachtung der 75%-Grenze abgesetzt werden. Hinsichtlich der Verluste des übertragenden Gruppenmitgliedes, die während dessen Gruppenzugehörigkeit entstanden und in den (inländischen) Verlustvortrag des Gruppenträgers Eingang gefunden haben, gelten die Ausführungen in der Rz 352 entsprechend.

Betreffend die übrigen Verluste des Gruppenträgers siehe Rz 353d.

Zur Mindestbestandsdauer siehe Rz 352. *(AÖF 2011/268)*

353h Die Verschmelzung eines ausländischen Gruppenmitglieds auf den ausländischen Gruppenträger (mit inländischer Zweigniederlassung) führt zum Wegfall des ausländischen Gruppenmitgliedes mit Ablauf des Verschmelzungsstichtages. Diesfalls sind in das Inland verrechnete und noch nicht nachverrechnete Verluste nachzuversteuern.

Zur Mindestbestandsdauer siehe Rz 352. *(AÖF 2011/268)*

1.7.4.3.3 Verschmelzung des inländischen Gruppenträgers auf ein Gruppenmitglied

353i Bei der Down-stream-Verschmelzung des inländischen Gruppenträgers auf ein Gruppenmitglied ist zu unterscheiden:

- Erfolgt die Verschmelzung auf eine unmittelbar mit dem Gruppenträger finanziell verbundene Beteiligungskörperschaft, verdichtet sich die Unternehmensgruppe. Da die übernehmende Körperschaft in die Rechtsstellung der übertragenden Körperschaft eintritt, übernimmt sie auch die Gruppenträgerfunktion, die Unternehmensgruppe besteht weiter.

  Hat der übertragende Gruppenträger auf die angeschaffte Beteiligung an der übernehmenden Körperschaft eine Firmenwertabschreibung geltend gemacht, endet diese verschmelzungsbedingt, da die auf die Anteilsinhaber des Gruppenträgers durchgeschleuste Beteiligung außerhalb der Unternehmensgruppe platziert wird. Für Verschmelzungen auf einen Stichtag nach dem 30.12.2007 kommt es zudem zu einer Nacherfassung der bisher geltend gemachten Firmenwertabschreibungen gemäß § 9 Abs. 7 letzter Teilstrich KStG 1988 im Wirtschaftsjahr, in das der Verschmelzungsstichtag fällt. *(AÖF 2013/301)*

- Erfolgt die Verschmelzung auf eine mittelbar mit dem Gruppenträger finanziell verbundene Beteiligungskörperschaft, etwa auf eine Enkelgesellschaft des Gruppenträgers, bezieht sich die Durchschleusung auf die Anteilsinhaber des Gruppenträgers auf die Anteile an der Zwischengesellschaft, die zusammen mit dem übrigen Vermögen auf die übernehmende Körperschaft übergehen. Die Unternehmensgruppe bleibt aufrecht, die Zwischengesellschaft wird Gruppenträger. Auch in diesem Fall endet eine anschaffungsveranlasste Firmenwertabschreibung auf die Beteiligung des Gruppenträgers an der Zwischengesellschaft infolge der Durchschleusung der Anteile an die Gesellschafter des Gruppenträgers.

Beispiel:

Der Gruppenträger GT ist zu 100% am Gruppenmitglied GM 1 beteiligt, GM 1 ist zu 100% an GM 2 beteiligt. Weiters ist der GT zu 100% am Gruppenmitglied GM 3 beteiligt. Sowohl auf die Beteiligung an GM 1 als auch GM 3 hat der GT eine Firmenwertabschreibung vorgenommen. Der Gruppenträger GT wird zum Stichtag 31.12.07 auf GM 2 verschmolzen. Die Beteiligung von GT an GM 1 geht verschmelzungsbedingt auf GM 2 über und wird zur Abfindung der Gesellschafter des Gruppenträgers verwendet. Zudem hält GM 2 nunmehr die Beteiligung an GM 3. Die Unternehmensgruppe bleibt bestehen, GM 1 wird Gruppenträger der nunmehr aus GM 2 und GM 3 bestehenden Unternehmensgruppe.

Der GT kann die Firmenwertabschreibung auf GM 1 und GM 3 letztmalig im (Rumpf)Wirtschaftsjahr, das mit dem Verschmelzungsstichtag 31.12.07 endet, geltend machen. Hinsichtlich der Firmenwertabschreibung auf GM 1 hat GM 2 als Rechtsnachfolger des GT im Wirtschaftsjahr, in das der 31.12.07 fällt, eine Nachversteuerung gemäß § 9 Abs. 7 letzter Teilstrich KStG 1988 durchzuführen. Die Firmenwertabschreibung auf GM 3 kann von GM 2 fortgesetzt werden.

Der Verlustvortragsübergang richtet sich nach § 4 UmgrStG. Soweit vortragsfähige Verluste des Gruppenträgers auf die übernehmende Körperschaft übergehen, ändert sich ihre Qualität im Sinne des § 7 Abs. 2 KStG 1988 nicht. Die Vor- und Außergruppenverluste der übernehmenden Körperschaft wandeln sich durch die Übernahme der Gruppenträgerstellung in solche im Sinne des § 7 Abs. 2 KStG 1988. Hinsichtlich der Anwendung des § 4 UmgrStG auf die im Verlustvortrag des Gruppenträgers enthaltenen Verluste siehe die Rz 353d.

Zur Mindestbestandsdauer siehe Rz 352.

Bei unterjährigen Verschmelzungen sind zwei Gruppenveranlagungen durchzuführen, wenn das erste Wirtschaftsjahr des nunmehrigen (neuen) Gruppenträgers, der bisher Gruppenmitglied war, im Jahr des Verschmelzungsstichtages endet. In diesem Fall hat im Jahr des Verschmelzungsstichtages eine abschließende Veranlagung des bisherigen Gruppenträgers und eine erste Veranlagung des neuen Gruppenträgers stattzufinden.

Beispiel:

Die Unternehmensgruppe besteht aus der A-GmbH als Gruppenträger, der 100-prozentigen Tochter B-GmbH und deren 100-prozentigen Tochter C-GmbH. Das Wirtschaftsjahr ist bei allen Gesellschaften das Kalenderjahr. Die A-GmbH wird zum 30.6.01 auf die B-GmbH verschmolzen, die damit ab 1.7.01 die Gruppenträgereigenschaft übernimmt. Im Jahr 01 ist die A-GmbH für das Rumpfwirtschaftsjahr 1.1. bis 30.6.01 zu veranlagen, dabei kommt es allerdings zu keiner Zurechnung von Einkommen der GmbH-B und GmbH-C. Die Gruppenveranlagung für 01 bezieht sich auf das Einkommen der GmbH-B für das „Rumpfwirtschaftsjahr" 1.7. bis 31.12.01, dem das Einkommen der GmbH-C zugerechnet wird. *(AÖF 2011/268)*

353j   Ist der Gruppenträger oder die Beteiligungskörperschaft Hauptbeteiligter einer Beteiligungsgemeinschaft, kann eine down-stream-Verschmelzung des Hauptbeteiligten auf den Bestand der jeweils bestehenden Beteiligungsgemeinschaft Auswirkung haben.

• Besteht nur eine Gruppenträger-Beteiligungsgemeinschaft und wird der

Gruppenträger auf das über die Beteiligungsgemeinschaft einbezogene Gruppenmitglied down-stream-verschmolzen, sind die Anteile an der übernehmenden Beteiligungskörperschaft an die Anteilsinhaber des Gruppenträgers durchzuschleusen und es endet die bisherige Gruppenträger-Beteiligungsgemeinschaft.

§ 6

- Zu Verschmelzungen eines Mitglieds einer Gruppenmitglieder- Beteiligungsgemeinschaft auf ein (anderes) Gruppenmitglied siehe Rz 353f Bulletpoint 2.

- Soweit eine Firmenwertabschreibung durch den Hauptbeteiligten zulässig war, kommt es für Verschmelzungen mit einem Stichtag nach dem 30.12.2007 zur Nachversteuerung gemäß § 9 Abs. 7 letzter Teilstrich KStG 1988. *(AÖF 2013/301)*

1.7.4.3.4 Verschmelzung des ausländischen Gruppenträgers auf ein Gruppenmitglied

Die Import-Verschmelzung des ausländischen Gruppenträgers auf ein inländisches Gruppenmitglied bedeutet, dass nicht nur die für die Gruppenträgereigenschaft maßgebende Zweigniederlassung, in der die Beteiligungen an den Gruppenmitgliedern ausgewiesen sind, sondern das übrige Vermögen auf die übernehmende Körperschaft übergeht. Der Gruppenbestand wird dadurch wie bei der in Rz 353i dargestellten Verschmelzung auf die unmittelbar verbundene Beteiligungskörperschaft nicht gefährdet.

353k

Der Verlustvortragsübergang hinsichtlich der der inländischen Zweigniederlassung zuzurechnenden Verluste, die während des Bestandes der Unternehmensgruppe erwachsen sind, sowie eigener Verlustvorträge des Gruppenträgers richtet sich nach § 4 UmgrStG (siehe Rz 353d). Die im Ausland entstandenen Verluste gehen mangels der Eigenschaft von Sonderausgaben nicht auf die übernehmende Körperschaft über, können aber mit Auslandsgewinnen verrechnet werden. *(AÖF 2011/268)*

1.7.5 Verminderung einer Unternehmensgruppe

1.7.5.1 Verschmelzung eines inländischen Gruppenmitglieds auf eine gruppenfremde Körperschaft

Die Verschmelzung eines inländischen Gruppenmitglieds auf eine nicht der Unternehmensgruppe angehörige Körperschaft führt infolge des Umstandes, dass gemäß § 9 Abs. 5 letzter Satz KStG 1988 nur Vermögensübertragungen innerhalb der Unternehmensgruppe nicht als Änderung der Voraussetzungen für Gruppenverhältnisse gelten,

354

- mit dem dem Verschmelzungsstichtag folgenden Tag zum Ausscheiden des Gruppenmitglieds bzw

- bei Verschmelzungsstichtagen innerhalb der Mindestbestanddauer zum rückwirkenden Ausscheiden und zur selbständigen Besteuerung der übertragenden Körperschaft bzw zur Berichtigung der Gruppeneinkommen beim Gruppenträger.

Firmenwertabschreibungen auf die Beteiligung an der übertragenden Körperschaft enden im erstgenannten Fall mit der Verschmelzung bzw. entfallen im zweitgenannten Fall rückwirkend. Geht eine in der Unternehmensgruppe die Firmenwertabschreibung auslösende Beteiligung verschmelzungsbedingt auf eine andere Unternehmensgruppe über, kann eine von der übertragenden Körperschaft bereits begonnene Firmenwertabschreibung nicht in der Unternehmensgruppe des Rechtsnachfolgers fortgesetzt werden. Es kann jedoch eine neue Firmenwertabschreibung in der Gruppe des Rechtsnachfolgers begonnen werden, wobei der Anschaffungszeitpunkt und die Anschaffungskosten des Rechtsvorgängers dafür maßgeblich sind; die seit diesem Zeitpunkt bereits abgereiften Fünfzehntel sind aus Sicht der neuen Unternehmensgruppe verfallen und können daher von dieser nicht mehr berücksichtigt werden (siehe auch KStR 2013 Rz 1123). Zur Einbeziehung der Körperschaft in die Unternehmensgruppe der umgründungsbedingten Rechtsnachfolgerin nach dem 1.3.2014 und zur Geltendmachung noch offener Fünfzehntel aus der von der Rechtsvorgängerin begonnenen Firmenwertabschreibung siehe Rz 349b.

Mit dem Ausscheiden eines Gruppenmitglieds scheiden auch finanziell mit diesem verbundene Gruppenmitglieder mit der Verschmelzung oder mangels Vorliegens der Mindestbestanddauer rückwirkend aus. Soweit dabei ausländische Gruppenmitglieder ausscheiden, sind offene, im Inland angesetzte und im Ausland noch nicht verrechnete Verluste bei der Ermittlung des Einkommens des Gruppenträgers in jenem Wirtschaftsjahr nachzuversteuern, in das der Tag des Ausscheidens des ausländischen Gruppenmitglieds fällt. Führt die Verschmelzung nicht nur zum Ausscheiden eines ausländischen Gruppenmitglieds, sondern zur Auflösung der gesamten Unternehmensgruppe, ist der Nachversteuerungsbetrag im letzten Wirtschaftsjahr zu erfassen, in dem die Unternehmensgruppe noch bestanden hat (siehe auch KStR 2013 Rz 1092).

An der dargestellten Rechtslage ist auch durch die Einführung der Rückwirkung auf Anteilsinhaberebene durch das BudBG 2007 (siehe Rz 262) keine Änderung eingetreten. Kommt es bei der beteiligten Körperschaft infolge der Verschmelzung zu einer ausreichenden finanziellen Verbindung an der übernehmenden gruppenfremden Körperschaft, kann im Fall, dass der Beginn des Wirtschaftsjahres dieser Körperschaft mit dem Tag nach dem Verschmelzungsstichtag zusammenfällt, durch Stellung eines rechtzeitigen Erweiterungsantrages gemäß § 9 Abs. 10 KStG 1988 zwar eine zeitlich nahtlose Einbeziehung der gruppenfremden Körperschaft erfolgen. Dies ändert aber nichts am vorhergehenden Ausscheiden des auf die gruppenfremde Körperschaft verschmolzenen Gruppenmitgliedes. *(BMF-AV Nr. 193/2015)*

1.7.5.2 Verschmelzung eines ausländischen Gruppenmitglieds auf eine gruppenfremde Körperschaft

354a   Die Verschmelzung eines ausländisches Gruppenmitglieds auf eine nicht der Unternehmensgruppe angehörige Körperschaft führt zu den in Rz 354 dargestellten Folgen. *(AÖF 2008/243)*

1.7.5.3 Verschmelzung des Hauptbeteiligten einer Beteiligungsgemeinschaft auf ein ausländisches Gruppenmitglied

354b   Die Verschmelzung eines inländischen Gruppenmitglieds als Hauptbeteiligter einer Beteiligungsgemeinschaft auf ein ausländisches Gruppenmitglied beendet die Beteiligungsgemeinschaft im Hinblick auf § 9 Abs. 2 letzter Satz KStG 1988 und damit die Zugehörigkeit der Beteiligungskörperschaft und allfälliger weiterer Beteiligungskörperschaften zur Unternehmensgruppe. *(AÖF 2008/243)*

1.7.6 Beendigung einer Unternehmensgruppe

1.7.6.1 Verschmelzung einer Zweiergruppe

Die Verschmelzung des Gruppenträgers auf die einzige Beteiligungskörperschaft oder umgekehrt beendet mit dem dem Verschmelzungsstichtag folgenden Tag die Unternehmensgruppe. Erfolgt die Verschmelzung vor Ablauf der Mindestdauer von drei Jahren, findet eine Rückabwicklung im Sinne des § 9 Abs. 10 KStG 1988 statt (VwGH 18.10.2012, 2009/15/0214). *(AÖF 2013/301)*   354c   § 6

1.7.6.2 Verschmelzung des inländischen Gruppenträgers auf eine gruppenfremde Körperschaft

Die Verschmelzung des Gruppenträgers auf eine nicht der Unternehmensgruppe angehörende Körperschaft beendet stets die Unternehmensgruppe unabhängig davon, ob es sich um eine Konzentrationsverschmelzung oder eine Konzernverschmelzung handelt, weil der Untergang des Gruppenträgers durch Verschmelzung dessen „Ausscheiden" aus der Unternehmensgruppe bedeutet (VwGH 28.6.2016, 2013/13/0066; Ro 2014/13/0015). Die Funktion des Gruppenträgers kann nicht auf eine Körperschaft außerhalb der Unternehmensgruppe übertragen werden. Die Ausführungen zu Rz 354 gelten entsprechend.   354d

Vortragsfähige Verluste des Gruppenträgers aus eigenen Aktivitäten und aus den von inländischen die Mindestbestanddauer erfüllenden Gruppenmitgliedern übernommenen Verlusten gehen nach Maßgabe des § 4 UmgrStG auf die übernehmende Körperschaft über, wobei hinsichtlich des Objektbezuges sowie der Vergleichbarkeit des verlustverursachenden Vermögens eine gruppenbezogene Betrachtungsweise anzustellen ist. Maßgeblich ist daher, ob zum Verschmelzungsstichtag das verlustverursachende Vermögen (Betrieb, Teilbetrieb, bei vermögensverwaltenden Körperschaften der verlustverursachende Vermögensteil von nicht untergeordneter Bedeutung) noch in vergleichbarer Weise vorhanden ist oder nicht (vgl. auch Rz 352d).

Durch die Beendigung der Gruppe sind offene Verluste von ausländischen Gruppenmitgliedern nachzuversteuern.

Beispiel:

Die Unternehmensgruppe besteht seit 05 aus dem Gruppenträger A-GmbH sowie dem Gruppenmitglied B-GmbH. Zum 31.12.08 wird die A-GmbH auf die Konzernmutter H-AG verschmolzen. In den Jahren 05 bis 07 sind bei der B-GmbH Verluste aus dem Betrieb einer Werbeagentur iHv 150.000 angefallen, die zum 31.12.08 noch mit 70.000 im Verlustvortrag des Gruppenträgers A-GmbH vorhanden sind. Der verlustverursachende Betrieb der B-GmbH wurde im Juni 08 an eine nicht der Gruppe angehörende Konzerngesellschaft der H-AG veräußert.

Zum 31.12.08 ist die Unternehmensgruppe beendet. Will die H-AG Gruppenträger werden, ist dies nur durch die Gründung einer neuen Unternehmensgruppe möglich.

Auf die H-AG kann mangels Vorhandensein des verlustverursachenden Vermögens zum Verschmelzungsstichtag der Verlust aus dem Betrieb der B-GmbH nicht gemäß § 4 Z 1 lit. a UmgrStG übergehen. Daran ändert das Weiterbestehen des Beteiligungsverhältnisses zwischen der H-AG und der B-GmbH nichts, weil die Beteiligung nicht das verlustverursachende Vermögen ist. *(AÖF 2011/268, BMF-AV Nr. 40/2017)*

1.7.6.3 Verschmelzung des ausländischen Gruppenträgers auf eine gruppenfremde Körperschaft

Die Verschmelzung des ausländischen Gruppenträgers auf eine nicht der Unternehmensgruppe angehörige in- oder ausländische Körperschaft beendet – wie in Rz 354d ausgeführt – stets die Unternehmensgruppe. *(AÖF 2008/243)*   354e

1.8. Verschmelzung und atypisch stille Beteiligungen

1.8.1. Atypisch stille Beteiligung an der übertragenden oder übernehmenden Körperschaft

355   An der Maßgeblichkeit einer im Firmenbuch eingetragenen Verschmelzung als Anwendungsfall des Art. I UmgrStG ändert sich auch dann nichts, wenn jemand gemäß § 179 UGB am Unternehmen der übertragenden oder übernehmenden Körperschaft (Inhaber des Handelsgewerbes) als atypisch stiller Gesellschafter beteiligt ist und in steuerlicher Sicht eine Mitunternehmerschaft besteht. *(AÖF 2008/243)*

356   Für den Fall, dass der Verschmelzungsstichtag vom Bilanzstichtag der Mitunternehmerschaft abweicht, ist – vorgelagert zur Erstellung der Verschmelzungsbilanz – im Interesse einer genauen Erfolgsabgrenzung zwischen der übertragenden und übernehmenden Körperschaft eine Bilanzerstellung und Gewinnermittlung der Mitunternehmerschaft erforderlich. Unterbleibt die Bilanzierung bei der Mitunternehmerschaft, ist der bis zum Verschmelzungsstichtag entstandene Gewinn- oder Verlustanteil im Schätzungsweg zu ermitteln.

357   Ob die atypisch stille Gesellschaft auf Grund der Verschmelzung beendet wird oder nicht, ist eine Vertragsfrage. Ist ein Weiterbestand der Mitunternehmerschaft beabsichtigt, bedarf es einer Fortsetzungsklausel, die entweder bereits im ursprünglichen Gesellschaftsvertrag enthalten sein muss, oder spätestens bis zur Beschlussfassung der Verschmelzung im Gesellschaftsvertrag aufgenommen wird.

358   Auf Grund der Gesamtrechtsnachfolge und der Buchwertfortführung tritt die übernehmende Körperschaft ohne Gewinnrealisierung und grundsätzlich mit gleichen Rechten und Pflichten in das stille Gesellschaftsverhältnis ein. Durch die Einbeziehung der stillen Beteiligung in den Verschmelzungsvorgang wird allerdings idR das Ausmaß der Beteiligung an der Nachfolgekörperschaft (übernehmenden Körperschaft) vertraglich neu zu definieren sein.

359   Bei Konzentrationsverschmelzungen sind zwei grundsätzliche Erscheinungsformen möglich (unabhängig davon, ob am Unternehmen der übertragenden oder der übernehmenden Körperschaft eine atypische stille Gesellschaft besteht):

• Der atypisch Stille wird an dem durch die Verschmelzung veränderten Gesamtvermögen der übernehmenden Körperschaft beteiligt, was einen Zusammenschluss nach Art. IV UmgrStG bewirkt (weil die übernehmende Körperschaft in die weiter bestehende Mitunternehmerschaft ihr eigenes Vermögen überträgt), wenn der Inhaber des Unternehmens für seine Einlage als Gegenleistung erhöhte Gesellschafterrechte erhält.

• Der atypisch Stille bleibt (unverändert) am bisher der übertragenden oder übernehmenden Körperschaft gehörenden Vermögen beteiligt. Steuerlich liegt in diesem Fall kein Zusammenschluss nach Art. IV UmgrStG sondern nur ein steuerneutraler Gesellschafterwechsel vor, allerdings muss in der Folge für diesen (Teil-)Betrieb zwecks Ergebnisverteilung mit dem Stillen eine eigene Ergebnisabrechnung (auf Grund eines gesonderten Rechnungskreises) erstellt werden.

Bei Konzernverschmelzungen hängt die Rechtsfolge von der Beteiligung des atypisch stillen Gesellschafters ab:

• Ist der atypisch Stille am Unternehmen der Mutter-Körperschaft beteiligt, liegt in ertragsteuerlicher Betrachtung eine von der Mutter-Körperschaft und dem atypisch Stillen gebildete Mitunternehmerschaft vor, der das Vermögen und damit idR auch die Beteiligung an der Tochter-Körperschaft zuzurechnen ist. Ungeachtet dieser steuerlichen Betrachtung liegt ein Up-stream-merger oder Down-stream-merger und damit eine Verschmelzung nach Art. I UmgrStG und keine Umwandlung im Sinne des Art. II UmgrStG vor. Die Wirkungen der Verschmelzung sind allerdings der stillen Mitunternehmerschaft zuzurechnen, wenn diese verschmelzungsbedingt bestehen bleibt. Bei einem Up-stream-merger wird die Beteiligung an der Tochter-Körperschaft durch das Vermögen derselben ersetzt, ohne dass sich bei den beiden Gesellschaftern der stillen Mitunternehmerschaft – abgesehen von einem steuerneutralen Buchgewinn oder Buchverlust – etwas ändert. Bei einem Down-stream-merger ist der atypisch Stille – bei Vorliegen einer Fortsetzungsklausel – in der Folge an der Tochter-Körperschaft und damit am vereinigten Unternehmen beteiligt. In der stillen Mitunternehmerschaft kommt es nur zu einem steuerneutralen Gesellschafterwechsel.

- Ist der atypisch Stille am Unternehmen der Tochter-Körperschaft beteiligt, berührt eine Konzernverschmelzung die stille Mitunternehmerschaft nicht, solange der atypisch Stille unverändert am Unternehmen der Tochter-Körperschaft beteiligt bleibt. Bei einem Down-stream-merger könnte die Beteiligung des atypisch Stillen am vereinigten Unternehmen vereinbart werden, was in steuerlicher Betrachtungsweise einen Zusammenschluss gemäß Art. IV UmgrStG bewirkt, wenn der Inhaber des Unternehmens für seine Einlage als Gegenleistung erhöhte Gesellschafterrechte erhält. Bei einem Up-stream-merger kommt es entweder nur zu einem Gesellschafterwechsel in der stillen Mitunternehmerschaft oder im Falle der Beteiligung des atypisch Stillen am vereinigten Unternehmen zu einem Zusammenschluss gemäß Art. IV UmgrStG, wenn der Inhaber des Unternehmens für seine Einlage als Gegenleistung erhöhte Gesellschafterrechte erhält. *(AÖF 2008/ 243)*

1.8.2 Übertragende oder übernehmende Körperschaft als atypisch stiller Gesellschafter

Ist die übertragende Körperschaft atypisch stiller Gesellschafter am Unternehmen eines Dritten, geht das Recht aus diesem stillen Gesellschaftsverhältnis dem Grunde nach durch die verschmelzungsbedingte Gesamtrechtsnachfolge auf die übernehmende Körperschaft über. Ist die übernehmende Körperschaft atypisch stiller Gesellschafter am Unternehmen eines Dritten, ändert sich dem Grunde nach nichts an der Rechtsstellung. *(AÖF 2008/243)*

Wird eine Körperschaft, die eine atypische stille Beteiligung an einer anderen Körperschaft hält, mit dieser (also dem Inhaber des Unternehmens) verschmolzen, führt dies – unabhängig von der Verschmelzungsrichtung – zu einer Vereinigung der Anteile an der stillen Mitunternehmerschaft in einer Person und damit in der Folge zum Untergang der stillen Mitunternehmerschaft nach Art des Anwachsens nach § 142 UGB. Es ist daher zunächst der Buchwert des Mitunternehmeranteils der übertragenden Körperschaft auf die übernehmende Körperschaft (Inhaber des Unternehmens) zu übertragen, sodann der vereinigte (100-prozentige) Mitunternehmeranteil auszubuchen und durch die Aktiven und Passiven der stillen Mitunternehmerschaft zu ersetzen. Auf Grund der spiegelbildtheoretischen Behandlung von Mitunternehmeranteilen muss der steuerliche

360

361

Buchwert des (100-prozentigen) Mitunternehmeranteils dem steuerlichen Saldo der Aktiven und Passiven der Mitunternehmerschaft entsprechen; steuerlich kann sich daraus daher weder ein Buchgewinn noch ein Buchverlust ergeben. Ein allenfalls unternehmensrechtlich entstehender Unterschiedsbetrag ist jedenfalls steuerunwirksam. *(AÖF 2008/243)*

1.9. Verschmelzung und Mindestkörperschaftsteuer

362   Hinsichtlich der Auswirkung von Verschmelzungen auf Beginn und Ende der Mindestkörperschaftsteuerpflicht sowie auf die Verrechnung der Mindestkörperschaftsteuer siehe KStR 2013 Rz 1556, Rz 1560 und Rz 1568. *(AÖF 2013/301)*

Die Verrechnung der übergehenden Mindestkörperschaftsteuer ist ab dem nach dem Verschmelzungsstichtag endenden Wirtschaftsjahr der übernehmenden Körperschaft möglich.

Beispiele:

1. Die A-GmbH (Wirtschaftsjahr = Kalenderjahr) wird zum 31.10.01 auf die B-GmbH (Wirtschaftsjahr = Kalenderjahr) verschmolzen. Offene Mindestkörperschaftsteuern sind auf eine im Veranlagungsjahr 01 bei der übernehmenden B-GmbH anfallenden Erfolgskörperschaftsteuer verrechenbar.

2. Die C-GmbH (Wirtschaftsjahr = Kalenderjahr) wird zum 30.6.01 auf die D-GmbH (Wirtschaftsjahr = 1.7. bis 30.6.) verschmolzen. Offene Mindestkörperschaftsteuern sind auf eine im Veranlagungsjahr 02 bei der übernehmenden B-GmbH anfallende Erfolgskörperschaftsteuer verrechenbar. *(AÖF 2011/268)*

1.10. Verschmelzung und Einlagenrückzahlung (Evidenzkonten)

363   Zu den allgemeinen Grundsätzen der Einlagen bzw. Einlagenrückzahlungen siehe Einlagenrückzahlungs- und Innenfinanzierungserlass des BMF vom 27. September 2017, BMF-010203/0309-IV/6/2017, BMF-AV Nr. 136/2017.

Zur Innenfinanzierung siehe Abschnitt 1.11. *(BMF-AV Nr. 131/2018)*

364   Zur Evidenthaltung des Einlagenstandes aus der Sicht der Körperschaft muss diese gemäß § 4 Abs. 12 Z 3 EStG 1988 – außerbücherlich – ein Evidenzkonto (mit Subkonten) führen, aus dem der Stand und die Veränderungen (Erhöhungen durch weitere Einlagen und Zuwendungen und Verminderungen durch Ausschüttungen oder sonstige Verwendungen) der Einlagen ersichtlich sind.

365   Für die Erfassung auf dem Evidenzkonto sind die Einlagen mit den steuerlichen Werten anzusetzen, dh. mit dem gemeinen Wert gemäß § 6 Z 14 EStG 1988 oder den nach UmgrStG maßgeblichen Werten (bei Umgründung mit Buchwertfortführung daher der steuerliche Buchwert). Der bilanzmäßige Ausweis von Einlagen im (unternehmensrechtlichen) Eigenkapital der Körperschaft muss daher nicht mit dem steuerlichen Stand der Einlagen übereinstimmen.

Die Einlagen-Evidenzkonten sind in Anlehnung an die in RL25/KFS für die Vermögenszuordnung vorgesehenen Grundsätze im Zeitpunkt des wirtschaftlichen Vermögensübergangs unter Berücksichtigung aller Umstände im Rückwirkungszeitraum zu verändern (vgl. dazu Abschnitt 4.3.1. Einlagenrückzahlungs- und Innenfinanzierungserlass des BMF vom 27. September 2017, BMF-010203/0309-IV/6/2017, BMF-AV Nr. 155/2017).

Beispiel:

Die A-GmbH wird mit Verschmelzungsbeschluss vom 15.9.X2 zum 31.12.X1 auf die

B-GmbH verschmolzen, wobei bei der übernehmenden B-GmbH eine Kapitalerhöhung in Höhe von 135 erfolgt.

Die Evidenzkonten der A-GmbH und der B-GmbH wiesen zum 31.12.X1 folgende Stände auf:

§ 6

A-GmbH: Indisponible Einlagen = 35; Disponible Einlagen = 500; Disponible Innenfinanzierung = 100

B-GmbH: Indisponible Einlagen = 35; Disponible Einlagen = 100; Disponible Innenfinanzierung = 500

Am 15.5.X2 wurde von der A-GmbH eine Ausschüttung in Höhe von 400 beschlossen, die steuerlich als Einlagenrückzahlung behandelt werden soll. Da zum 15.5.X2 das Vermögen der A-GmbH wirtschaftlich noch nicht auf die B-GmbH übergegangen ist, kann die Ausschüttung aufgrund der bei der A-GmbH ausreichend vorhandenen disponiblen Einlagen iHv 500 steuerlich als Einlagenrückzahlung qualifiziert werden. Dies führt zu einer entsprechenden Verminderung der disponiblen Einlagen. Die Evidenzkonten der A- GmbH und der B-GmbH sind verschmelzungsbedingt am 15.9.X2 zu addieren, wobei die Einlagen der übertragenden Gesellschaft bis zur Höhe der vorgenommenen Kapitalerhöhung im „Indisponible Einlagen-Subkonto" zu erfassen sind (siehe Rz 371).

Die Evidenzkonten der B-GmbH weisen daher nach der Verschmelzung folgenden Stand aus:

Indisponible Einlagen = 170; Disponible Einlagen = 100; Disponible Innenfinanzierung = 600 *(BMF-AV Nr. 131/2018)*

Auch das Erfassen des übernommenen Vermögens in den unternehmensrechtlichen Eigenkapitalpositionen der übernehmenden Körperschaft (Nennkapital, Kapitalrücklage oder Bilanzgewinn) hat auf den Gesamtstand der Einlagen keine Auswirkung (er beeinflusst höchstens die Zuordnung zu einem bestimmten Subkonto und damit die Qualifikation als disponible oder indisponible Eigenkapitalbestandteile). Eine spätere Rückzahlung des den Evidenzkontenzugang übersteigenden unternehmensrechtlichen Eigenkapitals (ordentliche Kapitalherabsetzung oder Ausschüttung der aufgelösten Kapitalrücklage) stellt sich mangels entsprechender Evidenzbeträge als Gewinnausschüttung dar. *(BMF-AV Nr. 131/2018)*

366

Die im oben angegeben Erlass festgelegte Maßgeblichkeit der Außenfinanzierung für die Beurteilung des Vorliegens von Einlagenrückzahlungen ist auch im Zusammenhang mit Verschmelzungen zu beachten, soweit besondere Umgründungsformen nichts anderes ergeben.

367

1.10.1 Verschmelzungsarten

Bei Verschmelzungen auf Grund gesellschaftsrechtlicher Vorschriften ist zwischen Konzentrationsverschmelzungen (Verschmelzung auf eine fremde Körperschaft) und Konzernverschmelzungen (Verschmelzung verbundener Körperschaften) zu unterscheiden. Das Schicksal der steuerlichen Einlagenstände ist auf diese Verschmelzungsarten abzustimmen. *(AÖF 2008/243)*

368

1.10.1.1 Konzentrationsverschmelzung

Bei Konzentrationsverschmelzungen mit Gewährung neuer oder bestehender Anteile an die Anteilsinhaber der übertragenden Körperschaft ist im Hinblick auf die Tatsache, dass nur Vermögen vereinigt wird, ohne das ein Vermögenstransfer zwischen einer Körperschaft und Anteilsinhabern Platz greift, der Evidenzkontenstand der übernehmenden Körperschaft – unabhängig davon, ob bilanzmäßig ein positives oder negatives Vermögen übergeht – um den Evi-

369

denzkontenstand der übertragenden Körperschaft zu erhöhen. Im Ergebnis werden die Einlagenbeträge addiert.

370 Auch bei Schwester-Verschmelzungen, bei denen eine mögliche Anteilsgewährung unterbleibt (§ 224 Abs. 2 Z 1 AktG) sind – wie bei Konzentrationsverschmelzungen – die Evidenzkontenstände zu addieren. Bei einer mittelbaren Schwesternbeziehung (zB Verschmelzung einer Enkelkörperschaft auf die Tantenkörperschaft) sind gesellschaftsrechtliche Maßnahmen zur Vermeidung einer verschmelzungsveranlassten gesellschaftsrechtlich verbotenen Einlagenrückgewähr hinsichtlich der Einlagen- bzw. Einlagenrückzahlungstatbestände für sich zu beurteilen (siehe Rz 375).

Auch bei Importverschmelzungen ist grundsätzlich eine Addition der Evidenzkontenstände vorzunehmen, wobei eine allfällige Aufwertung des übernommenen Vermögens auf den gemeinen Wert gemäß § 3 Abs. 1 Z 2 UmgrStG zu einer korrespondierenden Erhöhung der Innenfinanzierung bei der übernehmenden Körperschaft führt (bei unternehmensrechtlicher Buchwertfortführung im Zeitpunkt der Realisierung oder bei unternehmensrechtlicher Aufwertung in jenem Zeitpunkt und Ausmaß, in dem die Aufwertungsbeträge nach den Vorschriften des UGB ausgeschüttet werden können); zu einer Erhöhung des Einlagenevidenzkontostandes um den Aufwertungsbetrag kommt es hingegen nicht. Dies gilt für ab dem 30.4.2017 unterzeichnete Verträge.

Eine allfällige Ausschüttungsfiktion gemäß § 3 Abs. 1 Z 3 UmgrStG ist systematisch vorgelagert und daher von der Aufwertung unberührt. *(BMF-AV Nr. 40/2017)*

371 Mit der Evidenzkontenstandvereinigung wird automatisch der in § 4 Abs. 12 Z 2 EStG 1988 für Gewinnteile vorgesehenen Korrektur Rechnung getragen. Bei der Zuordnung des Einlagen-Evidenzkontostandes der übertragenden Gesellschaft bei der übernehmenden Körperschaft ist wie folgt vorzugehen:

• Bis zur Höhe einer vorgenommenen Kapitalerhöhung sind die Einlagen im „Indisponible Einlagen-Subkonto" zu erfassen (alternativ kann das Nennkapital-Subkonto der übernehmenden Gesellschaft in dieser Höhe aufgestockt werden).

• Soweit die gebundene Kapitalrücklage gemäß § 229 Abs. 5 UGB im Zuge der Verschmelzung erhöht wurde, sind weitere zu übernehmende Einlagenstände ebenso im „Indisponible Einlagen-Subkonto" (alternativ im Gebundene Kapitalrücklagen-Subkonto) zu erfassen.

• Soweit eine ungebundene Kapitalrücklage im Zuge der Verschmelzung erhöht wurde, sind zu übernehmende Einlagenstände im „Disponible Einlagen-Subkonto" (alternativ im Ungebundene Kapitalrücklagen-Subkonto) zu erfassen.

• Ein danach verbleibender Evidenzkontenstand ist in das „Disponible Einlagen-Subkonto" (alternativ in das Bilanzgewinn-Subkonto) aufzunehmen (auch wenn es unternehmensrechtlich bei der übernehmenden Gesellschaft keinen Bilanzgewinn, sondern einen Verlust gibt). *(BMF-AV Nr. 131/2018)*

372 Bei der Konzentrationsverschmelzung werden somit die Einlagen-Evidenzkontenstände der ehemals getrennten Gesellschaften in Summe bei der übernehmenden Gesellschaft fortgeführt.

Beispiel:

Das bilanzielle Eigenkapital der übertragenden A-GmbH beträgt zum Verschmelzungsstichtag 900 (Nennkapital 500, Kapitalrücklage 100, Bilanzgewinn 300, wobei keine Ausschüttung nach dem Verschmelzungsstichtag erfolgt). Das Einlagen-Evidenzkonto entspricht dem unternehmensrechtlichen Einlagenstand und weist daher 600 aus (Nennkapital und Kapitalrücklage). Die disponible Innenfinanzierung beträgt 300. Die zu Buchwerten (§ 202 Abs. 2 UGB) durchgeführte Verschmelzung führt bei der übernehmenden B-GmbH zu

a) einer Kapitalerhöhung in Höhe von 100

b) einer Kapitalerhöhung in Höhe von 700

c) einer Kapitalerhöhung in Höhe von 1.200

d) keiner Kapitalerhöhung (§ 224 Abs. 2 Z 1 AktG)

Zu a) Die B-GmbH muss einlagenbedingt eine Kapitalrücklage von 800 bilden. Der übernommene Evidenzkontenbetrag von 600 ist in Höhe von 100 auf das Indisponible Einlagen-Subkonto (alternativ: Nennkapital-Subkonto) zu übertragen. Die restlichen 500 stellen entweder ebenfalls indisponible Einlagen (bei Bildung einer gebundenen Kapitalrücklage) oder disponible Einlagen (bei Bildung einer ungebundenen Kapitalrücklage) dar. Da auf Kapitalrücklage ein Betrag von 800 eingestellt wird, stellen die restlichen 300 einen Gewinnteil im Sinne des § 4 Abs. 12 Z 2 EStG 1988 dar. Die disponible Innenfinanzierung ist bei der übernehmenden Körperschaft um 300 zu erhöhen (Addition).

Zu b) Die B-GmbH muss einlagenbedingt eine Kapitalrücklage von 200 bilden. Der übernommene Evidenzkontenbetrag von 600 ist zur Gänze auf das Indisponible Einlagen-Subkonto (alternativ: Nennkapital-Subkonto) zu übertragen. Da die Kapitalerhöhung 700 beträgt, ergibt sich in Höhe der restlichen 100 ein im Nennkapital enthaltener Gewinnteil im Sinne des § 4 Abs. 12 Z 2 EStG 1988. Die disponible Innenfinanzierung ist bei der übernehmenden Körperschaft um 300 zu erhöhen (Addition).

Zu c) Die B-GmbH kann, da die Kapitalerhöhung den Buchwert des übernommenen Vermögens übersteigt, der Verkehrswert aber entsprechend hoch ist, den Unterschiedsbetrag in Höhe von 300 als Umgründungsmehrwert bzw. zusätzlich gegebenenfalls auch als Firmenwert aktivieren. Der übernommene Evidenzkontenbetrag von 600 ist zur Gänze auf das Indisponible Einlagen-Subkonto (alternativ: Nennkapital-Subkonto) zu übertragen. Da die Kapitalerhöhung 1.200 beträgt, kann in Höhe der restlichen 600 eine Einlagenrückzahlung nicht Platz greifen, im Falle einer ordentlichen Kapitalherabsetzung über 600 hinaus erhöht sich die Innenfinanzierung (siehe dazu Abschnitt 3.4.3. Einlagenrückzahlungs- und Innenfinanzierungserlass des BMF vom 27. September 2017, BMF-010203/0309-IV/6/2017, BMF-AV Nr. 155/2017) und es liegt in diesem Ausmaß daher eine Gewinnausschüttung vor. Die disponible Innenfinanzierung ist bei der übernehmenden Körperschaft um 300 zu erhöhen (Addition).

Zu d) Die B-GmbH muss einlagenbedingt eine Kapitalrücklage von 900 bilden. Der übernommene Evidenzkontenbetrag von 600 stellt disponible Einlagen (Bildung einer ungebundenen Kapitalrücklage) dar. Da auf Kapitalrücklage ein Betrag von 900 eingestellt wird, stellen die restlichen 300 einen Gewinnteil im Sinne des § 4 Abs. 12 Z 2 EStG 1988 dar. Die disponible Innenfinanzierung ist bei der übernehmenden Körperschaft um 300 zu erhöhen (Addition).

Entwicklung der Evidenzkontenstände zu Variante a) bei Buchung auf eine ungebundene Kapitalrücklage:

Die A- GmbH weist in ihrem Jahresabschluss zum 31.12.02 folgende Eigenkapitalstruktur und am Evidenzkonto folgenden Einlagenstand aus:

Jahresabschluss	31.12.02
Nennkapital	500
ungebundene Kapitalrücklagen	100
ungebundene Gewinnrücklagen	0
Bilanzgewinn	300

Evidenzsubkonten	31.12.02
indisponible Einlagen	500
disponible Einlagen	100
Innenfinanzierung	300

Die B-GmbH weist in ihrem Jahresabschluss zum 31.12.02 (vor Verschmelzung) folgende Eigenkapitalstruktur und am Evidenzkonto folgenden Einlagenstand aus:

Jahresabschluss	31.12.02
Nennkapital	500
ungebundene Kapitalrücklagen	200
ungebundene Gewinnrücklagen	200
Bilanzgewinn	500

Evidenzsubkonten	31.12.02
indisponible Einlagen	500
disponible Einlagen	200
Innenfinanzierung	700

Das Evidenzkonto der B-GmbH zeigt folgende Entwicklung im Einlagenstand:

Evidenzsubkonten	Beginn WJ 03	Zugang	Abgang	Umbuchungen	Ende WJ 03
indisponible Einlagen	500	+100			600
disponible Einlagen	200	+500			700
Innenfinanzierung	700	+300			1.000

(BMF-AV Nr. 131/2018)

1.10.1.2 Konzernverschmelzung

373   Hierunter versteht man die Verschmelzung von anteilsmäßig verbundenen Unternehmen, wobei diese Verbindung im einfachsten Fall unmittelbar 100% beträgt. In diesem Fall geht das Evidenzkonto der Tochterkörperschaft – unabhängig von der Verschmelzungsrichtung (up-stream oder down-stream) – unter, jenes der Mutterkörperschaft bleibt der Höhe nach unverändert als Evidenzkonto der nach der Verschmelzung verbleibenden (= übernehmenden) Körperschaft bestehen. Im Falle der up-stream-Verschmelzung liegt kein Einlagentatbestand vor und im Falle der down-stream-Verschmelzung findet die Außenbeziehung der Anteilsinhaber zur übertragenden Körperschaft auf Grund der Anteilsdurchschleusung in der rechtsnachfolgenden Tochterkörperschaft ihre Fortsetzung (VwGH 01.03.2007, 2004/15/0127).

Die Zuordnung des Einlagen-Evidenzkontostandes bei down-stream-Verschmelzungen zu den jeweiligen Evidenz-Subkonten erfolgt nach der unternehmensbilanziellen Behandlung der Einlagen bei der übernehmenden Gesellschaft. Sind bei der übernehmenden Tochtergesellschaft in der Unternehmensbilanz höhere gebundene Eigenkapitalpositionen vorhanden, sind im Rahmen der Verschmelzung allenfalls disponible Einlagenbestandteile der übertragenden Körperschaft auf das indisponible Einlagensubkonto umzubuchen (zur genauen Vorgehensweise siehe auch Rz 371).

Beispiel:

Die kleine A-GmbH wird auf ihre 100-prozentige kleine Tochtergesellschaft B-GmbH ohne Kapitalerhöhung verschmolzen. Die Evidenzkonten weisen folgende Stände aus:

§ 6

Evidenzsubkonten A-GmbH	
indisponible Einlagen	35
disponible Einlagen	25
Innenfinanzierung	600

Evidenzsubkonten B-GmbH	
indisponible Einlagen	70
disponible Einlagen	5
Innenfinanzierung	1.000

Die A-GmbH und die B-GmbH weisen in ihrem Jahresabschluss folgende Eigenkapitalstruktur aus:

Jahresabschluss A-GmbH	vor Art. I	
Nennkapital	35	
ungebundene Kapitalrücklagen	0	
Bilanzgewinn	1.500	

Jahresabschluss B-GmbH	vor Art. I	nach Art. I
Nennkapital	70	70
ungebundene Kapitalrücklagen	5	540[1]
Bilanzgewinn	1.000	1.000

Da die Zuordnung nach der unternehmensbilanziellen Behandlung der Einlagen bei der übernehmenden Gesellschaft zu erfolgen hat, sind die Evidenzkonten verschmelzungsbedingt wie folgt zu entwickeln:

Evidenzsubkonten – B-GmbH	vor Art. I	Zugang	Abgang	Umbuchungen	nach Art. I
indisponible Einlagen	70	+60[3]	-70[2]		60
disponible Einlagen	5	0	-5[2]		0
Innenfinanzierung	1.000	600			1.600

[1] Das gesamte Eigenkapital der A-GmbH geht abzüglich des Beteiligungsansatzes an der B-GmbH (im Beispiel 1.000) in die ungebundene Kapitalrücklage der B-GmbH.

[2] Das Einlagenevidenzkonto der B-GmbH geht verschmelzungsbedingt unter.

[3] Da bei der übernehmenden B-GmbH in der Unternehmensbilanz höhere gebundene Eigenkapitalpositionen vorhanden sind, sind im Rahmen der Verschmelzung die disponible Einlagenbestandteile der A-GmbH auf das indisponible Einlagensubkonto umzubuchen. *(BMF-AV Nr. 131/2018)*

Dieser Grundsatz gilt auch für mittelbare up-stream- und down-stream- Verschmelzungen, bei denen die 100%ige Beteiligungsverbindung zwischen den zu verschmelzenden Gesellschaften nur mittelbar besteht (zB Großmutter-Enkel-Verschmelzung). Auch in diesem Fall geht das Evidenzkonto der Enkelgesellschaft unter, während das der Großmuttergesellschaft von dieser oder der übernehmenden Enkelgesellschaft fortgeführt wird. Das Evidenzkonto der Zwischengesellschaft ändert sich durch die Verschmelzung Großmutter-Enkel nicht.   374

Gesellschaftsrechtliche Maßnahmen zur Vermeidung einer verschmelzungsveranlassten gesellschaftsrechtlich verbotenen Einlagenrückgewähr sind hinsichtlich der Einlagen bzw. Einlagenrückzahlungstatbestände für sich zu beurteilen: 375

- Im Falle einer die Vermögensübertragung ausgleichenden Gesellschaftereinlage oder den zu geringen Nennkapitalstand der übernehmenden Körperschaft ausgleichenden ordentlichen Kapitalerhöhung erhöht sich der Evidenzkontenstand;

- Im Falle einer den geringeren Nennkapitalstand der übernehmenden Körperschaft ausgleichenden ordentlichen Kapitalherabsetzung der übertragenden Körperschaft vermindert sich der Evidenzkontenstand;

- Im Falle der Einkleidung in eine Sachausschüttung liegt unternehmens- und steuerrechtlich keine Ausschüttung bzw. keine Einlagenrückzahlung vor;

- Im Falle einer die Vermögensübertragung neutralisierenden (bei den Anteilsinhabern unwirksamen) Kapitalherabsetzung ist eine Umbuchung vom Indisponible Einlagen-Subkonto (alternativ: Nennkapital-Subkonto) auf das Disponible Einlagen-Subkonto (alternativ: Bilanzgewinn-Subkonto) vorzunehmen. *(BMF-AV Nr. 131/2018)*

1.10.1.3 Gemischte Konzern-Konzentrationsverschmelzung

376   Bei Verschmelzung von nicht durch ein 100%iges Beteiligungsverhältnis verbundenen Körperschaften kommt es zu einer anteiligen Anwendung der Regeln über die Konzernverschmelzung sowie der Regeln über die Konzentrationsverschmelzung im Verhältnis des Verschmelzungspartner-Anteilsinhabers zu fremden Anteilsinhabern.

Beispiel:

Die X-GmbH, an der zu 50% die Person Z beteiligt ist, soll als übertragende Gesellschaft auf die Y-GmbH – die ebenfalls mit 50% an der X-GmbH beteiligt ist – als übernehmende Gesellschaft verschmolzen werden. Der Evidenzkontostand der X-GmbH weist zum Verschmelzungsstichtag einen Betrag von 100 und der der Y-GmbH einen Betrag von 500 aus. Da die vorliegende Verschmelzung Elemente einer Konzern- und einer Konzentrationsverschmelzung enthält, muss das Evidenzkonto der übertragenden X-GmbH geteilt werden. Im Ausmaß von 50% geht es infolge der Konzernverschmelzungseigenschaft unter, im Restausmaß (50%) geht es infolge der Konzentrationsverschmelzungseigenschaft auf die Y-GmbH über. Das Evidenzkonto weist daher (unabhängig von der Bewertung des übernommenen Vermögens) nach der Verschmelzung einen Betrag von 550 aus.

1.10.2 Einlagenrückzahlungen nach dem Verschmelzungsstichtag

377   Zur Zurechnung von Einlagenrückzahlungen sowie zur Ausnahme von der Rückwirkungsfiktion gemäß § 2 Abs. 4 UmgrStG siehe Rz 110 ff. Soweit die Einlagenrückzahlungen noch der übertragenden Körperschaft zuzurechnen sind, vermindern sie auch noch deren steuerliches Einlagenevidenzkonto (klarstellend § 4 Abs. 12 EStG 1988). *(AÖF 2013/301)*

1.11. Verschmelzung und Innenfinanzierung *(BMF-AV Nr. 40/ 2017)*

1.11.1. Allgemeines *(BMF-AV Nr. 40/2017)*

378   Nach dem 31.12.2015 beschlossene offene Ausschüttungen setzen bei der ausschüttenden Körperschaft einen positiven Stand der Innenfinanzierung voraus (§ 124b Z 299 EStG 1988 idF AbgÄG 2015). Neben den Einlagen (siehe Abschnitt 1.10.) haben Körperschaften gemäß § 4 Abs. 12 Z 4 EStG 1988 idF AbgÄG 2015 somit auch die Innenfinanzierung laufend zu evidenzieren. Die Innenfinanzierung erhöht sich um unternehmensrechtliche Jahresüberschüsse und

vermindert sich um unternehmensrechtliche Jahresfehlbeträge. Für Umgründungen ist jedoch die aufgrund von § 4 Abs. 12 Z 4 EStG 1988 idF AbgÄG 2015 ergangene Innenfinanzierungsverordnung des Bundesministers für Finanzen über die Auswirkungen von Umgründungen auf die Innenfinanzierung, IF-VO, BGBl. II Nr. 90/2016, zu beachten (dazu ausführlich Rz 379 ff). Danach sind die Auswirkungen im unternehmensrechtlichen Jahresüberschuss/-fehlbetrag gerade nicht maßgeblich für die Innenfinanzierung, sondern die Innenfinanzierung ist (anteilig) fortzuführen.

§ 6

Zudem haben Umgründungen mit unternehmensrechtlicher Aufwertung auf den beizulegenden Wert Auswirkungen auf die Innenfinanzierung: Ein dabei entstehender unternehmensrechtlicher Aufwertungsgewinn unterliegt der Ausschüttungssperre des § 235 UGB idF AbgÄG 2015 und erhöht die Innenfinanzierung vorerst nicht. Der Stand der Innenfinanzierung erhöht sich erst in jenem Zeitpunkt und Ausmaß, in dem der unternehmensrechtliche Aufwertungsgewinn nach den Vorschriften des UGB ausgeschüttet werden kann (zB aufgrund eines Buchwertabgangs der zugrunde liegenden aufgewerteten Vermögensgegenstände, anlässlich der Veräußerung oder aufgrund von deren Abschreibungen, wobei zu berücksichtigen ist, dass das erneute Aufleben der Ausschüttungssperre aufgrund einer späteren Zuschreibung die Innenfinanzierung insoweit vermindert); siehe dazu AFRAC-Stellungnahme 31: Zur Ausschüttungssperre nach § 235 Abs. 1 UGB, März 2017, Rz 19.

Ob ausschüttungsgesperrte Aufwertungsbeträge umgründungsbedingt auf den Rechtsnachfolger übergehen oder sich "entsperren", ist eine unternehmensrechtliche Vorfrage (siehe AFRAC-Stellungnahme 31: Zur Ausschüttungssperre nach § 235 Abs. 1 UGB, März 2017, Rz 15 ff); im Zweifel wird davon auszugehen sein, dass die Ausschüttungssperre auf den umgründungsbedingten Rechtsnachfolger übergeht. *(BMF-AV Nr. 131/2018)*

1.11.2. Auswirkungen von Umgründungen auf die Innenfinanzierung nach der Innenfinanzierungsverordnung *(BMF-AV Nr. 40/2017)*

1.11.2.1. Allgemeine Grundsätze (BMF-AV Nr. 40/2017)

Die IF-VO regelt die Auswirkungen von

379

- Verschmelzungen (siehe dazu Rz 381 f),
- Umwandlungen (siehe dazu Rz 628 f),
- Einbringungen (siehe dazu Rz 1266a ff) und
- Spaltungen (siehe dazu Rz 1800 f)

auf eine nach § 4 Abs. 12 EStG 1988 bereits ermittelte und zum Umgründungsstichtag bei den jeweiligen Körperschaften bereits bestehende Innenfinanzierung. Folglich sind auch die Auswirkungen der jeweiligen Umgründung auf die Ausschüttungssperre des § 235 UGB (siehe Rz 378) erst im Rahmen der laufenden Fortführung der Innenfinanzierung bei der übernehmenden Körperschaft nach der Umgründung zu beurteilen.

Die IF-VO kommt ausschließlich bei Umgründungen mit steuerlicher Buchwertfortführung zur Anwendung. Die Ausübung einzelner steuerlicher Aufwertungswahlrechte (zB § 16 Abs. 6 UmgrStG für Grundstücke des Altvermögens, siehe Rz 928) ist für die Anwendung der IF-VO unschädlich, solange dem Grunde nach eine Buchwertumgründung vorliegt.

Für sämtliche von der IF-VO geregelten Umgründungen gelten die folgenden in § 1 Abs. 1 IF-VO geregelten Grundsätze:

- Die Innenfinanzierung ist ausschließlich nach Maßgabe des § 2 IF-VO fort-zuführen. Die unternehmensrechtlichen Auswirkungen der jeweiligen Um-gründung haben hingegen keine Auswirkungen auf die Innenfinanzierung (§ 1 Abs. 1 Z 1 IF-VO), weshalb die unternehmensrechtliche Behandlung der Umgründung und die damit einhergehenden Auswirkungen auf das un-ternehmensrechtliche Jahresergebnis nicht ausschlaggebend sind. Folglich kommt es auch nicht darauf an, ob die jeweilige Umgründung unternehmens-rechtlich als Einlagevorgang oder jahresergebniswirksam abgebildet wird.

Beispiel:

Die A-GmbH (Stand der Innenfinanzierung: 200) wird auf die B-GmbH (Stand der Innenfinanzierung 100) verschmolzen. Unternehmensrechtlich wird das Verschmel-zungskapital der A-GmbH zur Gänze in eine Kapitalrücklage eingestellt. Dass unter-nehmensrechtlich ein Einlagevorgang vorliegt, der die Innenfinanzierung nach Maß-gabe von § 4 Abs. 12 Z 4 EStG 1988 nicht berühren würde, ist nach der IF-VO nicht entscheidend. § 2 Abs. 1 IF-VO sieht eine Addition der Innenfinanzierungsstände der A-GmbH und der B-GmbH vor. Folglich beträgt der Stand der Innenfinanzierung der B-GmbH nach der Verschmelzung 300.

- Entstehen anlässlich von Umgründungen unternehmensrechtlich Buchge-winne und -verluste, haben diese keine Auswirkungen auf die Innenfinanzie-rung (§ 1 Abs. 1 Z 2 IF-VO).

Dies gilt auch dann, wenn ein Buchverlust und dessen unternehmensrecht-liche Auswirkung durch Ansatz eines Umgründungsmehrwerts bzw. Firmen-werts zunächst unterdrückt wird und sich erst in Folgejahren – insbesondere durch Abschreibungen – im unternehmensrechtlichen Jahresüberschuss/-fehl-betrag und damit grundsätzlich innenfinanzierungswirksam niederschlägt. Für diese Zwecke ist gemäß § 1 Abs. 2 IF-VO der Jahresüberschuss/-fehlbetrag in Folgejahren um Ab- und Zuschreibungen des Umgründungsmehrwerts bzw. Fir-menwerts sowie um einen etwaigen Buchwertabgang zu bereinigen. Diese Be-reinigung ist erforderlich, weil bei Aktivierung eines Umgründungsmehrwerts bzw. Firmenwerts die Ausschüttungssperre gemäß § 235 UGB idF AbgÄG 2015 nicht zur Anwendung kommt und somit eine sukzessive Bereinigung durch § 235 Abs. 1 letzter Satz UGB iVm § 4 Abs. 12 Z 4 EStG 1988 ausbleibt.

Beispiel:

Anlässlich einer Einbringung nach Art. III UmgrStG mit unternehmensrechtlicher Buchwertfortführung entsteht ein Buchverlust. Um die sofortige Auswirkung des Buchverlustes auf das unternehmensrechtliche Jahresergebnis zu vermeiden, wird dieser gemäß § 202 Abs. 2 Z 3 UGB aktiviert und - soweit der Buchverlust einzelnen Vermögensgegenständen zugeordnet werden kann - als Umgründungsmehrwert ange-setzt.

Dabei wird unter anderem einem abnutzbaren Vermögensgegenstand mit einem Buchwert von 10, einer Restnutzungsdauer von 10 Jahren und stillen Reserven von 90 unternehmensrechtlich ein Umgründungsmehrwert von 90 zugeordnet und über die Restnutzungsdauer abgeschrieben. Zu Beginn des fünften Jahres nach dem Umgrün-dungsstichtag wird der Vermögensgegenstand schließlich um 70 veräußert.

Der Umgründungsmehrwert in Höhe von 90 stellt zunächst dem Grunde nach einen bloßen "Buchgewinn" dar, der gemäß § 1 Abs. 1 Z 2 IF-VO unabhängig von der Aus-wirkung im unternehmensrechtlichen Jahresüberschuss/Jahresfehlbetrag die Innen-finanzierung nicht berührt. Allerdings hat die in den Folgejahren laufende (höhere) unternehmensrechtliche Abschreibung bzw. der Buchwertabgang des Umgründungs-mehrwerts Einfluss auf den Jahresüberschuss/-fehlbetrag und damit grundsätzlich auch auf die Innenfinanzierung. Um die Auswirkung auf die Innenfinanzierung zu vermeiden, ist für steuerliche Zwecke gemäß § 1 Abs. 2 IF-VO eine laufende Korrektur vorzunehmen. Für den betreffenden Vermögensgegenstand können die Korrektur und deren Auswirkung daher wie folgt dargestellt werden:

§ 6

Jahr	0	1	2	3	4	5
Steuerlicher Buchwert	10	9	8	7	6	
Umgründungsmehrwert	90	81	72	63	54	
Unternehmensrechtlicher Wertansatz (Buchwert + Umgründungsmehrwert)	100	90	80	70	60	
Jahresüberschuss/-fehlbetrag	-	-10	-10	-10	-10	(70-60=) 10 (VE-RBW)
Korrektur gemäß § 1 Abs. 2 IF-VO	-	9	9	9	9	54
Auswirkung auf die Innenfinanzierung	-	-1	-1	-1	-1	(70-6=) 64 (VE-BW)

§ 1 Abs. 2 IF-VO gilt auch für unternehmensrechtliche Aufwertungsbeträge insoweit, als durch sie das Entstehen eines Buchverlustes vermieden wird (bis hin zu „null"); soweit sie nicht das Entstehen eines Buchverlustes vermeiden (ab „null"), unterliegen sie in der Regel der Ausschüttungssperre gemäß § 235 UGB und eine Bereinigung der Innenfinanzierung erfolgt sukzessive über § 235 UGB iVm § 4 Abs. 12 Z 4 EStG 1988 (siehe Rz 378). § 1 Abs. 2 IF-VO ist auch anzuwenden, wenn durch einen unternehmensrechtlichen Aufwertungsbetrag ein laufender Bilanzverlust abgedeckt wird und dieser daher insoweit nicht der Ausschüttungssperre unterliegt (AFRAC-Stellungnahme 31: Zur Ausschüttungssperre nach § 235 Abs. 1 UGB, März 2017, Rz 13).

§ 1 Abs. 1 Z 2 IF-VO ist nicht auf Buchgewinne und Buchverluste anwendbar, die im Rahmen einer Anwachsung gemäß § 142 UGB entstehen; derartige Buchgewinne und Buchverluste wirken sich daher auf die Innenfinanzierung aus.

- Entstehen anlässlich einer umgründungsbedingten Vereinigung von Aktiven und Passiven unternehmensrechtlich Confusiogewinne oder -verluste (zB aus dem Zusammenfallen einer wertberichtigten Forderung und einer Verbindlichkeit), wirken sich diese in der Innenfinanzierung der übernehmenden Körperschaft im Wirtschaftsjahr ihrer Berücksichtigung aus (§ 1 Abs. 1 Z 3 IF-VO), also in der Regel in dem dem Umgründungsstichtag folgenden Wirtschaftsjahr im unternehmensrechtlichen Jahresabschluss. Dabei ist sicherzustellen, dass es im Falle einer unternehmensrechtlich abweichenden Erfassung des Confusiogewinnes oder -verlustes nach Maßgabe des KFS/RL 25 Pkt. 6.1.2. Rz 79 zu keiner doppelten Erfassung in der Innenfinanzierung kommt.

§ 2 IF-VO regelt die Auswirkungen der jeweiligen Umgründungsarten auf die Innenfinanzierung der übertragenden und der übernehmenden Körperschaft, nicht hingegen für die Innenfinanzierung etwaiger Zwischenkörperschaften bei mittelbaren Umgründungen. Zwischenkörperschaften sind jedoch auch von den allgemeinen Grundsätzen gemäß § 1 IF-VO erfasst, weshalb sich auf ihre Innenfinanzierung im Ergebnis keine Auswirkungen ergeben.

Die Innenfinanzierungs-Evidenzkonten sind in Anlehnung an die in RL25/ KFS für die Vermögenszuordnung vorgesehenen Grundsätze im Zeitpunkt des wirtschaftlichen Vermögensübergangs unter Berücksichtigung aller Umstände im Rückwirkungszeitraum zu verändern (vgl. dazu Abschnitt 4.3.1 Einlagenrückzahlungs- und Innenfinanzierungserlass des BMF vom 27. September 2017, BMF-010203/0309-IV/6/2017, BMF-AV Nr. 155/2017).

Beispiel:

Die A-GmbH wird mit Verschmelzungsbeschluss vom 15.9.X2 zum 31.12.X1 auf die B-GmbH ohne Kapitalerhöhung verschmolzen.

Die Evidenzkonten der A-GmbH und der B-GmbH wiesen zum 31.12.X1 folgende Stände auf:

A-GmbH: Indisponible Einlagen = 35; Disponible Einlagen = 200; Disponible Innenfinanzierung = - 700

B-GmbH: Indisponible Einlagen = 35; Disponible Einlagen = 100; Disponible Innenfinanzierung = 500

Am 15.5.X2 wurde von der B-GmbH eine Ausschüttung in Höhe von 400 beschlossen, die steuerlich als Gewinnausschüttung behandelt werden soll. Da zum 15.5.X2 das Vermögen der A-GmbH wirtschaftlich noch nicht auf die B-GmbH übergegangen ist, kann die Ausschüttung aufgrund der positiven Innenfinanzierung von 500 steuerlich als Gewinnausschüttung qualifiziert werden. Die Evidenzkonten der A- GmbH und der B-GmbH sind verschmelzungsbedingt am 15.9.X2 zu addieren. *(BMF-AV Nr. 131/2018)*

1.11.2.2. Auswirkungen von Verschmelzungen auf die Innenfinanzierung *(BMF-AV Nr. 40/2017)*

380   § 2 Abs. 1 IF-VO regelt die Auswirkungen von Verschmelzungen auf die Innenfinanzierung. Sowohl bei Konzentrations- als auch bei Konzernverschmelzungen wird die Innenfinanzierung der übertragenden Körperschaft der Innenfinanzierung der übernehmenden Körperschaft hinzugerechnet (Addition) und von dieser nach der Verschmelzung fortgeführt (siehe das Beispiel in Rz 379). Durch die Addition kann eine negative Innenfinanzierung einer Körperschaft die Innenfinanzierung der anderen Körperschaft vermindern bzw. ins Negative verkehren. Die Verschmelzungsrichtung beeinflusst somit die Höhe der Innenfinanzierung nach der Umgründung nicht. Dabei ist nach der Verschmelzung nur jener Betrag als „indisponibel" zu evidenzieren, der bei der übernehmenden Gesellschaft in einer gebundenen Gewinnrücklage gemäß § 229 Abs. 6 UGB (gesetzliche oder satzungsmäßige Gewinnrücklage) ausgewiesen ist. *(BMF-AV Nr. 131/2018)*

381   Aufgrund der Addition der Innenfinanzierungsstände von übertragender und übernehmender Körperschaft (Rz 380) kann bei Verschmelzungen im Konzern eine mehrfache Berücksichtigung von negativen Innenfinanzierungsbeträgen auftreten, die verschmelzungsbedingt nicht mehr umkehrbar ist: Werden in der Beteiligungskette Abschreibungen auf die jeweilige Beteiligung vorgenommen, mindert sich dadurch die Innenfinanzierung auf allen Ebenen; wirtschaftlich ist die mehrfache Minderung der Innenfinanzierung jedoch auf ein und denselben Verlust einer Körperschaft in der Beteiligungskette zurückzuführen. Daher ist bei up- und down-stream-Verschmelzungen eine negative Innenfinanzierung der Körperschaft, an der die Beteiligung besteht, insoweit zu erhöhen, als auf diese unternehmensrechtliche Abschreibungen vorgenommen wurden (§ 2 Abs. 1 IF-VO). Ist der Betrag der außerplanmäßigen Abschreibung höher als die negative Innenfinanzierung der Beteiligungskörperschaft, ist dieser folglich maximal auf Null auszugleichen. Die steuerliche Auswirkung der unternehmensrechtlichen Abschreibung ist dabei irrelevant, weil sich aufgrund von § 4 Abs. 12 Z 4 EStG 1988 ohnehin lediglich unternehmensrechtliche Abschreibungen innenfinanzierungsmindernd auswirken konnten.

Folgt der Abschreibung einer Beteiligung eine Zuschreibung, hat bei darauffolgenden up- oder down-stream-Verschmelzungen insoweit keine Erhöhung der Innenfinanzierung im Sinne von § 2 Abs. 1 letzter Satz IF-VO zu erfolgen, als eine Mehrfachberücksichtigung negativer Innenfinanzierungsbeträge bereits durch eine unternehmensrechtliche Zuschreibung vermieden wurde.

§ 6

Beispiel:

Die A-GmbH ist zu 100% an der B-GmbH beteiligt; der buchmäßige Beteiligungsansatz beträgt 35. Sowohl die A-GmbH als auch die B-GmbH haben außerdem steuerliche Einlagen in Höhe von 35 und eine Innenfinanzierung von 0.

Im darauf folgenden Wirtschaftsjahr erwirtschaftet die B-GmbH einen Verlust iHv 10, weshalb die A-GmbH den Beteiligungsansatz an der B-GmbH außerplanmäßig um 10 abschreibt. Folglich weisen beide Gesellschaften eine negative Innenfinanzierung in der Höhe von -10 auf.

In weiterer Folge wird die B-GmbH up-stream auf die A-GmbH verschmolzen. § 2 Abs. 1 erster Satz IF-VO zufolge ist die Innenfinanzierung der übertragenden B-GmbH (-10) der Innenfinanzierung der übernehmenden A-GmbH (-10) hinzuzurechnen, weshalb sich bei der A-GmbH grundsätzlich eine Innenfinanzierung von -20 ergeben würde. Dadurch käme es jedoch zu einer doppelten Berücksichtigung von negativen Innenfinanzierungsbeträgen, die wirtschaftlich auf ein und denselben Verlust zurückzuführen sind. Um eine Kumulation der wirtschaftlich auf demselben Verlust beruhenden negativen Innenfinanzierung zu vermeiden, ist gemäß § 2 Abs. 1 letzter Satz IF-VO die Innenfinanzierung der B-GmbH insoweit zu erhöhen, als auf sie Abschreibungen innenfinanzierungswirksam vorgenommen wurden, wodurch sich bei der B-GmbH eine Innenfinanzierung von 0 ergibt und die Innenfinanzierung der A-GmbH folglich unverändert -10 beträgt.

Zu einer nicht mehr umkehrbaren Mehrfachberücksichtigung negativer Innenfinanzierungsbeträge aufgrund von Abschreibungen von Beteiligungen in der Beteiligungskette kann es auch bei anderen „Vernichtungsumgründungen" kommen, weshalb § 2 Abs. 1 letzter Satz IF-VO auch bei Umwandlungen und Aufspaltungen sinngemäß anzuwenden ist (zur Umwandlung siehe Rz 628, zur Aufspaltung siehe Rz 1800a).

Die Anwendung von § 2 Abs. 1 letzter Satz IF-VO setzt aber sowohl bei Verschmelzungen, Umwandlungen und Aufspaltungen stets eine insgesamt negative Innenfinanzierung der Körperschaft voraus, an der die Beteiligung besteht. *(BMF-AV Nr. 40/2017)*

1.11.2.3. Erstmalige Anwendung der Innenfinanzierungsverordnung (BMF-AV Nr. 40/2017)

Die in der IF-VO geregelten Grundsätze sind erstmals für Umgründungen anzuwenden, die nach dem 31.5.2015 beschlossen werden (§ 3 erster Satz IF-VO). *(BMF-AV Nr. 40/2017)*

382

Darüber hinaus kann die IF-VO auch für Zwecke der erstmaligen Ermittlung der Innenfinanzierung und deren Fortführung nach Maßgabe von § 4 Abs. 12 Z 4 EStG 1988 angewendet werden (§ 3 zweiter Satz IF-VO). Dabei kommen folgende Anwendungsfälle in Betracht:

383

- Umgründungen werden bereits vor dem Zeitpunkt der erstmaligen Ermittlung der Innenfinanzierung gemäß § 124b Z 279 lit. a EStG 1988 zum letzten Bilanzstichtag vor dem 1.8.2015 (bei Regelbilanzierern: vor dem 31.12.2014) beschlossen, wobei von der Möglichkeit zur exakten Ermittlung der Innenfinanzierung Gebrauch gemacht wird. Die aus der Anwendung der IF-VO resultierenden Auswirkungen fließen in den erstmalig exakt ermittelten Stand der Innenfinanzierung ein.

Wird die Innenfinanzierung gemäß § 124b Z 279 lit. a erster Teilstrich EStG 1988 hingegen pauschal ermittelt, bleibt für die Anwendung der IF-VO auf Umgründungen vor dem Zeitpunkt der erstmaligen Ermittlung des Innenfinanzierungsstandes kein Raum.

Beispiel 1:

Die A-GmbH wurde am 1.9.2010 gegründet und bilanziert zum 31.12. Seit der Gründung sind folgende Umgründungen erfolgt:

• Im Jahr 2011 wurde die X-GmbH auf die A-GmbH gemäß Art. I UmgrStG verschmolzen.

• Im Jahr 2013 wurde ein Teilbetrieb der Y-GmbH in die A-GmbH nach Art. III UmgrStG eingebracht.

Auf Grund von § 124b Z 179 lit. a EStG 1988 hat die A-GmbH zum 31.12.2014 ihren Stand der Innenfinanzierung erstmals zu ermitteln, wobei von der pauschalen Ermittlungsmöglichkeit kein Gebrauch gemacht wird. Gemäß § 3 IF-VO kann die A-GmbH die in der IF-VO geregelten Grundsätze auf beide Umgründungsvorgänge anwenden, woraus sich folgende Auswirkungen auf die Innenfinanzierung der A-GmbH ergeben:

• Verschmelzung 2011: Die Innenfinanzierung der übertragenden X-GmbH ist jener der A-GmbH hinzuzurechnen (§ 2 Abs. 1 erster Satz IF-VO). Im Hinblick auf die Höhe der hinzuzurechnenden Innenfinanzierung der X-GmbH kann diese von der A-GmbH als Gesamtrechtsnachfolgerin der X-GmbH exakt oder pauschal (§ 124b Z 279 lit. a EStG 1988) zum Verschmelzungsstichtag ermittelt werden.

• Einbringung 2013: Die Innenfinanzierung der A-GmbH erhöht sich nicht (§ 2 Abs. 3 erster Satz IF-VO).

• Umgründungen werden zwar nach dem Zeitpunkt der erstmaligen (exakten oder vereinfachten) Ermittlung der Innenfinanzierung gemäß § 124b Z 279 lit. a EStG 1988 zum letzten Bilanzstichtag vor dem 1.8.2015, aber noch vor der erstmaligen Anwendung der IF-VO beschlossen (bei Regelbilanzierern somit zwischen 31.12.2014 und 31.5.2015): Die aus der Anwendung der IF-VO resultierenden Auswirkungen fließen in die laufende Ermittlung der Innenfinanzierung nach Maßgabe von § 4 Abs. 12 Z 4 EStG 1988 ein.

Beispiel 2:

Die A-GmbH wurde am 1.9.2010 gegründet und bilanziert zum 31.12. Zum 31.12.2014 hat die A-GmbH auf Grund von § 124b Z 279 lit. a EStG 1988 den Stand der Innenfinanzierung erstmals zu ermitteln, wobei von der pauschalen Ermittlungsvorschrift des § 124b Z 279 lit. a erster Teilstrich EStG 1988 Gebrauch gemacht wird. Im Februar 2015 wird die X-GmbH auf die A-GmbH nach Art. I UmgrStG verschmolzen.

Gemäß § 3 IF-VO kann die A-GmbH zum Zweck der Fortführung der erstmals ermittelten Innenfinanzierung die Grundsätze der Verordnung auf die Verschmelzung anwenden. Folglich ist der Innenfinanzierung der A-GmbH die Innenfinanzierung der X-GmbH hinzuzurechnen (§ 2 Abs. 1 erster Satz IF-VO). Im Hinblick auf die Höhe der hinzuzurechnenden Innenfinanzierung der X-GmbH kann diese von der A-GmbH als Gesamtrechtsnachfolgerin der X-GmbH exakt oder pauschal (§ 124b Z 279 lit. a EStG 1988) zum Verschmelzungsstichtag ermittelt werden.

Hinsichtlich der erstmaligen Ermittlung der Innenfinanzierung ist die Information des BMF zur erstmaligen Ermittlung des Standes der Innenfinanzierung von Kapitalgesellschaften zu beachten (Info des BMF vom 04.11.2016, BMF-010203/0359-VI/6/2016). *(BMF-AV Nr. 40/2017)*

383a   Finden vor dem Zeitpunkt der erstmaligen Ermittlung der Innenfinanzierung (Rz 383, Beispiel 1) bzw. danach (Rz 383, Beispiel 2) mehrere Umgründungen bis hin zur erstmaligen Anwendung der IF-VO statt, können die in der IF-VO geregelten Grundsätze nur für sämtliche in diesem Zeitraum beschlossene Umgründungen angewendet werden; eine selektive Anwendung der IF-VO auf einzelne Umgründungen ist hingegen nicht zulässig.

Werden die Grundsätze der IF-VO nicht auf sämtliche Umgründungen angewendet, sind für Zwecke der erstmaligen Ermittlung und Fortführung der Innenfinanzierung deren unternehmensrechtliche Auswirkungen im Jahresüberschuss/Jahresfehlbetrag maßgebend. *(BMF-AV Nr. 40/2017)*

1.12. Auswirkung abgabenbehördlicher Feststellungen auf Verschmelzungen

Die Feststellungen im Rahmen abgabenbehördlicher Überprüfungen einer vollzogenen Verschmelzung können zu nachträgliche Änderungen des Buchwertes und damit gegebenenfalls auch des Verkehrswertes des übertragenden Vermögens führen. 384

Die Änderungen können auf bilanzsteuerrechtliche Berichtigungen aus der Zeit bis zum Verschmelzungsstichtag zurückzuführen sein und beeinflussen daher den der Verschmelzung zu Grunde gelegten Jahres- bzw Zwischenabschluss, die darauf aufbauende Verschmelzungsbilanz und wirken sich zwingend auf die steuerlichen Verhältnisse bei der übernehmenden Körperschaft und unter Umständen bei den Gesellschaftern beider Gesellschaften aus.

Sollten die Feststellungen ergeben, dass ein positiver Verkehrswert des übertragenen Vermögens nicht vorliegt, hat dies keine Auswirkungen auf die Geltung des Art. I UmgrStG. 385

1.13. Rechtsfolgen einer nicht unter Art. I UmgrStG fallenden Verschmelzung

1.13.1 Allgemeines

§ 20 KStG 1988 enthält die allgemeinen ertragsteuerlichen Bestimmungen über die Behandlung von Vermögensübertragungen unbeschränkt steuerpflichtiger Körperschaften bei Verschmelzungen außerhalb des UmgrStG (siehe auch KStR 2013 Rz 1454 ff). Hinsichtlich der Vorgangsweise bei nicht unter Art. I UmgrStG fallenden Auslandsverschmelzungen siehe Rz 40. *(AÖF 2013/301)* 386

Während unter das Umgründungssteuergesetz fallende Umgründungen grundsätzlich als steuerneutrale Rechtsformänderungen behandelt werden, ordnet § 20 Abs. 1 KStG 1988 dann eine Besteuerung – und zwar im Falle von Verschmelzungen durch § 20 Abs. 1 Z 1 KStG 1988 eine Liquidationsbesteuerung im Sinne des § 19 KStG 1988 – an, wenn das UmgrStG nicht zur Anwendung kommen kann, weil 387

- die Anwendungsvoraussetzungen des UmgrStG nicht gegeben sind, oder

- ein Missbrauchstatbestand im Sinne des § 44 UmgrStG vorliegt. *(AÖF 2008/243)*

Der erste die Liquidationsbesteuerung auslösende Tatbestand des § 20 Abs. 1 KStG 1988 (nämlich, dass die Voraussetzungen des UmgrStG nicht gegeben sind) ist in folgenden Fällen erfüllt: 388

- Die inländische übernehmende Körperschaft ist nur beschränkt steuerpflichtig, die übergehenden und bisher steuerhängigen stillen Reserven bleiben daher nicht steuerhängig (zB bei Verschmelzung einer unbeschränkt steuerpflichtigen auf eine steuerbefreite und steuerbefreit bleibende Körperschaft).

• Die Umgründung ist zwar eine Verschmelzung, aber – aus welchen Gründen immer – keine Verschmelzung im Sinne des § 1 Abs. 1 Z 1 bis 3 UmgrStG (wenn keine Verschmelzung im Sinne des § 1 Abs. 1 Z 4 vorliegt, fällt der Vorgang unter § 20 Abs. 1 KStG 1988).

• Anlässlich einer gesellschaftsrechtlich wirksamen Export-Verschmelzung wird das Besteuerungsrecht der Republik Österreich eingeschränkt; insoweit kann Art. I UmgrStG nicht zur Anwendung kommen (siehe Rz 41 ff). *(AÖF 2008/243)*

389 Der zweite eine Besteuerung auslösende Tatbestand ist bei Verschmelzungen unter Nutzung der Aufwertungsoption nach § 2 Abs. 2 UmgrStG (siehe Rz 59) gegeben. Es handelt sich dabei nicht um eine Teilliquidationsbesteuerung sondern um den Ansatz des Vermögens mit dem sich aus § 20 KStG 1988 ergebenden Wert im Anwendungsbereich des Art. I UmgrStG. *(AÖF 2008/243)*

390 In Fällen von nicht (zur Gänze) unter Art. I UmgrStG fallenden Verschmelzungen ist (insoweit) auf Gesellschaftsebene eine Liquidationsbesteuerung gemäß § 20 KStG 1988 durchzuführen (siehe Rz 391 ff); auf Ebene der Anteilsinhaber der übertragenden Körperschaft ist in der Regel das Aufdecken der Gesamtreserven zum gemeinen Wert bei sämtlichen Anteilsinhabern gemäß § 6 Z 14 EStG 1988 bzw. bei außerbetrieblich beteiligten Anteilsinhabern in sinngemäßer Anwendung von § 6 Z 14 EStG 1988 geboten (siehe Rz 402 ff). *(AÖF 2013/301)*

1.13.2 Rechtsfolgen

1.13.2.1 Rechtsfolgen bei der Körperschaft

391 Auf Ebene der übertragenden Gesellschaft regelt § 20 Abs. 2 Z 1 KStG 1988 die für Umgründungszwecke im Verhältnis zu § 19 KStG 1988 adaptierte Ermittlung des Liquidationsgewinnes.

An die Stelle des zur Verteilung kommenden Vermögens tritt als Abwicklungs-Endvermögen der Wert der für die Vermögensübertragung gewährten Gegenleistung. Bei einer Verschmelzung mit Anteilsgewährung (also mit Kapitalerhöhung oder ohne Kapitalerhöhung, dafür aber mit Ausgabe schon vorhandener oder verschmelzungsbedingt erworbener eigener Anteile) ist der Wert dieser Anteile als Gegenleistung mit dem Verkehrswert anzusetzen. Die Gegenleistung kann auch in Zuzahlungen nach § 224 AktG bestehen. Siehe auch KStR 2013 Rz 1464. *(BMF-AV Nr. 131/2018)*

392 Soweit eine Gegenleistung in Form von Gesellschafts- oder anderen Mitgliedschaftsrechten nicht gewährt wird – etwa bei Bestehen einer (un)mittelbaren Beteiligungsidentität oder bei Besitz der Anteile an der übertragenden Gesellschaft –, ist gemäß § 20 Abs. 2 letzter Satz KStG 1988 der Teilwert der Wirtschaftsgüter einschließlich selbst geschaffener unkörperlicher Wirtschaftsgüter anzusetzen. Es ist somit der Gesamtwert des Betriebsvermögens (einschließlich selbst geschaffener und nicht aktivierter immaterieller Werte, insb. des Firmenwertes) anzusetzen, womit auch die inhaltliche Übereinstimmung zur Gegenleistung in Form von Anteilen hergestellt ist. *(BMF-AV Nr. 131/2018)*

393 Bei Verschmelzungen ist das zuvor definierte Abwicklungs-Endvermögen nach dem Stand zum Verschmelzungsstichtag im Sinne des UmgrStG anzusetzen (§ 20 Abs. 2 Z 1 zweiter Teilstrich KStG 1988).

Abwicklungs-Anfangsvermögen ist das (steuerliche) Betriebsvermögen laut 394
Schlussbilanz des letzten Wirtschaftsjahres (im Falle einer Umgründung auf
einen Zwischenstichtag ist die Bilanz zum Zwischenstichtag maßgeblich).
Durch die zur leichteren Handhabung in den § 20 Abs. 2 KStG 1988 übernommene umgründungssteuerrechtliche Rückwirkung ist der Zeitpunkt für die Ermittlung des Liquidations-Anfangsvermögens und jener für die Ermittlung des
Liquidations-Endvermögens ident, es gibt in diesen Fällen somit keinen Liquidationszeitraum.

Der Liquidationsgewinn ergibt sich als Differenz zwischen dem Liquida- 395
tions- Anfangsvermögens (zu Buchwerten) und dem auf Grund der dargestellten
Rückwirkung zum gleichen Stichtag ermittelten Liquidations-Endvermögens
(zu Verkehrswerten bzw. Teilwerten). Siehe dazu KStR 2013 Rz 1439 ff. *(AÖF
2013/301)*

Bei Verschmelzungen, auf die Art. I UmgrStG nicht anwendbar ist, ist die 396
Unterscheidung bedeutsam, ob sie auf gesellschaftsrechtlicher oder betrieblicher
Grundlage erfolgen.

• Verschmelzungen auf gesellschaftsrechtlicher Grundlage sind steuerrechtliche Einlagen im Sinne des § 8 Abs. 1 KStG 1988, selbst wenn die Verschmelzung gemäß § 224 Abs. 2 AktG ohne Kapitalerhöhung erfolgt. Allfällige Verschmelzungsdifferenzbeträge (Buchgewinne und -verluste) sind
  daher steuerneutral (VwGH 21.1.1987, 86/13/0145).

• Von einer Verschmelzung auf betrieblicher Grundlage ist dann auszugehen,
  wenn die übernehmende Körperschaft anlässlich der Verschmelzung Wirtschaftsgüter aus ihrem Bestand als Gegenleistung für das übernommene Vermögen abgibt. Folgende Fälle kommen dafür in Betracht:

• Die übernehmende Körperschaft gibt verschmelzungsbedingt die bestehende
  Beteiligung an der übertragenden Körperschaft auf (§ 224 Abs. 1 Z 1 AktG);

• die übernehmende Körperschaft gibt eine verschmelzungsbedingt erworbene
  Beteiligung an der übertragenden Körperschaft auf (§ 224 Abs. 1 Z 2 AktG);

• die übernehmende Körperschaft verwendet vorhandene eigene Anteile zur
  Abfindung der Gesellschafter der übertragenden Körperschaft;

• die übernehmende Körperschaft verwendet verschmelzungsbedingt erworbene eigene Anteile zur Abfindung der Gesellschafter der übertragenden
  Körperschaft;

• die übernehmende Gesellschaft leistet bare Zuzahlungen (§ 224 Abs. 5
  AktG).

Allfällige Unterschiedsbeträge zwischen dem Wert des übernommenen Ver- 397
mögens und den Buchwerten der als Gegenleistung für das übernommene Vermögen abgegebenen Wirtschaftsgütern sind daher bei Verschmelzungen auf betrieblicher Grundlage bei der übernehmenden Körperschaft steuerwirksam.

Da bei einer nicht unter Art. I UmgrStG fallenden Verschmelzung eine 398
Buchwertübertragung ausgeschlossen ist, hat die übernehmende Körperschaft
gemäß § 20 Abs. 3 KStG 1988 die Liquidationswerte der übertragenden Körperschaft zum Verschmelzungsstichtag zu übernehmen (Wertverknüpfung; siehe
KStR 2013 Rz 498). *(AÖF 2013/301)*

Mangels Vorliegen einer steuerlichen Gesamtrechtsnachfolge können etwa 399
weder vortragsfähige Verluste noch Mindestkörperschaftsteuern auf die übernehmende Körperschaft übergehen.

400   Die Nichtanwendbarkeit des UmgrStG führt – da Teilbegünstigungen im UmgrStG nicht vorgesehen sind – zu einer Versagung der verkehrsteuerlichen Befreiungen und Begünstigungen (§ 6 UmgrStG). Umsatzsteuerlich liegt ein steuerbarer Leistungsaustausch vor.

401   Die vorstehenden Ausführungen gelten im gleichen Ausmaß für jene Vermögensteile der übertragenden Körperschaft, für die die Aufwertungsoption des § 2 Abs. 2 UmgrStG in Anspruch genommen wird.

1.13.2.2 Rechtsfolgen bei den Anteilsinhabern

402   Auf Ebene der Anteilsinhaber der übertragenden (untergehenden) Gesellschaft liegt ein sämtliche Anteilsinhaber treffender Fall der Liquidationsbesteuerung vor, der zusätzlich mit einem Tausch der untergehenden Anteile gegen solche der übernehmenden Körperschaft verbunden ist. Es tritt daher sowohl bei im Betriebsvermögen gehaltenen Anteilen als auch bei außerbetrieblich gehaltenen Anteilen volle Gewinnrealisierung ein bzw. kommt der Steuertatbestand des § 27 Abs. 3 EStG 1988 zum Tragen. Die tauschbedingte Steuerpflicht tritt bei betrieblich gehaltenen Anteilen an der übertragenden Körperschaft mit dem Entstehen des Anspruches auf neue Anteile und bei außerbetrieblich gehaltenen Anteilen mit dem tatsächlichen Umtausch ein. *(AÖF 2013/301)*

403   Die Anteilsinhaber der übertragenden Körperschaft setzen die auf Grund der Liquidationsbesteuerung gewonnenen Werte als Anschaffungskosten der übernommenen Anteile an der übernehmenden Körperschaft fort. Für außerbetrieblich erworbene Anteile liegt zum Tauschzeitpunkt eine Anschaffung vor. *(AÖF 2013/301)*

404   Im Fall der Teilliquidationsbesteuerung auf Grund des anteiligen Wegfalles des Besteuerungsrechtes der Republik Österreich ist zu unterscheiden. Im Falle einer gesellschaftsrechtlich abgeschlossenen Export-Verschmelzung auf eine wo immer ansässige übernehmende Körperschaft

•   unterbleibt die Besteuerung für in einem Staat der EU oder des EWR ansässige Anteilsinhaber (siehe Rz 158 und Rz 264) bzw.

•   kommt es für in anderen Staaten ansässige Anteilsinhaber zur anteiligen Steuerpflicht. Es wird dabei auf das Verhältnis des Verkehrswertes des zu Buchwerten und des zu Liquidationswerten übertragenen Vermögens abzustellen sein. *(BMF-AV Nr. 131/2018)*

405   Die Nutzung der Aufwertungsoption des § 2 Abs. 2 UmgrStG (siehe Rz 101) löst auf Ebene der Anteilsinhaber mangels Vorliegens eines Liquidationsbesteuerungsfalles (siehe Rz 389) keine Steuerpflicht aus. *(AÖF 2008/243)*

Artikel II
Umwandlung

Anwendungsbereich

§ 7. (1) Umwandlungen im Sinne dieses Bundesgesetzes sind

1. errichtende Umwandlungen nach dem Bundesgesetz über die Umwandlung von Handelsgesellschaften, BGBl. Nr. 304/1996, wenn am Umwandlungsstichtag und am Tag des Umwandlungsbeschlusses ein Betrieb vorhanden ist,

2. verschmelzende Umwandlungen nach dem Bundesgesetz über die Umwandlung von Handelsgesellschaften, BGBl. Nr. 304/1996, wenn

   – am Umwandlungsstichtag und am Tag des Umwandlungsbeschlusses ein Betrieb vorhanden ist oder

   – Hauptgesellschafter eine unter § 7 Abs. 3 des Körperschaftsteuergesetzes 1988 fallende Körperschaft oder eine ausländische Gesellschaft eines Mitgliedstaates der Europäischen Union, die die in der Anlage zu diesem Bundesgesetz vorgesehenen Voraussetzungen des Artikels 3 der Richtlinie 2009/133/EG über das gemeinsame Steuersystem für Fusionen, Spaltungen, Abspaltungen, die Einbringung von Unternehmensteilen und den Austausch von Anteilen, die Gesellschaften verschiedener Mitgliedstaaten betreffen, sowie für die Verlegung des Sitzes einer Europäischen Gesellschaft oder einer Europäischen Genossenschaft von einem Mitgliedstaat in einen anderen Mitgliedstaat, ABl. Nr. L 310 vom 25.11.2009 S. 34, in der jeweils geltenden Fassung erfüllt, ist,

3. vergleichbare Umwandlungen ausländischer Körperschaften im Ausland.

(2) Abs. 1 Z 1 bis 3 findet nur insoweit Anwendung, als das Besteuerungsrecht der Republik Österreich hinsichtlich der stillen Reserven einschließlich eines allfälligen Firmenwertes beim Rechtsnachfolger nicht eingeschränkt wird. Soweit bei der Umwandlung das Besteuerungsrecht der Republik Österreich gegenüber einem EU/EWR-Staat eingeschränkt wird, ist die nach § 20 des Körperschaftsteuergesetzes 1988 entstehende Abgabenschuld auf Grund eines in der Steuererklärung gestellten Antrages in Raten zu entrichten; dabei sind § 6 Z 6 lit. d bis e des Einkommensteuergesetzes 1988 sinngemäß anzuwenden.

(3) Rechtsnachfolger sind der Hauptgesellschafter (§ 2 Abs. 1 UmwG), beziehungsweise dessen Gesellschafter (Mitunternehmer), oder die Gesellschafter (Mitunternehmer) der errichteten Personengesellschaft (§ 5 Abs. 1 UmwG).

(4) Auf Umwandlungen sind die §§ 8 bis 11 anzuwenden.

(BGBl I 2018/62)

Gliederung:

2. Umwandlungen (Art. II UmgrStG)

2.1. System und Anwendungsbereich (§ 7 UmgrStG)

2.1.1. Allgemeines zum Umwandlungsbegriff

406   Als Umwandlung wird im Allgemeinen ein Vorgang bezeichnet, bei dem ein Unternehmen seine Rechtsform ändert. Dabei unterscheidet man zwischen formwechselnden und übertragenden Umwandlungen.

2.1.1.1 Formwechselnde Umwandlungen

407   Bei formwechselnden Umwandlungen bleibt die Identität des Unternehmens bestehen, das lediglich seine Rechtsform ändert. Rechtsformändernde Umwandlungen finden sich bspw. in § 239 AktG (AG auf GmbH), § 245 AktG (GmbH auf AG), § 139 UGB (OG auf KG). Da bei diesem Umgründungstyp die juristische Person bzw. die Personengesellschaft bestehen bleibt und auch keine Übertragung des Unternehmens auf einen anderen Rechtsträger erfolgt, ergeben sich bereits nach allgemeinem Steuerrecht keine ertrag- oder verkehrsteuerrechtlichen Konsequenzen. Rein rechtsformwechselnde Umwandlungen werden daher vom UmgrStG nicht erfasst. *(AÖF 2008/243)*

2.1.1.2 Übertragende Umwandlungen

408   Bei übertragenden Umwandlungen wird die Identität des umzuwandelnden Rechtsträgers aufgegeben. Dieser Umwandlungstyp ist dadurch gekennzeichnet, dass der übertragende Rechtsträger im Zuge des Umwandlungsaktes untergeht und gleichzeitig dessen Vermögen im Wege der Gesamtrechtnachfolge auf einen anderen (übernehmenden) Rechtsträger übergeht. Es kommt nicht nur zur Änderung der Rechtsform sondern auch zur Änderung der Rechtsperson, die das Unternehmen führt.

Unternehmensrechtliche Rechtsgrundlage für übertragende Umwandlungen ist das Bundesgesetz über die Umwandlung von Handelsgesellschaften (UmwG), BGBl. Nr. 304/1996. Das UmwG kennt zwei Formen der übertragenden Umwandlung. Nach § 1 UmwG können Kapitalgesellschaften unter Ausschluss der Abwicklung durch Übertragung des Unternehmens im Weg der Gesamtrechtsnachfolge   409

§ 7

- entweder errichtend in eine Personengesellschaft (Rz 417 ff)
- oder verschmelzend auf den Hauptgesellschafter (Rz 425 ff)

umgewandelt werden. *(AÖF 2008/243)*

Bei Vorliegen der Anwendungsvoraussetzungen des Art. II UmgrStG (siehe   410
Rz 443 ff) unterbleibt idR eine Ertragsbesteuerung. Bei Nichtvorliegen der Anwendungsvoraussetzungen des Art. II UmgrStG unterliegt dieser Vorgang nach allgemeinen ertragsteuerlichen Grundsätzen der Besteuerung nach Liquidations-, Veräußerungs- bzw. Tauschgrundsätzen (siehe Rz 632 und 636 ff) und führt ggf. auch zu verkehrsteuerrechtlichen Konsequenzen (siehe Rz 634 f). *(AÖF 2008/243)*

2.1.1.3 Umwandlungen im UmgrStG

Unter Art. II UmgrStG fallen folgende Umwandlungen: 411

- Inlandsumwandlungen (§ 7 Abs. 1 Z 1 und 2 UmgrStG), dh. errichtende und verschmelzende Umwandlungen inländischer Kapitalgesellschaften nach dem Umwandlungsgesetz (vgl. Rz 412 ff), oder
- grenzüberschreitende Umwandlungen (§ 7 Abs. 1 Z 1 und 2 UmgrStG), dh. Umwandlung inländischer Kapitalgesellschaften auf ausländische (Export-Umwandlungen, siehe Rz 440) oder ausländischer Kapitalgesellschaften auf inländische (Import-Umwandlungen, siehe Rz 442) oder
- Auslandsumwandlungen (§ 7 Abs. 1 Z 3 UmgrStG), dh. Umwandlungen ausländischer Kapitalgesellschaften im Ausland auf Grund vergleichbarer ausländischer Umwandlungsvorschriften (vgl. Rz 433 ff). *(AÖF 2008/243)*

2.1.2. Inländische Umwandlungen

2.1.2.1 Allgemeines

Inländische Umwandlungen im Sinne des § 7 Abs. 1 Z 1 und 2 UmgrStG   412
sind

1. errichtende Umwandlungen nach dem UmwG, wenn am Umwandlungsstichtag und am Tag des Umwandlungsbeschlusses ein Betrieb vorhanden ist,
2. verschmelzende Umwandlungen nach dem UmwG, wenn
   - am Umwandlungsstichtag und am Tag des Umwandlungsbeschlusses ein Betrieb vorhanden ist oder
   - Hauptgesellschafter eine unter § 7 Abs. 3 KStG 1988 fallende Körperschaft (Rz 450) bzw. eine EU-Gesellschaft im Sinne des Artikel 3 der Fusionsrichtlinie 2009/133/EG, ABl. Nr. L 310 vom 25.11.2009 S. 34, in der jeweils geltenden Fassung ist. Die verschmelzende Umwandlung auf EU- Kapitalgesellschaften (diese beinhalten auch die österreichische AG

und GmbH) ist seit dem EU-Verschmelzungsgesetz zivilrechtlich nicht mehr zulässig. Die im UmgrStG noch vorgesehene Ausnahme vom Betriebserfordernis ist nur mehr eingeschränkt anwendbar (Rz 425 und Rz 440). *(AÖF 2013/301)*

413   Unter Art. II UmgrStG fallen errichtende bzw. verschmelzende Umwandlungen nur insoweit, als es nicht zu einer Steuerentstrickung von stillen Reserven des Vermögens der umzuwandelnden Kapitalgesellschaft einschließlich eines allfälligen Firmenwertes kommt. Rechtsfolge einer Steuerentstrickung ist in diesem Fall eine zumindest nur teilweise Anwendbarkeit bis hin zur Nichtanwendbarkeit von Art. II UmgrStG (siehe Rz 458 ff).

Wird dagegen durch die Umwandlung das Besteuerungsrecht hinsichtlich der Anteile an der umzuwandelnden Kapitalgesellschaft eingeschränkt, bleibt Art. II UmgrStG grundsätzlich voll anwendbar, besteuert werden nur die in den Anteilen enthaltenen stillen Reserven (Rz 495). *(AÖF 2012/74)*

414   Sind die vorstehend angeführten Voraussetzungen erfüllt, liegt eine Umwandlung im Sinne des § 7 Abs. 1 UmgrStG vor. Gemäß § 7 Abs. 4 UmgrStG sind auf Umwandlungen iSd Art. II UmgrStG die §§ 8 bis 11 UmgrStG anzuwenden. Diese Bestimmungen regeln die Steuerrechtsfolgen der Umwandlung für

• die übertragende Körperschaft (§ 8 UmgrStG, siehe Rz 465 ff)

• die Rechtsnachfolger (§ 9 UmgrStG, siehe Rz 485 ff)

• den Verlustabzug (§ 10 UmgrStG, siehe Rz 566 ff)

• sonstige Rechtsfolgen (§ 11 UmgrStG, betreffend Eintritt in Lohnverhältnisse, Umsatzsteuer, Kapitalverkehrsteuern, Grunderwerbssteuer, siehe Rz 594 ff). *(AÖF 2013/301)*

415   Die umfassende Anwendbarkeit oder Nichtanwendbarkeit des Art. II UmgrStG ist in Fällen der Aufwertungsoption oder des teilweisen Wegfalls des Besteuerungsrechtes der Republik Österreich hinsichtlich des Vermögens einschließlich eines Firmenwertes der umzuwandelnden Körperschaft geteilt zu betrachten. Soweit das Besteuerungsrecht der Republik Österreich eingeschränkt wird, ist Art. II UmgrStG umfassend nicht anzuwenden, im Übrigen kommt Art. II UmgrStG umfassend zur Anwendung. Soweit die Aufwertungsoption des § 8 Abs. 2 UmgrStG genutzt wird, bleibt Art. II UmgrStG abgesehen vom Verzicht auf die Buchwertfortführung (Rz 480 ff) und dem Wegfall der Verlustvortragsüberganges (Rz 566 iVm Rz 194) umfassend anwendbar. *(AÖF 2012/74)*

416   Entstehen bei der für die Verkehrsteuern oder für die Anteilsinhaber zuständigen Abgabenbehörde Zweifel, ob die Anwendungsvoraussetzungen des § 7 UmgrStG erfüllt sind, ist im Interesse einer einheitlichen Beurteilung der Umgründung eine Abstimmung mit den für die Ertragsbesteuerung der übertragenden Körperschaft und des(r) Rechtsnachfolger(s) zuständigen Abgabenbehörden herbeizuführen.

2.1.2.2 Errichtende Umwandlungen nach dem UmwG

2.1.2.2.1 Umwandlungsrecht

417   Nach § 5 Abs. 1 UmwG kann die Hauptversammlung einer AG bzw. die Generalversammlung einer GmbH die Errichtung einer Personengesellschaft in der Rechtsform einer OG oder KG und gleichzeitig die Übertragung des Vermögens

der Kapitalgesellschaft auf diese Personengesellschaft beschließen. *(AÖF 2012/ yyy)*

Als übertragender Rechtsträger einer errichtenden Umwandlung kommen nur inländische Kapitalgesellschaften in Betracht, somit nach dem AktG errichtete AG und nach dem GmbHG errichtete GmbH.   418

Übernehmende Rechtsträger einer errichtenden Umwandlung können sein   419
- offene Gesellschaften im Sinne des § 105 UGB
- Kommanditgesellschaften im Sinne des § 161 Abs. 1 UGB

Eine Gesellschaft bürgerlichen Rechts (§ 1175 ABGB) kann nicht übernehmender Rechtsträger sein. *(AÖF 2012/74)*

An der Personengesellschaft müssen nach § 5 Abs. 1 UmwG Personen, deren Anteilsrechte zumindest neun Zehntel des Grundkapitals (Stammkapitals) der übertragenden Kapitalgesellschaft umfassen, beteiligt sein; die übrigen Gesellschafter haben einen Anspruch auf Abfindung. Neue Gesellschafter dürfen höchstens im Umfang von einem Zehntel der Anteilsrechte am Grundkapital (Stammkapital) hinzutreten.   420

Eine Veränderung des Beteiligungsausmaßes in der zu errichtenden Personengesellschaft gegenüber jenem an der übertragenden Kapitalgesellschaft ist in folgender Weise möglich:
- Eine Kapitalgesellschaft tritt im Rahmen der Umwandlung als reiner Arbeitsgesellschafter bei (kein Anwendungsfall des Art. IV UmgrStG, siehe Rz 1301).
- Die Anteile abzufindender Minderheitsgesellschafter werden von den verbleibenden Gesellschaftern nach dem Verhältnis ihrer Beteiligungen übernommen.
- Die Anteile abzufindender Minderheitsgesellschafter werden von einem verbleibenden Gesellschafter oder nur einzelnen verbleibenden Gesellschaftern übernommen.
- Die Anteile abzufindender Minderheitsgesellschafter werden von neuen Gesellschaftern übernommen.
- Die Anteile abzufindender Minderheitsgesellschafter werden zum Teil von einem oder mehreren neuen und zum Teil von den bestehenden Gesellschaftern übernommen.
- Es kommt zu keiner Abfindung von Minderheitsgesellschaftern aber zu einer Verschiebung der Beteiligungsverhältnisse innerhalb der Gesellschafter bis zu 10% des Nennkapitals.

In allen Fällen des Ausscheidens haben die Minderheitsgesellschafter einen gesetzlichen Anspruch auf eine angemessene Barabfindung (zur steuerlichen Behandlung siehe Rz 599 ff). *(AÖF 2008/243)*

Der Umwandlungsbeschluss bedarf nach § 5 Abs. 2 UmwG   420a
- der Zustimmung von neun Zehnteln des gesamten Grundkapitals (Stammkapitals), wenn
  - ein Gesellschafter diese Anteile hält oder
  - die Einheit im Sinne des § 1 Abs. 3 GesAusG dadurch als gegeben gilt, dass im letzten Jahr vor dem Umwandlungsbeschluss neben dem Hauptgesellschafter Anteile anderer mit dem Hauptgesellschafter verbundener Unternehmen (§ 228 Abs. 3 UGB) durchgehend bestehen,

• ansonsten der Zustimmung aller Gesellschafter.

Minderheitsgesellschafter, welche der Umwandlung zwar zustimmen, jedoch nicht in die Personengesellschaft wechseln wollen, haben ein Austrittsrecht gegen Gewährung einer angemessenen Barabfindung. Zu den steuerlichen Folgen siehe die Rz 599 f (zur Abfindung), Rz 562 f (zur Mindestkörperschaftsteuer) und Rz 574 f (zu den vortragsfähigen Verlusten). *(AÖF 2012/74)*

2.1.2.2.2 Abgabenrecht

421   Für ertragsteuerliche Zwecke ist zu berücksichtigen, dass nicht die Personengesellschaft (zivilrechtlicher Nachfolgerechtsträger), sondern die Gesellschafter der Personengesellschaft Rechtsnachfolger der übertragenden Kapitalgesellschaft sind (§ 7 Abs. 3 UmgrStG). Rechtsnachfolger im Ertragsteuerrecht kann daher jede in- oder ausländische rechtsfähige Person sein, somit

• natürliche Personen

• Körperschaften

• eigentümerlose Rechtsträger. *(AÖF 2008/243)*

422   Wurde der Gesellschaftsanteil der umgewandelten Kapitalgesellschaft treuhändig gehalten, ist nicht der im Firmenbuch eingetragene Gesellschafter (Treuhänder), sondern der Treugeber Rechtsnachfolger im Sinne des § 7 Abs. 3 UmgrStG. Das ergibt sich aus der nach § 24 Abs. 1 lit. b und c BAO vorzunehmenden Anteilszurechnung. Bei einem im wirtschaftlichen Eigentum im Sinne des § 24 Abs. 1 lit. d BAO stehenden Gesellschaftsanteil ist der wirtschaftliche Eigentümer Rechtsnachfolger. An der Rechtsfigur einer errichtenden Umwandlung ändert sich nichts, wenn der Treuhänder einen Gesellschaftsanteil für den den übrigen Gesellschaftsanteil offen besitzenden Gesellschafter hält, steuerlich entsteht demgegenüber ein Einzelunternehmen des Alleingesellschafters. Umgekehrt entsteht steuerlich eine Mitunternehmerschaft, wenn ein Treuhänder für eine Mehrzahl von Treugeber-Gesellschaftern nach außen hin die Alleingesellschafterstellung innehat und eine verschmelzende Umwandlung im Firmenbuch eingetragen wird. *(AÖF 2012/74)*

423   Errichtende Umwandlungen im Sinne des UmwG fallen ohne Ausnahme nur dann unter Art. II UmgrStG, wenn ein Betrieb (siehe Rz 449 ff) übertragen wird. Rein anteilsverwaltende Kapitalgesellschaften (Holding), Liegenschaftsbesitz- oder Liegenschaftsverwaltungs-Kapitalgesellschaften können zwar nach den Normen des UmwG, nicht aber unter Anwendung der Rechtsfolgen der §§ 8 bis 11 UmgrStG errichtend umgewandelt werden (VwGH 22.4.2004, 2004/15/0043). In einem solchen Falle kommen die allgemeinen steuerrechtlichen Rechtsfolgen zur Anwendung (ua. Liquidationsbesteuerung nach § 20 KStG 1988, uU keine Kapitalverkehrsteuerbefreiung, keine begünstigte Bemessungsgrundlage für Zwecke der Grunderwerbsteuer, siehe Rz 632 ff). *(AÖF 2005/273)*

424   Errichtende Umwandlungen im Sinne des UmwG fallen nur insoweit unter Art. II UmgrStG, als das Besteuerungsrecht der Republik Österreich hinsichtlich der stillen Reserven des Vermögens der umzuwandelnden Körperschaft einschließlich eines allfälligen Firmenwertes beim Rechtsnachfolger nicht eingeschränkt wird. Zur Steuerentstrickung kommt es bei inländischen errichtenden Umwandlungen nur in Ausnahmefällen, zB hinsichtlich jenes Auslandsvermögens, das nach der Umwandlung beim Rechtsnachfolger nicht mehr steuerhängig ist (Rz 459). *(AÖF 2012/74)*

2.1.2.3 Verschmelzende Umwandlungen nach dem UmwG

2.1.2.3.1 Umwandlungsrecht

Nach § 2 Abs. 1 UmwG kann die Hauptversammlung einer AG bzw. die Ge-   425
neralversammlung einer GmbH eine Umwandlung durch Übertragung des Unternehmens auf den Hauptgesellschafter beschließen, wenn diesem Anteilsrechte an mindestens neun Zehnteln des Nennkapitals gehören und er für die Umwandlung stimmt, es sei denn, der Hauptgesellschafter ist eine AG, eine GmbH
oder eine EU-Kapitalgesellschaft (Kapitalgesellschaften iSd § 1 Abs. 2 EU-Verschmelzungsgesetz mit Sitz in einem Mitgliedstaat iSd § 1 Abs. 3 EU-Verschmelzungsgesetz). Damit kommt eine verschmelzende Umwandlung auf EU-
Kapitalgesellschaften (diese beinhalten auch die österreichische AG und GmbH)
nicht in Betracht. Minderheitsgesellschafter, die Anteile bis zu einem Ausmaß
von zehn Prozent halten, werden nicht Mitglieder des übernehmenden Rechtsträgers (Hauptgesellschafter), sondern verlieren im Zuge der Umwandlung ihre
Beteiligung am Unternehmen, sie scheiden zwangsweise aus der Kapitalgesellschaft aus. Der Hauptgesellschafter hat den anderen Gesellschaftern eine angemessene Barabfindung zu gewähren. *(AÖF 2012/74)*

Als übertragender Rechtsträger einer verschmelzenden Umwandlung kom-   426
men nur inländische Kapitalgesellschaften in Betracht, somit nach dem AktG errichtete AG und nach dem GmbHG errichtete GmbH.

Übernehmender Rechtsträger einer verschmelzenden Umwandlung ist der   427
Hauptgesellschafter (zivilrechtlicher Nachfolgerechtsträger). Nachfolgerechtsträger kann jede rechtsfähige in- oder ausländische Person sein, die zu mindestens 90% am Nennkapital beteiligt ist. Nachfolgerechtsträger kann sein

- eine natürliche Person
- eine Personengesellschaft
- eine Körperschaft, ausgenommen österreichische Kapitalgesellschaften (AG
  und GmbH) und EU-Kapitalgesellschaften (Rz 425)
- ein eigentümerloser Rechtsträger.

Eine Gesellschaft bürgerlichen Rechts (§ 1175 ABGB) kann nicht Nachfolgerechtsträger sein. *(AÖF 2012/74)*

2.1.2.3.2 Abgabenrecht

Ertragsteuerrechtliche Rechtsnachfolger einer verschmelzend umgewandel-   428
ten Kapitalgesellschaft können mit Ausnahme von Personengesellschaften alle
in- oder ausländischen rechtsfähigen Personen sein, somit

- natürliche Personen
- Körperschaften
- eigentümerlose Rechtsträger.

Ist zivilrechtlicher Nachfolgerechtsträger eine Personengesellschaft, muss   429
für ertragsteuerliche Zwecke berücksichtigt werden, dass nicht die Personengesellschaft sondern die Gesellschafter der Personengesellschaft Rechtsnachfolger der übertragenden Kapitalgesellschaft sind.

Wurde bei einer verschmelzenden Umwandlung auf eine Personengesell-   430
schaft der Gesellschaftsanteil der umgewandelten Kapitalgesellschaft von der
Personengesellschaft treuhändig gehalten, ist nicht der im Firmenbuch eingetragene Gesellschafter (Treuhänder), sondern ist der oder sind die Treugeber
Rechtsnachfolger im Sinne des § 7 Abs. 3 UmgrStG. Das ergibt sich aus der

nach § 24 Abs. 1 lit. b und c BAO vorzunehmenden Anteilszurechnung. Bei einem im wirtschaftlichen Eigentum im Sinne des § 24 Abs. 1 lit. d BAO stehenden Gesellschaftsanteil ist der wirtschaftliche Eigentümer Rechtsnachfolger. An der Rechtsfigur einer verschmelzenden Umwandlung ändert sich steuerlich nichts, wenn der Treuhänder den Gesellschaftsanteil für mehrere Treugeber hält. *(AÖF 2012/74)*

431   Verschmelzende Umwandlungen im Sinne des UmwG fallen grundsätzlich nur dann unter Art. II UmgrStG, wenn ein Betrieb (siehe Rz 449 ff) übertragen wird. Rein anteilsverwaltende Kapitalgesellschaften (Holding), Liegenschaftsbesitz- oder Liegenschaftsverwaltungs-Kapitalgesellschaften können zwar nach den Normen des UmwG, nicht aber unter Anwendung der Rechtsfolgen der §§ 8 bis 11 UmgrStG umgewandelt werden. In einem solchen Falle kommen die allgemeinen steuerrechtlichen Rechtsfolgen zur Anwendung (ua. Liquidationsbesteuerung nach § 20 KStG 1988, unter Umständen keine Kapitalverkehrsteuerbefreiung, keine begünstigte Bemessungsgrundlage für Zwecke der Grunderwerbsteuer, siehe Rz 632 ff). Zur Ausnahme vom Betriebserfordernis siehe Rz 450. *(AÖF 2012/74)*

432   Verschmelzende Umwandlungen im Sinne des UmwG fallen nur insoweit unter Art. II UmgrStG, als das Besteuerungsrecht der Republik Österreich hinsichtlich der stillen Reserven des Vermögens der umzuwandelnden Kapitalgesellschaft einschließlich eines allfälligen Firmenwertes beim Rechtsnachfolger nicht eingeschränkt wird (zum Erfordernis der Steuerverstrickung siehe Rz 458 ff). *(AÖF 2012/74)*

2.1.3. Ausländische Umwandlungen

2.1.3.1 Grundsätzliches

433   Ausländische Umwandlungen im Sinne des § 7 Abs. 1 Z 3 UmgrStG sind den inländischen errichtenden oder verschmelzenden Umwandlungen (siehe Rz 412 ff) vergleichbare Umwandlungen ausländischer Körperschaften im Ausland. Die Vergleichbarkeit ist anhand der österreichischen Rechtslage zu beurteilen. Die Vorschriften des UmgrStG beziehen sich bei ausländischen Umwandlungen auf die inländischen Vermögensteile und/oder die im Inland ansässigen Gesellschafter.

434   Ausländische Umwandlungen fallen nur insoweit unter Art. II UmgrStG, als das Besteuerungsrecht der Republik Österreich hinsichtlich der stillen Reserven des Vermögens der umzuwandelnden Kapitalgesellschaft einschließlich eines allfälligen Firmenwertes beim Rechtsnachfolger nicht eingeschränkt wird.

Zum Verlust des Besteuerungsrechtes bei einer Auslandsumwandlung bezüglich des Anteiles eines inlandsansässigen Gesellschafters siehe Rz 495. *(AÖF 2012/74)*

2.1.3.2 Vergleichbarkeit des ausländischen Umwandlungsrechts

2.1.3.2.1 Allgemeines

435   Das ausländische Umwandlungsrecht muss hinsichtlich der Vergleichbarkeit einerseits an den zivilrechtlichen Bestimmungen des österreichischen UmwG, andererseits an den in § 7 Abs. 1 Z 1 und 2 UmgrStG normierten steuerrechtlichen Anwendungsvoraussetzungen beurteilt werden. Die Vergleichbarkeit des ausländischen Umwandlungsrechts mit dem inländischen UmwG ist dann gegeben, wenn das Unternehmen einer ausländischen Körperschaft (siehe Rz 439)

auf verbandsrechtlicher Grundlage verschmelzend auf einen Gesellschafter oder errichtend auf eine Personengesellschaft übergeht und die Körperschaft ohne Liquidationsverfahren erlischt. Die Vergleichbarkeit ist auch dann gegeben, wenn das ausländische Recht nur eine der Umwandlungsmöglichkeiten vorsieht.

Das Vorliegen einer Vergleichbarkeit setzt voraus, dass es sich beim ausländischen Recht um gesellschaftsrechtliche Vorschriften handelt, die im Wesentlichen dem österreichischen Umwandlungsrecht entsprechen. Dabei ist auch auf die konkrete Ausgestaltung der Umwandlung Bedacht zu nehmen; sieht das ausländische Recht mehrere Gestaltungsmöglichkeiten vor, ist eine Vergleichbarkeit dann gegeben, wenn die konkrete Ausgestaltung der Umwandlung dem österreichischen Umwandlungsrecht entspricht. *(BMF-AV Nr. 131/2018)*

2.1.3.2.2 Ausländische errichtende Umwandlung

Die ausländische errichtende Umwandlung muss nach der ausländischen 436 Rechtslage so konzipiert sein, dass an der ausländischen Nachfolge-Personengesellschaft Personen beteiligt sind, deren Anteilsrechte zumindest neun Zehntel des Gesellschaftskapitals (Nennkapital) der übertragenden Kapitalgesellschaft umfassen. Die Nachfolge-Personengesellschaft muss einer inländischen Personengesellschaft (OG, KG) vergleichbar sein. Im Zuge der Umwandlung ausscheidenden Minderheitsgesellschaftern muss ein durchsetzbarer Anspruch auf angemessene Barabfindung gesetzlich eingeräumt sein. Die errichtende Auslandsumwandlung fällt wie eine Inlandsumwandlung nur dann unter Art. II UmgrStG, wenn ein Betrieb (siehe Rz 451 ff) übertragen wird. *(AÖF 2008/243)*

2.1.3.2.3 Ausländische verschmelzende Umwandlung

Für eine ausländische verschmelzende Umwandlung hat das ausländische 437 Umwandlungsrecht ua. vorzusehen, dass der übernehmende Gesellschafter im Zeitpunkt der Umwandlung zumindest neun Zehntel des starren Gesellschaftskapitals (Nennkapital) der umzuwandelnden Körperschaft repräsentiert und der Umwandlung zustimmt. Im Zuge der Umwandlung ausscheidenden Minderheitsgesellschaftern muss ein durchsetzbarer Anspruch auf angemessene Barabfindung gesetzlich eingeräumt sein. Die verschmelzende Auslandsumwandlung fällt wie eine Inlandsumwandlung nur dann unter Art. II UmgrStG, wenn ein Betrieb (siehe Rz 451 ff) übertragen wird oder Hauptgesellschafter eine den in § 7 Abs. 3 KStG 1988 genannten Körperschaften vergleichbare Körperschaft ist. Der Hauptgesellschafter darf weder eine österreichische Kapitalgesellschaft (AG und GmbH) noch eine EU-Kapitalgesellschaft (Rz 425) sein. *(AÖF 2012/ 74)*

2.1.3.3 Vergleichbarkeit mit inländischen Kapitalgesellschaften

Die umzuwandelnde ausländische Körperschaft muss eine den inländischen 438 Kapitalgesellschaften (AG, GmbH) vergleichbare von ihren Mitgliedern losgelöste juristische Person sein, deren Eigenleben durch Organe gestaltet wird (System der Drittorganschaft). Die Vergleichbarkeit des ausländischen Rechtsträgers mit den inländischen Kapitalgesellschaften ist nach österreichischem Recht zu beurteilen.

Eine ausländische Körperschaft ist einer inländischen Kapitalgesellschaft 439 vergleichbar, wenn sie die nach der österreichischen Rechtslage zu beurteilenden Wesensmerkmale einer inländischen Kapitalgesellschaft aufweist. Dazu gehören vor allem folgende Eigenschaften:

- Eigene Rechtspersönlichkeit
- Starres (ergebnisunabhängiges) Gesellschaftskapital
- Beteiligung anderer Personen am Gesellschaftskapital
- Haftungsbeschränkung
- Willensbildung unter Gesellschaftermitwirkung. Siehe auch KStR 2013 Rz 133 und Rz 1204. *(AÖF 2013/301)*

2.1.4. Grenzüberschreitende Umwandlung

2.1.4.1 „Exportumwandlung"

440   Eine grenzüberschreitende Umwandlung nach dem UmwG gibt es insofern, als eine verschmelzende Umwandlung auch auf einen ausländischen Hauptgesellschafter erfolgen kann (OGH 20.03.2003, 6 Ob 283/02i). Wirtschaftlich entspricht dies einer Hinaus-Verschmelzung (siehe Rz 72 ff), die nach § 7 Abs. 1 Z 2 UmgrStG nur dann unter Art. II UmgrStG fällt, wenn ein Betrieb vorhanden ist (Rz 449 ff). Die Ausnahme vom Betriebserfordernis nach dem zweiten Teilstrich des § 7 Abs. 1 Z 2 UmgrStG ist seit dem GesRÄG 2007 praktisch nur mehr anwendbar, wenn die grenzüberschreitende Umwandlung erfolgt

- auf eine ausländische Körperschaft, die aufgrund ihrer Doppelansässigkeit unbeschränkt steuerpflichtig ist und unter § 7 Abs. 3 KStG 1988 fällt. So wird beispielsweise die Holding-Umwandlung auf eine Aktiengesellschaft in der Schweiz, die in Österreich ihre Geschäftsleitung hat, vom Anwendungsbereich des Art. II UmgrStG erfasst.
- auf eine EU-Gesellschaft im Sinne des Artikel 3 der Fusionsrichtlinie (Richtlinie 90/434/EWG des Rates vom 23. Juli 1990, ABl. Nr. L 225 vom 20.08.1990 S. 1). Dabei gilt es zu beachten, dass verschmelzende Umwandlungen auf EU-Kapitalgesellschaften nicht mehr zulässig sind (Rz 425), die Holding-Umwandlung auf eine EU-Genossenschaft ist aber im Anwendungsbereich des Art. II UmgrStG möglich.

Zur Einschränkung des Besteuerungsrechtes der Republik Österreich siehe Rz 458 ff. *(AÖF 2012/74)*

440a   Bei natürlichen Personen als ausländischen Hauptgesellschaftern gilt inländisches unbewegliches Vermögen nur dann als Betriebsvermögen, wenn es dem ausländischen Betrieb des Hauptgesellschafters zuzurechnen ist. Liegt dies nicht vor, kommt eine beschränkte Steuerpflicht der stillen Reserven nach Maßgabe von § 98 Abs. 1 Z 7 EStG 1988 in Verbindung mit § 30 EStG 1988 (private Grundstücksveräußerungen) in Betracht. *(AÖF 2013/301)*

441   Eine grenzüberschreitende Wirkung kann sich auch bei der errichtenden Umwandlung insoweit ergeben, als an der übertragenden Kapitalgesellschaft Ausländer beteiligt sind (siehe Rz 496 zur Änderung der Besteuerungsrechte der Republik Österreich bezüglich der Anteile). *(AÖF 2012/74)*

2.1.4.2 „Importumwandlung"

442   Sollte ein ausländisches Umwandlungsrecht eine grenzüberschreitende Umwandlung kennen, kann sich ein Anwendungsfall des Art. II UmgrStG ergeben, wenn das Vermögen umwandlungsbedingt auf den inländischen Hauptgesellschafter übergeht (siehe Rz 495). *(AÖF 2012/74)*

2.1.5. Steuerliche Anwendungsvoraussetzungen

2.1.5.1 Allgemeines

Grundvoraussetzung für die Anwendung der in den §§ 8 bis 11 UmgrStG 443
vorgesehenen Rechtsfolgen ist das Vorliegen einer Umwandlung im Sinne des
UmwG. Art. II UmgrStG knüpft hinsichtlich dieser Frage direkt an die zivilrechtlichen Bestimmungen des UmwG an (Grundsatz der Maßgeblichkeit des
UmwG, siehe Rz 445 ff). Das österreichische UmwG dient auch bei Auslandsumwandlungen als Beurteilungsmaßstab (siehe Rz 435 ff). *(AÖF 2012/74)*

Neben dem Vorliegen einer Umwandlung im Sinne des UmwG müssen 444
meist zwei weitere Voraussetzungen erfüllt werden:

- Errichtende und meist auch verschmelzende Umwandlungen fallen nur dann
  in den Anwendungsbereich des Art. II UmgrStG, wenn ein Betrieb übertragen wird (Betriebserfordernis, siehe Rz 449 ff). Zur Ausnahme vom Betriebserfordernis siehe Rz 450.

- Art. II UmgrStG findet nur insoweit Anwendung, als das Besteuerungsrecht
  der Republik Österreich hinsichtlich der stillen Reserven des Vermögens der
  umzuwandelnden Kapitalgesellschaft einschließlich eines allfälligen Firmenwertes beim Rechtsnachfolger nicht eingeschränkt wird (Steuerverstrickungserfordernis, siehe Rz 458 ff).

Nicht zu den Anwendungsvoraussetzungen des Art. II UmgrStG gehört,
dass die am Umwandlungsstichtag an der übertragenden Kapitalgesellschaft beteiligten Anteilsinhaber bis zur Eintragung des Umwandlungsbeschlusses in das
Firmenbuch Anteilsinhaber bleiben (siehe Rz 464, zu den Auswirkungen auf
den Verlustabzug siehe Rz 576 ff). *(AÖF 2012/74)*

2.1.5.2 Maßgeblichkeit des Umwandlungsgesetzes

Art. II UmgrStG knüpft bei der Tatbestandsbildung direkt an die unterneh- 445
mensrechtlichen Bestimmungen des UmwG an und normiert errichtende und
verschmelzende Umwandlungen im Sinne dieses Gesetzes auch als Umwandlungen im Sinne des UmgrStG. Damit ist der Beurteilungsmaßstab für das Vorliegen einer Umwandlung im Sinne des UmgrStG das UmwG. Für die Abgabenbehörden ergibt sich daraus hinsichtlich der gesellschaftsrechtlichen Beurteilung eine Bindungswirkung in zweierlei Hinsicht:

- Eine Umwandlung im Sinne des UmgrStG kann nicht in einen anderen Umgründungstyp umgedeutet und damit nicht unter einen anderen Artikel des
  UmgrStG subsumiert werden (Bindung hinsichtlich des Umgründungs-
  typus). Ist bspw. im Firmenbuch die verschmelzende Umwandlung (§ 2
  UmwG) einer österreichischen Tochter-Kapitalgesellschaft auf ihre zu 100%
  beteiligte Mutter-Kapitalgesellschaft in der Schweiz (siehe Rz 440) eingetragen, kann die Abgabenbehörde diesen (wirtschaftlich betrachtet) fusionsähnlichen Vorgang nicht Art. I UmgrStG zuordnen. Es liegt auch steuerlich
  eine nach Art. II UmgrStG zu beurteilende Umwandlung vor.

- Eine im Firmenbuch eingetragene anfechtbare oder nichtige Umwandlung
  ist umgründungssteuerrechtlich solange anzuerkennen, als sie im Firmenbuch nicht wieder ausgetragen wird (Bindung hinsichtlich der Gültigkeit der
  Firmenbucheintragung). Die Prüfung der Einhaltung der gesellschaftsrechtlichen Anwendungsvoraussetzungen des UmwG obliegt ausschließlich dem
  Firmenbuchgericht. *(AÖF 2012/74)*

446   Wird der Antrag auf Eintragung des Umwandlungsbeschlusses in das Firmenbuch ab- oder zurückgewiesen, kommt eine Umwandlung weder unternehmensrechtlich noch abgabenrechtlich zustande.

Wird die Eintragung der Umwandlung im Firmenbuch nachträglich als nichtig gelöscht, ist steuerlich davon auszugehen, dass eine Vermögensübertragung auf andere nicht stattgefunden hat und daher auch keine Liquidationsbesteuerung im Sinne des § 20 KStG 1988 stattfinden kann. Es ist eine getrennte Besteuerung der übertragenden Körperschaft und der (des) Rechtsnachfolger(s) ab dem Umwandlungsstichtag vorzunehmen. Sofern eine getrennte Einkommensermittlung aus dem Rechenwerk der (des) Rechtsnachfolger(s) nicht ableitbar ist, sind deren Besteuerungsgrundlagen im Schätzungswege zu ermitteln. *(AÖF 2008/243)*

447   Die gesellschaftsrechtliche Rückwirkungsfrist, die auf Grund des Verweises des § 2 Abs. 3 UmwG auf § 220 AktG ebenso wie bei Verschmelzungen neun Monate beträgt und für die Anmeldung des Umwandlungsbeschlusses zur Eintragung in das Firmenbuch maßgeblich ist, ist auch für die abgabenrechtliche Rückwirkung maßgebend (siehe Rz 80 ff).

448   Zur Frage des allfälligen Vorliegens einer verbotenen Einlagenrückgewähr siehe Rz 51.

2.1.5.3 Betriebserfordernis

2.1.5.3.1 Allgemeines

449   Errichtende Umwandlungen fallen nach § 7 Abs. 1 Z 1 UmgrStG ohne Ausnahme nur dann in den Anwendungsbereich des Art. II UmgrStG, wenn ein Betrieb übertragen wird. Im Hinblick auf die Rückwirkungsfiktion des § 8 Abs. 3 und des § 9 Abs. 1 UmgrStG muss der Betrieb am Umwandlungsstichtag bestanden haben und der übertragenden Kapitalgesellschaft zurechenbar gewesen sein.

450   Eine Betriebsübertragung ist auch bei verschmelzenden Umwandlungen grundsätzlich Voraussetzung für die Anwendung der §§ 8 bis 11 UmgrStG. Dies ist nach § 7 Abs. 1 Z 2 UmgrStG nur dann nicht erforderlich, wenn Hauptgesellschafter eine Körperschaft ist, die ihr Einkommen nach § 7 Abs. 3 KStG 1988 (KStR 2013 Rz 399 und Rz 400) ermittelt. Da seit dem GesRÄG 2007 verschmelzende Umwandlungen auf Kapitalgesellschaften in der EU nicht mehr zulässig sind (Rz 425), ist die Holding-Umwandlung praktisch auf die Umwandlung von Kapitalgesellschaften beschränkt, deren Hauptgesellschafter rechnungslegungspflichtige Genossenschaften oder rechnungslegungspflichtige Betriebe gewerblicher Art von Körperschaften öffentlichen Rechts sind. Mögliche Rechtsnachfolger sind beispielsweise auch Sparkassen oder Versicherungsvereine auf Gegenseitigkeit.

Zur Ausnahme vom Betriebserfordernis bei grenzüberschreitenden Umwandlungen siehe Rz 440. *(AÖF 2013/301)*

2.1.5.3.2 Betrieb

451   Der Betrieb muss ein solcher im Sinne des Ertragsteuerrechtes sein, somit eine selbständige organisatorische Einheit zur Erzielung von Einkünften im Sinne des § 2 Abs. 3 Z 1 bis 3 EStG 1988 (siehe dazu EStR 2000 Rz 409 ff). Die Beurteilung der Tätigkeit einer Kapitalgesellschaft als Liebhabereibetrieb stellt einen Ausschlussgrund für Art. II UmgrStG dar. Die Tatsache, dass Körperschaften, die auf Grund der Rechtsform nach unternehmensrechtlichen Vor-

schriften zur Buchführung verpflichtet sind, nach § 7 Abs. 3 KStG 1988 ausschließlich Einkünfte aus Gewerbebetrieb erzielen, erfüllt für sich alleine noch nicht das Betriebserfordernis des § 7 Abs. 1 UmgrStG. *(AÖF 2012/74)*

Das Betriebserfordernis ist auch dann erfüllt, wenn ein ruhender Betrieb   452
(EStR 2000 Rz 5638) oder ein verpachteter Betrieb übertragen wird, sofern mit
der Betriebsunterbrechung bzw. -verpachtung nicht eine Aufgabe des Betriebs
verbunden ist (EStR 2000 Rz 5647 ff). Betriebsqualität vermittelt auch die Substanzbeteiligung an einem Betrieb in Form einer Mitunternehmerschaft. Die
Mitunternehmerstellung einer umzuwandelnden Kapitalgesellschaft, die sich
nur auf die Stellung als Arbeitsgesellschafterin reduziert, kann den nach § 7
Abs. 1 UmgrStG geforderten Betrieb nicht begründen. Ob vermögensverwaltende Tätigkeiten einer Kapitalgesellschaft als Betriebe zu behandeln sind, ist nach
einkommensteuerrechtlichen Grundsätzen zu beurteilen (siehe EStR 2000
Rz 5418 ff).

Beispiel:
Die Geschäftstätigkeit einer Kapitalgesellschaft besteht vorwiegend in der Vermögensverwaltung (Liegenschaften und Beteiligungen). Zusätzlich entfaltet sie seit jeher auch eine betriebliche Tätigkeit in Form der Unternehmensberatung. Die Unternehmensberatung erfolgt in einem angemieteten Büro. Die Kapitalgesellschaft soll errichtend in eine OG umgewandelt werden.
Die Umwandlung kann unter Anwendung der §§ 9 bis 11 UmgrStG abgewickelt werden, da auf Grund der Unternehmensberatung die Voraussetzung des § 7 Abs. 1 Z 1 UmgrStG (Übertragung eines Betriebes) erfüllt ist. Dabei ist allerdings zu berücksichtigen, dass nach § 9 Abs. 3 UmgrStG ein umwandlungsbedingter Wechsel der Gewinnermittlungsart zu jener nach § 4 Abs. 1 EStG 1988 oder § 4 Abs. 3 EStG 1988 stattfindet und daher die stillen Reserven bzw. Lasten der Liegenschaften und Beteiligungen steuerwirksam werden, weil diese Wirtschaftsgüter beim Rechtsnachfolger nicht zum notwendigen Betriebsvermögen der Unternehmensberatung zählen. *(AÖF 2008/243)*

Die Umwandlungsfähigkeit im Sinne des § 7 Abs. 1 UmgrStG ist dem Grun-   453
de nach unabhängig davon gegeben, ob die übertragende Kapitalgesellschaft
ausschließlich, überwiegend oder in geringem Ausmaß betriebsführend (operativ) ist.

Die Umwandlungsfähigkeit kann auch durch eine Betriebseröffnung oder   454
einen Betriebserwerb bis zum Umwandlungsstichtag oder durch eine Betriebsübertragung im Wege einer Vorumgründung erreicht werden, wenn der Betriebszugang auf Grund der Rückwirkungsfiktion am Beginn des Umwandlungsstichtages oder mittels einer Mehrfachumgründung gemäß § 39 UmgrStG am Ende
des Umwandlungsstichtages als bewirkt gilt. Stellt sich der erwähnte Betriebserwerb allerdings als eine bloße Gestaltung zur Steueroptimierung dahingehend
dar, dass

- der Betriebserwerb innerhalb von etwa sechs Monaten vor dem Umwandlungsstichtag erfolgt und

- auf diesen Betrieb weniger als 25% des Verkehrswertes des gesamten übertragenen Vermögens am Umgründungsstichtag entfällt,

wird die Umwandlung hinsichtlich der Geltung des Art. II UmgrStG von der zuständigen Abgabenbehörde unter Missbrauchsgesichtspunkten (§ 44 UmgrStG)
zu prüfen sein. *(AÖF 2005/273)*

Randzahl 455: *derzeit frei (AÖF 2012/74)*

Randzahl 456: *derzeit frei (AÖF 2012/74)*

2.1.5.3.3 Betriebserfordernis in zeitlicher Hinsicht *(AÖF 2012/74)*

457   Aus § 7 Abs. 1 UmgrStG ergibt sich, dass am Umwandlungsstichtag und am Tag des Umwandlungsbeschlusses ein Betrieb der umzuwandelnden Kapitalgesellschaft vorhanden sein muss. Im Normalfall geht der an beiden Stichtagen vorhandene Betrieb nach § 2 Abs. 2 Z 1 UmwG mit der Eintragung des Umwandlungsbeschlusses in das Firmenbuch und abgabenrechtlich mit Ablauf des Umwandlungsstichtages auf den Rechtsnachfolger über.

Aus § 7 Abs. 1 Z 1 UmgrStG ist ableitbar, dass der am Umwandlungsstichtag vorhandene Betrieb nicht unbedingt mit dem tatsächlich auf den Rechtsnachfolger übergehenden übereinstimmen muss. Art. II UmgrStG ist auch dann anwendbar, wenn zwischen der Beendigung des am Stichtag vorhandenen Betriebes und dem Beginn des am Beschlusstag vorhandenen Betriebes eine betriebslose Zeit gegeben ist. Bei erheblichen Unterschieden hinsichtlich der Größe des am Stichtag und am Beschlusstag vorhandenen Betriebes ist Rz 454 zu beachten.

Sollte der am Beschlusstag vorhandene Betrieb vor der Eintragung des Umwandlungsbeschlusses in das Firmenbuch veräußert werden, ist auf Grund der Tatsache, dass nach § 8 Abs. 3 UmgrStG bei der übertragenden Kapitalgesellschaft und nach § 9 Abs. 1 UmgrStG beim übernehmenden Rechtsnachfolger das Einkommen jeweils so zu ermitteln ist, als ob der Vermögensübergang mit Ablauf des Umwandlungsstichtages erfolgt wäre, von einem Betriebsübergang auf den Rechtsnachfolger und damit von einem dem Rechtsnachfolger zuzurechnenden Veräußerungsvorgang auszugehen. *(AÖF 2008/243)*

2.1.5.4 Besteuerungsrecht der Republik Österreich (AÖF 2012/74)

2.1.5.4.1 Allgemeines *(AÖF 2012/74)*

458   Art. II UmgrStG findet auf Umwandlungen nur insoweit Anwendung, als das Besteuerungsrecht der Republik Österreich hinsichtlich der stillen Reserven des Vermögens der umzuwandelnden Kapitalgesellschaft einschließlich eines allfälligen Firmenwertes beim Rechtsnachfolger nicht eingeschränkt wird (§ 7 Abs. 2 erster Satz UmgrStG). Soweit es zu einer Steuerentstrickung des Vermögens kommt und Art. II UmgrStG nicht anwendbar ist, sind die Liquidationswerte nach § 20 Abs. 1 Z 1 KStG 1988 (gemeiner Wert) anzusetzen. Erfolgt die umwandlungsbedingte Einschränkung des Besteuerungsrechtes gegenüber einem EU-Staat oder einem Staat des EWR, kann die übertragende Körperschaft in ihrer letzten Körperschaftsteuererklärung aufgrund von § 7 Abs. 2 zweiter Satz UmgrStG iVm § 6 Z 6 lit. d bis e EStG 1988 jeweils idF AbgÄG 2015 einen Antrag auf Ratenzahlung hinsichtlich der entstehenden Steuerschuld stellen (zum Ratenzahlungskonzept im Detail siehe Rz 44a; bei bis zum 31.12.2015 beschlossenen oder unterfertigten Umwandlungen kann aufgrund von § 7 Abs. 2 UmgrStG idF vor AbgÄG 2015 ein Antrag auf Nichtfestsetzung gestellt werden, siehe Rz 44b). Dabei ist maßgeblich, welchem Staat das Besteuerungsrecht an den stillen Reserven des Vermögens und des Firmenwerts nach der Umwandlung zukommt (zB Ansässigkeitsstaat des Rechtsnachfolgers oder Belegenheitsstaat der Betriebsstätte, der das Vermögen nach der Umwandlung zuzuordnen ist).

Wird dagegen durch die Umwandlung das Besteuerungsrecht hinsichtlich der (untergehenden) Anteile an der umzuwandelnden Kapitalgesellschaft eingeschränkt (§ 9 Abs. 1 Z 2 UmgrStG), bleibt Art. II UmgrStG grundsätzlich voll anwendbar, besteuert werden nur die in den Anteilen enthaltenen stillen Reserven (Rz 495) durch Ansatz des gemeinen Wertes (Tauschbesteuerung); § 6 Z 6 lit. c bis e EStG 1988 sind dabei sinngemäß anzuwenden, weshalb im Falle einer Einschränkung des Besteuerungsrechtes gegenüber EU/EWR Staaten ein Antrag auf Ratenzahlung gestellt werden kann (bis 31.12.2015: Antrag auf Nichtfestsetzung). *(BMF-AV Nr. 131/2018)*

§ 7

Die Problematik der Steuerentstrickung ist vor allem in folgenden Fallkonstellationen zu überprüfen: 459

- Eine inländische unbeschränkt steuerpflichtige Kapitalgesellschaft wird auf eine inländische steuerbefreite Körperschaft verschmelzend umgewandelt, wobei das bis zur Umwandlung steuerhängige Vermögen unter die Steuerbefreiung fällt.

- Eine inländische unbeschränkt steuerpflichtige Kapitalgesellschaft wird errichtend in eine Personengesellschaft umgewandelt, an der steuerbefreite Körperschaften als Gesellschafter beteiligt sind.

- Bei einer grenzüberschreitenden Export-Umwandlung auf einen ausländischen Rechtsträger, wenn kein Betrieb übertragen wird.

- Bei einer Auslandsumwandlung, wenn Österreich im Zusammenhang mit einem DBAWechsel bzw. einem umwandlungsbedingten DBA-Eintritt Besteuerungsrechte entzogen werden. *(AÖF 2008/243)*

2.1.5.4.2 Teilweiser Verlust des Besteuerungsrechtes *(AÖF 2012/74)*

Gehen mit der Umwandlung österreichische Besteuerungsrechte nur teilweise verloren, sind die Rechtsfolgen des Art. II UmgrStG insoweit anzuwenden, als das Vermögen weiterhin steuerverstrickt bleibt. Soweit das Besteuerungsrecht eingeschränkt wird, kommt es zur Liquidationsbesteuerung gemäß § 20 Abs. 1 Z 1 KStG 1988; zur Möglichkeit eines Antrags auf Ratenzahlung (bis 31.12.2015: Nichtfestsetzung) siehe Rz 458.   460

Beispiel:

Die inländische T-AG wird verschmelzend auf ihre Hauptgesellschafterin, eine in der Schweiz ansässige M-AG umgewandelt. Das Vermögen der österreichischen AG besteht aus einer inländischen Betriebsstätte mit einem Verkehrswert von 70 und einem Buchwert von 30 sowie aus einer ausländischen Betriebsstätte mit einem Verkehrswert von 30 und einem Buchwert von 10. Die ausländische Betriebsstätte befindet sich in einem Staat, mit dem Österreich kein DBA bzw. ein DBA abgeschlossen hat, das die Vermeidung der Doppelbesteuerung nach der Anrechnungsmethode vorsieht. In diesem Fall geht das Besteuerungsrecht der Republik Österreich an den ausländischen Betriebsstättengewinnen umwandlungsbedingt unter. Das Besteuerungsrecht an den inländischen Betriebsstättengewinnen wird durch die Umwandlung nicht eingeschränkt, da Österreich auch nach der Umwandlung auf Grund Art. 7 DBA Schweiz-Österreich die Gewinne der österreichischen Betriebsstätte der Schweizer AG weiterhin besteuern kann. Art. II UmgrStG ist daher

- hinsichtlich der inländischen Betriebsstätte anwendbar, dh. es kommt zu keiner Liquidationsbesteuerung bei der österreichischen AG sowie zur zwingenden Fortführung der steuerlichen Buchwerte bei der Schweizer AG.

- hinsichtlich der ausländischen Betriebsstätte nicht anwendbar, dh. es kommt es zum Umwandlungsstichtag zur Versteuerung der stillen Reserven im Rahmen einer partiellen Liquidationsbesteuerung nach § 20 Abs. 1 Z 1 KStG 1988. Da bei einer verschmelzenden Umwandlung keine Gegenleistung in Form von Gesellschaftsrechten gewährt wird, ergibt sich ein anteiliger Liquidationsgewinn nach § 20 Abs. 2 letzter Satz KStG 1988 in Höhe von 20 (Differenz zwischen Verkehrswert und Buchwert des ausländischen Betriebsstättenvermögens).

- Die auf die Auslandsbetriebsstätte entfallenden Verluste der österreichischen AG können nicht auf die Schweizer AG übergehen und gehen daher umwandlungsbedingt unter. Die restlichen vortragsfähigen Verluste können unter den Voraussetzungen des § 10 UmgrStG sowie unter Berücksichtigung der Beschränkungen des § 102 Abs. 2 Z 2 letzter Satz EStG 1988 von der Schweizer AG als eigene Verluste im Rahmen des Sonderausgabenabzuges berücksichtigt werden.

- Auf Gesellschafterebene kann die Bemessungsgrundlage für die Liquidationsbesteuerung nur im Verhältnis der Verkehrswerte des in- und ausländischen Betriebes gefunden werden. 30% der Beteiligung der Schweizer AG an der österreichischen AG gelten somit nach § 98 Abs. 1 Z 5 lit. e EStG 1988 als veräußert. Das Besteuerungsrecht für einen Gewinn aus der Beteiligungsveräußerung steht jedoch nach Art. 13 Z 4 DBA Schweiz-Österreich der Schweiz zu.

- Hinsichtlich 30% des übertragenen Vermögen liegt umsatzsteuerrechtlich im Zeitpunkt der Eintragung der Umwandlung im Firmenbuch ein Tausch vor (Tausch von Vermögenswerten gegen Aufgabe von Gesellschaftsrechten), der jedoch bei der umgewandelten Kapitalgesellschaft auf Grund des ausländischen Lieferortes nicht steuerbar und auf Seite des Gesellschafters (Schweizer AG) nach § 6 Abs. 1 Z 8 lit. g UStG 1994 unecht steuerbefreit ist. In Bezug auf den unecht steuerbefreiten Umsatz sind die Regelungen über den Ausschluss vom Vorsteuerabzug zu berücksichtigen (zB für Beratungshonorare im Zusammenhang mit der Umwandlung). *(AÖF 2012/74, BMF-AV Nr. 40/2017)*

2.1.5.4.3. Umwandlungen infolge einer Einschränkung des Besteuerungsrechts *(BMF-AV Nr. 131/2018)*

461   Wurde für einen Kapitalanteil ein Antrag auf Entrichtung der Steuerschuld in Raten oder ein Antrag auf Nichtfestsetzung der Steuerschuld gestellt, führt eine darauffolgende errichtende Umwandlung gemäß Art. II UmgrStG jener Kapitalgesellschaft, an der der mit Ratenzahlung bzw. Nichtfestsetzung behaftete Kapitalanteil besteht, für sich genommen nicht zu einer Fälligstellung noch offener Raten bzw. zu einer Festsetzung der Steuerschuld. Dabei sind jedoch folgende Fälle zu unterscheiden:

- Entsteht umwandlungsbedingt wieder ein Besteuerungsrecht der Republik Österreich, weil nach der Umwandlung sämtliche Gewinne wieder im Rahmen der beschränkten Steuerpflicht mit bis zu 50% Einkommensteuer zu erfassen sind, ist § 9 Abs. 1 Z 3 dritter Teilstrich UmgrStG anzuwenden. § 9 Abs. 1 Z 3 dritter Teilstrich UmgrStG ist allerdings im Lichte des § 9 Abs. 1 Z 3 zweiter Teilstrich UmgrStG teleologisch auf die nach dem Wegzug entstandenen stillen Reserven zu reduzieren (Unterschiedsbetrag zwischen dem gemeinen Wert der Anteile im Wegzugszeitpunkt und am Umwandlungsstichtag). Eine spätere Festsetzung der im Zeitpunkt des Wegzugs nicht festgesetzten Steuerschuld findet nicht statt.

Beispiel:
Die im Inland ansässige natürliche Person A hält einen Kapitalanteil (Anschaffungskosten 100) an der inländischen A-GmbH. Anlässlich des Wegzugs von A nach Deutschland (gemeiner Wert 600) stellt A gemäß § 27 Abs. 6 Z 1 lit. a EStG 1988 einen Antrag auf Nichtfestsetzung der Steuerschuld hinsichtlich der im Kapitalanteil enthaltenen stillen Reserven (500). In der Folge wird die A-GmbH errichtend in die A-KG gemäß Art. II UmgrStG umgewandelt, wodurch der Kapitalanteil (gemeiner Wert 1.000), auf dem der Antrag auf Nichtfestsetzung haftet, untergeht. Die Umwandlung führt für sich genommen nicht zu einer Festsetzung der Steuerschuld.

Gemäß § 9 Abs. 1 Z 3 dritter Teilstrich UmgrStG entsteht umwandlungsbedingt wieder ein Besteuerungsrecht, weshalb der Unterschiedsbetrag in Höhe von 400 mit einem besonderen Steuersatz in Höhe von 25% zu besteuern ist. Die nichtfestgesetzten stillen Reserven iHv 500 sind im Rahmen der beschränkten Einkommensteuerpflicht zu erfassen. Eine gesonderte Festsetzung findet nicht statt.

- Entsteht umwandlungsbedingt jedoch kein Besteuerungsrecht der Republik Österreich, tritt ersatzweise für Zwecke der Fälligstellung noch offener Raten bzw. für Zwecke der Festsetzung der Steuerschuld der umwandlungsbedingt entstehende Anteil an der Personengesellschaft an die Stelle des bisherigen Kapitalanteils. Erfolgt vor der Umwandlung eine Einbringung jenes Kapitalanteils gemäß Art. III UmgrStG, an dem der Antrag auf Nichtfestsetzung haftet, ist hinsichtlich des „Beobachtungsobjekts" zusätzlich Rz 860g zu beachten (danach führt auch die Veräußerung der einbringungsbedingt gewährten Gegenleistung zu einer Festsetzung der Steuerschuld).

§ 7

Variante Beispiel:

Vor der Umwandlung der A-GmbH gemäß Art. II werden die Kapitalanteile in die österreichische X-GmbH eingebracht.

Weder die Umwandlung noch die Einbringung führen für sich genommen zu einer Festsetzung der Steuerschuld; als „Beobachtungsobjekt" tritt an Stelle des Kapitalanteils an der A-GmbH in weiterer Folge der KG-Anteil. Zusätzlich führt einbringungsbedingt auch die Veräußerung des Anteils an der X-GmbH zu einer Festsetzung der Steuerschuld.

Veräußert die X-GmbH daher den Anteil an der A-KG, kommt es zu einer Festsetzung der anlässlich des Wegzugs nicht festgesetzten Steuerschuld (iHv 500) gemäß § 27 Abs. 6 EStG 1988.

Randzahlen 462 und 463: *derzeit frei (BMF-AV Nr. 131/2018)*

2.1.5.5 Unmaßgeblichkeit des Gesellschafterwechsels nach dem Umwandlungsstichtag (AÖF 2012/74)

Ein Gesellschafterwechsel nach dem Umgründungsstichtag ist im UmgrStG   464 nicht gesondert geregelt und daher nach den allgemeinen ertragsteuerrechtlichen Grundsätzen zu beurteilen. Zivilrechtlich erlischt die übertragende Kapitalgesellschaft erst mit der Eintragung des Umwandlungsbeschlusses im Firmenbuch (§ 2 Abs. 2 Z 2 UmwG). Damit ist die Anteilsveräußerung durch einen Gesellschafter der übertragenden Kapitalgesellschaft auch in der Zeit zwischen dem dem Umwandlungsstichtag folgenden Tag bis zum Tag der Eintragung der Umwandlung im Firmenbuch als Veräußerung eines Kapitalanteiles zu werten, der als realisierte Wertsteigerung nach § 27 Abs. 3 EStG 1988 bzw. im Betriebsvermögen allgemein steuerpflichtig ist. Der Kapitalanteilserwerb bleibt ein solcher, auch wenn der Erwerber gemäß § 9 Abs. 1 UmgrStG rückwirkend zum (Mit)Unternehmer wird.

Beispiel:

Die A-GmbH soll durch den Umwandlungsbeschluss von 25.9.02 zum 31.12.01 errichtend in die A-KG umgewandelt werden. Auf Grund der Anmeldung des Umwandlungsbeschlusses am 29.9.02 erfolgt die Eintragung desselben am 28.11.02. B hat seinen privat gehaltenen 25-prozentigen Anteil an der übertragenden GmbH am

a) 31.10.01,

b) 1.6.02,

c) 15.10.02

an C veräußert.

In allen drei Fällen kommt es für B zu nach allgemeinem Einkommensteuerrecht zu beurteilenden Veräußerungstatbeständen im Sinne des § 27 Abs. 3 EStG 1988. Auch im Falle der lit. b und c erwirbt C einen Kapitalanteil, wird rückwirkend zum 1.1.02 zum Mitunternehmer und ist der Unterschiedsbetrag zwischen den Anschaffungskosten und dem umwandlungsbedingt übernommenen Buchwert des Mitunternehmeranteils steuerneutral. *(AÖF 2012/74, BMF-AV Nr. 40/2017)*

Übertragende Körperschaft

§ 8. (1) Bei der Ermittlung des Gewinnes ist für das mit dem Umwandlungsstichtag endende Wirtschaftsjahr das Betriebsvermögen mit dem Wert anzusetzen, der sich nach den steuerrechtlichen Vorschriften über die Gewinnermittlung ergibt.

(2) Abweichend von Abs. 1 kann

1. bei Umwandlungen im Sinne des § 7 Abs. 1 Z 1 und 2 das ausländische Vermögen und

2. bei Umwandlungen im Sinne des § 7 Abs. 1 Z 3 das Betriebsvermögen und sonstige Vermögensteile

mit dem sich aus § 20 des Körperschaftsteuergesetzes 1988 ergebenden Wert angesetzt werden, wenn die Umwandlung im Ausland zur Gewinnverwirklichung führt und mit dem in Betracht kommenden ausländischen Staat ein Doppelbesteuerungsabkommen besteht, das dafür die Anrechnungsmethode vorsieht, oder eine vergleichbare innerstaatliche Maßnahme zur Vermeidung der Doppelbesteuerung getroffen wurde.

(3) Das Einkommen ist so zu ermitteln, als ob der Vermögensübergang mit Ablauf des Umwandlungsstichtages erfolgt wäre.

(4) Abs. 3 gilt nicht für Gewinnausschüttungen der übertragenden Körperschaft auf Grund von Beschlüssen nach dem Umwandlungsstichtag sowie für

– die Einlagenrückzahlung im Sinne des § 4 Abs. 12 des Einkommensteuergesetzes 1988 durch die übertragende Körperschaft und

– Einlagen im Sinne des § 8 Abs. 1 des Körperschaftsteuergesetzes 1988 in die übertragende Körperschaft

in der Zeit zwischen dem Umwandlungsstichtag und dem Tag des Umwandlungsbeschlusses.

(5) Umwandlungsstichtag ist der Tag, zu dem die Schlussbilanz aufgestellt ist, die der Umwandlung zugrunde gelegt wird. Zum Umwandlungsstichtag ist weiters eine Umwandlungsbilanz aufzustellen, in der die nach Abs. 1 oder 2 steuerlich maßgebenden Buchwerte oder Werte und das sich daraus ergebende Umwandlungskapital unter Berücksichtigung nachträglicher Veränderungen im Sinne des Abs. 4 darzustellen sind.

(BGBl I 2000/142)

Gliederung:

2.2. Übertragende Körperschaft (§ 8 UmgrStG)

2.2.1. Umwandlungsstichtag

2.2.1.1 Allgemeines

§ 8 UmgrStG regelt die ertragsteuerliche Behandlung der übertragenden 465
Körperschaft und legt fest, dass die persönliche und sachliche Körperschaftsteuerpflicht nicht am Tag der Eintragung des Umwandlungsbeschlusses in das Firmenbuch sondern bereits mit Ablauf des Umwandlungsstichtages endet.

Nach § 8 Abs. 5 UmgrStG ist Umwandlungsstichtag der Tag, zu dem die 466
Schlussbilanz der übertragenden Körperschaft aufgestellt ist, die der Umwandlung zugrunde gelegt wird. Der Umwandlungsstichtag wird demnach durch den Zeitpunkt der gesellschaftsrechtlich verpflichtend zu erstellenden Schlussbilanz (§ 220 Abs. 3 AktG in Verbindung mit § 2 Abs. 3 UmwG und § 5 Abs. 5 UmwG) bestimmt. Gesellschaftsrechtliche Grundlage für die Festlegung des Umwandlungsstichtages ist der Umwandlungsvertrag (§ 2 Abs. 3 Z 2 UmwG). *(AÖF 2008/243)*

Der gesellschaftsrechtliche Umwandlungsstichtag ist auch steuerrechtlich 467
maßgeblich. *(AÖF 2012/74)*

Der Umwandlungsstichtag hat mehrere Funktionen: 468

- Für die übertragende Kapitalgesellschaft:
  – Ende der subjektiven und objektiven Steuerpflicht
  – Aufstellung einer Schlussbilanz gemäß § 220 Abs. 3 AktG
  – Ablauf des letzten Wirtschaftsjahres.

- Für den Übernehmenden (Rechtsnachfolger) bei der errichtenden Umwandlung:
  – Schuldrechtlich wird die Umwandlung auf den Umwandlungsstichtag zurückbezogen
  – Ertragsteuerlich entsteht die übernehmende Mitunternehmerschaft mit Beginn des dem Umwandlungsstichtag folgenden Tages
  – Das Beteiligungsverhältnis an der übertragenden Körperschaft geht mit dem dem Umwandlungsstichtag folgenden Tag in ein Mitunternehmerverhältnis über.

- Für den Hauptgesellschafter bei der verschmelzenden Umwandlung:
  – Schuldrechtlich und ertragsteuerlich wird die Umwandlung auf den Umwandlungsstichtag zurückbezogen
  – Sofern der Hauptgesellschafter nicht Alleingesellschafter ist, gelten die Minderheitsanteile der abfindungsberechtigten Gesellschafter am Umwandlungsstichtag als erworben.

Der Umwandlungsstichtag kann von den Vertragsparteien frei bestimmt 469
werden, es ist jedoch zu beachten, dass dieser maximal neun Monate vor der Anmeldung des Umwandlungsbeschlusses zur Eintragung in das Firmenbuch lie-

gen darf. Diese Neunmonatsfrist ist als materiellrechtliche Frist zu verstehen, das heißt, dass die Anmeldung beim zuständigen Firmenbuch spätestens am letzten Tag der Neunmonatsfrist einlangen muss (OGH 17.7.1997, 6 Ob 124/97x). Weicht der Umwandlungsstichtag vom Regelbilanzstichtag ab, ist eine bescheidmäßige Zustimmung des FA im Sinne des § 7 Abs. 5 KStG 1988 nicht erforderlich. Unabhängig von der Anmeldung zur Eintragung ins Firmenbuch muss innerhalb von neun Monaten ab dem Umgründungsstichtag eine Anzeige beim zuständigen Finanzamt erfolgen (§ 43 Abs. 1 UmgrStG). Die Verletzung dieser Frist kann eine Finanzordnungswidrigkeit gemäß § 51 Abs. 1 lit. a FinStrG darstellen (siehe Rz 1900). *(BMF-AV Nr. 193/2015)*

470   Die steuerrechtliche Maßgeblichkeit der firmenbuchrechtlichen Eintragung der Umwandlung bedeutet, dass sie unabhängig von der Dauer des Firmenbuchverfahrens auf den Umwandlungsstichtag wirksam wird. Solange keine Eintragung der Umwandlung stattgefunden hat, bleibt die übertragende Körperschaft Steuersubjekt. Sollte die begehrte Eintragung des Umwandlungsbeschlusses in das Firmenbuch versagt werden, kann mangels Untergang der übertragenden Körperschaft eine Liquidationsbesteuerung im Sinne des § 20 KStG 1988 nicht Platz greifen.

471   Zur nachträglichen Löschung einer eingetragenden Umwandlung im Firmenbuch siehe Rz 446.

2.2.1.2. Rückwirkungsfiktion

472   Im § 8 Abs. 3 UmgrStG wird ertragsteuerrechtlich fingiert, dass das Vermögen mit Ablauf des Umwandlungsstichtages auf den Übernehmenden übergeht. Damit wird verhindert, dass auf den Tag der Eintragung des Umwandlungsbeschlusses in das Firmenbuch eine steuerliche Vermögensermittlung erfolgen muss und die übertragende Kapitalgesellschaft bis zu diesem Tag körperschaftsteuerpflichtig bleibt. Gültigkeit hat die Rückwirkungsfiktion für die übertragende Körperschaft und die Rechtsnachfolger im Sinne des § 7 Abs. 3 UmgrStG. Sie gilt nicht für die nicht an der Umwandlung teilnehmenden Anteilsinhaber der übertragenden Gesellschaft und die Anteilsinhaber einer Hauptgesellschafter-Körperschaft. *(AÖF 2012/74)*

473   Folge der Rückwirkungsfiktion ist, dass für die übertragende Körperschaft je nach dem Umwandlungsstichtag ein letztes volles Wirtschaftsjahr oder ein Rumpfwirtschaftsjahr gegeben ist und dass dem Grunde nach das Vermögen der übertragenden Körperschaft und alle Geschäftsfälle derselben nach dem Umwandlungsstichtag dem (den) Rechtsnachfolger(n) zuzurechnen ist (sind). Geschäftsfälle, die zwischen der übertragenden Gesellschaft und dem Hauptgesellschafter im Rückwirkungszeitraum abgeschlossen worden sind, können keine ertragsteuerlichen Folgen entfalten. Die Ausnahmen von der Rückwirkungsfiktion sind gesetzlich im § 8 Abs. 4 UmgrStG (siehe Rz 484) und im § 11 Abs. 1 UmgrStG (siehe Rz 549 ff) enthalten.

2.2.2. Schlussbilanz

474   § 8 Abs. 5 UmgrStG bestimmt, dass der Umwandlungsstichtag der Tag ist, zu dem die Schlussbilanz aufzustellen ist. Es handelt sich dabei um eine Unternehmensbilanz gemäß § 220 Abs. 3 AktG in Verbindung mit § 2 Abs. 3 UmwG und § 5 Abs. 5 UmwG. Diese verpflichtend aufzustellende Schlussbilanz ist die letzte Ertragsbilanz der übertragenden Körperschaft, die mit den vorangegangenen Jahresabschlüssen im Bilanzzusammenhang steht. Fällt der Umwandlungs-

stichtag auf den Regelbilanzstichtag, ergibt sich die Schlussbilanz aus dem Jahresabschluss. In allen anderen Fällen gelten für die Erstellung der Schlussbilanz nach dem nach § 2 Abs. 3 UmwG bzw. § 5 Abs. 5 UmwG maßgebenden § 220 Abs. 3 AktG die Vorschriften des UGB über den Jahresabschluss und dessen Prüfung sinngemäß. *(AÖF 2008/243)*

Randzahl 475: *derzeit frei (AÖF 2012/74)*

2.2.3. Steuerliche Gewinnermittlung

Mit der in § 8 Abs. 1 und Abs. 3 UmgrStG normierten Rückwirkungsfiktion 476 wird sichergestellt, dass das zu übertragende Betriebsvermögen auf den Umwandlungsstichtag nach den allgemeinen Gewinnermittlungsvorschriften zu ermitteln ist. Da nach dem UmwG nur Kapitalgesellschaften (AG, GmbH) umgewandelt werden können, kommt für die Gewinnermittlung ausschließlich jene gemäß § 5 Abs. 1 EStG 1988 in Betracht. Grundlage für den steuerlichen Betriebsvermögensvergleich ist die Schlussbilanz. Es kommen die allgemeinen Ansatz- und Bewertungsvorschriften des EStG 1988 bzw. KStG 1988 zur Anwendung, damit ist gleichzeitig sichergestellt, dass eine steuerwirksame Aufwertung mit Ausnahme jener gemäß § 8 Abs. 2 UmgrStG (siehe Rz 480 ff) ausgeschlossen ist.

2.2.4. Umwandlungsbilanz

2.2.4.1 Allgemeines

Neben der der unternehmensrechtlichen und steuerlichen Gewinnermittlung 477 dienenden Bilanzierung hat die übertragende Körperschaft nach § 8 Abs. 5 UmgrStG eine steuerliche Umwandlungsbilanz aufzustellen. Da diese Regelung eine Ordnungsvorschrift darstellt, können die steuerlichen Abweichungen gegenüber den Aktiva und Passiva der Schlussbilanz und das sich daraus ergebende steuerliche Umwandlungskapital auch in beschreibender Weise zB im Umwandlungsvertrag dargestellt werden. Eine fehlerhafte Darstellung des steuerlichen Vermögens oder das Fehlen einer Darstellung stellt kein Anwendungshindernis für Art. II UmgrStG dar.

Vermögen, das aufgrund des Anwendungsausschlusses nach § 7 Abs. 2 UmgrStG nicht im Rahmen des Art. II UmgrStG auf Rechtsnachfolger übergeht und gemäß § 20 Abs. 1 Z 1 KStG 1988 der Liquidationsbesteuerung unterliegt, ist nicht in die Umwandlungsbilanz aufzunehmen. *(AÖF 2013/301)*

2.2.4.2 Zweck der Umwandlungsbilanz

• die Darstellung der steuerlich maßgebenden Bilanzansätze und damit die 478 Darstellung der Abweichungen gegenüber den unternehmensrechtlichen Bilanzansätzen

• die Dokumentation einer wahlweisen Aufwertung (siehe Rz 480 ff)

• der Ausweis einer rückwirkenden Gestaltung (Korrekturen) des Vermögens (siehe Rz 484) und

• der Ausweis des sich aus der Gegenüberstellung der Aktiva und Passiva ergebenden Vermögens als Umwandlungskapital. *(AÖF 2012/74)*

2.2.5. Steuerliche Bewertung

2.2.5.1 Allgemeines

479 § 8 Abs. 1 UmgrStG sieht vor, dass das Betriebsvermögen zum Umwandlungsstichtag mit dem Wert anzusetzen ist, der sich nach den steuerrechtlichen Vorschriften über die Gewinnermittlung ergibt. Demnach sind die allgemeinen steuerrechtlichen Vorschriften der §§ 4 bis 14 EStG 1988 bei der Bewertung des zu übertragenen Vermögens zu beachten.

2.2.5.2 Aufwertungsoption

480 § 8 Abs. 2 UmgrStG sieht als Ausnahme vom zwingenden Buchwertfortführungsgrundsatz den Ansatz der nach § 20 KStG 1988 maßgebenden Werte und damit der Teilwerte der Wirtschaftsgüter einschließlich selbst geschaffener unkörperlicher Wirtschaftsgüter vor, wenn

- bei inländischen Umwandlungen (§ 7 Abs. 1 Z 1 und 2 UmgrStG) Auslandsvermögen oder

- bei ausländischen vergleichbaren Umwandlungen (§ 7 Abs. 1 Z 3 UmgrStG) Inlandsvermögen

vorliegt, die Umwandlung im Ausland zur tatsächlichen Gewinnverwirklichung führt und mit dem ausländischen Staat ein DBA mit Anrechnungsmethode oder eine vergleichbare innerstaatliche Maßnahme zur Vermeidung der Doppelbesteuerung besteht. *(AÖF 2012/74)*

481 Zweck des Aufwertungswahlrechtes ist die Realisierung der stillen Reserven im Inland, um allfällige Besteuerungsnachteile auf Grund unterschiedlicher Besteuerungszeitpunkte im In- und Ausland bei einem DBA mit Anrechnungsmethode zu vermeiden.

Wird von der Aufwertungsoption Gebrauch gemacht, sind die stillen Reserven des betreffenden Auslandsvermögens im Inland zu versteuern und ist die ausländische Steuer auf die entsprechende inländische Körperschaftsteuer anzurechnen.

482 Handelt es sich um eine inländische Umwandlung (§ 7 Abs. 1 Z 1 und Z 2 UmgrStG), bei der auch ausländisches Vermögen übertragen wird, ist lediglich das entsprechende ausländische Vermögen – und nicht das gesamte Betriebsvermögen – aufzuwerten. Voraussetzung ist, dass die Übertragung des ausländischen Vermögens der österreichischen Steuerpflicht unterliegt. Aufzuwerten ist das gesamte ausländische Vermögen.

483 Geht auf Grund einer Auslandsumwandlung (§ 7 Abs. 1 Z 3 UmgrStG) inländisches Vermögen über, kommt es bei Geltendmachung der Aufwertungsoption im Rahmen der beschränkten Körperschaftsteuerpflicht zur Besteuerung eines Veräußerungsgewinnes, ggf. zur Besteuerung von realisierten Wertsteigerungen aus Kapitalvermögen (§ 27 Abs. 3 EStG 1988) oder von Einkünften aus Grundstücksveräußerungen (§ 30 EStG 1988). Damit eine solche Besteuerung überhaupt möglich ist, müssen Einkünfte gemäß § 98 EStG 1988 vorliegen und es darf das österreichische Besteuerungsrecht durch ein DBA nicht eingeschränkt sein. *(AÖF 2013/301)*

2.2.5.3 Rückwirkende Korrekturen des zu übertragenden Vermögens

484 Als Grundsatz gilt, dass der Vermögensübergang auf den oder die Rechtsnachfolger mit Ablauf des Umwandlungsstichtages fingiert wird. Um zu verhin-

dern, dass Eigenkapitalveränderungen bei der übertragenden Gesellschaft nach dem Umwandlungsstichtag als solche der Nachfolgemitunternehmerschaft oder des Nachfolgeunternehmers gewertet werden, gilt die Rückwirkungsfiktion nicht für

- Gewinnausschüttungen der übertragenden Körperschaft
- Einlagenrückzahlungen im Sinne des § 4 Abs. 12 EStG 1988 der übertragenden Körperschaft
- Einlagen (§ 8 Abs. 1 KStG 1988) in die übertragende Körperschaft

im Rückwirkungszeitraum. Einlagenrückzahlungen der übertragenden Körperschaft vermindern, Einlagen in die übertragende Körperschaft erhöhen folglich noch das Einlagenevidenzkonto der übertragenden Körperschaft; Gewinnausschüttungen der übertragenden Körperschaft vermindern noch die Innenfinanzierung der übertragenden Körperschaft.

Formale Voraussetzung für eine rückwirkende Korrektur durch Gewinnausschüttungen, Einlagenrückzahlungen und Einlagen ist die Aufnahme dieser Positionen in die Umwandlungsbilanz. Einlagen sind bilanziell als Aktivposten, Gewinnausschüttungen und Einlagenrückzahlungen als Passivposten auszuweisen. Damit erhöht bzw. vermindert sich der Buchwert des zu übertragenden Vermögens. *(BMF-AV Nr. 40/2017)*

§ 8

Rechtsnachfolger

§ 9. (1) Für die Rechtsnachfolger gilt Folgendes:

1. Sie haben die zum Umwandlungsstichtag maßgebenden Buchwerte im Sinne des § 8 fortzuführen. § 8 Abs. 3 gilt für die Rechtsnachfolger mit Beginn des dem Umwandlungsstichtag folgenden Tages.

2. Soweit das Besteuerungsrecht der Republik Österreich hinsichtlich der Anteile an der übertragenden Körperschaft durch die Umwandlung eingeschränkt wird, gilt dies als Tausch im Sinne des § 6 Z 14 lit. a des Einkommensteuergesetzes 1988 an dem dem Umwandlungsstichtag folgenden Tag. § 6 Z 6 lit. c bis e des Einkommensteuergesetzes 1988 sind sinngemäß anzuwenden.

3. Soweit das Besteuerungsrecht der Republik Österreich entsteht, gilt Folgendes:

   – Das übernommene Vermögen ist mit dem gemeinen Wert anzusetzen.

   – Wird Vermögen ganz oder teilweise übernommen, für das die Abgabenschuld bei einem Rechtsnachfolger oder bei einer konzernzugehörigen Körperschaft eines Rechtsnachfolgers nicht festgesetzt worden ist oder gemäß § 16 Abs. 1a nicht entstanden ist, sind die fortgeschriebenen Buchwerte oder die ursprünglichen Anschaffungskosten, höchstens aber die gemeinen Werte anzusetzen. Die spätere Veräußerung oder das sonstige Ausscheiden gilt nicht als rückwirkendes Ereignis im Sinn des § 295a der Bundesabgabenordnung. Weist die übernehmende Körperschaft nach, dass Wertsteigerungen im übrigen EU/EWR-Raum eingetreten sind, sind diese vom Veräußerungserlös abzuziehen.

   – Soweit das Besteuerungsrecht der Republik Österreich hinsichtlich der Anteile an der durch eine errichtende Umwandlung entstandenen Personengesellschaft entsteht, ist der Unterschiedsbetrag zwischen dem Buchwert und dem gemeinen Wert der Anteile am Umwandlungsstichtag bei einer späteren Realisierung der Anteile bei natürlichen Personen als Rechtsnachfolger mit einem besonderen Steuersatz von 25% zu besteuern. Dies gilt sinngemäß für verschmelzende Umwandlungen auf natürliche Personen als Rechtsnachfolger.

(2) Auf Buchgewinne und Buchverluste ist § 3 Abs. 2 und 3 anzuwenden. Dies gilt sinngemäß auch für Umwandlungsgewinne und Umwandlungsverluste in Bezug auf die Anschaffungskosten von außerbetrieblich gehaltenen Anteilen an der übertragenen Körperschaft.

(3) Auf einen durch die Umwandlung bewirkten Wechsel der Gewinnermittlungsart ist § 4 Abs. 10 des Einkommensteuergesetzes 1988 anzuwenden. Diese Bestimmung gilt auch für den Fall des durch die Umwandlung bewirkten Ausscheidens von Wirtschaftsgütern aus dem Betriebsvermögen und für Gewinnerhöhungen, die sich aus der Änderung der Besteuerungsgrundsätze ergeben. Ein sich daraus insgesamt ergebender Gewinn ist in dem dem Umwandlungsstichtag folgenden Wirt-

schaftsjahr zu berücksichtigen; auf Antrag der Rechtsnachfolger ist der Gewinn einschließlich eines steuerwirksamen Buchgewinnes im Sinne des Abs. 2 in den dem Umwandlungsstichtag folgenden drei Wirtschaftsjahren gleichmäßig verteilt zu berücksichtigen.

(4) Für internationale Schachtelbeteiligungen im Sinne des § 10 Abs. 2 des Körperschaftsteuergesetzes 1988 gilt folgendes:

1. Entsteht durch die Umwandlung eine internationale Schachtelbeteiligung oder wird ihr Ausmaß erweitert, ist hinsichtlich der bisher nicht steuerbegünstigten Beteiligungsquoten auf den Unterschiedsbetrag zwischen den Buchwerten und den höheren Teilwerten § 10 Abs. 3 erster Satz des Körperschaftsteuergesetzes 1988 nicht anzuwenden.

2. Geht durch die Umwandlung die Eigenschaft einer Beteiligung als internationale Schachtelbeteiligung unter, gilt, soweit für sie keine Option zugunsten der Steuerwirksamkeit erklärt worden ist, der höhere Teilwert zum Umwandlungsstichtag, abzüglich auf Grund einer Umgründung nach diesem Bundesgesetz von § 10 Abs. 3 erster Satz des Körperschaftsteuergesetzes 1988 ausgenommener Beträge, als Buchwert.

(5) Forderungen und Verbindlichkeiten eines Anteilsinhabers der übertragenden Körperschaft aus Leistungsbeziehungen, die nicht unter Abs. 2 fallen, gelten spätestens mit dem Tag der Anmeldung des Umwandlungsbeschlusses zur Eintragung in das Firmenbuch im Rahmen der betreffenden Einkunftsart nach § 19 des Einkommensteuergesetzes 1988 als vereinnahmt oder verausgabt.

(6) Mit dem Tag der Anmeldung des Umwandlungsbeschlusses zur Eintragung in das Firmenbuch gilt das Gewinnkapital der übertragenden Körperschaft als offen an die Rechtsnachfolger ausgeschüttet. Gewinnkapital ist der Unterschiedsbetrag zwischen dem Umwandlungskapital im Sinne des § 8 Abs. 5 und den vorhandenen Einlagen im Sinne des § 4 Abs. 12 des Einkommensteuergesetzes 1988 zum Umwandlungsstichtag. Wurde im Zuge von Umgründungen innerhalb von zehn Jahren vor dem Umwandlungsstichtag Vermögen mit negativem Buchwert übernommen, erhöht sich das Gewinnkapital um diesen Betrag, soweit er nicht im Rahmen des § 18 Abs. 2 als ausgeschüttet gilt. Der Tag der Anmeldung des Umwandlungsbeschlusses zur Eintragung in das Firmenbuch gilt als Tag des Zufließens im Sinne des § 95 Abs. 3 Z 1 des Einkommensteuergesetzes 1988.

(7) (entfallen)

(8) Mindeststeuern der übertragenden Körperschaft im Sinne des § 24 Abs. 4 des Körperschaftsteuergesetzes 1988, die bis zum Umwandlungsstichtag entstanden und noch nicht verrechnet sind, sind den Rechtsnachfolgern ab dem dem Umwandlungsstichtag folgenden Wirtschaftsjahr in jenem Ausmaß zuzurechnen, das sich aus der Höhe der Beteiligung an der umgewandelten Körperschaft im Zeitpunkt der Eintragung des Umwandlungsbeschlusses in das Firmenbuch ergibt. Dabei sind die Anteile abfindungsberechtigter Anteilsinhaber den Rechtsnachfolgern quotenmäßig zuzurechnen. § 24 Abs. 4 Z 4 des Körperschaftsteuergesetzes 1988 gilt für natürliche Personen als Rechtsnach-

folger, wenn der Betrieb nach § 7 Abs. 1 am Ende des Jahres, für das die Anrechnung erfolgen soll, noch vorhanden ist; unabhängig von diesem Betriebserfordernis ist auf die Einkommensteuer, die auf Veräußerungsgewinne gemäß § 24 des Einkommensteuergesetzes 1988 dieses Betriebes entfällt, eine Anrechnung vorzunehmen. § 46 Abs. 2 des Einkommensteuergesetzes 1988 ist nicht anzuwenden.

(9) Entfällt durch die Umwandlung die Befreiung von nach dem Umwandlungsstichtag angefallenen Kapitalerträgen gemäß § 94 Z 2 oder § 94 Z 5 des Einkommensteuergesetzes 1988, gilt Folgendes:

1. Kapitalerträge im Sinne des § 94 Z 2 des Einkommensteuergesetzes 1988 gelten mit dem Tag der Anmeldung des Umwandlungsbeschlusses zur Eintragung in das Firmenbuch als zugeflossen.

2. Bei Kapitalerträgen im Sinne des § 94 Z 5 des Einkommensteuergesetzes 1988 ist eine Widerrufserklärung innerhalb einer Woche nach dem Tag der Anmeldung des Umwandlungsbeschlusses zur Eintragung in das Firmenbuch abzugeben. Die Widerrufserklärung ist auf den dem Umwandlungsstichtag folgenden Tag zu beziehen.

(BGBl I 2015/163)

Gliederung:

2.3. Rechtsnachfolger (§ 9 UmgrStG)

2.3.1. Gesellschafter der errichteten Personengesellschaft

485   Bei einer errichtenden Umwandlung im Sinne des § 5 UmwG wird das Vermögen einer Kapitalgesellschaft auf eine im Zuge des Umwandlungsaktes neu

entstehende inländische Personengesellschaft übertragen (siehe Rz 412 ff). Zivilrechtlicher Nachfolgerechtsträger der übertragenden Kapitalgesellschaft ist die Personengesellschaft.

Personengesellschaften sind im Bereich des Ertragsteuerrechtes, abgesehen   486
von der Ausnahmebestimmung des § 3 KStG 1988, nicht als eigenständiges Steuerrechtssubjekt anerkannt. Ihr Einkommen und Vermögen wird den Gesellschaftern (Mitunternehmern) aliquot zugerechnet (siehe EStR 2000 Rz 5801 ff). Steuerrechtlicher Rechtsnachfolger einer umgewandelten Kapitalgesellschaft sind demgemäß die Gesellschafter (Mitunternehmer) der umwandlungsbedingt errichteten Personengesellschaft (§ 7 Abs. 3 UmgrStG, siehe Rz 417 ff). *(AÖF 2012/74)*

2.3.2. Hauptgesellschafter bei verschmelzender Umwandlung

Bei einer verschmelzenden Umwandlung im Sinne des § 2 UmwG wird das   487
Vermögen der übertragenden Kapitalgesellschaft auf den zu mindestens 90% beteiligten Hauptgesellschafter (zivilrechtlicher Nachfolgerechtsträger) übertragen (siehe Rz 425).

Der Hauptgesellschafter ist idR auch der steuerrechtliche Rechtsnachfolger.   488
Sofern aber Hauptgesellschafter eine Personengesellschaft (Mitunternehmerschaft) ist, sind aus den in Rz 486 dargestellten Gründen die Gesellschafter (Mitunternehmer) des Hauptgesellschafters die Rechtsnachfolger (§ 7 Abs. 3 UmgrStG, siehe Rz 429). *(AOF 2012/74)*

2.3.3. Gesellschaftsrechtliche und steuerrechtliche Gesamtrechtsnachfolge *(AÖF 2012/74)*

Nach § 1 UmwG geht das Vermögen der übertragenden Kapitalgesellschaft   489
bei verschmelzender wie auch errichtender Umwandlung im Wege der Gesamtrechtsnachfolge auf den Nachfolgerechtsträger über. Mit der gesellschaftsrechtlichen Gesamtrechtsnachfolge ist gemäß § 19 Abs. 1 BAO unmittelbar die steuerrechtliche Gesamtrechtsnachfolge verknüpft, sodass nach Eintragung des Umwandlungsbeschlusses in das Firmenbuch alle sich aus den Abgabenvorschriften ergebenden Rechte und Pflichten der übertragenden Kapitalgesellschaft auf den Rechtsnachfolger (siehe Rz 486 und Rz 487 f) übergehen.

Die Gesamtrechtsnachfolge führt im Bereich des Steuerrechtes beim Rechts-   489a
nachfolger zu den in Rz 114 ff angeführten Auswirkungen.

Verfahrensrechtlich liegt ein Anwendungsfall des § 19 BAO vor. Mit der Eintragung der Umwandlung im Firmenbuch erlischt die übertragende Kapitalgesellschaft (§ 2 Abs. 2 Z 2 UmwG) und ist ab diesem Zeitpunkt nicht mehr Träger abgabenrechtlicher Rechte und Pflichten. Abgaben- oder sonstige Bescheide, die die umgewandelte Kapitalgesellschaft betreffen, sind dann grundsätzlich an den zivilrechtlichen Nachfolgerechtsträger als Rechtsnachfolger der übertragenden Gesellschaft iSd § 19 Abs. 1 BAO zu richten (VwGH 07.08.1992, 89/14/0218; VwGH 27.08.2008, 2006/15/0256). Zivilrechtlicher Nachfolgerechtsträger und damit Bescheidadressat ist

- bei errichtenden Umwandlungen die Personengesellschaft (Rz 419),
- bei verschmelzenden Umwandlungen der Hauptgesellschafter (Rz 427).

Eine Abweichung bewirkt allerdings die Rechtsnachfolgeregelung des § 7 Abs. 3 UmgrStG für errichtende und verschmelzende Umwandlungen auf eine Personengesellschaft insoweit, als für ertragsteuerliche Zwecke die Mitunternehmer Gesamtrechtsnachfolger für die Einkommen- oder Körperschaftsteuer sind, da nur diese Einkommen- und Körperschaftsteuersubjekte darstellen. Daher kann in diesen Fällen die Körperschaftsteuer der übertragenden Körperschaft nach erfolgter Umwandlung nicht der Personengesellschaft vorgeschrieben werden, sondern haben der Körperschaftsteuerbescheid und alle anderen die Körperschaftsteuer betreffenden Bescheide (zB Prüfungsauftrag oder Wiederaufnahmebescheid) an alle Mitunternehmer als Rechtsnachfolger gemäß § 199 BAO einheitlich zu ergehen.

Zur Bescheidadressierung im Zusammenhang mit der Ausschüttungsfiktion gemäß § 9 Abs. 6 UmgrStG siehe Rz 549.

Die Ausführungen in den Rz 142 ff gelten entsprechend.

Beispiel:

Die X-GmbH wird zum Stichtag 31.12.06 auf die A&B-KG errichtend umgewandelt. Gesellschafter der X-GmbH sind A und B. Die Umwandlung wird am 14.11.07 im Firmenbuch eingetragen. Mit diesem Tag ist die X-GmbH erloschen (§ 2 Abs. 2 Z 2 iVm § 5 Abs. 5 UmwG). Im Jahr 08 soll eine Außenprüfung über die Wirtschaftsjahre 04 bis 06 der X-GmbH durchgeführt werden. Dabei ist zu unterscheiden:

Sämtliche Schriftstücke (zB Prüfungsauftrag, Vorhalte, verfahrensleitende Verfügungen) und auch alle Bescheide (Wiederaufnahme, Abgabenbescheid, usw.) betreffend Körperschaftsteuer sind von der Abgabenbehörde zu richten:

„An A und B als Rechtsnachfolger der X-GmbH“

Eine Aufteilung der Körperschaftsteuer auf die einzelnen Rechtsnachfolger ist im Zuge der Festsetzung nicht vorzunehmen. Vielmehr kann § 199 BAO angewandt werden und der neue Körperschaftsteuerbescheid kann einheitlich ergehen.

Sämtliche Schriftstücke und Bescheide betreffend die anderen Steuern und Abgaben sind zu richten:

„An die A&B-KG als Rechtsnachfolgerin der X-GmbH“. *(BMF-AV Nr. 40/2017)*

490   Materiellrechtlich hat die Gesamtrechtsfolge für die Rechtsnachfolger die nachstehenden Konsequenzen:

- Noch nicht abgereifte Siebentel infolge der Teilwertabschreibung auf eine Beteiligung oder des Verlustes aus der Veräußerung einer Beteiligung gehen nach Maßgabe des § 10 UmgrStG iVm § 4 UmgrStG auf die Rechtsnachfolger über (VwGH 14.10.2010, 2008/15/0212; siehe Rz 254) und können dann von ihnen ab dem auf den Umwandlungsstichtag folgenden Veranlagungszeitraum weiterhin als Siebentel im Sinne des § 12 Abs. 3 Z 2 KStG 1988 berücksichtigt werden.

  Rechtsnachfolger, die die Regelung des § 12 Abs. 3 KStG 1988 nicht anzuwenden haben (zB natürliche Personen), können die noch nicht berücksichtigten Siebentel zur Gänze im ersten Wirtschaftsjahr absetzen, das nach dem Umwandlungsstichtag endet (KStR 2013 Rz 1306).

  Wurde eine Teilwertabschreibung auf die Beteiligung an der umgewandelten Kapitalgesellschaft vorgenommen, ist nach § 10 Z 1 lit. a UmgrStG die Kürzungsbestimmung des § 4 Z 1 lit. d UmgrStG zur Vermeidung einer Doppelverlustverwertung zu berücksichtigen (siehe Rz 573 ff).

- Bei der umgewandelten Gesellschaft entstandene und noch nicht verrechnete Mindestkörperschaftsteuern gehen nach § 9 Abs. 8 UmgrStG auf den oder die Rechtsnachfolger über (siehe Rz 560).

- Übergang der Arbeitgebereigenschaft (siehe Rz 594)

- Übergang der umsatzsteuerrechtlichen Unternehmereigenschaft (siehe Rz 602 ff). *(AÖF 2013/301)*

2.3.4. Zeitpunkt der steuerlichen Vermögensübernahme

Zivilrechtlich erfolgt bei einer Umwandlung der sachenrechtliche Vermö- 491
gensübergang von der übertragenden Kapitalgesellschaft auf den Nachfolgerechtsträger erst am Tag der Eintragung des Umwandlungsbeschlusses im Firmenbuch (§ 2 Abs. 2 Z 1 UmwG). Steuerrechtlich ist das Einkommen des Rechtsnachfolgers der übertragenden Kapitalgesellschaft so zu ermitteln, als ob der Vermögensübergang mit Beginn des dem Umwandlungsstichtag folgenden Tages erfolgt wäre (§ 9 Abs. 1 Z 3 UmgrStG). Das bedeutet, dass der Rechtsnachfolger für Zwecke der Einkommensermittlung Vermögen und Schulden der übertragenden Kapitalgesellschaft rückwirkend übernimmt, auch wenn der Nachfolgerechtsträger zu diesem Zeitpunkt zivilrechtlich noch gar nicht existiert (stets bei einer errichtenden Umwandlung). *(AÖF 2008/243)*

Sämtliche Geschäftsvorfälle der übertragenden Kapitalgesellschaft mit Drit- 492
ten gelten als Geschäftsvorfälle der errichteten Personengesellschaft oder des Hauptgesellschafters (Rz 473). Daraus ergeben sich idR dem Grunde nach keine Änderungen. Zu den Änderungen im Zusammenhang mit KESt-Tatbeständen siehe Rz 565a und Rz 565b. *(AÖF 2008/243)*

Sämtliche Geschäftsvorfälle der übertragenden Kapitalgesellschaft mit ihren 493
Gesellschaftern, die am Umwandlungsstichtag nicht abgerechnet sind, können unter den Begriff der steuerneutralen oder steuerwirksamen Buchgewinne oder Buchverluste fallen (siehe Rz 498 ff) oder führen zu steuerwirksamen Folgen (siehe Rz 531 ff). Geschäftsvorfälle, die nach dem Umwandlungsstichtag anfallen, sind steuerunwirksam, soweit nicht Sonderbestimmungen eine Verlängerung der Steuerwirksamkeit bewirken (siehe Rz 594 ff). *(AÖF 2008/243)*

2.3.5. Nachfolgeunternehmen

2.3.5.1 Bewertung (AÖF 2012/74)

2.3.5.1.1 Buchwertvortführung *(AÖF 2012/74)*

Die Rechtsnachfolger haben die zum Umgründungsstichtag für die übertra- 494
gende Gesellschaft maßgebenden Buchwerte laut Umwandlungsbilanz im Sinne des § 8 UmgrStG fortzuführen. Dabei handelt es sich um eine zwingende steuerrechtliche Bewertungsvorschrift, die auch dann zur Anwendung kommt, wenn unternehmensrechtlich nicht vom Wahlrecht des § 202 Abs. 2 UGB (Buchwertfortführung) Gebrauch gemacht sondern der beizulegende Wert im Sinne des § 202 Abs. 1 UGB angesetzt wird. In diesem Fall wird das Maßgeblichkeitsprinzip im Sinne des § 5 Abs. 1 EStG 1988 durchbrochen. Nur dadurch kann gewährleistet werden, dass die bei der übertragenden Kapitalgesellschaft noch nicht steuerwirksamen stillen Reserven und Lasten bei den Rechtsnachfolgern steuerhängig bleiben.

Ergibt sich beim Rechtsnachfolger keine Änderung in der Gewinnermittlungsart, gelten die Aussagen in Rz 120 ff auch für Umwandlungen.

Die mit der Umwandlung zusammenhängenden Kosten, wie Rechtsanwalts-, Notars-, Wirtschaftstreuhand-, Firmenbuchkosten oder umwandlungsveranlasste Gebühren oder Verkehrsteuern sind abzugsfähige Aufwendungen. Dies gilt in sinngemäßer Anwendung des § 11 Abs. 1 Z 1 KStG 1988 auch für eine Körperschaft als Rechtsnachfolger. *(AÖF 2012/74)*

2.3.5.1.2 Änderung des Besteuerungsrechtes hinsichtlich der Anteile *(AÖF 2012/74)*

495   Soweit das Besteuerungsrecht der Republik Österreich hinsichtlich der Anteile an der übertragenden Körperschaft durch die Umwandlung eingeschränkt wird, gilt nach § 9 Abs. 1 Z 2 UmgrStG der Austausch von Kapitalanteilen durch Mitunternehmeranteile als Tausch im Sinne des § 6 Z 14 EStG 1988 an dem dem Umwandlungsstichtag folgenden Tag. § 6 Z 6 lit. c bis e EStG 1988 sind sinngemäß anzuwenden, weshalb im Falle der Einschränkung des Besteuerungsrechts gegenüber einem Staat der EU oder des EWR ein Antrag auf Ratenzahlung gestellt werden kann (bis zum 31.12.2015 kann aufgrund der sinngemäßen Anwendung von § 1 Abs. 2 UmgrStG idF vor AbgÄG 2015 ein Antrag auf Nichtfestsetzung gestellt werden).

Anders als bei der Steuerentstrickung des Gesellschaftsvermögens (Rz 458 ff) bleibt im Falle der Entstrickung des Gesellschaftsanteiles Art. II UmgrStG grundsätzlich voll anwendbar. Rechtsfolge der Tauschfiktion des § 9 Abs. 1 Z 2 UmgrStG ist lediglich die Besteuerung der in den (untergehenden) Anteilen enthaltenen stillen Reserven. Die sofortige Besteuerung bzw. die in Raten zu entrichtende Steuerschuld (Ratenzahlungskonzept, Rz 44a) wird auf den dem Umwandlungsstichtag folgenden Tag bezogen (bis 31.12.2015 gilt dies im Anwendungsbereich des Nichtfestsetzungskonzeptes für die sofortige bzw. aufgeschobene Besteuerung).

Der in § 9 Abs. 1 Z 2 UmgrStG fingierte Tausch ist nach allgemeinem Steuerrecht zu beurteilen und im Rahmen der Einkünfte aus Wertsteigerungen von Kapitalvermögen (§ 27 Abs. 3 EStG 1988) oder der betrieblichen Einkünfte zu erfassen. Steuerbefreiungen wie jene des internationalen Schachtelprivilegs nach § 10 Abs. 3 KStG 1988 sind zu berücksichtigen. Ob und wieweit der das Besteuerungsrecht erlangende ausländische Staat auf die innerstaatliche Besteuerung reagiert, hängt von den ausländischen Regelungen bzw. von einem Verständigungsverfahren zur Vermeidung einer Doppelbesteuerung im Realisierungsfall ab.

Das Besteuerungsrecht der Republik Österreich kann hinsichtlich eines im Inland ansässigen Anteilsinhabers im Falle der errichtenden Umwandlung der ausländischen Kapitalgesellschaft in eine ausländische Personengesellschaft dadurch verloren gehen, dass der steuerhängige Kapitalanteil umwandlungsbedingt durch einen Mitunternehmeranteil ersetzt wird, für den nach zwischenstaatlichem Steuerrecht das Besteuerungsrecht im Staat der Mitunternehmerschaft gegeben ist (Betriebsstättenprinzip, DBA mit Befreiungsmethode). Entsprechendes gilt, wenn bei einer verschmelzenden Umwandlung einer ausländischen Kapitalgesellschaft ein in Österreich steuerhängiger Gesellschaftsanteil durch ausländisches Betriebsvermögen ersetzt wird, für das Österreich nach zwischenstaatlichem Steuerrecht das Besteuerungsrecht entzogen ist.

Beispiel 1:

Eine ausländische Aktiengesellschaft wird errichtend auf eine ausländische Personengesellschaft umgewandelt. Österreich und der ausländische Staat haben ein DBA mit Befreiungsmethode abgeschlossen.

Der in Österreich ansässige Gesellschafter A und die österreichische Gesellschafterin X-GmbH tauschen umwandlungsbedingt ihre bisher in Österreich steuerhängigen Aktien gegen einen nunmehr nicht mehr steuerhängigen Mitunternehmeranteil. Der Tausch ist für A gemäß § 9 Abs. 1 Z 2 UmgrStG am Folgetag des Umwandlungsstichtages steuerwirksam. Bei der X-GmbH fällt der Tausch bei Zutreffen der Voraussetzungen unter die Steuerbefreiung des § 10 Abs. 3 KStG 1988, ansonsten ist er steuerwirksam an dem dem Umwandlungsstichtag folgenden Tag. Bei Einschränkung des Besteuerungsrechtes gegenüber einem EU/EWR-Staat kann diesfalls ein Antrag auf Ratenzahlung gestellt werden (bis 31.12.2015: Nichtfestsetzung).

Beispiel 2:

Eine ausländische GmbH wird verschmelzend auf ihren in Österreich ansässigen Hauptgesellschafter B (natürliche Person) umgewandelt. Österreich und der ausländische Staat haben ein DBA mit Befreiungsmethode abgeschlossen.

B tauscht umwandlungsbedingt seine bisher in Österreich steuerhängige GmbH-Beteiligung gegen das ausländische Betriebsvermögen. Der Tausch ist für B gemäß § 9 Abs. 1 Z 2 UmgrStG am Folgetag des Umwandlungsstichtages steuerwirksam. Bei Einschränkung des Besteuerungsrechtes gegenüber einem EU/EWR-Staat kann ein Antrag auf Ratenzahlung gestellt werden (bis 31.12.2015: Nichtfestsetzung). *(BMF-AV Nr. 131/2018)*

Für Umwandlungen, bei denen der Umwandlungsbeschluss nach dem 496 31. Oktober 2011 zur Eintragung in das Firmenbuch angemeldet wird, gilt:

Soweit das Besteuerungsrecht der Republik Österreich hinsichtlich der Anteile an der durch eine errichtende Umwandlung entstandenen Personengesellschaft entsteht, ist gemäß § 9 Abs. 1 Z 3 dritter Teilstrich UmgrStG der Unterschiedsbetrag zwischen dem Buchwert und dem gemeinen Wert der Anteile am Umwandlungsstichtag bei einer späteren Realisierung der Anteile mit einem besonderen Steuersatz von 25% zu besteuern.

Sind ausländische Anteilseigner an einer österreichischen Kapitalgesellschaft beteiligt und wird diese errichtend in eine Personengesellschaft umgewandelt, wird bei natürlichen Personen als Anteilseigner das Besteuerungsrecht Österreichs von einer bloßen Besteuerung mit 25% auf Ebene der Kapitalgesellschaft auf die progressive Einkommensbesteuerung ausgedehnt. Vermögen, das bislang zu 25% (Körperschaftsteuer) steuerverstrickt war, wird in Folge der Umwandlung zum progressiven Einkommensteuer-Tarif steuerverstrickt. Diese Erweiterung des österreichischen Besteuerungsrechts wird bei einer Veräußerung des Anteils an der Personengesellschaft insoweit berücksichtigt, als der Veräußerungsgewinn stets nur jenem Steuersatz unterliegt, mit dem das Vermögen der Kapitalgesellschaft bis zur Umwandlung steuerverstrickt war. Es ist daher der Unterschiedsbetrag zwischen dem Buchwert des Anteiles an der Personengesellschaft (der sich aus dem aliquoten Umwandlungskapital der Kapitalgesellschaft am Umgründungsstichtag ergibt) und seinem gemeinen Wert in Evidenz zu nehmen. Soweit dieser Unterschiedsbetrag bei einer künftigen Realisation der Anteile im Veräußerungsgewinn Deckung findet, wird er mit 25% besteuert. Dies gilt unabhängig davon, ob in der Personengesellschaft zwischenzeitlich stille Reserven aufgedeckt worden sind oder nicht bzw. neue stille Reserven entstanden sind.

Dies gilt sinngemäß für verschmelzende Umwandlungen auf natürliche Personen als Rechtsnachfolger.

Zur Entstehung des Besteuerungsrechts gemäß § 9 Abs. 1 Z 3 Teilstrich 3 UmgrStG mit anschließender "Export-Einbringung" der umwandlungsbedingt entstehenden Mitunternehmeranteile siehe Rz 860g. *(BMF-AV Nr. 40/2017)*

2.3.5.1.3 Entstehen von Besteuerungsrechten am übertragenen Vermögen *(AÖF 2012/74)*

Wird Vermögen einer ausländischen Körperschaft im Wege einer verschmel- 497 zenden Umwandlung auf einen inländischen Hauptgesellschafter oder im Wege einer errichtenden Umwandlung auf eine Personengesellschaft mit inländischen Mitunternehmern übertragen, können Vermögenswerte der ausländischen Körperschaft in Österreich erstmals steuerhängig werden. Soweit österreichische Besteuerungsrechte am übertragenen Vermögen neu entstehen, ist dieses gemäß § 9 Abs. 1 Z 3 erster Teilstrich UmgrStG mit dem gemeinen Wert anzusetzen. Dadurch wird sichergestellt, dass nur die nach dem Eintritt in die österreichische Besteuerungshoheit entstandenen Vermögenswertänderungen steuerlich erfasst werden. Von dieser Bewertungsregel sind vor allem Beteiligungen der übertragenden Körperschaft an in- und ausländischen Kapitalgesellschaften betroffen, sofern sie nicht einer Betriebsstätte zugerechnet werden. Erstmals steuerhängig kann auch ausländisches Betriebsstättenvermögen werden, wenn mit dem Betriebsstättenstaat ein DBA besteht, das die Anrechnungsmethode vorsieht.

Entsteht das Besteuerungsrecht der Republik Österreich nicht neu, sondern erneut für Vermögen, für das in der Vergangenheit aufgrund der ertragsteuerlichen Vorschriften ein Antrag auf Ratenzahlung gestellt wurde (Reimport), ist dieses Vermögen beim umwandlungsbedingten Rechtsnachfolger gemäß § 9 Abs. 1 Z 3 Teilstrich 1 UmgrStG mit dem gemeinen Wert anzusetzen. Allfällige noch offene Raten betreffend das übernommene Vermögen laufen beim umwandlungsbedingten Rechtsnachfolger unverändert weiter (zu den Gründen für eine vorzeitige Fälligstellung siehe Rz 44a, weiters Rz 160b).

Eine solche steuerneutrale Aufwertung hat zu unterbleiben, wenn das Vermögen vor der Umwandlung bei einem Rechtsnachfolger oder bei einer konzernzugehörigen Körperschaft eines Rechtsnachfolgers umgründungsbedingt oder durch Wegzug aus der österreichischen Besteuerungshoheit ausgeschieden ist und dabei

- aufgrund der ertragsteuerlichen Vorschriften idF vor AbgÄG 2015 eine aufgeschobene Besteuerung beantragt wurde (Nichtfestsetzung nach Rechtslage idF vor AbgÄG 2015) oder

- aufgrund der ertragsteuerlichen Vorschriften idF AbgÄG 2015 eine aufgeschobene Besteuerung beantragt wurde (Nichtfestsetzung nach § 27 Abs. 6 EStG 1988 idF AbgÄG 2015) oder

- die Steuerschuld nicht entstanden ist (Anteilstausch gemäß § 16 Abs. 1a UmgrStG idF AbgÄG 2015 bzw. gemäß § 16 Abs. 1 zweiter Teilstrich UmgrStG (Rz 860d).

Diesfalls erfolgt der umwandlungsbedingte Wiedereintritt in die Besteuerungshoheit Österreichs gemäß § 9 Abs. 1 Z 3 zweiter Teilstrich UmgrStG idF AbgÄG 2015 zu den fortgeschriebenen Werten (Buchwerte bzw. Anschaffungskosten), die bei der vorangegangenen Umgründung oder beim Wegzug anzusetzen waren, wobei jedoch höchstens der gemeine Wert zum Umwandlungsstichtag angesetzt werden kann (erfolgt der Reimport vor dem 31.12.2015 und somit auf Grundlage der umgründungssteuerlichen Vorschriften idF vor dem AbgÄG 2015, bildet der gemeine Wert keine Bewertungshöchstgrenze, siehe ausführlich Rz 160b ff; diesfalls sind nachgewiesene Wertsteigerungen im übrigen EU-/EWR-Raum zwischen Ausscheiden und Wiedereintritt in die Besteuerungshoheit bei der nachfolgenden Veräußerung durch die übernehmende Körperschaft steuerfrei).

Siehe auch die Ausführungen sowie die Überblickstabelle in Rz 160a bis Rz 160d zur grenzüberschreitenden Importverschmelzung. *(BMF-AV Nr. 40/ 2017)*

2.3.5.2 Buchgewinne und Buchverluste

Bei einer verschmelzenden Umwandlung entstehen Buchgewinne oder 498
Buchverluste dadurch, dass der Rechtsnachfolger einerseits die Vermögenswerte
der übertragenden Kapitalgesellschaft übernimmt, andererseits die betriebsvermögenszugehörige Beteiligung an dieser Gesellschaft umwandlungsbedingt untergeht. In der Differenz zwischen dem Buchwert des übernommen Vermögens
(ggf. vermindert um die als Fremdkapital auszuweisende Abfindungsverpflich-
tung an Minderheitsgesellschafter) und dem Buchwert der untergehenden Beteiligung (ggf. erhöht um die als am Umwandlungsstichtag als erworben geltenden
Anteile abfindungsberechtigter Minderheitsgesellschafter) ergibt sich der Buchgewinn oder der Buchverlust.

Bei einer errichtenden Umwandlung kann es auf Ebene der übernehmenden 499
Personengesellschaft (zivilrechtlicher Nachfolgerechtsträger, siehe Rz 485) keinen Buchgewinn oder Buchverlust geben. Das Gesellschaftskapital (Summe der
Kapitalkonten der Gesellschafter der Personengesellschaft) repräsentiert den
Buchwert des von der übertragenden Kapitalgesellschaft übernommenen Vermögens und wird ggf. durch die als Fremdkapital auszuweisende Abfindungs-
verpflichtung an Minderheitsgesellschafter reduziert. Auf Ebene der Gesellschafter (steuerrechtlicher Rechtsnachfolger, siehe Rz 486) der errichteten Personengesellschaft entstehen Buchgewinne oder Buchverluste dadurch, dass der
Rechtsnachfolger umwandlungsbedingt seine betriebsvermögenszugehörige Beteiligung an der übertragenden Kapitalgesellschaft durch die Beteiligung an der
übernehmenden Personengesellschaft ersetzt. In der Differenz zwischen dem
nach der Spiegelbildtheorie (EStR 2000, Rz 2249) zu bewertenden Anteil an der
errichteten Personengesellschaft und dem Buchwert des untergehenden betriebsvermögenszugehörigen Kapitalanteiles ergibt sich der Buchgewinn oder
der Buchverlust.

Auf allenfalls im Rahmen der Umwandlung hinzutretende Minderheits- 500
gesellschafter ist der Grundsatz der Umwandlungsgewinn- bzw. Umwandlungs-
verlustneutralität aber ebenfalls anzuwenden.

2.3.5.2.1 Steuerneutrale Unterschiedsbeträge

Buchgewinne und Buchverluste des Rechtsnachfolgers bleiben nach § 9 501
Abs. 2 UmgrStG im Rahmen der steuerlichen Gewinnermittlung grundsätzlich
außer Ansatz und zwar auch dann, wenn sie als Ertrag oder Aufwand den unternehmensrechtlichen Gewinn erhöhen bzw. vermindern. Steuerwirksam sind nur
Gewinne oder Verluste aus Confusio (Rz 503 ff).

Beispiel:

Die 100-prozentige Beteiligung des Einzelunternehmers A an der B-GmbH beträgt
steuerlich

a) gründungsbedingt 35,

b) anschaffungsbedingt 1000,

c) einbringungsveranlasst -200.

Das Vermögen der übertragende B-GmbH beträgt steuerlich 750.

Im Falle a) ergibt sich ein steuerneutraler Buchgewinn von 715, im Falle b) ein steuerneutraler Buchverlust von 250, im Falle c) ein steuerneutraler Buchgewinn von 950,
der allerdings gegebenenfalls eine KESt-Pflicht gemäß § 18 Abs. 2 Z 1 UmgrStG
auslösen kann (siehe Rz 972b ff). *(AÖF 2008/243, BMF-AV Nr. 40/2017)*

Zu umwandlungsbedingten Unterschiedsbeträgen bei Rechtsnachfolgern, 502
die keine Bücher führen, siehe Rz 529 f.

Zu den Auswirkungen von Buchgewinnen und -verlusten auf die Innenfinanzierung siehe Rz 379. *(BMF-AV Nr. 40/2017)*

2.3.5.2.2. Steuerwirksame Unterschiedsbeträge (Confusio) *(BMF-AV Nr. 40/2017)*

503   Vereinigen sich Gläubiger- und Schuldnerstellung in einer Person, erlöschen die Forderung und die Verbindlichkeit. Umwandlungsbedingte Veränderungen des Betriebsvermögens, die aus einer solchen Vereinigung von Aktiven und Passiven stammen (Confusio), sind nach § 9 Abs. 2 UmgrStG unabhängig vom Vorliegen eines (steuerneutralen) Buchgewinnes oder Buchverlustes in dem dem Umwandlungsstichtag folgenden Wirtschaftsjahr steuerwirksam zu berücksichtigen, somit in jenem, das nach dem Umwandlungsstichtag beginnt. Mehrere im Zuge einer Umwandlung anfallende Confusiotatbestände sind zu summieren oder zu saldieren.

504   Ergeben sich umwandlungsbedingte Gewinne im Sinne des § 9 Abs. 2 und/oder § 9 Abs. 3 UmgrStG, kann der (Gesamt)Gewinn auf Antrag des Rechtsnachfolgers in den dem Umwandlungsstichtag folgenden drei Wirtschaftsjahren gleichmäßig verteilt berücksichtigt werden. Antragsberechtigt ist jeder Rechtsnachfolger unabhängig von einem Antrag anderer Rechtsnachfolger.

Beispiel 1:

Im Zuge einer Umwandlung zum Stichtag 31.12.01 entsteht ein Buchgewinn aus Confusio von 200 sowie ein Gewinn aus dem Wechsel der Gewinnermittlungsart von 100. Bilanzstichtag des Rechtsnachfolgers ist der 30.4.

Der Buchgewinn aus Confusio und der Gewinn aus dem Wechsel der Gewinnermittlungsart sind vom Rechtsnachfolger grundsätzlich im ersten nach dem 31.12.01 beginnenden Wirtschaftsjahr zu erfassen, somit im Wirtschaftsjahr 1.5.02 bis 30.4.03. Auf Antrag kann der Gesamtgewinn von 300 beginnend mit diesem Wirtschaftsjahr auf drei Wirtschaftsjahre gleichmäßig verteilt (je zu 100) angesetzt werden.

Beispiel 2:

Im Zuge einer Umwandlung zum Stichtag 31.12.01 entsteht ein Buchgewinn aus Confusio von 300 sowie ein Verlust aus dem Wechsel der Gewinnermittlungsart von 70. Bilanzstichtag des Rechtsnachfolgers ist der 30.4.

Der Buchgewinn aus Confusio ist vom Rechtsnachfolger zur Gänze in jenem Wirtschaftsjahr zu erfassen, das nach dem 31.12.01 beginnt, somit im Wirtschaftsjahr 1.5.02 bis 30.4.03; eine Drei-Jahres-Verteilung ist zulässig.

505   Ein Buchverlust aus Confusio kann nach Ausgleich mit anderen Buchgewinnen aus Confusio in dem dem Umwandlungsstichtag folgenden Wirtschaftsjahr zur Gänze steuerwirksam berücksichtigt werden.

506   § 9 Abs. 2 UmgrStG knüpft nicht formal an den Tatbestand der Confusio im Sinne des § 1445 ABGB an, sondern definiert Confusio eigenständig als Vereinigung von Aktiven und Passiven des Betriebsvermögens. Der steuerliche Confusio-Tatbestand im Sinne des § 9 Abs. 2 UmgrStG iVm § 3 Abs. 3 UmgrStG kann daher verwirklicht werden, wenn zivilrechtlich Recht und Verbindlichkeit nicht zusammenfallen. Dies wird vor allem dann vorkommen, wenn Leistungsbeziehungen der Gesellschafter zur übertragenden Kapitalgesellschaft nach einer errichtenden Umwandlung zur Personengesellschaft auf Grund § 21 Abs. 2 Z 2 EStG 1988, § 22 Z 3 EStG 1988 oder § 23 Z 2 EStG 1988 steuerrechtlich nicht mehr anerkannt werden. Gleiches gilt für Leistungsbeziehungen eines Mitunternehmers einer die Hauptgesellschafterfunktion besitzenden Mitunternehmerschaft zu deren Tochtergesellschaft, die nach der verschmelzenden Umwandlung nicht mehr steuerwirksam sein können.

Beispiel 4:

Eine Kapitalgesellschaft hat von einem Gesellschafter zu fremdüblichen Konditionen eine Liegenschaft gemietet und ein Mietrecht aktiviert. Die Kapitalgesellschaft wird errichtend in eine KG umgewandelt, an der der Gesellschafter entsprechend beteiligt ist.

Zivilrechtlich liegt kein Fall einer Confusio vor, da die Rechtsposition des Mieters mit der Eintragung der Umwandlung im Firmenbuch im Wege der Gesamtrechtsnachfolge von der Kapitalgesellschaft auf die KG übergeht und diese als eigenständiges, vom Gesellschafter getrenntes Rechtssubjekt anerkannt ist. Im Bereich des Ertragsteuerrechtes ist die KG kein eigenständiges Rechtssubjekt. Durch die Umwandlung kommt es daher zur Vereinigung der Rechtspositionen des Mieters mit jener des Vermieters. Der Untergang des Mietrechtes ist in Höhe des Buchwertes als Confusioverlust aufwandswirksam.

Ein steuerrechtlicher Confusio-Tatbestand kann nur vorliegen, wenn der Rechtsnachfolger Bücher führt. Zu umwandlungsbedingten Unterschiedsbeträgen bei Rechtsnachfolgern, die keine Bücher führen, siehe Rz 529 ff. 507

Zu den Auswirkungen von Confusiogewinnen und -verlusten auf die Innenfinanzierung siehe Rz 379. *(BMF-AV Nr. 40/2017)*

Auswirkungen auf den Gewinn des Rechtsnachfolgers hat ein Fall der Confusio dann, wenn die zusammenfallenden Werte des Aktivums und Passivums einander nicht entsprechen (zB Zusammentreffen einer teilwertberichtigten Forderung mit der korrespondierenden, zum Nennwert ausgewiesenen Verbindlichkeit) oder wenn ein aktiviertes Recht erlischt, weil es beim Rechtsnachfolger mit der das Recht begründenden Sache zusammenfällt (zB umwandlungsbedingter Erwerb des Bestandsgegenstandes durch den Mieter). 508

Randzahl 509: *entfällt (BMF-AV Nr. 40/2017)*

2.3.5.3 Umwandlungsbedingte betriebsbezogene Strukturänderungen

2.3.5.3.1 Wechsel der Gewinnermittlungsart

2.3.5.3.1.1 Allgemeines

Durch eine Umwandlung kann es zu einem Wechsel der Gewinnermittlungsart kommen. Die umzuwandelnde Kapitalgesellschaft ermittelt auf Grund des § 7 Abs. 3 KStG 1988 ihren Gewinn stets nach § 5 Abs. 1 EStG 1988, der Rechtsnachfolger kann ggf. seinen Gewinn nach § 4 Abs. 1 EStG 1988 oder nach § 4 Abs. 3 EStG 1988 ermitteln. 510

Ein Gewinnermittlungswechsel von § 5 Abs. 1 EStG 1988 auf eine andere Gewinnermittlungsart kann stattfinden, wenn eine Kapitalgesellschaft 511

- verschmelzend auf eine natürliche Person umgewandelt wird. Der Wegfall der Rechnungslegungspflicht ab dem dem Umwandlungsstichtag folgenden Tag kommt in Betracht, wenn bei der übertragenden Kapitalgesellschaft schon vor der Umwandlung die Umsatzgrenzen nach § 189 Abs. 2 UGB nicht überschritten wurden. Der Rechtsnachfolger kann in diesem Fall zwischen der Gewinnermittlung nach § 5 Abs. 1 EStG 1988 (Fortführungsoption nach § 5 Abs. 2 EStG 1988), nach § 4 Abs. 1 EStG 1988 und nach § 4 Abs. 3 EStG 1988 wählen,

- errichtend auf eine Personengesellschaft umgewandelt wird, wenn die im Vorpunkt genannten Kriterien gegeben sind,

- verschmelzend auf eine natürliche Person umgewandelt wird, die keine Einkünfte aus Gewerbebetrieb im Sinne des § 23 EStG 1988 erzielt,

- verschmelzend auf eine Personengesellschaft umgewandelt wird, die entweder bis zur Umwandlung nicht rechnungslegungspflichtig ist oder bei der die in Punkt 1 genannten Kriterien zutreffen,

- verschmelzend oder errichtend auf eine Personengesellschaft umgewandelt wird, die keine Einkünfte aus Gewerbebetrieb im Sinne des § 23 EStG 1988 erzielt (zB auf eine Rechtsanwälte-KG), sofern sie nicht nach § 189 Abs. 1 Z 1 UGB rechnungslegungspflichtig ist,

- verschmelzend auf eine Körperschaft umgewandelt wird, die ihr Einkommen nicht nach § 7 Abs. 3 KStG 1988 ermittelt (zB auf einen gemeinnützigen Verein, sofern er mit dem übernommenen Betrieb nicht nach § 189 UGB oder Sondervorschriften rechnungslegungspflichtig ist, auf eine nicht betriebliche Privatstiftung, auf eine Körperschaft öffentlichen Rechts, sofern ein nicht rechnungslegungspflichtiger Betrieb gewerblicher Art begründet wird). *(AÖF 2012/74)*

512　　Nach § 9 Abs. 3 UmgrStG ist § 4 Abs. 10 EStG 1988 auch auf den umgründungsbedingten Wechsel der Gewinnermittlungsart anzuwenden. Damit ist durch Zu- und Abschläge sicherzustellen, dass durch den Wechsel Veränderungen des Betriebsvermögens (Betriebseinnahmen, Betriebsausgaben) weder doppelt noch gar nicht berücksichtigt werden (siehe EStR 2000, Rz 689 ff).

2.3.5.3.1.2 Wechsel zur Gewinnermittlung nach § 4 Abs. 1 EStG 1988

513　　Beim Wechsel der Gewinnermittlung von § 5 Abs. 1 EStG 1988 auf § 4 Abs. 1 EStG 1988 können sich steuerliche Auswirkungen nur hinsichtlich der Wirtschaftsgüter des gewillkürten Betriebsvermögens ergeben, da von der Bewertung der sonstigen Bilanzpositionen (Rechnungsabgrenzungen, Rückstellungen, Niederst- bzw. Höchstwertprinzip) wegen des vom (Gesamt)Rechtsnachfolger zu berücksichtigenden Grundsatzes der Bewertungsstetigkeit (§ 201 Abs. 2 Z 1 UGB) nicht abgegangen werden kann. *(AÖF 2013/301)*

514　　Die Gewinnermittlung nach § 4 Abs. 1 EStG 1988 erfasst nur notwendiges Betriebsvermögen, die Widmung von Wirtschaftsgütern als gewillkürtes Betriebsvermögen ist nur im Rahmen der Gewinnermittlung nach § 5 Abs. 1 EStG 1988 zulässig. Wirtschaftsgüter des gewillkürten Betriebsvermögens scheiden daher bei einem umwandlungsbedingten Wechsel der Gewinnermittlung von § 5 Abs. 1 EStG 1988 auf eine andere Gewinnermittlungsart unter Aufdeckung der stillen Reserven aus dem Betriebsvermögen aus. Die stillen Reserven ergeben sich aus der Differenz zwischen Teilwert und Buchwert der Wirtschaftsgüter am Umwandlungsstichtag. Kein steuerwirksamer Entnahmetatbestand liegt vor, wenn ein Mitunternehmeranteil mangels Zugehörigkeit zum notwendigen Betriebsvermögen ausscheidet, da es durch das Ausscheiden nicht zu einem Übergang in eine außerbetriebliche Sphäre kommt. *(AÖF 2013/301)*

515　　Zur Behandlung des zum notwendigen Betriebsvermögen gehörenden Grundstückes siehe Rz 522 ff. *(AÖF 2013/301)*

2.3.5.3.1.3 Wechsel zur Gewinnermittlung nach § 4 Abs. 3 EStG 1988

516　　Bei einem Wechsel auf die Gewinnermittlung nach § 4 Abs. 3 EStG 1988 sind zusätzlich die Änderungen auf Grund der unterschiedlichen zeitlichen Erfassung von Betriebseinnahmen und Betriebsausgaben bei einem Bestandsvergleich und einer Einnahmen-Ausgaben-Rechnung zu berücksichtigen. Dies gilt vor allem für Betriebsvorgänge, die Waren betreffen. Zum Umwandlungsstichtag ausgewiesene Forderungen auf Grund von Warenlieferungen sowie der Warenbestand der Kapitalgesellschaft sind als Abschlag, Lieferantenverbindlichkeiten als Zuschlag anzusetzen. Bilanzpositionen, die in der Einnahmen-Ausgaben-Rechnung nicht vorgesehen sind (zB Rechnungsabgrenzungsposten, Rückstellungen), sind als Zu- bzw. Abschlag anzusetzen. Abfertigungsrückstellungen können steuerneutral in einen steuerfreien Betrag im Sinne des § 14 Abs. 6 EStG 1988 transferiert werden (zur Abfertigungs- und pensionsrückstellung des nicht wesentlich beteiligten Gesellschafter-Geschäftsführers siehe Rz 526 f).

2.3.5.3.1.4 Behandlung der Gewinne bzw. Verluste

Ein sich aus dem Wechsel der Gewinnermittlungsart sowie den anderen Strukturänderungen im Sinne des § 9 Abs. 3 UmgrStG ergebender Gesamtgewinn ist in dem dem Umwandlungsstichtag folgenden Wirtschaftsjahr zu berücksichtigen, somit in jenem, das nach dem Umwandlungsstichtag beginnt. Auf Antrag des Rechtsnachfolgers kann dieser (Gesamt)Gewinn zusammen mit einem steuerwirksamen Buchgewinn aus Confusio (siehe Rz 503) in den dem Umwandlungsstichtag folgenden drei Wirtschaftsjahren gleichmäßig verteilt angesetzt werden. Antragsberechtigt ist jeder Rechtsnachfolger, unabhängig vom Verhalten der anderen Rechtsnachfolger. 517

Auf einen sich aus dem Wechsel der Gewinnermittlungsart sowie den anderen Strukturänderungen im Sinne des § 9 Abs. 3 UmgrStG ergebenden Gesamtverlust ist § 4 Abs. 10 Z 1 EStG 1988 anzuwenden, wonach der Verlust, beginnend mit dem ersten Wirtschaftsjahr nach dem Wechsel (bzw. der Strukturänderung), gleichmäßig auf sieben Wirtschaftsjahre verteilt berücksichtigt werden muss. Das erste Siebentel kann daher bereits in jenem Wirtschaftsjahr des Rechtsnachfolgers angesetzt werden, das nach dem Umwandlungsstichtag endet. 518

2.3.5.3.2 Ausscheiden von Wirtschaftsgütern

Wirtschaftsgüter können nicht nur auf Grund eines Wechsels der Gewinnermittlungsart (siehe Rz 510 ff) sondern auch auf Grund des Wechsels der Rechtsform des Unternehmens aus dem Betriebsvermögen ausscheiden. Betroffen sind jene Wirtschaftsgüter, die bei der Kapitalgesellschaft zum notwendigen Betriebsvermögen zählen, beim Rechtsnachfolger aber notwendiges Privatvermögen darstellen. 519

Beispiel:

Eine Kapitalgesellschaft hat eine Eigentumswohnung im Betriebsvermögen, die unter fremdüblichen Konditionen dem zu 100% beteiligten Gesellschafter und Geschäftsführer als Firmenwohnung zur Verfügung gestellt wird. Die Kapitalgesellschaft wird verschmelzend auf ihren Hauptgesellschafter umgewandelt.

In der Rechtsform des Einzelunternehmens ist die vom Unternehmer zu Wohnzwecken genutzte Eigentumswohnung nicht mehr Betriebsvermögen sondern notwendiges Privatvermögen. Sie scheidet umwandlungsbedingt zwangsweise aus dem Betriebsvermögen aus.

Obwohl es sich hier nicht um ein Ausscheiden von Wirtschaftsgütern auf Grund eines Wechsels der Gewinnermittlungsart handelt (dabei scheidet nur gewillkürtes Betriebsvermögen aus, siehe Rz 513), ist gemäß § 9 Abs. 3 UmgrStG auch in diesem Fall § 4 Abs. 10 EStG 1988 anzuwenden. Das hat zur Folge, dass die stillen Reserven und Lasten dieser Wirtschaftsgüter in der Differenz zwischen Teilwert und Buchwert zum Umgründungsstichtag erfasst werden und 520 gleich wie ein Gewinn oder Verlust aus dem Gewinnermittlungswechsel behandelt werden müssen (Erfassung eines Gewinns im ersten Gewinnermittlungszeitraum nach der Umwandlung oder Verteilung in den dem Umwandlungsstichtag folgenden drei Wirtschaftsjahren bzw. Verteilung von Verlusten auf sieben Jahre; siehe Rz 517 f). *(AÖF 2013/301)*

521   Die dargestellten steuerlichen Wirkungen kommen auch dann zur Anwendung, wenn die Überlassung des Wirtschaftsgutes an den Rechtsnachfolger auf Grund § 11 Abs. 1 UmgrStG als Lohn bzw. Tätigkeitsvergütung mit steuerlicher Wirkung nach dem Umwandlungsstichtag bis zum Erlöschen der Kapitalgesellschaft durch Eintragung der Umwandlung im Firmenbuch anerkannt wird (siehe Rz 594).

2.3.5.3.3. Behandlung von Grundstücken *(AÖF 2013/301)*

2.3.5.3.3.1. Grundstücke der umzuwandelnden Kapitalgesellschaft *(AÖF 2013/301)*

522   Werden Grundstücke der umzuwandelnden Kapitalgesellschaft auf einen Rechtsnachfolger übertragen, der den Gewinn nach § 5 EStG 1988 ermittelt und sind diese beim Rechtsnachfolger notwendiges oder gewillkürtes Betriebsvermögen, werden die Grundstücke vom Rechtsnachfolger gemäß § 9 Abs. 1 Z 1 UmgrStG zum Buchwert übernommen. Ist der Umwandlung eine Einbringung vorangegangen, ist zusätzlich Folgendes zu beachten:

- Die Differenz zwischen dem Teilwert und den Anschaffungs- bzw. Herstellungskosten im Zeitpunkt der Einlage eines Grundstückes in das Betriebsvermögen sind gemäß § 4 Abs. 3a Z 4 EStG 1988 beim Rechtsnachfolger steuerhängig. Solche Wertdifferenzen stammen aus der Einlage eines Grundstückes in einen Betrieb vor der Betriebseinbringung (Art. III UmgrStG) in die umzuwandelnde Kapitalgesellschaft. Bei der späteren Veräußerung kann hinsichtlich des „Altvermögens" (siehe dazu EStR 2000 Rz 779 ff) vom Rechtsnachfolger auf den Einlageteilwert § 30 Abs. 4 EStG 1988 angewendet werden.

- Auf- oder Abwertungsbeträge im Sinne des § 4 Abs. 10 Z 3 lit. a EStG 1988 idF vor dem 1. StabG 2012, BGBl. I Nr. 22/2012, sind gemäß § 4 Abs. 3a Z 3 lit. c EStG 1988 beim Rechtsnachfolger steuerhängig. Dabei handelt es sich um jene Wertdifferenz zwischen dem Buchwert und dem Teilwert eines Grundstückes, die im Zeitpunkt des Gewinnermittlungswechsels von § 4 Abs. 1 oder 3 EStG 1988 auf § 5 EStG 1988 steuerneutral war. Bei der späteren Veräußerung kann hinsichtlich des „Altvermögens" (siehe dazu EStR 2000 Rz 779 ff) vom Rechtsnachfolger auf den Teilwert im Zeitpunkt des Wechsels der Gewinnermittlungsart § 30 Abs. 4 EStG 1988 angewendet werden.

- Rücklagen im Sinne des § 4 Abs. 10 Z 3 lit. b EStG 1988 idF vor dem 1. StabG 2012, BGBl. I Nr. 22/2012, die am 31.12.2012 bestehen, bleiben gemäß § 124b Z 212 EStG 1988 beim Rechtsnachfolger im Rahmen des § 30a EStG 1988 bis zum Ausscheiden des Grundstückes aus dem Betriebsvermögen steuerhängig. Solche Rücklagen der umzuwandelnden Kapitalgesellschaft stammen aus einem Übergang der Gewinnermittlung gemäß § 5 EStG 1988 auf eine andere Gewinnermittlungsart, der vor einer Betriebseinbringung in die umzuwandelnde Kapitalgesellschaft unter Buchwertfortführung gemäß Art. III UmgrStG stattfand.

• Wurde im Rahmen einer vorangehenden Einbringung von der „gespaltenen Betrachtungsweise" für Grund und Boden gemäß § 18 Abs. 5 Z 1 UmgrStG Gebrauch gemacht und der Teilwert daher im Zeitpunkt der Einbringung in Evidenz gehalten, geht hinsichtlich des „Altvermögens" (siehe dazu EStR 2000 Rz 779 ff) die Möglichkeit der pauschalen Besteuerung gemäß § 30 Abs. 4 EStG 1988 im Zuge der Umwandlung auf den Rechtsnachfolger über. *(AÖF 2013/301, BMF-AV Nr. 40/2017)*

§ 9

Werden Grundstücke der umzuwandelnden Kapitalgesellschaft auf einen Rechtsnachfolger übertragen, der den Gewinn nach § 4 Abs. 1 oder 3 EStG 1988 ermittelt, treten die unter Rz 522 dargestellten Rechtsfolgen ein, wenn die Grundstücke zum notwendigen Betriebsvermögen des Rechtsnachfolgers gehören. Da die Widmung von gewillkürtem Betriebsvermögen nur im Rahmen der Gewinnermittlung nach § 5 EStG 1988 zulässig ist, liegt hinsichtlich der nicht zum notwendigen Betriebsvermögen gehörenden Grundstücke der umgewandelten Kapitalgesellschaft an dem dem Umwandlungsstichtag folgenden Tag eine Entnahme mit nachfolgend dargestellten Rechtsfolgen vor. *(AÖF 2013/ 301)*   523

Sollte es umwandlungsbedingt zu einer Entnahme des Grundstückes kommen, erfolgt diese hinsichtlich des Grund und Bodens steuerneutral zum Buchwert (§ 6 Z 4 EStG 1988), jene des Gebäudes steuerwirksam ab 1.1.2016 mit 30% gemäß § 30a Abs. 1 EStG 1988 idF StRefG 2015/2016, BGBl. I Nr. 118/ 2015 (bis 2015: 25%, siehe EStR 2000 Rz 2635 f) zum Teilwert. Auf Antrag kann der Gewinn gemäß § 9 Abs. 3 UmgrStG gleichmäßig auf drei Jahre verteilt werden. Der jeweilige Entnahmewert tritt für nachfolgende steuerrelevante Sachverhalte (zB private Grundstücksveräußerungen gemäß § 30 EStG 1988) an die Stelle der Anschaffungs- oder Herstellungskosten. *(BMF-AV Nr. 40/2017)*   524

2.3.5.3.3.2. Grundstücke des Rechtsnachfolgers *(AÖF 2013/301)*

Vermietet ein Gesellschafter der umzuwandelnden Kapitalgesellschaft eine Liegenschaft des Privatvermögens an die Kapitalgesellschaft, wechselt diese Liegenschaft im Falle der verschmelzenden Umwandlung auf den Gesellschafter vom Privatvermögen in das Betriebsvermögen des vom Gesellschafter nunmehr geführten Einzelunternehmens. Wird die Kapitalgesellschaft verschmelzend oder errichtend auf eine Personengesellschaft umgewandelt, an der der Vermieter wiederum als Gesellschafter beteiligt ist, wechselt die Liegenschaft umwandlungsbedingt vom Privatvermögen in das Sonderbetriebsvermögen des Gesellschafters.   525

Dieses umwandlungsbedingte Entstehen von (Sonder)Betriebsvermögen hat zur Folge, dass die Liegenschaft beim Rechtsnachfolger mit dem nach § 6 Z 5 lit. b und c EStG 1988 maßgebenden Werten in die (Sonder)Bilanz bzw. das Anlageverzeichnis aufzunehmen ist.

Da der Rechtsnachfolger als Einzel- oder Mitunternehmer mit Beginn des dem Umwandlungsstichtag folgenden Tages in die Rechtsstellung der umgewandelten Kapitalgesellschaft gelangt, erfolgt der Wechsel vom Privatvermögen zum (Sonder)Betriebsvermögen rückwirkend. *(AÖF 2013/301)*

2.3.5.3.4 Sonstige betriebsbezogene Strukturänderungen (Änderung der Besteuerungsgrundsätze)

§ 4 Abs. 10 EStG 1988 ist auf alle anderen Strukturänderungen anzuwenden, die sich neben dem Wechsel der Gewinnermittlungsart oder dem Ausscheiden   526 von Wirtschaftsgütern umwandlungsbedingt ergeben. Gewinnerhöhungen können bspw. bei einer errichtenden Umwandlung anfallen, wenn für einen nicht wesentlich beteiligten Gesellschafter-Geschäftsführer von der Kapitalgesellschaft Abfertigungs- bzw. Pensionsrückstellungen nach § 14 EStG 1988 gebildet wurden. Das Dienstverhältnis kann zwar nach dem Umwandlungsstichtag bis zur Löschung der umzuwandelnden Kapitalgesellschaft im Firmenbuch mit steuerlicher Wirkung weiter bestehen (§ 11 Abs. 1 UmgrStG, siehe Rz 594), nicht jedoch nach der Löschung gegenüber der Nachfolge-Personengesellschaft. Eine zu diesem Zeitpunkt noch bestehende Abfertigungs- bzw. Pensionsrückstellung im Sinne des § 14 EStG 1988 ist nur dann steuerwirksam aufzulösen, wenn arbeitsrechtlich das Dienstverhältnis (wenn auch ruhend) nicht weiter besteht (siehe EStR 2000 Rz 3351 in Verbindung mit EStR 2000 Rz 3340 und Rz 3348 ff). Ein Auflösungsgewinn wird gleich wie ein solcher aus dem Gewinnermittlungswechsel verrechnet (siehe Rz 517). *(AÖF 2008/243)*

527   Eine Änderung von Besteuerungsgrundsätzen im Sinne des § 9 Abs. 3 UmgrStG liegt ferner vor, wenn bei einer verschmelzenden Umwandlung die Position des Berechtigten und Verpflichteten aus einer bei der umgewandelten Kapitalgesellschaft steuerrechtlich anerkannten Pensions- oder Leistungszusage im Sinne des § 14 EStG 1988 zusammenfallen.

2.3.5.4 Internationale Schachtelbeteiligung

528   Hinsichtlich des Entstehens, Erweiterns und des Unterganges einer internationalen Schachtelbeteiligung siehe Rz 172 ff und Rz 290ff. *(AÖF 2004/116)*

2.3.6. Umwandlungsfolgen beim nicht buchführenden Rechtsnachfolger

2.3.6.1 Umwandlungsgewinn und Umwandlungsverlust

529   Bei einem Rechtsnachfolger, der keine Bücher führt, sind die den steuerneutralen Buchgewinnen oder Buchverlusten (Rz 529 ff) entsprechenden Umwandlungsgewinne und Umwandlungsverluste in analoger Anwendung der Regelung des § 9 Abs. 2 UmgrStG steuerneutral. Dies gilt auch für im Rahmen einer errichtenden Umwandlung allenfalls beitretende Minderheitsgesellschafter (siehe OGH 26.2.98, 6 Ob 335/97a, und OGH 20.5.1999, 6 Ob 27/99k).

530   Ohne Bestandsvergleich beim Rechtsnachfolger kann kein Fall eines steuerwirksamen Buchgewinnes oder Buchverlustes in Form einer Confusio (Rz 503 ff) vorliegen. Um sicherzustellen, dass Forderungen und Verbindlichkeiten auf Seiten des nicht buchführenden Anteilsinhabers der umzuwandelnden Kapitalgesellschaft nicht untergehen, sieht § 9 Abs. 5 UmgrStG einen allgemeinen Realisierungstatbestand in Form der Vereinnahmungs- und Verausgabungsfiktion vor (Rz 531).

2.3.6.2 Forderungen und Verbindlichkeiten aus Leistungsbeziehungen zum Umwandlungsstichtag

2.3.6.2.1 Allgemeines

531   Am Umwandlungsstichtag bestehende Forderungen und Verbindlichkeiten eines Anteilsinhabers der übertragenden Körperschaft aus Leistungsbeziehungen, die nicht unter § 9 Abs. 2 UmgrStG fallen, gelten spätestens mit dem Tag der Anmeldung des Umwandlungsbeschlusses zur Eintragung in das Firmenbuch im Rahmen der betreffenden Einkunftsart nach § 19 EStG 1988 als ver-

einnahmt oder verausgabt (§ 9 Abs. 5 UmgrStG). Diese Regelung betrifft alle Anteilsinhaber, die nicht Bücher führen und daher keine Buchgewinne oder Buchverluste haben, somit jene, die ihren Erfolg durch Überschussrechnung (Einnahmen-Ausgaben-Rechnung bzw. Gegenüberstellung von Einnahmen und Werbungskosten) ermitteln. Damit soll sichergestellt werden, dass beim Anteilsinhaber die mit den bei der Kapitalgesellschaft bereits erfolgswirksam erfassten Positionen korrespondierenden Forderungen und Verbindlichkeiten gleichfalls erfolgswirksam werden. Aus dem Wort „spätestens" ergibt sich, dass eine vor dem Anmeldetag erfolgte volle oder anteilige Tilgung der Forderung bzw. Verbindlichkeit unter die Steuerpflicht nach dem allgemeinen Einkommen- bzw. Körperschaftsteuerrecht fallen.

Die Vereinnahmungs- und Verausgabungsfiktion des § 9 Abs. 5 UmgrStG 532 betrifft nur einkunftswirksame Forderungen und Verbindlichkeiten des Anteilsinhabers gegenüber der umzuwandelnden Kapitalgesellschaft, nicht hingegen jene, deren Tilgung zu einer nicht steuerbaren Vermögensumschichtung führt (zB eine Darlehensrückzahlung).

Sind sämtliche rechtsgeschäftlichen Vorgänge zwischen dem Anteilsinhaber 533 und der übertragenden Kapitalgesellschaft buchhalterisch über ein Verrechnungskonto abgewickelt worden, ist es in erster Linie Sache der Gesellschaft, eine Trennung in offene Forderungs- bzw. Verbindlichkeitspositionen gegenüber offenen vermögensumschichtenden Positionen vorzunehmen und eine Zuordnung zu den betreffenden Rechtsgeschäften (Arbeitsbeziehung, Leistungsbeziehung, Geld- oder Wirtschaftsgutüberlassung) vorzunehmen.

Die Vereinnahmungs- und Verausgabungsfiktion bezieht sich auf den Tag 534 der Anmeldung des Umwandlungsbeschlusses zur Eintragung im Firmenbuch. Nur jene zum Umwandlungsstichtag in der Umwandlungsbilanz ausgewiesenen Forderungen und Verbindlichkeiten des Anteilsinhabers gegenüber der umzuwandelnden Kapitalgesellschaft, die zu diesem Tag noch nicht beglichen sind, gelten als vereinnahmt oder verausgabt.

Unter die Vereinnahmungs- und Verausgabungsfiktion können ausnahms- 535 weise auch nach dem Umwandlungsstichtag begründete Forderungen und Verbindlichkeiten fallen. Das ist bei jenen am Tag der Anmeldung des Umwandlungsbeschlusses zur Eintragung im Firmenbuch noch nicht ausgeglichenen Forderungen und Verbindlichkeiten der Fall, die nicht von der Rückwirkung des § 9 Abs. 1 UmgrStG erfasst sind und daher nach dem Umwandlungsstichtag mit steuerlicher Wirkung gegenüber der umzuwandelnden Kapitalgesellschaft ausgewiesen werden können.

Beispiel 1:

Die X-GmbH wird zum Stichtag 31.12.01 errichtend auf die A&B-OG umgewandelt, an der gleich wie an der Kapitalgesellschaft der Gesellschafter A zu 25% und der Gesellschafter B zu 75% beteiligt sind. A und B sind bei der X-GmbH als Geschäftsführer tätig. Der Umwandlungsbeschluss wird am 15.9.02 zur Eintragung in das Firmenbuch angemeldet.

Die am 15.9.02 noch offenen Forderungen von A und B aus ihrem Beschäftigungsverhältnis gegenüber der X-GmbH gelten spätestens an diesem Tag bei A im Rahmen seiner Einkünfte aus nichtselbständiger Arbeit und bei B im Rahmen seiner Einkünfte aus sonstiger selbständiger Arbeit nach § 19 EStG 1988 als vereinnahmt. Dies gilt auch für Forderungen, die nach dem Umwandlungsstichtag begründet wurden, da gemäß § 11 Abs. 1 UmgrStG die Beschäftigungsverhältnisse von A und B mit steuerlicher Wirkung weiterhin gegenüber der Kapitalgesellschaft bestehen. Einbehaltung und Abfuhr der Lohnsteuer (Gesellschafter A) richten sich nach §§ 78 und 79 EStG

1988, sodass sich praktische Auswirkungen vor allem dann ergeben, wenn die umgewandelte Kapitalgesellschaft bzw. ihr Rechtsnachfolger keine Lohnsteuer einbehalten und abgeführt haben.

Beispiel 2:

Die X-GmbH wird zum 31.12.01 verschmelzend auf ihren zu 90% beteiligten Hauptgesellschafter umgewandelt. Am 1.9.02 wird eine Gewinnausschüttung beschlossen und zum 1.11.02 fällig gestellt. Am Tag der Anmeldung des Umwandlungsbeschlusses zur Eintragung im Firmenbuch (27.9.02) haftet diese Verbindlichkeit noch aus. Auf Grund § 8 Abs. 4 UmgrStG besteht die korrespondierende, erst nach dem Umgründungsstichtag entstandene Forderung der Anteilsinhaber mit steuerlicher Wirkung gegenüber der umzuwandelnden Kapitalgesellschaft. Mit dem Tag der Anmeldung des Umwandlungsbeschlusses zur Eintragung im Firmenbuch gilt die Forderung von den Anteilsinhabern (Hauptgesellschafter und Minderheitsgesellschafter) nach § 19 EStG 1988 im Rahmen ihrer Einkünfte aus Kapitalvermögen als vereinnahmt. Einbehaltung und Abfuhr der Kapitalertragsteuer richten sich nach §§ 95 und 96 EStG 1988, sodass sich praktische Auswirkungen vor allem dann ergeben, wenn die umgewandelte Kapitalgesellschaft bzw. ihr Rechtsnachfolger keine KESt einbehalten und abgeführt haben. *(AÖF 2012/74)*

2.3.6.2.2 Vereinnahmungsfiktion für Forderungen gegen die umgewandelte Gesellschaft

536   Am Tag der Anmeldung des Umwandlungsbeschlusses noch aushaftende Forderungen des Anteilsinhabers an die übertragende Körperschaft gelten mit diesem Tag beim Anteilsinhaber als vereinnahmt. § 9 Abs. 5 UmgrStG bezieht sich nur auf den Zuflusszeitpunkt beim Anteilsinhaber. Der sich beim umwandlungsbedingten Untergang der Kapitalgesellschaft im Zeitpunkt der Eintragung der Umwandlung im Firmenbuch ergebende Ertrag aus dem Wegfall der zu diesem Zeitpunkt noch nicht ausgeglichenen Verbindlichkeit der Kapitalgesellschaft ist beim Rechtsnachfolger Teil des steuerneutralen Umwandlungsgewinnes (Rz 529 f).

537   Eine (Teil)Tilgung der Verbindlichkeit der Kapitalgesellschaft im Zeitraum zwischen dem Tag der Anmeldung des Umwandlungsbeschlusses zur Eintragung im Firmenbuch und dem Tag der Eintragung des Umwandlungsbeschlusses im Firmenbuch (Untergang der Kapitalgesellschaft) ist auf Ebene der Kapitalgesellschaft bzw. ihres Rechtsnachfolgers eine steuerneutrale Vermögensumschichtung und bewirkt beim Anteilsinhaber in der zutreffenden Einkunftsart (Einkünfte aus betrieblicher Tätigkeit, aus nichtselbständiger Arbeit, aus Kapitalvermögen oder aus Vermietung und Verpachtung) Einkommensteuer- oder Körperschaftsteuerpflicht.

538   Unter die Vereinnahmungsfiktion des § 9 Abs. 5 UmgrStG fallen ua.

- Forderungen des Anteilsinhabers, der ein Einzelunternehmen betreibt, aus Warenlieferungen an die übertragende Kapitalgesellschaft, wenn er seinen Gewinn durch Einnahmen-Ausgaben-Rechnung ermittelt
- Honorarforderungen des Anteilsinhabers auf Grund einer beratenden Tätigkeit für die übertragende Kapitalgesellschaft, wenn er seinen Gewinn durch Einnahmen-Ausgaben-Rechnung ermittelt
- Lohn- bzw. Gehaltsforderungen des Anteilsinhabers aus einem Beschäftigungsverhältnis mit der übertragenden Kapitalgesellschaft
- Zinsforderungen des Anteilsinhabers aus einem der übertragende Kapitalgesellschaft gewährten Darlehen bzw. Kredit
- Mietforderungen des Anteilsinhabers aus einer Vermietung und Verpachtung

im Sinne des § 28 EStG 1988 gegenüber der übertragende Kapitalgesellschaft

• Forderungen des Anteilsinhabers aus Rechtsbeziehungen zur übertragenden
Kapitalgesellschaft, die bei ihm zu sonstigen Einkünften im Sinne des § 29
EStG 1988 führen.

Im Hinblick auf die gesetzliche Fiktion hat der Ansatz als (Betriebs)Einnah- 539
me unabhängig davon zu erfolgen, ob die übertragende Kapitalgesellschaft zah-
lungsfähig ist. Ein Verzicht des Anteilsinhabers auf Forderungen gegen die übertragende Kapitalgesellschaft in der Zeit zwischen dem Umwandlungsstichtag
und dem Tag der Anmeldung des Umwandlungsbeschlusses ist nach den allgemeinen Grundsätzen des Einkommen- bzw. Körperschaftsteuerrechtes über betrieblich oder gesellschaftsrechtlich veranlasste Handlungen zu beurteilen (EStR
2000 Rz 2599).

2.3.6.2.3 Verausgabungsfiktion für Verbindlichkeiten gegenüber der umge-
wandelten Gesellschaft

Am Tag der Anmeldung des Umwandlungsbeschlusses noch nicht aus- 540
geglichene Verbindlichkeiten des Anteilsinhabers gegenüber der umzuwandelnden Gesellschaft gelten mit diesem Tag beim Anteilsinhaber als verausgabt. § 9
Abs. 5 UmgrStG bezieht sich nur auf den Abflusszeitpunkt beim Anteilsinhaber.
Der sich beim umwandlungsbedingten Untergang der Kapitalgesellschaft im
Zeitpunkt der Eintragung der Umwandlung im Firmenbuch ergebende Aufwand
aus dem Wegfall der zu diesem Zeitpunkt noch nicht ausgeglichenen Forderung
der Kapitalgesellschaft ist beim Rechtsnachfolger Teil des steuerneutralen Um-
wandlungsverlustes (Rz 529 f).

Ein Forderungseingang bei der Kapitalgesellschaft im Zeitraum zwischen 541
dem Tag der Anmeldung des Umwandlungsbeschlusses zur Eintragung im Firmenbuch und dem Tag der Eintragung der Umwandlung im Firmenbuch (Untergang der Kapitalgesellschaft) ist auf Ebene der Kapitalgesellschaft bzw. ihres
Rechtsnachfolgers als Vermögensumschichtung steuerneutral und kann beim
Anteilsinhaber im Falle der Zuordenbarkeit zu einer Einkunftsart unter den Be-
triebsausgaben- oder Werbungskostentatbestand fallen.

Unter die Verausgabungsfiktion des § 9 Abs. 5 UmgrStG fallen ua. 542

• Verbindlichkeiten des Anteilsinhabers, der ein Einzelunternehmen betreibt,
aus Warenlieferungen der übertragenden Kapitalgesellschaft, wenn er seinen
Gewinn durch Einnahmen-Ausgaben-Rechnung ermittelt

• Verbindlichkeiten für Zinsen im Zusammenhang mit einem von der übertragenden Kapitalgesellschaft dem Anteilsinhaber für sein Einzelunternehmen
(Einnahmen-Ausgaben-Rechnung) oder für außerbetriebliche Zwecke gewährten Darlehen bzw. Kredit

• Verbindlichkeiten auf Grund eines Mietverhältnisses des Anteilsinhabers im
Rahmen seines Einzelunternehmens (Einnahmen-Ausgaben-Rechnung) bzw.
seiner Einkünfte aus einer Vermietung und Verpachtung im Sinne des § 28
EStG 1988 (zB Untervermietung) mit der übertragenden Kapitalgesellschaft.

Wurde die der Verbindlichkeit des Anteilsinhabers entsprechende Forderung 543
der übertragenden Kapitalgesellschaft steuerwirksam teilwertberichtigt, ist diese
Teilwertabschreibung beim Rechtsnachfolger zur Wahrung des Grundsatzes der
Steuerneutralität von Umgründungen unter Anwendung von § 9 Abs. 3 UmgrStG
(Änderung der Besteuerungsgrundsätze, (siehe Rz 526 f) nachzuversteuern, so-

weit nicht bereits auf Grund der beschlossenen Umwandlung die Forderung der Kapitalgesellschaft als einbringlich zu bewerten war und in der Umwandlungsbilanz steuerwirksam zugeschrieben wurde. Damit wird vermieden, dass durch Teilwertabschreibung und Verausgabungsfiktion Betriebsausgaben doppelt berücksichtigt werden.

2.3.7. Ausschüttungsfiktion (Gewinnkapitalbesteuerung) *(AÖF 2013/ 301)*

544   Bis zum AbgÄG 2012, BGBl. I Nr. 112/2012, war in § 9 Abs. 6 UmgrStG geregelt, dass der zum Umgründungsstichtag ausschüttungsfähige unternehmensrechtliche Gewinn, modifiziert um bestimmte Zu- und Abschläge, als ausgeschüttet gilt. Zur diesbezüglichen Rechtslage siehe Rz 544 idF des UmgrStR 2002 – Wartungserlasses 2012 zu Art. II vom 13. Februar 2012, BMF-010201/ 0016-VI/6/2012, AÖF Nr. 74/2012.

Mit dem AbgÄG 2012 ist eine Systemänderung erfolgt, die für Umwandlungen gilt, bei denen der Umwandlungsbeschluss nach dem 31.12.2012 zur Eintragung in das Firmenbuch angemeldet wurde (3. Teil Z 23 erster Satz UmgrStG). § 9 Abs. 6 UmgrStG knüpft nicht mehr an den unternehmensrechtlich ausschüttungsfähigen Gewinn an, sondern orientiert sich am steuerlichen Gewinnkapital. Da dieses nach einer Umwandlung auf einkommensteuerpflichtige Rechtsnachfolger steuerneutral entnommen werden kann, wird der über die Jahre des Bestandes der Kapitalgesellschaft saldierte, bisher nur mit 25% besteuerte steuerliche Gewinn am Ende der Körperschaftsteuerpflicht der umgewandelten Kapitalgesellschaft dem Kapitalertragsteuerabzug unterzogen. Dies erfolgt durch die Fiktion der Ausschüttung des Gewinnkapitals anlässlich der Umwandlung und gewährleistet, dass vom Rechtsnachfolger grundsätzlich nur „vollständig" besteuerte Gewinne der Kapitalgesellschaft entnommen werden können. Für körperschaftsteuerpflichtige Rechtsnachfolger unterbindet § 10 KStG 1988 eine Mehrfachbesteuerung. *(AÖF 2013/301)*

545   Mit dem Tag der Anmeldung des Umwandlungsbeschlusses zur Eintragung in das Firmenbuch gilt das Gewinnkapital der übertragenden Körperschaft als offen an die Rechtsnachfolger ausgeschüttet. Gewinnkapital ist die Differenz zwischen dem Umwandlungskapital (Rz 546) im Sinne des § 8 Abs. 5 UmgrStG und den Einlagen im Sinne des § 4 Abs. 12 EStG 1988 (Rz 547). Der fiktive Ausschüttungsbetrag erhöht sich um den negativen steuerlichen Buchwert eines Vermögens, das im Zuge einer der Umwandlung vorgelagerten Umgründung übernommen wurde (Rz 548). Somit ergibt sich folgendes Berechnungsschema für die Ermittlung der Bemessungsgrundlage des fiktiven Ausschüttungsbetrages:

Umwandlungskapital (Rz 546)

– Einlagen iSd § 4 Abs. 12 EStG 1988 (Rz 547)

= Gewinnkapital

+ Negativer steuerlicher Buchwert aus Vorumgründungen (Rz 548)

= Fiktiver Ausschüttungsbetrag

(AÖF 2013/301)

546   Ausgangsgröße für die Berechnung des Gewinnkapitals ist das in der Umwandlungsbilanz zum Umwandlungsstichtag ausgewiesene steuerliche Eigen-

kapital (Umwandlungskapital) der Körperschaft. Die Umwandlungsbilanz enthält die steuerlichen Werte nach § 8 Abs. 1 UmgrStG (Buchwerte) bzw. nach § 8 Abs. 2 UmgrStG (Teilwerte) der Wirtschaftsgüter aufgrund rückwirkender Maßnahmen iSd § 8 Abs. 4 UmgrStG (Rz 477 ff).

Permanente Differenzen zwischen dem unternehmensrechtlichen und dem steuerlichen Ergebnis führen zu keiner Veränderung des Umwandlungskapitals. Daher sind weder Forderungen in Zusammenhang mit steuerbefreiten Erträgen vom Umwandlungskapital abzuziehen noch Passivposten in Zusammenhang mit nicht abzugsfähigen Aufwendungen dem Umwandlungskapital zuzuschlagen. So wird das Umwandlungskapital beispielsweise durch Körperschaftsteuerrückstellungen und Repräsentationsaufwendungen nicht erhöht und durch steuerfreie Beteiligungserträge und Körperschaftsteuervorauszahlungen nicht vermindert.

§ 9

Das Umwandlungskapital wird ebenfalls nicht um Sanierungsgewinne gemäß § 23a KStG 1988 vermindert; für Zwecke der Ausschüttungsfiktion sind sie somit zu berücksichtigen. *(BMF-AV Nr. 193/2015)*

Vom Umwandlungskapital abzuziehen sind Einlagen im Sinne des § 4   547
Abs. 12 EStG 1988, deren Stand auf dem Evidenzkonto zum Umwandlungsstichtag erfasst ist. Gemäß § 4 Abs. 12 Z 3 EStG 1988 sind auch Einlagen und Einlagenrückzahlungen des Rückwirkungszeitraumes (zwischen Umwandlungsstichtag und Umwandlungsbeschluss) zu berücksichtigen.

Beispiel 1:

Die X-GmbH wird zum Stichtag 31.12.01 umgewandelt. Vor Berücksichtigung der Maßnahmen iSd § 8 Abs. 4 UmgrStG beträgt das Umwandlungskapital 110.000, das Evidenzkonto weist einen Einlagenstand von 50.000 aus. Am 15.3.02 werden 15.000 des unternehmensrechtlichen Gewinnes ausgeschüttet. Die Ausschüttung wird steuerrechtlich als Einlagenrückzahlung iSd § 4 Abs. 12 EStG 1988 behandelt (ohne KESt-Abzug).

Die Ausschüttung mindert einerseits durch Ansatz einer Passivpost iHv 15.000 in der Umwandlungsbilanz zum 31.12.01 das Umwandlungskapital, andererseits reduziert sie den Stand der Einlagen iSd § 4 Abs. 12 EStG 1988 im gleichen Ausmaß. Das fiktiv ausgeschüttete Gewinnkapital von 60.000 (95.000 – 35.000) wird nicht verändert, die Ausschüttung ist als Einlagenrückzahlung nicht mit Kapitalertragsteuer belastet. Ob sie als solche einkommensteuerpflichtig ist, hängt von der Höhe der Anschaffungskosten des Anteilsinhabers ab.

Beispiel 2:

Die X-GmbH wird zum Stichtag 31.12.01 umgewandelt. Vor Berücksichtigung der Maßnahmen iSd § 8 Abs. 4 UmgrStG beträgt das Umwandlungskapital 110.000, das Evidenzkonto weist einen Einlagenstand von 50.000 aus. Am 15.3.02 werden 15.000 des unternehmensrechtlichen Gewinnes ausgeschüttet. Die Ausschüttung wird steuerrechtlich als offene Ausschüttung iSd § 8 Abs. 2 KStG 1988 behandelt (mit KESt-Abzug).

Die Ausschüttung mindert durch Ansatz einer Passivpost iHv 15.000 in der Umwandlungsbilanz zum 31.12.01 das Umwandlungskapital und damit das fiktiv ausgeschüttete Gewinnkapital auf 45.000 (95.000 – 50.000). Eine Doppelerfassung wird damit vermieden.

Zum Stand der auf dem Evidenzkonto erfassten Einlagen sowie der Veränderung des Evidenzkontenstandes aufgrund von vorgelagerten Umgründungen siehe

• den Einlagenrückzahlungs- und Innenfinanzierungserlass des BMF vom 27. September 2017, BMF-010203/0309-IV/6/2017, BMF-AV Nr. 155/2017

- Rz 363 ff (Verschmelzung)
- Rz 626 (Umwandlung)
- Rz 1255 ff (Einbringung)
- Rz 1794 ff (Spaltung nach dem SpaltG)
- Rz 1867 (Steuerspaltung)

Ein Betrag, der aufgrund von § 9 Abs. 6 UmgrStG als ausgeschüttet gilt, wirkt sich nicht auf die Innenfinanzierung des Rechtsnachfolgers aus (§ 2 Abs. 2 vorletzter Satz IF-VO). Damit soll eine Doppelberücksichtigung verhindert werden. Zu den weiteren Auswirkungen von Umwandlungen auf die Innenfinanzierung aufgrund der IF-VO siehe Rz 628 f. Zu den allgemeinen Auswirkungen der IF-VO siehe Rz 379. *(BMF-AV Nr. 40/2017, BMF-AV Nr. 131/2018)*

548 Wurde im Zuge von Umgründungen innerhalb von zehn Jahren vor der Umwandlung Vermögen mit negativen Buchwerten übernommen, erhöht sich das Gewinnkapital um diesen Betrag, soweit er nicht im Rahmen des § 18 Abs. 2 UmgrStG als ausgeschüttet gilt. Berücksichtigt werden nur Vorumgründungen mit Stichtagen nach dem 31.12.2007 (3. Teil Z 23 zweiter Satz UmgrStG).

Beispiel:

Die X-GmbH wird zum Stichtag 31.12.2012 umgewandelt. Die Umwandlung wurde am 10.9.2013 beschlossen und am 25.9.2013 zur Eintragung in das Firmenbuch angemeldet. Das Umwandlungskapital beträgt 110.000, das Evidenzkonto weist einen Einlagenstand von 50.000 aus. Zum 31.12.2010 wurde ein Betrieb mit einem steuerlichen Buchwert von -40.000 nach Art. III UmgrStG in die X-GmbH eingebracht. Die Einbringung wurde am 20.9.2010 zur Eintragung in das Firmenbuch angemeldet. Anlässlich der Einbringung wurde gemäß § 16 Abs. 5 Z 2 UmgrStG eine Entnahme iHv 25.000 vorbehalten. Zum Umwandlungsstichtag haftet die diesbezügliche Verbindlichkeit noch mit einem Betrag von 10.000 aus, 15.000 wurden bereits unter Berücksichtigung der KESt-Abfuhrverpflichtung des § 18 Abs. 2 UmgrStG getilgt.

Der fiktiven Ausschüttung iSd § 9 Abs. 6 UmgrStG unterliegt ein Betrag von 75.000. Das Gewinnkapital von 60.000 (110.000 – 50.000) ist um den negativen Buchwert des eingebrachten Betriebes zu erhöhen, der allerdings um den am 20.9.2010 iSd § 18 Abs. 2 UmgrStG fiktiv ausgeschütteten Betrag zu reduzieren ist. Somit ergibt sich eine Gewinnkapitalerhöhung von 15.000 (40.000 – 25.000).

Die Kapitalertragsteuer für die am Umwandlungsstichtag noch nicht getilgte vorbehaltene Entnahme iHv 10.000 ist spätestens am 17.9.2013 (eine Woche nach dem Umwandlungsbeschluss) abzuführen.

Die Kapitalertragsteuer für das fiktiv ausgeschüttete Gewinnkapital iHv 75.000 ist spätestens am 2.10.2013 (eine Woche nach Anmeldung des Umwandlungsbeschlusses zur Eintragung in das Firmenbuch) abzuführen.

Die Hinzurechnung negativer Buchwerte aus Vorumgründungen im Rahmen der Ausschüttungsfiktion soll eine korrekte Einmalbesteuerung auf beiden Besteuerungsebenen sicherstellen.

Beispiel 1:

Die natürliche Person A ist Gesellschafter der X-GmbH, die über ein Eigenkapital in Höhe von 1 Mio. verfügt; das Einlagenevidenzkonto der X- GmbH weist einen Stand von 0 auf. A bringt seinen Betrieb mit einem negativen steuerlichen Buchwert in Höhe von 300.000 in die X-GmbH ein (kein Anwendungsfall des § 18 Abs. 2 UmgrStG); es liegen keine vortragsfähigen Verluste vor.

In der Folge wird die X-GmbH umgewandelt. Das Umwandlungskapital beträgt 700.000, das Einlagenevidenzkonto 0, sodass sich – ohne Berücksichtigung der negativen Buchwerte aus Vorumgründungen – ein Gewinnkapital von 700.000 ergäbe.

Durch den Zuschlag gemäß § 9 Abs. 6 dritter Satz UmgrStG in der Höhe von 300.000

wird eine korrekte Einmalbesteuerung der erzielten Gewinne auf beiden Besteuerungsebenen sichergestellt.

Die Hinzurechnung negativer Buchwerte aus Vorumgründungen im Rahmen der Ausschüttungsfiktion soll jedoch nicht zu einer wirtschaftlichen Doppelbesteuerung oder zu einer Besteuerung von „Scheingewinnen" führen.

Beispiel 2:

Die Y-GmbH wird auf die Z-GmbH verschmolzen. Während die Y-GmbH Gewinne in Höhe von 1 Mio. erzielt hat, sind bei der Z-GmbH Verluste in eben dieser Höhe angefallen. Die Einlagenevidenzkonten beider Gesellschaften weisen einen Stand von 0 auf.

In der Folge wird die Z-GmbH umgewandelt. Das Umwandlungskapital beträgt (in Folge der Verschmelzung) 0, das Einlagenevidenzkonto 0, sodass sich ein Gewinnkapital in Höhe von 0 ergibt.

Ein Zuschlag gemäß § 9 Abs. 6 dritter Satz UmgrStG kommt nicht in Betracht, weil im Zuge der Verschmelzung keine negativen Buchwerte von der Z-GmbH übernommen wurden.

Beispiel 3 (Variante zu Beispiel 2 – Änderung der Verschmelzungsrichtung):

Die Z-GmbH wird auf die Y-GmbH verschmolzen. Während die Y-GmbH Gewinne in Höhe von 1 Mio. erzielt hat, sind bei der Z-GmbH Verluste in eben dieser Höhe angefallen. Die Einlagenevidenzkonten beider Gesellschaften weisen einen Stand von 0 auf.

In der Folge wird die Y-GmbH umgewandelt. Das Umwandlungskapital beträgt (in Folge der Verschmelzung) 0, das Einlagenevidenzkonto 0, sodass sich ein Gewinnkapital in Höhe von 0 ergibt.

Ein Zuschlag gemäß § 9 Abs. 6 dritter Satz UmgrStG der im Zuge der Verschmelzung von der Y-GmbH übernommenen negativen Buchwerte hat zu unterbleiben, weil in einer wirtschaftlichen Gesamtbetrachtung keine Gewinne erzielt wurden.

Die Hinzurechnungsvorschrift des § 9 Abs. 6 dritter Satz UmgrStG gilt auch dann, wenn die Vorumgründung ein anderes Rechtssubjekt betroffen hat und das im Zuge der Vorumgründung übertragene Vermögen erst durch eine Folgeumgründung auf die umzuwandelnde Kapitalgesellschaft transferiert wurde; dabei kommt es jedoch nicht zu einer „Kumulierung" der Hinzurechnungsbeträge.

Beispiel 4:

Die natürliche Person A bringt ihren Betrieb in die X-GmbH ein. Das eingebrachte Vermögen hat einen steuerlichen Buchwert von -100.000; es liegen keine vortragsfähigen Verluste vor.

Nach der Einbringung erzielt die X-GmbH einen Gewinn in Höhe von 50.000. In der Folge wird die X-GmbH auf die „leere" Y-GmbH verschmolzen. Dabei wird ein Verschmelzungskapital in Höhe von -50.000 auf die Y-GmbH übertragen.

Wird die Y-GmbH sodann umgewandelt, beträgt der Zuschlag gemäß § 9 Abs. 6 dritter Satz UmgrStG 100.000 Euro; die nach der Einbringung und vor der Umwandlung vorgenommene Verschmelzung beeinflusst die Höhe des Zuschlages (für die zum Zuge der Einbringung übertragenen negativen Buchwerte) nicht, allerdings ist darüber hinaus kein zusätzlicher Zuschlag für die im Zuge der Verschmelzung (weiter)übertragenen negativen Buchwerte anzusetzen. *(AÖF 2013/301)*

Die fiktive Ausschüttung nach § 9 Abs. 6 UmgrStG ist auf Ebene der umgewandelten Kapitalgesellschaft sowie beim Anteilsinhaber steuerrechtlich wie eine offene Ausschüttung zu behandeln. Hinsichtlich der Besteuerung des Anteilsinhabers bzw. der Erhebung der Kapitalertragsteuer gelten die allgemeinen Regeln, die Befreiungstatbestände des § 94 EStG 1988 sowie des § 10 KStG 1988 kommen zur Anwendung.

Findet kein Kapitalertragsteuerabzug durch die umgewandelte Kapital-

549

gesellschaft statt, ist die Kapitalertragsteuer bei einer verschmelzenden Umwandlung dem Rechtsnachfolger der aufgelösten umgewandelten Kapitalgesellschaft mittels Abgabenbescheid vorzuschreiben. Eine Vorschreibung mittels Haftungsbescheid hat nicht zu erfolgen, weil eine Haftung für eigene Abgaben ausscheidet.

Im Fall einer errichtenden Umwandlung geht die Abfuhrpflicht gemäß § 95 Abs. 1 EStG 1988 aufgrund der zivilrechtlichen Gesamtrechtsnachfolge auf die Personengesellschaft über, weil § 19 BAO grundsätzlich anzuwenden ist und § 7 Abs. 3 UmgrStG hier keine speziell anderslautende Nachfolgeregelung trifft, da sich diese Bestimmung ausschließlich auf ertragsteuerliche Auswirkungen bezieht. Somit kann die Personengesellschaft als Rechtsnachfolger der GmbH zur Haftung in Anspruch genommen werden (zu den Voraussetzungen siehe die Info des BMF vom 05.10.2015, BMF-010203/0276-VI/1/2015).

Bei ausländischen Anteilsinhabern ist die Verteilung der Besteuerungsrechte nach den entsprechenden DBA zu beachten. Die Ausschüttungsfiktion kommt auch im Falle der verschmelzenden Umwandlung auf eine ausländische Körperschaft (siehe Rz 440) zum Tragen, wenn die Jahresfrist gemäß § 94 Z 2 EStG 1988 nicht gegeben ist. Der umwandlungsbedingte Wegfall der Beteiligung des ausländischen Hauptgesellschafters an der übertragenden operativen Kapitalgesellschaft innerhalb der Jahresfrist hindert allerdings nicht die Erstattung der zunächst abgeführten KESt, wenn das die weggefallene Beteiligung ersetzende Vermögen der umgewandelten Kapitalgesellschaft im restlichen Zeitraum bis zum Ablauf der Jahresfrist gehalten wird. *(BMF-AV Nr. 40/2017)*

Randzahlen 550 bis 556: *derzeit frei (AÖF 2013/301)*

2.3.8. Kapitalherabsetzungsfiktion

557   Die Kapitalherabsetzungsfiktion im Sinne des § 9 Abs. 7 UmgrStG idF vor dem AbgÄG 2012, BGBl. I Nr. 112/2012, ist letztmalig auf Umwandlungen anzuwenden, bei denen der Umwandlungsbeschluss vor dem 1. Jänner 2013 zur Eintragung in das Firmenbuch angemeldet wurde (3. Teil Z 23 letzter Satz UmgrStG). Zur diesbezüglichen Rechtslage siehe Rz 557 idF des UmgrStR 2002 – Wartungserlasses 2012 (Art. II) vom 13. Februar 2012, BMF-010201/ 0016- VI/6/2012, AÖF Nr. 74/2012. *(AÖF 2013/301)*

Randzahlen 558 und 559: *derzeit frei (AÖF 2013/301)*

2.3.9. Mindestkörperschaftsteueranrechnung

2.3.9.1 Allgemeines

560   Mindestkörperschaftsteuern der übertragenden Kapitalgesellschaft im Sinne des § 24 Abs. 4 KStG 1988, die bis zum Umwandlungsstichtag entstanden und noch nicht verrechnet sind, werden ab dem dem Umwandlungsstichtag folgenden Wirtschaftsjahr den Rechtsnachfolgern zugerechnet, somit ab jenem Wirtschaftsjahr, das nach dem Umwandlungsstichtag beginnt. Die Regelung hat nur für natürliche Personen eine besondere Bedeutung, da Körperschaften als Rechtsnachfolger auch ohne diese Regelung zur Anrechnung von Mindestkörperschafteuer der übertragenden Körperschaft auf die künftige Erfolgskörperschaftsteuer berechtigt sind. Das dem jeweiligen Rechtsnachfolger zuzurechnende Ausmaß ergibt sich aus der Höhe seiner Beteiligung an der übertragenden Körperschaft im Zeitpunkt der Eintragung des Umwandlungsbeschlusses in das Firmenbuch.

2.3.9.2 Gesellschafterwechsel vor der Umwandlung

Ein Gesellschafterwechsel bei der übertragenden Kapitalgesellschaft ändert 561 unabhängig vom Rechtsgrund und der Art des Wechsels und unabhängig vom allfälligen Vorliegen eines Manteltatbestandes nichts an der Zurechnung offener Mindestkörperschaftsteuerbeträge zu den am Tag der Eintragung des Umwandlungsbeschlusses ausgewiesenen Gesellschaftern nach Maßgabe ihrer Beteiligungsverhältnisse. Dies gilt auch für einen allfälligen Gesellschafterwechsel nach dem Tag des Umwandlungsbeschlusses, dh. auch in diesem Fall hat nicht der ausscheidende sondern der übernehmende Gesellschafter einen Anspruch auf die aliquote Mindestkörperschaftsteueranrechnung. *(AÖF 2008/243)*

2.3.9.3 Abfindungsberechtigte Minderheitsgesellschafter

Die Anteile abfindungsberechtigter Minderheitsgesellschafter werden den 562 Rechtsnachfolgern nach § 9 Abs. 8 zweiter Satz UmgrStG entsprechend ihrer Beteiligungsquote zugerechnet, dh. ihnen wird der auf die ausscheidenden Minderheitsgesellschafter entfallende Mindestkörperschaftsteuerbetrag zusätzlich zu ihrer Quote im entsprechenden Ausmaß zugerechnet. Dies gilt unabhängig davon, ob die Minderheitsanteile zwischen den verbleibenden Gesellschaftern in dieser oder in einer anderen Art aufgeteilt werden.

Beispiel 1:

Gesellschafter der X-GmbH sind am Tag der Eintragung des Umwandlungsbeschlusses in das Firmenbuch A mit 54%, B mit 36% und C mit 10%. Die X-GmbH wird errichtend in die A&B-OG umgewandelt. C scheidet im Zuge der errichtenden Umwandlung gegen Barabfindung aus der Gesellschaft aus. Bis zum Umwandlungsstichtag sind bei der X-GmbH Mindestkörperschaftsteuern in Höhe von 8.750 entstanden und noch nicht verrechnet worden.

An der übernehmenden A&B-OG ist A umwandlungsvertragsgemäß mit 60% (54 : 90 x 100) B 40% (36 : 90 x 100) beteiligt. Dem A ist daher ein Betrag von 5.250 (60%) und B ein Betrag von 3.500 (40%) an Mindestkörperschaftsteuern zur Verrechnung mit Erfolgseinkommensteuer zuzurechnen. Auf den abfindungsberechtigten C können keine Mindestkörperschaftsteuerbeträge übergehen.

Die vorstehende Regelung gilt auch, wenn an der übernehmenden A&B-OG zB A unverändert mit 54% und B mit 46% beteiligt ist. *(AÖF 2008/243)*

Auf im Zuge einer errichtenden Umwandlung ggf. an Stelle von ausscheiden- 563 den Minderheitsgesellschaftern neu hinzutretende Gesellschafter (siehe OGH 26.2.1998, 6 Ob 335/97a und OGH 20.5.1999, 6 Ob 27/99k) können keine Mindestkörperschaftsteuerbeträge übergehen. Steuerlich betrachtet erwerben sie zwar am Umwandlungsstichtag die Kapitalanteile der abfindungsberechtigten Gesellschafter und sind damit Rechtsnachfolger der umgewandelten Kapitalgesellschaft, sind aber im Zeitpunkt der Eintragung des Umwandlungsbeschlusses in das Firmenbuch zivilrechtlich nicht Gesellschafter der übertragenden Körperschaft. Damit kann auf sie kein Anteil an Mindestkörperschaftsteuern übergehen, der sich aus der Beteiligungsquote an der umgewandelten Körperschaft ergibt (§ 9 Abs. 8 UmgrStG). Die Anteile der ausscheidenden Minderheitsgesellschafter sind ebenso wie im Fall der Übernahme der Minderheitsanteile durch die verbleibenden Gesellschafter jenen Rechtsnachfolgern im Verhältnis ihrer Beteiligungsquote zuzurechnen, die im Zeitpunkt der Eintragung des Umwandlungsbeschlusses in das Firmenbuch an der umgewandelten Kapitalgesellschaft tatsächlich beteiligt waren.

Beispiel 2:

Gesellschafter der X-AG sind am Tag der Eintragung des Umwandlungsbeschlusses in das Firmenbuch A mit 54%, B mit 36% und C mit 10%. Die X-AG wird errichtend in die Y-GmbH & Co KG umgewandelt. C scheidet im Zuge der errichtenden Umwandlung gegen Barabfindung aus der Gesellschaft aus. Im Zuge der Umwandlung wird die Y-GmbH als Komplementär am Vermögen der KG mit 10% beteiligt. Bis zum Umwandlungsstichtag sind bei der X-AG Mindestkörperschaftsteuern in Höhe von 1.000 entstanden und noch nicht verrechnet worden.

An der übernehmenden Y-GmbH & Co KG sind die Y-GmbH mit 10%, A mit 54% und B mit 36% beteiligt. Auf die Y-GmbH können Mindestkörperschaftsteuern nicht übergehen. Der vom Abfindungsberechtigten C repräsentierte Anteil von 10% wird im Verhältnis 6:4 den Gesellschaftern A und B zugeordnet. A kann ab dem dem Umwandlungsstichtag folgenden Wirtschaftsjahr Mindestkörperschaftsteuern von 600 und B solche von 400 auf die Erfolgseinkommensteuer verrechnen. *(AÖF 2008/243)*

2.3.9.4 Verrechnung der Mindestkörperschaftsteuer nach der Umwandlung

564   Für Körperschaften als Rechtsnachfolger der übertragenden Körperschaft kommen hinsichtlich der übertragenen Mindestkörperschaftsteuerbeträge die Anrechnungsvorschriften des § 24 Abs. 4 KStG 1988 zur Anwendung.

565   **Rechtslage bis zur Veranlagung 2010:**

Für natürliche Personen als Rechtsnachfolger gilt § 24 Abs. 4 KStG 1988 mit der Maßgabe, dass eine Verrechnung der Mindestkörperschaftsteuern nur im Ausmaß der entstehenden Einkommensteuerschulden erfolgt. Mindestkörperschaftsteuern sind nicht mehr nachrangig gegenüber Vorauszahlungen und den durch den Steuerabzug abgegoltenen Beträgen (VfGH 30.06.2011, G 15/11). § 46 Abs. 2 EStG 1988 ist nicht anzuwenden, sodass sich aus der Anrechnung von Mindestkörperschaftsteuern keine Gutschrift ergeben kann.

Es bestehen keine Bedenken, die Übernahme von Mindestkörperschaftsteuern durch natürliche Personen als Begründung für einen Antrag auf individuelle Anpassung von Einkommensteuervorauszahlungen nach § 45 EStG 1988 anzuerkennen.

Rechtslage ab Veranlagung 2011:

Für natürliche Personen als Rechtsnachfolger gilt § 24 Abs. 4 KStG 1988, wenn der Betrieb nach § 7 Abs. 1 UmgrStG am Ende des Jahres, für das die Anrechnung erfolgen soll, noch vorhanden ist. Unabhängig von diesem Betriebserfordernis ist auf die Einkommensteuer, die auf Veräußerungsgewinne gemäß § 24 EStG 1988 dieses Betriebes entfällt, eine Anrechnung vorzunehmen. Das bloße Vorhandensein des Betriebes reicht aus. Der Umfang des Betriebes ist ebenso wenig relevant wie die Frage einer Zuordnung der Mindeststeuern zu allfällig vorhandenen Teilbetrieben. Erforderlich ist, dass am Ende des jeweiligen Kalenderjahres, zu dem eine Anrechnung von Mindestkörperschaftsteuern erfolgen kann, dieser Betrieb noch vorhanden ist. Sollte der Betrieb vor Ende des Kalenderjahres aufgegeben oder veräußert werden, ist auf den Veräußerungs- oder Aufgabegewinn im Sinne des § 24 EStG 1988 eine Anrechnung vorzunehmen. Zur Verrechnungsschranke für die Mindestkörperschaftsteuer bei natürlichen Personen als Rechtsnachfolger siehe KStR 2013 Rz 1568. *(BMF-AV Nr. 131/2018)*

2.3.10. Umwandlungsbedingte Wirkungen in Bezug auf die Kapitalertragsteuer

565a   Durch die Umwandlung ergeben sich im Zusammenhang mit KESt-Tatbeständen folgende Änderungen:

- Erträge der übertragenden Kapitalgesellschaft aus Ausschüttungen inländischer Körperschaften nach dem Umwandlungsstichtag (= Inlandsbeteiligungen):

  Da natürliche Personen als Rechtsnachfolger nicht in den Anwendungsbereich der KESt-Befreiungsbestimmung des § 94 Z 2 EStG 1988 fallen, unterliegen Erträge aus Inlandsbeteiligungen bei natürlichen Personen als Rechtsnachfolger gemäß § 93 Abs. 2 Z 1 EStG 1988 dem KESt-Abzug, dem nach Maßgabe des § 97 EStG 1988 Abgeltungswirkung zukommt. Die KESt-Befreiung fällt aufgrund der umwandlungsbedingten Rückwirkungsfiktion an sich mit dem dem Umwandlungsstichtag folgenden Tag rückwirkend weg. Zur KESt-Abfuhr siehe Rz 565b.

- Erträge der übertragenden Kapitalgesellschaft aus Ausschüttungen ausländischer Körperschaften nach dem Umwandlungsstichtag (= Auslandsbeteiligungen):

  Bei Auslandsbeteiligungen kann es durch die Umwandlung nur insoweit zu Änderungen im Bereich der KESt kommen, als die Auslandsdividenden bei der übertragenden Kapitalgesellschaft aufgrund einer gesonderten Befreiungserklärung gemäß § 3 Z 2 Auslands-KESt VO 2003 bzw. 2012 in Verbindung mit § 10 Abs. 2 KStG 1988 vom KESt-Abzug nach § 93 Abs. 2 Z 1 EStG 1988 ausgenommen waren und es umwandlungsbedingt zu einem Widerruf dieser Befreiungserklärung kommt (vgl. dazu auch Rz 565b). Bei natürlichen Personen als Rechtsnachfolger unterliegen Erträge aus Auslandsbeteiligungen nach Maßgabe des § 93 Abs. 2 Z 1 EStG 1988 iVm den Bestimmungen der Auslands-KESt VO 2012, idF BGBl. II Nr. 92/2012, dem KESt-Abzug, dem nach Maßgabe des § 97 EStG 1988 Abgeltungswirkung zukommt.

- Umwandlungsbedingt kommt es auch für Zinserträge aus Geldeinlagen und Kapitalerträgen aus Forderungswertpapieren, für die die abgegebene Befreiungserklärung gemäß § 94 Z 5 EStG 1988 nicht mehr wirksam sein kann und die folglich von der übertragenden Körperschaft gemäß § 9 Abs. 9 UmgrStG zu widerrufen ist (vgl. Rz 565b), zu Änderungen. Da natürliche Personen als Rechtsnachfolger nicht in den Anwendungsbereich der KESt-Befreiung des § 94 Z 5 EStG 1988 fallen, unterliegen die genannten Kapitalerträge bei natürlichen Personen als Rechtsnachfolger gemäß § 93 Abs. 2 Z 1 EStG 1988 dem KESt-Abzug, dem nach Maßgabe des § 97 EStG 1988 Abgeltungswirkung zukommt. *(AÖF 2013/301)*

Die übertragende Körperschaft hat gemäß § 9 Abs. 9 UmgrStG die bisher   565b
nicht einbehaltene KESt innerhalb einer Woche nach dem Tag der Anmeldung des Umwandlungsbeschlusses zur Eintragung in das Firmenbuch unter Hinweis auf die umwandlungsbedingte Korrektur an das für sie zuständige Betriebsfinanzamt abzuführen, dies dem (den) Rechtsnachfolger(n) zu bescheinigen, die ausschüttende(n) Gesellschaft(en) vom Gesellschafterwechsel zu verständigen und gegenüber dem(n) betroffenen Kreditinstitut(en) bzw. dem oder den zuständigen Finanzämtern den Widerruf der Befreiungserklärung(en) durchzuführen. Ist im Zeitpunkt des Widerrufs der Befreiungserklärung(en) die Zinsfälligkeit bereits eingetreten, trifft das Kreditinstitut infolge der auf die übertragende Körperschaft übergangene Abfuhrverpflichtung keine Verpflichtung; ist die Zinsfälligkeit noch nicht eingetreten, hat das Kreditinstitut anlässlich der Abrechnung die KESt einzubehalten und abzuführen.

Beispiel:

Die übertragende GmbH wird a) zum 31.12.01 b) zum 30.4.01 umgewandelt. Die Anmeldung des Umwandlungsbeschlusses erfolgt a) am 28.9.01 b) am 29.1.02. Im Zeitpunkt des Widerrufs der Befreiungserklärung läuft im Falle a) die Zinsperiode bzw. ist im Falle b) mit 31.12.01 abgelaufen. Im Falle a) hat das Kreditinstitut die Abfuhrpflicht wahrzunehmen, im Falle b) hat die übertragende GmbH die KESt innerhalb einer Woche nach dem 29.1.02 abzuführen. *(AÖF 2008/243)*

565c   Die errichtende oder verschmelzende Umwandlung kann bei den Anteilsinhabern unter Umständen eine KESt-Pflicht auslösen, wenn Anteilsinhaber aus einer vorangegangenen Einbringung gemäß Art. III UmgrStG auf Grund vorbehaltener Entnahmen im Sinne des § 16 Abs. 5 Z 2 UmgrStG negative Anschaffungskosten ihrer Anteile an der übertragenden Gesellschaft aufweisen. Ist die aus der vorbehaltenen Entnahme entstandene Verbindlichkeit am Tag des Umwandlungsbeschlusses noch nicht oder nicht zur Gänze getilgt, entsteht nach § 18 Abs. 2 Z 1 UmgrStG mit dem Tag des Umwandlungsbeschlusses die Steuerschuld. Die übertragende Gesellschaft hat die KESt innerhalb einer Woche abzuführen.

Die mit der Steuerschuld verbundene Erhöhung der Anschaffungskosten der Anteile an der übertragenden Gesellschaft gemäß § 20 Abs. 2 UmgrStG verändert nur den steuerneutralen Buchgewinn oder Buchverlust (Rz 501) bzw. Umwandlungsgewinn oder Umwandlungsverlust (Rz 529 f).

Beispiel:

Rechtslage idF StRefG 2015/2016:

A hat seinen Betrieb zum 31.12.01 in die X-GmbH eingebracht. Der Buchwert des Betriebes betrug vor Berücksichtigung einer vorbehaltenen Entnahme + 40.000. Im Sacheinlagevertrag wurde der Vorbehalt einer Entnahme iSd § 16 Abs. 5 Z 2 UmgrStG für A vereinbart, wonach er 100.000 künftig ausbezahlt bekommen soll und die X-GmbH eine allfällige, auf diesen Auszahlungsbetrag entfallende KESt tragen soll. Die vorbehaltene Entnahme wurde in der Einbringungsbilanz daher unter Berücksichtigung der KESt-Schuld mit einem Betrag von 122.758,62 vermögensmindernd angesetzt

$$\left(KESt = \frac{40.000 - 100.000}{75} \times 100 \times 27,5\% = 22.758,62 \right).$$

Der Buchwert des Einbringungsvemögens sank folglich unter Berücksichtigung der vorbehaltenen Entnahme auf - 82.758,62.

Die X-GmbH wird nunmehr auf Basis des Umwandlungsbeschlusses vom 20.9.03 zum 31.12.02 in die A&B-KG umgewandelt. Bis zum 20.9.03 hat A bereits 70.000 ausbezahlt erhalten, an das Finanzamt wurde KESt iHv 11.379,31

$$\left(KESt = \frac{70.000 - 40.000}{72,5} \times 100 \times 27,5\% \right)$$

abgeführt. Bis zum 27.9.03 (eine Woche nach dem Beschluss auf Umwandlung der X-GmbH) sind gemäß § 18 Abs. 2 Z 1 zweiter Teilstrich UmgrStG für die noch nicht getilgte vorbehaltene Entnahme iHv 41.379,31 27,5% an KESt, somit weitere 11.379,31 abzuführen.

Rechtslage vor dem StRefG 2015/2016:

Aufgrund der Rechtslage vor dem StRefG 2015/2016 ergibt sich bei einem gewünschten Auszahlungsbetrag von 100.000 eine KESt-Belastung von 20.000

$$\left(KESt = \frac{40.000 - 100.000}{75} \times 100 \times 25\% \right),$$

und beträgt somit der Buchwert des Einbringungsvermögens -80.000. Da A zum Zeitpunkt des Umwandlungsbeschlusses (20.9.03) bereits 70.000 ausbezahlt bekommen hat (KESt-Belastung 25%= 10.000), sind gemäß § 18 Abs. 2 Z 1 zweiter Teilstrich UmgrStG für die bis zum 27.9.03 (eine Woche nach dem Beschluss auf Umwandlung der X-GmbH) noch nicht getilgte vorbehaltene Entnahme iHv 40.000 25% an KESt, somit weitere 10.000 abzuführen. *(BMF-AV Nr. 40/2017)*

§ 9

§ 10

Verlustabzug

§ 10. § 8 Abs. 4 Z 2 des Körperschaftsteuergesetzes 1988 ist nach Maßgabe folgender Bestimmungen anzuwenden:

1. a) Für Verluste der übertragenden Körperschaft ist § 4 Z 1 lit. a, c und d anzuwenden.

   b) Übergehende Verluste sind den Rechtsnachfolgern als Verluste gemäß § 18 Abs. 6 des Einkommensteuergesetzes 1988 oder § 8 Abs. 4 Z 2 des Körperschaftsteuergesetzes 1988 in jenem Ausmaß zuzurechnen, das sich aus der Höhe der Beteiligung an der umgewandelten Körperschaft im Zeitpunkt der Eintragung des Umwandlungsbeschlusses in das Firmenbuch ergibt. Dabei sind die Anteile abfindungsberechtigter Anteilsinhaber den Rechtsnachfolgern quotenmäßig zuzurechnen.

   c) Das Ausmaß der nach lit. b maßgebenden Beteiligungen verringert sich um jene Anteile, die im Wege der Einzelrechtsnachfolge, ausgenommen

   – die Kapitalerhöhung innerhalb des gesetzlichen Bezugsrechtes,

   – Erwerbe von Todes wegen,

   – Erwerbe eines unter § 7 Abs. 3 des Körperschaftsteuergesetzes 1988 fallenden Hauptgesellschafters

   – vor der verschmelzenden Umwandlung oder

   – vor der errichtenden Umwandlung, an der neben dem Hauptgesellschafter nur ein Arbeitsgesellschafter teilnimmt, oder

   – Erwerbe einer Mitunternehmerschaft als Hauptgesellschafter, an der neben einem Arbeitsgesellschafter nur eine unter § 7 Abs. 3 des Körperschaftsteuergesetzes 1988 fallende Körperschaft beteiligt ist,

   erworben worden sind, sofern die Verluste nicht erst in Wirtschaftsjahren entstanden sind, die nach dem Anteilserwerb begonnen haben.

2. § 4 Z 1 lit. b und c ist auch für eigene Verluste einer Körperschaft anzuwenden, die am Nennkapital der umgewandelten Körperschaft am Tage der Eintragung der Umwandlung in das Firmenbuch mindestens zu einem Viertel beteiligt ist.

3. § 4 Z 2 ist auf Verluste der übertragenden und der übernehmenden Körperschaft anzuwenden.

(BGBl I 2012/112)

Gliederung:

§ 10

2.4. Verlustabzug (§ 10 UmgrStG)

2.4.1. Allgemeines

Umwandlungen bedeuten das Ende der übertragenden Kapitalgesellschaft **566** und die Vermögensübernahme durch eine errichtete Personengesellschaft oder durch den Hauptgesellschafter als Gesamtrechtsnachfolger. Damit verbunden ist in aller Regel die Buchwertübernahme und damit die in § 10 UmgrStG verankerte Übernahme vortragsfähiger Verluste. § 10 UmgrStG verweist auf die Geltung des § 4 UmgrStG und adaptiert die verschmelzungsbedingten Regelungen für Zwecke der Umwandlung. Zu prüfen sind daher

• einerseits die Übertragbarkeit vortragsfähiger Verluste der übertragenden Körperschaft (Rz 567 ff),

• weiters die allfällige Zuordnung übergehender Verluste auf eine Mehrheit von Rechtsnachfolgern (Rz 574 ff) und

• andererseits die fortgesetzte Vortragsfähigkeit von Verlusten von Rechtsnachfolger-Körperschaften (Rz 584 ff).

2.4.2. Vortragsfähige Verluste der übertragenden Körperschaft

Für die Frage, ob und inwieweit Verluste der umzuwandelnden Kapital- **567** gesellschaft auf Rechtsnachfolger übergehen, verweist § 10 Z 1 lit. a UmgrStG auf die Anwendbarkeit der entsprechenden Regelungen für Verschmelzungen in § 4 Z 1 lit. a, lit. c und lit. d UmgrStG (siehe Rz 187 ff). Es muss daher geprüft werden, ob das Verlustobjekt zum Umwandlungsstichtag tatsächlich noch vorhanden und mit jenem im Zeitpunkt des Entstehens der Verluste auch vergleichbar ist. Zudem ist bei der einer up-stream-Verschmelzung vergleichbaren verschmelzenden Umwandlung auf die rechtsnachfolgende Mutter-Körperschaft das Verbot der Doppelverlustverwertung zu beachten.

2.4.2.1 Objektbezogener Verlustvortragsübergang

Es gelten die Grundsätze des Verschmelzungstatbestandes. Siehe Rz 188. **568**

2.4.2.1.1 Betriebsführende übertragende Gesellschaft

569   Bei sämtlichen errichtenden Umwandlungen und dem Grunde nach auch bei verschmelzenden Umwandlungen ist das Vorhandensein eines Betriebes Anwendungsvoraussetzung für eine steuerneutrale Umwandlung im Sinne des Art. II UmgrStG (siehe Rz 444 und Rz 195 ff). Soweit Verluste diesem Betrieb zuordenbar sind, ist ein Verlustübergang auf Rechtsnachfolger grundsätzlich möglich. Der umwandlungsbedingte Beitritt einer GmbH als Komplementär der errichteten Personengesellschaft kann für diese mangels einer vorher bestehenden Beteiligung an der übertragenden Körperschaft zu keinem Verlustvortragsübergang führen.

2.4.2.1.2 Vermögensverwaltende übertragende Gesellschaft

570   Ist bei einer errichtenden Umwandlung die übertragende Kapitalgesellschaft nur vermögensverwaltend tätig geworden, kann die Umwandlung mangels Vorliegens eines Betriebes nicht unter Art. II UmgrStG fallen und daher den Rechtsnachfolgern keinen Verlustvortrag vermitteln. Das Gesetz eröffnet keine Möglichkeit, Verlustanteile aus einer Beteiligung an einer durch errichtende Umwandlung außerhalb des Geltungsbereiches des Art. II UmgrStG entstandenen vermögensverwaltenden Personengesellschaft, die auf eine vermögensverwaltende Tätigkeit der umgewandelten Kapitalgesellschaften zurückgehen, als Sonderausgaben iSd § 18 EStG 1988 geltend zu machen (VwGH 22.4.2004, 2004/15/0043).

Da verschmelzende Umwandlungen auf inländische Kapitalgesellschaften sowie auf EU-Kapitalgesellschaften nicht mehr zulässig sind (Rz 425), gilt die Ausnahme vom Betriebserfordernis nach § 7 Abs. 1 Z 2 zweiter Teilstrich UmgrStG nur mehr für sonstige unter § 7 Abs. 3 KStG 1988 fallende Körperschaften, vor allem für rechnungslegungspflichtige Genossenschaften und rechnungslegungspflichtige Betriebe gewerblicher Art von Körperschaften öffentlichen Rechts. Auf diese Rechtsnachfolger kann daher Vermögen auch ohne Betrieb in Anwendung des Art. II UmgrStG steuerneutral übertragen werden. Noch nicht verrechnete Verluste sind den am Umwandlungsstichtag vorhandenen sonstigen Vermögensteilen zuzuordnen (zB Kapitalanteile, Liegenschaften, Portfolio, siehe Rz 208).

Beispiel:

Eine GmbH soll auf ihre Hauptgesellschafterin, eine rechnungslegungspflichtige Genossenschaft, verschmelzend umgewandelt werden. Im Vermögen der GmbH befinden sich zum Umwandlungsstichtag ausschließlich Beteiligungen und Liegenschaften. Die GmbH hat vortragsfähige Verluste in Höhe von 100, wovon 20 aus der Veräußerung der Beteiligung an der X-AG stammen und der Rest dem übertragenen Vermögen zugerechnet werden kann.

Auf die Genossenschaft gehen nur Verluste in Höhe von 80 über, der Restverlust von 20 geht umwandlungsbedingt unter. *(AÖF 2012/74)*

2.4.2.2 Vorhandensein des Vermögens am Stichtag

571   Das verlustverursachende Vermögen muss am Umwandlungsstichtag tatsächlich noch vorhanden sein. So kann bspw. bei Veräußerung, Stilllegung oder Untergang des (Teil)Betriebes bzw. der sonstigen Vermögensteile vor dem Umwandlungsstichtag der Verlust nicht auf den Rechtsnachfolger übergehen.

Beispiel 1:

Die vormals operativ tätige T-AG hat ihren Betrieb stillgelegt und ist nur noch vermögensverwaltend als Holding tätig. Sie wird auf ihre Hauptgesellschafterin, eine Gemeinde, die die Beteiligung an der T-AG im Rahmen eines rechnungslegungspflichtigen Betriebes gewerblicher Art hält, verschmelzend umgewandelt. Von den am Umwandlungsstichtag noch nicht verrechneten Verlusten in Höhe von 100 stammen 70 aus dem stillgelegten Betrieb und 30 aus der Abwertung von Beteiligungen, die sich zu diesem Zeitpunkt noch im Vermögen der Kapitalgesellschaft befinden. Auf den gemeindeeigenen Betrieb gewerblicher Art können nur Verluste in Höhe von 30 übergehen und zwar nur dann, wenn die Teilwertabschreibungen nach Stilllegung des Betriebes vorgenommen wurden. Davor war nämlich der Betrieb und nicht die Beteiligung das Verlustzuordnungsobjekt (siehe Rz 205). *(AÖF 2012/74)*

§ 10

Das Schicksal des Verlustobjektes nach dem Umwandlungsstichtag ist hinsichtlich der Verlustübergangsbestimmung des § 10 Z 1 lit. a UmgrStG in Verbindung mit § 4 Z 1 lit. a UmgrStG nicht mehr von Bedeutung, ggf. aber für die Anwendung des Mantelkauftatbestandes nach § 10 Z 2 UmgrStG iVm § 4 Z 2 UmgrStG relevant (siehe Rz 589). Ist aber ein Betrieb für die Anwendbarkeit von Art. II UmgrStG erforderlich, muss ein solcher jedenfalls zum Zeitpunkt des tatsächlichen (zivilrechtlichen) Vermögensüberganges noch vorhanden sein (siehe Rz 457).   572

Beispiel 2:

Die X-AG hat zwei Betriebe, von denen einer laufend Verluste erwirtschaftet hat. Die X-AG soll errichtend in die A&B-OG umgewandelt werden. Am Umwandlungsstichtag sind noch nicht verrechnete Verluste von 100 vorhanden. Der Verlust-Betrieb wird im Rückwirkungszeitraum (zwischen dem Umwandlungsstichtag und dem Tag der Eintragung der Umwandlung in das Firmenbuch) verkauft, der andere Betrieb geht auf die A&B-OG über.

Voraussetzung für die Anwendung des Art II UmgrStG ist nach § 7 Abs. 1 Z 1 UmgrStG nicht, dass gerade der Verlust-Betrieb sondern dass irgend ein Betrieb der übertragenden X-AG übertragen wird (und damit am Tag der Firmenbucheintragung über die Umwandlung bei der X-AG existiert). Für den Übergang der Verlustabzugsberechtigung ist maßgeblich, dass der Verlust-Betrieb am Umwandlungsstichtag noch tatsächlich vorhanden ist (§ 10 Abs. 1 Z 1 lit. a UmgrStG in Verbindung mit § 4 Z 1 lit. a UmgrStG). Beide Voraussetzungen sind gegeben, sodass die Rechtsnachfolger A und B die Verluste von 100 aliquot ab dem dem Umwandlungsstichtag folgenden Veranlagungszeitraum als Sonderausgaben geltend machen können. *(AÖF 2008/243)*

2.4.2.3 Vergleichbarkeit des vorhandenen Vermögens

Es gelten die Grundsätze des Verschmelzungstatbestandes. Siehe Rz 218 ff.   572a

2.4.2.4 Kürzung zur Beseitigung einer Doppelverlustverwertung

Hat der Rechtsnachfolger von einer im Betriebsvermögen gehaltenen Beteiligung an der übertragenden Körperschaft eine Teilwertabschreibung geltend gemacht, ist nach § 10 Z 1 lit. a UmgrStG entsprechend dem Reglement des § 4 Z 1 lit. d UmgrStG eine Kürzung der vortragsfähigen Verluste der übertragenden Gesellschaft vorzunehmen (siehe auch Rz 227 ff). Dies gilt nicht nur für Körperschaften als Rechtsnachfolger sondern, dem Gesetzeszweck entsprechend, für jeden (steuerrechtlichen) Rechtsnachfolger (Rz 485 ff) bei einer verschmelzenden oder errichtenden Umwandlung, da sämtliche steuerrechtlichen Rechtsverhältnisse im Wege der Gesamtrechtsnachfolge auf ihn übergehen.   573

Beispiel 1:

Der Einzelunternehmer A hat auf die im Betriebsvermögen gehaltene hundertprozentige Beteiligung an der X-GmbH im Jahr 01 eine voll steuerwirksame Teilwertabschreibung in Höhe von 7.000 vorgenommen. Im Jahr 03 wird die X-GmbH verschmelzend auf A umgewandelt. Der vortragsfähige Verlust der X-AG beträgt 10.000.

A kann den übertragbaren vortragsfähigen Verlust grundsätzlich ab dem Jahr 04 im Rahmen des Sonderausgabenabzuges geltend machen. Der Verlust von 10.000 ist aber um den vollen Betrag der Teilwertabschreibung in Höhe von 7.000 zu kürzen, sodass A Sonderausgaben von 3.000 abziehen kann.

Beispiel 2:

Gesellschafter der Y-AG sind die X-GmbH & Co KG mit 70% und B mit 30%. An der X- GmbH & Co KG sind A mit 80% und die X-GmbH mit 20% beteiligt. Die X-GmbH & Co KG hat die Beteiligung an der Y-AG im Jahr 01 dem Grunde nach steuerwirksam um 6.000 teilwertberichtigt. B hält seine Beteiligung an der Y-AG im Privatvermögen. Im Jahr 03 wird die Y-AG errichtend auf die Y-GmbH & Co KG umgewandelt, an der die bisherigen Gesellschafter der Y-AG im selben Verhältnis (70:30) wiederum beteiligt sind. Der vortragsfähige Verlust der Y-AG beträgt 10.000.

Der übertragbare vortragsfähige Verlust kann grundsätzlich im Jahr 04 von den Rechtsnachfolgern entsprechend ihrer Quote (A: 56% [80% von 70%], B: 30%, X-GmbH: 14% [20% von 70%]) im Rahmen des Sonderausgabenabzuges geltend gemacht werden. Der dem A zugewiesene Betrag von 5.600 muss aber um die aliquote Teilwertabschreibung von 4.800, der der X-GmbH zugewiesene Betrag von 1.400 um die aliquote Teilwertabschreibung von 1.200 gekürzt werden. Im Jahr 04 können daher A 800, B 3.000 und die X-GmbH 200 als Sonderausgaben abziehen.

Die X-GmbH hatte den auf sie entfallenden Teil der Teilwertabschreibung der Siebentelregelung des § 12 Abs. 3 Z 2 KStG 1988 zu unterwerfen (vgl. KStR 2013 Rz 1291) und konnte daher in den Jahren 01 bis 03 je 171,43 geltend machen. Im Jahr 04 kann die X-GmbH ebenfalls einen Betrag von 171,43 und gemäß § 4 Z 1 lit. d dritter Satz iVm § 10 Z 1 lit. a UmgrStG zusätzlich den Unterschiedsbetrag zwischen der Kürzung (1.200) und den bereits geltend gemachten Siebenteln in Höhe 685,72 (vier mal 171,43) absetzen. Praktisch werden mit dem Ansatz des Betrages von 514,28 (1.200 – 685,72) die noch offenen Siebentel in das Jahr 04 vorgezogen, sodass für die Jahre 05 bis 07 kein abschreibbarer Rest verbleibt. *(AÖF 2013/301)*

2.4.3. Zurechnung von vortragsfähigen Verlusten an eine Mehrheit von Rechtsnachfolgern

2.4.3.1 Quotenzurechnung

574 Übertragbare vortragsfähige Verluste sind nach § 10 Z 1 lit. b UmgrStG den Rechtsnachfolgern dem Grunde nach in jenem prozentuellen Ausmaß zuzurechnen, das der Höhe ihrer Beteiligung an der umgewandelten Kapitalgesellschaft im Zeitpunkt der Eintragung des Umwandlungsbeschlusses in das Firmenbuch entspricht. Die Anteile der ausscheidenden Minderheitsgesellschafter werden den Rechtsnachfolgern im Verhältnis ihrer Beteiligungsquote zugerechnet. Dies gilt unabhängig davon, ob die Minderheitsanteile von den verbleibenden Gesellschaftern in dieser oder in einer anderen Art aufgeteilt werden.

Beispiel:

Gesellschafter der X-GmbH sind am Tag der Eintragung des Umwandlungsbeschlusses in das Firmenbuch A mit 54%, B mit 36% und C mit 10%. Die X-GmbH wird errichtend in die A&B-OG umgewandelt. C scheidet im Zuge der errichtenden Umwandlung gegen Barabfindung aus der Gesellschaft aus. Bei der X-GmbH sind übertragbare Verluste in Höhe von 1.000 entstanden, die bis zum Umwandlungsstichtag noch nicht verrechnet wurden.

Nach der Umwandlung entfallen umwandlungsvertragsgemäß auf A eine Beteiligungsquote von 60% (54 : 90 x 100) und auf B eine Beteiligungsquote von 40% (36 : 90 x 100). A kann daher ab dem dem Umwandlungsstichtag folgenden Veranlagungszeitraum Verluste der X-GmbH in Höhe von 600, B solche in Höhe von 400 als Sonderausgaben geltend machen.

Die vorstehende Regelung gilt auch, wenn an der übernehmenden A&B-OG zB A unverändert mit 54% und B mit 46% beteiligt ist. *(AÖF 2008/243)*

Auf im Zuge einer errichtenden Umwandlung allenfalls an Stelle von ausscheidenden Minderheitsgesellschaftern neu hinzutretende Gesellschafter (siehe OGH 26.2.1998, 6 Ob 335/97a und OGH 20.5.1999, 6 Ob 27/99k) können keine Verlustvorträge übergehen. Steuerlich betrachtet erwerben sie zwar am Umwandlungsstichtag die Kapitalanteile der abfindungsberechtigten Gesellschafter und sind damit Rechtsnachfolger der umgewandelten Kapitalgesellschaft, sind aber im Zeitpunkt der Eintragung des Umwandlungsbeschlusses in das Firmenbuch zivilrechtlich nicht Gesellschafter der übertragenden Körperschaft. Auch in diesem Fall sind die Anteile der ausscheidenden Minderheitsgesellschafter ebenso wie im Fall der Übernahme der Minderheitsanteile durch die verbleibenden Gesellschafter jenen Rechtsnachfolgern im Verhältnis ihrer Beteiligungsquote zuzurechnen, die im Zeitpunkt der Eintragung des Umwandlungsbeschlusses in das Firmenbuch an der umgewandelten Kapitalgesellschaft tatsächlich beteiligt waren und bei denen es zu keiner Kürzung der Verlustvortragsübernahme kommt (siehe Rz 576 f). 575

Beispiel 2:

Gesellschafter der X-AG sind am Tag der Eintragung des Umwandlungsbeschlusses in das Firmenbuch A mit 54%, B mit 36% und C mit 10%. Die X-AG wird errichtend in die Y-GmbH & Co KG umgewandelt. C scheidet im Zuge der errichtenden Umwandlung gegen Barabfindung aus der Gesellschaft aus. Im Zuge der Umwandlung wird die Y-GmbH als Komplementär am Vermögen der KG mit 10% beteiligt. Bei der X-AG sind übertragbare Verluste in Höhe von 1.000 entstanden, die bis zum Umwandlungsstichtag noch nicht verrechnet wurden.

An der übernehmenden Y-GmbH & Co KG sind die Y-GmbH mit 10%, A mit 54% und B mit 36% beteiligt. Auf die Y-GmbH können keine Verluste übergehen. Der vom Abfindungsberechtigten C repräsentierte Anteil von 10% wird im Verhältnis 6:4 den Gesellschaftern A und B zugeordnet. A kann ab dem dem Umwandlungsstichtag folgenden Veranlagungszeitraum Verluste von 600 und B Verluste von 400 als Sonderausgaben geltend machen. *(AÖF 2008/243)*

2.4.3.2 Kürzung der maßgebenden Beteiligungsquoten bei Einzelrechtsnachfolgetatbeständen

Durch Umwandlungen geht die steuerliche Verlustabzugsberechtigung von der Gesellschafts- in die Gesellschaftersphäre über. Um zu verhindern, dass durch einen vorbereitenden Anteilserwerb der "Ankauf" von als Sonderausgabe abzugsfähigen Verlusten einer übertragenden Körperschaft möglich wird, sieht § 10 Z 1 lit. c UmgrStG eine Einschränkung des Verlustüberganges vor, wenn Anteile vor der Umwandlung im Wege der Einzelrechtsnachfolge erworben worden sind. Danach muss das Ausmaß der für die Verlustabzugsberechtigung maßgeblichen Beteiligungsquote (siehe Rz 568 ff) um die im Wege der Einzelrechtsnachfolge erworbenen Anteile verringert werden, sofern Verluste nicht erst in Wirtschaftsjahren entstanden sind, die nach einem solchen Anteilserwerb begonnen haben. § 10 Z 1 lit. c UmgrStG knüpft dabei an den Begriff des Wirtschaftsjahres iSd § 7 Abs. 5 KStG 1988 an. Eine davon abweichende Beurteilung, dass darunter auch nur Tage, Wochen oder Monate zu verstehen wären, scheidet aus (VwGH 31.3.2005, 2000/15/0002, 0003). Auch der Erwerb von Anteilen im Wege der Neugründung einer Kapitalgesellschaft fällt unter § 10 Z 1 lit. c UmgrStG, weil nicht von einem streng zivilrechtlichen Verständnis der 576

Einzelrechtsnachfolge auszugehen ist (VwGH 27.2.2014, 2010/15/0015 zu Verlusten aus dem Einzelunternehmen der Ehefrau, das zeitnah zur Gründung einer Gesellschaft in diese eingebracht wurde).

Beispiel 1:

A hat am a) 1.3.01 b) am 1.3.02 alle Anteile der operativen B-GmbH (Wirtschaftsjahr = Kalenderjahr) von B entgeltlich erworben. Die B-GmbH wird zum 31.10.02 verschmelzend auf A (Wirtschaftsjahr = Kalenderjahr) umgewandelt. Die B-GmbH weist zum Umwandlungsstichtag nicht verrechnete Verluste in Höhe von 1.000 (800 aus dem Jahr 01 und 200 aus dem Jahr 02) aus. Im Fall a) kann A den Verlust aus 01 nicht übernehmen, da erst Verluste in einem Wirtschaftsjahr nach dem Anteilserwerb zählen. A kann daher der Verlust aus 02 im Kalenderjahr 03 als Sonderausgabe absetzen. Im Fall b) kann A auch den Verlust aus 02 nicht als Sonderausgabe geltend machen.

Beispiel 2:

Die X-AG (Wirtschaftsjahr = Kalenderjahr) hat zum Umwandlungsstichtag 31.10.03 nicht verrechnete Verluste in Höhe von 1.540 (800 aus dem Jahr 01, 500 aus dem Jahr 02 und 240 aus dem Jahr 03). Der Gesellschafter A war bis 31.3.03 zu 40% an der XAG beteiligt und hat mit 1.4.03 vom Gesellschafter B die restlichen Anteile im Ausmaß von 60% käuflich erworben. Das aus der verschmelzenden Umwandlung entstehende protokollierte Einzelunternehmen des A wählt ein Wirtschaftsjahr vom 1.2. bis 31.1.

Auf A gehen die Verluste der X-AG aus den Jahren 01 und 02 und dem Rumpfwirtschaftsjahr 03 zu 40% (= 616) über, die er im Kalenderjahr 04 als Sonderausgabe geltend machen kann. Da A den Teilverlust des Kaufjahres 03 in Höhe von 60% nicht übernehmen kann und der Umwandlungsstichtag der 31.10.03 ist, geht der Restverlust in Höhe von 924 umwandlungsbedingt verloren.

Die Quotenkürzung nach § 10 Z 1 lit. c UmgrStG bezieht sich nur auf die Beteiligung des Rechtsnachfolgers, nicht aber auf Anteile ausscheidender Minderheitsgesellschafter.

Beispiel 3:

An der C-GmbH (Wirtschaftsjahr = Kalenderjahr) sind seit der Gründung M zu 90% und N seit Mai 03 zu 10% beteiligt. Die GmbH hat zum Umwandlungsstichtag 31.12.05 nicht verrechnete Verluste in Höhe von 2.000 (500 aus dem Jahr 03, 700 aus dem Jahr 04 und 800 aus dem Jahr 05). M wird auf Grund der verschmelzenden Umwandlung Einzelunternehmer.

Auf M gehen 100% der Verluste der C-GmbH aus den Jahren 03 bis 05 über (90% eigene und 10% von N gemäß § 10 Z 1 lit. b letzter Satz UmgrStG). Der Beteiligungserwerb durch N im Jahr 03 bewirkt keine Quotenkürzung bei M, der somit 2.000 ab 06 als Sonderausgabe geltend machen kann.

Sind umgekehrt M erst seit Mai des Jahres 03 und N seit Gründung an der C-GmbH beteiligt, gehen auf M keine Verluste aus dem Jahr 03 und 100% der Verluste aus den Jahren 04 und 05 über. Für das Jahr 03 kann N auch als Gründungsgesellschafter dem Hauptgesellschafter M die 10%-Verlustquote nicht vermitteln. M stehen daher ab 06 nur 1.500 als Sonderausgabe zu. *(BMF-AV Nr. 193/2015)*

577 Eine Kürzung der Beteiligungsquote hat insbesondere beim Anteilserwerb zu erfolgen durch

- Kauf
- Tausch
- Schenkung
- Gründungseinlage (tauschbedingter Anteilserwerb)
- ordentliche Kapitalerhöhung außerhalb des gesetzlichen Bezugsrechtes (siehe auch Rz 576)

- Geld- oder Sacheinlage in die bestehende Körperschaft (innerhalb oder außerhalb des Art. III UmgrStG) als Tauschvorgang.

2.4.3.3 Ausnahmen von der Kürzung der Beteiligungsquoten

2.4.3.3.1 Gesamtrechtsnachfolgetatbestände

Ein Anteilserwerb im Wege der Gesamtrechtsnachfolge führt nicht zum 578 Ausschluss des Überganges jener steuerlichen Verluste, die vor dem Erwerbszeitpunkt eingetreten sind (keine Kürzung der nach § 10 Z 1 lit. b UmgrStG maßgebenden Beteiligungsquote).

§ 10

Unschädlich ist daher bspw. ein der Umwandlung vorangehender Anteilserwerb durch

- Erbanfall (Testament, gesetzliche Erbfolge, Erbvertrag zwischen Ehegatten)
- Verschmelzung (verschmelzungsbedingter Anteilstausch)
- Umwandlung (Anteilserwerb als nunmehriger Mitunternehmer oder als Hauptgesellschafter)
- Handelsspaltung (spaltungsbedingter Anteilserwerb)
- Anwachsung im Sinne des § 142 UGB, sofern nicht vorher ein Einzelrechtsnachfolgetatbestand vorliegt
- Einbringungen nach § 92 BWG bzw. nach § 62 VAG 2016. Gesamtrechtsnachfolge liegt allerdings nur bei der Kapitalgesellschaft vor, die das eingebrachte Vermögen (samt Anteilen) erhält, nicht aber beim Einbringenden, der die einbringungsgeborenen Anteile im Wege der Einzelrechtsnachfolge bekommt. *(AÖF 2008/243, BMF-AV Nr. 40/2017)*

2.4.3.3.2 Ausübung des gesetzlichen Bezugsrechtes

Eine Kürzung der Beteiligungsquote des Anteilsinhabers und damit eine 579 Verringerung des Verlustüberganges kann nach § 10 Z 1 lit. c erster Teilstrich UmgrStG unterbleiben, wenn Anteile im Rahmen einer Kapitalerhöhung unter Ausübung des gesetzlichen Bezugsrechtes (zB § 153 Abs. 1 AktG, § 52 Abs. 3 GmbHG) erworben werden, auch wenn es sich dabei um den Fall einer Einzelrechtsnachfolge handelt.

Beispiel:

Gesellschafter der X-GmbH sind A, B, C und D zu je 25%. Es wird eine ordentliche Kapitalerhöhung um 35.000 auf 70.000 beschlossen. Während A, B und C der Kapitalerhöhung zustimmen, verzichtet D auf die Teilnahme an der Kapitalerhöhung. Da A und B den Einlagebetrag des D je zur Hälfte übernehmen, ergibt sich für diese beiden eine Beteiligung von je 31,25%, C hält seine Beteiligung von 25% und D sinkt auf 12,5 % herab. Nach der errichtenden Umwandlung der X-GmbH ergibt sich Folgendes:

A und B haben einen den Verlustvortragsübergang insoweit ausschließenden Beteiligungserwerb in Höhe von je 6,25%, bei C ergibt sich trotz der Verdoppelung der Einlage kein verlustvortragsschädigender Erwerb, D kann umwandlungsbedingt nur 12,5% der vortragsfähigen Verluste übernehmen.

2.4.3.3.3 Einzelrechtsnachfolge von Todes wegen

Keine Kürzung der Beteiligungsquote des Anteilsinhabers erfolgt bei allen 580 Erwerben von Todes wegen. Der Anteilserwerb des Erben ist als Fall einer Gesamtrechtsnachfolge nicht von der Kürzungsbestimmung des § 10 Z 1 lit. c UmgrStG erfasst, die sonstigen Erwerbe von Todes wegen (Vermächtnis, Schenkung auf den Todesfall, Erwerb zwecks Abgeltung von Pflichtteilen, vom Erblasser geschlossener Vertrag, der mit dessen Tod unmittelbar gemacht wird) sind nach Teilstrich zwei dieser Bestimmung von der Kürzung ausgenommen.

2.4.3.3.4 Vorbereitende Anteilserwerbe einer § 7 Abs. 3 KStG-Körperschaft

581   Eine Kürzung der Beteiligungsquote unterbleibt nach § 10 Z 1 lit. c UmgrStG auch dann, wenn der vorbereitende Anteilserwerb im Wege der Einzelrechtsnachfolge durch eine Körperschaft erfolgt, die ihr Einkommen nach § 7 Abs. 3 KStG 1988 ermittelt. Auf eine solche Körperschaft können daher Verluste der umzuwandelnden Kapitalgesellschaft übergehen, die vor dem Anteilserwerb des Gesellschafters entstanden sind.

582   Die Ausnahmebestimmung des § 10 Z 1 lit. c dritter und vierter Teilstrich UmgrStG ist anzuwenden auf vorbereitende Anteilserwerbe

- durch einen unter § 7 Abs. 3 KStG 1988 fallenden Hauptgesellschafter vor der verschmelzenden Umwandlung der Tochter-Kapitalgesellschaft

- durch eine Kapitalgesellschaft & Co-Mitunternehmerschaft, zB eine GmbH & Co KG, vor einer nachfolgenden verschmelzenden Umwandlung der Tochter-Kapitalgesellschaft, wenn am Tag des Umwandlungsbeschlusses Komplementär der erwerbenden GmbH & Co KG ein Arbeitsgesellschafter und der einzige und damit 100-prozentige Kommanditist eine unter § 7 Abs. 3 KStG 1988 fallende Körperschaft ist

- durch eine Kapitalgesellschaft vor einer nachfolgenden errichtenden Umwandlung der Tochter-Kapitalgesellschaft auf eine Kapitalgesellschaft & Co-Mitunternehmerschaft, zB eine GmbH & Co KG, bei der der umwandlungsbedingt beitretende Komplementär Arbeitsgesellschafter ist und die die Anteile erwerbende Kapitalgesellschaft der einzige und damit 100-prozentige Kommanditist wird.

Im Falle der verschmelzenden Umwandlung auf eine unter § 7 Abs. 3 KStG 1988 fallende Körperschaft, an deren Unternehmen jemand atypisch still beteiligt ist, kommt die Ausnahme nur dann zur Anwendung, wenn der stille Gesellschafter spätestens zum Umwandlungsstichtag oder umwandlungsbedingt ebenfalls zum Umwandlungsstichtag ausscheidet. *(AÖF 2008/243, BMF-AV Nr. 40/ 2017)*

583   Der auf Grund eines vorbereitenden Anteilserwerbs einer unter § 7 Abs. 3 KStG 1988 fallenden Körperschaft auf Grund der nachfolgenden verschmelzenden Umwandlung übergehende Verlustvortrag ändert nichts an einem nachfolgenden Verlustvortragsausschluss, wenn die übernehmende Körperschaft in der Folge errichtend auf eine Personengesellschaft umgewandelt wird und die Anteilsinhaber die Anteile an der übertragenden Körperschaft schon vor dem vorbereitenden Anteilserwerb im Wege der Einzelrechtsnachfolge erworben haben.

Beispiel:
A und B kaufen je 50% der Anteile der X-GmbH. Die X-GmbH kauft in der Folge alle Anteile der Y-GmbH und beschließt die verschmelzende Umwandlung der erworbenen operativ tätigen Gesellschaft. Der objektbezogene vortragsfähige Verlust der Y-GmbH geht auf die Y-GmbH über. In der Folge beschließen A und B die errichtende Umwandlung der X-GmbH. Der aus der verschmelzenden Umwandlung übernommene vortragsfähige Verlust der X-GmbH kann nicht auf A und B übergehen, es sei denn, der Verluste wären bei der Y-GmbH in Wirtschaftsjahren nach dem Erwerb der X-Anteile entstanden.

Gleiches gilt, wenn die dargestellte Gestaltung im Wege alternativer vorbereitender Rechts- und Umgründungsschritte erreicht wird. Dies kann etwa im Wege der vorbereitenden Verschmelzung der vorher durch Anteilserwerb entstandenen Tochter-Körperschaft oder im Wege der Einbringung oder Abspaltung eines Verlustbetriebes einer erworbenen Körperschaft in die in der Folge umzuwandelnde Gesellschaft erfolgen. *(AÖF 2008/243)*

2.4.4. Vortragsfähige Verluste des Rechtsnachfolgers

2.4.4.1 Natürliche Personen als Rechtsnachfolger

Eine Einschränkung der Abzugsberechtigung für bis zum Umwandlungsstichtag entstandene eigene Verluste im Sinne des § 18 Abs. 6 EStG 1988 von natürlichen Personen, die Rechtsnachfolger einer verschmelzend oder errichtend umgewandelten Kapitalgesellschaft sind, sieht das UmgrStG nicht vor. *(BMF-AV Nr. 131/2018)* 584

2.4.4.2 Körperschaften als Rechtsnachfolger

2.4.4.2.1 Allgemeines und Verweise

Für eigene Verluste einer Körperschaft, die am Nennkapital der umgewandelten Kapitalgesellschaft am Tag der Eintragung der Umwandlung in das Firmenbuch mindestens zu einem Viertel beteiligt war, kommen nach § 10 Z 2 UmgrStG die Verlustabzugsbeschränkungen des § 4 Z 1 lit. b und c UmgrStG zur Anwendung (siehe Rz 216 bis Rz 222). Bei der Ermittlung des Beteiligungsausmaßes ist darauf abzustellen, ob die Körperschaft unmittelbar oder mittelbar über eine Personengesellschaft mindestens zu einem Viertel am Nennkapital der umgewandelten Körperschaft beteiligt ist (VwGH 20.12.2016, Ro 2015/15/0020). 585

Die Verlustabzugsbeschränkung des Mantelkaufes nach § 4 Z 2 UmgrStG (Rz 241 ff) ist gemäß § 10 Z 3 UmgrStG auf Verluste der übertragenden und der übernehmenden Körperschaft anzuwenden (siehe Rz 589). *(BMF-AV Nr. 131/2018)*

Hinsichtlich der von der umgewandelten Kapitalgesellschaft übertragenen Verluste kann es zur Vermeidung einer Doppelverlustverwertung zu einer Kürzung nach § 10 Z 1 lit. a UmgrStG iVm § 4 Z 1 lit. d UmgrStG kommen. Diese Kürzung hat auch dann zu erfolgen, wenn die rechtsnachfolgende Körperschaft zu weniger als 25% am Nennkapital der umgewandelten Kapitalgesellschaft beteiligt ist (siehe Rz 223 ff). 586

2.4.4.2.2 Vorhandensein und Vergleichbarkeit des Verlustobjektes

Bis zum Umwandlungsstichtag entstandene und noch nicht verrechnete eigene Verluste der zu mindestens 25% unmittelbar oder mittelbar über eine Personengesellschaft beteiligten Nachfolgekörperschaft verfallen gemäß § 10 Z 2 UmgrStG in Verbindung mit § 4 Z 1 lit. b UmgrStG insoweit, als der Betrieb, Teilbetrieb oder nicht einem Betrieb zurechenbare Vermögensteil, der die Verluste verursacht hat, am Umwandlungsstichtag nicht mehr tatsächlich vorhanden ist (siehe Rz 571 f). *(BMF-AV Nr. 131/2018)* 587

Zudem gehen eigene Verluste solcher Nachfolgekörperschaften gemäß § 10 Z 2 UmgrStG iVm § 4 Z 1 lit. c UmgrStG dann unter, wenn das Verlustobjekt in seinem Ausmaß derart herabgemindert ist, dass es mit jenem im Zeitpunkt des Entstehens der Verluste nicht mehr vergleichbar ist. 588

2.4.5. Mantelkauftatbestand *(AÖF 2013/301)*

589   Nach § 10 Z 3 UmgrStG sind die Verlustabzugsbeschränkungen des Mantelkaufes sowohl auf Verluste der übertragenden als auch der übernehmenden Körperschaft anzuwenden. Die Regelung gilt für Umwandlungen, bei denen der
Umwandlungsbeschluss nach dem 31.12.2012 zur Eintragung in das Firmenbuch angemeldet wurde. Damit kann es zu einer Einschränkung der Verlustabzugsberechtigung auch dann kommen, wenn nach einem vorbereitenden
Anteilserwerb durch einen unter § 7 Abs. 3 KStG 1988 fallenden Hauptgesellschafter aufgrund der Ausnahmeregelung des § 10 Z 1 lit. c UmgrStG (Rz 581)
die Verluste ohne Quotenkürzung auf diesen übergehen, gesamthaft betrachtet
aber ein Mantelkauftatbestand im Sinne des § 8 Abs. 4 Z 2 KStG 1988 vorliegt.
Hinsichtlich der wesentlichen Änderungen im Sinne dieser Bestimmung sind
dabei in die Betrachtung sowohl die Gestaltungen bei der umgewandelten Gesellschaft als auch die dem Rechtsnachfolger zuzurechnenden einzubeziehen.

Beispiel:

Die X-GmbH kauft alle Anteile an der Y-GmbH und wechselt deren Geschäftsführung aus. Die Y-GmbH wird unter Beitritt des Arbeitsgesellschafters Z-GmbH errichtend in die Z-GmbH & Co KG umgewandelt. Der Produktionsbetrieb der Y-GmbH ist
am Umwandlungsstichtag vollumfänglich vorhanden und geht auf die KG über. Die
diesem zuzuordnenden Verlustvorträge können grundsätzlich von der Rechtsnachfolgerin X-GmbH ab dem dem Umwandlungsstichtag folgenden Veranlagungszeitraum
geltend gemacht werden.

Wird nun zeitnah der Produktionsbetrieb eingestellt und statt dessen von der KG eine
Handelstätigkeit aufgenommen, liegen gesamthaft betrachtet alle Kriterien für den
Manteltatbestand vor, die Änderungen der Gesellschafterstruktur sowie der organisa-
torischen Struktur erfolgten bei der Y-GmbH, die Änderung der wirtschaftlichen
Struktur beim Rechtsnachfolger X-GmbH (bezogen auf das Vermögen der Z-GmbH
& Co KG). *(AÖF 2013/301)*

Randzahlen 590 und 591: *derzeit frei (AÖF 2013/301)*

2.4.6. Auswirkung der Kürzung des Verlustabzugs *(BMF-AV Nr. 193/ 2015)*

592   Nach § 8 Abs. 4 Z 2 lit. a KStG 1988 können vortragsfähige Verluste im Sinne des § 18 Abs. 6 EStG 1988 nur im Ausmaß von 75% des Gesamtbetrages der
Einkünfte als Sonderausgaben abgezogen werden (Vortragsgrenze). Insoweit die
Verluste im laufenden Jahr nicht abgezogen werden können, sind sie in den folgenden Jahren unter Beachtung der Vortragsgrenze abzuziehen. *(BMF-AV Nr. 131/2018)*

593   Die auf Grund des Überschreitens der Vortragsgrenze am Umwandlungs-
stichtag noch nicht verrechneten (rückgestauten) Beträge der umgewandelten
Kapitalgesellschaft unterliegen den Verlustübergangsbeschränkungen des § 10
UmgrStG. Zum zeitlichen Wirksamwerden des Verlustüberganges beim Rechts-
nachfolger (siehe Rz 210, zur Verrechnungsreihenfolge siehe EStR 2000,
Rz 4533 ff).

Sonstige Rechtsfolgen der Umwandlung

§ 11. (1) Die übertragende Körperschaft bleibt bis zu ihrem Erlöschen Arbeitgeber im Sinne des § 47 des Einkommensteuergesetzes 1988. Dies gilt auch für die Beurteilung von Tätigkeitsvergütungen als solche im Sinne des § 22 Z 2 des Einkommensteuergesetzes 1988.

(2) Die Anteile abfindungsberechtigter Anteilsinhaber gelten am Tag der Eintragung des Umwandlungsbeschlusses in das Firmenbuch als veräußert.

(3) Umwandlungen nach § 7 gelten nicht als steuerbare Umsätze im Sinne des Umsatzsteuergesetzes 1994; die Rechtsnachfolger treten für den Bereich der Umsatzsteuer unmittelbar in die Rechtsstellung der übertragenden Körperschaft ein.

(4) Umwandlungen nach § 7 sind von den Kapitalverkehrsteuern befreit, wenn die übertragende Körperschaft am Tag der Anmeldung des Umwandlungsbeschlusses zur Eintragung in das Firmenbuch länger als zwei Jahre besteht.

(5) Werden auf Grund einer Umwandlung nach § 7 Erwerbsvorgänge nach § 1 des Grunderwerbsteuergesetzes 1987 verwirklicht, so ist die Grunderwerbsteuer gemäß § 4 in Verbindung mit § 7 des Grunderwerbsteuergesetzes 1987 zu berechnen. *(BGBl I 2015/118)*

Gliederung:

2.5. Sonstige Rechtsfolgen (§ 11 UmgrStG)

2.5.1. Arbeitsverhältnisse

2.5.1.1 Ausnahme von der Rückwirkungsfiktion

594   Nach § 11 Abs. 1 UmgrStG bleibt die übertragende Kapitalgesellschaft bis zu ihrem Erlöschen durch Eintragung des Umwandlungsbeschlusses in das Firmenbuch Arbeitgeber im Sinne des § 47 EStG 1988. Dies gilt auch für die Beurteilung der Tätigkeitsvergütungen als solche im Sinne des § 22 Z 2 EStG 1988 für einen an der Kapitalgesellschaft wesentlich beteiligten Gesellschafter-Geschäftsführer oder sonst Beschäftigten. Durch die Ausnahme von der sonst für die Einkommensermittlung geltenden Rückwirkung (§ 8 Abs. 3 UmgrStG, § 9 Abs. 1 UmgrStG) bleiben diese Beschäftigungsverhältnisse auch nach dem Umwandlungsstichtag mit steuerlicher Wirkung gegenüber der umzuwandelnden Kapitalgesellschaft bestehen. Im Bereich der Einkünfte aus nichtselbständiger Arbeit können die lohnsteuerrechtlichen Begünstigungen (zB § 67 EStG 1988 und § 68 EStG 1988) in Anspruch genommen werden.

Auf Grund der Ausnahme von der Rückwirkungsfiktion sind die bis zum Erlöschen der übertragenden Kapitalgesellschaft anfallenden, dh. auf die Leistungsperiode bis zum Erlöschen anfallenden Tätigkeitsvergütungen beim Nachfolge-Einzelunternehmen oder der Nachfolge-Personengesellschaft als Betriebsausgabe absetzbar.

Beispiel

Gesellschafter der X-GmbH sind A zu 25% und B zu 75%. Beide sind auch als Geschäftsführer der X-GmbH beschäftigt. Die X-GmbH wird errichtend in die A&B-OG umgewandelt, von der sie weiterhin Geschäftsführerbezüge erhalten.

Bis zur Eintragung der Umwandlung im Firmenbuch beziehen A Einkünfte aus nichtselbständiger und B Einkünfte aus sonstiger selbständiger Arbeit. Die Vergütungen sind bei der Kapitalgesellschaft auch nach dem Umwandlungsstichtag als Betriebsausgaben aufwandswirksam. Erst nach deren Erlöschen sind sie als Gewinnanteile der OG im Sinne des § 23 Z 2 EStG 1988 (bzw. § 21 Abs. 2 Z 2 EStG 1988 oder § 22 Z 3 EStG 1988) zu behandeln.

Voraussetzung für diese Sonderregelung ist, dass die Tätigkeitsvergütungen dem Grunde und der Höhe nach dem Fremdvergleich standhalten. Sollte die Tätigkeitsvergütungen zum Teil oder zur Gänze als verdeckte Ausschüttungen zu werten sein, erstreckt sich das Abzugsverbot auch auf die Sonderregelung und löst Kapitalertragsteuerpflicht aus. (*AÖF 2008/243*)

595   Zur Behandlung der Pensions- und Abfertigungsrückstellungen des Gesellschafter-Geschäftsführers siehe Rz 526.

596   Es bestehen keine Bedenken, wenn der Übergang der Arbeitgebereigenschaft in Abstimmung mit der Abgabenbehörde bereits mit dem der Anmeldung des Umwandlungsbeschlusses zur Eintragung in das Firmenbuch folgenden Lohnzahlungszeitraum angenommen wird.

2.5.1.2 Beendigung des Arbeitsverhältnisses innerhalb der Rückwirkungsfrist

Auf Grund der Ausnahme von der Rückwirkungsfiktion in § 11 Abs. 1 597 UmgrStG kann das Beschäftigungsverhältnis zur übertragenden Körperschaft nicht nur steuerwirksam fortgesetzt, sondern in der Zeit zwischen dem Umwandlungsstichtag und dem Erlöschen steuerwirksam beendet werden. In dieser Phase kommen daher noch die lohnsteuerrechtlichen Regelungen für Abfertigungen (§ 67 Abs. 3 EStG 1988) oder für Pensionsabfindungen oder Übertragungen auf andere Arbeitgeber oder eine Pensionskasse zur Anwendung (LStR 2002 Rz 1074). *(AÖF 2008/243)*

§ 11

2.5.1.3 Lohnforderungen am Tag der Anmeldung des Umwandlungsbeschlusses zur Eintragung in das Firmenbuch

Die Regelung des § 9 Abs. 5 UmgrStG gilt dem Grunde nach nur für Forde- 598 rungen oder Verbindlichkeiten, deren Gegenposition in der Schlussbilanz der übertragenden Körperschaft ausgewiesen sind. Im Hinblick auf die Ausnahme des § 11 Abs. 1 UmgrStG muss diese Regelung auch am Tag der Anmeldung des Umwandlungsbeschlusses zur Eintragung in das Firmenbuch noch offene Forderungen des Anteilsinhabers aus dem Beschäftigungsverhältnis zur umgewandelten Kapitalgesellschaft gelten. Sie gelten daher mit diesem Tag im Rahmen der entsprechenden Einkunftsart (selbständige bzw. nichtselbständige Arbeit) nach § 9 Abs. 5 UmgrStG als vereinnahmt (siehe Rz 531 ff). Ermittelt der wesentlich beteiligte Gesellschafter-Geschäftsführer seine Einkünfte aus der selbständigen Tätigkeit (freiwillig) durch einen Bestandsvergleich, ist § 9 Abs. 2 UmgrStG (siehe Rz 503 ff) und nicht die Vereinnahmungsfiktion des § 9 Abs. 5 UmgrStG anzuwenden.

2.5.2. Behandlung abfindungsberechtigter Gesellschafter

Nach § 2 Abs. 2 Z 3 UmwG betreffend verschmelzende Umwandlungen und 599 der nach § 5 Abs. 5 UmwG ebenfalls maßgebenden Norm des § 2 Abs. 2 Z 3 UmwG betreffend errichtende Umwandlungen hat der Hauptgesellschafter bzw. die errichtete Personengesellschaft den abfindungsberechtigten Gesellschaftern eine angemessene Abfindung zu gewähren. Nach § 11 Abs. 2 UmgrStG gelten Anteile abfindungsberechtigter Anteilsinhaber (Minderheitsgesellschafter, das sind Gesellschafter im Ausmaß von höchstens 10% des Grund- oder Stammkapitals) am Tag der Eintragung des Umwandlungsbeschlusses in das Firmenbuch als veräußert. Dieser Zeitpunkt ist für eine allenfalls vorzunehmende Besteuerung maßgeblich (zB § 12 Abs. 3 Z 1 EStG 1988, § 98 Abs. 1 Z 5 lit. e EStG 1988, § 5 Abs. 3 UmgrStG, § 20 Abs. 5 UmgrStG, § 37 Abs. 3 iVm § 5 Abs. 3 UmgrStG). *(AÖF 2012/74)*

Die Veräußerungsfiktion des § 11 Abs. 2 UmgrStG gilt nur für die Gesell- 600 schafter der übertragenden Kapitalgesellschaft. Andere vertraglich abfindungsberechtigte Personen, vor allem die Inhaber von Surrogatkapital (Substanzgenussberechtigte und Partizipationskapitalinhaber) im Sinne des § 8 Abs. 3 Z 1 KStG 1988 sind nach den allgemeinen Grundsätzen des Einkommensteuerrechts zu behandeln.

2.5.3. Behandlung von innerhalb der Rückwirkungsfrist ausscheidenden Gesellschaftern

Zum Gesellschafterwechsel nach dem Umwandlungsstichtag siehe Rz 464. 601

2.5.4. Umsatzsteuer

602   Nach § 11 Abs. 3 UmgrStG gelten Umwandlungen nicht als steuerbare Umsätze im Sinne des UStG 1994, Rechtsnachfolger treten für den Bereich der Umsatzsteuer unmittelbar in die Rechtsstellung der umgewandelten Kapitalgesellschaft ein. Umsatzsteuerrechtlicher Rechtsnachfolger im Sinne des § 11 Abs. 3 UmgrStG ist, im Gegensatz zum Ertragsteuerrecht, immer der zivilrechtliche Nachfolgerechtsträger (siehe Rz 485 ff).

603   Der Übergang der Unternehmereigenschaft erfolgt an sich mit dem Erlöschen der übertragenden Kapitalgesellschaft am Tag der Eintragung des Umwandlungsbeschlusses in das Firmenbuch. Der Übergang der umsatzsteuerlichen Zurechnung kann allerdings mit dem der Anmeldung zur Eintragung im Firmenbuch folgenden Monatsersten angenommen werden, sofern der zuständigen Abgabenbehörde kein anderer Stichtag des tatsächlichen Wechsels der Unternehmereigenschaft dargetan wird. Am Tag des Überganges der Unternehmereigenschaft auf den Rechtsnachfolger tritt auch die Umsatzsteuerpflicht für Forderungen eines Anteilsinhabers im Sinne des § 9 Abs. 5 UmgrStG (siehe Rz 531 ff) bei der Umsatzversteuerung nach vereinnahmten Entgelten ein. (siehe Rz 485 ff). Siehe auch UStR 2000 Rz 56. *(AÖF 2008/243)*

2.5.5. Kapitalverkehrsteuern

604   Für Umgründungsvorgänge, die noch Gesellschaftsteuerpflicht auslösen können (zum Auslaufen der Gesellschaftsteuer siehe Rz 323), sind die folgenden Ausführungen zu beachten:

Umwandlungen im Sinne des Umwandlungsgesetzes sind gemäß § 11 Abs. 4 UmgrStG von der Gesellschaftsteuer befreit, wenn folgende Voraussetzungen erfüllt sind:

• Es muss sich um eine Umwandlung nach § 7 UmgrStG handeln.

• Die übertragende Körperschaft muss am Tag der Anmeldung des Umwandlungsbeschlusses zur Eintragung in das Firmenbuch länger als zwei Jahre bestehen. *(BMF-AV Nr. 40/2017)*

605   Kapitalgesellschaften & Co KG gelten als Kapitalgesellschaft im Sinne des KVG, weshalb bei einer Umwandlung auf diese Gesellschaftsformen gesellschaftsteuerliche Tatbestände erfüllt werden können. *(BMF-AV Nr. 40/2017)*

Randzahl 606: *entfällt (BMF-AV Nr. 40/2017)*

607   Zur Vorgangsweise bei Zweifeln der für die Verkehrsteuern zuständigen Abgabenbehörde am Vorliegen der Anwendungsvoraussetzungen des Art. II UmgrStG siehe Rz 416.

608   Erbringen die Gesellschafter im Zuge der Vorbereitung einer Umwandlung freiwillige Leistungen im Sinne des § 2 Z 4 KVG (bspw. damit die Voraussetzung eines positiven Verkehrswertes erfüllt wird), ist hierfür die Befreiung nach § 11 Abs. 4 UmgrStG nicht anwendbar.

609   Die Ausführungen in Rz 323 ff über die Zweijahresfrist gelten auch hier.

610   Daneben enthält § 6 Abs. 1 Z 2 lit. a KVG eine Befreiung von der Gesellschaftsteuer für den Erwerb (Erhöhung) von Gesellschaftsrechten, beruhend auf der Umwandlung einer Kapitalgesellschaft in eine Kapitalgesellschaft anderer Rechtsform. Dies gilt nicht für die Anteile, die erst durch die Umwandlung zu Gesellschaftsrechten im Sinne dieses Gesetzes werden.

Zur Konkurrenz der Befreiungsbestimmungen des KVG und des UmgrStG   611
siehe die Ausführungen in Rz 324 f.

Im Zusammenhang mit Umwandlungen können somit folgende Steuertat-   612
bestände des KVG erfüllt werden:

- Bei einer errichtenden Umwandlung auf eine GmbH & Co KG, deren persönlich haftender Gesellschafter die GmbH ist, kann im Sinne des § 2 Z 1 KVG ein Erwerb von Gesellschaftsrechten an einer inländischen Kapitalgesellschaft durch den ersten Erwerber vorliegen. Unter den Voraussetzungen des § 6 Abs. 1 Z 2 lit. a KVG ist dieser Fall allerdings steuerfrei.

- Eine (Auslands)Umwandlung im Sinne des § 7 Abs. 1 Z 3 UmgrStG auf einen inländischen Nachfolgerechtsträger, der eine inländische Kapitalgesellschaft (§ 4 KVG) ist, kann den Tatbestand des § 2 Z 5 KVG verwirklichen. Dies gilt nicht, wenn die ausländische umgewandelte Gesellschaft in einem Mitgliedstaat der Europäischen Union für die Erhebung der Gesellschaftsteuer als Kapitalgesellschaft angesehen wurde.

- Durch eine Umwandlung auf eine ausländische Kapitalgesellschaft kann der Tatbestand der Zuführung von Anlage- bzw. Betriebskapital durch eine ausländische Kapitalgesellschaft an ihre inländische Niederlassung im Sinne des § 2 Z 6 KVG verwirklicht werden (siehe VwGH 2.4.1990, 89/15/0002). Dies gilt nicht, wenn die ausländische Nachfolge-Kapitalgesellschaft ihre Geschäftsleitung oder ihren satzungsmäßigen Sitz in einem Mitgliedstaat der Europäischen Union hat.

(BMF-AV Nr. 193/2015, BMF-AV Nr. 40/2017)

2.5.6. Grunderwerbsteuer

Werden durch eine Umwandlung Erwerbsvorgänge im Sinne des § 1   613
GrEStG 1987 verwirklicht, ist nach § 11 Abs. 5 UmgrStG die Grunderwerbsteuer gemäß § 4 iVm § 7 GrEStG 1987, somit ausschließlich nach den Vorschriften des GrEStG 1987 zu berechnen. Die Grunderwerbsteuer ist daher bei nicht land- und forstwirtschaftlichen Grundstücken in Höhe von 0,5% vom Grundstückswert (§ 4 Abs. 1 iVm § 7 Abs. 1 Z 2 lit. c GrEStG 1987), bei land- und forstwirtschaftlichen Grundstücken in Höhe von 3,5% vom einfachen Einheitswert zu berechnen (§ 4 Abs. 2 Z 4 iVm § 7 Abs. 1 Z 3 GrEStG 1987); dies gilt unabhängig davon, ob eine Gegenleistung vorliegt oder nicht. Das Gleiche trifft zu, wenn im Zuge einer Umwandlung ein Tatbestand gemäß § 1 Abs. 2a oder 3 GrEStG 1987 verwirklicht wird.

Diese mit dem StRefG 2015/2016 angepasste Bestimmung des UmgrStG ist erstmals auf Umwandlungen mit einem Stichtag nach dem 31.12.2015 anzuwenden. Für alle Umwandlungen mit einem früheren Stichtag, unabhängig davon, ob die Grundstücke zivilrechtlich erst im Jahr 2016 erworben werden, gilt nach wie vor die Rechtslage des UmgrStG idF vor dem StRefG 2015/2016. Für diese Fälle ist als Bemessungsgrundlage der zweifache Einheitswert heranzuziehen, der Steuersatz beträgt 3,5%. *(BMF-AV Nr. 40/2017)*

Zur Vorgangsweise bei Zweifeln der für die Verkehrsteuern zuständigen   614
Abgabenbehörde am Vorliegen der Anwendungsvoraussetzungen des Art. II UmgrStG siehe Rz 416.

Das Verpflichtungsgeschäft über die Umwandlung (Umwandlungsvertrag)   615
erfüllt den Tatbestand nach § 1 Abs. 1 Z 1 GrEStG (VwGH 27.9.1995, 94/16/0142).

616   Der Grunderwerbsteuer unterliegen jene Grundstücke, die sich im Zeitpunkt des Abschlusses des Verpflichtungsgeschäftes über die Umwandlung im (bücherlichen oder außerbücherlichen) Eigentum der übertragenden Kapitalgesellschaft befinden.

Auf die weiteren Ausführungen zur Grunderwerbsteuer unter Rz 330 ff wird verwiesen.

Randzahl 617: *entfällt (BMF-AV Nr. 40/2017)*

618   Werden durch eine Umwandlung alle Anteile an einer grundstücksbesitzenden Personengesellschaft vereinigt und dadurch vom Nachfolgerechtsträger Grundstücke im Wege der Anwachsung gemäß § 142 UGB erworben, liegt ein steuerpflichtiger Vorgang im Sinne des § 1 Abs. 1 Z 2 GrEStG 1987 vor. Die Berechnung der Grunderwerbsteuer erfolgt nach § 11 Abs. 5 UmgrStG iVm §§ 4 und 7 GrEStG 1987 mit 0,5% vom Grundstückswert. *(BMF-AV Nr. 40/2017)*

2.6. Umwandlung und Unternehmensgruppen

2.6.1 Allgemeines

619   Zu den Grundfragen der Gruppenbesteuerung im Zusammenhang mit Umgründungen siehe Rz 349, Rz 349a und Rz 349b. *(AÖF 2008/243)*

2.6.2 Veränderung innerhalb einer Unternehmensgruppe

2.6.2.1 Umwandlung von inländischen Gruppenmitgliedern

2.6.2.1.1 Errichtende Umwandlung eines inländischen Gruppenmitglieds

620   Im Falle einer errichtenden Umwandlung eines inländischen Gruppenmitglieds endet mit Ablauf des Umwandlungsstichtages die persönliche und sachliche Körperschaftsteuerpflicht der Beteiligungskörperschaft. Mit Beginn des dem Umwandlungsstichtag folgenden Tages tritt an die Stelle der übertragenden Kapitalgesellschaft die errichtete Personengesellschaft. Das steuerliche Ergebnis des letzten mit dem Umwandlungsstichtag endenden (Rumpf-)Wirtschaftsjahres der übertragenden Kapitalgesellschaft ist Grundlage für die letzte Einkommenszurechnung zur beteiligten Körperschaft. *(AÖF 2008/243)*

620a   • War die übertragende Beteiligungskörperschaft das unterste Mitglied einer vertikal ausgerichteten Unternehmensgruppe, endet zwar für die beteiligte Körperschaft die finanzielle Beziehung, es tritt an ihre Stelle aber die Mitunternehmerbeteiligung. Damit ändert sich die bis zum Umwandlungsstichtag gegebene Zweiteilung dahingehend, dass der beteiligten Körperschaft

– einerseits das Einkommen der Beteiligungskörperschaft zu 100% und

– andererseits eine offene Gewinnausschüttung nach Maßgabe der Beteiligung an der Beteiligungskörperschaft

zugerechnet wird. Der Gewinn des ersten Wirtschaftsjahres der Nachfolge-Personengesellschaft kann der beteiligten Körperschaft nur mehr im Ausmaß der Beteiligung an dieser Personengesellschaft zugerechnet werden, es sei denn, die beteiligte Körperschaft wird durch die errichtende Umwandlung zum 100-prozentigen Mitunternehmer (in der Regel Kommanditist einer GmbH&CoKG).

Beispiel:

Die beteiligte Körperschaft A ist an der Beteiligungskörperschaft B zu 60% beteiligt. Bis zur Umwandlung wird ihr 100% des Einkommens der B zugerechnet, sie erhält daneben eine Gewinnausschüttung auf den 60%-Anteil. Ab dem dem Umwandlungs- stichtag folgenden Zeitraum ist A 60-prozentige Mitunternehmerin, ihr ist die ver- traglich festgelegte Gewinn- oder Verlusttangente zuzurechnen. *(AÖF 2008/243)*

- War die beteiligte Körperschaft bis zur Umwandlung unmittelbar ausrei-   620b chend finanziell an der Beteiligungskörperschaft beteiligt, führt der Unter- gang der Beteiligungskörperschaft nicht zum Ausscheiden der unterhalb der übertragenden Kapitalgesellschaft befindlichen Gruppenmitglieder, da eine ausreichende finanzielle Verbindung auch mittelbar über die rechtsnachfol- gende Personengesellschaft gegeben sein kann.

Beispiel:

Anteilsinhaber der Beteiligungskörperschaft B sind die beteiligte Körperschaft A zu 75% und ein gruppenfremder Gesellschafter C zu 25%. B wird errichtend auf die B-OG umgewandelt, an der umwandlungsvertragsgemäß unverändert A zu 75% und C zu 25% beteiligt sind. Die ausreichende finanzielle Verbindung zur 100%-Tochter- gesellschaft von B ist bei A über den 75-prozentigen Mitunternehmeranteil von A weiterhin gegeben. *(AÖF 2008/243)*

- War die beteiligte Körperschaft bis zur Umwandlung mittelbar ausreichend   620c oder als Hauptbeteiligter einer Gruppenmitglieder-Beteiligungsgemein- schaft finanziell an der Beteiligungskörperschaft beteiligt, ändert der um- wandlungsveranlasste Übergang auf eine Personengesellschaft nichts an der mittelbar oder über die Beteiligungsgemeinschaft gegebene finanzielle Ver- bindung an den unter der übertragenden Kapitalgesellschaft befindlichen Gruppenmitgliedern. *(AÖF 2008/243)*

Ist bei einer errichtenden Umwandlung zum Umwandlungsstichtag die drei-   620d jährige Mindestbestandsdauer noch nicht gegeben, scheidet das umgewandelte Gruppenmitglied rückwirkend von Anfang an aus der Unternehmensgruppe aus, da die Mindestdauer (§ 9 Abs. 10 KStG 1988) nicht eingehalten ist (zur ver- schmelzenden Umwandlung siehe Rz 620h). Kein rückwirkendes Ausscheiden eines Gruppenmitglieds bei Nichterfüllung der Mindestbestandsdauer liegt al- lerdings dann vor, wenn das Vermögen im Rahmen der Umwandlung auf den bisherigen Gesellschafter des Gruppenmitglieds als alleinigen Kommanditisten übertragen wird und die Unternehmensgruppe nicht nur aus zwei Gruppenmit- gliedern besteht (bloße „Zweiergruppe"). In diesem Fall wird das Vermögen er- tragsteuerlich nicht auf die Personengesellschaft, sondern zur Gänze auf den der Unternehmensgruppe angehörenden alleinigen Kommanditisten übertragen; es liegt daher eine gruppeninterne Vermögensübertragung iSd § 9 Abs. 5 vierter Satz KStG 1988 vor (VwGH 31.5.2017, Ro 2016/13/0002).

Beispiel 1:

Die A-GmbH bildet nur mit ihrer 100-prozentigen Tochtergesellschaft, der B-GmbH, eine Unternehmensgruppe im Sinne des § 9 KStG 1988. Wird innerhalb der Mindest- bestandsdauer von 3 Jahren die B-GmbH unter Hinzutreten eines Arbeitsgesellschaf- ters gemäß Art. II UmgrStG errichtend umgewandelt, liegt keine gruppeninterne Ver- mögensübertragung und somit ein rückwirkendes Ausscheiden vor.

Beispiel 2:

Die A-GmbH bildet mit ihren jeweils 100-prozentigen Tochtergesellschaften, der B-GmbH und der C-GmbH, eine Unternehmensgruppe im Sinne des § 9 KStG 1988. Wird innerhalb der Mindestbestandsdauer von 3 Jahren die B-GmbH unter Hinzutre- ten eines Arbeitsgesellschafters gemäß Art. II UmgrStG errichtend umgewandelt, liegt eine gruppeninterne Vermögensübertragung und somit kein rückwirkendes Aus- scheiden vor.

Beispiel 3:

Die A-GmbH bildet mit ihrer 70-prozentigen Tochtergesellschaft, der B-GmbH, und ihrer 100100-prozentigen Tochtergesellschaft, der C-GmbH, eine Unternehmensgruppe im Sinne des § 9 KStG 1988. An der B-GmbH ist weiters die gruppenfremde X-GmbH zu 30% beteiligt. Wird innerhalb der Mindestbestandsdauer von 3 Jahren die B-GmbH gemäß Art. II UmgrStG errichtend umgewandelt (an der übernehmenden KG sind die A-GmbH zu 70% und die X-GmbH zu 30% beteiligt), liegt keine gruppeninterne Vermögensübertragung und somit ein rückwirkendes Ausscheiden vor. *(BMF-AV Nr. 131/2018)*

620e   Im Falle einer errichtenden Umwandlung endet die Beteiligung der beteiligten Körperschaft an der Beteiligungskörperschaft. Damit endet auch die anschaffungsveranlasste Firmenwertabschreibung. Das entsprechende Fünfzehntel kann von der beteiligten Körperschaft letztmalig zu Lasten jenes Wirtschaftsjahres geltend gemacht werden, in dem die Beteiligung noch besteht, sie muss aber sämtliche abgesetzten Fünfzehntelbeträge gemäß § 9 Abs. 7 letzter Teilstrich KStG 1988 zum Umgründungsstichtag steuerwirksam nacherfassen, soweit der Nacherfassungsbetrag im Unterschiedsbetrag zwischen Buchwert und Verkehrswert der abgeschriebenen Beteiligung Deckung findet. Die Nacherfassung gilt für Umgründungen mit einem Stichtag nach dem 30.12.2007. *(AÖF 2012/74)*

620f   Der Verlustvortragsübergang richtet sich nach § 10 UmgrStG. Zu beachten ist, dass das übertragende Gruppenmitglied nur Vor- oder Außergruppenverluste besitzen kann (§ 9 Abs. 6 Z 4 KStG 1988). Übergehende Vor- und Außergruppenverluste werden bei der an der Personengesellschaft beteiligten Körperschaft im entsprechenden Beteiligungsausmaß zu Außergruppenverlusten, sofern diese Gruppenträger ist, zu Sonderausgaben. *(AÖF 2012/74)*

620g   Ist im Falle einer errichtenden Umwandlung eines inländischen Gruppenmitglieds die beteiligte Körperschaft Hauptbeteiligter einer Gruppenmitglieder-Beteiligungsgemeinschaft, gelten die Ausführungen der Rz 620 bis Rz 620e mit der Maßgabe, dass die Beteiligungsgemeinschaft umwandlungsbedingt untergeht. Es gelten die für Mitunternehmerschaften maßgebenden Zurechnungsregeln.

Beispiel:

An der Beteiligungskörperschaft A sind die beteiligte Körperschaft B mit 40% und die Körperschaft C mit 15% im Rahmen einer Beteiligungsgemeinschaft beteiligt. Bis zur errichtenden Umwandlung der Beteiligungskörperschaft A wurde das Einkommen von A der beteiligten Körperschaft B mit 72,73% und der Körperschaft C mit 27,27% zugerechnet. Offene Gewinnausschüttungen kamen den beiden Körperschaften nach Maßgabe ihrer Beteiligungen zu. Ab dem dem Umwandlungsstichtag folgenden Tag sind die Gewinne oder Verluste der errichteten Mitunternehmerschaft A den beiden Körperschaften zu 40% bzw. 15% zuzurechnen. *(AÖF 2008/243)*

2.6.2.1.2 Verschmelzende Umwandlung eines inländischen Gruppenmitglieds

620h   Soweit verschmelzende Umwandlungen auf eine Körperschaft als Hauptgesellschafter noch zulässig sind (zB auf eine Genossenschaft, Rz 425), entspricht die Umwandlung einer Beteiligungskörperschaft auf die unmittelbar beteilige Körperschaft einem Up-stream-merger iSd Art. I UmgrStG (siehe Rz 352 und Rz 352a). Die finanzielle Verbindung zu Beteiligungskörperschaften der übertragenden beteiligten Körperschaft bleibt bestehen, die Verdichtung durch die Vermögensübernahme durch den Hauptgesellschafter vermindert nur die Unternehmensgruppe um eine Stufe. Dies gilt auch für die verschmelzende Umwandlung auf den Gruppenträger.

Zur Firmenwertabschreibung siehe die Aussagen in Rz 620e zur errichtenden Umwandlung.

Zum Verlustvortragsübergang siehe Rz 620f. Im Falle der verschmelzenden Umwandlung auf den Gruppenträger ohne Untergang der Unternehmensgruppe wandeln sich die Vor- oder Außergruppenverluste in vortragsfähige Verluste im Sinne des § 8 Abs. 4 Z 2 KStG 1988 und des § 7 Abs. 2 KStG 1988.

Ist bei einer verschmelzenden Umwandlung auf die beteiligte Körperschaft die dreijährige Mindestbestandsdauer noch nicht gegeben, führt dies wie bei einer Verschmelzung (siehe Rz 352) nicht zu einem rückwirkenden Ausscheiden der übertragenden Körperschaft, sofern das übernehmenden Gruppenmitglied sodann die Mindestbestandsdauer erfüllt (zur errichtenden Umwandlung siehe Rz 620d). *(AÖF 2012/74)*

§ 11

Die verschmelzende Umwandlung einer Beteiligungskörperschaft auf die unmittelbar beteiligte in der Unternehmensgruppe die finanzielle Verbindung herstellende Mitunternehmerschaft ändert die bis zu Umwandlungsstichtag gegebenen Zweiteilung dahingehend, dass der mittelbar ausreichend beteiligten Körperschaft   620i

- einerseits das Einkommen der Beteiligungskörperschaft zu 100% und

- andererseits der Gewinn- oder Verlustanteil nach Maßgabe der Feststellungsbescheide für die Mitunternehmerschaft

zugerechnet wurde. Ab dem dem Umwandlungsstichtag folgenden Tag kann der beteiligten Körperschaft nur mehr ein Gewinn- oder Verlustanteil der Hauptgesellschafter-Personengesellschaft aus dem vereinigten Vermögen zugerechnet werden.

Beispiel:

Die beteiligte Körperschaft A ist zu 60% an der Mitunternehmerschaft B beteiligt, zu deren Betriebsvermögen die 90-prozentige Beteiligung an der Beteiligungskörperschaft C gehört. Die beteiligte Körperschaft hat bis zur Umwandlung einerseits das Einkommen der Beteiligungskörperschaft zu 100% und andererseits den auf den 60-prozentigen Mitunternehmeranteil entfallenden Gewinn- oder Verlustanteil anzusetzen. Die mit der verschmelzenden Umwandlung auf B eintretende Vermögensvereinigung führt dazu, dass A von dem im vereinigten Einkommen der Mitunternehmerschaft B enthaltenen Ergebnis der früheren C nur mehr einen 60-prozentigen Anteil erhält.

Sollten sich unter der übertragenden Kapitalgesellschaft weitere Gruppenmitglieder befinden, bleibt die ausreichende finanzielle Verbindung zu der an der Mitunternehmerschaft beteiligten Körperschaft bestehen. *(AÖF 2008/243)*

2.6.2.1.3 Grenzüberschreitende Exportumwandlung eines Gruppenmitglieds

Nach dem UmwG ist die verschmelzende Umwandlung auf eine ausländische Körperschaft eingeschränkt zwar möglich (zB auf ein ausländische Genossenschaft, Rz 425), diese kann grundsätzlich aber nicht beteiligte Körperschaft an einer inländischen Beteiligungskörperschaft sein (§ 9 Abs. 2 KStG 1988). Anwendungsfall im Rahmen der Gruppenbesteuerung kann eine grenzüberschreitende Exportumwandlung nur sein, wenn der Hauptgesellschafter ein ausländischer Gruppenträger ist, in dessen inländischer Zweigniederlassung sich die Beteiligung an der übertragenden Körperschaft befindet (siehe auch Rz 353g). *(AÖF 2012/74)*   620j

2.6.2.1.4 Errichtende Umwandlung des Hauptbeteiligten einer Gruppenmitglieder-Beteiligungsgemeinschaft

Mit der steuerlichen Wirksamkeit der errichtenden Umwandlung des Haupt-   620k beteiligten einer Gruppenmitglieder-Beteiligungsgemeinschaft geht die Beteiligungsgemeinschaft unter, da eine solche nur aus Körperschaften bestehen kann. Damit scheidet die Beteiligungskörperschaft aus der Unternehmensgruppe je nach Bestand der finanziellen Verbindung aus.

Beispiel:

Die A-GmbH (Wirtschaftsjahr = Kalenderjahr) ist mit einer 40-prozentigen Beteiligung an der Beteiligungskörperschaft B (Wirtschaftsjahr 1.7. bis 30.6.) Hauptbeteiligte einer Gruppenmitglieder-Beteiligungsgemeinschaft. Die A-GmbH wird zum 31.5.02 errichtend in die A-KG umgewandelt. Die Beteiligungsgemeinschaft endet mit Ablauf des 31.5.02. Die Beteiligungskörperschaft B ist daher nicht während des gesamten Wirtschaftsjahres 1.7.01 bis 30.6.02 mit der A-GmbH ausreichend finanziell verbunden. Die letzte 40-prozentige Einkommenszurechnung durch die Beteiligungskörperschaft B an die A-GmbH betrifft somit das Ergebnis des Wirtschaftsjahres 1.7.00 bis 30.6.01.

Sollte die dreijährige Mindestzugehörigkeit der Beteiligungskörperschaft B zur Unternehmensgruppe bis zum Ausscheiden nicht gegeben sein, kommt es zur Rückabwicklung und selbständigen Besteuerung.

Bedingt durch den Wegfall der Beteiligung an der übertragenden Kapitalgesellschaft entfällt auch die Möglichkeit einer Firmenwertabschreibung. Abgesetzte Fünfzehntelbeträge müssen gemäß § 9 Abs. 7 letzter Teilstrich KStG 1988 zum Umgründungsstichtag steuerwirksam nacherfasst werden, soweit der Nacherfassungsbetrag im Unterschiedsbetrag zwischen Buchwert und Verkehrswert der abgeschriebenen Beteiligung Deckung findet. Die Nacherfassung gilt für Umgründungen mit einem Stichtag nach dem 30.12.2007.

Fortsetzung des Beispiels:

Hat die A-GmbH bis zur Veranlagung des Jahres 01 von den Anschaffungskosten der Beteiligung an der B-GmbH iHv 3.000 bereits 8/15 zu je 100 (höchstzulässige FWA insgesamt 1.500) abgesetzt, steht ihr im Wirtschaftsjahr (Kalenderjahr) 02 kein weiteres 1/15 zu. Vielmehr muss sie gemäß § 9 Abs. 7 letzter Teilstrich KStG 1988 alle abgesetzten Fünfzehntelbeträge zum 31.5.02 (Umwandlungsstichtag) steuerwirksam nacherfassen, soweit die Beteiligung nicht an Wert verloren hat. Beträgt der Verkehrswert der 40%-Beteiligung an der B-GmbH am Umwandlungsstichtag beispielsweise nur mehr 2.800, ist der Nacherfassungsbetrag mit der Differenz zum Buchwert (2.200) gedeckt, sodass bei der Veranlagung des Jahres 02 der A-GmbH nur ein Betrag von 600 steuerwirksam wird.

Die errichtende Umwandlung des Hauptbeteiligten der Gruppenmitglieder-Beteiligungsgemeinschaft muss denn nicht unbedingt zum Ausscheiden der Beteiligungskörperschaft führen, wenn trotz des Untergangs der Beteiligungsgemeinschaft die ausreichende finanzielle Verbindung über mittelbare Verbindungen weiter gegeben ist.

Zum Verlustvortragsübergang siehe Rz 620f. *(AÖF 2012/74)*

2.6.2.1.5 Verschmelzende Umwandlung des Hauptbeteiligten einer Gruppenmitglieder-Beteiligungsgemeinschaft

620l   Die verschmelzende Umwandlung des Hauptbeteiligten einer Gruppenmitglieder-Beteiligungsgemeinschaft auf die beteiligte Körperschaft oder den Gruppenträger beeinflusst den Bestand der Beteiligungsgemeinschaft nicht, da an die Stelle der übertragenden Körperschaft die beteiligte Körperschaft oder der Gruppenträger als Gesamtrechtsnachfolger tritt. Die Rechtsgrundlage der Beteiligungsgemeinschaft wird auf die neuen Verhältnisse anzupassen sein. Zur Firmenwertabschreibung siehe die Aussagen in Rz 620e zur errichtenden Umwandlung. *(AÖF 2012/74)*

2.6.2.2 Umwandlung von ausländischen Gruppenmitgliedern

2.6.2.2.1 Errichtende Umwandlung eines ausländischen Gruppenmitglieds

Entsteht infolge der errichtenden Umwandlung eines ausländischen Grup- **621** penmitglieds nach vergleichbarem ausländischem Umwandlungsrecht eine ausländische Personengesellschaft, endet die finanzielle Verbindung zum Mitglied mit Ablauf des Umwandlungsstichtages. In die Unternehmensgruppe übernommene Verluste, die bis zur Umwandlung noch nicht nachverrechnet wurden, sind im Wirtschaftsjahr der beteiligten Körperschaft, in das der Umwandlungsstichtag fällt, nachzuversteuern. Verluste nach dem Umwandlungsstichtag fallen auf Grund der Mitunternehmerstellung der beteiligten Körperschaft unter § 2 Abs. 8 EStG 1988.

War die übertragende ausländische Beteiligungskörperschaft neben anderen Körperschaften an weiteren Gruppenmitgliedern (in Höhe von maximal 50%) beteiligt, stellen die Beteiligungen nunmehr mittelbare Beteiligungen dar, die die finanzielle Verbindung weiterhin gewährleisten. *(AÖF 2008/243)*

2.6.2.2.2 Verschmelzende Umwandlung eines ausländischen Gruppenmitglieds

Da die Gruppenzugehörigkeit ausländischer Körperschaften auf die erste **621a** Ebene beschränkt ist, kann es im Bereich der Gruppenbesteuerung keine verschmelzende Umwandlung eines ausländischen Gruppenmitglieds auf einen ausländischen Hauptgesellschafter geben, der Gruppenmitglied ist. *(AÖF 2008/243)*

2.6.2.2.3 Grenzüberschreitende Import-Umwandlung eines Gruppenmitglieds

Sollte ein vergleichbares ausländisches Umwandlungsrecht die verschmel- **621b** zende Umwandlung auf den Hauptgesellschafter kennen, käme eine Import-Umwandlung auch für ein ausländisches Gruppenmitglied auf die inländische beteiligte Körperschaft in Betracht. Mit dem Wegfall des übertragenden Gruppenmitglieds kommt es ebenso wie bei der errichtenden Umwandlung zur Nachversteuerung der übernommenen aber bis zur Umwandlung noch nicht nachverrechneten Verluste. Das beteiligte Gruppenmitglied erwirbt umwandlungsbedingt ausländisches Vermögen, auf das für künftige Verluste § 2 Abs. 8 EStG 1988 anzuwenden ist. *(AÖF 2008/243)*

2.6.3 Beendigung einer Unternehmensgruppe

2.6.3.1 Umwandlung des einzigen Gruppenmitglieds

Die errichtende oder verschmelzende Umwandlung der einzigen Beteili- **622** gungskörperschaft auf den Gruppenträger beendet mit Ablauf des Umwandlungsstichtages die Unternehmensgruppe. Damit endet die Möglichkeit einer Firmenwertabschreibung. Abgesetzte Fünfzehntelbeträge müssen gemäß § 9 Abs. 7 letzter Teilstrich KStG 1988 zum Umgründungsstichtag steuerwirksam nacherfasst werden, soweit der Nacherfassungsbetrag im Unterschiedsbetrag zwischen Buchwert und Verkehrswert der abgeschriebenen Beteiligung Deckung findet. Die Nacherfassung gilt für Umgründungen mit einem Stichtag nach dem 30.12.2007.

Ist zum Umwandlungsstichtag die dreijährige Mindestbestandsdauer noch nicht gegeben, kommt es zur Rückabwicklung und selbständigen Besteuerung. *(AÖF 2012/74)*

2.6.3.2 Umwandlung des Gruppenträgers

622a   Die errichtende oder verschmelzende Umwandlung des Gruppenträgers als solchen oder als Hauptbeteiligten einer Gruppenträger-Beteiligungsgemeinschaft führt stets zum Ende der Unternehmensgruppe, da sowohl die errichtete Personengesellschaft als auch der Hauptgesellschafter Gruppenfremde sind. Damit endet die Möglichkeit einer Firmenwertabschreibung. Abgesetzte Fünfzehntelbeträge müssen nicht nacherfasst werden, da die Beteiligung nicht – wie im Rahmen des § 9 Abs. 7 letzter Teilstrich KStG 1988 gefordert – untergeht, sondern beim Rechtsnachfolger weiterhin steuerhängig bleibt.

Soweit bei einzelnen Gruppenmitgliedern die dreijährige Mindestbestandsdauer noch nicht gegeben, kommt es zur Rückabwicklung und selbständigen Besteuerung. *(AÖF 2012/74)*

2.7. Umwandlung und atypisch stille Beteiligungen

623   Eine (atypisch) stille Beteiligung am Unternehmen der übertragenden Kapitalgesellschaft gemäß § 179 UGB geht mit der Umwandlung auf einen neuen Rechtsträger ipso iure unter, wenn nicht im Einzelfall anderes vereinbart ist (VwGH 19.9.1995, 95/14/0053; VwGH 28.11.2001, 97/13/0078). Mit dem Ausscheiden des stillen Gesellschafters ist jedenfalls der Betrag seines negativen Kapitalkontos als Veräußerungsgewinn (§ 24 Abs. 2 EStG 1988) zu erfassen (siehe EStR 2000 Rz 5964 ff). *(AÖF 2008/243)*

624   Kein Veräußerungsgewinn im Sinne des § 24 EStG 1988 ist zu erfassen, wenn im Gesellschaftsvertrag über die stille Gesellschaft eine Fortsetzungsklausel für den Fall einer wesentlichen Unternehmensänderung vereinbart ist oder spätestens am Tag des Umwandlungsbeschlusses die Fortsetzung der stillen Gesellschaft mit dem übernehmenden Rechtsträger vereinbart wird. Bezieht sich die stille Beteiligung nach einer verschmelzenden Umwandlung nicht nur auf das von der übertragenden Gesellschaft übernommene, sondern auch auf das sonstige Vermögen des übernehmenden Rechtsträgers, liegt hinsichtlich dieses sonstigen Vermögens nach der Umwandlung nach Art. II UmgrStG ein Zusammenschluss vor, der nach Art. IV UmgrStG zu beurteilen ist. Sollten die für diesen Zusammenschluss erforderlichen Rechtschritte der §§ 23 ff UmgrStG nicht gesetzt werden, liegt bei dem das zusätzliche Vermögen übertragenden Rechtsnachfolger ein nicht unter Art. IV UmgrStG, sondern unter § 24 Abs. 7 EStG 1988 oder § 20 Abs. 1 Z 3 KStG 1988 fallender Veräußerungstatbestand vor.

Beispiel:

Am Unternehmen der der A-GmbH zu 100% gehörenden B-GmbH ist C als atypischer stiller Gesellschafter mit 25% beteiligt. Die B-GmbH wird verschmelzend auf die A-GmbH umgewandelt. Will C auf Grund einer vertraglichen Fortsetzungsklausel weiterhin atypisch still beteiligt sein, kommen zwei Möglichkeiten in Betracht:

* C bleibt trotz der umwandlungsbedingten Vermögensvereinigung weiterhin nur am Vermögen der B-GmbH beteiligt. In diesem Fall liegt bei der steuerlichen Mitunternehmerschaft nur ein Gesellschafterwechsel vor, da die B-GmbH durch die A-GmbH ersetzt wird, die den steuerlichen Mitunternehmeranteil übernimmt und weiterführt. Im Rahmen der stillen Mitunternehmerschaft findet nur eine Erfolgsabgrenzung zwischen der übertragenden B-GmbH und der übernehmenden A-GmbH statt, wenn der Umwandlungsstichtag nicht mit dem Bilanzstichtag der stillen Mitunternehmerschaft übereinstimmt.

* C möchte am vereinigten Vermögen der übernehmenden A-GmbH beteiligt sein. In diesem Fall kommt es zu einem Zusammenschluss gemäß Art. IV UmgrStG mit dem dem Umwandlungsstichtag folgenden Tag, da die übernehmende

A-GmbH als Gesamtrechtsnachfolgerin der B-GmbH und damit Mitunternehmerin der stillen Mitunternehmerschaft ihr Vermögen als zusätzliche Sacheinlage in die bestehende stille Mitunternehmerschaft überträgt. Umgründungssteuerrechtlich überträgt dabei auch die bestehende stille Mitunternehmerschaft ihr Vermögen auf die erweiterte (neue) stille Mitunternehmerschaft und es treten daher je nach gesellschaftsvertraglicher Vereinbarung die entsprechenden Rechtswirkungen des Art. IV UmgrStG ein, wenn die B-GmbH für die zusätzliche Sacheinlage neue Gesellschafterrechte erhält. *(AÖF 2008/243)*

Eine stille Beteiligung am Unternehmen des übernehmenden Rechtsträger besteht nach einer Umwandlung grundsätzlich weiter, ohne dass es einer Fortsetzungsklausel bedarf.   625

War der übernehmende Rechtsträger am Unternehmen der übertragenden Gesellschaft atypisch still beteiligt, geht die stille Beteiligung mit der Umwandlung steuerneutral unter (der Buchwert des übernommenen Vermögens ersetzt den spiegelbildtheoretisch gleichwertigen Buchwert der untergehenden Beteiligung). *(AÖF 2008/243)*

2.8. Umwandlung und Einlagenrückzahlung (Evidenzkonten)

Eine der Ausschüttungsfiktion vergleichbare Einlagenrückzahlungsfiktion   626 sieht das UmgrStG nicht vor. Kommt es nach dem Umwandlungsstichtag zu keiner effektiven Einlagenrückzahlung im Sinne des § 4 Abs. 12 EStG 1988, geht der Restbestand an Einlagen steuerneutral in das Eigenkapital des bzw. der Rechtsnachfolger über. Das Evidenzkonto der übertragenden Gesellschaft geht bei errichtenden und verschmelzenden Umwandlungen in jedem Fall unter. Das Evidenzkonto einer Körperschaft als Rechtsnachfolger wird durch eine verschmelzende Umwandlung nicht berührt.

Randzahl 627: *derzeit frei (AÖF 2013/301)*

2.9. Umwandlung und Innenfinanzierung *(BMF-AV Nr. 40/2017)*

§ 2 Abs. 2 IF-VO regelt die Auswirkungen von Umwandlungen gemäß   628 Art. II UmgrStG auf die Innenfinanzierung der übertragenden (umzuwandelnden) und der übernehmenden (rechtsnachfolgenden) Körperschaften, die selbst auch Evidenzkonten im Sinne des § 4 Abs. 12 EStG 1988 zu führen haben. Danach ist die Innenfinanzierung der umzuwandelnden Körperschaft der Innenfinanzierung der rechtsnachfolgenden Körperschaft im jeweiligen Beteiligungsausmaß zuzurechnen (anteilige Addition), wobei die Beteiligungshöhe der rechtsnachfolgenden Körperschaft an der umzuwandelnden Körperschaft im Zeitpunkt der Eintragung des Umwandlungsbeschlusses in das Firmenbuch maßgeblich ist; eine Zurechnung der auf das Beteiligungsausmaß ausscheidender Minderheitsgesellschafter entfallenden Innenfinanzierung erfolgt nicht.

Die der rechtsnachfolgenden Körperschaft zuzurechnende Innenfinanzierung ist von dieser fortzuführen. Um eine Doppelberücksichtigung zu vermeiden, hat ein der Ausschüttungsfiktion gemäß § 9 Abs. 6 UmgrStG unterliegender Betrag keine Auswirkungen auf die Innenfinanzierung der rechtsnachfolgenden Körperschaft.

Beispiel:
Die natürliche Person A und die M-GmbH sind zu jeweils 50% an T-GmbH beteiligt. Die M-GmbH weist einen steuerlichen Einlagenstand von 35 und eine Innenfinanzierung von 30 auf. Die T-GmbH hat ebenfalls steuerliche Einlagen von 35 und eine Innenfinanzierung von 40.
Die T-GmbH soll gemäß Art. II UmgrStG errichtend in eine GmbH & Co KG umge-

wandelt werden. An der neuen Mitunternehmerschaft sollen die M-GmbH zu 50% als Komplementärin und die natürliche Person A zu 50% als Kommanditistin beteiligt sein.

Die Innenfinanzierung der umzuwandelnden T-GmbH (40) ist der Innenfinanzierung der M-GmbH (30) gemäß § 2 Abs. 2 IF-VO entsprechend dem Beteiligungsausmaß im Zeitpunkt der Eintragung des Umwandlungsbeschlusses im Firmenbuch (50%) hinzuzurechnen, sodass sich bei der M-GmbH eine Innenfinanzierung im Ausmaß von 50 ergibt (30+40*0,5). Der Buchverlust aus dem Abgang der Beteiligung an der T-GmbH und der Buchgewinn aus dem Zugang der Beteiligung an der Mitunternehmerschaft haben keine Auswirkungen auf die Innenfinanzierung der M-GmbH (§ 1 Abs. 1 Z 2 IF-VO). Um eine doppelte Berücksichtigung des Gewinnkapitals der T-GmbH zu vermeiden, ist der der Ausschüttungsfiktion gemäß § 9 Abs. 6 UmgrStG unterliegende Betrag für Zwecke der Ermittlung der Innenfinanzierung nicht relevant (siehe Rz 545).

Weist die umzuwandelnde Körperschaft eine negative Innenfinanzierung auf, ist § 2 Abs. 1 letzter Satz IF-VO zu beachten: Insoweit von der umwandlungsbedingten Rechtsnachfolgerin unternehmensrechtliche Abschreibungen auf die Beteiligung an der umzuwandelnden Körperschaft vorgenommen wurden, ist die der Rechtsnachfolgerin zuzurechnende Innenfinanzierung der umzuwandelnden Körperschaft zu erhöhen (siehe Rz 381). *(BMF-AV Nr. 40/2017)*

629   Zu den allgemeinen Grundsätzen der IF-VO siehe Rz 379.

Zur erstmaligen Anwendung der Grundsätze der IF-VO siehe Rz 381 f. *(BMF-AV Nr. 40/2017)*

2.10. Auswirkung abgabenbehördlicher Feststellungen auf Umwandlungen

630   Die Feststellungen im Rahmen von abgabenbehördlicher Überprüfungen einer vollzogenen Umwandlung können zu nachträglichen Änderungen des Buchwertes und damit ggf. auch des Verkehrswertes des übertragenen Vermögens führen.

Die Änderungen können auf bilanzsteuerrechtliche Berichtigungen aus der Zeit bis zum Umwandlungsstichtag zurückzuführen sein und beeinflussen daher die der Umwandlung zugrunde gelegte Schlussbilanz, die darauf aufbauende Umwandlungsbilanz und wirken sich auf die steuerlichen Verhältnisse bei dem (den) Rechtsnachfolger(n) aus. Sofern sich die abgabenbehördliche Überprüfung nicht auf die übertragende Kapitalgesellschaft und auch auf die Rechtsnachfolger bezieht, ist durch entsprechenden Informationsaustausch sicherzustellen, dass sich die Berichtigungen oder Änderungen auf den oder die Rechtsnachfolger entsprechend auswirken. *(AÖF 2008/243)*

631   Sollte sich aus den Feststellungen ergeben, dass kein positiver Verkehrswert vorliegt, ändert dies nichts an der Geltung des Art. II UmgrStG. Sollte sich herausstellen, dass das übertragene Vermögen den nach § 7 UmgrStG erforderlichen Betriebsbegriff nicht erfüllt, sind die Rechtsfolgen einer nicht unter Art. II UmgrStG fallenden Umwandlung zu ziehen.

2.11. Rechtsfolgen einer nicht unter Art. II UmgrStG fallenden Umwandlung

2.11.1 Rechtsfolgen auf Ebene der übertragenden Körperschaft

2.11.1.1 Körperschaftsteuer

632   Nach § 20 Abs. 1 Z 1 KStG 1988 führt eine übertragende Umwandlung

(Rz 408 ff), die ganz oder zum Teil nicht unter Art. II UmgrStG fällt, zur Gänze oder insoweit zur Liquidationsbesteuerung im Sinne des § 19 KStG 1988. Die Rückwirkungsfiktion bleibt dabei erhalten, um eine Vermögensaufstellung am Tag der Eintragung des Umwandlungsbeschlusses in das Firmenbuch und einen daraus ableitbaren Liquidationszeitraum zu vermeiden. Der Liquidationsgewinn wird so ermittelt, dass das Abwicklungs-Endvermögen (§ 19 Abs. 4 KStG 1988) mit den Teilwerten der Wirtschaftsgüter einschließlich selbst geschaffener Wirtschaftsgüter zum Umwandlungsstichtag (§ 20 Abs. 2 KStG 1988) angesetzt und dem steuerlichen Buchwert des Betriebsvermögens zum Umwandlungsstichtag (Abwicklungs-Anfangsvermögen im Sinne des § 19 Abs. 5 KStG 1988) gegenübergestellt wird. Der Differenzbetrag ist als Liquidationsgewinn körperschaftsteuerpflichtig.

2.11.1.2 Umsatzsteuer

Umsatzsteuerrechtlich liegt im Zeitpunkt der Eintragung der Umwandlung in das Firmenbuch ein Leistungsaustausch in Form der Geschäftsveräußerung (im Ganzen bzw. partiell) gegen Aufgabe von Gesellschaftsrechten und Übernahme der Schulden vor. Die entsprechenden Leistungen der übertragenden Körperschaft sind hinsichtlich Steuerbarkeit, Steuerfreiheit und Steuersatz nach den allgemeinen umsatzsteuerrechtlichen Kriterien zu beurteilen. Zur steuerlichen Einordnung des vom Gesellschafter getätigten Umsatzes siehe Rz 639. 633

2.11.1.3 Verkehrsteuern

Die Kapitalverkehrsteuerbefreiung nach § 11 Abs. 4 UmgrStG (Rz 604) ist nicht anzuwenden. Die Gesellschaftsteuerbefreiung des § 6 Abs. 1 Z 2 lit. a KVG ist davon nicht berührt; zum Auslaufen der Gesellschaftsteuer siehe Rz 323. *(BMF-AV Nr. 193/2015)* 634

Bei Erwerbsvorgängen nach § 1 Abs. 1 oder 2 GrEStG 1987 (Rz 613) ist die Grunderwerbsteuer vom Wert der Gegenleistung, die auf das Grundstück entfällt, mindestens jedoch vom Grundstückswert zu berechnen (§ 4 Abs. 1 GrEStG 1987). *(BMF-AV Nr. 40/2017)* 635

2.11.2 Rechtsfolgen auf Ebene der Gesellschafter der übertragenden Körperschaft

2.11.2.1 Einkommen(Körperschaft)steuer

Bei im Privatvermögen gehaltenen Anteilen an der umgewandelten Gesellschaft gilt nach § 27 Abs. 6 Z 2 EStG 1988 der Untergang von Anteilen aufgrund der (umwandlungsbedingten) Beendigung der Körperschaft für sämtliche Beteiligte, unabhängig vom Ausmaß ihrer Beteiligung, als Veräußerung im Sinne des § 27 Abs. 3 EStG 1988, die als realisierte Wertsteigerung im Rahmen der Einkünfte aus Kapitalvermögen steuerpflichtig ist. Als Einkünfte sind der Unterschiedsbetrag zwischen dem Abwicklungsguthaben und den Anschaffungskosten der Anteile anzusetzen. Abwicklungsguthaben im Sinne des § 27a Abs. 3 Z 2 lit. c EStG 1988 ist der nach § 20 Abs. 2 KStG 1988 bewertete, dem Gesellschafter quotenmäßig zuzurechnende Teil des Abwicklungs-Endvermögens (Rz 632) der umgewandelten Gesellschaft. Die Einkünfte sind gemäß § 27a Abs. 1 Z 2 EStG 1988 idF StRefG 2015/2016, BGBl. I Nr. 118/2015 mit dem besonderen Steuersatz von 27,5% (bis 2015: 25%, siehe EStR 2000 Rz 6223) zu besteuern, womit auch die Einkommensteuer als abgegolten gilt (§ 97 Abs. 1 636

EStG 1988). § 27a Abs. 5 EStG 1988 enthält eine Regelbesteuerungsoption, § 97 Abs. 2 EStG 1988 eine Verlustausgleichsoption. *(BMF-AV Nr. 40/2017)*

637   Bei im Betriebsvermögen gehaltenen Anteilen entsteht ein steuerwirksamer Buchgewinn oder Buchverlust in Höhe der Differenz zwischen dem nach § 20 Abs. 2 KStG 1988 bewerteten, dem Gesellschafter quotenmäßig zuzurechnenden Teil des Abwicklungs-Endvermögens (Rz 632) und dem Buchwert der untergehenden Beteiligung. Führt der Gesellschafter keine Bücher, ergibt sich gleichfalls ein steuerwirksamer Gewinn oder Verlust, statt dem Buchwert ist der Anschaffungswert der untergehenden Beteiligung anzusetzen.

638   Im Falle der Teilliquidationsbesteuerung erstreckt sich die Steuerpflicht quotal auf die von den Anteilsinhabern gehaltenen Anteile. Es wird dabei auf das Verhältnis des Verkehrswertes des zu Buchwerten und des zu Liquidationswerten übertragenen Vermögens abzustellen sein (siehe das Beispiel in Rz 460).

2.11.2.2 Umsatzsteuer

639   Umsatzsteuerrechtlich liegt im Zeitpunkt der Eintragung der Umwandlung in das Firmenbuch ein Leistungsaustausch in Form der Geschäftsveräußerung (im Ganzen bzw. partiell) gegen Aufgabe von Gesellschaftsrechten und Übernahme der Schulden vor. Die Aufgabe der Gesellschaftsrechte ist eine nach § 6 Abs. 1 Z 8 lit. g UStG 1994, die Übernahme der Schulden eine nach § 6 Abs. 1 Z 8 lit. f UStG 1994 steuerfreie Leistung, sofern die Gesellschaftsanteile zu einem unternehmerischen Bereich gehören. Ansonsten sind diese Leistungen nicht steuerbar. Vorleistungen (zB Beratungsleistungen), die im Zusammenhang mit diesen Vorgängen an den Gesellschafter erbracht werden, stehen in einem direkten und unmittelbaren Zusammenhang mit der künftigen wirtschaftlichen Tätigkeit des Unternehmers. Sind die Umsätze aus dieser Tätigkeit steuerpflichtig, so ist der Unternehmer auch hinsichtlich der oben genannten Vorleistungen zum Vorsteuerabzug berechtigt. Zur steuerlichen Behandlung des von der umgewandelten Kapitalgesellschaft getätigten Umsatzes (siehe Rz 633). *(AÖF 2008/ 243)*

Artikel III
Einbringung

Anwendungsbereich

§ 12. (1) Eine Einbringung im Sinne dieses Bundesgesetzes liegt vor, wenn Vermögen (Abs. 2) auf Grundlage eines schriftlichen Einbringungsvertrages (Sacheinlagevertrages) und einer Einbringungsbilanz (§ 15) nach Maßgabe des § 19 einer übernehmenden Körperschaft (Abs. 3) tatsächlich übertragen wird. Voraussetzung ist, dass das Vermögen am Einbringungsstichtag, jedenfalls aber am Tag des Abschlusses des Einbringungsvertrages, für sich allein einen positiven Verkehrswert besitzt. Der Einbringende hat im Zweifel die Höhe des positiven Verkehrswertes durch ein begründetes Gutachten eines Sachverständigen nachzuweisen.

(2) Zum Vermögen zählen nur

1. Betriebe und Teilbetriebe, die der Einkunftserzielung gemäß § 2 Abs. 3 Z 1 bis 3 des Einkommensteuergesetzes 1988 dienen, wenn sie zu einem Stichtag eingebracht werden, zu dem eine Bilanz (§ 4 Abs. 1 des Einkommensteuergesetzes 1988) für den gesamten Betrieb des Einbringenden vorliegt,

2. Mitunternehmeranteile, das sind Anteile an Gesellschaften, bei denen die Gesellschafter als Mitunternehmer anzusehen sind, wenn sie zu einem Stichtag eingebracht werden, zu dem eine Bilanz (§ 4 Abs. 1 des Einkommensteuergesetzes 1988) der Mitunternehmerschaft vorliegt, an der die Beteiligung besteht,

3. Kapitalanteile, das sind Anteile an inländischen und vergleichbaren ausländischen Kapitalgesellschaften sowie Erwerbs- und Wirtschaftsgenossenschaften, weiters an anderen ausländischen Gesellschaften eines Mitgliedstaates der Europäischen Union, die die in der Anlage zu diesem Bundesgesetz vorgesehenen Voraussetzungen des Artikels 3 der Richtlinie 2009/133/EG in der jeweils geltenden Fassung erfüllen,

   – wenn sie mindestens ein Viertel des gesamten Nennkapitals oder des rechnerischen Wertes der Gesamtanteile umfassen oder

   – wenn die eingebrachten Anteile der übernehmenden Gesellschaft für sich oder gemeinsam mit ihr bereits vor der Einbringung gehörenden Anteilen unmittelbar die Mehrheit der Stimmrechte an der Gesellschaft, deren Anteile eingebracht werden, vermitteln oder erweitern.

   Zum Begriff des Kapitalanteiles zählt bei vertraglicher Einbeziehung auch der am Einbringungsstichtag ausstehende Teil des nachweisbar ausschließlich zur Anschaffung des einzubringenden Anteiles aufgenommenen Fremdkapitals. Verbindlichkeiten in unmittelbarem Zusammenhang mit einer Einlage im Sinne des § 8 Abs. 1 des Körperschaftsteuergesetzes 1988 in die Körperschaft, deren Anteile übertragen werden, zählen jedenfalls zum Begriff des Kapitalanteils, wenn die Einlage innerhalb von zwei Jahren vor dem Einbringungsstichtag erfolgt ist.

(3) Übernehmende Körperschaften können sein:

§ 12

1. **Unbeschränkt steuerpflichtige Kapitalgesellschaften oder Erwerbs-
und Wirtschaftsgenossenschaften (§ 1 Abs. 2 des Körperschaftsteuergesetzes 1988).**

2. **Ausländische Körperschaften, die mit einer inländischen Kapitalgesellschaft oder Erwerbs- und Wirtschaftsgenossenschaft vergleichbar sind, wenn mit dem in Betracht kommenden ausländischen Staat ein Doppelbesteuerungsabkommen besteht sowie andere
ausländische Gesellschaften eines Mitgliedstaates der Europäischen
Union, die die in der Anlage zu diesem Bundesgesetz vorgesehenen
Voraussetzungen des Artikels 3 der Richtlinie 2009/133/EG in der
jeweils geltenden Fassung erfüllen.**

(4) Auf Einbringungen sind die §§ 13 bis 22 anzuwenden.

(BGBl I 2012/112)

Gliederung:

3. Einbringungen (Art. III UmgrStG)

3.1. Begriff und Anwendungsvoraussetzungen (§ 12 UmgrStG)

3.1.1. Allgemeines

3.1.1.1 Begriffsbestimmung

Unter Einbringung im Sinne des § 12 Abs. 1 UmgrStG ist die   640

- Übertragung von Betrieben, Teilbetrieben, Mitunternehmeranteilen oder qualifizierten Kapitalanteilen (Vermögen im Sinne des § 12 Abs. 2 UmgrStG)
  - auf eine Körperschaft (§ 12 Abs. 3 UmgrStG)
  - auf gesellschaftsrechtlicher Grundlage, dh. grundsätzlich gegen Gewährung von Anteilen an der übernehmenden Körperschaft

zu verstehen, sodass das wirtschaftliche Engagement des Einbringenden in Form eines Beteiligungsengagements aufrecht erhalten bleibt („Rechtsformwechsel"). *(AÖF 2013/301)*

Für die Einbringung bestehen keine besonderen unternehmens- und gesell-   641
schaftsrechtlichen Grundlagen. Der Tatbestand der Einbringung wird somit ausschließlich durch das Steuerrecht in den §§ 12 ff UmgrStG definiert. Im Hinblick auf diese Tatsache kommt der Eintragung einer Einbringung in das Firmenbuch keine für steuerliche Zwecke maßgebende Wirkung zu, dh. auch in diesem Fall hat die Abgabenbehörde das Vorliegen der Anwendungsvoraussetzungen des § 12 UmgrStG eigenständig zu beurteilen. *(AÖF 2013/301)*

3.1.1.2 Rechtsfolgen

Zivilrechtlich erfolgt der Vermögensübergang im Rahmen der Einbringung   642
im Wege der Einzelrechtsnachfolge. Titel (Vertrag) und Modus (Übergabe) müssen dazu erfüllt sein. Bestehende zivilrechtliche Vertragsverhältnisse, die das eingebrachte Vermögen betreffen, gehen daher nur dann auf die übernehmende Körperschaft über, wenn das Vertragsverhältnis im Wege der Vertragsübernahme auf diese übertragen wird. Dies ist grundsätzlich nur mit der Zustimmung jedes einzelnen bisherigen Vertragspartners des Einbringenden möglich. § 38 Abs. 1 UGB sieht einen Übergang von unternehmensbezogenen Vertragsverhältnissen durch Vereinbarung zwischen Einbringenden und übernehmender Körperschaft vor, wobei dem Dritten ein Widerspruchsrecht zusteht.

Kommt es zu keiner Vertragsübernahme, bleibt der Einbringende seinen bisherigen Vertragspartnern verpflichtet, wobei der Erwerber in diesem Fall trotzdem gemäß § 38 Abs. 4 UGB haftet. § 39 UGB sieht eine Haftungsbegrenzung des Veräußerers im Falle des Überganges der unternehmensbezogenen Rechtsverhältnisse auf den Erwerber vor. Darüber hinaus bestehen auch Haftungen aufgrund besonderer gesetzlicher Anordnung wie zB gemäß § 1409 ABGB. *(AÖF 2013/301)*

Steuerlich sieht § 18 Abs. 1 Z 4 UmgrStG vor, dass die übernehmende Kör- 643
perschaft im Rahmen der Buchwerteinbringung für Zwecke der Gewinnermittlung so zu behandeln ist, als ob sie Gesamtrechtsnachfolger wäre (siehe Rz 951 ff).

Sondertatbestände mit zivilrechtlicher Gesamtrechtsnachfolge sind im § 92 BWG, § 62 VAG 2016 sowie durch die Einbringung in Form der Anwachsung in § 142 UGB verankert. *(BMF-AV Nr. 40/2017)*

644   Wird anlässlich der Gründung einer AG oder GmbH ein Unternehmen in die zu gründende Gesellschaft eingebracht, sind die Bestimmungen der § 20 bzw. 150 AktG sowie § 6 ff bzw. 52 GmbHG im Rahmen der Gründungsprüfung zu beachten.

Um die Gründungsprüfung zu vermeiden, kann die Einbringung in eine durch Bargründung ins Leben gerufene Gesellschaft ohne Kapitalerhöhung vorgenommen werden. Eine Gründungsprüfung ist auch dann nicht erforderlich, wenn die übernehmende Körperschaft zum ausschließlichen Zweck der Fortführung eines seit mindestens fünf Jahren bestehenden Unternehmens errichtet wird, und Gesellschafter nur der Inhaber des Unternehmens (die Mitinhaber), dessen Ehegatte und Kinder sind (§ 6a Abs. 2 GmbHG). *(AÖF 2013/301)*

3.1.1.3 Grundtypen der Einbringung

645   Grundtypen der Einbringung sind:

*   Fusionsähnliche- oder Konzentrationseinbringung: Der oder die Einbringende(n) sind weder mittelbar noch unmittelbar an der übernehmenden Körperschaft beteiligt (zB Einbringung des Einzelunternehmens A in die dem B zu 100% gehörende GmbH).

*   Ausgliedernde- oder Konzerneinbringung: Der oder die Einbringende(n) sind an der übernehmenden Körperschaft bereits beteiligt (zB Einbringung des Betriebes des Einzelunternehmers A in die ihm zu 100% gehörende GmbH B).

Bei Konzerneinbringungen kann nach der Einbringungsrichtung zwischen down-stream- (Mutter in Tochtergesellschaft), up-stream- (Tochter in Muttergesellschaft), oder side-stream-Einbringungen (Schwester in Schwestergesellschaft) unterschieden werden. Ob bei Konzerneinbringungen gegen das gesellschaftsrechtliche Verbot der Einlagenrückgewähr verstoßen wurde (vgl. § 82 Abs. 1 GmbHG sowie § 52 AktG), weil ohne gesellschaftsrechtliche Begleitmaßnahmen (zB Gesellschafterzuschuss) keine Gegenleistung gewährt wurde (zB bei der Side-Stream-Einbringung), ändert an der steuerlichen Wirksamkeit der Einbringung nichts.

Der Begriff der „Konzerneinbringung" beschränkt sich nicht auf einbringende Körperschaften, er ist auch bei sonst maßgebend an einer Körperschaft Beteiligten (natürliche Personen, Personengesellschaften) gegeben und kann sich als down-stream Einbringung (zB der Alleingesellschafter bringt seinen Betrieb in die Gesellschaft ein) oder side-stream-Einbringung darstellen (die der A-KG zu 100% gehörende B-GmbH bringt einen Kapitalanteil in die der A-KG ebenfalls zu 100% gehörende C-GmbH ein). *(BMF-AV Nr. 193/2015)*

3.1.1.4 Die an der Einbringung beteiligten Personen

646   Im Gesetz findet sich keine Beschränkung hinsichtlich der Person des Einbringenden. Einbringender kann jeder Rechtsträger sein, der wirtschaftlicher Eigentümer eines begünstigten Vermögens im Sinne des § 12 Abs. 2 UmgrStG ist.

Einbringende können daher insbesondere. sein:

*   Einzelunternehmer,

*   einzelne oder alle Mitunternehmer,

*   Mitunternehmerschaften,

*   Körperschaften oder

- natürliche oder juristische Personen, die aus dem Privatvermögen einbringen. *(AÖF 2013/301)*

Als übernehmende Körperschaften kommen gemäß § 12 Abs. 3 UmgrStG in   647
Betracht:

- Unbeschränkt steuerpflichtige Kapitalgesellschaften und Erwerbs- und Wirtschaftsgenossenschaften,

- ausländische Körperschaften, die mit den oben genannten vergleichbar und in einem DBA-Partnerstaat ansässig sind.

- EU-Gesellschaften, das sind ausländische Gesellschaften eines Mitgliedstaates der Europäischen Union, die die Voraussetzungen des Artikels 3 der Richtlinie 2009/133/EG des Rates vom 19.10.2009, ABl. Nr. L 310 vom 25.11.2009, in der jeweils geltenden Fassung (siehe Anhang zum UmgrStG) erfüllen.

Die genannten Körperschaften kommen als übernehmende Körperschaften unabhängig davon in Betracht, wer an ihnen vor der Einbringung beteiligt ist bzw. ob der (die) Einbringende(n) an ihnen beteiligt ist (sind) oder nicht. Zum Gesellschafterwechsel im Rückwirkungszeitraum der Einbringung siehe Rz 808. *(AÖF 2013/301)*

3.1.1.5 Tauschneutralität

Die Einbringung stellt vom Grundsatz her einen Tauschvorgang dar. Das ein-   648
zubringende Vermögen wird gegen Gewährung von Gesellschaftsrechten an der
übernehmenden Körperschaft eingebracht. Unterbleibt eine Anteilsgewährung,
besteht die Gegenleistung idR in der Wertsteigerung der bestehenden Anteile.

Steuerrechtlich ist bei Vorliegen der Voraussetzungen des § 12 UmgrStG idR   649
die Steuerwirkung des Tauschgrundsatzes aufgehoben und damit die Buchwertfortführung zwingend. Der Einbringende kann in einer unternehmensrechtlichen
Einbringungsbilanz den an sich nur für den Rechtsnachfolger maßgebenden beizulegenden Wert des Vermögens im Sinne des § 202 Abs. 1 UGB ansetzen.
Durch diese Darstellung ergeben sich die Aufdeckung der stillen Reserven im
Aktiv- und Passivvermögen und der Ansatz eines selbst geschaffenen Geschäfts-
oder Firmenwertes. Ungeachtet dieser unternehmensrechtlich zulässigen Dar-
stellungsvariante ist für steuerliche Zwecke nach § 16 Abs. 1 UmgrStG der für
steuerliche Zwecke adaptierte Buchwert laut Jahres- oder Zwischenabschluss
des Einbringenden maßgeblich und ist dieser in der steuerlichen Einbringungsbilanz gemäß § 15 UmgrStG anzugeben. *(AÖF 2013/301)*

Wie in allen anderen Umgründungstatbeständen gilt auch im Bereich der   650
Einbringungen der Grundsatz, dass bei Vorliegen der Anwendungsvoraussetzungen des § 12 UmgrStG sämtliche Bestimmungen des Art. III UmgrStG und
damit auch die neben der Ertragsbesteuerung bestehenden zwingend anzuwenden sind. Zu den Folgen außerhalb der Ertragsbesteuerung siehe Rz 654 und
Rz 1216 ff.

Liegen die Anwendungsvoraussetzungen des § 12 UmgrStG nicht vor, sind
die allgemeinen Vorschriften des Abgabenrechts zwingend anzuwenden. Für
den ertragsteuerlichen Bereich ist § 6 Z 14 lit. b EStG 1988 maßgebend, nach
dem die Einbringung zu einer tauschbedingten Gewinnverwirklichung führt
(siehe Rz 1275 ff). Es besteht somit kein Wahlrecht für die Anwendung oder den
Verzicht auf Art. III UmgrStG bzw. des § 6 Z 14 lit b EStG 1988 (siehe EB zu
RV 266, 18 GP – BGBl. Nr. 69/1991).

3.1.1.6. Steuerklauseln

651   Der Eintritt der steuerlichen Wirkungen einer Einbringung bzw. das Verhindern der negativen Wirkungen einer missglückten Einbringung kann nicht durch Steuerklauseln im Einbringungsvertrag von der Erfüllung sämtlicher Anwendungsvoraussetzungen des § 12 Abs. 1 UmgrStG abhängig gemacht werden. Zulässig und damit steuerlich beachtlich ist aber

- eine auf die Fristenwahrung bezogene Vertragsklausel (siehe Rz 800) und
- eine aufschiebende Bedingung, deren Eintritt von der Zustimmung (Nichtuntersagung) von Dritten (zB Kartellbehörde, Grundverkehrsbehörde uÄ) abhängig ist. Bei freien Berufen ist eine Sachgründung mittels Einbringung des Betriebes unter aufschiebender Bedingung der Kammerzustimmung möglich (siehe auch Rz 751). *(BMF-AV Nr. 193/2015)*

3.1.1.7. Anwendungsvoraussetzungen der Einbringung

652   Um eine Einbringung nach Art. III UmgrStG erfolgreich durchzuführen, sind folgende Voraussetzungen zu erfüllen:

- Ein schriftlicher Einbringungsvertrag (Sacheinlagevertrag, siehe Rz 661 ff)
- Ein Vermögen (Einbringungsvermögen) im Sinne des § 12 Abs. 2 UmgrStG (siehe Rz 687 bis Rz 737)
- Eine Bilanz zum Einbringungsstichtag (siehe Rz 761 ff) (Jahres- oder Zwischenabschluss iSd § 12 Abs. 2 UmgrStG) des gesamten Betriebes (bei Einbringung von Betrieben oder Teilbetrieben) oder der Mitunternehmerschaft (bei Einbringung von Mitunternehmeranteilen), die zumindest den Erfordernissen des § 4 Abs. 1 EStG 1988 entspricht (siehe Rz 815 ff)
- Eine steuerliche Einbringungsbilanz gem. § 12 Abs. 1 in Verbindung mit § 15 UmgrStG zum Einbringungsstichtag (Ausnahme Einbringung von Kapitalanteilen aus dem Privatvermögen) (siehe Rz 837 ff).
- Ein positiver Verkehrswert des Einbringungsvermögens (siehe Rz 672 ff)
- Die tatsächliche Übertragung des Vermögens auf die übernehmende Körperschaft (siehe Rz 738 ff)
- Eine Gegenleistung nach Maßgabe des § 19 UmgrStG (siehe Rz 1001 ff).

Der Begriff des „Einbringenden" ist im UmgrStG nicht definiert, wohl aber in § 14 Abs. 2, § 16 Abs. 4 und § 19 Abs. 3 UmgrStG erwähnt. Einbringender kann jedermann sein, der die vorgenannten Voraussetzungen erfüllen kann. *(BMF-AV Nr. 193/2015)*

653   Art. III UmgrStG ist international ausgelegt, dh. darunter können inländische, ausländische und grenzüberschreitende Einbringungen fallen, es können inländische und ausländische Einbringende daran beteiligt sein, es kann inländisches und ausländisches Vermögen einbezogen werden und es können daher inländische und ausländische übernehmende Körperschaften vorliegen.

3.1.1.8 Steuerliche Folgen der Einbringung

654   Sind die steuerlichen Voraussetzungen des § 12 UmgrStG für eine Einbringung erfüllt, kommt es idR zu einem Vermögensübergang zu Buchwerten. Die stillen Reserven einschließlich eines Geschäfts- oder Firmenwertes im Einbringungsvermögen bleiben daher steuerhängig. Die Einbringung bewirkt, wenn sie zu Buchwerten erfolgt, eine zweifache Steuerhängigkeit der im Einbringungs-

vermögen gespeicherten stillen Reserven zur Sicherung der Einfachbesteuerung der Gewinne der Körperschaft. Einerseits sind sie auf Grund des Grundsatzes der Buchwertfortführung (Wertzusammenhang) im Betriebsvermögen der übernehmenden Körperschaft enthalten (erste Hälfte der Besteuerung mit 25% Körperschaftsteuer), andererseits – in der Vermögenssphäre der Gesellschafter der übernehmenden Körperschaft – in den Anschaffungskosten (Buchwerten) der Kapitalanteile an der übernehmenden Gesellschaft (zweite Hälfte der Besteuerung). Durch diese doppelte Verstrickung der stillen Reserven ist die Vermögensweitergabe durch die übernehmende Körperschaft und die Weitergabe der Kapitalanteile an der übernehmenden Körperschaft durch die Gesellschafter den steuerlichen Wirkungen der Vermögensübertragung durch den Einbringenden letztlich gleichgestellt. Veräußert die Körperschaft übertragenes Betriebsvermögen, werden die darin enthaltenen stillen Reserven aufgedeckt und versteuert. Gleiches gilt für den Anteilsinhaber, der seine Gegenleistungsanteile weiterveräußert (ggf. Sonderverstrickung nach § 20 UmgrStG).

Bei Einbringungen mit Auslandsbezug ist hingegen darauf abzustellen, ob das Besteuerungsrecht der Republik Österreich eingeschränkt wird (siehe Rz 851 ff).

Sind die steuerlichen Voraussetzungen des § 12 UmgrStG für eine Einbringung erfüllt, kommt es im Hinblick auf § 12 Abs. 4 UmgrStG auch zur zwingenden Anwendung der steuerlichen Folgen außerhalb der Ertragsbesteuerung. *(AÖF 2013/301)*

655 Sollte die für die Verkehrsteuern zuständige Abgabenbehörde (Finanzamt für Gebühren, Verkehrsteuern und Glücksspiel gemäß § 19 AVOG 2010) Zweifel hinsichtlich des Vorliegens der Anwendungsvoraussetzungen des § 12 UmgrStG haben, ist die Beurteilung der für die Ertragsbesteuerung zuständigen Finanzämter des Übertragenden und der übernehmenden Körperschaft maßgeblich. *(AÖF 2013/301)*

3.1.2. Inländische Einbringungen

656 Inländische Einbringungen liegen vor, wenn inländisches Vermögen nach den Bestimmungen des § 12 Abs. 2 UmgrStG – Betriebe, Teilbetriebe, Mitunternehmeranteile und Kapitalanteile – in inländische Körperschaften im Sinne des § 12 Abs. 3 UmgrStG eingebracht werden. Ob der Einbringende beschränkt oder unbeschränkt steuerpflichtig ist, hat nur hinsichtlich der Bewertung des übergehenden Vermögens Bedeutung.

Beispiel:

Ein beschränkt steuerpflichtiger Einzelunternehmer bringt seine inländische Betriebsstätte in eine inländische GmbH ein.

Zur Bewertung des Vermögen siehe Rz 848 ff.

3.1.3. Ausländische Einbringungen

657 Ausländische Einbringungen liegen vor, wenn ausländisches Vermögen im Sinne des § 12 Abs. 2 UmgrStG im Ausland in eine den Voraussetzungen des § 12 Abs. 3 UmgrStG entsprechende übernehmende Körperschaft eingebracht wird und dabei ein Bezug zu Österreich gegeben ist.

Beispiel:

Ein österreichischer Einzelunternehmer bringt einen im Betriebsvermögen seiner ungarischen Betriebsstätte befindlichen Kapitalanteil an der deutschen A-GmbH in die deutsche B-GmbH ein.

658   Wird Auslandsvermögen eines inländischen Einbringenden in eine ausländische Körperschaft eingebracht, kommt es bei Vorliegen eines DBA mit Anrechnungsmethode und bei Fehlen eines DBA zum Entfall des Besteuerungsrechtes der Republik Österreich (Verlust des Besteuerungsrechts an den stillen Reserven des Betriebsvermögens). Sollte ein DBA mit Befreiungsmethode vorliegen, war auch vor der Einbringung eine Besteuerung dieses Vermögens nicht möglich.

3.1.4. Grenzüberschreitende Einbringungen

659   Grenzüberschreitende Einbringungen liegen vor, wenn ausländisches Vermögen im Sinne des § 12 Abs. 2 UmgrStG in eine inländische Körperschaft oder inländisches Vermögen in eine ausländische Körperschaft im Sinne des § 12 Abs. 3 UmgrStG eingebracht wird. Zur Bewertung des Vermögens siehe Rz 848 ff und Rz 929 ff.

3.1.4a. Maßgeblichkeit des Unternehmensrechts

660   Wird die Eintragung einer Einbringung in das Firmenbuch nachträglich als nichtig gelöscht, ist im Falle der Sachgründung infolge der Löschung der übernehmenden Körperschaft und im Falle der Löschung der Kapitalerhöhung infolge des Wegfalls einer Gegenleistung für den Einbringenden davon auszugehen, dass eine Gründung bzw. eine Vermögensübertragung nicht stattgefunden hat und eine Besteuerung des Einbringenden hinsichtlich der Einkünfte aus dem eingebrachten Vermögen ab dem Einbringungsstichtag vorzunehmen ist. Sofern im Falle der Löschung der Kapitalerhöhung oder der Sachgründung eine Trennung bei der Einkommensermittlung der übernehmenden Körperschaft zwischen den Einkünften aus dem eigenen und übernommenen Vermögen aus dem Rechenwerk nicht ableitbar ist, sind deren Besteuerungsgrundlagen beim Einbringenden und der übernehmenden Körperschaft im Schätzungswege zu ermitteln. *(AÖF 2008/243)*

3.1.5. Erfordernis eines Einbringungsvertrages und einer Einbringungsbilanz

3.1.5.1 Einbringungsvertrag

661   Die Anwendbarkeit des Art. III UmgrStG ist an das Vorhandensein eines Einbringungsvertrages geknüpft. Dieses Rechtsgeschäft muss nicht ausdrücklich als Einbringungsvertrag bezeichnet sein, es muss aber klar erkennbar sein, dass es sich um einen gesellschaftsrechtlichen Vorgang handelt. Ein Sacheinlagevertrag kann im Fall einer Sachgründung auch im Gesellschaftsvertrag der zu gründenden Gesellschaft enthalten sein.

662   Aus § 12 Abs. 1 ergibt sich, dass zu den Anwendungsvoraussetzungen für eine Einbringung das Erstellen eines schriftlichen Einbringungsvertrages gehört. Als Einbringungsvertrag gilt auch eine Errichtungserklärung im Rahmen einer Sachgründung. *(AÖF 2008/243)*

663   Der Einbringungsvertrag ist vollständig, wenn er folgende Punkte enthält:

- Der Einbringende (Name bzw. Firma und Sitz des/der Einbringenden oder Firmenbuchnummer)

- Der Einbringungsstichtag

- Die aufnehmende Körperschaft (genaue Bezeichnung wie etwa exakte Firma und Sitz oder Firmenbuchnummer)

- Das definierte Einbringungsvermögen, wobei die Definition durch Bezugnahme auf den gemäß § 12 Abs. 2 UmgrStG erstellten Jahres- oder Zwischenabschluss gemäß § 4 Abs. 1 EStG 1988 erfolgen kann

- Die dafür vereinbarte Gegenleistung (siehe Rz 1001 ff). *(AÖF 2008/243)*

3.1.5.2 Definition des eingebrachten Vermögens

Das eingebrachte Vermögen muss genau definiert sein. Anwendungsvoraus- 664
setzung für Art. III UmgrStG ist daher, dass für einzubringende Betriebe oder
Teilbetriebe auf den Einbringungsstichtag:

§ 12

- von rechnungslegungspflichtigen Gewerbetreibenden ein Jahres- oder Zwischenabschluss als Grundlage für die steuerlichen Ansätze im Sinne des § 5 Abs. 1 EStG 1988 und

- von den übrigen Einbringenden ein den Grundsätzen des § 4 Abs. 1 EStG 1988 entsprechender Jahres- oder Zwischenabschluss erstellt wird.

Als weitere Anwendungsvoraussetzung für Art. III UmgrStG ist eine auf den
Jahresabschluss- oder Zwischenabschluss aufbauende Einbringungsbilanz erforderlich. Die Einbringungsbilanz dient insbesondere der Darstellung des laut Vertrag tatsächlich zu übertragenden Vermögens zu Steuerwerten laut Schluss- oder
Zwischenbilanz, wobei die Einbringungsbilanz in folgenden Punkten von der
Schluss- oder Zwischenbilanz zum Einbringungsstichtag abweicht:

- Darstellung der steuerlichen Buchwerte

- Darstellung der steuerwirksamen Aufwertungen

- Ansatz der rückwirkenden Korrekturen gemäß § 16 Abs. 5 UmgrStG

- Einbringungskapital als Saldo zwischen eingebrachten Aktiva und Passiva zu steuerlichen Werten (zur Einbringungsbilanz siehe Rz 837 ff).

Der Stichtagsbilanz kommt insbesondere bei Einbringung von Teilbetrieben
oder Mitunternehmeranteilen Bedeutung zu. Wird der gesamte Betrieb eingebracht, erfüllt auch die Einbringungsbilanz nach Vornahme allenfalls notwendiger steuerlicher Anpassungen iSd § 4 Abs. 2 EStG 1988 das Erfordernis des § 12
Abs. 2 Z 1 UmgrStG (siehe auch Rz 766). Dabei ist die Korrektur der Einbringungsbilanz um die Entnahmen iSd § 16 Abs. 5 UmgrStG einer Bilanzberichtigung nach § 4 Abs. 2 EStG 1988 gleichzuhalten. Trotz fehlender Stichtagsbilanz
ist diesfalls keine Anwendungsvoraussetzung des Art. III UmgrStG verletzt
(VwGH 26.2.2015, Ro 2014/15/0041). *(BMF-AV Nr. 131/2018)*

Für einzubringende Mitunternehmeranteile ist Anwendungsvoraussetzung, 665
dass die von der Einbringung betroffene Mitunternehmerschaft auf den Einbringungsstichtag:

- als rechnungslegungspflichtiger Gewerbetreibender einen Jahres- oder Zwischenabschluss als Grundlage für die steuerlichen Ansätze im Sinne des § 5 Abs. 1 EStG 1988 und

- als sonstige Mitunternehmerschaft einen den Grundsätzen des § 4 Abs. 1 EStG 1988 entsprechenden Jahres- oder Zwischenabschluss

und zwar hinsichtlich des Vermögens der Mitunternehmerschaft (Betrieb) erstellt. Weiters ist als Anwendungsvoraussetzung erforderlich, dass der einbringende Mitunternehmer eine auf dem Jahres- oder Zwischenabschluss aufbauende Einbringungsbilanz erstellt, die sich auf den eingebrachten Mitunternehmeranteil bezieht.

Beispiel:

An der X-KG sind A als Komplementär mit 25% und B als Kommanditist mit 75% substanzbeteiligt. Zum 31.12.09 bringt A seinen Anteil in die Z-GmbH ein, deren Alleingesellschafter er ist. Es erfolgen keine rückwirkenden Korrekturen.

Schlussbilanz der X-KG zum 31.12.09

AV	20.000	Fixes Kap.kto A	2.500
UV	10.000	Fixes Kap.kto B	7.500
		Var. Kap.kto A	6.000
		Var. Kap.kto B	- 20.000
		FK	34.000
	30.000		30.000

Einbringungsbilanz Anteil A an der X-KG zum 31.12.09

Anteil A an X-KG	8.500	Einbringungskapital	8.500
	8.500		8.500

(AÖF 2013/301)

666   Der Einbringungsvertrag hat grundsätzlich auch eine exakte Beschreibung jener Wirtschaftsgüter und rechtlichen Umstände zu enthalten, die in der Bilanz nicht aufscheinen (siehe Rz 667 ff). Im Falle der Mitübertragung von Sonderbetriebsvermögen ist auch dieses Vermögen exakt zu definieren. Im Falle der Einbringung von Teilbetrieben sind an die Klarheit der Zuordnung der einzelnen Wirtschaftsgüter zum übertragenen und zu den(m) zurückbehaltenen Teilbetrieb(en) besonders hohe Anforderungen zu stellen. Daher ist bei der Einbringung von Teilbetrieben das nicht betriebsnotwendige Vermögen zu definieren und zuzuordnen, wenn Zweifel bestehen, dass dieses dem eingebrachten Teilbetrieb zuzurechnen ist. Wird eine solche Zuordnung unterlassen, ist unter Berücksichtigung aller Umstände des Einzelfalles zu prüfen, ob diese nicht betriebsnotwendigen Wirtschaftsgüter beim Einbringenden verbleiben oder auf die übernehmende Körperschaft übergehen.

Ein aus dem Privatvermögen eingebrachter Kapitalanteil muss ausreichend beschrieben werden. *(AÖF 2013/301)*

3.1.5.3 Nicht bilanzierte Wirtschaftsgüter

667   Werden (positive oder negative) Vermögensbestandteile (mit)übertragen, die mangels Bilanzierungsfähigkeit in den Bilanzen nicht aufscheinen, sind diese grundsätzlich auf andere Weise ausreichend zu definieren. Als nicht bilanzierte Wirtschaftsgüter kommen insbesondere in Betracht:

*   Unkörperliche Wirtschaftsgüter des Anlagevermögens im Sinne des § 197 UGB bzw. § 4 Abs. 1 EStG 1988; siehe EStR 2000 Rz 625 ff

*   Eventualverbindlichkeiten im Sinne des § 199 UGB usw.

Bei der Einbringung von ganzen Betrieben gelten nicht bilanzierte Wirtschaftsgüter mangels ausdrücklichem Ausschluss im Einbringungsvertrag im Zweifel als mitübertragen, wenn im Einbringungsvertrag eine Formulierung gewählt wird, die den folgenden oder einen ähnlichen Wortlaut aufweist: „Der Betrieb A wird mit allen Aktiven und Passiven übertragen" (VwGH 30.5.2001, 99/13/0024). *(AÖF 2013/301)*

Randzahlen 668 und 669: *derzeit frei (AÖF 2013/301)*

3.1.6. Erfordernis eines einbringungsfähigen Vermögens

Das einbringungsfähige Vermögen wird in § 12 Abs. 2 UmgrStG abschlie- 670
ßend definiert. Vermögen, das nicht darunter fällt, kann nicht nach Art. III
UmgrStG eingebracht werden. Ergibt sich bei abgabenbehördlichen Überprüfungen, dass:

- aktive Wirtschaftsgüter miteingebracht worden sind, die nach den einkommensteuerrechtlichen Grundsätzen nicht zum Betriebsvermögen gehören, ist
  diesbezüglich von einer außerhalb des Art. III UmgrStG vorgenommenen
  Einlage auszugehen (siehe Rz 1275 ff)

- passive Wirtschaftsgüter miteingebracht worden sind, die nach den einkommensteuerrechtlichen Grundsätzen nicht zum Betriebsvermögen gehören, ist
  die Betriebsvermögenszugehörigkeit zur übernehmenden Körperschaft auch
  nach der Einbringung nicht gegeben (siehe Rz 904). *(AÖF 2008/243)*

Nur Betriebe, Teilbetriebe, Mitunternehmeranteile und Kapitalanteile, die 671
einen positiven Verkehrswert aufweisen, können Gegenstand einer Einbringung
gemäß Art. III UmgrStG sein.

3.1.6.1 Positiver Verkehrswert

Zu den Anwendungsvoraussetzungen des Art. III UmgrStG gehört unter an- 672
derem, dass das einzubringende Vermögen einen positiven Verkehrswert aufweist. Sollte das Vermögen zum Einbringungsstichtag keinen positiven Verkehrswert haben, ist es ausreichend, wenn er am Tag des Abschlusses des
Einbringungsvertrages vorliegt. Am Tag des Abschlusses des Einbringungsvertrages muss das eingebrachte Vermögen jedenfalls für sich allein einen positiven
Verkehrswert aufweisen. Als positiv gilt jedenfalls ein Wert, der größer als 0 ist.
Das Vorhandensein des positiven Verkehrswertes gehört zu den Anwendungsvoraussetzungen. Das Fehlen eines positiven Verkehrswertes führt zur Nichtanwendbarkeit des Art. III UmgrStG.

Ein Firmen- oder Praxiswert, der einzig und allein auf dem persönlichen Ruf
und dem Bekanntheitsgrad des Einbringenden basiert, kann nicht übertragen
werden und ist daher bei der Ermittlung des Verkehrswertes des eingebrachten
Vermögens außer Ansatz zu lassen (VwGH 26.6.2014, 2011/15/0028 zum Bekanntheitsgrad eines hoch spezialisierten Unternehmenssanierers). *(BMF-AV Nr.
193/2015)*

Das Vorhandensein des positiven Verkehrswertes ist nachzuweisen. 673

Im Zweifel hat der Einbringende den positiven Verkehrswert durch ein begründetes Gutachten eines Sachverständigen (entsprechend den in Rz 682 ff genannten Grundsätzen) nachzuweisen. Diese Nachweispflicht trifft den Einbringenden. Der Nachweis gilt jedenfalls dann als erbracht, wenn das Gutachten, unter Außerachtlassung möglicher Synergieeffekte (siehe Rz 686) und Effekte
durch die Confusio von Aktiv- und Passivpositionen (stand-alone-Betrachtung),
den positiven Verkehrswert bestätigt und den unten dargestellten Grundsätzen
entspricht. Gutachten, die im Fachgutachten KFS BW 1 genannten Grundsätzen nicht entsprechen, sind zulässig und im Einzelfall auf ihre Nachweiskraft
zu untersuchen. Gutachten, die Mängel aufweisen, die trotz Aufforderung nicht
behoben werden, sind nicht als Nachweis geeignet. Eine Anwendung des Art. III
UmgrStG wäre damit ausgeschlossen. *(BMF-AV Nr. 193/2015)*

Der Nachweis durch ein Gutachten ist nicht erforderlich: 674

- Eine formlose (Zwischen)Bilanz (Status) zum Vertragsabschlusstag wurde erstellt und weist für das einzubringende Vermögen ein positives Eigenkapital auf.

- Es liegen keine Gründe vor, die Anlass dazu geben, an positiven Zukunftserfolgen zu zweifeln.

In den Fällen, in denen materielle Prüfungspflicht des Firmenbuchgerichtes gegeben ist, stellt die Eintragung im Firmenbuch ein Indiz für das Vorliegen eines positiven Verkehrswertes dar. *(AÖF 2013/301)*

675   Werden Kapitalanteile ohne Verbindlichkeiten eingebracht, spricht dies in der Regel für das Vorhandensein eines positiven Verkehrswertes. *(AÖF 2013/301)*

3.1.6.2 Zweifelsfälle

676   Liegen nach dem Gesamtbild der Verhältnisse Umstände vor, die Anlass dazu geben, an der Existenz eines positiven Verkehrswertes zu zweifeln, ist die Vorlage eines Gutachtens erforderlich. Solche Umstände sind insb.:

- (Buchmäßige) Überschuldung.

- Negative Erfolgszahlen in der Vergangenheit.

- In der Vergangenheit vorgenommene (Teilwert)Abschreibungen von noch im Betrieb befindlichen Wirtschaftsgütern des Anlagevermögens mit dem Argument eines geringen oder gar negativen Ertragswertes, soferne den betroffenen Wirtschaftsgütern im Einbringungsvermögen eine gewisse Bedeutung zukommt

- Wenn das Vorhandensein des positiven Verkehrswertes dadurch erklärt wird, dass stille Reserven in Wirtschaftsgütern des abnutzbaren Anlagevermögens vorhanden sind und diese durch Neubewertungen dargestellt werden, die auf einer Nutzungsdauer basieren, die von der bisherigen betriebsgewöhnlichen Nutzungsdauer erheblich abweicht.

677   Weist das Vermögen zum Einbringungsstichtag keinen positiven Verkehrswert auf, kann dieser bis zum Abschluss des Einbringungsvertrages durch rückbezogene Korrekturmaßnahmen in den Grenzen des § 16 Abs. 5 UmgrStG (siehe Rz 873 ff) hergestellt werden. Solche Korrekturmaßnahmen können bei nachgewiesener Erzielung von Gewinnen (Zwischenbilanz, Status) bzw. bei nachhaltiger Besserung der Ertragslage (Unternehmensbewertungsgutachten) im Rückwirkungszeitraum, die bei Kenntnis zum Einbringungsstichtag einen positiven Verkehrswert ergeben hätten, unterbleiben. *(AÖF 2013/301)*

678   Das Erfordernis des positiven Verkehrswertes gilt für jedes in Frage kommende Vermögen im Sinne des § 12 Abs. 2 UmgrStG. Der positive Verkehrswert muss für jedes einzubringende Vermögen für sich gegeben sein (stand-alone-Betrachtung); echte Synergieeffekte – wie sie sich aus der konkreten Situation der übernehmenden Körperschaft ergeben – sind auszublenden. Werden etwa Mitunternehmeranteile von mehreren Mitunternehmern eingebracht, muss jeder Mitunternehmeranteil für sich einen positiven Verkehrswert aufweisen. Werden sämtliche Mitunternehmeranteile einer GmbH & Co KG in die Komplementär-GmbH eingebracht und liegt für sämtliche Anteile (auch für den Anteil der Komplementärin) jeweils kein positiver Verkehrswert vor, ist Art. III UmgrStG missglückt und die negativen Kapitalkonten der Kommanditisten sind nach § 6 Z 14 iVm § 24 Abs. 2 letzter Satz EStG 1988 steuerlich zu erfassen. Da die Komplementärin allerdings keinen Veräußerungstatbestand erfüllt hat, kann ihr

negatives Kapitalkonto nicht als Veräußerungsgewinn erfasst werden (VwGH 29.3.2017, Ra 2015/15/0034). *(BMF-AV Nr. 131/2018)*

Anders verhält es sich, wenn eine Mitunternehmerschaft selbst Vermögen im Sinne des § 12 Abs. 2 UmgrStG einbringt. In diesem Fall muss nur dieses Vermögen einen positiven Verkehrswert aufweisen. Es ist dabei keine Anwendungsvoraussetzung, dass auch die Werte der einzelnen Mitunternehmeranteile positiv sind. Zu den möglichen Konsequenzen im Bereich der Äquivalenzverletzung siehe aber Rz 1219 ff.   679

3.1.6.2.1 Begriff Verkehrswert

Maßgeblich ist der Verkehrswert. Dieser repräsentiert jenen Wert, der im gewöhnlichen Geschäftsverkehr nach der Beschaffenheit der Sache bei einer Veräußerung unter Fremden erzielbar ist. Er beinhaltet auch stille Lasten, stille Reserven sowie den Firmenwert. Es handelt sich um den nach anerkannten betriebswirtschaftlichen Methoden der Unternehmensbewertung ermittelten Wert des Vermögens.   680

Der Begriff des Verkehrswertes deckt sich nicht mit dem in § 13 BewG vorgegebenen Bewertungsmaßstab. Das Wiener Verfahren 1996 (AÖF Nr. 189/1996) ist deshalb zum Nachweis eines zweifelhaften positiven Verkehrswertes nicht geeignet.   681

3.1.6.2.2 Grundsätze der Unternehmensbewertung

Im Zweifel hat der Nachweis des positiven Verkehrswertes durch ein Gutachten eines Sachverständigen zu erfolgen. Die dabei einzuhaltenden Grundsätze dienen dazu, eine objektivierte, jederzeit nachvollziehbare, ausreichend dokumentierte und in sich methodisch schlüssige Wertfindung zu garantieren.   682

Die Unternehmensbewertung ist an keine feste Form gebunden.   683

Gutachten zum Nachweis des positiven Verkehrswertes haben Mindesterfordernissen zu genügen. Als solche gelten insbesondere die im Fachgutachten „KFS BW1" vom 26.3.2014 (in der Folge kurz Fachgutachten) aufgestellten Anforderungen. *(BMF-AV Nr. 193/2015)*

Da der positive Verkehrswert jedenfalls am Tag des Einbringungsvertragsabschlusses gegeben sein muss, hat sich die Prüfung dieser Voraussetzung auf diesen Stichtag zu beziehen. Da der Tag des Abschlusses des Einbringungsvertrages in der Regel nicht mit dem Jahresabschluss zusammenfällt, sind für die Ermittlung der Prognoserechnung bzw. für die Substanzwertermittlung geeignete Hilfsmittel aufzustellen, die Doppel- oder Nichtberücksichtigungen verhindern und die Nachvollziehbarkeit erleichtern sollen. *(AÖF 2013/301)*   684

Als Sachverständiger kann auch der steuerliche Vertreter der beteiligten Personen herangezogen werden. Auch dieser muss aber als neutraler Gutachter einen objektivierten Unternehmenswert ermitteln und darf bei der Erstellung und Begründung der Unternehmensbewertung rein subjektive Entscheidungswerte nicht in die Betrachtung mit einbeziehen. *(AÖF 2013/301)*   685

Es ist ein objektivierter Unternehmenswert im Sinne der Rz 16 des Fachgutachtens KFS BW 1 vom 26.3.2014 auf Basis des bestehenden Unternehmenskonzeptes zu ermitteln. Dabei dürfen mögliche echte Synergieeffekte – wie sie sich aus der konkreten Situation der übernehmenden Körperschaft ergeben – und Effekte durch die Confusio von Aktiv- und Passivpositionen nicht berücksichtigt werden (stand-alone-Betrachtung). Von den echten Synergieeffekten zu   686 unterscheiden sind unechte Synergieeffekte, die bei der Ermittlung des Verkehrswertes zu berücksichtigen sind. Unechte Synergieeffekte sind solche, die sich ohne Berücksichtigung der Auswirkungen aus dem Bewertungsanlass realisieren lassen oder mit einer nahezu beliebigen Vielzahl von Partner erzielt werden können.

Beispiel:
A will seinen Betrieb in die in seinem Alleineigentum befindliche A-GmbH einbringen. Der Betrieb verfügt über einen negativen Verkehrswert von 100.000. Unter anderem scheinen in der Bilanz des Einzelunternehmens Verbindlichkeiten aus Lieferungen und Leistungen gegenüber der A-GmbH in Höhe von 200.000 auf. Der gleiche Betrag findet sich in der Bilanz der A-GmbH als Forderung. Nach der Einbringung fallen die beiden Wirtschaftsgüter zwar zusammen und gehen damit unter. Dieser Effekt darf für die Bewertung des Betriebes des A nicht berücksichtigt werden.

Die verwendeten (Plan)Größen und Faktoren sind in sich schlüssig darzustellen und auf nachvollziehbare Art abzuleiten. *(BMF-AV Nr. 193/2015)*

3.1.6.3 Betrieb

3.1.6.3.1 Allgemeines

687   Mangels einer eigenständigen Begriffsbestimmung verweist § 12 Abs. 2 Z 1 UmgrStG hinsichtlich des Vermögensbegriffes „Betrieb" auf die Bestimmungen des EStG. Demnach ist ein Betrieb eine selbständige organisatorische Einheit zur Erzielung von Einkünften. Dabei ist wesentlich, dass betriebliche Einkünfte im Sinne des § 2 Abs. 3 Z 1 bis 3 EStG 1988 erzielt werden. Einbringungsfähig sind daher jene organisatorischen Einheiten, die als Betriebe der Erzielung von Einkünften aus Land- und Forstwirtschaft, selbständiger Arbeit und Gewerbebetrieb dienen. Siehe dazu § 24 EStG 1988 und die EStR 2000 Rz 5501 ff.

688   Der Betrieb in seiner konkreten Konfiguration muss auf die übernehmende Gesellschaft als funktionsfähige Einheit übergehen, dh. die bestehende Betriebseigenschaft muss erhalten bleiben. Jene wesentlichen Aktiva, die für die Führung des Betriebes notwendig waren, tatsächlich der Erfüllung des Betriebszweckes gedient haben und nach der Umgründung weiterhin dienen sollen, müssen von ihr, zumindest in Form eines rechtlich abgesicherten Nutzungsrechtes, übernommen werden (siehe dazu weiters Rz 694). Die Anwendungsvoraussetzungen von Art. III UmgrStG werden folglich nicht verletzt, wenn zu den wesentlichen Betriebsgrundlagen gehörende Anlagegüter zurückbehalten werden, im Rahmen des Betriebes aber weiterhin durch ein rechtlich abgesichertes Nutzungsrecht von der übernehmenden Gesellschaft genutzt werden können (zB auf Grund eines Mietverhältnisses) und gleichzeitig zumindest eine wesentliche Betriebsgrundlage übergeht. Dies wird insbesondere bei Liegenschaften eine Rolle spielen (siehe dazu auch Rz 1358).

Aktiva oder Passiva, die nicht aus dem eigentlichen Geschäftsbetrieb stammen und sohin gewillkürtes Betriebsvermögen darstellen, sind nicht zu den wesentlichen Betriebsgrundlagen zu rechnen. In solchen Fällen ist das Zurückbehalten, also die Nichtübernahme in die Einbringungsbilanz, abgesehen von der ertragsteuerlichen Beurteilung beim Einbringenden, ohne Verletzung der Voraussetzungen des Art. III UmgrStG möglich. *(BMF-AV Nr. 193/2015)*

689   Wurde ein betriebliches Aktivum mittels Fremdfinanzierung angeschafft, sind grundsätzlich beide Vermögensteile gemeinsam in die übernehmende Körperschaft zu übertragen (siehe Rz 917 ff). *(AÖF 2013/301)*

690   Die Einbringungsfähigkeit eines Betriebes ist unabhängig davon gegeben,

nach welcher Gewinnermittlungsart der Betrieb bis zur Einbringung geführt worden ist. Erfolgt die Gewinnermittlung gemäß § 5 Abs. 1 EStG 1988 (vgl. EStR 2000 Rz 426 ff sowie KStR 2013 Rz 399 ff), kommt bei der Betriebseinbringung der Eigenschaft von notwendigem und gewillkürtem Betriebsvermögen für die Beurteilung der Sacheinlage keine Bedeutung zu, dh. der Einbringende kann Wirtschaftsgüter, die dem Betrieb nicht unmittelbar dienen, mit einbringen oder zurückbehalten. Im Falle des Miteinbringens sind sie unselbständige Teile des eingebrachten Vermögens. Eine anlässlich der Einbringung vorgenommene Vermögensteilung ist allerdings darauf zu prüfen, ob das eingebrachte Vermögen tatsächlich noch als begünstigtes Vermögen im Sinn des § 12 Abs. 2 UmgrStG (Betrieb, Teilbetrieb, Mitunternehmeranteil, qualifizierter Kapitalanteil) angesehen werden kann. Auch in diesem Zusammenhang kommt aber der Eigenschaft des einzubringenden Teilvermögens als notwendiges oder gewillkürtes Betriebsvermögen keine entscheidende Bedeutung zu. *(AÖF 2013/ 301)*

§ 12

Hat der einzubringende Betrieb einen Buchwert von Null oder ist dieser negativ, besteht weder unternehmensrechtlich noch steuerrechtlich ein Hindernis, diesen Betrieb einzubringen, wenn der positive Verkehrswert dieses Betriebes zumindest 0,01 Euro beträgt und die übrigen Voraussetzungen des § 12 UmgrStG erfüllt sind. *(AÖF 2013/301)*   691

Tätigkeiten, die für sich betrachtet zu außerbetrieblichen Einkünften im Sinne des § 2 Abs. 3 EStG 1988 führen würden, können nur dann Gegenstand der Einbringung werden, wenn die Tätigkeit unselbstständiger Teil eines Betriebes ist. Weiters ist zu prüfen, ob es sich bei der als außerbetriebliche Einkünfte erklärten Tätigkeit tatsächlich um eine vermögensverwaltende oder nicht doch eine betriebliche Aktivität handelt. Vermögen einer nicht gewerblich tätigen vermögensverwaltenden Personengesellschaft oder das Vermögen einer Körperschaft mit bloßer Besitz- oder Holdingfunktion, soweit es sich nicht um Kapital- oder Mitunternehmeranteile handelt, ist mangels steuerlicher Betriebseigenschaft von der Anwendung des Art. III UmgrStG ausgeschlossen.   692

Beispiel:

Herr und Frau X sind je zur Hälfte Miteigentümer eines Mietshauses. Sie bringen das Miethaus zum 31.12.08 in die ihnen je zu 50% gehörige A- GmbH ein. Wenn es sich bei der Vermietung des Mietshauses um eine bloß vermögensverwaltende Tätigkeit handelt (vgl. EStR 2000 Rz 5433 ff), fällt die Einbringung nicht unter Art. III UmgrStG, sondern es kommt § 6 Z 14 lit. b EStG 1988 zur Anwendung (Tauschbesteuerung zum Vertragstag bei Einbringung gemäß § 30 EStG 1988 idF 1. StabG 2012; keine Anwendung des § 22 Abs. 5 UmgrStG hinsichtlich der Grunderwerbsteuer). *(AÖF 2013/301)*

3.1.6.3.2 Besonderheiten bei betrieblich genutzten Liegenschaften

Bei zum notwendigen Betriebsvermögen gehörenden Liegenschaften ist zwischen rechnungslegungspflichtigen Gewerbetreibenden und anderen Unternehmern zu unterscheiden. *(AÖF 2008/243)*   693

3.1.6.3.2.1 Einzelunternehmer mit Gewinnermittlung nach § 5 Abs. 1 EStG 1988

Dient die dem einbringenden Einzelunternehmer gehörende betrieblich genutzte Liegenschaft zur Gänze oder zu mehr als 80% betrieblichen Zwecken, ist sie Teil des einzubringenden Vermögens, soweit sie nicht nach § 16 Abs. 5 Z 3 UmgrStG zurückbehalten wird. Wird sie zur Gänze eingebracht, ist hinsichtlich   694 des vom Einbringenden genutzten und damit außerbetrieblichen Zwecken dienenden Teiles eine dem Fremdvergleich standhaltende Vereinbarung (vgl. KStR 2013 Rz 570 ff) über die fortgesetzte Nutzungsüberlassung an den Einbringenden, und zwar mit Wirkung des Tages, der auf den Einbringungsstichtag folgt, erforderlich, um eine nachfolgende verdeckte Ausschüttung zu verhindern. Wird ein fremdübliches Nutzungsentgelt erst ab dem Zeitpunkt des Abschlusses des Einbringungsvertrages vereinbart und entrichtet, kommt es zu einer verdeckten Ausschüttung für den Zeitraum nach Ablauf des Einbringungsstichtages bis zum Vertragstag. Es bestehen keine Bedenken, dass in der Nutzungsvereinbarung für den Zeitraum Ablauf Einbringungsstichtag bis zum Vertragstag eine entsprechende Forderung der übernehmenden Körperschaft vorgesehen wird, die vom Einbringenden zu begleichen ist.

Der Einbringende kann

•   die gesamte Liegenschaft (Grund und Boden samt Gebäude) nach § 16 Abs. 5 Z 3 UmgrStG zurückbehalten (Entnahmetatbestand)

•   lediglich den Grund und Boden zurückbehalten. In diesem Fall ist der Abschluss eines den Kriterien der Rz 694a entsprechenden Baurechtsvertrages oder eines den Kriterien der Rz 694b entsprechenden grundbücherlich eingetragenen Dienstbarkeitsvertrages notwendig. Wird im Baurechts- oder Dienstbarkeitsvertrag keine oder eine zu geringe Entschädigung (zB Baurechtszins) für die Nutzung des Grund und Bodens vereinbart, ist dies für die Anwendung von Art. III UmgrStG unschädlich, wenn es dadurch zivilrechtlich nicht zu einer Schwächung des rechtlich abgesicherten Nutzungsrechtes der übernehmenden Körperschaft (siehe Rz 688) kommt.

Da der Abschluss eines Baurechtsvertrages nur auf die gesamte Liegenschaft bezogen werden kann, muss über einen übergehenden außerbetrieblichen Teil des Gebäudes eine Nutzungsvereinbarung mit dem Einbringenden geschlossen werden.

Handelt es sich beim Betriebsgebäude um ein Superädifikat im Sinne des ABGB (dieses kann zivilrechtlich erstmalig nur durch Bauführung und daher nicht durch Urkundenhinterlegung begründet werden; vgl. OGH 26.6.1996, 3 Ob 6/96), kann ohnedies nur dieses auf die übernehmende Körperschaft gemäß Art. III UmgrStG übertragen werden. Dafür ist eine Urkundenhinterlegung notwendig. Die Begründung eines Baurechts oder der Abschluss eines Dienstbarkeitsvertrages im Sinn der Rz 694a bzw. 694b ist in diesem Fall nicht möglich.

Beispiel:

An der X-KG (Gewinnermittlung gemäß § 5 EStG 1988) sind der A und der B als Kommanditisten und die A-GmbH als Komplementär (Arbeitsgesellschafterin) beteiligt. Im Jahr 06 errichtet die X-KG auf dem Grund und Boden des A (Sonderbetriebsvermögen) – aufgrund einer mit diesem getroffenen Vereinbarung – ein Gebäude, das als Superädifikat zu qualifizieren ist.

Zum 31.12.08 wird der Betrieb der X-KG – samt Betriebsgebäude auf dem Grund und Boden des A – in die A-GmbH eingebracht, wobei A den Grund und Boden nicht miteinbringt.

Die Einbringung des Betriebsgebäudes fällt unter Art. III UmgrStG. Die Nichteinbringung des Grund und Bodens führt infolge der Wandlung der X- KG mit Ablauf des Einbringungsstichtages von einer Mitunternehmerschaft zu einer vermögensverwaltenden Personengesellschaft (vgl. Rz 1025) zu einer Entnahme gemäß § 6 Z 4 zweiter Satz EStG 1988 idF 1. StabG 2012.

Handelt es sich bei einem errichteten Gebäude im Zeitpunkt der Einbringung nicht um ein Superädifikat, kann durch die Einbringung mangels zivilrechtlicher Zulässigkeit mit abgabenrechtlicher Wirkung kein Superädifikat begründet werden. Es führt daher in einem solchen Fall die im Einbringungsvertrag vorgesehene Zurückbehaltung des Grund und Bodens sowie die Übertragung des als „Superädifikat" bezeichneten Gebäudes auch zur Entnahme des Gebäudes. *(BMF-AV Nr. 193/2015)*

Für nach dem 31.7.2018 (JStG 2018) beschlossene oder unterfertigte Einbringungen gilt: **694a**

Bei einem bebauten Grundstück kann der Grund und Boden gemäß § 16 Abs. 5 Z 3 oder 4 UmgrStG zurückbehalten werden, indem nur das Gebäude im Wege eines Baurechtes im Sinne des Baurechtsgesetzes auf die übernehmende Körperschaft übertragen wird. Dabei muss das Gesuch auf Einverleibung des Baurechts im Rückwirkungszeitraum der Umgründung gestellt werden und das Baurecht auch in weiterer Folge tatsächlich eingetragen werden. Findet keine Eintragung des Baurechts statt und wird die Einbringung umgesetzt, ist die beabsichtigte steuerliche Trennung von Grund und Boden von Betriebsgebäuden nicht wirksam. Dies wird meist dazu führen, dass Grund und Boden samt Gebäude im Vermögen des Einbringenden zurückbleiben, wobei die konkreten Konsequenzen jedoch von der vertraglichen Ausgestaltung im Einzelfall abhängen.

§ 16 Abs. 5 Schlussteil UmgrStG fingiert zudem, dass die Übertragung des Gebäudes im Zuge der Umgründung erfolgt, wenn bereits im Baurechtsvertrag auf die später oder gleichzeitig unterfertigte Einbringung Bezug genommen wird und umgekehrt. Damit kann die steuerneutrale Übertragung des Gebäudes unter Anwendung des verkehrssteuerlichen (insb. grunderwerbsteuerlichen) Umgründungsprivilegs erfolgen.

Beispiel:

Die Einbringung eines Betriebes in eine GmbH zum 31.12.X1 wird länger vorbereitet, wobei das betrieblich genutzte Gebäude mitgebracht werden soll, während der Grund und Boden im Privatvermögen des Einbringenden zurückbehalten wird. Dazu wird am 5.3.X2 der Baurechtsvertrag unterfertigt, wobei in diesem Vertrag auf den späteren Einbringungsvertrag Bezug genommen wird. Am 7.3.X2 wird das Gesuch auf Einverleibung des Baurechts beim Grundbuchgericht gestellt. Am 27.8.X2 wird der Einbringungsvertrag unterzeichnet, wobei in diesem Vertrag auf den Baurechtsvertrag Bezug genommen wird. Das Baurecht wird am 15.12.X2 im Grundbuch eingetragen wodurch die Trennung wirksam erfolgt.

Variante:

Die Einbringung kann nicht langfristig vorbereitet werden, weshalb sowohl der Baurechts- als auch der Einbringungsvertrag am 30.9.X2 unterzeichnet werden und die Einbringung innerhalb der Frist des § 13 Abs. 1 UmgrStG bei der zuständigen Behörde (an-)gemeldet wird. Sofern das Gesuch auf Einverleibung des Baurechts ebenfalls noch bis einschließlich 30.9.X2 gestellt wird, ist dies rechtzeitig. Wird das Gesuch allerdings erst eine Woche nach Vertragsunterzeichnung gestellt, ist dies nicht im Rückwirkungszeitraum und die Trennung ist nicht wirksam erfolgt.

Für die Ausgestaltung des Baurechtsvertrages gilt Folgendes:

• Die Ausgestaltung des Baurechtsvertrages ist eine Frage des allgemeinen Steuerrechts. Es steht den Vertragsparteien allerdings frei, die Baurechtsdauer innerhalb der gesetzlichen Grenzen (mindestens zehn Jahre, höchstens hundert Jahre) frei zu bestimmen. Soll mit dem Baurechtsvertrag ein der tatsächlichen Einbringung der Liegenschaft wirtschaftlich vergleichbarer Zustand erreicht werden, wird das Baurecht zumindest auf einen Zeitraum abgestellt werden müssen, der sich nach der (geschätzten) wirtschaftlichen aus der auf Grund der Buchwertfortführung resultierenden Restnutzungsdauer des Gebäudes ergibt. Sollte der Baurechtszeitraum die Restnutzungsdauer des Gebäudes übersteigen, steht es der übernehmenden Körperschaft frei, an Stelle der Fortsetzung der bis zur Einbringung maßgebenden AfA eine dem Baurechtszeitraum entsprechende längere Abschreibungsdauer anzunehmen; ein Nachholverbot ist mit dieser Entscheidung nicht verbunden.

- Eine Bauzinsvereinbarung kann sich im Einbringungsfall nur auf den Grund und Boden beziehen, da das Betriebsgebäude der übernehmenden Körperschaft zuzurechnen ist und eine einbringungsbedingte Gegenleistung gemäß § 19 UmgrStG vorliegt. Die steuerliche Anerkennung des Bauzinses als Betriebsausgabe richtet sich nach den Fremdvergleichsgrundsätzen.

- Am Ende des Baurechtszeitraumes gebührt der bauberechtigten übernehmenden Körperschaft auf Grund des Heimfalls eine Entschädigung. Für das Ausmaß ist in jedem Fall der sachgerechte Wert (Verkehrswert) des Gebäudes zu ermitteln. Es ist eine diesbezügliche vertragliche Regelung im Baurechtsvertrag zu treffen. Die Bemessung nach der gesetzlichen Ersatzregelung des § 9 Abs. 2 Baurechtsgesetz gilt grundsätzlich auch ertragsteuerrechtlich. Unabhängig davon bleibt die Frage des Vorliegens von Missbrauch im Einzelfall insbesondere im Falle einer der Angehörigenjudikatur entsprechenden Nahebeziehung des Grundeigentümers zur bauberechtigten Körperschaft einer gesonderten Prüfung vorbehalten.

- An Stelle einer am Ende des Baurechtszeitraumes zu leistenden verkehrswertabhängigen Entschädigung kann im Baurechtsvertrag ein entsprechend geringerer Baurechtszins in Aufrechnung gegen den späteren Ablösewert vereinbart werden, wobei diese Vereinbarung fremdüblich sein muss (vgl. KStR 2013 Rz 625 f).

Die vorstehend beschriebene Möglichkeit, ein betrieblich genutztes Grundstück dahingehend zu teilen, dass der Grund und Boden zurückbehalten und das Gebäude (in steuerlicher Betrachtungsweise) eingebracht wird, kann nicht auf andere Bestandteile des Grundstückes angewendet werden. So können das stehende Holz oder Obstkulturen (zB Rebstöcke) nur entweder mit dem Grund und Boden eingebracht oder mit dem Grund und Boden zurückbehalten werden.

Entspricht die Baurechtseinräumung nicht den vorstehend angeführten Voraussetzungen und handelt es sich beim Gebäude um eine wesentliche Betriebsgrundlage, ist mangels Übertragung/Einräumung eines rechtlich gesicherten Nutzungsrechts am Gebäude eine Anwendungsvoraussetzung des Art. III UmgrStG verletzt.

Für bis zum 31.7.2018 (JStG 2018) beschlossene oder unterfertigte Einbringungen ist ein Zurückbehalten des Grund und Bodens möglich, wenn entweder im Einbringungsvertrag oder gleichzeitig mit dem Abschluss des Einbringungsvertrages mit der übernehmenden Körperschaft ein Baurechtsvertrag nach den Vorschriften des Baurechtsgesetzes, RGBl. Nr. 86/1912 idF BGBl. Nr. 258/1990 abgeschlossen wurde, auf den im zweitgenannten Fall im Einbringungsvertrag Bezug genommen worden ist. *(BMF-AV Nr. 131/2018)*

694b   Für bis zum 31.7.2018 (JStG 2018) beschlossene oder unterfertigte Einbringungen gilt:

Die in Rz 694a beschriebene Beschränkung der Einbringung auf das Betriebsgebäude kann auch im Wege der Verschaffung von wirtschaftlichem Eigentum erreicht werden. Voraussetzung ist:

- Der Abschluss eines grundbücherlich eingetragenen Dienstbarkeitsvertrages des Einbringenden mit der übernehmenden Körperschaft,

- das Vorliegen des uneingeschränkten Nutzungsrechtes der übernehmenden Körperschaft zumindest über die gesamte wirtschaftliche Restnutzungsdauer des Gebäudes,

- das Festlegen einer Verpflichtung des zivilrechtlichen Eigentümers, bei sämtlichen Verfügungs- und Verwertungshandlungen zuzustimmen,

- die Vereinbarung einer dem Angemessenheitsgrundsatz entsprechenden Ablöse zugunsten der übernehmenden Körperschaft für den Fall der Aufgabe des wirtschaftlichen Eigentums.

Die Einschränkung des Dienstbarkeitsvertrages nur auf die betrieblich genutzten Gebäudeteile ist – soweit zivilrechtlich zulässig – möglich. *(BMF-AV Nr. 131/2018)*

Dient die dem einbringenden Einzelunternehmer gehörende betrieblich genutzte Liegenschaft zu weniger als 80% betrieblichen Zwecken, liegt im Falle der Einbringung hinsichtlich des außerbetrieblichen Teils eine außerhalb des Art. III UmgrStG liegende Sacheinlage vor, die nicht unter die Rückwirkungsfiktion fallen kann, als Tausch im Sinne des § 6 Z 14 lit. b EStG 1988 zu werten ist und Grunderwerbsteuerpflicht nach den allgemeinen Grundsätzen des GrEStG bzw. Gesellschaftsteuerpflicht auslöst. Insoweit der bis zur Einbringung nicht betrieblich genutzte Teil der Liegenschaft nicht zum notwendigen Privatvermögen gehört, kann aber eine rückwirkende Einlage nach § 16 Abs. 5 Z 1 UmgrStG als gewillkürtes Betriebsvermögen erfolgen (siehe Rz 893 ff). Soll der außerbetrieblich genutzte Teil nicht eingebracht werden, ist denkbar:

- die Schaffung von Miteigentum der übernehmenden Körperschaft

- die Schaffung von Wohnungseigentum.

Für den Abschluss eines Baurechtsvertrages oder Dienstbarkeitsvertrages mit der übernehmenden Körperschaft gelten die im Vorabsatz getroffenen Ausführungen.

Beispiel:

A führt ein nicht rechnungslegungspflichtiges Einzelunternehmen. Auf der in seinem Eigentum stehenden Liegenschaft EZ x wird im Jahr 06 ein Gebäude errichtet, das er zu 40% betrieblich und zu 60% privat (als Ehewohnung) benutzt. Im Grundbuch ist ein Veräußerungsverbot zugunsten seiner Gattin B eingetragen.

Zum 31.12.08 bringt A seinen Betrieb in die ihm gehörige X-GmbH ein, wobei er nur das Gebäude einbringen will.

Falls A keine Parifizierung des Gebäudes unter Schaffung von Wohnungseigentum (damit nur die betrieblich genutzte Eigentumswohnung übertragen werden muss) vornehmen möchte, kann er

a.) mit der X-GmbH einen fremdüblichen Baurechtsvertrag hinsichtlich der Nutzung der EZ x abschließen, wobei sich dieser auf die gesamte EZ x bezieht. Hinsichtlich der privat genutzten Teile des Gebäudes ist eine angemessene Nutzungsvereinbarung mit der X-GmbH zu treffen, wobei eine Verrechnung des Bauzinses mit der Miete vorgesehen werden kann. Weiters ist eine fremdübliche Entschädigung bei Erlöschen des Baurechts vorzusehen;

b.) im Lastenblatt der EZ x eine Dienstbarkeit (Fruchtgenuss) zugunsten der X-GmbH einverleiben lassen. Die Dienstbarkeitsbestellung muss sich auf die wirt-

§ 12

695

schaftliche Restnutzungsdauer des Gebäudes beziehen, wobei auch eine Verfügungs- und Verwertungsbefugnis der X-GmbH hinsichtlich des Fruchtgenussrechtes vorzusehen ist. Schließlich muss auch eine angemessene Ablöse für den Fall der Aufgabe des wirtschaftlichen Eigentums der X-GmbH am Gebäude vereinbart werden.

Sowohl in der Variante a.) als auch b.) kommt es zu einer Entnahme des Grund und Bodens, die aber wegen § 4 Abs. 1 letzter Satz EStG 1988 bzw., wenn die Einbringung mit einem Stichtag nach dem 31.3.2012 erfolgt gemäß § 6 Z 4 zweiter Satz EStG 1988 idF 1. StabG 2012, keine steuerlichen Auswirkungen zeitigt. *(AÖF 2013/301)*

696   Liegt hinsichtlich der zur Gänze oder über 80% betrieblich genutzten Betriebsliegenschaft Miteigentum des Einbringenden und seines Angehörigen (zB Ehegatte, Kind) vor, sind folgende Möglichkeiten zu unterscheiden:

• Es besteht zwischen den Miteigentümern eine Vereinbarung über die Nutzungsüberlassung:

– Soweit das Betriebsgebäude nach einkommensteuerrechtlichen Grundsätzen zum Betriebsvermögen gehört (siehe EStR 2000 Rz 574), fällt die Miteinbringung unter Art. III UmgrStG, der übrige Teil ist eine außerhalb des Art. III UmgrStG liegende Sacheinlage mit entsprechender Steuerpflicht nach § 30 Abs. 1 EStG 1988 idF 1. StabG 2012. Die für den Alleineigentümer bestehenden Alternativen gelten auch in diesem Fall.

• Es besteht zwischen den Miteigentümern keine Vereinbarung über die Nutzungsüberlassung:

– Es gelten die Ausführungen im Vorpunkt. Hat der Einbringende allerdings ein Betriebsgebäude auf Betriebskosten errichtet, ist ihm das Gebäude als wirtschaftlicher Eigentümer zur Gänze zuzurechnen und liegt im Falle der Miteinbringung des Grund und Bodens nur hinsichtlich des dem Angehörigen gehörigen Anteils am Grund und Boden eine außerhalb des Art. III UmgrStG liegende Sacheinlage vor. Die für den Alleineigentümer bestehenden Alternativen gelten auch in diesem Fall. *(AÖF 2013/301)*

697   Liegt hinsichtlich der zu weniger als 80% betrieblich genutzten Betriebsliegenschaft Miteigentum des Einbringenden und seines Angehörigen (zB Ehegatte, Kind) vor, gelten die Ausführungen des Vorabsatzes mit der Maßgabe, dass maximal der betrieblich genutzte Anteil (vgl. EStR 2000 Rz 574) Gegenstand der Einbringung im Sinne des Art. III UmgrStG sein kann.

Beispiel:

A betreibt eine Tischlerei als Einzelunternehmen. Auf der Liegenschaft EZ xx, die im Hälfteeigentum von A und seiner Gattin B steht, wurde ein Gebäude errichtet, das zu 60% für Zwecke des Einzelunternehmens und zu 40% privat genutzt wird. Hinsichtlich der betrieblichen Nutzung besteht kein Mietvertrag mit der Eigentümergemeinschaft. Zum 31.12.08 bringt A sein Einzelunternehmen in die ihm zu 100% gehörige X-GmbH mit Einbringungsvertrag vom 14.8.09 ein.

a.) Die Liegenschaft EZ xx samt Gebäude wird zur Gänze miteingebracht.

b.) An der Liegenschaft EZ xx wird Wohnungseigentum begründet (Parifizierung), wobei WE an der Wohneinheit 1 die betrieblich genutzten Teile und WE an der Wohneinheit 2 die privat genutzten Teile des Gebäudes betrifft und nur die Wohneinheit 1 eingebracht wird.

c.) Zugunsten der X-GmbH wird von A und B ein Baurecht an der Liegenschaft EZ xx eingeräumt.

Zu a.):

Betriebsvermögen besteht maximal in Höhe der Miteigentumsquote des A, also zu 50%. Die restlichen 50% des Gebäudes (samt Grund und Boden) können nur außerhalb von Art. III UmgrStG in die X-GmbH eingebracht werden, wobei zivilrechtlich eine Übertragung dieses Teiles voraussetzt, dass auch B den Einbringungsvertrag mit unterfertigt. In der Folge ist eine fremdübliche Nutzungsvereinbarung betreffend die privat genützten Teile des Gebäudes mit der X-GmbH abzuschließen, widrigenfalls kommt es zu einer verdeckten Ausschüttung ab Vertragstag.

Zu b.):

Die beiden Wohneinheiten stehen im gemeinsamen Wohnungseigentum der Partner iSd § 13 WEG 2002, sodass auch die betrieblich genutzte Wohneinheit 1 nur zu 50% zum Betriebsvermögen des A gehört. Die Übertragung der anderen Hälfte des Mindestanteiles sowie des Wohnungseigentums erfolgt daher – wie in a.) – außerhalb von Art. III UmgrStG gemäß § 6 Z 14 lit. b EStG 1988.

§ 12

Zu c.):

Das Baurecht kann sich immer nur auf die gesamte Liegenschaft beziehen (§ 5 BauRG). Im Zuge der Begründung des Baurechts sind die Dauer, die sich an der Nutzungsdauer des Gebäudes zu orientieren hat, der Bauzins sowie ein angemessenes Benützungsentgelt für die privat genützten Teile zu vereinbaren.

Die Liegenschaft EZ xx wird daher nicht in die X-GmbH eingebracht. Dies führt aufgrund der Einbringung des Gesamtbetriebes zu einer Entnahme des betriebszugehörigen Teiles (50%). Das Gebäude geht aufgrund der Baurechtsbegründung auf die X-GmbH über, wobei dies zu 50% unter Art. III UmgrStG (Buchwertfortführung) und zum restlichen Teil außerhalb des UmgrStG erfolgt. *(AÖF 2013/301)*

3.1.6.3.2.2 Einzelunternehmer mit Gewinnermittlung nach § 4 Abs. 1 EStG 1988

Für Einbringungen, wenn der Vertrag vor dem 1.10.2012 unterfertigt wird   698
und das Wirtschaftsjahr der übernehmenden Körperschaft vor dem 1.4.2012 beginnt:

Die Ausführungen in Rz 694 ff gelten mit der Maßgabe, dass der betriebszugehörige Grund und Boden bis zur Einbringung nach § 4 Abs. 1 letzter Satz EStG 1988 hinsichtlich der Wertänderungen außer Ansatz blieb, sodass das Zurückbehalten keine Realisierung auslöst bzw. das Miteinbringen den Wirkungen des Art. III UmgrStG unterliegt und bei der übernehmenden Körperschaft die Aufwertung nach Maßgabe des § 4 Abs. 10 EStG 1988 auslöst.

Für Einbringungen, wenn der Vertrag nach dem 30.9.2012 unterfertigt wird oder das Wirtschaftsjahr der übernehmenden Körperschaft nach dem 31.3.2012 beginnt:

Grund und Boden ist gemäß § 18 Abs. 5 Z 2 UmgrStG mit dem Buchwert anzusetzen (siehe dazu Rz 970a), wenn nicht vom Aufwertungswahlrecht nach Maßgabe von § 16 Abs. 6 UmgrStG Gebrauch gemacht wird (siehe dazu Rz 928). Dies gilt nur für Einbringungsstichtage nach dem 31.3.2012.

In Fällen, in denen sowohl § 4 Abs. 10 Z 3 iVm § 124b Z 212 EStG 1988 idF vor dem AIFMG, BGBl. I Nr. 135/2013, als auch § 18 Abs. 5 Z 2 UmgrStG bzw. § 16 Abs. 6 UmgrStG anwendbar sind (zB Einbringungsstichtag nach dem 31.3.2012, WJ der übernehmenden Körperschaft 1.4.–31.12., Einbringungsvertrag vom 1.9.2012), gehen die spezielleren umgründungssteuerrechtlichen Vorschriften vor.

In Fällen, in denen weder § 4 Abs. 10 Z 3 iVm § 124b Z 212 EStG 1988 idF vor dem AIFMG, BGBl. I Nr. 135/2013, noch § 18 Abs. 5 Z 2 UmgrStG idF

AbgÄG 2012 bzw. § 16 Abs. 6 UmgrStG idF AbgÄG 2012 anwendbar sind (zB Einbringungsstichtag vor dem 1.4.2012, WJ der übernehmenden Körperschaft ist das Kalenderjahr), bestehen keine Bedenken, § 4 Abs. 10 Z 3 EStG 1988 anzuwenden. *(BMF-AV Nr. 193/2015)*

3.1.6.3.2.3 Mitunternehmerschaft mit Liegenschaften im Betriebs- bzw. Sonderbetriebsvermögen

699   Für die Einbringung von der Mitunternehmerschaft gehörenden Liegenschaften gelten die Ausführungen in Rz 694 ff über den einbringenden Alleineigentümer sinngemäß.

3.1.6.3.3 Besonderheiten bei freiberuflichen Betrieben

700   Voraussetzung für die Übertragungsfähigkeit eines Betriebes ist die aufrechte Berufsbefugnis für die nachfolgende Körperschaft. Wesentlich ist diese Bestimmung im Rahmen der Einbringung von freiberuflichen Betrieben (zu deren Besonderheiten und zur wesentlichen Betriebsgrundlage siehe Rz 1358a bis 1358c). Dabei ist insb. zu prüfen, ob die Standesvorschriften die Einbringung des jeweiligen Betriebes zulassen (siehe auch Rz 751). Sollte die Betriebsführung in Form einer Körperschaft durch die Standesvorschriften nicht gedeckt sein, könnte in diesen Fällen wohl das Inventar in eine Körperschaft eingebracht werden, nicht aber der Betrieb selbst. Die bloße Einbringung von Inventar ist aber keine Betriebseinbringung im Sinne des Art. III UmgrStG, sondern eine Sacheinlage, die als ein unter § 6 Z 14 lit. b EStG 1988 fallender Tauschvorgang Gewinnverwirklichung zum Normalsteuersatz im freiberuflichen Betrieb auslöst. *(BMF-AV Nr. 40/2017)*

3.1.6.3.4 Nicht aktiv geführte Betriebe

701   Zu unterscheiden ist zwischen der tatsächlichen betrieblichen Tätigkeit, der Verpachtung einer betrieblichen Tätigkeit und der Aufgabe der betrieblichen Tätigkeit.

702   Die Fortsetzung der betrieblichen Tätigkeit im Rahmen der Einbringung setzt eine tatsächlich ausgeübte und aufrechte betriebliche Tätigkeit voraus. Wird eine betriebliche Tätigkeit vorübergehend nicht selbst ausgeübt, besteht aber die berechtigte Annahme der Wiederaufnahme der betrieblichen Tätigkeit durch jene Person, die vorübergehend den Betrieb zB verpachtet, oder durch seinen unentgeltlichen Rechtsnachfolger, liegt weiterhin einbringungsfähiges Vermögen vor (zur Abgrenzung Betriebsunterbrechung und Betriebsaufgabe siehe auch EStR 2000 Rz 5638). *(AÖF 2008/243)*

703   Ergibt das Ermittlungsverfahren hingegen, dass es zu einer Betriebsaufgabe bereits vor der Einbringung gekommen ist, liegt kein einbringungsfähiges Vermögen mehr vor. In diesem Fall ist zum Zeitpunkt der Annahme, dass die betriebliche Tätigkeit nicht mehr wieder aufgenommen wird, eine Betriebsaufgabe mit Gewinnrealisierung zu unterstellen (zur Abgrenzung Verpachtung und Betriebsaufgabe: EStR 2000 Rz 5647 ff). *(AÖF 2013/301)*

3.1.6.3.5 Fruchtgenuss

704   Ist das einzubringende Vermögen mit Fruchtgenussrechten belastet, richtet sich die Einbringungsfähigkeit nach der jeweiligen Art dieser Belastung, dh. es ist zu untersuchen, ob die Fruchtgenussbestellung zu einer Zurechnung des belasteten Mitunternehmeranteiles zum Fruchtgenussberechtigten führt oder nicht.

Es wird zwischen einem Fruchtgenuss, der die Mitunternehmerstellung begründet und einem Gewinnanspruchsfruchtgenuss unterschieden. Aus diesen Grundarten ergeben sich die Ableitungen im Sinne des § 24 BAO, welche die Frage nach der wirtschaftlichen Zurechnung der Einkunftsquelle und dem Vorliegen einer Einkunftsquelle beantworten. Ist ein einzubringender Anteil mit einem Fruchtgenussrecht belastet, geht zwar das Herrschaftsrecht auf die übernehmende Körperschaft über, der Vermögensbegriff des § 12 Abs. 2 UmgrStG muss aber nicht unbedingt erfüllt sein. *(AÖF 2013/301)*

Der einbringungsfähige Mitunternehmeranteil ist gegeben, wenn dem Einbringenden eine Beteiligung am Firmenwert und an den stillen Reserven zusteht. Liegt ein fruchtgenussbelasteter Mitunternehmeranteil vor, wobei der Fruchtgenussberechtigte nur das Recht an der Gewinnzurechnung (Bruttofruchtgenuss) hat, ändert dies nichts an der Mitunternehmerstellung des Fruchtgenussbelasteten und damit an der Einbringungsfähigkeit des Anteils durch diesen, weil eine bloße Einkommensverwendung vorliegt (siehe EStR 2000 Rz 111 ff sowie EStR 2000 Rz 5828). Wird allerdings die Verpflichtung aus dem Fruchtgenuss mitübertragen, dh. aufrechterhalten, stellt dies eine nicht dem § 19 Abs. 1 UmgrStG entsprechende Gegenleistung dar, weswegen die Einbringung nicht unter Art. III UmgrStG fällt. *(AÖF 2013/301)* — 705

Ist jedoch der Fruchtgenussbelastete in der Ausübung seiner Rechte dahingehend beschränkt, dass er den Fruchtgenussberechtigten in dessen Rechte nicht beeinträchtigen darf (der Fruchtgenussbesteller darf die Stimm- und Kontrollrechte nicht zum Nachteil des Fruchtgenussberechtigten ausüben), hat dadurch der Fruchtgenussberechtigte Einfluss auf die Stimm- und Kontrollrechte und somit durch die Zuweisung der Einkünfte Mitunternehmerstellung. — 706

Beispiel: (Neu gefasst)

A ist mit 40% an der X-KG beteiligt. Im Jahr 08 bestellt A zugunsten von B an seinen Kommanditanteilen einen Fruchtgenuss, wobei vereinbart wird, dass A (nach außen hin) weiterhin über die Stimm- und Kontrollrechte als Kommanditist der X-KG verfügt. Weiters verpflichtet sich A, die Einkünfte aus der Beteiligung an der X-KG an B weiterzuleiten. Im Vertrag ist vorgesehen, dass A in der Ausübung der Stimm- und Kontrollrechte hinsichtlich der X-KG in der Weise eingeschränkt ist, dass er die Stimm- und Kontrollrechte nicht zum Nachteil des B ausüben darf.

Beim Fruchtnießer B entsteht eine Mitunternehmerstellung, da er indirekt Einfluss auf die Ausübung der Stimm- und/oder Kontrollrechte hat und auch die Einkünfte ihm zuzurechnen sind. In diesem Fall besitzt der Fruchtnießer B Vermögen im Sinne des § 12 Abs. 2 UmgrStG, das einer Einbringung zugänglich ist. Da jedoch unternehmensrechtlich nach wie vor der Fruchtgenussbelastete A die Gesellschafterstellung besitzt, kann die Einbringung des Mitunternehmeranteiles des Fruchtnießers B nur treuhändig durch den Fruchtgenussbelasteten A vorgenommen werden. *(AÖF 2013/301)*

Im Falle der Einbringung des Mitunternehmeranteiles durch den die Mitunternehmerstellung besitzenden Fruchtgenussbesteller ist es im Hinblick auf den bei ihm gegebenen Einkommensverwendungstatbestand eine zivilrechtliche Frage, in welcher Weise der Fruchtnießer in der Folge befriedigt wird. Vorbehaltene Entnahmen im Sinne des § 16 Abs. 5 UmgrStG des einbringenden Fruchtgenussbestellers sind steuerwirksam, ob und wieweit sie sich auf Rechte des Fruchtnießers auswirken, ist erneut eine zivilrechtliche Frage. *(AÖF 2008/243)* — 707

Im Falle der Einbringung des Anteils durch den die Mitunternehmerstellung besitzenden Fruchtnießer ist für ihn Art. III UmgrStG anzuwenden, es wird al- — 708 lerdings das Einverständnis des die formale Gesellschafterstellung innehabenden Fruchtgenussbestellers erforderlich sein. Eine vorbehaltene Entnahme des Fruchtnießers im Sinne des § 16 Abs. 5 UmgrStG ist ihm zuzurechnen und korrigiert den Buch- und Verkehrswert seines Mitunternehmeranteiles. Die Gegenleistung kommt formal dem Fruchtgenussbesteller zu, sie wird allerdings abgabenrechtlich dem Fruchtnießer zugerechnet, dem in der Folge bei fortgesetzter Ausübung der Herrschaftsrechte der Kapitalanteil an der übernehmenden Körperschaft und die Ausschüttung zuzurechnen ist. *(AÖF 2008/243)*

3.1.6.3.6 Liebhabereibetriebe

709   Da der Betrieb nach § 12 Abs. 2 Z 1 UmgrStG der Einkunftserzielung gemäß § 2 Abs. 3 Z 1 bis 3 EStG 1988 dienen muss, sind Liebhabereibetriebe mangels einer Einkommensquelle und damit mangels Betriebseigenschaft von der Einbringungsmöglichkeit ausgenommen (siehe Liebhabereiverordnung, BGBl. Nr. 33/1993, und LRL 2012, Liebhabereirichtlinien 2012, Erlass des BMF vom 1. Jänner 2012, BMF-010203/0599- VI/6/2011, AÖF Nr. 52/2012). *(AÖF 2013/301)*

3.1.6.3.7 Betriebe von Körperschaften des öffentlichen Rechts

710   Körperschaften des öffentlichen Rechts sind als solche nach § 1 KStG 1988 nicht unbeschränkt steuerpflichtig. Das Unterhalten von Hoheitsbetrieben im Sinne des § 2 Abs. 5 KStG 1988 begründet für die Körperschaft des öffentlichen Rechts weder Steuersubjekteigenschaft noch liegt hinsichtlich der Tätigkeit eine unter die Einkunftsarten des § 2 Abs. 3 EStG 1988 fallende Einkunftsquelle vor, sodass die Einbringung eines Hoheitsbetriebes nicht unter Art. III UmgrStG fällt.

Beispiel:

Die Stadtgemeinde A bringt mittels Sacheinlagevertrages vom 30.7.09 per 31.12.08 die KSt-Hoheitsbetriebe Abwasserentsorgung, Abfallentsorgung und Wasserversorgung in die von ihr Anfang Juli 09 gegründete A-Stadtwerke GmbH ein.

Die Sacheinlage erfolgte für die Teilbereiche Abwasserentsorgung und Wasserversorgung zu Buchwerten, beim Teilbereich Abfallentsorgung wurde ein Unternehmenswert mit Hilfe eines Ertragswertverfahrens ermittelt, davon der Substanzwert abgezogen und die Differenz als Firmenwert in die Eröffnungsbilanz 1.1.09 eingestellt. Für diesen Firmenwert wird eine Abschreibung gemäß § 8 Abs. 3 EStG 1988 geltend gemacht.

Bei Übertragung von hoheitlichen Tätigkeiten liegen keine Betriebe in steuerlicher Hinsicht vor. Es ist daher auch keine rückwirkende Einbringung möglich. Der Übergang erfolgt im Zeitpunkt der tatsächlichen Übertragung. Da keine Betriebsübertragung im ertragsteuerlichen Sinn möglich ist, können nur die einzelnen Wirtschaftsgüter der Hoheitsbetriebe in die A- Stadtwerke GmbH eingelegt werden (§ 6 Z 14 lit. b EStG 1988). Ein Firmenwert kann daher nicht angesetzt werden. *(AÖF 2013/301)*

711   Dagegen ist ein Betrieb gewerblicher Art einer Körperschaft des öffentlichen Rechtes gemäß § 1 Abs. 2 Z 2 KStG 1988 ein Körperschaftsteuersubjekt und die Körperschaft öffentlichen Rechtes kann daher diesen Betrieb im Sinne des § 2 KStG 1988 in eine Körperschaft einbringen. Die Tatsache, dass Gewinnabsicht nicht erforderlich ist, schließt die Einbringungsfähigkeit nicht aus, wenn die übrigen Voraussetzungen des § 12 UmgrStG erfüllt sind. Nach der Einbringung des Betriebes kommen bei der übernehmenden Körperschaft die allgemeinen einkommen- und körperschaftsteuerrechtlichen Grundsätze über das Vorliegen von

Liebhabereibetrieben zur Anwendung, soweit nicht der Sonderfall des § 2 Abs. 4 KStG 1988 betreffend den Versorgungsbetriebeverbund vorliegt.

3.1.6.3.8 Körperschaftsteuerbefreite Betriebe

Betriebe von Körperschaften, die vom Gesetzgeber durch eine persönliche   712
Steuerbefreiung aus der unbeschränkten Körperschaftsteuerpflicht ausgenommen sind, fallen sowohl als Gewinnbetrieb als auch bei Fehlen einer Gewinnabsicht im Wege des einem Betrieb gleichgestellten wirtschaftlichen Geschäftsbetriebes (§ 31 BAO) funktionell unter die Einkunftsquelleneigenschaft des § 2 EStG 1988 und erfüllen daher die Voraussetzungen des § 12 Abs. 2 UmgrStG. Voraussetzung für die Anwendung des Art. III UmgrStG ist aber, dass die übernehmende Körperschaft den Voraussetzungen des § 12 Abs. 3 UmgrStG entspricht (unbeschränkte oder beschränkte Steuerpflicht). Die Einbringung eines steuerbefreiten Betriebes in eine steuerpflichtige Körperschaft, die durch die Einbringung auch hinsichtlich des eingebrachten Betriebes steuerpflichtig wird, fällt daher unter Art. III UmgrStG.

Die Einbringung eines steuerpflichtigen Betriebes in eine steuerbefreite übernehmende Körperschaft, ohne dass die Steuerpflicht des eingebrachten Betriebes in dieser erhalten bleibt, fällt nicht unter die Wirkung des Art. III UmgrStG. Begünstigt ist jedoch auch die Einbringung von steuerfreien Betrieben in steuerbefreite übernehmende Körperschaften. Sind die Anwendungsvoraussetzungen des § 12 UmgrStG für den steuerbefreiten Betrieb gegeben, kommt demnach eine umgründungssteuerliche Einbringung in Betracht. *(AÖF 2013/301)*

Bei der Einbringung eines steuerbefreiten Betriebes in eine steuerpflichtige   713
Körperschaft ist § 18 Abs. 2 KStG 1988 mit der Maßgabe anzuwenden, dass der steuerneutrale Übergang auf den gemeinen Wert des Betriebsvermögens mit dem auf den Einbringungsstichtag folgenden Tag bei der aufnehmenden Körperschaft zu erfolgen hat.

3.1.6.4 Teilbetrieb

Der in § 12 Abs. 2 Z 2 UmgrStG verwendete Begriff „Teilbetrieb" leitet sich   714
ebenso wie der Betriebsbegriff aus den Bestimmungen des EStG ab. Zur Begriffsbestimmung ist auf § 24 EStG 1988 und die EStR 2000 Rz 5578 ff zu verweisen. Bei grenzüberschreitenden Einbringungen, die unter den Anwendungsbereich der gemeinschaftsrechtlichen Fusionsbesteuerungsrichtlinie (RL 2009/133/EG) fallen, ist der Teilbetriebsbegriff der Fusionsbesteuerungsrichtlinie maßgebend. *(AÖF 2013/301)*

Die Eigenschaft eines Teilbetriebes muss am Einbringungsstichtag bereits   715
gegeben sein. Liegt zum Einbringungsstichtag (noch) kein Teilbetrieb vor, fällt die Sacheinlage unter den Tauschgrundsatz des § 6 Z 14 lit. b erster Satz EStG 1988, wobei mangels eines Teilbetriebes die dort verankerte Rückwirkungsfiktion nicht zur Anwendung gelangt, sodass der Sacheinlagezeitpunkt und der darauf aufbauende Veräußerungstatbestand auf den Tag des Abschlusses des Sacheinlagevertrages fallen. Die Ersatzstichtagsregelung des § 13 Abs. 1 vorletzter Satz UmgrStG kommt nicht zur Anwendung. *(AÖF 2013/301)*

Auch für den Teilbetrieb gilt, dass nicht sämtliche Wirtschaftsgüter einge-   716
bracht werden müssen.

3.1.6.5 Mitunternehmeranteil

717   Auch der Begriff „Mitunternehmeranteil" und damit seine Einbringungsfähigkeit ist nach den Vorschriften des EStG zu bestimmen. Zur Begriffsbestimmung siehe § 24 EStG 1988 und die EStR 2000 Rz 5801 ff.

718   Für die Qualifikation als einbringungsfähiges Vermögen ist das Vorliegen einer Substanzbeteiligung, also die Beteiligung am Firmenwert und an den stillen Reserven ausschlaggebend. Liegt lediglich ein Anteil an einer vermögensverwaltenden Personengesellschaft vor oder kommt einem Gesellschafter nur die Funktion eines Arbeitsgesellschafters zu, fallen derartige Anteile nicht unter Art. III UmgrStG. Die "Einbringung" von Anteilen an einer vermögensverwaltenden Personengesellschaft, die ihrerseits einbringungsfähiges Vermögen (Kapitalanteile iSd § 12 Abs. 2 Z 3 UmgrStG) hält, stellt keine mittelbare Einbringung von Kapitalanteilen im Sinne von Art. III UmgrStG dar. *(BMF-AV Nr. 193/ 2015)*

719   Der Mitunternehmeranteil umfasst neben dem fixen (starren) auch den variablen Kapitalanteil sowie Gewinnverrechnungskonten oder ausstehende Einlagen, eventuell vorhandenes Sonderbetriebsvermögen und Ergänzungskapital, dh. Aufwertungsbeträge und allfälliges Fremdkapital aus der entgeltlichen Anschaffung von Mitunternehmeranteilen.

Begünstigtes Vermögen im Sinne des § 12 Abs. 2 Z 2 UmgrStG ist unabhängig davon gegeben, ob der Mitunternehmeranteil zur Gänze oder nur zum Teil eingebracht wird. Bei der Einbringung von Teilen des Mitunternehmeranteils ist vor allfälligen rückwirkenden Korrekturen im Sinne des § 16 Abs. 5 UmgrStG davon auszugehen, dass zum Teil- Mitunternehmeranteil der der eingebrachten Quote entsprechende Teil des starren Kapitalkontos, der variablen Kapitalkonten, des Sonderbetriebsvermögens und des anschaffungsbedingten Ergänzungskapitals gehört. Siehe das Beispiel in Rz 721. *(AÖF 2013/301)*

720   Das variable Kapitalkonto gehört als Teil des steuerlichen Mitunternehmerkapitals grundsätzlich zum einzubringenden Mitunternehmeranteil, eine steuerlich relevante rückwirkende Veränderung dieses Kontenstandes nach dem Einbringungsstichtag ist nur im Rahmen des § 16 Abs. 5 UmgrStG möglich. Die Veränderung kann im Wege einer im Einbringungsvertrag verankerten und in der Einbringungsbilanz dargestellten Passivierung oder Aktivierung gemäß § 16 Abs. 5 Z 1 bzw. 2 UmgrStG erfolgen, wobei der Ansatz einer Einlage in Höhe des negativen variablen Verrechnungskontos nur dann eine positive Vermögensveränderung herbeiführt, wenn die Einlage tatsächlich bis zum Abschluss des Einbringungsvertrages geleistet wurde. *(AÖF 2013/301)*

721   Wird der gesamte Mitunternehmeranteil eingebracht, ist hinsichtlich eines positiven variablen Kapitalkontos zu unterscheiden:

* Wird der Mitunternehmeranteil von einer natürlichen Person eingebracht, kann das variable Kapitalkonto entweder bis zum Tag des Einbringungsvertrages tatsächlich entnommen (Entnahme gemäß § 16 Abs. 5 Z 1 UmgrStG) oder durch eine vorbehaltene Entnahme vermindert werden (§ 16 Abs. 5 Z 2 UmgrStG; diesfalls ist eine Verbindlichkeit in der Ergänzungsbilanz anzusetzen, siehe Rz 915). Ein Zurückbehalten oder Verschieben des variablen Kapitalkontos gemäß § 16 Abs. 5 Z 3 und Z 4 UmgrStG ist nicht möglich, weil das variable Kapitalkonto als solches ohne den Mitunternehmeranteil nicht bestehen kann.

* Wird der Mitunternehmeranteil von einer § 7 Abs. 3 KStG 1988-Körper-

schaft eingebracht, kann neben der sinngemäßen Anwendung von § 16 Abs. 5 Z 1 UmgrStG auch § 16 Abs. 5 Z 5 UmgrStG angewendet werden.

Wird ein Mitunternehmeranteil teilweise eingebracht, ist hinsichtlich eines positiven variablen Kapitalkontos zu unterscheiden:

- Wird der Mitunternehmeranteil von einer natürlichen Person eingebracht, kann neben § 16 Abs. 5 Z 1 und Z 2 UmgrStG auch § 16 Abs. 5 Z 4 UmgrStG angewendet werden. Dadurch wird das variable Kapitalkonto ganz oder teilweise zum eingebrachten oder zurückbehaltenen Mitunternehmeranteil des Einbringenden verschoben.

- Wird der Mitunternehmeranteil von einer § 7 Abs. 3 KStG 1988-Körperschaft eingebracht, kann neben der sinngemäßen Anwendung von § 16 Abs. 5 Z 1 UmgrStG auch § 16 Abs. 5 Z 4 und Z 5 UmgrStG angewendet werden.

§ 12

Die sinngemäße Anwendung von § 16 Abs. 5 Z 1 UmgrStG steht auch einbringenden ausländischen Körperschaften zu, die mit einer inländischen, unter § 7 Abs. 3 KStG 1988 fallenden Körperschaft vergleichbar sind. Dies auch deswegen, weil sich die Gewerblichkeitsfiktion des § 21 Abs. 1 Z 3 KStG 1988 nur auf inländisches Betriebsstättenvermögen und inländisches unbewegliches Vermögen bezieht

Ein negatives Kapitalkonto kann nur durch eine tatsächliche Einlage bis zum Tag des Einbringungsvertrages gemäß § 16 Abs. 5 Z 1 UmgrStG ausgeglichen werden. Weder ein Zurückbehalten, Verschieben noch eine Entnahme des negativen Kapitalkontos durch den Einbringenden ist zulässig, sondern es geht auf die übernehmende Körperschaft über.

Beispiel 1:

A ist als Kommanditist an einer KG zu 75% beteiligt. Zum 31.12.01 beträgt sein Mitunternehmeranteil 198.000. Er setzt sich zusammen aus dem starren Kapitalkonto von 3.000, dem variablen Kapitalkonto von 63.000 und der als Sonderbetriebsvermögen behandelten der KG nachhaltig zur Nutzung überlassenen dem A gehörenden Liegenschaft im Buchwert von 132.000. Der Verkehrswert zum 31.12.01 beträgt 495.000, auf die Liegenschaft entfällt ein Wert von 183.000.

A möchte zwei Drittel seines Mitunternehmeranteils in die ihm zur Gänze gehörende A-GmbH einbringen (dh 50%-Punkte einbringen und mit 25% beteiligt bleiben), dabei 50.000 vom variablen Kapitalkonto miteinbringen, die Liegenschaft zurückbehalten und eine vorbehaltene Entnahme iHv 30.000 vornehmen.

a) Es ist davon auszugehen, dass der Buchwert des einzubringenden Mitunternehmeranteils vor Korrekturen quotal 132.000 (= 2/3 von 198.000) beträgt, dh dass er sich zusammensetzt aus dem starren Kapitalkontenanteil von 2.000, dem variablen Kapitalkontenanteil von 42.000 und dem Sonderbetriebsvermögensanteil von 88.000, und dass der Verkehrswertanteil 330.000 beträgt.

b) Die rückwirkenden Korrekturen beziehen sich auf § 16 Abs. 5 Z 2 und § 16 Abs. 5 Z 4 UmgrStG. Dabei ist wie folgt vorzugehen:

Vom gesamten variablen Kapitalkontenanteil werden 50.000 eingebracht. Da anteilig dem Mitunternehmeranteil 42.000 zuzurechnen sind, werden zusätzlich 8.000 nach § 16 Abs. 5 Z 4 UmgrStG durch Verschiebung aus dem restlichen Mitunternehmeranteil eingebracht.

Der Sonderbetriebsvermögensanteil von 88.000 wird nicht eingebracht, es wird daher der gesamte Betrag nach § 16 Abs. 5 Z 4 UmgrStG in den restlichen Mitunternehmeranteil verschoben.

Für die vorbehaltene Entnahme ist der quotale Verkehrswertanteil von 330.000 um 8.000 (variables Kapitalkonto) zu erhöhen und um 122.000 (2/3 von 183.000 = Sonderbetriebsvermögen) zu vermindern, sodass sich ein Zwischenverkehrswert von 216.000 ergibt. 50% dieses Wertes betragen 108.000. Die vorgenommene vorbehaltene Entnahme von 30.000 ist daher gedeckt.

c)Das Einbringungskapital nach den rückwirkenden Korrekturen beträgt 22.000 (starres Kapitalkonto 2.000, variables Kapitalkonto 50.000, Passivpost für vorbehaltene Entnahme –30.000), der Verkehrswert beträgt 186.000.

Beispiel 2:

Die A-GmbH ist an einer Mitunternehmerschaft zu 25% beteiligt. Das starre Kapitalkonto beträgt 100.000 und das variable Kapitalkonto 300.000. Zum 31.12.01 soll der Mitunternehmeranteil rückwirkend zur Gänze in die B-GmbH eingebracht werden.

Zwischen Einbringungsstichtag und dem Abschluss des Einbringungsvertrages wird bei der A-GmbH eine Gewinnausschüttung iHv 100.000 beschlossen. Diese Ausschüttung soll gemäß § 16 Abs. 5 Z 5 UmgrStG dem Einbringungsvermögen zugeordnet werden. Außerdem erfolgt in sinngemäßer Anwendung des § 16 Abs. 5 Z 1 UmgrStG im Rückwirkungszeitraum eine tatsächliche Entnahme iHv 100.000 vom variablen Kapitalkonto.

Die rückbezogene Entnahme verringert das variable Kapitalkonto in der Einbringungsbilanz um 100.000. Die Gewinnausschüttung wird durch Ausweis einer Passivpost in der Einbringungsbilanz dem Einbringungsvermögen (Mitunternehmeranteil) zugeordnet. Das Einbringungskapital wird so insgesamt um 200.000 verringert. Der eingebrachte Mitunternehmeranteil setzt sich nunmehr zusammen aus dem starren Kapitalkonto von 100.000, welches weiterhin 25% der Mitunternehmerschaft vermittelt, und dem durch die rückbezogene Entnahme sowie die Passivpost verringerten variablen Kapitalkonto von 100.000.

Die Höhe des variablen Kapitalkontos richtet sich nach steuerlichen Grundsätzen. Demnach sind Gewinnanteile aus Beteiligungen an Personengesellschaften unabhängig von der unternehmensrechtlichen Feststellung und Ausschüttung in jenem Wirtschaftsjahr zu erfassen, das durch den Gewinnfeststellungsbescheid vorgegeben wird (siehe EStR 2000 Rz 2341). *(BMF-AV Nr. 40/2017, BMF-AV Nr. 131/2018)*

722   Sonderbetriebsvermögen des Mitunternehmers steht zwar nicht im Eigentum der Mitunternehmerschaft, geht aber als Bestandteil des Mitunternehmeranteils auf die übernehmende Körperschaft über, sofern es der Einbringende nicht nach § 16 Abs. 5 Z 1 UmgrStG entnimmt, nach § 16 Abs. 5 Z 3 UmgrStG zurückbehält (ebenfalls ein Entnahmetatbestand) oder nach § 16 Abs. 5 Z 4 UmgrStG verschiebt (im verbleibenden Mitunternehmeranteil hält).

Im Falle der Buchwerteinbringung des Mitunternehmeranteiles kann die Mitübertragung des Sonderbetriebsvermögens zu keiner Gewinnrealisierung führen.

Für das zurückbehaltene/verschobene Sonderbetriebsvermögen gilt Folgendes:

- Ist es weiterhin einem verbleibendem Betriebsvermögen zugeordnet, unterbleibt die Gewinnrealisierung,

- wird es in ein Privatvermögen überführt, kommt es zwingend zur Entnahme (vgl. auch Rz 926). *(AÖF 2013/301)*

723   Soll anlässlich der Einbringung des gesamten Betriebes einer den Gewinn nach § 5 EStG 1988 ermittelnden Mitunternehmerschaft die im Sonderbetriebsvermögen befindliche Liegenschaft dahin gehend geteilt werden, dass der Grund und Boden zurückbehalten und das Betriebsgebäude miteingebracht werden soll, kann dies durch Abschluss eines in die Einbringung integrierten Baurechtsvertrages oder Dienstbarkeitsvertrages (siehe Rz 694 ff) des an der Einbringung

mitbeteiligten Mitunternehmers mit der übernehmenden Körperschaft erfolgen. Damit fällt in ertragsteuerlicher Sicht das Zurückbehalten des Grund und Bodens unter den Entnahmetatbestand zum Einbringungsstichtag, während idR der Buchwert des Betriebsgebäudes durch den Ansatz in der Einbringungsbilanz auf die übernehmende Körperschaft übergeht. *(AÖF 2008/243)*

Ein einzubringender Mitunternehmeranteil kann auch durch eine der Umgründung vorangehende Schenkung der Quote eines Einzelunternehmers entstehen, wobei die Einzelunternehmer-Anteils-Schenkung der Mitunternehmer-Anteils-Schenkung gleich gestellt ist und demnach gemäß § 6 Z 9 lit. a EStG 1988 (unentgeltliche Übertragung) zu behandeln ist (EStR 2000 Rz 2530 und Rz 5966). **724**

§ 12

Beispiel:
A schenkt am 31.12.00 seinen beiden Söhnen B und C je eine Quote von 25% seines Einzelunternehmens. Mit Einbringungsvertrag vom 14.9.01 erfolgt zum Einbringungsstichtag 31.12.00 die Einbringung des Betriebes der durch die Quotenschenkung entstandenen Mitunternehmerschaft in die durch Bargründung errichtete A-GmbH, an der A zu 50% sowie B und C zu je 25% beteiligt sind. Die Quotenschenkung selbst stellt keinen Zusammenschluss iSd Art. IV UmgrStG dar (Rz 1301 dritter Bulletpoint).

Dasselbe Ergebnis kann dadurch erreicht werden, dass im ersten Schritt das Einzelunternehmen von A in die durch Bargründung errichtete A-GmbH eingebracht wird, an der ausschließlich A beteiligt ist. Anschließend an die Einbringung erfolgt im zweiten Schritt die Schenkung eines je 25-prozentigen Geschäftsanteiles an der A-GmbH von A an B und C. *(AÖF 2013/301)*

3.1.6.6 Kapitalanteil

3.1.6.6.1 Allgemeines

Als einbringungsfähige Kapitalanteile im Sinne des § 12 Abs. 2 Z 3 UmgrStG gelten Anteile an inländischen und vergleichbaren ausländischen Kapitalgesellschaften sowie an inländischen und vergleichbaren ausländischen Erwerbs- und Wirtschaftsgenossenschaften, die folgende Voraussetzungen erfüllen. Der Kapitalanteil umfasst **725**

- mindestens ein Viertel des gesamten Nennkapitals (wesentliche Beteiligung) oder

- mindestens ein Viertel des rechnerischen Wertes der Gesamtanteile (wesentliche Beteiligung) oder

- weniger als ein Viertel des Nennkapitals, verschafft oder vergrößert aber der übernehmenden Körperschaft die Stimmrechtsmehrheit.

Die Einbringungsfähigkeit ist unabhängig davon gegeben, ob der Kapitalanteil zum notwendigen oder gewillkürten Betriebsvermögen oder zum außerbetrieblichen Vermögen des Einbringenden gehört bzw. ob der Kapitalanteil einer natürlichen Person, einer Personengesellschaft oder einer Körperschaft gehört. **726**

Gehört ein Kapitalanteil zum Vermögen einer vermögensverwaltenden Personengesellschaft (GesbR, OG oder KG), liegt in steuerlicher Sicht eine Miteigentumsgemeinschaft am Anteil vor. Einbringender ist in diesem Fall nicht die Personengesellschaft, sondern der einzelne Gesellschafter als Miteigentümer des Kapitalanteils. Dieser muss daher die quantitativen oder qualitativen Erfordernisse des § 12 Abs. 2 Z 3 UmgrStG erfüllen.

Beispiel:

An der GmbH-X sind A mit 5%, B mit 10% und C mit 12% beteiligt. Da diese Anteile nicht zum begünstigten Vermögen im Sinne des § 12 Abs. 2 Z 3 UmgrStG gehören, gründen A, B und C eine vermögensverwaltende Personengesellschaft, auf die die Anteile übertragen werden. Ungeachtet der nunmehr von der Personengesellschaft gehaltenen 27-prozentigen Beteiligung an der GmbH-X ist eine unter Art. III UmgrStG fallende Einbringung nicht möglich, wenn die den drei Gesellschaftern weiterhin zuzurechnenden Anteile nicht bei der übernehmenden Körperschaft zu einer Erlangung oder Erweiterung der Stimmrechtsmehrheit führen (Rz 732 dritter Bulletpoint). *(AÖF 2013/301)*

726a   Wird ein mit einem Fruchtgenussrecht belasteter Kapitalanteil eingebracht, kann eine Einbringung durch den Fruchtgenussbesteller (Gesellschafter) nur dann erfolgen, wenn dieser noch wirtschaftlicher Eigentümer des Kapitalanteils ist. Wird die Verpflichtung aus dem Fruchtgenuss mitübertragen, dh. aufrechterhalten, stellt dies eine nicht dem § 19 Abs. 1 UmgrStG entsprechende Gegenleistung dar, weswegen die Einbringung nicht unter Art. III UmgrStG fällt. *(AÖF 2013/301)*

727   Kapitalanteile, die eine Körperschaft öffentlichen Rechts am 1.4.2012 bzw. zu einem späteren Zeitpunkt außerhalb eines Betriebes hält und die sich in einem Depot befinden (insbesondere Aktien), sind nur dann nicht steuerhängig, wenn sie bis 31.12.2010 entgeltlich erworben wurden. Handelt es sich um Kapitalanteile, die nicht depotfähig sind (insbesondere GmbH-Anteile) oder sich nicht in einem Depot befinden, tritt Steuerhängigkeit ein, wenn die Körperschaft öffentlichen Rechts diese nach dem 31.8.2011 entgeltlich erworben hat (§ 21 Abs. 3 Z 3 iVm § 26c Z 25 lit. a KStG 1988; KStR 2013 Rz 1500).

Auch wenn die Körperschaft öffentlichen Rechts im Sinne des Vorabsatzes nicht steuerhängige Kapitalanteile einbringt, fällt diese Einbringung unter Art. III UmgrStG. Das mit einer Buchwerteinbringung grundsätzlich verbundene Erfordernis der Verdoppelung der Steuerhängigkeit der stillen Reserven (Steuerhängigkeit bei der übernehmenden Körperschaft im Betriebsvermögen und beim Einbringenden im Anteilswert) hat insoweit keine Geltung. Siehe dazu Rz 938. *(AÖF 2013/301)*

3.1.6.6.2 Wesentliche Beteiligung

728   Da das Gesetz nicht nur auf das Beteiligungsausmaß am Nominalkapital abstellt, sondern auch Anteile anspricht, die eine zumindest 25-prozentige Beteiligung am rechnerischen Wert der Gesamtanteile umfassen, sind nicht nur die Anteile am Grund- bzw. Stammkapital von Kapitalgesellschaften im engeren Sinn einbringungsfähig, sondern auch Anteile an Erwerbs- und Wirtschaftsgenossenschaften (Betrag der Geschäftsanteile) und darüber hinaus auch so genannte Surrogatkapitalanteile (Substanzgenussrechte und Partizipationskapitalanteile im Sinne des § 8 Abs. 3 Z 1 KStG 1988, siehe KStR 2013 Rz 557 und Rz 558). Kapitalanteile und Anteile am Surrogatkapital können voneinander unabhängig eingebracht werden. *(AÖF 2013/301)*

729   Umfasst sind auch Beteiligungen an ausländischen Gesellschaften, die den inländischen vergleichbar sind, jedenfalls aber an EU-Gesellschaften im Sinne des Art. 3 Richtlinie 2009/133/EG des Rates vom 19. Oktober 2009 über das gemeinsame Steuersystem für Fusionen, Spaltungen, Abspaltungen, die Einbringung von Unternehmensteilen und den Austausch von Anteilen, die Gesellschaften verschiedener Mitgliedstaaten betreffen, sowie für die Verlegung des Sitzes einer Europäischen Gesellschaft oder einer Europäischen Genossenschaft von

einem Mitgliedstaat in einen anderen Mitgliedstaat (ABl. Nr. L 310 vom 25.11.2009 S. 34) „Fusionsrichtlinie" (siehe Anlage zum UmgrStG). *(AÖF 2013/301)*

Der Begriff „rechnerischer Wert" ist dahingehend auszulegen, dass die 25%-ige Anteilsquote von der Gesamtsumme des Nennkapitals (Grund- oder Stammkapital) und des Surrogatkapitals berechnet wird.   730

Folgende Einbringungsvarianten sind daher denkbar: 731

- Einbringung einer mindestens 25-prozentigen Nominalkapitalbeteiligung unabhängig vom Umfang eines zusätzlich bestehen Surrogatkapitals und des damit verbundenen rechnerischen Wertes des Gesamtkapitals

- Einbringung eines mindestens 25-prozentigen Surrogatkapitalanteiles am rechnerischen Wert des Gesamtkapitales (also Nominalkapital und Surrogatkapital)

- Einbringung einer 25% nicht erreichenden Nominalkapitalbeteiligung und einer Surrogatkapitalbeteiligung an der gleichen Körperschaft, die gemeinsam einen mindestens 25-prozentigen Anteil am rechnerischen Wert des Gesamtkapitals ergeben.

Beispiel:
Das Grundkapital der X-AG beträgt € 100.000. A hält 10% der Aktien und besitzt Substanzgenussrechte im Nominale von € 20.000. Weitere Genussrechtsinhaber sind nicht vorhanden. A bringt zum 31.12.08 seine Aktien sowie die Genussrechte in die ihm gehörende A-GmbH ein, die bis dato keine Aktien an der X-AG hält.

Der rechnerische Wert der eingebrachten Aktien und des Substanzgenussrechtes muss 25% des Gesamtkapitals der X-AG betragen:

10% der Aktien	= 8,33% des Gesamtkapitals (10.000/120.000)
100% der Genussrechte	= 16,67% des Gesamtkapitals (20.000/120.000)
	25% des Gesamtkapitals, dh. die Einbringung fällt unter Art. III UmgrStG

(AÖF 2013/301)

3.1.6.6.3 Stimmrechtsmehrheit

Einbringungsfähig sind auch Kapitalanteile, die der übernehmenden Körperschaft unmittelbar die Stimmrechtsmehrheit an einer Zielgesellschaft verschaffen oder diese erweitern. Der Erwerb oder die Erweiterung der Stimmrechte ist quantitativ zu verstehen. Unbeachtlich ist, wenn für Gesellschafterbeschlüsse in der Zielgesellschaft höhere Mehrheitserfordernisse bestehen. Folgende Fälle sind denkbar: 732

- Die übernehmende Körperschaft ist ohne Stimmrechtsmehrheit an der Zielgesellschaft beteiligt und erlangt durch die Einbringung des zusätzlichen Anteils die Stimmrechtsmehrheit.

Beispiel:
Die übernehmende Körperschaft ist an der Zielgesellschaft mit 35% beteiligt und erlangt durch die Einbringung von zB 20% die Stimmrechtsmehrheit.

- Die übernehmende Körperschaft ist an der Zielgesellschaft mit Stimmrechtsmehrheit beteiligt und erweitert durch die Einbringung des zusätzlichen Anteils (zB auch einer einzigen Aktie) die Stimmrechtsmehrheit.

Beispiel:
Eine Körperschaft ist zu 70% an der Ziel-Aktiengesellschaft beteiligt und möchte sie

übernehmen. Im Rahmen eines öffentlichen Angebots bietet sie die Übernahme weiterer Aktien gegen Gewährung von Anteilen an. Jegliche Anteilseinbringung, daher auch die Einbringung einer einzelnen Aktie, erweitert die Stimmrechtsmehrheit der übernehmenden Körperschaft an der Ziel-Aktiengesellschaft und stellt damit einen einbringungsfähigen Anteil dar.

• Die übernehmende Körperschaft ist nicht oder ohne Stimmrechtsmehrheit an der Zielgesellschaft beteiligt und erlangt oder erweitert dadurch die Stimmrechtsmehrheit, dass mehrere Anteilsinhaber der Zielgesellschaft ihre individuell gehaltenen Anteile in einem einheitlichen Vertragswerk auf ein und denselben Stichtag einbringen.

Beispiele:
a) Die übernehmende Körperschaft ist an der Zielgesellschaft nicht beteiligt. A, B, C und D sind jeweils zu 15% an der Zielgesellschaft beteiligt und bringen ihre Anteile gemeinsam zu einem Stichtag in die übernehmende Gesellschaft ein, sodass diese nach der Einbringung 60% der Anteile hält.
b) Die übernehmende Körperschaft ist an der Zielgesellschaft nicht beteiligt. A ist zu 35% (Variante: 60%) an der Zielgesellschaft beteiligt. B ist zu 20% an der Zielgesellschaft beteiligt. A und B bringen ihre Anteile gemeinsam zu einem Stichtag in die übernehmende Gesellschaft ein, sodass diese nach der Einbringung 55% (Variante: 80%) der Anteile hält.
c) Die übernehmende Körperschaft ist an der Zielgesellschaft mit 25% beteiligt und erlangt durch die gemeinsame Einbringung mehrerer Gesellschafter von zB in Summe 30% die Stimmrechtsmehrheit. *(BMF-AV Nr. 131/2018)*

733   § 12 Abs. 2 Z 3 UmgrStG sagt im Zusammenhang mit der Einbringung von Minderheitsanteilen an sich nichts über den Zeitpunkt aus, ab dem die Mehrheit der Stimmrechte vermittelt oder erweitert werden kann. Die für den Einbringenden mit dieser Norm verbundene Rückwirkungsfiktion rechtfertigt die Annahme, dass auch bestehende Anteile der übernehmenden Körperschaft an der Zielgesellschaft der übernehmenden Körperschaft zum Einbringungsstichtag zurechenbar sein müssen, weil sich dies nach § 13 Abs. 2 UmgrStG auch für den (die) Einbringende(n) ergibt.

Beispiel:
A möchte seinen
a) am 1.7.00
b) am 15.5.02
erworbenen 15%-Anteil an der B-GmbH zum 31.12.01 als Sacheinlage nach Art. III UmgrStG in die C-GmbH einbringen. Die C-GmbH hat einen 40-prozentigen Anteil an der B-GmbH erworben
c) am 1.12.01
d) am 1.3.02.
Eine Einbringung nach Art. III UmgrStG ist möglich im Falle
a) + c) zum 31.12.01
b) + c) frühestens zum 15.5.02
a) + d) frühestens zum 1.3.02
b) + d) frühestens zum 15.5.02. *(AÖF 2008/243)*

3.1.6.6.4 Mitübertragung von Finanzierungsverbindlichkeiten

734   Neben einem Kapitalanteil können keine weiteren Wirtschaftsgüter eingebracht werden. Ausgenommen von diesem Ausschluss sind lediglich die Finanzierungsverbindlichkeiten für die Anschaffung der Kapitalanteile. Wird in einem Einbringungsvertrag neben dem Kapitalanteil dennoch sonstiges Vermögen (zB eine Liegenschaft) miteingebracht, ist der Vorgang in einen unter Art. III UmgrStG fallenden Vorgang und einen unter den Tauschgrundsatz des § 6 Z 14 EStG 1988 fallenden Sacheinlagetatbestand zu trennen.

Soll die Anschaffungsverbindlichkeit miteingebracht werden, bedarf dies einer speziellen Regelung im Einbringungsvertrag. Das Wahlrecht der Miteinbeziehung der Finanzierungsverbindlichkeiten kann dahingehend ausgeübt werden, dass die gesamte (ausstehende) Verbindlichkeit, ein Teil davon oder nichts miteingebracht wird. Sollte von diesem Wahlrecht im Einbringungsvertrag nicht ausdrücklich Gebrauch gemacht werden, gilt die Verbindlichkeit aus der Anschaffung der Kapitalanteile als nicht miteingebracht. Diente eine Anschaffungsverbindlichkeit dem Erwerb mehrerer Kapitalanteile („Sammelverbindlichkeit"), sollen aber nicht sämtliche dieser Kapitalanteile eingebracht werden, ist bei Ausübung des Wahlrechts zur Miteinbeziehung der Anschaffungsverbindlichkeit eine nachvollziehbare Zuordnung zu den übertragenen bzw. zurückbehaltenen Kapitalanteilen vorzunehmen. Die in § 16 Abs. 5 Z 3 UmgrStG geforderte zusammenhängende Behandlung von Aktivum und Passivum hat hier keine Bedeutung (siehe auch Rz 881), da sich einerseits § 16 Abs. 5 UmgrStG nicht auf die Einbringung von Kapitalanteilen bezieht und zudem § 12 Abs. 2 Z 3 UmgrStG als lex specialis vorgeht. *(BMF-AV Nr. 193/2015)* **735**

§ 12

Voraussetzung für die Berücksichtigung der Finanzierungsverbindlichkeit ist, dass diese mit der Anschaffung in unmittelbaren Zusammenhang steht. Später durchgeführte Umschuldungsmaßnahmen der ursprünglichen Finanzierungsschuld stehen der Einbringungsfähigkeit dieser Verbindlichkeiten nicht entgegen. **736**

Der Zinsaufwand für die fremdfinanzierte Anteilsanschaffung durch eine natürliche Person ist bis zur Einbringung nach § 20 Abs. 2 EStG 1988 vom Abzugsverbot betroffen und kann nach der Einbringung von der übernehmenden Körperschaft gemäß § 11 Abs. 1 Z 4 KStG 1988 als Betriebsausgabe geltend gemacht werden. Wird die Anschaffungsverbindlichkeit nicht mitübertragen, sondern zurückbehalten, besteht für diese Verbindlichkeit kein unmittelbarer Zusammenhang mehr mit der Anschaffung der eingebrachten Kapitalanteile. Bei Zugehörigkeit zum Betriebsvermögen ist der Zinsaufwand ab dem dem Einbringungsstichtag folgenden Tag bis zur Tilgung der Verbindlichkeit abzugsfähig. Wird der gesamte Betrieb einer natürlichen Person samt dem betriebszugehörigen Kapitalanteil unter Zurückbehalten der Anschaffungsverbindlichkeit eingebracht, kann der Zinsenaufwand im Hinblick auf die Zugehörigkeit der Verbindlichkeit zum Privatvermögen zu keinen (nachträglichen) Betriebsausgaben führen (VwGH 30.9.2009, 2004/13/0169). *(AÖF 2013/301)* **737**

Für Einbringung von Kapitalanteilen, wenn der Einbringungsvorgang nach dem 31.12.2012 dem zuständigen Firmenbuchgericht zur Eintragung angemeldet oder dem zuständigen Finanzamt gemeldet wird: **737a**

Verbindlichkeiten in unmittelbarem Zusammenhang mit einer Einlage im Sinne des § 8 Abs. 1 KStG 1988 in die Körperschaft, deren Anteile übertragen werden, zählen jedenfalls zum Begriff des Kapitalanteils, wenn die Einlage innerhalb von zwei Jahren vor dem Einbringungsstichtag erfolgt ist. Solche Verbindlichkeiten in unmittelbarem Zusammenhang mit einer Einlage in die Körperschaft, deren Anteile eingebracht werden sollen, können daher vom Einbringenden nicht zurückbehalten werden. Erfolgt trotzdem eine Zurückbehaltung, ist eine Anwendungsvoraussetzung des Art. III UmgrStG verletzt.

Beispiel:

Die M-GmbH ist jeweils zu 100% an der T1-GmbH (Buchwert 100 und Verkehrswert

1.000) und der T2-GmbH beteiligt. Die T1-GmbH ist Alleingesellschafterin der E-GmbH. Im Jänner des Jahres 01 erfolgt eine Zuschussgewährung iHv 900 durch die T1-GmbH an die E-GmbH und Kreditaufnahme dafür durch die T1-GmbH. Im Juni des Jahres 02 erfolgt die Einbringung der Anteile der E-GmbH durch die T1-GmbH in die Schwestergesellschaft T2-GmbH ohne Anteilsgewährung.

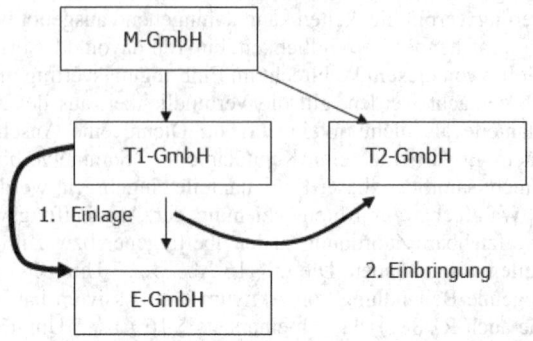

Eine Zurückbehaltung der Verbindlichkeit zur Finanzierung der Einlage in die E-GmbH ist anlässlich der Einbringung der Anteile der E-GmbH nicht zulässig. Die sidestream-Einbringung führt gemäß § 20 Abs. 4 Z 3 UmgrStG zu einer Abstockung der Anschaffungskosten der Beteiligung der M-GmbH an der T1-GmbH nach Verkehrswertverhältnissen. *(AÖF 2013/301)*

3.1.7. Erfordernis der tatsächlichen Vermögensübertragung

738   Zu den Anwendungsvoraussetzungen des § 12 Abs. 1 UmgrStG gehört, dass das Einbringungsvermögen auch tatsächlich auf die übernehmende Gesellschaft übertragen wird. Der Einbringende muss daher zumindest wirtschaftlicher Eigentümer im Sinne des § 24 BAO sein. Damit ist sichergestellt, dass die vom Einbringenden ausgeübte rechtliche Herrschaft über das Einbringungsvermögen auf die übernehmende Körperschaft übertragen wird (siehe Rz 803 ff).

739   Aus dem Zusammenhang des § 12 UmgrStG und des § 13 UmgrStG ergibt sich, dass das einzubringende Vermögen sowohl am Einbringungsstichtag als ein dem Einbringenden zuzurechnendes Vermögen, als auch am Tag des Abschlusses des Einbringungsvertrages bzw dem Tag der Firmenbucheintragung tatsächlich vorhanden sein muss, um tatsächlich übertragen werden zu können. Eine bloß buchmäßige Einbringung von Vermögen entspricht nicht den Anwendungsvoraussetzungen des § 12 UmgrStG für eine Einbringung.

Beispiel:

A veräußert zum 30.6.01 seinen Einzelbetrieb. Den Einzelbetrieb im September 01 rückwirkend auf den 31.12.00 in die dem A gehörende GmbH einzubringen, um die Veräußerung der GmbH zuzurechnen, ist nicht möglich.

740   Wird das einzubringende Vermögen vom Einbringenden erst nach dem geplanten Einbringungsstichtag erworben, kommt eine Einbringung auf diesen Stichtag (mit Ausnahme des Erwerbs im Erbwege) nicht in Betracht (siehe Rz 803 f).

741   Bei einbringenden Mitunternehmerschaften muss das einzubringende Vermögen nicht nur am Einbringungsstichtag der Mitunternehmerschaft zuzurechnen gewesen sein, sondern es dürfen sich auch die Beteiligungsverhältnisse in der Mitunternehmerschaft zwischen dem Einbringungsstichtag und dem Zeitpunkt des Abschlusses des Einbringungsvertrages nicht verändert haben.

Da eine Einbringung idR eine gesellschaftsrechtliche Einlage darstellt und   742
ein Einlageversprechen steuerlich unwirksam ist, muss das im Einbringungsvertrag festgelegte Verpflichtungsgeschäft in der Folge durch das Erfüllungsgeschäft abgeschlossen werden. Der Vermögensübergang wird durch die Eintragung im Firmenbuch jedenfalls dokumentiert. Soweit eine Firmenbuchzuständigkeit nicht gegeben ist oder das Firmenbuch nicht einträgt, ist die
Vermögensübertragung in geeigneter Form zu dokumentieren. Dabei kommt die
genaue Umschreibung des Vermögens im Einbringungs- oder Sacheinlagevertrag, der den Anspruch auf Übernahme der „Betriebsführergewalt" und des wirtschaftlichen Eigentums vermittelt, ebenso in Betracht wie die verschiedenen Pu-
blizitätsakte des Zivilrechts, mit denen dargetan werden kann, dass die übernehmende
Körperschaft die Verfügungsgewalt über das Einbringungsvermögen
ausüben kann (§ 426 ABGB – körperliche Übergabe, § 427 ABGB – Traditions-
papiere, § 428 ABGB – Eintragung in Registern).

§ 12

Soweit Grundvermögen im Wege der Einzelrechtsnachfolge miteingebracht   743
wird, bedarf es einer Eintragung des Eigentumsübergangs im Grundbuch, zumindest aber einer gleichzeitig mit dem Einbringungsvertrag gefertigten Aufsandungserklärung, die den jederzeitigen Herausgabenanspruch der übernehmenden
Körperschaft sicherstellt.

Sollte das zu übertragende Grundvermögen mit einem intabulierten Ver-
äußerungs- und Belastungsverbot gemäß § 364c ABGB bzw. einem Vorkaufs-
recht (§ 1073 ABGB) belastet sein, ist neben der Aufsandungserklärung des
Einbringenden auch eine einverleibungsfähige (§ 31 Abs. 1 GBG 1955) Urkunde über die Zustimmung des Verbotsberechtigten zur Eintragung der übernehmenden
Körperschaft als Eigentümerin im Grundbuch erforderlich. *(AÖF 2013/
301)*

Besondere Erfordernisse sind dabei mit der Übertragung von Surrogat-   744
anteilen verbunden, da diese nicht im Firmenbuch als Anteile oder Anteilsinha-
berschaft erfasst werden.

Hinsichtlich der Übertragung von GmbH-Anteilen ist auf die Notariatsakts-   745
pflicht nach den Bestimmungen des § 76 Abs. 2 GmbHG zu verweisen.

Inhaberaktien können formlos übertragen werden. Damit kommt der Um-   746
schreibung der Anteile im Einbringungsvertrag besondere Bedeutung zu. Na-
mensaktien erfordern überdies ein Indossament (§ 61 Abs. 2 AktG).

Im Rahmen des Art. III UmgrStG haben gesellschaftsrechtliche Bestimmun-   747
gen keine unmittelbare Auswirkung auf die steuerrechtliche Beurteilung, weil
die Einbringungen nur nach den Bestimmungen des Umgründungssteuerrechts
zu beurteilen sind. Entsprechen die gesellschaftsrechtlichen Grundlagen für eine
Einbringung nicht diesen gesetzlichen Bestimmungen, kann es steuerrechtlich
nach der Regelung des § 23 Abs. 3 BAO trotzdem zu einer Einbringung kommen. *(AÖF 2008/243)*

3.1.8. Erfordernis einer Gegenleistung im Sinne des § 19 UmgrStG

Aus dem Verweis des § 12 Abs. 1 UmgrStG auf § 19 UmgrStG ergibt sich,   748
dass das Gewähren einer entsprechenden Gegenleistung für die Übertragung von
Einbringungsvermögen eine Anwendungsvoraussetzung des Art. III UmgrStG
ist. Durch die Gewährung von Gegenleistungsanteilen wird dem Grundsatz der
Einbringung, nämlich der Fortsetzung des unternehmerischen Engagements entsprochen, wobei § 19 Abs. 1 UmgrStG die Gewährung von neuen Anteilen an

der übernehmenden Kapitalgesellschaft vorsieht. Die Ausnahmetatbestände des § 19 Abs. 2 UmgrStG stellen keinen Verstoß gegen das Prinzip der Gewährung einer Gegenleistung dar, da in diesen Fällen bereits vor der Einbringung eine Verbindung zur übernehmenden Körperschaft besteht.

3.1.9. Erfordernis einer übernehmenden Körperschaft

749   Die übernehmende Körperschaft muss am Einbringungsstichtag noch nicht zivilrechtlich existent sein, dh. es muss auch noch kein Gesellschaftsvertrag abgeschlossen sein (VwGH 18.10.2012, 2012/15/0114 und 2012/15/0115). Sie muss bei Unterfertigung des Einbringungsvertrages auch noch nicht protokolliert sein, muss aber zumindest als vertragsfähige Vorgesellschaft existieren. Dazu ist erforderlich, dass ein Gründungsvertrag existiert und die Körperschaft auch nach außen hin als solche in Erscheinung tritt (siehe KStR 2013 Rz 144 ff).

Die steuerliche Rückwirkungsfiktion hat zur Folge, dass eine erst nach dem Einbringungsstichtag gegründete übernehmende Körperschaft mit Vollzug der Einbringung steuerlich mit Beginn des dem Einbringungsstichtag folgenden Tages als entstanden gilt.

Beispiel:

Der Einzelunternehmer A möchte sein Unternehmen zum 30.9.01 in die von ihm allein am 15.3.02 gegründete A-GmbH (Wirtschaftsjahr = Kalenderjahr; Gesellschaftsvertrag vom 28.2.02) einbringen. Mit der rechtzeitigen Meldung am 30.6.02 ist die Einbringung wirksam geworden. Die A-GmbH ist damit ab 1.10.01 körperschaftsteuerpflichtig, ihr sind die Ergebnisse des Betriebes des A zuzurechnen. Im Hinblick auf das mit dem Kalenderjahr übereinstimmende Wirtschaftsjahr entsteht 01 ein Rumpfwirtschaftsjahr 1.10. bis 31.12.01. Gegebenenfalls ist die A-GmbH ab dem letzten Quartal 01 auch mindeststeuerpflichtig. *(AÖF 2013/301)*

750   Der nach § 12 Abs. 1 UmgrStG erforderliche Sacheinlagevertrag kann auch Bestandteil des Gründungsaktes der übernehmenden Gesellschaft sein, wenn die Anmeldung der Gründung zum Firmenbuch mit der Einbringung gleichzeitig erfolgt.

751   Die übernehmende Körperschaft muss außer den nachstehenden Voraussetzungen keine besonderen Erfordernisse erfüllen. Sie muss im Falle der Einbringung eines (Teil)Betriebes zeitnah zum Tag des Abschlusses des Einbringungsvertrages rechtlich in der Lage sein, diesen fortzuführen, was vor allem im Bereich der freien Berufe Bedeutung hat. Es ist aber nicht erforderlich, dass der bisherige Betriebsinhaber weiterhin tätig ist. Bei freien Berufen ist eine Sachgründung mittels Einbringung des Betriebes unter aufschiebender Bedingung der Kammerzustimmung möglich (siehe auch Rz 651). *(AÖF 2013/301)*

752   Art. III UmgrStG ist nach § 12 Abs. 3 UmgrStG nur für Einbringungen in bestimmte übernehmende Körperschaften anwendbar.

3.1.9.1 Inländische übernehmende Körperschaft

753   Als übernehmende inländische Körperschaften kommen unbeschränkt steuerpflichtige Kapitalgesellschaften (AG und GmbH – siehe KStR 2013 Rz 9 ff) und Erwerbs- und Wirtschaftsgenossenschaften (siehe KStR 2013 Rz 13 ff) in Frage. Unbeschränkt steuerpflichtig sind diese Körperschaften, wenn sie Sitz oder Geschäftsleitung im Inland haben (siehe KStR 2013 Rz 3 ff). Eine ausländische Körperschaft mit inländischer Geschäftsleitung muss analog zur Rege-

lung in § 12 Abs. 3 Z 2 UmgrStG einer inländischen Kapitalgesellschaft oder Genossenschaft vergleichbar sein (siehe Rz 758 ff). *(AÖF 2013/301)*

Eine Steuerbefreiung der übernehmenden Körperschaft steht der Anwend- 754
barkeit der Bestimmungen des UmgrStG nicht entgegen,

* wenn schon bisher steuerbefreite Betriebe eingebracht werden oder

* wenn die übernehmende Körperschaft durch die Einbringung eines bisher steuerpflichtigen Betriebes in diesem Umfang oder zur Gänze steuerpflichtig wird.

Beispiel:

Der steuerpflichtige Betrieb eines Bauträgers, der sich mit der Errichtung von Kommunalbauten (Feuerwehrhäuser) befasst, wird in eine AG eingebracht, die von der Landesregierung mittels Bescheid nach dem Wohnungsgemeinnützigkeitsgesetz (WGG, BGBl. Nr. 139/1979) als gemeinnützig anerkannt ist. Die AG beschäftigte sich bis zu diesem Zeitpunkt ausschließlich mit Tätigkeiten im Sinne § 7 Abs. 1 bis 3 WGG. Sie war daher gemäß § 5 Abs. 10 KStG 1988 persönlich von der Körperschaftsteuer befreit. Da der eingebrachte Betrieb in einer Tätigkeit im Sinne § 7 Abs. 4 WGG besteht, wird die AG zur Gänze oder im Falle eines Ausnahmeantrages im Umfang dieser Tätigkeit unbeschränkt steuerpflichtig. Soll der Ausnahmeantrag seine Wirkung entfalten können, müsste er vor Beginn der Tätigkeit (also vor Unterfertigung des Einbringungsvertrages) gestellt werden (siehe KStR 2013 Rz 210 ff). Die Einbringung unterliegt den Bestimmungen des Art. III UmgrStG, da die übernehmende Körperschaft zumindest mit dem eingebrachten Betrieb unbeschränkt steuerpflichtig wird. *(AÖF 2013/301)*

3.1.9.2 Ausländische übernehmende Körperschaft

Auch ausländische Körperschaften mit Sitz und Geschäftsleitung im Aus- 755
land kommen als **übernehmende Gesellschaft** in Frage, wenn sie die folgenden Voraussetzungen erfüllen.

3.1.9.2.1 EU-Gesellschaften

Gesellschaften eines Mitgliedstaates der Europäischen Union kommen als 756
übernehmende Körperschaften in Frage, wenn sie die in der Anlage zu diesem Bundesgesetz vorgesehenen Voraussetzungen des Artikels 3 Richtlinie 2009/133/EG des Rates vom 19. Oktober 2009 (ABl. Nr. L 310 vom 25.11.2009 S. 34) in der geltenden Fassung erfüllen.

Diese in der Anlage zum UmgrStG taxativ aufgezählten Gesellschaften müssen zusätzlich in einem Mitgliedstaat der EU ansässig sein.

Die Ansässigkeit darf nicht durch ein DBA mit einem Drittlandstaat außerhalb der EU liegen.

Weiters müssen die Gesellschaften einer der in Punkt 3 der Anlage genannten oder diese ersetzenden Steuern unterliegen und dürfen nicht steuerbefreit sein.

Beispiel:

Eine nach niederländischem Recht gegründete Blumen N.V. (= naamloze vennootschap) gilt nach dem Deutsch-Niederländischen DBA als in Deutschland ansässig und unterliegt der deutschen Körperschaftsteuer.

Da somit sowohl der Gesellschaftstyp, Ansässigkeit in der EU als auch die (deutsche) Körperschaftsteuerpflicht gegeben sind, kommt diese Gesellschaft als übernehmende Körperschaft in Frage. *(AÖF 2013/301)*

3.1.9.2.2 Drittlandgesellschaften

757 Drittlandgesellschaften können nach § 12 Abs. 3 Z 2 UmgrStG nur dann als übernehmende Körperschaft fungieren, wenn

• sie mit einer inländischen Kapitalgesellschaft oder Erwerbs- und Wirtschaftsgenossenschaft vergleichbar sind und

• mit dem in Betracht kommenden ausländischen Staat (Ansässigkeitsstaat) ein DBA besteht.

3.1.9.2.2.1 Vergleichbarkeit mit inländischen Körperschaften

758 Die Vergleichbarkeit mit inländischen Kapitalgesellschaften ist anhand der in KStR 2013 Rz 134 aufgestellten Grundsätze zu beurteilen. Bei der Beurteilung der Vergleichbarkeit mit inländischen Erwerbs- und Wirtschaftsgenossenschaften ist sinngemäß vorzugehen. *(AÖF 2013/301)*

759 Das Vorliegen der Vergleichbarkeit ist eine Anwendungsvoraussetzung. Im Zweifel hat der Einbringende im Rahmen der erhöhten Mitwirkungspflicht im Zusammenhang mit Auslandssachverhalten nachzuweisen, dass diese Vergleichbarkeit gegeben ist, wobei zu den in der KStR 2013 Rz 134 angeführten Kriterien Stellung zu nehmen ist. *(AÖF 2013/301)*

3.1.9.2.2.2 DBA-Partnerstaat

760 Besteht mit dem Ansässigkeitsstaat der übernehmenden Körperschaft kein DBA, ist das UmgrStG nicht anwendbar. Es kommen die allgemeinen steuerlichen Grundsätze zur Anwendung.

Beispiel:

Es ist zu beurteilen, ob eine Bermuda Exempted Company mit einer inländischen Kapitalgesellschaft vergleichbar ist. Dazu wird ein Gutachten einer österreichischen Wirtschaftsprüfungsgesellschaft vorgelegt, in dem diese mit ausführlichen Begründungen zum Schluss kommt, dass die in KStR 2013 Rz 1204 geforderten Voraussetzungen erfüllt sind. Als Beilagen werden die ausländischen gesellschaftsrechtlichen Rechtsvorschriften und die Satzung der Gesellschaft in beglaubigter Übersetzung vorgelegt. Es bestehen zwar derzeit keine Bedenken, die Vergleichbarkeit als gegeben anzuerkennen, da aber mit den Bermudas derzeit kein DBA besteht, kann diese Company trotzdem nicht als übernehmende Körperschaft fungieren. *(AÖF 2013/301)*

Einbringungsstichtag

§ 13. (1) Einbringungsstichtag ist der Tag, zu dem das Vermögen mit steuerlicher Wirkung auf die übernehmende Körperschaft übergehen soll. Der Stichtag kann auch auf einen Zeitpunkt vor Unterfertigung des Einbringungsvertrages rückbezogen werden. In jedem Fall ist innerhalb einer Frist von neun Monaten nach Ablauf des Einbringungsstichtages (§ 108 der Bundesabgabenordnung)

– die Anmeldung der Einbringung im Wege der Sachgründung bzw. einer Kapitalerhöhung zur Eintragung in das Firmenbuch und

– in den übrigen Fällen die Meldung der Einbringung bei dem für die Erhebung der Körperschaftsteuer der übernehmenden Körperschaft zuständigen Finanzamt

vorzunehmen. Erfolgt die Anmeldung oder Meldung nach Ablauf der genannten Frist, gilt als Einbringungsstichtag der Tag des Abschlusses des Einbringungsvertrages, wenn dies innerhalb einer Frist von neun Monaten nach Ablauf des Ersatzstichtages (§ 108 BAO) dem für die Erhebung der Körperschaftsteuer der übernehmenden Körperschaft zuständigen Finanzamt gemeldet wird und die in § 12 Abs. 1 genannten Voraussetzungen auf den Ersatzstichtag vorliegen. Erfolgt die Einbringung in eine im Ausland ansässige übernehmende Körperschaft, für die bis zur Einbringung kein inländisches Finanzamt zuständig ist, tritt an die Stelle der vorgenannten Behörden das für den Einbringenden zuständige Wohnsitz-, Sitz- oder Lagefinanzamt.

(2) Einbringungsstichtag kann nur ein Tag sein, zu dem das einzubringende Vermögen dem Einbringenden zuzurechnen war. Im Falle der Einbringung durch eine Gesellschaft, bei der die Gesellschafter als Mitunternehmer anzusehen sind, gelten für die Frage der Zurechnung auch die Mitunternehmer als Einbringende. Erfolgt eine Einbringung auf einen Stichtag, zu dem das einzubringende Vermögen dem Einbringenden nicht zuzurechnen war, gilt als Einbringungsstichtag der Tag des Abschlusses des Einbringungsvertrages, wenn dies innerhalb einer Frist von neun Monaten nach Ablauf des Ersatzstichtages (§ 108 BAO) dem für die Erhebung der Körperschaftsteuer der übernehmenden Körperschaft zuständigen Finanzamt gemeldet wird und die in § 12 Abs. 1 genannten Voraussetzungen auf den Ersatzstichtag vorliegen. Die vorstehenden Sätze kommen nicht zur Anwendung, wenn das Vermögen im Erbwege erworben wurde und eine Buchwerteinbringung (§§ 16 und 17) erfolgt.

(BGBl I 2010/9)

Gliederung:

3.2. Einbringungsstichtag (§ 13 UmgrStG)

3.2.1. Grundsätze

3.2.1.1 Allgemeines

761 Der Einbringungsstichtag hat eine wesentliche Bedeutung, da mit ihm die steuerliche Funktion verbunden ist, dass die Zurechnung des Vermögens und der daraus resultierenden Einkünfte zum Einbringenden mit Ablauf dieses Tages endet und die Zurechnung des Vermögens und der daraus resultierenden Einkünfte zur übernehmenden Körperschaft ab dem dem Stichtag folgenden Tag erfolgt. Siehe dazu auch die Ausführungen zum Verschmelzungsstichtag in Rz 74 ff.

762 Einbringungsstichtag kann jeder beliebige Tag sein. Steuerlich maßgebend ist der im Vertrag zwischen dem Einbringenden und der übernehmenden Körperschaft festgelegte Tag, er muss klar und eindeutig festgelegt sein.

763 Der Einbringungsvertrag kann einen bevorstehenden oder einen rückwirkenden Einbringungsstichtag festlegen oder den Vertragstag als Stichtag definieren:

• Rückbezogene Stichtage dh. Stichtage, die vor dem Abschluss des Einbringungsvertrages liegen, sind nur im Rahmen der Grenzen des § 13 Abs. 1 UmgrStG möglich (Frist von neun Monaten, siehe Rz 767 ff).

• Andere Stichtage dh. Stichtage auf den Tag des Abschlusses des Einbringungsvertrages oder auf einen Tag danach können idR nur im Rahmen eines Grundsatzvertrages (Definition des Einbringenden, des abstrakten Gegenstandes der Einbringung, der übernehmenden Körperschaft) festgelegt werden. Dieser vorläufige Vertrag muss ergänzt und vervollständigt werden und ist in diesem Sinn ebenfalls ein rückwirkender, da die Endfassung einer abschließenden Willensübereinstimmung und damit der Unterfertigung bedarf. Es sind daher auch in diesem Fall innerhalb von neun Monaten ab dem Stichtag die Ergänzungen vorzunehmen (Bilanzerstellung, soweit nach § 12 Abs. 2 UmgrStG erforderlich, Wertermittlung, Gegenleistungsdefinition) und der zuständigen Behörde vorzulegen (siehe auch Rz 847). *(AÖF 2008/ 243)*

3.2.1.2 Stichtagsprobleme

Fehlt in einem Einbringungsvertrag die Angabe eines Stichtages, ist zu un- 764
terscheiden:

- Fehlt bei einem die Einbringung eines Betriebes, Teilbetriebes oder Mitunternehmeranteiles betreffenden im Übrigen allen Voraussetzungen des
§ 12 Abs. 2 UmgrStG Rechnung tragenden Einbringungsvertrag nur die Angabe eines Einbringungsstichtages, ist mit der Bezugnahme auf den zu
Grunde liegenden Jahres- oder Zwischenabschluss auch der Einbringungsstichtag definiert.

- Fehlt bei einem die Einbringung eines betrieblichen Kapitalanteils betreffenden im Übrigen allen Voraussetzungen des § 12 Abs. 2 UmgrStG Rechnung
tragenden Einbringungsvertrag nur die Angabe eines Einbringungsstichtages, ist mit der Bezugnahme auf die Einbringungsbilanz auch der Einbringungsstichtag definiert.

- Ist im Falle der Einbringung eines privat gehaltenen Kapitalanteils weder
eine Bilanz noch eine Einbringungsbilanz zu erstellen und ist auch im Einbringungsvertrag ein Stichtag nicht genannt, liegt ein Verzicht auf eine
Rückwirkung vor und ist als Einbringungsstichtag der Tag des Abschluss
des nach außen erkennbaren Einbringungsvertrages anzunehmen.

Beispiel:

Ein Einbringungsvertrag über einen privat gehaltenen Kapitalanteil im Sinne des § 12
Abs. 2 Z 3 UmgrStG wird ohne Erwähnung eines Einbringungsstichtages am 23.9.01
in Form eines Notariatsaktes abgeschlossen, wobei keine Anteilsgewährung an den
Einbringenden erfolgt (Fall des § 19 Abs. 2 Z 2 bzw. 5 UmgrStG). Der Vertrag wird
dem (auch für die übernehmende GmbH zuständigen) FA erst im Zuge der Abgabe
der ESt-Jahreserklärung des Einbringenden am 18.6.02 bekannt gegeben. Mangels
Rückwirkung ist bei Vorliegen aller Anwendungsvoraussetzungen des § 12 UmgrStG
der Tag des Abschlusses des Einbringungsvertrages (23.9.01) auf die GmbH als Einbringungsstichtag anzunehmen. *(AÖF 2013/301)*

Wird im Einbringungsvertrag der Einbringungsstichtag mit einem Tag fest- 765
gelegt, der mehr als neun Monate vor Unterfertigung des Vertrages liegt, kann
dieser Stichtag im Hinblick auf das Erfordernis, die Einbringung innerhalb von
neun Monaten bei der zuständigen Behörde zu melden bzw. anzumelden, keine
umgründungssteuerrechtlichen Wirkungen vermitteln. In diesem Fall gilt der
Tag des Abschlusses des Einbringungsvertrages als Einbringungsstichtag. Wurde diese Einbringung beim Firmenbuch angemeldet oder dem FA gemeldet,
kann eine außerhalb des Art. III UmgrStG liegende Einbringung nur dann verhindert werden, wenn nach § 13 Abs. 1 vierter Satz UmgrStG auf den Vertragstag innerhalb von neun Monaten jene Maßnahmen bezogen werden, die der
Erfüllung der Anwendungsvoraussetzungen des § 12 UmgrStG dienen (Zwischenabschlusserstellung, gegebenenfalls Unternehmensbewertung, Einbringungsbilanzerstellung, Gegenleistungsbestimmung).

Beispiel:

A bringt seinen Mitunternehmeranteil an der X-KG (Bilanzstichtag 31.12.) mit Vertrag vom 15.10.09 in die ihm zu 100% gehörende A-GmbH zum Stichtag 31.12.08
ein, wobei auf eine Anteilsgewährung gemäß § 19 Abs. 2 Z 5 UmgrStG verzichtet
wird. Die Einbringung wird dem zuständigen FA am 30.10.09 unter Anschluss des
Einbringungsvertrages, des Abschlusses der X-KG zum 31.12.08 sowie der Einbringungsbilanz betreffend den Anteil des A an der X-KG gemeldet.

Da der Einbringungsstichtag mehr als neun Monate vor dem Einbringungsvertrag
liegt, kann die Einbringung jedenfalls nicht zum vereinbarten Stichtag wirksam wer-

den. Vielmehr hat A bis spätestens 15.7.10 dem Finanzamt einen auf den Ersatzstichtag 15.10.09 adaptierten Einbringungsvertrag, einen Zwischenabschluss der X-AG sowie eine Einbringungsbilanz des MU-Anteils vorzulegen. Auch das Vorliegen des positiven Verkehrswerts zum Ersatzstichtag ist gegebenenfalls nachzuweisen. *(AÖF 2013/301)*

766   Wird die Einbringung betrieblicher Einheiten laut Einbringungsvertrag auf einen bestimmten Tag (zB auf den 1.1.) eines Jahres bezogen, dh. es wird im Einbringungsvertrag ein bestimmter Tag, zB der 1.1., als Einbringungsstichtag festgelegt, ist im Hinblick auf die Maßgeblichkeit des Vertrages damit die Absicht verbunden, dass das einzubringende Vermögen mit Ablauf dieses Tages auf die Körperschaft übergehen soll. Dieser Einbringung ist ein Jahresabschluss zum Einbringungsstichtag zugrunde zu legen. Wird kein Zwischenabschluss zum Vertragstag erstellt, ist eine Anwendungsvoraussetzung des § 12 UmgrStG nicht gegeben (siehe Rz 816 ff).

Auch auf dem Jahresabschluss des Vortages basierende und den Mindestanforderungen des § 4 EStG 1988 entsprechende Stichtagsbilanzen im Sinne des § 12 Abs. 2 UmgrStG genügen den Anforderungen von Art. III UmgrStG, jedoch sind diese im Hinblick auf Veränderungen des Vermögens am Stichtag selbst nach den Grundsätzen des § 4 Abs. 2 EStG 1988 anzupassen (vgl. VwGH 29.1.2015, 2011/15/0169, weiters VwGH 26.2.2015, 2014/15/0041). Von einer Berichtigung gemäß § 4 Abs. 2 EStG 1988 kann abgesehen werden, wenn sich entsprechend den Grundsätzen des KFS/RL 25 vom 3.12.2012 am Stichtag selbst keine wesentlichen Geschäftsfälle ereignen. *(BMF-AV Nr. 193/2015)*

3.2.2. Rückwirkungsfiktion

3.2.2.1 Allgemeines

767   Rückwirkende Rechtsgeschäfte sind ungeachtet ihrer zivilrechtlichen Zulässigkeit für den Bereich des Steuerrechtes nicht anzuerkennen (zB VwGH 25.3.1999, 96/15/0079). Solche Rechtsgeschäfte entfalten ihre steuerliche Wirkung erst ab dem Tag des Abschlusses des Rechtsgeschäftes oder dem Tag eines Gesellschaftsvertrages.

768   Eine Rückwirkung ist steuerlich nur bei einer ausdrücklichen steuergesetzlichen Regelung anzuerkennen. Eine solche auch steuergesetzlich angeordnete Rückwirkung ist im Zusammenhang mit Einbringung durch die nachstehenden Bestimmungen vorgesehen:

- § 13 UmgrStG in Form des (eingeschränkten) Wahlrechtes eines rückwirkenden Einbringungsstichtages. Dieses Wahlrecht wird durch die Anmeldung bzw. Meldung ausgeübt.

- § 6 Z 14 lit. b EStG 1988: Danach ist die Rückwirkungsfiktion des UmgrStG generell für die Einbringung von Vermögen im Sinne § 12 Abs. 2 UmgrStG nach den Regeln des § 13 UmgrStG anwendbar, auch wenn eine/mehrere der anderen umgründungssteuerrechtlichen Voraussetzungen (Anwendungsvoraussetzungen) nicht gegeben sind (siehe EStR 2000 Rz 2607 sowie Rz 1277). *(AÖF 2013/301)*

769   § 13 Abs. 1 UmgrStG ermöglicht, dass der Einbringungsstichtag abweichend vom Vertragstag auf einen Zeitpunkt vor der Unterfertigung des Einbringungsvertrages bezogen wird. Diese Rückwirkungsfiktion ist nur für die ertragsteuerliche Beurteilung der an der Einbringung unmittelbar beteiligten Personen relevant. Das sind (der) die Einbringende(n) und die übernehmende Körper-

schaft. Für das Zivilrecht und andere Abgaben bzw. die Verfahrensvorschriften gilt diese Rückwirkung nicht (siehe auch Rz 951 ff und Rz 1216 ff).

Es sind insbesondere die Buchführungs- und Aufzeichnungsvorschriften der 770 §§ 124 ff BAO und § 18 UStG 1994 usw. für den eingebrachten (Teil)Betrieb zumindest bis zur (An)Meldung der Einbringung weiterhin durch den Einbringenden zu beachten (siehe etwa UStR 2000 Rz 56, die die Annahme des Überganges mit dem der (An)Meldung folgenden Monatsersten für zulässig erachten). Die Geschäftsfälle und die dazu gehörigen Belege sind bis dahin in den Büchern der übernehmenden Körperschaft getrennt zu erfassen, aufzuzeichnen und aufzubewahren. Die Zusammenführung der Bücher und Aufzeichnungen ist grundsätzlich frühestens mit Ablauf des Tages der (An)Meldung des Einbringungsvertrages und des Einbringungsstichtages zulässig. Es bestehen jedoch keine Bedenken, für die Zusammenführung der steuerlichen Bücher und Aufzeichnungen die im KWT-Fachgutachten KFS/RL 25 dargestellten Grundsätze sinngemäß anzuwenden. Die Zusammenführung hat leicht nachvollziehbar – etwa auf Basis eines formlosen Zwischenabschlusses oder aufgrund der eindeutigen Textierung der Buchungen (zB durch Einbuchung der Salden aus der Saldenliste) – zu erfolgen.

Nur Abwicklungen, die diesen Grundsätzen folgen, haben die Vermutung der Ordnungsmäßigkeit des § 163 BAO für sich. *(AÖF 2013/301)*

Der Einbringungsstichtag kann höchstens neun Monate vor Anmeldung oder 771 der Meldung bei der zuständigen Behörde (siehe Rz 776 ff) liegen (Rückwirkungsfrist).

Auch nicht rückwirkende Einbringungen (Stichtag ist der Vertragstag) sind innerhalb von neun Monaten ab Stichtag beim Firmenbuch anzumelden bzw. dem Finanzamt zu melden. Erfolgt in einem solchen Fall die Anmeldung/Meldung der Einbringung nicht innerhalb von neun Monaten, fällt die Einbringung nicht unter Art. III UmgrStG. Die Ersatzstichtagsregelung des § 13 Abs. 1 vierter Satz UmgrStG kommt nicht zur Anwendung.

Beispiel:

A bringt 25% seiner Anteile an der X-GmbH in die Y-GmbH, deren Alleingesellschafter er ist, ein. Im Einbringungsvertrag vom 23.4.01 wird als Stichtag der Vertragstag, dh. der 23.4.01 festgelegt. Eine Anteilsgewährung unterbleibt gemäß § 19 Abs. 2 Z 5 UmgrStG. Die Meldung an das für die Y- GmbH zuständige Finanzamt erfolgt am 18.8.02.

Da die Meldung nicht innerhalb von neun Monaten ab dem Stichtag (Vertragstag) erfolgt, fällt die Einbringung nicht unter Art. III UmgrStG. Es kommt § 6 Z 14 lit. b EStG 1988 bezogen auf den 23.4.01 zur Anwendung. *(AÖF 2013/301)*

3.2.2.2 Beginn der Rückwirkungsfrist

Die Rückwirkungsfrist beginnt mit dem vertraglich festgelegten Einbrin- 772 gungsstichtag zu laufen und endet spätestens neun Monate später. Nur innerhalb dieser Frist ist eine Rückbeziehung möglich.

Die Rückwirkungsfrist ist von der Anzeigefrist des § 43 Abs. 1 UmgrStG zu 773 unterscheiden, deren Einhaltung keine Anwendungsvoraussetzung des Art. III UmgrStG ist (siehe auch Rz 1899 ff). *(AÖF 2013/301)*

3.2.2.3 Ende der Rückwirkungsfrist

Für die Fristenberechnung ist in abgabenrechtlicher Sicht sowohl bei Zu- 774 ständigkeit des Firmenbuches als auch bei jener des Finanzamtes § 108 BAO

§ 13

maßgebend. Das bedeutet unter anderem, dass es sich bei der Neunmonatsfrist um eine verfahrensrechtliche Frist handelt und die Tage des Postenlaufs daher nicht eingerechnet werden. Allerdings ist bei Zuständigkeit des Firmenbuchs für die Anmeldung der Einbringung (vgl. Rz 776) daher hinsichtlich der Rechtzeitigkeit der Anmeldung wie folgt zu differenzieren:

- Sollte eine innerhalb der nach § 108 BAO berechneten Neunmonatsfrist erstattete aber nach Firmenbuchrecht verspätete Anmeldung einer Einbringung vom Firmenbuchgericht zurückgewiesen werden, ist eine Einbringung im Sinne des Art. III UmgrStG auch abgabenrechtlich nicht zustande gekommen.

- Sollte eine innerhalb der nach § 108 BAO berechneten Neunmonatsfrist erstattete, aber nach Firmenbuchrecht verspätet angemeldete Einbringung vom Firmenbuchgericht nicht zurückgewiesen werden, ist die Einbringung im Sinne des Art. III UmgrStG wirksam geworden.

- Sollte eine außerhalb der in § 108 BAO vorgesehenen Frist angemeldete Einbringung und auch nach Firmenbuchrecht verspätet angemeldete Einbringung vom Firmenbuch nicht zurückgewiesen werden, kommt die Ersatzstichtagsregelung des § 13 Abs. 1 Satz 4 UmgrStG zur Anwendung (Rz 792 ff). *(AÖF 2013/301)*

775 Aus der Maßgeblichkeit der BAO ergeben sich für Umgründungsstichtage zu einem Monatsende steuerlich folgende Fristen:

Umgründungsstichtag	letzter Postaufgabetag
31.1.	31.10.
28.2. (Normaljahr)	28.11.
29.2. (Schaltjahr)	29.11.
31.3.	31.12.
30.4.	30.1. des Folgejahres
31.5.	28.2. des Folgejahres (Normaljahr) bzw. 29.2. des Folgejahres (Schaltjahr)
30.6.	30.3. des Folgejahres
31.7.	30.4. des Folgejahres
31.8.	31.5. des Folgejahres
30.9.	30.6. des Folgejahres
31.10.	31.7. des Folgejahres
30.11.	30.8. des Folgejahres
31.12.	30.9. des Folgejahres

(AÖF 2008/243)

3.2.3. Zuständige Behörde

3.2.3.1 Anmeldung einer Inlandseinbringung beim Firmenbuch

776 Das Wahlrecht auf einen rückwirkenden Einbringungsstichtag ist in den folgenden Fällen durch die rechtzeitige Anmeldung beim zuständigen Firmenbuchgericht auszuüben:

- Einbringungen im Wege der Sachgründung der übernehmenden Kapitalgesellschaft (vgl. § 20 AktG sowie § 6 Abs. 4 sowie § 6a Abs. 2 und 4 GmbHG)

- Einbringungen im Wege einer Kapitalerhöhung bei der übernehmenden Kapitalgesellschaft (vgl. § 150 AktG sowie § 52 Abs. 6 GmbHG).

Zuständig ist das Firmenbuchgericht am Sitz der übernehmenden Körperschaft. Dieses überprüft auch die Vollständigkeit der Anmeldung. *(AÖF 2013/301)*

Dies gilt nur, wenn die Einbringung in eine inländische Körperschaft erfolgt.   777
Erfolgt die Einbringung in eine ausländische Körperschaft, ist eine Meldung beim FA erforderlich (siehe Rz 784 ff).

Die Anmeldung beim Firmenbuchgericht sollte vollständig erfolgen, klar ab-   778
gefasst sein und jeden Zweifel ausschließen. Aus diesem Grunde sollten der Anmeldung angeschlossen sein

- der Einbringungsvertrag und

- die unternehmensrechtliche Einbringungsbilanz.

Darüber hinaus sind dem Firmenbuch jene Urkunden/Erklärungen vorzulegen, die nach den gesellschaftsrechtlichen Bestimmungen bei einer Sachgründung bzw. Kapitalerhöhung erforderlich sind (zB Erklärung der Geschäftsführer gemäß § 10 Abs. 3 GmbHG, dass sich die Sacheinlage in der freien Verfügung der Gesellschaft befindet). *(AÖF 2013/301)*

Bei Vorliegen der Voraussetzungen des § 12 UmgrStG wird die Einbringung   779
mit der Eintragung der Sachgründung oder der Kapitalerhöhung wirksam.

Weist das Firmenbuchgericht die Anmeldung aus materiellrechtlichen Grün-   780
den ab oder wird das Firmenbuchgesuch zurückgezogen, kann die Einbringung weder im Sinne des Art. III UmgrStG noch außerhalb des Art. III UmgrStG zustande kommen. Gegebenenfalls liegt eine bloße Nutzungsüberlassung vor.

Zu den Folgen einer Fristverletzung bei Firmenbuchzuständigkeit vgl. Rz 774. *(BMF-AV Nr. 131/2018)*

3.2.3.2 Meldung einer Inlandseinbringung beim FA

In den nicht unter Rz 776 ff fallenden Einbringungstatbeständen wird das   781
Wahlrecht auf Rückwirkung durch eine Meldung beim FA ausgeübt. Die Meldung hat bei dem gemäß § 21 AVOG 2010 (iVm § 7 Abs. 2 AVOG 2010) für die übernehmende Körperschaft zuständigen FA zu erfolgen. Dies gilt auch dann, wenn auf Grund der Übertragung eines Betriebes oder Teilbetriebes (§ 3 Abs. 1 Z 15 FBG) oder nach anderen firmenbuchrechtlichen Vorschriften zusätzlich beim Firmenbuchgericht eine Anmeldung vorzunehmen ist bzw. vorgenommen wird. Verfügen mehrere FÄ über eine gemeinsame Einlaufstelle, gilt die Meldung als bei dem FA eingebracht, an das die Meldung adressiert ist. *(AÖF 2013/301)*

Wird die Meldung an eine unzuständige Abgabenbehörde adressiert (siehe   782
oben), erfolgt die Weiterleitung an die zuständige Abgabenbehörde auf Gefahr des Einschreiters (§ 50 BAO). Die Meldung gilt in diesem Fall erst dann als erfolgt, wenn sie bei der zuständigen Abgabenbehörde einlangt. Es ist nicht erforderlich, dass die Meldung den richtigen Bereich der Abgabenbehörde enthält.

Beispiel 1:
Für die übernehmende Körperschaft ist gemäß § 7 Abs. 2 iVm § 21 AVOG 2010 das FA Salzburg-Land zuständig. Die Meldung enthält die Adressierung „FA Salzburg-Land, Infocenter" und wird bei der gemeinsamen Einlaufstelle der FÄ Salzburg-Land und Salzburg-Stadt eingereicht.

Die Erwähnung des Infocenters ist unschädlich, da sich die Meldung an die zuständige Abgabebehörde richtet. Die Weiterleitung hat (nötigenfalls in Kopie) an das für die Einbringung zuständige BV-Team durch die Abgabebehörde zu erfolgen. Die Meldung gilt im Zeitpunkt des Einlangens als erfolgt.

Beispiel 2:

Sachverhalt wie oben. Für die übernehmende Körperschaft ist aber gemäß § 21 AVOG 2010 das FA Salzburg-Stadt zuständig.

Da die Meldung an die unzuständige Behörde adressiert ist, ist die Rechtzeitigkeit des Einlangens davon abhängig, dass die Meldung tatsächlich innerhalb der Neun- Monats-Frist beim FA Salzburg-Stadt einlangt. Das diesbezügliche Risiko tragen Einbringende und Übernehmende. Unterbleibt eine Weiterleitung überhaupt, gilt die Meldung als nicht erfolgt. *(AÖF 2013/301)*

783   Im Gegensatz zu den Fällen der Anmeldung beim Firmenbuch (Sachgründung; Kapitalerhöhung) erfolgt auf Grund der Meldung beim zuständigen FA keine mit Konstitutivwirkung verbundene Bestätigung oder Zurückweisung. Die steuerliche Wirksamkeit einer Einbringung ist daher mit dem Tag des Einlangens der Meldung selbst gegeben und zwar unabhängig davon, ob die Meldung vollständig oder unvollständig erfolgt ist (Rz 787; zur Rechtzeitigkeit der Meldung der Rückwirkungsfrist siehe Rz 774). Damit kommt der Meldung eine über eine bloße Formvorschrift hinausgehende Bedeutung zu. Ein Zurückziehen der erfolgten Meldung seitens des Einbringenden hebt die Wirkung einer nach Art. III UmgrStG vollzogenen Einbringung nicht auf.

Ist für die fristgerechte Meldung einer Einbringung die Zuständigkeit des Finanzamtes gegeben, kommt bei Fristversäumnis eine Wiedereinsetzung in den vorigen Stand gemäß § 308 BAO grundsätzlich in Betracht. Dies ist zB bei einem Betriebsurlaub des ganzen Betriebes oder im Falle eines Brandes denkbar. Wird als unvorhergesehenes oder unabwendbares Ereignis ein Rechtsirrtum angegeben, stellt dies im Allgemeinen keinen Wiedereinsetzungsgrund dar (vgl. zB VwGH 10.5.2001, 98/15/0028). *(AÖF 2013/301)*

3.2.3.3 Meldung einer Auslandseinbringung

784   Bei Einbringungen von inländischem Vermögen durch inländische Einbringende in ausländische Körperschaften, für die es in Österreich keine Firmenbuchzuständigkeit bzw. kein zuständiges Finanzamt gibt, ist das für den Einbringenden zuständige Wohnsitz-, Betriebs- oder Lagefinanzamt zuständig. Die steuerliche Anerkennung einer rückwirkenden Einbringung hängt daher in diesen Fällen von der fristgerechten Meldung der Einbringung bei dem für den Einbringenden zuständigen Finanzamt ab.

Bei Einbringungen von inländischem Vermögen durch ausländische Einbringende in ausländische Körperschaften, für die in Österreich weder eine Firmenbuchzuständigkeit noch ein zuständiges Finanzamt besteht, ist das für den Einbringenden zuständige Wohnsitz-, Betriebs-, oder Lagefinanzamt zuständig. Im Zweifel ist von einer Zuständigkeit des für das übertragene Vermögen zuständigen Finanzamtes auszugehen. Die steuerliche Anerkennung einer rückwirkenden Einbringung hängt daher in diesen Fällen von der fristgerechten Meldung der Einbringung bei diesem Finanzamt ab. *(BMF-AV Nr. 131/2018)*

3.2.3.4 Form und Inhalt der Meldung beim FA

785   Der Textaufbau des § 13 Abs. 1 UmgrStG zeigt an, dass das System der Meldung dem System der Anmeldung beim Firmenbuch gleichgestellt bzw. ihm nachempfunden ist. Die Meldung muss daher, um die Eigenschaft einer die

Steuerwirksamkeit einer Einbringung auslösenden Handlung zu besitzen, vollständig sein und alle Mindestelemente des Einbringungsvertrages sowie den Jahresabschluss (bzw. Zwischenabschluss) sowie die Einbringungsbilanz enthalten (siehe Rz 786). *(AÖF 2013/301)*

Die Meldung besteht aus dem Einbringungsvertrag, dem entweder integrie- **786** rend oder gesondert der Jahres- oder Zwischenabschluss (siehe Rz 816 ff) und die steuerliche Einbringungsbilanz (soweit nicht privat gehaltene Kapitalanteile betroffen sind) angeschlossen sind. *(AÖF 2013/301)*

Wird eine Einbringung auf einen zurückliegenden Stichtag gemeldet, wobei **787** im Zeitpunkt der Meldung der Einbringungsvertrag noch nicht abgeschlossen ist, sind in der Meldung die Mindestelemente der Einbringung (Einbringender, Einbringungsstichtag, Gegenstand der Einbringung, übernehmende Körperschaft, Art der Gegenleistung) eindeutig darzustellen. Die Steuerwirksamkeit kann aber noch nicht eintreten, die Meldung hat aufschiebende Wirkung. Die fehlenden Unterlagen (Einbringungsvertrag, Jahres- oder Zwischenabschluss, Einbringungsbilanz) sind bis zum Ablauf der Neunmonatsfrist nachzureichen (Rz 791).

Beispiel:
A will seinen 30-prozentigen Anteil an der X-KG in die Y-GmbH, an der er sowie B zu je 50% beteiligt sind, per 31.12.01 einbringen. Er meldet diese geplante Einbringung dem gemäß § 21 AVOG 2010 zuständigen Finanzamt im Juni 02, wobei er in der Meldung Folgendes anführt:
Einbringender: A unter Anführung der St.Nr.
Übernehmende Körperschaft: Y-GmbH unter Anführung der St.Nr. und der FB-Nr.
Gegenstand der Einbringung: 30% Anteile an der X-KG unter Anführung der FB-Nr.
Einbringungsstichtag: 31.12.01
Art der Gegenleistung: Abfindung durch B gemäß § 19 Abs. 2 Z 5 UmgrStG
Sobald der Einbringungsvertrag abgeschlossen worden ist, ist dieser samt Abschluss der X-KG zum 31.12.01 sowie Einbringungsbilanz über den eingebrachten MU-Anteil innerhalb der Neunmonatsfrist dem Finanzamt zu melden, dh. Postaufgabe spätestens 30.9.02. *(AÖF 2013/301)*

Im Falle der Meldung einer Einbringung auf einen bevorstehenden Einbrin- **788** gungsstichtag sind die in Rz 787 erwähnten Mindestelemente darzustellen, soweit dies nach dem Wissensstand im Zeitpunkt der Meldung möglich ist. Auch in diesem Fall kann die Steuerwirksamkeit der Meldung noch nicht eintreten, es sind die fehlenden Daten und Unterlagen innerhalb der Neunmonatsfrist ab dem bevorstehenden Stichtag nachzureichen. Erfolgt dies nicht, liegt auch in diesem Fall eine verspätete Meldung und damit eine Fristverletzung vor. *(AÖF 2013/301)*

Eine bloße Anfrage beim FA, ob gegen bestimmte geplante und daher noch **789** gar nicht beschlossene Umgründungsschritte auf einen zurückliegenden Stichtag Bedenken bestehen, gilt keinesfalls als Meldung, auch wenn in dieser Anfrage sehr detaillierte Angaben über die Planungen gemacht werden, sondern nur um eine Absichtserklärung.

Ergibt sich erst – nach Ablauf der Neunmonatsfrist – aus eingereichten Ab- **790** gabenerklärungen bzw. diesen beiliegenden Jahresabschlüssen oder sonstigen Umständen (zB Kontrollmitteilungen, Firmenbuchabfragen), dass Vermögen im Sinne des § 12 Abs. 2 UmgrStG eingebracht wurde, kann dies mangels rechtzeitiger Vorlage des Einbringungsvertrages (siehe Rz 786), nicht als Einbringung im Sinne des Art. III UmgrStG gewertet werden. *(AÖF 2013/301)*

791   Eine die Mindestvoraussetzungen gemäß Rz 787 nicht erfüllende Meldung kann die Rückwirkungsfiktion nicht auslösen.

Erfolgt zwar eine fristgerechte Meldung, bleibt diese Meldung aber bis zum Ablauf der Neunmonatsfrist unvollständig, ist wie folgt zu unterscheiden:

*   Es wird mit der Meldung der Einbringungsvertrag, nicht aber der Jahresabschluss bzw. Zwischenabschluss zum Stichtag und/oder die Einbringungsbilanz vorgelegt:

*   In diesem Fall hat die Abgabenbehörde den Einbringenden zur Vorlage der fehlenden Unterlagen aufzufordern. Kommt der Einbringende der Aufforderung innerhalb von zwei Wochen nach, ist der rückwirkende Stichtag anzuerkennen. Zu den Auswirkungen einer Einbringung des gesamten Betriebes bei fehlender Stichtags- aber vorgelegter Einbringungsbilanz siehe allerdings Rz 664.

*   Es wird mit der Meldung der Jahres-/Zwischenabschluss und/oder die Einbringungsbilanz vorgelegt, nicht aber der Einbringungsvertrag: Da aus einer solchen Meldung die wesentlichen Grundlagen der Einbringung nicht hervorgehen, liegt grundsätzlich eine Fristverletzung vor, die zur Anwendung der Ersatzstichtagsregelung führt (Rz 793). Legt der Steuerpflichtige den Einbringungsvertrag innerhalb von zwei Wochen ab Aufforderung durch das Finanzamt vor und weist nach, dass der Einbringungsvertrag bereits im Zeitpunkt der Meldung nachweislich bestand (zB Notariatsakt, der dem Firmenbuch anlässlich der Einbringung angezeigt wurde), bestehen keine Bedenken, den rückwirkenden Stichtag anzuerkennen.

Liegt nach den vorstehenden Grundsätzen keine fristgerechte Meldung vor, ist von einer verspäteten Meldung am Tage des tatsächlichen Einlangens der fehlenden Unterlagen auszugehen (siehe Rz 792 ff). *(BMF-AV Nr. 131/2018)*

3.2.4. Fristverletzung

3.2.4.1 Allgemeines

792   § 13 Abs. 1 UmgrStG macht die Rückwirkung der Einbringung davon abhängig, dass sie innerhalb der gesetzlichen Frist der zuständigen Behörde (Rz 776 ff) zur Kenntnis gebracht wird. Daneben sieht eine Ordnungsvorschrift vor, dass den sonst von der Einbringung betroffenen Abgabenbehörden die Einbringung innerhalb derselben Frist angezeigt wird (§ 43 Abs. 1 UmgrStG). Wird die in § 13 UmgrStG normierte Frist nicht gewahrt, ist die steuerliche Rückwirkung nicht gegeben.

793   Liegt eine Fristverletzung vor, führt dies nicht unter allen Umständen dazu, dass die durchgeführte Einbringung nicht unter Art. III UmgrStG fällt und sohin eine verunglückte Einbringung vorliegt. Vielmehr hat die Fristverletzung zunächst nur die Konsequenz, dass die Einbringung keine Rückwirkung zeitigen kann, weil § 13 Abs. 1 vierter Satz UmgrStG den Tag des Vertragsabschlusses als Ersatzstichtag normiert und zwar unabhängig zu welchem Zeitpunkt die Vermögensübertragung stattgefunden hat. *(AÖF 2013/301)*

3.2.4.2 Ersatzstichtag

794   Im Falle der Fristverletzung kann Art. III UmgrStG bezogen auf den Ersatzstichtag aber nur dann zur Anwendung kommen, wenn auf diesen Ersatzstichtag die Anwendungsvoraussetzungen erfüllt werden (vgl. Rz 765) und die Erfüllung

dieser Voraussetzungen innerhalb von neun Monaten ab Ersatzstichtag dem Finanzamt gemeldet (zur Form der Meldung vgl. Rz 786) wird.

Wird von dieser Sanierungsmöglichkeit, dh. Adaptierung des Einbringungsvertrages, Erstellung eines Zwischenabschlusses auf den Vertragstag bei Einbringung betrieblicher Einheiten sowie einer Einbringungsbilanz (vgl. auch Rz 798), nicht Gebrauch gemacht oder kann von dieser – infolge verspäteten Erkennens der Fristverletzung – nicht Gebrauch gemacht werden, ist eine Anwendungsvoraussetzung des Art. III UmgrStG verletzt. Es kommt daher in diesem Fall zum Veräußerungstatbestand gemäß § 6 Z 14 lit. b EStG 1988 bzw. § 20 Abs. 1 Z 2 KStG 1988 auf den ursprünglich gewählten (vereinbarten) Einbringungsstichtag (siehe Rz 799 bzw. Rz 1275 ff). *(AÖF 2013/301)*

Das Vorliegen einer unter § 6 Z 14 EStG 1988 fallenden Sacheinlage ist **795** dann nicht anzunehmen, wenn auf den Ersatzstichtag die Voraussetzungen für eine steuerneutrale Einbringung innerhalb von neun Monaten geschaffen werden (Zwischenabschlusserstellung, gegebenenfalls Vermögensbewertung, Einbringungsbilanzerstellung, unter Umständen Überprüfung des Umtauschverhältnisses, Meldung; siehe Rz 798). *(AÖF 2013/301)*

3.2.4.3 Frist und Zuständigkeit

Für die Wahrung der gesetzlich eingeräumten weiteren Neunmonatsfrist ist **796** wie bei der ursprünglichen Frist § 108 BAO maßgebend. *(AÖF 2008/243)*

Im Hinblick auf den steuerlichen Sanierungstatbestand ist die nach Rz 798 **797** adaptierte Einbringung stets (daher auch in ursprünglich firmenbuchzuständigen Fällen) dem gemäß § 21 AVOG 2010 für die übernehmende Körperschaft zuständigen FA zu melden. *(AÖF 2013/301)*

3.2.4.4 Folgen der Fristverletzung

3.2.4.4.1 Wahrung des Ersatzstichtages

Folge der Fristverletzung ist, dass das einzubringende Vermögen und die aus **798** diesem Vermögen resultierenden Erträge bis zum Ersatzstichtag weiterhin dem Einbringenden zuzurechnen sind. Das gilt auch für allfällige Veräußerungsvorgänge bis zum Ersatzstichtag. Liegen zum Ersatzstichtag die Voraussetzungen des § 12 UmgrStG vor, bleibt auch im Falle der sich aus dem Gesetz ergebenden Beziehung des Einbringungsvorganges auf den Ersatzstichtag das UmgrStG uneingeschränkt anwendbar. Dabei ist aber Folgendes zu beachten:

• Da der ursprüngliche Einbringungsvertrag zivilrechtlich gültig ist und bleibt, haben die Vertragspartner eine schriftliche Adaptierung für steuerliche Zwecke insoweit vorzunehmen, als die Grundlagen der Einbringung zum Ersatzstichtag nicht mehr stimmen können und diese Adaptierung einschließlich erforderlicher Unterlagen innerhalb einer neuerlichen Neunmonatsfrist (§ 108 BAO), gerechnet ab dem Ersatzstichtag, stets dem FA der übernehmenden Körperschaft vorzulegen.

• Es ist ein Zwischenabschluss zum Ersatzstichtag im Sinne des § 4 Abs. 1 EStG 1988 aufzustellen, der den Erfordernissen des § 12 Abs. 2 UmgrStG entspricht (Inventierung, Ansatz und Bewertung des Vermögens: wenn eine Inventur zum Ersatzstichtag nicht möglich sein sollte, ist auch eine sachgerechte Schätzung nicht zu beanstanden). Damit werden die Zurechnung des letzten laufenden Gewinnes zum Einbringenden und die Grundlage für

die Vermögensübertragung zu den steuerlich maßgebenden Werten sichergestellt.

• Es ist der Verkehrswert zum Ersatzstichtag zu ermitteln, da sich das Umtauschverhältnis geändert haben kann oder die Frage des Vorliegens eines
positiven Verkehrswertes eine Rolle spielt.

• Es ist aus dem Zwischenabschluss eine Einbringungsbilanz abzuleiten (siehe
Rz 837 ff), in der die ursprünglich beabsichtigten rückwirkenden Korrekturen im Sinne des § 16 Abs. 5 UmgrStG und die zum Ersatzstichtag maßgebenden Werte bei einer fakultativen oder zwingenden Aufwertung anzusetzen sind. Eine Adaptierung der ursprünglich vorgenommenen rückwirkenden Korrekturen ist insoweit möglich, als sie durch den geänderten Buch-
bzw. Verkehrswert bedingt sind.

• Liegt ein positiver Verkehrswert zum Ersatzstichtag nicht vor, ist er bis zum
Tag der Adaptierung des Einbringungsvertrages durch Einlagen im Sinne
des § 16 Abs. 5 UmgrStG oder zB durch eine Verminderung der vorgenommenen vorbehaltenen Entnahme im Sinne des § 16 Abs. 5 Z 2 UmgrStG herzustellen. *(AÖF 2013/301)*

3.2.4.4.2 Nichtwahrung des Ersatzstichtages

799   Werden die Voraussetzungen des Art. III UmgrStG auf den Ersatzstichtag innerhalb der neuerlichen Neunmonatsfrist nicht geschaffen und ist damit keine
umgründungssteuerwirksame Sanierung erfolgt, liegt eine unter den Tauschgrundsatz des § 6 Z 14 lit b EStG 1988 fallende Einbringung vor. Die Gewinnverwirklichung bezieht sich in diesem Fall nicht auf den Ersatzstichtag sondern
auf den im Einbringungsvertrag ursprünglich festgelegten Tag. Diese Folgewir-
kung kann auch dann angenommen werden, wenn die tatsächliche Vermögensübertragung schon vor Ablauf der Rückwirkungsfrist erfolgt ist.

3.2.4.4.3 Fristbezogene Vertragsklausel

800   Der Gefahr einer die Tauschwirkungen des § 6 Z 14 EStG 1988 auslösenden
Übertragung kann dadurch begegnet werden, dass im Einbringungsvertrag eine
Klausel verankert wird, nach der die tatsächliche Vermögensübertragung am Tag
der fristgerechten Anmeldung beim Firmenbuchgericht bzw. am Tag der fristgerechten Meldung bei der zuständigen Abgabenbehörde erfolgen soll. Im Falle
einer tatsächlichen Fristverletzung kommt demzufolge mangels Vermögensübertragung weder eine Einbringung im Sinne des Art. III UmgrStG noch eine
Einlage im Sinne des § 6 Z 14 EStG 1988 zustande. Sollte die übernehmende
Körperschaft das einzubringende Vermögen schon in Besitz genommen haben,
liegt daher eine bloße Nutzungsüberlassung vor, die im Falle des Vorliegens eines Beteiligungsverhältnisses des „Einbringenden" (= Nutzungsüberlassers) vor
der Einbringung als steuerneutrale Nutzungseinlage zu werten ist.

Beispiel für eine Fristenklausel:

In Punkt xx des Einbringungsvertrages findet sich folgende Bestimmung:

„Die Übertragung des Vermögens erfolgt unter der aufschiebenden Bedingung, dass
die Einbringung bei der zuständigen Behörde rechtzeitig gemeldet wird." *(AÖF
2013/301)*

3.2.4.5 Anzeigepflicht

801   Der Einbringungsvorgang ist nach § 43 Abs. 1 UmgrStG innerhalb von neun

Monaten nach dem Einbringungsstichtag an die für den Einbringenden und die übernehmende Körperschaft zuständigen FÄ anzuzeigen (siehe auch Rz 1899 ff).

Diese Anzeige hat immer dann zu erfolgen, wenn nicht schon eine Meldung erforderlich ist. Auch die Anmeldung beim Firmenbuch kann diese Anzeige nicht ersetzen.

Die Anzeigepflicht ist eine reine Ordnungsvorschrift. Die Unterlassung oder die verspätete Erstattung der Anzeige stellt zwar eine Finanzordnungswidrigkeit dar, steht den Wirkungen des UmgrStG aber nicht entgegen.

Beispiel:

An der in Niederösterreich gelegenen AB-OG sind der in Wien wohnhafte A und der am Sitz der OG wohnhafte B mit je 50% beteiligt.

Zum 31.12.01

a) will die OG ihren Betrieb (gegen Gewährung neuer Anteile),

b) wollen A und B ihre Mitunternehmeranteile (gegen Anteilsabtretung) in die dem A und B gehörende AB-GmbH einbringen.

Im Falle a) ist auf Grund der vorgesehenen Kapitalerhöhung für die Anmeldung iSd § 13 Abs. 1 UmgrStG das Firmenbuch zuständig. Anzuzeigen (gemäß § 43 Abs. 1 UmgrStG) ist die Einbringung bei den für die OG und die GmbH zuständigen Finanzämtern.

Im Falle b) ist auf Grund der Anteilsabtretung gemäß § 19 Abs. 2 Z 2 UmgrStG das Finanzamt der AB-GmbH für die Meldung zuständig. Anzuzeigen ist die Einbringung bei den für A und B zuständigen Finanzämtern. Dass das für die GmbH zuständige Finanzamt auch das Wohnsitzfinanzamt des B ist, ändert nichts an der Anzeigepflicht des B. *(AÖF 2013/301)*

3.2.5. Beispiele für den Einbringungsstichtag

Bei den Beispielen wird unterstellt, dass der Einbringungsvertrag in sachgerechter Form erstellt wird und alle erforderlichen Angaben enthält. 802

• Anmeldung der Einbringung bei Zuständigkeit Firmenbuchgericht

Zugrunde liegender Sachverhalt:

A bringt mit Einbringungsvertrag vom 14.8.09 zum Stichtag 31.12.08 sein Einzelunternehmen in die B-GmbH gegen Kapitalerhöhung ein.

Antrag auf Eintragung abgeschickt	Datum des Einlangens beim Firmenbuch	Entscheidung des Firmenbuchs	Rechtsfolge
28.9.09	30.9.09	Eintragung Kap.erhöhung	Art. III per 31.12.08
30.9.09	2.10.09	Eintragung Kap.erhöhung	Art. III per 31.12.08 (Rz 774)
30.9.09	2.10.09	Zurückweisung wg. Verspätung	keine Einbringung iSd Art. III (Rz 774, 780)
1.10.09	5.10.09	Zurückweisung wg. Verspätung	keine Einbringung iSd Art. III (Rz 780)

1.10.09	5.10.09	Eintragung Kap.erhöhung	Einbringung wirksam; Art. III per 14.8.09 wenn Ersatzstichtagsregelung greift; sonst Einbringg. außerhalb Art. III per 31.12.08

Der Zeitpunkt der tatsächlichen Übertragung der Verfügungsmacht über das eingebrachte Vermögen ist unbeachtlich. *(AÖF 2013/301)*

- Meldung der Einbringung bei Finanzamtszuständigkeit

Zugrunde liegender Sachverhalt:

A bringt aufgrund des Einbringungsvertrages vom 14.08.09 zum Stichtag 31.12.08 sein Einzelunternehmen in die A-GmbH ein, deren Alleineigentümer er ist. Es wird gemäß § 19 Abs. 2 Z 5 UmgrStG auf eine Anteilsgewährung verzichtet.

zur Post gegeben	eingelangt	Inhalt der Meldung	Rechtsfolge
30.9.09	2.10.09	Begleitschreiben Vertrag Bilanz Einbringungsbilanz	Art. III per 31.12.08
30.9.09	2.10.09	Begleitschreiben Vertrag	Vorhalt Vorlage Bilanzen binnen zwei Wochen (Rz 791) wenn innerhalb der Frist vorgelegt: Art. III per 31.12.08 verspätet vorgelegt:
30.9.09	2.10.09	Begleitschreiben Bilanz Einbringungsbilanz	Vorlage Einbringungsvertrag binnen zwei Wochen nach Aufforderung (Rz 791) wenn innerhalb der Frist vorgelegt: Art. III per 31.12.08 Ersatzstichtagsregelung
30.9.09	2.10.09	Begleitschreiben	verspätete Meldung; Ersatzstichtagsregelung
1.10.09	2.10.09	Begleitschreiben Vertrag Bilanz Einbringungsbilanz	verspätete Meldung; Ersatzstichtagsregelung
1.10.09	2.10.09	Begleitschreiben Vertrag	verspätete Meldung; Ersatzstichtagsregelung
1.10.09	2.10.09	Begleitschreiben Bilanz Einbringungsbilanz	verspätete Meldung; Ersatzstichtagsregelung
1.10.09	2.10.09	Begleitschreiben	verspätete Meldung; Ersatzstichtagsregelung

Der Zeitpunkt der tatsächlichen Übertragung der Verfügungsmacht über das eingebrachte Vermögen ist unbeachtlich.

- Der gewählte Einbringungsstichtag liegt am bzw. nach dem Tag der Unterfertigung des Einbringungsvertrages.

Unter-fertigung des Vertrages	Gewählter Stichtag	Tatsächliche Übertragung	Einlangen der Anmeldung (bei FB-Zuständigkeit) oder Postaufgabetag der Meldung (bei FA-Zuständigkeit)	Einbrin-gungs-stichtag
15.12.00	15.12.00	?	15.9.01	15.12.00
15.12.00	31.12.00	25.9.01	16.9.01	31.12.00

(AÖF 2013/301)

3.2.6. Dem Einbringenden zuzurechnendes Vermögen

3.2.6.1 Allgemeines

Das eingebrachte Vermögen muss am Einbringungsstichtag existiert haben und dem Einbringenden (natürliche Person, Personengesellschaft, Körperschaft) am Einbringungsstichtag (zumindest wirtschaftlich) zuzurechnen gewesen sein (siehe auch Rz 738 ff und bezüglich der Definition der Zurechnung auch EStR 2000 Rz 121 ff). Im Falle der offen gelegten Treuhandschaft hat die Zurechnung den allgemeinen Regeln folgend beim Treugeber zu erfolgen. *(AÖF 2008/243)*   803

Durch die Einbringung muss der übernehmenden Körperschaft zumindest das wirtschaftliche Eigentum im Sinne des § 24 BAO am Einbringungsvermögen verschafft werden. Das wirtschaftliche Eigentum ist dann gegeben, wenn der übernehmenden Körperschaft die positiven Befugnisse des Eigentumsrechtes (Gebrauch, Verbrauch, Veränderung, Belastung, Veräußerung) zustehen sowie diese in der Lage ist, jeden (auch den zivilrechtlichen) Eigentümer auf Dauer von der Einwirkung auf die Sache auszuschließen (vgl. VwGH 4.3.2009, 2004/15/0115, siehe betreffend Grund und Boden sowie Gebäude EStR 2000 Rz 131). Kommt es daher im Zuge der Einbringung zu einer tatsächlichen Übertragung des wirtschaftlichen Eigentums auf die übernehmende Körperschaft, schadet das Fehlen einer Anerkenntnisvereinbarung mit dem zivilrechtlichen Eigentümer nicht. *(AÖF 2013/301)*   804

3.2.6.2 Zurechnung unter Lebenden

3.2.6.2.1 Stichtagszurechnung

Wird das Vermögen erst nach dem Einbringungsstichtag erworben, ist eine Anwendungsvoraussetzung des § 12 UmgrStG dahingehend nicht erfüllt, dass es dem Einbringenden noch nicht zuzurechnen war und daher eine Vermögensübertragung im Sinne des § 12 Abs. 2 UmgrStG nicht wirksam erfolgen kann. Nach § 13 Abs. 2 UmgrStG gilt in diesem Fall der Tag des Abschlusses des Einbringungsvertrages als Ersatzstichtag. Eine unter Art. III UmgrStG fallende Einbringung liegt nur dann vor, wenn auf diesen Ersatzstichtag die Voraussetzungen für eine steuerneutrale Einbringung innerhalb von neun Monaten geschaffen werden (siehe Rz 798 ff). *(AÖF 2008/243)*   805

3.2.6.2.2 Maßnahmen nach UmgrStG

Schädlich sind auch umgründungsbedingt verspätete Vermögenserwerbe. Die ertragsteuerliche Zurechnung des übergehenden Vermögens zum Übernehmenden erfolgt jeweils mit Beginn des dem Umgründungsstichtag folgenden Tages. Nachfolgende Einbringungen können deshalb frühestens auf den Tag nach dem Umgründungsstichtag der vorangegangenen Umgründung bezogen werden. Im Rahmen eines Umgründungsplanes gemäß § 39 UmgrStG kann eine   806

solche Maßnahme frühestens auf den Umgründungsstichtag der vorangegangenen Umgründung bezogen werden (siehe Rz 1874 ff).

Beispiel:

Ein Kapitalanteil wurde durch folgende Rechtsvorgänge erworben und soll nun in
eine andere Kapitalgesellschaft eingebracht werden. Der Einbringungsstichtag für
diese Übertragung kann frühestens der folgende Tag sein:

Erwerb des Kapitalanteils durch Einbringenden	frühest möglicher Stichtag
bei Gründung am 05.04.01 (Tag der Errichtung des Gesellschaftsvertrages)	05.04.01
durch Kauf am 05.04.01	05.04.01
durch Schenkung oder Legat am 05.04.01	05.04.01
durch vorangegangene Einbringung gemäß Art. III UmgrStG als übernehmender Körperschaft zum Einbringungsstichtag 31.12.01	01.01.02 im Regelfall 31.12.01 mit Umgründungsplan

Sollte der Einbringungsstichtag weder auf den Folgetag bezogen werden
noch ein Umgründungsplan im Sinne der § 39 UmgrStG erstellt werden, gilt der
Tag des Abschlusses des Einbringungsvertrages als Ersatzstichtag (siehe
Rz 798 ff). *(AÖF 2008/243)*

3.2.6.2.3 Gesellschafterwechsel nach dem Einbringungsstichtag

807 Wollen alle Mitunternehmer ihre Anteile zum selben Stichtag in die selbe
Körperschaft einbringen oder bringt die Mitunternehmerschaft selbst Vermögen
ein, gilt als frühest möglicher Einbringungsstichtag der Tag, an dem die Mitunternehmeranteile den selben Mitunternehmern zuzurechnen waren, die auch
im Zeitpunkt des Abschlusses des Einbringungsvertrages an der Mitunternehmerschaft beteiligt sind (§ 13 Abs. 2 zweiter Satz UmgrStG). Unschädlich ist
der Wechsel eines reinen Arbeitsgesellschafters ohne Vermögensbeteiligung.

Beispiel:

A, B, C, D und E sind je zu 20% an der X-OG beteiligt. Der Betrieb der X-OG soll
zum 31.12.00 in die

a) dem F zu 100% gehörende

b) der OG zu 100% gehörende

Y-GmbH eingebracht werden. Am 1.6.01 schenkt E seinen Anteil seinem Sohn. Im
Fall der Betriebseinbringung kann die Einbringung in beiden Varianten zum 31.12.00
nicht durchgeführt werden (Ersatzstichtag). Der frühestmögliche Einbringungsstichtag ist der 1.6.01.

Werden die Mitunternehmeranteile eingebracht, kann E nicht an der Einbringung zum
31.12.00 teilnehmen. *(BMF-AV Nr. 193/2015)*

808 Änderungen der Beteiligungsverhältnisse bei der übernehmenden Körperschaft nach dem Einbringungsstichtag sind für die Wirksamkeit einer Einbringung unbeachtlich. Bei der Einbringung von Vermögen durch Körperschaften
sind Änderungen der Beteiligungsverhältnisse bei der einbringenden Körperschaft (im Gegensatz zu Mitunternehmerschaften) ebenfalls unbeachtlich (siehe
aber Rz 1211). Die Existenz der einbringenden Körperschaft am Einbringungsstichtag ist nur dann nicht erforderlich, wenn ihr das Vermögen zum Einbringungsstichtag auf Grund einer Umgründung rückwirkend zuzurechnen ist. *(AÖF
2008/243)*

3.2.6.3 Zurechnung von Todes wegen

Wurde das einzubringende Vermögen nach dem Einbringungsstichtag im   809
Erbwege erworben, stellt dies keine Einbringungshindernis dar, wenn die Einbringung im Wege einer Buchwerteinbringung erfolgt. Dies gilt somit nur, sofern keine Neubewertung des eingebrachten Vermögens im Sinne des § 16 und § 17 UmgrStG erfolgt. Der Erwerb durch Legat (Vermächtnis) stellt keinen Erwerb im Erbwege dar und ist somit jedenfalls schädlich.

§ 13

Der Einbringende

§ 14. (1) Bei der Einbringung von Betrieben und Teilbetrieben endet für das eingebrachte Vermögen das Wirtschaftsjahr des Einbringenden mit dem Einbringungsstichtag. Dabei ist das Betriebsvermögen mit dem Wert anzusetzen, der sich nach den steuerrechtlichen Vorschriften über die Gewinnermittlung ergibt. Das gilt auch für einzubringende Kapitalanteile. Bei einzubringenden internationalen Schachtelbeteiligungen kommt die zeitliche Beschränkung des § 10 Abs. 2 des Körperschaftsteuergesetzes 1988 nicht zur Anwendung.

(2) Die Einkünfte des Einbringenden sind hinsichtlich des einzubringenden Vermögens so zu ermitteln, als ob der Vermögensübergang mit Ablauf des Einbringungsstichtages erfolgt wäre.

(BGBl I 2005/161)

Gliederung:

3.3. Der Einbringende (§§ 14 bis 17 UmgrStG)

810   Die §§ 14 bis 17 UmgrStG regeln die ertragsteuerliche Behandlung des Einbringenden bis zum Einbringungsstichtag (§ 14 UmgrStG; Rz 811 bis Rz 836), die Darstellung des einzubringenden Vermögens (§ 15 UmgrStG; Rz 837 ff) und die Bewertung von einzubringendem Betriebsvermögen (§ 16 UmgrStG; Rz 848 ff) und von einzubringenden nicht betriebszugehörigen Kapitalanteilen (§ 17 UmgrStG; Rz 929 ff).

3.3.1. Zurechnung des Vermögens bis zum Einbringungsstichtag

811   Durch die Festlegung des Einbringungsstichtages nach den Bestimmungen des § 13 UmgrStG wird das ertragsteuerliche Ergebnis der Einkunftsquelle bis zum Ablauf des Einbringungsstichtages dem Einbringenden zugerechnet (§ 14 Abs. 2 UmgrStG). Damit ist klargestellt, dass in der Besteuerung der einzubringenden Einkunftsquelle (Betrieb usw.) keine Unterbrechung eintritt, sondern die Besteuerung nahtlos fortgesetzt wird. Bis zum Einbringungsstichtag erfolgt die Zurechnung der Einkunftsquelle zum Einbringenden, ab dem dem Einbringungsstichtag folgenden Tag erfolgt die Erfassung bei der übernehmenden Körperschaft.

812   Mit der Zurechnung der Einkunftsquelle bis zum Einbringungsstichtag sind dem Einbringenden auch deren Ergebnisse zuzurechnen, das sind die Gewinne oder Verluste des (Teil)Betriebes oder Mitunternehmeranteils. Bis zum Einbringungsstichtag anfallende Aufwendungen und Erträge aus einem einzubringenden Kapitalanteil sind ebenfalls noch dem Einbringenden zuzurechnen. Aus-

schüttungen nach dem Einbringungsstichtag sind umgründungssteuerrechtlich der übernehmenden Körperschaft zuzurechnen, soweit sie nicht im Einbringungsvertrag dem Einbringenden vorbehalten wird. Zum im Einbringungsvertrag möglichen Ausschüttungsvorbehalt siehe Rz 881 sowie zur Zuordnung offener Ausschüttungen, Einlagen und Einlagenrückzahlungen im Rückwirkungszeitraum bei einbringenden Körperschaften siehe Rz 927 ff. *(AÖF 2013/301)*

Unternehmensrechtlich ergibt sich aus der Einbringung keine Rückwirkung, 813 sie kann allerdings schuldrechtlich rückbezogen werden. Art. III UmgrStG hat ausschließlich auf die steuerliche Behandlung Auswirkung. Unternehmensrechtlich ist das durch Gewinne erhöhte oder durch Verluste geminderte Einbringungsvermögen bei der übernehmenden Körperschaft erst im Zeitpunkt des Erwerbes des (wirtschaftlichen) Eigentums einzubuchen. Liegt zwischen dem Einbringungsstichtag und dem Zeitpunkt des Erwerbs durch die übernehmende Körperschaft ein Regelbilanzstichtag des Einbringenden, hat dieser das Einbringungsvermögen noch in der zu diesem Stichtag aufzustellenden Bilanz auszuweisen. Auch Gewinne und Verluste im Einbringungsvermögen bis zu diesem Regelbilanzstichtag sind unternehmensrechtlich noch beim Einbringenden zu erfassen. Das sich daraus ergebende unternehmensrechtliche Ergebnis ist an Hand der Überleitung in die Steuerbilanz entsprechend zu korrigieren. *(AÖF 2008/243)*

Im Falle einer Einbringung zum Regelbilanzstichtag des Einbringenden ist 814 der Jahresabschluss Grundlage für die Umgründung. Wird eine Einbringung nicht zu einem Regelbilanzstichtag des Einbringenden vorgenommen, ist zum Einbringungsstichtag eine den steuerlichen Gewinnermittlungsvorschriften entsprechende Bilanz zu erstellen, deren Ergebnis der Besteuerung des Einbringenden zugrunde gelegt wird. Im Hinblick auf die Freiheit der Wahl eines Einbringungsstichtages liegt diesbezüglich kein zustimmungsbedürftiger Wechsel des Wirtschaftsjahres im Sinne des § 2 Abs. 7 EStG 1988 bzw. § 7 Abs. 5 KStG 1988 vor. Das einzubringende Betriebsvermögen ist der Bestimmung des § 14 Abs. 1 UmgrStG folgend mit dem Wert anzusetzen, der sich nach den steuerrechtlichen Vorschriften über die Gewinnermittlung ergibt. Sollte kein Fall der Buchwertfortführung vorliegen, ist das eingebrachte Vermögen in der Einbringungsbilanz (§ 15 UmgrStG) – den Bestimmungen des § 16 Abs. 2 oder 3 UmgrStG folgend – mit dem gemeinen Wert (§ 6 Z 14 EStG 1988) anzusetzen. *(AÖF 2013/301)*

3.3.2. Einbringung von Betriebsvermögen

3.3.2.1 Einzubringender Betrieb

Zum Betriebsbegriff siehe Rz 687 ff.   815

3.3.2.1.1 Jahres- oder Zwischenabschluss

Unabhängig vom Erfordernis der Erstellung einer Einbringungsbilanz nach 816 § 15 UmgrStG hat jeder Einbringende für seine Gewinnermittlung zum Zeitpunkt des Einbringungsstichtages einen steuerlichen Jahresabschluss aufzustellen. Dies ergibt sich aus § 12 Abs. 2 UmgrStG und ist damit Anwendungsvoraussetzung für Art. III UmgrStG.

Diese Bilanz entspricht nur dann den Anforderungen des UmgrStG, wenn sie nach den Grundsätzen des § 4 Abs. 1 EStG 1988 erstellt wurde, dh. auf Grund einer Bestandsaufnahme einen vollständigen Ansatz aller Wirtschaftsgüter unter Beachtung der steuerlichen Bewertungsvorschriften enthält. Rechnungslegungspflichtige Gewerbetreibende haben die Bilanz unter zusätzlicher Beachtung der Grundsätze des § 5 Abs. 1 EStG 1988 aufzustellen. wobei auch eine ordnungsgemäß erstellte UGB-Bilanz den Anforderungen des § 12 Abs. 2 UmgrStG dann genügt, wenn allfällige Abweichungen zwischen den unternehmensrechtlichen und steuerlichen Buchwerten aus einer dem Finanzamt vorgelegten Mehr-Weniger-Rechnung bzw. aus dem Einbringungsvertrag hervorgehen. *(AÖF 2013/301)*

817   Da die übernehmende inländische Körperschaft stets nach den Grundsätzen des § 5 Abs. 1 EStG 1988 bilanziert, kommt es bei ihr mit der Vermögensübernahme

- von einem den Gewinn nach § 4 Abs. 1 EStG 1988 ermittelnden Einbringenden zu einem weiteren Übergang der Ermittlung von § 4 Abs. 1 EStG 1988 zur Ermittlung nach § 5 EStG 1988, der an dem dem Einbringungsstichtag folgenden Tag eintritt, und

- von einem rechnungslegungspflichtigen Gewerbetreibenden zu keinem weiteren Wechsel. *(AÖF 2008/243)*

3.3.2.1.2 Einbringung durch nicht bilanzierende Betriebsinhaber

818   Ermittelt der Einbringende den Gewinn bisher nach § 4 Abs. 3 bzw. § 17 EStG 1988, ergibt sich auf Grund der Bilanzerstellungspflicht zum Einbringungsstichtag ein Wechsel der Gewinnermittlungsart zu jener nach § 4 Abs. 1 EStG 1988 im Sinne des § 4 Abs. 10 EStG 1988.

Zur Ermittlung des Übergangsgewinnes- oder verlustes siehe EStR 2000, Rz 689 ff.

819   Die Zurechnung des Übergangsgewinnes von § 4 Abs. 3 EStG 1988 auf § 4 Abs. 1 EStG 1988 erfolgt in jenem Veranlagungszeitraum, in welchen der Einbringungsstichtag fällt (siehe EStR 2000 Rz 725). Der Übergangsgewinn unterliegt nicht der Begünstigung des § 37 Abs. 5 EStG 1988 (siehe EStR 2000 Rz 7323). *(AÖF 2013/301)*

820   Führt das Ergebnis im Rahmen des Wechsels der Gewinnermittlung zu einem Übergangsverlust, ist dieser gemäß § 4 Abs. 10 Z 1 letzter Satz EStG 1988 zur Gänze beim Gewinn des letzten Gewinnermittlungszeitraumes vor der Einbringung zu berücksichtigen; ein verbleibender Restübergangsverlust geht gemäß § 21 UmgrStG auf die übernehmende Körperschaft über (VwGH 17.12.2014, 2012/13/0126, wonach eine Einbringung eine Veräußerung im Sinne des § 4 Abs. 10 Z 1 letzter Satz EStG 1988 beim Übertragenden darstellt). Eine Berücksichtigung eines Übergangsverlustes im letzten Gewinnermittlungszeitraum vor der Umgründung ist nur in all jenen Fällen von Bedeutung, in denen der Wechsel der Gewinnermittlung noch beim Übertragenden (als Veräußerung im Sinne des § 4 Abs. 10 Z 1 letzter Satz EStG 1988) stattfindet, nicht aber für jene Fälle, in denen der Wechsel erst in der Sphäre des Rechtsnachfolgers stattfindet (bei diesem keine Veräußerung) oder der Wechsel rein rechnerische Bedeutung hat (dazu VwGH 25.07.2013, 2011/15/0046). *(BMF-AV Nr. 193/ 2015)*

820a   Kommt es zur rückwirkenden Entnahme von Umlaufvermögen gemäß § 16 Abs. 5 Z 1 UmgrStG bzw. zur Zurückbehaltung von Verbindlichkeiten gemäß § 16 Abs. 5 Z 3 UmgrStG, sind etwaige Auswirkungen des Wechsels der Gewinnermittlung auch auf diese Wirtschaftsgüter zu beziehen, weil diese Wirtschaftsgüter auch in die, den Grundsätzen des § 4 Abs. 1 EStG 1988 entsprechende, auf den Einbringungsstichtag zu erstellende Bilanz aufzunehmen sind.

Beispiel:

A betreibt ein Einzelunternehmen mit Gewinnermittlung gemäß § 4 Abs. 3 EStG 1988. Zum Stichtag 31.12.09 bringt er sein Einzelunternehmen in die ihm gehörige Z-GmbH ein, wobei er eine offene Forderung aus einer Warenlieferung gemäß § 16 Abs. 5 Z 1 UmgrStG iHv 2.000 entnimmt.

Bilanz zum 31.12.09

AV	20.000	Eigenkapital	25.000
UV:		Verb. aus L+L	3.000
(a) Handelswaren	10.000	Sonst. Verb. (Kredit)	7.000
(b) Forderungen aus L+L	5.000		
	35.000		35.000

A hat im Rahmen der ESt-Veranlagung 09 neben dem laufenden Betriebsergebnis einen Übergangsgewinn von 12.000 zu erklären. Damit ist auch die entnommene Forderung versteuert.

Einbringungsbilanz zum 31.12.09

AV	20.000	Einbringungskapital	23.000
UV:		Sachentnahme gemäß § 16 Abs. 5 Z 1 UmgrStG	2.000
(a) Handelswaren	10.000	Verb. aus L+L	3.000
(b) Forderungen aus L+L	5.000	Sonst. Verb. (Kredit)	7.000
	35.000		35.000

(AÖF 2013/301)

Zum Wechsel der Gewinnermittlungsart in der übernehmenden Körperschaft siehe Rz 963 ff. 821

3.3.2.2 Einzubringender Teilbetrieb

Zum Teilbetriebsbegriff siehe Rz 714 ff. 822

3.3.2.2.1 Jahres- oder Zwischenabschluss

Auch für die Einbringung eines Teilbetriebes ist das Vorliegen eines Jahres- oder Zwischenabschlusses des Einbringenden im Sinne des § 4 Abs. 1 EStG 1988 zum Einbringungsstichtag erforderlich. Auch wenn die Einbringung nur einen Teilbetrieb betrifft, ist der Jahres- oder Zwischenabschluss für den gesamten Betrieb aufzustellen. Dies ergibt sich aus § 12 Abs. 2 UmgrStG und ist damit Anwendungsvoraussetzung für Art. III UmgrStG. 823

Für den einzubringenden Teilbetrieb endet das Wirtschaftsjahr des Einbringenden mit dem Einbringungsstichtag. Erfolgt die Einbringung zu einem vom Regelbilanzstichtag abweichenden Stichtag, begründet die Bilanz für den gesamten Betrieb des Einbringenden hinsichtlich des verbleibenden Betriebes kein Rumpfwirtschaftsjahr, sondern hat nur Zwischenbilanzcharakter. Der zum Stichtag für den Teilbetrieb ermittelte Gewinn oder Verlust fließt in die laufende Gewinnermittlung des verbleibenden Betriebes des Einbringenden ein. 824

Beispiel:

Der den Gewinn nach § 4 Abs. 1 EStG 1988 ermittelnde Einzelunternehmer A bringt einen Teilbetrieb zum 30.6.01 in die A-GmbH ein. Auf den 30.6.01 ist ein Zwischenabschluss für das gesamte Einzelunternehmen zu erstellen, der hinsichtlich des Teilbetriebes zu einem Rumpfwirtschaftsjahr führt, für den Restbetrieb hingegen nur Statuscharakter hat. Für den Restbetrieb ist somit unverändert der Gewinn nach dem Wirtschaftsjahr 1.1.–31.12.01 zu ermitteln, der Gewinn oder Verlust des Rumpfwirtschaftsjahres des Teilbetriebes ist dem Gewinn oder Verlust des Restbetriebes zuzurechnen.

3.3.2.2.2 Einbringung durch nicht bilanzierende Betriebsinhaber

825   Ermittelt der Einbringende den Gewinn nach § 4 Abs. 3 bzw. § 17 EStG 1988, ergibt sich auf Grund der Bilanzierungspflicht die Notwendigkeit der Aufstellung eines steuerlichen Jahres- oder Zwischenabschlusses im Sinne des § 4 Abs. 1 EStG 1988 für den gesamten Betrieb. Auch hier bildet diese Bilanz die Grundlage für die sich daraus ableitende Einbringungsbilanz nach § 15 UmgrStG. Der damit hinsichtlich des zu übertragenden Teilbetriebes eintretende Wechsel der Gewinnermittlungsart ist wie bei der Betriebseinbringung nach § 4 Abs. 10 EStG 1988 zu beurteilen (siehe Rz 818 ff). Die Bilanzierung hinsichtlich des vom Einbringenden weitergeführten Restbetriebes ist im Hinblick auf die fortgesetzte Einnahmen- Ausgaben-Rechnung nur als Status zu sehen, dh. diesbezüglich fällt kein Übergangsgewinn bzw. -verlust an. *(AÖF 2013/301)*

3.3.2.3 Einzubringende Mitunternehmeranteile

826   Zum Mitunternehmeranteilsbegriff siehe Rz 717 ff.

3.3.2.3.1 Jahres- bzw. Zwischenabschluss der Mitunternehmerschaft

827   Auf Grund der Vorschrift des § 12 Abs. 2 Z 2 UmgrStG hat die Mitunternehmerschaft, deren Anteil eingebracht werden soll, einen Jahres- oder Zwischenabschluss zum Einbringungsstichtag zu erstellen. Dies ergibt sich aus § 12 Abs. 2 UmgrStG und ist damit Anwendungsvoraussetzung für Art. III UmgrStG.

828   Rechnungslegungspflichtige Personenhandelsgesellschaften haben ihre Jahresabschlüsse nach den Bestimmungen des UGB zu erstellen und sie für steuerliche Zwecke den Regelungen des § 5 EStG 1988 zu unterwerfen. Im Falle der Einbringung zum Regelbilanzstichtag bildet die zu diesem Stichtag erstellte steuerliche Schlussbilanz die Grundlage für die Darstellung des Mitunternehmeranteils (starre und variable Kapitalkonten) und damit die Grundlage für die vom Mitunternehmer zu ermittelnde Einbringungsbilanz. Nur so ist sichergestellt, dass der Umfang und Wert des Mitunternehmeranteiles zum Einbringungsstichtag exakt ermittelt werden kann. Sollte die Einbringung zu einem vom Regelbilanzstichtag abweichenden Tag erfolgen, hat die Mitunternehmerschaft einen steuerlichen Zwischenabschluss auf diesen Stichtag im Sinne des § 5 Abs. 1 EStG 1988 zu erstellen. Der Vermögensübergang bewirkt keinen Wechsel in der Gewinnermittlungsart. *(AÖF 2008/243)*

829   Die vorstehenden Grundsätze gelten unabhängig davon, ob nur ein Mitunternehmer seinen Anteil oder mehrere Mitunternehmer oder alle Mitunternehmer ihre gesamten Anteile einbringen wollen oder nur ein Teil des Mitunternehmeranteils eingebracht werden soll.

830   Sonderbetriebsvermögen des einzelnen Mitunternehmers teilt dem Grunde nach das Schicksal des eingebrachten Anteils, sofern es nicht gemäß § 16 Abs. 5 UmgrStG zurückbehalten wird. Eine Zurückbehaltung führt grundsätzlich zur Entnahmebewertung (vgl. EStR 2000 Rz 5984), es sei denn, der Mitunternehmer behält einen Teil seines Mitunternehmeranteiles zurück. *(AÖF 2013/301)*

3.3.2.3.2 Einbringung im Fall einer nicht bilanzierenden Mitunternehmerschaft

Soll ein Mitunternehmeranteil einer nicht bilanzierenden Mitunternehmerschaft (nicht rechnungslegungspflichtige OG oder KG, GesbR) eingebracht werden, hat die Mitunternehmerschaft zum Einbringungsstichtag einen Jahres- oder Zwischenabschluss im Sinne des § 4 Abs. 1 EStG 1988 für das gesamte Vermögen aufzustellen. Für den Einbringenden liegt damit ein Wechsel der Gewinnermittlungsart zu jener nach § 4 Abs. 1 EStG 1988 vor, für die Mitunternehmerschaft hat die Bilanz nur Statuscharakter. *(AÖF 2008/243)*

3.3.2.4 Einzubringender betriebszugehöriger Kapitalanteil

Zum Kapitalanteilsbegriff siehe Rz 725 ff.

3.3.2.4.1 Allgemeines

Im Gegensatz zu den Betriebs- Teilbetriebs- und Mitunternehmeranteilseinbringungen erfordert die Einbringung einer Kapitalbeteiligung im Sinne des § 12 Abs. 2 Z 3 UmgrStG keine Erstellung eines Jahres- oder Zwischenabschlusses des Einbringenden. Nach § 15 UmgrStG ist allerdings eine Einbringungsbilanz zum Einbringungsstichtag zu erstellen (siehe Rz 837 ff). Erfolgt die Einbringung zum Regelbilanzstichtag des Einbringenden, ist der steuerlich maßgebliche Buchwert Grundlage für die Einbringungsbilanz. Bei einem vom Regelbilanzstichtag des Einbringenden abweichenden Einbringungsstichtag ist der steuerlich maßgebende Buchwert laut dem letzten Jahresabschluss Ausgangspunkt für die Beurteilung, ob der Kapitalanteil zum Einbringungsstichtag den gleichen oder einen veränderten steuerlich maßgebenden Buchwert besitzt. Es hat daher ggf. beim Einbringenden eine Zuschreibung im Sinne des § 6 Z 13 EStG 1988 oder Teilwertabschreibung Platz zu greifen, die im laufenden Wirtschaftsjahr des Einbringenden steuerwirksam ist, soweit nicht § 12 Abs. 3 KStG 1988 anderes vorsieht.

3.3.2.4.2 Einbringung einer internationalen Schachtelbeteiligung

Eingebracht kann auch ein Kapitalanteil werden, dem die Eigenschaft einer internationalen Schachtelbeteiligung im Sinne des § 10 Abs. 2 KStG 1988 zukommt. Nach § 14 Abs. 1 Satz 4 UmgrStG kommt bei einzubringenden Schachtelbeteiligungen das in § 10 Abs. 2 KStG 1988 genannte Erfordernis des Bestehens der Beteiligung während eines ununterbrochenen Zeitraums von einem Jahr nicht zur Anwendung.

Zum einbringungsbedingten Entstehen oder Wegfall einer internationalen Schachtelbeteiligung siehe Rz 992 ff. *(AÖF 2008/243)*

3.3.3. Einbringung von außerbetrieblichem Vermögen

Die Möglichkeit der Einbringung von Privatvermögen bzw. außerbetrieblichem Vermögen von Körperschaften ist auf die Einbringung von Kapitalanteilen im Sinne des § 12 Abs. 2 Z 3 UmgrStG beschränkt.

Ebenso wie bei der Einbringung von Betriebsvermögen sind die Ausgaben und Einnahmen bis zum Ablauf des Einbringungsstichtages dem Einbringenden zuzurechnen. Der Einbringungsstichtag ist frei bestimmbar. § 13 UmgrStG ist maßgebend, damit ist auch eine rückwirkende Einbringung im Sinne des § 14 Abs. 2 UmgrStG möglich. Die Bewertung des einzubringenden Kapitalanteiles richtet sich nach den Regelungen des § 17 UmgrStG (siehe Rz 929 ff).

831

832

833

834

835

836

Einbringungsbilanz

§ 15. Bei der Einbringung von Betrieben, Teilbetrieben, Mitunternehmeranteilen und zu einem Betriebsvermögen gehörenden Kapitalanteilen ist zum Einbringungsstichtag eine Einbringungsbilanz aufzustellen, in der das einzubringende Vermögen nach Maßgabe des § 16 und das sich daraus ergebende Einbringungskapital darzustellen ist. Die Einbringungsbilanz ist dem für die übernehmende Körperschaft zuständigen Finanzamt vorzulegen. Die Einbringungsbilanz kann entfallen, wenn die steuerlich maßgebenden Werte und das Einbringungskapital im Einbringungsvertrag beschrieben werden.

(BGBl I 2005/161)

Gliederung:

3.3.4. Einbringungsbilanz (§ 15 UmgrStG)

3.3.4.1 Bedeutung der Einbringungsbilanz

837 Einbringungsbilanzen sind unternehmensrechtlich als Geschäftseröffnungsbilanzen im Sinne des § 193 UGB Grundlage der Eintragung einer Einbringung im Hauptbuch gemäß § 2 Firmenbuchgesetz (FBG), BGBl. Nr. 10/1991. Sie sind nach den Grundsätzen der ordnungsgemäßen Buchführung aufzustellen und es sind die Regeln über die Jahresbilanz anzuwenden (OGH 16.5.2001, 6 Ob 40/01b). *(AÖF 2013/301)*

838 Die steuerliche Einbringungsbilanz ist ebenfalls Grundlage der Einbringung, sie gibt Aufschluss über das einzubringende Vermögen. Sie ist eine Anwendungsvoraussetzung des Art. III UmgrStG. Sie ist als eine Darstellung des Einbringungsvermögens zu Steuerwerten unter Berücksichtigung der Ausübung der Gestaltungs- und Wahlrechte einschließlich des sich daraus ergebenden Einbringungskapitals allerdings unabdingbar für die Anerkennung einer Einbringung im Sinne des § 12 UmgrStG.

• In Fällen der Firmenbuchzuständigkeit wird in der Regel eine unternehmensrechtliche Einbringungsbilanz vorgelegt. Die steuerliche Einbringungsbilanz ist nach § 15 letzter Satz UmgrStG stets dem für die übernehmende Körperschaft zuständigen Finanzamt vorzulegen. Dies wird anlässlich der nach § 43 Abs. 1 UmgrStG innerhalb der Neunmonatsfrist vorgesehenen Anzeige bei dem für die übernehmende Körperschaft zuständigen Finanzamt in Form einer Beilage zu geschehen haben. In den Fällen der Firmenbuchzuständigkeit für die Anmeldung der Einbringung (vgl. Rz 776) führt allerdings die nicht rechtzeitige Vorlage der Einbringungsbilanz mit der Anzeige gemäß § 43 Abs. 1 UmgrStG bzw. wenn eine solche Anzeige gänzlich unterbleibt, nicht dazu, dass Art. III UmgrStG verletzt ist. Vielmehr ist Art. III UmgrStG in diesen Fällen bereits dann erfüllt, wenn innerhalb der Neunmonatsfrist die steuerliche Einbringungsbilanz tatsächlich erstellt wurde. Die nicht vorgelegte Einbringungsbilanz ist unter Setzung einer Frist von zwei Wochen abzuverlangen.

- Außerhalb der Firmenbuchzuständigkeit ist dem für die übernehmende Körperschaft zuständigen Finanzamt eine steuerliche Einbringungsbilanz vorzulegen. Gemäß § 15 kann die steuerliche Einbringungsbilanz entfallen, wenn die steuerlich maßgebenden Werte und das Einbringungskapital im Einbringungsvertrag beschrieben werden (vgl. zu den diesbezüglichen Konsequenzen einer nicht fristgerechten Vorlage Rz 791).

Im Falle der Einbringung des Betriebes einer stillen Mitunternehmerschaft kann in der Übermittlung des Jahresabschlusses oder einer Steuerbilanz des Inhabers des Unternehmens keine Einbringungsbilanz erblickt werden. Es ist auch in diesem Fall eine Einbringungsbilanz der stillen Mitunternehmerschaft zu erstellen, soweit die steuerlichen Daten nicht im Vertrag beschrieben werden.

Da für die Einbringung von Kapitalanteilen aus dem Privatvermögen oder dem außerbetrieblichen Vermögen einer Körperschaft die Aufstellung einer Einbringungsbilanz nicht erforderlich ist, muss der Gegenstand der Einbringung und die allfällige Mitübertragung von anschaffungsbedingtem Fremdkapital, ein allfälliger Ausschüttungsvorbehalt und die sich ergebende Gegenleistung im Einbringungsvertrag beschrieben werden. Die steuerlich maßgebenden Anschaffungskosten sowie allenfalls der Verkehrswert sind vom Einbringenden evident zu halten (§ 43 Abs. 2 UmgrStG). Dies gilt sinngemäß für die Importeinbringung von Kapitalanteilen, die davor nicht zu einem inländischen Betriebsvermögen gehört haben.

Darüber hinaus kommt im Falle der Importeinbringung von ausländischem Vermögen der Einbringungsbilanz an sich nur dann bzw. soweit Bedeutung zu, als die Republik Österreich ein Besteuerungsrecht erlangt. Diesfalls sind in der Einbringungsbilanz – vom Sonderfall des § 17 Abs. 2 Z 1 UmgrStG abgesehen – die gemeinen Werte anzusetzen. Da in Fällen, in denen auf Grund eines DBA mit Befreiungsmethode ein Besteuerungsrecht der Republik Österreich nicht entsteht, mit der Einbringung von im Ausland verbleibendem Vermögen § 2 Abs. 8 EStG 1988 zur Anwendung kommt, sollte eine vollständige dem inländischen Einkommensteuerrecht entsprechende Vermögensdarstellung erfolgen. *(BMF-AV Nr. 131/2018)*

Erfolgt weder die Aufstellung einer Einbringungsbilanz noch eine eindeutige Beschreibung der steuerlich relevanten Daten und Umstände im Einbringungsvertrag, liegt die Verletzung einer Anwendungsvoraussetzung des Art. III UmgrStG vor (siehe dazu aber Rz 766). *(BMF-AV Nr. 131/2018)* 839

3.3.4.2 Zweck der Einbringungsbilanz

Die Einbringungsbilanz stellt das Verbindungsglied zwischen der unternehmens- oder steuerrechtlichen Vermögensdarstellung zum Einbringungsstichtag nach allgemeinem Einkommensteuerrecht und dem für die übernehmende Körperschaft steuerlich zu übernehmenden Vermögen dar. Da die übernehmende Körperschaft an die Einbringungsbilanzansätze gebunden ist, kommt einer Darstellung des einzubringenden Vermögens – wie in Rz 838 ff ausgeführt – eine wesentliche Bedeutung zu. *(AÖF 2008/243)* 840

Mit der Aufstellung einer Einbringungsbilanz werden mehrere Funktionen erfüllt: 841

- Darstellung zu Steuerwerten gemäß § 16 UmgrStG (siehe Rz 854 ff)
    - Bei einer Gesamtbetriebseinbringung die Darstellung des Betriebsvermögens zu den steuerlich maßgebenden Buchwerten.

– Bei einer Teilbetriebseinbringung die Darstellung des aus der Gesamtsteuerbilanz abgeleiteten einzubringenden Teilbetriebsvermögens zu den steuerlich maßgebenden Buchwerten. Dabei hat die Zuordnung der Aktiva und Passiva nach den Grundsätzen des notwendigen Betriebsvermögens zu erfolgen. Neutrales Betriebsvermögen kann dispositiv dem einzubringenden Teilbetrieb oder dem Restbetrieb zugeordnet werden (kein Fall der rückwirkenden Korrektur im Sinne des § 16 Abs. 5 UmgrStG).

– Bei einer Mitunternehmeranteilseinbringung die Darstellung des aus der Gesamtsteuerbilanz der Mitunternehmerschaft abgeleiteten einzubringenden Anteils laut den Kapitalkonten (siehe das Beispiel in Rz 665). Bei der Einbringung eines Teiles des Mitunternehmeranteiles ist davon auszugehen, dass der einzubringenden Quote alle Teile des Mitunternehmeranteils quotal zuzuordnen sind (siehe das Beispiel in Rz 721).

– Bei einer Kapitalanteilseinbringung die Darstellung des steuerlich maßgebenden Buchwertes und eines ggf. miteinzubringenden anteilsbezogenen Anschaffungsverbindlichkeit.

• Darstellung der rückwirkenden Veränderungen des zu Steuerwerten dargestellten Vermögens gemäß § 16 Abs. 5 UmgrStG (siehe Rz 873 ff)

• Darstellung der Steuerwerte im Falle der Zwangsaufwertung (siehe Rz 862 ff) oder der Nutzung der Aufwertungsoption (siehe Rz 861) gemäß § 16 UmgrStG

• Erfassung des sich aus der Darstellung und den rückwirkenden Veränderungen ergebenden Saldos als steuerliches Einbringungskapital. *(AÖF 2013/ 301)*

842   Die Einbringungsbilanz ist insofern nicht vollständig aussagekräftig und für die übernehmende Körperschaft bilanztechnisch verbindlich, als die Einbringung auch nicht bilanzierungsfähige Wirtschaftsgüter (immaterielle Rechte), abgeschriebene Wirtschaftsgüter oder geringwertige Wirtschaftsgüter umfassen kann, die nur im Einbringungsvertrag entsprechend darstellbar sind. Eine Bindung an die Einbringungsbilanzansätze ist auch dann gegeben, wenn es in der Folge bei der übernehmenden Körperschaft zu einem Wechsel zur Gewinnermittlung nach § 5 Abs. 1 EStG 1988 kommt.

843   Alle Wirtschaftsgüter, die im Zuge einer Einbringung nach Art. III UmgrStG übertragen werden, aber weder im Einbringungsvertrag allgemein umschrieben noch in der Einbringungsbilanz aufgenommen sind und auch nicht durch eine Klausel als übertragen gelten (siehe Rz 667), gelten als außerhalb des Art. III UmgrStG eingelegt, sodass insoweit Gewinnverwirklichung nach § 6 Z 14 lit. b EStG 1988 eintritt. *(BMF-AV Nr. 193/2015)*

844   Die auf Grund der rückwirkenden Maßnahmen gemäß § 16 Abs. 5 UmgrStG rückwirkend in das Privatvermögen oder aus dem Privatvermögen übergehenden Wirtschaftsgüter sind als Entnahmen und Einlagen im Sinn des § 6 EStG 1988 zu beurteilen. *(AÖF 2008/243)*

845   Das aus dem Saldo zwischen Aktiva und Passiva der Einbringungsbilanz resultierende Einbringungskapital bewirkt

• die Festlegung der Steuerwerte der einzelnen Wirtschaftsgüter für die übernehmende Körperschaft (§ 18 Abs. 1 Satz 1 UmgrStG, siehe Rz 960) und

• die Fixierung der für den Einbringenden maßgeblichen steuerlichen Anschaffungskosten für die Anteile an der übernehmenden Körperschaft (§ 20 UmgrStG, siehe Rz 1091 ff).

Sollte die Einbringungsbilanz nicht die Vereinbarungen des Einbringungs-   846
vertrages wiederspiegeln, ist die Einbringungsbilanz berichtigungspflichtig und
zwar unabhängig von der Zustimmung des FA. Eine Einbringungsbilanz-
berichtigung ist auch noch nach Einreichung beim FA möglich. Bei Abweichungen zwischen Einbringungsvertrag und Einbringungsbilanz ist der Umschreibung des Einbringungsvermögens im Einbringungsvertrag der Vorzug zu geben
und die Einbringungsbilanz zu berichtigen. Zu den Folgen von abgabenbehördlichen Berichtigungen des der Einbringung zugrunde liegenden Jahres- oder
Zwischenabschlusses siehe Rz 1268 ff.

Hinsichtlich des Zeitpunktes der Erstellung der Einbringungsbilanz ist zu   847
unterscheiden, ob der Einbringungsvertrag vor oder nach dem Einbringungsstichtag abgeschlossen wird. Im Normalfall der Konzentrationseinbringung liegt
dem Einbringungsvertrag der Jahres- oder Zwischenabschluss, die Unternehmensbewertung und damit die Gegenleistung und daher auch die Einbringungsbilanz zu Grunde. Ein vor dem Einbringungsstichtag abgeschlossener Einbringungsvertrag kann idR nur ein Torso sein, da er nur die Mindestdaten festlegen
kann. Die fehlenden Daten und Unterlagen, wozu auch die Einbringungsbilanz
gehört, sind in diesem Fall bis zum Ablauf der Neunmonatsfrist zu erstellen und
der zuständigen Behörde anzumelden oder zu melden.

§ 15

Bewertung von Betriebsvermögen

§ 16. (1) Der Einbringende hat das in § 15 genannte Vermögen in der Einbringungsbilanz (oder im Einbringungsvertrag) und einzubringende Kapitalanteile im Einbringungsvertrag mit den in § 14 Abs. 1 genannten Werten anzusetzen (Buchwerteinbringung). Soweit im Rahmen der Einbringung in eine inländische oder ausländische Körperschaft das Besteuerungsrecht der Republik Österreich eingeschränkt wird, sind die nach § 6 Z 6 lit. a des Einkommensteuergesetzes 1988 maßgebenden Werte anzusetzen, wobei § 6 Z 6 lit. c bis e des Einkommensteuergesetzes 1988 sinngemäß anzuwenden sind. Dabei sind offene Raten auch dann fällig zu stellen, wenn in weiterer Folge die Gegenleistung durch den Einbringenden veräußert wird oder auf sonstige Art ausscheidet. Bei teilweiser Einschränkung des Besteuerungsrechtes der Republik Österreich ist auf den nach dem zweiten Satz ermittelten Gewinn der besondere Steuersatz gemäß § 27a Abs. 1 Z 2 des Einkommensteuergesetzes 1988 anzuwenden. Dabei sind offene Raten nur dann fällig zu stellen, wenn in weiterer Folge die Gegenleistung durch den Einbringenden veräußert wird oder auf sonstige Art ausscheidet.

(1a) Abweichend von Abs. 1 gilt bei Einbringung von Kapitalanteilen im Sinne des § 12 Abs. 2 Z 3 durch eine unbeschränkt steuerpflichtige Kapitalgesellschaft oder Erwerbs- und Wirtschaftsgenossenschaft in eine in der Anlage genannte Gesellschaft eines Mitgliedstaates der Europäischen Union, wenn dem Einbringenden eine Gegenleistung gewährt wird, Folgendes:

– Abs. 1 erster Satz ist anzuwenden.

– Entsteht durch die Einbringung eine internationale Schachtelbeteiligung im Sinne des § 10 Abs. 2 des Körperschaftsteuergesetzes 1988 oder wird ihr Ausmaß durch neue Anteile oder durch Zurechnung zur bestehenden Beteiligung verändert, entsteht eine Steuerschuld hinsichtlich des Unterschiedsbetrages zwischen dem Buchwert und dem nach § 6 Z 14 des Einkommensteuergesetzes 1988 maßgebenden Wert zum Einbringungsstichtag, wenn die Kapitalanteile von der übernehmenden Gesellschaft in weiterer Folge veräußert werden oder sonst aus dem Betriebsvermögen ausscheiden. Dies gilt nicht, soweit die Anteile an der übernehmenden Körperschaft vor dem Entstehen der Abgabenschuld entgeltlich übertragen werden.

– Zwischen dem Einbringungsstichtag und der Veräußerung (Ausscheiden) eingetretene Wertminderungen sind höchstens im Ausmaß des Unterschiedsbetrages zu berücksichtigen.

(2) Ist beim Einbringenden das Besteuerungsrecht der Republik Österreich hinsichtlich der Gegenleistung (§ 19) eingeschränkt, gilt Folgendes:

1. Wird das Besteuerungsrecht im Verhältnis zu anderen Mitgliedstaaten der Europäischen Union oder zu anderen Mitgliedstaaten des Europäischen Wirtschaftsraumes eingeschränkt, sind die Abs. 1, 1a und 3 anzuwenden.

2. Wird das Besteuerungsrecht im Verhältnis zu anderen als in Z 1 an-

geführten Staaten eingeschränkt, sind für das inländische und das ausländische Vermögen die nach § 6 Z 14 des Einkommensteuergesetzes 1988 maßgebenden Werte anzusetzen.

(3) Abweichend von Abs. 1 gilt bei der Einbringung von inländischem und ausländischem Vermögen folgendes:

1. Alle unter Abs. 2 Z 1 fallenden Personen können vorbehaltlich des Abs. 4 das inländische und das ausländische Vermögen mit dem nach § 6 Z 14 des Einkommensteuergesetzes 1988 maßgebenden Wert ansetzen, wenn die Einbringung im Ausland zur Gewinnverwirklichung führt und mit dem in Betracht kommenden ausländischen Staat ein Doppelbesteuerungsabkommen besteht, das dafür die Anrechnungsmethode vorsieht oder eine vergleichbare innerstaatliche Maßnahme zur Vermeidung der Doppelbesteuerung getroffen wurde.

2. Alle nicht unter Abs. 2 fallenden Personen können vorbehaltlich des Abs. 4 das ausländische Vermögen mit dem nach § 6 Z 14 des Einkommensteuergesetzes 1988 maßgebenden Wert ansetzen, wenn die Einbringung im Ausland zur Gewinnverwirklichung führt und mit dem in Betracht kommenden ausländischen Staat ein Doppelbesteuerungsabkommen besteht, das dafür die Anrechnungsmethode vorsieht oder eine vergleichbare innerstaatliche Maßnahme zur Vermeidung der Doppelbesteuerung getroffen wurde.

3. Zum ausländischen Vermögen zählen ausländische Betriebe, Teilbetriebe, Anteile an ausländischen Mitunternehmerschaften und Kapitalanteile im Sinne des § 12 Abs. 2 Z 3 an ausländischen Körperschaften, die mit einer inländischen Kapitalgesellschaft oder Erwerbs- und Wirtschaftsgenossenschaft vergleichbar sind. Inländisches Vermögen ist das übrige Vermögen im Sinne des § 12 Abs. 2.

(4) Bringt eine Gesellschaft, bei der die Gesellschafter als Mitunternehmer anzusehen sind, Vermögen ein, gilt folgendes:

1. Der jeweils nach Abs. 1 bis 3 in Betracht kommende Wertansatz ist für alle Mitunternehmer maßgebend.

2. Fallen nicht sämtliche Mitunternehmer unter Abs. 1 oder unter Abs. 2 Z 2 ist abweichend von Z 1 für sämtliche Mitunternehmer Abs. 1 maßgebend. Unabhängig vom Wertansatz in der EinbringungsBilanz ist für die unter Abs. 2 Z 2 fallenden Mitunternehmer und für die im Falle der gemeinsamen Ausübung des Wahlrechtes unter Abs. 3 fallenden Mitunternehmer § 6 Z 14 des Einkommensteuergesetzes 1988 anzuwenden. Die übernehmende Körperschaft hat den Betrag, der sich als Unterschied zwischen dem Buchwertanteil und dem nach § 6 Z 14 des Einkommensteuergesetzes 1988 maßgebenden Wert ergibt, wie einen Firmenwert im Sinne des § 8 Abs. 3 des Einkommensteuergesetzes 1988 zu behandeln und ab dem dem Einbringungsstichtag folgenden Wirtschaftsjahr außerbilanzmäßig abzusetzen.

(5) Abweichend von § 14 Abs. 2 kann bei der Einbringung von Betrieben, Teilbetrieben oder Mitunternehmeranteilen das nach § 14

§ 16

Abs. 1 anzusetzende Vermögen, sofern die Voraussetzungen des § 12 gewahrt bleiben, in folgender Weise verändert werden:

1. Entnahmen und Einlagen, die in der Zeit zwischen dem Einbringungsstichtag und dem Tag des Abschlusses des Einbringungsvertrages getätigt werden, können an Stelle der Erfassung als Verrechnungsforderung oder -verbindlichkeit gegenüber der übernehmenden Körperschaft zurückbezogen werden. Diese Vorgänge gelten als mit Ablauf des Einbringungsstichtages getätigt, wenn sie in der EinbringungsBilanz durch den Ansatz einer Passivpost für Entnahmen oder einer Aktivpost für Einlagen berücksichtigt werden.

2. Neben der in Z 1 genannten Passivpost kann eine weitere Passivpost für vorbehaltene Entnahmen in folgender Weise gebildet werden:

   – Auszugehen ist vom positiven Verkehrswert am Einbringungsstichtag (§ 12 Abs. 1).

   – Sämtliche Veränderungen auf Grund der Inanspruchnahme der Z 1, Z 3 und Z 4 und der nicht nach Z 1 rückbezogenen Entnahmen sind zu berücksichtigen, sofern diese Veränderungen insgesamt zu einer Verminderung des Verkehrswertes führen.

   – Der sich danach ergebende Betrag ist höchstens in Höhe von 50% anzusetzen.

   Der sich ergebende Betrag gilt mit Ablauf des Einbringungsstichtages als entnommen.

3. Bis zum Tag des Abschlusses des Einbringungsvertrages können vorhandene Wirtschaftsgüter des Anlagevermögens einschließlich mit ihnen unmittelbar zusammenhängendes Fremdkapital und vorhandene Verbindlichkeiten zurückbehalten werden. Ein unmittelbarer Zusammenhang zwischen Wirtschaftsgütern und Fremdkapital ist jedenfalls nicht mehr gegeben, wenn die Wirtschaftsgüter am Einbringungsstichtag bereits länger als sieben Wirtschaftjahre durchgehend dem Anlagevermögen zuzuordnen waren. Das Zurückbehalten gilt durch die Nichtaufnahme in die Einbringungsbilanz als eine mit Ablauf des Einbringungsstichtages getätigte Entnahme beziehungsweise Einlage, sofern der Vorgang nicht unter Z 4 fällt.

4. Wirtschaftsgüter und mit diesen unmittelbar zusammenhängendes Fremdkapital können im verbleibenden Betrieb des Einbringenden zurückbehalten oder aus demselben zugeführt werden. Diese Vorgänge gelten durch die Nichtaufnahme bzw. Einbeziehung in die Einbringungsbilanz als mit Ablauf des Einbringungsstichtages getätigt. Einbringende unter § 7 Abs. 3 des Körperschaftsteuergesetzes 1988 fallende Körperschaften können Wirtschaftsgüter und mit ihnen unmittelbar zusammenhängendes Fremdkapital auch dann zurückbehalten, wenn ein Betrieb nicht verbleibt. Ein unmittelbarer Zusammenhang ist jedenfalls nicht mehr gegeben, wenn die Wirtschaftsgüter am Einbringungsstichtag bereits länger als sieben Wirtschaftjahre durchgehend dem Betrieb zuzuordnen waren.

5. Gewinnausschüttungen einbringender Körperschaften, Einlagen im Sinne des § 8 Abs. 1 des Körperschaftsteuergesetzes 1988 und die Einlagenrückzahlung im Sinne des § 4 Abs. 12 des Einkommensteuergesetzes 1988 in dem in Z 1 genannten Zeitraum können auf das einzubringende Vermögen bezogen werden.

Bei einem bebauten Grundstück kann der Grund und Boden gemäß Z 3 oder 4 zurückbehalten werden, indem nur das Gebäude im Wege eines Baurechtes im Sinne des Baurechtsgesetzes auf die übernehmende Körperschaft übertragen wird. Dabei gilt die Übertragung des Gebäudes als im Zuge der Einbringung verwirklicht, wenn Baurechtsvertrag und Einbringungsvertrag aufeinander Bezug nehmen und das Gesuch auf Einverleibung des Baurechts im Rückwirkungszeitraum gestellt wird; das Baurecht muss in weiterer Folge tatsächlich eingetragen werden.

(6) Abweichend von § 14 Abs. 1 kann bei der Einbringung von Vermögen im Sinne des § 12 Abs. 2 Z 1 und 2 der zum Betriebsvermögen gehörende Grund und Boden mit den nach § 6 Z 14 des Einkommensteuergesetzes 1988 maßgebenden Werten angesetzt werden, wenn im Falle einer Veräußerung am Einbringungsstichtag § 30 Abs. 4 des Einkommensteuergesetzes 1988 auf den Grund und Boden ganz oder eingeschränkt anwendbar wäre. Dies ist im Einbringungsvertrag festzuhalten.

(BGBl I 2018/62)

Gliederung:

3.4. Steuerliche Bewertung des einzubringenden Vermögens (§§ 16 und 17 UmgrStG)

3.4.1. Allgemeines

848 § 16 UmgrStG regelt die Bewertung des betrieblichen Einbringungsvermögens beim Einbringenden. Er bezieht sich auf einzubringende Betriebe, Teilbetriebe, Mitunternehmeranteile oder betriebsvermögenszugehörige Kapitalanteile.

849 § 17 UmgrStG regelt bei unbeschränkt wie beschränkt steuerpflichtigen Einbringenden die Bewertung von Kapitalanteilen aus dem Privatvermögen; sowie zusätzlich die Einbringung von Kapitalanteilen, die einem ausländischen Betriebsvermögen zugehören (siehe Rz 929 ff). *(AÖF 2013/301)*

850 Die Bewertungsregeln der §§ 16 und 17 UmgrStG bestimmen den Ansatz des Einbringungsvermögens (hinsichtlich des Betriebsvermögens in der Einbringungsbilanz) des Einbringenden, sind aber nach § 18 UmgrStG und § 20 UmgrStG grundsätzlich auch für die Bewertung

* des Einbringungsvermögens in der Steuerbilanz der übernehmenden Körperschaft und

* der Anteile an der übernehmenden Körperschaft maßgeblich. *(AÖF 2013/301)*

851 Bei der Bewertung des einzubringenden Vermögens sind zunächst zu unterscheiden:

1. Einbringungen ohne Auslandsbezug (rein nationale Einbringungen; siehe Rz 854)
2. Einbringungen mit Auslandsbezug (siehe Rz 854 und 856)

* Grenzüberschreitende Einbringungen (vermögensbezogen)
* Inlandseinbringungen mit Auslandsbezug
* Auslandseinbringungen mit Inlandsbezug

Unter grenzüberschreitenden Einbringungen sind Einbringungen zu verstehen, bei denen Vermögen einbringungsbedingt über die „Grenze" Österreichs „bewegt" bzw. übertragen wird (zB ein österreichischer Einzelunternehmer bringt seinen Betrieb in eine deutsche GmbH ein). Eine Inlandseinbringung mit Auslandsbezug liegt zB vor, wenn sich das einzubringende Vermögen auch auf das Ausland erstreckt (zB zum einzubringenden österreichischen Betrieb gehört auch ein in Deutschland vermietetes Geschäftslokal). Eine Auslandseinbringung mit Inlandsbezug liegt zB vor, wenn sich bei an sich reinen Auslandseinbringungen das einzubringende Vermögen auch auf Österreich erstreckt (zB ein deutscher Einzelunternehmer bringt seinen Betrieb nach deutschem UmwStG in eine deutsche GmbH ein; zum deutschen Betrieb gehört auch ein in Österreich vermietetes Geschäftslokal).

Für Einbringungen ohne Auslandsbezug nach Art. III UmgrStG (rein nationale Einbringungen) sieht § 16 Abs. 1 erster Satz UmgrStG grundsätzlich die Buchwertfortführung vor (Buchwerteinbringung). Bei Einbringungen mit Auslandsbezug ist hingegen zu prüfen, ob und inwieweit das Besteuerungsrecht der Republik Österreich gemäß § 16 Abs. 1 zweiter Satz UmgrStG eingeschränkt wird (siehe dazu unten Rz 855 f). *(BMF-AV Nr. 40/2017)*

852 Erfolgt die Übertragung des Einbringungsvermögens zu Buchwerten bzw. zu Anschaffungskosten, werden die im Einbringungsvermögen enthaltenen stil-

len Reserven auf die übernehmende Körperschaft übertragen. Da zudem das Einbringungskapital entweder als Anschaffungskosten der neuen Anteile gilt (§ 20 Abs. 2 UmgrStG) oder bei Unterbleiben einer Gegenleistung den bestehenden Anteilen an der übernehmenden Körperschaft zu- oder von ihnen abgeschrieben wird (§ 20 Abs. 4 Z 1 UmgrStG; Ausnahmen bestehen bei der up-Stream- und side-Stream-Einbringung zwischen Körperschaften), werden die stillen Reserven auch auf die Anteile an der übernehmenden Körperschaft übertragen (Verdoppelung der Steuerhängigkeit der stillen Reserven). *(AÖF 2013/ 301)*

Die steuerliche Bewertung des Einbringungsvermögens in der Einbrin- 853
gungsbilanz bzw. im Einbringungsvertrag erfolgt unabhängig von der unternehmensrechtlichen Bewertung. Auf Grund des in § 16 Abs. 1 UmgrStG normierten Buchwertansatzes, der sich ausschließlich an der Bewertung des eingebrachten Vermögens bei der steuerlichen Gewinnermittlung orientiert, hat eine abweichende Bewertung in der dem UGB entsprechenden Bilanz keinen Einfluss auf die Anwendung von Art. III UmgrStG, insb. dessen Bewertungsgrundsätze. Der Grundsatz der Maßgeblichkeit der dem UGB entsprechenden Bilanz für die Steuerbilanz wird durch die verpflichtende steuerliche Bewertungsvorschrift für die Steuerbilanz der übernehmenden Gesellschaft außer Kraft gesetzt. *(AÖF 2013/301)*

3.4.2. Bewertung von einzubringendem Betriebsvermögen (§ 16 UmgrStG)

Gemäß § 16 Abs. 1 bis 3 UmgrStG ist hinsichtlich der Bewertung des einge- 854
brachten Vermögens wie folgt zu differenzieren:

* Einbringungen ohne Auslandsbezug (rein nationale Einbringungen)
  – die zwingende Buchwerteinbringung (§ 16 Abs. 1 erster Satz UmgrStG; Rz 855)
* Einbringungen mit Auslandsbezug
  – Grenzüberschreitende Einbringungen
  – Inlandseinbringungen mit Auslandsbezug
  – Auslandseinbringungen mit Inlandsbezug

Die Einteilung erfolgt nach dem einzubringenden Vermögen.

Bei Einbringungen mit Auslandsbezug ist generell zu prüfen, ob und inwieweit das Besteuerungsrecht der Republik Österreich eingeschränkt wird (siehe dazu unten Rz 856). Dabei können folgende Rechtsfolgen eintreten:

– Buchwertfortführung

– Festsetzung ohne Ratenzahlung (bei bis zum 31.12.2015 beschlossenen oder vertraglich unterfertigten Umgründungen: ohne Nichtfestsetzung, siehe dazu Rz 44a)

– Festsetzung mit Ratenzahlung (bei bis zum 31.12.2015 beschlossenen oder vertraglich unterfertigten Umgründungen: Nichtfestsetzung, siehe dazu Rz 44b)

– Aufwertungsoption gemäß § 16 Abs. 3 UmgrStG *(BMF-AV Nr. 40/2017)*

Bei Einbringungen mit Auslandsbezug ist hinsichtlich der Rechtsfolgen eine 854a
Abgrenzung von § 16 Abs. 1 UmgrStG und § 16 Abs. 2 UmgrStG vorzunehmen. Dafür ist entscheidend, ob Österreich ein Besteuerungsrecht an den dem Ein-

§ 16

bringenden gewährten Gegenleistungsanteilen hat (zum Verzicht auf die Gegenleistung siehe Rz 854b).

Das in weiterer Folge anzuwendende Prüfschema kann – überblicksartig und vereinfacht – wie folgt veranschaulicht werden; die detaillierten Erläuterungen zum Prüfschema einschließlich jener zur Rechtslage idF vor AbgÄG 2015 (Nichtfestsetzungskonzept) sind den jeweiligen folgenden Randzahlen zu entnehmen:

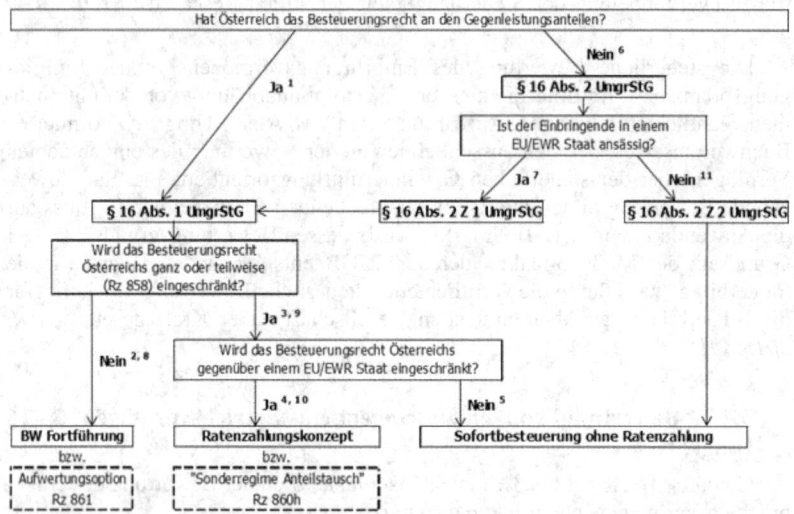

Erläuterungen zum Prüfungsschema:

1   Kann Österreich die im Zuge der Einbringung erhaltenen Gegenleistungsanteile besteuern und ist somit keine Einschränkung des Besteuerungsrechts an den Gegenleistungsanteilen gegeben, ist § 16 Abs. 1 UmgrStG anzuwenden. Gemäß § 16 Abs. 1 UmgrStG ist in weiterer Folge entscheidend, ob das Besteuerungsrecht Österreichs am eingebrachten Vermögen durch die Einbringung eingeschränkt wird. Die Frage nach einer teilweisen Einschränkung des Besteuerungsrechts iSd Rz 858 stellt sich in diesen Fällen nicht.

2   Erfolgt durch die Einbringung keine Einschränkung des Besteuerungsrechts Österreichs am eingebrachten Vermögen, hat die Einbringung zu Buchwerten zu erfolgen.

Siehe dazu die Beispiele in Rz 856 (Bsp. 1, 2 und 3); Rz 857 (Bsp. 1); Rz 858 (Bsp. 2); Rz 859 (Bsp. 1 und 3); Rz 861 (Bsp. 2); Rz 936 (Bsp. 1 und 2); Rz 937a (Bsp. 1 und Bsp. 2); Rz 937b ; Rz 943 ; Rz 944 .

3   Erfolgt durch die Einbringung eine Einschränkung des Besteuerungsrechts Österreichs am eingebrachten Vermögen, ist für die Rechtsfolgen wiederum zu unterscheiden, gegenüber wem die Einschränkung erfolgt.

4   Erfolgt die Einschränkung des Besteuerungsrechts Österreichs am eingebrachten Vermögen gegenüber einem EU/EWR-Staat, kommt es zur Gewinnrealisierung der stillen Reserven im eingebrachten Vermögen (Ansatz des Fremdvergleichswertes), jedoch kann ein Antrag auf Entrichtung der Steuerschuld in Raten gestellt werden (Ratenzahlungskonzept, § 16 Abs. 1 zweiter Satz UmgrStG iVm § 6 Z 6 EStG 1988 idF AbgÄG 2015; bis

31.12.2015: Antrag auf Nichtfestsetzung der Steuerschuld, § 16 Abs. 1 zweiter Satz iVm § 1 Abs. 2 UmgrStG idF vor AbgÄG 2015).

Siehe dazu die Beispiele in Rz 857 (Bsp. 2); Rz 859 (Bsp. 2); Rz 860a ; Rz 860b ; Rz 933 ; Rz 937 ; Rz 938 (Bsp. 1).

Abweichend von diesem Ratenzahlungskonzept des § 16 Abs. 1 zweiter Satz UmgrStG iVm § 6 Z 6 EStG 1988 idF AbgÄG 2015 (bis 31.12.2015: Nichtfestsetzungskonzept) kommt bei grenzüberschreitenden Einbringungen von Kapitalanteilen durch eine unbeschränkt steuerpflichtige Kapitalgesellschaft in eine EU-Gesellschaft auf Grund der Fusionsrichtlinie ein Sonderregime zur Anwendung, wenn dem Einbringenden eine Gegenleistung gewährt wird. Dabei erfolgt die Einbringung zu Buchwerten (sog. „Anteilstausch", § 16 Abs. 1a UmgrStG idF AbgÄG 2015 bzw. § 16 Abs. 1 dritter bis sechster Satz UmgrStG idF vor AbgÄG 2015).

Siehe dazu die Beispiele in Rz 857 (Bsp. 3); Rz 860h.

5   Erfolgt die Einschränkung des Besteuerungsrechts Österreichs am eingebrachten Vermögen gegenüber einem Drittstaat, kann kein Antrag auf Ratenzahlung (bis 31.12.2015: Nichtfestsetzung) gestellt werden. Es kommt daher in diesen Fällen zu einer gänzlichen Sofortbesteuerung der stillen Reserven im eingebrachten Vermögen (§ 16 Abs. 1 zweiter Satz UmgrStG iVm § 6 Z 6 EStG 1988 idF AbgÄG 2015).

Siehe dazu das Beispiel in Rz 938 (Bsp. 2).

6   Kann Österreich die im Zuge der Einbringung erhaltenen Gegenleistungsanteile nicht besteuern und ist somit eine Einschränkung des Besteuerungsrechts an den Gegenleistungsanteilen gegeben, ist § 16 Abs. 2 UmgrStG anzuwenden. Für die weiteren Rechtsfolgen ist im Anwendungsbereich von § 16 Abs. 2 UmgrStG zu unterscheiden, wo der Einbringende ansässig ist (bei Verzicht auf die Gewährung einer Gegenleistung siehe aber Rz 854b). Erfolgt die Einbringung durch eine Gesellschaft, bei der die Gesellschafter als Mitunternehmer anzusehen sind, ist im Anwendungsbereich von § 16 Abs. 2 UmgrStG zu unterscheiden, wo die Mitunternehmer (Körperschaften oder natürliche Personen) ansässig sind; folglich sind diese als Einbringende zu sehen. § 16 Abs. 4 UmgrStG ist zu beachten.

7   Erfolgt die Einbringung durch einen EU/EWR-Ansässigen (somit auch durch Steuerinländer), ist § 16 Abs. 2 Z 1 UmgrStG anzuwenden. Diese Bestimmung verweist wiederum auf § 16 Abs. 1 UmgrStG, sodass der Verlust des Besteuerungsrechts an der Gegenleistung in diesen Fällen nicht unmittelbar zur Sofortbesteuerung der stillen Reserven im eingebrachten Vermögen führt. Für die Rechtsfolgen ist gemäß § 16 Abs. 1 UmgrStG in weiterer Folge entscheidend, ob das Besteuerungsrecht Österreichs durch die Einbringung ganz oder teilweise (Rz 858) eingeschränkt wird.

8   Wird das Besteuerungsrecht gemäß § 16 Abs. 1 UmgrStG weder ganz noch teilweise eingeschränkt, erfolgt die Einbringung zu Buchwerten.

Siehe dazu die Beispiele in Rz 860d (Bsp. 2); Rz 861 (Bsp. 1); Rz 937a (Bsp. 2); Rz 948 (Bsp. 6).

9   Wird das Besteuerungsrecht am eingebrachten Vermögen ganz eingeschränkt, ist in weiterer Folge wiederum entscheidend, ob diese Einschränkung gegenüber einem EU/EWR-Staat (Ratenzahlungskonzept; bis 31.12.2015: Nichtfestsetzungskonzept) oder gegenüber einem Drittstaat

§ 16

(Sofortbesteuerung ohne Ratenzahlung) erfolgt; siehe dazu die obigen Ausführungen zu § 16 Abs. 1 UmgrStG.

Siehe dazu die Beispiele in Rz 948 (Bsp. 2 und 3).

[10] Wird das Besteuerungsrecht Österreichs teilweise eingeschränkt (Rz 858), kommt das Ratenzahlungskonzept (bis 31.12.2015: Nichtfestsetzungskonzept) zur Anwendung, weil die Einbringung durch einen EU/EWR-Ansässigen (somit auch durch Steuerinländer) erfolgt.

Siehe dazu die Beispiele in Rz 858 (Bsp. 1); Rz 860d (Bsp. 1).

[11] Erfolgt die Einbringung durch eine in einem Drittstaat ansässige Person, ist § 16 Abs. 2 Z 2 UmgrStG anzuwenden. Das eingebrachte Vermögen ist zwingend auf den gemeinen Wert aufzuwerten: Es kommt daher unmittelbar zur Sofortbesteuerung der stillen Reserven im eingebrachten Vermögen, ein Antrag auf Ratenzahlung (bis 31.12.2015: Nichtfestsetzung) kann nicht gestellt werden (Sofortbesteuerung ohne Ratenzahlung).

Siehe dazu die Beispiele in Rz 863 (Bsp. 1 und 2); Rz 948 (Bsp. 4 und 5). (BMF-AV Nr. 40/2017, BMF-AV Nr. 131/2018)

854b   Wird auf die Gewährung von Anteilen gemäß § 19 Abs. 2 Z 5 UmgrStG verzichtet, gilt die Gegenleistung dennoch als bewirkt. Die Gegenleistung besteht in einem solchen Fall in der Werterhöhung der Anteile an der übernehmenden Körperschaft, die zu Lasten der im Inland steuerhängigen Anteile an der übertragenden Körperschaft erfolgt. Hat Österreich hinsichtlich der Anteile an der übernehmenden Körperschaft kein Besteuerungsrecht, ist im Anwendungsbereich von § 16 Abs. 2 UmgrStG zu unterscheiden, wo der Anteilsinhaber der übernehmenden Körperschaft ansässig ist; Rz 854a ist sinngemäß anzuwenden.

Beispiel:

Die inländische A-GmbH bringt ihren Betrieb gemäß Art. III UmgrStG in die inländische D-GmbH ein. Der Alleingesellschafter der übernehmenden D-GmbH ist die in einem Drittstaat ansässige Gesellschaft C, die mittelbar über die inländische Körperschaft B-GmbH auch zu 100% an der einbringenden A-GmbH beteiligt ist. Auf die Gewährung neuer Anteile an die einbringende A-GmbH wird verzichtet. Das Doppelbesteuerungsabkommen AT-Drittstaat entspricht dem OECD-Musterabkommen.

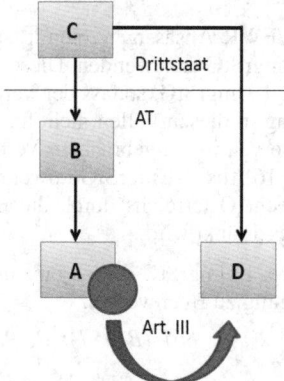

Die Gegenleistung gilt dennoch als bewirkt und besteht in der Werterhöhung der Anteile an der den Betrieb übernehmenden D-GmbH, die zu Lasten der im Inland steuerhängigen Anteile an der den Betrieb übertragenden A-GmbH erfolgt. Österreich hat kein Besteuerungsrecht an der Beteiligung von C an der übernehmenden D-GmbH;

das Besteuerungsrecht Österreichs an der Gegenleistung ist somit eingeschränkt. Da C in einem Drittstaat ansässig ist, kommt es einbringungsbedingt zu einer sofortigen Aufdeckung und Besteuerung der stillen Reserven im eingebrachten Vermögen (kein Antrag auf Ratenzahlung bzw. bis 31.12.2015 Nichtfestsetzung).

Variante 1:

Wäre – anders als im Ausgangssachverhalt – die im Drittstaat ansässige C unmittelbar an der den Betrieb übertragenden A-GmbH beteiligt, bestünde die Gegenleistung in der Werterhöhung der Anteile an der den Betrieb übernehmenden D-GmbH, die aber nicht zu Lasten von im Inland steuerhängigen Anteilen erfolgt.

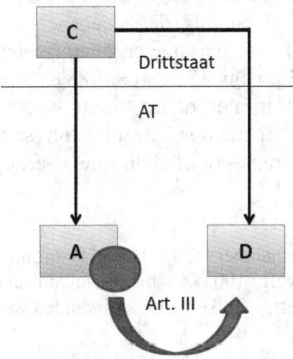

Daher kommt es nicht zu einer Einschränkung des Besteuerungsrechts von Österreich, wenn das Doppelbesteuerungsabkommen mit dem Drittstaat dem OECD-Musterabkommen folgt und daher der Anteil an der den Betrieb übertragenden Körperschaft A-GmbH auch vor der Einbringung nicht im Inland steuerhängig war; die Einbringung kann unter Ansatz der Buchwerte erfolgen.

Variante 2:

Wäre – anders als im Ausgangssachverhalt – der Alleingesellschafter C der übernehmenden D-GmbH eine in einem EU/EWR-Staat ansässige Körperschaft, die mittelbar über die inländische Körperschaft B-GmbH auch zu 100% an der einbringenden A-GmbH beteiligt ist, bestünde die Gegenleistung in der Werterhöhung der Anteile an der den Betrieb übernehmenden D-GmbH, die zu Lasten der im Inland steuerhängigen Anteile an der den Betrieb übertragenden A-GmbH erfolgt.

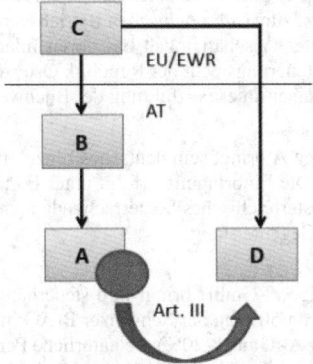

Österreich hat kein Besteuerungsrecht hinsichtlich der Beteiligung von C an der übernehmenden D-GmbH; das Besteuerungsrecht Österreichs an der Gegenleistung ist somit eingeschränkt. Da C jedoch in diesem Fall in einem EU/EWR-Staat ansässig ist, kommt § 16 Abs. 2 Z 1 UmgrStG zur Anwendung und es ist maßgeblich, ob eine Einschränkung des Besteuerungsrechtes gemäß § 16 Abs. 1 UmgrStG vorliegt. Da das Besteuerungsrecht hinsichtlich des eingebrachten Vermögens auch nach der Einbringung vorliegt, kann die Einbringung zu Buchwerten nach § 16 Abs. 1 erster Satz UmgrStG erfolgen. *(BMF-AV Nr. 40/2017, BMF-AV Nr. 131/2018)*

3.4.2.1. Zwingende Buchwerteinbringung in Einbringungen ohne Auslandsbezug (AÖF 2013/301)

855   § 16 Abs. 1 erster Satz UmgrStG normiert für rein nationale Einbringungen den Grundsatz der Buchwertfortführung. Danach ist das eingebrachte Vermögen mit jenen Werten anzusetzen, die sich bei Anwendung der steuerlichen Vorschriften für die laufende Gewinnermittlung als Wertansätze ergeben (insbesondere den §§ 4 bis 14 EStG 1988 sowie den §§ 7 bis 12 KStG 1988). Zu einer zwingenden Buchwertfortführung kommt es immer dann, wenn weder auf Ebene des eingebrachten Vermögens noch auf Ebene der Gegenleistungsanteile ein Besteuerungsrecht eingeschränkt wird. Daraus ergibt sich eine „Verdoppelung" der stillen Reserven.

Beispiel:

Der unbeschränkt steuerpflichtige Einzelunternehmer A (WJ = KJ) bringt zum 31.12.01 seinen inländischen Betrieb (Buchwert: 100.000) in die inländische X-GmbH, deren Anteile er zu 100% hält, ein. Es erfolgen keine rückwirkenden Korrekturen gemäß § 16 Abs. 5 UmgrStG.

In der Einbringungsbilanz ist der steuerliche Buchwert in Höhe von 100.000 anzusetzen. Dieser Buchwert entspricht auch dem Wert der Gegenleistung (siehe Rz 1095).

Wird hingegen das Besteuerungsrecht einbringungsbedingt eingeschränkt (zB bei einer Einbringung in eine steuerbefreite Körperschaft), kommt es zu einer Aufdeckung der stillen Reserven (siehe Rz 712). *(BMF-AV Nr. 193/2015)*

3.4.2.1a. Einbringungen mit Auslandsbezug (AÖF 2013/301)

856   Bei Einbringungen mit Auslandsbezug ist generell zu prüfen, ob und inwieweit das Besteuerungsrecht der Republik Österreich eingeschränkt wird. Wird das Besteuerungsrecht der Republik Österreich nicht eingeschränkt, hat – wie bei rein nationalen Einbringungen – eine Buchwertfortführung zu erfolgen.

Beispiel 1:

Der in Österreich unbeschränkt steuerpflichtige A bringt sein österreichisches Einzelunternehmen in eine österreichische GmbH ein; zum österreichischen Betriebsvermögen gehört auch ein in Deutschland vermietetes Geschäftslokal. Bei dieser Inlandseinbringung mit Auslandsbezug wird das Besteuerungsrecht der Republik Österreich nicht eingeschränkt, die Einbringung erfolgt daher unter Fortführung der Buchwerte.

Beispiel 2:

Der in Österreich unbeschränkt steuerpflichtige A bringt sein deutsches Einzelunternehmen in die österreichische A-GmbH ein. Die Einbringung erfolgt unter Fortführung der (ausländischen, gegebenenfalls auf österreichisches Steuerrecht adaptierten) Buchwerte; dieser Wertansatz prägt auch die Gegenleistung.

Beispiel 3:

Die in Österreich unbeschränkt steuerpflichtige A-GmbH bringt ihre steuerhängige internationale Schachtelbeteiligung in Höhe von 50% an der Schweizer B-AG in die österreichische C-GmbH ein, an der neben der A- GmbH (20%) die natürliche Person D beteiligt ist. Anlässlich der Einbringung erfolgt bei der C-GmbH eine Kapitalerhöhung, wodurch sich der Anteil der A-GmbH auf 40% erhöht. Die Einbringung erfolgt unter Fortführung der Buchwerte. *(AÖF 2013/301)*

Die Einschränkung des Besteuerungsrechts der Republik Österreich ist insbesondere bei grenzüberschreitenden Einbringungen zu prüfen. Bei einer Exporteinbringung durch eine in Österreich ansässige Person wird das Besteuerungsrecht hinsichtlich des Vermögens im Regelfall nur bei der Einbringung von Kapitalanteilen eingeschränkt.   **857**

Beispiele zu Exporteinbringungen:

Beispiel 1:

Der österreichische Einzelunternehmer A bringt seinen operativen Betrieb in eine deutsche GmbH ein. Dadurch entsteht für die deutsche GmbH in Österreich eine Betriebsstätte, der – wie in aller Regel – das eingebrachte Vermögen weiter zuzurechnen ist, weshalb Österreich das Besteuerungsrecht am eingebrachten Vermögen weiterhin zukommt; ebenso bleibt A mit der erhaltenen Gegenleistung (Anteile an der deutschen GmbH) in Österreich steuerverfangen. Es kommt zu keiner Einschränkung des Besteuerungsrechts der Republik Österreich (Buchwerteinbringung).

Beispiel 2:

Der in Österreich unbeschränkt steuerpflichtige A bringt seinen im Betriebsvermögen gehaltenen Anteil an der inländischen T-AG in die deutsche D-AG ein und erhält als Gegenleistung einen Anteil von 30%. Einbringungsbedingt verliert Österreich das Besteuerungsrecht am eingebrachten Kapitalanteil an der T-AG, weil das DBA-Deutschland das ausschließliche Besteuerungsrecht dem Ansässigkeitsstaat der übernehmenden Körperschaft zuweist (zu den steuerlichen Konsequenzen siehe Rz 860a und Rz 860b; Ratenzahlungskonzept bzw. bis 31.12.2015 Nichtfestsetzungskonzept).

Beispiel 3:

Die inländische M-AG bringt ihren Anteil an der inländischen T-AG in die deutsche D-AG ein und erhält als Gegenleistung einen Anteil von 30%. Einbringungsbedingt verliert Österreich das Besteuerungsrecht am eingebrachten Kapitalanteil an der T-AG (zu den steuerlichen Konsequenzen siehe allerdings Rz 860h; Sonderregime „Anteilstausch").

Zu den Rechtsfolgen einer Einschränkung des Besteuerungsrechtes gemäß § 16 Abs. 1 UmgrStG (Ratenzahlung bzw. Nichtfestsetzung) siehe Rz 860a. *(BMF-AV Nr. 40/2017)*

Zu einer (teilweisen) Einschränkung des Besteuerungsrechts gemäß § 16   **858** Abs. 1 UmgrStG kann es insbesondere kommen, wenn im Ausland ansässige natürliche Personen ihre österreichischen Betriebe, Teilbetriebe oder Mitunternehmeranteile in eine inländische oder ausländische Körperschaft einbringen. Dabei wird das zunächst "volle" Besteuerungsrecht der Republik Österreich aufgrund der Einschränkung des Besteuerungsrechtes hinsichtlich der Gegenleistungsanteile der Höhe nach eingeschränkt.

Beispiel 1:

Eine in Deutschland ansässige natürliche Person ist Kommanditist einer operativen österreichischen KG; der KG-Anteil enthält eine beträchtliche stille Reserve. Die natürliche Person bringt ihren KG-Anteil nach Art. III UmgrStG in eine deutsche GmbH ein. Einbringungsbedingt wird das zunächst "volle" Besteuerungsrecht Österreichs hinsichtlich der stillen Reserven (bis zu 50% Einkommensteuer) auf die Gesellschaftsebene (25% Körperschaftsteuer) eingeschränkt, weil Österreich die zweite Besteuerungsebene (Gesellschafterebene) nicht mehr mit 27,5% besteuern kann (bis 31.12.2015: mit 25%).

Bringen in Österreich ansässige natürliche Personen ihre Betriebe, Teilbetriebe oder Mitunternehmeranteile in eine ausländische Körperschaft ein und weist das anzuwendende DBA ausnahmsweise auch dem Ansässigkeitsstaat der ausländischen Körperschaft das Besteuerungsrecht an den Gegenleistungsanteilen zu (DBA Frankreich, Japan, China, Brasilien), ist Österreich in der Besteuerung der Gegenleistungsanteile dennoch nicht eingeschränkt, sodass es in derartigen Konstellationen zu keiner teilweisen Einschränkung des Besteuerungsrechtes kommen kann.

Beispiel 2:

Eine im Inland ansässige natürliche Person ist Kommanditist einer operativen österreichischen KG; der KG-Anteil enthält eine beträchtliche stille Reserve. Die natürliche Person bringt ihren KG-Anteil nach Art. III UmgrStG ein und erhält dafür einen Anteil von 30% an einer französischen Kapitalgesellschaft. Österreich hat mit dem Ansässigkeitsstaat der übernehmenden Kapitalgesellschaft ein DBA abgeschlossen, das auch dem Ansässigkeitsstaat der Kapitalgesellschaft das Besteuerungsrecht hinsichtlich eines Veräußerungsgewinnes der Gegenleistungsanteile einräumt, wobei Österreich die in Frankreich entrichtete Steuer anrechnen muss (Art. 13 Abs. 3 lit. a iVm Art. 23 Abs. 2 lit. b DBA-Frankreich). Österreich ist folglich in der Besteuerung der Gegenleistung (wie auch in der Besteuerung des eingebrachten Vermögens) nicht eingeschränkt.

Zu den Rechtsfolgen einer teilweisen Einschränkung des Besteuerungsrecht gemäß § 16 Abs. 1 vierter Satz UmgrStG (Ratenzahlung bzw. Nichtfestsetzung) siehe Rz 860d ff. *(BMF-AV Nr. 40/2017)*

859   Bringt eine inländische Körperschaft, die unter § 7 Abs. 3 KStG 1988 fällt, Vermögen im Sinne des § 12 Abs. 2 UmgrStG (Betrieb, Teilbetrieb, Mitunternehmeranteil oder Kapitalanteil) in eine ausländische Körperschaft ein, an der eine Beteiligung der einbringenden Körperschaft im Sinne des § 10 Abs. 2 KStG 1988 (internationale Schachtelbeteiligung) besteht, ist diese Einbringung unter Buchwertansatz vorzunehmen, soweit nicht einbringungsbedingt das Besteuerungsrecht der Republik Österreich eingeschränkt wird (zu Kapitalanteilen siehe Rz 860h). Der Buchwertansatz gilt unabhängig davon, ob bei der übernehmenden Körperschaft eine Kapitalerhöhung erfolgt und ob das Ausmaß der Beteiligung der einbringenden Körperschaft an der übernehmenden ausländischen Körperschaft dadurch unverändert bleibt oder sich erhöht. Gleiches gilt auch für den Fall, dass durch die Einbringung eine internationale Schachtelbeteiligung entsteht.

Beispiel 1:

Die in Österreich unbeschränkt steuerpflichtige A-GmbH bringt ihre deutsche Zweigniederlassung in eine deutsche Kapitalgesellschaft ein, an der sie zu 30% beteiligt ist. Anlässlich der Einbringung findet eine Kapitalerhöhung statt, wodurch sich der Anteil der A-GmbH auf 60% erhöht. Die Einbringung hat unter Ansatz der Buchwerte zu erfolgen (ist auch kein Fall einer Ratenzahlung bzw. bis 31.12.2015 einer Nichtfestsetzung, da keine Einschränkung des Besteuerungsrechtes erfolgt). § 20 Abs. 7 Z 1 UmgrStG ist nicht anzuwenden, weil das eingebrachte Vermögen nicht steuerhängig war (Rz 1155).

Beispiel 2:

Sachverhalt wie Beispiel 1, die österreichische GmbH bringt aber eine italienische Zweigniederlassung in eine italienische Kapitalgesellschaft ein. Das an der Zweigniederlassung aufgrund des DBA-Italien (Anrechnungsmethode) bestehende Besteuerungsrecht wird einbringungsbedingt eingeschränkt (zur Ratenzahlung siehe Rz 860a bzw. bis 31.12.2015 zur Nichtfestsetzung siehe Rz 860b).

Beispiel 3:

Die in Österreich unbeschränkt steuerpflichtige A-GmbH bringt ihren österreichischen Teilbetrieb 3 in die holländische C-BV ein.

Die A-GmbH ist an der C-BV zu 50% beteiligt (steuerneutrale Schachtelbeteiligung). Anlässlich der Einbringung findet bei der C-BV eine Kapitalerhöhung statt, wodurch sich die Beteiligung der A GmbH auf 80% erhöht.

Bei einer Einbringung durch eine Kapitalgesellschaft (25%-Besteuerung) wird das Besteuerungsrecht Österreichs nicht eingeschränkt. Die Einbringung hat unter Ansatz der Buchwerte zu erfolgen; auf die Erweiterung der internationalen Schachtelbeteiligung ist § 20 Abs. 7 Z 1 UmgrStG anzuwenden (siehe Rz 1155). *(BMF-AV Nr. 40/2017)*

Randzahl 859a: *entfällt (BMF-AV Nr. 40/2017)*

Für Einbringungen mit einem Stichtag bis 30.8.2011:   860

Bei der Einbringung von Betrieben gewerblicher Art von Körperschaften öffentlichen Rechts im Sinne des § 2 KStG 1988 sind gemäß § 16 Abs. 1 UmgrStG die Buchwerte anzusetzen, weil trotz Fehlens einer Körperschaftsteuerpflicht der Körperschaft öffentlichen Rechts und eines hieraus resultierenden Fehlens der Steuerhängigkeit der Kapitalanteile der übernehmenden Körperschaft keine Einschränkung des Besteuerungsrechts im Verhältnis zu anderen Staaten im Sinne des § 16 Abs. 2 UmgrStG vorliegt.

Für Einbringungen mit einem Stichtag ab 31.8.2011:

Da es sich bei einer Einbringung strukturell um einen entgeltlichen Vorgang handelt, besteht für die anlässlich der Einbringung eines Betriebes gewerblicher Art durch eine Körperschaft öffentlichen Rechts gemäß § 2 KStG 1988 erhaltenen bzw. einbringungsbezogenen Anteile Steuerhängigkeit gemäß § 21 Abs. 3 Z 3 KStG 1988 (siehe § 26c Z 25 lit. a KStG 1988). Es sind die Buchwerte des eingebrachten Vermögens anzusetzen. *(AÖF 2013/301)*

3.4.2.1b. Ratenzahlung (ab 1.1.2016) und Nichtfestsetzung (bis 31.12.2015) (BMF-AV Nr. 40/2017)

Ratenzahlungskonzept für ab dem 1.1.2016 beschlossene oder unterfertigte   860a
Einbringungen:

§ 16 Abs. 1 erster Satz UmgrStG sieht für die Bewertung des eingebrachten Betriebsvermögens grundsätzlich die Buchwertfortführung vor. Soweit aber im Rahmen der Einbringung in eine ausländische Körperschaft das Besteuerungsrecht der Republik Österreich eingeschränkt wird, sind gemäß § 16 Abs. 1 zweiter Satz UmgrStG idF AbgÄG 2015 die nach § 6 Z 6 lit. a EStG 1988 maßgebenden Werte (Fremdvergleichswerte) anzusetzen. Die dabei entstehende Steuerschuld kann auf Antrag in Raten entrichtet werden, wenn die Einschränkung des Besteuerungsrechts gegenüber einem EU/EWR-Staat erfolgt. Im Falle der Einschränkung des Besteuerungsrechts im Verhältnis zu einem anderen Staat (Drittstaat) kann ein Antrag auf Ratenzahlung hingegen nicht gestellt werden; es kommt einbringungsbedingt zur Sofortbesteuerung sämtlicher stiller Reserven samt Firmenwert. Da § 16 UmgrStG als Bewertungsvorschrift nur die Bewertung regelt, bleiben die übrigen Wirkungen des Art. III UmgrStG auch bei Vorliegen einer Einschränkung des Besteuerungsrechtes erhalten (kein Anwendungsausschluss von Art. III UmgrStG; zum Verlustabzug siehe aber Rz 1176).

Auch die Anteile an der übernehmenden Körperschaft erhöhen sich im Falle der Einschränkung des Besteuerungsrechtes bereits einbringungsbedingt um die stillen Reserven im eingebrachten Vermögen und sind folglich mit dem Fremdvergleichswert anzusetzen (zu einer erst rückwirkenden Erhöhung der Gegenleistungsanteile aufgrund von § 20 Abs. 2 Z 5 UmgrStG kommt es nur noch im Falle von Festsetzungen aufgrund von § 16 UmgrStG idF vor dem AbgÄG 2015).

Beispiel:

A ist Einzelunternehmer und bringt aus dem Betriebsvermögen eine Beteiligung des

§ 16 Rz 860b

Anlagevermögens iHv 25% an der inländischen X-GmbH (Buchwert 10.000) in die deutsche Y-GmbH zum Stichtag 31.12.01 ein; die Einbringung erfolgt unter Verzicht auf Anteilsgewährung, weil A an der Y-GmbH bereits vor der Einbringung zu 100% beteiligt war (Anschaffungskosten 40.000). Gemäß § 16 Abs. 1 zweiter Satz UmgrStG kommt es zu einer Einschränkung des Besteuerungsrechtes der Republik Österreich hinsichtlich des eingebrachten Vermögens, weshalb dieses mit dem Fremdvergleichswert (= 25.000) anzusetzen ist. Da die Einschränkung des Besteuerungsrechtes gegenüber einem EU-Staat erfolgt, stellt A in der ESt-Erklärung des Jahres 01 den Antrag, die auf die stillen Reserven des Anteils an der X-GmbH (15.000) entfallende Steuerschuld gleichmäßig in fünf Raten zu entrichten.

In der Einbringungsbilanz ist der Anteil an der X-GmbH mit dem Fremdvergleichswert von 25.000 auszuweisen, weswegen das Einbringungskapital ebenfalls 25.000 beträgt. Die Anschaffungskosten der Beteiligung an der Y-GmbH sind um den nach § 16 UmgrStG maßgebenden Wert von 25.000 auf insgesamt 65.000 zu erhöhen (§ 20 Abs. 4 Z 1 UmgrStG).

Zu den Umständen, die zu einer vorzeitigen Fälligstellung noch offener Raten führen, siehe Rz 860g. *(BMF-AV Nr. 131/2018)*

860b Nichtfestsetzungskonzept für bis zum 31.12.2015 beschlossene oder unterfertigte Einbringungen:

Soweit es aufgrund von Einbringungen zu einer Einschränkung des Besteuerungsrechtes der Republik Österreich kommt, kann gemäß § 16 Abs. 1 iVm § 1 Abs. 2 UmgrStG idF vor AbgÄG 2015 vom Einbringenden ein Antrag auf Nichtfestsetzung gestellt werden, wenn die Einschränkung gegenüber einem EU/EWR-Staat erfolgt. Im Falle der Einschränkung des Besteuerungsrechts im Verhältnis zu einem anderen Staat (Drittstaat) kann ein Antrag auf Nichtfestsetzung hingegen nicht gestellt werden; es ist der gemeine Wert des eingebrachten Vermögens anzusetzen und es kommt zur einbringungsbedingten Sofortbesteuerung sämtlicher stiller Reserven samt Firmenwert. Da § 16 UmgrStG als Bewertungsvorschrift nur die Bewertung regelt, bleiben die übrigen Wirkungen des Art. III UmgrStG erhalten (kein Anwendungsausschluss von Art. III UmgrStG; zum Verlustabzug siehe aber Rz 1176). Die spätere Veräußerung oder das sonstige Ausscheiden des eingebrachten Vermögens stellt ein rückwirkendes Ereignis im Sinne des § 295a BAO dar und führt zur Festsetzung der Steuerschuld beim Einbringenden (siehe dazu Rz 860g; zur Durchbrechung der absoluten Verjährungsfrist für Anträge auf Nichtfestsetzung, die nach dem 31.12.2005 gestellt wurden siehe Rz 44c).

Die Anteile an der übernehmenden Gesellschaft erhöhen sich erst bei Festsetzung der Steuerschuld im eingebrachten Vermögen rückwirkend mit Beginn des dem Einbringungsstichtag folgenden Tages (§ 20 Abs. 2 Z 5 UmgrStG).

Beispiel:

A ist Einzelunternehmer und bringt aus dem Betriebsvermögen eine Beteiligung iHv 25% an der inländischen X-GmbH (Buchwert 10.000) in die deutsche Y-GmbH zum Stichtag 31.12.01 ein; die Einbringung erfolgt unter Verzicht auf Anteilsgewährung, weil A an der Y-GmbH bereits vor der Einbringung zu 100% beteiligt war (Anschaffungskosten 40.000).

In der ESt-Erklärung des Jahres 01 gibt A die stillen Reserven des Anteils an der X-GmbH mit 15.000 an und stellt einen Antrag auf Nichtfestsetzung.

In der Einbringungsbilanz ist der Anteil an der X-GmbH mit 10.000 auszuweisen, weswegen das Einbringungskapital ebenfalls 10.000 beträgt. Die Anschaffungskosten der Beteiligung an der Y-GmbH sind um 10.000 auf 50.000 zu erhöhen (§ 20 Abs. 4 Z 1 UmgrStG).

Zur Festsetzung der Steuerschuld siehe näher Rz 860g. *(BMF-AV Nr. 40/ 2017, BMF-AV Nr. 131/2018)*

Kapitalanteile können im Wege einer (Teil-)Betriebseinbringung oder iso- 860c liert übertragen werden. Das Ratenzahlungskonzept (bis 31.12.2015: Nichtfestsetzungskonzept) kommt auch zur Anwendung, wenn im Rahmen einer (Teil)Betriebseinbringung das Besteuerungsrecht der Republik Österreich an betriebszugehörigen Beteiligungen eingeschränkt wird (weil die Beteiligung dem österreichischen Betriebsstättenvermögen nach AOA-Grundsätzen nicht zugerechnet werden kann; vgl. zB hierzu EAS 3010) oder eine betriebszugehörige Beteiligung iSd § 12 Abs. 2 Z 3 UmgrStG von einer natürlichen Person, einer Personengesellschaft oder Körperschaft, ausgenommen einer unbeschränkt steuerpflichtigen Kapitalgesellschaft oder Genossenschaft, isoliert in das EU/EWR-Ausland eingebracht wird.

Ein weiterer Anwendungsbereich des Ratenzahlungskonzeptes (bis 31.12.2015: Nichtfestsetzungskonzeptes) ist die Einbringung einer Betriebsstätte aus einem Staat, mit dem ein DBA mit Anrechnungsmethode besteht (zB Italien), in eine EU-/EWR-Körperschaft.

Gleiches gilt nach § 17 Abs. 1 UmgrStG, wenn eine nicht betriebszugehörige Beteiligung in das EU/EWR-Ausland eingebracht wird. *(BMF-AV Nr. 131/ 2018)*

3.4.2.1c. Einschränkung des Besteuerungsrechts hinsichtlich der Gegenleistung und teilweise Einschränkung des Besteuerungsrechtes (BMF-AV Nr. 40/2017)

Ist beim Einbringenden das Besteuerungsrecht der Republik Österreich hin- 860d sichtlich der Gegenleistung eingeschränkt, kommt § 16 Abs. 2 UmgrStG zur Anwendung. Dies betrifft vor allem Einbringende, die im Ausland ansässig sind. Dabei ist ganz allgemein zu differenzieren:

• Ist der Einbringende in einem Mitgliedstaat der EU oder einem EWR-Staat ansässig, gelten nach § 16 Abs. 2 Z 1 UmgrStG dieselben Grundsätze wie für im Inland ansässige Einbringende; kraft Verweises in § 16 Abs. 2 Z 1 UmgrStG ist § 16 Abs. 1 UmgrStG anzuwenden. Somit kommt im Falle der (teilweisen) Einschränkung des Besteuerungsrechts gegenüber EU/EWR-Staaten das Ratenzahlungskonzept (bis 31.12.2015: Nichtfestsetzungskonzept) zur Anwendung.

Im Falle der teilweisen Einschränkung des Besteuerungsrechtes bezieht sich die Ratenzahlung auf die Steuerschuld, die sich unter Anwendung des besonderen Steuersatzes gemäß § 27a Abs. 1 Z 2 EStG 1988 von 27,5% (bis 31.12.2015: 25%; für Einbringungsstichtage vor 31.3.2012 ist die nicht festzusetzende Steuerschuld mit dem Hälftesteuersatz im Jahr der Einbringung zu bemessen) auf den unter Ansatz des Fremdvergleichswertes ermittelten Gewinnes ergibt (§ 16 Abs. 1 vierter Satz UmgrStG idF AbgÄG 2015). Diese aufgedeckten stillen Reserven stellen betriebliche Einkünfte dar, weil sie bereits vor Einbringung im eingebrachten Vermögen entstanden sind. Der Antrag auf Ratenzahlung (bis 31.12.2015: Nichtfestsetzung) für diese betrieblichen Einkünfte ist in der Einkommensteuererklärung jenes Veranlagungszeitraumes zu stellen, in den der Einbringungsstichtag fällt. Dies gilt unabhängig davon, ob die übernehmende Körperschaft (wie in Beispiel 1) eine ausländische oder eine inländische Körperschaft ist, weil § 16 Abs. 2 Z 1 UmgrStG auf § 16 Abs. 1 UmgrStG verweist und

§ 16

§ 16 Abs. 1 UmgrStG sowohl inländische als auch ausländische Körperschaften umfasst.

Beispiel 1:

Eine in Deutschland ansässige natürliche Person A ist Kommanditist der operativen österreichischen X-KG; der KG-Anteil enthält eine beträchtliche stille Reserve in Höhe von 100.000. A bringt seinen Anteil an der X-KG nach Art. III UmgrStG zum 31.12.01 in eine deutsche GmbH ein. Einbringungsbedingt wird das zunächst „volle" Besteuerungsrecht Österreichs hinsichtlich der stillen Reserven (bis zu 50% Einkommensteuer) auf die Gesellschaftsebene (25% Körperschaftsteuer) eingeschränkt, weil Österreich die zweite Besteuerungsebene (Gesellschafterebene) nicht mehr mit 27,5% besteuern kann. Gemäß § 16 Abs. 1 UmgrStG idF AbgÄG 2015 kommt es aufgrund der teilweisen Einschränkung des Besteuerungsrechtes zu einem Ansatz des Fremdvergleichswertes; auf den dabei entstehenden Gewinn ist der besondere Steuersatz in Höhe von 27,5% anzuwenden. A kann gemäß § 16 Abs. 2 Z 1 iVm § 16 Abs. 1 UmgrStG einen Antrag auf Ratenzahlung im Rahmen der Einkommensteuererklärung 01 stellen (bis 31.12.2015: Antrag auf Nichtfestsetzung unter Anwendung des besonderen Steuersatzes von 25%).

Es bestehen in Fällen der teilweisen Einschränkung des Besteuerungsrechtes bis zur Veranlagung 2012 keine Bedenken, Anträge umzudeuten und die Nichtfestsetzung vorzunehmen, wenn diese Anträge zwar falsch bezeichnet oder im falschen Veranlagungszeitraum gestellt wurden, jedoch erkennbar auf die hier beschriebene Rechtsfolge gerichtet waren.

Die übernehmende Körperschaft führt das eingebrachte Vermögen (zB KG-Anteil) im Falle der teilweisen Einschränkung des Besteuerungsrechtes zu Buchwerten fort:

• Bei teilweiser Einschränkung des Besteuerungsrechts aufgrund von Einbringungen, die ab dem 1.1.2016 beschlossen oder unterfertigt werden, gilt dies aufgrund von § 18 Abs. 1 Z 1 UmgrStG trotz Ansatz der Gegenleistungsanteile mit dem Fremdvergleichswert; aus Sicht der übernehmenden Körperschaft liegt daher trotz "Aufwertung" der Gegenleistung eine Einbringung zu Buchwerten vor. Zu den Umständen einer vorzeitigen Fälligstellung noch offener Raten siehe Rz 860g.

• Bei teilweiser Einschränkung des Besteuerungsrechts aufgrund von Einbringungen, die bis zum 31.12.2015 beschlossen oder unterfertigt wurden, ändert auch eine allfällige Festsetzung der Steuerschuld hinsichtlich der Gegenleistung nichts an der Buchwertfortführung für den Einbringenden. Zu einer anlässlich der Veräußerung des eingebrachten Vermögens oder der Gegenleistungsanteile erfolgenden Festsetzung siehe näher Rz 860g.

Zu einer (teilweisen) Einschränkung des Besteuerungsrechts kommt es in der Regel dann nicht, wenn der ausländische Einbringende eine Körperschaft ist (das Besteuerungsniveau ändert sich nicht).

Beispiel 2:

Eine deutsche GmbH ist Kommanditist einer operativen österreichischen KG; der KG-Anteil enthält eine beträchtliche stille Reserve. Die GmbH bringt ihren KG-Anteil nach Art. III UmgrStG in eine deutsche GmbH ein. Einbringungsbedingt wird das Besteuerungsrecht Österreichs nicht eingeschränkt, weil die stillen Reserven vor der Einbringung wie nach der Einbringung mit 25% steuerverfangen sind. Solche Einbringungen können aber unter Missbrauchsverdacht stehen, wenn der Anteil an der deutschen übernehmenden GmbH einbringungsbedingt aufgewertet und zeitnah veräußert wird.

• Ist der Einbringende außerhalb der EU, Norwegen, Liechtenstein oder ab

1.1.2017 Island ansässig, führt jede Einschränkung des Besteuerungsrechts der Republik Österreich insoweit zur sofortigen Besteuerung; das Ratenzahlungskonzept (bis 31.12.2015: Nichtfestsetzungskonzept) kommt diesfalls nicht zur Anwendung. Daraus folgt, dass auch jede Beschränkung des Besteuerungsrechts an den Gegenleistungsanteilen zu einer Sofortbesteuerung des eingebrachten Vermögens führt (§ 16 Abs. 2 Z 2 UmgrStG; siehe dazu unten Rz 862). *(BMF-AV Nr. 131/2018)*

Der einbringungsbedingte Wechsel vom „KESt-Regime" (Besteuerung mit 27,5%) ins "KöSt-Regime" (Besteuerung mit 25%) stellt keine teilweise Einschränkung des Besteuerungsrechts iSd § 16 Abs. 1 UmgrStG dar.   860e

Beispiel:

Die in Deutschland ansässige natürliche Person A hält 100% der Anteile an der österreichischen Immo-GmbH, deren Aktivvermögen überwiegend aus unbeweglichem Vermögen iSd Art. 13 Abs. 1 DBA Deutschland besteht. Abkommensrechtlich kommt daher Österreich das Besteuerungsrecht an einem allfälligen Veräußerungsgewinn der Anteile an der Immo-GmbH zu. Die Anschaffungskosten betragen 100, der Verkehrswert beträgt 1.000. A bringt im Jahr 2017 seine gesamte Beteiligung in die deutsche D-GmbH ein.

Es liegt keine Einschränkung des Besteuerungsrechtes gemäß § 16 Abs. 2 Z 1 iVm § 16 Abs. 1 UmgrStG vor. Die Einbringung kann zu Buchwerten (Anschaffungskosten) erfolgen. *(BMF-AV Nr. 40/2017)*

Wird anlässlich einer Vorumgründung (Umwandlung iSd Art. II UmgrStG) das Besteuerungsrecht der Republik Österreich zunächst der Höhe nach erweitert, durch eine darauffolgende Einbringung sodann aber wieder eingeschränkt, bestehen keine Bedenken, von keiner einbringungsbedingten Einschränkung des Besteuerungsrechts der Republik Österreich gemäß § 16 UmgrStG auszugehen, wenn das Besteuerungsrecht nach der Einbringung wirtschaftlich betrachtet dem Besteuerungsrecht vor der Vorumgründung entspricht.   860f

Beispiel:

Die in Deutschland ansässigen natürlichen Personen A und B sind zu je 50% an der inländischen AB-GmbH beteiligt. Die AB-GmbH soll mit Stichtag 31.12.15 errichtend in eine GmbH & Co KG (unter Beitritt einer neu gegründeten in Deutschland ansässigen GmbH als Arbeitsgesellschafterin) umgewandelt werden. Umwandlungsbedingt entsteht das Besteuerungsrecht Österreichs (vorher: 25% KöSt, nachher 50% beschränkte ESt); gemäß § 9 Abs. 1 Z 3 UmgrStG ist der Unterschiedsbetrag zwischen Buchwert und gemeinem Wert der Kapitalanteile am Umwandlungsstichtag in Evidenz zu nehmen und bei späterer Realisierung bei den natürlichen Personen mit 25% festzusetzen. Die GmbH & Co KG führt das Vermögen zu Buchwerten fort.

Mit 1.1.16 bringen A und B ihre Mitunternehmeranteile sodann in eine deutsche GmbH ein, wodurch das Besteuerungsrecht der Höhe nach wieder eingeschränkt wird (von 50% beschränkte ESt auf 25% beschränkte KöSt). In wirtschaftlicher Betrachtungsweise entspricht dies jedoch dem Besteuerungsrecht Österreichs vor der Umwandlung (25% KöSt), weshalb keine Bedenken bestehen, nicht von einer Einschränkung des Besteuerungsrechtes gemäß § 16 Abs. 2 Z 1 UmgrStG iVm § 16 Abs. 1 UmgrStG auszugehen, wenn sichergestellt ist, dass im Falle einer späteren Veräußerung durch die übernehmende deutsche GmbH der volle Unterschiedsbetrag zwischen Buchwert und gemeinem Wert zum Umwandlungsstichtag mit 25% KöSt besteuert wird. *(BMF-AV Nr. 40/2017)*

3.4.2.1d. Vorzeitige Fälligstellung offener Raten (ab 1.1.2016) und Festsetzung der Steuerschuld (BMF-AV Nr. 131/2018)

Einbringungen, die ab dem 1.1.2016 beschlossen oder unterfertigt wurden und ein Antrag auf Ratenzahlung gestellt wurde: 860g

Da im Anwendungsbereich des Ratenzahlungskonzepts die Einbringung bereits zur Festsetzung der Steuerschuld geführt hat, stellt sich bei einer späteren Veräußerung oder einem sonstigen Ausscheiden des eingebrachten Vermögens anders als beim Nichtfestsetzungskonzept nicht die Frage der Festsetzung der Steuerschuld, sondern nur noch die Frage nach der vorzeitigen Fälligstellung noch offener auf das Anlagevermögen entfallenden Raten (siehe Rz 44a). Dabei ist zu unterscheiden:

- Im Falle der gänzlichen Einschränkung des Besteuerungsrechtes der Republik Österreich im eingebrachten Vermögen führt sowohl die Veräußerung bzw. das sonstige Ausscheiden des eingebrachten Vermögens als auch die Veräußerung bzw. das sonstige Ausscheiden der Gegenleistungsanteile zu einer vorzeitigen Fälligstellung noch offener Raten (§ 16 Abs. 1 dritter Satz UmgrStG iVm § 6 Z 6 lit. d EStG 1988).

Fortsetzung des Beispiels in Rz 860a:

Veräußert die übernehmende Y-GmbH den eingebrachten Anteil an der X-GmbH innerhalb der nächsten fünf Jahre, sind die noch offenen Raten fällig zu stellen (§ 16 Abs. 1 zweiter Satz UmgrStG iVm § 6 Z 6 lit. d EStG 1988 jeweils idF AbgÄG 2015). Zu einer Fälligstellung kommt es aber auch, wenn der Einbringende A die Anteile an der Y-GmbH veräußert (§ 16 Abs. 1 dritter Satz UmgrStG idF AbgÄG 2015).

- Im Falle der teilweisen Einschränkung des Besteuerungsrechtes der Republik Österreich führt ausschließlich die Veräußerung bzw. das sonstige Ausscheiden der Gegenleistungsanteile zu einer vorzeitigen Fälligstellung noch offener Raten (§ 16 Abs. 1 vierter Satz UmgrStG); die Veräußerung oder das sonstige Ausscheiden des eingebrachten Vermögens durch die übernehmende Körperschaft ist für die Fälligstellung noch offener Raten hingegen unerheblich, löst aber ohnehin die Besteuerung im Rahmen der Körperschaftsteuerpflicht mit 25% aus, weil der Ansatz des eingebrachten Vermögens zu Buchwerten erfolgt (§ 18 Abs. 1 Z 1 UmgrStG).

Folgeumgründungen in Staaten außerhalb der EU oder des EWR-Raumes (zB Folgeeinbringungen des eingebrachten Vermögens in eine in einem Drittstaat ansässige Gesellschaft oder Folgeverschmelzung der übernehmenden Gesellschaft auf eine in einem Drittstaat ansässige Gesellschaft; siehe auch Rz 44a) führen als sonstiges Ausscheiden zu einer vorzeitigen Fälligstellung noch offener Raten. Bleibt hingegen das betreffende Vermögen im Zuge einer weiteren steuerneutralen Umgründung innerhalb des EU/EWR-Raumes als solches erhalten und weiter steuerhängig, laufen die noch offenen Raten weiter.

Beispiel 1:

A hält 50% an der B-GmbH. Zum 31.12.X0 bringt A die Beteiligung in die deutsche C-GmbH nach Art. III UmgrStG ein. Aufgrund von § 16 Abs. 1 UmgrStG kommt es zu einer Einschränkung des Besteuerungsrechts der Republik Österreich im eingebrachten Vermögen, weshalb A einen Antrag auf Ratenzahlung stellt.

Zum 31.12.X1 wird die B-GmbH auf ihre deutsche Schwesterngesellschaft D-GmbH nach Art. I UmgrStG steuerneutral verschmolzen. Es liegt kein sonstiges Ausscheiden vor, die noch offenen Raten laufen bei A unverändert weiter.

Wird aber im Zuge der Folgeumgründung die Kapitalgesellschaft, hinsichtlich deren Anteile vormals ein Antrag auf Ratenzahlung gestellt wurde, als übertragende Gesellschaft up-stream verschmolzen, liegt ein sonstiges Ausscheiden vor und noch offene Raten sind vorzeitig fällig zu stellen. Dies gilt unabhängig davon, ob die Folgeumgründung steuerneutral erfolgt oder nicht.

Variante zu Beispiel 1:

Zum 31.12.X1 wird die B-GmbH up-stream auf die C-GmbH nach Art. I UmgrStG verschmolzen. Es liegt ein sonstiges Ausscheiden vor, weshalb es bei A zu einer vorzeitigen Fälligstellung noch offener Raten kommt.

Einbringungen, die bis zum 31.12.2015 beschlossen oder unterfertigt wurden und ein Antrag auf Nichtfestsetzung gestellt wurde:

- Im Anwendungsbereich des Nichtfestsetzungskonzeptes aufgrund einer gänzlichen Einschränkung des Besteuerungsrechtes der Republik Österreich führt erst eine spätere Veräußerung oder ein sonstiges Ausscheiden des eingebrachten Vermögens durch die übernehmende Körperschaft als rückwirkendes Ereignis im Sinne des § 295a BAO zu einer Festsetzung der Steuerschuld (zur Durchbrechung der absoluten Verjährungsfrist siehe Rz 44c).

Fortsetzung von Beispiel in Rz 860b:

Veräußert die Y-GmbH nach der Einbringung den Anteil an der X-GmbH (zB um 30.000), kommt es gemäß § 295a BAO zu einer Festsetzung der Steuerschuld für die Veranlagung des Jahres 01 sowie einer Erhöhung der Anschaffungskosten der Beteiligung an der Y-GmbH von 50.000 auf 65.000.

- Im Anwendungsbereich des Nichtfestsetzungskonzeptes aufgrund einer teilweisen Einschränkung des Besteuerungsrechtes der Republik Österreichs kommt es zu einer Festsetzung der Steuerschuld sowohl, wenn die übernehmende Körperschaft das eingebrachte Vermögen (zB KG-Anteil) veräußert als auch, wenn der Einbringende die Beteiligung an der übernehmenden Kapitalgesellschaft veräußert.

Beispiel 2:

Eine in Deutschland ansässige natürliche Person A ist Kommanditist der operativen österreichischen X-KG; der KG-Anteil enthält eine stille Reserve in Höhe von 100.000. A bringt seinen Anteil an der X-KG nach Art. III UmgrStG zum 31.12.01 in eine deutsche GmbH ein. Einbringungsbedingt wird das zunächst „volle" Besteuerungsrecht Österreichs hinsichtlich der stillen Reserven (bis zu 50% Einkommensteuer) auf die Gesellschaftsebene (25% Körperschaftsteuer) eingeschränkt, weil Österreich die zweite Besteuerungsebene (Gesellschafterebene) nicht mehr mit 25% besteuern kann. A stellt im Rahmen der Einkommensteuererklärung 01 einen Antrag auf Nichtfestsetzung der Steuerschuld.

Wird zB im Jahr 03 der Anteil des A an der deutschen GmbH veräußert, ist für das Jahr 01 die ESt in Höhe der noch vorhandenen stillen Reserven festzusetzen (25% Steuer bzw. Hälftesteuersatz, wenn der Stichtag der 31.03.2012 oder früher ist). Würde hingegen zuerst die deutsche GmbH ihren inländischen KG-Anteil veräußern, führt dies ebenso zu einer Festsetzung der Steuerschuld bei A sowie zu einer Besteuerung der stillen Reserven im KG-Anteile.

Wird kein Nichtfestsetzungsantrag gestellt, hat A im Rahmen der Einkommensteuer 01 einen Veräußerungsgewinn in Höhe von 100.000 zu erklären. Trotzdem hat die deutsche GmbH die Buchwerte fortzuführen.

Werden sämtliche Anteile einer Mitunternehmerschaft eingebracht und ist das eingebrachte Vermögen infolge einer Anwachsung gemäß § 142 UGB nicht mehr vorhanden, ist für Zwecke der Festsetzung der Steuer die Veräußerung des angewachsenen Betriebes der Mitunternehmerschaft maßgebend.

Folgt der Einbringung von begünstigtem Vermögen unter Stellung eines Antrages auf Nichtfestsetzung eine steuerneutrale Folgeumgründung, bei der das Vermögen, für das der Antrag auf Nichtfestsetzung ursprünglich gestellt wurde, nur teilweise übertragen wird (zB durch Folgeeinbringung oder Folgeabspaltung), ist der ursprüngliche Betrag, für den die Steuer auf Antrag nicht festge-

§ 16

setzt wurde, auf das nunmehr übertragene und zurückbleibende Vermögen aufzuteilen; dabei ist das zum ursprünglichen Einbringungsstichtag bestehende
Verkehrswertverhältnis maßgeblich.

Beispiel 3:

Die deutsche natürliche Person D bringt ihren österreichischen Betrieb (bestehend
aus dem Teilbetrieb 1 und dem Teilbetrieb 2) in die österreichische Ö-GmbH ein, wodurch es zu einer teilweisen Einschränkung des Besteuerungsrechts gemäß § 16
Abs. 2 Z 1 iVm § 16 Abs. 1 UmgrStG kommt. D stellt einen Antrag auf Nichtfestsetzung. In weiterer Folge spaltet die Ö-GmbH den Teilbetrieb 1 auf die österreichische
Z-AG ab, wobei die Buchwerte fortgeführt werden.

Der anlässlich der Einbringung nicht festgesetzte Betrag ist im Verkehrswertverhältnis der Teilbetriebe diesen zuzuordnen. Veräußert die Z-AG in weiterer Folge den abgespaltenen Teilbetrieb 1, kommt es somit nur zu einer anteiligen Festsetzung der
Steuer; dasselbe gilt bei Veräußerung des Teilbetriebes 2 durch die Ö-GmbH. Werden
die Anteile an der Ö-GmbH veräußert, wird die gesamte Steuerschuld festgesetzt.

Zu einer Steuerfestsetzung kommt es auch bei einer nach ausländischem Abgabenrecht steuerwirksamen (realisierenden) Umgründung oder bei einer (auch
steuerneutralen) Folgeumgründung in einen Drittstaat. Bleibt hingegen das betreffende Vermögen im Zuge einer weiteren steuerneutralen Umgründung innerhalb des EU/EWR-Raumes als solches erhalten und weiter steuerhängig, ist die
nicht festgesetzte Steuerschuld weiterhin nicht festzusetzen.

Wird aber im Zuge der Folgeumgründung die Kapitalgesellschaft, hinsichtlich deren Anteile vormals ein Antrag auf Nichtfestsetzung gestellt wurde, als
übertragende Gesellschaft up-stream verschmolzen, liegt ein sonstiges Ausscheiden vor, das zur Festsetzung der Steuerschuld führt. Dies gilt unabhängig
davon, ob die Folgeumgründung steuerneutral erfolgt, oder nicht (siehe sinngemäß Beispiel 1 sowie Variante Beispiel 1).

Einbringungen infolge einer Einschränkung des Besteuerungsrechts gemäß
§ 27 Abs. 6 EStG 1988 unter Stellung eines Antrages auf Nichtfestsetzung:

Wird aufgrund einer Einschränkung des Besteuerungsrechts Österreichs hinsichtlich eines Kapitalanteils ein Antrag auf Nichtfestsetzung gemäß § 27 Abs. 6
Z 1 lit. a EStG 1988 gestellt und wird dieser Kapitalanteil in der Folge gemäß
Art. III UmgrStG in eine ausländische Gesellschaft eingebracht, führt in weiterer Folge neben der tatsächlichen Veräußerung des übertragenen, mit dem Antrag auf Nichtfestsetzung behafteten Vermögens (Kapitalanteil) auch die tatsächliche Veräußerung der anlässlich der Einbringung gewährten Gegenleistung
zu einer Festsetzung der Steuerschuld gemäß § 27 Abs. 6 Z 1 lit. a EStG 1988.

Beispiel 4:

Die im Inland ansässige natürliche Person A hält einen Kapitalanteil an der inländischen A-GmbH. Anlässlich des Wegzugs von A nach Deutschland stellt dieser gemäß
§ 27 Abs. 6 Z 1 lit. a EStG 1988 einen Antrag auf Nichtfestsetzung der Steuerschuld
hinsichtlich der im Kapitalanteil enthaltenen stillen Reserven. In der Folge bringt A
seinen Kapitalanteil an der A-GmbH in die deutsche D-GmbH gemäß Art. III
UmgrStG ein und erhält als Gegenleistung dafür eine 100-prozentige Beteiligung an
der D-GmbH. Veräußert A in weiterer Folge seinen Anteil an der D-GmbH, bevor die
D-GmbH den Anteil an der A-GmbH veräußert, wird die anlässlich des Wegzugs
nicht festgesetzte Steuerschuld gemäß § 27 Abs. 6 Z 1 lit. a EStG 1988 bei A festgesetzt. *(BMF-AV Nr. 131/2018)*

3.4.2.1e. Einbringung von Kapitalanteilen - Sonderregime Anteilstausch (BMF-AV Nr. 40/2017)

Abweichend vom Ratenzahlungskonzept (bis 31.12.2015: Nichtfestsetzungskonzept) sieht § 16 Abs. 1a UmgrStG idF AbgÄG 2015 (entspricht § 16 Abs. 1 dritter bis letzter Satz UmgrStG idF vor AbgÄG 2015) bei der grenzüberschreitenden Einbringung von Kapitalanteilen durch eine unbeschränkt steuerpflichtige Kapitalgesellschaft oder Genossenschaft in eine EU-Gesellschaft (sog. "Anteilstausch") auf Grund der Fusionsrichtlinie ein Sonderregime vor, wenn dem Einbringenden eine Gegenleistung gewährt wird. Dieses Sonderregime wurde durch das AbgÄG 2015 inhaltlich nicht verändert, weshalb unter das Anteilstauschregime fallende Einbringungen unter Ansatz der Buchwerte erfolgen können:

860h

Die Einbringung als solche erfolgt steuerneutral unter Fortführung der Buchwerte. Entsteht durch die Einbringung allerdings eine internationale Schachtelbeteiligung oder wird das Ausmaß einer bestehenden internationalen Schachtelbeteiligung verändert, entsteht die Steuerschuld hinsichtlich der im Kapitalanteil zum Einbringungsstichtag bestehenden stillen Reserve, wenn die übernehmende EU-Gesellschaft in weiterer Folge den eingebrachten Kapitalanteil veräußert oder dieser sonst aus dem Betriebsvermögen ausscheidet (§ 16 Abs. 1a zweiter Teilstrich erster Satz UmgrStG).

Beispiel:

Die inländische M-AG hält seit Jahren einen 70%-Anteil an der inländischen T-GmbH; über die Jahre ist eine hohe stille Reserve entstanden (Anschaffungskosten = 100, Verkehrswert = 1.000). M bringt ihren Anteil an der T in die deutsche Dt-AG ein und erhält als Gegenleistung einen Anteil iHv 50% an der Dt-AG. Der erhaltene 50%-Anteil an der Dt-AG stellt eine internationale Schachtelbeteiligung nach § 10 Abs. 2 KStG 1988 dar. Die Einbringung als solche erfolgt steuerneutral. Veräußert allerdings die übernehmende Dt-AG in weiterer Folge den eingebrachten Kapitalanteil, entsteht bei der M-AG die Steuerschuld hinsichtlich der stillen Reserve iHv 900, und zwar im Jahr der Veräußerung (§ 16 Abs. 1a zweiter Teilstrich UmgrStG). Sollten zwischen der Einbringung und der Veräußerung Wertminderungen eintreten und der eingebrachte Kapitalanteil um 700 veräußert werden, vermindert sich die Bemessungsgrundlage auf 600 (eine Steuergutschrift kann durch zwischenzeitliche Wertminderungen allerdings nicht entstehen).

Das gesetzliche Tatbestandsmerkmal der Veräußerung „in weiterer Folge" ist sowohl zeitlich als auch vor dem Sinn und Zweck der Bestimmung zu sehen. Rein zeitlich betrachtet kann eine Veräußerung der eingebrachten Beteiligung zehn oder mehr Jahre nach der Einbringung nicht mehr zu einer Besteuerung führen. Ob bei einer Veräußerung innerhalb von zehn Jahren ab der Einbringung eine Steuerschuld entsteht, hängt vom konkreten Einzelfall ab, wobei bei der Beurteilung folgende Umstände mitzuberücksichtigen sind:

- Vorliegen vernünftiger wirtschaftlicher Gründe für die Einbringung;
- Höhe des Beteiligungsausmaßes der einbringenden Körperschaft an der übernehmenden Körperschaft;
- Einflussmöglichkeit der einbringenden Körperschaft auf die Ausschüttung des Veräußerungsgewinns (Beteiligungshöhe, vereinbarte alineare Ausschüttung);
- Zeitliche/r Nähe/Zusammenhang zwischen Einbringung und Veräußerung.

Sollte die einbringende Gesellschaft die Anteile an der übernehmenden Körperschaft bereits zuvor veräußert haben, entsteht keine Steuerschuld, wenn die

§ 16

übernehmende Körperschaft sodann den eingebrachten Kapitalanteil veräußert (§ 16 Abs. 1a Teilstrich 2 letzter Satz iVm § 20 Abs. 7 Z 1 letzter Satz UmgrStG).

Variante Beispiel:

Veräußert die einbringende M-AG den Anteil an der Dt-AG, ist der aufgrund von § 20 Abs. 7 Z 1 UmgrStG in Evidenz genommene Betrag (900) von der Steuerneutralität des § 10 Abs. 3 erster Satz KStG 1988 auszunehmen. § 20 Abs. 7 Z 1 letzter Satz UmgrStG kommt diesfalls nicht zur Anwendung, weil die Steuerschuld nach § 16 Abs. 1a UmgrStG mangels Veräußerung durch die übernehmende Körperschaft nicht entstanden ist. Bei späterer Veräußerung des eingebrachten Vermögens (Anteil an der T-GmbH) durch die übernehmende Dt-AG entsteht keine Steuerschuld mehr nach § 16 Abs. 1a UmgrStG, weil die Anteile an der übernehmenden Körperschaft durch die einbringende Körperschaft bereits vor dem Entstehen der Abgabenschuld veräußert wurden.

Auch eine einem „Anteilstausch" folgende Umgründung führt nicht zum Entstehen der Steuerschuld, wenn auch die übernehmende Gesellschaft die Voraussetzungen des § 16 Abs. 1 UmgrStG idF vor AbgÄG 2015 bzw. § 16 Abs. 1a UmgrStG idF AbgÄG 2015 erfüllt und die stillen Reserven in den Kapitalanteilen steuerlich erfassbar bleiben. Einer solchen Folgeumgründung nachfolgende Veräußerungsvorgänge lassen die Steuerschuld aber entstehen.

Beispiel:

Die inländische Mutter-AG bringt ihre 100%-Beteiligung an der inländischen T1-AG in die deutsche T2-AG ein und erhält als Gegenleistung dafür Anteile iHv 50% an T2 (im Falle einer späteren Veräußerung der eingebrachten T1-Beteiligung durch T2 käme es zur Besteuerung). T2 ihrerseits bringt nun ihre übernommene T1-Beteiligung in die deutsche T3-AG ein und erhält als Gegenleistung Anteile iHv 40% an T3. Die (Folge-)Einbringung der Kapitalanteile in T3 löst für sich noch keine Besteuerung aus, sofern die stillen Reserven in den eingebrachten Kapitalanteilen weiterhin erfasst werden können.

In weiterer Folge veräußert

a) T2 ihre Beteiligung an T3,

b) T3 ihre Beteiligung an T1.

In beiden Veräußerungsfällen (a und b) kommt es zur Besteuerung, weil sonst die (in Österreich entstandenen) stillen Reserven in T1 im Ergebnis unversteuert bleiben würden. Sollte im Beispiel T2 (a) oder T3 (b) die Beteiligung nicht zur Gänze, sondern nur teilweise (zB zur Hälfte) veräußern, kommt es nur zur anteiligen Erfassung der stillen Reserven.

Als Gegenleistung im Sinne von § 16 Abs. 1a erster Satz UmgrStG ist gemäß § 20 Abs. 1 zweiter Satz UmgrStG) auch eine bloße Werterhöhung (ohne Kapitalerhöhung) einer bereits 100-prozentigen Beteiligung an der übernehmenden Körperschaft anzusehen (zB down-stream-Einbringung unter Verzicht auf Gegenleistung).

Beispiel:

Die inländische M-GmbH ist zu 100% sowohl an der inländischen T1-GmbH als auch an der deutschen T2-GmbH beteiligt. Die M-GmbH bringt ihre Anteile an der T1-GmbH in die T2-GmbH nach Art. III UmgrStG ein; auf eine Gewährung von Anteilen wird gemäß § 19 Abs. 2 Z 5 UmgrStG verzichtet. Trotz Verzichts auf eine Anteilsgewährung liegt eine Gegenleistung im Sinne des § 16 Abs. 1a erster Satz UmgrStG vor, die in der Wertsteigerung der bereits bisher bestehenden Anteile besteht; folglich kann die Einbringung gemäß § 16 Abs. 1a erster Teilstrich UmgrStG zu Buchwerten erfolgen. *(BMF-AV Nr. 131/2018)*

860i   Im Falle der Exporteinbringung einer internationalen Schachtelbeteiligung hängen die steuerlichen Konsequenzen im Falle der späteren Veräußerung des eingebrachten Kapitalanteils durch die übernehmende Körperschaft davon ab, ob die eingebrachte internationale Schachtelbeteiligung steuerneutral ist oder ob zu Steuerwirksamkeit optiert wurde.

Bringt zB eine österreichische Mutter-AG ihre Beteiligung an der deutschen T1-AG (internationale Schachtelbeteiligung) in die deutsche F-AG ein und erhält dafür Anteile in Höhe von 40% an der F-AG (internationale Schachtelbeteiligung), liegt zwar zunächst eine Einschränkung des Besteuerungsrechtes im eingebrachten Vermögen vor (siehe Rz 72). Aufgrund des Sonderregimes für den Anteilstausch hat jedoch die Einbringung zu Buchwerten (an Stelle des Fremdvergleichswertes) zu erfolgen (§ 16 Abs. 1a erster Teilstrich iVm § 16 Abs. 1 UmgrStG). Im Falle der späteren Veräußerung des eingebrachten Kapitalanteils durch die übernehmende Körperschaft F-AG ist zu unterscheiden:

- Handelte es sich bei der eingebrachten T1-Beteiligung um eine steuerneutrale internationale Schachtelbeteiligung, ergeben sich bei der M-AG - wie im Falle einer Veräußerung einer steuerneutralen internationalen Schachtelbeteiligung - der Höhe nach keine steuerlichen Folgen.

  Sollte die Gegenleistung an der F-AG unter 10% betragen und folglich keine internationale Schachtelbeteiligung entstehen, erfolgt die Einbringung aufgrund von § 16 Abs. 1a erster Teilstrich UmgrStG dennoch zu Buchwerten. Anlässlich der späteren Veräußerung des Anteils an der T1-AG entsteht folglich keine Steuerschuld. Angesichts des Untergangs einer steuerneutralen internationalen Schachtelbeteiligung bei der einbringenden Körperschaft kommt es hinsichtlich der bisher nicht begünstigten Gegenleistungsanteile zur steuerneutralen Aufwertung nach Maßgabe des § 20 Abs. 7 Z 2 UmgrStG (analoge Anwendung). Dies gilt auch, wenn die übernehmende Gesellschaft eine inländische ist und die Gegenleistung daher in nationalen Anteilen besteht (siehe Rz 1166).

- Handelt es sich bei der eingebrachten Beteiligung an der T1-AG um eine optierte internationale Schachtelbeteiligung, führt die spätere Veräußerung durch die übernehmende F-AG in weiterer Folge nicht zu einer Festsetzung der Steuerschuld (keine Anwendung von § 16 Abs. 1a zweiter Teilstrich UmgrStG, weil auf Ebene der Gegenleistung keine steuerneutrale internationale Schachtelbeteiligung entsteht oder erweitert wird). Veräußert jedoch die inländische M-AG die Beteiligung an der übernehmenden F-AG, führt dies zu einem steuerpflichtigen Veräußerungsgewinn, weil sich die Option auch auf die Gegenleistungsanteile erstreckt (siehe KStR 2013 Rz 1217).

  Sollte die Gegenleistung an der F-AG unter 10% betragen, erfolgt die Einbringung ebenso zu Buchwerten (§ 16 Abs. 1a erster Teilstrich UmgrStG), jedoch entsteht keine internationale Schachtelbeteiligung und im Falle der Veräußerung durch die übernehmende Körperschaft entsteht die Steuerschuld bei der M-AG nicht. In den Gegenleistungsanteilen der M-AG (Ansatz zu Buchwerten) sind jedoch die stillen Reserven steuerhängig.

  Zur Behandlung eingebrachter werdender internationaler Schachtelbeteiligungen siehe Rz 1164 f. *(BMF-AV Nr. 131/2018)*

3.4.2.2 Aufwertungsoption

Führt eine Einbringung zu keinerlei Einschränkungen des Besteuerungsrechts der Republik Österreich, ist grundsätzlich die Buchwertfortführung vor- 861 gesehen. Das UmgrStG lässt aber ein Bewertungswahlrecht in jenen Fällen offen, in denen die Anwendung des Prinzips der Buchwertfortführung gemäß § 16 Abs. 1 UmgrStG wegen des Vorliegens einer Steuerpflicht im Ausland zu steuerlichen Nachteilen führen kann. Um solche Nachteile zu vermeiden, kann abweichend von der grundsätzlich zwingenden Buchwertfortführung das von der ausländischen Steuerpflicht umfasste Einbringungsvermögen in zwei Fällen auf den gemeinen Wert steuerpflichtig aufgewertet werden (so genannte Aufwertungsoption).

• Ist der Einbringende in einem EU-Staat, in Norwegen, in Liechtenstein oder ab 1.1.2017 in Island ansässig und ist das Besteuerungsrecht Österreichs hinsichtlich der in den Anteilen der übernehmenden Körperschaft enthaltenen stillen Reserven eingeschränkt, kann der Einbringende das in- und/oder ausländische Vermögen auf den gemeinen Wert aufwerten, wenn die Einbringung im Ausland zu einer tatsächlichen, steuerpflichtigen Gewinnverwirklichung führt und mit dem in Betracht kommenden Staat ein DBA besteht, das dafür die Anrechnungsmethode vorsieht oder eine vergleichbare innerstaatliche Maßnahme getroffen wird (§ 16 Abs. 3 Z 1 UmgrStG).

Beispiel 1:

Die in einem EU-Staat ansässige Körperschaft A bringt ihren in diesem EU-Staat gelegenen Betrieb in die inländische B-GmbH ein und erhält als Gegenleistung neue Anteile. Mit dem EU-Staat besteht ein DBA mit Anrechnungsmethode. Der Ansässigkeitsstaat nimmt die Einbringung zum Anlass, die im eingebrachten Betrieb enthaltenen stillen Reserven zu versteuern.

Da das Besteuerungsrecht hinsichtlich der neuen Anteile zugunsten eines EU-Staates eingeschränkt ist (vgl. Art. 13 OECD-Musterabkommen), erfolgt die Einbringung grundsätzlich zu Buchwerten (§ 16 Abs. 2 Z 1 iVm Abs. 1 UmgrStG). Wahlweise kann A das Vermögen der Betriebsstätte auch aufwerten und mit dem gemeinen Wert ansetzen (§ 16 Abs. 2 Z 1 in Verbindung mit Abs. 3 Z 1 UmgrStG).

• Ist der Einbringende Steuerinländer und wird das Besteuerungsrecht Österreichs nicht eingeschränkt, kann der Einbringende das ausländische Vermögen auf den gemeinen Wert aufwerten, wenn die Einbringung im Ausland zur Gewinnverwirklichung führt und mit dem in Betracht kommenden Staat ein DBA besteht, das dafür die Anrechnungsmethode vorsieht oder eine vergleichbare innerstaatliche Maßnahme getroffen wird (§ 16 Abs. 3 Z 2 UmgrStG).

Beispiel 2:

Der im Inland ansässige Einzelunternehmer A bringt seine in einem Drittstaat gelegene Betriebsstätte in die inländische Körperschaft B ein und erhält dafür neue Anteile an der Körperschaft B. Der Drittstaat nimmt die Einbringung zum Anlass, die stillen Reserven des Betriebsstättenvermögens zu besteuern. Mit dem Drittstaat besteht ein DBA, welches die Anrechnungsmethode vorsieht.

Da das Besteuerungsrecht weder hinsichtlich der neuen Anteile noch am eingebrachten Vermögen eingeschränkt ist, erfolgt die Einbringung grundsätzlich zu Buchwerten (§ 16 Abs. 1 UmgrStG). A kann aber das Betriebsvermögen in der Einbringungsbilanz wahlweise aufwerten und mit dem gemeinen Wert ansetzen. *(BMF-AV Nr. 193/ 2015, BMF-AV Nr. 40/2017)*

3.4.2.3. Zwangsaufwertung aufgrund einer Einschränkung des Besteuerungsrechts im Verhältnis zu Drittstaaten (BMF-AV Nr. 40/2017)

862   Abweichend von dem in § 16 Abs. 1 erster Satz UmgrStG festgehaltenen Buchwerteinbringungsgrundsatz ist in § 16 Abs. 2 Z 2 UmgrStG für bestimmte

Einbringungsfälle mit Auslandsbezug eine verpflichtende Bewertung des Einbringungsvermögens mit dem gemeinen Wert vorgesehen, wobei darin auf die Einschränkung des Besteuerungsrechts Österreichs im Verhältnis zu Drittstaaten abgestellt wird. Für die Abgrenzung von § 16 Abs. 2 Z 1 und Z 2 UmgrStG ist die Ansässigkeit des Einbringenden entscheidend:

- Ist der Einbringende in einem EU/EWR-Staat ansässig, kann das Ratenzahlungskonzept (bis 31.12.2015: Nichtfestsetzungskonzept) angewandt werden (§ 16 Abs. 2 Z 1 iVm Abs. 1 UmgrStG).

- Ist aber der Einbringende in einem Drittstaat ansässig, führt die Einbringung zwingend zu einer sofortigen Aufdeckung der stillen Reserven im eingebrachten Vermögen (§ 16 Abs. 2 Z 2 UmgrStG), ohne dass die Möglichkeit besteht, einen Antrag auf Entrichtung der Steuerschuld in Raten (bis 31.12.2015: auf Nichtfestsetzung) zu stellen.

Eine Ansässigkeit in einem EU/EWR-Staat liegt nicht vor, wenn ein Einbringender eines EU/EWR-Staates aufgrund eines DBA dieses EU/EWR-Staates mit einem Drittstaat im EU/EWR-Staat lediglich mit Einkünften aus Quellen dieses Staates der Besteuerung unterliegt (Ort der tatsächlichen Geschäftsleitung im Drittstaat, siehe auch KStR 2013 Rz 4). Als Indiz für eine EU/EWR-Ansässigkeit kann die Beibringung einer Ansässigkeitsbescheinigung gewertet werden.

Die Ansässigkeit der übernehmenden Körperschaft hat für die Abgrenzung von § 16 Abs. 2 Z 1 und Z 2 UmgrStG keine Relevanz. *(BMF-AV Nr. 40/2017, BMF-AV Nr. 131/2018)*

863 Wird das Besteuerungsrecht gegenüber anderen Staaten als EU/EWR-Staaten eingeschränkt, ist nach § 16 Abs. 2 Z 2 UmgrStG eine Verpflichtung zur sofortigen Gewinnrealisierung gemäß § 6 Z 14 EStG 1988 hinsichtlich des eingebrachten Vermögens gegeben; ein Antrag auf Ratenzahlung (bis 31.12.2015: Nichtfestsetzung) kann nicht gestellt werden.

Beispiel 1:
Eine Körperschaft mit Sitz in den USA bringt den Betrieb ihrer österreichischen Zweigniederlassung in die österreichische A-GmbH ein, an der die USA-Körperschaft zu 100% beteiligt ist. Die Einbringung erfolgt unter Ansatz der gemeinen Werte. Die gleichen Rechtsfolgen treten ein, wenn die übernehmende Körperschaft im Ausland ansässig ist.

Beispiel 2:
Die in einem Drittstaat ansässige natürliche Person A bringt ihr österreichisches Einzelunternehmen in die inländische B-GmbH ein. Die Einbringung erfolgt hinsichtlich des Vermögens zwingend zum gemeinen Wert des eingebrachten Unternehmens. *(AÖF 2013/301, BMF-AV Nr. 40/2017, BMF-AV Nr. 131/2018)*

864 Der Ansatz des Einbringungsvermögens mit dem gemeinen Wert bedeutet, dass nicht nur die in der Bilanz des Einbringenden erfassten Wirtschaftsgüter mit ihren gemeinen Werten zu bewerten sind, sondern auch Wirtschaftsgüter, die bilanziell nicht erfasst sind, zB immaterielle Wirtschaftsgüter oder geringwertige Wirtschaftsgüter, die gemäß § 13 EStG 1988 zur Gänze abgeschrieben wurden. Auch ein selbst geschaffener Firmenwert ist anzusetzen.

3.4.2.4 Bewertungsübersicht
Randzahl 865: *derzeit frei (AÖF 2013/301)*

3.4.2.5. Einbringung durch eine Mitunternehmerschaft (AÖF 2013/301)

3.4.2.5.1. Einbringung des Gesamtvermögens einer Mitunternehmerschaft (AÖF 2013/301)

866   Eine gesonderte Regelung besteht in § 16 Abs. 4 UmgrStG für die Bewertung des Einbringungsvermögens im Falle der Einbringung durch eine Mitunternehmerschaft. Zur Sicherstellung eines einheitlichen Wertansatzes für das Einbringungsvermögen besteht das Gebot der einheitlichen Vorgangsweise für alle Mitunternehmer. Dabei ist zu unterscheiden, ob die Mitunternehmerschaft bestehen bleibt oder in Folge der Einbringung untergeht.

867   Geht die Mitunternehmerschaft in Folge der Einbringung unter, weil sie gelöscht oder zur vermögensverwaltenden Personengesellschaft wird, ergibt sich Folgendes:

- Fallen alle Mitunternehmer unter § 16 Abs. 2 Z 2 UmgrStG (Besteuerungsrecht ist im Verhältnis zu Nicht-EU/EWR-Staaten eingeschränkt), machen alle Mitunternehmer vom Aufwertungswahlrecht nach § 16 Abs. 3 Z 2 UmgrStG Gebrauch (Aufwertungsoption für das ausländische Vermögen) oder liegt für alle Gesellschafter ein Anwendungsfall des § 16 Abs. 3 Z 1 UmgrStG vor (Aufwertungsoption für das in- und ausländisches Vermögen), erfolgt eine einheitliche Zwangsaufwertung in der Einbringungsbilanz (Ansatz des gemeinen Wertes).

- In allen anderen Fällen erfolgt die Einbringung einheitlich zu Buchwerten (§ 16 Abs. 4 Z 1 UmgrStG). Unabhängig von dieser einheitlichen Bewertung des Einbringungsvermögens mit Buchwerten hat eine Aufwertung für jene Mitunternehmer zu erfolgen, hinsichtlich der das Besteuerungsrecht Österreichs durch die Einbringung eingeschränkt wird (Aufwertung auf den Fremdvergleichswert und somit Festsetzung der Steuerschuld mit allfälliger Ratenzahlung bei Mitunternehmern aus EU/EWR-Mitgliedstaaten); jedoch hat ein eingeschränktes Besteuerungsrecht hinsichtlich einzelner Mitunternehmer keine Auswirkung auf den Wertansatz für die übrigen Mitunternehmer.

Soweit bei einer Einbringung in eine inländische oder ausländische übernehmende Körperschaft das Besteuerungsrecht einbringungsveranlasst eingeschränkt wird, gelten für alle inländischen Mitunternehmer die in Rz 860a ff beschriebenen Regeln. *(BMF-AV Nr. 40/2017)*

868   Mitunternehmer, die in einem EU-Mitgliedstaat bzw. in einem EWR-Staat ansässig sind, können im Falle der Einschränkung des Besteuerungsrechtes im eingebrachten Vermögen die Entrichtung der Steuerschuld in Raten (Umgründungen bis 31.12.2015 Nichtfestsetzung) beantragen. Auf Ebene der übernehmenden Körperschaft wird das Vermögen dennoch einheitlich mit dem Buchwert angesetzt (siehe Rz 867).

Im Falle der teilweisen Einschränkung des Besteuerungsrechtes kommt es zu einer Besteuerung mit dem besonderen Steuersatz (ab 1.1.2016: 27,5%; siehe näher Rz 860d). Der Antrag auf Ratenzahlung bezieht sich auf die unter Anwendung des besonderen Steuersatzes entstehende Steuerschuld und ist vom jeweiligen Mitunternehmer zu stellen, hinsichtlich dessen eine teilweise Einschränkung des Besteuerungsrechtes vorliegt. Auf Ebene der übernehmenden Körperschaft kommt es aber auch im Falle der teilweisen Einschränkung des Besteuerungsrechtes zur Buchwertfortführung (ebenso für Umgründungen unter Anwendung des Nichtfestsetzungskonzepts), sodass der Körperschaft bezüglich dieser Mitunternehmer keine Firmenwertabschreibung im Sinn des § 16 Abs. 4 Z 2 dritter Satz UmgrStG zusteht.

Mitunternehmer, bei denen das Besteuerungsrecht Österreichs im Verhältnis zu Nicht-EU/EWR-Staaten eingeschränkt ist, müssen ungeachtet der Buchwertansätze in der Einbringungsbilanz die anteiligen stillen Reserven realisieren, ohne dass sie von der Möglichkeit der Ratenzahlung (bis 31.12.2015: Nichtfestsetzung) Gebrauch machen können. *(BMF-AV Nr. 40/2017, BMF-AV Nr. 131/ 2018)*

Zur Aufdeckung der stillen Reserven, die Anlass zu einer Firmenwert- 869 abschreibung iSd § 16 Abs. 4 Z 2 dritter Satz UmgrStG bei der übernehmenden Körperschaft gibt, kommt es nur hinsichtlich jener Mitunternehmer, die in Drittstaaten ansässig sind, weil § 16 Abs. 4 Z 2 zweiter Satz UmgrStG nur auf § 16 Abs. 2 Z 2 UmgrStG verweist.

Die Aufwertungsbeträge sind von der übernehmenden Kapitalgesellschaft evident zu halten und ab dem auf die Einbringung folgenden Wirtschaftsjahr wie ein Firmenwert gemäß § 8 Abs. 3 EStG 1988 außerbilanzmäßig abzuschreiben (§ 16 Abs. 4 Z 2 UmgrStG).

Beispiel:

Die ABC-OG bringt ihr Unternehmen zum Stichtag 31.12.02 in die inländische D-GmbH ein. Die ABC-OG hat folgende Gesellschafter:

Ausmaß der Vermogens- und Erfolgsbeteiligung	
A ist unbeschränkt steuerpflichtig	50%
B ist beschränkt steuerpflichtig (EU- Ausländer)	20%
C ist beschränkt steuerpflichtig (Nicht- EU-Ausländer)	30%

Die Bilanz der ABC-OG zum 31.12.02 hat folgendes Aussehen: ABC OG zum 31.12.02

	TW	BW		
Anlagevermögen	40.000	10.000	Kapital A	10.000
Umlaufvermögen	20.000	20.000	Kapital B	6.000
			Kapital C	4.000
			Verbindlichkeiten	10.000
		30.000		30.000

Trotz des beschränkt steuerpflichtigen C, dessen Anteil zu einer Aufdeckung der stillen Reserven bei C führt, sind die übertragenen Wirtschaftsgüter in der Einbringungsbilanz und in der Steuerbilanz der D-GmbH mit Buchwerten zu bilanzieren.

Einbringungsbilanz zum 31.12.02

Anlagevermögen	10.000	Einbringungskapital	20.000
Umlaufvermögen	20.000	Verbindlichkeiten	10.000
	30.000		30.000

C hat gemäß § 16 Abs. 4 UmgrStG einen Veräußerungsgewinn von 9.000 zu versteuern (Halbsteuersatz, sofern die Voraussetzungen des § 37 Abs. 5 EStG 1988 erfüllt sind).

Die D-GmbH kann jährlich einen steuerlichen Absetzbetrag von 600 (ein Fünfzehntel von 9.000) geltend machen.

Hinsichtlich des B kommt es zu einer teilweisen Einschränkung des Besteuerungsrechtes (Festsetzung mit 27,5%), wodurch sich keine Auswirkung auf den Ansatz der Wirtschaftsgüter mit Buchwerten ergibt. Eine Firmenwertabschreibung iSd § 16

Abs. 4 Z 2 dritter Satz UmgrStG bei der übernehmenden Körperschaft wird der D-GmbH dadurch nicht vermittelt. *(BMF-AV Nr. 40/2017)*

870 Zu einer Buchwerteinbringung mit gleichzeitiger ertragsteuerlicher Erfassung der stillen Reserven kommt es auch, wenn alle Mitunternehmer für eine Aufwertung nach § 16 Abs. 3 UmgrStG votieren, oder wenn bei Aufwertungspflicht eines oder mehrerer Mitunternehmer die restlichen von ihrer Aufwertungsoption Gebrauch machen. Auch in einem solchen Fall sind die Aufwertungsbeträge von der übernehmenden Kapitalgesellschaft außerbilanzmäßig wie ein Firmenwert abzuschreiben. *(AÖF 2013/301)*

3.4.2.5.2. Einbringung von Teilen des Vermögens einer Mitunternehmerschaft *(AÖF 2013/301)*

871 Bringt eine Mitunternehmerschaft Vermögen im Sinne des Art. III UmgrStG ein, ohne in der Folge unterzugehen, kommt für Inlandsvermögen nur die Buchwertfortführung in Betracht. Eine für Auslandsvermögen bestehende Aufwertungsoption kann nur einheitlich ausgeübt werden und ist für die Einbringungsbilanz irrelevant. Die Aufwertungsbeträge sind zu versteuern und können von der übernehmenden Kapitalgesellschaft außerbilanzmäßig wie ein Firmenwert abgeschrieben werden.

Beispiel:

Die ABC-OG bringt nicht ihren gesamten Betrieb, sondern nur einen Teilbetrieb zum Stichtag 31.12.02 in die D-GmbH ein. Die ABC-OG hat folgende Gesellschafter:

Ausmaß der Vermögens- und Erfolgsbeteiligung	
A ist unbeschränkt steuerpflichtig	50%
B ist beschränkt steuerpflichtig (EU-Ausländer)	30%
C ist beschränkt steuerpflichtig (Nicht-EU-Ausländer)	20%

Da die OG in diesem Fall nicht untergeht, sind die Kapitalanteile für die Einbringung gemäß § 19 Abs. 3 UmgrStG der OG und nicht deren Gesellschaftern zu gewähren. Damit ist die weitere steuerliche Erfassung der stillen Reserven gewährleistet und die Einbringung hat zu Buchwerten zu erfolgen. Auch für den Anteil von C erfolgt keine Aufwertung. *(AÖF 2013/301)*

872 Zu einer (teilweisen) Einschränkung des Besteuerungsrechts kommt es in der Regel dann nicht, wenn ein inländischer Mitunternehmeranteil von einer ausländischen Körperschaft, die in einem EU-Mitgliedstaat, Norwegen oder ab 2014 Liechtenstein ansässig ist, eingebracht wird. Solche Einbringungen können aber unter Missbrauchsverdacht stehen (siehe Rz 860d). *(AÖF 2013/301)*

3.4.2.6 Rückwirkende Korrekturen hinsichtlich des einzubringenden Vermögens

3.4.2.6.1 Allgemeines

3.4.2.6.1.1 Funktion

873 Grundsätzlich sind bei rückwirkenden Einbringungen Vermögensveränderungen in der Zeit zwischen dem dem Einbringungsstichtag folgenden Tag und dem Tag des Abschlusses des Einbringungsvertrages nicht mehr dem Einbringenden, sondern bereits der übernehmenden Körperschaft zuzurechnen. Dies gilt nicht,

- soweit Korrekturen im Sinne des § 16 Abs. 5 UmgrStG vorgenommen werden (Rz 874 ff)

- soweit einzelne im Einbringungsvertrag ausdrücklich bestimmte Geschäftsvorfälle zurückbehalten werden (Rz 889).

Dies ergibt sich aus § 13 Abs. 1 UmgrStG, womit der Einbringungsstichtag als steuerlicher Vermögensübergangsstichtag festgelegt wird. *(AÖF 2013/301)*

§ 16 Abs. 5 UmgrStG eröffnet dem Einbringenden verschiedene Möglichkeiten, das einzubringende Vermögen in seinem zum Einbringungsstichtag bestehenden Umfang und Wert zu verändern. Die Besonderheit der Vorschrift des § 16 Abs. 5 UmgrStG liegt in der Schaffung eines Instrumentariums, mit dessen Hilfe im Regelfall der rückwirkenden Einbringung sowohl Erhöhungen als auch Verminderungen des Umfanges des einzubringenden Vermögens zu dem in der Vergangenheit liegenden Einbringungsstichtag mit steuerlicher Wirkung (entgegen dem sonst geltenden steuerlichen Rückwirkungsverbot) durchgeführt werden können.   **874**

Der Katalog des § 16 Abs. 5 UmgrStG umfasst folgende Gestaltungsmöglichkeiten: **875**

- Rückbeziehung von im Rückwirkungszeitraum tatsächlich getätigten Bar- und Sacheinlagen und Bar- und Sachentnahmen (§ 16 Abs. 5 Z 1 UmgrStG)
- Rückbeziehung von nicht getätigten, dh vorbehaltenen Entnahmen durch Einstellen einer (über getätigte Entnahmen hinausgehenden) Passivpost (§ 16 Abs. 5 Z 2 UmgrStG)
- Rückbeziehung des Zurückbehaltens von Anlagevermögen als Entnahmetatbestand und Verbindlichkeiten als Einlagetatbestand (§ 16 Abs. 5 Z 3 UmgrStG)
- Rückbeziehung des Zurückbehaltens von Wirtschaftsgütern im verbleibenden Betrieb des Einbringenden oder der Zuführung aus demselben (Verschiebetechnik; § 16 Abs. 5 Z 4 UmgrStG)
- Rückbeziehung von Gewinnausschüttungen, Gesellschaftereinlagen und Einlagenrückzahlungen auf das einzubringende Vermögen der Körperschaft (§ 16 Abs. 5 Z 5 UmgrStG). *(AÖF 2008/243)*

§ 16

Durch diese Korrekturen werden der Buch- wie auch der Verkehrswert des übertragenen Vermögens verändert. Aus Gründen der Verwaltungsvereinfachung bestehen keine Bedenken, bei einer auf die Feststellung des Verkehrswertes folgenden Korrektur dieser durch lineare Absenkung oder Erhöhung von Buch- und Verkehrswert Rechnung zu tragen.   **876**

Die rückwirkenden Korrekturen im Sinne des § 16 Abs. 5 UmgrStG sind auf jene Tatbestände beschränkt, die in Z 1 bis 5 der genannten Vorschrift aufgezählt sind. Maßnahmen des Einbringenden außerhalb dieses Kataloges können daher nicht auf den Einbringungsstichtag rückbezogen werden, sondern sind – sofern sie nach dem Einbringungsstichtag stattfinden – ertragsteuerlich als Geschäftsfälle zwischen dem Einbringenden und der übernehmenden Körperschaft zu behandeln. Zu den außerhalb der rückbezogenen Korrekturen möglichen Dispositionen siehe Rz 889. *(AÖF 2008/243)*   **877**

Das Instrumentarium des § 16 Abs. 5 UmgrStG kann insb. zu folgenden Zwecken eingesetzt werden: **878**

- Herstellung des am Einbringungsstichtag nicht vorliegenden positiven Verkehrswertes des einzubringenden Vermögens
- Veränderung der Kapitalstruktur des einzubringenden Vermögens zur Anpassung an vorgegebene Beteiligungsverhältnisse in der übernehmenden Körperschaft

- Trennung von Besitz und Betrieb durch das Zurückbehalten von Anlagevermögen

- Minderung/Erhöhung des Wertes des einzubringenden Vermögens zur Erreichung einer niedrigeren/höheren Beteiligungsquote des Einbringenden.

879   Die Maßnahmen im Sinne des § 16 Abs. 5 UmgrStG sind insoweit beschränkt, als die Voraussetzungen des § 12 UmgrStG gewahrt bleiben müssen. Sie dürfen daher weder zum Verlust der Betriebs- oder Teilbetriebseigenschaft noch zu einem negativen Verkehrswert des einzubringenden Vermögens führen.

880   In sachlicher Hinsicht beschränkt sich der Anwendungsbereich des § 16 Abs. 5 UmgrStG auf Korrekturen bei der Einbringung von Betrieben, Teilbetrieben und Mitunternehmeranteilen. Bei der Einbringung von Mitunternehmeranteilen bezieht sich das Instrumentarium des § 16 Abs. 5 UmgrStG neben dem Gesellschaftsanteil auch auf variable Kapitalkonten (siehe Rz 719) und das Sonderbetriebsvermögens. Wirtschaftsgüter des Sonderbetriebsvermögens können daher insb. nach Maßgabe der § 16 Abs. 5 Z 1, 3 oder 4 UmgrStG zurückbehalten werden.

881   Bei Einbringung von Kapitalanteilen steht das Instrumentarium des § 16 Abs. 5 UmgrStG nicht zur Verfügung, sodass etwa eine im Rückwirkungszeitraum an den Einbringenden erfolgte Ausschüttung steuerlich bereits der übernehmenden Körperschaft zuzurechnen ist. Ein Zurückbehalten dieses Anspruchs durch einen im Einbringungsvertrag verankerten Vorbehalt der Ausschüttung zugunsten des Einbringenden stellt jedoch im Hinblick auf die wirtschaftliche Vergleichbarkeit mit einer rückwirkenden Entnahme keinen Verstoß gegen die Anwendungsvoraussetzungen des Art. III UmgrStG dar. Die im Rückwirkungszeitraum erfolgte Ausschüttung ist aber steuerlich dennoch in einem ersten Schritt der übernehmenden Körperschaft (als steuerfreier Beteiligungsertrag gemäß § 10 Abs. 1 KStG 1988) zuzurechnen. In einem zweiten Schritt ist dann eine als Einkommensverwendung zu qualifizierende Auszahlung an den Einbringenden anzunehmen, die sohin nicht als Betriebsausgabe abzugsfähig ist. Diese Auszahlung ist bei einbringenden Körperschaften wiederum als steuerfreier Beteiligungsertrag zu behandeln und fällt bei einbringenden natürlichen Personen unter die Endbesteuerung gemäß § 97 EStG 1988. *(AÖF 2013/301)*

3.4.2.6.1.2 Persönlicher Anwendungsbereich

882   Die Regelungen der Z 1, 3 und 4 enthalten keine ausdrückliche Einschränkung des persönlichen Anwendungsbereiches.

- Natürliche Personen (Einzel- oder Mitunternehmer) können in erster Linie die Z 1 bis 3 nutzen, da bei ihnen die Begriffe Entnahmen und Einlagen im Sinne des § 6 EStG 1988 Bedeutung haben, sie können weiters bei Teileinbringungen die Verschiebetechnik der Z 4 anwenden.

- Körperschaften können die Z 1 und 3 insoweit nutzen, als sie neben der betrieblichen auch eine außerbetriebliche Sphäre besitzen (zB. ein Verein), die Z 4 steht auch ihnen bei Teileinbringungen zur Verfügung. Bei den unter § 7 Abs. 3 KStG 1988 fallenden Körperschaften beschränkt sich der Anwendungsbereich des § 16 Abs. 5 UmgrStG auf die Z 4 und Z 5. *(AÖF 2008/243)*

883   Im Bereich der öffentlichen Hand sind Betriebe gewerblicher Art strukturell durch ein fiktives Trennungsprinzip gekennzeichnet, so dass eine einer unter § 7 Abs. 3 KStG 1988 fallenden Körperschaft vergleichbare ausschließlich betriebliche Sphäre vorliegt.

Die Einbringung des gesamten Betriebes des keine Rechtsfähigkeit besitzenden Steuersubjekts „Betrieb gewerblicher Art" nach Art. III UmgrStG führt zum Untergang dieses Steuersubjektes, sodass rückwirkende Korrekturen im Sinne des § 16 Abs. 5 UmgrStG entsprechend der in Lehre und Rechtsprechung entwickelten steuerlichen Beziehung der Trägerkörperschaft zum Betrieb gewerblicher Art als jener des Alleingesellschafters zur Gesellschaft vergleichbar auf § 16 Abs. 5 Z 5 UmgrStG beschränkt sind.

Einbringungsbedingt ist zu unterscheiden: 884

- Die Einbringung des gesamten Betriebes gewerblicher Art beendet mit Ablauf des Einbringungsstichtages das Steuersubjekt „Betrieb gewerblicher Art". Dabei kommt die Gegenleistung der Trägerkörperschaft (KöR) zu. Die Möglichkeit, rückwirkende Korrekturen im Sinne ders § 16 Abs. 5 UmgrStG vorzunehmen, beschränkt sich auf die Z 5. Das Zurückbehalten von Anlagegütern und Verbindlichkeiten im Sinne des § 16 Abs. 5 Z 3 UmgrStG ist im Hinblick auf das vorgenannte Trennungsprinzip nicht möglich, diesbezüglich liegt durch die Übertragung auf die Trägerkörperschaft ein Fall der Gewinnverwirklichung vor. Eine „Entnahme" von Wirtschaftsgütern des Anlagevermögens des Betriebs gewerblicher Art stellt systematisch eine Sachausschüttung dar. Damit diese Maßnahme unter § 16 Abs. 5 Z 5 UmgrStG fällt, muss ein diesbezüglicher förmlicher Beschluss der Trägerkörperschaft des Betriebs gewerblicher Art erfolgen, weil verdeckte Ausschüttungen nicht rückbezogen werden können. Es bestehen keine Bedenken, vom Vorliegen eines diesbezüglichen förmlichen Beschlusses auszugehen, wenn aus der Einbringungsbilanz oder dem Einbringungsvertrag eine solche rückbezogene Korrektur ersichtlich ist. Kommt § 16 Abs. 5 Z 5 UmgrStG nicht zur Anwendung, ist die „Entnahme" bereits der übernehmenden Körperschaft zuzurechnen.

- Die Einbringung eines Teilbetriebes, Mitunternehmeranteiles oder Kapitalanteiles ist nach den Regeln des Art. III UmgrStG zu beurteilen, es können die rückwirkenden Korrekturen gemäß § 16 Abs. 5 Z 4 und Z 5 UmgrStG genutzt werden, da der Betrieb gewerblicher Art bestehen bleibt. *(AÖF 2013/301)*

3.4.2.6.1.3 Zweifelsfragen

Soweit rückwirkende Korrekturen vom Ansatz eines Postens oder vom 885 Nichtansatz eines Aktivums oder Passivums in der Einbringungsbilanz abhängig sind, hat der Bilanzausweis Bindungswirkung. Liegt ein offenkundiger Widerspruch zwischen dem umgründungssteuerrechtlich maßgebenden Einbringungsvertrag und der Darstellung in der Einbringungsbilanz vor, ist zu prüfen, ob ein vertragswidriger und damit fehlerhafter Ausweis vorliegt, der eine steuerwirksame Korrektur rechtfertigt.

Im Falle einer Einbringung mit Anteilsgewährung ist die Prüfung insofern 886 einfach, als aus den Unterlagen (zB Gutachten) und der Vertragsdarstellung das für die beabsichtigte Anteilsgewährung maßgebende Umtauschverhältnis erkennbar sein muss. Es kann daher auch ein im Vertrag zitiertes steuerliches Einbringungskapital, das konform mit der Einbringungsbilanz die Entnahme nicht einbezieht, kein Beweis für die Nichtberücksichtigung sein, wenn das Umtauschverhältnis auf Basis eines um die Entnahme verminderten Buch- und Verkehrswertes bestimmt wurde.

Im Falle einer Einbringung ohne Anteilsgewährung im Sinne des § 19 Abs. 887

2 Z 5 UmgrStG wird ein eindeutiger Nachweis erbracht werden müssen, ob Gegenstand der Sacheinlage das um die rückbezogene Entnahme geminderte Vermögen war. Dabei wird nicht von Absichtserklärungen vor dem Einbringungsvertrag, sondern von dem im Vertrag und den sonstigen Unterlagen festgelegten Vermögen auszugehen sein.

888 Werden Entnahmen oder Einlagen nicht rückbezogen, wandeln sich:

- Entnahmen in eine Kreditaufnahme des Einbringenden und damit in eine Verrechnungsforderung der übernehmenden Kapitalgesellschaft gegen den Einbringenden und

- Einlagen in eine Kreditgewährung des Einbringenden und damit in eine Verrechnungsverbindlichkeit der übernehmenden Kapitalgesellschaft gegen den Einbringenden.

Für diese Positionen kommen die allgemeinen Grundsätze über rechtsgeschäftliche Beziehungen zur Anwendung. Dabei ist gleichzeitig mit dem Einbringungsvertrag über die Entnahmen eine dem Fremdvergleich standhaltende Kreditvereinbarung mit klarem Inhalt abzuschließen, die auch nach außen hin in Erscheinung tritt (vgl. KStR 2013 Rz 571). Eine allfällige Verzinsung ist auf den Zeitpunkt des Einbringungsvertrages zu beziehen. Fehlt es an einer klaren Kreditvereinbarung, liegt eine verdeckte Ausschüttung hinsichtlich des entnommenen Betrages vor.

Die obigen Aussagen gelten gleichermaßen für Einlagen.

Soweit sich rückwirkende Korrekturen auf tatsächliche Vorgänge beziehen, müssen sie mit dem Tag des Abschlusses des Einbringungsvertrages abgeschlossen sein. Sie können nach diesem Zeitpunkt nicht mehr geändert werden. Dies gilt auch im Falle von Feststellungen der Abgabenbehörde im Veranlagungsverfahren oder der Betriebsprüfung im Erstverfahren oder wieder aufgenommenen Verfahren. *(AÖF 2013/301)*

889 Nicht unter den Begriff der rückwirkenden Korrekturen im Sinne des § 16 Abs. 5 UmgrStG fällt die Disposition des Einbringenden, einzelne den einzubringenden (Teil)Betrieb betreffende nach dem geplanten Einbringungsstichtag getätigte Rechtsgeschäfte nicht der übernehmenden Körperschaft zurechnen zu wollen. Voraussetzung für eine steuerneutrale Disposition ist, dass das betreffende Rechtsgeschäft im Einbringungsvertrag von der Zurechnung zur übernehmenden Körperschaft ausgenommen wird (siehe auch Rz 965).

Dies ist auch für einzelne Kundenbeziehungen möglich, soweit die (Teil)Betriebseigenschaft des eingebrachten Vermögens nicht verloren geht.

Zur Zurückbehaltung von Teilen des Kunden-, Klienten- bzw. Patientenstokkes anlässlich der Einbringung freiberuflicher Betriebe siehe die Ausführungen in Rz 1358a, fünfter Bulletpoint.

Beispiel 1:

A möchte seinen Einzelbetrieb zum 31.12.01 in die A-GmbH einbringen. A erwirbt am 1.6.02 eine für betriebliche Zwecke gewidmete Liegenschaft. Nach Vollzug der Einbringung wäre der Liegenschaftserwerb der übernehmenden A-GmbH zuzurechnen.

A kann demgegenüber vertraglich dahingehend disponieren, dass der Liegenschaftserwerb nicht als Anschaffungsvorgang der A-GmbH gewertet, sondern weiterhin dem A zugerechnet wird, da A die Liegenschaft der A-GmbH in Bestand geben will.

Beispiel 2:.

Die B-GmbH möchte zum 30.6.01 einen Teilbetrieb in die C-GmbH einbringen. Sie möchte einen dem Teilbetrieb dem Grunde nach zuzurechnenden Großauftrag, der nach dem Einbringungsstichtag abzuwickeln ist, nicht auf die übernehmenden Körperschaft übertragen und behält sich vertraglich eine Nichtüberbindung dieses Rechtsgeschäftes vor. *(AÖF 2013/301, BMF-AV Nr. 40/2017)*

3.4.2.6.2 Bareinlagen nach dem Einbringungsstichtag

Der Begriff der Einlagen bezieht sich auf den Einlagentatbestand des § 4   **890** Abs. 1 EStG 1988. § 16 Abs. 5 Z 1 UmgrStG hat daher für einbringende Körperschaften im Sinne des § 7 Abs. 3 KStG 1988 begrifflich keine Bedeutung. Im Falle der gesonderten Übertragung von Mitunternehmeranteilen können Körperschaften im Sinne des § 7 Abs. 3 KStG 1988 jedoch eine rückwirkende Übertragung von Guthaben des variablen Kapitalkontos in das Stammvermögen bzw. Einlagen in das variable Kapitalkonto in sinngemäßer Anwendung von § 16 Abs. 5 Z 1 UmgrStG vornehmen (siehe dazu Rz 721). *(BMF-AV Nr. 193/2015)*

Für rückbezogene Bareinlagen ist in der Einbringungsbilanz eine Aktivpost   **891** (Forderung) anzusetzen. Der Ansatz einer „Aktivpost für Einlagen" in der Einbringungsbilanz führt dazu, dass sich der Buch- und Verkehrswert bereits zum Einbringungsstichtag um die Bareinlage erhöht, obwohl die Einlage tatsächlich erst später geleistet wurde.

Diese Bareinlagen müssen bis zum Vertragsabschluss dem Betriebsvermögen tatsächlich zugekommen sein, um zu einem im Einbringungsvertrag festgelegten höheren Einbringungsvolumen zu kommen. Die Zusage des Einbringenden, zu einem späteren Zeitpunkt dem Einbringungsobjekt Vermögenswerte zuzuführen, gilt nicht als Einlage im Sinne des § 16 Abs. 5 Z 1 UmgrStG.

Vor dem Umgründungsstichtag getätigte Einlageversprechen stellen noch keine Einlagen dar und müssen daher ebenso wie Einlagen im Sinne des § 16 Abs. 5 Z 1 UmgrStG im Rückwirkungszeitraum tatsächlich geleistet werden. *(BMF-AV Nr. 193/2015)*

Die Steuerwirkung einer rückwirkenden Einlage wird durch den entsprechenden   **892** Ansatz in der Einbringungsbilanz bindend geprägt, es sei denn, die rückwirkende Einlage wird im Einbringungsvertrag eindeutig beschrieben.

Beispiel:

Der Einzelunternehmer A möchte seinen Betrieb in die B-GmbH einbringen. Im Betriebsvermögen befinden sich stille Reserven und ein originärer Firmenwert von 1000. Der Jahresabschluss des A stellt sich wie folgt dar:

Jahresabschluss EU-A

	BW		
Anlagevermögen	1.500	Fremdkapital	4.000
Umlaufvermögen	500	Eigenkapital	– 2.000
	2.000		2.000

Da der Betrieb A einen negativen Verkehrswert von – 1000 aufweist (buchmäßiges Eigenkapital von – 2000 vermindert um stille Reserven und Firmenwert von 1000), läge keine Einbringung im Sinne des UmgrStG vor (§ 12 Abs. 1 UmgrStG). Um in den Anwendungsbereich des UmgrStG zu gelangen, tätigt A rückwirkend auf den Einbringungsstichtag Einlagen von 4000. Dadurch ergibt sich zum einen ein positiver Verkehrswert des Betriebes von 3000 und zum anderen ein Einbringungskapital von 2000.

Einbringungsbilanz EU-A

	BW		
Anlagevermögen	1.500	Einbringungskapital	2.000

Umlaufvermögen	500	Fremdkapital	4.000
Aktivpost für Einlagen (§ 16 Abs. 5 Z 1 UmgrStG)	4.000		
	6.000		6.000

3.4.2.6.3 Sacheinlagen nach dem Einbringungsstichtag

893   Zum Einlagenbegriff siehe Rz 890; für Sacheinlagen ist zusätzlich auf § 6 Z 5 EStG 1988 abzustellen. Die Möglichkeit, tatsächliche Einlagen im Sinne des § 16 Abs. 5 Z 1 UmgrStG auf den Umgründungsstichtag rückzubeziehen, bezieht sich auch auf Sacheinlagen. Für rückbezogene Sacheinlagen ist in der Einbringungsbilanz ebenfalls eine Aktivpost (Forderung) in Höhe der rückzubeziehenden Einlagen anzusetzen. Dieser Aktivpost kommt der Charakter einer fiktiven, bereits zum Einbringungsstichtag bestehenden Forderung gegen den Einbringenden zu, die durch die Leistung der Einlage bis zum Vertragstag kompensiert wird. Formal außerhalb des § 16 Abs. 5 Z 1 UmgrStG aber inhaltlich dem Sacheinlagetatbestand zugehörig ist das Zurückbehalten von Verbindlichkeiten gemäß § 16 Abs. 5 Z 3 UmgrStG (siehe Rz 917).

894   Durch das Rückbeziehen von im Rückwirkungszeitraum getätigten Sacheinlagen wird der Buch- und Verkehrswert des Einbringungsvermögens mit ertragsteuerlicher Wirkung erhöht.

Die Steuerwirksamkeit einer rückwirkenden Sacheinlage setzt einlagefähige Wirtschaftsgüter im steuerlichen Sinn voraus. Einlagefähig sind nur solche Wirtschaftsgüter, denen Betriebsvermögenseigenschaft (notwendiges oder gewillkürtes (Sonder)Betriebsvermögen) in Bezug auf den einzubringenden Betrieb, Teilbetrieb oder Mitunternehmeranteil zukommt. Generell nicht einlagefähig sind daher Wirtschaftsgüter, die zum notwendigen Privatvermögen zählen. Die Einlage von Wirtschaftsgütern in das gewillkürte Betriebsvermögen setzt voraus, dass der Gewinn des einzubringenden Betriebes oder Teilbetriebes nach § 5 EStG 1988 ermittelt wird. Die Einlage von privaten Verbindlichkeiten kann in diesem Zusammenhang nur in Betracht kommen, wenn die Verbindlichkeit der Finanzierung eines (einlagefähigen) Wirtschaftsgutes dient und gleichzeitig mit dem Wirtschaftsgut eingelegt wird.

Beispiel:
A ermittelt den Gewinn für sein Einzelunternehmen gemäß § 4 Abs. 3 EStG 1988. Mit Vertrag vom 30.8.02 bringt er sein Einzelunternehmen in die ihm zu 100% gehörende X-GmbH per 31.12.01 ein. Da das Einzelunternehmen einen negativen Verkehrswert aufweist, stellt er in der Einbringungsbilanz eine rückwirkende Sacheinlage in Form eines unbebauten Grundstückes gemäß § 16 Abs. 5 Z 1 UmgrStG ein, wobei er plant, dieses als Parkplatz zu vermieten.

Da für das eingebrachte Einzelunternehmen der Gewinn gemäß § 4 Abs. 3 EStG 1988 ermittelt wurde, ist lediglich die Einlage von notwendigem und nicht von gewillkürtem Betriebsvermögen (vgl. EStR 2000 Rz 598) möglich. Die Einlage des Grundstückes in die X-GmbH stellt daher eine solche gemäß § 6 Z 14 lit. b EStG 1988 dar und führt nicht dazu, dass der Verkehrswert des eingebrachten Vermögens positiv werden kann. *(AÖF 2013/301)*

895   § 16 Abs. 5 Z 1 UmgrStG enthält kein Erfordernis, dass die rückbezogenen eingelegten Wirtschaftsgüter am Einbringungsstichtag bereits zum Vermögen des Einbringenden gehört haben müssen. Ebenso wenig wird die (körperliche) Existenz der rückbezogen eingelegten Wirtschaftsgüter zum Einbringungsstichtag verlangt.

896   Eine Begrenzung des Umfanges rückbezogener Einlagen besteht grundsätz-

lich nicht. Es können daher auch in einen einzubringenden Kleinbetrieb, dessen Gewinn nach § 5 EStG 1988 ermittelt wird, Sacheinlagen, die die Eigenschaft von gewillkürtem Betriebsvermögen aufweisen, in erheblichem Umfang geleistet werden.

Über die Rückbeziehung von getätigten Einlagen kann ferner unabhängig **897** davon entschieden werden, ob im Rückwirkungszeitraum auch Entnahmen getätigt wurden und unabhängig davon, ob diese rückbezogen werden oder nicht.

Voraussetzung für die Rückbeziehung von Sacheinlagen ist, dass sie zwi- **898** schen dem Einbringungsstichtag und dem Tag des Abschlusses des Einbringungsvertrages getätigt werden. Die Zusage des Einbringenden, zu einem späteren Zeitpunkt dem Einbringungsobjekt Vermögenswerte zuzuführen (so genannte vorbehaltene Einlagen), gilt nicht als Einlage im Sinne des § 16 Abs. 5 Z 1 UmgrStG und erhöht demnach nicht das Einbringungskapital. Es kommt vielmehr auf die tatsächliche Leistung der Einlage noch vor dem Abschluss des Einbringungsvertrages an. Bei Sacheinlagen wird es auf den Zeitpunkt der tatsächlichen Zuführung zum Betriebsvermögen durch die betriebliche Verwendung des Wirtschaftsgutes bzw. bei gewillkürtem Betriebsvermögen auf den Zeitpunkt der Aufnahme in die Bücher des einzubringenden Betriebes ankommen. Dies gilt auch dann, wenn eine bislang zum Privatvermögen gehörende Liegenschaft in den einzubringenden Betrieb eines Einzelunternehmers eingelegt werden soll. In diesem Fall ist es ausreichend, wenn die Sacheinlage der Liegenschaft erst im Einbringungsvertrag verankert und die Miteinbringung durch eine Aufsandungserklärung zugunsten der übernehmenden Körperschaft abgesichert wird. *(AÖF 2008/243)*

Ob eine rückwirkende Sacheinlage im Sinne des § 16 Abs. 5 Z 1 UmgrStG **899** vorliegt oder nicht, hängt davon ab, ob diese in die Einbringungsbilanz aufgenommen wurde. Ebenfalls ausreichend für den Eintritt der Wirkungen des § 16 Abs. 5 Z 1 UmgrStG ist es, wenn die rückwirkende Einlage im Einbringungsvertrag eindeutig beschrieben wird.

Die Möglichkeit, Sacheinlagen auf den Einbringungsstichtag rückzubeziehen, besteht nicht nur bei der Einbringung des gesamten Betriebes sondern auch bei der Einbringung eines Teilbetriebes. Eine weitere Möglichkeit der Erhöhung des Einbringungskapitals des einzubringenden Teilbetriebes besteht bei Nutzung der Verschiebetechnik des § 16 Abs. 5 Z 4 UmgrStG (siehe Rz 926). *(AÖF 2013/301)*

3.4.2.6.4 Barentnahmen nach dem Einbringungsstichtag

Der Begriff der Entnahmen bezieht sich auf den Entnahmetatbestand des § 4 **900** Abs. 1 EStG 1988. § 16 Abs. 5 Z 1 UmgrStG hat daher für einbringende Körperschaften im Sinne des § 7 Abs. 3 KStG 1988 begrifflich keine Bedeutung. Im Falle der gesonderten Übertragung von Mitunternehmeranteilen können Körperschaften im Sinne des § 7 Abs. 3 KStG 1988 jedoch eine rückwirkende Übertragung von Guthaben des variablen Kapitalkontos in das Stammvermögen bzw. Einlagen in das variable Kapitalkonto in sinngemäßer Anwendung von § 16 Abs. 5 Z 1 UmgrStG vornehmen (siehe dazu Rz 721). *(BMF-AV Nr. 193/2015)*

Die Möglichkeit, Barentnahmen nach dem Einbringungsstichtag auf diesen **901** rückzubeziehen, ist in § 16 Abs. 5 Z 1 UmgrStG ausdrücklich geregelt. Steuerwirksam ist die Rückbeziehung durch den Ansatz einer Passivpost (Verbindlichkeit) in der Einbringungsbilanz in Höhe der tatsächlich getätigten Entnahmen. Der Ansatz einer „Passivpost für Entnahmen" führt dazu, dass der Buch- und

Verkehrswert des einzubringenden Betriebes bereits zum Einbringungsstichtag um die Barentnahmen vermindert wird, obwohl die Entnahmen tatsächlich erst später getätigt werden. Die rückwirkende Entnahme kann auch dann in Anspruch genommen werden, wenn der Buchwert des einzubringenden Betriebes schon vor der Entnahme negativ ist oder durch die Entnahme negativ wird.

Beispiel:
A bringt sein Einzelunternehmen zum Stichtag 31.12.01 in die X-GmbH ein, wobei er im Wege einer Kapitalerhöhung Anteile erhält. Der Einbringungsvertrag wird am 31.8.02 abgeschlossen. Im Zeitraum Jänner bis August 02 hat A aus seinem Einzelunternehmen Entnahmen in Gesamthöhe von 14.000 getätigt, die er rückbeziehen möchte. Sonstige rückwirkende Korrekturen erfolgen nicht. Der Verkehrswert des Einzelunternehmens (ohne Berücksichtigung der Entnahmen) beträgt 40.000.
A stellt folgende Einbringungsbilanz per 31.12.01 auf:

Aktiva		Passiva	
Anlagevermögen	10.000	Einbringungskapital	- 6.000
Umlaufvermögen	5.000	Entnahme gemäß § 16 Abs. 5 Z 1 UmgrStG	14.000
		Fremdkapital	7.000
	15.000		15.000

Hinsichtlich eines Betrages von 6.000 unterliegen die rückbezogenen Entnahmen der Kapitalertragsteuerpflicht gemäß § 18 Abs. 2 Z 1 UmgrStG (vgl. Rz 972c ff). Der positive Verkehrswert des eingebrachten Vermögens ist im gegenständlichen Fall nach wie vor gegeben. *(AÖF 2013/301)*

902   Entscheidend ist, dass nach der Entnahme immer noch ein positiver Verkehrswert vorhanden ist. Es können bei Verzicht auf vorbehaltene Entnahmen gemäß § 16 Abs. 5 Z 2 UmgrStG somit bare Entnahmen bis zur Höhe des Verkehrswertes des Einbringungsobjektes vorgenommen werden, wobei der Wert zurückbehaltener und damit ebenfalls entnommener Wirtschaftsgüter gemäß § 16 Abs. 5 Z 3 UmgrStG zu berücksichtigen ist. Der Saldo aus rückwirkenden Entnahmen gemäß § 16 Abs. 5 Z 1 und 3 UmgrStG und Einlagen gemäß § 16 Abs. 5 Z 1 UmgrStG muss für das übertragene Vermögen einen positiven Verkehrswert ergeben. Zur Sicherung dieser Voraussetzung wird innerbetrieblich eine rechtzeitige Entnahmesperre vorzusehen sein. Zur Behandlung von getätigten aber nicht rückbezogenen Entnahmen siehe Rz 873 ff. *(AÖF 2008/243)*

903   Wird die gemäß § 16 Abs. 5 Z 1 UmgrStG rückbezogene Barentnahme fremdfinanziert, ändert dies nichts an der den Buch- bzw. Verkehrswert des einzubringenden Vermögens senkenden Wirkung. Es liegt weiters in der Übernahme der Kreditverbindlichkeit, die durch die rückbezogene Barentnahme entstanden ist, durch die übernehmende Körperschaft keine dem § 19 Abs. 1 UmgrStG widersprechende Gegenleistung vor. Analog zur Verzinsungsmöglichkeit einer durch die vorbehaltene Entnahme im Sinne des § 16 Abs. 5 Z 2 UmgrStG entstehenden Verrechnungsverbindlichkeit stellen die mit der Kreditaufnahme verbundenen Aufwandszinsen Betriebsausgaben der übernehmenden Körperschaft dar. *(AÖF 2013/301)*

904   Auf vor dem Einbringungsstichtag getätigte kreditfinanzierte Entnahmen ist das allgemeine Einkommensteuerrecht anzuwenden (siehe EStR 2000 Rz 1421 ff).

Fehlt den in den Büchern erfassten Verbindlichkeiten auf Grund der fehlenden betrieblichen Veranlassung die Eigenschaft von negativem Betriebsvermögen und wird sie dennoch mit dem begünstigten Vermögen in die übernehmende Körperschaft eingebracht, kann sich in der Folge keine Änderung in der steuerlichen Beurteilung ergeben. Wird daher eine tatsächlich zum Privatvermögen gehörende Schuld, die in der Bilanz des eingebrachten Betriebes, Teilbetriebes bzw. Mitunternehmeranteils als Passivum ausgewiesen ist, im Zuge der Einbringung (mit)übertragen, liegt dieser Vorgang außerhalb des Art. III UmgrStG und ist daher die Anwendung des Art. III UmgrStG nicht gefährdet (keine schädliche Gegenleistung; vgl. Rz 1005). Die Übernahme der privaten Schuld (befreiende Schuldübernahme) selbst stellt grundsätzlich eine verdeckte Ausschüttung in Höhe der kapitalisierten Verbindlichkeit dar. Im Falle des bloßen Schuldbeitritts führen die laufende Zinsenbelastung sowie die Tilgung durch die übernehmende Körperschaft zu verdeckten Ausschüttungen. *(AÖF 2013/301)*

3.4.2.6.5 Sachentnahmen nach dem Einbringungsstichtag

§ 16 Abs. 5 Z 1 UmgrStG gilt nicht nur für Barentnahmen sondern auch für Sachentnahmen (zB. Waren- oder Nutzungsentnahmen durch den einbringenden Betriebsinhaber). Zum Entnahmetatbestand siehe Rz 900 ff; für Sachentnahmen ist zusätzlich auf § 6 Z 4 EStG 1988 abzustellen. Formal außerhalb des § 16 Abs. 5 Z 1 UmgrStG aber inhaltlich dem Sachentnahmetatbestand zugehörig ist das Zurückbehalten von Anlagevermögen gemäß § 16 Abs. 5 Z 3 UmgrStG (siehe Rz 917 ff). *(AÖF 2008/243)* 905

Die Rückbeziehung der Sachentnahmen gemäß § 16 Abs. 5 Z 1 UmgrStG erfolgt mit bindender Wirkung durch den Ansatz einer Passivpost in der Einbringungsbilanz, sofern nicht eine eindeutige Beschreibung im Einbringungsvertrag erfolgt. 906

Voraussetzung für das Rückbeziehen von Sachentnahmen ist, 907

- dass entnommene Wirtschaftsgüter des Anlagevermögens bereits zum Einbringungsstichtag zum einzubringenden Betriebsvermögen gehört haben und
- dass Sachentnahmen aller Art spätestens am Tag des Abschlusses des Einbringungsvertrages getätigt worden sind.

Mit der rückwirkenden Sachentnahme wird der Buch- und Verkehrswert des einzubringenden Vermögens vermindert, die Grenze ist durch das Erfordernis des Erhalts der Eigenschaft eines Betriebes oder Teilbetriebes und des positiven Verkehrswertes bestimmt (die 50%-Grenze hat bei Verzicht auf vorbehaltene Entnahmen gemäß § 16 Abs. 5 Z 2 UmgrStG keine Bedeutung). Zur Frage des Erhalts der wesentlichen Betriebsgrundlagen siehe Rz 879. *(AÖF 2008/243)* 908

Da die rückwirkende Sachentnahme eine durch § 16 Abs. 5 Z 1 UmgrStG ermöglichte Ausnahmeregelung darstellt, kommen die allgemeinen einkommensteuerrechtlichen Grundsätze über die Entnahme fremdfinanzierter Aktiva (siehe EStR 2000 Rz 2482) nicht zur Anwendung. Es ist (im Gegensatz zu den Regelungen in der Z 3 und Z 4) daher zulässig, die mit den entnommenen Aktiva zusammenhängenden Verbindlichkeiten im Betriebsvermögen des einzubringenden (Teil)Betriebes zu belassen, sodass diese bei der übernehmenden Körperschaft die Eigenschaft von negativem Betriebsvermögen in der Folge nicht verlieren. 909

Soll umgekehrt ein Aktivum miteingebracht, aber die unmittelbar zusammenhängende Verbindlichkeit nicht eingebracht werden, liegt kein Anwendungsfall des § 16 Abs. 5 Z 1 UmgrStG, sondern ein solcher des § 16 Abs. 5 Z 3 UmgrStG vor (siehe Rz 924). *(AÖF 2008/243)*

Keinen Anwendungsfall des eine steuerwirksame Entnahme darstellenden § 16 Abs. 5 Z 1 UmgrStG stellt das Zurückbehalten eines Mitunternehmer- 910 anteils anlässlich der Einbringung des gesamten Betriebes oder der Übernahme eines solchen anlässlich einer Teilbetriebseinbringung in das Vermögen des Einbringenden dar, da die Steuerhängigkeit unabhängig von einer Zugehörigkeit zu einem Betriebsvermögen gegeben ist. Es liegt in diesen Fällen lediglich eine Verminderung des Buch- und Verkehrswertes des einzubringenden oder restlichen Vermögens zum Einbringungsstichtag vor. *(AÖF 2008/243)*

3.4.2.6.6 Vorbehaltene Entnahmen nach dem Einbringungsstichtag

3.4.2.6.6.1 Begriff und Wirkung

911   Vorbehaltene Entnahmen im Sinne des § 16 Abs. 5 Z 2 UmgrStG liegen vor, wenn an Stelle einer tatsächlichen Entnahme eine spätere durchzuführende Entnahme vorbehalten wird und dazu analog zu tatsächlich vorgenommenen Entnahmen eine Passivpost (Verbindlichkeit) in der Einbringungsbilanz eingestellt wird; beim Gesellschafter entsteht eine Forderung aus der vorbehaltenen Entnahme. Der Ansatz einer „Passivpost für vorbehaltene Entnahmen" hat bindende Wirkung und führt zur gleichen Buch- und Verkehrswertminderung wie die Passivpost für tatsächliche Entnahmen. Bei Vorliegen von tatsächlichen Entnahmen und einer vorbehaltenen Entnahme haben gesonderte Ansätze dieser Passivposten in der Einbringungsbilanz zu erfolgen. Ein nach Abschluss des Einbringungsvorganges gegenüber der übernehmenden Körperschaft getätigter Verzicht auf die Forderung aus der vorbehaltenen Entnahme hat keinen Einfluss auf die in der Einbringungsbilanz auszuweisende Verbindlichkeit (VwGH 2.10.2014, 2012/15/0213).

Zur KESt in Fällen eines negativen Buchwertes siehe Rz 972b ff. *(BMF-AV Nr. 193/2015)*

912   Die Passivpost in der Einbringungsbilanz löst sich im Gegensatz zu jener für tatsächliche Entnahmen nicht auf, sondern wandelt sich bei der übernehmenden Körperschaft in eine Verrechnungsschuld gegenüber dem Einbringenden und beim Einbringenden in eine entsprechende Verrechnungsforderung. Die Verrechnungsschuld gehört zum Fremdkapital der übernehmenden Körperschaft und ist bis zur Tilgung oder einem Forderungsverzicht des Einbringenden weiterzuführen. Eine Verzinsung der entstehenden Verrechnungsforderung ist steuerwirksam möglich (siehe Rz 977 ff). Die Vereinbarung einer Nichtverzinsung vorbehaltener Entnahmen im Einbringungsvertrag löst für sich genommen keine Gesellschaftsteuerpflicht aus (vgl. UFS 16.3.2012, RV/3451-W/08). *(AÖF 2013/301)*

913   Der mit dem Begriff der vorbehaltenen Entnahme verbundene Entnahmetatbestand bezieht sich ebenso wie jener der tatsächlichen rückwirkenden Entnahme im Sinn des § 16 Abs. 5 Z 1 UmgrStG auf § 4 Abs. 1 EStG 1988. § 16 Abs. 5 Z 2 UmgrStG kann daher für einbringende Körperschaften im Sinne des § 7 Abs. 3 KStG 1988 begrifflich keine Bedeutung haben. *(AÖF 2008/243)*

3.4.2.6.6.2 Berechnung der vorbehaltenen Entnahme

914   Der Höchstbetrag für eine vorbehaltene (unbare) Entnahme ergibt sich aus folgenden drei Schritten:

1. Basis ist der positive Verkehrswert des einzubringenden Vermögens am Einbringungsstichtag nach der Stand-alone-Methode.
2. Alle Veränderungen nach § 16 Abs. 5 Z 1, Z 3, Z 4 UmgrStG und nicht nach Z 1 rückbezogenen Entnahmen (Rz 915) sind zu berücksichtigen, wenn der

Saldo aus den rückwirkenden Erhöhungen und Minderungen negativ ist. Ergibt sich insgesamt eine Erhöhung des Basisverkehrswertes, bleibt die Erhöhung unberücksichtigt.

3. Der sich nach Pkt. 1 und einem allfälligen Kürzungsbetrag nach Pkt. 2 ergebende Nettoverkehrswert ist Bemessungsgrundlage für den maximal 50%igen Passivposten.

Bar- und Sachentnahmen nach dem Einbringungsstichtag kürzen daher auch dann die Bemessungsgrundlage für die vorbehaltene Entnahme, wenn sie nicht nach Z 1 auf den Einbringungsstichtag rückbezogen werden. Dies ändert nichts an der in § 16 Abs. 5 Z 1 UmgrStG enthaltenen Rechtsfolge des Entstehens von rückzahlbaren Forderungen der übernehmenden Körperschaft gegen den Einbringenden in Höhe der nicht rückbezogenen Entnahmen. Wird die vorbehaltene Entnahme in einem sehr hohen Ausmaß oder im vollen Ausmaß von 50% des Verkehrswertes ausgeschöpft, kann die Abgabenbehörde eine plausible Begründung des angenommenen Verkehrswertes einfordern (zB durch Vorlage des Unternehmensbewertungsgutachtens).

§ 16

Beispiele:

1. Einzelunternehmer – Betriebseinbringung

	Verkehrswert	Buchwert
Buchwert zum Einbringungsstichtag		200
Verkehrswert zum Einbringungsstichtag	1.000	
Bareinlagen nach Abs. 5 Z 1	+ 10	+ 10
Barentnahmen nach Abs. 5 Z 1	- 70	- 70
Saldo	- 60	
Zwischen-Verkehrswert	940	
Vorbehaltene Entnahme nach Abs. 5 Z 2 max. 50%	- 470	- 470
Verkehrswert des einzubringenden Vermögens nach rückwirkenden Korrekturen	470	
Buchwert des einzubringenden Vermögens nach rückwirkenden Korrekturen (Einbringungskapital)		- 330

2. Einzelunternehmer – Betriebseinbringung

	Verkehrswert	Buchwert
Buchwert zum Einbringungsstichtag		- 250
Verkehrswert zum Einbringungsstichtag	1.200	
Barentnahmen nach Abs. 5 Z 1	- 100	- 100
Zurückbehaltene Liegenschaft nach Abs. 5 Z 3 (Verkehrswert/Buchwert Grund und Gebäude)	- 700	- 80
Saldo	- 800	
Zwischen-Verkehrswert	400	
Vorbehaltene Entnahme nach Abs. 5 Z 2 max. 50%	- 200	- 200
Verkehrswert des einzubringenden Vermögens nach rückwirkenden Korrekturen	200	
Buchwert des einzubringenden Vermögens nach rückwirkenden Korrekturen (Einbringungskapital)		- 630

3. Einzelunternehmer – Teilbetriebseinbringung

	Verkehrswert	Buchwert
Buchwert Teilbetrieb zum Einbringungsstichtag		- 350

Verkehrswert Teilbetrieb zum Einbringungsstichtag	1.000	
Barentnahmen nach Abs. 5 Z 1	- 100	- 100
Verschieben Aktiva und Passiva nach Abs. 5 Z 4	500	300
Saldo	400	
Zwischen-Verkehrswert = 1.400, aber nicht maßgebend, weil Erhöhung	1.000	
Vorbehaltene Entnahme nach Abs. 5 Z 2 max. 50%	- 500	- 500
Verkehrswert des einzubringenden Vermögens nach rückwirkenden Korrekturen	900	
Buchwert des einzubringenden Vermögens nach rückwirkenden Korrekturen (Einbringungskapital)		- 650

4. Mitunternehmer – Einbringung des gesamten Anteils

	Verkehrswert	Buchwert
Buchwert zum Einbringungsstichtag		600
Verkehrswert Teilbetrieb zum Einbringungsstichtag	1.400	
Entnahme des (positiven) variablen Kapitalkontos nach Abs. 5 Z 1	- 300	- 300
Zurückbehalten der zum Sonderbetriebsvermögen gehörigen Liegenschaft nach Abs. 5 Z 3 (Verkehrswert/Buchwert Grund und Gebäude)	- 750	- 150
Zurückbehalten der in der Ergänzungsbilanz ausgewiesenen Kaufpreisrestschuld für den Anteil nach Abs. 5 Z 3	280	280
Saldo	- 770	
Zwischen-Verkehrswert	630	
Vorbehaltene Entnahme nach Abs. 5 Z 2 max. 50%	- 315	- 315
Verkehrswert des einzubringenden Vermögens nach rückwirkenden Korrekturen	315	
Buchwert des einzubringenden Vermögens nach rückwirkenden Korrekturen (Einbringungskapital)		115

(AÖF 2013/301)

915   Im Zusammenhang mit Mitunternehmerschaften ist Folgendes zu beachten:

- Im Falle der Einbringung des gesamten Betriebes oder eines Teilbetriebes kann jeder Mitunternehmer unabhängig von den anderen Mitunternehmern rückwirkende Korrekturen und damit auch eine vorbehaltene Entnahme tätigen oder darauf verzichten. Ungeachtet der Maßgeblichkeit des Verkehrswertes des Betriebes für die Einbringung ist die vorbehaltene Entnahme von dem auf den einzelnen Mitunternehmer entfallenden Verkehrswertanteil abhängig.

- Auch bei der Einbringung eines Mitunternehmeranteils stehen dem Einbringenden die Korrekturmöglichkeiten des § 16 Abs. 5 UmgrStG zur Verfügung. Tätigt der Einbringende (nur oder unter anderem) eine vorbehaltene Entnahme, ist zu beachten, dass sich die in der Einbringungsbilanz des Mitunternehmers ausgewiesene Passivpost nicht auf die Kapitalkonten bei der vom einbringungsbedingten Gesellschafterwechsel betroffenen Mitunternehmerschaft auswirkt. Um die spiegelbildtheoretische Übereinstimmung herzustellen, ist einerseits das starre und variable Kapital des Einbringenden laut Jahres- oder Zwischenabschluss der Mitunternehmerschaft ab Beginn des dem Einbringungsstichtag folgenden Tages (spiegelbildlich) der übernehmenden Körperschaft zuzurechnen, die vorbehaltene Entnahme andererseits (ungeachtet des Ausweises als Verrechnungsverbindlichkeit in den Büchern der übernehmenden Körperschaft gegenüber dem Einbringenden) als negatives Sonderbetriebsvermögen der zum Mitunternehmer gewordenen Körperschaft anzusetzen. Diese Post stellt damit den steuerlichen Korrekturposten für den unverändert vollen Ansatz des variablen Kapitalkontos in der Mitunternehmerschaft dar.

Beispiel:

Der Mitunternehmer A bringt seinen 30%igen Kommanditanteil in die ihm zu 100% gehörende A-GmbH unter Verzicht auf eine Anteilsgewährung ein. Der Buchwert des Kommanditanteils zum Einbringungsstichtag laut Jahresabschluss der KG beträgt 11.000 (starres Kapitalkonto 1.000, variables Kapitalkonto 10.000). A tätigt eine vorbehaltene Entnahme von 8.000. Das Einbringungskapital beträgt somit 3.000.

Die Kommanditgesellschaft weist an Stelle des A die A-GmbH als neuen Kommanditisten aus, das starre und variable Kapitalkonto von insgesamt 11.000 ist unverändert der GmbH zuzurechnen.

Die übernehmende A-GmbH aktiviert (in der UGB-Bilanz) den Kommanditanteil mit 11.000, passiviert die entstandene Verbindlichkeit mit 8.000 und bildet eine Kapitalrücklage von 3.000. Um den Unterschied zwischen dem Mitunternehmeranteil in der KG und der Vermögensübernahme in der GmbH auszugleichen, bildet die GmbH eine Sonderbetriebsvermögensbilanz der KG und stellt in dieser die vorbehaltene Entnahme von 8.000 als Negativpost dar, wobei auf der Aktivseite ein Ergänzungskapital von 8.000 auszuweisen ist. Damit entspricht der von der GmbH bilanzierte Mitunternehmeranteil von 3.000 (laut Einbringungskapital) dem Mitunternehmeranteil in der KG (starres Kapitalkonto 1.000, variables Kapitalkonto 10.000, negatives Sonderbetriebsvermögen 8.000). *(AÖF 2013/301)*

916 Übersteigt die vorgenommene vorbehaltene Entnahme den sich nach allfälliger Kürzung der gewählten Prozentgröße des positiven Zwischenverkehrswertes ergebenden Höchstbetrages, hat dies keine Auswirkungen auf die Anwendung von Art. III UmgrStG, sofern die Entnahmen nicht zu einem negativen Verkehrswert führen (vgl. UFS 4.2.2011, RV/3319-W/08).

Die Konsequenz einer zu hohen vorbehaltenen Entnahme besteht in der Umqualifikation des übersteigenden Betrages in steuerliches Eigenkapital, der übersteigende Betrag gilt bei der übernehmenden Körperschaft gemäß § 18 Abs. 2 Z 2 UmgrStG als versteuerte Rücklage (siehe Rz 981 ff). Dies gilt auch für den Fall, dass sich ein Übersteigen des Höchstbetrages erst auf Grund abgabenbehördlicher Feststellungen ergibt. Zur Frage der Erhöhung der Bemessungsgrundlage auf Grund abgabenbehördlicher Feststellungen siehe Rz 1273. *(AÖF 2013/301)*

3.4.2.6.7 Zurückbehalten von Wirtschaftsgütern

3.4.2.6.7.1 Allgemeines

917 Der Einbringende kann im Zuge der Einbringung gemäß § 16 Abs. 5 Z 3 UmgrStG Anlagegüter sowie Verbindlichkeiten (oder Teile davon) zurückbehalten. Die Regelung bezieht sich auf zum notwendigen Betriebsvermögen gehörige Wirtschaftsgüter, die nach einkommensteuerrechtlichen Grundsätzen nicht ohne Widmungsänderung entnommen werden können. Das Zurückbehalten stellt daher

• hinsichtlich der Anlagegüter einen Entnahmetatbestand und

• hinsichtlich der Verbindlichkeiten einen Einlagetatbestand dar. Diese Tatbestände unterscheiden sich von jenen gemäß § 16 Abs. 5 Z 1 UmgrStG nur dadurch, dass sie (an Stelle des Ansatzes einer Passiv- oder Aktivpost) durch die Nichtaufnahme des Anlagevermögens oder der Verbindlichkeit in die Einbringungsbilanz wirksam werden. Aus der Struktur der Z 3 als Sondertatbestand von Entnahmen und Einlagen ergibt sich, dass diese Regelung für einbringende Körperschaften im Sinne des § 7 Abs. 3 KStG 1988 begrifflich keine Bedeutung haben kann. *(AÖF 2008/243)*

918   Voraussetzung für das Zurückbehalten ist, dass die genannten Aktiva und Passiva am Einbringungsstichtag und am Tag des Abschlusses des Einbringungsvertrages vorhanden sind.

919   Die mit dem Zurückbehalten verbundenen Wirkungen entsprechen jenen der rückwirkenden tatsächlichen Entnahmen und Einlagen. Bei einem daraus resultierenden Entnahmegewinn handelt es sich nicht um einen Teil eines Veräußerungsgewinnes, sondern um einen Entnahmegewinn (VwGH 29.1.1998, 97/15/0197). Der sich aus der Entnahme ergebende Gewinn ist daher jenem Jahr zuzuordnen, in das der Einbringungsstichtag fällt.

Beispiel:

Der Einzelunternehmer A bringt seinen gesamten Weinhandelsbetrieb zum 30.6.01 in die A-GmbH ein. Neben Barentnahmen von 400 und der Entnahme von Wein (Anschaffungskosten = 300, Teilwert = 500) behält er das Betriebsgrundstück (Buchwert von Grund und Boden 600, des Gebäudes 1000, Teilwert des Grund und Bodens 900, des Gebäudes 1200) nach § 16 Abs. 5 UmgrStG zurück.

- Ist A nicht rechnungslegungspflichtig, hat er zum 30.6.01 die unter § 16 Abs. 5 Z 1 UmgrStG getätigten Sachentnahmen in Höhe von 500 (Gewinnzurechnung iHv 200) und die Entnahme des Betriebsgebäudes in Höhe von 200 zu versteuern.

- Ist A rechnungslegungspflichtig, führt neben der Sachentnahme die Entnahme der Betriebsliegenschaft (samt Gebäude) zur Gewinnverwirklichung in Höhe von 500. *(AÖF 2013/301)*

920   Der Teilwert des als entnommen oder eingelegt geltenden zurückbehaltenen Vermögens ist bei der Bemessung der vorbehaltenen Entnahmen gemäß § 16 Abs. 5 Z 2 UmgrStG mitzuberücksichtigen (siehe Rz 914 ff). *(AÖF 2008/243)*

3.4.2.6.7.2 Zurückbehalten von Anlagegütern

921   Das Zurückbehalten von Anlagegütern, die zum notwendigen Betriebsvermögen gehören, darf die Eigenschaft des einzubringenden Vermögens als Betrieb oder Teilbetrieb nicht verletzen. Eine Betriebsaufspaltung im Wege des Zurückbehaltens des gesamten Anlagevermögens einschließlich nicht aktivierter Wirtschaftsgüter (zB Firmen- oder Praxiswert) kann daher nicht unter Art. III UmgrStG fallen. Das Zurückbehalten einzelner Anlagegüter, die zu den wesentlichen Betriebsgrundlagen gehören, führt zu keiner Verletzung der Anwendungsvoraussetzungen des § 12 UmgrStG. Dies bezieht sich in erster Linie auf das Zurückbehalten der Betriebsliegenschaft, die nach der Einbringung der übernehmenden Körperschaft (entgeltlich oder unentgeltlich) zur Nutzung überlassen wird. Zur Wirksamkeit der Nutzungsüberlassung siehe Rz 983. *(BMF-AV Nr. 193/2015)*

922   Das Zurückbehalten von Anlagegütern ist im Sinne des dem allgemeinen Ertragsteuerrechts innewohnenden Grundsatzes, dass sich die Sachentnahme aus dem Betrieb grundsätzlich auch auf das mit dem Aktivum zusammenhängende Passivum bezieht, nur mehr zusammen mit dem unmittelbar verbundenen Fremdkapital möglich. Der Zusammenhang ist nur dann unbeachtlich, wenn

vom Einbringungsstichtag zurück bereits mehr als sieben Wirtschaftsjahre vergangen sind.

Beispiel:

A bringt seinen Einzelbetrieb zum 31.10.10 in die A-GmbH ein und möchte dabei die Betriebsliegenschaft zurückbehalten. Am Einbringungsstichtag ist ein anschaffungsbedingter Kredit in Höhe von 5.000 und aus der Herstellung einer Aufzugsanlage im Betriebsgebäude im Jahre 09 resultierender Kredit in Höhe von 12.000 offen. Sollte die Anschaffung des Betriebsgebäudes vor dem 31.10.03 erfolgt sein, kann A die beiden Kredite miteinbringen, obwohl die Betriebsliegenschaft zurückbehalten wird, andernfalls muss A auch die beiden Kredite zurückbehalten. *(AÖF 2008/243)*

Das Zurückbehalten von Wirtschaftsgütern des Umlaufvermögens kann   923 nicht unter § 16 Abs. 5 Z 3 UmgrStG fallen sondern ist als Sachentnahme gemäß § 16 Abs. 5 Z 1 UmgrStG im Wege des Ansatzes einer Passivpost darzustellen.

3.4.2.6.7.3 Zurückbehalten von Verbindlichkeiten

Das Zurückbehalten von Verbindlichkeiten und der damit verbundene Über-   924 gang in das Privatvermögen oder außerbetriebliche Vermögen des Einbringenden erhöht als Einlage den Buch- und Verkehrswert bzw. kann zum Vorliegen eines positiven Verkehrswertes führen. Da sich das verknüpfte Zurückbehalten auf kreditfinanzierte Anlagegüter beschränkt, können Verbindlichkeiten oder Rückstellungen (zB Pensionsrückstellungen) auch dann zurückbehalten werden, wenn sie im unmittelbaren Zusammenhang mit einzubringenden Aktiva stehen.

Beispiel:

Der Einzelunternehmer A möchte seinen Betrieb in eine GmbH einbringen. Sollte er die sich noch nicht mehr als sieben Jahre im Betriebsvermögen befindliche Liegenschaft zurückbehalten wollen, muss er auch den offenen anschaffungsveranlassten Finanzierungskredit zurückbehalten (Entnahme- und Einlagetatbestand). Sollte er die Betriebsliegenschaft miteinbringen, kann er dennoch den offenen anschaffungsveranlassten Finanzierungskredit zurückbehalten (Einlagetatbestand).

Ein auf die zurückbehaltene Verbindlichkeit entfallender Zinsenaufwand für Zeiträume nach dem Einbringungsstichtag kann im Hinblick auf die Zugehörigkeit der Verbindlichkeit zum Privatvermögen zu keinen (nachträglichen) Betriebsausgaben führen (VwGH 30.9.2009, 2004/13/0169; siehe auch Rz 737). *(AÖF 2013/301)*

Der Tatbestand des Zurückbehaltens ist auf den Übergang in den außer-   925 betrieblichen Bereich abgestellt.

• Natürliche Personen und Körperschaften, die nicht unter § 7 Abs. 3 KStG 1988 fallen, können bei der Einbringung eines Teilbetriebes oder eines Teiles eines betrieblich oder außerbetrieblich gehaltenen Mitunternehmeranteils neben § 16 Abs. 5 Z 3 UmgrStG auch die Verschiebetechnik des § 16 Abs. 5 Z 4 UmgrStG nutzen.

Beispiel:

Der rechnungslegungspflichtige A kann anlässlich der Einbringung eines Teilbetriebes eine zum einzubringenden Teilbetrieb gehörende Eigentumswohnung nach Z 3 zurückbehalten (Übernahme in das Privatvermögen und damit Entnahmetatbestand) oder nach Z 4 in den Restbetrieb verschieben (kein Entnahmetatbestand).

• Körperschaften, die unter § 7 Abs. 3 KStG 1988 fallen und stets nur Betriebsvermögen besitzen, können § 16 Abs. 5 Z 3 UmgrStG begrifflich nicht nutzen, bei ihnen kommt nur der Tatbestand des Verschiebens gemäß § 16 Abs. 5 Z 4 UmgrStG in Betracht (siehe Rz 926 ff). *(AÖF 2008/243)*

§ 16

3.4.2.6.8 Verschieben von Wirtschaftsgütern

926 § 16 Abs. 5 Z 4 UmgrStG schafft im Rahmen

- einer Teilbetriebs-Einbringung
- einer Einbringung eines Teiles eines Mitunternehmeranteiles (siehe Rz 721)
- und bei Körperschaften im Sinne des § 7 Abs. 3 KStG 1988 auch bei der Einbringung des gesamten Betriebes (bzw. des gesamten Mitunternehmeranteiles)

die Möglichkeit, aktive und passive Wirtschaftsgüter zwischen den Teilbetrieben bzw. zwischen dem Betrieb und dem Restbetriebsvermögen der Körperschaft zu verschieben und zwar sowohl im Wege des Zurückbehaltens von Wirtschaftsgütern des einzubringenden (Teil)Betriebes als auch des Mitübertragens von Wirtschaftsgütern des verbleibenden Teilbetriebes bzw. Restbetriebsvermögens der Körperschaft.

Dies gilt weiters auch für das Zurückbehalten von Sonderbetriebsvermögen bei der Einbringung eines Mitunternehmeranteiles, wenn dieser im Betriebsvermögen gehalten wird (siehe EStR 2000 Rz 5941 und KStR 2013 Rz 406). Die Verschiebetechnik des § 16 Abs. 5 Z 4 UmgrStG kann aber für den Fall, dass der einzubringende Mitunternehmeranteil zum Betriebsvermögen gehört, nicht dazu verwendet werden, Wirtschaftsgüter des Einbringenden aus seinem Betrieb außerhalb des "Bilanzbündelbetriebes" der Mitunternehmerschaft in den einzubringenden Mitunternehmeranteil zu verschieben. Wird ein Teil eines Mitunternehmeranteils eingebracht, gilt § 16 Abs. 5 Z 4 UmgrStG auch für das Mitübertragen bzw. Verschieben von Sonderbetriebsvermögen; folglich kann auch das auf den nicht übertragenen Mitunternehmeranteil entfallende Sonderbetriebsvermögen miteingebracht werden. Zum Verschieben eines negativen variablen Kapitalkontos siehe Rz 721.

Dieses Verschieben von Wirtschaftsgütern erfolgt durch Aufnahme bzw. Nichtaufnahme der verschobenen Wirtschaftsgüter in die Einbringungsbilanz. Das Verschieben von Wirtschaftsgütern löst keine Entnahmebesteuerung aus. Voraussetzung für die Steuerneutralität des Verschiebens von Wirtschaftsgütern zwischen zwei Teilbetrieben ist bei Einbringenden, die den Gewinn nicht nach § 5 EStG 1988 ermitteln, jedoch, dass das verschobene Wirtschaftsgut zum Betriebsvermögen des verbleibenden Teilbetriebes gehören kann. Zählt das verschobene Wirtschaftsgut daher nach dem Verschieben nicht zum Betriebsvermögen des Einbringenden, liegt eine Entnahme in das Privatvermögen vor.

Beispiel 1:
A führt einen Betrieb, der aus den Teilbetrieben 1 und 2 besteht. A bringt Teilbetrieb 1 in die B-GmbH ein, verschiebt jedoch die zum Teilbetrieb 1 gehörende Beteiligung an der C-AG durch Nichtaufnahme in der Einbringungsbilanz in den nicht eingebrachten Teilbetrieb 2. Der Teilwert der Beteiligung beträgt 1000, ihr Buchwert 300.
Variante a zu 1:
A ermittelt den Gewinn nach § 5 Abs. 1 EStG 1988.
Durch das Verschieben der Beteiligung verringert sich das (buchmäßige) Einbringungskapital um 300. Da die verschobene C-Beteiligung dem verbleibenden Teilbetrieb 2 entweder als notwendiges oder gewillkürtes Betriebsvermögen zugeordnet werden kann, unterbleibt die steuerwirksame Entnahme der Beteiligung.
Variante b zu 1:
A ermittelt den Gewinn nach § 4 Abs. 1 EStG 1988.
Ein steuerneutrales Verschieben der Beteiligung ist nur möglich, wenn die Beteiligung notwendiges Betriebsvermögen des verbleibenden Teilbetriebes 2 darstellt. An-

dernfalls kommt es zur Entnahme der Beteiligung und zur damit verbundenen Besteuerung der in der Beteiligung steckenden stillen Reserven.

Beispiel 2:

A, der ein Einzelunternehmen betreibt, ist zu 30% an der B-OG beteiligt. Der Anteil an der B-OG gehört zum Betriebsvermögen des Einzelunternehmens. Zum 31.12.01 bringt A 50% seines Anteils an der B-OG (somit 15%) gegen Anteilsgewährung in die X-GmbH ein. In die Einbringungsbilanz werden Wirtschaftsgüter des Einzelunternehmens (nicht Teil des Sonderbetriebsvermögens des Einzelunternehmens) unter Bezugnahme auf § 16 Abs. 5 Z 4 UmgrStG aufgenommen.

Da die Verschiebetechnik des § 16 Abs. 5 Z 4 UmgrStG nur für das Sonderbetriebsvermögen hinsichtlich des einzubringenden Mitunternehmeranteils nutzbar ist, liegt hinsichtlich der in die X-GmbH übertragenen Wirtschaftsgüter des Einzelunternehmens eine gewinnrealisierende, nicht rückwirkende Entnahme gemäß § 6 Z 4 EStG 1988 aus dem Einzelunternehmen des A sowie eine Einlage gemäß § 6 Z 14 lit. b EStG 1988 in die X-GmbH vor.

Wird ein Wirtschaftsgut, das steuerlich Bestandteil eines übertragenen Mitunternehmeranteils ist, aber zivilrechtlich nicht der Mitunternehmerschaft zuzurechnen ist (insbesondere Sonderbetriebsvermögen), zivilrechtlich nicht mitübertragen, ist dieser Vorgang – typologisch betrachtet – als Maßnahme des § 16 Abs. 5 UmgrStG zu qualifizieren und nach Maßgabe der dort geregelten Beschränkungen zulässig.

§ 16

Beispiel:

Die A-GmbH bringt ihren 60-prozentigen Anteil an der B-KG mit Bilanzstichtag 29.2.X16 in eine Komplementär-GmbH, die K-GmbH ein (da auch die anderen Kommanditisten einbringen, kommt es bei der GmbH zur Anwachsung). Zum Bilanzstichtag 29.2. hat die A-GmbH eine Kreditforderung gegen die B-KG, die B-KG weist entsprechend eine Verbindlichkeit aus.

In diesem Fall stellt das Gesellschafterdarlehen bei der B-KG Sonderbetriebsvermögen dar. Wird dieses zivilrechtlich nicht mitübertragen, liegt typologisch eine Maßnahme nach § 16 Abs. 5 UmgrStG vor. Anders als bei den typischen Anwendungsfällen des § 16 Abs. 5 UmgrStG ergibt sich hier die Entnahme aber nicht aus einer gesonderten Vereinbarung, sondern aufgrund der regulären zivilrechtlichen Ausgestaltung der Einbringung. Im Hinblick auf den persönlich eingeschränkten Anwendungsbereich von § 16 Abs. 5 Z 1 und 2 UmgrStG ist dieser Vorgang am ehesten mit § 16 Abs. 5 Z 4 UmgrStG vergleichbar; dies gilt auch für im Rückwirkungszeitraum beschlossene Gewinnausschüttungen, die bei Abschluss des Einbringungsvertrages Forderungen des Gesellschafters im Sonderbetriebsvermögen gegenüber der Personengesellschaft darstellen.

Anderes gilt für das variable Kapitalkonto, weil dieses einen fixen – auch zivilrechtlichen – Bestandteil des Mitunternehmeranteils darstellt. Zum Umfang des variablen Kapitalkontos siehe Rz 721. *(BMF-AV Nr. 40/2017)*

Die Verschiebetechnik des § 16 Abs. 5 Z 4 UmgrStG für einzelne Aktiva oder einzelne Passiva ist dann in einer nur eingeschränkten Weise nutzbar, wenn zum Einbringungsstichtag fremdfinanzierte Wirtschaftsgüter vorliegen. In diesem Fall können aktive Wirtschaftgüter nur zusammen mit unmittelbar verbundenem Fremdkapital zwischen den beiden Teilbetrieben verschoben werden. Damit wird eine Zerlegung unmittelbar wirtschaftlich zusammenhängender Aktiv- und Passivposten ausgeschlossen, was dem einkommensteuerlichen Grundsatz des Zusammenhangs von Aktivum und damit verbundenem Passivum entspricht.

926a

Der „unmittelbare Zusammenhang" zwischen Aktivum und Passivum ist (auch iSd Praktikabilität) nicht zu streng auszulegen und nur auf eindeutig gegebene Sachverhalte zu beziehen. Bei einem kurz vor dem Einbringungsstichtag aufgenommenen Kredit ist der Zusammenhang mit den Aktiva eindeutig und eine zusammenhängende Behandlung erforderlich. Bei anderen Wirtschaftsgütern muss ein eindeutiger Veranlassungszusammenhang vorliegen, der insbesondere dann gegeben ist, wenn gerade zum Zwecke der Anschaffung eines Wirtschaftsgutes (zB. Maschine) ein Kredit aufgenommen wird. Ein Kontokorrentkredit, der in der Folge der Finanzierung eines Aktivums mehrfach umgeschichtet wird, weist keinen eindeutigen unmittelbaren Zusammenhang auf.

Zur Vermeidung von Auslegungsschwierigkeiten sieht § 16 Abs. 5 Z 4 UmgrStG zudem eine der Z 3 entsprechende Siebenjahresfrist vor (siehe Rz 922). *(AÖF 2008/243)*

926b   Die Verschiebetechnik der Z 4 unterscheidet sich von der Zurückbehaltungstechnik der Z 3 dadurch, dass Z 4 zurückzubehaltende Verbindlichkeiten nicht gesondert erwähnt und damit Verbindlichkeiten im Verknüpfungszusammenhang nicht zurückbehalten werden können. Wenngleich mit dem Nichtübertragen einer dem einzubringenden Teilbetrieb objektiv zuzurechnenden Verbindlichkeit eine Buch- und Verkehrswerterhöhung verbunden ist, wird dies im Lichte der nunmehrigen Verknüpfungsregelung auszuschließen sein.

Beispiele:

1. Kurze Zeit vor dem Einbringungsstichtag wird ein Kredit iHv 100.000 € aufgenommen. Es ist nicht möglich, die Barmittel aus dem Kredit oder mit den Barmitteln angeschafftes Aktivvermögen (zB. Wertpapiere) im verbleibenden Teilbetrieb zurückzubehalten und die Verbindlichkeit aus dem Kredit einzubringen. Sollte die Verbindlichkeit dennoch isoliert auf die übernehmende Körperschaft übertragen werden, führt dies hinsichtlich der die Körperschaft belastenden Aufwandszinsen und hinsichtlich der Tilgung der Verbindlichkeit zur verdeckten Ausschüttung.

2. Im Einzelunternehmen wird ein unbebautes Grundstück mittels Sonderkredit angeschafft.

   a) Das für den Betrieb des einzubringenden Teilbetriebes gewidmete Grundstück wird bei der nachfolgenden Teilbetriebseinbringung im verbleibenden Teilbetrieb zurückbehalten. Da der Sonderkredit unmittelbar mit dem Grundstück zusammenhängt, ist die Verbindlichkeit mit dem Grundstück gemeinsam zurück zu behalten.

   b) Das Grundstück wird bei der nachfolgenden Teilbetriebseinbringung mitübertragen. Da der Sonderkredit unmittelbar mit dem Grundstück zusammenhängt, ist die Verbindlichkeit mit dem Grundstück gemeinsam mitzuübertragen oder nach § 16 Abs. 5 Z 3 UmgrStG zurückzubehalten (siehe Rz 925).

3. Im Betriebsvermögen befindet sich ein Grundstück, das (ua.) im Wege der Ausnutzung eines bestehenden Kreditrahmens finanziert wurde. Wird in diesem Fall das Grundstück bei der nachfolgenden Einbringung zurückbehalten und lässt sich der am Einbringungsstichtag bestehende Betrag des Kredits nicht mehr eindeutig dem Grundstück zuordnen, kann die Verbindlichkeit auch weiterhin losgelöst vom Grundstück eingebracht werden.

4. Kurz vor dem Einbringungsstichtag wird ein Kontokorrentkredit aufgenommen, um diverse Betriebsmittel anzuschaffen. Die Betriebsliegenschaft, welche bereits bei Unternehmensgründung angeschafft worden ist, dient zur Kreditbesicherung. Geht aus den Aufzeichnungen des Unternehmens eindeutig hervor, dass mit dem aufgenommen Kredit die Betriebsmittel tatsächlich angeschafft worden sind, ist ein eindeutiger unmittelbarer Zusammenhang zwischen Liegenschaft und Kredit nicht gegeben und eine Trennung zwischen Liegenschaft und Verbindlichkeit möglich. Gegenstand der Neuregelung ist in diesem Fall daher nur der Zusammenhang zwischen den erworbenen Betriebsmitteln und dem Kredit. *(AÖF 2008/243)*

926c   Sollten entgegen § 16 Abs. 5 Z 3 oder Z 4 UmgrStG Wirtschaftsgüter und mit ihnen unmittelbar zusammenhängendes Fremdkapital dennoch getrennt werden, ist damit keine Anwendungsvoraussetzung des § 12 UmgrStG verletzt, weil es sich hierbei um eine Ordnungsvorschrift handelt. Wird daher zB. die Liegenschaft ohne den Anschaffungskredit nach Z 3 zurückbehalten oder wird der kurz vor dem Stichtag aufgenommene Kredit ohne die vorhandenen liquiden Mittel oder damit erworbenen Aktiva in den einzubringenden Teilbetrieb verschoben, sind die laufenden Aufwandszinsen und die Tilgung der „eingebrachten" Verbindlichkeit als verdeckte Ausschüttung zu werten. Wird das Aktivum miteingebracht und die unmittelbar zusammenhängende Verbindlichkeit zurückbehalten, gilt diese ertragsteuerlich zunächst als miteingebracht und in der Folge vom Einbringenden abgedeckt dh in die übernehmende Körperschaft eingelegt. *(AÖF 2008/243)*

Die Verknüpfungsregeln der Z 3 und Z 4 und die damit verbundenen Folgen im Sinne der Rz 926 bis Rz 926c gelten auch für die Einbringung von kreditfinanzierten Betrieben, Teilbetrieben und Mitunternehmeranteilen. *(AÖF 2008/ 243)*   926d

§ 16

3.4.2.6.9 Beziehung von Ausschüttungen, Einlagenrückzahlungen und Gesellschaftereinlagen auf das einzubringende Vermögen

Einbringende Körperschaften haben auf Grund des § 16 Abs. 5 Z 5 UmgrStG die Möglichkeit, die im Zeitraum zwischen Einbringungsstichtag und Abschluss des Einbringungsvertrages beschlossenen Gewinnausschüttungen (nicht verdeckte Ausschüttungen) bzw. Einlagenrückzahlungen oder die von den Gesellschaftern getätigten Einlagen in die einbringende Körperschaft dem einzubringenden Vermögen der Körperschaft zuzurechnen. Das Einbringungsvermögen wird in diesem Fall rückwirkend zum Einbringungsstichtag durch Gewinnausschüttungen (§ 8 Abs. 2 KStG 1988) und Kapitalrückzahlungen (§ 4 Abs. 12 EStG 1988) verringert oder durch Einlagen (§ 8 Abs. 1 KStG 1988) erhöht.   927

Die rückwirkende Vermögensänderung wird durch den Ausweis einer Passivpost in Höhe der Gewinnausschüttungen oder Einlagenrückzahlungen bzw. durch den Ausweis einer Aktivpost in Höhe der Einlagen in der Einbringungsbilanz ausgewiesen.

Beispiel:

Die A-GmbH bringt ihren Betrieb in die B-GmbH ein. Der Jahresabschluss der A-GmbH ergibt sich wie folgt:

Jahresabschluss A-GmbH

Anlagevermögen	4.000	Stammkapital	500
Umlaufvermögen	2.000	Kapitalrücklagen	1.000
		Bilanzgewinn	2.500
		Fremdkapital	2.000
	6.000		6.000

Um das Einbringungskapital zu verringern, werden eine Gewinnausschüttung von 500 und eine Einlagenrückzahlung von 2.000 auf den Einbringungsstichtag zurückbezogen.

Einbringungsbilanz A-GmbH

Anlagevermögen	4.000	Einbringungskapital	1.500
Umlaufvermögen	2.000	Ausschüttung (§ 16 Abs. 5 Z 5 UmgrStG)	500

		Einlagenrückzahlung (§ 16 Abs. 5 Z 5 UmgrStG)	2.000
		Fremdkapital	2.000
	6.000		6.000

(BMF-AV Nr. 193/2015)

3.4.2.7. Aufwertungsoption für Grund und Boden (BMF-AV Nr. 193/2015)

928   **Für Einbringungen mit einem Stichtag ab 1.4.2012:**

Abweichend von der grundsätzlichen Verpflichtung, in der Einbringungs-bilanz die Buchwerte fortzuführen, kann bei der Einbringung von Betrieben, Teilbetrieben und Mitunternehmeranteilen – alternativ zur gespaltenen Betrachtungsweise gemäß § 18 Abs. 5 UmgrStG (siehe dazu Rz 970a) – der zum Betriebsvermögen gehörende Grund und Boden mit den nach § 6 Z 14 EStG 1988 maßgebenden Werten angesetzt werden, wenn im Falle der Veräußerung am Einbringungsstichtag § 30 Abs. 4 EStG 1988 auf den Grund und Boden ganz oder eingeschränkt anwendbar wäre (§ 16 Abs. 6 UmgrStG). Dieser Aufwertungsbetrag erhöht den Stand des Einlagenevidenzkontos; in weiterer Folge ist sicherzustellen, dass es bei der laufenden Ermittlung der Innenfinanzierung nicht zu einer Erhöhung der Innenfinanzierung im selben Ausmaß kommt:

- Wird unternehmensrechtlich auf den höheren beizulegenden Wert aufgewertet, würde sich die Innenfinanzierung in der Folge bei Wegfall der Ausschüttungssperre gemäß § 4 Abs. 12 Z 4 dritter Satz EStG 1988 iVm § 235 UGB erhöhen.

- Werden unternehmensrechtlich die Buchwerte fortgeführt, würde sich die Innenfinanzierung in der Folge bei Realisierung des Grund und Bodens erhöhen.

In beiden Fällen hat eine Erhöhung der Innenfinanzierung nicht zu erfolgen, wenn bereits der Einlagenstand in Höhe des Aufwertungsbetrages erhöht wurde.

Eine eingeschränkte Anwendbarkeit von § 30 Abs. 4 EStG 1988 kann sich aufgrund eines Wechsels der Gewinnermittlung auf § 5 Abs. 1 EStG 1988 oder einer Einlage vor dem 1.4.2012 ergeben (siehe Rz 970a). Die Aufwertungsoption des § 16 Abs. 6 UmgrStG kann auch grundstücksbezogen ausgeübt werden und ist in nach dem 31.12.2014 geschlossenen Einbringungsverträgen ersichtlich zu machen (§ 16 Abs. 6 letzter Satz iVm 3. Teil Z 26 UmgrStG idF 2. AbgÄG 2014). Dabei handelt es sich um eine Ordnungsvorschrift.

Beispiel:

A ermittelt seinen Gewinn gemäß § 4 Abs. 1 EStG 1988 und schafft für den Betrieb im Jahr 2000 um 500.000 ein unbebautes Grundstück an, auf dem er sodann ein betrieblich genutztes Gebäude errichtet. Zum 31.12.2014 bringt er seinen Betrieb in die X-GmbH ein. Der Teilwert sowie der gemeine Wert des Grund und Bodens im Zeitpunkt der Einbringung betragen 700.000.

Da auf den Grund und Boden am Einbringungsstichtag § 30 Abs. 4 EStG 1988 gesamthaft anwendbar ist („Altvermögen"), bestehen für die Behandlung des Grund und Bodens zwei Möglichkeiten:

Variante A (Ausübung der Aufwertungsoption):

A kann die bis zum Einbringungsstichtag angesammelten stillen Reserven sofort realisieren, indem er gemäß § 16 Abs. 6 UmgrStG in der Einbringungsbilanz den gemeinen Wert des Grund und Bodens in Höhe von 700.000 ansetzt. Dabei kann die pauschale Besteuerung gemäß § 30 Abs. 4 EStG 1988 angewendet werden. Die Ausübung der Aufwertungsoption ist in der Einbringungsbilanz ersichtlich zu machen.

Die Anschaffungskosten der Gegenleistung erhöhen sich durch die Aufwertungsoption um 200.000.

Variante B (gespaltene Betrachtungsweise, siehe dazu näher Rz 970a):

In der Einbringungsbilanz wird der Grund und Boden mit dem Buchwert angesetzt und der Teilwert (700.000) in Evidenz genommen (§ 18 Abs. 5 Z 1 erster Teilstrich UmgrStG idF 2. AbgÄG 2014). Bei einer späteren Veräußerung des Grundstücks durch die X-GmbH um 800.000 kann bis zum Teilwert des Grund und Bodens im Zeitpunkt der Einbringung der Veräußerungsgewinn pauschal gemäß § 30 Abs. 4 EStG 1988 ermittelt werden. Die Wertsteigerung nach dem Einbringungsstichtag ist nach allgemeinen Grundsätzen zu versteuern, wobei an die Stelle des Buchwertes der Teilwert zum Einbringungsstichtag tritt. Dabei ist zu beachten, dass ab 1.1.2016 die Geltendmachung eines Inflationsabschlags nicht mehr möglich ist (§ 18 Abs. 5 Z 1 zweiter Teilstrich UmgrStG idF StRefG 2015/2016, BGBl. I Nr. 118/2015).

Fortsetzung Beispiel für die Rechtslage vor StRefG 2015/2016, BGBl. I Nr. 118/2015 gilt:

Für einen etwaigen Inflationsabschlag ist auf den Einbringungsstichtag abzustellen (§ 18 Abs. 5 Z 1 zweiter Teilstrich UmgrStG idF 2. AbgÄG 2014). *(BMF-AV Nr. 40/2017)*

§ 16

**Bewertung der nicht zu einem inländischen Betriebsvermögen
gehörenden Kapitalanteile**

§ 17. (1) Der Einbringende hat Kapitalanteile, die nicht zu einem
Betriebsvermögen gehören, mit den nach § 27a Abs. 3 Z 2 des Einkommensteuergesetzes 1988 maßgebenden Anschaffungskosten anzusetzen.
Die Bewertungsregeln des § 16 Abs. 1 zweiter Satz, Abs. 2 und 3 sind
anzuwenden.

(2) Abweichend von Abs. 1 gilt Folgendes:

1. Kapitalanteile, bei denen am Einbringungsstichtag ein Besteuerungsrecht der Republik Österreich im Verhältnis zu anderen Staaten nicht besteht, sind mit dem gemeinen Wert anzusetzen, es sei
denn, dass im Einbringungsvertrag der Ansatz der niedrigeren Anschaffungskosten bzw. Buchwerte festgelegt wird.

2. Kapitalanteile, bei denen am Einbringungsstichtag ein Besteuerungsrecht der Republik Österreich auf Grund einer Ausnahme von
der unbeschränkten Körperschaftsteuerpflicht nicht besteht, sind
mit dem höheren gemeinen Wert anzusetzen.

(BGBl I 2012/112)

Gliederung:

3.4.3. Bewertung von einzubringenden außerbetrieblichen Kapitalanteilen (§ 17 UmgrStG)

3.4.3.1 Allgemeines

929 § 17 UmgrStG regelt die Bewertung von einzubringenden Kapitalanteilen,
die nicht zu einem Betriebsvermögen des Einbringenden gehören. Von dieser
Bewertungsregel betroffen sind daher

• die Einbringung außerbetrieblich gehaltener Kapitalanteile sowie

• die Einbringung von Kapitalanteilen eines ausländischen Betriebsvermögens
(Isolationstheorie, EStR 2000 Rz 7904).

Die Einbringung von nicht unter § 12 Abs. 2 Z 3 UmgrStG fallenden Kapitalanteilen fällt nicht unter Art. III UmgrStG, sondern unter § 6 Z 14 lit. b EStG
1988 (Tausch).

Der Anwendungsbereich von § 17 Abs. 1 und Abs. 2 UmgrStG ist wie folgt
abzugrenzen:

• § 17 Abs. 1 UmgrStG regelt die Einbringung von steuerverstrickten Kapitalanteilen (Rz 932);

• § 17 Abs. 2 UmgrStG regelt die Einbringung von nicht steuerverstrickten
Kapitalanteilen (Rz 933). *(AÖF 2013/301)*

930 Auf Grund der Verweise in § 18 Abs. 1 Z 2 und Z 3 UmgrStG und § 20

Abs. 2 und Abs. 4 Z 1 UmgrStG hat § 17 UmgrStG auch Bedeutung für die Bewertung bei der übernehmenden Körperschaft und für die Bewertung der Gegenleistungs-Anteile an der übernehmenden Körperschaft. *(AÖF 2013/301)*

Werden im Geltungsbereich des § 17 Abs. 1 UmgrStG Kapitalanteile aus dem Privatvermögen oder außerbetrieblichen Vermögen einer nicht unter § 7 Abs. 3 KStG 1988 fallenden Körperschaft eingebracht, sind sie unabhängig von ihrem Wert zum Einbringungsstichtag grundsätzlich mit den Anschaffungskosten anzusetzen. Die Anschaffungskosten sind dabei – soweit nicht Rz 932 maßgebend ist – nach Maßgabe des § 27a Abs. 3 Z 2 EStG 1988 zu bestimmen. Es handelt sich um die historischen Anschaffungskosten des Anteiles einschließlich nachträglicher oder späterer Anschaffungskosten auf Grund von Kapitalerhöhungen, tatsächlichen Einlagen oder Anteilserwerben oder von Anschaffungskostenminderungen auf Grund von Einlagenrückzahlungen im Sinne des § 4 Abs. 12 EStG 1988. Die Berücksichtigung einer Teilwertabschreibung oder einer die Anschaffungskosten berührenden Investitionsbegünstigung kann methodisch nicht in Betracht kommen. Liegt der gemeine Wert der Kapitalanteile zum Einbringungsstichtag unter den Anschaffungskosten, sind diese dennoch maßgebend. Eine vor der Anteilseinbringung durchgeführte Kapitalberichtigung nach dem Kapitalberichtigungsgesetz, BGBl. Nr. 171/1967, hat keine Auswirkungen auf die Anschaffungskosten. *(AÖF 2013/301)* 931

Hinsichtlich der Bewertung von steuerverstrickten Kapitalanteilen ist nach § 17 Abs. 1 UmgrStG zu unterscheiden: 932

- Das Grundprinzip ist die Bewertung mit den Anschaffungskosten (§ 17 Abs. 1 erster Satz UmgrStG).
- Bei Exporteinbringungen (Übertragung von Kapitalanteilen auf ausländische Körperschaften) ist die Bewertung mit den Anschaffungskosten ausgeschlossen, wenn das österreichische Besteuerungsrecht an den eingebrachten Kapitalanteilen eingeschränkt wird. Damit kommt es grundsätzlich zur Tauschbesteuerung (siehe Rz 933). Erfolgt die Einbringung der Kapitalanteile in Körperschaften eines anderen EU/EWR-Staates (Rz 860a), ist die Steuerschuld gemäß § 17 Abs. 1 zweiter Satz iVm § 16 Abs. 1 zweiter Satz UmgrStG auf Antrag in Raten zu entrichten (bis 31.12.2015: Auf Antrag aufgeschoben festzusetzen). In diesem Fall kommt es zur Bewertung mit dem Fremdvergleichswert.
- Erfolgt die Einbringung eines steuerhängigen Kapitalanteils durch einen im Ausland ansässigen Steuerpflichtigen, wobei die Steuerhängigkeit am Kapitalanteil selbst gewahrt bleibt, ist wie folgt zu differenzieren:
  - Ist der Einbringende in einem EU/EWR-Staat ansässig, sind die Anschaffungskosten anzusetzen (§ 17 Abs. 1 zweiter Satz UmgrStG iVm § 16 Abs. 2 Z 1 UmgrStG iVm § 16 Abs. 1 UmgrStG).
  - Ist der Einbringende in einem Drittstaat ansässig und bleibt zwar die Steuerhängigkeit des Kapitalanteils gewahrt, wird aber das österreichische Besteuerungsrecht insofern eingeschränkt, als ein Besteuerungsrecht an den Gegenleistungsanteilen nicht gegeben ist, sind die eingebrachten Anteile verpflichtend mit dem gemeinen Wert anzusetzen, ohne dass eine Möglichkeit auf Ratenzahlung besteht (bis 31.12.2015 Nichtfestsetzung, siehe Rz 860d; § 17 Abs. 1 zweiter Satz UmgrStG iVm § 16 Abs. 2 Z 2 UmgrStG).
- Führt die Einbringung im Ausland zur Steuerpflicht und besteht mit dem ausländischen Staat ein Doppelbesteuerungsabkommen, das die Anrech-

nungsmethode vorsieht oder wird eine vergleichbare Maßnahme zur Vermeidung der Doppelbesteuerung getroffen, besteht das Wahlrecht zum Ansatz der Anschaffungskosten oder des gemeinen Wertes (§ 17 Abs. 1 zweiter Satz UmgrStG iVm § 16 Abs. 3 UmgrStG). *(BMF-AV Nr. 40/2017, BMF-AV Nr. 131/2018)*

933   Bei der Prüfung der Steuerhängigkeit der Kapitalanteile ist zu beachten, dass die von Österreich abgeschlossenen DBAs in der Regel dem OECD-MA folgen und somit das Besteuerungsrecht an den Kapitalanteilen ausschließlich dem Ansässigkeitsstaat des Anteilsinhabers zusteht (Art. 13 Abs. 5 OECD-MA).

Beispiel:
A ist im Inland ansässig und bringt seinen privaten Kapitalanteil an der inländischen X-GmbH (keine Immobiliengesellschaft iSd Art. 13 Abs. 2 DBA-Deutschland) in die deutsche Y-GmbH ein.

Österreich hat ein Besteuerungsrecht am Gegenleistungsanteil; es ist daher § 17 Abs. 1 iVm § 16 Abs. 1 UmgrStG anzuwenden. Jedoch verliert Österreich nach dem DBA-Deutschland das Besteuerungsrecht am eingebrachten Kapitalanteil durch die Einbringung. Da das Besteuerungsrecht am eingebrachten Vermögen gegenüber einem EU-Staat eingeschränkt wird (Deutschland), kann A gemäß § 17 Abs. 1 iVm § 16 Abs. 1 UmgrStG einen Antrag stellen, die auf die stillen Reserven im eingebrachten Vermögen entfallende Steuerschuld in Raten zu entrichten (bis 31.12.2015: Antrag auf Nichtfestsetzung). Die Ratenverteilung hat auf fünf Jahre zu erfolgen.

Einzelne DBAs sehen abweichend vom OECD-MA vor, dass das Besteuerungsrecht an den Kapitalanteilen auch dem Staat zusteht, in dem die Gesellschaft ansässig ist (Besteuerungsrecht des Quellenstaates, zB im DBA Frankreich, Japan, China, Brasilien). Da neben dem Quellenstaat jedoch auch der Ansässigkeitsstaat des Anteilsinhabers (jeweils mit Anrechnungsverpflichtung für den Ansässigkeitsstaat des Veräußerers) besteuern darf und der Anteil somit steuerhängig ist, ist der Ansässigkeitsstaat des Anteilsinhabers hinsichtlich der Besteuerung des Kapitalanteiles nicht eingeschränkt.

Dasselbe gilt für DBAs, die dem OECD-MA folgen und eine Sonderregelung für Immobiliengesellschaften (Art. 13 Abs. 4 OECD-MA) vorsehen, wonach das Besteuerungsrecht auch von jenem Staat ausgeübt werden kann, in dem die Immobiliengesellschaft ansässig ist (zB DBA BRD, China, Frankreich, Irland, Kanada, Philippinen, USA, Zypern). *(BMF-AV Nr. 40/2017)*

934   Hinsichtlich der Bewertung von nicht steuerverstrickten Kapitalanteilen ist nach § 17 Abs. 2 UmgrStG zu unterscheiden:

- Fehlt Österreich am Einbringungsstichtag ein Besteuerungsrecht an den eingebrachten Kapitalanteilen im Verhältnis zu anderen Staaten, sind diese mit dem gemeinen Wert anzusetzen, sofern im Einbringungsvertrag nicht die niedrigeren Anschaffungskosten bzw. Buchwerte festgelegt werden (§ 17 Abs. 2 Z 1 UmgrStG).

- Fehlt am Einbringungsstichtag das Besteuerungsrecht an den eingebrachten Kapitalanteilen aufgrund einer Ausnahme von der unbeschränkten Körperschaftsteuerpflicht, sind diese mit dem gemeinen Wert anzusetzen (§ 17 Abs. 2 Z 2 UmgrStG). *(AÖF 2013/301)*

3.4.3.2 Einbringung durch inländische Anteilsinhaber

3.4.3.2.1 Einbringung durch natürliche Personen

3.4.3.2.1.1 Inlandseinbringungen

935   Bringt ein Steuerinländer inländische Kapitalanteile im Sinne des § 12

Abs. 2 Z 3 UmgrStG aus dem Privatvermögen in eine inländische Körperschaft ein, ist der Kapitalanteil mit den Anschaffungskosten (Rz 931) anzusetzen.

Beispiel:

Der unbeschränkt steuerpflichtige A bringt seine im Privatvermögen gehaltene 30%-Beteiligung an der inländischen A-GmbH in die ebenfalls inländische B-GmbH ein und erhält hierfür als Gegenleistung neue Anteile an der übernehmenden B-GmbH. A hat die Beteiligung zwingend mit den Anschaffungskosten anzusetzen, dies gilt für die übernehmende B-GmbH und prägt, soweit nicht der geringere gemeine Wert anzusetzen ist, die Erhöhung der Anschaffungskosten der Beteiligung an der B-GmbH. *(AÖF 2008/243)*

Bringt der Steuerinländer ausländische Kapitalanteile in eine inländische Körperschaft ein, liegt in der Regel ein steuerhängiger Kapitalanteil vor: **936**

Entweder kommt Österreich am einzubringenden Kapitalanteil das alleinige Besteuerungsrecht zu, weil das DBA mit dem Ansässigkeitsstaat der Beteiligungskörperschaft dem OECD-MA folgt und dem Ansässigkeitsstaat des Einbringenden (Art. 13 Abs. 5 OECD-MA) das Besteuerungsrecht zuteilt. Diesfalls kommt es zum zwingenden Ansatz der Anschaffungskosten (Rz 931); Österreich kommt sowohl das Besteuerungsrecht an den Gegenleistungsanteilen als auch (weiterhin) am eingebrachten Vermögen zu.

§ 17

Vereinzelt können DBA – abweichend vom OECD-MA – auch dem Quellenstaat ein Besteuerungsrecht einräumen (mit Anrechnungsverpflichtung, zB Frankreich, Japan, siehe Rz 933). Da Österreich dadurch jedoch nicht in der Besteuerung eingeschränkt ist, liegt dennoch ein zum Einbringungsstichtag steuerhängiger Kapitalanteil vor.

Österreich kommt folglich sowohl das Besteuerungsrecht an den Gegenleistungsanteilen als auch am eingebrachten Vermögen zu. Neben dem zwingenden Anschaffungskostenansatz kommt diesfalls jedoch die Aufwertungsoption nach § 16 Abs. 3 Z 2 UmgrStG in Verbindung mit § 17 Abs. 1 Satz 2 UmgrStG in Betracht.

Beispiel 1:

Der unbeschränkt steuerpflichtige A bringt seine im Privatvermögen gehaltene 30%-Beteiligung an einer deutschen GmbH in die ihm zu 100% gehörende inländische A-GmbH unter Verzicht auf eine Anteilsgewährung ein. Da der eingebrachte Kapitalanteil in Österreich steuerhängig ist (nach Art. 13 Abs. 5 DBA Deutschland hat Österreich das alleinige Besteuerungsrecht), kommt § 17 Abs. 1 UmgrStG zur Anwendung. Österreich hat sowohl am Gegenleistungsanteil, als auch am eingebrachten Kapitalanteil das Besteuerungsrecht. Daher hat A die eingebrachte Beteiligung zwingend mit den Anschaffungskosten anzusetzen; dies gilt für die übernehmende A-GmbH und prägt die Erhöhung der Anschaffungskosten der Beteiligung an der A-GmbH.

Beispiel 2:

Der in Österreich ansässige A bringt seine 40%-Beteiligung an einer japanischen AG in die inländische Ö-GmbH ein. Nach Art. 18 Abs. 2 lit. b DBA Japan dürfen ab einer Beteiligungshöhe von 25% Veräußerungsgewinne auch im Quellenstaat (Ansässigkeitsstaat der Beteiligungskörperschaft besteuert werden); dennoch ist der eingebrachte Kapitalanteil auch in Österreich steuerhängig; es kommt § 17 Abs. 1 UmgrStG zur Anwendung. Österreich hat am Gegenleistungsanteil das Besteuerungsrecht. Am eingebrachten Vermögen kommt auch Japan ein Besteuerungsrecht zu; das Besteuerungsrecht Österreichs ist dadurch (trotz Anrechnung) jedoch nicht eingeschränkt. Daher hat A die eingebrachte Beteiligung grundsätzlich mit den Anschaffungskosten anzusetzen. Da jedoch nach dem DBA Österreich-Japan auch Japan die eingebrachten Kapitalanteile besteuern darf, und Österreich die japanische Quellensteuer anrechnen muss, kann A nach § 16 Abs. 3 Z 2 UmgrStG alternativ für eine Aufwertungseinbringung optieren. Der Ansatz des Kapitalanteils bei der Ö-GmbH zum gemeinen Wert verhindert die nochmalige Belastung der Einbringungsreserven bei einer späteren Veräußerung durch die Ö-GmbH. *(BMF-AV Nr. 40/2017)*

3.4.3.2.1.2 Auslands- und Exporteinbringungen

937   Bringt der Steuerinländer inländische Kapitalanteile in eine ausländische Körperschaft ein, geht das Besteuerungsrecht Österreichs an den eingebrachten Kapitalanteilen verloren, wenn ein Doppelbesteuerungsabkommen dem OECD-MA entsprechend dem ausländischen Staat (Ansässigkeitsstaat der übernehmenden Körperschaft) das alleinige Besteuerungsrecht zuteilt. Es kommt in diesem Fall zur Aufdeckung der stillen Reserven im eingebrachten Vermögen (§ 17 Abs. 1 zweiter Satz UmgrStG iVm § 16 Abs. 1 Satz 2 UmgrStG). Dies gilt unabhängig davon, ob das Besteuerungsrecht in der gewährten Gegenleistung ersatzweise weiter besteht. Dabei ist zu unterscheiden:

- Im Falle der Einbringung in die Körperschaft eines anderen EU/EWR-Staates mit umfassender Amts- und Vollstreckungshilfe (Rz 860a) besteht die Wahl zwischen der sofortigen Entrichtung der Steuerschuld und einem Antrag, die Steuerschuld gemäß § 17 Abs. 1 iVm § 16 Abs. 1 UmgrStG in Raten zu entrichten (siehe Rz 860a ff; bis 31.12.2015 Nichtfestsetzung).

Beispiel:

Der in Österreich ansässige A bringt seine 50%-Beteiligung an der inländischen B-GmbH in die ihm zu 100% gehörende niederländische C-BV (DBA mit Befreiungsmethode) ein. Österreich hat das Besteuerungsrecht hinsichtlich der stillen Reserven in den (erweiterten) Gegenleistungsanteilen an der C-BV; § 17 Abs. 1 iVm § 16 Abs. 1 UmgrStG ist anzuwenden. Auf Grund der Übertragung des Kapitalanteils in das Ausland hat Österreich nach der Einbringung jedoch kein Besteuerungsrecht hinsichtlich der stillen Reserven im eingebrachten Vermögen. Da dieses Besteuerungsrecht gegenüber einem EU-Staat (Niederlande) eingeschränkt wird, kommt es hinsichtlich der stillen Reserven im eingebrachten Vermögen zur sofortigen Besteuerung; auf Antrag kann A die Steuerschuld jedoch in Raten entrichten (bis 31.12.2015: die Steuerschuld auf Antrag aufschieben).

- Im Falle der Einbringung in die Körperschaft eines DBA-Drittstaates kommt es zum Einbringungsstichtag zur Besteuerung der stillen Reserven. Es besteht in diesen Fällen keine Möglichkeit, die Steuerschuld in Raten zu entrichten (bis 31.12.2015: aufgeschoben festzusetzen).

Zur Vermeidung einer zweifachen Besteuerung siehe Rz 1093 ff. *(BMF-AV Nr. 40/2017)*

937a   Bringt ein Steuerinländer inländische Kapitalanteile in eine EU-/EWR-Körperschaft (vgl. Rz 859) ein und geht das Besteuerungsrecht Österreichs an den eingebrachten Kapitalanteilen nicht verloren, weil mit dem Ansässigkeitsstaat der übernehmenden Körperschaft ein von Art. 13 Abs. 5 OECD-MA abweichendes Doppelbesteuerungsabkommen besteht, das auch dem Quellenstaat Österreich das Besteuerungsrecht belässt, hat die Einbringung der Kapitalanteile unter Ansatz der Anschaffungskosten zu erfolgen. Ob an den Gegenleistungsanteilen ein Besteuerungsrecht besteht, ist in diesem Fall hingegen irrelevant, dh. eine Einbringung zu Anschaffungskosten erfolgt auch dann, wenn Österreich kein Besteuerungsrecht an der Gegenleistung hat, weil § 16 Abs. 2 Z 1 UmgrStG auf § 16 Abs. 1 UmgrStG verweist.

Beispiel 1:

Der in Österreich ansässige A bringt seine 25%-Beteiligung an der inländischen

X-GmbH (AK: 100, gemeiner Wert: 1.000) in eine französische SA ein und erhält dafür als Gegenleistung eine Beteiligung von 20% an dieser Gesellschaft.

Österreich hat das Besteuerungsrecht an den Gegenleistungsanteilen, weshalb § 17 Abs. 1 iVm § 16 Abs. 1 UmgrStG anzuwenden ist. Auch an den eingebrachten Kapitalanteilen hat Österreich nach der Einbringung das Besteuerungsrecht (Art. 13 Abs. 3 lit. a DBA-Frankreich sieht vor, dass auch der Quellenstaat, dh. der Staat, in dem die X-GmbH ansässig ist, ab einer Beteiligungshöhe von 25% das Besteuerungsrecht hat). Daher erfolgt die Einbringung unter Ansatz der Anschaffungskosten (§ 17 Abs. 1 erster Satz UmgrStG iVm § 16 Abs. 1 UmgrStG).

Beispiel 2:

Der in Österreich ansässige B bringt seine 25%-Beteiligung an der inländischen Y-GmbH (AK: 100, gemeiner Wert: 300) in eine französische SA ein und erhält dafür als Gegenleistung eine Beteiligung von 30% an dieser Gesellschaft.

Hinsichtlich der Gegenleistungsanteile steht das Besteuerungsrecht ab einer Beteiligungshöhe von 25% auch dem Quellenstaat Frankreich und somit nicht alleine Österreich zu (Art. 13 Abs. 3 lit. a DBA Frankreich; mit Anrechnungsverpflichtung für Österreich); das Besteuerungsrecht Österreichs ist folglich nicht eingeschränkt; § 16 Abs. 1 UmgrStG ist anzuwenden, wonach das Besteuerungsrecht am eingebrachten Vermögen entscheidend ist: Da Österreich auch nach der Einbringung das Besteuerungsrecht an den eingebrachten Anteilen hat, erfolgt die Einbringung unter Ansatz der Anschaffungskosten (§ 17 Abs. 1 erster Satz UmgrStG iVm § 16 Abs. 1 UmgrStG). *(BMF-AV Nr. 40/2017)*

937b Werden inländische Kapitalanteile durch einen Steuerinländer in eine in einem Drittstaat ansässige Körperschaft eingebracht, ist für die Rechtsfolgen der Einbringung zunächst entscheidend, ob ein Besteuerungsrecht Österreichs an den Gegenleistungsanteilen besteht.

Hat Österreich - dem OECD-Musterabkommen entsprechend - das alleinige Besteuerungsrecht an den Gegenleistungsanteilen, ist § 16 Abs. 1 UmgrStG anzuwenden und es ist maßgeblich, ob das Besteuerungsrecht Österreichs im eingebrachten Vermögen eingeschränkt ist. Ist das Besteuerungsrecht im eingebrachten Vermögen eingeschränkt, weil dem Ansässigkeitsstaat der übernehmenden Körperschaft das Besteuerungsrecht zukommt, kommt es zu einer Aufdeckung der stillen Reserven im eingebrachten Vermögen, ohne dass die Möglichkeit besteht, einen Antrag auf Ratenzahlung zu stellen (Einschränkung des Besteuerungsrechtes gegenüber Drittstaaten).

Das österreichische Abkommensnetz kennt zwar auch DBA, die abweichend vom OECD-Musterabkommen das Besteuerungsrecht für Gewinne aus der Veräußerung von Kapitalanteilen nicht ausschließlich dem Ansässigkeitsstaat des Veräußerers einräumen, sondern auch dem Quellenstaat (Ansässigkeitsstaat der Beteiligungskörperschaft), wodurch jedoch das Besteuerungsrecht hinsichtlich der Gegenleistungsanteile nicht eingeschränkt ist (siehe Rz 933 und 935).

Beispiel:

Die im Inland ansässige natürliche Person B bringt ihre 25%-Beteiligung an der inländischen X-GmbH (AK: 100, gemeiner Wert: 1.000) in eine chinesische Körperschaft ein und erhält dafür als Gegenleistung eine Beteiligung von 20% an dieser Gesellschaft.

Österreich kommt nicht das alleinige Besteuerungsrecht an den Gegenleistungsanteilen zu (Art. 13 Abs. 5 DBA-China); gemäß Art. 24 Abs. 2 lit. b DBA-China hat Österreich die in China entrichtete Steuer anzurechnen. Eine Einschränkung des Besteuerungsrechts hinsichtlich der Gegenleistung liegt nicht vor. § 16 Abs. 1 UmgrStG ist anzuwenden. Da Österreich weiterhin das Besteuerungsrecht am eingebrachten Vermögen hat (Österreich darf als Quellenstaat besteuern), kann die Einbringung unter Ansatz der Anschaffungskosten erfolgen. *(BMF-AV Nr. 40/2017)*

938   Bringt der Steuerinländer ausländische (in Österreich steuerhängige) Kapitalanteile in eine ausländische Körperschaft ein, mit deren Ansässigkeitsstaat ein dem Art. 13 Abs. 5 OECD-MA entsprechendes DBA besteht, hat Österreich idR das Besteuerungsrecht an den Gegenleistungsanteilen; § 17 Abs. 1 iVm 16 Abs. 1 UmgrStG ist anzuwenden. Geht das Besteuerungsrecht Österreichs an den eingebrachten Kapitalanteilen mit der Einbringung verloren, ist zu unterscheiden:

- Wird das Besteuerungsrecht Österreichs am eingebrachten Vermögen gegenüber einem EU/EWR-Staat mit umfassender Amts- und Vollstreckungshilfe eingeschränkt, kann ein Antrag auf Ratenzahlung (bis 31.12.2015: Nichtfestsetzung) gestellt werden (§ 17 Abs. 1 UmgrStG iVm § 16 Abs. 1 UmgrStG).

Beispiel 1:

Der in Österreich ansässige A bringt seine 25%-Beteiligung an einer spanischen Aktiengesellschaft (AK: 100, gemeiner Wert: 1.000) in eine deutsche Aktiengesellschaft ein. Österreich hat das Besteuerungsrecht an den Gegenleistungsanteilen, weshalb § 17 Abs. 1 iVm § 16 Abs. 1 UmgrStG anwendbar ist. Am eingebrachten Kapitalanteil hat Österreich nach der Einbringung hingegen kein Besteuerungsrecht, weshalb die stillen Reserven gemäß § 17 Abs. 1 iVm § 16 Abs. 1 UmgrStG realisiert werden. Weil das Besteuerungsrecht gegenüber einem EU-Mitgliedstaat (Deutschland) eingeschränkt wird, kann A daher in sinngemäßer Anwendung des § 6 Z 6 lit. c bis d EStG 1988 einen Antrag auf Ratenzahlung stellen (bis 31.12.2015: in sinngemäßer Anwendung des § 1 Abs. 2 UmgrStG einen Antrag auf Nichtfestsetzung der Steuerschuld stellen).

- Wird das Besteuerungsrecht Österreichs am eingebrachten Vermögen gegenüber einem Drittstaat eingeschränkt, kommt es gemäß § 17 Abs. 1 iVm § 16 Abs. 1 UmgrStG zur Realisierung der stillen Reserven im eingebrachten Vermögen, ohne dass die Möglichkeit besteht, einen Antrag auf Ratenzahlung (bis 31.12.2015: auf Nichtfestsetzung) zu stellen. Die Besteuerung der stillen Reserven erfolgt zum Einbringungsstichtag.

Beispiel 2:

Der in Österreich ansässige A bringt seine 25%-Beteiligung an einer deutschen Aktiengesellschaft (AK: 100, gemeiner Wert: 600) in eine US-LLC (Limited Liability Company) ein. Österreich hat das Besteuerungsrecht an den Gegenleistungsanteilen, sodass § 17 Abs. 1 iVm § 16 Abs. 1 UmgrStG anwendbar ist. Da aber das Besteuerungsrecht am eingebrachten Kapitalanteil gegenüber einem Drittstaat verloren geht, ist gemäß § 17 Abs. 1 iVm § 16 Abs. 1 UmgrStG iVm § 6 Z 6 EStG 1988 die auf die stillen Reserven im Kapitalanteil von 500 entfallende Steuerschuld sofort zur Gänze zum Einbringungsstichtag zu entrichten, ohne dass ein Antrag auf Ratenzahlung gestellt werden kann (bis 31.12.2015: kein Antrag auf Steueraufschub). *(BMF-AV Nr. 40/2017)*

3.4.3.2.2 Einbringung durch inländische Körperschaften

3.4.3.2.2.1 Einbringung durch unbeschränkt steuerpflichtige Körperschaften

939   Bringt eine unbeschränkt steuerpflichtige Körperschaft, die nicht unter § 7 Abs. 3 KStG 1988 fällt, Kapitalanteile ein, die zu ihrem außerbetrieblichen Vermögen gehören, findet § 17 Abs. 1 UmgrStG Anwendung (zu Inlandseinbringungen siehe Rz 935 f, zu Exporteinbringungen siehe Rz 937 f). Gehören die eingebrachten Anteile zum Betriebsvermögen, richtet sich die Bewertung dieser Kapitalanteile nach § 16 UmgrStG. *(AÖF 2013/301)*

3.4.3.2.2.2 Einbringung durch beschränkt steuerpflichtige inländische Körperschaften

Nach § 17 Abs. 2 Z 2 UmgrStG sind Kapitalanteile, bei denen am Einbrin- 940
gungsstichtag ein Besteuerungsrecht der Republik Österreichs auf Grund einer
Ausnahme von der unbeschränkten Körperschaftsteuerpflicht nicht besteht, mit
dem höheren gemeinen Wert anzusetzen. Darunter fallen Kapitalanteile im Hoheitsbereich von Körperschaften des öffentlichen Rechts (§ 1 Abs. 3 Z 2 KStG
1988) sowie Kapitalanteile im steuerbefreiten Bereich von Körperschaften des
privaten Rechts (§ 1 Abs. 3 Z 3 KStG 1988).

Beispiel:
Ein Kapitalanteil wird a) aus dem Hoheitsbereich einer Körperschaft des öffentlichen
Rechts (zB. einer Gemeinde) oder b) aus dem steuerbefreiten Bereich einer Körper-
schaft des privaten Rechts (zB. eines gemeinnützigen Vereins) in eine (in- oder aus-
ländische) Körperschaft eingebracht. In beiden Fällen ist nach § 17 Abs. 2 Z 2
UmgrStG der höhere gemeine Wert anzusetzen. *(AÖF 2008/243)*

3.4.3.3 Einbringung durch ausländische Anteilsinhaber

3.4.3.3.1 Einbringung durch natürliche Personen

3.4.3.3.1.1 „Importeinbringungen"

Die Importeinbringung von in- oder ausländischen Kapitalanteilen im Sinne 941
des § 12 Abs. 2 Z 3 UmgrStG durch eine im Ausland ansässige natürliche Person hängt hinsichtlich der Bewertung vom Bestehen oder Nichtbestehen eines
Besteuerungsrechtes der Republik Österreich ab. *(AÖF 2008/243)*

- Besteht an den einzubringenden Anteilen kein Besteuerungsrecht im Ver- 942
  hältnis zu anderen Staaten, kommt § 17 Abs. 2 Z 1 UmgrStG zur Anwendung. Danach sind grundsätzlich die gemeinen Werte anzusetzen, es sei
  denn, im Einbringungsvertrag wird der Ansatz der niedrigeren Anschaffungskosten bzw. Buchwerte festgelegt. Der Ansatz der Anschaffungskosten
  bezieht sich in diesem Fall auf die nach dem für den ausländischen Einbringenden nach ausländischem Abgabenrecht maßgebenden Anschaffungskosten. Das Wahlrecht besteht nur zwischen dem Ansatz der niedrigeren Anschaffungskosten oder des höheren gemeinen Wertes, einen Zwischenwert
  sieht das Gesetz nicht vor. Die vom Einbringenden getroffene Entscheidung
  hat für die übernehmende Körperschaft nach § 18 Abs. 1 Z 2 UmgrStG Bindungswirkung.

Beispiel:
Der in Frankreich ansässige A bringt die 25%-Beteiligung an einer französischen SA
in die inländische B-GmbH ein. Die Anschaffungskosten der Beteiligung an der französischen SA betragen 20. Zum Zeitpunkt der Einbringung beträgt der gemeine Wert
100. A hat gemäß § 17 Abs. 2 Z 1 UmgrStG die Beteiligung grundsätzlich mit 100
anzusetzen, kann aber im Einbringungsvertrag die Bewertung mit den niedrigeren
Anschaffungskosten von 20 festlegen. *(AÖF 2013/301)*

- Besteht an den einzubringenden Anteilen auf Grund eines von Art. 13 Abs. 5 943
  OECD-MA abweichenden DBA schon vor der Einbringung ein Besteuerungsrecht, liegt kein Anwendungsfall des § 17 Abs. 2 UmgrStG vor. Daher
  kommen nach § 17 Abs. 1 UmgrStG die Bewertungsregeln gemäß § 16
  UmgrStG zur Anwendung.

Beispiel:
Der in Frankreich ansässige A bringt die 40%-Beteiligung an einer inländischen

GmbH in die inländische M-GmbH ein und erhält dafür einen Gegenleistungsanteil in Höhe von 30%.

Österreich hat auch das Besteuerungsrecht an den Gegenleistungsanteilen (Art. 13 Abs. 3 lit. a DBA-Frankreich), weshalb § 17 Abs. 1 iVm § 16 Abs. 1 UmgrStG anzuwenden ist. Auch an den eingebrachten Kapitalanteilen hat Österreich nach der Einbringung das Besteuerungsrecht. Daher erfolgt die Einbringung unter Ansatz der Anschaffungskosten (§ 17 Abs. 1 erster Satz UmgrStG iVm § 16 Abs. 1 UmgrStG). *(BMF-AV Nr. 40/2017)*

944 • Besteht an den einzubringenden Anteilen auf Grund des Fehlens eines mit dem Ansässigkeitsstaat des ausländischen Einbringenden abgeschlossenen DBA schon vor der Einbringung ein Besteuerungsrecht, ist ebenfalls im Sinne der Rz 943 vorzugehen.

Beispiel:

Der in Andorra (kein DBA) ansässige A bringt die 50%-Beteiligung an der inländischen B- GmbH in die inländische C-AG ein.

Da Österreich vor der Einbringung die stillen Reserven in dem Kapitalanteil gemäß § 98 Abs. 1 Z 5 EStG 1988 besteuern kann, greift nicht § 17 Abs. 2 UmgrStG, sondern § 17 Abs. 1 UmgrStG ein. Daher kommen die Bewertungsregeln gemäß § 16 UmgrStG zur Anwendung. Österreich kann sowohl die Gegenleistungsanteile (§ 98 Abs. 1 Z 5 EStG 1988), als auch die eingebrachten Kapitalanteile besteuern. Daher erfolgt die Einbringung unter Ansatz der Anschaffungskosten (§ 17 Abs. 1 erster Satz UmgrStG iVm § 16 Abs. 1 UmgrStG). *(AÖF 2013/301)*

945   Das in Rz 942 beschriebene Wahlrecht zwischen dem Ansatz der Anschaffungskosten und des höheren gemeinen Wertes ist unabhängig davon gegeben, ob die Einbringung durch den Angehörigen eines EU-Mitgliedstaat oder eines anderen Staates erfolgt oder ob die Körperschaft, deren Anteile eingebracht werden, in einem DBA-Staat ansässig ist oder nicht. *(AÖF 2008/243)*

946   Die Ausübung des Wahlrechtes auf Buchwertansatz bzw. Anschaffungskosten bedarf keines Antrages, die getroffene Entscheidung ist im Einbringungsvertrag zu verankern. *(AÖF 2008/243)*

947   Werden von mehreren Steuerausländern Anteile eingebracht, für die das Besteuerungsrecht Österreichs am Einbringungsstichtag im Verhältnis zu anderen Staaten nicht besteht und erfolgt die Einbringung in dieselbe übernehmende Körperschaft, kann jeder Einbringende unabhängig von den anderen Einbringenden entscheiden, in welcher Weise er das Wahlrecht ausübt. Die gesonderte Wahlmöglichkeit besteht auch dann, wenn sich unter den Einbringenden auch solche befinden, bei denen das Besteuerungsrecht am Einbringungsstichtag besteht und die daher ein Wahlrecht nicht besitzen. Bringt ein Steuerausländer Anteile an verschiedenen Kapitalgesellschaften in die übernehmende Körperschaft ein, steht ihm das Wahlrecht für jeden einzelnen Anteil zu. *(AÖF 2008/243)*

3.4.3.3.1.2 Auslandseinbringungen

948   Die Einbringung inländischer Kapitalanteile durch Steuerausländer in eine ausländische übernehmende Körperschaft ist steuerlich nur dann relevant, wenn ein Anwendungsfall von § 17 Abs. 1 UmgrStG vorliegt. Da die österreichischen DBA in der Regel dem Art. 13 Abs. 5 OECD-MA folgen, nach welchem Österreich kein Besteuerungsrecht zukommt, liegt bei solchen Auslandseinbringungen meist ein Anwendungsfall von § 17 Abs. 2 UmgrStG vor. Die in dieser Bestimmung vorgesehenen Bewertungsregelungen haben in solchen Fällen keine unmittelbare Auswirkung.

- Bringt ein in einem EU-Mitgliedstaat ansässiger Steuerausländer inländische Kapitalanteile, an denen Österreich nach dem anzuwendenden DBA kein Besteuerungsrecht hat, in eine Körperschaft eines anderen EU-/EWR-Staates ein, liegt grundsätzlich ein Anwendungsfall des § 17 Abs. 2 UmgrStG vor, allerdings ohne unmittelbare steuerliche Auswirkungen.

Beispiel 1:

Der in Deutschland ansässige A bringt seine 30-prozentige Beteiligung an der österreichischen B-GmbH in die belgische C-s.a. ein. Steuerlich hat diese Einbringung für Österreich keine unmittelbaren Auswirkungen, weil Österreich an den eingebrachten Kapitalanteilen am Einbringungsstichtag kein Besteuerungsrecht hatte und somit § 17 Abs. 2 Z 1 UmgrStG zur Anwendung kommt.

- Bringt ein in einem EU-Mitgliedstaat ansässiger Steuerausländer inländische Kapitalanteile, an denen Österreich nach dem anzuwendenden DBA ein Besteuerungsrecht hat, in eine Körperschaft eines anderen EU-/EWR-Staates ein, liegt jedoch ein Anwendungsfall des § 17 Abs. 1 UmgrStG vor.

Beispiel 2:

Der in Frankreich ansässige A bringt seine 30-prozentige Beteiligung an einer österreichischen X-GmbH (AK: 100, gemeiner Wert: 1.000) in eine deutsche Aktiengesellschaft ein. Gemäß dem DBA-Frankreich darf Österreich Veräußerungen von Beteiligungen an inländischen Gesellschaften besteuern, wenn das Anteilsausmaß zumindest 25% beträgt (Art. 13 Abs. 3 lit. a DBA-Frankreich); § 17 Abs. 1 UmgrStG kommt zur Anwendung. Österreich hat kein Besteuerungsrecht hinsichtlich der Gegenleistung. Das Besteuerungsrecht Österreichs am eingebrachten Vermögen geht durch die Einbringung der Anteile an der österreichischen X-GmbH - wegen der nunmehrigen Anwendbarkeit des DBA-BRD - verloren. A kann gemäß § 17 Abs. 1 iVm § 16 Abs. 1 UmgrStG iVm § 6 Z 6 EStG 1988 einen Antrag auf Ratenzahlung stellen (bis 31.12.2015: einen Antrag auf Nichtfestsetzung).

- Bringt ein in einem EU-Mitgliedstaat ansässiger Steuerausländer inländische Kapitalanteile, an denen Österreich nach dem anzuwendenden DBA kein Besteuerungsrecht hat, in eine Körperschaft eines Drittstaates ein, liegt grundsätzlich ein Anwendungsfall des § 17 Abs. 2 UmgrStG vor, allerdings ohne unmittelbare steuerliche Auswirkungen.

Bringt ein in einem EU-Mitgliedstaat ansässiger Steuerausländer inländische Kapitalanteile, an denen Österreich nach dem anzuwendenden DBA ein Besteuerungsrecht hat, in eine Körperschaft eines Drittstaates ein, liegt jedoch ein Anwendungsfall des § 17 Abs. 1 UmgrStG vor.

Beispiel 3:

Der in Frankreich ansässige B bringt seine 25-prozentige Beteiligung an der österreichischen Y-GmbH (AK: 100, gemeiner Wert: 500) in eine Schweizer Aktiengesellschaft ein. Nach dem DBA-Frankreich darf Österreich Veräußerungen von Beteiligungen an inländischen Gesellschaften besteuern, wenn das Anteilsausmaß zumindest 25% beträgt (Art. 13 Abs. 3 lit. a DBA-Frankreich); § 17 Abs. 1 UmgrStG kommt zur Anwendung. Österreich hat kein Besteuerungsrecht hinsichtlich der Gegenleistung; § 16 Abs. 2 Z 1 UmgrStG ist anzuwenden. Das Besteuerungsrecht Österreichs am eingebrachten Vermögen geht durch die Einbringung verloren. Gemäß § 16 Abs. 1 UmgrStG kommt es gemäß § 17 Abs. 1 UmgrStG iVm § 16 Abs. 2 Z 1 iVm § 16 Abs. 1 UmgrStG zur sofortigen Gewinnrealisierung der stillen Reserven im eingebrachten Vermögen; ein Antrag auf Ratenzahlung (bis 31.12.2015: Nichtfestsetzung) kann nicht gestellt werden.

- Bringt ein in einem Drittstaat ansässiger Steuerausländer inländische Kapitalanteile, an denen Österreich nach dem anzuwendenden DBA kein Besteuerungsrecht hat, in eine ausländische (EU/EWR- oder Drittstaats-) Körperschaft ein, liegt grundsätzlich ein Anwendungsfall des § 17 Abs. 2 UmgrStG vor, allerdings ohne unmittelbare steuerliche Auswirkungen.

Bringt ein in einem Drittstaat ansässiger Steuerausländer inländische Kapitalanteile, an denen Österreich nach dem anzuwendenden DBA ein Besteuerungsrecht hat, in eine ausländische (EU/EWR- oder Drittstaats-) Körperschaft ein, liegt jedoch ein Anwendungsfall des § 17 Abs. 1 UmgrStG vor.

Beispiel 4:

Der in Brasilien ansässige B bringt seine 25-prozentige Beteiligung an der inländischen C-GmbH in die deutsche D-GmbH ein. Nach dem DBA-Brasilien darf Österreich Veräußerungen von Beteiligungen an inländischen Gesellschaften besteuern (Art. 13 Abs. 3 DBA-Brasilien); § 17 Abs. 1 UmgrStG kommt zur Anwendung. Österreich hat kein Besteuerungsrecht hinsichtlich der Gegenleistung; § 16 Abs. 2 Z 2 UmgrStG ist anzuwenden. Es kommt zur sofortigen Besteuerung der stillen Reserven im eingebrachten Vermögen (kein Antrag auf Ratenzahlung, § 17 Abs. 1 zweiter Satz iVm § 16 Abs. 2 Z 2 UmgrStG; bis 31.12.2015: Kein Antrag auf Nichtfestsetzung).

Beispiel 5:

Der in Brasilien ansässige B bringt seine 25-prozentige Beteiligung an der inländischen C-GmbH in die kanadische C-Corp ein. Nach dem DBA-Brasilien darf Österreich Veräußerungen von Beteiligungen an inländischen Gesellschaften besteuern (Art. 13 Abs. 3 DBA-Brasilien); § 17 Abs. 1 UmgrStG kommt zur Anwendung. Österreich hat kein Besteuerungsrecht hinsichtlich der Gegenleistung; § 16 Abs. 2 Z 2 UmgrStG ist anzuwenden. Es kommt zur sofortigen Besteuerung der stillen Reserven im eingebrachten Vermögen (kein Antrag auf Ratenzahlung, § 17 Abs. 1 zweiter Satz iVm 16 Abs. 2 Z 2 UmgrStG; bis 31.12.2015: Kein Antrag auf Nichtfestsetzung).

• Bringt ein in einem EU-Mitgliedstaat ansässiger Steuerausländer inländische Kapitalanteile, an denen Österreich nach dem anzuwendenden DBA ein Besteuerungsrecht hat, in eine Körperschaft eines EU-Mitgliedstaates ein, mit dem ein DBA besteht, nach dem auch Österreich ein Besteuerungsrecht an den eingebrachten Kapitalanteilen hat, liegt ein Anwendungsfall des § 17 Abs. 1 UmgrStG vor, weil das Besteuerungsrecht am eingebrachten Vermögen nicht eingeschränkt wird.

Beispiel 6:

Der in Frankreich ansässige A bringt seine 30-prozentige Beteiligung an einer österreichischen X-GmbH (AK: 100, gemeiner Wert: 1.000) in eine französische Aktiengesellschaft ein. Gemäß dem DBA-Frankreich darf Österreich Veräußerungen von Beteiligungen an inländischen Gesellschaften besteuern, wenn das Anteilsausmaß zumindest 25% beträgt (Art. 13 Abs. 3 lit. a DBA-Frankreich); § 17 Abs. 1 UmgrStG kommt zur Anwendung. Österreich hat kein Besteuerungsrecht hinsichtlich der Gegenleistung; da diese Einschränkung gegenüber einem EU/EWR-Staat erfolgt (Frankreich), kommt § 16 Abs. 2 Z 1 iVm § 16 Abs. 1 UmgrStG zur Anwendung. Das Besteuerungsrecht Österreichs am eingebrachten Vermögen geht durch die Einbringung der Anteile jedoch nicht verloren, weil aufgrund des DBA mit Frankreich Österreich – vor wie nach der Einbringung – ein Besteuerungsrecht hinsichtlich der Anteile an der X-GmbH hat. Die Einbringung kann daher gemäß § 17 Abs. 1 iVm § 16 Abs. 2 Z 1 iVm § 16 Abs. 1 UmgrStG zu Buchwerten erfolgen. *(BMF-AV Nr. 40/2017)*

3.4.3.3.2 Einbringung durch Körperschaften

949   Die Importeinbringung in- und ausländischer Kapitalanteile durch eine im Ausland ansässige Körperschaft aus ihrem ausländischen Betriebsvermögen oder außerbetrieblichen Vermögen in eine inländische Kapitalgesellschaft fällt in jedem Fall nach der Überschrift des § 17 UmgrStG unter die „nicht zu einem

inländischen Betriebsvermögen gehörenden Kapitalanteile". Für die Bewertung kommt auch im Falle der Einbringung aus dem (ausländischen) Betriebsvermögen § 17 Abs. 2 UmgrStG zur Anwendung, sofern an den eingebrachten Kapitalanteilen zum Einbringungsstichtag kein österreichisches Besteuerungsrecht besteht.

Die Rz 941 bis Rz 948 gelten entsprechend.

Beispiel:

Die in Deutschland ansässige A-GmbH bringt ihre 50%-Beteiligung an der inländischen B-GmbH in die ebenfalls inländische C-GmbH ein. Nach Art. 13 des DBA mit der BRD steht das Besteuerungsrecht für Gewinne aus der Veräußerung der B-Beteiligung Deutschland zu. Die übernehmende C-GmbH gewährt der Körperschaft als Gegenleistung neue Anteile.

Da für die Anwendbarkeit des § 17 UmgrStG ausschließlich die Nichtzugehörigkeit der eingebrachten Beteiligung zu einem inländischen Betriebsvermögen zählt, fällt die Einbringung unter § 17 Abs. 2 Z 1 UmgrStG und steht der A-GmbH das Wahlrecht zwischen der Anschaffungskosten- und Aufwertungseinbringung zu. *(AÖF 2013/301)*

§ 17

950 Die Auslandseinbringung im Wege der Übertragung inländischer Kapitalanteile durch eine im Ausland ansässige Körperschaft in eine im Ausland ansässige übernehmende Körperschaft ist ein Anwendungsfall des § 17 Abs. 1 UmgrStG. Die Rz 948 gilt sinngemäß. *(AÖF 2008/243)*

Die übernehmende Körperschaft

§ 18. (1) Für die übernehmende Körperschaft gilt Folgendes:

1. Sie hat das eingebrachte Vermögen mit den für den Einbringenden nach § 16 maßgebenden Werten anzusetzen. Bei einer teilweisen Einschränkung des Besteuerungsrechtes gemäß § 16 Abs. 1 vierter Satz hat die übernehmende Körperschaft das übernommene Vermögen mit den Buchwerten anzusetzen.

2. Kapitalanteile, die nicht aus einem Betriebsvermögen eingebracht wurden, sind mit den nach § 17 maßgebenden Werten, höchstens jedoch mit den gemeinen Werten anzusetzen.

3. Soweit das Besteuerungsrecht der Republik Österreich hinsichtlich übernommener Vermögensteile entsteht, gilt Folgendes:

   – Die übernommenen Vermögensteile sind mit dem gemeinen Wert anzusetzen, soweit sich aus § 17 Abs. 2 Z 1 nichts anderes ergibt.

   – Wird Vermögen ganz oder teilweise übernommen, für das die Abgabenschuld bei der übernehmenden Körperschaft oder einer konzernzugehörigen Körperschaft der übernehmenden Körperschaft nicht festgesetzt worden ist oder gemäß § 16 Abs. 1a nicht entstanden ist sind die fortgeschriebenen Buchwerte, höchstens aber die gemeinen Werte anzusetzen. Die spätere Veräußerung oder das sonstige Ausscheiden gilt nicht als rückwirkendes Ereignis im Sinn des § 295a der Bundesabgabenordnung. Weist die übernehmende Körperschaft nach, dass Wertsteigerungen im übrigen EU/EWR-Raum eingetreten sind, sind diese vom Veräußerungserlös oder vom gemeinen Wert im Zeitpunkt des Ausscheidens abzuziehen.

4. Sie ist im Rahmen einer Buchwerteinbringung für Zwecke der Gewinnermittlung so zu behandeln, als ob sie Gesamtrechtsnachfolger wäre.

5. § 14 Abs. 2 gilt mit Beginn des dem Einbringungsstichtag folgenden Tages, soweit in Abs. 3 und in § 16 Abs. 5 keine Ausnahmen vorgesehen sind.

(2) Für nach § 16 Abs. 5 Z 1 und 2 gebildete Passivposten gilt Folgendes:

1. Soweit sich auf Grund sämtlicher Veränderungen im Sinne des § 16 Abs. 5 ein negativer Buchwert des einzubringenden Vermögens ergibt oder sich ein solcher erhöht, gelten die als rückwirkende Entnahmen zu behandelnden Beträge der Passivposten im Ausmaß des negativen Buchwertes mit dem Tag der nach § 13 Abs. 1 maßgebenden Anmeldung oder Meldung der Einbringung als an den Einbringenden ausgeschüttet. Der als ausgeschüttet geltende Betrag ist in der Anmeldung gemäß § 96 Abs. 3 des Einkommensteuergesetzes 1988 anzugeben. Abweichend von § 96 Abs. 1 des Einkommensteuergesetzes 1988 ist die Kapitalertragsteuer

   – bei Entnahmen gemäß § 16 Abs. 5 Z 1 binnen einer Woche nach dem Tag der nach § 13 Abs. 1 maßgebenden Anmeldung oder Meldung der Einbringung und

- bei Entnahmen gemäß § 16 Abs. 5 Z 2 binnen einer Woche
  - nach einer Tilgung oder
  - nach dem Beschluss auf Auflösung oder
  - nach dem Beschluss auf Verschmelzung, Umwandlung oder Aufspaltung oder
  - nach Zuwendung der Beteiligung an eine Privatstiftung

abzuführen. Die Ausschüttungsfiktion nach dem ersten Satz entfällt, soweit Anteile an der übernehmenden Körperschaft vor den im Vorsatz genannten Maßnahmen entgeltlich übertragen worden sind.

2. Ein nicht als rückwirkende Entnahme geltender Betrag der Passivpost ist als versteuerte Rücklage zu behandeln.

(3) Abweichend von Abs. 1 Z 5 sind Rechtsbeziehungen des Einbringenden zur übernehmenden Körperschaft im Zusammenhang mit der Beschäftigung, der Kreditgewährung und der Nutzungsüberlassung, soweit sie sich auf das eingebrachte Vermögen beziehen, ab Vertragsabschluß, frühestens jedoch für Zeiträume steuerwirksam, die nach dem Abschluß des Einbringungsvertrages beginnen. Dies gilt im Falle der Einbringung durch eine Gesellschaft, bei der die Gesellschafter als Mitunternehmer anzusehen sind, auch für die Mitunternehmer. Ausgenommen von den vorangehenden Sätzen sind Entgelte, die sich auf eine Rechtsbeziehung auf Grund einer Maßnahme nach § 16 Abs. 5 Z 2 bis 4 beziehen, wenn die Entgeltvereinbarung am Tage des Abschlusses des Einbringungsvertrages (Sacheinlagevertrages) getroffen wird.

(4) Für internationale Schachtelbeteiligungen im Sinne des § 10 Abs. 2 des Körperschaftsteuergesetzes 1988 gilt folgendes:

1. Entsteht durch die Einbringung bei der übernehmenden Körperschaft eine internationale Schachtelbeteiligung oder wird ihr Ausmaß erweitert, ist hinsichtlich der bisher nicht steuerbegünstigten Beteiligungsquoten auf den Unterschiedsbetrag zwischen den Buchwerten und den höheren Teilwerten § 10 Abs. 3 erster Satz des Körperschaftsteuergesetzes 1988 nicht anzuwenden.

2. Geht durch die Einbringung die Eigenschaft einer Beteiligung als internationale Schachtelbeteiligung unter, gilt, soweit für sie keine Option zugunsten der Steuerwirksamkeit erklärt worden ist, der höhere Teilwert zum Einbringungsstichtag, abzüglich von auf Grund einer Umgründung nach diesem Bundesgesetz von § 10 Abs. 3 erster Satz des Körperschaftsteuergesetzes 1988 ausgenommener Beträge, als Buchwert.

(5) Für zum Buchwert übernommene Grundstücke im Sinne des § 30 Abs. 1 des Einkommensteuergesetzes 1988 gilt Folgendes:

1. Der Teilwert von Grund und Boden ist in Evidenz zu nehmen, wenn beim Rechtsvorgänger im Falle einer Veräußerung am Einbringungsstichtag § 30 Abs. 4 des Einkommensteuergesetzes 1988 auf den gesamten Grund und Boden anwendbar wäre. Bei späterer Veräußerung des Grund und Bodens ist wie folgt vorzugehen:

– Für Wertveränderungen bis zum Einbringungsstichtag kann § 30 Abs. 4 des Einkommensteuergesetzes 1988 angewendet werden, wobei an Stelle des Veräußerungserlöses der in Evidenz genommene Teilwert tritt.

– Für Wertveränderungen nach dem Einbringungsstichtag tritt der in Evidenz genommene Teilwert an die Stelle des Buchwerts.

2. § 30 Abs. 4 des Einkommensteuergesetzes 1988 kann bei der übernehmenden Körperschaft insoweit angewendet werden, als beim Rechtsvorgänger im Falle einer Veräußerung am Einbringungsstichtag § 30 Abs. 4 des Einkommensteuergesetzes 1988 aufgrund eines Wechsels der Gewinnermittlungsart oder einer Einlage (§ 4 Abs. 3a Z 3 lit. c oder Z 4 des Einkommensteuergesetzes 1988) nur eingeschränkt anwendbar wäre.

(6) Auf Buchgewinne und Buchverluste ist § 3 Abs. 2 und 3 anzuwenden.

(BGBl I 2015/163)

Gliederung:

3.5. Übernehmende Körperschaft (§ 18 UmgrStG)

3.5.1. Rechtsnachfolge

3.5.1.1 Fiktive steuerliche Gesamtrechtsnachfolge

951   Nach Zivilrecht sind Einbringungen nach Art. III UmgrStG grundsätzlich mit Einzelrechtsnachfolge verbunden. Eine Ausnahme bildet die Anwachsung nach § 142 UGB (siehe Rz 644). Dieses Ergebnis kann zB. durch Einbringung der Kommanditanteile einer GmbH & Co KG in die Komplementär GmbH oder durch Austritt der anderen Mitunternehmer erreicht werden. Das Vermögen der

Mitunternehmerschaft geht in diesem Fall auch unternehmensrechtlich im Wege der Gesamtrechtsnachfolge auf die verbleibende Kapitalgesellschaft über. *(AÖF 2008/243)*

Gemäß § 18 Abs. 1 Z 4 UmgrStG ist die übernehmende Körperschaft im Rahmen einer Buchwerteinbringung für Zwecke der steuerlichen Gewinnermittlung wie ein Gesamtrechtsnachfolger zu behandeln. Dies bedeutet: 952

- Übergang von Schwebeverlusten (siehe EStR 2000 Rz 157)
- Einbeziehen von Verhältnissen vor der Einbringung für den Forschungsfreibetrag
- Beibehaltung der Abschreibungsgrundsätze. Im Jahr der Übertragung kann bei Vorliegen eines Rumpfwirtschaftsjahres insgesamt nicht mehr als eine Ganzjahres-Afa angesetzt werden (siehe EStR 2000 Rz 3132 sowie VwGH 28.1.2015, 2014/13/0025)

Beispiel:
A betreibt ein Einzelunternehmen (Wirtschaftsjahr = Kalenderjahr). Im November 01 schafft er eine Maschine um 10.000 an (Nutzungsdauer 10 Jahre), die auch im November 01 in Betrieb genommen wird. Mit Stichtag 31.12.01 bringt A sein Einzelunternehmen in die X-GmbH ein (Wirtschaftsjahr 1.4.-31.3.).

Die angeschaffte Maschine wurde vor Einbringung beim Einzelunternehmen für zwei Monate genutzt und im Jahr der Übernahme durch die X-GmbH drei Monate. Insgesamt steht daher nur eine Halbjahres-AfA iHv € 500 zu. Hat A bereits die Halbjahres-AfA geltend gemacht, steht der X-GmbH für das WJ 01/02 keine AfA für die Maschine mehr zu. Möglich ist auch eine Aliquotierung, dh. 2/5 für das EU des A (= 200) sowie 3/5 für die X-GmbH (= 300).

- Fortführung von Zehntelabsetzungen nach § 8 EStG 1988 (siehe EStR 2000 Rz 1406)
- Fortführung von steuerwirksamen Rücklagen und Rückstellungen
- Fortführung der Siebentelabschreibung gemäß § 12 Abs. 3 Z 2 KStG 1988 (siehe Rz 1180)
- Fortführung der Abfertigungsrückstellung (EStR 2000 Rz 3351) unter Beachtung der Übergangsregelungen des § 124b Z 66 bis 68 EStG 1988 (EStR 2000 Rz 3337)
- Fortführung der Wertpapierdeckung bei Abfertigungsrückstellungen (EStR 2000 Rz 3359)
- Wertpapierdeckung bei der Einbringung von Betrieben gewerblicher Art: Durch den Wegfall der bis zur Einbringung geltenden Ausnahmeregelung des § 14 Abs. 11 EStG 1988 entsteht bei der übernehmenden Kapitalgesellschaft ein Härtefall. Es bestehen keine Bedenken, wenn der Aufbau der Wertpapierdeckung Pensionsvorsorge über einen Zeitraum von zwanzig Wirtschaftsjahren erfolgt
- Fortführung einer Fünfzehntelabsetzung zur Jubiläumsgeldrückstellung (siehe EStR 2000 Rz 3442)
- Weiterlaufen der „Zwanzigstelbegünstigung" für Kleinkraftwerksbetreiber nach § 9 Abs. 1
- Die Einbringung eines Betriebes umfasst auch die wegen Vollabschreibung bilanziell nicht mehr aufscheinenden Wirtschaftsgüter. Eine spätere Veräußerung dieser Wirtschaftsgüter ist dementsprechend der übernehmenden Körperschaft und nicht dem Einbringenden zuzurechnen (VwGH 30.5.2001, 99/13/0024).
- Liebhabereibeurteilung: Weiterlauf des Beurteilungszeitraumes zur Erzielung eines Totalgewinnes auch nach Einbringung.

Ausgenommen von der Gesamtrechtsnachfolgefiktion für Zwecke der Gewinnermittlung ist die vom Einbringenden gebildete Übertragungsrücklage gemäß § 12 Abs. 8 EStG 1988. Sie ist nach § 12 Abs. 10 EStG 1988 bei der Ein-

§ 18

bringung des gesamten Betriebes (bzw. gesamten Mitunternehmeranteiles) vom Einbringenden zum Einbringungsstichtag gewinnerhöhend aufzulösen, da Körperschaften von der Übertragung stiller Rücklagen ausgenommen sind; bei der Einbringung eines Teilbetriebes (bzw. Teiles eines Mitunternehmeranteiles) ist es zulässig, die Übertragungsrücklage im verbleibenden Teilbetrieb (bzw. Mitunternehmeranteil) fortzuführen.

Eine Weitergeltung der Zuschreibungspflicht nach § 6 Z 13 EStG 1988 bei der übernehmenden Körperschaft bis zu den ursprünglichen Anschaffungskosten besteht – anders als bei der zivilrechtlicher Gesamtrechtsnachfolge (Verschmelzung, Umwandlung, Spaltung) – nicht; der beizulegende Wert gemäß § 202 Abs. 1 UGB im Zeitpunkt der Einbringung übernimmt bei der übernehmenden Körperschaft die Funktion der Anschaffungs- und Herstellungskosten und stellt die maßgebende Wertobergrenze für die künftige Bewertung dar. Dies gilt unabhängig davon, ob das eingebrachte Vermögen unternehmensrechtlich mit dem beizulegenden Wert (§ 202 Abs. 1 UGB) oder unter Fortführung der Buchwerte (§ 202 Abs. 2 UGB) übernommen wurde (vgl. VwGH 22.5.2014, 2010/15/0127).

Sollte auf Grund einer steuerunwirksamen unternehmensrechtlichen Aufwertung im Zuge einer Umgründung der unternehmensrechtliche Beteiligungswert höher sein und kommt es in der UGB-Bilanz nach erfolgter außerplanmäßiger Abschreibung zu einer Zuschreibung, ist diese nur insoweit steuerwirksam, als sich auch die vorangegangene Abschreibung steuerlich ausgewirkt hat (siehe EStR 2000 Rz 2585). *(BMF-AV Nr. 193/2015)*

953 Über den Bereich des Bilanzsteuerrechts hinaus – zB Übergang abgabenrechtlicher Rechte und Pflichten nach § 19 BAO – wird keine steuerliche Gesamtrechtsnachfolge bewirkt. Auch in verfahrensrechtlicher Sicht tritt die übernehmende Körperschaft nicht an die Stelle des Einbringenden. Das bedeutet weder eine Berufungslegitimation für die übernehmende Körperschaft noch eine rechtswirksame Zustellung an die übernehmende Körperschaft betreffend Bescheide für Zeiträume vor der Einbringung (VwGH 29.3.2006, 2001/14/0210, VwGH 2.8.2000, 2000/13/0093 sowie VwGH 27.5.1999, 99/15/0014). *(AÖF 2013/301)*

954 Kommt es auf Grund der Einbringung sämtlicher Mitunternehmeranteile zu einem Stichtag in dieselbe übernehmende Körperschaft zur Vereinigung aller Anteile gemäß § 142 UGB und damit zur Übernahme des Vermögens der Mitunternehmerschaft im Wege der Gesamtrechtsnachfolge, liegen umgründungssteuerrechtlich zwei Vorgänge vor, zunächst die Einbringung aller Mitunternehmeranteile als Fälle der Einzelrechtsnachfolge und in der Folge die mit der Anteilsvereinigung verbundene Gesamtrechtsnachfolge in das Vermögen der Mitunternehmerschaft. Verfahrensrechtlich sind unabhängig davon Feststellungsbescheide für Jahre vor der Übertragung nach der Löschung der Mitunternehmerschaft im Firmenbuch nicht an den Gesamtrechtsnachfolger, sondern gemäß § 191 Abs. 2 BAO an die am Gegenstand der Feststellung beteiligten ehemaligen Gesellschafter zu richten (VwGH 21.9.2005, 2005/13/0117). *(AÖF 2008/243)*

3.5.1.2 Zeitpunkt der steuerlichen Vermögensübernahme

955 Das einzubringende Vermögen ist bis zum Ablauf des Einbringungsstichtages dem (den) Einbringenden zuzurechnen. Der (die) Einbringende(n) hat (haben) zu diesem Zeitpunkt letztmalig die Einkünfte hinsichtlich des einzubrin-

genden Vermögens zu ermitteln. Zur Behandlung eines anlässlich der Einbringung bei den Einbringenden ermittelten Übergangsverlustes gemäß § 4 Abs. 10 EStG 1988 siehe Rz 818 ff.

Das eingebrachte Vermögen ist der übernehmenden Körperschaft nach § 18 Abs. 1 Z 5 UmgrStG mit Beginn des dem Einbringungsstichtag folgenden Tages zuzurechnen. Sämtliche Vermögensänderungen wirken sich nunmehr auf die steuerliche Gewinnermittlung der übernehmenden Körperschaft aus. Daraus ergeben sich idR dem Grunde nach keine Änderungen (siehe den Katalog in Rz 952). Eine Neubeurteilung ergibt sich zB. für Erträge der übernehmenden Körperschaft aus von natürlichen Personen (mit)eingebrachten Kapitalanteilen nach dem Einbringungsstichtag, die nicht mehr unter § 97 EStG 1988 sondern unter die Beteiligungsertragsbefreiung des § 10 KStG 1988 fallen. Die einbehaltene Kapitalertragsteuer ist daher nicht mehr dem Einbringenden sondern der übernehmenden Körperschaft zuzurechnen und ihr im Rahmen der Veranlagung gutzuschreiben. Die vom Einbringenden vorgenommenen rückwirkenden Korrekturen des einzubringenden Vermögens nach § 16 Abs. 5 UmgrStG (siehe Rz 873 ff) wirken sich auf Grund der Maßgeblichkeit der Einbringungsbilanz bei der übernehmenden Körperschaft entsprechend aus. Bezüglich der Rechtsbeziehungen der Einbringenden zur übernehmenden Körperschaft siehe Rz 973 ff. *(AÖF 2008/243)* 956

Für die Umsatzsteuer, die Verkehrsteuern, die Normverbrauchsabgabe, die Energiesteuern, die Werbeabgabe und die Kraftfahrzeugsteuer sowie die Übernahme lohnsteuerlicher Verhältnisse durch die übernehmende Körperschaft ist keine Rückwirkung vorgesehen. *(AÖF 2013/301)* 957

Soll eine Einbringung nach Art. III UmgrStG auf einen vom Regelbilanzstichtag der übernehmenden Körperschaft abweichenden Stichtag erfolgen, ändert dies nichts am laufenden Wirtschaftsjahr der übernehmenden Körperschaft. Will sie einen nahtlosen Anschluss erreichen, muss sie ihr Wirtschaftsjahr den Regeln des § 7 Abs. 5 KStG 1988 entsprechend umstellen. Da diese Umstellung nichts mit der Umgründung selbst zu tun hat, kann mangels Geltung der Rückwirkungsfiktion nur eine rechtzeitige Umstellung den gewünschten Erfolg bringen (siehe KStR 2013 Rz 415). *(AÖF 2013/301)* 958

3.5.1.3 Bewertung des übernommenen Vermögens bei Inlandseinbringungen

Nach der maßgebenden unternehmensrechtlichen Bestimmung des § 202 Abs. 1 UGB hat die Bewertung mit dem beizulegenden Wert zu erfolgen. Daneben besteht gemäß § 202 Abs. 2 UGB ein Wahlrecht zur Buchwertfortführung. Die unternehmensrechtliche Neubewertung zum beizulegenden Wert hat auf die steuerliche Bewertung keine Auswirkung. Ein unternehmensrechtlicher Umgründungsmehrwert bzw. Firmenwert ist steuerlich ebenso zu neutralisieren wie ein unternehmensrechtlich als Aufwand behandelter Differenzbetrag aus einer buchmäßigen Überschuldung des eingebrachten Vermögens. *(AÖF 2008/243)* 959

Die steuerliche Bewertung des übernommenen Vermögens bei der Körperschaft richtet sich nach den für die Einbringenden maßgebenden Werten laut Einbringungsbilanz gemäß § 15 UmgrStG. Im Falle der Buchwerteinbringung bleiben die stillen Reserven des (der) Einbringenden bei der übernehmenden Körperschaft weiterhin steuerhängig. Auch im Fall der Aufwertungseinbringung sind die steuerlich maßgebenden Werte laut der Einbringungsbilanz gemäß § 15 UmgrStG auszuweisen und von der Körperschaft fortzuführen. Im Falle der un- 960

§ 18

ternehmensrechtlichen Neubewertung des übernommenen Vermögens gemäß § 202 Abs. 1 UGB sind die Wirtschaftsgüter für die weitere steuerliche Gewinnermittlung in der jeweiligen steuerlichen Mehr-Weniger-Rechnung anzupassen, sofern nicht steuerliche Bilanzen erstellt werden. *(AÖF 2008/243)*

960a   Kommt es einbringungsbedingt zu einer teilweisen Einschränkung des Besteuerungsrechtes der Republik Österreich gemäß § 16 Abs. 1 vierter Satz UmgrStG (siehe Rz 858), hat die übernehmende Körperschaft das eingebrachte Vermögen – abweichend vom Ansatz der Gegenleistungsanteile durch den Einbringenden – mit den Buchwerten anzusetzen (§ 18 Abs. 1 Z 1 zweiter Satz UmgrStG). *(BMF-AV Nr. 40/2017)*

3.5.1.3.1 Übernahme von Betriebsvermögen

961   Die übernehmende Körperschaft ist im Rahmen der Buchwerteinbringung für den Bereich der steuerlichen Gewinnermittlung wie ein Gesamtrechtsnachfolger zu behandeln. Im Falle einer Aufwertungseinbringung sind idR die beim Einbringenden nach § 6 Z 14 EStG 1988 angesetzten Werte für die übernehmende Körperschaft maßgeblich. Im Sonderfall der Einbringung durch eine Gesellschaft, bei der die Gesellschafter als Mitunternehmer anzusehen sind, aber nicht sämtliche Mitunternehmer unter die Aufwertungseinbringung fallen, kommt es gemäß § 16 Abs. 4 Z 2 UmgrStG bei der übernehmenden Körperschaft zur Buchwertfortführung. Der Unterschiedsbetrag zwischen den Buchwerten und den nach § 6 Z 14 EStG 1988 maßgebenden Werten der aufwertenden Mitunternehmer ist bei der übernehmenden Körperschaft wie ein Firmenwert im Sinne des § 8 Abs. 3 EStG 1988 zu behandeln und ab dem dem Einbringungsstichtag folgenden Wirtschaftsjahr gemäß § 16 Abs. 4 Z 2 UmgrStG außerbilanzmäßig abzusetzen (siehe Rz 869 f).

962   Kosten im Zusammenhang mit einer Umgründung sind sofort abzugsfähige Betriebsausgaben (siehe EStR 2000 Rz 1662). Auch die aus Anlass der Umgründung anfallende Grunderwerbsteuer stellt eine sofort abzugsfähige Betriebsausgabe dar. Unter dem Gesichtspunkt der Buchwertfortführung hat dies auch im Fall einer unternehmensrechtlich vorgenommenen Aktivierung auf das Grundstück zu gelten. Ebenso ist eine Aktivierung von Nebenkosten der Umgründung auf die Beteiligung an der übernehmenden Körperschaft steuerlich ausgeschlossen. *(AÖF 2008/243)*

3.5.1.3.1.1 Wechsel der Gewinnermittlung

963   Die übernehmenden Körperschaften haben den Gewinn nach § 5 Abs. 1 EStG 1988 zu ermitteln. Ein allfälliger Übergangsgewinn des Einbringenden zur Gewinnermittlung nach § 4 Abs. 1 EStG 1988 ist bei diesem zum Einbringungsstichtag zu erfassen (siehe Rz 818 ff). Ein weiterer Wechsel von § 4 Abs. 1 EStG 1988 auf § 5 EStG 1988 ist in der Person der übernehmenden Körperschaft begründet und daher erst bei dieser auf den dem Einbringungsstichtag folgenden Tag zu erfassen (siehe Rz 817). Dabei kommen die Grundsätze des § 4 Abs. 10 EStG 1988 zur Anwendung. Insbesondere kommt es für Einbringungen nach § 4 Abs. 10 Z 3 lit. a EStG 1988 zu einer steuerneutralen Aufwertung von Grund und Boden, wenn das Wirtschaftsjahr der übernehmenden Körperschaft vor dem 1. April 2012 beginnt und der Einbringungsvertrag vor dem 1. Oktober 2012 unterfertigt wird (§ 124b Z 212 EStG 1988 idF vor AIFMG, BGBl. I Nr. 135/2013).

Für Einbringungen mit einem Stichtag ab 1.4.2012 ist der Grund und Boden mit dem Buchwert anzusetzen, wobei der Teilwert im Zeitpunkt der Einbringung gemäß § 18 Abs. 5 Z 1 UmgrStG in Evidenz zu nehmen ist, wenn beim Einbringenden im Falle der Veräußerung zum Einbringungsstichtag § 30 Abs. 4 EStG 1988 auf den gesamten Grund und Boden anwendbar wäre (gespaltene Betrachtungsweise, siehe dazu Rz 970a). Wahlweise kann der zum 31.3.2012 nicht steuerhängig gewesene Grund und Boden auch mit dem gemeinen Wert angesetzt werden (§ 16 Abs. 6 UmgrStG), wodurch es zur Gewinnrealisierung kommt (siehe dazu Rz 928).

Ferner sind Rückstellungsbildungen oder Teilwertabschreibungen nachzuholen. Ein Übergangsgewinn ist im ersten Wirtschaftsjahr nach dem Einbringungsstichtag, ein Übergangsverlust verteilt auf sieben Jahre zu erfassen. Im Hinblick auf die fiktive Gesamtrechtsnachfolge hat die übernehmende Körperschaft auch die Rechtsfolgen des § 30 Abs. 1 Z 3 EStG 1988 idF vor dem BudBG 2011 zu vertreten.

Beispiel 1:

Der nicht rechnungslegungspflichtige Einzelunternehmer A bringt zum 31.12.2004 seinen Betrieb in die A-GmbH ein. Dabei überträgt er auch das im Jahre 2001 angeschaffte Betriebsgrundstück auf die GmbH. Der Buchwert des Betriebsgrundstücks beträgt zum Einbringungsstichtag 50.000 (Grund und Boden 10.000, Gebäude 40.000). Die A-GmbH hat den Grund und Boden mit dem höheren Teilwert von 16.000 anzusetzen. Sollte sie das Betriebsgrundstück vor Ablauf der zehnjährigen Spekulationsfrist zB um 55.000 (Grund und Boden 20.000, Gebäude 35.000) veräußern, sind jedenfalls 6.000 als Nachversteuerungstatbestand der Körperschaftsteuer zu unterziehen.

Beispiel 2:

Der Freiberufler B bringt zum 31.12.2011 seinen Betrieb in die B-GmbH ein, deren Wirtschaftsjahr dem Kalenderjahr entspricht. Der Einbringungsvertrag wird am 28.9.2012 unterfertigt. Im Betriebsvermögen befindet sich ein im Jahr 1998 angeschafftes Betriebsgrundstück (Anschaffungskosten: 50.000; Teilwert zum 1.1.2012 100.000). Die B-GmbH kann von der Bestimmung des § 4 Abs. 10 Z 3 lit. a EStG 1988 idF vor dem 1. StabG 2012 Gebrauch machen und sohin den Grund und Boden auf 100.000 steuerneutral aufwerten, weil deren Wirtschaftsjahr, in das die Übernahme des Grund und Bodens fällt, vor dem 1.4.2012 begonnen hat und der Einbringungsvertrag vor dem 1.10.2012 unterfertigt wurde (§ 124b Z 212 EStG 1988).

Beispiel 3:

Die nicht rechnungslegungspflichtige C-OG hat 2001 ein Betriebsgrundstück angeschafft (Anschaffungskosten 50.000). Zum 30.6.2015 bringt die C-OG ihren Betrieb in die C-GmbH ein (Teilwert: 100.000). Der Grund und Boden ist mit 50.000 anzusetzen. Bei einer späteren Veräußerung kann hinsichtlich der Wertsteigerungen bis zum Einbringungsstichtag § 30 Abs. 4 EStG 1988 angewendet werden; an die Stelle des Veräußerungserlöses tritt der Teilwert zum Einbringungsstichtag von 100.000 (§ 18 Abs. 5 Z 1 erster TS UmgrStG idF 2. AbgÄG 2014). Der darüber hinausgehende Veräußerungserlös (Wertsteigerungen nach dem Einbringungsstichtag in der Sphäre der übernehmenden GmbH) ist nach allgemeinen Gewinnermittlungsvorschriften zu ermitteln.

Für die Rechtslage vor StRefG 2015/2016, BGBl. I Nr. 118/2015 gilt:

Gegebenenfalls kann ein Inflationsabschlag angesetzt werden; dafür ist der Einbringungsstichtag maßgeblich (§ 18 Abs. 5 Z 1 zweiter TS UmgrStG). Siehe dazu näher Rz 970a.

Ab 1.1.2016 ist die Geltendmachung eines Inflationsabschlags nicht mehr möglich (§ 18 Abs. 5 Z 1 zweiter Teilstrich UmgrStG idF StRefG 2015/2016, BGBl. I Nr. 118/2015).

§ 18

Wahlweise könnten in der Einbringungsbilanz der Grund und Boden mit einem Wert von 100.000 angesetzt und die stillen Reserven realisiert werden (§ 16 Abs. 6 UmgrStG), wobei die Einkünfte gemäß § 30 Abs. 4 EStG 1988 iVm § 4 Abs. 3a Z 3 lit. a EStG 1988 pauschal ermittelt werden können. Siehe dazu näher Rz 928.

Zum möglichen Wechsel der Gewinnermittlungsart bei der Einbringung eines Mitunternehmeranteils siehe Rz 970.

Zur Auswirkung des Wechsels der Gewinnermittlungsart auf die Einbringenden als Anteilsinhaber der übernehmenden Körperschaft siehe Rz 1169 ff. *(BMF-AV Nr. 193/2015, BMF-AV Nr. 40/2017)*

964   Im Falle der Einbringung von körperschaftsteuerbefreiten Betrieben in eine unbeschränkt steuerpflichtige Körperschaft kommt es zunächst zu einer zwingenden Buchwertfortführung. Eine juristische Sekunde nach der Vermögensübernahme erfolgt ein Wechsel in die unbeschränkte Steuerpflicht nach § 18 Abs. 2 KStG 1988 und damit eine steuerneutrale Aufwertung.

3.5.1.3.1.2 Abgrenzung bei Übernahme von Teilvermögen

965   Im Falle der Übernahme eines Teilbetriebes von einer einbringenden natürlichen Person bzw. Mitunternehmerschaft oder dem Zurückbleiben von einzelnen Vermögensteilen in der einbringenden unter § 7 Abs. 3 KStG 1988 fallenden Körperschaft richtet sich die Zuordnung aller Geschäftsvorfälle ab dem dem Einbringungsstichtag folgenden Tag grundsätzlich nach der objektiven Zugehörigkeit des Geschäftsvorfalles zum übernommenen oder zum zurückbleibenden Vermögen. Ist eine eindeutige Zuordnung eines vor der tatsächlichen Vermögensübertragung liegenden Geschäftsvorfalles nicht möglich, kann über die Zuordnung disponiert werden. Zur Vermeidung von Zweifeln wird diese Entscheidung im Einbringungsvertrag festzulegen sein (siehe auch Rz 889). Im Hinblick auf die Geltung der allgemeinen einkommensteuerrechtlichen Grundsätze ist dabei davon auszugehen, dass ein mit einem zugeordneten Aktivum verbundenes Passivum grundsätzlich das Schicksal des Aktivums teilt. Zum Verschieben von Wirtschaftsgütern siehe Rz 926 ff.

Beispiel:
Der rechnungslegungspflichtige Einzelunternehmer A hat am 1.3.01 einen GmbH-Anteil auf Kredit und am 15.6.01 das Mietrecht für ein weiteres Verkaufslokal ebenfalls fremdfinanziert erworben. Da der Anteil nicht zum notwendigen Betriebsvermögen gehört, entscheidet sich A im Zusammenhang mit der Einbringung eines seiner beiden Teilbetriebe zum 31.12.00 dafür, den Anteil der übernehmenden A-GmbH zuzuordnen und hält dies im Einbringungsvertrag fest. Der Anschaffungskredit teilt diesfalls die Entscheidung und ist ebenfalls der A-GmbH zuzuordnen, obwohl kein Fall des Verschiebens im Sinne des § 16 Abs. 5 Z 4 UmgrStG vorliegt. Da das Mietrecht dem verbleibenden Betrieb dient, ist die Anschaffung des Mietrechts und der Kredit zwingend diesem zuzuordnen. Dient das Mietrecht beiden Teilbetrieben, ist eine Zellteilung dahingehend möglich, dass es zwar insgesamt dem Teilbetrieb mit dem höheren Nutzungsanteil zugeordnet wird, aber ein Submietrecht dem anderen Teilbetrieb eingeräumt werden kann. *(AÖF 2008/243)*

3.5.1.3.1.3 Übernahme von Mitunternehmeranteilen

966   Der Einbringungsgegenstand bei der Einbringung von Mitunternehmeranteilen umfasst neben dem fixen und variablen Kapital und den Gesellschafterverrechnungskonten auch bestehendes Sonderbetriebsvermögen sowie allfällig auf Grund des Anteilserwerbes bestehende Ergänzungsaktiva oder -passiva (siehe Rz 719). Die übernehmende Körperschaft tritt mit dem dem Einbringungsstichtag folgenden Tag in die Mitunternehmerstellung ein.

Bei der Miteinbringung von Sonderbetriebsvermögen geht dieses in das **967** Sonderbetriebsvermögen der übernehmenden Körperschaft über, wenn die Mitunternehmerschaft und die Widmung bzw. Nutzungsüberlassung an sie auch nach der Einbringung weiterbesteht, andernfalls geht es in das Vermögen der Körperschaft selbst über. Die Unterscheidung ist allerdings nicht von ertragsteuerlicher Bedeutung, da bei unter § 7 Abs. 3 KStG 1988 fallenden Körperschaften als Mitunternehmer eine Übertragung aus dem Betriebsvermögen in das Sonderbetriebsvermögen der Mitunternehmerschaft und umgekehrt einen steuerneutralen Vorgang darstellt (siehe KStR 2013 Rz 406). *(AÖF 2013/301)*

Bei einer Vereinigung aller Mitunternehmeranteile in einer Hand nach § 142 **968** UGB geht das Vermögen der Mitunternehmerschaft im Wege der unternehmensrechtlichen Gesamtrechtsnachfolge auf den letzten Mitunternehmer über. Daraus folgt, dass im Übergang von Sonderbetriebsvermögen aus Anlass des Anwachsens auf den letzten Mitunternehmer, kein steuerwirksamer Entnahme-Einlage Tatbestand zu sehen ist. *(AÖF 2008/243)*

Auch ein in einer Ergänzungsbilanz des einbringenden Mitunternehmers **969** ausgewiesener derivativer Firmenwert geht im Umfang der übertragenen Quote über und kann von der übernehmenden Körperschaft weiterhin abgeschrieben werden.

Im Falle der Einbringung eines Mitunternehmeranteils an einer den Gewinn **970** durch Einnahmen-Ausgaben-Rechnung ermittelnden Mitunternehmerschaft erfolgt für den Einbringenden zum Einbringungsstichtag ein Übergang zur Gewinnermittlung nach § 4 Abs. 1 EStG 1988. Bei der übernehmenden Kapitalgesellschaft kommt es abweichend zum Normalfall nicht zu einem Wechsel zur Gewinnermittlung nach § 5 EStG 1988 sondern auf den dem Einbringungsstichtag folgenden Tag zurück zu jener nach § 4 Abs. 3 EStG 1988. Die Tatsache, dass die Kapitalgesellschaft nach § 7 Abs. 3 KStG 1988 stets und in vollem Umfang Einkünfte aus Gewerbebetrieb erzielt, führt erst in der zweiten Stufe zu einer Transformation und Adaptierung des nach § 4 Abs. 3 EStG 1988 ermittelten Gewinnanteiles bei der Kapitalgesellschaft (siehe EStR 2000 Rz 661). *(BMF-AV Nr. 193/2015)*

3.5.1.3.1.4. Übernahme von Grundstücken *(BMF-AV Nr. 193/2015)*

Werden Grundstücke von der Körperschaft zum Buchwert übernommen (zur **970a** Ausübung der Aufwertungsoption siehe Rz 928), kommt gemäß § 18 Abs. 5 Z 1 UmgrStG eine gespaltene Betrachtungsweise zur Anwendung.

Die übernehmende Körperschaft hat den Teilwert des Grund und Bodens zum Einbringungsstichtag in Evidenz zu nehmen, wenn im Falle der Veräußerung am Einbringungsstichtag § 30 Abs. 4 EStG 1988 beim Einbringenden gesamthaft anzuwenden wäre („Altvermögen"). Im Falle einer späteren Veräußerung ist wie folgt vorzugehen:

- Für Wertveränderungen bis zum Einbringungsstichtag kann § 30 Abs. 4 EStG 1988 weiter angewendet werden; an die Stelle des Veräußerungserlöses tritt der Teilwert.

- Für Wertsteigerungen, die nach dem Einbringungsstichtag in der Sphäre der übernehmenden Körperschaft entstehen, kann § 30 Abs. 4 EStG 1988 nicht angewendet werden. Es kommen die allgemeinen Regelungen der Gewinnermittlung zur Anwendung, wobei der in Evidenz genommene Teilwert an die Stelle des Buchwertes tritt.

§ 18

- Für Wertminderungen, die nach dem Einbringungsstichtag in der Sphäre der übernehmenden Körperschaft entstehen, sind diese im Falle einer späteren Veräußerung vom evidenzierten Teilwert in Abzug zu bringen.

Beispiel 1:

Der Einzelunternehmer A hat 2001 ein Betriebsgrundstück angeschafft (Anschaffungskosten 50.000, davon entfallen auf den Grund und Boden 20.000). Zum 30.6.2012 bringt A sein Einzelunternehmen in die B-GmbH ein (Teilwert im Zeitpunkt der Einbringung: 100.000; auf den Grund und Boden entfällt davon ein Teilwert von 80.000). A macht hinsichtlich des Grund und Bodens nicht von der Aufwertungsoption gemäß § 16 Abs. 6 UmgrStG Gebrauch (siehe Rz 928), sodass die B-GmbH das gesamte Grundstück zu Buchwerten übernimmt.

Es ist eine gespaltene Betrachtungsweise anzustellen, weshalb der Teilwert des Grund und Bodens im Zeitpunkt der Einbringung (80.000) in Evidenz zu nehmen ist. Im Falle einer späteren Veräußerung um 200.000 (auf den Grund und Boden entfallen 150.000) durch die B-GmbH ist wie folgt vorzugehen:

- Hinsichtlich der Wertsteigerungen des Grund und Bodens bis zum Einbringungsstichtag kann § 30 Abs. 4 EStG 1988 von der B-GmbH bei der Ermittlung des Veräußerungsgewinnes angewendet werden; an die Stelle des Veräußerungserlöses tritt der in Evidenz genommene Teilwert (80.000*0,14 = 11.200).

- Hinsichtlich der Wertsteigerungen des Grund und Bodens, die bereits in der Sphäre der B-GmbH entstanden sind, sind die allgemeinen Gewinnermittlungsvorschriften anzuwenden; der auf den Grund und Boden entfallende Veräußerungserlös ist dem Teilwert im Zeitpunkt der Einbringung gegenüberzustellen (150.000 - 80.000 = 70.000).

- Der auf das Gebäude entfallende Veräußerungsgewinn ist nach den allgemeinen Gewinnermittlungsvorschriften zu ermitteln.

Ging einer Einbringung mit einem Stichtag ab dem 1.4.2012 ein Wechsel der Gewinnermittlung auf § 5 Abs. 1 EStG 1988 oder eine Einlage aus dem Privatvermögen voraus (Wechsel oder Einlage vor dem 1.4.2012), ist § 30 Abs. 4 EStG 1988 auf Grund und Boden am Einbringungsstichtag nur eingeschränkt (gemäß § 4 Abs. 3a Z 3 lit. c EStG 1988 auf den Aufwertungsteilwert bzw. gemäß Z 4 auf den Einlageteilwert) anwendbar. Im Falle einer späteren Veräußerung durch die übernehmende Körperschaft kann § 30 Abs. 4 EStG 1988 von dieser insoweit – somit auf den Aufwertungsteilwert bzw. Einlageteilwert – weiter angewendet werden (§ 18 Abs. 5 Z 2 UmgrStG idF 2. AbgÄG 2014).

Beispiel 2:

Der Einzelunternehmer A ermittelt seinen Gewinn gemäß § 5 Abs. 1 EStG 1988 und bringt seinen Betrieb samt betrieblichem Grund und Boden (ursprüngliche Anschaffungskosten: 1.000; Teilwert zum Einbringungsstichtag: 15.000) zu einem nach dem 31.3.2012 liegenden Stichtag in die B-GmbH ein. Danach veräußert die B-GmbH den Grund und Boden um 22.000. A führte in seinem Einzelunternehmen in der Vergangenheit einen Wechsel der Gewinnermittlung durch. Der Teilwert von Grund und Boden im Zeitpunkt des Wechsels betrug 10.000.

Da § 30 Abs. 4 EStG 1988 am Einbringungsstichtag gemäß § 4 Abs. 3a Z 3 lit. c EStG 1988 nur eingeschränkt anwendbar war, kommt § 18 Abs. 5 Z 1 UmgrStG idF 2. AbgÄG 2014 nicht zur Anwendung, weshalb der Teilwert zum Einbringungsstichtag (15.000) nicht in Evidenz zu nehmen ist. Die B-GmbH kann gemäß § 18 Abs. 5 Z 2 UmgrStG im Rahmen der Veräußerung den Aufwertungsteilwert iHv 10.000 nach § 30 Abs. 4 EStG 1988 versteuern, wodurch sich eine Bemessungsgrundlage von 1.400 (10.000*0,14) ergibt. Zudem hat sie sämtliche Wertsteigerungen ab dem Zeitpunkt des Wechsels der Gewinnermittlung nach den allgemeinen Gewinnermittlungsvorschriften zu erfassen (12.000 = 22.000 minus 10.000).

Zur alternativen Ausübung der Aufwertungsoption gemäß § 16 Abs. 6 UmgrStG siehe Rz 928. *(BMF-AV Nr. 193/2015)*

3.5.1.3.2 Übernahme von unter § 17 UmgrStG fallenden Anteilen

Kapitalanteile, die im Rahmen einer Inlandseinbringung nicht aus einem Betriebsvermögen eingebracht wurden, sind von der übernehmenden Körperschaft grundsätzlich mit den nach § 17 UmgrStG maßgebenden Werten anzusetzen. Die zwingende Fortführung der für den Einbringenden maßgebenden Werte gilt nach § 18 Abs. 1 Z 1 UmgrStG allerdings nicht, wenn der gemeine Wert zum Einbringungsstichtag geringer ist. Diesfalls hat die übernehmende Körperschaft den niederen gemeinen Wert anzusetzen. Wertminderungen vor dem Einbringungsstichtag können dementsprechend bei der übernehmenden Körperschaft nicht steuerwirksam sein. Ist Einbringender eine Körperschaft des öffentlichen Rechts oder eine steuerbefreite Körperschaft (§ 17 Abs. 2 Z 2 UmgrStG, siehe Rz 940), ist im Hinblick auf den Eintritt der Anteile in die Steuerpflicht der gemeine Wert anzusetzen. *(AÖF 2008/243)* 971

Kapitalanteile, die im Rahmen einer Importeinbringung übernommen wurden, sind von der übernehmenden Körperschaft mit den Werten anzusetzen, für die sich der Einbringende im Rahmen seines Wahlrechtes nach § 17 Abs. 2 Z 1 UmgrStG entschieden hat. Siehe dazu Rz 940 ff. *(AÖF 2008/243)* 972

3.5.1.3a Bewertung des übernommenen Vermögens bei „Importeinbringungen"

Soweit das Besteuerungsrecht Österreichs hinsichtlich übernommener Vermögensteile entsteht, sind die übernommenen Vermögensteile mit dem gemeinen Wert anzusetzen, soweit sich aus § 17 Abs. 2 Z 1 UmgrStG nichts anderes ergibt (Rz 972). Dies gilt auch für wieder übernommenes Vermögen, für das in der Vergangenheit ein Antrag auf Ratenzahlung gestellt wurde (Reimport, siehe ausführlich Rz 160b). 972a

Nicht mit dem gemeinen Wert sondern mit den fortgeschriebenen Buchwerten anzusetzen sind übernommene Vermögensteile, für die bei der übernehmenden Körperschaft oder einer konzernzugehörigen Körperschaft der übernehmenden Körperschaft die Steuerschuld auf Grund einer vorangegangenen Exportumgründung aufgrund der ertragsteuerlichen Vorschriften idF AbgÄG 2015 oder idF vor AbgÄG 2015 nicht festgesetzt worden ist oder gemäß § 16 Abs. 1a bzw. § 16 Abs. 1 Satz 3 ff UmgrStG nicht entstanden ist; siehe zu den einzelnen Fallkonstellationen Rz 160c und 160d.

Bei Reimporten aufgrund von nach dem 31.12.2015 beschlossenen Umgründungen (Rechtslage idF AbgÄG 2015) oder Überführungen gemäß § 6 Z 6 EStG 1988 nach dem 31.12.2015 (Rechtslage idF AbgÄG 2015) darf jedoch höchstens der gemeine Wert angesetzt werden; siehe Rz 160d.

Beispiel:

Die inländische Körperschaft A bringt im Jahr 01 ihre 100-prozentige Beteiligung an der inländischen Körperschaft B in die deutsche Körperschaft C ein (Buchwert 10, gemeiner Wert 100). Gemäß § 16 Abs. 1a zweiter Teilstrich UmgrStG (§ 16 Abs. 1 dritter Satz zweiter Teilstrich UmgrStG idF vor AbgÄG 2015) entsteht die Steuerschuld (90) anlässlich der Einbringung bei der Körperschaft A nicht (siehe Rz 860h). Im Jahr 05 bringt C die Beteiligung an B in die inländische Körperschaft D ein, die wiederum 100% der Anteile an A hält. Da die Steuerschuld bei der konzernzugehörigen Körperschaft A ursprünglich nicht entstanden ist, hat D die Beteiligung an B mit den fortgeschriebenen Buchwerten anzusetzen (10); dabei ist jedoch die Wertobergrenze gemäß § 18 Abs. 1 Z 3 zweiter Teilstrich UmgrStG zu beachten. Eine spätere Veräußerung der Beteiligung an B durch D würde bei A nicht zu einer Entstehung der Steuerschuld führen. *(BMF-AV Nr. 40/2017)*

3.5.1.3b Kapitalertragsteuerpflicht für Passivposten gemäß § 16 Abs. 5 Z 1 und Z 2 UmgrStG

972b   Der bis zum AbgÄG 2005 mit der vorbehaltenen („unbaren") Entnahme verbundene Effekt des (langfristigen) Hinausschiebens der Besteuerung ausschüttungsfähiger Bilanzgewinne ist im AbgÄG 2005 durch die Einführung einer Ausschüttungsfiktion neutralisiert worden. Um aber eine Doppelbesteuerung von stillen Reserven im Fall der späteren Anteilsveräußerung zu vermeiden, sieht § 20 Abs. 2 UmgrStG mit der KESt-Abfuhr eine steuerwirksame Erhöhung der Anschaffungskosten oder Buchwerte vor (siehe dazu Rz 1105a). *(AÖF 2013/301)*

972c   Rückbezogene tatsächliche Entnahmen gemäß § 16 Abs. 5 Z 1 UmgrStG und vorbehaltene Entnahmen gemäß § 16 Abs. 5 Z 2 UmgrStG unterliegen nach § 18 Abs. 2 UmgrStG nur insoweit der Ausschüttungsfiktion, als sie zu einem Absinken des Buchwertes des einzubringenden Vermögens unter den Nullstand führen oder bei Vorliegen eines bereits negativen Buchwertes diesen erhöhen. Die Einschränkung der Ausschüttungsfiktion auf den negativen Buchwert ist keine Sanktion für die Verschlechterung des Buchwertes, sondern dient der Vermeidung der Besteuerung von Eigenkapital, das auch steuerneutral rückgezahlt werden könnte; besteuert wird die Entnahme stiller Reserven (eines „negativen Buchwerts"); siehe VwGH 25.1.2017, Ra 2016/13/0056. Bei der Ermittlung der Bemessungsgrundlage für die Ausschüttungsfiktion sind alle rückwirkenden Korrekturen im Sinne des § 16 Abs. 5 UmgrStG zu berücksichtigen. Ergibt sich dabei eine negativer Buchwert, sind rückbezogene tatsächliche und vorbehaltene Entnahmen (iSd § 16 Abs. 5 Z 1 und Z 2 UmgrStG) insoweit von der Ausschüttungsfiktion betroffen. Der Ausschüttungsfiktion können daher ausschließlich Entnahmen nach § 16 Abs. 5 Z 1 und Z 2 UmgrStG unterliegen; andere rückwirkende Vermögensänderungen sind zwar für die Anwendung der Ausschüttungsfiktion zu berücksichtigen, unterliegen selbst aber nicht der Ausschüttungsfiktion. Wird vom Aufwertungswahlrecht des § 16 Abs. 6 UmgrStG Gebrauch gemacht, führt die daraus resultierende Erhöhung des Einbringungskapitals auch zu einer Erhöhung der Basis für die nicht unter die Ausschüttungsfiktion fallenden Entnahmen gemäß § 16 Abs. 5 Z 1 und 2 UmgrStG. Dies gilt auch für die Aufwertungswahlrechte gemäß § 16 Abs. 3 UmgrStG und § 16 Abs. 4 Z 2 UmgrStG.

Beispiel:

A bringt seinen Betrieb zum 31.12.00 in die A-GmbH ein.

Buchwert zum Einbringungsstichtag vor Korrekturen	+400
Rückwirkende Korrekturen:	
Barentnahmen iSd § 16 Abs. 5 Z 1 iHv	-150
Vorbehaltene Entnahme iSd § 16 Abs. 5 Z 2 iHv	-150
Zurückbehalten der Betriebsliegenschaft iSd	
§ 16 Abs. 5 Z 3 UmgrStG iHd Buchwertes	-700
Anschaffungsverbindlichkeit der Betriebsliegenschaft	
iHd Buchwertes iSd § 16 Abs. 5 Z 3	+200
Buchwert nach Korrekturen = Einbringungskapital	-400

Die Passivposten gemäß § 16 Abs. 5 Z 1 und Z 2 betragen in Summe 300, sie fallen daher zur Gänze unter die Ausschüttungsfiktion.

Bei tatsächlichen Entnahmen nach Z 1 (im Beispiel iHv 150), die den Einbringenden bereits zur Gänze zugeflossen sind, ergibt sich ein Rückforderungsanspruch der übernehmenden Körperschaft in Höhe der abzuführenden KESt. Wird auf die Rückforderung der KESt verzichtet, stellt dies eine verdeckte Ausschüttung dar, sodass vom ausbezahlten Betrag im Ergebnis 37,93% (bis 2015: 33,33%, siehe EStR 2000 Rz 6223) KESt zu entrichten ist. *(BMF-AV Nr. 131/2018)*

Die KESt-Schuld entsteht mit der Anmeldung oder Meldung der Einbringung. Binnen einer Woche hat daher eine KESt-Anmeldung mittels Formular Ka 1 (Punkt II 2.a und 2.b) beim Finanzamt der übernehmenden Körperschaft zu erfolgen. Die Abfuhr der KESt hat für tatsächliche Entnahmen spätestens eine Woche nach der (An)Meldung der Einbringung und hinsichtlich der vorbehaltenen Entnahme binnen einer Woche nach Tilgung bzw. nach Beschluss auf Liquidation oder Umgründung mit Erlöschen der Körperschaft (Verschmelzung, Umwandlung und Aufspaltung) zu erfolgen. Weiters löst hinsichtlich vorbehaltener Entnahmen auch die Zuwendung der Beteiligung, die der Einbringende (als Gegenleistung) an der übernehmenden Körperschaft hält, an eine Privatstiftung die Verpflichtung zur Abfuhr der Kapitalertragsteuer aus. — 972d

Erfolgt die Anmeldung oder Meldung der Einbringung spätestens zum 31.12.2015, kommt auf die Ausschüttungsfiktion unabhängig von einer späteren Abfuhr der KESt der 25-prozentige Steuersatz gemäß § 27a Abs. 1 EStG 1988 idF vor StRefG 2015/2016 zur Anwendung. *(BMF-AV Nr. 40/2017)*

Sind die tatsächlichen oder/und vorbehaltenen Entnahmen teilweise im positiven Buchwert gedeckt, gelten zunächst die im positiven Buchwert Deckung findenden und damit kest-freien Entnahmen als vorgenommen. — 972e

Beispiel:

Ergibt sich nach Berücksichtigung sämtlicher rückwirkender Korrekturen iSd § 16 Abs. 5 UmgrStG ein negativer Buchwert von -100 und wurde eine vorbehaltene Entnahme iHv 300 getätigt, unterliegt die Tilgung der „ersten" 200 der vorbehaltenen Entnahme nicht der Ausschüttungsfiktion. Wäre hingegen der Buchwert schon vor den rückwirkenden Korrekturen negativ gewesen, würde die gesamte vorbehaltene Entnahme iHv 300 der Ausschüttungsfiktion unterliegen.

Wurde im Beispiel mit dem negativen Buchwert iHv -100 nach sämtlichen Korrekturen neben der vorbehaltenen Entnahmen eine rückbezogene tatsächliche Entnahme iHv 200 getätigt, ist ausschließlich die vorbehaltene Entnahme im Ausmaß von 100 von der Ausschüttungsfiktion erfasst, weil die rückbezogenen tatsächlichen Entnahmen zeitlich vorgehen und im positiven Buchwert volle Deckung finden. *(AÖF 2008/ 243)*

Die einbringungsveranlasst entstandene Ausschüttungsfiktion bleibt unabhängig von einem späteren Gesellschafter- oder Gläubigerwechsel wirksam. Auch wenn der Einbringende seine Beteiligung an eine Körperschaft veräußert oder in eine Körperschaft einbringt und die Forderung an diese abtritt, bleibt die KESt-Abfuhrverpflichtung bestehen, § 10 Abs. 1 KStG 1988 bzw. § 94 Z 2 EStG 1988 sind diesfalls unbeachtlich. *(AÖF 2008/243)* — 972f

Für Einbringungen mit einem Stichtag nach dem 31.12.2006: — 972g

Sollte die Beteiligung an der übernehmenden Körperschaft vor der Fälligkeit der KESt (also vor Tilgung der vorbehaltenen Entnahme) entgeltlich veräußert werden, löst die spätere Tilgung der vorbehaltenen Entnahme keine KESt- Abfuhrverpflichtung aus. In diesem Fall werden auch nicht die Anschaffungskosten bzw. Buchwerte der Beteiligung erhöht. *(AÖF 2013/301)*

972h   Für Einbringungen mit einem Stichtag nach dem 31.12.2006:

Sollte die Beteiligung an der übernehmenden Körperschaft vor der Fälligkeit der KESt (also vor Tilgung der vorbehaltenen Entnahme) unentgeltlich übertragen werden, geht die steuerhängige Reserve auf den Rechtsnachfolger über. Bleibt der unentgeltlich Übertragende weiterhin Gläubiger, fallen Veräußerungs- und KESt-Tatbestand auseinander. Wird die vorbehaltene Entnahme sodann getilgt, führt dies beim Rechtsnachfolger zu einer Erhöhung der Anschaffungskosten bzw. Buchwerte. Sollte der Rechtsnachfolger die Beteiligung vor Tilgung veräußern, kommt es zu einem Entfall der KESt-Pflicht. In diesem Fall werden die Anschaffungskosten bzw. Buchwerte beim Rechtsnachfolger nicht nachträglich korrigiert. *(AÖF 2013/301)*

972i   Die unter die KESt-Pflicht fallenden rückbezogenen Entnahmen werden als Ausschüttungen fingiert und stellen daher auch Beteiligungserträge iSd § 27 Abs. 2 Z 1 EStG 1988 dar. Alternativ zur KESt steht daher auch die Regelbesteuerungsoption gemäß § 27a Abs. 5 EStG 1988 in jenem Veranlagungszeitraum zu, in dem die KESt-Abfuhrverpflichtung nach § 18 Abs. 2 Z 1 UmgrStG entsteht. *(BMF-AV Nr. 40/2017)*

972j   Die vorbehaltene Entnahme führt zu einer Verbindlichkeit der übernehmenden Körperschaft gegenüber dem zum Gesellschafter gewordenen Einbringenden. Verzichtet der Gesellschafter nach der Einbringung auf diese Forderung, ist dies zunächst als Einlage des Gesellschafters zu werten. Sie stellt einen tauschartigen unter § 6 Z 14 lit. b EStG 1988 fallenden Vorgang dar, der zur Aktivierung der eingelegten Forderung auf die Anschaffungskosten der Beteiligung führt, bei der übernehmenden Körperschaft nach allgemeiner Auffassung zu einem Eingang der Forderung in Verbindung mit dem nachfolgenden gemäß § 8 Abs. 1 KStG steuerfreien Wegfall infolge des Zusammentreffens von Forderung und Verbindlichkeit führt. Beim Gesellschafter führt der Verzicht zunächst zu einer Einnahme, die den Wert der Beteiligung erhöht. Diese Einnahme für sich ist im Privatvermögen steuerneutral, sie bewirkt bei der Körperschaft im Sinne einer „Doppelmaßnahme" zunächst eine Tilgung der aus der vorbehaltenen Entnahme entstandenen Verbindlichkeit mit anschließender Einlage. Der Verzicht ist in eine Tilgung und eine Einlage aufzulösen. Beide Vorgänge erhöhen jeweils die Anschaffungskosten oder Buchwerte der Beteiligung, die Tilgung nach § 20 Abs. 2 UmgrStG und die Einlage nach § 6 Z 14 lit. b EStG:

Beispiel:

Der einzubringende Betrieb hat zum Einbringungsstichtag einen negativen Buchwert von -100 und einen positiven Verkehrswert von 900. Bei einer vorbehaltenen Entnahme iHv 450 und ursprünglichen Anschaffungskosten für die übernehmende GmbH iHv 35 ergeben sich negative Anschaffungskosten iHv -515 (35 -100 - 450). Verzichtet der Gesellschafter in weiterer Folge auf die vorbehaltene Entnahme, löst der Verzicht als Tilgung zunächst einerseits KESt-Pflicht aus, führt andererseits zu einer Erhöhung der Anschaffungskosten auf -65 (-515 + 450). Da der Verzicht als „Doppelmaßnahme" einzustufen ist, erhöht der Verzicht als Einlage sodann noch einmal die Anschaffungskosten auf 385 (-65 + 450). Diese Erhöhung der Anschaffungskosten sowohl bei Tilgung als auch bei Einlage vermeidet eine „Doppelbesteuerung". *(BMF-AV Nr. 40/2017)*

972k   Die Zession (Forderungsabtretung) der aus der vorbehaltenen Entnahme resultierenden Forderung des Einbringenden löst für sich selbst keine KESt-Abfuhrverpflichtung aus, sondern erst die nachfolgende Tilgung.

Eine andere Situation ergibt sich im Fall der Umfinanzierung der aus der vorbehaltenen Entnahme entstandenen Verbindlichkeit der übernehmenden Körperschaft. Nimmt die Körperschaft zwecks Auszahlung der Verbindlichkeit einen Bankkredit auf, liegt mit der Auszahlung der Kreditvaluta an den Einbringenden eine KESt-pflichtige Tilgung vor. *(AÖF 2013/301)*

3.5.2. Steuerwirksame Rechtsbeziehungen zum Einbringenden

§ 18 Abs. 3 UmgrStG beschreibt Rechtsbeziehungen des Einbringenden zur übernehmenden Körperschaft, die das einzubringende Vermögen betreffen. 973

Auch im Rahmen des für Umgründungen vorgesehenen Rückwirkungsgrundsatzes können Rechtsbeziehungen des Einbringenden zur übernehmenden Körperschaft, die das einzubringende Vermögen betreffen, grundsätzlich erst für Zeiträume nach dem Einbringungsvertragtag steuerlich wirksa 974

m begründet werden. In diesem Zusammenhang bestehen Sonderregelungen für:

• die Überlassung der Arbeitskraft (bezogen auf den eingebrachten Betrieb) (Rz 975),

• die Überlassung von Geld bzw. die Kreditierung auf Grund einer vorbehaltenen Entnahme (Rz 976 ff) und

• die Überlassung von Wirtschaftsgütern (Rz 983). *(AÖF 2008/243)*

3.5.2.1 Überlassung der Arbeitskraft

Beschäftigungsverhältnisse des Einbringenden bei der übernehmenden Körperschaft, die sich auf das eingebrachte Vermögen (Betrieb) beziehen, können frühestens für Zeiträume nach Abschluss des Einbringungsvertrages begründet oder verändert werden, sofern zu diesem Zeitpunkt eine vertragliche Vereinbarung getroffen wird. Eine Rückbeziehung auf die Zeit ab dem dem Einbringungsstichtag folgenden Tag bzw. daraus resultierende Vergütungen für Zeiträume vor Abschluss des Einbringungsvertrages bewirken verdeckte Ausschüttungen im Sinne des § 8 Abs. 2 KStG 1988 (vgl. VwGH 16.12.2015, 2012/15/0216). 975

Beispiel:
A bringt sein Einzelunternehmen zum 31.12.00 in die am 12.5.01 gegründete B-GmbH ein. Für den Zeitraum Jänner bis August 01 hat A Beiträge nach dem GSVG zu entrichten. Der Einbringungsvertrag wird am 4.9.01 abgeschlossen, die Firmenbucheintragung erfolgt am 15.11.01. Ein Beschäftigungsverhältnis des A zur B-GmbH im Rahmen des eingebrachten Betriebes kann unter der Voraussetzung des Abschlusses einer vertraglichen Vereinbarung frühestens ab 4.9.01 steuerlich anerkannt werden. Die im Mai 01 vereinbarte Geschäftsführervergütung ist nach den allgemeinen steuerlichen Grundsätzen in Bezug auf eine zunächst inaktive Kapitalgesellschaft zu beurteilen, die Erhöhung der Bezüge infolge der intensiveren Beschäftigung für den von der B-GmbH übernommenen Betrieb mit Wirkung ab 4.9.01 ist dem Grunde nach steuerwirksam, wenn diese Erhöhung den allgemeinen steuerlichen Grundsätzen des Fremdvergleichs entspricht. Weder eine rückwirkende erhöhte Entlohnung für Zeiträume ab 12.5.01 noch eine solche ab 1.1.01 können steuerlich anerkannt werden. Die für das Einzelunternehmen bezahlten Beiträge nach dem GSVG, die infolge der Rückwirkung der Einbringung der B-GmbH zuzurechnen sind, stellen bei dieser eine Betriebsausgabe dar.

Werden in einem (steuerunwirksamen) Arbeitsverhältnis zur einbringenden Mitunternehmerschaft stehende Mitunternehmer einbringungsbedingt zu nicht wesentlich beteiligten Anteilsinhabern der übernehmenden Körperschaft und wird das Arbeitsverhältnis fortgesetzt, entsteht auch in diesem Fall ein steuerwirksames Arbeitsverhältnis erst mit dem Tag des Abschlusses des Einbringungsvertrages. Arbeitsvergütungen, die den Zeitraum zwischen dem Einbringungsstichtag und dem Tag des Abschlusses des Einbringungsvertrages betreffen und bei der Mitunternehmerschaft als Entnahmen zu werten gewesen wären, wandeln sich gemäß § 16 Abs. 5 Z 1 UmgrStG in Verrechnungsforderungen der übernehmenden Körperschaft gegen den Anteilsinhaber, sofern die Entnahmen nicht auf den Einbringungsstichtag rückbezogen werden. *(AÖF 2013/301, BMF-AV Nr. 40/2017)*

975a   Die Übernahme der im eingebrachten Betrieb Beschäftigten durch die übernehmende Körperschaft ist kein Anwendungsfall des § 18 Abs. 3 UmgrStG, sondern ein solcher der arbeitsrechtlichen Regelungen und des § 41 UmgrStG.

Verbleiben die im eingebrachten Betrieb Beschäftigten beim Einbringenden, kann eine Arbeitsgestellung an die übernehmende Körperschaft mangels Geltung der Rückwirkungsfiktion für Arbeitsverhältnisse nicht mit Wirkung ab dem dem Einbringungsstichtag folgenden Tag vereinbart werden. Die im Fall der fortgesetzten effektiven Arbeitsausübung im eingebrachten Betrieb ab diesem Tag anfallenden Lohnkosten können bei der übernehmenden Körperschaft abgesetzt werden.

Beispiel:

Die GmbH-A bringt mit Einbringungsvertrag vom 15.9.01 einen Teilbetrieb zum 31.12.00 in die Tochter-GmbH-B ein. Die im einzubringenden Teilbetrieb beschäftigten Arbeitnehmer verbleiben bei der GmbH-A und sollen der GmbH-B zur Arbeitsausübung gestellt werden. Da die Teilbetriebsübertragung umgründungssteuerrechtlich mit 1.1.01 wirksam wird und die Beschäftigten unverändert im Teilbetrieb arbeiten, können die darauf entfallenden tatsächlichen Lohnaufwendungen bei der Gewinnermittlung der GmbH-B als Betriebsausgaben angesetzt und bei der GmbH-A durch eine gleich hohe Ertragspost neutralisiert werden. Ein steuerwirksamer dem Fremdvergleich entsprechender Gestellungsvertrag kann mit Wirkung ab 15.9.01 geschlossen werden.

Zu den Folgen des einbringungsveranlassten Entstehens einer wesentlichen Beteiligung eines Arbeitnehmers an der Arbeitgeber-Körperschaft siehe Rz 1218a. *(AÖF 2008/243, BMF-AV Nr. 40/2017)*

3.5.2.2 Überlassung von Geld

976   Das im Vorabsatz beschriebene Rückwirkungsverbot gilt auch für Rechtsbeziehungen im Zusammenhang mit der Kreditgewährung, soweit sie in keinem Zusammenhang mit dem eingebrachten Vermögen stehen. Eine entgeltliche Überlassung von bisher nicht im einzubringenden Vermögen enthaltenen Geldmitteln kann somit frühestens für Zeiträume nach Abschluss eines Kreditvertrages vereinbart werden.

3.5.2.2.1 Verzinsung der Verrechnungsverbindlichkeit aus vorbehaltenen Entnahmen

977   Vorbehaltene Entnahmen im Sinne des § 16 Abs. 5 Z 2 UmgrStG sind in einer Passivpost in der Einbringungsbilanz darzustellen (siehe Rz 911 ff). Die übernehmende Körperschaft hat diese Passivpost als Verrechnungsverbindlichkeit dem Einbringenden gegenüber darzustellen. Diese Verbindlichkeit kann in Vertragsform auch mit einer Verzinsung verbunden werden, die dem Grunde nach frühestens für Zeiträume ab Abschluss der Vereinbarung steuerwirksam ist, wenn die vertragliche Vereinbarung den allgemeinen steuerlichen Grundsätzen des Fremdvergleichs entspricht. *(AÖF 2008/243)*

Von diesem Grundsatz abweichend kann die vertragliche Vereinbarung auf 978
die Zeit ab dem dem Einbringungsstichtag folgenden Tag mit steuerlicher Wirkung rückbezogen werden, wenn die Entgeltsvereinbarung am Tag des Abschlusses des Einbringungsvertrages getroffen wird. Auch in diesem Fall ist die
Vereinbarung am Fremdvergleich zu messen. Unangemessen niedrige Zinsen
bzw. Unverzinslichkeit der Verrechnungsverbindlichkeit haben keine ertragsteuerlichen Auswirkungen. Der Zinsaufwand bei der übernehmenden Körperschaft
führt beim Einbringenden zu steuerpflichtigen betrieblichen Einkünften oder
Kapitaleinkünften.

Im Hinblick auf diese Sonderregelungen in § 18 Abs. 3 UmgrStG ist die 979
steuerliche Anerkennung des Zinsenaufwandes dem Grunde nach davon abhängig, dass der Zeitpunkt der Vereinbarung eindeutig belegbar ist.

Fortsetzung des Beispiels in Rz 975:
A hat in der Einbringungsbilanz einen Passivposten für die vorbehaltene Entnahme
gemäß § 16 Abs. 5 Z 2 UmgrStG gebildet. In der B-GmbH wird diesbezüglich eine
Verrechnungsverbindlichkeit ausgewiesen. Im Falle einer Kreditvereinbarung am
4.9.01 kann eine angemessene Verzinsung mit steuerlicher Wirkung ab 1.1.01 vereinbart werden. Sollte zB. die Kreditvereinbarung am 30.10.01 getroffen werden,
sind die angemessenen Zinsen für Zeiträume ab 30.10.01 steuerwirksam. *(AÖF 2008/
243)*

§ 18

3.5.2.2.2 Fremdfinanzierung von rückwirkenden vorbehaltenen Entnahmen

Die aus der vorbehaltenen Entnahme resultierende Verrechnungsverbind- 980
lichkeit ist in weiterer Folge an den Grundsätzen von Gesellschafterdarlehen zu
messen. Wird die Gesellschafterverbindlichkeit in weiterer Folge durch Fremd-
mittel ersetzt, sind die dafür anfallenden Zinsen als Betriebsausgaben zu behandeln. Zu der mit der Umfinanzierung unter Umständen verbundenen KESt-
Pflicht siehe Rz 972b ff. *(AÖF 2008/243)*

3.5.2.2.3 Rücklage auf Grund überhöhter vorbehaltener Entnahmen

Soweit eine nach § 16 Abs. 5 Z 2 UmgrStG gebildete Passivpost für vorbe- 981
haltene Entnahmen den dort vorgesehenen Höchstbetrag überschreitet, gilt der
übersteigende Teil als versteuerte Rücklage. Damit erhöht sich der steuerliche
Sacheinlagewert. Da die Rücklage bilanztechnisch eine Verbindlichkeit bleibt,
ist eine Situation wie bei Behandlung eines Gesellschafterdarlehens als verdeck-
tes Grund- oder Stammkapital gegeben. Es ist daher im Sinne des § 4 Abs. 12
EStG 1988 bei Vorliegen eines positiven Buchwertes ein entsprechender Betrag
auf dem Surrogatkapital-Subkonto (Abschnitt 4.2.5. des Erlasses des BMF vom
27. September 2017, BMF-010203/0309-IV/6/2017, Einlagenrückzahlungs-
und Innenfinanzierungserlass, BMF-AV Nr. 155/2017) einzustellen und eine Erhöhung der Anschaffungskosten der Beteiligung an der übernehmenden Körperschaft gegeben. Auf diesen übersteigenden Teil entfallende Aufwandszinsen bilden bei der übernehmenden Körperschaft verdeckte Ausschüttungen. Die Tilgung des als Rücklage zu behandelnden Teiles der Verbindlichkeit ist eine
Einlagenrückzahlung und vermindert den am Subkonto ausgewiesenen Betrag.

Beispiel:
A bringt zum 31.12.08 sein Einzelunternehmen in die X-GmbH (A ist 100% Gesellschafter) ohne Anteilsgewährung ein, das einen positiven Verkehrswert von € 50.000
aufweist. Die Einbringungsbilanz zum 31.12.08 hat folgendes Aussehen:

Aktiva		Passiva	
Anlagevermögen	10.000	Einbringungskapital	- 15.000
Umlaufvermögen	15.000	Vorbehaltene Entnahme gemäß § 16 Abs. 5 Z 2 UmgrStG	30.000
		Fremdkapital	10.000
	25.000		25.000

Im Einbringungsvertrag, der am 5.8.09 geschlossen wird, wird eine Verzinsung der vorbehaltenen Entnahme mit 4% p.a. vereinbart. Die Einbringung wird am 28.9.09 dem zuständigen Finanzamt gemeldet.

Die Grenze für die vorbehaltene Entnahme liegt bei € 25.000, sodass € 5.000 als versteuerte Rücklage gelten. Da allerdings das Einbringungskapital negativ ist, erhöht sich das Surrogatkapital-Subkonto nicht. Hinsichtlich eines Betrages von € 15.000 hat die X-GmbH bis spätestens 5.10.09 eine KESt-Meldung abzugeben.

Im Jahr 09 erfolgt keine Tilgung, sondern zahlt die X-GmbH Zinsen iHv € 1.200.

16,67% der bezahlten Zinsen, dh. € 200, stellen eine KESt-pflichtige verdeckte Ausschüttung dar. Der Restbetrag der Zinsen führt zu Einkünften aus Kapitalvermögen bei A, die nicht KESt-pflichtig sind. *(BMF-AV Nr. 131/2018)*

982   Die Rückzahlung des übersteigenden Teiles an den Einbringenden kann steuerlich keine Tilgung darstellen sondern ist grundsätzlich als Einlagenrückzahlung zu behandeln, da der zunächst eingestellte Betrag am Surrogatkapital-Subkonto wieder ausgebucht wird und die um die zusätzliche Einlage erhöhten Anschaffungskosten wieder abgestockt werden. Ergibt sich aber hingegen trotz Korrektur in Höhe der als Rücklage zu behandelnden Verbindlichkeit kein buchmäßig positives Einbringungsvermögen (sondern nur eine Verminderung des buchmäßig negativen Einbringungsvermögens), stellt die Rückzahlung der entsprechenden Rücklage mangels eines Evidenzbetrages eine verdeckte Ausschüttung dar. Unabhängig davon, ob der als Fremdkapital und als Eigenkapital geltende Teil der Passivpost im Rechenwerk der übernehmenden Körperschaft einheitlich oder getrennt ausgewiesen sind, ist im Fall von Teiltilgungen stets von einer anteiligen Auflösung des steuerwirksamen und steuerunwirksamen Teils auszugehen.

Beispiel:
Der steuerlich maßgebende Buchwert des einzubringenden Vermögens beträgt 775, der Verkehrswert 1.000 vor den Korrekturen. Nach Vornahme rückwirkender Korrekturen in Höhe von 120 (Buchwert und Verkehrswert) wird eine Passivpost für eine vorbehaltene Entnahme in Höhe von 600 gebildet. Da die steuerlich zulässige vorbehaltene Entnahme nach der Berechnung im Sinne des § 16 Abs. 5 Z 2 UmgrStG zB mit 440 begrenzt ist, ist die Passivpost um 160 zu hoch. Das erklärte Einbringungskapital von 55 (775 – 120 – 600) beträgt daher 215 (55 + 160). Die Verbindlichkeit von 600 gilt im Ausmaß von 160 als versteuerte Rücklage. Im Falle einer Auszahlung dieser 160 liegt eine Einlagenrückzahlung vor, da der am Surrogatkapital-Subkonto eingestellte Betrag in gleicher Höhe aufgelöst wird. Da sich beim Einbringenden die Anschaffungskosten der Gegenleistung um 160 erhöht haben, löst die Einlagenrückzahlung keine Besteuerung aus. *(BMF-AV Nr. 131/2018)*

3.5.2.3 Überlassung von Wirtschaftsgütern

983   Auch Verträge über die Nutzungsüberlassung, soweit sie sich auf das eingebrachte Vermögen beziehen, sind erst steuerwirksam, wenn sowohl der Einbringungsvertrag als auch die spezielle vertragliche Vereinbarung abgeschlossen sind. Davon abweichend sind Verträge über die Nutzungsüberlassung von Anlagevermögen, welches im Zuge der Einbringung nach § 16 Abs. 5 Z 3 UmgrStG zurückbehalten wurde, ab dem dem Einbringungsstichtag folgenden Tag steuer-

wirksam, wenn die Entgeltsvereinbarung nachweislich am Tag des Abschlusses des Einbringungsvertrages getroffen wird. Die Entgeltsvereinbarung ist ebenfalls nach Fremdvergleichsgrundsätzen zu beurteilen. Wird das im Zuge der Einbringung zurückbehaltene Anlagegut zu einem unangemessen hohen Entgelt durch die übernehmende Körperschaft angemietet, führt jener Teil der Miete, der den angemessenen Mietzins übersteigt, zu einer verdeckten Ausschüttung (vgl. KStR 2013 Rz 857).

Beispiel:

A bringt sein Einzelunternehmen zum 31.12.00 in die am 12.5.01 gegründete B-GmbH ein. Der Einbringungsvertrag wird am 29.9.01 abgeschlossen, die Firmenbucheintragung erfolgt am 15.10.01.

a) A kann eine bisher privat genutzte Wohnung ab 29.9.01 an die den Einzelbetrieb übernehmende B-GmbH für deren betriebliche Zwecke vermieten.

b) Im Zuge der Einbringung wurde die Betriebsliegenschaft gemäß § 16 Abs. 5 Z 3 UmgrStG zurückbehalten und der GmbH zur Nutzung überlassen.

- Wird nach dem 29.9.01 ein Bestandverhältnis vereinbart, kann dieses ab dem Vertragstag steuerliche Wirkung vermitteln.
- Wird am 29.9.01 ein Bestandverhältnis vereinbart, kann dieses steuerwirksam auf den 1.1.01 rückbezogen werden.
- Wird überhaupt keine Vereinbarung über die Nutzungsüberlassung getroffen, liegt eine steuerneutrale Nutzungseinlage ab dem Vertragstag vor. *(AÖF 2013/ 301)*

3.5.3. Internationale Schachtelbeteiligung

Entsteht oder erweitert sich bei der übernehmenden Körperschaft einbringungsbedingt eine steuerneutrale internationale Schachtelbeteiligung im Sinne des § 10 Abs. 2 KStG 1988, sollen die bis zur Einbringung in den bisher nicht steuerbegünstigten Beteiligungsquoten angesammelten steuerhängigen stillen Reserven auch nach der Einbringung steuerhängig bleiben. Zum Entstehen der Schachtelbeteiligung siehe Rz 988 ff, zur Erweiterung der Schachtelbeteiligung siehe Rz 991. *(BMF-AV Nr. 40/2017)* 984

Geht durch eine Einbringung die Eigenschaft einer Beteiligung als steuerneutrale internationale Schachtelbeteiligung unter, soll eine Entsteuerung der bis zur Einbringung nicht steuerhängigen stillen Reserven erreicht werden. Siehe dazu Rz 992 ff. *(BMF-AV Nr. 40/2017)* 985

Die Rechtsfolgen des Entstehens bzw. der Erweiterung sowie des Unterganges einer internationalen Schachtelbeteiligung bei den Anteilsinhabern der übernehmenden Körperschaft regelt § 20 Abs. 7 UmgrStG (siehe Rz 1153 bis Rz 1168). *(AÖF 2013/301)* 986

3.5.3.1 Entstehen bzw. Erweiterung einer internationalen Schachtelbeteiligung

3.5.3.1.1 Befreiung von Gewinnanteilen

Im Falle des Entstehens bzw. der Erweiterung einer internationalen Schachtelbeteiligung bei der übernehmenden Körperschaft ist im Hinblick auf die Befreiung von Gewinnanteilen die Jahresfrist des § 10 Abs. 2 KStG 1988 zu beachten. Der Fristenlauf beginnt mit dem dem Einbringungsstichtag folgenden Tag. Dies gilt unabhängig von der Person des Einbringenden. Sollte allerdings bei einer inländischen übertragenden Körperschaft bereits bisher eine internationale Schachtelbeteiligung bestanden haben, wird diese im Wege der ertrag- 987 steuerlichen Gesamtrechtsnachfolge fortgesetzt. In diesem Fall ist die Jahresfrist unbeachtlich. *(BMF-AV Nr. 40/2017)*

3.5.3.1.2 Steuerneutralität von Substanzgewinnen

3.5.3.1.2.1 Entstehen einer internationalen Schachtelbeteiligung

988   Entsteht bei der übernehmenden Körperschaft einbringungsbedingt eine internationale Schachtelbeteiligung, besteht mangels eines Anschaffungstatbestandes im Sinne des § 10 Abs. 3 Z 1 KStG 1988 kein Wahlrecht zugunsten der Steuerpflicht. Es entsteht daher stets eine steuerneutrale internationale Schachtelbeteiligung. Die Jahresfrist des § 10 Abs. 2 KStG 1988 ist zu beachten. § 18 Abs. 4 UmgrStG sieht vor, dass der im Realisierungsfall entstehende Gewinn bis zum Unterschiedsbetrag zwischen den übernommenen Buchwerten und den höheren Teilwerten der bisher nicht begünstigten Beteiligungsquoten von der Steuerneutralität ausgenommen ist. Der steuerhängige Unterschiedsbetrag ist in Evidenz zu nehmen.

Beispiele:

1. Die A-GmbH ist seit drei Jahren mit 5% an der ausländischen B-GmbH beteiligt (Buchwert 5.000, Verkehrswert 10.000). C bringt zum 31.12.01 seinen Betrieb in die A-GmbH ein, dabei wird unter anderem eine 5-prozentige B-Beteiligung miteingebracht (Buchwert 3.000). Mit 1.1.02 entsteht eine steuerneutrale internationale Schachtelbeteiligung, die bis zum Ablauf der einjährigen Wartefrist steuerhängig ist. Die 10-prozentige Beteiligung wird im Jahre 03 um a) 24.000, b) 18.000 veräußert.

   • Im Falle a) entsteht ein Veräußerungsgewinn von 16.000, der mit 12.000 (Buchwert am 1.1.02 8.000, Verkehrswert 20.000) steuerpflichtig und mit 4.000 steuerneutral ist.

   • Im Falle b) entsteht ein Veräußerungsgewinn von 10.000, der zur Gänze steuerpflichtig ist.

2. Die inländische A-GmbH besitzt seit Jahren eine steuerneutrale 92-prozentige internationale Schachtelbeteiligung an der ausländischen B-GmbH (Buchwert 10.000, Verkehrswert 92.000) und eine steuerpflichtige 25-prozentige internationale Schachtelbeteiligung an der ausländischen C-GmbH (Buchwert 4.000, Verkehrswert 12.000). Beide Beteiligungen werden in die inländische D-GmbH eingebracht, die seit einem Jahr zu 8% an der B-GmbH (Buchwert 5.000, Verkehrswert 8.000) beteiligt ist.

Bei der übernehmenden D-GmbH wird die bestehende 8-prozentige Beteiligung an der B-GmbH um die übernommene internationale Schachtelbeteiligung von 92% auf 100% erhöht. Für die zugehende 92-prozentige Quote ergibt sich auf Grund der fiktiven Gesamtrechtsnachfolge keine Änderung hinsichtlich der Steuerneutralität, für die 8-prozentige Quote ist eine Ausnahme von der Steuerneutralität in Höhe von 3.000 in Evidenz zu nehmen, die Behaltefrist beginnt diesbezüglich mit dem dem Einbringungsstichtag folgenden Tag zu laufen. Für die eingebrachte Beteiligung an der C-GmbH ändert sich nichts an der Steuerhängigkeit. Erweitert sich einbringungsbedingt eine steuerwirksame internationale Schachtelbeteiligung, hat § 18 Abs. 4 UmgrStG keinen Anwendungsbereich, da auch die Erweiterung unter die Steuerwirksamkeit fällt. *(AÖF 2008/243)*

989   Die vorstehenden Grundsätze gelten auch bei der Einbringung von bisher nicht steuerbegünstigten mindestens 10-prozentigen Auslandsbeteiligungen durch inländische natürliche Personen.

Beispiel:

D bringt die privat gehaltene 100-prozentige Beteiligung an der ausländischen E-GmbH (Anschaffungskosten 30.000) in die von ihm allein am 10.3.02 bargegründete D-GmbH rückwirkend zum 31.12.01 unter Verzicht auf eine Anteilsgewährung gemäß § 19 Abs. 2 Z 5 UmgrStG ein. Die mit 1.1.02 steuerlich entstandene D-GmbH hat an diesem Tag eine steuerneutrale internationale Schachtelbeteiligung erworben. Da der gemeine Wert zum 1.1.02 35.000 beträgt, hat die D-GmbH den nach § 17 Abs. 1 UmgrStG maßgebenden Sacheinlagewert von 30.000 als Buchwert anzusetzen. Die am Einbringungsstichtag bestehende steuerhängige stille Reserve von 5.000 bleibt steuerhängig, sofern der Veräußerungsgewinn diesen Betrag erreicht oder übersteigt. *(AÖF 2008/243)*

Kein Anwendungsfall des § 18 Abs. 4 UmgrStG liegt im Falle der Importeinbringung von nicht steuerhängigen Anteilen in eine inländische übernehmende Körperschaft vor, wenngleich die Jahresfrist des § 10 Abs. 2 KStG 1988 zu beachten ist: **990**

- Hat der Einbringende den Kapitalanteil mit dem gemeinen Wert angesetzt, sind die am Stichtag vorhandenen stillen Reserven entsteuert und die entstehende steuerneutrale internationale Schachtelbeteiligung ist zu 100% wirksam.

- Hat der Einbringende den Kapitalanteil mit den Anschaffungskosten angesetzt, treten nach Ablauf des Jahres die Wirkungen einer steuerneutralen internationalen Schachtelbeteiligung ein. *(AÖF 2008/243)*

§ 18

3.1.2.2 Erweiterung einer internationalen Schachtelbeteiligung

Eine bei einer inländischen übernehmenden Körperschaft bereits bestehende internationale Schachtelbeteiligung kann sich einbringungsbedingt erweitern, sei es durch die Übernahme neuer Anteile, sei es durch die Übernahme einer Beteiligung oder deren Erweiterung. Dabei ist zu unterscheiden: **991**

- Erweitert sich einbringungsbedingt eine steuerneutrale internationale Schachtelbeteiligung, gilt die in Rz 988 beschriebene Regelung.

Beispiel 1:

Der inländische Einzelunternehmer A ist zu 100% an der inländischen B-GmbH und im Rahmen seines Einzelunternehmens zu 5% an der ausländischen C-GmbH (Buchwert 1.000, Verkehrswert 15.000) beteiligt. Die B-GmbH ist zu 40% an C-GmbH (Buchwert 5.000, Verkehrswert 120.000) beteiligt. A bringt die C-Beteiligung mit seinem Betrieb zum 31.12.01 in die B-GmbH ein. Als Folge wird die bei B bereits bestehende steuerneutrale internationale Schachtelbeteiligung erweitert. Für die 5-prozentige Quote des A ist eine steuerhängige stille Reserve von 14.000 evident zu halten (bisher nicht steuerbegünstigte Beteiligungsquoten), für die bereits bestehende 40-prozentige Quote ergeben sich keine Änderungen. Wird die nunmehr 45-prozentige Beteiligung von der B-GmbH im Jahre 09 um a) 160.000, b) 15.000 veräußert, sind im Falle a) 14.000 und im Falle b) 1.000 (auf den Veräußerungsgewinn von 9.000 entfallen 5/45 auf die seinerzeitige 5-prozentige Beteiligung) zu versteuern.

- Erweitert sich einbringungsbedingt eine internationale Schachtelbeteiligung, die nach § 10 Abs. 3 Z 4 KStG 1988 zum Teil steuerneutral und zum Teil steuerpflichtig ist, ist der Erhöhungsteil nach dem prozentualen Verhältnis der bisherigen Teile der Schachtelbeteiligung den beiden zuzurechnen.

Beispiel 2:

Die A-GmbH hält eine internationale Schachtelbeteiligung iHv 60% an der deutschen B- GmbH, wobei 40% der Schachtelbeteiligung steuerneutral und 20% steuerwirksam sind. Der in Österreich unbeschränkt steuerpflichtige X bringt sodann die in seinem Privatvermögen gehaltene Beteiligung iHv 15% an der B-GmbH in die A-GmbH ein. Die eingebrachte Beteiligung wird im Verhältnis 2 zu 1 (40% zu 20%) dem bisher steuerneutralen und steuerwirksamen Teil zugerechnet, sodass nach der Einbringung die Schachtelbeteiligung iHv 75% in einen 50% steuerneutralen und einen 25% steuerwirksamen Teil aufzuteilen ist. Die bis zur Einbringung in der 15%-Beteiligung enthaltene stille Reserve bleibt nach § 18 Abs. 4 Z 1 steuerhängig. *(BMF-AV Nr. 40/2017)*

3.5.3.2 Untergang einer internationalen Schachtelbeteiligung

992   Der einbringungsbedingte Untergang einer steuerneutralen internationalen Schachtelbeteiligung ist bei der übernehmenden Körperschaft auf Grund einer Teileinbringung der Schachtelbeteiligung denkbar. Dies ist als Anwendungsfall des Art. III UmgrStG im Falle einer Betriebs- oder Teilbetriebseinbringung denkbar, bei der ein Teil einer Schachtelbeteiligung in einem Ausmaß von weniger als 10% miteingebracht wird. Auf Grund der ertragsteuerlichen Gesamtrechtsnachfolgefiktion geht die Beteiligung zunächst zum Buchwert auf die übernehmende Körperschaft über. Die bis zum Einbringungsstichtag entstandenen stillen Reserven sollen aber entsteuert werden. Es gilt daher der höhere Teilwert zum Einbringungsstichtag mit Beginn des dem Einbringungsstichtag folgenden Tages grundsätzlich als Buchwert.

Beispiel:

Die inländische A-GmbH hat vor Jahren eine internationale Schachtelbeteiligung an der ausländischen B-GmbH in einem Ausmaß von 20% angeschafft, wobei die Option zur Steuerwirksamkeit nicht ausgeübt wurde (steuerneutral). Zum Stichtag 31.12.X1 bringt die A-GmbH im Rahmen einer Betriebseinbringung 6% dieser Anteile an der ausländischen B-GmbH in die inländische C-GmbH ein, die ihrerseits noch nicht an der ausländischen B-GmbH beteiligt ist. Zum Einbringungsstichtag beträgt der Buchwert der 20-prozentigen Beteiligung 120.000, der Teilwert 200.000).

Nach der Einbringung hält die übernehmende C-GmbH eine Portfoliobeteiligung an der ausländischen B-GmbH im Ausmaß von 6%; hinsichtlich dieser Beteiligungsquote ist die Eigenschaft einer steuerneutralen internationalen Schachtelbeteiligung bei der übernehmenden Körperschaft untergegangen. Gemäß § 18 Abs. 4 Z 2 UmgrStG sind die auf diese Beteiligungsquoten entfallenden, bis zum Einbringungsstichtag entstandenen stillen Reserven zu "entsteuern" (von den 80.000 entfallen auf die 6% Beteiligungsquote 24.000 stille Reserven), indem der auf die Beteiligungsquote entfallende Teilwert (60.000) an die Stelle des auf die Beteiligungsquote entfallenden Buchwertes (36.000) tritt.

In gleicher Weise kann die dargestellte Regelung auf die Einbringung eines Teiles der internationalen Schachtelbeteiligung dahingehend angewendet werden, dass der bei der einbringenden Körperschaft verbleibende Teil unter 10% absinkt. *(BMF-AV Nr. 40/2017)*

993   Von der auf Grund der steuerneutralen Aufwertung entstandenen Entsteuerung der stillen Reserven zum Einbringungsstichtag sind bis zum Einbringungsstichtag umgründungsbedingt entstandene von der Steuerneutralität ausgenommene Unterschiedsbeträge im Sinne des § 18 Abs. 4 Z 1 UmgrStG ausgenommen. Der sich ergebende Betrag gilt als steuerlich maßgebender Buchwert des Anteils, der nach § 43 Abs. 2 UmgrStG in Evidenz zu nehmen ist. *(AÖF 2008/243)*

994   Sollte die betreffende Beteiligung an der ausländischen Körperschaft zwar formal die Voraussetzungen für eine internationale Schachtelbeteiligung erfüllen, aber auf Grund des § 10 Abs. 4 KStG 1988 in der Fassung vor JStG 2018 oder § 10a KStG 1988 die Wirkungen des § 10 Abs. 3 KStG 1988 nicht vermitteln, kommt eine steuerneutrale Aufwertung nicht in Frage. *(BMF-AV Nr. 131/2018)*

3.5.4. Buchgewinne und Buchverluste

§ 18 Abs. 6 UmgrStG regelt die steuerliche Behandlung von einbringungs- 995
bedingt bei der übernehmenden Körperschaft entstehenden Buchgewinnen und
Buchverlusten durch einen Verweis auf die entsprechenden Regelungen des § 3
Abs. 2 und 3 UmgrStG für die übernehmende Körperschaft bei Verschmelzungen. *(BMF-AV Nr. 193/2015)*

Eine nach § 202 Abs. 1 UGB mögliche Neubewertung des übernommenen 996
Vermögens mit dem unternehmensrechtlich beizulegenden Wert ist weder in
Fällen der zwingenden Buchwertfortführung noch in Fällen der Aufwertungsoption oder der Zwangsaufwertung auf Grund der Maßgeblichkeit der jeweiligen steuerlichen Werte beachtlich. Der in den Jahresabschlüssen der übernehmenden Körperschaft ausgewiesene Gewinn oder Verlust ist neben den nach
allgemeinem Bilanzsteuerrecht erforderlichen Korrekturen auch um die Korrekturen aus der steuerlich nicht maßgebenden Neubewertung im Rahmen der
Mehr-Weniger-Rechnung zu berichtigen. *(AÖF 2008/243)*

3.5.4.1 Steuerneutrale Unterschiedsbeträge

Zum Begriff der Buchgewinne und Buchverluste allgemein und solcher auf 997
gesellschaftsrechtlicher und betrieblicher Grundlage siehe Rz 161. Buchdifferenzen entstehen bei Einbringungen in Höhe des Unterschiedsbetrages des
Buchwertes des übernommenen Vermögens und der gewährten oder unterblei-
benden Gegenleistung. Als zwingende Folge der Buchwertfortführung bleiben
Buchgewinne und Buchverluste bei der steuerlichen Gewinnermittlung außer
Ansatz. Eine unternehmensrechtliche Sofortabschreibung eines Buchverlustes,
eine Abschreibung eines unternehmensrechtlichen Umgründungsmehrwertes
sowie eines unternehmensrechtlichen Firmenwertes sind im Rahmen der steuerlichen Mehr-Weniger-Rechnung zu neutralisieren.

Beispiele:
1. Die übernehmende Körperschaft übernimmt Vermögen zum Buchwert von +100
   und nimmt je nach dem sich aus der Unternehmensbewertung ergebenden Umtauschverhältnis eine Kapitalerhöhung von a) 50 und b) 120 vor.

   Im Fall a) ist der Mehrbetrag von 50 auf Kapitalrücklage einzustellen, stellt aber
   auch im Falle der gewinnerhöhenden Auflösung keinen körperschaftsteuerpflich-
   tigen Gewinn dar. Im Fall b) ist der Unterschiedsbetrag von 20 als Aufwand zu behandeln, der den steuerlichen Gewinn nicht beeinflussen oder als Umgründungsmehrwert oder/und Firmenwert aktiviert werden kann, dessen Abschreibung den
   steuerlichen Gewinn ebenfalls nicht berührt.

2. Die übernehmende Körperschaft übernimmt Vermögen zum Buchwert von a)
   +100 b) -100 und verändert das Nennkapital auf Grund der Bestimmungen des
   § 224 AktG nicht.

   Im Falle a) kommt es entweder zu einer Passivierung auf Rücklage mit der gleichen Wirkung wie in Beispiel 1, unter Umständen zu einem Buchgewinn, der
   ebenfalls nicht steuerwirksam sein kann. Im Falle b) kommt es stets zu einem
   steuerneutralen Buchverlust. *(AÖF 2008/243)*

Im Falle einer Schwesterneinbringung oder der in § 20 Abs. 4 Z 2 UmgrStG 998
erwähnten Einbringung in die 100-prozentige Muttergesellschaft entsteht nicht
nur bei der übernehmenden Körperschaft sondern auch bei der übertragenden
Körperschaft mangels Gegenleistung ein steuerneutraler Buchverlust oder
Buchgewinn. In unternehmensrechtlicher Sicht liegt dabei eine verbotene Einlagenrückgewähr vor, sofern keine gesellschaftsrechtlichen Begleitmaßnahmen
gesetzt werden (siehe Rz 1084 f). *(AÖF 2008/243)*

999   Ein Sonderfall eines Buchverlustes bei der übernehmenden Körperschaft ergibt sich im Falle der Miteinbringung der Beteiligung an der übernehmenden Körperschaft. Die zum Betriebsvermögen gehörende und mit dem Betrieb des einbringenden Einzelunternehmers oder der einbringenden Mitunternehmerschaft miteingebrachte Beteiligung wird dadurch zum eigenen Anteil der übernehmenden Körperschaft. Analog zur down-stream-Verschmelzung führt die sofortige Herausgabe der Anteile an den Einbringenden in der Folge zu einem steuerneutralen Buchverlust in Höhe eines steuerlich positiven Buchwertes bzw. zu einem steuerneutralen Buchgewinn in Höhe eines (auf Grund einer Vorumgründung) steuerlich negativen Buchwertes. Zu den Folgen der Nichteinbringung der Beteiligung siehe Rz 1019 ff und Rz 1069 ff. 999

Beispiel:

Der Einzelunternehmer A bringt sein Einzelunternehmen mit einem Buchwert laut Einbringungsbilanz von 1.500 in die B-GmbH ein. Der Buchwert der zum Betriebsvermögen gehörenden miteingebrachten Anteile an der übernehmenden B-GmbH beträgt 300 (diese 300 sind im Buchwert laut Einbringungsbilanz von 1.500 bereits enthalten).

Einbringungsbedingt übernimmt die B-GmbH den Buchwert mit 1.500, in der Folge entsteht auf Grund der Herausgabe der Anteile ein steuerneutraler Buchverlust von 300. Die nach § 20 Abs. 2 UmgrStG maßgeblichen Anschaffungskosten des Einbringenden A von zunächst 1500 sind um den Buchwert der herausgegebenen Anteile zu vermindern und betragen somit 1.200.

Zu den Auswirkungen von Buchgewinnen und Buchverlusten auf die Innenfinanzierung siehe Rz 379. *(BMF-AV Nr. 40/2017)*

3.5.4.2 Steuerwirksame Unterschiedsbeträge (Confusio)

1000   Unabhängig vom Vorliegen von Buchgewinnen oder Buchverlusten sind Veränderungen des Betriebsvermögens, die aus der Vereinigung von Aktiven und Passiven (Confusio) bei der übernehmenden Körperschaft stammen, in dem dem Einbringungsstichtag folgenden Wirtschaftsjahr steuerlich zu berücksichtigen (siehe auch Rz 162 ff).

Beispiel:

A bringt sein Einzelunternehmen in die B-GmbH ein, deren Alleingesellschafter B ist. Im Einzelunternehmen wurde eine Forderung gegenüber der B-GmbH in Höhe von 1.500 zu 50% einzelwertberichtigt. Als Folge der Einbringung sind Forderung und Verbindlichkeit in einer Person vereinigt, die übernehmende B-GmbH hat die beiden Positionen daher auszubuchen. Der sich daraus ergebende Buchgewinn in Höhe von 750 ist als Confusiogewinn in dem auf den Einbringungsstichtag folgenden Wirtschaftsjahr zu versteuern.

Zu den Auswirkungen von Confusiogewinnen und Confusioverlusten auf die Innenfinanzierung siehe Rz 379. *(BMF-AV Nr. 40/2017)*

Die Gegenleistung

§ 19. (1) Die Einbringung muß ausschließlich gegen Gewährung von neuen Anteilen an der übernehmenden Körperschaft erfolgen.

(2) Die Gewährung von neuen Anteilen kann unterbleiben,

1. soweit die übernehmende Körperschaft den Einbringenden mit eigenen Anteilen abfindet,

2. soweit die Anteilsinhaber der übernehmenden Körperschaft den Einbringenden mit bestehenden Anteilen an dieser abfinden,

3. soweit die übernehmende Körperschaft zum Zweck der Rundung auf volle Beteiligungsprozentsätze bare Zuzahlungen leistet, sofern diese 10% des Gesamtnennbetrages der neuen Anteile nicht übersteigen,

4. soweit die übernehmende Körperschaft Anteile an der einbringenden Mitunternehmerschaft aufgibt,

5. wenn der Einbringende unmittelbar oder mittelbar Alleingesellschafter der übernehmenden Körperschaft ist oder wenn die unmittelbaren oder mittelbaren Beteiligungsverhältnisse an der einbringenden und der übernehmenden Körperschaft übereinstimmen; im Falle der Einbringung eines Kapitalanteiles (§ 12 Abs. 2 Z 3) in eine ausländische übernehmende Körperschaft (§ 12 Abs. 3 Z 2) gilt dies nur, wenn die Einbringung ausschließlich bei inländischen Anteilen an der übernehmenden Körperschaft eine Zu- oder Abschreibung auslöst.

(3) Die in Abs. 1 und 2 genannten Anteile und Zuzahlungen müssen dem Einbringenden gewährt werden.

(BGBl I 2005/161)

G l i e d e r u n g :

3.6. Gegenleistung (§ 19 UmgrStG)

3.6.1. Allgemeines

3.6.1.1 Überblick

1001   Die Einbringung von Vermögen im Sinne des § 12 Abs. 2 UmgrStG in eine übernehmende Körperschaft ist in der Regel eine Sacheinlage. Diese Sacheinlage ist ein entgeltlicher Vorgang und erfordert daher eine Gegenleistung an den Einbringenden.

- Als Grundsatz gilt, dass die Einbringung gegen Gewährung neuer Anteile an der übernehmenden Körperschaft erfolgt (einbringungsgeborene Anteile). Zur Einbringung mit Anteilsgewährung siehe Rz 1030 ff.

- Als Ausnahme gilt, dass die Einbringung in bestimmten Fällen auch ohne Gewährung neuer Anteile erfolgen kann. Zur Einbringung gegen Gewährung bestehender Anteile oder ohne Anteilsgewährung siehe Rz 1040 ff. *(AÖF 2004/116)*

3.6.1.2 Einteilung der Einbringungen

1002   Nach der Beteiligungsstruktur können Einbringungen in fusionsähnliche Einbringungen und in ausgliedernde Einbringungen unterteilt werden:

- Bei den fusionsähnlichen Einbringungen (Konzentrationseinbringungen) ist der Einbringende an der übernehmenden Körperschaft noch nicht beteiligt, sodass es hinsichtlich der für die Sacheinlage zu gewährenden Gegenleistung zwischen dem Einbringenden und der übernehmenden Körperschaft bzw. deren Gesellschaftern zu einer Feststellung der Wertverhältnisse bezüglich der jeweilig erbrachten Leistungen (Umtauschverhältnis) kommen muss. Dasselbe gilt für Fälle, in denen der Einbringende zwar Gesellschafter, nicht jedoch Alleingesellschafter, der übernehmenden Körperschaft ist.

- Bei der ausgliedernden Einbringung (Konzerneinbringung) herrscht Eigentums- bzw. Beteiligungsidentität sowohl hinsichtlich des eingebrachten Vermögens als auch hinsichtlich der übernehmenden Körperschaft. Auf Grund der Interessensidentität zwischen dem Einbringenden und der übernehmenden Körperschaft kann die Feststellung des Wertverhältnisses zwischen dem eingebrachten Vermögen und der dafür gewährten Gegenleistung entfallen.

3.6.1.3 Ausschließlichkeit der Anteile als Gegenleistung

Nach § 19 Abs. 1 UmgrStG gilt als Grundsatz, dass die Einbringung ausschließlich gegen Gewährung von neuen Anteilen an der übernehmenden Körperschaft erfolgen muss. Die Gewährung anderer Gegenleistungen bzw. der Verzicht auf die Gewährung von neuen Anteilen ist nur im Rahmen der in § 19 Abs. 2 UmgrStG aufgezählten Fälle möglich. Da § 12 Abs. 1 UmgrStG auf den § 19 UmgrStG verweist, stellt die Gewährung einer anderen, nicht von Abs. 2 gedeckten Gegenleistung einen Verstoß gegen die Anwendungsvoraussetzungen des Art. III UmgrStG dar. Dies führt zur Anwendung des allgemeinen Steuerrechtes und daher im Bereich der Ertragsbesteuerung zu jener des § 6 Z 14 EStG 1988. 1003

GSVG-Nachbemessungen, die in der Einbringungsbilanz als Rückstellungen oder Verbindlichkeiten ausgewiesen sind, stellen keine schädliche Gegenleistung iSd § 19 UmgrStG dar. *(AÖF 2008/243)*

3.6.1.4 Schädliche – unschädliche Gegenleistungen

3.6.1.4.1 Kaufpreis

Die Entrichtung eines Kaufpreises für das eingebrachte Vermögen neben der Anteilsgewährung stellt eine schädliche Gegenleistung dar. Eine schädliche Gegenleistung kann auch in einer aus Anlass der Einbringung von der übernehmenden Körperschaft übernommenen privaten Verbindlichkeit des Einbringenden gesehen werden, wenn die Übernahme der Privatschuld nach dem Willen der Vertragsparteien eine Gegenleistung für das eingebrachte Vermögen darstellt. 1004

3.6.1.4.2 Verdeckte Ausschüttung

Zur Behandlung einer im Zusammenhang mit rückwirkenden Korrekturen begründeten Verbindlichkeit siehe Rz 916. 1005

Zu den Folgen des nachträglichen Aufdeckens der Eigenschaft einer Schuld als nicht betrieblich veranlasst in Bezug auf verdeckte Ausschüttungen siehe Rz 904.

Wird ein anlässlich der Einbringung miteingebrachtes Wirtschaftsgut von der übernehmenden Körperschaft zu unüblich günstigen Konditionen an den Einbringenden überlassen, führt dies nicht zu einer schädlichen Gegenleistung im Sinne des § 19 Abs. 1 UmgrStG, sondern es ist eine verdeckte Ausschüttung der übernehmenden Körperschaft an den das Wirtschaftsgut nutzenden Einbringenden anzunehmen. 1006

3.6.1.4.3 Maßnahmen gegen verbotene Einlagenrückgewähr

Gesellschaftsrechtliche Maßnahmen zur Vermeidung einer unternehmensrechtlich verbotenen Einlagenrückgewähr (siehe Rz 1085) stellen keine verbotenen Gegenleistungen dar und haben keinen Einfluss auf die Anwendung des Art. III UmgrStG. *(AÖF 2008/243)* 1007

3.6.1.4.4 Maßnahmen nach § 16 Abs. 5 UmgrStG

Maßnahmen nach § 16 Abs. 5 UmgrStG, die zur Verminderung des Einbringungsvermögens führen, beziehen sich nur auf die vom Einbringenden zu er- 1008 bringenden Leistung und fallen nicht unter nach § 19 Abs. 1 UmgrStG unzulässige Gegenleistungen. Die übernehmende Körperschaft kann innerhalb der Grenzen des § 16 Abs. 5 UmgrStG eine Verbindlichkeit in Form einer vorbehaltenen Entnahme des Einbringenden gegenüber dem Einbringenden übernehmen.

Auch die Übertragung oder erstmalige Einräumung eines Wohnrechts an einem Teil eines Betriebsgebäudes stellt keine schädliche Gegenleistung dar, sondern ist als Zurückbehalten im Sinne des § 16 Abs. 5 Z 3 UmgrStG zu qualifizieren; es kommt daher zu einer Entnahmebesteuerung nach den Grundsätzen des allgemeinen Ertragsteuerrechts. *(BMF-AV Nr. 131/2018)*

1009   Die Überschreitung der zulässigen Höchstgrenze des § 16 Abs. 5 Z 2 UmgrStG für vorbehaltene Entnahmen hat nicht die Nichtanwendbarkeit des Art. III UmgrStG zur Folge, vielmehr erfolgt hinsichtlich des die Höchstgrenze überschreitenden Betrages eine Umqualifizierung im Sinne der Regelung des § 18 Abs. 2 Z 2 UmgrStG. Eine Anwendungsvoraussetzung des Art. III UmgrStG wird allerdings dann verletzt, wenn durch die zu hohe vorbehaltene Entnahme der Verkehrswert des eingebrachten Vermögens negativ wird (UFS 4.2.2011, RV/3319-W/08). *(AÖF 2013/301)*

3.6.1.4.5 Betriebliche Versorgungsrente

1010   Wird ein Betrieb oder ein Mitunternehmeranteil gegen Versorgungsrente erworben, die im Sinne der Regelungen über die steuerliche Behandlung von Renten für die Verdienste des ehemaligen Betriebsinhabers oder Mitunternehmers bei der seinerzeitigen Führung des übertragenen Betriebs (Mitunternehmeranteils) nach Art einer „Pension" ausbezahlt wird, liegt eine betriebliche Versorgungsrente vor (siehe EStR 2000 Rz 7026). Die Betriebsübertragung wird in diesen Fällen als unentgeltlich gewertet (§ 6 Z 9 lit. a EStG 1988). Die Renten sind als Betriebsausgaben abzugsfähig und beim Empfänger als nachträgliche Betriebseinnahmen im Sinne des § 32 Z 2 EStG 1988 steuerpflichtig. Kommt es in der Folge zu einer Einbringung des Betriebes oder Mitunternehmeranteils gemäß Art. III UmgrStG, bestehen zwei Alternativen:

- Die Einbringung erfolgt unter Mitübertragung der Rentenverpflichtung. Die bis zur Einbringung steuerlich nicht passivierungsfähige Rentenverpflichtung ist von der übernehmenden Körperschaft ab dem dem Einbringungsstichtag nach Maßgabe der unternehmensrechtlichen Bewertungsvorschriften zu passivieren. Für steuerliche Zwecke erfolgt keine Passivierung. Die Rentenzahlung stellt eine laufende Betriebsausgabe dar.

- Erfolgt die Einbringung unter Zurückbehalten der Rentenverpflichtung, sind die Zahlungen des Einbringenden bei einer Volleinbringung nachträgliche Betriebsausgaben im Sinne des § 32 EStG 1988. *(AÖF 2008/243)*

3.6.1.4.6 Außerbetriebliche Versorgungsrente

1011   Die Übernahme einer außerbetrieblichen Versorgungsrente (siehe EStR 2000 Rz 7027) durch die übernehmende Körperschaft wäre an sich nicht anders zu behandeln als die Übernahme einer nicht betrieblich veranlassten Verbindlichkeit und stellt daher für sich keine schädliche Gegenleistung dar. Die Übertragung der außerbetrieblichen Versorgungsrente mindert für den Einbringenden die Anschaffungskosten in Höhe des Barwertes, es unterbleibt damit die mit der Tilgung einer nicht betrieblich veranlassten Verbindlichkeit verbundene Behandlung als verdeckte Ausschüttung oder Einlagenrückzahlung. Die im Betriebsvermögen vorzunehmende Passivierung ist für steuerliche Zwecke nicht wirksam, die weitere Rentenzahlung führt bei der übernehmenden Körperschaft zu Sonderausgaben.

3.6.1.5 Gegenleistung und Äquivalenz

§ 19 Abs. 1 UmgrStG verlangt eine Gegenleistung in Form einer Anteils- 1012 gewährung, er spricht allerdings nicht von einer sachgerechten Gegenleistung. Die Bestimmung des Verkehrswertes des eingebrachten Vermögens (§ 12 Abs. 1 UmgrStG) und die damit im Zusammenhang stehende Ermittlung der Gegenleistung hat stichtagsbezogen zum Einbringungsstichtag bzw. am Tag des Vertragsabschlusses zu erfolgen. Besteht keine Äquivalenz zwischen dem eingebrachten Vermögen und der dafür gewährten Gegenleistung, liegt unter Umständen eine Äquivalenzverletzung im Sinne des § 22 Abs. 1 UmgrStG, nicht aber eine Verletzung einer Anwendungsvoraussetzung des Art. III UmgrStG vor. Der Unterschiedsbetrag einer allfälligen Äquivalenzverletzung gilt mit Beginn des dem Einbringungsstichtag folgenden Tages als zugewendet (§ 22 Abs. 1 UmgrStG).

Zwecks Vermeidung einer Äquivalenzverletzung kann im Einbringungsvertrag eine Anpassung der Gegenleistung vorgesehen werden, wenn sich nachträglich (zB aufgrund einer Außenprüfung) herausstellt, dass der der Gegenleistung zugrunde gelegte Verkehrswert des eingebrachten Vermögens zum Zeitpunkt der Einbringung (Tag des Vertragsabschlusses) nicht dem tatsächlichen Wert entspricht.

Für Einbringungen mit Stichtagen nach dem 31.12.2014 gilt:

Enthält der Einbringungsvertrag hingegen eine Klausel, die vorsieht, dass von vornherein eine Anpassung der Gegenleistung bei Eintritt bestimmter Kriterien vereinbart wird, die an zukünftige zum Zeitpunkt der Einbringung noch „unsichere" Entwicklungen anknüpfen (zB Earn-Out-Klausel; vgl. hierzu VwGH 29.4.2010, 2006/15/0269), liegt eine die Anwendungsvoraussetzungen des Art. III UmgrStG verletzende nachträgliche Gegenleistung vor. *(BMF-AV Nr. 193/2015)*

Auch in den Fällen des Verzichts auf Gewährung neuer Anteile gemäß § 19 1013 Abs. 2 UmgrStG ist eine Äquivalenzverletzung denkbar. Dies gilt nicht für die Fälle des § 19 Abs. 2 Z 5 UmgrStG, da das Nichtvorliegen der Voraussetzungen für einen Verzicht auf Anteilsgewährung eine Verletzung der Anwendungsvoraussetzung für Art. III UmgrStG darstellt.

3.6.1.6 Gegenleistung unter Auflage

Werden die anlässlich der Einbringung als Gegenleistung erhaltenen Anteile 1014 unter einer Auflage erworben, hat dies keinen Einfluss auf die Geltung des Art. III UmgrStG.

3.6.2. Gewährung der Gegenleistung an den Einbringenden

3.6.2.1 Allgemeines

§ 19 Abs. 3 UmgrStG sieht ausdrücklich vor, dass die gemäß Abs. 1 und 2 1015 genannten Anteile bzw. Zuzahlungen dem Einbringenden gewährt werden müssen. Werden anlässlich der Einbringung an den Einbringenden unter Anwendung des § 19 Abs. 2 UmgrStG keine Anteile als Gegenleistung gewährt, geht § 19 Abs. 3 UmgrStG ins Leere.

3.6.2.2 Anwendungsvoraussetzung

Bei der Einbringung von Vermögen im Sinne des § 12 Abs. 2 UmgrStG 1016 muss die Gegenleistung nach § 19 Abs. 3 UmgrStG immer dem Einbringenden zukommen. Andernfalls ist eine Anwendungsvoraussetzung des Art. III UmgrStG verletzt und der Vorgang ist nach allgemeinem Steuerrecht zu beurteilen.

3.6.2.3 Treuhandschaft

1017   Es stellt jedoch keinen Verstoß gegen § 19 Abs. 3 UmgrStG dar, wenn der Einbringende die als Gegenleistung gewährten Anteile im Wege eines Treuhandvertrages einem Treuhänder überträgt.

3.6.2.4 Wirtschaftliches Eigentum

1018   Gemäß § 19 Abs. 3 UmgrStG hat die Gegenleistung dem Einbringenden zuzukommen. Im Fall der Einbringung von im wirtschaftlichen Eigentum stehenden Sonderbetriebsvermögen ist im Einbringungsvertrag der zivilrechtliche Eigentümer als Einbringender zu benennen, jedoch entsprechend den steuerlichen Zurechnungsvorschriften (§ 24 BAO) der wirtschaftliche Eigentümer als Einbringender und somit als Gegenleistungsberechtigter anzusehen.

3.6.2.5 Einbringender Einzelunternehmer

3.6.2.5.1 Teileinbringung

1019   Bringt ein Einzelunternehmer Vermögen aus seinem Einzelunternehmen ein, ohne dass sein Einzelunternehmen untergeht, sind die als Gegenleistung gewährten Anteile dem verbleibenden Einzelunternehmen zuzurechnen. Befinden sich die Anteile an der übernehmenden Körperschaft vor der Einbringung im Privatvermögen, ist zu prüfen, ob die bestehenden Anteile nicht schon vor der Einbringung dem notwendigen Betriebsvermögen zuzurechnen sind. Diese Prüfung ist auch geboten, wenn es bei privat gehaltenen Anteilen an der übernehmenden Körperschaft zu einer Einbringung unter Verzicht auf die Ausgabe neuer Anteile kommt. Sind die Anteile vor und nach der Einbringung dennoch dem Privatvermögen zuzuordnen, kommt es bedingt durch die Einbringung zu keiner Entnahmebesteuerung. *(BMF-AV Nr. 131/2018)*

1020   Für den Fall, dass die als Gegenleistung gewährten Anteile nicht im Betriebsvermögen des Restbetriebes des Einbringenden ausgewiesen werden, ist zunächst von einer Anteilsgewährung an den Restbetrieb auszugehen. Da die neuen Anteile in der Regel zum notwendigen Betriebsvermögen gehören, liegt keine darauf folgende steuerwirksame Entnahme im Sinne des § 6 Z 4 EStG 1988 vor. Es liegt daher in der unmittelbaren Übernahme der einbringungsgeborenen Anteile in das Privatvermögen des Einbringenden keine Verletzung des § 19 Abs. 3 UmgrStG und damit einer Anwendungsvoraussetzung des Art. III UmgrStG vor, da die Anteile auch ohne Aufnahme in die Bücher ihre Betriebsvermögenszugehörigkeit nicht verlieren. Sollten die einbringungsgeborenen Anteile zum gewillkürten Betriebsvermögen gehören, folgt der einbringungsveranlassten Zurechnung zum Restbetrieb eine steuerwirksame Entnahme im Sinne des § 6 Z 4 EStG 1988. *(AÖF 2008/243)*

3.6.2.5.2 Gesamteinbringung

1021   Im Falle der Einbringung des gesamten Einzelunternehmens kommt die Gegenleistung dem Einbringenden in das Privatvermögen zu. Gehört die Beteiligung an der übernehmenden Körperschaft zum notwendigen oder gewillkürten Betriebsvermögen des einzubringenden Einzelbetriebes, bestehen zwei Möglichkeiten:

- Der Einbringende entnimmt die Beteiligung rückwirkend gemäß § 16 Abs. 5 Z 3 (Zugehörigkeit zum notwendigen Betriebsvermögen) oder § 16 Abs. 5 Z 1 UmgrStG (gewillkürtes Betriebsvermögen). Siehe dazu Rz 905 ff.
- Der Einbringende bringt die Beteiligung in die Körperschaft ein. Siehe dazu Rz 999.

Sollte im Rahmen einer abgabenbehördlichen Überprüfung festgestellt werden, dass die Beteiligung an der übernehmenden Körperschaft zum notwendigen Betriebsvermögen gehört hat, ist davon auszugehen, dass die Beteiligung als in die Körperschaft miteingebracht gilt.   1022

3.6.2.6 Einbringende Mitunternehmerschaft

Bei der Einbringung von Vermögen im Sinne des § 12 Abs. 2 UmgrStG einer   1023
Mitunternehmerschaft in eine oder mehrere Körperschaften kommt die Gegenleistung stets der einbringenden Mitunternehmerschaft zu. Die Mitunternehmer haben keinen unmittelbaren Anspruch auf die Gegenleistung. Bringt andererseits ein Mitunternehmer seinen Anteil in eine Körperschaft ein, kommt die Gegenleistung ihm zu; bei der Mitunternehmerschaft kommt es zu einem Gesellschafterwechsel zum Einbringungsstichtag. Zu den Folgen, wenn sämtliche Mitunternehmer ihre Anteile in dieselbe Körperschaft einbringen, siehe Rz 1047 ff.

Bleibt die einbringende Mitunternehmerschaft nach der Einbringung des   1024
Vermögens auf Grund des verbleibenden Vermögens weiterhin eine Mitunternehmerschaft, sind die gewährten Anteile als Gegenleistung für das übertragene Vermögen Bestandteil des Betriebsvermögens der Mitunternehmerschaft. Werden diese Anteile nicht im Betriebsvermögen der Mitunternehmerschaft ausgewiesen, ist zunächst von einer Anteilsgewährung an die Mitunternehmerschaft auszugehen und einer darauf folgenden steuerwirksamen Entnahme im Sinne des § 6 Z 4 EStG 1988 auszugehen, sofern die Anteile nicht zum notwendigen Betriebsvermögen der Mitunternehmerschaft gehören. Es liegt daher in der unmittelbaren Zuwendung der einbringungsgeborenen Anteile an die Mitunternehmer keine Verletzung einer Anwendungsvoraussetzung des Art. III UmgrStG vor. *(AÖF 2004/116)*

Bringt hingegen die Mitunternehmerschaft ihren gesamten Betrieb ein oder   1025
behält sie Vermögen zurück, das nicht zu einer geringsten betrieblichen Tätigkeit führt, wandelt sich die Mitunternehmerschaft rückwirkend mit Beginn des dem Einbringungsstichtag folgenden Tages in eine vermögensverwaltende Personengesellschaft um. Auch in diesem Fall müssen als Gegenleistung gewährte Anteile der einbringenden Personengesellschaft zukommen. Im Hinblick auf die Eigenschaft einer vermögensverwaltenden Personengesellschaft ist die zivilrechtliche verhältniswahrende Aufteilung der Anteile („Anteilsdurchschleusung") eine steuerneutrale Maßnahme und löst keine Entnahme- oder Aufgabegewinnbesteuerung aus.

Beispiel:

A und B sowie die X-GmbH sind an der Z GmbH & Co KG beteiligt, wobei A und B Kommanditisten mit 50-prozentiger Substanzbeteiligung sind. A vermietet an die KG eine in seinem Alleineigentum stehende Liegenschaft. Die X-GmbH ist als Komplementärin bloße Arbeitsgesellschafterin, die eine Haftungs- und Geschäftsführungsvergütung erhält (Verkehrswert 50.000). An der X-GmbH sind A und B ebenfalls mit 50% beteiligt.

Zum 31.12.08 bringt die Z GmbH & Co KG ihren Betrieb ein (Verkehrswert 100.000). Auch die im Eigentum des A stehende Liegenschaft wird miteingebracht (Verkehrswert 50.000).

Im Einbringungsvertrag ist eine Anteilsgewährung gemäß § 19 Abs. 2 Z 2 UmgrStG durch A und B an die Z-GmbH & Co KG sowie des B an den A sowie sodann eine Anteilsdurchschleusung der Anteile der KG an A und B vorgesehen.

Für die Einbringung des Betriebes sind die Anteile zunächst an die Z-GmbH & Co KG GmbH zu gewähren, die allerdings infolge des Wegfalls ihres Betriebs nur mehr vermögensverwaltend tätig ist, weswegen die im Einbringungsvertrag vorgesehene Anteilsdurchschleusung zu keiner steuerwirksamen Entnahme führt.

Aufgrund der Verkehrswertverhältnisse ergibt sich zunächst folgendes Bild hinsichtlich der Beteiligung an der X-GmbH, wobei die Gegenleistung hinsichtlich der Liegenschaft an den A erfolgen muss:

Gesellschafter	VKW GmbH vor Einbr.	VKW Betrieb KG	VKW SonderBV	Beteiligung nach E.	Beteiligung nach Durchschleusung
A	25.000	50.000	50.000	37,5%	62,5%
B	25.000	50.000		12,5%	37,5%
Z GmbH & Co KG				50%	
Summe	50.000	100.000	50.000	100%	100%

(AÖF 2013/301)

1026 Gehören die Anteile an der übernehmenden Körperschaft zum Privat- oder Betriebsvermögen der Mitunternehmer, kommen als Gegenleistung gewährte Anteile dennoch der einbringenden Mitunternehmerschaft zu. Dabei ist auch zu prüfen, ob neben den einbringungsgeborenen auch die bestehenden Anteile dem notwendigen Sonderbetriebsvermögen der Mitunternehmer zuzurechnen sind (siehe dazu weiters Rz 1069 f). Diese Prüfung ist auch geboten, wenn es zu einer Einbringung unter Verzicht auf die Ausgabe neuer Anteile kommt (zB. gemäß § 19 Abs. 2 Z 2 UmgrStG). *(AÖF 2008/243)*

1027 Kommt der Mitunternehmerschaft zu Recht keine Gegenleistung zu, sieht § 20 Abs. 4 Z 1 UmgrStG vor, dass es bei ihr zu einem steuerneutralen Buchverlust (bei positivem Buchvermögen) oder Buchgewinn (bei negativem Buchvermögen) kommt.

Zur Beurteilung der Rechtsfolgen, wenn die einbringende Mitunternehmerschaft Alleingesellschafter der übernehmenden Körperschaft ist, siehe Rz 1069 f.

1028 Besteht an einem Mitunternehmeranteil eine Unterbeteiligung, die ertragsteuerlich zu einer Mitunternehmerschaft des Haupt- und Unterbeteiligten führt (vgl. EStR 2000 Rz 5824 ff), und kommt es in der Folge zu einer Einbringung des Betriebes der Mitunternehmerschaft oder des Mitunternehmeranteiles im Sinne des Art. III UmgrStG, ist Folgendes zu beachten:

• Wird der Betrieb durch die Mitunternehmerschaft eingebracht, kann bei Einvernehmen über die (wirtschaftliche) Fortsetzung der Unterbeteiligung durch eine (interne) Vereinbarung über ein treuhändisches Auftreten des Hauptbeteiligten für den Unterbeteiligten erreicht werden, dass der Unterbeteiligte anteilig Empfänger der Gegenleistung im Sinne des § 20 UmgrStG wird. Die Mitunternehmerschaft wandelt sich durch die Betriebseinbringung in eine vermögensverwaltende Gesellschaft und wird die Unterbeteiligung durch einen vom Hauptbeteiligten treuhändig gehaltenen Anteil an der übernehmenden Körperschaft ersetzt.

• Wird der mit der Unterbeteiligung belastete Mitunternehmeranteil eingebracht, kommt neben der(treuhändigen) Anteilsgewährung an den Unterbeteiligten auch eine Fortsetzung der Unterbeteiligung in Betracht, wenn das Gesellschaftsverhältnis zwischen Haupt- und Unterbeteiligten auf die übernehmende Körperschaft überbunden wird. Rz 1248 gilt sinngemäß.

Beispiel:

An der X-KG sind A und B zu je 50% substanzbeteiligt. Am Anteil des B besteht eine Unterbeteiligung des C, der am Ergebnis des B zur Hälfte beteiligt ist. B bringt seinen Anteil an der X-KG in die Y-GmbH ein. Im Einbringungsvertrag, der auch von C gefertigt wird, ist vorgesehen, dass die Y-GmbH die Unterbeteiligung mit C fortsetzt. Eine solche Regelung ist möglich, wobei die Y-GmbH die Gegenleistung nur auf Basis des belasteten Mitunternehmeranteiles (dh. Bewertung ohne den Ergebnisanteil des C) des B zu gewähren hat. *(AÖF 2013/301)*

3.6.2.7 Einbringende Körperschaft

Einbringenden Körperschaften kommt die Gegenleistung stets zu, soweit in Art. III UmgrStG nicht Ausnahmen vorgesehen sind. Wird die einbringende Körperschaft gleichzeitig mit der Einbringung aufgelöst, ist die anlässlich der Einbringung zu gewährende Gegenleistung für das eingebrachte Vermögen dem Vermögen der zu liquidierenden Körperschaft zuzurechnen. Die Auflösung der einbringenden Körperschaft ist ein außerhalb des Art. III UmgrStG liegender Liquidationsfall, bei dem es nach § 20 KStG 1988 zur Erfassung der stillen Reserven im Rahmen der Liquidationsbesteuerung und zur Erfassung der Anteilsinhaber mit dem Liquidationsüberschuss nach § 4 oder § 30 bzw. § 31 EStG 1988 idF vor BudBG 2011 bzw. § 27 Abs. 3 EStG 1988 kommt. *(AÖF 2013/301)* | 1029

3.6.3. Gewährung einbringungsgeborener Anteile

3.6.3.1 Allgemeines

§ 19 Abs. 1 UmgrStG legt fest, dass der **Einbringende** als Gegenleistung für das eingebrachte Vermögen neue und damit einbringungsgeborene Anteile an der übernehmenden Körperschaft zu erhalten hat. Zu den Ausnahmen von diesem Grundsatz siehe Rz 1040 ff. | 1030

3.6.3.2 Nennkapital

Als Anteile im Sinne des § 19 Abs. 1 UmgrStG gelten Anteile am Nennkapital, also Aktien, GmbH-Geschäftsanteile und Genossenschaftsanteile, die durch eine Kapitalerhöhung oder eine Sachgründung neu entstanden sind. | 1031

3.6.3.3 Surrogatkapital

Neben oder an Stelle der Ausgabe von Nominalanteilen (siehe Rz 1031) kann die Gegenleistung auch in Anteilen bestehen, die steuerlich einem Kapitalanteil gleichgehalten werden. Betroffen davon sind die in § 8 Abs. 3 Z 1 KStG 1988 aufgezählten Partizipationskapitalanteile im Sinne des BWG idF vor BGBl. I Nr. 184/2013 und des VAG idF vor BGBl. I Nr. 34/2015 (siehe dazu KStR 2013 Rz 558) und Substanzgenussrechten (siehe dazu KStR 2013 Rz 1191 ff und Rz 557). *(BMF-AV Nr. 193/2015, BMF-AV Nr. 40/2017)* | 1032

3.6.3.4 Ausmaß der Gewährung

§ 19 Abs. 1 UmgrStG enthält keine Aussage über das Ausmaß der zu gewährenden neuen Anteile. Ist die Voraussetzung, wonach sich die Höhe der Anteilsgewährung nach dem Umtauschverhältnis zu richten hat, nicht gewahrt, liegt da- | 1033 her keine Verletzung einer Anwendungsvoraussetzung des § 12 UmgrStG vor. Siehe weiters Rz 1035.

1034   Will einer von zwei Gesellschaftern einer Kapitalgesellschaft eine dem Grunde nach unter Art. III UmgrStG fallende Sacheinlage leisten und soll es dabei zu keiner Veränderung der prozentuellen Beteiligungsverhältnisse kommen, hat der andere Gesellschafter ebenfalls eine Einlage zu leisten. Im Hinblick auf die Maßgeblichkeit des Nennkapitals muss diese Einlage im Rahmen einer Kapitalerhöhung stattfinden, wobei ein dem Verkehrswert der Sacheinlage entsprechendes Agio erforderlich ist. In einem solchen Fall fällt die Sacheinlage bei Vorliegen aller übrigen Voraussetzungen des § 12 UmgrStG unter Art. III UmgrStG, die Bareinlage zur Gänze nicht unter Art. III UmgrStG. Die Agioleistung sinkt in dem Ausmaß ab, in dem der Verkehrswert der Sacheinlage durch rückwirkende Korrekturen im Sinne des § 16 Abs. 5 UmgrStG vermindert wird.

Beispiel:

Der Einzelunternehmer A bringt seinen Betrieb in die B-GmbH ein. Die B-GmbH wurde zu diesem Zweck mittels Bargründung errichtet. A hält einen Geschäftsanteil von 25%. Den restlichen Geschäftsanteil von 75% hält die natürliche Person C. Der Buchwert des Betriebes des A beträgt 800, der Verkehrswert beträgt 1000. Die B-GmbH enthält keinerlei stille Reserven, das aufgebrachte Nennkapital beträgt 500.

Das Umtauschverhältnis zur Ermittlung der erforderlichen Nennkapitalerhöhung richtet sich mangels stiller Reserven in der B-GmbH nach dem Verkehrswert des eingebrachten Betriebes des A. Es ist daher eine Nennkapitalerhöhung von 1000 zugunsten des A erforderlich, um ihm jene Beteiligung an den Gesamtreserven der übernehmenden B-GmbH zu vermitteln, die er vor der Einbringung unmittelbar hinsichtlich seines Betriebes besaß. In diesem Fall entfallen vom Nennkapital von 1500 1125 oder 75% auf A und 375 oder 25% auf C. Bei Buchwerteinbringung entsteht diesfalls ein steuerneutraler Buchverlust von 200, der nach § 202 Abs. 2 UGB aktiviert werden kann.

Soll es zu keiner Änderung der vor der Einbringung bestehenden Beteiligungsverhältnisse kommen, ist es erforderlich, dass auch C eine dem Verkehrswert des A entsprechende Einlage leistet. Da A nach der Sacheinlage weiter mit 25% beteiligt sein soll, muss die Einlage des C 3000 betragen, wenn sie die 75% Beteiligung des C an der B-GmbH nach der Einbringung rechtfertigen soll. Damit liegt auch eine äquivalente Vorgangsweise vor. Das Nennkapital wird insgesamt um 4000 erhöht. Am erhöhten Stammkapital der B-GmbH von 4500 ist A weiterhin mit 25% (=1.125) und C mit 75% (=3.375) beteiligt. Alternativ könnte an Stelle der Kapitalerhöhung um 4000 eine geringere, zB. um 100, vereinbart werden. Vom neuen Nennkapital von 600 entfallen diesfalls 150 oder 25% auf A und 450 oder 75% auf C. Bei Buchwerteinbringung entsteht diesfalls ein auf Kapitalrücklage einzustellendes Agio (entspricht einem steuerneutralen Buchgewinn) von 3700 (setzt sich aus dem steuerneutralen Buchgewinn aus der Einbringung des Betriebes des A iHv 775 und dem von C zu leistenden Agio iHv 2.925 zusammen).

Für die Anerkennung der Einbringung als Anwendungsfall des Art. III UmgrStG genügt in Fällen, in denen die Höhe der Kapitalerhöhung nicht vom Umtauschverhältnis bestimmt wird, eine Anteilsgewährung im kleinstmöglichen gesetzlichen Ausmaß.

Beispiel:

Der Einzelunternehmer A bringt seinen Betrieb (Buchwert -100, Verkehrswert 900) in die von ihm vorher allein mit 35 bargegründete A-GmbH ein. Sollte A nicht auf eine Anteilsgewährung gemäß § 19 Abs. 2 Z 5 UmgrStG verzichten, kann er eine Kapitalerhöhung bis zum Ausmaß von 900 beschließen. Bei Buchwerteinbringung kommt es im Verzichtsfall zu einem zwingend auszuweisenden steuerneutralen Buchverlust in Höhe von 100, bei Kapitalerhöhung von 1 kommt es zu einem steuerneutralen Buchverlust von 101, der nach § 202 Abs. 2 UGB aktiviert werden kann. *(AÖF 2013/301)*

3.6.3.5 Äquivalenz

3.6.3.5.1 Allgemeines

Die wissentliche Gewährung von nicht der Sacheinlage bzw. dem Um- 1035
tauschverhältnis entsprechenden neuen Anteilen hindert bei Einbringungen unter Gewährung neuer Anteile die Anwendung des Art. III UmgrStG nicht. Sie
stellt aber eine Äquivalenzverletzung im Sinne des § 22 Abs. 1 UmgrStG in Verbindung mit § 6 Abs. 2 UmgrStG dar. Siehe Rz 1219.

3.6.3.5.2 Maßgeblicher Zeitpunkt für die Bestimmung der Wertverhältnisse zur Beurteilung der Äquivalenz insbesondere bei Ausschüttung im Rückwirkungszeitraum *(AÖF 2013/301)*

Die offene Ausschüttung des Bilanzgewinnes einer übernehmenden Körper- 1036
schaft im Rückwirkungszeitraum einer auf den der Ausschüttung zu Grunde liegenden Bilanzstichtag geplanten Einbringung nach Art. III UmgrStG hat formell
nichts mit der Umgründung zu tun. Gesellschaftsvertraglich und damit indirekt
auch steuerlich relevant ist die Ausschüttung aber insoweit, als der Einbringende
vor der Einbringung nicht (alleine) an der übernehmenden Körperschaft beteiligt
ist und daher das Umtauschverhältnis für die Gewährung von Anteilen an den
Einbringenden zu bestimmen ist. Der Verkehrswert der übernehmenden Körperschaft wird einerseits durch die Ausschüttung an den vormaligen Anteilsinhaber
gemindert, andererseits durch die Geschäftsentwicklung nach dem Einbringungsstichtag zusätzlich verändert.

Es ist daher unabhängig von der Rückbeziehung der Einbringung auf den Bilanzstichtag der Verkehrswert der übernehmenden Körperschaft zum Tag des
Abschlusses des Einbringungsvertrages mit dem Verkehrswert der Sacheinlage
des Einbringenden zu diesem Tag in Beziehung zu setzen, um ein sachgerechtes
(äquivalentes) Umtauschverhältnis ermitteln zu können. *(AÖF 2013/301)*

3.6.3.6 Tranchenweise Gewährung der Gegenleistung

§ 19 UmgrStG enthält keine Vorschrift, wann und in welcher Weise die Ge- 1037
genleistung zu erbringen ist. Es ist daher Sache der Vertragspartner, die Moda-
litäten über die Anteilsgewährung festzulegen. Wird der Gegenstand der Einbringung bestimmt und der Wert der Sacheinlage zum Einbringungsstichtag
festgestellt, ist auch der Anspruch auf die Gegenleistung in Form der neuen Anteile festgestellt. Es ist daher nicht ausgeschlossen, die Gegenleistung in Tran-
chen zu erbringen.

3.6.3.7 Gebündelte Kapitalerhöhung

Erfolgt anlässlich der Einbringung der Betriebe verschiedener Personen- 1038
gesellschaften mit unterschiedlichen Beteiligungsverhältnissen zum gleichen
Stichtag in eine fremde Körperschaft gegen Gewährung neuer Anteile eine ge-
bündelte Kapitalerhöhung, sind zur Ermittlung des Umtauschverhältnisses in
einem ersten Schritt die erforderlichen Kapitalerhöhungen auf Grund der unterschiedlichen Beteiligungs- und Wertverhältnisse der einzubringenden Betriebe
einzeln zu ermitteln.

Die entsprechend den Wertverhältnissen der einzelnen Betriebe zu gewäh- 1039

§ 19

rende Gegenleistung muss zunächst gemäß § 19 Abs. 3 UmgrStG den einzelnen einbringenden Mitunternehmerschaften gewährt werden. Anlässlich der Löschung der einzelnen Personengesellschaften im Firmenbuch werden diese erhaltenen Anteile an der übernehmenden Körperschaft an die Gesellschafter der einbringenden Mitunternehmerschaften im Verhältnis ihrer Beteiligung fiktiv durchgeschleust. Eine Zusammenfassung der einzeln je eingebrachtem Betrieb ermittelten Kapitalerhöhung und sämtlicher fiktiv durchzuschleusender Kapitalerhöhungsanteile in einer einzigen gemeinsamen Kapitalerhöhung für jeden der einzelnen Beteiligten an den einbringenden Personengesellschaften entspricht dann sowohl § 19 Abs. 1 UmgrStG als auch § 19 Abs. 3 UmgrStG.

Beispiel:

An der X-OG sind A und B zu 50% und an der Y-OG B zu 25% und C zu 75% beteiligt. Zum 31.12.10 werden die Betriebe der X-OG (Verkehrswert 10.000) und der Y-OG (Verkehrswert 20.000) in die Z-GmbH (Verkehrswert vor Einbringung 5.000; Nennkapital 500), deren Alleingesellschafter D ist, aufgrund eines gemeinsamen Einbringungsvertrages, der am 12.8.11 abgeschlossen wird, eingebracht.

In einem ersten Schritt sind die auf die beiden einbringenden Personengesellschaften entfallenden Kapitalerhöhungsbeträge zu ermitteln:

Aufgrund des Umtauschverhältnisses entfällt auf die X-OG ein Betrag von 1.000 und auf die Y-OG einer von 2.000. Entsprechend den Beteiligungsverhältnissen von A, B und C ergeben sich folgende Beträge:

A: 500 (= 14,29%)

B: 1.000 (= 28,57%)

C: 1.500 (= 42,86%)

Soll es im Zuge der Einbringung zu einer Löschung der X-OG und der Y-OG im Firmenbuch kommen, kann sich die Kapitalerhöhung direkt auf die Gesellschafter A, B und C beziehen, wenn dies auch vom Firmenbuch so eingetragen wird. *(AÖF 2013/ 301)*

3.6.4. Unterbleiben der Gewährung einbringungsgeborener Anteile

3.6.4.1 Allgemeines

1040   § 19 Abs. 2 UmgrStG zählt taxativ jene Fälle auf, in denen als Ausnahme vom Grundsatz des § 19 Abs. 1 UmgrStG eine Kapitalerhöhung ganz oder zum Teil unterbleiben kann. Im Hinblick auf das Bestehen einer gesellschaftsrechtlichen Beziehung des Einbringenden zur übernehmenden Körperschaft handelt es sich bei diesen Fällen um einbringungsbezogene Anteile.

1041   Gemäß § 19 Abs. 2 UmgrStG kann die Gewährung von neuen Anteilen unterbleiben,

* soweit die übernehmende Körperschaft den Einbringenden mit eigenen Anteilen abfindet (Rz 1042 f),

* soweit die Altgesellschafter den Einbringenden mit bestehenden Anteilen aus ihrem Besitz abfinden (Rz 1044 ff),

* soweit die übernehmende Körperschaft an den Einbringenden neben der Gewährung neuer Anteile bare Zuzahlungen zur Rundung des Beteiligungsprozentsatzes leistet (Rz 1052 ff),

* soweit die übernehmende Kapitalgesellschaft den Mitunternehmeranteil an der einbringenden KG aufgibt (Rz 1058 f),

* wenn der Einbringende die Stellung eines Alleingesellschafters hat oder eine Gleichbeteiligung an der einbringenden und übernehmenden Körperschaft vorliegt (Rz 1060 bis Rz 1085).

Diese Ausnahmen können auch kombiniert und auch gemeinsam mit einer Kapitalerhöhung auftreten. *(AÖF 2008/243)*

3.6.4.2 Abfindung mit eigenen Aktien der übernehmenden Aktiengesellschaft

Nach § 19 Abs. 2 Z 1 UmgrStG kann der Einbringende als Gegenleistung für das eingebrachte Vermögen mit eigenen Anteilen der übernehmenden Körperschaft abgefunden werden.   1042

Die Bestimmung ist grundsätzlich nur auf eine übernehmende AG anwendbar. § 65 AktG regelt Konstellationen, in denen der Erwerb eigener Aktien durch eine AG möglich ist. *(AÖF 2013/301)*

Demgegenüber verbietet § 81 GmbHG im Wesentlichen den Erwerb eines eigenen Geschäftsanteils durch eine GmbH. Eine GmbH darf lediglich im Exekutionsweg gegen den Inhaber eines Geschäftsanteils zur Hereinbringung eigener Forderungen einen eigenen Geschäftsanteil erwerben.   1043

3.6.4.3 Abfindung mit Anteilen der Gesellschafter der übernehmenden Körperschaft

3.6.4.3.1 Allgemeines

Nach § 19 Abs. 2 Z 2 UmgrStG kann der Einbringende als Gegenleistung für das eingebrachte Vermögen von den Gesellschaftern der übernehmenden Körperschaft mit bestehenden Anteilen an dieser abgefunden werden. Eine Abfindung mit neuen Anteilen kann insoweit unterbleiben. Das Ausmaß der für das eingebrachte Vermögen zu gewährenden Anteile ergibt sich analog zur Vorgangsweise bei einer Kapitalerhöhung aus dem Verhältnis des Verkehrswertes des eingebrachten Vermögens und dem Verkehrswert der übernehmenden Körperschaft.   1044

Beispiel 1:
A und B sind zu je 50% an der X-GmbH (Nennkapital 100) beteiligt. Der Verkehrswert des Gesellschaftsvermögens beträgt 800. C bringt in die X-GmbH einen Betrieb im Wert von 200 ein. An Stelle einer Kapitalerhöhung im Ausmaß von 25 zugunsten des C können A und B dem C gleichteilig je einen Anteil von 10 abtreten, sodass C mit 20 und damit mit 20% an der X-GmbH beteiligt ist.

Beispiel 2:
An der X-GmbH und der Y-GmbH sind A und B zu je 50% beteiligt. Die Y- GmbH ist die Alleingesellschafterin der Z-GmbH. Zum 31.12.10 bringen A und B ihre Anteile an der X-GmbH in die Z-GmbH ein. Auch in diesem Fall kann statt einer Kapitalerhöhung bei der Z-GmbH durch die Y-GmbH eine Anteilsabtretung an A und B gemäß § 19 Abs. 2 Z 2 UmgrStG erfolgen.

Die Anteilsabtretung muss nicht unbedingt von allen Gesellschaftern der übernehmenden Körperschaft bzw. nicht von allen gleichmäßig erfolgen, sofern die dadurch bedingte Änderung der Wertverhältnisse durch gesellschaftsrechtliche Maßnahmen ausgeglichen wird (siehe Rz 1050). Allerdings müssen stets alle Einbringenden einen Anteil als Gegenleistung erhalten, auch wenn die Einbringenden gleichzeitig Gesellschafter der übernehmenden Körperschaft sind.

Da das Einhalten des Gegenleistungsrechtes des § 19 UmgrStG im Hinblick auf die Zitierung in § 12 Abs. 1 UmgrStG zu den Anwendungsvoraussetzungen des Art. III UmgrStG gehört, sind die Anteilsabtretungen einerseits im Einbringungsvertrag festzulegen und andererseits bis zu dem mit der Meldung bei dem Finanzamt der übernehmenden Körperschaft gegebenen Vollzug der Einbringung umzusetzen. Die Anteilsabtretungen können im Rahmen des Einbringungsvertrages oder gesondert erfolgen. Sollten die Abtretungen nicht bis zum Tag der Meldung der Einbringung erfolgt sein, ist damit die Gefahr des Vorliegens einer Verletzung der Anwendungsvoraussetzungen des § 12 UmgrStG gegeben. Es bestehen jedoch keine Bedenken, in Analogie zur Regelung des § 38b Abs. 2 UmgrStG die Verletzung einer Anwendungsvoraussetzung nicht gegeben zu sehen, wenn die Anteilsabtretungen innerhalb eines Monats nach dem Tag der Meldung vorgenommen werden. *(AÖF 2013/301)*

3.6.4.3.2 Identität der Einbringenden und Anteilsinhaber der übernehmenden Körperschaft

1045   § 19 Abs. 2 Z 2 UmgrStG ist auch dann anwendbar, wenn der Einbringende bereits Anteilsinhaber der übernehmenden Körperschaft ist. Die Anteilsabtretung an ihn richtet sich nach dem Umtauschverhältnis.

Beispiel:

A und B sind zu je 50% an der X-GmbH (Nennkapital 100) beteiligt. Der Verkehrswert des Gesellschaftsvermögens beträgt 800. A bringt in die X-GmbH einen Betrieb im Wert von 200 ein. An Stelle einer Kapitalerhöhung im Ausmaß von 25 zugunsten des A können A und B übereinkommen, dass B dem A einen Anteil von 10 abtritt, sodass A nunmehr mit 60% und B mit 40% beteiligt ist.

1046   § 19 Abs. 2 Z 2 UmgrStG ist auch auf den Fall anwendbar, dass die Einbringenden Anteilsinhaber der übernehmenden Körperschaft sind und ihren Beteiligungsverhältnissen wertmäßig entsprechendes Vermögen im Sinne des § 12 Abs. 2 UmgrStG einbringen. Dem Grunde nach wäre auch in diesem Fall das Ausmaß der jeweils an den oder die anderen Anteilsinhaber abzutretenden Anteile nach dem Umtauschverhältnis zu ermitteln. Da sich an den Beteiligungsverhältnissen nach den Abtretungen aber nichts gegenüber jenen vor der Einbringung ändern kann, bestehen keine Bedenken, die im Einbringungsvertrag festgelegten Abtretungen auf eine kleine Nenn-/Stammkapitaleinheit zu beschränken. Auch in diesem Fall ist § 19 Abs. 2 Z 2 UmgrStG nur dann erfüllt, wenn es zu tatsächlichen Anteilsabtretungen kommt.

Beispiel:

A und B sind zu je 50% an der X-GmbH und zu je 50% an der Y-GmbH (Nennkapital 35.000 Euro) beteiligt. Beide Gesellschafter wollen die gesamten X-Anteile als Sacheinlagen in die Y-GmbH einbringen. An Stelle einer Kapitalerhöhung können A und B übereinkommen, dass zB A dem B einen Y-Anteil von 10 und B dem A einen Y-Anteil von 10 abtritt. Die Tatsache, dass A und B nach den Anteilsabtretungen unverändert mit je 50% an der Y-GmbH beteiligt sind, ändert nichts daran, dass diese notariell zu beurkundenden Anteilsabtretungen die Rechtfertigung für den Verzicht auf die Gewährung neuer Anteile bieten. Im Falle des Verzichtes auf die notarielle Beurkundung wäre die Ausnahmeregelung des § 19 Abs. 2 Z 2 UmgrStG nicht sachgerecht genutzt und eine Anwendungsvoraussetzung für Art. III UmgrStG nicht erfüllt. *(AÖF 2013/301)*

3.6.4.3.3 Einbringung sämtlicher Mitunternehmeranteile (Anwachsen gemäß § 142 HGB)

1047   Ein weiterer Anwendungsfall des § 19 Abs. 2 Z 2 UmgrStG ist die Einbringung sämtlicher Mitunternehmeranteile auf einen Stichtag in dieselbe Körperschaft, sofern auf die Gewährung von neuen Anteilen im Sinne des § 19 Abs. 1 UmgrStG verzichtet wird. Die Ausnahmeregelung ist unabhängig davon anwendbar, ob die einbringenden Mitunternehmer im gleichen Ausmaß auch an der übernehmenden Körperschaft beteiligt sind oder nicht. Rechtsfolge dieser

Einbringung ist die Vereinigung aller Anteile der Personengesellschaft in einer Hand im Sinne des § 142 UGB. Dies bedeutet den Übergang des Vermögens der Personengesellschaft auf den letzten Gesellschafter im Rahmen einer Gesamtrechtsnachfolge. Dieses Anwachsen als Rechtsfolge der Einbringung zieht ertragsteuerlich keine Gewinnverwirklichung nach sich, da die von der Körperschaft übernommenen Mitunternehmeranteile ausgebucht und durch die übernommenen Aktiven und Passiven der Personengesellschaft ersetzt werden.

Ertragsteuerlich ist ein zweistufiger Vorgang gegeben: In der ersten Stufe kommt es zu Mitunternehmeranteilseinbringungen in die Körperschaft im Sinne des Art. III UmgrStG, in der zweiten Stufe geht die Mitunternehmerschaft auf Grund der Anteilsvereinigung unter und an die Stelle der untergehenden Mitunternehmeranteile tritt das übernommene Gesellschaftsvermögen der ehemaligen Mitunternehmerschaft.

Beispiel:

An der X-KG (Verkehrswert 30.000) sind A als Kommanditist mit 75% und B mit 25% als Komplementär beteiligt. Zum 31.12.01 bringen A und B ihre Anteile an der X-KG in die Y-GmbH (Nennkapital 500), an der A mit 75% und B mit 25% beteiligt sind, ein. Im Einbringungsvertrag vom 12.8.02, der in Form eines Notariatsaktes abgeschlossen wird, ist festgelegt, dass keine Kapitalerhöhung bei der Y-GmbH erfolgt, sondern in Anwendung des § 19 Abs. 2 Z 2 UmgrStG A 25% von 10% seines Anteiles an der Y-GmbH, sohin 9,375, und B 75% von 10% seines Anteils (ebenfalls 9,375) abtritt. *(AÖF 2013/301)*

Dies gilt auch für im Zuge der Einbringung mitübertragenes Sonderbetriebsvermögen. Als ein Fall der unternehmens- und steuerrechtlichen Gesamtrechtsnachfolge kann dieser steuerbilanzneutrale Vermögenstransfer hinsichtlich eines Sonderbetriebsvermögens keinen steuerwirksamen Entnahme-Einlage-Tatbestand darstellen. *(AÖF 2008/243)* 1048

Im Hinblick auf die Spiegelbildtheorie kann sich aus dem Ersetzen des Mitunternehmeranteils durch das Vermögen der Mitunternehmerschaft steuerlich weder ein Buchgewinn noch ein Buchverlust ergeben. Ein allfälliger in der UGB-Bilanz ausgewiesener Unterschiedsbetrag ist demgemäß steuerlich unwirksam. *(AÖF 2008/243)* 1049

3.6.4.3.4 Gegenleistung nicht von allen Altgesellschaftern

Unterbleibt bei Anwendung des § 19 Abs. 2 Z 2 UmgrStG eine gleichteilige Abtretung der dem Umtauschverhältnis entsprechenden Quote durch alle Anteilsinhaber der übernehmenden Körperschaft, ist Folgendes zu beachten: 1050

- Eine Anwendungsvoraussetzung des § 12 UmgrStG ist nicht verletzt, da der Einbringende einen Anteil an der übernehmenden Körperschaft erhält.

- Erfolgt das Abtreten eines Anteiles bloß durch einen oder einzelne Gesellschafter der übernehmenden Körperschaft umtauschverhältnisgerecht, liegt für den neuen Gesellschafter keine Äquivalenzverletzung im Sinne des § 22 Abs. 1 UmgrStG vor.

- Kommt es bei den Altgesellschaftern zu keinem Ausgleich auf gesellschaftsrechtlicher Basis wie zB durch eine alinearen Gewinnverteilungsabrede zugunsten des Abtretenden (vgl. zu den Voraussetzungen für deren steuerliche Anerkennung KStR 2013 Rz 549), liegt eine Äquivalenzverletzung zugunsten der anderen Altgesellschafter vor.

Beispiel:

An der CD-GmbH sind C und D mit je 50% beteiligt. E bringt seinen Betrieb in die

CD- GmbH ein und hat nach dem Umtauschverhältnis Anspruch auf einen 25%-Anteil. An Stelle der gleichteiligen Anteilsabtretung von jeweils 12,5% durch C und D wird im Einbringungsvertrag festgelegt, dass nur C 25 Prozentpunkte an den E abtritt. Nunmehr sind C und E mit je 25% und D unverändert mit 50% beteiligt. Zum Ausgleich des Vorteils des D durch die Nichtabtretung von 12,5% wird im Einbringungs- oder Gesellschaftsvertrag eine alineare Ausschüttung zugunsten des C solange vereinbart, bis der Wert der 12,5% abgedeckt ist, die alineare Ausschüttung erfolgt nur zu Lasten des D.

• Kommt es zu einem Ausgleich in geldwerter Form, liegt ein Veräußerungstatbestand des empfangenden (abtretenden) Altgesellschafters und ein Erwerbstatbestand der zahlenden Altgesellschafter vor.

Beispiel:

Wird im vorgenannten Beispiel an Stelle der alinearen Ausschüttung eine Zahlung des D an den C in Höhe des Wertes der 12,5% vereinbart, löst die Zahlung Steuerpflicht des Empfängers und einen Anschaffungstatbestand hinsichtlich der Beteiligung aus. (AÖF 2013/301)

3.6.4.3.5 Gegenleistung durch die Muttergesellschaft der übernehmenden Körperschaft

1051   Wird der Einbringende für das eingebrachte Vermögen mit bestehenden Anteilen an der Muttergesellschaft der übernehmenden Körperschaft abgefunden, ist dies unternehmensrechtlich möglich, verletzt jedoch mangels einer entsprechenden Ausnahmeregelung in § 19 Abs. 2 UmgrStG eine Anwendungsvoraussetzung des Art. III UmgrStG, sodass die Einbringung unter den Tauschtatbestand des § 6 Z 14 EStG 1988 zum Stichtag fällt. *(AÖF 2008/243)*

3.6.4.4 Zuzahlungen neben der Anteilsgewährung

3.6.4.4.1 Allgemeines

1052   Nach § 19 Abs. 2 Z 3 UmgrStG kann die übernehmende Körperschaft als Gegenleistung für die Übernahme des Vermögens neben neuen Anteilen auch bare Zuzahlungen an den Einbringenden gewähren. Die Höhe der Zuzahlungen ist mit 10% des Gesamtnennbetrages der neuen Anteile beschränkt. Im Hinblick auf die gesetzliche Beschränkung auf Fälle der Ausgabe neuer Anteile ist eine Zuzahlung in den Fällen des § 19 Abs. 2 UmgrStG nicht möglich.

3.6.4.4.2 Rundung des Beteiligungsansatzes

1053   Zuzahlungen können nur zum Zweck der Rundung auf volle Beteiligungsprozentsätze gewährt werden. Diese Zuzahlungen dürfen nur insoweit erfolgen, als dadurch der nächstliegende ganzzahlige Beteiligungsprozentsatz hergestellt wird.

3.6.4.4.3 Spitzenausgleich

1054   Weiters kann mittels Zuzahlung innerhalb der gesetzlichen Grenzen ein Spitzenausgleich hergestellt werden, sodass neben den vollen Beteiligungsprozentsätzen auch eine runde Nennkapitalgröße bei der übernehmenden Körperschaft dargestellt werden kann.

3.6.4.4.4 Verletzung der Anwendungsvoraussetzungen

1055   Bare Zuzahlungen, die nicht neben der Gewährung neuer Anteile oder in einem das gesetzlich vorgegebene Ausmaß überschreitenden Ausmaß geleistet werden, stellen eine dem § 19 UmgrStG widersprechende Gegenleistung dar, so dass die Einbringung nicht unter Art. III UmgrStG fallen kann.

3.6.4.4.5 Steuerliche Behandlung der Zuzahlung

Die Zuzahlung an den Einbringenden führt bei diesem gemäß § 20 Abs. 2 UmgrStG zu einer Verminderung der Anschaffungskosten der Anteile (siehe Rz 1107 ff). *(AÖF 2013/301)*   1056

Bei der übernehmenden Körperschaft ist die Zuzahlung gemäß § 18 Abs. 5 UmgrStG als ein gesellschaftsrechtlich veranlasster Teil der Gegenleistung steuerneutral zu behandeln, ein etwaiger aus der unternehmensrechtlichen Behandlung resultierender Aufwand ist daher außerbilanzmäßig zuzurechnen. *(AÖF 2008/243)*   1057

3.6.4.5 Aufgabe von Mitunternehmeranteilen an der einbringenden Mitunternehmerschaft

§ 19 Abs. 2 Z 4 UmgrStG regelt den Fall, dass die übernehmende Körperschaft an der einbringenden Mitunternehmerschaft beteiligt ist. Da die übernehmende Körperschaft im Hinblick auf das Verbot des Erwerbes eigener Anteile (§ 81 GmbHG, § 65 AktG) an sich selbst keine Anteile als Gegenleistung für die Übernahme des Vermögens der Mitunternehmerschaft ausgeben kann, unterbleibt die Gewährung von neuen Gesellschaftsanteilen insoweit, als sie einbringungsbedingt ihre Mitunternehmeranteile aufgibt.   1058

Beispiel:
An der X-GmbH & Co KG ist die X-GmbH als Komplementär mit 20% am Vermögen und am Gewinn beteiligt. Daneben sind die natürlichen Personen A und B als Kommanditisten zu jeweils 40% am Gewinn und am Vermögen beteiligt. Der Verkehrswert der KG beträgt 10.000. An der X-GmbH sind die natürlichen Personen A und B zu je 50% beteiligt. Der Verkehrswert der X-GmbH beträgt 4.000.
Der Betrieb der KG wird zum 31. 12.01 in die X-GmbH eingebracht. Im Ausmaß der Beteiligung der X-GmbH am Verkehrswert der KG ist eine Kapitalerhöhung bei der X-GmbH anlässlich der Einbringung aus gesellschaftsrechtlichen Gründen verboten. In diesem Fall wäre lediglich eine Kapitalerhöhung von 8000 (Verkehrswert KG 10.000 abzüglich Verkehrswert der Beteiligung der X GmbH an der KG von 2.000) gesellschaftsrechtlich zulässig. Das Unterbleiben der Kapitalerhöhung im Ausmaß von 2000 stellt auf Grund des § 19 Abs. 2 Z 4 UmgrStG keinen Verstoß gegen die Grundregel des § 19 UmgrStG dar.

Ein Anwendungsfall des § 19 Abs. 2 Z 4 UmgrStG liegt auch vor, wenn sämtliche Mitunternehmeranteile unter Anwachsen nach § 142 UGB in eine Körperschaft eingebracht werden, die am Vermögen der Mitunternehmerschaft beteiligt ist. Siehe dazu Rz 1047 ff. *(AÖF 2008/243)*   1059

3.6.4.6 Verzicht auf Anteilsgewährung

3.6.4.6.1 Allgemeines

Auf die Gewährung von Gesellschaftsanteilen als Gegenleistung für das eingebrachte Vermögen kann verzichtet werden, wenn die Eigentums – bzw. Beteiligungsverhältnisse am eingebrachten Vermögen mit den Beteiligungsverhältnissen an der übernehmenden Körperschaft übereinstimmen. Eine Anteilsgewährung nach § 19 Abs. 1 UmgrStG oder § 19 Abs. 2 Z 1 UmgrStG ist jedoch zulässig.   1060

Voraussetzung für den Verzicht auf Anteilsgewährung gemäß § 19 Abs. 2   1061

Z 5 UmgrStG ist das Vorliegen einer Identität zwischen Vermögenszurechnung und Beteiligungssituation. Aus diesem Grund besteht zum einen zwischen dem Einbringenden und der übernehmenden Körperschaft kein Interessensgegensatz und zum anderen ist eine Verschiebung der stillen Reserven im eingebrachten Vermögen im Zuge der Einbringung nicht möglich.

1062 Nach der Einbringung ist der Einbringende unverändert am eingebrachten Vermögen beteiligt. Eine Änderung hat sich lediglich in der gesellschaftsrechtlichen Struktur ergeben.

1063 Die einbringungsbedingte Übertragung der Gesamtreserven auf die übernehmende Körperschaft spiegelt sich in der Beteiligung unverändert wieder. Soweit natürliche Personen einbringen, werden die nicht mehr einkommensteuerhängigen Gesamtreserven durch die körperschaftsteuerhängigen Gesamtreserven bei der übernehmenden Körperschaft und die einkommensteuerhängigen Reserven in der Beteiligung an der übernehmenden Körperschaft ersetzt.

1064 Das Gesetz unterscheidet zwischen:

- identen Eigentumsverhältnissen auf Grund der Alleingesellschafterstellung (Rz 1067 ff) und

- identen Beteiligungsverhältnissen (Rz 1080 bis Rz 1085). *(AÖF 2013/301)*

3.6.4.6.2 Unmittelbare und mittelbare Beteiligung

1065 Es ist nicht erforderlich, dass Identität der Eigentums- bzw. Beteiligungsverhältnisse unmittelbar besteht, es sind auch mittelbare Beteiligungen bei der Beurteilung der Identität der Beteiligungsverhältnisse zu berücksichtigen. Da eine unmittelbare Beteiligung zwischen dem Einbringenden und der übernehmenden Körperschaft nicht gefordert wird, sind auch Einbringungen in eine Enkelgesellschaft, Urenkelgesellschaft oder eine Großmuttergesellschaft usw. möglich.

1066 Für die Anwendung des § 19 Abs. 2 Z 5 UmgrStG ist es nicht erforderlich, dass die Eigentums- bzw. Beteiligungsidentität unbedingt bei der übernehmenden Körperschaft selbst gegeben sein muss, sondern es ist auch ausreichend, wenn sie oberhalb der übernehmenden Körperschaft besteht.

Beispiel:

Die Muttergesellschaft B hält an der Tochtergesellschaft A 75% der Anteile. Über die 100-prozentige Tochtergesellschaft C hält die Muttergesellschaft B die restlichen 25% der Anteile an der Tochtergesellschaft A.

Auf Grund der gegebenen Beteiligungsverhältnisse kann eine Einbringung von Vermögen durch die Tochtergesellschaft A in die Tochtergesellschaft C ohne Gewährung einer Gegenleistung erfolgen.

Für Zwecke der Feststellung der Identität der Beteiligungsverhältnisse ist davon auszugehen, dass die Rechtsstellung einer Körperschaft des öffentlichen Rechts zu ihrem Betrieb gewerblicher Art im Sinne des § 2 KStG 1988 wie eine 100-prozentige Beteiligung an einer Tochterkörperschaft zu beurteilen ist. Gleiches gilt für die Beziehung einer Haftungsgemeinde gegenüber der Gemeindesparkasse. *(AÖF 2013/301)*

3.6.4.7 Idente Eigentumsverhältnisse

3.6.4.7.1 Allgemeines

1067 Die Eigentumsverhältnisse sind nur dann ident, wenn das Alleineigentum des Einbringenden oder die 100%-ige Zurechnung des Vermögens zum Einbringenden mit der Beteiligung an der übernehmenden Körperschaft übereinstimmt, dh. eine 100%-igen Beteiligung und damit Alleingesellschafterstellung vorliegt.

Keine Übereinstimmung liegt daher vor, wenn der Einbringende Vermögen in eine Körperschaft einbringt, an der er nicht Alleingesellschafterstellung besitzt. Die Übereinstimmung fehlt auch dann, wenn mehrere Personen das jeweils in ihrem Alleineigentum stehende Vermögen in eine Körperschaft einbringen wollen, an der sie den Verkehrswerten der einzubringenden Vermögen entsprechend beteiligt sind und daher wirtschaftliche Identität besteht.

Beispiel:

A und B sind zu je 50% an der AB-GmbH beteiligt. Sie wollen ihre Anteile in die bar gegründete C-GmbH einbringen, an der sie zu je 50% beteiligt sind. Da das Eigentum am jeweiligen Anteil (100%) nicht mit der jeweiligen Beteiligung an der übernehmenden Körperschaft (50%) übereinstimmt, kann die Ausnahmebestimmung des § 19 Abs. 2 Z 5 UmgrStG nicht zur Anwendung kommen, es kann die Ausnahmebestimmung des § 19 Abs. 2 Z 2 UmgrStG (siehe Rz 1045 f) angewendet werden.

3.6.4.7.2 Alleingesellschafterstellung

Die Alleingesellschafterstellung eines Einbringenden ist in folgenden Fällen 1068 §19
gegeben:

- Ein Einzelunternehmer bringt Betriebsvermögen im Sinne des § 12 Abs. 2 UmgrStG in eine Körperschaft ein, die zu 100% in seinem Eigentum steht, wobei es für die Anwendung des § 19 Abs. 2 UmgrStG ohne Belang ist, ob die Anteile an der übernehmenden Körperschaft Betriebsvermögen oder Privatvermögen darstellen.

- Eine natürliche Person bringt aus ihrem Privatvermögen Kapitalanteile im Sinne des § 12 Abs. 2 UmgrStG in eine in ihrem Alleineigentum stehende übernehmende Körperschaft ein.

- Eine Mitunternehmerschaft hält im Gesamthand- oder Gemeinschaftsvermögen eine 100- prozentige Beteiligung an einer Körperschaft und bringt begünstigtes Vermögen im Sinne des § 12 Abs. 2 UmgrStG in diese ein (siehe Rz 1069 f).

- Eine Körperschaft bringt begünstigtes Vermögen im Sinne des § 12 Abs. 2 UmgrStG in eine 100-prozentige Tochtergesellschaft ein (down-stream-Einbringung).

- Eine natürliche Person, Mitunternehmerschaft oder Körperschaft bringt Vermögen im Sinne des § 12 Abs. 2 UmgrStG in eine Enkelgesellschaft oder eine Urenkelgesellschaft usw. ein, wenn sich die Alleingesellschafterstellung des Einbringenden mittelbar durch eine Tochtergesellschaft oder mehrere 100-prozentige Tochtergesellschaften ergibt.

- Der Kommanditist bringt seinen Kommanditanteil ganz oder zum Teil in die ihm zu 100% gehörende Komplementär-GmbH ein.

In all diesen Fällen sind die Voraussetzungen des § 19 Abs. 2 Z 5 UmgrStG erfüllt und es kann in sinngemäßer Anwendung des § 224 Abs. 2 Z 1 AktG auf die Gewährung von Anteilen verzichtet werden.

Bei einer up-stream-Einbringung, dh. bei Einbringung von Vermögen der Tochtergesellschaft in die 100-prozentige (Groß-)Mutterkörperschaft, liegt ein Fall des § 19 Abs. 2 Z 5 zweiter Tatbestand UmgrStG vor; eine Anteilsgewährung wäre auch gesellschaftsrechtlich unzulässig (§ 224 Abs. 1 Z 1 AktG). *(AÖF 2013/301)*

3.6.4.7.3 Alleingesellschafterstellung der einbringenden Mitunternehmerschaft

1069   Bringt eine Mitunternehmerschaft ihren gesamten Betrieb in ihre 100-prozentige Tochtergesellschaft ein, stehen ihr hinsichtlich der Behandlung der Beteiligung an der Tochtergesellschaft zwei Möglichkeiten offen:

- Die 100-prozentige Beteiligung an der Tochtergesellschaft wird anlässlich der Einbringung zurückbehalten. Da mit der Einbringung die Mitunternehmereigenschaft der Personengesellschaft untergeht, stellt das Zurückbehalten nach § 16 Abs. 5 Z 1 UmgrStG bzw. § 16 Abs. 5 Z 3 UmgrStG einen Entnahmetatbestand zum Einbringungsstichtag dar und ist von den Mitunternehmern als im Rahmen der einheitlichen und gesonderten Gewinnfeststellung miterfasst normal zu versteuern. Formal bleibt die vermögensverwaltende Personengesellschaft bis zu ihrer Löschung im Firmenbuch bestehen, erst an diesem Tag geht die Beteiligung quotenmäßig auf ihre Gesellschafter über, ohne dass dadurch steuerlich ein Realisierungstatbestand gegeben ist, da die wegfallende Miteigentümerbeteiligung am Vermögen der Personengesellschaft durch die unmittelbare quotenentsprechende Beteiligung an der übernehmenden Körperschaft ersetzt wird. Auch der mit Beginn des dem Einbringungsstichtag nachfolgenden Tages definierte Anschaffungstag der Beteiligung ändert sich durch die Löschung der Personengesellschaft nicht.

- Die 100-prozentige Beteiligung an der Tochtergesellschaft wird anlässlich der Einbringung miteingebracht und analog zur Vorgangsweise bei der down-stream- Verschmelzung eine juristische Sekunde später an die Gesellschafter, im gegenständlichen Fall an die einbringende Personengesellschaft, wieder herausgegeben. Für die Mitunternehmer führt diese Variante der Anteilsdurchschleusung zu keinem Entnahmetatbestand, da sie nichts zurückbehalten haben. Bei der übernehmenden Körperschaft führt die Herausgabe der Beteiligung in Höhe des abgehenden Buchwertes zu einem einbringungsveranlassten nach § 18 Abs. 6 UmgrStG steuerneutralen Buchverlust. Da die empfangende Personengesellschaft inzwischen ihre Mitunternehmereigenschaft verloren hat, ergibt sich für die Gesellschafter durch die Löschung der Personengesellschaft im Firmenbuch keine unmittelbare steuerliche Konsequenz, es sind allerdings die einbringungsbedingt entstehenden Anschaffungskosten der Anteile an der übernehmenden Körperschaft um den Buchwert des herausgegebenen Anteils zu kürzen (siehe auch Rz 997 ff). *(AÖF 2013/301)*

1070   Sollte im Rahmen einer abgabenbehördlichen Überprüfung festgestellt werden, dass die von einem, mehreren oder allen Mitunternehmer(n) gehaltene(n) Beteiligung(en) an der übernehmenden Körperschaft zum notwendigen Sonderbetriebsvermögen gehört hat (haben), ist davon auszugehen, dass die Beteiligung(en) als in die Körperschaft miteingebracht und durchgeschleust gilt (gelten).

3.6.4.7.4 Treuhandschaft

1071   Es stellt kein Einbringungshindernis dar und hindert die Anwendung des § 19 Abs. 2 Z 5 UmgrStG nicht, wenn der Einbringende über eine aufgedeckte Treuhandschaft Alleingesellschafter der übernehmenden Körperschaft ist.

1072   Die Einbringung von begünstigtem Vermögen einer Personengesellschaft in eine Körperschaft ist auch im Falle der Übereinstimmung der Beteiligungen an der einbringenden Personengesellschaft (Rz 717 ff) mit den Beteiligungen an der übernehmenden Körperschaft (Nennkapital unter Einschluss allfälligen Surrogatkapitals in Form von Substanzgenussrechten gemäß § 8 Abs. 3 Z 1 KStG 1988) kein Anwendungsfall des § 19 Abs. 2 Z 5 UmgrStG. Solche Einbringungen fallen unter Art. III UmgrStG, wenn sie gegen Gewährung neuer Anteile im Wege einer Kapitalerhöhung (§ 19 Abs. 1 UmgrStG) oder gegen Gewährung von bestehenden Anteilen der Gesellschafter (§ 19 Abs. 2 Z 2 UmgrStG, siehe dazu Rz 1046) erfolgen.

Beispiel:

An der einbringenden AB-KG und der übernehmenden AB-GmbH sind A zu 40% und B zu 60% beteiligt. Zum Einbringungsstichtag beträgt der Mitunternehmeranteil des A -100 (starres Kapitalkonto 40, variables Kapitalkonto -140) und des B 90 (starres Kapitalkonto 60, variables Kapitalkonto 30).

Stimmen die Mitunternehmeranteile (dh Buchstand der starren und variablen Kapitalkonten und des allfällig bestehenden Sonderbetriebsvermögens) der beiden Gesellschafter auf Grund rückwirkender Korrekturen im Sinne des § 16 Abs. 5 Z 2 UmgrStG quotal mit den Beteiligungen an der übernehmenden GmbH überein, weil zB. A eine rückwirkende Einlage von 100 getätigt hat und B sein Guthaben von 30 behoben oder eine vorbehaltene Entnahme von 30 vorgenommen hat, genügt bei der Einbringung des Betriebes der KG eine geringfügige Kapitalerhöhung bzw. kann sich eine gleichhohe durch Notariatsakt zu erfolgende Anteilsabtretung von A und B und B an A ebenfalls auf eine geringfügigen Betrag beschränken.

Stimmen die Mitunternehmeranteile quotal mangels (ausreichender) Korrekturen nicht mit den Kapitalanteilsquoten überein, ist die äquivalente Kapitalerhöhung oder die Anteilsabtretung vom Umtauschverhältnis abhängig. *(AÖF 2008/243)*

Rz 1073 bis 1079: *derzeit nicht belegt (AÖF 2008/243)*

3.6.4.8 Identität der Beteiligungen an der einbringenden und der übernehmenden Körperschaft

3.6.4 8.1 Allgemeines

Bringt eine Körperschaft Vermögen im Sinne des § 12 Abs. 2 UmgrStG in eine andere Kapitalgesellschaft ein, an denen ein Gesellschafter allein beteiligt ist oder mehrere Gesellschafter im gleichen Verhältnis beteiligt sind (so genannte Schwestergesellschaften), kann dies nach § 19 Abs. 2 Z 5 UmgrStG unter Verzicht auf die Ausgabe von Anteilen erfolgen, da sich aus der Sicht der Anteilsinhaber nur eine Vermögensverlagerung auf die Schwestergesellschaft und damit eine Beteiligungswertverlagerung, nicht aber eine Veränderung des Gesamtwertes der Beteiligungen ergibt. *(AÖF 2008/243)* 1080

§ 19 Abs. 2 Z 5 zweiter Fall UmgrStG (Identität der Beteiligungsverhältnisse) ist sohin nur dann anwendbar, wenn Einbringender eine Körperschaft ist. Kein Anwendungsfall des § 19 Abs. 2 Z 5 UmgrStG ist daher die Einbringung sämtlicher Mitunternehmeranteile in eine Körperschaft, deren Beteiligungsverhältnis mit dem Beteiligungsverhältnis an der Mitunternehmerschaft übereinstimmt, und zwar auch für Zeiträume vor dem Inkrafttreten des AbgÄG 2005 (VwGH 22.4.2009, 2006/15/0296, 2006/15/0306). Wird in diesen Fällen rechtlich unzutreffend dennoch von der Anwendbarkeit des § 19 Abs. 2 Z 5 UmgrStG ausgegangen, ist die Einbringung verunglückt und es treten die steuerlichen Wirkungen der Tauschbesteuerung ein. Kann eine dahingehende Berichtigung der Veranlagung der einbringenden Mitunternehmer aufgrund von § 4 Abs. 2 Z 2 EStG 1988 nicht erfolgen, ist eine solche auch nicht bei der übernehmenden Körperschaft vorzunehmen, weil die steuerlichen Wirkungen der Tauschbesteuerung nicht diesem Steuersubjekt zuzurechnen sind. Damit unterbleibt die 1080a

Vornahme eines steuerwirksamen Zuschlages nach Maßgabe von § 4 Abs. 2 Z 2 EStG 1988 bei der übernehmenden Körperschaft. *(AÖF 2013/301)*

1081   Voraussetzung für die Beteiligungsübereinstimmung ist, dass die Beteiligung jedes Anteilsinhabers am rechnerischen Wert der Gesamtanteile der beiden Körperschaften ident ist. Dies ist bei einer Alleingesellschafterstellung an beiden Körperschaften stets gegeben. Bei einer Mehrheit von Anteilsinhabern ist nicht nur das Nennkapital sondern auch Surrogatkapital im Sinne des § 8 Abs. 3 Z 1 KStG 1988 (Substanzgenussrechte und Partizipationskapital) für die Berechnung des jeweiligen Beteiligungsausmaßes heranzuziehen.

Beispiel 1:

An der X-GmbH und der Y-GmbH ist A zu je 60% und B zu je 40% beteiligt. Die Einbringung von Vermögen der X-GmbH in die Y-GmbH oder umgekehrt ist unter Verzicht auf eine Anteilsgewährung gemäß § 19 Abs. 2 Z 5 UmgrStG möglich.

Beispiel 2:

A und B sind je zur Hälfte am Stammkapital der X-GmbH und der Y-GmbH beteiligt. Auf Grund der Ausgabe von Substanzgenussrechten durch die Y-GmbH sind C und D an der Y-GmbH beteiligt. Eine Schwestergesellschaftsfunktion im Sinne des § 19 Abs. 2 Z 5 UmgrStG liegt nicht vor.

Beispiel 3:

A ist zu je 50% an der X-GmbH (Stammkapital 35.000) und der Y-GmbH (Stammkapital ebenfalls 35.000) beteiligt. B ist zu 50% an der X-GmbH und zu 40% an der Y-GmbH beteiligt. Sollte B das gesamte von der Y-GmbH emittierte Substanzgenussrechtskapital in Höhe von 7000 übernehmen, ergibt sich – gemessen am rechnerischen Wert der Gesamtanteile (Nennkapital und Surrogatkapital) – für A und B eine jeweils 50%-ige Beteiligung an der Y-GmbH. Die Schwestergesellschaftsfunktion im Sinne des § 19 Abs. 2 Z 5 UmgrStG ist gegeben.

1081a   Die Identität der Beteiligungsverhältnisse muss noch nicht am Einbringungsstichtag gegeben sein. Diesbezüglich ist auf den Zeitpunkt der Errichtung des Einbringungsvertrages abzustellen. Eine Änderung des Eigentums an den Anteilen der übernehmenden Körperschaft zwischen dem Einbringungsstichtag und der Errichtung des Einbringungsvertrages ist daher möglich, um die erforderliche Identität im Sinne des § 19 Abs. 2 Z 5 UmgrStG herzustellen. Ebenso können die Beteiligungsverhältnisse bei einer einbringenden Körperschaft im Rückwirkungszeitraum verändert werden (vgl. auch Rz 808). *(AÖF 2013/301)*

1082   Nicht unter die Ausnahmebestimmung des § 19 Abs. 2 Z 5 UmgrStG fällt bei mehreren gleichbeteiligten Anteilsinhabern mangels Vorliegen der Voraussetzungen die Einbringung der Anteile an der einen Schwestergesellschaft in die andere (siehe Rz 1067 ff).

3.6.4.8.2 Rundungsdifferenzen

1083   Bei Schwestergesellschaften mit unterschiedlich hohem Nennkapital ist es denkbar, dass sich die Beteiligungsstände mathematisch nicht bis zur letzten Kommastelle gleichen. Dieser Umstand ist für die Anwendung des § 19 Abs. 2 Z 5 UmgrStG nicht schädlich, solange nach einer Rundung die beiden ersten Kommastellen der Beteiligungsstände ident sind und die Übereinstimmung der Beteiligungsverhältnisse im Einbringungsvertrag dokumentiert wird.

3.6.4.8.3 Verbotene Einlagenrückgewähr

1084   Die Einbringung von Vermögen in eine Schwestergesellschaft (oder auch up stream in die Muttergesellschaft) unter Verzicht auf eine Anteilsgewährung ist zwar nach § 19 Abs. 2 Z 5 UmgrStG steuerrechtlich gedeckt, führt aber zu einer unternehmensrechtlich verbotenen Einlagenrückgewähr im Sinne des § 82 Abs. 1 GmbHG oder § 52 AktG, da die einbringende Körperschaft keine Gegenleistung erhält und damit in jedem Fall eine Gläubigerschädigung (ohne Rücksicht, ob tatsächlich Gläubiger bestehen) eintritt. *(AÖF 2008/243)*

Die verbotene Einlagenrückgewähr kann bei der einbringenden Gesellschaft 1085 durch eine mit der Einbringung verknüpfte den Wertabgang ersetzende:

*   effektive Gesellschaftereinlage

*   nominelle Kapitalherabsetzung unter Beachtung der Vorschriften über eine ordentliche Kapitalherabsetzung oder vereinfachte Kapitalherabsetzung zur Einziehung, oder

*   nur bilanzmäßige Gewinnausschüttung (Sachausschüttung)

vermieden werden (vgl. OGH 10.6.1999, 6 Ob 6/99x). Die Maßnahmen der Kapitalherabsetzung oder Gewinnausschüttung (Sachausschüttung) sind steuerneutral, dh. nicht als Einlagenrückzahlung im Sinne des § 4 Abs. 12 EStG 1988 bzw. als eine Kapitalertragsteuerpflicht auslösende Ausschüttung zu werten. Die Gesellschaftereinlage hingegen ist eine solche im Sinne des § 6 Z 14 EStG 1988, die auch zu einem Zugang im Evidenzkonto führt. Das Fehlen der erwähnten Maßnahmen hindert die Anwendung des Art. III UmgrStG nicht. *(BMF-AV Nr. 131/2018)*

3.6.4.9 Einbringung in eine ausländische übernehmende Körperschaft

3.6.4.9.1 Allgemeines

Die Einbringung von Betrieben, Teilbetrieben und Mitunternehmeranteilen 1086 einer inländischen Schwestergesellschaft in die ausländische kann stets unter Verzicht auf eine Anteilsgewährung für die einbringende Schwestergesellschaft erfolgen, da das Besteuerungsrecht der Republik Österreich hinsichtlich des eingebrachten Vermögens im Rahmen der beschränkten Körperschaftsteuerpflicht der übernehmenden ausländischen Körperschaft erhalten bleibt. Die Gegenleistung gilt jedoch dennoch als bewirkt und besteht in Werterhöhung der Anteile an der übernehmenden Gesellschaft; im Anwendungsbereich des § 16 Abs. 2 UmgrStG ist folglich die Ansässigkeit der Anteilsinhaber der übernehmenden Körperschaft maßgeblich (siehe Rz 854b). *(BMF-AV Nr. 40/2017)*

3.6.4.9.2 Anteilseinbringung in eine ausländische übernehmende Körperschaft

Im Fall der Einbringung eines Kapitalanteiles im Sinne des § 12 Abs. 2 Z 3 1087 UmgrStG in eine ausländische übernehmende Körperschaft wird diese Beteiligung tatsächlich in das Ausland übertragen und damit in der Regel eine Einschränkung des Besteuerungsrechtes der Republik Österreich bewirkt. Die Bewertung für den Einbringenden richtet sich für betriebsvermögenszugehörige Anteile nach § 16 UmgrStG (Rz 848 ff) und im Übrigen nach § 17 UmgrStG (Rz 929 ff). Da nicht in allen Fällen der Exporteinbringung eine Wahrung des Besteuerungsrechtes der Republik möglich ist, setzt § 19 Abs. 2 Z 5 UmgrStG für den Verzicht auf eine Gegenleistung voraus, dass die Einbringung ausschließlich bei inländischen Anteilen an der übernehmenden ausländischen Körperschaft eine Zu- oder Abschreibung auslöst. Damit wird sichergestellt, dass in Kapitalanteilen verstrickte und im Inland steuerhängige stille Reserven in einer Gegenleistung steuerhängig gespeichert bleiben. Ist die in § 19 Abs. 2 Z 5

§ 19

UmgrStG genannte Voraussetzung für einen Verzicht auf eine Gegenleistung nicht gegeben, muss die Einbringung gegen Gewährung von Anteilen erfolgen oder die Einbringung unterbleiben.

Allerdings kann § 19 Abs. 2 Z 5 zweiter Halbsatz UmgrStG aus unionsrechtlichen Erwägungen unangewendet bleiben, sofern eine Einbringung eines im Inland steuerhängigen Kapitalanteils durch einen Steuerinländer oder durch einen EU/EWR-Ansässigen in eine EU/EWR-Körperschaft erfolgt. In solchen Fällen kann daher von der Gewährung einer Gegenleistung abgesehen werden, ohne dass eine Anwendungsvoraussetzung des Art. III UmgrStG verletzt wird.

Beispiel:

Die in Frankreich ansässige Mutterkörperschaft A bringt ihre 100-prozentige (aufgrund des DBA-Frankreichs im Inland steuerhängige) Beteiligung an ihrer inländischen Tochtergesellschaft B in die in Großbritannien ansässige Großmuttergesellschaft C ein, die wiederum 100% der Anteile an der A hält. Gegenleistungsanteile sollen anlässlich der Einbringung des Kapitalanteils nicht ausgegeben werden. Das Unterbleiben der Gewährung einer Gegenleistung würde in diesem Fall § 19 Abs. 2 Z 5 zweiter Halbsatz UmgrStG grundsätzlich widersprechen; aus unionsrechtlichen Gründen kann die Bestimmung jedoch unangewendet bleiben. Für die stillen Reserven im eingebrachten Kapitalanteil kann daher in weiterer Folge gemäß § 16 Abs. 2 Z 1 iVm § 16 Abs. 1 UmgrStG ein Antrag auf Ratenzahlung (bis 31.12.2015: Antrag auf Nichtfestsetzung) gestellt werden, weil die Einschränkung des Besteuerungsrechts am eingebrachten Vermögen gegenüber einem EU/EWR-Staat erfolgt.

Unterbleibt eine Anteilsgewährung, obwohl die Voraussetzungen des § 19 Abs. 2 Z 5 zweiter Halbsatz UmgrStG nicht vorliegen und kann die Bestimmung auch aus unionsrechtlichen Gründen nicht unangewendet bleiben, ist auf Grund des Verweises in § 12 Abs. 1 UmgrStG auf den § 19 UmgrStG eine Anwendungsvoraussetzung des Art. III UmgrStG verletzt und es liegt eine unter § 20 Abs. 1 Z 2 KStG 1988 fallende einen steuerwirksamen Tausch im Sinne des § 6 Z 14 EStG 1988 auslösende Sacheinlage oder Sachzuwendung vor. *(BMF-AV Nr. 40/2017)*

1088   Die Ausnahme des § 19 Abs. 2 Z 5 2. Halbsatz UmgrStG ist nicht nur erfüllt, wenn die Zuschreibung im Sinne des § 20 Abs. 4 UmgrStG bei den inländischen Anteilen an der ausländischen übernehmenden Körperschaft stattfindet, sie muss auch ausschließlich an inländischen Anteilen erfolgen. Sämtliche Gesellschafter der ausländischen übernehmenden Körperschaft müssen daher im Inland ansässig sein.

1089   Betroffen von der Sonderregelung des § 19 Abs. 2 Z 5 2. Halbsatz UmgrStG kann sein oder ist die Anteilseinbringung

• in eine ausländische Schwesterkörperschaft oder

• in eine ausländische Mutterkörperschaft mit (teilweise) ausländischen Anteilsinhabern oder

• in eine inländische übernehmende Unterkörperschaft bei Vorliegen einer ausländischen Zwischenkörperschaft oder

• in eine ausländische übernehmende Unterkörperschaft bei Vorliegen einer ausländischen Zwischenkörperschaft.

1090   Bringt eine inländische Schwestergesellschaft eine Beteiligung in ihre ausländische Schwestergesellschaft ein, kann auf die Gewährung von neuen Anteilen verzichtet werden, wenn

• eine inländische Muttergesellschaft vorliegt oder

- sämtliche an den beiden Schwestergesellschaften gleichbeteiligte Anteilsinhaber Steuerinländer sind,

sodass es zu einer Ab- und Zuschreibung auf die betrieblich oder außerbetrieblich gehaltenen Anteile kommt (siehe Rz 1129).

§ 19

Die Anteile an der übernehmenden Körperschaft

§ 20. (1) Neue Anteile gelten mit dem Beginn des dem Einbringungsstichtag folgenden Tages als angeschafft. Soweit eine Kapitalerhöhung nach § 19 nicht erfolgt, gilt die Gegenleistung mit Beginn des dem Einbringungsstichtag folgenden Tages als bewirkt.

(2) Für die Bewertung der Anteile und der sonstigen Gegenleistung im Sinne des Abs. 1 gilt Folgendes:

1. Im Falle der Gewährung von Anteilen im Sinne des § 19 Abs. 1 und Abs. 2 Z 1 und 2 gilt der nach den §§ 16 und 17 maßgebende Wert der Sacheinlage als deren Anschaffungskosten.

2. Kommt die Abfindung im Sinne des § 19 Abs. 2 Z 1 ausländischen Einbringenden zu, ist § 6 Z 6 des Einkommensteuergesetzes 1988 sinngemäß anzuwenden.

3. Zuzahlungen im Sinne des § 19 Abs. 2 Z 3 kürzen beim Empfänger die Anschaffungskosten oder Buchwerte.

4. Ausschüttungen im Sinne des § 18 Abs. 2 Z 1 erhöhen ab Eintritt der Fälligkeit die Anschaffungskosten oder Buchwerte.

5. Kommt es in Fällen des § 16 Abs. 1 oder Abs. 2 Z 1 in der Fassung des Bundesgesetzes vor BGBl. I Nr. 163/2015 zur Festsetzung der Steuerschuld, erhöhen sich rückwirkend mit Beginn des dem Einbringungsstichtag folgenden Tages die Anschaffungskosten oder Buchwerte entsprechend.

(3) Im Falle des § 19 Abs. 2 Z 2 sind bei den abtretenden Gesellschaftern die Anschaffungskosten oder der Buchwert der bisherigen Anteile weiterhin maßgebend. Bei von den Beteiligungsverhältnissen abweichenden Wertverhältnissen ist § 6 Abs. 2 anzuwenden.

(4) Bei Vorliegen der Voraussetzung des § 19 Abs. 2 Z 5 gilt folgendes:

1. Der nach den §§ 16 und 17 maßgebende Wert der Sacheinlage ist dem steuerlich maßgebenden Wert der bisherigen Anteile des Einbringenden an der übernehmenden Körperschaft zuzuschreiben oder von ihm abzuschreiben. Gehören die Anteile an der übernehmenden Körperschaft nicht zum Betriebsvermögen des Einbringenden, bleibt ein Buchgewinn oder Buchverlust bei der Gewinnermittlung außer Ansatz. Abs. 2 dritter und vierter Satz ist anzuwenden.

2. Besitzt die übernehmende Körperschaft alle Anteile an der einbringenden Körperschaft, ist § 3 Abs. 2 mit der Maßgabe anzuwenden, daß bei der Ermittlung des Buchgewinnes oder Buchverlustes der steuerlich maßgebende Buchwert der Anteile an der übertragenden Körperschaft in dem Verhältnis zu vermindern ist, in dem sich der Wert der übertragenden Körperschaft durch die Einbringung vermindert hat. § 3 Abs. 3 ist anzuwenden. Der bei der einbringenden Körperschaft entstehende Buchverlust oder Buchgewinn bleibt bei der Gewinnermittlung außer Ansatz.

3. Unterbleibt die Gewährung von Anteilen, weil die Anteile an der einbringenden und der übernehmenden Körperschaft in einer Hand vereinigt sind, sind die steuerlich maßgebenden Anschaffungskosten

oder Buchwerte der Anteile an der übertragenden Körperschaft in dem Ausmaß zu vermindern und im gleichen Ausmaß bei den Anteilen an der übernehmenden Körperschaft zuzuschreiben, in dem sich die Werte der Anteile durch die Einbringung verschieben. Der bei der einbringenden Körperschaft entstehende Buchgewinn oder Buchverlust bleibt bei der Gewinnermittlung außer Ansatz.

(5) (entfallen)

(6) Wird ein Kapitalanteil eingebracht, bei dem die Möglichkeit der Besteuerung der stillen Reserven nach den Regelungen des Einkommensteuergesetzes 1988 am Tag des Abschlusses des Einbringungsvertrages nicht gegeben ist, sind § 5 Abs. 1 und 2 sinngemäß anzuwenden.

(7) Für internationale Schachtelbeteiligungen im Sinne des § 10 Abs. 2 des Körperschaftsteuergesetzes 1988 gilt folgendes:

1. Entsteht durch eine Einbringung eine internationale Schachtelbeteiligung oder wird ihr Ausmaß durch neue Anteile oder durch Zurechnung zur bestehenden Beteiligung verändert, ist hinsichtlich der bisher nicht steuerbegünstigten Beteiligungsquoten auf den Unterschiedsbetrag zwischen den Buchwerten und den höheren Teilwerten § 10 Abs. 3 erster Satz des Körperschaftsteuergesetzes 1988 nicht anzuwenden. Dies gilt nicht im Falle des Entstehens der Steuerschuld nach § 16 Abs. 1a oder § 16 Abs. 2 auf Grund der Einbringung von Kapitalanteilen im Sinne des § 12 Abs. 2 Z 3.

2. Geht durch eine Einbringung die Eigenschaft einer Beteiligung als internationale Schachtelbeteiligung unter, gilt, soweit für sie keine Option zugunsten der Steuerwirksamkeit erklärt worden ist, der höhere Teilwert zum Einbringungsstichtag, abzüglich auf Grund einer Umgründung nach diesem Bundesgesetz von § 10 Abs. 3 erster Satz des Körperschaftsteuergesetzes 1988 ausgenommener Beträge, als Buchwert.

(8) Kommt es auf Grund der Einbringung zum Wechsel der Gewinnermittlungsart, ist das sich nach den vorstehenden Absätzen ergebende Ausmaß der Anschaffungskosten oder des Buchwertes der Anteile um jene Beträge zu erhöhen oder zu vermindern, die sich auf Grund von Änderungen des Betriebsvermögens nach § 4 Abs. 10 des Einkommensteuergesetzes 1988 ergeben.

(BGBl I 2015/163)

Gliederung:

3.7. Behandlung der Anteilsinhaber (§ 20 UmgrStG)

3.7.1. Allgemeines

3.7.1.1 Überblick

1091   Aus § 20 UmgrStG ergeben sich die umgründungsbedingten steuerlichen Konsequenzen für die einbringungsgeborenen oder einbringungsbezogenen Anteile an der übernehmenden Körperschaft. Ausgangspunkt für diese Bestimmungen ist der Grundsatz, dass dem Einbringenden für die Einbringung eine Gegenleistung gewährt wird. Diese besteht entweder

- in neuen Anteilen der übernehmenden Körperschaft auf Grund der Sachgründung oder einer Kapitalerhöhung,

- in bestehenden dem Einbringenden zukommenden Anteilen,

- in einer Wertveränderung (Erhöhung oder Minderung) bestehender Kapitalanteile bei Unterbleiben einer Kapitalerhöhung oder/und

- in Zuzahlungen im gesetzlich zulässigen Ausmaß.

Nach § 20 Abs. 1 UmgrStG liegt mit dem Gewähren einer Gegenleistung eine steuerliche Anschaffung vor.

Mit dem BudBG 2011 wurde die generelle Steuerpflicht der Veräußerung von Anteilen an Kapitalgesellschaften bzw. Erwerbs- und Wirtschaftsgenossenschaften sowie vergleichbarer ausländischer Gebilde eingeführt. Daraus folgt, dass die Veräußerung der Anteile an der übernehmenden Körperschaft unabhängig von einer Behaltedauer (Spekulationsfrist) und Beteiligungshöhe steuerpflichtig ist. Sind die Anteile vor dem 1.1.2011 angeschafft worden, liegt allerdings Altvermögen vor, für das § 30 EStG 1988 idF vor BudBG 2011 weiterhin anwendbar ist. Beteiligungen, die zum 31.3.2012 unter die Bestimmung des § 31 EStG 1988 idF vor BudBG 2011 gefallen sind, unterliegen ebenfalls den Neuregelungen der Kapitalvermögensbesteuerung. Ordnet das Umgründungssteuergesetz an, dass die im Zuge der Umgründung erworbenen Anteile für Zwecke der Anwendung der Fristen der §§ 30 und 31 EStG 1988 an die Stelle der alten Anteile treten, ist dies auch für die Abgrenzung von Alt- und Neuvermögen bei § 27 EStG 1988 maßgeblich, sodass die neu erworbenen Anteile weiterhin als Altvermögen gelten, wenn die übertragenen bzw. untergegangen Anteile Altvermögen waren (vgl. EStR 2000 Rz 6103b).

Beispiel:
A bringt zum 30.6.2010 einen Mitunternehmeranteil an der X-KG in die Y- GmbH ein und erhält dafür 0,5% Anteile. Gemäß § 20 Abs. 6 Z 1 UmgrStG idF vor AbgÄG 2012, BGBl. I Nr. 112/2012, gelten die A gewährten Anteile für zehn Jahre als solche im Sinne des § 31 EStG 1988 idF vor BudBG 2011. Daraus folgt, dass auch zum 31.3.2012 eine Veräußerung der Anteile an der Y-GmbH unter § 31 EStG 1988 idF vor BudBG 2011 gefallen wäre. Gemäß § 124b Z 185 lit. a erster Teilstrich EStG 1988 läuft die Zehnjahresfrist des § 20 Abs. 6 Z 1 UmgrStG idF vor AbgÄG 2012 weiter, sodass eine Veräußerung nach dem 30.6.2020 steuerfrei wäre. *(AÖF 2013/ 301)*

3.7.1.2 Anschaffungszeitpunkt der einbringungsverfangenen Anteile

Als Anschaffungszeitpunkt von gewährten Anteilen gilt der Beginn des dem Einbringungsstichtag folgenden Tages. Gleiches gilt nach § 20 Abs. 1 Satz 2 UmgrStG für den Zeitpunkt des Bewirkens der Gegenleistung, wenn keine neuen Anteile gewährt werden. Mit diesem Tag gelten alle Gegenleistungen als angeschafft, unabhängig davon, ob sie aus neuen Anteilen nach § 19 Abs. 1 UmgrStG, eigenen Anteilen nach § 19 Abs. 2 Z 1 UmgrStG, Anteilen anderer Anteilsinhaber der übernehmenden Körperschaft nach § 19 Abs. 2 Z 2 UmgrStG oder baren Zuzahlungen nach § 19 Abs. 2 Z 3 UmgrStG bestehen. Der Anschaffungszeitpunkt hat Bedeutung für: 1092

- den Zeitpunkt der Minderung der Anschaffungskosten auf Grund barer Zuzahlungen (siehe Rz 1052),

- die Zurechnung gewährter Anteile zum Einbringenden insb. die Rückbeziehung bei mehrfachen Umgründungen (siehe Rz 1874 ff),

- die Vornahme von Zu- und Abschreibungen auf die Anteile an der übernehmenden Körperschaft bzw. auf die Anteile der einbringenden Körperschaft im Falle der Eigentums- oder Beteiligungsidentität (siehe Rz 1117 ff),

- die Vornahme von Zuschreibungen auf die Anteile an der übernehmenden Körperschaft im Falle der Festsetzung der Steuerschuld nach § 16 Abs. 1 UmgrStG bzw. § 16 Abs. 2 Z 1 UmgrStG idF vor AbgÄG 2015 bzw. § 17 Abs. 1 UmgrStG (siehe Rz 860a ff) oder des Entstehens der KESt-Pflicht nach § 18 Abs. 2 Z 1 UmgrStG (siehe Rz 972b ff),

- den Wegfall der Ausnahme von der Steuerneutralität der internationalen Schachtelbeteiligung nach dem Entstehen der Steuerschuld nach § 16 Abs. 1 dritter bis letzter Satz UmgrStG idF vor AbgÄG 2015 bzw. § 16 Abs. 1a UmgrStG idF AbgÄG 2015 bzw. § 16 Abs. 2 UmgrStG (siehe Rz 1163a),

- Für Einbringungen mit einem Stichtag vor dem 31.12.2010:

  den Beginn der nach § 20 Abs. 6 Z 1 UmgrStG idF vor AbgÄG 2012, BGBl. I Nr. 112/2012, zehnjährigen Steuerverstrickung einbringungsgeborener und gleichgestellter Anteile an der übernehmenden Körperschaft, die weder zu einem Betriebsvermögen gehören noch unter die §§ 30 oder 31 EStG 1988 idF vor BudBG 2011 fallen (siehe Rz 1137 ff),

- Für Einbringungen mit einem Stichtag vor dem 1.4.2012:

  den Beginn der nach § 20 Abs. 5 UmgrStG idF vor AbgÄG 2012, BGBl. I Nr. 112/2012, zehnjährigen Steuerverstrickung von Anteilen, die auf Grund der Einbringung die Eigenschaft als Beteiligung im Sinne des § 31 EStG 1988 idF BudBG 2011 verlieren (siehe Rz 1135 ff),

- Für Einbringungen mit einem Stichtag nach dem 31.3.2012:

  Bei Einbringung eines Kapitalanteiles, bei dem die Möglichkeit der Besteuerung der stillen Reserven nach den Regelungen des Einkommensteuergesetzes 1988 am Tag des Abschlusses des Einbringungsvertrages nicht gegeben war, die sinngemäße Anwendung des § 5 Abs. 1 und 2 UmgrStG; dies gilt sinngemäß auch für Anteile, die am Einbringungsstichtag nur mehr befristet steuerhängig sind (§ 124b Z 185 lit. a erster Teilstrich EStG 1988).

- den Beginn der Jahresfrist des § 20 Abs. 7 Z 1 UmgrStG in Verbindung mit § 10 Abs. 2 KStG 1988 (siehe KStR 2013 Rz 1212), wenn durch die Einbringung an der übernehmenden Körperschaft eine internationale Schachtelbeteiligung entsteht (siehe Rz 1157 ff), für die keine Option gemäß § 10 Abs. 3 KStG 1988 ausgeübt wird,

- Für Einbringungen mit einem Stichtag vor dem 31.12.2010:

  den Beginn der einjährigen Spekulationsfrist nach § 30 Abs. 1 Z 1 lit. b EStG 1988 idF vor dem 1. StabG 2012, BGBl. I Nr. 22/2012. Bei einer Veräußerung der einbringungsgeborenen Anteile oder als angeschafft geltender einbringungsbezogener Anteilsteile innerhalb eines Jahres ab dem auf den Einbringungsstichtag folgenden Tag liegen steuerpflichtige Spekulationseinkünfte vor (siehe dazu EStR 2000 Rz 6103). Dabei ist zu beachten, dass die Fristberechnung für den Spekulationstatbestand für die zum Zeitpunkt der Einbringung bereits bestehenden Anteile und die bei der Gewährung von Anteilen einbringungsgeborenen Anteile bzw. bei Unterbleiben einer Anteilsgewährung für die zu aktivierenden Beträge getrennt vorzunehmen ist. Wenn eine der beiden Fristen zum Veräußerungszeitpunkt noch nicht abgelaufen ist, hat die Aufteilung des Veräußerungserlöses hinsichtlich der steuerlichen Folgen aus der Veräußerung der Beteiligung nach dem Verhältnis der Verkehrswerte der Beteiligung vor und nach der Einbringung zu erfolgen.

Beispiel:

A gründet am 10.06.2012 allein die A-GmbH bar und hält den Anteil im Privatvermögen. Die Anschaffungskosten der Anteile betragen 250.000. A beschließt im September 2012 die Einbringung seines Betriebes mit oder ohne Kapitalerhöhung in die A-GmbH rückwirkend auf den 31.12.2011 mit einem Buchwert in Höhe von 1.000.000 (Verkehrswert 2.250.000). Die Anschaffungskosten der Beteiligung an der A- GmbH betragen nach der Einbringung 1.250.000. Nach der Protokollierung der Einbringung stiftet A die gesamte Beteiligung an der A-GmbH am 15.12.2012 der A- Privatstiftung. Die Stiftung hat die für A steuerlich maßgebenden Anschaffungskosten von 1.250.000 zu übernehmen.

Die A-Privatstiftung veräußert die Beteiligung am a) 30.12.2012, b) 10.01.2013, c) 01.07.2013 um 3.000.000.

In allen drei Varianten liegen zur Gänze zwischensteuerpflichtige Einkünfte der Privatstiftung gemäß § 13 Abs. 3 Z 1 lit. b KStG 1988 iVm § 22 Abs. 2 KStG 1988 vor, weil sowohl die Anschaffung durch Bargründung als auch die umgründungsveranlasste Gegenleistung nach dem 31.12.2010 durch A erfolgt ist, weswegen zur Gänze Neuvermögen vorliegt. *(AÖF 2013/301, BMF-AV Nr. 40/2017)*

3.7.2. Bewertung der Gegenleistung bei Anteilsgewährung

3.7.2.1 Allgemeines

§ 20 UmgrStG regelt die steuerrechtlichen Anschaffungskosten der einbrin- 1093
gungsgeborenen bzw. einbringungsbezogenen Anteile eigenständig. Es besteht
daher für betriebsvermögenszugehörige Anteile keine Maßgeblichkeit des unternehmensrechtlichen Bilanzansatzes für die steuerrechtliche Anteilsbewertung.
Die Anschaffungskosten der einbringungsgeborenen Anteile sind im § 20 Abs. 2
und 3 UmgrStG geregelt, soweit eine Abfindung mit neuen (§ 19 Abs. 1 UmgrStG) oder bestehenden (§ 19 Abs. 2 Z 1 oder 2 UmgrStG) Anteilen erfolgt
bzw. lediglich Zuzahlungen im Sinne des § 19 Abs. 2 Z 3 UmgrStG geleistet
werden. *(AÖF 2008/243)*

3.7.2.2 Buchwert- und Aufwertungseinbringung

Abhängig von den maßgebenden Regeln der §§ 16 und 17 UmgrStG ist hin- 1094
sichtlich der Höhe der Anschaffungskosten zwischen Buchwerteinbringung und
Aufwertungseinbringung zu unterscheiden (§ 20 Abs. 2 Z 1 UmgrStG). *(BMF-AV Nr. 40/2017)*

3.7.2.2.1 Buchwerteinbringung

Der Einbringungswert bei der Einbringung von (Teil)Betrieben und Mit- 1095
unternehmeranteilen ist durch die Höhe des buchmäßigen Reinvermögens des
Einbringungsgegenstandes, dokumentiert durch das Einbringungskapital in der
Einbringungsbilanz gemäß § 15 UmgrStG, vorgegeben. Ebenso ist der Buchwert bei der Einbringung von Kapitalanteilen aus einem Betriebsvermögen maßgeblich. Bei der Einbringung von Kapitalanteilen aus dem Privatvermögen gelten nach § 17 Abs. 1 UmgrStG primär die Anschaffungskosten (Rz 931 bzw. Rz
933) als Einbringungswert. *(AÖF 2008/243)*

Bei der Buchwerteinbringung bildet sich der Einbringungswert des einge- 1096
brachten Vermögens (Einbringungskapital) in den Anschaffungskosten der einbringungsgeborenen Gesellschaftsanteile ab.

Es kommt dadurch zu einer Verdoppelung der Steuerhängigkeit der stillen 1097
Reserven des Einbringungsvermögens, ohne dass der Grundsatz der Einfachbesteuerung der von Körperschaften erwirtschafteten Gewinne verletzt wird:
Die stillen Reserven werden einerseits zu stillen Reserven der übernehmenden
Körperschaft (erste Hälfte der Steuerhängigkeit in Höhe der 25-prozentigen
Körperschaftsteuer) und andererseits durch die mit der Anschaffungskostenbindung verknüpfte Übertragung auf die Anteile des Einbringenden zu stillen Reserven an den Gesellschaftsanteilen der übernehmenden Körperschaft (zweite
Hälfte der Steuerhängigkeit in Höhe des halben Einkommensteuersatzes bzw. ab
1.4.2012 Steuerpflicht mit dem besonderen Steuersatz von 25% gemäß § 27a
Abs. 1 EStG 1988 bzw. ab 1.1.2016 Steuerpflicht mit dem besonderen Steuer-

§ 20

satz von 27,5% gemäß § 27a Abs. 1 Z 2 EStG 1988 idF StRefG 2015/2016, BGBl. I Nr. 118/2015). *(BMF-AV Nr. 40/2017)*

1098   Das Grundprinzip der Buchwerteinbringung führt im Interesse des Erhaltens der Einfachbesteuerung auch dazu, dass es bei Vorliegen eines buchmäßig negativen Sacheinlagewertes (negatives Einbringungskapital) steuerlich bei der übernehmenden Körperschaft zum Ausweis eines Überhanges der Passiva gegenüber der Aktiva kommt und beim Einbringenden als Anteilsinhaber der übernehmenden Körperschaft nach § 20 Abs. 2 bis 4 UmgrStG einbringungsgeborene Anteile negative Anschaffungskosten haben bzw. bestehende Anteile um den Betrag des negativen Einbringungskapitals abzustocken sind und dadurch ebenfalls negative Anschaffungskosten entstehen können. Diese sind nach § 43 Abs. 2 UmgrStG evident zu halten (siehe Rz 1903 ff) und für den Fall einer späteren entgeltlichen oder unentgeltlichen Übertragung, einer späteren Umgründung oder einer späteren Liquidation maßgebend.

Beispiel:
X bringt sein Einzelunternehmen zum 31.1.2011 in die Y-GmbH ein und erhält dafür 50% der Anteile. X veräußert diese Anteile

a) am 31.12.2011

b) am 15.2.2012

c) am 15.5.2012

d) am 31.1.2016

um jeweils 550.000 (Werbungskosten 50.000).

Die in der Einbringungsbilanz (§ 15 UmgrStG) ausgewiesenen steuerlich maßgebenden Aktiva betragen 15.000.000, die steuerlich maßgebenden Passiva einschließlich der steuerhängigen Rücklagen betragen 20.500.000. Der im Einbringungskapital ausgewiesene steuerliche Sacheinlagewert von -5.500.000 entspricht den Anschaffungskosten der einbringungsgeborenen Anteile, die als negative Größe in Evidenz zu nehmen sind. Sollte es bis zur Veräußerung der Anteile nicht zu einer Veränderung der Anschaffungskosten durch Einlagen, Einlagenrückzahlungen, Steuerfestsetzungen gemäß § 16 Abs. 1 UmgrStG bzw. § 16 Abs. 2 Z 1 UmgrStG idF vor AbgÄG 2015 bzw. § 17 Abs. 1 UmgrStG oder Entstehen der KESt-Pflicht nach § 18 Abs. 2 Z 1 UmgrStG gekommen sein, ergeben sich bei der Veräußerung der gesamten im Privatvermögen gehaltenen Beteiligung

in der Variante a) Spekulationseinkünfte in Höhe von 6.000.000

in der Variante b) Einkünfte gemäß § 30 EStG 1988 idF vor BudBG 2011, BGBl. I Nr. 111/2010, in Höhe von 6.000.000 (§ 124b Z 184 erster Teilstrich zweiter Halbsatz EStG 1988).

in der Variante c) Einkünfte gemäß § 27 Abs. 3 EStG 1988 idF BudBG 2011, BGBl. I Nr. 111/2010, in Höhe von 6.050.000 (kein Werbungskostenabzug gemäß § 20 Abs. 2 EStG 1988), die dem 25-prozentigen Sondersteuersatz des § 27a Abs. 1 EStG 1988 unterliegen.

in der Variante d) entsprechen die Einkünfte der Höhe nach der Variante c), unterliegen allerdings dem besonderen Steuersatz von 27,5% gemäß § 27a Abs. 1 Z 2 EStG 1988 idF StRefG 2015/2016, BGBl. I Nr. 118/2015.

Selbst wenn der Gesellschafter bei späterem Untergang der Beteiligung in Folge der Liquidation oder Abweisung des Konkurses mangels verteilungsfähiger Masse nichts erhält, liegen in Höhe der negativen Anschaffungskosten positive Einkünfte vor, die nach § 27 Abs. 6 Z 2 EStG 1988 zu versteuern sind - im Beispielsfall daher 5.500.000 (siehe EStR 2000 Rz 6172). *(BMF-AV Nr. 40/2017)*

3.7.2.2.2 Aufwertungseinbringung

1099   Bei der Aufwertungseinbringung erfolgt der Ansatz des Einbringungsvermögens in den durch die §§ 16 und 17 UmgrStG normierten Fällen mit dem gemeinen Wert bzw. ab 1.1.2016 mit dem Fremdvergleichswert. Das sich daraus ergebende Einbringungskapital laut Einbringungsbilanz bildet die Anschaffungskosten der einbringungsgeborenen Gesellschaftsanteile. Soweit mit der Aufwertung die Gesamtreserven besteuert werden, kommt es – unabhängig von einer allfälligen Anwendung des Ratenzahlungskonzeptes – zu keiner Verdoppelung der stillen Reserven, weil sowohl das eingebrachte Vermögen als auch die Gegenleistungsanteile aufgewertet werden: Die Übernahme des sich durch Aufwertung ergebenden Buchwertes kann als Eingangswert bei der übernehmenden Körperschaft und als Anschaffungskosten beim Anteilsinhaber keine weitere Besteuerung auslösen. Für die Anwendung des § 20 Abs. 2 Z 5 UmgrStG bleibt daher diesfalls kein Raum. *(BMF-AV Nr. 40/2017)*

3.7.2.3 Unternehmensrechtliche Bewertung neuer Anteile

Bilanzrechtlich gilt die Einbringung von Vermögen als Sacheinlage gegen Gewährung von neuen Anteilen als Tausch. Unternehmensrechtlich existiert für die Darstellung und Bewertung des einzubringenden Vermögens keine Norm. Der buchführende Einbringende hat auch hinsichtlich des Ansatzes und der Bewertung der Gegenleistung mangels einer eigenständigen Regelung das Wahlrecht, ob er als Anschaffungskosten der Anteile an der übernehmenden Körperschaft den beizulegenden Wert oder den Buchwert des eingebrachten Vermögens ansetzt. Eine Bindung an die von der übernehmenden Körperschaft getroffene Wahl hinsichtlich der Bewertung des übernommenen Vermögens im Sinne des § 202 UGB besteht nicht. *(AÖF 2008/243)* 1100

3.7.2.4 Bewertung bei Gewährung neuer Anteile

Die Gewährung neuer Gesellschaftsanteile der übernehmenden Körperschaft entspricht dem Grundtatbestand des § 19 Abs. 1 UmgrStG (siehe Rz 1030 ff). Nach § 20 Abs. 2 Z 1 UmgrStG sind die Anschaffungskosten dieser Gesellschaftsanteile durch den Einbringungswert des eingebrachten Vermögens fixiert. Der Einbringungswert ergibt sich aus den Vorschriften der §§ 16 und 17 UmgrStG (siehe Rz 848 bis Rz 872). *(AÖF 2013/301)* 1101

3.7.2.5 Bewertung bei Gewährung bestehender Anteile

Unter den Tatbestand der Gewährung von bestehenden Gesellschaftsanteilen fällt einerseits die Abfindung mit eigenen Anteilen der übernehmenden Körperschaft nach § 19 Abs. 2 Z 1 UmgrStG und andererseits die Anteilsgewährung durch die Altgesellschafter der übernehmenden Körperschaft nach § 19 Abs. 2 Z 2 UmgrStG. 1102

3.7.2.5.1 Abfindung mit eigenen Anteilen der übernehmenden Körperschaft

Die Abfindung mit eigenen Anteilen nach § 19 Abs. 2 Z 1 UmgrStG ist nur in engen Grenzen möglich. Näheres siehe Rz 1042 f. Nach § 20 Abs. 2 Z 1 UmgrStG gelten für die Bewertung dieselben Grundsätze wie im Falle der Gewährung neuer Anteile (siehe Rz 1101). Bei der übernehmenden Körperschaft ergibt sich in Höhe der Differenz zwischen dem Buchwert der gewährten eigenen Anteile und dem Buchwert des übernommenen Einbringungsvermögens ein steuerneutraler Buchgewinn oder Buchverlust. *(AÖF 2013/301)* 1103

3.7.2.5.2 Anteilsgewährung durch die Gesellschafter der übernehmenden Körperschaft

1104   Nach § 19 Abs. 2 Z 2 UmgrStG kann die Gewährung von neuen Anteilen unterbleiben, wenn die Anteilsinhaber der übernehmenden Körperschaft den Einbringenden mit bestehenden Anteilen an dieser abfinden. Näheres siehe Rz 1044 ff. Für die Bewertung gelten nach § 20 Abs. 2 Z 1 UmgrStG dieselben Grundsätze wie im Falle der Gewährung neuer Anteile (siehe Rz 1101). § 20 Abs. 3 Satz 1 UmgrStG ordnet an, dass die abtretenden Gesellschafter trotz erfolgter Anteilsabtretung die Anschaffungskosten oder Buchwerte der bisherigen Anteile fortzuführen haben. Hingegen sind beim Einbringenden die Anschaffungskosten der an ihn abgetretenen Gesellschaftsanteile mit dem Einbringungswert des von ihm eingebrachten Vermögens bestimmt. Je nach eingebrachtem Vermögen leitet sich der Einbringungswert:

- vom Einbringungskapital laut Ausweis in der Einbringungsbilanz (§ 15 UmgrStG) bei (Teil)Betrieben, Mitunternehmeranteilen und Kapitalanteilen des Betriebsvermögens oder

- von den Anschaffungskosten bzw. den höheren gemeinen Wert bei Kapitalanteilen des Privatvermögens gemäß § 17 UmgrStG ab.

Beispiel:
Das Stammkapital der A-GmbH beträgt 1.200.000, A und B sind je zur Hälfte beteiligt, die Höhe der Nominale ist ident mit den Anschaffungskosten. Das Reinvermögen der A-GmbH beträgt zu Verkehrswerten 4.000.000. C bringt sein Einzelunternehmen (Buchwert 200.000, Verkehrswert 2.000.000) unter Anwendung des § 19 Abs. 2 Z 2 UmgrStG in die A-GmbH ein. A und B treten an den C je ein Drittel ihrer Beteiligung in Höhe von 200.000 ab, sodass die Gesellschafter in der Folge dem wahren Wert der vereinigten Unternehmen entsprechend mit jeweils 400.000 am unveränderten Stammkapital der übernehmenden A-GmbH in Höhe von 1.200.000 beteiligt sind.

Bei der A-GmbH ergibt sich auf Grund der Einbringung ein auf Kapitalrücklage einzustellender steuerneutraler Buchgewinn von 200.000 in Höhe der Sacheinlage. Die steuerlich maßgebenden Anschaffungskosten der von A und B gehaltenen Anteile betragen trotz Verminderung des Nominalwertes um 200.000 auf Grund § 20 Abs. 3 Satz 1 UmgrStG weiterhin 600.000. Der einbringende C hat den erhaltenen Anteil im Nennbetrag von 400.000 auf Grund von § 20 Abs. 2 Z 1 UmgrStG mit dem Sacheinlagewert zu bewerten, seine Anschaffungskosten für den Gesellschaftsanteil betragen somit 200.000. *(AÖF 2013/301)*

1105   Auch bei der Anteilsgewährung durch die Altgesellschafter der übernehmenden Körperschaft ist zu beachten, dass keine Werteverschiebung zwischen den Einbringenden und den Altgesellschaftern – aber auch zwischen den Altgesellschaftern – eintritt. § 20 Abs. 3 Satz 2 UmgrStG wiederholt daher durch Verweisung auf § 6 Abs. 2 UmgrStG den Äquivalenzgrundsatz. Näheres siehe Rz 305 ff.

3.7.2.6 Rückwirkende Änderung der einbringungsveranlassten Anschaffungskosten oder Buchwerte

1105a   Nach § 18 Abs. 2 UmgrStG idF AbgÄG 2005 sind tatsächliche und vorbehaltene Entnahmen gemäß § 16 Abs. 5 Z 1 und Z 2 UmgrStG mit einer Ausschüttungsfiktion belegt, soweit sich auf Grund sämtlicher Veränderungen iSd § 16 Abs. 5 UmgrStG ein negativer Buchwert des einzubringenden Vermögens ergibt oder ein solcher erhöht (siehe Rz 972b) wird. Nach § 20 Abs. 2 UmgrStG erhöhen Ausschüttungen iSd § 18 Abs. 2 Z 1 UmgrStG (also insbesondere Tilgungen) ab Eintritt der Fälligkeit die einbringungsgeborenen oder einbringungsbezogenen Anschaffungskosten oder Buchwerte. Die Bestimmung trägt der Tatsache Rechnung, dass die rückbezogenen Entnahmen im Sinne des § 16 Abs. 5 Z 1 und Z 2 UmgrStG zu einer KESt-Pflicht führen können und bei KESt-Abfuhr daher zur Vermeidung einer Doppelbesteuerung eine Erhöhung der einbringungsgeborenen oder einbringungsveranlassten Anschaffungskosten oder Buchwerte geboten ist.

Beispiel:

A bringt seinen Betrieb mit einem Buchwert von 100 und einem Verkehrswert von 1000 in die A-GmbH im Wege der Sachgründung ein. Da er eine vorbehaltene Entnahme von 500 in die Einbringungsbilanz einstellt, beträgt das Einbringungskapital - 400, der Verkehrswert beträgt bei linearer Betrachtung 500. Die neuen Anteile an der A-GmbH sind nach § 20 Abs. 2 UmgrStG mit - 400 anzusetzen. Bei Veräußerung der Anteile wäre wie bei der Betriebsveräußerung vor der Einbringung eine Gewinnverwirklichung von 900 (Unterschiedsbetrag zwischen dem VP von 500 und den AK von - 400) gegeben. Kommt es vor Anteilsveräußerung zur Tilgung der auf Grund der vorbehaltenen Entnahme als Gesellschafterverbindlichkeit ausgewiesenen Passivpost, ist iHv 27,5% (bis 2015: 25%, siehe EStR 2000 Rz 6223) von 400 (iHd positiven Buchwertes von 100 vor Korrektur fällt keine KESt an) KESt abzuführen. Es sind daher die einbringungsveranlasst entstandenen Anschaffungskosten von - 400 um 400 auf 0 zu erhöhen. Bei nachfolgender Anteilsveräußerung um 500 ergibt sich ein Überschuss von 500 (Unterschiedsbetrag zwischen dem VP von 500 und den AK von 0).

Zur Anteilsveräußerung vor Entstehen der KESt-Abfuhrverpflichtung siehe Rz 972g; zu den Auswirkungen auf die Innenfinanzierung siehe Rz 1266b. *(BMF-AV Nr. 40/2017)*

3.7.3. Bewertung der Gegenleistung bei Unterbleiben einer Anteilsgewährung

Das Gewähren von neuen (einbringungsgeborenen) Anteilen oder bestehenden (einbringungsbezogenen) Anteilen unterbleibt in den in § 19 Abs. 2 Z 3 bis Z 5 UmgrStG aufgezählten Fällen.   1106

3.7.3.1 Behandlung einer Zuzahlung

Neben der Gewährung von Gesellschaftsanteilen durch die übernehmende Körperschaft lässt § 19 Abs. 2 Z 3 UmgrStG in engen Grenzen die Leistung von Barzahlungen (= Zuzahlungen) an den Einbringenden zur Herbeiführung eines Spitzenausgleiches zu. Näheres siehe Rz 1054. Nach § 20 Abs. 2 Z 3 UmgrStG kürzen diese Zuzahlungen beim einbringenden Empfänger unabhängig von der Bewertung des eingebrachten Vermögens die einbringungsgeborenen oder einbringungsbezogenen Anschaffungskosten oder Buchwerte der Gegenleistung. *(AÖF 2013/301)*   1107

Mit der zuzahlungsveranlassten Verminderung der Anschaffungskosten oder Buchwerte wird eine stille Reserve begründet, die im Falle der Steuerhängigkeit der Anteile bei späterer Realisierung aufgedeckt werden. Auf Grund der Absenkung können positive Anschaffungskosten oder Buchwerte negativ werden bzw. ein negativer Betrag erhöht werden. *(AÖF 2008/243)*   1108

Die übernehmende Körperschaft hat die Buchwerte des Einbringungsvermögens unverändert fortzuführen. Die zu leistende Zuzahlung ist einbringungsbedingt und damit gesellschaftsrechtlich veranlasst, der daraus resultierende Aufwand ist nach § 18 Abs. 6 UmgrStG steuerneutral (siehe Rz 997 ff) und führt demnach zu keiner Betriebsausgabe. *(AÖF 2013/301)*   1109

3.7.3.2 Aufgabe von Mitunternehmeranteilen

1110   In § 19 Abs. 2 Z 4 UmgrStG ist der Sonderfall des Unterbleibens einer Anteilsgewährung geregelt, bei dem eine übernehmende Körperschaft als Mitunternehmer an einer Mitunternehmerschaft beteiligt ist, wenn entweder der gesamte Betrieb oder alle (übrigen) Mitunternehmeranteile in diese Körperschaft eingebracht werden. Die übernehmende Körperschaft muss in diesem Fall den Mitunternehmeranteil aufgeben, erhält allerdings nach der Spiegelbildtheorie die entsprechenden Aktiva und Passiva der Mitunternehmerschaft. Näheres siehe Rz 1058 f.

1111   Für die Behandlung der Anteilsinhaber der übernehmenden Körperschaft selbst ergeben sich jedoch dadurch keine Besonderheiten, diese sind entweder die restlichen Mitunternehmer und erhalten einbringungsbedingt Anteile oder sie müssen durch die Ausgabe von neuen Anteilen oder das Abtreten von Quoten ihrer Anteile neue Anteilsinhaber anerkennen.

3.7.3.3 Alleingesellschafterstellung

3.7.3.3.1 Überblick

1112   § 20 Abs. 4 UmgrStG regelt die Ermittlung der Anschaffungskosten der Gesellschaftsanteile der übernehmenden Körperschaft für den Fall, dass eine Kapitalerhöhung wegen identer Eigentums- oder Beteiligungsverhältnisse am eingebrachten Vermögen und an der übernehmenden Körperschaft gemäß § 19 Abs. 2 Z 5 UmgrStG unterbleibt. Zu den einzelnen Tatbeständen siehe Rz 1060 ff. Folgende Einbringungsvarianten sind davon betroffen:

- Einbringung von Vermögen durch den Alleingesellschafter (natürliche Person oder Mitunternehmerschaft). Siehe Rz 1069 f bzw. Rz 1113 ff.
- Einbringung von Vermögen zwischen unmittelbar oder mittelbar verbundenen Körperschaften (Konzerneinbringungen). Folgende Varianten sind zu unterscheiden:
  - Down-stream-Einbringung durch die Muttergesellschaft als Alleingesellschafterin in die Tochtergesellschaft. Siehe Rz 1117 ff.
  - Up-stream-Einbringung durch die Tochtergesellschaft in die Muttergesellschaft. Siehe Rz 1120 ff.
  - Side-stream-Einbringung in eine Schwestergesellschaft (oder deren Tochter/Enkelgesellschaft). Siehe Rz 1129 ff. *(AÖF 2008/243)*

3.7.3.3.2 Einbringende natürliche Person oder Mitunternehmerschaft

1113   § 20 Abs. 4 Z 1 Satz 1 UmgrStG bezieht sich auf den Fall, dass eine natürliche Person oder eine Mitunternehmerschaft Alleingesellschafter der übernehmenden Körperschaft ist. Dabei gilt als allgemeiner Grundsatz, dass sich der steuerlich maßgebende Wert der im Eigentum des Einbringenden befindlichen Gesellschaftsanteile an der übernehmenden Körperschaft um den aus den §§ 16 und 17 UmgrStG abgeleiteten Einbringungswert des Einbringungsvermögens (siehe Rz 848 bis Rz 872) ändert. Unter dem steuerlich maßgebenden Wert versteht man

- den Buchwert der Gesellschaftsanteile an der übernehmenden Körperschaft, sofern sich diese im Betriebsvermögen des Gesellschafters befinden oder
- die Anschaffungskosten der Gesellschaftsanteile an der übernehmenden Körperschaft, sofern sich diese im Privatvermögen des Gesellschafters befinden.

Ein positiver Einbringungswert wird dem steuerlich maßgebenden Wert zu- 1114
geschrieben und erhöht daher den Buchwert bzw. die Anschaffungskosten der
Gesellschaftsanteile in diesem Ausmaß. Ein negativer Einbringungswert wird
vom steuerlich maßgebenden Wert abgeschrieben und vermindert daher den
Buchwert bzw. die Anschaffungskosten der Gesellschaftsanteile.

Durch die Verlagerung des Einbringungswertes des Einbringungsvermögens 1115
in den steuerlich maßgebenden Wert der Gesellschaftsanteile an der übernehmenden Körperschaft wird dem Prinzip der Verdoppelung der stillen Reserven
(siehe Rz 1097 f) Rechnung getragen.

• Gesellschaftsanteile im Betriebsvermögen: Befinden sich die Gesellschaftsanteile an der übernehmenden Körperschaft im Betriebsvermögen des Einbringenden, unterbleibt bei diesem auf Grund einer entsprechenden Veränderung des Buchwertes der Beteiligung in Höhe des Einbringungswertes
 ein Buchgewinn bzw. ein Buchverlust aus der Einbringung.

Beispiel:
In dem der Einbringung zugrunde liegenden Jahresabschluss des Einzelunternehmers
A ist ein Teilbetrieb X mit einem Buchwert von a) 200.000, b) -200.000, c) -550.000
(Verkehrswert jeweils 1.000.000) sowie die 100-prozentige Beteiligung an der A-
GmbH mit einem Buchwert von 500.000 (Verkehrswert 2.000.000) ausgewiesen. A
bringt seinen Teilbetrieb X unter Verzicht auf eine Gegenleistung in die A-GmbH ein.
Im Falle a) steht in der Bilanz des Einzelunternehmens dem Abgang des Teilbetriebes
X in Höhe des Buchwertes von 200.000 die Zuschreibung des gleichen Betrages zum
Buchwert der Beteiligung an der A-GmbH gegenüber, sodass der neue Beteiligungs-
ansatz 700.000 beträgt. Bilanztechnisch kommt es daher per Saldo lediglich zu einem
Aktivtausch, ein Buchverlust bzw. Buchgewinn bleibt dadurch ausgeschlossen.
Im Falle b) steht dem mit dem Abgang des negativen Teilbetriebes X entstehenden
Buchgewinn die Abschreibung des gleichen Betrages vom Buchwert der Beteiligung
gegenüber, sodass der neue Beteiligungsansatz der Gesellschaftsanteile der A-GmbH
300.000 beträgt.
Im Falle c) steht dem mit dem Abgang des negativen Teilbetriebes X entstehenden
Buchgewinn die Abschreibung des gleichen Betrages vom Buchwert der Beteiligung
gegenüber, sodass der neue Beteiligungsansatz der Gesellschaftsanteile der A-GmbH
- 50.000 beträgt.

• Gesellschaftsanteile im Privatvermögen: Befinden sich die Gesellschaftsanteile an der übernehmenden Körperschaft im außerbetrieblichen Vermögen des Einbringenden und erfolgt die Einbringung aus einem Betriebsvermögen, bezieht sich die Zu- oder Abschreibung auf die Anschaffungskosten
 der 100-prozentigen Beteiligung. Beim Einbringenden entsteht aus der Einbringung im verbleibenden Betriebsvermögen automatisch ein Buchverlust
 (positives Vermögen) bzw. Buchgewinn (negatives Vermögen). Nach § 20
 Abs. 4 Z 1 Satz 2 UmgrStG ist ein derartiger Buchgewinn bzw. Buchverlust
 im verbleibenden Restbetrieb steuerneutral.

Beispiel:
A ist Alleingesellschafter der B-GmbH und hält den Anteil im Privatvermögen (vgl.
zur Prüfung der Betriebsvermögenszugehörigkeit Rz 1019 f). Die Anschaffungskosten dieser Beteiligung betragen 500.000, der Verkehrswert beträgt 2.000.000. A
bringt aus seinem Einzelunternehmen den Teilbetrieb X mit einem Buchwert von a)
200.000 b) -200.000 (Verkehrswert jeweils 1.000.000) unter Verzicht auf eine Anteilsgewährung in die B-GmbH ein.
Im Falle a) steht in der Bilanz des Einzelunternehmens dem Abgang des Teilbetriebes
X in Höhe des Buchwertes von 200.000 kein Äquivalent gegenüber, sodass in gleicher Höhe ein nach § 20 Abs. 4 Z 1 Satz 2 UmgrStG steuerneutraler Buchverlust ent-

steht. Die Anschaffungskosten der Beteiligung an der B-GmbH erhöhen sich durch die Einbringung um 200.000 auf 700.000.

Im Falle b) entsteht in der Bilanz des Einzelunternehmens mangels eines Äquivalents in Höhe des Abgangs des negativen Teilbetriebes X ein gemäß § 20 Abs. 4 Z 1 Satz 2 UmgrStG steuerneutraler Buchgewinn. Die Anschaffungskosten der Beteiligung an der B-GmbH vermindern sich in diesem Fall durch die Einbringung um 200.000 auf 300.000. *(AÖF 2013/301)*

1116   Bei einer Einbringung des gesamten Betriebes kommt es auf Grund des Untergehens des Betriebes zu keinem Buchgewinn oder Buchverlust. § 20 Abs. 4 Z 1 Satz 2 UmgrStG kommt daher auch dann nicht zur Anwendung, wenn sich die Gesellschaftsanteile der übernehmenden Körperschaft im Privatvermögen des Einbringenden befinden. Die unter Rz 1125 ff dargestellten Regeln für die Einbringung eines Gesamtbetriebes bei gleichzeitigem Untergehen einer Mitunternehmerschaft gelten sinngemäß.

3.7.3.3.3 Einbringende Mutterkörperschaft

3.7.3.3.3.1 Einbringung in die Tochtergesellschaft

1117   Für die Mutter-Tochter-Einbringung (down-stream-Einbringung, siehe Rz 1117 f) gelten die allgemeinen Regelungen des § 20 Abs. 4 Z 1 UmgrStG. Die Besonderheit liegt darin, dass der Einbringende in jedem Fall eine Körperschaft sein muss. Die unter Rz 1113 ff dargestellten Regelungen sind daher mit der Maßgabe anzuwenden, dass auf Grund der unternehmens- und steuerrechtlichen Voraussetzungen die einbringende Körperschaft die Gesellschaftsanteile an der übernehmenden Körperschaft immer im Betriebsvermögen hält. § 20 Abs. 4 Z 1 Satz 2 UmgrStG kommt daher nie zur Anwendung. *(AÖF 2008/243)*

1118   Ein positiver Einbringungswert erhöht den Buchwert der Beteiligung der einbringenden Muttergesellschaft an der übernehmenden Tochtergesellschaft, ein negativer Einbringungswert vermindert den Buchwert. Wie schon in Rz 1116 ausgeführt, kann auf Grund der Einbringung ein Buchgewinn bzw. Buchverlust nicht entstehen, da bei der einbringenden Gesellschaft durch die Einbringung lediglich eine Vermögensumschichtung erfolgt.

Beispiel:

In dem der Einbringung zugrunde liegenden Jahresabschluss der A-GmbH befinden sich ein Teilbetrieb X mit einem Buchwert von a) 200.000 b) -200.000 (Verkehrswert jeweils 1.000.000) sowie die 100%-ige Beteiligung an der B-GmbH mit einem Buchwert von 500.000 (Verkehrswert 2.000.000). Die A-GmbH bringt ihren Teilbetrieb X unter Verzicht auf eine Anteilsgewährung in die B-GmbH ein.

Im Falle a) steht in der Bilanz der A-GmbH dem Abgang des Teilbetriebes X in Höhe des Buchwertes von 200.000 die Zuschreibung des gleichen Betrages zum Buchwert der Beteiligung an der B-GmbH gegenüber, sodass der neue Beteiligungsansatz 700.000 beträgt. Bilanztechnisch erfolgt per Saldo lediglich ein Aktivtausch, ein Buchverlust bzw. Buchgewinn bleibt dadurch ausgeschlossen.

Im Falle b) steht dem durch den Abgang des negativen Teilbetriebes X entstehenden Buchgewinn die Abschreibung des gleichen Betrages vom Buchwert der Beteiligung gegenüber, sodass der Beteiligungsansatz der Gesellschaftsanteile der B-GmbH 300.000 beträgt.

3.7.3.3.3.2 Einbringung in die Enkelgesellschaft

1119   Auch bei Einbringungen von Vermögen von Großmuttergesellschaften in Enkelgesellschaften sind die Regelungen des § 20 Abs. 4 Z 1 Satz 1 UmgrStG anwendbar. In diesem Fall ist in der Großmuttergesellschaft der Einbringungswert dem Beteiligungswert an der Muttergesellschaft als Zwischengesellschaft zuzuschreiben. In der Muttergesellschaft ist der Einbringungswert dem Beteiligungswert der Enkelgesellschaft zuzuschreiben und in gleicher Höhe eine Kapitalrücklage einzustellen. Der damit verbundene Einbringungsbuchgewinn ist nach § 18 Abs. 6 UmgrStG in Verbindung mit § 3 Abs. 2 UmgrStG steuerneutral (siehe Rz 997 ff). Diese Vorgangsweise greift auch bei mehreren Zwischengesellschaften, etwa bei Einbringungen von Vermögen von Urgroßmuttergesellschaften in Enkelgesellschaften Platz.

Beispiel:

Die A-GmbH ist Alleingesellschafterin der B-GmbH, der Buchwert der Beteiligung beträgt 1.000.000 (Verkehrswert 4.000.000). Die B-GmbH ist Alleingesellschafterin der C-GmbH, der Buchwert der Beteiligung beträgt 500.000 (Verkehrswert 2.000.000). Die A-GmbH bringt ihren Teilbetrieb X mit einem Buchwert von 200.000 (Verkehrswert 1.000.000) unter Verzicht auf eine Anteilsgewährung in die C-GmbH ein.

In der Bilanz der A-GmbH steht dem Abgang der Aktiva des Teilbetriebes X in Höhe des Buchwertes von 200.000 die Zuschreibung des gleichen Betrages zum Buchwert der Beteiligung an der B-GmbH gegenüber, sodass der neue Beteiligungsansatz 1.200.000 beträgt. Bilanztechnisch erfolgt per Saldo lediglich ein Aktivtausch, ein Buchverlust bzw. Buchgewinn bleibt dadurch ausgeschlossen.

In der Bilanz der B-GmbH erhöht sich der Buchwert der Beteiligung an der C-GmbH um 200.000, sodass der neue Beteiligungsansatz der Gesellschaftsanteile der C-GmbH 700.000 beträgt. In gleicher Höhe von 200.000 wird in der Bilanz der B-GmbH der Einbringungsbuchgewinn nach § 18 Abs. 6 UmgrStG in Verbindung mit § 3 Abs. 2 UmgrStG steuerneutral in die Kapitalrücklagen eingestellt.

In der Bilanz der C-GmbH erhöhen sich durch den eingebrachten Teilbetrieb X die Aktiva um 200.000, in gleicher Höhe wird in der Bilanz der C-GmbH der Einbringungsbuchgewinn nach § 18 Abs. 6 UmgrStG in Verbindung mit § 3 Abs. 2 UmgrStG steuerneutral in die Kapitalrücklagen eingestellt. *(AÖF 2013/301, BMF-AV Nr. 40/2017)*

3.7.3.4 Einbringung durch Tochterkörperschaften

3.7.3.4.1 Einbringung in die Muttergesellschaft

Die Folgen der Tochter-Mutter-Einbringung (up-stream-Einbringung, siehe Rz 1120 ff) sind in § 20 Abs. 4 Z 2 UmgrStG geregelt. Dabei gelten gemäß § 20 Abs. 4 Z 2 Satz 1 UmgrStG durch Verweis auf § 3 Abs. 2 UmgrStG für die übernehmende Körperschaft auch bei Einbringungen die Regeln der Verschmelzung. Näheres dazu siehe Rz 161 ff und Rz 997 ff durch den gleichen Verweis in § 18 Abs. 6 UmgrStG. *(BMF-AV Nr. 40/2017)* 1120

§ 3 Abs. 2 UmgrStG gilt jedoch nur mit der Maßgabe, dass in der übernehmenden Körperschaft der steuerlich maßgebende Buchwert der Anteile an der übertragenden Körperschaft in dem Verhältnis zu mindern ist, in dem sich der Wert der übertragenden Körperschaft durch die Einbringung vermindert hat. Vom Beteiligungswert wird daher nicht der gesamte Buchwert des Einbringungsvermögens abgezogen. Daraus ergibt sich ein Buchgewinn bzw. Buchverlust, der steuerneutral ist. Ein Abziehen des Buchwertes des Einbringungsvermögens vom Beteiligungswert würde ein nicht den Grundsätzen des UmgrStG entsprechendes Verbleiben stiller Reserven in den Anteilen an der übertragenden Körperschaft bewirken, obwohl diese nicht mehr über das Vermögen verfügt. 1121

Nach § 20 Abs. 4 Z 2 Satz 2 UmgrStG gelten durch Verweis auf § 3 Abs. 3 UmgrStG bei Untergang von Forderungen und Verbindlichkeiten infolge Ver- 1122 einigung auch bei Einbringungen die Regeln der Verschmelzungen. Näheres dazu siehe Rz 162 ff und Rz 1000 durch den gleichen Verweis in § 18 Abs. 6 UmgrStG. Nach § 20 Abs. 4 Z 2 Satz 3 UmgrStG ist auch der bei der einbringenden Körperschaft in Höhe des positiven Einbringungswertes entstehende Buchverlust genauso steuerneutral wie der in Höhe des negativen Einbringungswertes entstehende Buchgewinn.

Beispiel:

Die A-GmbH ist Alleingesellschafterin der B-GmbH, der Buchwert der Beteiligung beträgt 1.000.000 (Verkehrswert 2.000.000). In dem der Einbringung zugrunde liegenden Jahresabschluss der B-GmbH befinden sich ein Teilbetrieb X mit einem Buchwert von 200.000 (Verkehrswert 1.000.000) und ein Teilbetrieb Y mit einem Buchwert von 800.000 (Verkehrswert 1.000.000). Die B-GmbH bringt a) ihren Teilbetrieb X b) ihren Teilbetrieb Y ohne Gegenleistung in die Muttergesellschaft A-GmbH ein.

Im Falle a) ist in der A-GmbH der Abstockungsbetrag des Beteiligungsansatzes an der Tochtergesellschaft B-GmbH nach dem Verhältnis der Verkehrswerte des Teilbetriebes X in Höhe von 1.000.000 zum verbleibenden Teilbetrieb Y in Höhe von 1.000.000 – somit 1 : 1 – zu ermitteln. Der Buchwert der Beteiligung an der B-GmbH ist daher um 50% das heißt um 500.000 zu kürzen, sodass sich ein neuer Beteiligungsansatz von 500.000 ergibt.

Dieser Beteiligungsansatz enthält auch nach der Einbringung stille Reserven in Höhe von 100% des Buchwertes des in der B-GmbH verbleibenden Teilbetriebes Y. Bei der übernehmenden Muttergesellschaft A-GmbH entsteht in Höhe der Differenz zwischen dem Abschichtungsbetrag der Beteiligung B-GmbH in Höhe von 500.000 und dem Buchwertzugang des Einbringungswertes des Teilbetriebes X in Höhe von 200.000 ein nach § 20 Abs. 4 Z 2 Satz 1 UmgrStG steuerneutraler Buchverlust in Höhe von 300.000.

In der Bilanz der B-GmbH steht dem Abgang des Teilbetriebes X in Höhe des Buchwertes von 200.000 kein Äquivalent gegenüber, sodass in gleicher Höhe ein nach § 20 Abs. 4 Z 2 Satz 3 UmgrStG steuerneutraler Buchverlust entsteht.

Im Falle b) entsteht bei gleicher Angabe in der A-GmbH ein steuerneutraler Buchgewinn in Höhe von 300.000, weil der Beteiligungsansatzminderung von 500.000 ein Buchwertzugang des Einbringungswertes des Teilbetriebes Y in Höhe von 800.000 gegenübersteht, während in der Bilanz der B-GmbH ein steuerneutraler Buchverlust in Höhe des abgehenden einzubringenden Vermögens von 800.000 entsteht. *(BMF-AV Nr. 40/2017)*

1122a   Ist der Beteiligungsansatz der übernehmenden Mutterkörperschaft an der übertragenden Tochterkörperschaft negativ, ist § 20 Abs. 4 Z 2 UmgrStG insoweit teleologisch zu reduzieren, als der negative Beteiligungsansatz unverändert bleibt; es kommt daher diesfalls zu keiner „Abstockung" des Beteiligungsansatzes. *(BMF-AV Nr. 131/2018)*

3.7.3.4.2 Einbringung in die Großmuttergesellschaft

1123   Auch bei Einbringungen von Vermögen von Enkelgesellschaften in Großmuttergesellschaften sind die Regelungen des § 20 Abs. 4 Z 2 UmgrStG anwendbar. In diesem Fall ist in der übernehmenden Großmuttergesellschaft der Buchwert der Beteiligung an der Muttergesellschaft als Zwischengesellschaft entsprechend der Verminderung des Verkehrswertes dieser Beteiligung abzustocken. Der Buchgewinn oder Buchverlust in der Großmuttergesellschaft ergibt sich in Höhe der Differenz zwischen der Buchwertminderung und dem Buchwert des eingebrachten Vermögens. Analog ist in der Muttergesellschaft als Zwischengesellschaft der Buchwert der Beteiligung an der einbringenden Enkelgesellschaft entsprechend der Verminderung des Verkehrswertes dieser Beteiligung abzustocken. Genauso ist bei mehreren Zwischengesellschaften, etwa bei Einbringungen von Vermögen von Enkelgesellschaften in Urgroßmuttergesellschaften vorzugehen.

Beispiel:

Die A-GmbH ist Alleingesellschafterin der B-GmbH, der Buchwert der Beteiligung beträgt 1.000.000 (Verkehrswert 4.000.000). Die B-GmbH ist Alleingesellschafterin der C-GmbH, der Buchwert der Beteiligung beträgt 500.000 (Verkehrswert 2.000.000). Die C-GmbH bringt ihren Teilbetrieb X mit einem Buchwert von 200.000 (Verkehrswert 1.000.000) ohne Kapitalerhöhung in die A-GmbH ein.

In der Bilanz der A-GmbH ist der Abstockungsbetrag für die Beteiligung an der B-GmbH nach den Verhältnissen der Verkehrswerte des eingebrachten Teilbetriebes X in Höhe von 1.000.000 zur verbleibenden Beteiligung an der B-GmbH in Höhe von 3.000.000, somit 1 : 3, zu ermitteln. Der Buchwertansatz in Höhe von 1.000.000 ist daher um 25% zu vermindern, sodass der neue Beteiligungsansatz an der B-GmbH 750.000 beträgt.

Bei der Ermittlung des Buchgewinnes bzw. Buchverlustes in der A-GmbH ist diesem Abstockungsbetrag in Höhe von 250.000 der Buchwert des eingebrachten Teilbetriebes X in Höhe von 200.000 gegenüberzustellen, sodass sich in der A-GmbH ein steuerneutraler Buchverlust in Höhe von 50.000 ergibt.

In der Bilanz der B-GmbH ist der Abstockungsbetrag für die Beteiligung an der C-GmbH nach den Verhältnissen der Verkehrswerte des durchgeschleusten Teilbetriebes X in Höhe von 1.000.000 zur verbleibenden Beteiligung an der C-GmbH in Höhe von 1.000.000, somit 1 : 1, zu ermitteln. Der Buchwertansatz in Höhe von 500.000 ist daher um 50% zu vermindern, sodass der neue Beteiligungsansatz an der C-GmbH 250.000 beträgt. Da dem Abstockungsbetrag von 250.000 in der Zwischengesellschaft B-GmbH infolge des Durchschleusens des Teilbetriebes X in die Großmuttergesellschaft A-GmbH kein Äquivalent gegenübersteht, ergibt sich in der B-GmbH ein steuerneutraler Buchverlust von 250.000 in Höhe des Abstockungsbetrages.

In der Bilanz der C-GmbH steht dem Abgang der Aktiva des Teilbetriebes X in Höhe des Buchwertes 200.000 kein Äquivalent gegenüber, sodass in gleicher Höhe ein nach § 20 Abs. 4 Z 2 Satz 3 UmgrStG steuerneutraler Buchverlust entsteht.

3.7.3.5 Beteiligungsgleichstand an der einbringenden Personengesellschaft und übernehmenden Körperschaft

Für die Einbringung von Vermögen durch eine Mitunternehmerschaft bei Identität der Beteiligungsverhältnisse an der einbringenden Mitunternehmerschaft und der übernehmenden Körperschaft kommt als Anwendungsfall des Unterbleibens einer Anteilsgewährung § 19 Abs. 2 Z 2 UmgrStG in Betracht (zur Einordnung siehe Rz 1072). Die Besonderheit liegt darin, dass der Einbringende in jedem Fall eine Mitunternehmerschaft sein muss. Es gelten die allgemeinen Regelungen des § 20 Abs. 3 UmgrStG (Rz 1104 f). *(AÖF 2008/243)* 1124

Rz 1125 bis 1128: *derzeit nicht belegt (AÖF 2008/243)*

3.7.3.6 Behandlung des/der Anteilsinhaber(s) bei einer Schwestereinbringung

3.7.3.6.1 Unmittelbare Beteiligung an den Schwestergesellschaften

Die Folgen der Schwesterneinbringung (side-stream-Einbringung) sind in § 20 Abs. 4 Z 3 UmgrStG geregelt. Danach führt die Einbringung von Vermögen von einer einbringenden Schwestergesellschaft unter Verzicht auf eine Kapitalerhöhung in eine übernehmende Schwestergesellschaft in der Bilanz des (jeweiligen) gemeinsamen Gesellschafters zu einer Zuschreibung auf die Betei- 1129 ligung an der übernehmenden Schwestergesellschaft. Von der Beteiligung der einbringenden Gesellschaft ist in der Bilanz des gemeinsamen Gesellschafters spiegelbildlich eine Abschreibung vorzunehmen, sodass bei dem (den) gemeinsamen Gesellschafter(n) weder ein Buchverlust noch ein Buchgewinn entstehen kann. *(AÖF 2008/243)*

1130   Nach § 20 Abs. 4 Z 3 Satz 1 UmgrStG ist als Maßstab für die Werteverschiebung zwischen den Beteiligungen an der einbringenden und an der übernehmenden Körperschaft das Verhältnis des Verkehrswertes des eingebrachten Vermögens zum Gesamtverkehrswert der einbringenden Körperschaft vor der Einbringung heranzuziehen. Es ist daher insb. der Buchwert des Einbringungsvermögens für die Korrektur der Beteiligungssätze bei dem (den) gemeinsamen Gesellschafter(n) irrelevant. Im Ergebnis werden durch die Auf- und Abstockung gemäß § 20 Abs. 4 Z 3 UmgrStG die im Kapitalanteil enthaltenen stillen Reserven der übertragenden Körperschaft auf die Anteile an der übernehmenden Körperschaft übertragen. Wird durch eine Einbringung gemäß Art. III UmgrStG auf Gesellschaftsebene ein Anteil an stillen Reserven übertragen, ist der anteilige Buchwert an der übertragenden Körperschaft in diesem Ausmaß auf die Anteile an der übernehmenden Körperschaft zu übertragen. Da im Rahmen des Art. III UmgrStG nur Vermögen mit positivem Verkehrswert übertragbar ist, können auch nur positive stille Reserven (im Grenzfall 0) übertragen werden. Aus diesem Grund ist die Verminderung/Abstockung der Anteile so zu verstehen, dass bei negativen Anschaffungskosten der aliquote Anteil dieser negativen Anschaffungskosten auf die Anteile an der übernehmenden Körperschaft zu übertragen ist.

Beispiele:

1. Der Einzelunternehmer A hält in seinem Betriebsvermögen die 100-prozentigen Beteiligungen an der B-GmbH (Buchwert 1.000.000, Verkehrswert der GmbH 2.000.000) und an der C-GmbH (Buchwert 500.000, Verkehrswert der GmbH 1.500.000).

   Die B-GmbH bringt den Teilbetrieb X (Buchwert 200.000, Verkehrswert 1.000.000) unter Verzicht auf eine Gegenleistung in die C-GmbH ein.

   Nach § 20 Abs. 4 Z 3 UmgrStG ist die Beteiligung an der B-GmbH nach dem Verkehrswertverhältnis der beiden Teilbetriebe abzustocken und der abgestockte Betrag der Beteiligung an der C-GmbH zuzuschreiben. Im Hinblick auf die Gleichwertigkeit der beiden Teilbetriebe ist der Buchwert der Beteiligung an der B-GmbH iHv 1.000.000 um 50% auf 500.000 zu vermindern und der Buchwert der Beteiligung an der C-GmbH iHv 500.000 um den abgestockten Teil von 500.000 auf 1.000.000 zu erhöhen. Gesamthaft ergibt sich durch die Buchwertverschiebung keine Betriebsvermögensveränderung.

2. Der Einzelunternehmer F hält in seinem Betriebsvermögen die 100-prozentigen Beteiligungen an der G-GmbH (Buchwert der Beteiligung einbringungsbedingt – 400.000, Buchwert der GmbH -100.000, Verkehrswert der GmbH 800.000) und an der H-GmbH (Buchwert der Beteiligung 200.000, Buchwert der GmbH 300.000, Verkehrswert der GmbH 400.000).

   Die G-GmbH bringt den Teilbetrieb X (Buchwert -40.000, Verkehrswert 200.000) unter Verzicht auf eine Gegenleistung in die H-GmbH ein.

   Das Verkehrswertverhältnis der Teilbetriebe beträgt 1 : 3. Der Buchwert der G-Beteiligung iHv -400.000 erhöht sich um 100.000 auf -300.000 und der Buchwert der H-Beteiligung iHv 200.000 vermindert sich spiegelbildlich um 100.000 auf 100.000.

3. A und B sind je zur Hälfte privat an der M-GmbH (Buchwert der GmbH -15.000, Verkehrswert 600.000) und der O-GmbH (Buchwert der GmbH 50.000, Verkehrswert 400.000) beteiligt.

Die Anschaffungskosten der Beteiligungen betragen einbringungsbedingt bei A für die M-Beteiligung -12.000 und für die O-Beteiligung -100.000

B für die M-Beteiligung 0 und für die O-Beteiligung 20.000,

Die M-GmbH bringt einen Mitunternehmeranteil mit einem Einbringungskapital von 30.000 und einem Verkehrswert von 200.000 in die O-GmbH ein.

Das Verkehrswertverhältnis beträgt 1 : 2. Die Anschaffungskosten betragen nach der Einbringung bei A für die M-Beteiligung -8.000 (-12.000 -(-4.000)) und für die O-Beteiligung – 104.000 (-100.000 –(4.000)).

B für die M-Beteiligung unverändert 0 und für die O-Beteiligung unverändert 20.000, da bei Anschaffungskosten/einem Buchwert von Null die Anwendung der Verschiebetechnik zu keiner Änderung der Anschaffungskosten/des Buchwertes führen kann. *(AÖF 2013/301)*

Nach § 20 Abs. 4 Z 3 Satz 2 UmgrStG ist der bei der einbringenden Körper-   1131
schaft auf Grund des Abganges des Einbringungsvermögens in Höhe des positiven Einbringungswertes entstehende Buchverlust genauso steuerneutral wie der in Höhe des negativen Einbringungswertes entstehende Buchgewinn. Unternehmensrechtlich wird zur Vermeidung einer nichtigen Einbringung eine Maßnahme zur Vermeidung einer verbotenen Einlagenrückgewähr zu treffen sein (Rz 1085). *(AÖF 2008/243)*

Spiegelbildlich ist gemäß § 18 Abs. 6 UmgrStG in Verbindung mit § 3   1132   § 20
Abs. 2 UmgrStG der bei der übernehmenden Körperschaft auf Grund des Zuganges des Einbringungsvermögens in Höhe des positiven Einbringungswertes entstehende Buchgewinn genauso steuerneutral wie der in Höhe des negativen Einbringungswertes entstehende Buchverlust. Näheres dazu siehe Rz 161 ff und Rz 997 ff.

Fortsetzung der Beispiele in der Rz 1130:

Beispiel 1

Bei der einbringenden B-GmbH steht dem Abgang des Buchwertes des Teilbetriebes X iHv 200.000 kein Äquivalent gegenüber, sodass in gleicher Höhe ein, nach § 20 Abs. 4 Z 3 Satz 2 UmgrStG steuerneutraler Buchverlust entsteht.

Bei der übernehmenden C-GmbH steht dem Zugang des Buchwertes des Teilbetriebes X iHv 200.000 kein Äquivalent gegenüber, sodass in gleicher Höhe ein, nach § 18 Abs. 6 UmgrStG in Verbindung mit § 3 Abs. 2 UmgrStG steuerneutraler Buchgewinn entsteht.

Beispiel 2

Bei der einbringenden G-GmbH entsteht ein steuerneutraler Buchgewinn von 40.000, bei der übernehmenden H-GmbH ein steuerneutraler Buchverlust von 40.000.

Beispiel 3

Bei der einbringenden M-GmbH entsteht ein steuerneutraler Buchverlust von 30.000, bei der übernehmenden O-GmbH ein steuerneutraler Buchgewinn von 30.000. *(AÖF 2008/243, BMF-AV Nr. 40/2017)*

3.7.3.6.2 Mittelbare Beteiligung an den Schwestergesellschaften

Auch bei Einbringung von Vermögen in Fällen, bei denen die Anteile an der   1133
einbringenden und/oder übernehmenden Körperschaft nur mittelbar von einem Gesellschafter gehalten werden, sind die Regelungen des § 20 Abs. 4 Z 3 UmgrStG anwendbar. Wenn die Konzernobergesellschaft Großmuttergesellschaft der einbringenden Schwestergesellschaft und Muttergesellschaft der übernehmenden Schwestergesellschaft ist, erfolgt in der Bilanz der Konzernobergesellschaft eine Abschreibung von der Beteiligung an der Zwischengesellschaft als Muttergesellschaft der einbringenden Schwestergesellschaft sowie

eine Zuschreibung auf die unmittelbare Beteiligung an der übernehmenden Schwestergesellschaft. Auch hier ist die Korrektur nach dem Verhältnis der Verkehrswerte durchzuführen. Gleiches gilt für die entsprechende Abschreibung der von der Zwischengesellschaft als Muttergesellschaft unmittelbar gehaltenen Beteiligung an der einbringenden Schwestergesellschaft. Auch diese Korrektur hat nach dem Verhältnis der Verkehrswerte zu erfolgen. Die Buchverluste in der Zwischengesellschaft als Muttergesellschaft der einbringenden Schwestergesellschaft sind nach § 20 Abs. 4 Z 3 Satz 2 UmgrStG steuerlich unbeachtlich. Wenn die Konzernobergesellschaft Großmuttergesellschaft der übernehmenden Schwestergesellschaft und Muttergesellschaft der einbringenden Schwestergesellschaft ist, erfolgt in der Bilanz der Konzernobergesellschaft nach den gleichen Grundsätzen nach dem Verhältnis der Verkehrswerte eine Abschreibung von der unmittelbaren Beteiligung an der einbringenden Schwestergesellschaft sowie eine Zuschreibung auf die Beteiligung an der Zwischengesellschaft als Muttergesellschaft der übernehmenden Schwestergesellschaft. Entsprechendes gilt für die Zuschreibung bei der von der Zwischengesellschaft als Muttergesellschaft unmittelbar gehaltenen Beteiligung an der übernehmenden Schwestergesellschaft. Die Buchverluste in der Zwischengesellschaft als Muttergesellschaft der übernehmenden Schwestergesellschaft sind nach § 18 Abs. 6 UmgrStG in Verbindung mit § 3 Abs. 2 UmgrStG steuerlich unbeachtlich. Genauso ist bei mehreren Zwischengesellschaften, etwa bei Einbringungen von Vermögen zwischen Urenkelgesellschaften vorzugehen, wobei zu beachten ist, dass die Buchwerte im „einbringenden Ast" durchgehend (bis zur Beteiligung an der einbringenden Gesellschaft) im Verkehrswertverhältnis abzustocken sind. Im „aufnehmenden Ast" ist der Beteiligungsansatz an der obersten (Tochter-)Gesellschaft der Konzernmutter nach dem Verkehrswertverhältnis aufzustocken. Bei den übrigen Gesellschaften des „aufnehmenden Astes" sind die Buchwerte jeweils um den Buchwert des eingebrachten Vermögens zu erhöhen.

Beispiel:

Die A-GmbH ist Alleingesellschafterin der B-GmbH, der Buchwert der Beteiligung beträgt 2.000.000 (Verkehrswert 4.000.000) und Alleingesellschafterin der D-GmbH, der Buchwert der Beteiligung beträgt 700.000 (Verkehrswert 2.000.000). Die B-GmbH ist Alleingesellschafterin der C-GmbH, der Buchwert der Beteiligung beträgt 500.000 (Verkehrswert 2.000.000). Die D-GmbH ist Alleingesellschafterin der E-GmbH, wobei der Buchwert der Beteiligung 250.000 (Verkehrswert: 600.000) beträgt. In der Bilanz der C-GmbH befindet sich ein Teilbetrieb X mit einem Buchwert von 200.000 (Verkehrswert 1.000.000). Die C-GmbH bringt ihren Teilbetrieb X unter Verzicht auf eine Gegenleistung in die E-GmbH ein.

In der Bilanz der A-GmbH ist die Wertminderung des Beteiligungsansatzes an der B-GmbH nach den Verhältnissen der Verkehrswerte des eingebrachten Teilbetriebes X in Höhe von 1.000.000 zur verbleibenden Beteiligung an der B-GmbH in Höhe von 3.000.000 – somit 1 : 3 – zu ermitteln. Der Buchwertansatz in Höhe von 2.000.000 ist daher um 500.000 (= 25%) zu vermindern, sodass eine neue Beteiligungsansatz an der B-GmbH 1.500.000 beträgt. In gleicher Höhe entsteht in der Bilanz der A-GmbH beim Beteiligungsansatz an der übernehmenden D-GmbH eine Werterhöhung von 500.000, sodass sich ein neuer Beteiligungsansatz von 1.200.000 für die Anteile an der D-GmbH ergibt. Es kommt demgemäß in der Bilanz der A-GmbH weder zu einem Buchgewinn noch zu einem Buchverlust.

In der Bilanz der B-GmbH ist die Wertminderung des Beteiligungsansatzes an der C-GmbH nach den Verhältnissen der Verkehrswerte des weitergeleiteten Teilbetriebes X in Höhe von 1.000.000 zur verbleibenden Beteiligung an der C-GmbH in Höhe von 1.000.000 – somit 1 : 1 – zu ermitteln. Der Buchwertansatz in Höhe von 500.000 ist daher um 50% zu vermindern, sodass der neue Beteiligungsansatz an der C-GmbH

250.000 beträgt. Da dem Kürzungsbetrag von 250.000 in der Zwischengesellschaft B-GmbH infolge des Weiterleitens des Teilbetriebes X in die Schwestergesellschaft D-GmbH kein Äquivalent gegenübersteht, ergibt sich in der B-GmbH ein nach § 20 Abs. 4 Z 3 Satz 2 UmgrStG steuerneutraler Buchverlust von 250.000 in Höhe des Kürzungsbetrages.

In der Bilanz der übertragenden C-GmbH steht dem Abgang des Teilbetriebes X in Höhe des Buchwertes 200.000 kein Äquivalent gegenüber, sodass in gleicher Höhe ein nach § 20 Abs. 4 Z 3 Satz 2 UmgrStG steuerneutraler Buchverlust entsteht.

Bei der Zwischengesellschaft im „übernehmenden Ast", der D-GmbH, kommt es zu einer Erhöhung des Buchwertes der Beteiligung an der E-GmbH in Höhe des Buchwertes des eingebrachten Vermögens (dh. nicht zu einer Erhöhung im Verkehrswertverhältnis) um 200.000 auf 450.000.

In der Bilanz der übernehmenden E-GmbH steht dem Zugang des Teilbetriebes X in Höhe des Buchwertes 200.000 kein Äquivalent gegenüber, sodass in gleicher Höhe ein nach § 18 Abs. 6 UmgrStG in Verbindung mit § 3 Abs. 2 UmgrStG steuerneutraler Buchgewinn entsteht.

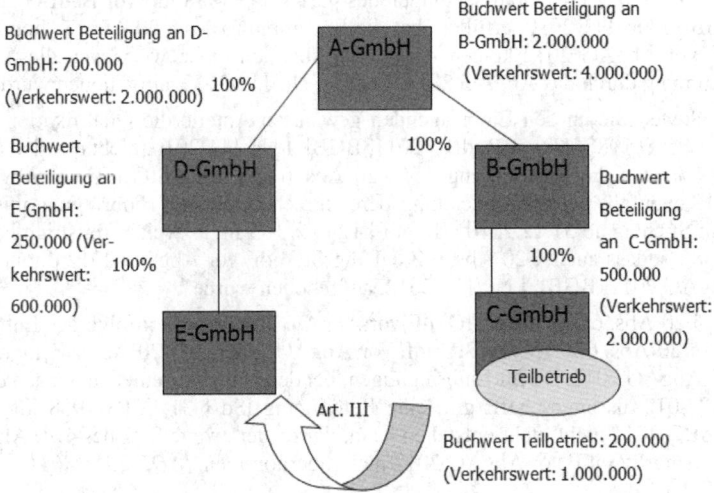

(AÖF 2013/301)

3.7.4. Änderung der Beteiligungsqualität

3.7.4.1 Überblick

§ 20 Abs. 5 und 6 UmgrStG idF vor AbgÄG 2012 regeln verschiedene Tatbestände über Steuerverstrickungen im Zusammenhang mit Beteiligungen: 1134

- In § 20 Abs. 5 UmgrStG idF vor AbgÄG 2012 sind die Folgen einer Verminderung der Beteiligungsquoten bei den Altgesellschaftern der übernehmenden Körperschaft dargestellt (siehe Rz 1144 ff).

- Von den Regelungen des § 20 Abs. 6 UmgrStG idF vor AbgÄG 2012 können nur die neuen Anteile des Einbringenden an der übernehmenden Körperschaft betroffen sein.

  - In § 20 Abs. 6 Z 1 UmgrStG idF vor AbgÄG 2012 sind die Folgen für die anlässlich der Einbringung erworbenen Anteile geregelt (siehe Rz 1136 ff). Auf Grund der Subsidiarität der Bestimmungen des § 20 Abs. 6 Z 1 UmgrStG idF vor AbgÄG 2012 kommt primär eine Besteuerung der stillen Reserven nach den Bestimmungen des EStG 1988 in Betracht (siehe Rz 1143). Die Regelungstechnik der zehnjährigen Steuerverstrickung von Anteilen ist in § 20 Abs. 5 UmgrStG idF vor AbgÄG 2012 für bestehende Anteile festgeschrieben, § 20 Abs. 6 Z 1 UmgrStG idF vor AbgÄG 2012 verweist für die neuen Anteile des Einbringenden an der übernehmenden Körperschaft nur mehr auf diese Bestimmung.

– § 20 Abs. 6 Z 2 UmgrStG idF vor AbgÄG 2012 betrifft den Sonderfall der Einbringung nicht steuerhängiger Kapitalanteile (siehe Rz 1149 ff).

Auswirkungen des BudBG 2011:

Durch die Neuordnung der Besteuerung des Kapitalvermögens durch das BudBG 2011, BGBl. I Nr. 111/2010, führen auch Wertänderungen des Kapitalstammes zu Einkünften aus Kapitalvermögen (§ 27 Abs. 3 EStG 1988).

Handelt es sich bei den Beteiligungen der Altgesellschafter der übernehmenden Körperschaft daher bereits um Neuvermögen bzw. um Beteiligungen, die zum 31.3.2012 die Voraussetzungen des § 31 EStG 1988 idF vor BudBG 2011, BGBl. I Nr. 111/2010, erfüllen, hat die Bestimmung des § 20 Abs. 5 UmgrStG idF vor AbgÄG 2012 keinen Anwendungsbereich mehr, weswegen diese Bestimmung durch das AbgÄG 2012, BGBl. I Nr. 112/2012, aufgehoben wurde.

Soweit die an den Einbringenden gewährten Anteile die Qualifikation des § 31 EStG 1988 idF vor BudBG 2011, BGBl. I Nr. 111/2010, nicht erfüllen (unter 1%), hat die Bestimmung des § 20 Abs. 6 Z 1 UmgrStG idF vor AbgÄG 2012 ebenfalls keinen Anwendungsbereich mehr, wenn die Einbringung mit einem Stichtag ab 31.12.2010 erfolgt (§ 124b Z 185 lit. a zweiter Teilstrich EStG 1988), sodass auch § 20 Abs. 6 Z 1 UmgrStG idF vor AbgÄG 2012 durch das AbgÄG 2012, BGBl. I Nr. 112/2012, aufgehoben wurde.

§ 20 Abs. 6 Z 2 UmgrStG idF vor AbgÄG 2012 wurde infolge des Entfalls des § 20 Abs. 6 Z 1 UmgrStG idF vor AbgÄG 2012 zu § 20 Abs. 6 UmgrStG idF AbgÄG 2012. Da für Einbringungen, bei denen die Gegenleistung nach dem 31.3.2012 als angeschafft gilt, eine Beteiligung iSd § 31 EStG 1988 idF vor BudBG 2011 nicht mehr entstehen kann, wurde der zweite Satz des § 20 Abs. 6 Z 2 UmgrStG idF vor AbgÄG 2012 nicht übernommen. *(AÖF 2013/301)*

3.7.4.2 Anteilsgewährung unter der Grenze des § 31 EStG 1988

3.7.4.2.1 Allgemeines

1135   Für Anteilsgewährungen aufgrund von Einbringungen mit einem Stichtag bis 30.12.2010:

§ 20 Abs. 6 Z 1 UmgrStG idF vor AbgÄG 2012 ist durch das AbgÄG 2012, BGBl. I Nr. 112/2012, aufgehoben worden, wobei keine ausdrückliche Vorschrift im Gesetz über das Außerkrafttreten enthalten ist, sodass das Inkrafttreten nach der Regelung des Art. 49 Abs. 1 B-VG zu beurteilen ist. Allerdings ist durch das BudBG 2011 bereits vor diesem Zeitpunkt, nämlich für Einbringungen ab 31.12.2010, keine faktische Anwendbarkeit mehr gegeben.

Die Anteilsgewährung unter der Grenze des § 31 EStG 1988 ist in § 20 Abs. 6 Z 1 UmgrStG geregelt und bezieht sich auf anlässlich der Einbringung erworbene Anteile an der übernehmenden Körperschaft. § 20 Abs. 6 UmgrStG kommt nur dann zur Anwendung, wenn die anlässlich der Einbringung erworbenen Anteile nicht zu einem Betriebsvermögen gehören, da bei einer Zugehörigkeit der Anteile zu einem Betriebsvermögen die stillen Reserven stets steuerverstrickt sind. Dies gilt auch für Steuerausländer, sofern die Anteile nicht einer inländischen Betriebsstätte zuzurechnen sind. Bei Zurechnung der Anteile eines Steuerausländers zu einer inländischen Betriebsstätte ist bei einer allfälligen Veräußerung dieser Anteile im Regelfall – sofern nicht durch ein DBA eingeschränkt – von betrieblichen Einkünften auszugehen (siehe EStR 2000 Rz 7901 ff). *(AÖF 2013/301)*

3.7.4.2.2 Erworbene Anteile

Für Anteilsgewährungen aufgrund von Einbringungen mit einem Stichtag   1136
bis 30.12.2010: *(AÖF 2013/301)*

§ 20 Abs. 6 UmgrStG bezieht sich als Regelfall nur auf anlässlich der Einbringung erworbene Anteile. Dazu gehören

• neue (einbringungsgeborene) Anteile im Sinne des § 19 Abs. 1 UmgrStG (siehe Rz 1030 ff)

• zur Abfindung verwendete eigene Anteile der übernehmenden Körperschaft im Sinne des § 19 Abs. 2 Z 1 UmgrStG (siehe Rz 1042 f)

• bestehende Anteile an der übernehmenden Körperschaft, die der Einbringende im Zuge einer Abfindung durch die Altgesellschafter im Sinne des § 19 Abs. 2 Z 2 UmgrStG erwirbt (siehe Rz 1044 ff).

Für Anteilsgewährungen aufgrund von Einbringungen mit einem Stichtag   1137
bis 30.12.2010: *(AÖF 2013/301)*

§ 20 Abs. 6 Z 1 Satz 1 UmgrStG trägt dem Prinzip der Verdoppelung der stillen Reserven Rechnung (siehe Rz 1097) und stellt sicher, dass die auf die übernehmende Körperschaft übertragenen stillen Reserven des Einbringungsvermögens auch bei einer Veräußerung der als Gegenleistung für die Einbringung erworbenen Anteile, die sich im Privatvermögen des Einbringenden befinden, zu einer Veräußerungsüberschussbesteuerung führen.

Für Anteilsgewährungen aufgrund von Einbringungen mit einem Stichtag   1138
bis 30.12.2010:

Zur Anwendung des § 20 Abs. 6 Z 1 Satz 1 UmgrStG kommt es nur, wenn sich die Möglichkeit der Besteuerung der stillen Reserven nicht bereits aus den Bestimmungen des EStG 1988 ergibt. Bei einer Veräußerung der für die Einbringung erworbenen Anteile ergibt sich nachstehende Reihenfolge bzw. Subsidiarität der zu prüfenden Tatbestände:

• Werden die erworbenen Anteile im Betriebsvermögen gehalten, ist die Veräußerung ein laufender Geschäftsfall und der Veräußerungsgewinn zählt zur jeweiligen betrieblichen Einkunftsart.

• Werden die erworbenen Anteile im Privatvermögen gehalten und innerhalb eines Jahres nach dem auf den Einbringungsstichtag folgenden Tag veräußert, liegt ein Spekulationsgeschäft im Sinne des § 30 EStG 1988 idF vor 1. StabG 2012, BGBl. I Nr. 22/2012, vor (siehe EStR 2000 Rz 6620 ff idF vor dem Wartungserlass 2013). Zur Fristenberechnung siehe Rz 1092.

• Werden die erworbenen Anteile im Privatvermögen gehalten und beträgt das Beteiligungsausmaß mindestens 1%, kommt bei abgelaufener Spekulationsfrist § 31 EStG 1988 idF vor BudBG 2011, BGBl. I Nr. 111/2010, zur Anwendung (siehe Rz 1143 und EStR 2000 Rz 6666 ff idF vor dem Wartungserlass 2013). Zu den Konsequenzen einer Veräußerung nach dem 31.3.2012 siehe Rz 1146.

• Werden die erworbenen Anteile im Privatvermögen gehalten und beträgt das Beteiligungsausmaß weniger als 1%, ist im Falle der Einbringung von Betrieben, Teilbetrieben, Mitunternehmeranteilen oder unter § 31 EStG 1988 idF vor BudBG 2011, BGBl. I Nr. 111/2010, fallenden Kapitalanteilen § 20 Abs. 6 Z 1 UmgrStG anzuwenden. Zu den Konsequenzen einer Veräußerung nach dem 31.3.2012 siehe Rz 1146.

• Werden die erworbenen Anteile im Privatvermögen gehalten und beträgt das Beteiligungsausmaß weniger als 1%, kommt im Falle der Einbringung von nicht unter § 31 EStG 1988 idF vor BudBG 2011, BGBl. I Nr. 111/2010, fallenden Kapitalanteilen der Sondertatbestand des § 20 Abs. 6 Z 2 UmgrStG zur Anwendung (siehe Rz 1149 ff).

Für Anteilsgewährungen aufgrund von Einbringungen mit einem Stichtag ab 31.12.2010:

• Werden die erworbenen Anteile im Privatvermögen gehalten und beträgt das Beteiligungsausmaß weniger als 1%, kommt im Falle der Einbringung von nicht unter § 31 EStG 1988 idF vor dem BudBG 2011, BGBl. I Nr. 111/2010, fallenden Kapitalanteilen, wenn diese bis zum 31.12.2010 erworben wurden, der Sondertatbestand des § 20 Abs. 6 UmgrStG zur Anwendung (siehe Rz 1149 ff). *(AÖF 2013/301)*

1139 Für Anteilsgewährungen aufgrund von Einbringungen mit einem Stichtag bis 30.12.2010:

§ 20 Abs. 6 Z 1 Satz 1 UmgrStG idF vor AbgÄG 2012 übernimmt durch den Verweis auf § 20 Abs. 5 UmgrStG idF vor AbgÄG 2012 die zehnjährige Steuerverstrickung für die in das Privatvermögen anlässlich der Einbringung gewährten Gegenleistungsanteile des Einbringenden, sofern sich die Möglichkeit der Besteuerung der stillen Reserven nicht bereits nach den Bestimmungen des EStG 1988 ergibt. Eine Besteuerungsmöglichkeit nach den Bestimmungen des EStG 1988 ist nach den Verhältnissen im Veräußerungszeitpunkt zu beurteilen. Die zehnjährige Steuerverstrickung kommt daher auch dann zur Anwendung, wenn die Beteiligungsquote innerhalb des Zehnjahreszeitraumes unter die 1%-Grenze absinkt oder wenn die Fünfjahresfrist des § 31 EStG 1988 idF vor BudBG 2011 ausläuft oder eine zehnjährige Steuerfrist auf Grund einer vorangegangenen Umgründung erst während des Zehnjahreszeitraumes endet. Die Steuerverstrickung ist auf die Gesellschaftsanteile abgestellt, sodass die Zehnjahresfrist durch eine unentgeltliche Übertragung der Anteile nicht beeinflusst wird. Im Ergebnis sind daher sämtliche ins Privatvermögen des Einbringenden gewährten Gegenleistungsanteile bis zum Ende des zehnten Jahres nach Ablauf des Einbringungsstichtages als Beteiligung im Sinne des § 31 EStG 1988 idF vor BudBG 2011 steuerhängig.

Beispiel 1:

A ist Alleingesellschafter der A-GmbH. Das Stammkapital der A-GmbH beträgt 1.000.000. B bringt sein Einzelunternehmen mit einem Buchwert von 10.000 zum 31.12.2009 in die A-GmbH ein, wobei an Stelle der Gewährung neuer Anteile eine Anteilsabtretung gemäß § 19 Abs. 2 Z 2 UmgrStG vereinbart wird. A tritt nach Maßgabe des Umtauschverhältnisses an den B a) 5% (Nennkapital 50.000) b) 0,5% (Nennkapital 5.000) seiner Beteiligung ab.

B hält die mit 1.1.2010 erworbene Beteiligung im Privatvermögen. Die steuerlich maßgebenden Anschaffungskosten der erworbenen Beteiligung betragen auf Grund von § 20 Abs. 2 Satz 1 UmgrStG sowohl im Falle a) wie im Falle b) 10.000. B veräußert seinen Geschäftsanteil am 30.6.2017 um 550.000 und anfallenden Werbungskosten von 50.000, wobei die Beteiligungsverhältnisse und die steuerlich maßgebenden Anschaffungskosten seit der Einbringung unverändert geblieben sind.

Zu a) Das Beteiligungsausmaß zum 31.3.2012 beträgt 5%, weswegen gemäß § 124b Z 185 lit. a erster TS EStG 1988 B Einkünfte aus Kapitalvermögen gemäß § 27 Abs. 3 EStG 1988 in Höhe von 540.000 als Unterschiedsbetrag zwischen dem Veräußerungserlös (550.000) und den Anschaffungskosten (10.000) mit dem besonderen Steuersatz von 27,5% gemäß § 27a Abs. 1 Z 2 EStG 1988 idF StRefG 2015/2016, BGBl. I Nr. 118/2015 (bis 2015: 25%, siehe EStR 2000 Rz 6223) zu versteuern hat. Werbungskosten können gemäß § 20 Abs. 2 EStG 1988 nicht abgezogen werden.

Zu b) Das Beteiligungsausmaß zum 31.3.2012 beträgt 0,5%, § 27 Abs. 3 EStG 1988 ist daher nicht unmittelbar anwendbar. Da die Veräußerung jedoch innerhalb der Zehnjahresfrist erfolgt, gelten die Anteile des B gemäß § 20 Abs. 5 UmgrStG in Verbindung mit § 20 Abs. 6 Z 1 Satz 1 UmgrStG idF vor AbgÄG 2012, BGBl. I Nr. 112/2012, als zum 31.3.2012 unter § 31 EStG 1988 idF vor BudBG 2011 fallende Anteile. Die einkommensteuerlichen Folgen entsprechen jenen des Falles a).

Beispiel 2:
Der Sachverhalt entspricht dem Beispiel 1, Variante a). Die Beteiligung des B im Ausmaß von 5% sinkt mit Wirkung ab 1.1.2011 auf 0,8% ab, da A einen Mitunternehmeranteil zum 31.12.2010 gemäß Art. III UmgrStG in die A-GmbH eingebracht hat und B seinerseits keine Einlage leistet.

Da B die Anteile an der A-GmbH gemäß § 20 Abs. 1 UmgrStG zum 1.1.2010 erworben hat, kommt zwar § 124b Z 185 lit. a zweiter TS EStG 1988 nicht zur Anwendung. Es besteht aber Steuerpflicht (Einkünfte aus Kapitalvermögen) gemäß § 124b Z 185 lit. a erster TS zweiter HS EStG 1988, weil die Beteiligung innerhalb der Zehnjahresfrist des § 20 Abs. 6 Z 1 UmgrStG idF vor AbgÄG 2012, BGBl. I Nr. 112/2012, veräußert wurde. Die einkommensteuerlichen Folgen entsprechen daher jenen des Beispiels 1. *(AÖF 2013/301, BMF-AV Nr. 40/2017)*

3.7.4.2.3 Einbringungsbezogene Anteile

Für Zu- und Abschreibungsteile auf bestehende Anteile (einbringungsbezogene Anteile) aufgrund von Einbringungen mit einem Stichtag bis 30.12.2010: *(AÖF 2013/301)* | 1140

§ 20 Abs. 6 Z 1 Satz 2 UmgrStG stellt Zu- bzw. Abschreibungsteile im Sinne des § 20 Abs. 4 Z 1 und Z 3 UmgrStG den anlässlich einer Einbringung erworbenen Gegenleistungsanteilen gleich (einbringungsbezogene Anteile) und legt daher auch für diese die Steuerverstrickung für zehn Jahre unter den in Rz 1136 ff beschriebenen Voraussetzungen fest. § 20 Abs. 6 UmgrStG bezieht sich nur auf Zu- und Abschreibungsbeträge. Anteile des Einbringenden, die dieser bereits vor der Einbringung gehalten hat, sind daher von § 20 Abs. 6 UmgrStG grundsätzlich nicht betroffen.

Für Zu- und Abschreibungsteile auf bestehende Anteile (einbringungsbezogene Anteile) aufgrund von Einbringungen mit einem Stichtag bis 30.12.2010: *(AÖF 2013/301)* | 1141

Im Hinblick auf die Beschränkung des Ausnahmetatbestandes des § 19 Abs. 2 Z 5 UmgrStG auf die Alleingesellschafterstellung und die Schwesterneinbringung kann der Fall einer mit einer Einbringung ohne Kapitalerhöhung gemäß verbundenen Zu- bzw. Abschreibung im Sinne des § 20 Abs. 4 UmgrStG auf vor der Einbringung bestehende Anteile unter 1% nicht vorkommen. *(AÖF 2008/243)*

Für Zu- und Abschreibungsteile auf bestehende Anteile (einbringungsbezogene Anteile) aufgrund von Einbringungen mit einem Stichtag bis 30.12.2010: | 1142

§ 20 Abs. 6 Z 1 Satz 2 UmgrStG idF vor AbgÄG 2012 und die damit verbundene zehnjährige Steuerhängigkeit nach § 20 Abs. 5 UmgrStG idF vor AbgÄG 2012 betrifft nur Zu- bzw. Abschreibungsanteile nach § 20 Abs. 4 Z 1 UmgrStG bei down-stream- Einbringungen (siehe Rz 1117 f) und unter bestimmten Voraussetzungen Zu- bzw. Abschreibungsanteile nach § 20 Abs. 4 Z 3 UmgrStG bei side-stream-Einbringungen (siehe Rz 1129 ff). Eine Einbeziehung von upstream-Einbringungen in § 20 Abs. 6 Z 1 Satz 2 UmgrStG idF vor AbgÄG 2012 ist nicht möglich (zur Vorgangsweise siehe Rz 1120 ff). Bei side-stream-Einbringungen kommt nach § 20 Abs. 6 Z 1 Satz 2 letzter Halbsatz UmgrStG idF vor AbgÄG 2012 als weitere Voraussetzung dazu, dass die Möglichkeit der Besteuerung der stillen Reserven bereits hinsichtlich der Anteile an der einbringenden Körperschaft gegeben sein musste. Die Anteile an der einbringenden Körperschaft müssen daher selbst steuerverstrickt sein. § 20 Abs. 6 Z 1 Satz 2 letzter Halbsatz UmgrStG idF vor AbgÄG 2012 kommt auf Grund der Subsidiarität dann nicht zur Anwendung, wenn der Anteil an der einbringenden Körperschaft mindestens 1% beträgt, weil auf Grund der nach § 19 Abs. 2 Z 5 UmgrStG in Verbindung mit § 20 Abs. 4 Z 3 UmgrStG vorausgesetzten Beteiligungsidentität auch der Anteil an der übernehmenden Körperschaft mindestens 1% betragen muss und daher § 31 EStG 1988 idF vor BudBG 2011 unmittelbar zur Anwendung kommt. § 20 Abs. 6 Z 1 Satz 2 letzter Halbsatz UmgrStG idF vor AbgÄG 2012 kommt daher nur zur Anwendung:

- wenn eine weniger als 1-prozentige Beteiligung an der einbringenden Körperschaft im Betriebsvermögen gehalten wird, die weniger als 1-prozentige Beteiligung an der übernehmenden Körperschaft jedoch nicht oder

- wenn die Beteiligung an der einbringenden Körperschaft innerhalb der letzten 5 Jahre vor der Einbringung unter 1% abgesunken ist, sodass sie nach § 31 Abs. 1 EStG 1988 idF vor BudBG 2011 steuerverstrickt ist (siehe EStR 2000 Rz 6668 idF vor dem Wartungserlass 2013).

Beispiel:

A hält im Privatvermögen a) 5% b) 0,5% der Anteile an der B-GmbH, wobei im Fall b) das Beteiligungsausmaß vor 3 Jahren von 5% auf 0,5% abgesunken ist. A hält weiters im Privatvermögen a) 5% b) 0,5% der Anteile an der C-GmbH. Die Anschaffungskosten des A betragen in beiden Varianten für die Anteile an der B-GmbH 5.000 und für die Anteile an der C-GmbH 2.000. Die Verkehrswerte für die Anteile des A an der B-GmbH betragen in beiden Varianten 20.000, sodass der Verkehrswert für alle Anteile der B-GmbH im Fall a) 400.000 und im Fall b) 4.000.000 beträgt.

In der Bilanz der B-GmbH befindet sich ein Teilbetrieb X mit einem Verkehrswert im Fall a) von 200.000 und im Fall b) von 2.000.000, sodass der Verkehrswert des Teilbetriebes X in beiden Fällen die Hälfte des Verkehrswertes der Beteiligung an der B-GmbH repräsentiert.

Die B-GmbH bringt zum 31.12.2009 ihren Teilbetrieb X nach § 19 Abs. 2 Z 5 UmgrStG ohne Kapitalerhöhung in die C-GmbH ein. Variante: Im Fall b) sind die Beteiligungsquoten vor 8 Jahren von 5% auf 0,5% abgesunken.

Die Anschaffungskosten der Beteiligung des A an der B-GmbH sind nach § 20 Abs. 4 Z 3 UmgrStG entsprechend dem Verhältnis der Verkehrswerte des Teilbetriebes X zum Gesamtverkehrswert der B-GmbH – somit 1 : 1 – um 50% in Höhe von 2.500 zu kürzen. In gleicher Höhe sind die Anschaffungskosten des A für die Beteiligung an der C-GmbH zu erhöhen, sodass sich neue Anschaffungskosten für die Beteiligung an der C-GmbH in Höhe von 4.500 bestehend aus Altanteil in Höhe von 2.000 und Zuschreibungsanteil in Höhe von 2.500 ergeben.

a) Da die Beteiligung des A an der C-GmbH 5% beträgt, ist § 31 EStG 1988 idF vor BudBG 2011 unmittelbar anwendbar und bei einer eventuellen Veräußerung zu berücksichtigen. Die Aufteilung in Altanteil und Zuschreibungsanteil ist auf Grund der Steuerverstrickung der gesamten Beteiligung irrelevant. Bei einer Veräußerung nach dem 31.3.2012 liegen Einkünfte aus Kapitalvermögen gemäß § 27 Abs. 3 EStG 1988 vor, die mit dem 27,5-prozentigen Sondersteuersatz des § 27a Abs. 1 Z 2 EStG 1988 idF StRefG 2015/2016, BGBl. I Nr. 118/2015 (bis 2015: 25%, siehe EStR 2000 Rz 6223) zu versteuern sind.

b) Auf Grund der Steuerverstrickung nach § 31 Abs. 1 EStG 1988 idF vor BudBG 2011 infolge des Absinkens der Beteiligung des A an der B-GmbH innerhalb des Fünfjahreszeitraumes ist § 20 Abs. 6 Z 1 Satz 2 letzter Halbsatz UmgrStG idF vor AbgÄG 2012 anwendbar. Der Zuschreibungsanteil bleibt innerhalb des Zehnjahreszeitraumes des § 20 Abs. 5 UmgrStG idF vor AbgÄG 2012 steuerverstrickt. Bei einer Veräußerung der Beteiligung des A an der C-GmbH innerhalb dieses Zeitraumes ist der Veräußerungserlös entsprechend dem Verhältnis der Verkehrswerte von Altanteilen der C-GmbH und Einbringungsvermögen im Zeitpunkt der Einbringung aufzuteilen und den Anschaffungskosten der Zuschreibungsanteile gegenüberzustellen.

Variante: Da das Absinken der Beteiligung des A an der B-GmbH außerhalb der 5-Jahresfrist des § 31 Abs. 1 EStG 1988 idF vor BudBG 2011 erfolgte, liegt keine Steuerverstrickung der Anteile an der einbringenden Körperschaft vor. § 20 Abs. 6 Z 1 Satz 2 letzter Halbsatz UmgrStG idF vor AbgÄG 2012 kommt daher nicht zur Anwendung, eventuelle Veräußerungen des Zwerganteiles des A an der C-GmbH bleiben zur Gänze steuerfrei. *(AÖF 2013/301, BMF-AV Nr. 40/2017)*

3.7.4.3 Übersteigen der Grenze des § 31 EStG 1988

Für Anteilsgewährungen und Zu- und Abschreibungen bei Einbringungen mit einem Stichtag bis 30.12.2010: *(AÖF 2013/301)* **1143**

Ein Übersteigen der Grenze des § 31 EStG 1988 ist immer dann gegeben, wenn die anlässlich einer Einbringung gewährten Neuanteile an der übernehmenden Körperschaft ein Beteiligungsausmaß von mindestens 1% oder mehr erreichen bzw. bei nach § 19 Abs. 2 Z 5 UmgrStG unterbleibender Kapitalerhöhung das Beteiligungsausmaß bereits vor der Einbringung mindestens 1% oder mehr betragen hat. Bei Veräußerungen von im Privatvermögen gehaltenen, mindestens 1-prozentigen Anteilen der übernehmenden Körperschaft kommt bei abgelaufener Spekulationsfrist § 31 EStG 1988 unmittelbar zur Anwendung. § 20 Abs. 6 Z 1 UmgrStG kommt infolge Subsidiarität nicht zur Anwendung. Zur Reihenfolge bei Überprüfung der Subsidiarität siehe Rz 1138. Zur Abgrenzung zwischen § 31 EStG 1988 und § 20 Abs. 6 Z 1 UmgrStG siehe die Beispiele in Rz 1139. Im Ergebnis ist das Beteiligungsausmaß bezogen auf das Gesamtkapital der übernehmenden Körperschaft entscheidend: Beträgt das Beteiligungsausmaß mindestens 1%, liegt eine Beteiligung mit den Konsequenzen des § 31 EStG 1988 vor (siehe EStR 2000 Rz 6620 ff), liegt es darunter, kommt es zur zehnjährigen Gleichbehandlung im Sinne des § 20 Abs. 6 Z 1 UmgrStG. *(AÖF 2008/243)*

3.7.4.4 Herabsinken unter die Grenze des § 31 EStG 1988

Für Einbringungen mit Abschluss des Einbringungsvertrages bis 30.3.2012: **1144**

§ 20 Abs. 5 UmgrStG idF vor AbgÄG 2012 ist durch das AbgÄG 2012, BGBl. I Nr. 112/2012, aufgehoben worden, wobei keine ausdrückliche Vorschrift im Gesetz über das Außerkrafttreten enthalten ist, sodass das Inkrafttreten nach der Regelung des Art. 49 Abs. 1 B-VG zu beurteilen ist. Allerdings ist durch das BudBG 2011 bereits vor diesem Zeitpunkt, nämlich für Einbringungen mit zivilrechtlicher Wirksamkeit ab 31.3.2012 (in der Regel ist dies der

Tag des Abschlusses des Einbringungsvertrages), keine faktische Anwendbarkeit mehr gegeben, weil ein Absinken der Beteiligungsquote nach dem 30.3.2012 unter 1% gemäß § 124b Z 185 lit. a erster TS EStG 1988 eine Versteuerung der Beteiligungsveräußerung gemäß § 27 Abs. 3 EStG 1988 nicht hindert.

§ 20 Abs. 5 UmgrStG idF vor AbgÄG 2012 betrifft zum Unterschied zu § 20 Abs. 6 UmgrStG idF vor AbgÄG 2012 nicht die anlässlich einer Einbringung gewährten neuen Anteile, sondern regelt die Verminderung der Beteiligungsquote der Altgesellschafter der übernehmenden Körperschaft unter die 1%-Grenze des § 31 EStG 1988 idF vor BudBG 2011 (siehe Rz 1134). Ein Absinken der Beteiligungsquote ist nur bei fusionsähnlichen Einbringungen denkmöglich, da bei Konzerneinbringungen im Sinne des § 19 Abs. 2 Z 5 UmgrStG eine durch die Einbringung unveränderte Beteiligungsquote Anwendungsvoraussetzung ist. Nach § 31 Abs. 1 Satz 1 EStG 1988 idF vor BudBG 2011 ist die Steuerverstrickung für einen im Privatvermögen gehaltenen Anteil bei einem Absinken auf 5 Jahre beschränkt (siehe EStR 2000 Rz 6668 idF vor Wartungserlass 2013). Nach Ablauf dieser Frist könnte eine Veräußerung steuerfrei erfolgen. § 20 Abs. 5 Satz 1 UmgrStG idF vor AbgÄG 2012 verlängert diese Frist bei einem einbringungsbedingten Absinken bis zum Ende des zehnten Jahres nach Ablauf des Einbringungsstichtages.

Beispiel:

Das Stammkapital der A-GmbH beträgt 1.200.000. A ist mit 15.000 (= 1,25%) beteiligt, die Höhe des Nominales ist ident mit den Anschaffungskosten. Das Reinvermögen der A-GmbH beträgt zu Verkehrswerten 4.000.000, sodass der Anteil des A 50.000 beträgt. B bringt sein Einzelunternehmen mit einem Verkehrswert von 2.000.000 unter Anwendung des § 19 Abs. 2 Z 2 UmgrStG in die A-GmbH ein. Alle Gesellschafter gewähren dem B jeweils ein Drittel ihrer Beteiligung in Gesamthöhe von 400.000, sodass sie in der Folge am unveränderten Stammkapital der übernehmenden A-GmbH in Höhe von 1.200.000 dem wahren Wert der vereinigten Unternehmen entsprechend beteiligt sind. Die Beteiligung des A sinkt dadurch auf 10.000, seine Beteiligungsquote auf 0,83%. Die steuerlich maßgebenden Anschaffungskosten des A betragen trotz Verminderung des Nominalwertes um 5.000 auf Grund § 20 Abs. 3 Satz 1 UmgrStG weiterhin unverändert 15.000. Die Beteiligung des A ist gemäß § 20 Abs. 5 Satz 1 UmgrStG idF vor AbgÄG 2012 noch für einen Zeitraum von 10 Jahren steuerhängig im Sinne des § 31 EStG 1988 idF vor BudBG 2011.

Für Einbringungen mit Abschluss des Einbringungsvertrages ab 31.3.2012:

Sinken durch eine Einbringung die Anteile der Altgesellschafter unter 1% und wird diese Einbringung nach dem 30.3.2012 wirksam, hindert dieses Absinken die Steuerhängigkeit der Anteile nicht (§ 124b Z 185 lit. a erster TS EStG 1988). *(AÖF 2013/301)*

1145   § 20 Abs. 5 Satz 1 UmgrStG idF vor AbgÄG 2012 kommt nur für Anteile zur Anwendung, die bereits zum Zeitpunkt der Einbringung als Beteiligungen im Sinne des § 31 EStG 1988 idF vor BudBG 2011 einzustufen sind. Als maßgeblicher Zeitpunkt gilt der Zeitpunkt der zivilrechtlichen Wirksamkeit der Einbringung (in der Regel der Tag des Abschlusses des Einbringungsvertrages). Damit sind auch im Rückwirkungszeitraum erworbene, nach § 31 EStG 1988 idF vor BudBG 2011 steuerhängige Anteile von § 20 Abs. 5 Satz 1 UmgrStG idF vor AbgÄG 2012 miterfasst. Nicht miterfasst sind aber unter der 1%-Grenze des § 31 EStG 1988 idF vor BudBG 2011 gehaltene Anteile, die im Zeitpunkt der Einbringung lediglich auf Grund § 31 Abs. 1 EStG 1988 idF vor BudBG 2011 wegen nicht abgelaufener Fünfjahresfrist (siehe EStR 2000 Rz 6668 idF vor

Wartungserlass 2013) steuerhängig sind. Für diese Beteiligungen kann eine weitere einbringungsbedingte Verminderung der Beteiligungsquote zu keinem Wegfall der Eigenschaft als Beteiligung im Sinne des § 31 EStG 1988 idF vor BudBG 2011 führen, die Steuerhängigkeit nach § 31 Abs. 1 EStG 1988 idF vor BudBG 2011 bleibt daher unverändert. *(AÖF 2013/301)*

Die Zehnjahresfrist beginnt mit Ablauf des Einbringungsstichtages (siehe   1146
Rz 1092). Bis zum Ende der stichtagbezogenen Frist gelten die Anteile als Beteiligung im Sinne des § 31 EStG 1988 idF vor BudBG 2011. Eine Veräußerung innerhalb des Zehnjahreszeitraumes und außerhalb der Spekulationsfrist sowie bis zum 31.3.2012 löst Einkünfte nach § 31 EStG 1988 idF vor BudBG 2011 aus, die bei natürlichen Personen begünstigt nach § 37 Abs. 4 Z 2 lit. b EStG 1988 idF vor BudBG 2011 zu versteuern sind (siehe EStR 2000 Rz 7308 idF vor Wartungserlass 2013) und bei Privatstiftungen nach § 13 Abs. 3 Z 2 KStG 1988 idF vor BGBl. I Nr. 111/2010 in Verbindung mit § 22 Abs. 3 KStG 1988 der Zwischenbesteuerung unterliegen (siehe StiftR 2001 Rz 92). Erfolgt die Veräußerung nach dem 31.3.2012, wobei sie aber innerhalb des Zehnjahreszeitraumes erfolgt, führt dies bei natürlichen Personen zu Einkünften aus Kapitalvermögen gemäß § 27 Abs. 3 EStG 1988, die mit dem 27,5-prozentigen Sondersteuersatz des § 27a Abs. 1 Z 2 EStG 1988 idF StRefG 2015/2016, BGBl. I Nr. 118/2015 (bis 2015: mit dem 25-prozentigen Sondersteuersatz, siehe EStR 2000 Rz 6223) zu versteuern sind und unterliegt diese bei Privatstiftungen der Zwischenbesteuerung nach § 13 Abs. 3 Z 2 KStG 1988 idF BGBl. I Nr. 111/2010 in Verbindung mit § 22 Abs. 3 KStG 1988. § 20 Abs. 5 Satz 2 UmgrStG idF vor AbgÄG 2012 betont, dass § 30 EStG 1988 idF vor BudBG 2011 durch § 20 Abs. 5 UmgrStG idF vor AbgÄG 2012 unberührt bleibt. Dadurch wird klargestellt, dass die in § 31 Abs. 6 EStG 1988 idF vor BudBG 2011 geregelte Subsidiarität der Anwendung des § 31 EStG 1988 idF vor BudBG 2011 gegenüber Spekulationseinkünften nach § 30 EStG 1988 idF vor BudBG 2011 auch bei Veräußerungen von Beteiligungen, die lediglich einbringungsbedingt unter die 1%-Grenze abgesunken sind, zu beachten ist. *(BMF-AV Nr. 40/2017)*

§ 20 Abs. 5 UmgrStG kommt auf Grund des Vorranges von betrieblichen   1147
Einkünften bei Veräußerungen von im Betriebsvermögen gehaltenen Anteilen, die einbringungsbedingt unter die 1%-Grenze abgesunken sind, nicht zur Anwendung.

Die steuerneutrale Aufwertungsoption des § 124b Z 57 EStG 1988 (siehe   1148
EStR 2000 Rz 6684 ff) ist für Kapitalanteile, die nur auf Grund § 20 Abs. 5 UmgrStG idF vor AbgÄG 2012 als Anteile im Sinne des § 31 EStG 1988 idF vor BudBG 2011 gelten, nicht möglich; betroffen davon sind sowohl Anteile der Altgesellschafter der übernehmenden Körperschaft als auch erworbene Anteile, auf die nach § 20 Abs. 6 Z 1 UmgrStG idF vor AbgÄG 2012 mangels anderer Bestimmungen § 20 Abs. 5 UmgrStG idF vor AbgÄG 2012 anzuwenden ist.

Zur Funktion des § 20 Abs. 5 UmgrStG idF vor AbgÄG 2012 als Grundnorm für die zehnjährige Steuerverstrickung siehe Rz 1134. *(BMF-AV Nr. 40/ 2017)*

3.7.4.5 Einbringung von Anteilen unter der Grenze des § 31 EStG 1988 bzw. von Altvermögen im Sinne des BudBG 2011 (AÖF 2013/301)

Durch das BudBG 2011 kommt es für die Steuerhängigkeit von eingebrach-   1149
ten Kapitalanteilen nun nicht mehr darauf an, ob eine Beteiligung unter § 31 EStG 1988 idF vor BudBG 2011 fällt oder nicht, sondern ob es sich bei diesen

Anteilen um Alt- oder Neuvermögen handelt (siehe dazu allgemein EStR 2000 Rz 6103). Da § 124b Z 185 lit. a zweiter TS EStG 1988 auf Anteile an Körperschaften abstellt, die nach dem 31.12.2010 entgeltlich erworben worden sind, hat § 20 Abs. 6 Z 2 UmgrStG idF vor AbgÄG 2012, BGBl. I Nr. 112/2012, bzw. § 20 Abs. 6 UmgrStG idF AbgÄG 2012, BGBl. I Nr. 112/2012, für eingebrachte Zwerganteile (unter 1%), die nach dem 31.12.2010 entgeltlich erworben wurden, keinen Anwendungsbereich mehr.

Für Einbringungen von Kapitalanteilen, die bis 31.12.2010 entgeltlich erworben wurden, sowie einem Stichtag bis 30.3.2012:

§ 20 Abs. 6 Z 2 erster Satz UmgrStG idF vor AbgÄG 2012, BGBl. I Nr. 112/2012, regelt den Sonderfall der Einbringung von Kapitalanteilen, bei denen die Möglichkeit der Besteuerung der stillen Reserven nach § 31 EStG 1988 idF vor BudBG 2011 am Tag des Abschlusses des Einbringungsvertrages nicht gegeben war. Dies betrifft im Privatvermögen gehaltene Kapitalanteile, die weniger als 1% betragen. Weiters muss es sich um vor dem 1.1.2011 entgeltlich erworbene Anteile handeln. Die Einbringung nach § 31 EStG 1988 idF vor BudBG 2011 nicht steuerhängiger Kapitalanteile ist nur in den engen Grenzen des § 12 Abs. 2 Z 3 Teilstrich 2 UmgrStG möglich (siehe Rz 732 f).

Für Einbringungen von Kapitalanteilen, die bis 31.12.2010 entgeltlich erworben wurden, sowie einem Stichtag ab 31.3.2012:

§ 20 Abs. 6 UmgrStG idF vor AbgÄG 2012 wurde durch das AbgÄG 2012, BGBl. I Nr. 112/2012, insofern geändert, als die Z 1 entfernt und der Inhalt der Z 2 dergestalt abgeändert wurde, dass nicht mehr auf die Steuerhängigkeit gemäß § 31 EStG 1988 idF vor BudBG 2011, sondern generell auf die Möglichkeit der Besteuerung der stillen Reserven nach den Regelungen des EStG 1988 abgestellt wird.

Für Einbringungen von Kapitalanteilen, die nach dem 31.12.2010 entgeltlich erworben wurden, sowie einem Stichtag bis 30.3.2012:

Werden Kapitalanteile von unter 1% nach dem 31.12.2010 angeschafft und vor dem 30.3.2012 eingebracht, ist § 20 Abs. 6 erster Satz UmgrStG idF vor AbgÄG 2012 anwendbar. Es kommt daher die Identitätsfiktion des § 5 Abs. 2 UmgrStG idF vor AbgÄG 2012 zur Anwendung, und die als Gegenleistung erhaltenen Anteile gelten ebenfalls als nach dem 31.12.2010 angeschafft und somit für Zwecke des § 124b Z 185 EStG 1988 als „Neuvermögen". *(AÖF 2013/ 301)*

1150   Für Einbringungen von Kapitalanteilen, die bis 31.12.2010 entgeltlich erworben wurden, sowie einem Stichtag bis 30.3.2012:

Zur Anwendbarkeit der Bestimmung des § 20 Abs. 6 Z 2 UmgrStG idF vor AbgÄG 2012 bei Einbringung von nicht steuerhängigen Kapitalanteilen und Vorrang vor § 20 Abs. 6 Z 1 UmgrStG idF vor AbgÄG 2012 auf Grund der zu prüfenden Reihenfolge siehe Rz 1138. Zum Verweis auf die sinngemäße Anwendung des § 5 Abs. 1 und 2 UmgrStG idF vor AbgÄG 2012 Rz 1152. *(AÖF 2013/301)*

1150a   Für Einbringungen von Kapitalanteilen, die bis 31.12.2010 entgeltlich erworben wurden, sowie einem Stichtag bis 30.3.2012:

Entsteht durch die Einbringung einer Beteiligung, die am Tag des Abschlusses des Einbringungsvertrages nicht unter § 31 EStG 1988 idF vor BudBG 2011 gefallen ist und die vor dem 1.1.2011 entgeltlich erworben wurde, als Gegenleistung eine Beteiligung, die unter § 31 EStG 1988 idF vor BudBG 2011 fällt, ist eine steuerneutrale Aufwertung vorzunehmen. Damit wird erreicht, dass zwar im Privatvermögen des Einbringenden nicht steuerhängige stille Reserven bei der übernehmenden Körperschaft steuerhängig werden, jedoch der Eintritt einer Steuerverstrickung der bisher nicht steuerhängigen stillen Reserven auf Ebene der Anteile an der übernehmenden Körperschaft verhindert wird. Im Ergebnis kommt es daher nur zu einer Vereinfachung und nicht zu einer Verdoppelung der stillen Reserven bei der übernehmenden Körperschaft. *(AÖF 2013/301)*

Für Einbringungen mit Stichtag bis 30.3.2012: *(AÖF 2013/301)*   1151

Als maßgeblicher Zeitpunkt, zu dem das Nichtvorliegen der Steuerhängigkeit des eingebrachten Kapitalanteiles zu beurteilen ist, gilt der Tag des Abschlusses des Einbringungsvertrages. § 20 Abs. 6 Z 2 UmgrStG kommt daher nicht zur Anwendung, wenn am Tag des Abschlusses des Einbringungsvertrages die eingebrachten Kapitalanteile nach § 31 EStG 1988 steuerhängig sind, weil

- das Beteiligungsausmaß des Einbringenden 1% oder mehr beträgt, oder

- das Beteiligungsausmaß des Einbringenden zwar unter 1% liegt, aber erst innerhalb der letzten fünf Jahre vor dem Abschluss des Einbringungsvertrages unter die 1%-Grenze abgesunken ist, oder

- die Steuerverstrickung nach § 31 EStG 1988 infolge einer vorangegangenen Umgründung besteht.

Für Einbringungen mit Stichtag bis 30.3.2012:   1152

Im Ergebnis ist für die Anwendbarkeit des § 20 Abs. 6 Z 2 UmgrStG idF vor AbgÄG 2012 auf die Einbringung eines Kapitalanteiles alleine entscheidend, dass die Besteuerungsmöglichkeit des eingebrachten Kapitalanteiles nach § 31 EStG 1988 idF vor BudBG 2011 fehlt und es sich um bis zum 31.12.2010 erworbene Anteile handelt (Altvermögen iSd BudBG 2011).

Durch den Verweis auf § 5 Abs. 1 und 2 UmgrStG (siehe Rz 256 ff) treten die verschmelzungsrechtlichen Folgen ein.

- Der Verweis auf § 5 Abs. 1 UmgrStG bedingt, dass das Gewähren von Anteilen an der übernehmenden Körperschaft nicht als steuerwirksamer Tausch gilt. Dadurch liegt keine Anschaffung vor und wird der steuerliche Wert der eingebrachten Zwerganteile auf den steuerlichen Wert der gewährten Anteile an der übernehmenden Körperschaft übertragen (Identitätsfiktion).

- Der Verweis auf § 5 Abs. 2 UmgrStG bedingt, dass steuerlich relevante Fristen, insb. die Spekulationsfrist nach § 30 EStG 1988 idF vor dem 1. StabG 2012, fortgesetzt werden. Demnach läuft die Spekulationsfrist für die eingebrachten Zwerganteile bei den Anteilen an der übernehmenden Körperschaft weiter und beginnt durch die Einbringung nicht neu zu laufen.

Für Einbringungen mit Stichtag ab 31.3.2012:

Zur Anwendung des § 20 Abs. 6 UmgrStG idF AbgÄG 2012, BGBl. I Nr. 112/2012, kommt es dann, wenn es sich beim eingebrachten Kapitalanteil um Altvermögen (dh. bis zum 31.12.2010 entgeltlich erworben) handelt, und es keine zum 31.3.2012 unter § 31 EStG 1988 idF vor BudBG 2011 fallende Beteiligung ist bzw. die Steuerhängigkeit gemäß § 31 EStG 1988 idF vor BudBG 2011 nicht oder nur befristet gegeben ist (Fünf- bzw. Zehnjahresfrist bei Absinken unter die 1%- Grenze; siehe dazu auch Rz 265). Der Erwerb der Gegenleistungsanteile stellt in diesen Fällen keinen Anschaffungsvorgang dar und handelt es sich bei diesen Anteilen ebenfalls um Altvermögen, wobei für die Anwendbarkeit des § 27 Abs. 3 EStG 1988 idF BudBG 2011 in diesem Fall auf die Qualifi-

kation der eingebrachten Anteile abzustellen ist (3. Teil Z 21 UmgrStG idF AbgÄG 2012, BGBl. I Nr. 112/2012). Eine Aufwertung auf den gemeinen Wert ist
in § 20 Abs. 6 UmgrStG idF AbgÄG 2012 nicht mehr vorgesehen, weil bei nach
dem 31.3.2012 erworbenen Gegenleistungsanteilen das Beteiligungsausmaß
keine Rolle mehr spielt.

Beispiel 1:

A bringt seinen am 1.8.2005 erworbenen 0,5-prozentigen Anteil (Anschaffungs-
kosten: 2.000; Verkehrswert: 5.000) in die X-GmbH gegen Gewährung von 2% der
Anteile an dieser mit Einbringungsvertrag vom 30.6.2012 ein. A war zuvor an der X-
GmbH nicht beteiligt.

Gemäß § 20 Abs. 6 UmgrStG idF AbgÄG 2012 iVm § 5 Abs. 2 UmgrStG idF AbgÄG 2012 gelten die 2%-Anteile an der X-GmbH mit 1.8.2005 als angeschafft; die
Anschaffungskosten betragen 2.000. Für die Anwendbarkeit des § 124b Z 185 lit. a
erster TS EStG 1988 iVm 3. Teil Z 21 UmgrStG idF AbgÄG 2012 ist auf die Eigenschaft der eingebrachten Beteiligung abzustellen. Bei dieser handelt es nicht nicht um
eine Beteiligung iSd § 31 EStG 1988 idF vor BudBG 2011. § 27 Abs. 3 EStG 1988 ist
nicht anzuwenden.

Beispiel 2:

A erwirbt am 15.6.2008 einen 4-prozentigen Anteil an der X-AG um 10.000. Am
31.12.2010 veräußert A einen Teil seiner Beteiligung; danach hält A nur noch einen
Anteil iHv 0,8% an der X-AG. Zum Stichtag 31.12.2012 bringt A seine Beteiligung
in die Y-AG gegen Gewährung von Anteilen ein; Art. III UmgrStG ist anwendbar. Die
fünfjährige Frist des § 31 EStG 1988 idF vor BudBG 2011 läuft für die einbringungsbedingt erworbenen Anteile des A an der Y-AG unabhängig von deren Höhe am
31.12.2015 ab. *(AÖF 2013/301)*

1152a   Für Einbringungen mit Stichtag bis 30.3.2012:

Im Falle des Entstehens einer Beteiligung im Sinne des § 31 EStG 1988 idF
vor BudBG 2011 durch eine Einbringung eines nicht unter § 31 EStG 1988 idF
vor BudBG 2011 fallenden Zwerganteiles ist nach dem letzten Satz der § 20
Abs. 6 Z 2 UmgrStG idF vor AbgÄG 2012, BGBl. I Nr. 112/2012, der höhere
gemeine Wert als Anschaffungskosten für die Anteile an der übernehmenden
Körperschaft anzusetzen, wenn vor der Einbringung auch an der übernehmenden Körperschaft keine Beteiligung im Sinne des § 31 EStG 1988 idF vor
BudBG 2011 bestanden hat. Durch die damit verbundene steuerneutrale Aufwertung wird sichergestellt, dass die vor der Einbringung entstandenen, nicht
steuerhängigen stillen Reserven in den eingebrachten Anteilen in der Zukunft
nicht steuerhängig sind.

Beispiel:

A besitzt seit 9 Jahren 0,5% der Anteile an der B-GmbH und hält diese im Privatvermögen. Die Anschaffungskosten betragen 250.000, der Verkehrswert beträgt
2.000.000. A bringt seine Anteile nach § 19 Abs. 1 UmgrStG zum Stichtag
31.12.2011 in die C-GmbH (unter Erhöhung der Mehrheit der Stimmrechte) ein, an
der er zum Einbringungszeitpunkt noch nicht beteiligt ist, und erhält dafür neue Anteile, die er ebenfalls im Privatvermögen hält. A ist nach der Einbringung im Ausmaß
von 5% an der C-GmbH beteiligt. Die auf Grund der unter 1-prozentigen Beteiligung
nicht steuerhängigen stillen Reserven der Beteiligung an der B-GmbH in Höhe von
1.750.000 bleiben nicht steuerverfangen. Die Anschaffungskosten der Anteile des A
an der C-GmbH betragen – da sich der Verkehrswert bis zum Erwerbstag nicht geändert hat – 2.000.000. Die ab dem Erwerbstag entstehenden stillen Reserven der Anteile des A an der C-GmbH sind steuerhängig. Die C-GmbH hat die Anteile an der B-
GmbH nach § 18 Abs. 1 UmgrStG in der Bilanz mit 250.000 anzusetzen, sodass im
Betriebsvermögen der C-GmbH die stillen Reserven steuerhängig sind. Es kommt da-

durch zu einer Vereinfachung der stillen Reserven in der übernehmenden Körperschaft. *(AÖF 2013/301)*

3.7.5. Internationale Schachtelbeteiligung im Bereich der Gegenleistung

3.7.5.1 Überblick

Die in § 20 Abs. 7 Z 1 UmgrStG geregelten Tatbestände des einbringungsbedingten Entstehens und der Veränderung einer internationalen Schachtelbeteiligung im Sinne des § 10 Abs. 2 KStG 1988 (zum Begriff siehe KStR 2013 Rz 1204 ff) betreffen die der einbringenden Körperschaft zukommende Gegenleistung (siehe Rz 1157 ff). *(AÖF 2013/301)* 1153

Hingegen können von den Regelungen des § 20 Abs. 7 Z 2 UmgrStG, die die Folgen des einbringungsbedingten Untergehens einer internationalen Schachtelbeteiligung beschreiben, nur die Anteile der Altgesellschafter an der übernehmenden Körperschaft betroffen sein (siehe Rz 1166 ff). 1154

Bei Einbringungen von Einbringungsvermögen mit nicht steuerhängigen stillen Reserven kommt § 20 Abs. 7 Z 1 UmgrStG nicht zur Anwendung. Hingegen fallen Einbringungen werdender (siehe Rz 1164 f) internationaler Schachtelbeteiligungen unter § 20 Abs. 7 Z 1 UmgrStG. *(AÖF 2008/243)* 1155

Während § 20 Abs. 7 UmgrStG das einbringungsbedingte Entstehen, Erweitern und den Untergang einer internationalen Schachtelbeteiligung hinsichtlich der Anteile an der übernehmenden Körperschaft regelt, betrifft § 18 Abs. 4 UmgrStG vergleichbare Sachverhalte auf Ebene der übernehmenden Körperschaft selbst (siehe dazu Rz 984 ff). 1156

3.7.5.2 Entstehen bzw. Erweiterung einer internationalen Schachtelbeteiligung

Das einbringungsbedingte Entstehen bzw. Erweitern einer internationalen Schachtelbeteiligung ist hinsichtlich der Anteile des Einbringenden an der übernehmenden Körperschaft in § 20 Abs. 7 Z 1 UmgrStG normiert. Die Regelung nimmt nicht nur die bei der einbringenden Körperschaft bereits vor der Einbringung bestehenden, nicht steuerbegünstigten Beteiligungsquoten an der übernehmenden Körperschaft von der Steuerneutralität des § 10 Abs. 3 KStG 1988 aus, sondern stellt dem Grundsatz der Verdoppelung der stillen Reserven (siehe Rz 1097) entsprechend auch sicher, dass die im Einbringungsvermögen angesammelten stillen Reserven auch in den Anteilen an der übernehmenden Körperschaft steuerhängig bleiben, wenn durch die Einbringung eine internationale Schachtelbeteiligung im Sinne des § 10 Abs. 2 KStG 1988 entsteht oder erweitert wird. 1157

Nicht steuerlich verstrickte Reserven sollen jedoch unabhängig davon, worauf das Fehlen der Steuerhängigkeit beruht, durch Einbringungen nicht zu steuerverstrickten stillen Reserven werden. Dementsprechend kommt die Ausnahme von der Steuerneutralität des § 10 Abs. 3 KStG 1988 gemäß § 20 Abs. 7 Z 1 UmgrStG bei entstehender bzw. erweiterter internationaler Schachtelbeteiligung an der übernehmenden Körperschaft nach Einbringung eines ausländischen Betriebes, Teilbetriebes oder Mitunternehmeranteiles, dessen stille Reserven in Österreich nicht steuerhängig sind, nicht zur Anwendung. *(BMF-AV Nr. 40/ 2017)*

Voraussetzung für die Anwendung des § 20 Abs. 7 Z 1 UmgrStG ist, dass 1158 der Einbringende eine unter § 7 Abs. 3 KStG 1988 fallende Körperschaft ist (zum Begriff siehe KStR 2013 Rz 399 f). Einbringungen von Vermögen dieser Körperschaften gleichgehalten sind Einbringungen von Vermögen durch Mitunternehmerschaften, an der unter § 7 Abs. 3 KStG 1988 fallende Körperschaften beteiligt sind, da bei Einbringungen durch Mitunternehmerschaften stets die Mitunternehmer direkt als Einbringende anzusehen sind. Im Hinblick darauf, dass eine internationale Schachtelbeteiligung im Sinne des § 10 Abs. 2 KStG 1988 auch bei Zwischenschaltung einer Mitunternehmerschaft entstehen kann, ist es unerheblich, ob die Mitunternehmerschaft einbringungsbedingt untergeht oder nicht. *(AÖF 2008/243, AÖF 2013/301)*

1159   Zum Entstehen einer internationalen Schachtelbeteiligung im Sinne des § 10 Abs. 2 KStG 1988 kommt es bei Einbringungen in eine ausländische Gesellschaft, wenn die einbringende inländische Körperschaft:

- keine Beteiligung an der ausländischen übernehmenden Körperschaft hält und ihr Anteile von mindestens 10% als Gegenleistung gewährt werden oder
- eine Beteiligung von weniger als 10% hält, die durch die Gewährung von Anteilen als Gegenleistung auf mindestens 10% ansteigt.

Im Fall der Einbringung durch eine nicht untergehende Mitunternehmerschaft gilt dies für den Fall, dass die Körperschaft an der Mitunternehmerschaft in einem Ausmaß beteiligt ist, das ihr die entsprechenden Beteiligungen an der ausländischen Körperschaft vermittelt. *(AÖF 2008/243)*

1160   Eine Erweiterung einer internationalen Schachtelbeteiligung im Sinne des § 20 Abs. 7 Z 1 UmgrStG kommt zu Stande, wenn eine solche an der übernehmenden Körperschaft bereits vor der Einbringung bestanden hat und durch die Einbringung durch neue oder bestehende Anteile erweitert wird. Der Tatbestand der Erweiterung einer bestehenden internationalen Schachtelbeteiligung umfasst auch die Veränderung der bestehenden Beteiligung durch Zurechnung im Sinne des § 20 Abs. 4 UmgrStG (siehe Rz 1112) bei Einbringungen unter Verzicht auf Anteilsgewährung nach § 19 Abs. 2 Z 5 UmgrStG (siehe Rz 1068) infolge Identität der Eigentums- bzw. Beteiligungsverhältnisse. Durch die Wortwahl Veränderung in § 20 Abs. 7 Z 1 UmgrStG kommt zum Ausdruck, dass nicht nur Erweiterungen einer bestehenden internationalen Schachtelbeteiligung durch Zuschreibungen positiver Einbringungswerte, sondern auch Minderungen einer bestehenden internationalen Schachtelbeteiligung durch Abschreibungen negativer Einbringungswerte von dieser Regelung umfasst sind. *(AÖF 2008/243)*

1161   Nach § 20 Abs. 7 Z 1 UmgrStG ist der Unterschiedsbetrag zwischen den Buchwerten und den höheren Teilwerten des eingebrachten Vermögens von der Steuerneutralität des § 10 Abs. 3 KStG 1988 ausgenommen. Der Betrag ist in Evidenz zu nehmen. Mit dieser mit § 18 Abs. 4 Z 1 UmgrStG (siehe Rz 984) identen Regelungstechnik wird erreicht, dass im Falle einer späteren Gewinnverwirklichung (Anteilsveräußerung, Liquidation der übernehmenden Körperschaft) die bis zur Einbringung steuerhängiger stiller Reserven des Einbringungsvermögens – soweit sie im Gewinn Deckung finden – steuerpflichtig bleiben.

Beispiel 1:
Die A-GmbH hält seit Jahren einen Anteil von 5% an der ausländischen B-GmbH (BW 500, VW 1.500). Im Jahr X1 bringt sie ihren Teilbetrieb (BW 200, VW 1.000) in die ausländische B-GmbH ein und erhält dafür neue Anteile in Höhe von 7%; diese gelten mit dem dem Einbringungsstichtag folgenden Tag als angeschafft (Anschaffungskosten 200). Die Buchwerte der bereits bestehenden Beteiligung an der

B-GmbH sind folglich um den bei der A-GmbH abgehenden Buchwert iHv 200 zu erhöhen, sodass sich für die Beteiligung an der B-GmbH an dem dem Einbringungsstichtag folgenden Tag ein Buchwert von 700 ergibt.

Einbringungsbedingt entsteht eine internationale Schachtelbeteiligung iSd § 20 Abs. 7 Z 1 UmgrStG. Sowohl die bereits vor der Einbringung bestehende Beteiligung an der B-GmbH sowie die einbringungsbedingt neu gewährten Anteile an der B-GmbH sind als "bisher nicht steuerbegünstigte Beteiligungsquoten" zu sehen. Daher sind sowohl die stillen Reserven im eingebrachten Vermögen (800) als auch die stillen Reserven in den schon bisher an der übernehmenden Körperschaft gehaltenen steuerhängigen Anteilen zum Einbringungsstichtag (1.000) in Evidenz zu nehmen.

Im Jahr X3 veräußert die A-GmbH ihren 12-prozentigen Anteil an der B-GmbH um 3.000, weshalb sich ein Veräußerungsgewinn von 2.300 (3.000 -700) ergibt. Davon sind 1.800 gemäß § 20 Abs. 7 Z 1 UmgrStG steuerpflichtig (800 + 1.000), 500 sind gemäß § 10 Abs. 3 Satz 1 KStG 1988 (nach dem Einbringungsstichtag entstandene begünstigte Wertsteigerungen) hingegen steuerneutral.

Beispiel 2:

Die A-GmbH weist in der Bilanz einen Teilbetrieb X mit einem Buchwert von 200.000 (Verkehrswert 1.000.000) sowie seit mehr als einem Jahr die 100-prozentige Beteiligung an der ausländischen B-GmbH mit einem Buchwert von 500.000 (Verkehrswert 2.000.000) aus.

Die A-GmbH bringt ihren Teilbetrieb X unter Verzicht auf eine Anteilsgewährung nach § 19 Abs. 2 Z 5 UmgrStG in die B-GmbH ein. In der Bilanz der A-GmbH steht dem Abgang des Teilbetriebes X in Höhe des Buchwertes von 200.000 die Zuschreibung des gleichen Betrages zum Buchwert der Beteiligung an der B-GmbH gemäß § 20 Abs. 4 Z 1 UmgrStG gegenüber, sodass der neue Beteiligungsansatz 700.000 beträgt. Nach § 20 Abs. 7 Z 1 UmgrStG ist der Unterschiedsbetrag zwischen dem Buchwert des eingebrachten Vermögens in Höhe von 200.000 und dem höheren Teilwert in Höhe von 1.000.000 - somit 800.000 - von der Steuerneutralität des § 10 Abs. 3 KStG 1988 ausgenommen und evident zu halten.

Die A-GmbH veräußert alle Anteile an der ausländischen B-GmbH fünf Jahre nach der Einbringung um 5.000.000, wobei Veräußerungskosten von 50.000 angefallen sind. Die A-GmbH erzielt einen Veräußerungsgewinn in Höhe von 4.250.000 aus dem Unterschiedsbetrag zwischen dem Veräußerungserlös in Höhe von 5.000.000 und den Veräußerungskosten in Höhe von 50.000 bzw. dem maßgeblichen Buchwert in Höhe von 700.000. Der Veräußerungsgewinn ist im Ausmaß der Ausnahme von der Steuerneutralität des § 10 Abs. 3 KStG 1988 in Höhe von 800.000 nach § 20 Abs. 7 Z 1 UmgrStG steuerpflichtig, der Restbetrag des Veräußerungsgewinnes in Höhe von 3.450.000 ist steuerfrei. *(BMF-AV Nr. 40/2017)*

Wenn nach einer Einbringung, die nach § 20 Abs. 7 Z 1 UmgrStG eine Ausnahme von der Steuerneutralität des § 10 Abs. 3 KStG 1988 verursacht hat, eine Einlagenrückzahlung gemäß § 4 Abs. 12 EStG 1988 (zum Begriff siehe Einlagenrückzahlungs- und Innenfinanzierungserlass des BMF vom 27. September 2017, BMF-010203/0309-IV/6/2017, BMF-AV Nr. 155/2017) durch die ausländische übernehmende Körperschaft durchgeführt wird, gilt Folgendes:

- Die Einlagenrückzahlung ist niedriger als der steuerliche Buchwert der internationalen Schachtelbeteiligung. In diesem Fall beschränken sich die Auswirkungen auf eine erfolgsneutrale Abstockung des Beteiligungsbuchwertes um den Betrag der Einlagenrückzahlung. Es kommt insb. zu keiner Nachversteuerung der von der Steuerneutralität des § 10 Abs. 3 KStG 1988 gemäß § 20 Abs. 7 Z 1 UmgrStG ausgenommenen Beträge.

- Die Einlagenrückzahlung ist höher als der steuerliche Buchwert der internationalen Schachtelbeteiligung. In diesem Fall greift bei Erfüllung der Jahresfrist für den im Ausmaß des Unterschiedsbetrages zwischen Einlagenrück-

1162

§ 20

zahlung und steuerlichen Buchwert der Beteiligung entstehenden Buchgewinn an sich die Steuerneutralität des § 10 Abs. 3 KStG 1988, weil auch
Einlagenrückzahlungen im Sinne des § 4 Abs. 12 EStG 1988 von dieser Regelung erfasst sind (siehe KStR 2013 Rz 1222). Dieser Buchgewinn ist jedoch insoweit steuerpflichtig, als für die internationale Schachtelbeteiligung
anlässlich einer vorangegangenen Einbringung eine Ausnahme von der
Steuerneutralität des § 10 Abs. 3 KStG 1988 gemäß § 20 Abs. 7 Z 1
UmgrStG vorliegt.

Beispiel:

In X1 entstand im Zuge einer Einbringung bei der einbringenden A-GmbH eine steuerneutrale internationale Schachtelbeteiligung an der ausländischen B-GmbH im
Ausmaß von 15%. Aufgrund von § 20 Abs. 7 Z 1 UmgrStG wurden zum Einbringungsstichtag die stillen Reserven des eingebrachten Vermögens (BW= 80, VW =
100, somit stille Reserven iHv 20) in Evidenz genommen. Die Anschaffungskosten
der bisher nicht steuerbegünstigten Beteiligungsquoten betragen 80.

In X2 erhält die A-GmbH von der B-GmbH eine Einlagenrückzahlung iHv 120. Die
Anschaffungskosten von 80 werden steuerneutral abgestockt; darüber hinaus entsteht
ein Veräußerungsgewinn iHv 40, der grundsätzlich von der Steuerneutralität des § 10
Abs. 3 erster Satz KStG 1988 erfasst wäre. Jedoch tritt die Steuerneutralität insoweit
nicht ein, als Beträge gemäß § 20 Abs. 7 Z 1 UmgrStG in Evidenz genommen wurden
(20). Folglich ist der Veräußerungsgewinn bei der A-GmbH nur im Ausmaß von 20
steuerneutral. *(BMF-AV Nr. 40/2017, BMF-AV Nr. 131/2018)*

1163   Die Veräußerung einer internationalen Schachtelbeteiligung ist nach § 10
Abs. 3 KStG 1988 nur dann steuerbefreit, wenn die Beteiligung während eines
Zeitraumes von einem Jahr ununterbrochen bestanden hat (siehe KStR 2013
Rz 1212). Hinsichtlich des Beginnes der Frist bei einbringungsbedingtem Ent-
stehen einer internationalen Schachtelbeteiligung und der damit verbundenen
steuerfreien Veräußerungsmöglichkeit dieser Beteiligung ist zu unterscheiden:

• Änderung der Beteiligungsverhältnisse tritt ein:

  – Die Jahresfrist beginnt hinsichtlich der gewährten das Beteiligungsver-
    hältnis verändernden Anteile mit dem dem Einbringungstag folgenden
    Tag zu laufen.

• Änderung der Beteiligungsverhältnisse tritt nicht ein:

  – Besteht bereits vor der Einbringung eine internationale Schachtelbeteili-
    gung im Sinne des § 10 Abs. 2 KStG 1988 und wird diese durch Gewäh-
    rung weiterer Anteile quotengleich aufgestockt oder unterbleibt die An-
    teilsgewährung nach § 19 Abs. 2 Z 5 UmgrStG, wird eine neuerliche Be-
    sitzfrist nicht in Gang gesetzt. Die einbringungsbetroffenen Anteile
    teilen hinsichtlich der Besitzfrist des § 10 Abs. 2 KStG 1988 das Schick-
    sal der Altanteile. *(AÖF 2008/243, AÖF 2013/301)*

1163a   § 20 Abs. 7 Z 1 letzter Satz UmgrStG idF AbgÄG 2005 betrifft insbesondere
das Entstehen oder die Erweiterung einer internationalen Schachtelbeteiligung
im Falle der Exporteinbringung eines betriebszugehörigen steuerhängigen Kapitalanteils (siehe dazu Rz 860h).

• Werden aufgrund einer einbringungsbedingten Einschränkung des Besteue-
  rungsrechts der Republik Österreich das eingebrachte Vermögen sowie die
  Anteile des Einbringenden an der übernehmenden Körperschaft aufgewertet
  (Ansatz mit dem Fremdvergleichswert), bleibt für die Anwendung des § 20
  Abs. 7 UmgrStG kein Raum.

• Unterbleibt auf Grund der Einbringung in eine EU-Körperschaft nach § 16

Abs. 1a UmgrStG idF AbgÄG 2015 bzw. aufgrund von § 16 Abs. 1 dritter bis letzter Satz UmgrStG idF vor AbgÄG 2015 die Besteuerung und erfolgt die Einbringung des Kapitalanteiles zu Buchwerten (Sonderregime „Anteilstausch", siehe Rz 860h), prägt der Buchwert der Beteiligung den Sacheinlagewert und damit den Buchwert der Gegenleistung, die dem Grunde nach von der Ausnahme von der Steuerneutralität der Schachtelbeteiligung betroffen ist. Bei nachträglicher Besteuerung der im Ausland realisierten Reserven wird die Ausnahme von der Schachtelwirkung zwecks Vermeidung einer Doppelbesteuerung durch § 20 Abs. 7 Z 1 letzter Satz UmgrStG iVm § 16 Abs. 1a UmgrStG idF AbgÄG 2015 bzw. § 16 Abs. 1 dritter bis letzter Satz UmgrStG idF vor AbgÄG 2015 aufgehoben.

Beispiel:

Die unbeschränkt steuerpflichtige A-GmbH hält eine Beteiligung an der unbeschränkt steuerpflichtigen B-GmbH im Ausmaß von 70%. In X1 bringt die A-GmbH die Beteiligung in die in der EU ansässige C-GmbH ein; der BW (= AK) der Beteiligung an der B-GmbH beträgt zum Einbringungsstichtag 100, der VW beträgt 1.000. Als Gegenleistung erhält die A-GmbH einen Anteil an der übernehmenden C-GmbH im Ausmaß von 50%; einbringungsbedingt entsteht bei der A-GmbH eine steuerneutrale internationale Schachtelbeteiligung an der übernehmenden C-GmbH. Die Einbringung des Kapitalanteils fällt unter das Sonderregime für den Anteilstausch gemäß § 16 Abs. 1a UmgrStG, weshalb die Einbringung zu Buchwerten erfolgen kann.

Aufgrund von § 20 Abs. 7 Z 1 UmgrStG ist die stille Reserve im eingebrachten Vermögen (900) zunächst in Evidenz zu nehmen. In weiterer Folge ist zu unterscheiden:

Variante 1:

Veräußert die übernehmende C-GmbH das eingebrachte Vermögen (den Anteil an der B-GmbH) in weiterer Folge, entsteht bei der A-GmbH die Steuerschuld in Höhe von 900 im Jahr der Veräußerung (§ 16 Abs. 1a zweiter Teilstrich UmgrStG). Bei späterer Veräußerung der steuerneutralen internationalen Schachtelbeteiligung der A-GmbH an der C-GmbH ist die zum Einbringungsstichtag in Evidenz genommene Reserve iHv 900 nicht von der Steuerneutralität des § 10 Abs. 3 erster Satz KStG 1988 auszunehmen, weil die Steuerschuld schon anlässlich der Veräußerung des eingebrachten Vermögens durch die übernehmende C-GmbH entstanden ist (§ 20 Abs. 7 Z 1 letzter Satz UmgrStG). Es ist folglich der gesamte von der A-GmbH erzielte Veräußerungsgewinn steuerneutral zu behandeln.

Variante 2:

Veräußert die einbringende A-GmbH den Anteil an der C-GmbH, ist aufgrund von § 20 Abs. 7 Z 1 UmgrStG der in Evidenz genommene Betrag (900) von der Steuerneutralität des § 10 Abs. 3 erster Satz KStG 1988 auszunehmen; nur darüber hinaus tritt die Steuerneutralität ein. § 20 Abs. 7 Z 1 letzter Satz UmgrStG kommt diesfalls nicht zur Anwendung, weil die Steuerschuld nach § 16 Abs. 1a UmgrStG mangels Veräußerung durch die übernehmende Körperschaft nicht entstanden ist. Bei späterer Veräußerung des eingebrachten Vermögens (Anteil an der B-GmbH) durch die übernehmende C-GmbH entsteht keine Steuerschuld mehr nach § 16 Abs. 1a UmgrStG, weil die Anteile an der übernehmenden Körperschaft durch die einbringende Körperschaft bereits vor dem Entstehen der Abgabenschuld veräußert wurden (§ 16 Abs. 1a zweiter Teilstrich UmgrStG).

Gleiches gilt für den Fall der Exporteinbringung eines in einer inländischen Betriebsstätte gehaltenen Kapitalanteils durch eine der EU angehörige Körperschaft gemäß § 16 Abs. 2 Z 1 UmgrStG. *(BMF-AV Nr. 40/2017)*

Handelt es sich beim eingebrachten Vermögen um eine internationale Schachtelbeteiligung, hat § 20 Abs. 7 Z 1 UmgrStG keinen Anwendungsbereich, unabhängig davon, ob es sich um eine steuerneutrale oder um eine steuerwirksame internationale Schachtelbeteiligung handelt:

1163b

- Wurde hinsichtlich der eingebrachten Beteiligung keine Option zur Steuerwirksamkeit ausgeübt und handelt es sich bei der übernehmenden Körperschaft um eine in der Anlage zum UmgrStG genannte Körperschaft, entsteht auch auf Gegenleistungsebene eine steuerneutrale internationale Schachtelbeteiligung. Allerdings liegen keine "bisher nicht steuerbegünstigten Beteiligungsquoten" vor, weshalb § 20 Abs. 7 Z 1 UmgrStG nicht zur Anwendung kommt. Die Veräußerung der Gegenleistung ist daher steuerneutral. Zur Veräußerung des eingebrachten Vermögens durch die übernehmende ausländische Körperschaft siehe Rz 860i erster Bulletpoint.

  Handelt es sich bei der übernehmenden Körperschaft um eine nicht in der Anlage zum UmgrStG genannte Körperschaft, kommt es zu einer Entstrikkungsbesteuerung hinsichtlich der stillen Reserven im eingebrachten Vermögen (keine Anwendung von § 16 Abs. 1a UmgrStG), die jedoch aufgrund der Steuerneutralität keine steuerlichen Wirkungen nach sich zieht. Da die Anteile an der übernehmenden Körperschaft bereits einbringungsbedingt aufgewertet werden, bleibt für die Anwendung von § 20 Abs. 7 Z 1 UmgrStG kein Raum.

  Handelt es sich bei der übernehmenden Körperschaft um eine inländische Körperschaft, kommt § 20 Abs. 7 Z 2 UmgrStG analog beim Einbringenden zur Anwendung; die Anteile an der übernehmenden Körperschaft sind steuerneutral aufzuwerten, siehe Rz 1166.

- Wurde hinsichtlich der eingebrachten Beteiligung zur Steuerwirksamkeit optiert und handelt es sich bei der übernehmenden Körperschaft um eine in der Anlage zum UmgrStG genannte Körperschaft, entsteht auch auf Gegenleistungsebene eine steuerwirksame internationale Schachtelbeteiligung. Die Einbringung erfolgt aufgrund von § 16 Abs. 1a erster Teilstrich UmgrStG zu Buchwerten; § 20 Abs. 7 Z 1 UmgrStG kommt nicht zur Anwendung, weil keine steuerneutrale internationale Schachtelbeteiligung entsteht. Zur Veräußerung des eingebrachten Vermögens durch die ausländische übernehmende Körperschaft siehe Rz 860i zweiter Bulletpoint.

  Handelt es sich bei der übernehmenden Körperschaft um eine nicht in der Anlage zum UmgrStG genannte Körperschaft, kommt es zu einer steuerwirksamen Entstrickungsbesteuerung hinsichtlich der stillen Reserven im eingebrachten Vermögen (keine Anwendung von § 16 Abs. 1a erster Teilstrich UmgrStG). Da die Anteile an der übernehmenden Körperschaft bereits einbringungsbedingt aufgewertet werden, bleibt für die Anwendung von § 20 Abs. 7 Z 1 UmgrStG kein Raum.

Handelt es sich beim eingebrachten Vermögen um einen inländischen Kapitalanteil und entsteht einbringungsbedingt an der übernehmenden Körperschaft eine internationale Schachtelbeteiligung, ist § 20 Abs. 7 Z 1 UmgrStG anzuwenden; zur Frage der Festsetzung der Steuerschuld aufgrund von § 16 Abs. 1a zweiter Teilstrich iVm § 20 Abs. 7 Z 1 letzter Satz UmgrStG siehe schon Rz 1163a.

Zur Behandlung eingebrachter werdender internationaler Schachtelbeteiligungen und die Auswirkungen auf Gegenleistungsebene siehe Rz 1165. *(BMF-AV Nr. 131/2018)*

3.7.5.3 Behandlung einer werdenden internationalen Schachtelbeteiligung

1164   Unter einer werdenden internationalen Schachtelbeteiligung versteht man eine am Einbringungsstichtag die Jahresfrist noch nicht erfüllende Beteiligung im Sinne des § 10 Abs. 2 Z 1 KStG 1988. Werdende internationale Schachtelbeteiligungen können als steuerneutral angesehen werden, sofern die Voraussetzungen für die Steuerneutralität in weiterer Folge auch tatsächlich erfüllt werden (siehe dazu auch KStR 2013 Rz 1207). *(BMF-AV Nr. 40/2017)*

Entsteht bzw. erweitert sich die internationale Schachtelbeteiligung an der 1165 übernehmenden Körperschaft durch Einbringung einer Beteiligung im Sinne des § 10 Abs. 2 KStG 1988, und erfüllt der eingebrachte Kapitalanteil die Jahresfrist des § 10 Abs. 2 KStG 1988 nicht, kommt die Ausnahme von der Steuerneutralität des § 10 Abs. 3 KStG 1988 gemäß § 20 Abs. 7 Z 1 UmgrStG nicht zur Anwendung, weil am Einbringungsstichtag hinsichtlich der übertragenen Beteiligung die Jahresfrist zwar noch nicht erfüllt ist, aber diese auf Grund der steuerlichen "Gesamtrechtsnachfolgefiktion" bei der übernehmenden Gesellschaft weiterläuft (siehe Rz 1163b). *(BMF-AV Nr. 40/2017)*

3.7.5.4 Untergang einer internationalen Schachtelbeteiligung

§ 20 Abs. 7 Z 2 UmgrStG regelt die Folgen des einbringungsbedingten Untergehens einer internationalen Schachtelbeteiligung an der übernehmenden Körperschaft. Die Regelung bezieht sich ausschließlich auf die Anteile der Altgesellschafter der übernehmenden Körperschaft, weil sich beim Einbringenden durch eine Einbringung die Beteiligung nur erhöhen und nicht vermindern kann. 1166

Eine Verminderung der Beteiligungsquote der Altgesellschafter kommt dann in Betracht, wenn dem Einbringenden im Zuge einer Kapitalerhöhung neue Anteile gewährt werden. Voraussetzung für die Anwendung des § 20 Abs. 7 Z 2 UmgrStG ist, dass der Altgesellschafter vor der Einbringung mindestens mit 10% an der übernehmenden Körperschaft beteiligt ist und die Beteiligungsquote durch die Einbringung auf weniger als 10% absinkt. Zusätzlich muss für die betreffenden Anteile die Jahresfrist des § 10 Abs. 2 KStG 1988 zum Einbringungsstichtag bereits abgelaufen sein.

Die durch § 20 Abs. 7 Z 2 UmgrStG vermittelten Wirkungen gelten in Analogie zu der in § 20 Abs. 6 Z 2 UmgrStG idF vor AbgÄG 2012, BGBl. I Nr. 112/2012 festgelegten Vorgangsweise für nicht zu einem Betriebsvermögen gehörende Gegenleistungen für den Fall, dass die Einbringung einer steuerneutralen internationalen Schachtelbeteiligung:

- in eine inländische übernehmende Körperschaft unabhängig von der Art der (ohnehin steuerhängigen) Gegenleistung erfolgt oder
- in eine ausländische übernehmende Körperschaft erfolgt und die Gegenleistung nicht die Voraussetzungen des § 10 Abs. 2 KStG 1988 für eine internationale Schachtelbeteiligung erfüllt und folglich steuerhängig ist. *(BMF-AV Nr. 40/2017)*

§ 20 Abs. 7 Z 2 UmgrStG stellt sicher, dass die in einer internationalen Schachtelbeteiligung angesammelten, nach § 10 Abs. 3 KStG 1988 nicht steuerhängigen stillen Reserven (siehe KStR 2013 Rz 1214) im Falle des einbringungsbedingten Wegfalles der Eigenschaft als internationale Schachtelbeteiligung nicht in die Steuerhängigkeit fallen. Als Regelungstechnik wird für die Anteile an der übernehmenden Körperschaft in § 20 Abs. 7 Z 2 UmgrStG wie auf Ebene der übernehmenden Körperschaft in § 18 Abs. 4 Z 2 UmgrStG (siehe Rz 992 ff) die steuerneutrale Aufwertung auf den höheren Teilwert zum Einbringungsstichtag verwendet, soweit für die internationale Schachtelbeteiligung im Anschaffungsjahr keine Option zugunsten der Steuerwirksamkeit erklärt worden ist. Da- 1167

§ 20

durch werden bei steuerneutralen internationalen Schachtelbeteiligungen die bis zum Einbringungsstichtag entstandenen stillen Reserven auch in Zukunft nicht steuerhängig, während die nach dem Einbringungsstichtag entstehenden stillen Reserven infolge des Wegfalles der Eigenschaft der Anteile als internationale Schachtelbeteiligung steuerverstrickt sind.

Beispiel:

Die A-GmbH hält eine steuerneutrale internationale Schachtelbeteiligung an der B-GmbH im Ausmaß von 20%. Im Jahr X1 bringt die C-GmbH ihren Betrieb in die B-GmbH ein, wodurch das Beteiligungsausmaß der A-GmbH von 20% auf 5% absinkt und die Eigenschaft ihrer Beteiligung an der B-GmbH als steuerneutrale internationale Schachtelbeteiligung untergeht.

Zum Einbringungsstichtag beträgt der Buchwert der steuerneutralen internationalen Schachtelbeteiligung 1.000, der Teilwert beträgt 4.000. Gemäß § 20 Abs. 7 Z 2 UmgrStG gilt der höhere Teilwert als Buchwert, weshalb die beim Einbringenden verbleibenden Anteile auf 4.000 aufzuwerten sind. Veräußert die A-GmbH im Jahr X2 ihre 5-prozentige Beteiligung an der B-GmbH um 5.000, ist der Veräußerungsgewinn von 1.000 steuerpflichtig. Die bis zum Einbringungsstichtag angefallenen stillen Reserven (4.000 - 1.000 = 3.000) bleiben aufgrund von § 20 Abs. 7 Z 2 UmgrStG hingegen steuerneutral. *(BMF-AV Nr. 40/2017)*

1168 § 20 Abs. 7 Z 2 UmgrStG kommt nur dann zur Anwendung, wenn der Teilwert der Anteile der Altgesellschafter höher als deren Buchwert ist. Von der auf Grund der steuerneutralen Aufwertung entstandenen Entsteuerung der zum Einbringungsstichtag bestehenden stillen Reserven ausgenommen sind:

- allfällige vorher durchgeführte und nicht schon nach § 26a Abs. 16 KStG 1988 nachversteuerte Teilwertabschreibungen im Sinne des § 6 Z 2 lit. a EStG 1988 (zum Teilwertbegriff bei Beteiligungen und Anteilen an Körperschaften siehe EStR 2000 Rz 2238 ff) und

- bis zum Einbringungsstichtag umgründungsbedingt entstandene von der Steuerneutralität ausgenommene Unterschiedsbeträge im Sinne des § 20 Abs. 7 Z 1 UmgrStG (Rz 1161).

Der um die ausgenommenen Beträge gekürzte höhere Teilwert gilt als steuerlich maßgebender Buchwert und ist in Evidenz zu halten. *(AÖF 2008/243)*

3.7.6. Auswirkung des einbringungsbedingten Wechsels zur Gewinnermittlung der übernehmenden Körperschaft nach § 5 EStG 1988 auf die Anteilsinhaber

1169 Die Auswirkungen des einbringungsbedingten Wechsels zur § 5 EStG 1988-Gewinnermittlung der übernehmenden Körperschaft auf Ebene der Anteilsinhaber sind in § 20 Abs. 8 UmgrStG geregelt. Danach sind die Anschaffungskosten für Anteile im Privatvermögen bzw. die Buchwerte für Anteile im Betriebsvermögen in dem Ausmaß zu verändern, die sich auf Grund von Änderungen des Betriebsvermögens nach § 4 Abs. 10 EStG 1988 ergeben.

Der Anwendungsbereich des § 20 Abs. 8 UmgrStG beschränkt sich auf den bei der übernehmenden Körperschaft stattfindenden Wechsel der Gewinnermittlungsart von § 4 Abs. 1 EStG 1988 auf § 5 Abs. 1 EStG 1988, da ein allfälliger Wechsel der Gewinnermittlung auf § 4 Abs. 1 EStG 1988 und der daraus resultierende Übergangsgewinn bzw. Übergangsverlust bereits beim Einbringenden zum Einbringungsstichtag zu erfassen ist (siehe Rz 818 ff). Dabei kommen die Grundsätze des § 4 Abs. 10 EStG 1988 (siehe EStR 2000 Rz 689 ff) und hier insbesondere die Grundsätze des § 4 Abs. 10 Z 2 EStG 1988 zur Anwendung.

§ 4 Abs. 10 Z 3 lit. a EStG 1988 idF vor dem 1. StabG 2012, BGBl. I Nr. 22/ 2012 (siehe EStR 2000 Rz 702 ff) gilt nur mehr für Einbringungen in eine übernehmende Körperschaft, wenn deren Wirtschaftsjahr, in das der Tag nach dem Stichtag fällt, vor dem 1.4.2012 begonnen hat und der Einbringungsvertrag vor dem 1.10.2012 unterfertigt wurde (vgl. auch Rz 963) und betrifft vor allem die in der § 4 Abs. 1 EStG 1988-Gewinnermittlung steuerlich nicht erfassten Wertänderungen von Grund und Boden sowie Änderungen durch Nachholung von Rückstellungsdotierungen und Teilwertabschreibungen und durch Bildung von Rechnungsabgrenzungsposten.

Für Einbringungen, bei denen das Wirtschaftsjahr der übernehmenden Körperschaft, in das der Tag nach dem Einbringungsstichtag fällt, nach dem 31.3.2012 begonnen hat, ist bei der übernehmenden Körperschaft der Grund und Boden auch dann mit dem Buchwert anzusetzen, wenn es für den eingebrachten Betrieb/Teilbetrieb zu einem Wechsel der Gewinnermittlung von § 4 Abs. 1 auf § 5 Abs. 1 EStG 1988 kommt (Entfall des § 4 Abs. 10 Z 3 EStG 1988 durch das 1. StabG 2012, BGBl. I Nr. 22/2012). Es ist in diesem Fall der Teilwert von Grund und Boden in Evidenz zu nehmen, wenn beim Einbringenden im Falle einer Veräußerung am Einbringungsstichtag der Veräußerungsgewinn zur Gänze gemäß § 30 Abs. 4 EStG 1988 pauschal ermittelt hätte werden können (§ 18 Abs. 5 Z 1 UmgrStG; vgl. dazu Rz 970a bzw. Rz 928). *(BMF-AV Nr. 193/2015)*

Mit der Regelung des § 20 Abs. 8 UmgrStG wird klargestellt, dass bei der 1170 Ermittlung der Anschaffungskosten bzw. Buchwerte der einbringungsbetroffenen Anteile an der übernehmenden Körperschaft auch jene Beträge zu berücksichtigen sind, die sich aus der Änderung der Gewinnermittlung auf Ebene der übernehmenden Körperschaft (siehe Rz 963 f) ergeben. Es kommt daher als Rechtsfolge zu einer Erhöhung oder Verminderung der Anschaffungskosten bzw. der Buchwerte der Anteile an der übernehmenden Körperschaft. Die Erhöhung oder Verminderung betrifft bei Einbringungen mit Anteilsgewährung die dem Einbringenden gewährten Anteile, bei Einbringungen ohne Anteilsgewährung im Sinne des § 19 Abs. 2 Z 5 UmgrStG die Zu- bzw. Abschreibungsbeträge nach § 20 Abs. 4 UmgrStG. Zur Auswirkung des Wechsels der Gewinnermittlungsart bei der übernehmenden Körperschaft auf die Evidenzkonten siehe Rz 1267.

Beispiel:
A besitzt alle Anteile an der B-GmbH und hält diese im Privatvermögen. Die Anschaffungskosten dieser Beteiligung betragen 500.000, der Verkehrswert beträgt 2.000.000. A bringt zu einem Stichtag vor dem 1.4.2012 sein nicht rechnungslegungspflichtiges Einzelunternehmen ohne Kapitalerhöhung mit Buchwert 2.000.000 und Verkehrswert 10.000.000 in die B-GmbH ein. In der Bilanz des Einzelunternehmens befindet sich seit mehr als 10 Jahren ein Grundstück mit Buchwert 500.000 und Verkehrswert 5.000.000. Die Anschaffungskosten der Beteiligung des A an der B-GmbH erhöhen sich durch die Einbringung nach § 20 Abs. 4 Z 1 Satz 1 UmgrStG um 2.000.000 und nach § 20 Abs. 8 UmgrStG um 4.500.000, sodass sie nach der Einbringung 7.000.000 betragen. *(AÖF 2013/301)*

Verlustabzug

§ 21. § 18 Abs. 6 und 7 des Einkommensteuergesetzes 1988 und § 8 Abs. 4 Z 2 des Körperschaftsteuergesetzes 1988 sind nach Maßgabe der folgenden Bestimmungen anzuwenden:

1. Verluste des Einbringenden, die bis zum Einbringungsstichtag entstanden und bis zum Veranlagungszeitraum, in den der Einbringungsstichtag fällt, nicht verrechnet sind, gelten im Rahmen einer Buchwerteinbringung (§ 16 Abs. 1) ab dem dem Einbringungsstichtag folgenden Veranlagungszeitraum der übernehmenden Körperschaft insoweit als abzugsfähige Verluste dieser Körperschaft, als sie dem übertragenen Vermögen im Sinne des § 12 Abs. 2 zugerechnet werden können. Voraussetzung ist weiters, daß das übertragene Vermögen am Einbringungsstichtag tatsächlich vorhanden ist. § 4 Z 1 lit. c und d ist anzuwenden. Im Falle der Einbringung durch eine Gesellschaft, bei der die Gesellschafter als Mitunternehmer anzusehen sind, gelten auch die Mitunternehmer als Einbringende.

2. Für eigene Verluste der übernehmenden Körperschaft ist § 4 Z 1 lit. b, c und d anzuwenden.

3. Die Bestimmung des § 4 Z 2 über den Mantelkauf ist zu beachten.

Dies gilt auch für Verluste gemäß § 23a des Einkommensteuergesetzes 1988, wobei die übernehmende Körperschaft für diese § 23a des Einkommensteuergesetzes 1988 sinngemäß weiter anzuwenden hat.

(BGBl I 2015/163)

Gliederung:

3.8. Verlustabzug (§ 21 UmgrStG)

1171   Das Recht eines Steuerpflichtigen, Vorjahresverluste gemäß § 18 Abs. 6 EStG 1988 bzw. § 8 Abs. 4 KStG 1988 als Sonderausgaben abzusetzen, ist an sich ein höchstpersönliches. Ungeachtet der Tatsache, dass der Steuerpflichtige bei einer Einbringung als Rechtsperson nicht untergeht, überträgt § 21 UmgrStG die für Verschmelzungen und Umwandlungen geltenden Grundsätze über die Behandlung vortragsfähiger Verluste auf Einbringungen im Sinne des Art. III UmgrStG. Damit sind auch bei Einbringungen die entsprechenden Auswirkungen auf vortragsfähige Verluste des Einbringenden (Rz 1172 ff) und jene der übernehmenden Körperschaft (Rz 1194 ff) zu prüfen.

Analog zur Regelung des § 4 UmgrStG ist auch bei Einbringungen eine Reihenfolge der Beurteilung des Verlustvortrags nach der Umgründung vorzunehmen:

- Prüfung des Objektbezuges beim Einbringenden (Rz 1177)
- Prüfung des Größenvergleichs beim Einbringenden (Rz 1189)
- Prüfung des Objektbezuges bei der übernehmenden Körperschaft (Rz 1196)
- Prüfung des Größenvergleichs bei der übernehmenden Körperschaft (Rz 1200)
- Prüfung des Vorliegens einer Doppelverlustverwertung bei einer up-stream-Einbringung (Rz 1205)
- Prüfung des Manteltatbestandes bzw. einer Ausnahme davon (Rz 1211) *(AÖF 2013/301, BMF-AV Nr. 131/2018)*

§ 21

3.8.1. Vortragsfähige Verluste des Einbringenden

Der Übergang vortragsfähiger Verluste des Einbringenden auf die übernehmende Körperschaft hängt davon ab, dass das einzubringende Vermögen 1172

- mit den Verlusten objektiv verbunden ist (Rz 1173)
- am Einbringungsstichtag tatsächlich vorhanden ist (Rz 1186)
- am Einbringungsstichtag umfänglich mit jenem des Verlustentstehungszeitraums vergleichbar ist (Rz 1189 ff)
- zu Buchwerten übergeht (Rz 1176)
- auf die übernehmende Körperschaft tatsächlich übergeht (Rz 1188).

3.8.1.1 Objektbezogener Verlustvortragsübergang

Objekt des Verlustvortragsübergangs kann nur das in § 12 Abs. 2 UmgrStG 1173 genannte Vermögen sein, also ein Betrieb, Teilbetrieb, Mitunternehmeranteil und betriebsvermögenszugehöriger Kapitalanteil.

Verluste im Zusammenhang mit außerbetrieblichem Vermögen können keine Rolle spielen. Dies gilt auch für die Einbringung eines Kapitalanteile im Sinne des § 12 Abs. 2 Z 3 UmgrStG, soweit diese nicht von einer vermögensverwaltenden unter § 7 Abs. 3 KStG 1988 fallenden Körperschaft erfolgt.

3.8.1.1.1 Ermittlung
3.8.1.1.1.1 Einbringende

Der Verlustabzug geht vom Einbringenden auf die übernehmende Körperschaft unabhängig davon über, ob es sich beim Einbringenden um einen Einzelunternehmer, einen einzelnen Mitunternehmer, eine Mitunternehmerschaft oder eine Körperschaft handelt. 1174

Ist der Einbringende eine Mitunternehmerschaft, gelten für Zwecke des 1175

Übergangs des Verlustabzuges die Mitunternehmer als Einbringende. Dies deshalb, weil ein Verlust einer Mitunternehmerschaft nicht der Mitunternehmerschaft selbst, sondern den Mitunternehmern zukommt. Ungeachtet der Tatsache, dass die in der Mitunternehmerschaft angefallenen Verluste quotenmäßig den Mitunternehmern zuzurechnen sind, gehen die dem von der Mitunternehmerschaft eingebrachten Vermögen objektiv zurechenbaren und von den Mitunternehmern noch nicht ausgeglichenen vortragsfähigen Verluste nach § 21 UmgrStG auf die übernehmende Körperschaft über.

Beispiel:

In der zwei Betriebe führenden AB-OG ist im Jahr 01 ein steuerlicher Verlust von 500.000 angefallen, der je zur Hälfte dem A und dem B zuzurechnen ist. Bei A wird der Verlustanteil im Rahmen seiner Einkommensermittlung im Jahr 01 zur Gänze verrechnet, bei B verbleibt nach der Verrechnung mit außerbetrieblichen Einkünften ein Restbetrag von 100.000. Die OG bringt zum 31.12 01 den Verlust verursachenden Betrieb in eine Kapitalgesellschaft ein und behält den zweiten Betrieb. Der vortragsfähige Verlustrestbetrag des B in Höhe von 100.000 geht auf die übernehmende Kapitalgesellschaft über und steht ihr ab der Veranlagung für das Jahr 02 als Sonderausgabe zu. Zur Frage einer möglichen Äquivalenzverletzung siehe Rz 1181. *(AÖF 2008/ 243)*

3.8.1.1.1.2 Buchwertfortführung

1176   Der Verlustvortragsübergang auf die übernehmende Körperschaft hat zur Voraussetzung, dass die Einbringung ohne Gewinnverwirklichung erfolgt. Im Fall einer Vollaufwertung ist daher ein Verlustvortragsübergang nicht möglich, im Falle einer Teilaufwertung bezieht sich der Verlustübergang nur auf das zu Buchwerten eingebrachte Teilvermögen.

Der Ausschluss des Verlustvortragsüberganges ist unabhängig davon gegeben, ob die Aufwertung des eingebrachten Vermögens eine zwingende nach § 16 Abs. 2 Z 2 UmgrStG, § 16 Abs. 2 Z 1 iVm § 16 Abs. 1 zweiter Satz UmgrStG bzw. nach § 16 Abs. 1 UmgrStG aufgrund einer Einschränkung des Besteuerungsrechtes der Republik Österreichs ist oder unter Inanspruchnahme der Option nach § 16 Abs. 3 UmgrStG erfolgt. *(BMF-AV Nr. 40/2017)*

3.8.1.1.1.3 Betroffene Verluste

1177   Verluste im Sinne des § 21 UmgrStG sind solche im Sinne des § 18 Abs. 6 EStG 1988 idF AbgÄG 2016, BGBl. I Nr. 117/2016 bzw. bei einer einbringenden Körperschaft Verluste im Sinne des § 8 Abs. 4 Z 2 KStG 1988.

Für die Rechtslage vor StRefG 2015/2016, BGBl. I Nr. 118/2015, gilt:

Zu den Verlusten gehören auch zeitlich beschränkt vortragsfähige Verluste im Sinne des § 18 Abs. 7 EStG 1988, wobei die zeitliche Beschränkung für die übernehmende Körperschaft weiter gilt.

Ab 1.1.2016 gilt gemäß § 21 UmgrStG idF AbgÄG 2015, BGBl. I Nr. 163/ 2015, Folgendes:

Bei der Einbringung von Mitunternehmeranteilen gilt § 21 UmgrStG auch für Verluste gemäß § 23a EStG 1988 idF StRefG 2015/2016. Somit gehen Verluste aus kapitalistischen Mitunternehmerschaftsbeteiligungen nach Maßgabe des § 21 UmgrStG auf die übernehmende Körperschaft über, wobei die übernehmende Körperschaft für diese § 23a EStG 1988 sinngemäß weiter anzuwenden hat. Die übernehmende Körperschaft muss folglich die Wartetastenregelung beachten und darf die übernommenen Verluste nur gegen Gewinne aus derselben Beteiligung ausgleichen.

Weiters umfasst der Verlustbegriff des § 21 UmgrStG noch nicht abgesetzte Siebentelbeträge aufgrund einer abzugsfähigen Teilwertabschreibung oder aufgrund eines Verlustes anlässlich der Veräußerung bzw. eines sonstigen Ausscheidens einer zum abnutzbaren Anlagevermögen gehörenden Beteiligung gemäß § 12 Abs. 3 Z 2 KStG 1988, da die Bestimmungen des § 21 UmgrStG bzw. § 4 UmgrStG an den Verlustentstehungszeitpunkt anknüpfen (VwGH 14.10.2010, 2008/15/0212, siehe Rz 1180 bzw. Rz 211).

§ 21 Z 1 erster Satz UmgrStG legt fest, dass im Zuge einer Einbringung nur solche Verluste auf die übernehmende Körperschaft übergehen, die dem übertragenen Vermögen im Sinne des § 12 Abs. 2 UmgrStG zuzurechnen sind. Damit wird sichergestellt, dass nur die durch die eingebrachten Betriebe, Teilbetriebe, Mitunternehmeranteile oder betriebsvermögenszugehörigen Kapitalanteile verursachten Verluste auf die übernehmende Körperschaft übergehen und dort als Verlustabzug geltend gemacht werden können:

- Wird das gesamte Unternehmen im Sinne des gesamten Betriebes im Sinne des § 12 Abs. 2 Z 1 UmgrStG eingebracht, geht der gesamte objektbezogene vortragsfähige Verlust des Einbringenden auf die übernehmende Körperschaft unabhängig davon über, in welchem Ausmaß Wirtschaftsgüter des notwendigen Betriebsvermögens (innerhalb des nach dem UmgrStG zulässigen Gestaltungsspielraumes) oder bei rechnungslegungspflichtigen Gewerbetreibenden außerhalb des notwendigen Betriebsvermögens nicht übertragen werden.

- Wird ein Betrieb von mehreren oder ein Teilbetrieb eingebracht, gelten die vorstehenden Ausführungen entsprechend.

- Bei der Einbringung von Mitunternehmeranteilen im Sinne des § 12 Abs. 2 Z 2 UmgrStG können nur die auf bis zum Einbringungsstichtag auf den Mitunternehmeranteil entfallenden und noch nicht verrechneten Verluste auf die übernehmende Körperschaft übergehen.

Entsteht ein Verlust aufgrund des Haltens eines Mitunternehmeranteils, ist als verlustverursachendes Vermögen der von der Mitunternehmerschaft geführte Betrieb anzusehen. Besteht dieser Mitunternehmerbetrieb zum Einbringungsstichtag (anteilig) beim Übertragenden nicht mehr, kommt es daher zu keinem Übergang der durch diesen Mitunternehmeranteil verursachten Verluste (siehe VwGH 18.11.2009, 2006/13/0160 zur übernehmenden Körperschaft). Auch die vor der Einbringung erfolgte (aliquote) Übertragung des Mitunternehmeranteils führt grundsätzlich zu einem (aliquoten) Verbleib der durch diesen Anteil verursachten Verluste beim Einbringenden (siehe Rz 200). Die Verwertung des Verlustes im Zuge der vorangegangenen (aliquoten) Übertragung des Mitunternehmeranteils wirkt sich jedoch nicht auf die Höhe des (aliquot) verbleibenden Verlusts beim Einbringenden aus.

Beispiel:

A hält einen Mitunternehmeranteil in Höhe von 50% an der AB-OG. Insgesamt wurden ihm Verluste in Höhe von 1.000 aus diesem MU-Anteil zugewiesen, von denen er bereits 200 gegen positive Einkünfte verrechnet hat. Im Jahr X1 verkauft A die Hälfte seines MU-Anteils an C mit einem Veräußerungsgewinn in Höhe von 100. Im Jahr X2 bringt A die verbleibenden 25% in die AB-GmbH ein.

Zum Zeitpunkt des Verkaufs des MU-Anteils sind noch Verlustvorträge in Höhe von 800 vorhanden; davon entfallen 400 auf die verkauften und 400 auf die verbleibenden

25%. Der Veräußerungsgewinn von 100 ist lediglich den übertragenen 25% zuzuweisen, sodass vom noch vorhandenen Verlustvortrag in Höhe von 700 noch

- (die vollen) 400 auf die verbleibenden 25%
- die (gekürzten) 300 auf die übertragenen 25%

entfallen.

Im Zuge der Einbringung werden somit Verlustvorträge in Höhe von 400 auf die übernehmende GmbH übertragen; 300 bleiben zurück.

Die Vergleichbarkeitsprüfung hat auf Ebene des Betriebes zu erfolgen (siehe Beispiel Rz 1190; darüber hinaus gilt auch der Mitunternehmeranteil selbst stets als Betrieb und muss am Einbringungsstichtag vergleichbar vorhanden sein; siehe Rz 1191). Erfolgt eine Verminderung der Mitunternehmerbeteiligung aufgrund eines vor der Einbringung liegenden Zusammenschlusses gemäß Art. IV UmgrStG, führt diese „Verwässerung" nachfolgend zu keiner Kürzung der auf die übernehmende Körperschaft übergehenden Verluste.

Hinsichtlich der eigenen Verluste der übernehmenden Körperschaft gelten die gleichen Prüfungskriterien.

- Bei der Einbringung von Kapitalanteilen im Sinne des § 12 Abs. 2 Z 3 UmgrStG gehen die auf bis zum Einbringungsstichtag steuerwirksam gewordenen Teilwertabschreibungen beziehbaren Verluste sowie noch offene Verlustsiebentel aus abzugsfähigen Teilwertabschreibungen auf die übernehmende Körperschaft über. *(BMF-AV Nr. 40/2017)*

3.8.1.1.1.4 Verluste außerhalb des Objektbezuges

1178   Die vom Verlustvortragsübergang mangels Vorliegen der Voraussetzungen des § 21 UmgrStG ausgeschlossenen Verluste bleiben abzugsfähige Verluste des Einbringenden und können vom ihm daher weiterhin als Sonderausgabe abgesetzt werden.

1179   Objektbezogene Verluste, die bereits beim Einbringenden nicht abzugsfähig sind, bleiben auch nach der Einbringung bei der übernehmenden Körperschaft nicht abzugsfähig. Dies betrifft zum einen Verluste, die beim Einbringenden nicht durch eine ordnungsmäßige Buchführung ermittelt wurden und zum anderen für in einer einbringenden Körperschaft entstandene Verluste, die auf ausschüttungsbedingte Vermögensminderungen im Sinne des § 12 Abs. 3 Z 1 KStG 1988 zurückzuführen sind. *(AÖF 2008/243)*

3.8.1.1.1.5 Behandlung der Schwebeverluste

1180   Nicht unter die Regelung des § 21 Z 1 UmgrStG fallen so genannte Schwebeverluste, die jedoch auch nur objektbezogen auf die übernehmende Körperschaft übergehen. Dies gilt ua. für

- Verluste nach § 2 Abs. 2a EStG 1988.
- Übergangsverluste nach § 4 Abs. 10 EStG 1988 (siehe aber Rz 820 zu VwGH 17.12.2014, 2012/13/0126).

Im Falle einer Buchwerteinbringung gehen diese Schwebeverluste auf Grund der Gesamtrechtsnachfolgefiktion des § 18 Abs. 1 UmgrStG auf die übernehmende Körperschaft über. Erfolgt die Einbringung auf den Bilanzstichtag der übernehmenden Körperschaft, können die Schwebeverluste erstmals in dem Wirtschaftsjahr der Körperschaft, das auf den Einbringungsstichtag folgt, berücksichtigt werden. Erfolgt die Einbringung auf einen vom Bilanzstichtag der übernehmenden Körperschaft abweichenden Stichtag, können die Schwebever-

luste in jenem Wirtschaftsjahr berücksichtigt werden, in das der Einbringungsstichtag fällt.

Keine Schwebeverluste stellen am Einbringungsstichtag offene Siebentelbeträge aus abzugsfähigen Teilwertabschreibungen und Veräußerungsverlusten
bzw. Verluste anlässlich des sonstigen Ausscheidens einer zum Anlagevermögen
gehörenden Beteiligung gemäß § 12 Abs. 3 Z 2 KStG 1988 dar.

Solche offenen Verlustsiebentel gehen nur nach Maßgabe des § 21 UmgrStG
auf die übernehmende Körperschaft über, da § 21 UmgrStG an den Verlustentstehungszeitpunkt anknüpft (VwGH 14.10.2010, 2008/15/0212; siehe Rz 211,
254)

Abweichend davon können die offenen Siebentel im Falle der Exporteinbringung einer Beteiligung weiterhin vom Einbringenden geltend gemacht werden.

Beispiel 1:

Die inländische A-GmbH (WJ = KJ) bringt

a) im Rahmen einer Teilbetriebseinbringung die 25-prozentige Beteiligung an der inländischen B-GmbH

b) nur die erwähnte 25-prozentige Beteiligung an der inländischen B-GmbH

zum 30.6.01 in die inländische D-GmbH (WJ = KJ) ein.

Bis zum Einbringungsstichtag hat die A-GmbH 4 Siebentel der Teilwertabschreibung
auf die einzubringende Beteiligung geltend gemacht.

Die übernehmende D-GmbH kann das fünfte Siebentel

• im Falle der Variante a) zu Lasten des Veranlagungszeitraumes 02 geltend machen
(das 4. Siebentel ist zu Lasten des mit dem Einbringungsstichtag endenden
Rumpfwirtschaftsjahres 1.1. bis 30.6.01 abgesetzt worden)

• im Falle der Variante b) zu Lasten des Veranlagungszeitraumes 02 geltend machen
(das 4. Siebentel ist zu Lasten des Wirtschaftsjahres 00 abgesetzt worden, der Einbringungsstichtag unterbricht das laufende Wirtschaftsjahr nicht).

Beispiel 2:

Die inländische A-GmbH (WJ = KJ) bringt

a) im Rahmen einer Teilbetriebseinbringung die 25-prozentige Beteiligung an der inländischen B-GmbH

b) nur die erwähnte 25-prozentige Beteiligung an der inländischen B-GmbH

zum 30.6.01 in die ausländische in der EU ansässige E-GmbH (WJ = KJ) ein.

Bis zum Einbringungsstichtag hat die A-GmbH 4 Siebentel der Teilwertabschreibung
auf die einzubringende Beteiligung geltend gemacht.

Die übernehmende E-GmbH kann als ausländische Körperschaft von einer Siebentelabschreibung nicht berührt sein, daher setzt sie die einbringende A-GmbH fort. Die A
GmbH kann das fünfte Siebentel

• im Falle der Variante a) zu Lasten des Wirtschaftsjahres 02

• im Falle der Variante b) zu Lasten des Wirtschaftsjahres 02 geltend machen.

(BMF-AV Nr. 193/2015)

3.8.1.1.1.6 Verlustübergang und Äquivalenz

Kommt es im Zuge einer Einbringung zu einer Äquivalenzverletzung, hat   1181
diese keinen Einfluss auf den Übergang des Verlustvortrages vom Einbringenden auf die übernehmende Körperschaft. Gehen bei einer Mehrzahl von Einbringenden unterschiedlich hohe vortragsfähige Verluste auf die übernehmende Kör-

perschaft über, können sich im Falle der Nichtberücksichtigung der latenten Steuerwirkung der Verlustvorträge Äquivalenzverletzungen ergeben.

3.8.1.1.1.7 Ermittlung des übergehenden Verlustes

1182   Im Zuge der Einbringung können nur jene Verluste übergehen, die vom Einbringenden bis zu dem Veranlagungszeitraum, in den der Einbringungsstichtag fällt, noch nicht verrechnet wurden.

Als Grundsatz gilt, dass der Einbringende bei der Veranlagung für das Jahr, in das der Einbringungsstichtag fällt, seine vortragsfähigen Verluste als Sonderausgabe geltend zu machen hat, sodass lediglich ein nach der Verrechnung mit positiven Einkünften verbleibender Restbetrag auf die übernehmende Körperschaft übergehen kann. Es sind daher Verluste des Einbringenden mit sämtlichen Einkünften des Veranlagungszeitraumes, in den der Einbringungsstichtag fällt, zu verrechnen; ein danach noch verbleibender Verlust geht mit dem dem Einbringungsstichtag folgenden Veranlagungszeitraum auf die übernehmende Körperschaft über.

Bei einem unterjährigen Einbringungsstichtag hat die Verlustverrechnung in dem Veranlagungszeitraum, in den der Einbringungsstichtag fällt, mit positiven Einkünften des Einbringenden zu erfolgen. Denn bei der Einbringung ändert die Tatsache, dass das übertragene Vermögen rückwirkend auf einen bestimmten vom Ende eines Kalenderjahres abweichenden Umgründungsstichtag auf den Rechtsnachfolger übergeht, nichts daran, dass der Übertragende bei der Einkommensermittlung im Umgründungsjahr seine Sonderausgaben und damit auch vortragsfähige Verluste, die bis zum Umgründungsstichtag nicht verrechnet werden konnten, absetzen kann. Auch in diesem Fall gehen die verbleibenden Verluste mit dem auf den Einbringungsstichtag folgenden Veranlagungszeitraum auf die übernehmende Körperschaft über (zB Einbringungsstichtag 30.9.X1 → verbleibender Verlust geht im Veranlagungszeitraum X2 auf die übernehmende Körperschaft über).

Bilanziert der Übertragende auf einen vom Kalenderjahr abweichenden Bilanzstichtag und wird Vermögen auf einen nach diesem Bilanzstichtag liegenden Einbringungsstichtag auf die übernehmende Körperschaft übertragen, kann ein in diesem Rumpfzeitraum entstandener und auf das Einbringungsvermögen bezogener (Teil)Verlust nur insoweit der übernehmenden Körperschaft zugerechnet werden, als im abweichenden Wirtschaftsjahr des Übertragenden insgesamt ein Verlust entsteht und bei diesem nicht verrechnet werden kann. Dieser Verlust kann in dem auf den Einbringungsstichtag folgenden Veranlagungszeitraum erstmals verrechnet werden.

Beispiel:

Die A-GmbH, deren Bilanzstichtag der 30.6. ist, bringt zum 31.12.04 einen Betrieb in eine bestehende B-GmbH ein. In der übertragenden A-GmbH verbleiben Mitunternehmer- und Kapitalanteile. Lt. den KöSt-Bescheiden der Jahre 03 und 04 (jeweils zum 30.6. des Jahres) hat die A-GmbH steuerliche Verluste erwirtschaftet, die vom übertragenen Betrieb verursacht worden sind. Auch im laufenden Zeitraum 1.7.04 - 31.12.04 werden durch den zu übertragenden Betrieb Verluste lukriert.

Anlässlich der Einbringung mit Stichtag 31.12.04 können die zu diesem Zeitpunkt bereits entstandenen, somit die bis zum Bilanzstichtag 30.6.04 festgestellten Verluste der WJ 03 und 04 nach den Bestimmungen des UmgrStG auf die übernehmende B-GmbH übergehen; ein laufender „Rumpfverlust" (1.7.04 - 31.12.04) kann nur insoweit der übernehmenden B-GmbH zugerechnet werden, als im WJ 1.7.04-30.6.05 insgesamt ein Verlust entsteht und bei der A-GmbH nicht verrechnet werden kann.

Ein solcher anteiliger Verlust kann frühestens im Veranlagungszeitraum 05 von der übernehmenden B-GmbH verrechnet werden. *(BMF-AV Nr. 40/2017)*

Der zwingende objektbezogene Verlustvortragsübergang im Sinne des § 21   1183
Z 1 UmgrStG bezieht sich auf die nach der möglichen Verrechnung beim Übertragenden verbleibenden Verlustvortragsrestbestände.

Beispiel:
Der Kommanditist A möchte seinen Mitunternehmeranteil zum Bilanzstichtag der
KG-A, das ist der 30.6.01, in die zum 31.12. bilanzierende GmbH-B einbringen. Im
Jahr 01 ergibt sich für A ein Gewinnanteil von 500 und aus einer rückbezogenen Entnahme eines Anlagegutes im Sinne des § 16 Abs. 5 Z 3 UmgrStG ein weiterer Gewinn in Höhe von 100. Da A aus Vorjahren vortragsfähige Verluste aus der Mitunternehmerbeteiligung von 800 besitzt, setzt A bei der Veranlagung für das Jahr 01 vortragsfähige Verluste mit 450 (75%-Grenze gemäß § 8 Abs. 4 Z 2 lit. a KStG 1988) als
Sonderausgabe an. Auf die GmbH-B geht daher ein Verlustvortragsrest von 350 über,
den die GmbH-B nach § 21 Z 1 UmgrStG in Verbindung mit § 4 Z 1 lit. a UmgrStG
bei der Veranlagung für das Jahr 02 als Sonderausgabe absetzen kann. *(BMF-AV Nr.
193/2015)*

3.8.1.1.2 Verlustzuordnung

Bei der Zuordnung von Verlusten zum eingebrachten Vermögen steht dem   1184
Einbringenden hinsichtlich jener Verluste, die neben dem einzubringenden Vermögen auch aus anderen Einkunftsquellen stammen und die bis zur Einbringung
zum Teil mit Gewinnen verrechnet wurden und daher nicht eindeutig dem Einbringungsvermögen oder dem Restvermögen zugerechnet werden können, kein
Wahlrecht zu. Verbleibt dem Einbringenden nach dem innerbetrieblichen und
dem horizontalen Verlustausgleich ein Restverlust, wird dieser im Rahmen des
vertikalen Verlustausgleiches verrechnet. Kann der restliche noch nicht ausgeglichene Verlust dem Einbringungsvermögen oder dem Restvermögen nicht
objektiv eindeutig zugerechnet werden, ist dieser zwischen dem eingebrachten
und dem verbleibenden Vermögen sachgerecht aufzuteilen.

Wird im Zuge einer Einbringung z. B. vom Einbringenden ein Teilbetrieb   1185
zurückbehalten, ist daher festzustellen, ob und in welchem Ausmaß ein Verlust
ggf. auf den zurückbehaltenen Teilbetrieb zurückzuführen ist. Dieser (im Regelfall durch eine sachgerechte Schätzung zu ermittelnde) Verlust ist nicht dem eingebrachten Vermögen zuzurechnen und geht nicht auf die übernehmende Körperschaft über, sondern verbleibt als vortragsfähiger Verlust beim Einbringenden.

3.8.1.2 Vorhandensein des Vermögens

3.8.1.2.1 Tatsächliches Vorhandensein am Einbringungsstichtag

§ 21 Z 1 Satz 2 UmgrStG setzt für den Verlustübergang voraus, dass das Ein-   1186
bringungsvermögen am Einbringungsstichtag tatsächlich vorhanden sein muss.
Tatsächlich vorhanden bedeutet, dass das Vermögen am Einbringungsstichtag
beim Einbringenden real existent ist. Ein bloß buchmäßiges Vorhandensein des
Vermögens am Einbringungsstichtag ist daher nicht ausreichend.

Ist das Einbringungsvermögen am Einbringungsstichtag nicht mehr vorhanden, ist ein Übergang der mit diesem Vermögen in Zusammenhang stehenden
Verluste auf die übernehmende Körperschaft, ebenso wie der Vermögensübergang selbst, nicht möglich (VwGH 29.9.2010, 2007/13/0012 zur Einstellung des
verlustverursachenden Betriebes und Neugründung eines Betriebes anlässlich
einer Verschmelzung; VwGH 26.6.2014, 2010/15/0140). Diese nicht überge-

§ 21

henden Verluste verbleiben als abzugsfähige Verluste beim Einbringenden. (*BMF-AV Nr. 193/2015*)

3.8.1.2.2 Vermögensänderungen nach dem Stichtag

1187 Erfährt das Einbringungsvermögen zwischen dem Zeitpunkt der Verlustentstehung und dem Einbringungsstichtag eine quantitative Änderung, wie zB Veränderungen im Anlagevermögen, führt dies zu keiner Einschränkung des Verlustvortragsüberganges, solange das übertragene Vermögen die Voraussetzungen des § 12 Abs. 2 UmgrStG erfüllt und die Vergleichbarkeit des Vermögensumfanges gegeben ist.

Unabhängig davon verlangt § 12 UmgrStG als Anwendungsvoraussetzung für Art. III UmgrStG jedoch, dass das eingebrachte Vermögen am Tag des Abschlusses des Einbringungsvertrages tatsächlich vorhanden ist.

3.8.1.2.3 Tatsächliche Übertragung des einzubringenden Vermögens

1188 Da § 12 Abs. 1 UmgrStG als Anwendungsvoraussetzung für Art. III UmgrStG die tatsächliche Übertragung des einzubringenden Vermögens festlegt, hängt auch der Verlustvortragsübergang von dieser Voraussetzung ab. Weist daher das einzubringende Vermögen im Zeitpunkt der Vermögensübertragung nicht mehr die Eigenschaft eines Betriebes oder Teilbetriebes auf oder wird es in der Zeit zwischen Einbringungsstichtag und dem Tag des Abschlusses des Einbringungsvertrages auf einen anderen übertragen, stellt sich die Frage eines Verlustüberganges auf die übernehmende Körperschaft nicht, da mangels Geltung des Art. III UmgrStG ein Übergang eines objektbezogenen Verlustvortrages auf den Rechtsnachfolger nicht in Betracht kommt.

3.8.1.3 Vergleichbarkeit des vorhandenen Vermögens

3.8.1.3.1 Allgemeines

1189 Auf Grund des in § 21 Z 1 UmgrStG enthaltenen Verweises auf § 4 Z 1 lit. c UmgrStG ist ein Übergang der Verluste trotz des Vorhandenseins des verlusterzeugenden Vermögens zum Einbringungsstichtag nicht möglich, wenn dieses verlusterzeugende Vermögen zum Einbringungsstichtag gegenüber dem Zeitpunkt des Verlustentstehens derart gemindert ist, dass nach dem Gesamtbild der wirtschaftlichen Verhältnisse eine Vergleichbarkeit nicht mehr gegeben ist. Diese Bestimmung betrifft daher nur wesentliche Minderungen des Vermögensumfanges zwischen dem Zeitpunkt der Verlustentstehung und dem Einbringungsstichtag. Ist die Vergleichbarkeit nicht gegeben, verbleiben die entsprechenden vortragsfähigen Verluste beim Einbringenden.

3.8.1.3.2 Vergleichbarkeit des Vermögens

1190 Die wirtschaftliche Vergleichbarkeit ist dann nicht mehr gegeben, wenn die im Einzelfall maßgeblichen wirtschaftlichen Parameter des betroffenen Betriebes bzw. Teilbetriebes zum Zeitpunkt des Einbringungsstichtages im Vergleich zum Zeitpunkt der Verlustentstehung auf 25% oder weniger abgesunken sind. Als Parameter werden bei Betrieben und Teilbetrieben quantitative Messgrößen wie Umsatz, Beschäftigtenzahl, Anlagevermögen, Auftragsvolumen herangezogen. Siehe dazu auch Rz 220 ff.

Wird ein Mitunternehmeranteil eingebracht, ist für die Beurteilung der Vergleichbarkeit iSd § 4 Z 1 lit. c UmgrStG nur auf den Betrieb der Mitunternehmerschaft abzustellen.

Beispiel:

A hat seit dem Jahr X1 50% an der ABC-OG. Im Jahr X3 verkauft A die Hälfte seiner Anteile; im Jahr X4 bringt er seinen verbleibenden Mitunternehmeranteil in die X-GmbH ein. Zum Einbringungsstichtag sind offene Verlustvorträge aus den Jahren X1 und X2 in Höhe von 300 vorhanden; der Betrieb der ABC-OG ist nach einer Vergleichsprüfung gemäß § 21 Z 1iVm § 4 Z 1 lit. c UmgrStG auf 30% geschrumpft.

Da nur die Hälfte des ursprünglichen Mitunternehmeranteils (25% statt ursprünglich 50%) eingebracht wird, kann im Sinne der Objektbezogenheit auch nur die Hälfte des Verlustvortrages (dh. 150) auf die X-GmbH übergehen. Die Prüfung der Vergleichbarkeit im Sinne des § 4 Z 1 lit. c UmgrStG lässt den Übergang zu, da auf Ebene der Mitunternehmerschaft das verlustverursachende Vermögen noch im ausreichenden Umfang vorhanden ist.

Eine Vergleichbarkeit im Sinne des § 21 iVm § 4 UmgrStG muss auch bei kapitalistischen Mitunternehmerschaftsbeteiligungen gemäß § 23a EStG 1988 idF StRefG 2015/2016 gegeben sein (siehe Rz 1177); liegen diese Voraussetzungen nicht vor, bleiben die Verluste beim Einbringenden zurück und können mangels weiterer Einkünfte bei diesem nicht ausgeglichen werden.

Für die Beurteilung der Vergleichbarkeit bei der Einbringung eines Kapitalanteiles ist das Beteiligungsausmaß im Zeitpunkt der Teilwertabschreibung dem Beteiligungsausmaß zum Einbringungsstichtag gegenüberzustellen. Dabei stellen Beteiligungsabstockungen aufgrund einer Kapitalerhöhung (Verwässerung) unter Ausschluss oder Verzicht auf das Bezugsrecht ebenso wenig für die Vergleichbarkeitsprüfung relevante Faktoren dar, wie die erhebliche Wertminderung einer umfänglich unverändert gehaltenen Beteiligung. *(BMF-AV Nr. 40/2017)*

3.8.1.3.3. Wegfall einzelner Wirtschaftsgüter

Im betrieblichen Bereich ist der Wegfall von einzelnen Wirtschaftsgütern im Hinblick auf den Verlustabzug nicht schädlich. Die kleinste Untereinheit der Objektbetrachtung ist ein Teilbetrieb. Solange ein Teilbetrieb vorhanden ist und keine qualifizierte Umfangsminderung vorliegt, gehen auch die damit zusammenhängenden Verluste auf die übernehmende Körperschaft über. Der Wegfall einzelner Wirtschaftsgüter vor der Einbringung ändert nichts am vollständigen (teil)betriebsbezogenen Verlustvortragsübergang.

Die Stilllegung, der Verkauf oder die qualifizierte Umfangsminderung einer (verlustverursachenden) Produktionseinheit oder Filiale vor dem Einbringungsstichtag, die für sich keine Teilbetriebseigenschaft aufweist, ist daher unschädlich und führt für sich allein zu keiner Kürzung eines Verlustabzuges (ebenso Rz 200).

Auch Veräußerungsverluste einer im Zuge der Einbringung eines (Teil)Betriebes zum Einbringungsstichtag nicht mehr vorhandenen betriebszugehörigen qualifizierten Beteiligung gehen auf die übernehmende Körperschaft selbst dann über, wenn die weggefallene Beteiligung selbst einbringungsfähig war. Maßgeblich für den Übergang des Verlustes gemäß § 12 Abs. 3 Z 2 KStG 1988 nach § 21 UmgrStG ist allein, dass die Beteiligung bis zu ihrem Ausscheiden Betriebsvermögen des übertragenen Betriebes war (VwGH 14.10.2010, 2008/15/0212).

Mitunternehmeranteile sind für die Frage der Verlustzurechnung für sich genommen stets als eigener Betrieb und damit als Bezugsobjekt für den Verlustübergang anzusehen. Daher ist es für den Verlustübergang auch unerheblich, ob der Mitunternehmeranteil zum Betriebsvermögen eines mitübertragenen Betrie-

§ 21

1191

bes gehört. Bei der Übertragung eines Mitunternehmeranteiles im Wege einer Einbringung ist somit einerseits darauf abzustellen, ob der von der Mitunternehmerschaft zum Zeitpunkt der Verlustentstehung geführte Betrieb zum Einbringungsstichtag noch vorhanden ist (siehe Rz 1177). Andererseits muss für einen vollständigen Verlustübergang auch der Mitunternehmeranteil zum Einbringungsstichtag im selben Ausmaß wie zum Zeitpunkt der Verlustentstehung dem Einbringenden zuzurechnen sein (vgl. Rz 200 und Rz 1711a). Ist der Mitunternehmeranteil zum Einbringungsstichtag nicht mehr vorhanden (zB weil er bereits veräußert wurde), können die auf den Mitunternehmeranteil entfallenden Verluste nicht mit einem übertragenen Betrieb mitübergehen, zu dessen Betriebsvermögen der Mitunternehmeranteil gehörte.

Beispiel:

A bringt einen Teilbetrieb zum 31.12.01 in die A-GmbH ein. Zum notwendigen Betriebsvermögen des Teilbetriebes gehörte eine 25-prozentige Beteiligung an einer GmbH bis zum Konkurs dieser Gesellschaft im Jahr 01 (somit zum Einbringungsstichtag nicht teilbetriebszugehörig). A behält weiters einen dem Teilbetrieb zuzurechnenden Mitunternehmeranteil zurück. Sollte ein vortragsfähiger Verlust vorhanden sein, der dem Teilbetrieb objektiv zurechenbar ist, und sind in diesem Teile aus der Teilwertabschreibung der Beteiligung einerseits und aus der Verlustzuweisung auf den Mitunternehmeranteil andererseits enthalten und objektiv zurechenbar, gehen die Verlustteile aus der zum Einbringungsstichtag nicht mehr vorhandenen qualifizierten Beteiligung auf die A-GmbH über. Da der Mitunternehmeranteil für Zwecke des Verlustübergangs als Betrieb anzusehen ist, verbleiben die auf den zurückbehaltenen Mitunternehmeranteil entfallenden Verluste beim Einbringenden.

Wird der Teilbetrieb übertragen, ist aber der teilbetriebszugehörige Mitunternehmeranteil am Einbringungsstichtag bereits veräußert , können die darauf entfallenden Verluste bei der Übertragung des Teilbetriebes nicht auf die übernehmende Körperschaft A mitübergehen.

Würde im umgekehrten Fall der Einbringung des (Rest-)Betriebes des A zum Einbringungsstichtag zwar die qualifizierte Beteiligung an der GmbH und/oder der Mitunternehmeranteil im (Rest)Betriebsvermögen des A noch im selben Umfang existieren, nicht aber der Teilbetrieb, dem die Anteile zum Zeitpunkt der Verlustentstehung zuzurechnen waren, gehen die Verluste aus einer abzugsfähigen Teilwertabschreibung und/oder die Verluste aus der Mitunternehmerbeteiligung anlässlich der Einbringung des (Rest)Betriebes des A auf die übernehmende Körperschaft über. *(BMF-AV Nr. 193/2015)*

3.8.1.4 Zeitliche Wirkung des Verlustabzugs bei der übernehmenden Körperschaft

1192   Die übernehmende Körperschaft kann die einbringungsbedingt auf sie übergegangenen Verluste in dem dem Einbringungsstichtag folgenden Veranlagungszeitraum als Sonderausgabe absetzen. Aus der ertragsteuerlichen Gleichsetzung des Veranlagungszeitraumes mit dem Kalenderjahr ergibt sich auch für Einbringungen mit einem unterjährigen Stichtag, dass mit dem „dem Einbringungsstichtag folgenden Veranlagungszeitraum" nicht das Kalenderjahr gemeint sein kann, in dem der Einbringungsstichtag selbst liegt, sondern das diesem Stichtag nächstfolgende Kalenderjahr (VwGH 27.6.2018, Ro 2017/15/0044-3).

Beispiel:

A bringt seinen Einzelbetrieb a) zum 31.10.01 b) zum 1.1.01 in die A-GmbH (Wirtschaftsjahr 1.7. bis 30.6.) ein. Der übergehende vortragsfähige Verlust des A kann von der A-GmbH in beiden Fällen ab dem Jahr 02 als Sonderausgabe abgesetzt werden. *(BMF-AV Nr. 131/2018)*

3.8.1.5 Überwachung des Verlustabzugs

Kommt es einbringungsbedingt zu einer Aufteilung des am Einbringungs-   1193
stichtag vorliegenden vortragsfähigen Verlustes des Einbringenden in einen auf
die übernehmende Körperschaft übergehenden Teil und einen beim Einbringenden verbleibenden Teil, hat dies sowohl für die fortgesetzte Einkommensermittlung des Einbringenden als auch für jene der übernehmenden Körperschaft Bedeutung. Es wird daher die Plausibilität der Aufteilung des vortragsfähigen Verlustes dem Grunde und der Höhe nach zur Vermeidung einer
Doppelberücksichtigung oder Doppelnichtberücksichtigung in überprüfbarer
Weise zu dokumentieren sein. Liegt eine eindeutig die Aufteilung dokumentierende Unterlage nicht vor, haben die betroffenen Abgabenbehörden zumindest
zu prüfen und eine Abstimmung darüber herzustellen, ob die Summe der vom
Einbringenden und der übernehmenden Körperschaft angesetzten vortragsfähigen Verluste dem Stand vor der Aufteilung entspricht. Sollte keine Aufteilung
vorgenommen worden sein oder an der getroffenen Aufteilung sachliche Zweifel entstehen, wird die Richtigkeit der Vorgangsweise im Vorhalteverfahren zu
klären sein.

3.8.2. Vortragsfähige Verluste der übernehmenden Körperschaft

3.8.2.1 Allgemeines

§ 21 Z 2 UmgrStG verweist hinsichtlich der eigenen Verluste der übernehm-   1194
enden Körperschaft auf § 4 Z 1 lit. b und c UmgrStG. Dieser Verweis bewirkt,
dass bei der übernehmenden Körperschaft die eigenen bis zur Einbringung erlit-
tenen Verluste nur dann abzugsfähig bleiben, wenn das Vermögen:

- am Einbringungsstichtag tatsächlich vorhanden ist (Rz 1196 ff)
- am Einbringungsstichtag umfänglich mit jenem des Verlustentstehungszeit-
  raumes vergleichbar ist (Rz 1200 ff). *(AÖF 2013/301)*

Liegt einer der Ausschlusstatbestände vor, ist die Abzugsfähigkeit der davon   1195
betroffenen Verluste letztmalig im Veranlagungszeitraum, in den der Einbringungsstichtag fällt, gegeben.

Beispiel:

A bringt zum 30.6.01 einen Gewinn bringenden Teilbetrieb in die defizitäre A-GmbH
(Wirtschaftsjahr = Kalenderjahr) ein. Da der Umfang des Betrieb der A-GmbH seit
dem Entstehen der Verluste auf weniger als 25% gesunken ist, können die vortragsfähigen Verluste der A-GmbH bei der Einkommensermittlung des Kalenderjahres 01
mit dem nach Verlustausgleich verbleibenden aus dem übernommenen Betrieb stam-
menden Gewinn kompensiert werden. Ab dem Kalenderjahr 02 ist der restliche vortragsfähige Verlust der A-GmbH nicht mehr als Sonderausgabe absetzbar.

3.8.2.2 Vorhandensein des Vermögens am Stichtag

Auf Grund der maßgebenden Regelung des § 4 Z 1 lit. b UmgrStG kann die   1196
übernehmende Körperschaft ihre eigenen körperschaftssteuerlichen Verluste aus
den Vorjahren nach der Einbringung nur soweit weiterhin als Sonderausgabe absetzen, als die Betriebe, Teilbetriebe einerseits oder nicht einem Betrieb zurechenbare Vermögensteile, die den Verlust verursacht haben, andererseits, am
Einbringungsstichtag tatsächlich vorhanden sind.

Beschränkungen, wie etwa die in § 4 Z 1 lit. a UmgrStG für den Verlustüber-   1197
gang bei der übertragenden Körperschaft normierte Voraussetzung der Buchwertfortführung oder die zeitliche Verschiebung des Abzugs der übernommenen

Verluste bzw. Verlustvorträge in den folgenden Veranlagungszeitraum, gelten für Verluste der übernehmenden Körperschaft nicht.

1198   Ist die übernehmende Körperschaft zum Einbringungsstichtag vermögenslos, kann ein selbst erlittener, vorgetragener Verlust nicht mehr als Sonderausgabe abgezogen werden.

1199   Im Übrigen ist als erste Ebene der Prüfung die Eigenschaft der übernehmenden Körperschaft als betriebsführende (operative) Körperschaft oder als nicht betriebsführende (vermögensverwaltende) Körperschaft festzustellen:

• Zur betriebsführenden (operativen) Körperschaft siehe Rz 202 ff. Ist der Verlust in der übernehmenden Körperschaft im Rahmen eines Betriebes oder eines Teilbetriebes entstanden, muss für die weitere Vortragsfähigkeit dieses Verlustes dieser verlustverursachende Betrieb bzw. Teilbetrieb am Einbringungsstichtag tatsächlich vorhanden sein. Die Ausführungen zum Wegfall einzelner Wirtschaftsgüter in Rz 1191 gelten auch für die übernehmende Körperschaft

• Zur nicht betriebsführenden (vermögensverwaltenden) Körperschaft siehe Rz 208 f. Ist der Verlust in der übernehmenden keinen Betrieb führenden Körperschaft (zB Holdinggesellschaft) durch ein Wirtschaftsgut von nicht untergeordneter Bedeutung verursacht worden, ist im Hinblick auf die weitere Vortragsfähigkeit dieses Verlustes erforderlich, dass das verlusterzeugende Wirtschaftsgut zum Einbringungsstichtag noch vorhanden ist. *(AÖF 2013/301)*

3.8.2.3 Vergleichbarkeit des vorhandenen Vermögens

3.8.2.3.1 Allgemeines

1200   Auf Grund der maßgebenden Regelung des § 4 Z 1 lit. c UmgrStG kann die übernehmende Körperschaft ihre eigenen körperschaftssteuerlichen Verluste aus den Vorjahren nach der Einbringung nur soweit weiterhin als Sonderausgabe absetzen, als der Umfang der vorhandenen verlusterzeugenden Betriebe oder Teilbetriebe einer operativen Körperschaft einerseits oder nicht einem Betrieb zurechenbaren verlusterzeugenden Vermögensteile einer vermögensverwaltenden Körperschaft andererseits am Einbringungsstichtag gegenüber jenem im Zeitpunkt des Entstehens der Verluste derart vermindert ist, dass nach dem Gesamtbild der wirtschaftlichen Verhältnisse eine Vergleichbarkeit nicht mehr gegeben ist.

Zur Frage des Jahres des Entstehens der Verluste siehe Rz 218. *(AÖF 2008/ 243)*

3.8.2.3.2 Kriterien für die Vergleichbarkeit

1201   Die wirtschaftliche Vergleichbarkeit ist dann nicht mehr gegeben, wenn die im Einzelfall maßgeblichen wirtschaftlichen Parameter des betroffenen Betriebes, Teilbetriebes oder nichtbetrieblichen Wirtschaftsgutes auf 25% oder weniger abgesunken sind.

Als Parameter werden dabei quantitative Messgrößen wie Umsatz, Beschäftigtenzahl, Anlagevermögen, Auftragsvolumen bei Betrieben und Teilbetrieben herangezogen, bei Kapitalbeteiligungen die Beteiligungsquote. Siehe dazu auch Rz 220 ff.

1202   Das Wegfallen einzelner Wirtschaftsgüter aus einem Betrieb ist im Hinblick auf die weitere Vortragsfähigkeit der Verluste aus diesem Betrieb unbedenklich.

3.8.2.3.3 Zeitpunkt der Vergleichbarkeit

Die Vergleichbarkeit des Umfanges muss zum Einbringungsstichtag gege- 1203
ben sein. Eine Umfangsminderung nach dem Einbringungsstichtag ist für eine
Betrachtung im Sinne des § 21 Z 2 UmgrStG ohne Bedeutung. Eine Minderung
des Umfanges nach dem Einbringungsstichtag ist aber unter Umständen im Rahmen des § 21 Z 3 UmgrStG hinsichtlich des Vorliegens eines Mantelkauftatbestandes von Bedeutung. *(AÖF 2013/301)*

3.8.2.3.4 Mangelnde Vergleichbarkeit des Vermögens

Liegt beim Betrieb oder einem Teilbetrieb der übernehmenden Körperschaft 1204
eine qualifizierte Minderung vor, entfällt der Abzug des Verlustes des betroffenen Betriebes oder Teilbetriebes vollständig (siehe Rz 1194). Dies hat jedoch
keine Auswirkungen auf den Abzug jener Verluste, die dem verbleibenden im
Umfang nicht qualifiziert geminderten Vermögen zuzurechnen sind.

3.8.3. Verbundene Unternehmen (Doppelverlustverwertung)

3.8.3.1 Allgemeines

§ 21 Z 1 und Z 2 UmgrStG verweisten auf die Geltung des § 4 Z 1 lit. d 1205
UmgrStG bei Einbringungen. Damit soll sichergestellt werden, dass es im Rahmen einer Einbringung zu keiner doppelten Verlustverwertung kommt. *(AÖF
2013/301)*

Erleidet eine operativ tätige Körperschaft Verluste, kann dies bei der die Be- 1206
teiligung an der operativ tätigen Gesellschaft haltenden Körperschaft beziehungsweise im Falle der Zugehörigkeit der Beteiligung zum Betriebsvermögen
eines Einzelunternehmens oder einer Mitunternehmerschaft zu einer Teilwertabschreibung auf diese Beteiligung führen. Die Doppelverwertung von Verlusten
ist die Folge der doppelten Verlustentstehung, nämlich einmal auf der Ebene der
operativen Gesellschaft und ein zweites Mal auf der Ebene der Obergesellschaft
bzw. des Gesellschafterunternehmens der operativ tätigen Gesellschaft in Form
der Teilwertabschreibung. Durch das Zusammenführen der Ergebnisse der beiden Unternehmen durch eine Einbringung nach Art. III UmgrStG würden die
operativen Ergebnisse der zusammengeführten Unternehmen durch einen zweifachen Verlustabzug gekürzt. *(AÖF 2008/243)*

3.8.3.2 Kürzung der vortragsfähigen Verluste

Zur Vermeidung einer doppelten Verlustverwertung in einer Person ist der 1207
anlässlich der Einbringung zwischen verbundenen Unternehmen übergehende
Verlustabzug um die von der Muttergesellschaft bzw. dem Gesellschafter-Be-
trieb vorgenommenen Teilwertabschreibungen auf die Beteiligung an der Tochtergesellschaft zu vermindern. *(AÖF 2013/301)*

Die Kürzung der Verluste greift vor allem in den Fällen der Einbringung von 1208
der Tochtergesellschaft in die Muttergesellschaft bzw. dem Beteiligungsunter-
nehmen in die Beteiligungskörperschaft (up-stream-Einbringung), wenn vortragsfähige Verluste objektbezogen auf die übernehmende Muttergesellschaft
übergehen. In den Fällen der mittelbaren Doppelverlustverwertung bei Einbringung von der Enkel-Gesellschaft in die Großmutter-Gesellschaft ist Rz 227 ff
sinngemäß anzuwenden. *(AÖF 2008/243)*

Die Kürzung betrifft nur steuerwirksame Teilwertabschreibungen, die in 1209
Wirtschaftsjahren vorgenommen wurden, die nach dem 13. Dezember 1990 geendet haben. *(AÖF 2008/243)*

§ 21

1210 Die steuerlich noch nicht wirksam gewordenen Siebentelbeträge aus Teilwertabschreibungen sind in dem Jahr, in dem die Verlustkürzung erfolgt, mit zu berücksichtigen. Siehe auch Rz 237.

3.8.4. Manteltatbestand

1211 § 21 Z 3 UmgrStG legt fest, dass die Bestimmung des § 4 Z 2 UmgrStG über den Mantelkauf zu beachten ist. Dies bedeutet, dass im Falle einer Einbringung nach Art. III UmgrStG der Verlustabzugsübergang auf die übernehmende Körperschaft ausgeschlossen ist, sofern nach dem Gesamtbild der Verhältnisse der Mantelkauftatbestand erfüllt ist.

Zum Begriff des Mantelkaufs siehe KStR 2013 Rz 993 ff. Die Mantelkaufregelung des § 4 Z 2 UmgrStG geht insoweit über jene des § 8 Abs. 4 Z 2 KStG 1988 hinaus, als ein Mantelkauf auch dann vorliegt, wenn die Tatbestände des § 8 Abs. 4 Z 2 KStG 1988 zum Teil beim Einbringenden und zum Teil bei der übernehmenden Körperschaft erfüllt sind und sich sowohl auf den Zeitraum vor als auch nach der Umgründung beziehen. Der Einbringende und die übernehmende Körperschaft sind hinsichtlich der Strukturänderungen im Sinne des § 8 Abs. 4 Z 2 KStG 1988 als eine Einheit zu betrachten.

Haben sowohl der Gesellschafterwechsel als auch die Änderung der organisatorischen und wirtschaftlichen Struktur bei der übernehmenden Körperschaft vor Beschlussfassung der Einbringungsmaßnahme stattgefunden, erfolgt die Erfüllung der Manteltatbestandskriterien unabhängig von der Durchführung der Umgründung. Diesfalls liegt kein Anwendungsfall des § 4 Z 2 UmgrStG vor, sondern es ist eine Prüfung der Manteltatbestandselemente gemäß § 8 Abs. 4 Z 2 KStG 1988 vorzunehmen. *(AÖF 2013/301)*

3.8.4.1 Voraussetzungen für den einbringungsbezogenen Mantelkauftatbestand

1212 Der Mantelkauftatbestand des § 21 Z 3 UmgrStG in Verbindung mit § 4 Z 2 UmgrStG ist erfüllt, wenn im Zuge einer Einbringung nach Art. III UmgrStG die wirtschaftliche Identität der Körperschaft verloren geht. Die wirtschaftliche Identität geht verloren, wenn in einem engen sachlichen und zeitlichen Zusammenhang wesentliche Änderungen im Bereich:

* der Gesellschafterstruktur auf entgeltlicher Grundlage und
* der wirtschaftlichen Struktur und
* der organisatorischen Struktur

eintreten.

Beispiel 1:

Ein Einzelunternehmer erwirbt am 1.7.01 alle Anteile einer Verlustvorträge besitzenden betriebsführenden GmbH, übernimmt die Geschäftsführerfunktion und bringt in der Folge seinen Betrieb zum 31.12.00 in diese Gesellschaft ein, wodurch die wirtschaftliche Struktur dieser Gesellschaft wesentlich geändert wird. Die Vorjahresverluste der übernehmenden Gesellschaft sind ab dem Jahr 01 auf Grund der Regelung des § 8 Abs. 4 Z 2 KStG 1988 grundsätzlich nicht mehr abzugsfähig.

Beispiel 2:

Die A-GmbH mit vortragsfähigen Verlusten erwirbt die restlichen 75% der Anteile der positiv gebarenden B-GmbH, in der Folge wird die Geschäftsführeridentität hergestellt und der Betrieb der A-GmbH in die B-GmbH eingebracht. Die wirtschaftliche Struktur wird in der Folge durch Einstellung des Verlustbetriebes der A-GmbH wesentlich geändert. Die objektbezogenen Vorjahresverluste der A-GmbH gehen in diesem Fall zwar im ersten Schritt gedanklich auf die B-GmbH über, sind aber in der Folge wegen Vorliegens eines umgründungssteuerlichen Manteltatbestandes verloren.

Bezüglich der Einzelheiten zu den schädlichen Strukturänderungen wird auf Rz 241 ff verwiesen. *(AÖF 2013/301)*

3.8.4.2 Ausnahmetatbestände

3.8.4.2.1 Allgemeines

Liegt auf Grund der im Zuge der Einbringung vorgenommenen Strukturänderungen nach dem Gesamtbild der Verhältnisse wirtschaftlich keine Identität der Körperschaft vor, bleibt das Verlustvortragsrecht dennoch weiter aufrecht, wenn die Voraussetzungen zur Anwendung der Sanierungsklausel des § 8 Abs. 4 Z 2 KStG 1988 oder der Rationalisierungsklausel des § 4 Z 2 Satz 2 UmgrStG gegeben sind. *(AÖF 2013/301)* 1213

3.8.4.2.2 Sanierungsklausel

Nach § 8 Abs. 4 Z 2 Satz 3 KStG 1988 führt der Wegfall der Identität der Gesellschaft infolge wesentlicher Strukturänderungen nicht zum Wegfall des Verlustabzuges, wenn diese Änderungen zum Zwecke der Sanierung der Gesellschaft mit dem Ziel der Erhaltung eines wesentlichen Teiles der betrieblichen Arbeitsplätze erfolgen. Siehe dazu KStR 2013 Rz 1002. *(AÖF 2013/301)* 1214

3.8.4.2.3 Rationalisierungsklausel

Nach § 4 Z 2 Satz 2 UmgrStG fällt der Verlustabzug ungeachtet der fehlenden wirtschaftlichen Identität der Gesellschaft nicht weg, wenn die Änderungen zum Zwecke der Verbesserung oder der Rationalisierung der betrieblichen Struktur im Unternehmenskonzept der übernehmenden Gesellschaft erfolgt. Diese Ausnahmeregelung ist von der allgemeinen Regelung des § 8 Abs. 4 Z 2 KStG 1988 nicht umfasst und greift nur im Zusammenhang mit einer Umgründungsmaßnahme. Siehe dazu Rz 251 f bzw. KStR 2013 Rz 1003. *(AÖF 2013/ 301)* 1215

§ 21

§ 22

Sonstige Rechtsfolgen der Einbringung

§ 22. (1) Weichen die Beteiligungsverhältnisse nach der Einbringung von den Wertverhältnissen ab, ist § 6 Abs. 2 mit der Maßgabe anzuwenden, dass der Unterschiedsbetrag mit Beginn des dem Einbringungsstichtag folgenden Tages als unentgeltlich zugewendet gilt.

(2) Entsteht auf Grund der Einbringung von Vermögen im Sinne des § 12 Abs. 2 durch einen Arbeitnehmer einer Körperschaft in diese als Gegenleistung eine wesentliche Beteiligung im Sinne des § 22 Z 2 des Einkommensteuergesetzes 1988, bleiben die Bezüge und Vorteile aus dem Dienstverhältnis abweichend von § 14 Abs. 2 bis zur Eintragung der Einbringung in das Firmenbuch, andernfalls bis zum Tag der Meldung im Sinne des § 13 Einkünfte aus nichtselbständiger Arbeit, soweit sie sich auf diese Zeit beziehen.

(3) Einbringungen nach § 12 gelten nicht als steuerbare Umsätze im Sinne des Umsatzsteuergesetzes 1994; die übernehmende Körperschaft tritt für den Bereich der Umsatzsteuer unmittelbar in die Rechtsstellung des Einbringenden ein.

(4) Einbringungen nach § 12 und dafür gewährte Gegenleistungen nach § 19 sind von den Kapitalverkehrsteuern und von den Gebühren nach § 33 TP 21 des Gebührengesetzes 1957 befreit, wenn das zu übertragende Vermögen am Tag des Abschlusses des Einbringungsvertrages länger als zwei Jahre als Vermögen des Einbringenden besteht.

(5) Werden auf Grund einer Einbringung nach § 12 Erwerbsvorgänge nach § 1 des Grunderwerbsteuergesetzes 1987 verwirklicht, so ist die Grunderwerbsteuer gemäß § 4 in Verbindung mit § 7 des Grunderwerbsteuergesetzes 1987 zu berechnen.

(BGBl I 2015/118)

Gliederung:

§ 22

3.9. Sonstige Rechtsfolgen der Einbringung (§ 22 UmgrStG)

3.9.1. Arbeitsverhältnisse

3.9.1.1 Allgemeines

Im Rahmen von Einbringungsvorgängen gehen die dienstrechtlichen Ver- **1216** pflichtungen auf Grund der zivilrechtlichen Rechtsnachfolge auf die überneh- mende Körperschaft über, sodass diesbezüglich keine Rückwirkung gegeben ist. Zur Begründung oder Veränderung von Arbeitsverhältnissen des Einbringenden in Bezug auf die übernehmenden Körperschaft siehe Rz 975.

Die lohnsteuerrechtliche Rechtsnachfolgeregelung des § 41 UmgrStG hat **1217** für alle zivilrechtlich als Einzelrechtsnachfolge zu behandelnden Einbringungen Bedeutung. In den meisten Umgründungsfällen gehen allerdings die Bestim- mungen des AVRAG (Arbeitsvertragsrechtsanpassungsgesetz) den einschlägi- gen umgründungssteuerrechtlichen Bestimmungen vor, weil durch das AVRAG ex lege die übernehmende Körperschaft die Rechten und Pflichten des Dienst- gebers übernimmt. Es bestehen keine Bedenken, wenn der Übergang der Arbeit- gebereigenschaft in Abstimmung mit der Abgabenbehörde mit dem der An- meldung zur Eintragung im Firmenbuch oder mangels Zuständigkeit des Firmenbuchs mit dem Tag der Meldung folgenden Lohnzahlungszeitraum ange- nommen wird. *(AÖF 2008/243)*

Die Änderung der Beteiligungsqualität im Sinn des § 22 Z 2 EStG 1988 bei **1218** einem Gesellschafter-Geschäftsführer auf Grund einer Einbringung durch ihn (Wechsel in die wesentliche Beteiligung) oder durch andere (Wechsel in die nicht wesentliche Beteiligung) tritt mangels Rückwirkung mit der Eintragung der einbringungsveranlassten Kapitalerhöhung in das Firmenbuch ein (siehe EStR 2000 Rz 5267 ff) bzw. in Fällen ohne Gewährung neuer Anteile (Anteilstausch gemäß § 19 Abs. 2 Z 2 UmgrStG) mit der Meldung der Einbringung bei dem für die übernehmende Körperschaft zuständigen Finanzamt. *(AÖF 2013/ 301)*

3.9.1.2 Arbeitnehmerbeteiligung

1218a   Beteiligt sich ein bisheriger Arbeitnehmer mit einer Vermögenseinlage im Sinne des § 12 Abs. 2 UmgrStG an der Arbeitgeberkörperschaft und entsteht bei ihm infolge der Gegenleistung für die Einbringung ein mehr als 25-prozentiger Anteil am Grund- oder Stammkapital der übernehmenden Kapitalgesellschaft, erfolgt die Änderung der Einkunftsart von nicht selbständiger Arbeit auf (sonstige) selbständige Arbeit im Sinne des § 22 EStG 1988. Für diesen Fall tritt die Änderung der Einkunftsart nicht rückwirkend mit Beginn des dem Einbringungsstichtag folgenden Tages sondern nach § 22 Abs. 2 UmgrStG erst zum Zeitpunkt der Eintragung im Firmenbuch bzw. der Meldung beim für die übernehmende Körperschaft zuständigen FA ein. Die Änderung der Einkunftsart ändert nichts daran, dass eine bis zur Einbringung gebildete Abfertigungsrückstellung nach Maßgabe der Regelungen des § 14 EStG 1988 weiterzuführen und erst aufzulösen ist, wenn das arbeitsrechtliche Dienstverhältnis beendet wird (EStR 2000 Rz 3334). Der Empfang der Abfertigung unterliegt beim Empfänger der Besteuerung gemäß § 67 Abs. 3 EStG 1988 (LStR 2002 Rz 1074). *(AÖF 2008/243)*

3.9.2. Äquivalenzverletzung

1219   § 22 Abs. 1 UmgrStG verweist hinsichtlich möglicher Äquivalenzverletzungen auf die grundsätzliche Regelung in § 6 Abs. 2 UmgrStG.

Eine Äquivalenzverletzung liegt vor, wenn nach Verkehrswertverhältnissen der Wert der dem Einbringenden zu gewährenden Anteile höher oder geringer ist als der Wert des Einbringungsvermögens., wobei die Wertäquivalenz nach den Wertverhältnissen im Zeitpunkt des Abschlusses des Einbringungsvertrages zu beurteilen ist. Infolge des rückwirkenden Erwerbes der Anteile mit Beginn des dem Einbringungsstichtag folgenden Tages erfolgt die Auf- oder Abstockung der Anschaffungskosten der Anteile mit diesem Tag. Die Geltung des Art. III UmgrStG wird durch eine Äquivalenzverletzung nicht berührt. Erfolgt daher wissentlich eine nicht dem Umtauschverhältnis entsprechende Anteilsgewährung, so hindert dies nicht die Anwendung des Art. III UmgrStG.

Unterbleibt allerdings eine Anteilsgewährung, obwohl die Voraussetzungen des § 19 Abs. 2 Z 5 UmgrStG nicht gegeben sind, liegt keine Äquivalenzverletzung iSd § 22 Abs. 1 UmgrStG vor, sondern eine Verletzung der Anwendungsvoraussetzungen des Art. III UmgrStG.

Zur Frage des Vorliegens von steuerpflichtigen Betriebseinnahmen bei unentgeltlichen Zuwendungen von fremden Dritten an eine unter § 7 Abs. 3 KStG 1988 fallende Körperschaft bei objektiv vorliegender Äquivalenzverletzung siehe Rz 306 und KStR 2013 Rz 490.

Zu den ertragsteuerlichen Folgen siehe Rz 308 ff. Zu den schenkungssteuerlichen Folgen für Erwerbe bis 31.7.2008 sowie der Meldeverpflichtung gemäß § 121a BAO siehe Rz 311 ff. *(AÖF 2013/301)*

3.9.3. Umsatzsteuer

Nach § 22 Abs. 3 UmgrStG gilt die Einbringung als nicht steuerbarer Umsatz im Sinne des UStG 1994. *(AÖF 2004/116)*   1220

Für die Umsatzsteuer gilt keine Rückwirkungsfiktion. Der Übergang der umsatzsteuerlichen Zurechnung kann mit dem der Anmeldung zur Eintragung im Firmenbuch bzw. mit dem der Meldung beim zuständigen FA folgenden Monatsersten angenommen werden, sofern der zuständigen Abgabenbehörde kein anderer Stichtag des tatsächlichen Wechsels der Unternehmereigenschaft dargetan wird.   1221

Auf Grund der Einbringung kommt eine Vorsteuerberichtung nach § 12 Abs. 10 oder Abs. 11 UStG 1994 nicht in Betracht. Siehe im Übrigen Rz 318 ff.   1222

3.9.4. Gebühren

Nach § 22 Abs. 4 UmgrStG sind Einbringungen nach § 12 UmgrStG und dafür gewährte Gegenleistungen von den Gebühren nach § 33 TP 21 GebG befreit. Diese Befreiung betrifft die Abtretung von Rechten und Schuldforderungen.   1223

Die Voraussetzungen für die Befreiung von der Gebühr nach § 33 TP 21 GebG sind dieselben wie für die Befreiung von der Gesellschaftsteuer (siehe Rz 1226 f).

Zur Vorgangsweise bei Zweifeln hinsichtlich des Vorliegens der Anwendungsvoraussetzungen für Art. III UmgrStG siehe Rz 655. *(BMF-AV Nr. 40/ 2017)*

Neben der Gebührenbefreiung nach § 22 Abs. 4 UmgrStG können für Umgründungsvorgänge auch Gebührenbefreiungen im GebG selbst wie auch Befreiungen in anderen Gesetzen Anwendung finden. *(AÖF 2008/243)*   1224

Auf folgende Befreiungen im GebG ist im Besonderen hinzuweisen: 1225

- Gemäß § 33 TP 21 Abs. 2 Z 6 GebG unterliegen Abtretungen von Anteilen an einer GmbH, Übertragungen von Aktien, Übertragungen von Geschäftsanteilen an einer Erwerbs- und Wirtschaftsgenossenschaft und Übertragungen der mit der Stellung eines Gesellschafters einer Personengesellschaft verbundenen Rechte und Pflichten nicht der Gebühr.

- Gemäß § 15 Abs. 3 GebG sind Rechtsgeschäfte, die unter das Erbschafts- und Schenkungssteuergesetz, Grunderwerbsteuergesetz, Kapitalverkehrsteuergesetz (I. Teil Gesellschaftsteuer und II. Teil Wertpapiersteuer) oder das Versicherungssteuergesetz fallen von der Gebührenpflicht ausgenommen. Voraussetzung ist die Identität des Rechtsvorganges.

- § 19 Abs. 2 GebG sieht eine Gebührenbefreiung für bestimmte Nebengeschäfte und Nebenverabredungen vor. Voraussetzung für eine solche Gebührenbefreiung ist, dass das Nebengeschäft (Nebenverabredung) in der Urkunde über das Hauptgeschäft beurkundet ist, diese zwischen denselben Vertragsteilen abgeschlossen sind und das Nebengeschäft (Nebenverabredung) zur Sicherung oder Erfüllung des Hauptgeschäftes erfolgt. Dabei ist es gleichgültig, ob das Hauptgeschäft nach dem GebG oder einem Verkehrsteuergesetz einer Gebühr oder Verkehrsteuer unterliegt. *(BMF-AV Nr. 40/2017)*

3.9.5. Kapitalverkehrsteuern

3.9.5.1 Allgemeines

Für Umgründungsvorgänge, die noch Gesellschaftsteuerpflicht auslösen   1226 können (zum Auslaufen der Gesellschaftsteuer siehe Rz 323), sind die folgenden Ausführungen zu beachten:

Einbringungen sind gemäß § 22 Abs. 4 UmgrStG von der Gesellschaftsteuer befreit, wenn folgende Voraussetzungen erfüllt sind:

• Es muss sich um eine Einbringung nach § 12 UmgrStG und dafür gewährte Gegenleistungen nach § 19 UmgrStG handeln.

• Das zu übertragende Vermögen muss am Tag des Abschlusses des Einbringungsvertrages länger als zwei Jahre als Vermögen des Einbringenden bestehen.

Zur Vorgangsweise bei Zweifeln hinsichtlich des Vorliegens der Anwendungsvoraussetzungen für Art. III UmgrStG siehe Rz 655. *(BMF-AV Nr. 40/2017)*

1227   Sollte Einbringende eine Kapitalgesellschaft im Sinne des § 4 KVG sein, besteht keine Gesellschaftsteuerbefreiung für Rechtsvorgänge, durch welche die Einbringungsfähigkeit des Vermögens nach § 12 Abs. 2 UmgrStG erreicht wird (zB Zuschüsse, um einen positiven Verkehrswert zu erhalten), und für Einlagen nach § 16 Abs. 5 UmgrStG. *(AÖF 2013/301)*

3.9.5.2 Zweijahresfrist

1228   Die in § 22 Abs. 4 UmgrStG normierte Zweijahresfrist beginnt mit dem Tag des Erwerbes des zivilrechtlichen Eigentums zu laufen. Die Zweijahresfrist wird bei einer zivilrechtlichen Gesamtrechtsnachfolge nicht unterbrochen. *(AÖF 2008/243)*

1229   Bei einer einbringenden Personengesellschaft (Mitunternehmerschaft) ist ein Gesellschafterwechsel innerhalb der 2-Jahresfrist nicht befreiungsschädlich.

1230   Bei einer Gesellschaft nach bürgerlichem Recht ist auf die Dauer der Zugehörigkeit des Einbringungsvermögens zu dieser abzustellen; ein Gesellschafterwechsel innerhalb der 2-Jahresfrist ist nicht befreiungsschädlich (VwGH 14.11.1996, 94/16/0157).

1231   Scheidet ein Gesellschafter aus einer drei- oder mehrgliedrigen Personengesellschaft des Unternehmensrechtes aus, ohne dass er seinen Gesellschaftsanteil an einen anderen Gesellschafter oder an einen Dritten entgeltlich oder unentgeltlich überträgt, wächst sein Anteil am Gesellschaftsvermögen den übrigen Gesellschaftern grundsätzlich im Verhältnis ihrer Beteiligung zu. Daher erwerben die übrigen Gesellschafter keinen bestehenden Gesellschaftsanteil. Für die verbleibenden Gesellschafter beginnt die Zweijahresfrist nicht neu zu laufen. *(AÖF 2008/243)*

1232   Da auf die Zugehörigkeit des Vermögens zum Einbringenden abgestellt wird, ist die Besitzzeit des Gesamtrechtsvorgängers auch dann zu berücksichtigen, wenn der Einbringende selbst nicht länger als zwei Jahre existiert.

Beispiel:

Der Vater schenkt die Hälfte seines als Einzelunternehmen geführten Betriebes seinem Sohn, innerhalb eines Jahres wird der Betrieb in eine Kapitalgesellschaft eingebracht. Die vermögensbezogene zweijährige Bestehensfrist ist nicht erfüllt (VwGH 21.2.1996, 95/16/0161).

1233   Besteht vor oder am Tag des Einbringungsvertrages ein Treuhandverhältnis, ist Voraussetzung für die Anwendung der Befreiung des § 22 Abs. 4 UmgrStG, dass das eingebrachte Vermögen am Tag des Abschlusses des Einbringungsvertrages länger als zwei Jahre dem Treugeber (bzw. dem ehemaligen Treugeber) zuzurechnen ist. *(BMF-AV Nr. 40/2017)*

Findet innerhalb der zweijährigen Frist ein Zuerwerb von Kapitalanteilen **1234** mit Quotenerhöhung statt, besteht für die innerhalb der Frist zuerworbenen Anteile keine Befreiung. Für jene Kapitalanteile, für welche die Frist erfüllt ist, bleibt die Befreiungsbestimmung anwendbar. Wird erst innerhalb der zweijährigen Frist der Kapitalanteil auf das einbringungsfähige Ausmaß von 25% aufgestockt, ist die Befreiung auf die Einbringung dieser Kapitalanteile zur Gänze nicht anzuwenden.

Bei formwechselnder Umwandlung und nachfolgender Einbringung läuft **1235** die Zweijahresfrist weiter.

Wurde die einbringende Gesellschaft nach dem Recht eines anderen EWR-Vertragsstaats gegründet und in eine österreichische Gesellschaft identitätswahrend umgewandelt, wird die Zweijahresfrist durch die Umwandlung nicht unterbrochen, wenn

- zugleich der Verwaltungssitz nach Österreich verlegt wird,
- die Gesellschaft sämtliche Voraussetzungen erfüllt, die nach dem Recht des Wegzugsstaats für eine solche Umwandlung bestehen und
- die Gesellschaft die Anforderungen an eine österreichische Gesellschaft (insbesondere in Bezug auf Satzung, Kapitalausstattung, Organbesetzung) erfüllt (vgl. OGH 10.04.2014, 6Ob224/13d). *(BMF-AV Nr. 40/2017)*

3.9.5.3 Einbringungen durch Kapitalgesellschaften im Sinne des § 4 KVG

Für Einbringungen durch Kapitalgesellschaften im Sinne des § 4 KVG ent- **1236** hält § 6 Abs. 1 Z 3 KVG eine Befreiung von der Gesellschaftsteuer für den Erwerb von Gesellschaftsrechten oder deren Erhöhung, sofern es sich bei dem Einbringungsobjekt um einen Betrieb, Teilbetrieb oder um das ganze Vermögen der übertragenden Kapitalgesellschaft handelt. Dies gilt nicht, wenn die Kapitalgesellschaft, an der Gesellschaftsrechte erworben werden, für die übernommenen Sacheinlagen bare Zahlungen oder sonstige Leistungen von mehr als 10% des Nennwertes der Gesellschaftsrechte leistet oder gewährt. Die Gesellschaftsteuerbefreiung kommt auch dann zur Anwendung, wenn eine Gegenleistung zum Erwerb von Gesellschafterrechten kraft gesetzlicher Anordnung unterbleibt bzw. unterbleiben kann (zB § 19 Abs. 2 UmgrStG).

Nach dem KVG gilt auch die Kapitalgesellschaft & Co KG als Kapital- **1237** gesellschaft.

Werden gleichzeitig alle Kommanditanteile an einer Kapitalgesellschaft & Co KG als Sacheinlage in die Komplementärgesellschaft als letztverbleibende Gesellschafterin nach den Bestimmungen des § 12 UmgrStG eingebracht und kommt es dadurch zum Anwachsen des Vermögens nach § 142 UGB, wird damit die Komplementärin im Wege der Gesamtrechtnachfolge Übernehmerin des gesamten Vermögens der Kapitalgesellschaft & Co KG, ist die Befreiungsbestimmung des § 6 Abs. 1 Z 3 KVG bei Zutreffen der sonstigen Voraussetzungen anwendbar.

Hinsichtlich der Konkurrenz der Befreiungsbestimmungen des KVG und des UmgrStG siehe Rz 325. *(AÖF 2008/243)*

3.9.6. Grunderwerbsteuer

1238   Nach § 22 Abs. 5 UmgrStG ist bei Einbringungen nach § 12 UmgrStG die Grunderwerbsteuer für verwirklichte Erwerbsvorgänge nach § 1 GrEStG 1987 gemäß § 4 iVm § 7 GrEStG 1987, somit ausschließlich nach den Vorschriften des GrEStG 1987 zu berechnen. Die Grunderwerbsteuer ist daher bei nicht land- und forstwirtschaftlichen Grundstücken in Höhe von 0,5% vom Grundstückswert (§ 4 Abs. 1 iVm § 7 Abs. 1 Z 2 lit. c GrEStG 1987), bei land-und forstwirtschaftlichen Grundstücken in Höhe von 3,5% vom einfachen Einheitswert (§ 4 Abs. 2 Z 4 iVm § 7 Abs. 1 Z 3 GrEStG 1987) zu berechnen; dies gilt unabhängig davon, ob eine Gegenleistung vorliegt oder nicht. Das Gleiche trifft zu, wenn im Zuge einer Einbringung ein Tatbestand gemäß § 1 Abs. 2a oder 3 GrEStG 1987 verwirklicht wird.

Diese mit dem StRefG 2015/2016 angepasste Bestimmung des UmgrStG ist erstmals auf Einbringungen mit einem Stichtag nach dem 31.12.2015 anzuwenden. Für alle Einbringungen mit einem früheren Stichtag, unabhängig davon, ob die Grundstücke zivilrechtlich erst im Jahr 2016 erworben werden, gilt nach wie vor die Rechtslage des UmgrStG idF vor dem StRefG 2015/2016. Für diese Fälle ist als Bemessungsgrundlage der zweifache Einheitswert heranzuziehen, der Steuersatz beträgt 3,5%.

Zur Vorgangsweise bei Zweifeln hinsichtlich des Vorliegens der Anwendungsvoraussetzungen für Art. III UmgrStG siehe Rz 655. *(BMF-AV Nr. 40/2017)*

1239   Bei Einbringungen, die nicht unter das UmgrStG fallen, ist die Grunderwerbsteuer vom Wert der Gegenleistung, mindestens vom Grundstückswert zu berechnen (§ 4 Abs. 1 GrEStG 1987).

Sind im Einbringungsvermögen inländische Grundstücke im Sinne des § 2 GrEStG 1987 enthalten, wird durch den Einbringungsvertrag ein grunderwerbsteuerpflichtiger Erwerbsvorgang gemäß § 1 Abs. 1 Z 1 GrEStG 1987 verwirklicht. Da die Rückwirkungsfiktion des § 13 Abs. 1 UmgrStG für die Grunderwerbsteuer ohne Bedeutung ist, sind die Verhältnisse zum Zeitpunkt der Verschaffung der Verfügungsmacht über die Grundstücke maßgeblich (idR ident mit dem Abschluss des Einbringungsvertrages); als Bemessungsgrundlage ist daher regelmäßig der Grundstückswert im Zeitpunkt des Vertragsabschlusses heranzuziehen. Für die zwischen dem Einbringungsstichtag und dem Tag des Abschlusses des Einbringungsvertrages angeschafften Grundstücke kommt es zur einbringungsbedingten Grunderwerbsteuerpflicht. Für Grundstücke, die in der Einbringungsbilanz noch aufscheinen, jedoch zwischen Einbringungsstichtag und dem Tag des Abschlusses des Einbringungsvertrages veräußert werden, fällt einbringungsbedingt keine Grunderwerbsteuer an. Das Ausscheiden des Grundstückes sollte im Einbringungsvertrag festgehalten werden.

Siehe im Übrigen Rz 330 ff. *(BMF-AV Nr. 40/2017)*

1240   Inwieweit Grundstücke zum Betriebsvermögen gehören und damit im Rahmen des Art. III UmgrStG übertragen werden können, richtet sich nach den ertragsteuerlichen Vorschriften (siehe auch EStR 2000 Rz 557). Soll ein betriebsvermögenszugehöriges Grundstück anlässlich der Einbringung zivilrechtlich zurückbehalten werden, das auf diesem Grundstück befindliche Gebäude hingegen in die Kapitalgesellschaft eingebracht werden, ist dies unter Beachtung der in Rz 694a (Baurecht) und Rz 694b (Fruchtgenussrecht) enthaltenen Voraussetzungen möglich. Es unterliegen sowohl das Rechtsgeschäft, das den Anspruch auf Einräumung des Baurechtes begründet, bzw. das Rechtsgeschäft auf Einräumung des Fruchtgenussrechtes, sofern mit dieser Einräumung auch die wirtschaftliche Verfügungsmacht übertragen wird, als auch die Einbringung des Gebäudes der Grunderwerbsteuer.

Der Einbringende verpflichtet sich als Sacheinlage zur Begründung eines Baurechtes und zur Einbringung des in seinem Eigentum stehenden Gebäudes. Beide Vorgänge sind umgründungsbedingt, so dass hiefür die Bestimmung des § 22 Abs. 5 UmgrStG anwendbar ist. *(BMF-AV Nr. 40/2017)*

Tritt durch die unter Art. III UmgrStG fallende Einbringung eines Mitunternehmeranteiles die Vereinigung aller Anteile der Personengesellschaft in einer Hand ein („Umwandlung" einer GmbH & Co KG in eine GmbH), kommt es zum Anwachsen des Vermögens nach § 142 UGB. Die Grunderwerbsteuer bemisst sich mit 0,5% vom Grundstückswert. *(BMF-AV Nr. 40/2017)* 1241

Wird anlässlich der Einbringung eines Betriebes einer Personengesellschaft einerseits das Betriebsgrundstück und andererseits eine Verbindlichkeit nach § 16 Abs. 5 Z 3 UmgrStG zurückbehalten, dh. in das Quotenmiteigentum der einbringenden Mitunternehmer übertragen, liegt ein grunderwerbsteuerpflichtiger Erwerbsvorgang außerhalb des UmgrStG vor. Entscheidend ist, ob ein innerer Zusammenhang zwischen der Übertragung des Grundstückes und der Übertragung der Verbindlichkeit besteht. Ein innerer Zusammenhang besteht zB, wenn es sich um den Anschaffungskredit für die Liegenschaft handelt. Besteht ein innerer Zusammenhang, ist die Verbindlichkeit als Gegenleistung, mindestens aber der Grundstückswert Bemessungsgrundlage für die Grunderwerbsteuer. Besteht kein innerer Zusammenhang, ist Bemessungsgrundlage immer der Grundstückswert. *(BMF-AV Nr. 40/2017)* 1242

Randzahl 1243: *entfällt (BMF-AV Nr. 40/2017)*

3.10. Einbringung und Unternehmensgruppen

Zu den Grundfragen der Gruppenbesteuerung im Zusammenhang mit Umgründungen siehe Rz 349, Rz 349a und Rz 349b. *(AÖF 2008/243)* 1244

3.10.1 Begründung einer Unternehmensgruppe

Die Gründung einer Unternehmensgruppe ist einbringungsbedingt nicht möglich, die Einbringung kann aber eine Gründung mit Hilfe der Rückwirkungsfiktion unterstützen. Entsteht durch die Einbringung eines oder mehrerer Kapitalanteile eine finanziell ausreichende Verbindung der übernehmenden Körperschaft zu einer Kapitalgesellschaft, kann dies in der Folge zur Bildung einer Unternehmensgruppe führen. Erfolgt die Einbringung auf den Bilanzstichtag der künftigen Beteiligungskörperschaft, ist die ununterbrochene finanzielle Verbindung ab ihrem folgenden Wirtschaftsjahr gegeben, wenn der Anteilserwerb durch den Einbringenden vor dem Bilanzstichtag erfolgt ist. 1245

Beispiel:

A erwirbt am 10.9.01 die 75-prozentige Beteiligung an der B-GmbH (Wirtschaftsjahr a) 1.7. bis 30.6., b) 1.11. bis 31.10.).

A gründet am 25.9.01 die A-GmbH (Wirtschaftsjahr = Kalenderjahr) bar. Die Einbringung der erworbenen Beteiligung ist frühestens auf den 10.9.01 möglich.

Im Falle a) ist die Unternehmensgruppe zwischen der A-GmbH und der B-GmbH mit Wirkung ab 1.7.02 möglich, wobei die erste Einkommenszurechnung der B-GmbH das Wirtschaftsjahr 1.7.02 bis 30.6.03 betrifft und daher bei der Veranlagung der A-GmbH für 03 wirksam wird.

Im Falle b) ist die Unternehmensgruppe zwischen der A-GmbH und der B-GmbH mit Wirkung ab 1.11.01 möglich, wobei die erste Einkommenszurechnung der B-GmbH das Wirtschaftsjahr 1.11.01 bis 30.10.02 betrifft und daher bei der Veranlagung der A- GmbH für 02 wirksam wird.

Die übernehmende Körperschaft kann mangels eines Anschaffungstatbestandes eine Firmenwertabschreibung auf die eingebrachte Beteiligung an der B-GmbH nicht vornehmen.

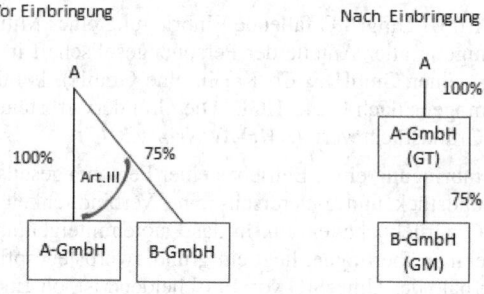

(AÖF 2013/301)

3.10.2 Veränderung innerhalb einer Unternehmensgruppe

3.10.2.1 Inlandseinbringungen

3.10.2.1.1 Betriebs-, Teilbetriebs- oder Mitunternehmeranteilseinbringung

1245a   Für Einbringungen innerhalb der Unternehmensgruppe kommen die allgemeinen Regelungen der §§ 12 ff UmgrStG zur Anwendung, wobei Folgendes zu beachten ist: *(AÖF 2013/301)*

1245aa   Bringt eine beteiligte Körperschaft ihren gesamten Betrieb mit Ausnahme der Beteiligung an der unmittelbar verbundenen Beteiligungskörperschaft in diese ein, ändert dies nichts an der Unternehmensgruppe.

Die laufende Firmenwertabschreibung der einbringenden Körperschaft auf die 100-prozentige Beteiligung an der übernehmenden Beteiligungskörperschaft ändert sich einbringungsbedingt nicht.

Kommt es mangels Alleingesellschafterstellung der beteiligten Körperschaft zur Ausgabe von Anteilen seitens der übernehmenden Beteiligungskörperschaft, gelten diese nach § 20 Abs. 1 UmgrStG als angeschafft; eine Firmenwertabschreibung ist nicht möglich (siehe KStR 2013 Rz 1119).

Die Beteiligung einer beteiligten Körperschaft oder des Gruppenträgers an der den gesamten Betrieb einbringenden Körperschaft stellt sich mit Beginn des dem Einbringungsstichtag folgenden Tages nicht mehr als solche an einer betriebsführenden Körperschaft dar, sodass die Firmenwertabschreibung endet. Das letzte Fünfzehntel kann dabei zu Lasten jenes Wirtschaftsjahres abgesetzt werden, zu dessen Bilanzstichtag noch eine Beteiligung an einer betriebsführenden Beteiligungskörperschaft vorliegt. *(AÖF 2013/301)*

1245ab   Zu einer Nacherfassung vorgenommener Firmenwertabschreibungsfünfzehntel gemäß § 9 Abs. 7 letzter TS KStG 1988 kommt es bei einer downstream- Einbringung nicht.

Exkurs: umgründungsbedingte Nacherfassung vorgenommener Firmenwertabschreibungsfünfzehntel bei Einbringung:

Wird allerdings der gesamte Betrieb nach Art. III UmgrStG up-stream eingebracht, hat eine Nacherfassung vorgenommener Firmenwertabschreibungen gemäß § 9 Abs. 7 letzter TS KStG 1988 idF AbgSiG 2007 zu erfolgen (gilt für Einbringungen, denen ein Stichtag nach dem 30.12.2007 zugrunde liegt). Wird nur ein Teilbetrieb „up-stream" eingebracht, erfolgt nur eine anteilige Nacherfassung. Wird hingegen ein (Teil)Betrieb „side-stream" eingebracht, kommt es einbringungsbedingt zu keiner Nacherfassung, weil die Nacherfassung in der Beteiligung am übernehmenden Gruppenmitglied (Schwesterngesellschaft) möglich bleibt. *(AÖF 2013/301)*

Vor- oder Außergruppenverluste der beteiligten Körperschaft gehen nach Maßgabe des § 21 UmgrStG auf die Beteiligungskörperschaft über und gelten als Außergruppenverluste. *(AÖF 2013/301)* 1245ac

Für Einbringungsverträge ab dem 1.12.2011 gilt die gruppenbezogene Betrachtungsweise (siehe Rz 351e): 1245ad

Hinsichtlich jener Verluste des übertragenden bzw. übernehmenden Gruppenmitglieds, die seit der Gruppenzugehörigkeit entstanden sind, in den Verlustvortrag des Gruppenträgers Eingang gefunden haben und zum Einbringungsstichtag noch nicht verrechnet sind, kommt § 21 UmgrStG iVm § 4 UmgrStG ebenfalls zur Anwendung. Dabei ist allerdings zu beachten, dass bei der Prüfung, ob das verlustverursachende Vermögen in umfänglich vergleichbarer Weise zum Einbringungsstichtag noch vorhanden ist oder nicht, eine gruppenbezogene Betrachtungsweise anzustellen ist. Maßgebend für den Objektbezug bzw. die Vergleichbarkeit ist grundsätzlich, ob das verlustverursachende Vermögen des übertragenden bzw. übernehmenden Gruppenmitglieds (zB Betrieb) zum Einbringungsstichtag in der Unternehmensgruppe in vergleichbarer Form noch vorhanden ist.

Da bei Einbringungen im Unterschied zu Verschmelzungen nicht übergehende Verluste nicht untergehen, sondern beim Einbringenden verbleiben, ist wie folgt zu differenzieren:

- Sollte der Objektbezug bzw. die Vergleichbarkeit hinsichtlich der übertragenden Körperschaft nicht gegeben sein, kommt es zu keiner Kürzung des Verlustvortrages beim Gruppenträger.
- Sollte der Objektbezug bzw. die Vergleichbarkeit hinsichtlich der übernehmenden Körperschaft nicht gegeben sein, kommt es zu einer entsprechenden Kürzung des Verlustvortrages beim Gruppenträger. *(AÖF 2013/301)*

Zusammenfassendes Beispiel: 1245ae

Die Unternehmensgruppe besteht aus der A-GmbH als Gruppenträger (Wirtschaftsjahr 1.9.-31.8.), der 100-prozentigen Tochtergesellschaft B- GmbH und deren 100-prozentiger Tochter C-GmbH. Die C-GmbH ist ihrerseits zu 75% an der D-GmbH beteiligt. Daneben ist die gruppenfremde X-GmbH zu 25% an der D-GmbH beteiligt. Die B-GmbH, die C-GmbH und die D-GmbH bilanzieren zum 31.12.

Sowohl die B-GmbH als auch die C-GmbH machen auf die erworbene Beteiligung der jeweiligen betriebsführenden Tochter eine Firmenwertabschreibung geltend. Die C-GmbH bringt zum 30.11.01 ihren gesamten Betrieb in die D-GmbH ein.

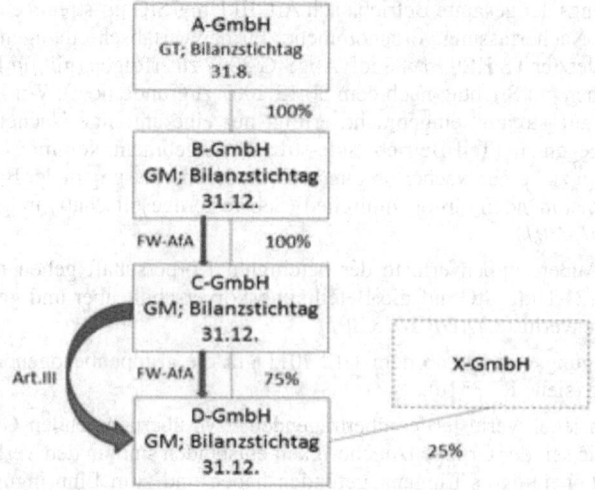

Durch die Einbringung des Betriebes in die Beteiligungskörperschaft erhöht sich die Beteiligung der C-GmbH aufgrund der Gewährung neuer Anteile gemäß § 19 Abs. 1 UmgrStG oder durch die Abtretung von Anteilen gemäß § 19 Abs. 2 Z 2 UmgrStG.

- Firmenwertabschreibung:

Für diese gemäß § 20 Abs. 1 UmgrStG als angeschafft geltenden Anteile wäre bei Vorliegen der gesetzlichen Voraussetzungen eine Firmenwertabschreibung ab dem WJ 2 durch die C-GmbH möglich. Für die einbringungsbedingt erworbenen Anteile kann mangels Aufdeckens stiller Reserven keine zusätzliche Firmenwertabschreibung geltend gemacht werden.

Die bisherige Firmenwertabschreibung der C-GmbH erfährt durch die Einbringung keine Änderung.

Die von der beteiligten Körperschaft B-GmbH auf die Beteiligung der den gesamten Betrieb einbringenden C-GmbH getätigte Firmenwertabschreibung kann letztmalig zum 31.12.00 geltend gemacht werden.

Die Beteiligung an der C-GmbH bleibt unverändert bestehen, mangels Betriebsführung ab dem 1.12.01 liegen die Voraussetzungen des § 9 Abs. 7 KStG 1988 allerdings nicht mehr vor.

Eine Nacherfassung vorgenommener Firmenwertabschreibungsfünfzehntel gemäß § 9 Abs. 7 letzter TS KStG 1988 hat nicht zu erfolgen, da die Nacherfassung weiter in der Unternehmensgruppe (bei der B-GmbH) möglich ist.

- Einkommensermittlung:

Die C-GmbH muss zum 30.11.01 einen Zwischenabschluss erstellen, dessen Ergebnis im WJ 01 der B-GmbH zu erfassen ist.

Das gemeinsame weitergeleitete Ergebnis findet beim Gruppenträger A- GmbH in dem am 31.8.02 endenden Wirtschaftsjahr Eingang.

- Verlustabzug:

Vor- und Außergruppenverluste der einbringenden C-GmbH gehen nach Maßgabe des § 21 Z 1 und 3 UmgrStG auf die übernehmende Körperschaft über und werden zu Außergruppenverlusten. Die weitere Abzugsfähigkeit der Vor- und Außergruppenverluste der übernehmenden Körperschaft ist gemäß § 21 Z 2 UmgrStG zu prüfen.

Verluste, die während der Gruppenzugehörigkeit der an der Einbringung beteiligten Gruppenmitglieder entstanden und noch nicht verrechnet sind, unterliegen ebenfalls den Bestimmungen des § 21 UmgrStG.

Für den Objektbezug und die Vergleichbarkeit (bei der übernehmenden Körperschaft D-GmbH) ist eine gruppenbezogene Betrachtungsweise anzustellen. Ist der Objektbezug bzw. die Vergleichbarkeit nicht mehr gegeben, kommt es zu einer entsprechenden Kürzung beim Gruppenträger. *(AÖF 2013/301)*

Bringt eine beteiligte Körperschaft einen Teilbetrieb in die unmittelbar verbundene Beteiligungskörperschaft ein, gelten die Aussagen zum Vorpunkt mit der Maßgabe, dass sich die Firmenwertabschreibung der Beteiligung an der einbringenden Körperschaft nach Maßgabe des dem eingebrachten Teilbetrieb zuordenbaren Firmenwertes vermindert. *(AÖF 2013/301)*   1245af

Bringt eine beteiligte Körperschaft einen Mitunternehmeranteil in die unmittelbar verbundene Beteiligungskörperschaft ein, ergibt sich dann eine gewisse Änderung, wenn die Mitunternehmerschaft den Anteil an einem weiteren Gruppenmitglied hält. Diesfalls tritt die Beteiligungskörperschaft in die Rechtsstellung der einbringenden Körperschaft und es verschiebt sich die Einkommenszurechnung zunächst auf die übernehmende Körperschaft. *(AÖF 2013/301)*   1245ag

Ist der Gruppenträger Einbringender, gelten die vorstehenden Überlegungen mit der Maßgabe, dass übergehende vortragsfähige Verluste bei dem übernehmenden Gruppenmitglied unter Umständen nicht zu Außergruppenverlusten werden. Voraussetzung dafür ist, dass die Verlustvorträge beim Gruppenträger bei aufrechter Gruppe entstanden sind. Sie sind beim übernehmenden Gruppenmitglied als Jahresverlust im auf den Umgründungsstichtag folgenden Veranlagungszeitraum zu erfassen. Liegen diese Voraussetzungen nicht vor, wandeln sich die übertragenen vortragsfähigen Verluste (insoweit) in Außergruppenverluste.   1245ah

Beispiel:
Die Unternehmensgruppe besteht seit dem Jahre 04 aus dem Gruppenträger A, der 100-prozentigen Tochter B und deren 100-prozentiger Tochter C. A bringt zum 31.12.08 einen Teilbetrieb in C ein. A weist zum 31.12.08 vortragsfähige Verluste iHv 22.000 aus.

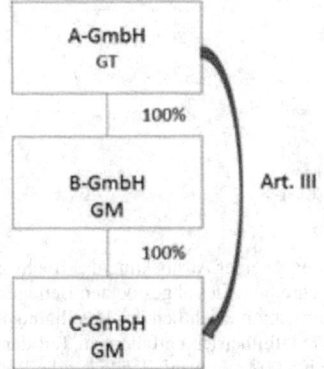

Variante 1:
Der Teilbetrieb besteht seit 05. Objektbezogen geht vom vortragsfähigen Verlust ein Betrag von 6.000 auf C über. Bei der Veranlagung von C für das Jahr 09 ergibt sich bei C a) ein Jahresgewinn von 3.500, b) ein Jahresverlust von 2.000. Auf Grund der Sonderregelung ergibt sich im Fall a) saldiert mit dem übernommenen vortragsfähigen Verlust von 6.000 ein Verlust von 2.500 und im Fall b) saldiert ein Gesamtverlust von 8.000, der über B dem Gruppenträger A zuzurechnen ist (ohne Sonderregelung wäre in beiden Fällen null zuzurechnen gewesen).

Variante 2:

Der Teilbetrieb besteht seit 01. Objektbezogen geht vom vortragsfähigen Verlust eine Betrag von 6.000 auf C über. Es wird festgestellt, dass davon 4.500 auf die Zeit ab 04 entfällt. Bei der Veranlagung von C für das Jahr 09 ergibt sich bei C a) ein Jahresgewinn von 3.500, b) ein Jahresverlust von 2.000. Auf Grund der Sonderregelung ergibt sich im Fall a) saldiert mit dem übernommenen vortragsfähigen Verlust von 4.500 ein Verlust von 1.000 (1.500 wandeln sich in einen Außergruppenverlust) und im Fall b) saldiert ein Gesamtverlust von 6.500 (1.500 wandeln sich in einen Außergruppenverlust), der über B dem Gruppenträger A zuzurechnen ist. *(AÖF 2013/ 301)*

1245ai   Im Falle der Einbringung eines Betriebes oder Teilbetriebes in eine gruppenzugehörige Schwesterkörperschaft unter Verzicht auf eine Anteilsgewährung gemäß § 19 Abs. 2 Z 5 UmgrStG vermindert sich die auf die Beteiligung an der einbringenden Körperschaft vorgenommene Firmenwertabschreibung nach Maßgabe des dem eingebrachten Betrieb oder Teilbetrieb zuordenbaren Firmenwertes. Die Aktivierung des nach Maßgabe des § 20 Abs. 4 Z 3 UmgrStG abgestockten Teiles der Beteiligung an der einbringenden Körperschaft auf die Beteiligung an der übernehmenden Körperschaft stellt einen einbringungsbedingten Anschaffungsvorgang dar, der mangels Aufdeckens der stillen Reserven des eingebrachten Vermögens keine Grundlage für eine Firmenwertabschreibung darstellt.

§ 9 Abs. 7 letzter TS KStG 1988 kommt nicht zur Anwendung, weil durch die „side-stream" Einbringung des (Teil)Betriebes die Nacherfassung in der Beteiligung am übernehmenden Gruppenmitglied erhalten bleibt.

Beispiel:

Der Gruppenträger A ist zu 100% an den Beteiligungskörperschaften B und C beteiligt und macht für die erworbene Beteiligung an B die Firmenwertabschreibung im Ausmaß von jährlich 14.000 geltend. B bringt einen Teilbetrieb in C ein.

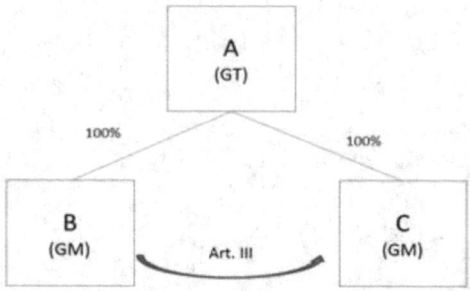

Nach den Verkehrswertverhältnissen kommt es zu einer Abstockung des Buchwertes der Beteiligung B um 35% und zu einer Zuschreibung des abgestockten Betrages auf die Beteiligung an C. Die Firmenwertabschreibung hinsichtlich der Beteiligung an B vermindert sich um den auf den eingebrachten Teilbetrieb entfallenden Teil der Bemessungsgrundlage, zB um 6.000 auf jährlich 8.000, der wegfallende auf die Beteiligung an C aktivierte Teil führt zu keiner Firmenwertabschreibung. Eine Nacherfassung der vorgenommenen Firmenwertabschreibung an der B- GmbH bezogen auf den eingebrachten Teilbetrieb erfolgt nicht.

Da die in § 9 Abs. 10 KStG 1988 geforderte dreijährige Mindestzugehörigkeit zur Unternehmensgruppe auf die Beteiligungskörperschaft abstellt, kann die einbringungsbedingte Vermögensübertragung nicht zum Untergang der Gruppenzugehörigkeit des einbringenden Gruppenmitglieds führen. *(AÖF 2013/301)*

Bei Einbringungen innerhalb der Unternehmensgruppe gegen Gewährung   1245b
von Anteilen kommt es bei den bisher beteiligten Körperschaften zu einer Beteiligungsverminderung nach Maßgabe des Umtauschverhältnisses.

- Sollte ein bis zur Einbringung ausreichend mit dem übernehmenden Gruppenmitglied finanziell verbundenes Gruppenmitglied nach der Einbringung
nur mehr unzureichend verbunden sein, ohne dass beim einbringenden
Gruppenmitglied eine ausreichende unmittelbare Beteiligung entsteht, kann
beim einbringenden Gruppenmitglied eine mittelbare ausreichende Beteiligung entstehen, wenn dieses auch mit dem bisher ausreichend beteiligten
Gruppenmitglied entsprechend finanziell verbunden ist.

Beim nicht mehr ausreichend beteiligten Gruppenmitglied vermindert sich
die Firmenwertabschreibung.

Beispiel:

Der Gruppenträger X hält am Gruppenmitglied A 100% der Anteile. Das Gruppenmitglied A hält 100% der Anteile am Gruppenmitglied B, welches wiederum 51% der
Anteile an Gruppenmitglied C hält. A bringt zum 31.12.01 begünstigtes Vermögen in
das Gruppenmitglied C gegen Gewährung von Anteilen ein. Die Firmenbuchanmeldung erfolgt am 29.9.02.

Am Gruppenmitglied C waren bis zur Einbringung das Gruppenmitglied B mit 51%
und die gruppenfremde Gesellschaft Y mit 49% beteiligt. Auf Grund der Kapitalerhöhung erhält A eine Beteiligung von 30% an C, B ist nunmehr mit 35,7% an C beteiligt. Damit würde grundsätzlich die Gruppenzugehörigkeit von C enden. Allerdings
ist A durch seine im Zuge der Einbringung erhaltene unmittelbare Beteiligung an C
sowie durch seine mittelbare Beteiligung über das Gruppenmitglied B ausreichend
finanziell mit C verbunden, sodass die Gruppenmitgliedschaft von C aufrecht erhalten
werden kann.

Vor Einbringung

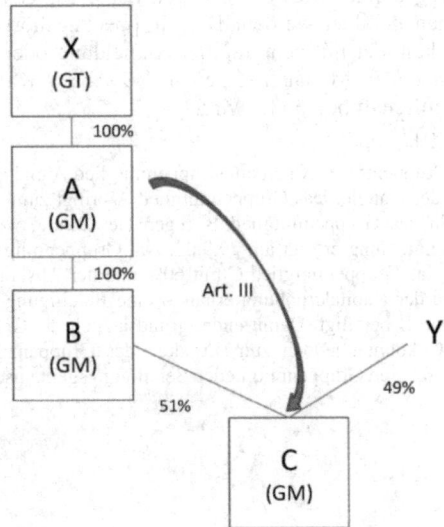

Nach Einbringung

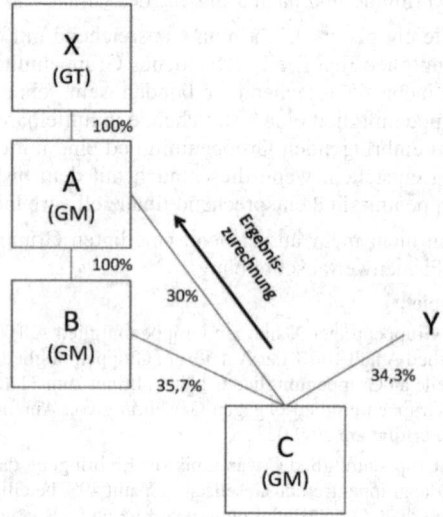

- Sollten das einbringende und das bis zur Einbringung ausreichend finanziell mit der übernehmenden Körperschaft verbundene Gruppenmitglied nach der Einbringung so beteiligt sein, dass die ausreichende finanzielle Verbindung auch mittelbar nicht mehr gegeben ist, konnte zum Erhalt der Gruppenzugehörigkeit bis zum Inkrafttreten des AbgÄG 2010, BGBl. I Nr. 34/2010 (gemäß § 26c Z 17 KStG 1988 ab 1.7.2010) eine Gruppenmitglieder-Beteiligungsgemeinschaft bei Vorliegen der dafür erforderlichen Mindestbeteiligungen gebildet werden. Die Gruppenzugehörigkeit blieb gewahrt, wenn innerhalb der mit dem Tag der Anmeldung oder Meldung der Einbringung beginnenden Monatsfrist gemäß § 9 Abs. 9 KStG 1988 die Beteiligungsgemeinschaft begründet wird.

Beispiel:

Der Gruppenträger X hält am Gruppenmitglied A und am Gruppenmitglied C jeweils 51% der Anteile. Das Gruppenmitglied A bringt zum 31.12.01 begünstigtes Vermögen in das Gruppenmitglied B gegen Gewährung von Anteilen ein. Die Firmenbuchanmeldung erfolgt am 29.9.02. Am Gruppenmitglied B waren bis zur Einbringung das Gruppenmitglied C mit 60% und der Ausländer D mit 40% beteiligt. Auf Grund der Kapitalerhöhung erhält A eine Beteiligung von 30%, C ist nunmehr mit 42% an B beteiligt. Damit endet grundsätzlich die Gruppenzugehörigkeit von B. A und C können jedoch zum Erhalten der Gruppenzugehörigkeit von C bis zum 29.10.02 eine Gruppenmitglieder-Beteiligungsgemeinschaft bilden.

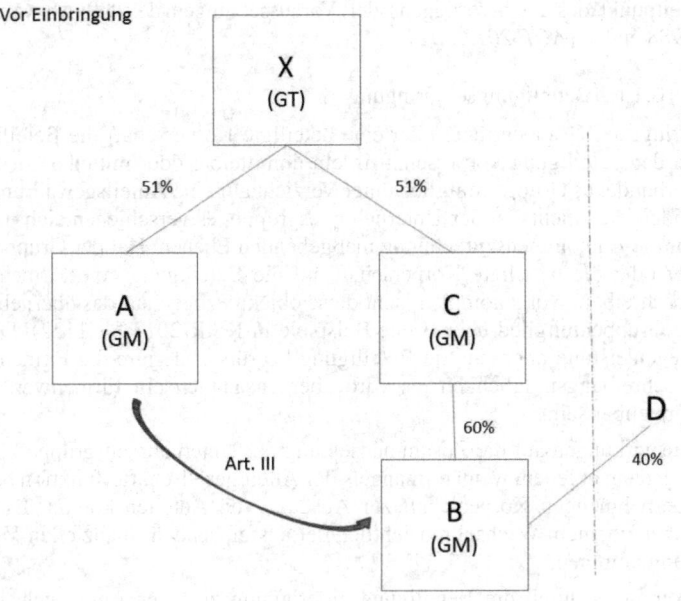

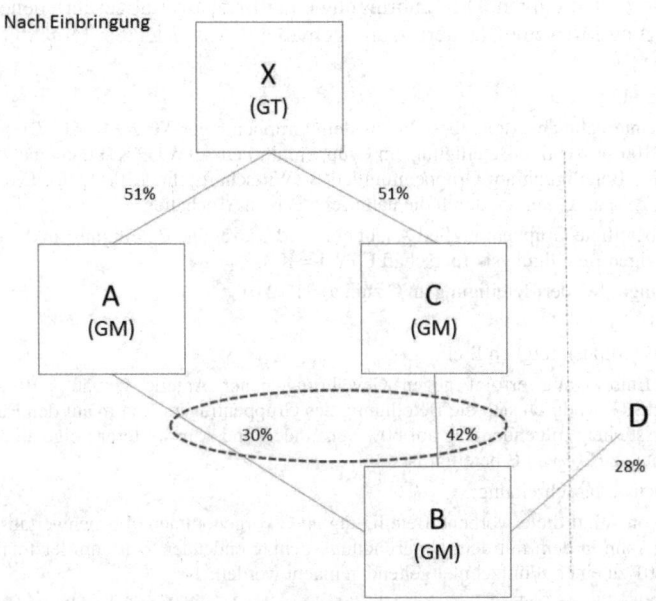

§ 22

Ab der Neuregelung des § 9 Abs. 2 KStG 1988 durch das AbgÄG 2010, BGBl. I Nr. 34/2010, können Gruppenmitglieder nicht mehr Mitbeteiligte einer Beteiligungsgemeinschaft sein, sodass eine „Sanierung" der nach der Einbringung nicht mehr gegebenen finanziell ausreichenden Verbindung durch die Bildung einer Beteiligungsgemeinschaft auf mittlerer Ebene gesetzlich unzulässig ist und die Gruppenzugehörigkeit des B daher ab dem

Zeitpunkt des Nichtvorliegens der Voraussetzungen des § 9 Abs. 5 KStG 1988 endet. *(AÖF 2013/301)*

3.10.2.1.2 Beteiligungseinbringung

1245c • Bringt der Gruppenträger oder eine beteiligte Körperschaft die Beteiligung an der Beteiligungskörperschaft in ein unmittelbar oder mittelbar zu 100% verbundenes Gruppenmitglied unter Verzicht auf eine Anteilsgewährung ein, ändert dies nichts an der Unternehmensgruppe, es verschieben sich nur die für die Einkommenszurechnung maßgebenden Ebenen. Hat der Gruppenträger oder die beteiligte Körperschaft auf die Beteiligung eine Firmenwertabschreibung vorgenommen, geht diese objektbezogen auf das übernehmende Gruppenmitglied über (siehe Beispiele in KStR 2013 Rz 1122). Die als Gegenleistung angeschaffte Beteiligung begründet de jure die Firmenwertabschreibungsmöglichkeit, es wird aber tatsächlich ein Firmenwert nicht darstellbar sein.

Auswirkungen auf die Zusammensetzung der Unternehmensgruppe können sich dann ergeben, wenn es mangels der Alleingesellschafterfunktion bei der übernehmenden Körperschaft zur Ausgabe von Anteilen kommt. Es kann dabei zu einem Wechsel hinsichtlich der ausreichenden finanziellen Verbindung kommen.

• Kommt es durch die Beteiligungseinbringung zu einer Anteilsgewährung seitens des übernehmenden Gruppenmitglieds, ergeben sich die in Rz 1245b dargestellten Folgen. Die Einbringung einer firmenwertabgeschriebenen Beteiligung löst keine Nacherfassung gemäß § 9 Abs. 7 letzter TS KStG 1988 aus.

Beispiel:

Die Unternehmensgruppe besteht aus dem Gruppenträger X (WJ = KJ). Dieser hält eine 100-prozentige Beteiligung am Gruppenmitglied A (WJ = KJ) und eine 75-prozentige Beteiligung am Gruppenmitglied B (Wirtschaftsjahr 1.10.-30.9.). Die restlichen 25% an B werden durch die natürliche Person Y gehalten.

Das beteiligte Gruppenmitglied A hält eine 100-prozentige Beteiligung an der operativ tätigen Beteiligungskörperschaft C (WJ = KJ).

A bringt 95% der Beteiligung an C zum a) 31.12.01

b) 30.9.01

in das Gruppenmitglied B ein.

Die Einbringung erfolgt gegen Gewährung neuer Anteile gemäß § 19 Abs. 1 UmgrStG, wodurch sich die Beteiligung des Gruppenträgers X zum auf den Einbringungsstichtag folgenden Tag auf 60% vermindert und A in weiterer Folge ab diesem Stichtag zu 20% an B beteiligt ist.

Firmenwertabschreibung:

Die von A auf die erworbene Beteiligung an C vorgenommene Firmenwertabschreibung kann in dem mit dem Umgründungsstichtag endenden Zeitraum letztmalig im Jahr 01 zu einem Fünfzehntel geltend gemacht werden.

Im Fall a) kann B die Firmenwertabschreibung im Hinblick auf die Übernahme der Beteiligung im laufenden Wirtschaftsjahr 01/02 noch nicht geltend machen. Es kann durch B erst zu Lasten des Wirtschaftsjahres 02/03 ein weiteres Fünfzehntel iHv 95/100 der Bemessungsgrundlage abgesetzt werden.

Im Fall b) schließt B mit seinem Wirtschaftsjahr an das durch den Einbringungsstichtag fiktiv endende Wirtschaftsjahr des A an und kann das folgende Fünfzehntel zu Lasten des Wirtschaftsjahres 01/02 im Ausmaß von 95/100 der Bemessungsgrundlage geltend gemacht werden.

Die verbleibende 5-prozentige Beteiligung des Gruppenmitglieds A an der Beteiligungskörperschaft C vermittelt keine Fortführung der Firmenwertabschreibung.

Einkommensermittlung:

Das Einkommen des Gruppenmitglieds C des Jahres 01 wird im Fall

a) zum 31.12.01 gemeinsam mit dem Ergebnis des Gruppenmitglieds A dem Gruppenträger zugerechnet. Erst für das Ergebnis des Jahres 02 erfolgt die Änderung der Zurechnung, sodass das Ergebnis des Jahres 02 des C zum 30.9.03 gemeinsam mit dem Ergebnis des B des Wirtschaftsjahres 02/03 dem Gruppenträger zuzurechnen ist und im Wirtschaftsjahr 03 beim Gruppenträger erfasst wird.

b) dem Gruppenmitglied B zugerechnet und wird gemeinsam mit dem Ergebnis des B aus dem Wirtschaftsjahr 01/02 an den Gruppenträger weitergeleitet und von diesem in der Gruppenveranlagung 02 erfasst.

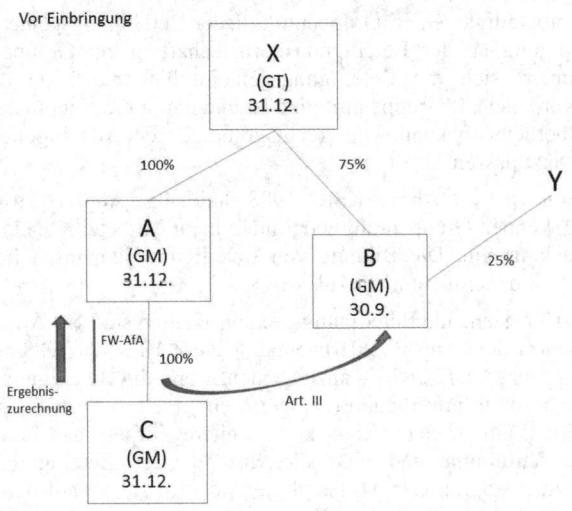

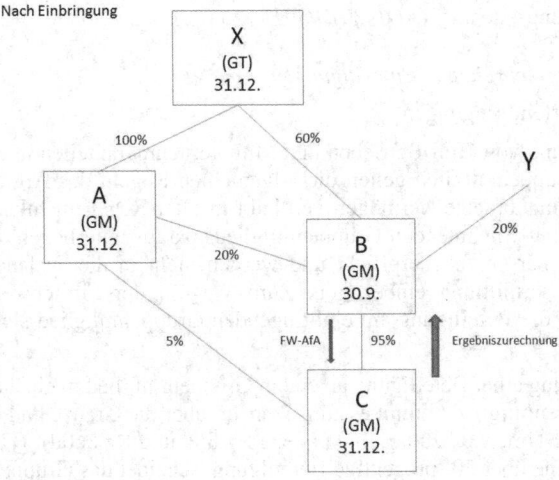

(AÖF 2013/301)

3.10.2.1.3 Einbringung im Zusammenhang mit einer Beteiligungsgemeinschaft

1245d   Für Zeiträume bis zum Inkrafttreten des AbgÄG 2010, BGBl. I Nr. 34/2010, gilt Folgendes (Rechtslage für zum 30.6.2010 bestehende Beteiligungsgemeinschaften):

- Bringt der Hauptbeteiligte einer Gruppenmitglieder-Beteiligungsgemeinschaft begünstigtes Vermögen in die Beteiligungskörperschaft ein, kann es infolge der Kapitalerhöhung zu einer ausreichenden finanziellen Verbindung an der Beteiligungskörperschaft kommen. In diesem Fall kann die Beteiligungsgemeinschaft gekündigt werden oder fortbestehen, wenn die Beteiligung des Minderbeteiligten nicht unter 15% sinkt.

- Bringt der Hauptbeteiligte einer Gruppenmitglieder-Beteiligungsgemeinschaft die Beteiligung an der Beteiligungskörperschaft in ein Gruppenmitglied ein, ändert sich die Beteiligungsgemeinschaft nicht, da die übernehmende Körperschaft Gruppenmitglied ist und damit die Hauptbeteiligtenfunktion übernehmen kann. Die Rechtsgrundlage der Beteiligungsgemeinschaft ist anzupassen.

Seit der Änderung von § 9 Abs. 2 KStG 1988 durch das AbgÄG 2010, BGBl. I Nr. 34/2010, können Gruppenmitglieder nicht mehr Mitbeteiligte einer Beteiligungsgemeinschaft sein. Die Bildung von Beteiligungsgemeinschaften auf „mittlerer Ebene" ist daher nicht mehr zulässig.

Auf zum 30.6.2010 bestehende Beteiligungsgemeinschaften sind § 9 Abs. 2 und 3 KStG 1988 idF vor dem AbgÄG 2010 gemäß § 26c Z 18 KStG 1988 nur dann weiter – bis längstens 31.12.2020 – anzuwenden, wenn die Beteiligungsgemeinschaft in ihrer Struktur unverändert („eingefroren") bleibt. Dies ist dann der Fall, wenn die Beteiligungsgemeinschaft keine weitere Körperschaft in die Unternehmensgruppe aufnimmt und sich die Struktur der Beteiligungsgemeinschaft weder in Bezug auf die Mitbeteiligten noch in Bezug auf deren Beteiligungsausmaß verändert. Obige Ausführungen bewirken jedenfalls eine schädliche Strukturänderung und führen zur Auflösung der Beteiligungsgemeinschaft zum Einbringungsstichtag. *(AÖF 2013/301)*

3.10.2.2 Grenzüberschreitende Einbringungen

3.10.2.2.1 „Exporteinbringungen"

1245e
- Für die Einbringung von (Teil)Betrieben und Mitunternehmeranteilen in ein ausländisches Gruppenmitglied gelten die allgemeinen Regeln des Art. III UmgrStG. Das eingebrachte Vermögen verbleibt in aller Regel im Inland, die Einkünfte des übernehmenden Gruppenmitglieds daraus unterliegen der beschränkten Körperschaftsteuerpflicht und werden nicht in die ausländische Einkommensermittlung einbezogen. Zum Wegfall der Firmenwertabschreibung auf die Beteiligung am einbringenden Gruppenmitglied siehe Rz 1245aa.

- Bei der Einbringung einer Beteiligung an einem Gruppenmitglied in ein ausländisches Gruppenmitglied kommt es zum Transfer über die Grenze und ist damit § 16 Abs. 1 UmgrStG zu beachten (siehe Rz 857 und Rz 860d). Handelt es sich um eine über 50- prozentige Beteiligung, scheidet das Gruppenmitglied, derssen Beteiligung eingebracht wurde, grundsätzlich aus der Unternehmensgruppe aus, da unter einem ausländischen Gruppenmitglied kein inländisches Gruppenmitglied bestehen kann, denn § 9 Abs. 2 KStG 1988 normiert, dass die beteiligte Körperschaft eine inländische Körperschaft sein muss.

Im Sinne der Entscheidung des EuGH in der Rs. Papillon (siehe BMF-Info vom 16.05.2012, BMF-010216/0021-VI/6/2012, Auslegung des § 9 Abs. 2 TS 1 KStG 1988 im Lichte des EuGH-Urteils in der Rs. Papillon) steht es allerdings der unionsrechtlichen Niederlassungsfreiheit entgegen, wenn die Zurechnung der Ergebnisse einer inländischen Enkelgesellschaft nach Maßgabe des § 9 KStG 1988 verwehrt werden würde, wenn diese Gesellschaft nicht über eine inländische, sondern über eine in einem anderen Mitgliedstaat ansässige Tochtergesellschaft gehalten wird. Daher können die Ergebnisse inländischer Enkelgesellschaften, die über eine in einem anderen Mitgliedstaat ansässige Muttergesellschaft gehalten werden, in die Unternehmensgruppe einbezogen werden (nähere Ausführungen dazu siehe KStR 2013 Rz 1014).

Die Enkelgesellschaft scheidet demnach nicht aus der Gruppe aus, kann aber keine finanzielle Verbindung vermitteln, weil ihr nicht der Status eines Vollmitgliedes der Unternehmensgruppe zukommt.

Gleiches gilt, wenn das übernehmende ausländische Gruppenmitglied durch die Vereinigung der bestehenden Minderheitsbeteiligung mit der eingebrachten Beteiligung über 50% beteiligt wird. *(AÖF 2013/301)*

3.10.2.2.2 „Importeinbringungen"

• Bringt ein ausländisches Gruppenmitglied einen ausländischen (Teil)Betrieb oder Mitunternehmeranteil in ein inländisches Gruppenmitglied ein, entsteht für das übernehmende Gruppenmitglied ein Auslandsvermögen, das im Wege des § 2 Abs. 8 EStG 1988 zur Anerkennung von Verlusten mit Gegenverrechnung führt. Soweit einbringungsveranlasst Vermögensteile in das Inland verbracht werden, ist § 18 Abs. 1 Z 3 UmgrStG anzuwenden (siehe Rz 972a ff).   1245f

• Bringt ein ausländisches Gruppenmitglied einen inländischen (Teil)Betrieb oder Mitunternehmeranteil in ein inländisches Gruppenmitglied ein, wird die beschränkte Körperschaftsteuerpflicht durch die unbeschränkte des übernehmenden Gruppenmitglieds ersetzt. Die ab dem dem Einbringungsstichtag folgenden Tag anfallenden Ergebnisse sind bei der Einkommensermittlung des übernehmenden Gruppenmitglieds relevant und gehen in das Gruppeneinkommen ein.

• Bringt ein ausländisches Gruppenmitglied die (maximal 50-prozentige) Beteiligung an einem weiteren ausländischen oder inländischem Gruppenmitglied in ein inländisches Gruppenmitglied ein, bleibt die Gruppenzugehörigkeit bestehen, da neben der unzureichenden Beteiligung eine weitere bestehen musste, um die Gruppenzugehörigkeit zu sichern. Da in diesem Fall die Beteiligung in das Inland übertragen wird, kommt § 17 Abs. 2 UmgrStG zur Anwendung. Entscheidet sich das einbringende Gruppenmitglied für den Ansatz des gemeinen Wertes, liegt bei dem übernehmenden Gruppenmitglied auf Grund des Tauschgrundsatzes gem. § 6 Z 14 lit. b EStG 1988 eine Beteiligungsanschaffung vor, die im Hinblick auf den Tatbestand einer Konzernanschaffung die Firmenwertabschreibung ausschließt. *(AÖF 2008/243)*

3.10.2.3 Auslandseinbringungen

Die Einbringung von Auslandsvermögen durch ein ausländisches Gruppen-   1245g mitglied in ein anderes ausländisches Gruppenmitglied berührt die Gruppenzugehörigkeit des einbringenden Gruppenmitglieds nicht. Da die Beteiligung am einbringenden Gruppenmitglied unverändert erhalten bleibt, kommt es nicht zu einer Nachversteuerung von bis zur Einbringung in das Inland verrechneten Verlusten. In diesen Fällen liegt auch kein umgründungsbedingtes wirtschaftliches Ausscheiden des übertragenden Gruppenmitglieds gemäß § 9 Abs. 6 Z 6 vorletzter Satz KStG 1988 idF BudBG 2009 bzw. § 9 Abs. 6 Z 7 vorletzter Satz KStG 1988 idF AbgÄG 2014 vor, wenn die Nachversteuerungshängigkeit innerhalb der Gruppe weiter gewahrt bleibt.

Gehen Verlustvortrag und Nachversteuerungshängigkeit auf die übernehmende Körperschaft nicht über, liegt ein wirtschaftliches Ausscheiden vor.

Verliert das ausländische einbringende Gruppenmitglied seine Vergleichbarkeit zB aufgrund der Einbringung eines (Teil)Betriebes in eine gruppenfremde Körperschaft, liegt stets ein wirtschaftliches Ausscheiden vor. Diesfalls kommt es zur Nachversteuerung der noch offenen Verluste gemäß § 9 Abs. 6 Z 6 KStG 1988 bzw. § 9 Abs. 6 Z 7 KStG 1988 idF AbgÄG 2014, weil in diesem Fall die Nachversteuerung nicht mehr sichergestellt ist (gemäß § 26c Z 16 KStG 1988 erstmals auf Sachverhalte nach dem 30.6.2009 anzuwenden; siehe dazu auch KStR 2013 Rz 1088 und 1096).

Sollte die Gegenleistung beim einbringenden Gruppenmitglied zu einer mehr als 50-prozentigen Beteiligung an dem übernehmenden Gruppenmitglied führen, scheidet die übernehmende Körperschaft auf Grund des Entstehens einer zweiten Beteiligungsebene im Ausland aus der Unternehmensgruppe aus. *(BMF-AV Nr. 193/2015)*

3.10.3 Einbringung durch einen und in einen Gruppenfremden

3.10.3.1 Einbringung durch einen inländischen Gruppenfremden

1245h   Die Einbringung von (begünstigtem) Vermögen durch einen inländischen Gruppenfremden in ein inländisches Gruppenmitglied führt zu einer Anteilsgewährung zu Lasten der Anteilsinhaber des übernehmenden Gruppenmitglieds.

- Bleibt die beteiligte Körperschaft auch nach der Kapitalerhöhung ausreichend mit dem übernehmenden Gruppenmitglied finanziell verbunden, bleibt die Gruppenzugehörigkeit erhalten, eine auf die Beteiligung vorgenommene Firmenwertabschreibung ist unverändert fortzuführen.

- Sinkt das Beteiligungsausmaß auf 50% oder weniger, scheidet die übernehmende Körperschaft aus der Unternehmensgruppe aus. Bis zur Änderung durch das AbgÄG 2010 konnte unter Umständen mit dem neuen Anteilsinhaber, wenn er eine inländische Kapitalgesellschaft oder Genossenschaft war, eine Beteiligungsgemeinschaft gebildet werden, um die Gruppenmitgliedschaft wieder zu begründen. Eine derartige „Sanierung" der Gruppenzugehörigkeit ist durch die gesetzliche Neuregelung in § 9 Abs. 2 KStG 1988 idF AbgÄG 2010 mit der Versagung der Bildung von Beteiligungsgemeinschaften auf „mittlerer Ebene" ausgeschlossen. Ist die Mindestbestanddauer an dem dem Einbringungsstichtag folgenden Tag noch nicht gegeben, kommt es zur nachträglichen isolierten Besteuerung des ausgeschiedenen Mitglieds.

- Will die beteiligte Körperschaft eine Unterbrechung der Gruppenzugehörigkeit der Beteiligungskörperschaft verhindern, müsste sie ihre ausreichende Beteiligung durch eigene Einlagen (neben der Sacheinlage des Einbringenden) aufrechterhalten. Zu beachten ist dabei, dass die Einlage von nicht begünstigtem Vermögen nicht rückwirkend erfolgen kann und daher vor dem Einbringungsstichtag erfolgen müsste.

- Bringt der Gruppenfremde eine mehr als 50-prozentige Beteiligung an einer in- oder ausländischen Kapitalgesellschaft oder Genossenschaft ein, kann die Unternehmensgruppe durch einen Ergänzungsantrag auf die finanziell verbundene Körperschaft erweitert werden. Entscheidet sich die einbringende Körperschaft gemäß § 17 Abs. 2 UmgrStG für den Ansatz des gemeinen Wertes, liegt bei dem übernehmenden Gruppenmitglied auf Grund des Tauschgrundsatzes gemäß § 6 Z 14 lit. b EStG 1988 eine Beteiligungsanschaffung vor, die die Firmenwertabschreibung auslösen kann.

- Vortragsfähige auf das Gruppenmitglied nach § 21 UmgrStG übergehende Verluste werden zu Außergruppenverlusten.

Beispiel:

Die Unternehmensgruppe besteht aus der A-GmbH als Gruppenträger und ihren 100%-Töchtern B-GmbH und C-GmbH. Das Wirtschaftsjahr entspricht bei allen Gesellschaften dem Kalenderjahr.

Die X-GmbH bringt zum 31.12.02 ihren Betrieb samt der 75-prozentigen Beteiligung an der Y-GmbH in die B-GmbH ein und erhält dafür

a) einen 30-prozentigen Anteil

b) einen 50-prozentigen Anteil an der B-GmbH.

§ 22

Vor Einbringung

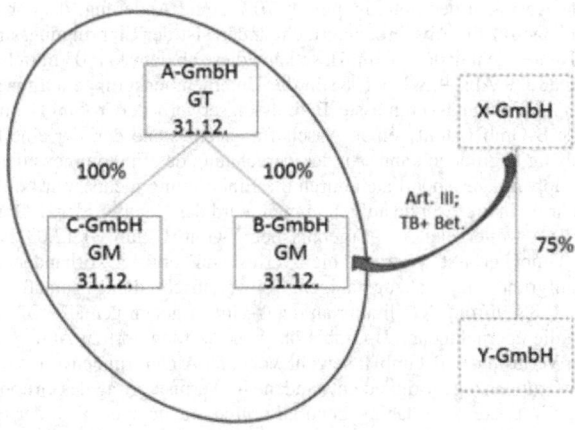

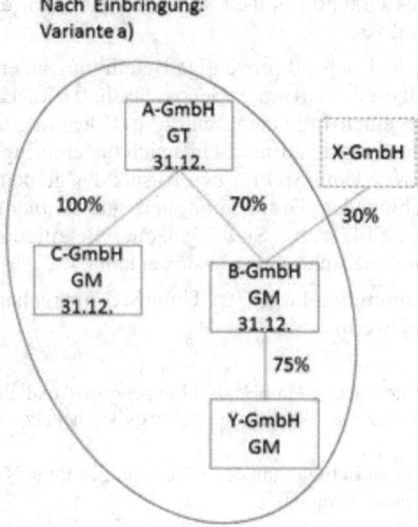

Nach Einbringung:
Variante a)

Variante a)

Die finanzielle Verbindung der A-GmbH zur B-GmbH und somit auch die Unternehmensgruppe bleiben bestehen. Hat die A-GmbH auf die angeschaffte Beteiligung an der B-GmbH eine Firmenwertabschreibung vorgenommen, so erfährt diese durch das umtauschbedingte Absinken der Beteiligung auf 70% keine Änderung, da sich die Bemessungsgrundlage für die Abschreibung nicht ändert. Ist der Einbringungsstichtag zugleich der Bilanzstichtag der Y-GmbH, so kann diese ab dem Jahr 03 mittels eines Antrages gemäß § 9 Abs. 9 KStG 1988 in die Unternehmensgruppe aufgenommen werden. Der einbringungsveranlasste Beteiligungserwerb der Y-GmbH durch die übernehmende B-GmbH stellt keinen Anschaffungstatbestand dar, der eine Firmenwertabschreibung begründen kann. An der Zurechnung des Einkommens der B-GmbH an den Gruppenträger ändert sich durch die Einbringung nichts. Wird die Y-GmbH ab dem Jahr 03 in die Gruppe aufgenommen, wird das Ergebnis der B-GmbH gemeinsam mit dem weitergeleiteten Ergebnis der Y-GmbH zum 31.12.03 beim Gruppenträger A-GmbH erfasst. Vortragsfähige Verluste und etwaige vorhandene offene Siebentel aufgrund einer abzugsfähigen Teilwertabschreibung gemäß § 12 Abs. 3 Z 2 KStG 1988 auf die Beteiligung an der Y-GmbH gehen gemäß § 21 iVm § 4 UmgrStG auf die übernehmende B-GmbH über und werden dort zu Außergruppenverlusten. Die Verluste der B-GmbH, sowohl Vor- und Außergruppenverluste als auch während der Gruppenzugehörigkeit entstandene im Verlustvortrag des Gruppenträgers vorhandene Verluste, sind dahingehend zu prüfen, ob sie auch nach der Einbringung weiter abzugsfähig bleiben.

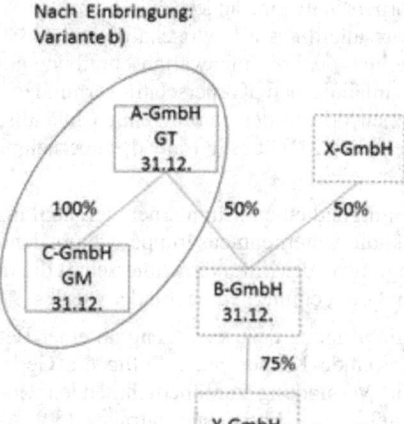

Variante b)

Die maßgebende finanzielle Verbindung zur B-GmbH geht verloren, folglich scheidet die B-GmbH aus der Unternehmensgruppe aus. Damit enden sowohl die Firmenwertabschreibung auf die Beteiligung der B-GmbH als auch die Einkommenszurechnung an den Gruppenträger A-GmbH zum 31.12.02.

Ist zu diesem Zeitpunkt die Mindestzugehörigkeitsdauer der B-GmbH zur Unternehmensgruppe gemäß § 9 Abs. 10 KStG 1988 nicht erfüllt, sind die Rechtsfolgen aus der Gruppenbildung zwischen A und B rückabzuwickeln. Die Unternehmensgruppe zwischen A und C bleibt aufrecht. *(AÖF 2013/301)*

3.10.3.2 Einbringung durch einen ausländischen Gruppenfremden

Mit der Einbringung von ausländischem (begünstigten) Vermögen durch einen ausländischen Gruppenfremden entsteht beim übernehmenden inländischen Gruppenmitglied, wenn es weiterhin Gruppenmitglied ist, Auslandsvermögen, das unter die Regelung des § 2 Abs. 8 EStG 1988 fällt. Zum Schicksal ausländischer vortragsfähiger Verluste siehe Rz 194.   **1245i**

Bringt der Gruppenfremde eine Auslandsbeteiligung in das inländische Gruppenmitglied ein, kann die betreffende Körperschaft in der Folge mittels eines Ergänzungsantrages (§ 9 Abs. 9 KStG 1988) in die Unternehmensgruppe aufgenommen werden.

Bringt der Gruppenfremde Vermögen in ein ausländisches Gruppenmitglied ein, ändert sich nichts an der Gruppenzugehörigkeit, solange die ausreichende finanzielle Verbindung erhalten bleibt. Durch eine umtauschverhältnisbedingte Beteiligungsverminderung ergibt sich keine Nachversteuerung offener Verluste bei der beteiligten Körperschaft. Im Falle des umtauschverhältnisveranlassten Ausscheidens des ausländischen Mitglieds sind die gesamten bisher nicht nachverrechneten Verluste zu erfassen.

Die Übernahme künftiger Verluste des ausländischen Gruppenmitglieds sinkt auf das sich nach der Einbringung bei der beteiligten Körperschaft ergebende Prozentausmaß der Beteiligung. *(AÖF 2008/243)*

3.10.3.3 Einbringung in einen Gruppenfremden

Bringt ein in- oder ausländisches Gruppenmitglied einen Betrieb oder Teil-   **1245j** betrieb in eine gruppenfremde Körperschaft ein, ändert dies nichts an seiner Gruppenzugehörigkeit (denkbar wäre allerdings ein wirtschaftliches Ausscheiden des ausländischen Gruppenmitglieds). Die Firmenwertabschreibung auf die Beteiligung an der einbringenden inländischen Körperschaft vermindert sich oder entfällt. Vor- oder Außergruppenverluste der einbringenden inländischen Körperschaft gehen nach Maßgabe des § 21 UmgrStG auf die übernehmende Körperschaft über.

Bringt das inländische Gruppenmitglied einen Mitunternehmeranteil in eine gruppenfremde Körperschaft ein, ist die Unternehmensgruppe weiters dann negativ berührt, wenn über die Beteiligung an der Mitunternehmerschaft die finanzielle Verbindung zu einem anderen Gruppenmitglied begründet wurde.

Gleiches gilt für den Fall der Einbringung der Beteiligung an einer Beteiligungskörperschaft in eine gruppenfremde Körperschaft. Sollte die Gegenleistung eine ausreichende finanzielle Verbindung zur übernehmenden Körperschaft begründen, kann diese mittels eines Ergänzungsantrages (§ 9 Abs. 9 KStG 1988) in die Unternehmensgruppe aufgenommen werden.

Beispiel:

Die Unternehmensgruppe besteht aus dem Gruppenträger A, dessen 100- prozentiger Tochter B und deren 100-prozentiger ausländischer EU- Tochtergesellschaft C. Zudem hält die B eine 100-prozentige Beteiligung am inländischen Gruppenmitglied D. Das Wirtschaftsjahr entspricht bei allen Gesellschaften dem Kalenderjahr.

Zum 31.12.02 bringt die B ihre Beteiligungen an den Tochtergesellschaften C und D in die ausländische gruppenfremde Körperschaft X ein und erhält dafür als Gegenleistung 51% der Anteile.

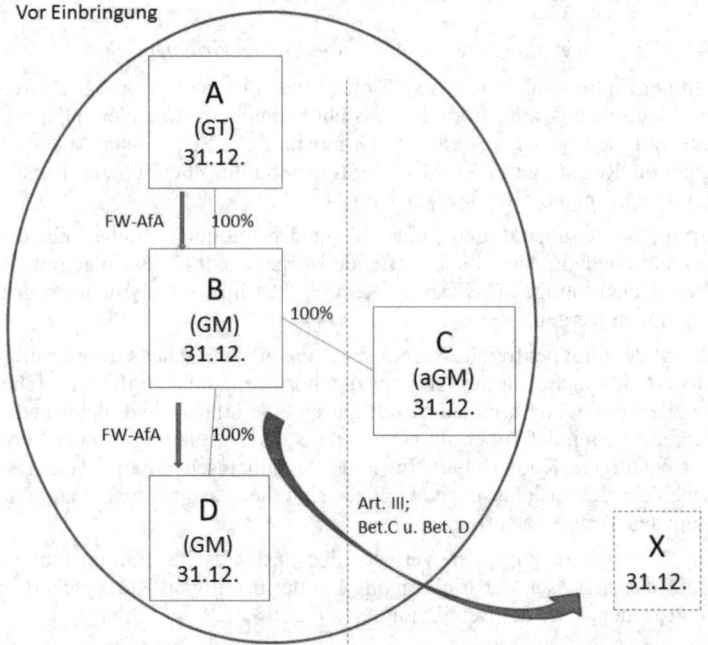

Mit Ablauf des Einbringungsstichtages 31.12.02 enden die Zugehörigkeit der eingebrachten Beteiligungen (aGM C und GM D) zur B, mit dem auf den Einbringungsstichtag folgenden Tag tritt die als Gegenleistung gewährte Beteiligung an der X an deren Stelle.

Auf die von A auf die Beteiligung an der betriebsführenden B vorgenommene Firmenwertabschreibung hat die Einbringung keinen Einfluss.

Die vorgenommene Firmenwertabschreibung der B auf die Beteiligung an der betriebsführenden D kann letztmalig mit 31.12.02 erfolgen.

Zur Bewertung der weggezogenen Beteiligungen siehe unten (Varianten 1 und 2).

Da eine ausreichende finanzielle Verbindung zur X gegeben ist, kann die B entscheiden, ob sie die X in die Gruppe aufnehmen will.

Entscheidet sie sich für eine Gruppenmitgliedschaft der nunmehrigen ausländischen Tochter X, welche grundsätzlich ab dem Jahr 03 möglich ist, so kann die Beteiligung an der C aufgrund des Ausschlusses der zweiten Beteiligungsebene im Ausland nicht mehr in die Gruppe einbezogen werden. Die C-GmbH scheidet daher jedenfalls durch die Einbringung aus der Unternehmensgruppe aus.

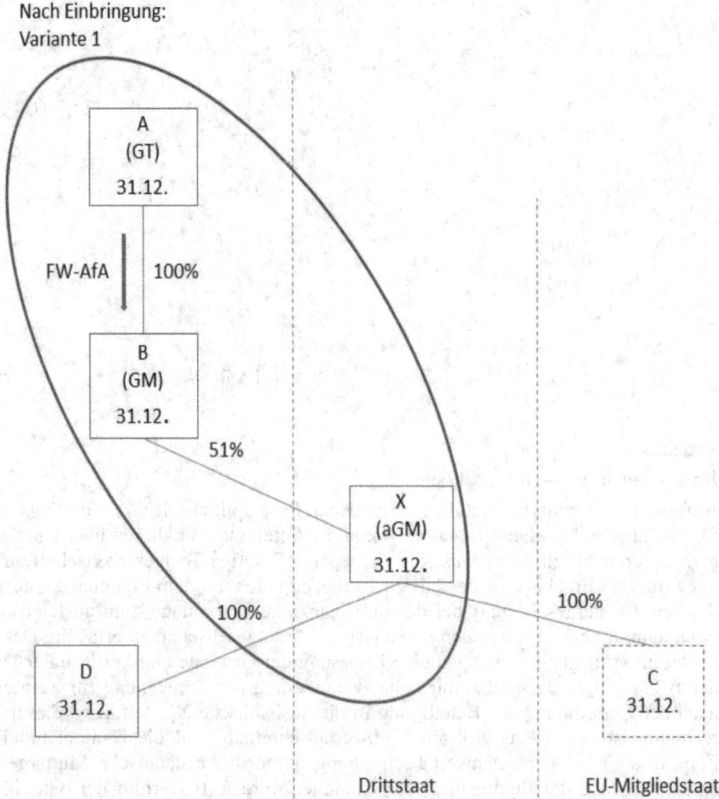

Nach Einbringung: Variante 1

Variante 1:

X ist in einem Drittstaat ansässig:

In diesem Fall kann eine inländische Tochtergesellschaft D eines ausländischen Gruppenmitglieds trotz ausreichender finanzieller Verbindung nicht in die Unternehmensgruppe einbezogen werden. (Bewertung der Beteiligung an der C und D gemäß § 16 Abs. 1 UmgrStG; siehe Rz 857).

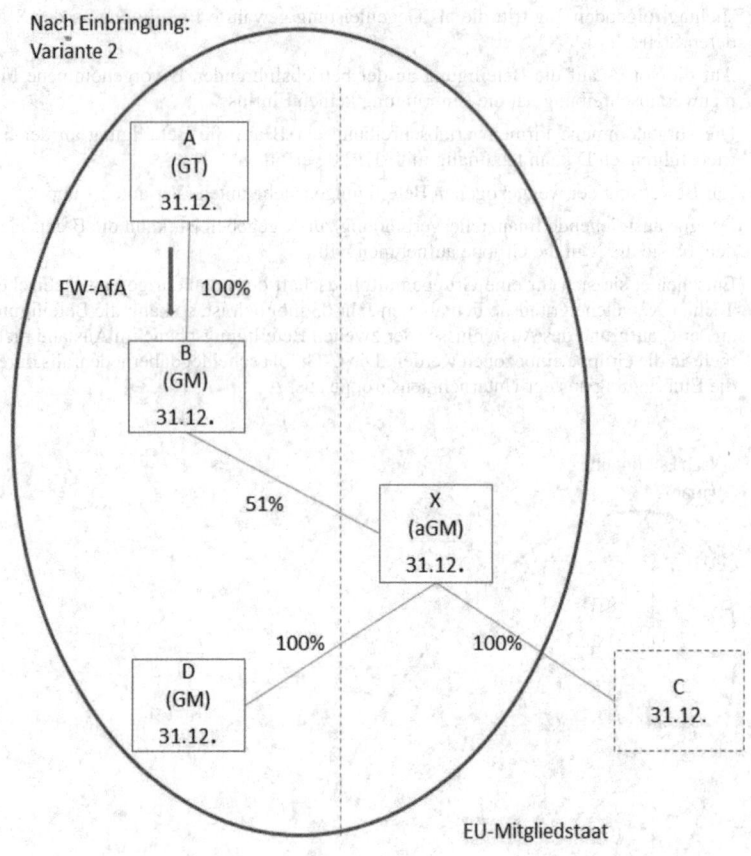

Variante 2:

X ist in einem EU –Staat ansässig:

Aufgrund der durch den EuGH entschiedenen Rs. Papillon gilt dies allerdings nicht für inländische Enkelgesellschaften, wenn die Beteiligung an diesen über eine in einem anderen Mitgliedstaat ansässige gruppenzugehörige Tochtergesellschaft gehalten wird. Das Ergebnis ist diesfalls zu 100% zeitgleich mit dem Ergebnis der ausländischen Tochtergesellschaft bei der die finanzielle Verbindung zum ausländischen Gruppenmitglied vermittelnden inländischen Muttergesellschaft zu erfassen. Das bedeutet im vorliegenden Beispiel eine Erfassung der Gewinne und Verluste der D bei der B zum 31.12.03 (und somit keine Veränderung der Zurechnung für Zeiträume nach der Einbringung der Beteiligung in die ausländische X). Aufgrund dieser Zurechnung ist eine steuerwirksame Teilwertabschreibung auf die D nicht möglich. Ebenso kann keine Firmenwertabschreibung durch die ausländische Muttergesellschaft X auf die Beteiligung an D vorgenommen werden (Bewertung der Beteiligung der D und C gemäß § 16 Abs. 1a UmgrStG bzw. § 16 Abs. 1 dritter bis letzter Satz UmgrStG; siehe Rz 860h). *(BMF-AV Nr. 40/2017)*

3.10.4 Beendigung einer Unternehmensgruppe

1245k   Eine Unternehmensgruppe kann einbringungsveranlasst nur dann beendet werden, wenn sie nur aus einer unmittelbar verbundenen Beteiligungskörperschaft ohne oder mit von dieser gehaltenen weiteren Gruppenmitgliedern besteht

und die ausreichende finanzielle Verbindung zur unmittelbar mit dem Gruppenträger verbundenen Beteiligungskörperschaft einbringungsbedingt verloren
geht.

Beispiel:

Die Unternehmensgruppe besteht aus der A-GmbH als Gruppenträger, der 100-pro-
zentigen Tochter B-GmbH und der 100-prozentigen Tochter C- GmbH. Alle Gesellschaften bilanzieren auf den 31.12. Die unbeschränkt steuerpflichtige Y-GmbH bringt
ihren Betrieb zum 31.12.02 in die B-GmbH gegen Gewährung neuer Anteile ein, sodass die Y-GmbH nach der Einbringung an der B-GmbH im Ausmaß von

Variante 1: 50%

Variante 2: 49% beteiligt ist.

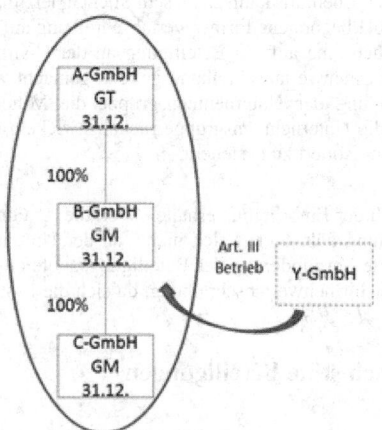

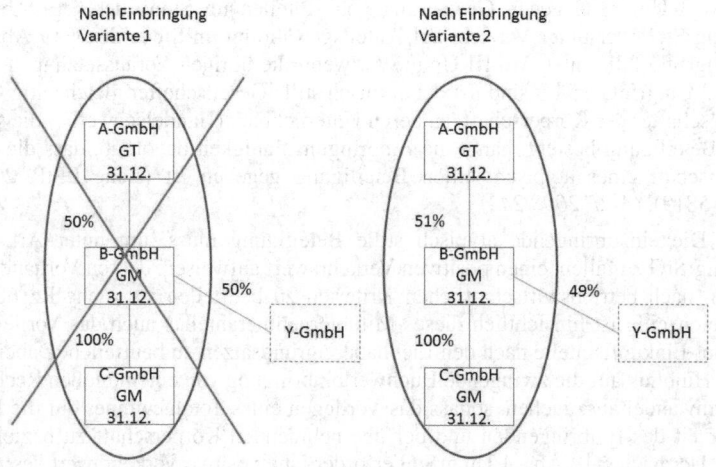

Einbringungsbedingt ist die Y-GmbH ab dem dem Einbringungsstichtag folgenden
Tag (1.1.03) an der B-GmbH beteiligt.

Vortragsfähige Verluste der Y-GmbH gehen nach Maßgabe des § 21 UmgrStG auf die

B-GmbH über. Vorgruppenverluste und Außergruppenverluste der B-GmbH sind dahingehend zu prüfen, ob sie nach § 21 UmgrStG weiterhin abzugsfähig bleiben.

Ebenso ist im Rahmen der gruppenbezogenen Betrachtungsweise für die an den Gruppenträger durch die B-GmbH weitergeleiteten Verluste zu prüfen, ob das verlustverursachende Vermögen noch vergleichbar (bei der B-GmbH bzw. in der Gruppe) vorhanden ist. Ist dies der Fall, kommt es zu keinerlei Einschränkungen beim Verlustvortrag. Hat die B-GmbH hingegen beispielsweise zwischenzeitlich einen verlustverursachenden Teilbetrieb veräußert oder eingestellt, hat eine Kürzung des Verlustvortrages beim Gruppenträger A-GmbH zu erfolgen (gilt für Einbringungsverträge ab dem 1.12.2011).

Variante 1:

Sinkt die Beteiligung der A-GmbH durch die Einbringung auf 50% oder weniger, ist die Unternehmensgruppe zum 31.12.02 beendet. Zu diesem Stichtag erfolgt letztmalig die Ergebniszurechnung der B-GmbH gemeinsam mit dem Gewinn oder Verlust der C-GmbH an den Gruppenträger. Ebenfalls kann zu diesem Stichtag letztmalig eine durch den Gruppenträger A-GmbH begonnene Firmenwertabschreibung auf die Beteiligung an der B-GmbH bzw. auch eine auf die Beteiligung an der C-GmbH durch die B-GmbH vorgenommene Firmenwertabschreibung geltend gemacht werden. Ist zum Zeitpunkt der Beendigung der Unternehmensgruppe die Mindestbestandsdauer noch nicht erfüllt, ist die Unternehmensgruppe rückabzuwickeln und sind die ehemaligen Gruppenmitglieder isoliert zu besteuern.

Variante 2:

Bleibt die finanzielle Verbindung nach der Einbringung erhalten, weil die A- GmbH eine mehr als 50-prozentige Beteiligung hält, ändert sich nichts an der Unternehmensgruppe. Die einbringungsbedingte Verminderung der Beteiligungsquote an der B-GmbH bewirkt keine Änderung der Firmenwertabschreibung, da sich die Bemessungsgrundlage nicht ändert. *(AÖF 2013/301)*

3.11. Einbringung und atypisch stille Beteiligungen

3.11.1 Allgemeines

1246 Die Einbringung einer atypisch stillen Beteiligung (= Mitunternehmeranteil im Sinne des § 12 Abs. 2 Z 2 UmgrStG) in eine Körperschaft im Sinne des § 12 Abs. 3 UmgrStG gegen Gewährung von Anteilen im Sinne des § 19 Abs. 1 UmgrStG oder unter Verzicht auf Anteilsgewährung im Sinne des § 19 Abs. 2 UmgrStG fällt unter Art. III UmgrStG, wenn die übrigen Voraussetzungen des § 12 UmgrStG erfüllt sind. Ist der atypisch stille Gesellschafter gleichzeitig Gesellschafter der Körperschaft, an deren Unternehmen (Handelsgewerbe) die stille Beteiligung besteht, hängt die Einbringungsfähigkeit davon ab, dass die Eigenschaft einer atypisch stillen Beteiligung gegeben ist (siehe EStR 2000 Rz 5819). *(AÖF 2008/243)*

1247 Die einzubringende atypisch stille Beteiligung muss, um unter Art. III UmgrStG zu fallen, einen positiven Verkehrswert aufweisen, dessen Vorhandensein nach betriebswirtschaftlichen Kriterien zu beurteilen ist (siehe Rz 683). Gleichzeitig ist hinsichtlich dieses Mitunternehmeranteiles auch das Vorliegen einer Einkunftsquelle nach den Liebhabereigrundsätzen zu beurteilen. Dabei ist im Hinblick auf die zwingende Buchwerteinbringung von einem bloßen Rechtsformwandel auszugehen, sodass das Vorliegen eines Totalgewinnes auf die Besitzzeit des Einbringenden und der übernehmenden Körperschaft zu beziehen ist. Der nach § 12 Abs. 1 UmgrStG erforderliche positive Verkehrswert des Anteils ist unter Berücksichtigung dieser Überlegung durch die isolierte Bewertung (stand-alone-Betrachtung) zum Stichtag unter Beachtung der Ertragsaussichten festzustellen.

Ob die atypisch stille Beteiligung am Unternehmen des Einbringenden oder am Unternehmen der übernehmenden Körperschaft auf Grund der Einbringung beendet wird oder nicht, ist eine Vertragsfrage. Ist ein Weiterbestand der Mitunternehmerschaft beabsichtigt, bedarf es einer Fortsetzungsklausel, die entweder bereits im ursprünglichen Gesellschaftsvertrag enthalten sein muss, oder spätestens bis zur Beschlussfassung der Einbringung im Gesellschaftsvertrag aufgenommen wird. Siehe auch Rz 355 ff. *(AÖF 2008/243)* 1248

3.11.2 Sonderfälle

Die Einbringung der atypisch stillen Beteiligung in die die Funktion des Inhabers des Unternehmens besitzende Körperschaft fällt unter Art. III UmgrStG, wenn die Anwendungsvoraussetzungen des § 12 UmgrStG gegeben sind. Liegt keine weitere atypisch stille Beteiligung vor, geht die stille Mitunternehmerschaft in sinngemäßer Anwendung des § 142 UGB mit Wirksamwerden der Einbringung unter. *(AÖF 2008/243)* 1249

Soll eine atypisch stille Beteiligung am Unternehmen einer Personengesellschaft dadurch in eine Kapitalgesellschaft übertragen werden, dass alle Personengesellschafter ihre Mitunternehmeranteile auf einen Stichtag als Sacheinlage in dieselbe Kapitalgesellschaft einbringen, wäre damit die stille Mitunternehmerschaft nicht beendet, da an dieser die übernehmende Kapitalgesellschaft und der atypisch stille Gesellschafter beteiligt wären. Es ist daher erforderlich, dass auch der stille Mitunternehmer (zusammen mit den Personengesellschaftern) seinen stillen Anteil zum gleichen Stichtag in die gleiche Kapitalgesellschaft einbringt. Da jeder Gesellschafter der Personengesellschaft dem Grunde nach eine Einbringung vornimmt, ist es auch möglich, diese einzelnen Einbringungsvorgänge einschließlich der Einbringung des stillen Gesellschaftsanteiles in einem Einbringungsvertrag zu bündeln, soll doch die übernehmende Kapitalgesellschaft damit letztlich zum unternehmensrechtlichen Alleingesellschafter der Personenhandelsgesellschaft und zum steuerlichen Alleingesellschafter beider Mitunternehmerschaften werden. Damit wird auch der stille Mitunternehmer zum Gesellschafter der übernehmenden Kapitalgesellschaft. Da die Einbringungen auf denselben Stichtag erfolgen, sind ertragsteuerlich mit Beginn des dem Einbringungsstichtag folgenden Tages die doppelstöckigen Mitunternehmerschaften beendet und kommt der übernehmenden Kapitalgesellschaft der Betrieb im Wege des § 142 UGB zu. *(AÖF 2008/243)* 1250

§ 22

3.12. Einbringung und Mindestkörperschaftsteuer

Die einbringende Kapitalgesellschaft bleibt in jedem Fall einer Einbringung und daher auch im Fall der Einbringung des gesamten Unternehmens weiterhin bestehen. Aus diesem Grund sind auch offene Beträge an entrichteter Mindestkörperschaftsteuer weiterhin bei der einbringenden Kapitalgesellschaft zu verrechnen und gehen nicht auf die übernehmende Körperschaft über (siehe KStR 2013 Rz 1568). *(AÖF 2013/301)* 1251

In Folge der rückwirkenden Vermögensübernahme durch die übernehmende Körperschaft gemäß § 18 Abs. 2 UmgrStG mit dem dem Einbringungsstichtag folgenden Tag kann rückwirkend 1252

- die Mindestkörperschaftsteuerpflicht bei der übernehmenden Körperschaft entfallen (zB Einbringung eines Gewinnbetriebes in eine Holdinggesellschaft) oder entstehen (zB Einbringung eines Verlustbetriebes in eine Körperschaft)

• die Mindestkörperschaftsteuerpflicht bei der einbringenden Körperschaft entstehen (zB Entstehen der Holdingfunktion nach Einbringung des Betriebes in eine andere Körperschaft) oder entfallen (zB Einbringung eines Verlustteilbetriebes).

1253   Da die übernehmende Körperschaft am Einbringungsstichtag noch nicht existent sein muss, sondern eine Gründung vor Abschluss des Einbringungsvertrages ausreicht, würde grundsätzlich mit dem der Gründung folgenden Quartal Mindestkörperschaftsteuerpflicht eintreten. Durch die rückwirkende Einbringung und die ertragsteuerliche Gesamtrechtsnachfolge entsteht bei der übernehmenden Körperschaft allerdings auch rückwirkend Mindestkörperschaftsteuerpflicht. Maßgebend ist dabei der auf den Einbringungsstichtag folgende Tag (siehe KStR 2013 Rz 1554 und Rz 1556). *(AÖF 2013/301)*

1254   Der gemäß § 24 Abs. 4 Z 3 KStG 1988 ermäßigte Mindestkörperschaftsteuersatz für Neugründungen kommt auch zum Tragen, wenn ein bereits bestehendes Unternehmen in neuer Rechtsform fortgeführt wird (siehe KStR 2013 Rz 1563). *(AÖF 2013/301)*

3.13. Einbringung und Einlagenrückzahlung (Evidenzkonten)

3.13.1 Allgemeines

1255   Einbringungen in Kapitalgesellschaften stellen idR einlagenartige Tatbestände dar. Mangels besonderer unternehmensrechtlicher Regelungen sind die allgemeinen Grundsätze über Einlagen oder Einlagenrückgewährtatbestände des Unternehmens- und Gesellschaftsrechtes mit den Steuerneutralitätsgrundsätzen des Art. III UmgrStG in Einklang zu bringen.

Allgemeine Ausführungen zum Evidenzkonto siehe Rz 363 ff. *(AÖF 2013/301)*

1256   Für die Frage der Einlagen und des Ausweises auf einem Evidenzkonto im Sinne des § 4 Abs. 12 EStG 1988 ist das Prinzip der Außenfinanzierung zu beachten. Der Begriff der Einlagen ist steuerrechtlich zu definieren und zu bewerten. Somit ist das steuerliche Einbringungskapital entscheidend, das unternehmensrechtliche Einbringungskapital ist hingegen ohne Bedeutung (VwGH 1.9.2015, Ro 2014/15/0002). Der steuerlich maßgebende Sacheinlagewert ist idR der Buchwert des Betriebes, Teilbetriebes oder Mitunternehmeranteiles laut Einbringungsbilanz gemäß § 15 UmgrStG bzw. der gemeine Wert im Falle der Aufwertung. Bei eingebrachten Kapitalanteilen ist der in § 17 UmgrStG genannte Wert maßgeblich.

Im Falle der Aufwertung ist sicherzustellen, dass es nicht zu einer nochmaligen Erfassung des Aufwertungsbetrages in der Innenfinanzierung kommt (siehe Rz 928). *(BMF-AV Nr. 40/2017)*

1257   Soweit der Einzelunternehmer sein gesamtes Unternehmen einbringt, werden alle Eigenkapitalbestandteile (wie steuerunwirksam gebildete Rücklagen) anlässlich der Einbringung zugunsten des Einbringungskapitals aufgelöst und gehen als selbständige Bilanzpositionen unter. Von natürlichen Personen als Einbringende gebildete Übertragungsrücklagen sind am Einbringungsstichtag gewinnerhöhend aufzulösen, sofern sie im einzubringenden Vermögen erfasst sind. *(AÖF 2008/243)*

1258   Soweit Teilvermögen eingebracht wird, bleiben die Eigenkapitalpositionen im bestehen bleibenden Unternehmen zurück, eingebracht wird der Saldo aus Aktiven und Passiven unter der Bezeichnung Einbringungskapital. Dies gilt für einbringende Körperschaften auch im Falle der Einbringung des gesamten Unternehmens. Die Ausnahmebestimmung § 4 Abs. 12 Z 2 EStG 1988 betreffend Gewinnrücklagen und Bilanzgewinne hat daher bei Einbringungen keine Bedeutung, da solche stets bei der einbringenden Körperschaft verbleiben und niemals über das Einbringungskapital zu einem Teil des Nennkapitals oder der Kapitalrücklage der übernehmenden Körperschaft werden können. Einbringungsbedingt entstehendes Nennkapital bzw. entstehende Kapitalrücklagen sind dem Grunde nach dh. nach Maßgabe der in den Evidenzkonten festgehaltenen Stände der Einlagenrückzahlung zugänglich.

3.13.1.1 Konzentrationseinbringungen

3.13.1.1.1 Gewährung einbringungsgeborener Anteile

Bei Einbringungen gegen Gewährung von neuen oder bestehenden Anteilen 1259 liegen unabhängig davon, ob der Einbringende eine natürliche Person, eine Personengesellschaft oder eine Körperschaft ist, unternehmens- und steuerrechtlich Einlagetatbestände vor, sodass der Stand im zutreffenden Evidenzsubkonto (Indisponible Einlagen- oder Disponible Einlagen-Subkonto) der übernehmenden Körperschaft um den steuerlich maßgebenden Sacheinlagewert zu erhöhen ist. Dieser ist im Falle einer Nennkapitalerhöhung vorrangig dem Indisponible Einlagen-Subkonto (alternativ dem Nennkapital-Subkonto) zuzuweisen, ein das erhöhte Nennkapital übersteigender Teil ist entweder ebenfalls den indisponiblen Einlagen (bei Bildung einer gebundenen Kapitalrücklage) oder den disponiblen Einlagen (bei Bildung einer ungebundenen Kapitalrücklage) zuzuweisen.

Dies gilt auch für den Fall, dass der unternehmensrechtliche Sacheinlagewert:

- im Falle einer Buchwerteinbringung (§ 202 Abs. 2 UGB) den nach der Einbringungsbilanz im Sinne des § 15 UmgrStG steuerlich maßgebenden auf Grund unterschiedlicher Ansätze übersteigt, oder
- im Falle einer Aufwertungseinbringung (§ 202 Abs. 1 UGB) übersteigen muss.

Die Rechtsfolgen der Unmaßgeblichkeit einer unternehmensrechtlichen Neubewertung kommen auch hier zur Anwendung. *(BMF-AV Nr. 131/2018)*

Bei Vorliegen eines steuerlich negativen Sacheinlagewertes ergibt sich trotz 1260 Vornahme einer Kapitalerhöhung auf dem Evidenzkonto der übernehmenden Körperschaft keine Veränderung des Standes, da mangels eines positiven Buchwertes eine Erhöhung des Standes ausgeschlossen ist und andererseits eine Einlagenrückzahlung an den Einbringenden nicht vorliegt.

Auch im Falle einer unter Art. III UmgrStG fallenden Sachgründung mit einem negativen steuerlichen Einbringungskapital bleibt das Evidenzkonto der übernehmenden Körperschaft unberührt, dh. dass in diesem Fall in keinem Subkonto ein Betrag auszuweisen ist. *(BMF-AV Nr. 131/2018)*

3.13.1.1.2 Gewährung einer anderen Gegenleistung

Die oben getroffenen Regelungen sind auch für Einbringungen anzuwenden, 1261 bei denen eine mögliche Kapitalerhöhung auf Grund der Ausgabe eigener Aktien, einer Zuzahlung oder der Alleingesellschafterstellung des Einbringenden unterbleibt (Anwendungsfälle des § 19 Abs. 2 UmgrStG).

Beispiel:

A bringt seinen Betrieb in die B-GmbH ein. Das unternehmensrechtliche Einbringungskapital (Unterschiedsbetrag zwischen bilanzmäßigen Aktiva und Passiva) zum

§ 22

Einbringungsstichtag beträgt 1.000, der Verkehrswert beträgt 2.000. Der steuerlich maßgebende Sacheinlagewert (Unterschiedsbetrag zwischen steuerlich maßgebenden Aktiva und Passiva laut Einbringungsbilanz) beträgt 1.200. Bei der B-GmbH ergeben sich bei folgenden Varianten unterschiedliche Folgen:

Varianten

Varianten	Bewertung mit dem unternehmensrechtlichen Buchwert	Bewertung mit dem unternehmensrechtlich beizulegenden Wert
a) Kapitalerhöhung 800	ungebundene Kapital-rücklage 200	ungebundene Kapital-rücklage 1.200
b) Kapitalerhöhung 1.500	Umgründungsmehrwert bzw. Firmenwert (Option) 500	ungebundene Kapital-rücklage 500
c) Keine Kapitalerhöhung	ungebundene Kapital-rücklage 1.000	ungebundene Kapital-rücklage 2.000

Zu a) Der steuerliche Sacheinlagewert von 1.200 ist mit 800 in das Indisponible Ein-lagen-Subkonto (alternativ in das Nennkapital-Subkonto) und mit 400 auf dem Dis-ponible-Einlagen-Subkonto (alternativ: ungebundenes Kapitalrücklagen-Subkonto) einzustellen.

Zu b) Der steuerliche Sacheinlagewert von 1.200 ist in voller Höhe in das Indispo-nible Einlagen-Subkonto (alternativ in das Nennkapital-Subkonto) einzustellen.

Zu c) Der steuerliche Sacheinlagewert von 1.200 ist in voller Höhe auf dem Dispo-nible-Einlagen-Subkonto (alternativ: ungebundenes Kapitalrücklagen-Subkonto) ein-zustellen. *(BMF-AV Nr. 131/2018)*

3.13.1.2 Schwestern-Einbringung

1262   Ein Sonderfall liegt bei einer Schwester-Einbringung unter Verzicht auf eine Anteilsgewährung im Sinne des § 19 Abs. 2 Z 5 UmgrStG vor. Das UmgrStG setzt die dem allgemeinen Steuerrecht entsprechenden Steuerwirkungen außer Kraft und behandelt den Tatbestand körperschaftsteuerrechtlich als bloße Ver-mögensverlagerung mit zwingender Buchwertübertragung und auf der Anteils-inhaberebene im Wege des § 20 Abs. 4 Z 3 UmgrStG als bloße Beteiligungs-verschiebung mit zwingender Ab- und Aufstockung der Buchwerte und An-schaffungskosten der Beteiligungen an der einbringenden und übernehmenden Körperschaft nach Maßgabe des Verkehrswertes des verschobenen Vermögens. Daraus ist abzuleiten, dass in diesem Einbringungsfall auch der Evidenzkonten-stand der einbringenden Körperschaft im Verhältnis des Verkehrswertes des ein-gebrachten Vermögens zum Gesamtwert vor Einbringung abzustocken und bei der übernehmenden Körperschaft aufzustocken ist.

1263   Die Abstockung ist in erster Linie bei dem Disponible Einlagen-Subkonto (alternativ beim Bilanzgewinn-Subkonto oder dem ungebundene Kapitalrück-lagen-Subkonto) und ein Restbetrag beim Indisponible Einlagen-Subkonto (al-ternativ: dem gebundene Kapitalrücklagen-Subkonto oder dem Nennkapital-Subkonto) vorzunehmen. Die Aufstockung hat im Disponible Einlagen-Subkon-to (alternativ beim Bilanzgewinn-Subkonto) zu erfolgen; Bei Bildung einer un-gebundenen Rücklage sowie bei Fehlen einer Rücklagenbildung ist der Betrag alternativ beim ungebundene Kapitalrücklagen-Subkonto oder Bilanzgewinn-Subkonto anzusetzen. *(BMF-AV Nr. 131/2018)*

3.13.1.3 Konzerneinbringungen

1264   Im Falle der Einbringung durch eine 100-prozentige Tochterkörperschaft in die Mutter- oder Großmutterkörperschaft (Up-stream-Einbringung) wird der unternehmensrechtliche Einlagenrückgewährtatbestand durch das UmgrStG der allgemeinen steuerlichen Wirkungen entkleidet und eine Buchwertübertragung in Verbindung mit einer steuerneutralen Beteiligungsabstockung im Verkehrswertverhältnis angeordnet (§ 20 Abs. 4 Z 2 UmgrStG). Es ist daher in Analogie zur Up-stream-Verschmelzung der Evidenzkontenstand der einbringenden Tochter-Körperschaft im Verhältnis des Verkehrswertes des eingebrachten Vermögens zum Gesamtvermögen vor der Einbringung abzustocken, ohne dass es bei der übernehmenden Mutterkörperschaft zu einer Änderung des Evidenzstandes kommt. Rz 1259 gilt sinngemäß.

Gleiches gilt entsprechend für den in § 19 Abs. 2 Z 4 UmgrStG geregelten Fall des einbringungsbedingten Unterbleibens einer Kapitalerhöhung, soweit die übernehmende Körperschaft ihre Mitunternehmerbeteiligung an der einbringenden Mitunternehmerschaft aufgibt (vor allem bei der Einbringung der KG in die Komplementär-GmbH). *(AÖF 2008/243)*

3.13.2 Wechsel der Gewinnermittlungsart bei der übernehmenden Körperschaft

Kommt es bei der übernehmenden Körperschaft hinsichtlich des übernommenen Vermögens zu einem Wechsel der Gewinnermittlungsart von § 4 Abs. 1 EStG 1988 zu § 5 Abs. 1 EStG 1988, weil der Einbringende kein rechnungslegungspflichtiger Gewerbetreibender war, ergeben sich auf Grund § 20 Abs. 8 UmgrStG Auswirkungen auf die Höhe der Anschaffungskosten bzw. des Buchwertes der Anteile an der übernehmenden Körperschaft und damit auch auf die Höhe der möglichen Einlagenrückzahlung und des Standes des Evidenzkontos. *(BMF-AV Nr. 40/2017)*

Gemäß § 20 Abs. 8 UmgrStG ist das Ausmaß der Anschaffungskosten bzw. des Buchwertes der Anteile um jene Beträge zu erhöhen oder zu vermindern, die sich auf Grund von Änderungen des Betriebsvermögens nach § 4 Abs. 10 EStG 1988 bei der übernehmenden Körperschaft ergeben.

Diese Korrektur der Gegenleistung ist deshalb geboten, da die dargestellten Änderungen in der Einbringungsbilanz des Einbringenden keinen Niederschlag finden konnten. Der maßgebende Sacheinlagewert des Einbringenden ist insofern um eine steuerneutrale Aufwertung des Grund und Bodens zu erhöhen. § 4 Abs. 10 Z 3 lit. a EStG 1988 idF vor dem 1. StabG 2012, BGBl. I Nr. 22/2012, ist für Einbringungen iSd § 12 UmgrStG letztmalig auf Wirtschaftsjahre anzuwenden, die vor dem 1.4.2012 beginnen und bei denen der Einbringungsvertrag vor dem 1.10.2012 unterfertigt wird (§ 124b Z 212 EStG 1988 idF AbgÄG 2012, BGBl. I Nr. 112/2012). In allen anderen Fällen ist bei der übernehmenden Körperschaft der Grund und Boden gemäß § 18 Abs. 5 Z 2 UmgrStG idF AbgÄG 2012 bzw. gemäß § 18 Abs. 5 Z 1 UmgrStG idF 2. AbgÄG 2014 mit dem Buchwert anzusetzen, wenn nicht vom Bewertungswahlrecht des § 16 Abs. 6 UmgrStG Gebrauch gemacht wird (siehe dazu Rz 970a, 928 und 698).

Weiters ist der maßgebende Sacheinlagewert um die Nachholung von bisher beim Einbringenden nicht steuerwirksamen Rückstellungen, Teilwertabschreibungen und durch Bildung von Rechnungsabgrenzungsposten zu adaptieren. In der Folge wird das um den steuerlich maßgebenden Einlagewert erhöhte Evidenzkonto zusätzlich im Ausmaß der sich gemäß § 4 Abs. 10 EStG 1988 bei der übernehmenden Körperschaft ergebenden Vermögensänderungen angepasst.

1265

1266

Beispiel (Rechtslage vor dem 1. StabG 2012, BGBl. I Nr. 22/2012, iVm § 124b Z 212 EStG 1988 idF AbgÄG 2012):
Der nicht rechnungslegungspflichtige Einzelunternehmer A bringt seinen seit 15 Jahren bestehenden Betrieb zum 31.12.01 in die von ihm im Juni 02 mit 100 bargegründete A-GmbH unter Verzicht auf eine Anteilsgewährung gemäß § 19 Abs. 2 Z 5 UmgrStG ein. Der steuerliche Sacheinlagewert beträgt auf Grund des in der Einbringungsbilanz ausgewiesenen Einbringungskapitals 1.100, wobei der Grund und Boden der Betriebsliegenschaft mit den Anschaffungskosten von 120 angesetzt wurde. Die Anschaffungskosten der Beteiligung an der A-GmbH in Höhe von 100 erhöhen sich mit dem dem Einbringungsstichtag folgenden Tag um 1.100 auf 1.200. Da die Betriebsliegenschaft länger als zehn Jahre zum Betriebsvermögen des A gehört, setzt die A-GmbH den Grund und Boden mit dem höheren Teilwert von 400 an. Die Beteiligung des A und das Einlagenevidenzkonto erhöhen sich demgemäß um 280 (Differenz zwischen 120 und 400) auf 1.480. *(BMF-AV Nr. 193/2015)*

3.14. Einbringung und Innenfinanzierung *(BMF-AV Nr. 40/2017)*

1266a   § 2 Abs. 3 bis Abs. 5 IF-VO regeln die Auswirkungen von Einbringungen auf die Innenfinanzierung. Dabei ist nach der Art der Einbringung zu unterscheiden:

• Konzentrations- und down-stream-Einbringungen haben gemäß § 2 Abs. 3 IF-VO keine Auswirkungen auf die Innenfinanzierung der übertragenden und der übernehmenden Körperschaft. Die bei den Körperschaften jeweils bestehenden Innenfinanzierungsstände werden durch die Einbringung folglich nicht berührt, sondern lediglich der Stand der Einlagen der übernehmenden Körperschaft (Erhöhung um das steuerliche Einbringungskapital, siehe Rz 1259).

Beispiel 1:
Die A-GmbH bringt ihren Betrieb gemäß Art. III UmgrStG in die neu gegründete B-GmbH ein. Das steuerliche Einbringungskapital beträgt 100. Die steuerlichen Einlagen der einbringenden A-GmbH betragen 50, die Innenfinanzierung ebenso 50. Die steuerlichen Einlagen der übernehmenden B-GmbH betragen 35, die Innenfinanzierung beträgt 0.

Die Einbringung wird als Einlagevorgang abgebildet und berührt daher lediglich den Einlagenstand der übernehmenden B-GmbH; dieser erhöht sich um das gesamte steuerliche Einbringungskapital (100) und beträgt folglich insgesamt 135. Gemäß § 2 Abs. 3 IF-VO ergeben sich weder Auswirkung auf die Innenfinanzierung der übernehmenden B-GmbH (diese bleibt unverändert 0), noch auf die Innenfinanzierung der einbringenden A-GmbH (diese bleibt unverändert 50).

• Bei up-stream-Einbringungen ist gemäß § 2 Abs. 4 IF-VO die Innenfinanzierung der einbringenden Körperschaft aufzuteilen: Die Innenfinanzierung ist bei der einbringenden Körperschaft in dem Verhältnis abzustocken, in dem sich deren Verkehrswert einbringungsbedingt vermindert hat und in eben diesem Ausmaß der Innenfinanzierung der übernehmenden Körperschaft zuzuschreiben. Insgesamt bleibt die Innenfinanzierung damit unverändert. Die Anwendung des § 2 Abs. 4 IF-VO setzt voraus, dass die übernehmende Körperschaft alle Anteile an der einbringenden Körperschaft hält; andernfalls ist Art. III UmgrStG und damit die IF-VO nicht anwendbar.

Beispiel 2:
Die M-GmbH hält 100% der Anteile an der T-GmbH. Die M-GmbH hat steuerliche Einlagen von 50 und eine Innenfinanzierung von 200, die T GmbH hat steuerliche Einlagen von 600 und eine Innenfinanzierung von 300.

Die T-GmbH bringt einen Teilbetrieb gemäß Art. III UmgrStG in die M-GmbH ein. Das Wertverhältnis des Restvermögens zum eingebrachten Teilbetrieb der T-GmbH beträgt 1:2 (Restvermögen: Teilbetrieb). Der Einlagenstand der T-GmbH ist im Verhältnis des Verkehrswertes des eingebrachten Teilbetriebes zum Gesamtvermögen vor der Einbringung abzustocken (siehe Rz 1264). Dieselbe Vorgehensweise kommt gemäß § 2 Abs. 4 IF-VO auch auf die Innenfinanzierung zur Anwendung; der bei T-GmbH abgestockte Betrag ist jedoch in eben diesem Ausmaß der Innenfinanzierung der M-GmbH hinzuzurechnen. Bei einem Verkehrswertverhältnis von 1:2 beträgt folglich der bei der T-GmbH abzustockende Betrag 200, der der Innenfinanzierung der übernehmenden M-GmbH zuzuschreiben ist. Die Innenfinanzierung der T-GmbH beträgt folglich nach der Einbringung 100 (300-200), die der M-GmbH 400 (200+200).

- Bei side-stream-Einbringungen ist (wie bei up-stream-Einbringungen) die Innenfinanzierung der einbringenden Körperschaft gemäß § 2 Abs. 5 IF-VO aufzuteilen: Die Innenfinanzierung ist in dem Ausmaß, in dem sich die Werte der Anteile durch die Einbringung verschieben, bei der einbringenden Körperschaft abzustocken und in diesem Ausmaß der Innenfinanzierung der übernehmenden Körperschaft zuzuschreiben. Der Maßstab für die Wertverschiebung zwischen der Beteiligung an der einbringenden Körperschaft und der übernehmenden Körperschaft entspricht wie bei up-stream-Einbringungen dem Verhältnis des Verkehrswerts des eingebrachten Vermögens zum Verkehrswert der einbringenden Körperschaft vor der Einbringung (siehe bereits Beispiel 2). Insgesamt bleibt die Innenfinanzierung damit unverändert. § 2 Abs. 5 IF-VO kommt anders als § 2 Abs. 4 IF-VO (up-stream-Einbringung) nicht nur zur Anwendung, wenn die Anteile der einbringenden Körperschaft und der übernehmenden Körperschaft in einer (einzigen) Hand vereinigt sind (Alleingesellschafter), sondern auch, wenn mehrere Gesellschafter im gleichen Ausmaß an der übertragenden und der übernehmenden Körperschaft beteiligt sind.

§ 2 Abs. 3 bis Abs. 5 IF-VO richten sich an die Innenfinanzierung der übernehmenden und der übertragenden Körperschaft, nicht hingegen an die Innenfinanzierung etwaiger Zwischenkörperschaften; für diese ergeben sich nach den allgemeinen Grundsätzen gemäß § 1 IF-VO keine Auswirkungen (siehe Rz 379).

Im Falle von negativen Innenfinanzierungsständen ist bei side-stream-Einbringungen der Logik des § 20 Abs. 4 UmgrStG entsprechend wie mit negativen Anschaffungskosten bzw. Buchwerten umzugehen (siehe Rz 1130); die negative Innenfinanzierung der übertragenden Körperschaft geht folglich auf die übernehmende Körperschaft über, sodass der Gesamtbetrag der negativen Innenfinanzierung unverändert bleibt. Diese Vorgehensweise ist auch auf negative Innenfinanzierungsbeträge im Falle von up-stream-Einbringungen anzuwenden. *(BMF-AV Nr. 131/2018)*

Die Einbringung von begünstigtem Vermögen mit negativem steuerlichen Buchwert berührt die Innenfinanzierung (wie auch den Stand der Einlagen, siehe Rz 1260) nicht. 1266b

Entsteht jedoch bei Einbringungen durch natürliche Personen ein negatives steuerliches Einbringungskapital aufgrund von vorbehaltenen Entnahmen, ist § 2 Abs. 3 zweiter Satz IF-VO zu beachten: Die Innenfinanzierung der übernehmenden Körperschaft ist durch negatives steuerliches Einbringungskapital insoweit zu vermindern, als Beträge aufgrund von § 18 Abs. 2 Z 1 UmgrStG als ausgeschüttet gelten; dabei handelt es sich um die als rückwirkende Entnahmen zu behandelnden Beträge der Passivposten im Ausmaß des negativen Buchwerts (siehe Rz 972c). Die Innenfinanzierung vermindert sich in dem gemäß § 18 Abs. 2 Z 1 UmgrStG für die Ausschüttungsfiktion maßgebenden Zeitpunkt (der Anmeldung oder Meldung).

Beispiel:

Die natürliche Person A bringt den Betrieb seines Einzelunternehmens gemäß Art. III UmgrStG in eine neugegründete GmbH ein. Der Buchwert des Betriebes beträgt 100, der Verkehrswert 1.000.

EU A			
Aktiva		**Passiva**	
AV	50 (VW 900)	EK	100 (VW 1 000)
UV	50 (VW 100)		

Im Rückwirkungszeitraum tätigt A vorbehaltene Entnahmen gemäß § 16 Abs. 5 Z 2 UmgrStG iHv 300. Diese werden in der Bilanz als Verbindlichkeit dargestellt. Soweit der Buchwert des eingebrachten Vermögens dadurch negativ wird (200), ist bei der Tilgung der Entnahmeverbindlichkeit die Ausschüttungsfiktion gemäß § 18 Abs. 2 Z 1 UmgrStG zu beachten.

Einbringungsbilanz			
Aktiva		**Passiva**	
AV	50 (900)	EK	- 200 (700)
UV	50 (100)	vorbehaltene Entnahme	300

Gemäß § 2 Abs. 3 IF-VO hat die Einbringung grundsätzlich keine Auswirkung auf die Innenfinanzierung der übernehmenden GmbH (siehe Rz 1266a). Da aber der (positive) Buchwert des Vermögens durch vorbehaltene Entnahmen im Rückwirkungszeitraum negativ wird, gilt diese Entnahme in Höhe des negativen Buchwerts (200) in dem nach § 18 Abs. 2 Z 1 UmgrStG maßgebenden Zeitpunkt als an den Einbringenden ausgeschüttet. Insoweit vermindert sich die Innenfinanzierung der GmbH.

GmbH			
Aktiva		**Passiva**	
AV	50 (900)	StK	35
UV	85 (135)	Bilanzverlust	-200
		vorbehaltene Entnahme	300

Einlagen	35
Innenfinanzierung	-200

Werden in weiterer Folge auf Ebene der GmbH stille Reserven iHv 300 realisiert, erhöhen diese den unternehmensrechtlichen Jahresüberschuss und somit auch die Innenfinanzierung.

GmbH			
Aktiva		**Passiva**	
AV	50 (650)	StK	35
UV	385 (385)	Bilanzgewinn	100
		vorbehaltene Entnahme	300

Einlagen	35
Innenfinanzierung	100

Erfolgt daraufhin die Tilgung der Entnahmeverbindlichkeit, löst dieser Vorgang gemäß § 18 Abs. 2 Z 1 UmgrStG die Fälligkeit der Kapitalertragsteuer aus (siehe Rz 972b ff). Dies hat allerdings keine Auswirkung auf die Innenfinanzierung.

Sollte der Einbringende die Gegenleistungsanteile an der übernehmenden Körperschaft vor Fälligkeit der Kapitalertragsteuer veräußern, entfällt gemäß § 18 Abs. 2 Z 1 vierter Satz UmgrStG die Ausschüttungsfiktion; ein solcher Entfall der Ausschüttungsfiktion hat eine entsprechende korrigierende Erhöhung der Innenfinanzierung zur Folge.

Da § 7 Abs. 3 KStG 1988-Körperschaften grundsätzlich keine Entnahmen im Sinne des § 16 Abs. 5 Z 1 UmgrStG und § 16 Abs. 5 Z 2 UmgrStG tätigen können (Rz 882), hat § 2 Abs. 3 letzter Satz IF-VO bei Einbringungen durch diese Körperschaften keine Bedeutung. *(BMF-AV Nr. 40/2017)*

Zu den allgemeinen Grundsätzen der IF-VO siehe Rz 379.   1266c

Zur erstmaligen Anwendung der Grundsätze der IF-VO siehe Rz 381 f. *(BMF-AV Nr. 40/2017)*

3.15. Einbringung und begünstigte Besteuerung für nicht entnommene Gewinne *(BMF-AV Nr. 40/2017)*

Da die Inanspruchnahme der begünstigten Besteuerung für nicht entnommene Gewinne nach § 11a Abs. 1 EStG 1988 auf natürliche Personen als bilanzierende Einzelunternehmer oder Mitunternehmer bilanzierender Mitunternehmerschaften beschränkt ist, kann sie im Falle der Einbringung nicht fortgesetzt werden. Die Einbringung selbst löst allerdings weder beim Einbringenden noch bei der übernehmenden Körperschaft eine Nachversteuerung der in den letzten sieben Wirtschaftsjahren vom Einbringenden in Anspruch genommenen Eigenkapitalbegünstigungen aus. *(AÖF 2008/243)*   1267

Rückwirkende Entnahmen und Einlagen gemäß § 16 Abs. 5 UmgrStG gelten als am Einbringungsstichtag getätigt und wirken sich bei der Einkommensermittlung des Einbringenden im Einbringungsjahr auf § 11a EStG 1988 aus.   1267a

- Tatsächliche Entnahmen (§ 16 Abs. 5 Z 1 UmgrStG) und vorbehaltene Entnahmen (§ 16 Abs. 5 Z 2 UmgrStG) sowie zurückbehaltenes Anlagevermögen (§ 16 Abs. 5 Z 3 UmgrStG) können daher zu einer eigenkapitalabfallbedingten (letzten) Nachversteuerung führen (VwGH 24.2.2011, 2011/15/0029).

- Rückwirkende Einlagen (§ 16 Abs. 5 Z 1 UmgrStG) und zurückbehaltene Verbindlichkeiten (§ 16 Abs. 5 Z 3 UmgrStG) bewirken einen Anstieg des Eigenkapitals zum Einbringungsstichtag. Sofern sie getätigt werden, um einen positiven Verkehrswert darstellen zu können oder weil sie mit dem Aktivum verknüpft sind, sind sie als betriebsnotwendig anzusehen.

Soweit Entnahmen und Einlagen nach dem Einbringungsstichtag nicht rückbezogen werden, sind sie nach § 16 Abs. 5 Z 1 UmgrStG der übernehmenden Körperschaft zuzurechnen. Die Entnahmen sind als Verrechnungsforderungen und die Einlagen als Verrechnungsverbindlichkeiten der Körperschaft anzusetzen und haben daher bei der Einkommensermittlung des Einbringenden im Einbringungsjahr keine Wirkung. Soweit die Passivpost für vorbehaltene Entnahmen die Obergrenze des § 16 Abs. 5 Z 2 UmgrStG übersteigt, verändert sie das Einbringungskapital nicht und ist daher nicht als rückwirkende Entnahme zum Einbringungsstichtag zu werten.

Die „Entnahme" der erzielten Gewinne, die gemäß § 11a EStG 1988 begünstigt besteuert wurden, ist bei der übernehmenden Körperschaft nur dann steuerfrei möglich, wenn die Voraussetzungen für eine Einlagenrückzahlung iSd § 4 Abs. 12 EStG 1988 gegeben sind.

Durch eine Inanspruchnahme der Begünstigung des § 11a EStG 1988 vor der Einbringung wird weder das steuerliche Einbringungskapital (auch nicht die Anschaffungskosten des Einbringenden) noch der Stand des Einlagenevidenzkontos gemäß § 4 Abs. 12 EStG 1988 gekürzt. *(BMF-AV Nr. 131/2018)*

3.16. Auswirkung abgabenbehördlicher Feststellungen auf Einbringungen *(BMF-AV Nr. 40/2017)*

1268   Die Feststellungen im Rahmen abgabenbehördlicher Überprüfungen einer vollzogenen Einbringung können zu nachträglichen Änderungen des Buchwertes und damit ggf. auch des Verkehrswertes des übertragenden Vermögens führen.

Die Änderungen können auf bilanzsteuerrechtliche Berichtigungen aus der Zeit bis zum Einbringungsstichtag zurückzuführen sein und beeinflussen daher den der Einbringung zugrunde gelegten Jahres- bzw. Zwischenabschluss, die darauf aufbauende Einbringungsbilanz und wirken sich auf die steuerlichen Verhältnisse bei der übernehmenden Körperschaft und den Einbringenden als Anteilsinhaber aus. Die Änderungen können auch auf fehlerhafte Maßnahmen im Zuge der Einbringung zurückzuführen sein. *(AÖF 2013/301)*

1269   Im Rahmen von Betriebsprüfungen werden die Auswirkungen dieser Feststellungen in der auf den Einbringungsstichtag projizierten Prüferbilanz festgehalten. Betriebsvermögenserhöhungen führen zu geänderten Buchwerten im Jahres- bzw. Zwischenabschluss:

- Einstellung der steuerlich maßgebenden Aktivwerte bzw. Passivwerte
- Übernahme der Aktiv- und Passivwerte in die Einbringungsbilanz, soweit sie nicht entnommen oder zurückbehalten wurden
- Erhöhung des Einbringungskapitals
- Berichtigung der Buchwerte der übernehmenden Körperschaft
- Berichtigung der Anschaffungskosten der einbringungsgeborenen oder einbringungsveränderten Anteile

1270   Es ist weiters zu prüfen, ob sich durch die Feststellungen ein anderes als das festgelegte Umtauschverhältnis ergibt. Eine Anpassung zur Vermeidung einer nachträglich sich ergebenden Äquivalenzverletzung durch Vereinbarung oder Korrektur einer laut Gesellschaftsvertrag zulässigen alinearen Gewinnausschüttung im erforderlichen Ausmaß ist anzuerkennen.

1271   Eine Verminderung des Betriebsvermögens löst vergleichbare Folgen in den Bilanzen, bei der übernehmenden Körperschaft und bei dem (den) Anteilsinhaber(n) aus. Auf Grund der Wertänderungen kann sich auch hier die Frage nach der Beseitigung einer nachträglich eintretenden Äquivalenzverletzung stellen.

1272   Weiters kann sich die Fragen nach dem Vorliegen eines positiven Verkehrswertes oder des Vorliegens eines einbringungsfähigen Vermögens (vor allem Teilbetrieb) ergeben.

1273   Im Hinblick auf die Tatsache einer rechtlich abgeschlossenen Umgründung ist eine nachträgliche Veränderung tatsächlicher Verhältnisse oder tatsächlich vorgenommener rückwirkender Korrekturen nicht möglich bzw. nicht rückwirkend steuerwirksam. Im Hinblick auf die mit der Protokollierung oder der Meldung beim FA abgeschlossene Einbringung ist auch die Bildung, Erhöhung oder Verminderung einer vorbehaltenen Entnahme im Sinne des § 16 Abs. 5 Z 2 UmgrStG für die sich aus den Feststellungen ergebenden steuerlichen Mehrbelastungen für den Einbringenden nicht möglich. Zur Fristverletzung siehe Rz 792 ff. *(AÖF 2013/301)*

Formelle Anwendungsfehler bei einer Einbringung werden dahingehend zu würdigen sein, ob ein erkennbares Bemühen um eine richtige Durchführung der Einbringung vorliegt.   1274

3.17. Rechtsfolgen einer nicht unter Art III UmgrStG fallenden Einbringung *(BMF-AV Nr. 40/2017)*

Fällt eine Umgründung auf Grund des Fehlens einer Anwendungsvoraussetzung des § 12 UmgrStG nicht unter Art. III UmgrStG, gelten die allgemeinen Regeln des Steuerrechtes. Bezüglich einzelner Fälle der Verletzung einer Anwendungsvoraussetzung siehe Rz 672, Rz 766, Rz 793, Rz 805, Rz 839, Rz 1003, Rz 1013, Rz 1044, Rz 1046, Rz 1051, Rz 1055, Rz 1087. *(AÖF 2008/243)*   1275

3.17.1 Ertragsteuern *(BMF-AV Nr. 40/2017)*

3.17.1.1 Allgemeines (BMF-AV Nr. 40/2017)

Ertragsteuerlich gilt eine solche Einbringung meist (nicht bei up-stream-Einbringungen) als Tauschvorgang (§ 6 Z 14 lit. b EStG 1988 – siehe auch EStR 2000 Rz 2607). Die Gegenleistung für die Hingabe der eingebrachten Wirtschaftsgüter besteht in Gesellschaftsrechten (siehe EStR 2000 Rz 2595 ff).   1276

Diese Gesellschaftsrechte gelten unabhängig von einer allfälligen Kapitalerhöhung als ein neu angeschafftes Wirtschaftsgut, dessen Erwerb in Form eines eigenen Anschaffungsvorganges erfolgt. *(AÖF 2013/301)*

3.17.1.2 Zeitpunkt der Einbringung von Vermögen im Sinne § 12 Abs. 2 UmgrStG (BMF-AV Nr. 40/2017)

§ 6 Z 14 lit b EStG 1988 normiert eine Ausnahme vom sonst allgemein gültigen steuerrechtlichen Rückwirkungsverbot von Parteienvereinbarungen. Wird Vermögen im Sinne des § 12 Abs. 2 UmgrStG eingebracht und fällt diese Einbringung trotzdem nicht unter die Bestimmung des Art. III UmgrStG, gilt der Austausch der Wirtschaftsgüter mit dem maßgeblichen Einbringungsstichtag im Sinne des § 13 UmgrStG (siehe Rz 761 ff) als erfolgt. Das Aufrechterhalten der Rückwirkungsfiktion dient der Verwaltungsökonomie, da regelmäßig die maßgebende Bilanz auf diesen Stichtag vorliegt und damit das Erstellen einer Bilanz auf den sonst für den Tausch maßgeblichen Tag (siehe EStR 2000 Rz 2594) nicht erforderlich ist.   1277

Wird begünstigtes Vermögen iSd § 12 Abs. 2 UmgrStG übertragen, ist der im Einbringungsvertrag festgelegte Stichtag maßgeblich, wenn die Einbringung rechtzeitig bei der zuständigen Behörde angemeldet oder gemeldet wurde. Liegt neben dem Fehlen einer Anwendungsvoraussetzung des § 12 UmgrStG auch eine Fristverletzung des § 13 UmgrStG vor, kommt der Tag des Abschlusses des Einbringungsvertrages als Zeitpunkt der Gewinnverwirklichung zur Anwendung. *(AÖF 2013/301)*   1278

Von § 6 Z 14 lit. b zweiter Satz EStG 1988 sind nach dem Gesetzeswortlaut nur Einbringungen (Einlagen) von Betrieben, Teilbetrieben, Mitunternehmer-   1279 anteilen und Kapitalanteilen betroffen, bei denen bestimmte andere Anwendungsvoraussetzungen des UmgrStG nicht gegeben sind. Als solche kommen insb. in Betracht:

- Fehlen eines schriftlichen Einbringungsvertrages (siehe Rz 662) oder einer Einbringungsbilanz (siehe Rz 664)
- Unzulässiges Fehlen einer Gegenleistung (siehe Rz 1040 ff.),
- Unzulässige Form der Gegenleistung wie etwa überhöhte Zuzahlungen, Überlassung von Wirtschaftsgütern usw. (siehe Rz 1004)
- Einbringung von steuerpflichtigem Vermögen in eine steuerbefreite Körperschaft, ohne dass es dort zur (partiellen) Steuerpflicht kommt (siehe Rz 745)
- Nichtvorhandensein eines positiven Verkehrswertes oder Fehlen des Nachweises des positiven Verkehrswertes, obwohl Gründe für Zweifel gegeben sind (siehe Rz 676 ff.). *(AÖF 2008/243)*

1280   § 6 Z 14 lit. b EStG 1988 überträgt den Tauschgrundsatz des § 6 Z 14 lit. a EStG 1988 auf die Einlage oder die Einbringung von Wirtschaftsgütern und sonstigem Vermögen in eine Körperschaft. Damit wird für die am Tausch beteiligten Partner jeweils ein Veräußerungs- und ein Anschaffungsvorgang bewirkt.

Der Einbringende hat dabei als Veräußerungspreis für das übertragene Vermögen und als Anschaffungspreis für die Gesellschaftsrechte jeweils den gemeinen Wert der hingegebenen Wirtschaftsgüter anzusetzen. Der gemeine Wert des eingebrachten Betriebes umfasst auch einen etwa vorhandenen Firmenwert.

Gemäß § 20 Abs. 1 Z 2 KStG 1988 gelten diese Grundsätze auch für unbeschränkt steuerpflichtige Körperschaften als Einbringende, mit der Einschränkung, dass im Falle einer Einbringung ohne Anteilsgewährung beim Einbringenden gemäß § 20 Abs. 2 Z 2 zweiter Satz KStG 1988 der Teilwert der Wirtschaftsgüter einschließlich selbstgeschaffener unkörperlicher Wirtschaftsgüter anzusetzen ist.

Nach § 6 Z 14 EStG 1988 wäre bei der übernehmenden Körperschaft das eingelegte Wirtschaftsgut oder sonstige Vermögen mit dem gemeinen Wert der hingegebenen Gesellschaftsrechte zu bewerten. Es bestehen jedoch aus Gründen der einfacheren Handhabung keine Bedenken, wenn auf beiden Seiten der gemeine Wert des eingelegten Wirtschaftsgutes oder sonstigen Vermögens angesetzt wird („Wertverknüpfung").

Für Einbringungen zwischen unbeschränkt steuerpflichtigen Körperschaften außerhalb des Geltungsbereiches des UmgrStG sieht § 20 Abs. 3 KStG 1988 die Wertverknüpfung ausdrücklich vor (KStR 2013 Rz 498).

Da der Gesetzgeber mit der Rückbeziehung den Regelungsrhythmus ders Art. III UmgrStG aufrecht erhalten will und nur an die Stelle der Buchwertfortführung eine Gewinnverwirklichung setzt, bleiben die umgründungssteuerrechtlichen Rechtsfolgen des Zeitpunktes der Übernahme des Vermögens durch die übernehmende Körperschaft aufrecht, wie dies ausdrücklich in § 20 Abs. 3 KStG 1988 für die Einbringung von Körperschaften geregelt ist. Damit muss auch die tauschbedingte Gegenleistung für den Einbringenden mit Beginn des dem Einbringungsstichtag folgenden Tages angenommen werden.

Beispiel:

A bringt einen Betrieb in die in seinem Alleineigentum stehende und mit ausreichendem Eigenkapital ausgestattete A-GmbH ohne Kapitalerhöhung ein. Der Einbringungsvertrag bestimmt den 31.12.00 als Einbringungsstichtag, wird am 8.8.01 unterfertigt und sofort dem zuständigen FA gemeldet. An diesem Tag gehen die Aktiva und Passiva auch tatsächlich auf die B-GmbH über. Der eingebrachte Betrieb hat einen Gesamtbuchwert (Aktiva minus Passiva) von minus 500.000. Der Verkehrswert des Betriebes beträgt minus 300.000, der auch dem gemeinen Wert entspricht (siehe auch EStR 2000 Rz 2590 ff). Es liegt damit kein positiver Verkehrswert vor. Aus Vereinfachungsgründen wird davon ausgegangen, dass sich dieser Wert zwischen dem 31.12.00 und dem 8.8.01 nicht verändert hat.

	Buchwert	Verkehrswert		Buchwert/Verkehrswert
Aktiva	500.000	700.000	Passiva	1.000.000
Kapital	500.000	300.000		
	1.000.000	1.000.000		1.000.000

Da Art. III UmgrStG mangels eines positiven Verkehrswertes nicht anwendbar ist, kommt es zur Behandlung der Einbringung als Tauschvorgang. Auf Grund der rechtzeitigen Meldung und der Einlage eines Betriebes gilt der 31.12.00 als Tag des Vermögensüberganges (§ 6 Z 14 lit. b EStG 1988 in Verbindung mit § 13 Abs. 1 UmgrStG).

Der Tauschvorgang führt auf Seite des Einbringenden zu einer Betriebsveräußerung zum 31.12.00 und ist nach den Regeln des § 24 EStG 1988 zu behandeln. Bei der Ermittlung des Veräußerungserlöses ist der „Preis" der betrieblichen Einheit (unter Ansatz der gemeinen Werte der Wirtschaftsgüter und eines allfälligen Firmenwertes) iHv minus 300.000 dem Kapital iHv minus 500.000 gegenüberzustellen, sodass sich daraus ein Veräußerungserlös iHd stillen Reserven im Ausmaß von 200.000 ergibt, der gemäß § 24 iVm § 37 EStG 1988 zu versteuern ist. Da die A-GmbH einen Überhang an Passiva in Höhe von 300.000 (fremdunüblich von ihrem Gesellschafter) übernommen hat, die nicht durch den Wert der Aktiva gedeckt sind, findet neben einem Veräußerungsvorgang auch eine Bereicherung des A auf Kosten der A-GmbH in Höhe von 300.000 statt, die als verdeckte Ausschüttung zu berücksichtigen ist. Der Zufluss der verdeckten Ausschüttung findet am Tag der tatsächlichen Bereicherung statt. Das ist der 8.8.01, da an diesem Tag die Passiva tatsächlich übergehen, damit eine Entschuldung des A stattfindet und hinsichtlich des Zeitpunktes des Zuflusses von Kapitaleinkünften im Sinne § 27 Abs. 2 Z 1 EStG 1988 keine Sonderregeln existieren (siehe EStR 2000 Rz 6116 ff und KStR 2013 Rz 565 ff).

Auf Seite der übernehmenden Körperschaft gilt die Einlage als Anschaffungsvorgang an dem dem Einbringungsstichtag folgenden Tag (1.1.01) und führt zur Übernahme der beim Einbringenden aufgedeckten Werte. Die übernommenen Passiva in Höhe von 700.000 stellen die Gegenleistung für die Übernahme des Betriebes dar. Die restlichen Passiva in Höhe von 300.000 stellen eine fremdunübliche Bereicherung dar. Ab dem dem Einbringungsstichtag folgenden Tag (1.1.01) ist der Betrieb steuerlich mit allen Konsequenzen der A-GmbH zuzurechnen.

Die Gegenleistung für A gilt mit dem gleichen Tag (1.1.01) als gewährt. Im Hinblick auf die Erfassung des Passivaüberhangs in Höhe von 300.000 als verdeckte Ausschüttung ergibt sich ein Sacheinlagewert von 0 und werden die vor der Einbringung bestehenden Anschaffungskosten der Beteiligung nicht geändert. *(AÖF 2013/301)*

1280a Erfolgt die Vermögensübertragung ohne erkennbare Vereinbarung, ist zu überprüfen, ob es sich um eine

• Vermögensüberlassung handelt, die mangels Entgeltvereinbarung eine Nutzungsüberlassung darstellt, oder

• eine Vermögensübertragung vorliegt, die zu einer Entnahme der Wirtschaftsgüter zu Teilwerten in das Privatvermögen und nachfolgender Einlage gemäß § 6 Z 14 lit. b EStG 1988 in die Kapitalgesellschaft führt. Im Umgründungsjargon liegt in diesem Fall ein als „kalte Einbringung" bekannter Vorgang vor.

Beispiel:

Ein Tischlereibetrieb wird in Form eines Einzelunternehmens betrieben. Da der Einzelunternehmer seinen Betrieb zukünftig in Form einer GmbH zu führen beabsichtigt, gründet er eine GmbH, meldet Dienstnehmer und betriebszugehörige KFZ auf die GmbH um, tätigt fortan seinen Wareneinkauf über die GmbH und erstellt Ausgangsrechnungen mit der GmbH als leistende Unternehmerin.

Da dieser faktischen Übertragung weder eine rechtsgeschäftliche noch eine gesellschaftsrechtliche Vereinbarung zugrunde liegt, liegt eine sog. „kalte Einbringung" mit der Konsequenz der Subsumierung der Vermögensübertragung unter das allgemeine Ertragsteuerrecht vor (Aufdeckung der stillen Reserven und eines allfälligen Firmenwertes und Einlage gemäß § 6 Z 14 lit. b EStG 1988 in die GmbH).

Der Unterschied in der Behandlung des Sachverhalts als „verunglückte Umgründung" (siehe Rz 1280) oder bei grundsätzlicher Unanwendbarkeit des Umgründungssteuergesetzes liegt darin, dass im Fall der „verunglückten Umgründung" (wenn also Anwendungsvoraussetzungen des Art. III UmgrStG nicht erfüllt sind) es bei rechtzeitiger Anmeldung/Meldung zu einer rückwirkenden Gewinnverwirklichung auf den Einbringungsstichtag kommt, sofern begünstigtes Vermögen iSd § 12 Abs. 2 UmgrStG vorliegt.

Bei grundsätzlicher Unanwendbarkeit des UmgrStG ist diese Rückwirkung nicht gegeben. *(AÖF 2013/301)*

1280b   Werden im Fall einer verunglückten Umgründung rückwirkende Vermögenskorrekturen gemäß § 16 Abs. 5 UmgrStG vorgenommen, können diese keine Rückwirkung auf den Einbringungsstichtag entfalten, da ein derartiges Rückprojizieren im allgemeinen Ertragsteuerrecht nicht vorgesehen ist. Am Einbringungsstichtag ist daher der gemeine Wert des zu übertragenden Vermögens ohne rückbezogene Maßnahmen als Bemessungsgrundlage für die Tauschbesteuerung heranzuziehen.

Tatsächlich getätigte Entnahmen und Einlagen wandeln sich daher nach der Vermögensübertragung zu Verrechnungsforderungen und Verrechnungsverbindlichkeiten der Gesellschaft gegenüber den Gesellschaftern und gelten durch die Rückwirkungsfiktion des Vermögensüberganges gemäß § 6 Z 14 lit. b EStG 1988 generell bereits bei der übernehmenden Körperschaft als bewirkt. Damit kommen die allgemeinen Grundsätze über rechtsgeschäftliche Beziehungen zwischen Gesellschaft und Gesellschafter zur Anwendung, bei deren Nichteinhaltung eine verdeckte Ausschüttung vorliegt.

Desgleichen stellt die Tilgung vorbehaltener Entnahmen in Folge einer verunglückten Einbringung eine verdeckte Ausschüttung dar und ist der Kapitalertragsteuer zu unterwerfen, da es der geleisteten Zahlung an einem steuerlich beachtlichen Rechtsgrund fehlt.

Werden Wirtschaftsgüter (zB eine Liegenschaft) im Zuge einer missglückten Einbringung zurückbehalten, können Nutzungsvereinbarungen frühestens ab der Existenz der übernehmenden Körperschaft und dem Abschluss einer dem Fremdvergleich standhaltenden vertraglichen Vereinbarung zwischen dem Gesellschafter und der Körperschaft anerkannt werden. Entgelte vor diesem Zeitpunkt, die für die Überlassung der Wirtschaftsgüter geleistet werden, stellen verdeckte Gewinnausschüttungen dar. *(AÖF 2013/301)*

3.17.1.3 Zeitpunkt der Einbringung von sonstigen Wirtschaftsgütern (BMF-AV Nr. 40/2017)

1281   Werden Wirtschaftsgüter eingebracht, die nicht als Vermögen im Sinne des

§ 12 Abs. 2 UmgrStG gelten, richtet sich der Zeitpunkt des Vermögensüberganges nach den allgemeinen Regeln des Ertragsteuerrechtes (siehe auch EStR 2000 Rz 121 ff und Rz 2595). Das gilt insb. für folgende Wirtschaftsgüter:

- Einzelwirtschaftsgüter bzw. eine Summe von Wirtschaftsgütern, die für sich keinen Betrieb (siehe etwa EStR 2000 Rz 5507 ff) oder Teilbetrieb (siehe etwa EStR 2000 Rz 5578 ff) darstellen
- Einbringung von Liebhabereibetrieben, die ertragsteuerlich nicht als Betriebe gelten (siehe Rz 709)
- Kapitalanteile, die entweder die 25%-Grenze nicht erreichen oder keine Stimmrechtsmehrheit verschaffen (siehe Rz 725 ff).

Liegt bei der Einbringung von Mitunternehmeranteilen kein positiver Verkehrswert dieser Anteile vor, kommen auch in diesem Fall die ertragsteuerlichen Grundsätze gemäß § 6 Z 14 lit. b EStG 1988 zum Tragen. Es liegt ein Tausch und somit Entgeltlichkeit vor. Bei beschränkt haftenden Mitunternehmern (Kommanditisten, atypisch still Beteiligten) kommt es in einem ersten Schritt zur Versteuerung der negativen Kapitalkonten gemäß § 24 Abs. 2 letzter Satz EStG 1988, soweit sie ihre negativen Kapitalkonten nicht aufgefüllt haben. In einem zweiten Schritt ist bei der übernehmenden Kapitalgesellschaft eine verdeckte Ausschüttung in Höhe des Wertes der entfallenden Nachschussverpflichtung festzustellen. Bei Vorliegen von stillen Reserven in den übertragenen Aktiven verringert sich insoweit die Bemessungsgrundlage für die verdeckte Ausschüttung. *(AÖF 2005/273)* **1281a**

Auf Grund des ertragsteuerlich allgemein herrschenden Rückwirkungsverbotes von Parteienvereinbarungen ist die Wirkung solcher Vorgänge für die Vergangenheit ausgeschlossen (VwGH 18.12.1973, 0979/72; VwGH 3.5.1983, 82/14/0277; VwGH 25.3.1999, 96/15/0079). **1282**

3.17.2 Umsatzsteuer *(BMF-AV Nr. 40/2017)*

Fällt eine Einbringung nicht unter Art. III UmgrStG, ist diese nach den allgemeinen umsatzsteuerlichen Tauschgrundsätzen zu beurteilen. Die Aussage des § 22 Abs. 3 UmgrStG, wonach die Einbringung nicht umsatzsteuerbar ist und die übernehmende Körperschaft unmittelbar in die umsatzsteuerliche Rechtsstellung des Einbringenden eintritt, ist nicht anwendbar. *(BMF-AV Nr. 131/2018)* **1283**

Im Falle der Einbringung von Betrieben und Teilbetrieben gelten somit die Regeln über die Geschäftsveräußerung im Ganzen (siehe UStR 2000 Rz 676). **1284**

3.17.3 Verkehrsteuern *(BMF-AV Nr. 40/2017)*

Die gesellschaftsteuerrechtlichen und grunderwerbsteuerrechtlichen Folgen einer nicht unter Art. III UmgrStG fallenden Einbringung richten sich nach den allgemeinen Grundsätzen des KVG und GrEStG 1987; zum Auslaufen der Gesellschaftsteuer siehe Rz 323. *(BMF-AV Nr. 193/2015)* **1285**

§ 23

Artikel IV
Zusammenschluß

Anwendungsbereich

§ 23. (1) Ein Zusammenschluss im Sinne dieses Bundesgesetzes liegt vor, wenn Vermögen (Abs. 2) ausschließlich gegen Gewährung von Gesellschafterrechten auf Grundlage eines schriftlichen Zusammenschlussvertrages (Gesellschaftsvertrages) und einer Zusammenschlussbilanz einer Personengesellschaft tatsächlich übertragen wird. Voraussetzung ist, dass das übertragene Vermögen am Zusammenschlussstichtag, jedenfalls aber am Tag des Abschlusses des Zusammenschlussvertrages, für sich allein einen positiven Verkehrswert besitzt. Der Übertragende hat im Zweifel die Höhe des positiven Verkehrswertes durch ein begründetes Gutachten eines Sachverständigen nachzuweisen.

(2) Zum Vermögen zählen nur Betriebe, Teilbetriebe und Mitunternehmeranteile im Sinne des § 12 Abs. 2.

(3) Personengesellschaften sind Gesellschaften, bei denen die Gesellschafter als Unternehmer (Mitunternehmer) anzusehen sind.

(4) Auf Zusammenschlüsse sind die §§ 24 bis 26 anzuwenden.

(BGBl I 2005/161)

Gliederung:

4. Zusammenschlüsse (Art. IV UmgrStG)

4.1. Begriff und Anwendungsvoraussetzungen (§ 23 UmgrStG)

4.1.1. Allgemeines

4.1.1.1 Begriffsbestimmung

Zusammenschluss ist die Vereinigung von zwei oder mehreren Personen zu   1286
einer Personengesellschaft, wobei Vermögen ausschließlich gegen Gewährung
von Gesellschafterrechten auf die Personengesellschaft übertragen wird. Damit
auf den Zusammenschluss auch Art. IV UmgrStG zur Anwendung kommt, müssen weitere Voraussetzungen erfüllt sein (siehe Rz 1288 ff). *(BMF-AV Nr. 166/
2014)*

4.1.1.2 Zusammenschluss nach Unternehmens- und Zivilrecht

Im Unternehmens- und Zivilrecht ist der Zusammenschluss weder definiert   1287
noch gesetzlich geregelt. Er muss daher nach den bestehenden gesellschaftsrechtlichen Regelungen beurteilt werden, je nachdem, welcher Rechtsvorgang
verwirklicht wird. Es kann sich dabei handeln um:

- Die Errichtung einer Personengesellschaft des Unternehmensrechts (OG,
  KG, atypisch stille Gesellschaft) oder des Zivilrechts (GesBR)

- Die Erweiterung einer bestehenden Personengesellschaft des Unterneh-
  mens- oder Zivilrechts durch gesellschaftsrechtlichen oder gesellschafts-
  rechtsähnlichen Beitritt eines Gesellschafters

- Die Erweiterung eines Gesellschafterrechts oder mehrerer Gesellschafterrechte durch Einlagenerhöhung.

- Einen Zusammenschluss (Fusion) zweier bestehender Personengesellschaften zur Aufnahme oder Neugründung *(BMF-AV Nr. 166/2014)*

4.1.1.3 Zusammenschluss nach Art. IV UmgrStG

Mangels unternehmensrechtlicher Zusammenschlussvorschriften sind der   1288
Tatbestand und die steuerlichen Rechtsfolgen eines Zusammenschlusses nach
den § 23 ff UmgrStG bestimmt. Um einen Zusammenschluss nach Art. IV

UmgrStG erfolgreich durchzuführen, sind nach § 23 Abs. 1 UmgrStG folgende Voraussetzungen zu erfüllen:

- Übertragung eines Betriebes, Teilbetriebes oder Mitunternehmeranteils zumindest durch einen Übertragenden auf eine Mitunternehmerschaft (Rz 1346)
- Gesellschaftsvertragliche Grundlage (Rz 1302)
- Positiver Verkehrswert des Übertragungsvermögens nach der Stand-alone-Methode (Rz 1347 ff)
- Ausschließliche Gewährung von Gesellschafterrechten (Rz 1374 ff)
- Jahres- oder Zwischenabschluss (Bilanz) für den Übertragenden (Rz 1389 ff)
- Steuerliche Zusammenschlussbilanz (Rz 1419 ff)
- Tatsächliche Vermögensübertragung (Rz 1371 ff).

Art. IV UmgrStG ist international ausgelegt, dh. darunter können inländische, ausländische und grenzüberschreitende Zusammenschlüsse fallen, es können inländische und ausländische Partner daran beteiligt sein und es kann inländisches und ausländisches Vermögen einbezogen werden.

Der Begriff des „Übertragenden" ist im UmgrStG nicht definiert, wohl aber in § 24 Abs. 1 UmgrStG erwähnt. Übertragender kann jedermann sein, der die vorgenannten Voraussetzungen erfüllen kann. *(BMF-AV Nr. 166/2014)*

1289   Treffen auf einen Zusammenschluss die Voraussetzungen des Art. IV UmgrStG zu, ist dieser im Regelfall zwingend anzuwenden. Sind die Anwendungsvoraussetzungen des UmgrStG erfüllt, erfolgt die Übertragung des Zusammenschlussvermögens innerhalb des Art. IV UmgrStG entweder zu Buchwerten oder – bei mangelnder Vorsorge gegen eine Steuerlastverschiebung – zu Teilwerten.

Trotz formellen Vorliegens aller Anwendungsvoraussetzungen für einen Zusammenschluss im Sinne des § 23 UmgrStG kann es unter Umständen dennoch zur Versagung der Wirkungen des Art. IV UmgrStG kommen. Ursache kann sein

- das Vorliegen eines Missbrauchstatbestandes (siehe Rz 1907 ff),
- die Behandlung der Geldeinlage des Gesellschafters einer GmbH zur Begründung einer stillen Mitunternehmerschaft an dieser als Kapitaleinlage im Sinne des § 6 Z 14 lit. b EStG 1988 bzw § 8 Abs. 1 KStG 1988 (siehe Rz 1496),
- das Fehlen einer wirtschaftlichen Begründung für den Zusammenschluss von nahen Angehörigen und die damit verbundene Aberkennung der Mitunternehmerstellung in außergewöhnlichen Fällen (VwGH 29.9.2004, 2001/13/0159). Liegen allerdings tatsächlich Vermögenseinlagen der nahen Angehörigen vor, die in den starren Kapitalkonten ihren Niederschlag finden (Rz 1376), wird dies dem Grunde nach im Umtauschverhältnis zu berücksichtigen sein und zu prüfen sein, ob eine den Beteiligungen entsprechende Gewinnbeteiligung den Leistungen der Mitunternehmer gerecht wird oder nicht. *(AÖF 2008/243)*

1290   Bei Vorliegen der Anwendungsvoraussetzungen des § 23 Abs. 1 UmgrStG ist Art. IV UmgrStG im Hinblick auf § 23 Abs. 4 UmgrStG gesamthaft anzuwenden. Entstehen bei der für die Verkehrsteuern zuständige Abgabenbehörde (Finanzamt für Gebühren, Verkehrsteuern und Glücksspiel gemäß § 19 AVOG

2010) Zweifel, ob die Anwendungsvoraussetzungen des § 23 UmgrStG erfüllt sind, ist im Interesse einer einheitlichen Beurteilung der Umgründung eine Abstimmung mit den für die Ertragsbesteuerung des(r) Übertragenden und der übernehmenden Mitunternehmerschaft zuständigen Abgabenbehörden herbeizuführen. *(BMF-AV Nr. 166/2014)*

Da der Zusammenschluss keine unternehmens- oder zivilrechtlich geregelte Rechtsfigur ist, kommt der Eintragung eines solchen im Firmenbuch keine für das Vorliegen der Anwendungsvoraussetzungen maßgebende Wirkung zu, dh. auch in diesem Fall hat die Abgabenbehörde das Vorliegen der Anwendungsvoraussetzungen des § 23 UmgrStG eigenständig zu beurteilen. *(AÖF 2008/243)*   1291

4.1.1.4 Steuerklauseln

Der Eintritt der steuerlichen Wirkungen eines Zusammenschlusses bzw. das Verhindern der negativen Wirkungen eines missglückten Zusammenschlusses kann nicht durch Steuerklauseln im Zusammenschlussvertrag von der Erfüllung sämtlicher Anwendungsvoraussetzungen des § 23 UmgrStG abhängig gemacht werden. Steuerlich beachtlich ist aber   1292

- eine Vertragsklausel, die eine Adaptierung der Vorsorgen gegen eine Steuerlastverschiebung im Rahmen der gewählten Zusammenschlussmethode vorsieht, soweit abgabenbehördliche Feststellungen zu Änderungen der Buch- und Verkehrswerte führen und

- eine auf die Fristenwahrung bezogene Vertragsklausel (siehe Rz 1343) und

- eine Fortsetzungsklausel (siehe Rz 1498) sowie

- eine aufschiebende Bedingung, deren Eintritt von der Zustimmung Dritter (zB Grundverkehrsbehörde) abhängig ist.

Fehlt eine Vertragsklausel im Sinne des ersten Aufzählungspunktes, ist die Abgabenbehörde nicht berechtigt, die begehrten Anpassungen von vornherein abzulehnen. *(BMF-AV Nr. 193/2015)*

4.1.2. Inländische Zusammenschlüsse

Ein inländischer Zusammenschluss liegt vor, wenn eine Vermögensübertragung ausschließlich nach inländischem Steuerrecht zu beurteilen ist. Dies ist dann der Fall, wenn von einem Steuerinländer (unbeschränkt Steuerpflichtigen) ein inländischer (Teil)Betrieb oder Mitunternehmeranteil auf eine Personengesellschaft mit Sitz im Inland übertragen wird.   1293

4.1.3. Ausländische Zusammenschlüsse

Ein ausländischer Zusammenschluss liegt vor, wenn auf eine Vermögensübertragung ausländisches Steuerrecht zur Anwendung kommt, weil die Übertragenden Ausländer sind und ausländisches Vermögen auf eine ausländische Personengesellschaft übertragen wird. Art. IV UmgrStG kann in diesem Fall nur insoweit relevant sein, als von diesem Vorgang inländisches Vermögen mitbetroffen ist, zB inländische Betriebsstätte eines Steuerausländers (beschränkt Steuerpflichtigen).   1294

4.1.4. Grenzüberschreitende Zusammenschlüsse

Grenzüberschreitende Zusammenschlüsse liegen vor, wenn an einer Vermögensübertragung in- und ausländische natürliche oder juristische Personen oder   1295

Personengesellschaften beteiligt sind bzw. in- und/oder ausländisches Vermögen übertragen wird. Unter Art. IV UmgrStG fällt sowohl ein Export-Zusammenschluss als auch ein Import-Zusammenschluss.

Beispiel:

Ein inländischer unbeschränkt Steuerpflichtiger schließt sich mit einem Ausländer auf gesellschaftsrechtlicher Grundlage zusammen, wobei der Inländer inländisches Vermögen und der Ausländer ausländisches Vermögen auf eine inländische oder ausländische Personengesellschaft gegen Gewährung von Gesellschafterrechten überträgt. Die neu entstandene Personengesellschaft hat daher sowohl eine inländische als auch eine ausländische Betriebsstätte. Der inländische unbeschränkt Steuerpflichtige ist bei Zutreffen der sonstigen Voraussetzungen zur Buchwertfortführung verpflichtet. Für den beschränkt steuerpflichtigen Ausländer löst sein Übertragungsvorgang keine steuerliche Wirkung im Inland aus, weil nach Maßgabe des § 98 EStG 1988 nur in inländischem Betriebsstättenvermögen angesammelte stille Reserven besteuert werden können.

Zur Bewertung bei grenzüberschreitenden Zusammenschlüssen siehe Rz 1448a und Rz 1458a. *(BMF-AV Nr. 166/2014)*

4.1.5. Anwendungsbreite des Zusammenschlusses

1296   Der Zusammenschlussbegriff des UmgrStG hat einen breiten Anwendungsumfang. Es fallen darunter Vorgänge, bei denen

- eine Mitunternehmerschaft neu entsteht oder

- sich eine bestehende Mitunternehmerschaft durch Neuaufnahme von Gesellschaftern oder Veränderung der Beteiligungsverhältnisse verändert.

4.1.5.1 Zusammenschluss zu einer neuen Mitunternehmerschaft

1297   Ein solcher liegt vor, wenn eine Personengesellschaft, bei der die Gesellschafter Mitunternehmer sind, neu errichtet wird. Dabei überträgt mindestens einer der Zusammenschluss-Partner einen Betrieb, Teilbetrieb oder Mitunternehmeranteil auf die neu errichtete Personengesellschaft (Sachgründung). Für die steuerliche Anerkennung einer Mitunternehmerschaft ist es ohne Bedeutung, ob es sich um eine Außen- oder Innengesellschaft handelt. Bspw. sind folgende Gründungsvorgänge möglich:

- Zwei Einzelunternehmer schließen sich zu einer Personengesellschaft des Unternehmens- oder Zivilrechts zusammen. Jeder der beiden überträgt seinen Betrieb auf die neu errichtete Gesellschaft (Mitunternehmerschaft) und erhält dafür eine entsprechende Beteiligung an dieser.

- Zwei (oder mehrere) Freiberufler schließen sich zu einer Mitunternehmerschaft zusammen. Jeder der Partner überträgt seinen Betrieb auf die neu errichtete Gesellschaft (Mitunternehmerschaft) und erhält dafür eine Beteiligung an dieser. Bei einem Zusammenschluss von natürlichen Personen kann ein Anwendungsfall des Art. IV UmgrStG auch dann vorliegen, wenn dem Zusammenschluss berufsrechtliche Vorschriften entgegenstehen.

- Ein Einzelunternehmer und eine Privatperson schließen sich zu einer neu errichteten Gesellschaft (Mitunternehmerschaft) zusammen. Der Einzelunternehmer überträgt seinen Betrieb, die Privatperson leistet eine Geld- oder Sacheinlage. Jeder der beiden erhält dafür eine Beteiligung an der Mitunternehmerschaft.

- Ein Einzelunternehmer schließt sich mit einer Kapitalgesellschaft zu einer

Mitunternehmerschaft zusammen. Der Einzelunternehmer überträgt seinen Betrieb auf die neu errichtete Personengesellschaft, die Kapitalgesellschaft tritt als reiner Arbeitsgesellschafter ohne Kapitaleinlage bei. Zu einer Steuerlastverschiebung kann es dabei nicht kommen.

- Ein Gesellschafter einer Mitunternehmerschaft überträgt seinen Mitunternehmeranteil bzw. einen Teil davon auf eine (neu errichtete) Mitunternehmerschaft und erhält dafür eine Beteiligung an dieser. Bei der bestehenden Mitunternehmerschaft kommt es zu einem Gesellschafterwechsel, der bei dieser keinen Zusammenschluss auslöst.

- Eine (oder mehrere) Privatperson(en) beteiligen sich am Unternehmen einer operativen (betriebsführenden) Kapitalgesellschaft (zB GmbH) als atypisch stille Gesellschafter. Steuerlich überträgt die Kapitalgesellschaft ihren Betrieb auf die neu errichtete Personengesellschaft, die Privatperson(en) leistet (leisten) eine Kapitaleinlage (Bar- oder Sacheinlage). Unternehmensrechtlich geht die Kapitaleinlage in das Vermögen des Geschäftsherrn (der Kapitalgesellschaft) über.

- Eine (oder mehrere) Personen schließen sich mit einer vermögensverwaltenden Personengesellschaft zusammen; zumindest eine dieser Personen überträgt einen Betrieb, Teilbetrieb oder Mitunternehmeranteil auf die bestehende vermögensverwaltende Gesellschaft (neue Mitunternehmerschaft).

- Zwei Personengesellschaften schließen sich zu einer neu errichteten Personengesellschaft zusammen. Dabei überträgt jede der bisherigen Personengesellschaften ihren Betrieb auf die neu errichtete Mitunternehmerschaft, die Gesellschafter der übertragenden Personengesellschaften erhalten dafür Anteile an der neuen Gesellschaft. *(BMF-AV Nr. 166/2014)*

§ 23

4.1.5.2 Zusammenschluss durch Veränderung in einer bestehenden Mitunternehmerschaft

4.1.5.2.1 Anwendungsfälle des Art. IV UmgrStG

Ein solcher liegt vor, wenn sich in einer bestehenden Mitunternehmerschaft 1298 die Anzahl der Gesellschafter oder das Beteiligungsausmaß einzelner oder aller Gesellschafter ändert und die übrigen Voraussetzungen des Art. IV UmgrStG vorliegen. Ungeachtet des zivil- oder unternehmensrechtlichen Gleichstandes überträgt umgründungssteuerrechtlich betrachtet die Mitunternehmerschaft ihren Betrieb auf eine „neue" erweiterte Personengesellschaft; die bisherigen und die neuen Gesellschafter erhalten als Gegenleistung neue Gesellschafterrechte.

Bspw. sind folgende Anwendungsfälle möglich:

- In eine bestehende Mitunternehmerschaft tritt ein weiterer Gesellschafter durch Übertragung eines Betriebes, eines Teilbetriebes oder eines Mitunternehmeranteils als Sacheinlage ein.

- In eine bestehende Mitunternehmerschaft tritt ein weiterer Gesellschafter durch Leistung einer Bareinlage oder einer nicht begünstigtes Vermögen darstellenden Sacheinlage ein.

- In eine bestehende Mitunternehmerschaft tritt ein weiterer Mitunternehmer ein, der nur seine Arbeitskraft zur Verfügung stellt, ohne an der Substanz beteiligt zu sein (reiner Arbeitsgesellschafter ohne Kapitaleinlage).

- In einer bestehenden GmbH & Co KG tätigt der 100-prozentige Kommanditist eine Geld- oder Sacheinlage in die KG und erhöht dabei das fixe (starre, feste) Kapitalkonto. Es liegt dem Grunde nach ein Anwendungsfall des Art. IV UmgrStG vor, da die Beteiligung des Kommanditisten (vergleichbar einer Kapitalerhöhung durch den Alleingesellschafter einer Kapitalgesellschaft) erweitert wird. Zu einer Steuerlastverschiebung kann es auf Grund der 100-prozentigen Beteiligung des Kommanditisten nicht kommen.

• In einer bestehenden Mitunternehmerschaft leisten alle Mitunternehmer im Verhältnis ihrer Beteiligungen Geldeinlagen oder gleichwertige Sacheinlagen und erhöhen dadurch jeweils das fixe (starre) Kapitalkonto. Obwohl sich die Beteiligungsverhältnisse nicht ändern, liegt dem Grunde nach ein Anwendungsfall des Art. IV UmgrStG vor, da die „neue" Mitunternehmerschaft neben der Betriebsübertragung durch die „alte" Mitunternehmerschaft hinsichtlich der Vermögenseinlagen für die bisherigen Mitunternehmer ein Erwerb von zusätzlichen Gesellschafterrechten gegeben ist. Zu einer Steuerlastverschiebung kann es dabei nicht kommen.

• In einer bestehenden Mitunternehmerschaft ändert sich das Beteiligungsausmaß eines Gesellschafters durch eine Geld- oder Sacheinlage dadurch, dass er sein fixes (starres) Kapitalkonto erhöht. Der Vermögensübertragung durch die „alte" Mitunternehmerschaft auf die „neue" steht die zusätzliche Einlage des einen Mitunternehmers gegenüber. Da sich in diesem Fall das Beteiligungsausmaß nur eines Gesellschafters zu Lasten der stille haltenden Mitgesellschafter erhöht, ist Vorsorge zu treffen, dass es dabei zu keiner Steuerlastverschiebung kommt.

• In einer bestehenden Mitunternehmerschaft ändert sich das Beteiligungsausmaß eines Gesellschafters/mehrerer Gesellschafter/aller Gesellschafter durch die Einlage von bisherigem Sonderbetriebsvermögen in das Gesellschaftsvermögen dadurch, dass das fixe (starre) Kapitalkonto des/der Mitunternehmer erhöht/vermindert wird. Verändert sich dadurch das Beteiligungsausmaß eines/mehrerer Gesellschafter zu Lasten der anderen Gesellschafter, ist Vorsorge zu treffen, dass es dabei zu keiner endgültigen Steuerlastverschiebung kommt; zu Vorsorgemaßnahmen im Zusammenhang mit Grundstücken siehe auch Rz 1314 sowie Rz 1320.

• Ein Mitunternehmer einer bestehenden Mitunternehmerschaft überträgt seinen Mitunternehmeranteil auf eine andere Mitunternehmerschaft, allerdings nur dem Werte nach und mit Wirkung bloß im Innenverhältnis (quoad sortem). Der übertragene Mitunternehmeranteil geht steuerlich in das Gesellschaftsvermögen der übernehmenden Mitunternehmerschaft über, diese wird wirtschaftlicher Eigentümer des Mitunternehmeranteils, zivilrechtlich und nach außen hin bleibt der Übertragende Eigentümer des Gesellschaftsanteils. Dies stellt einen Anwendungsfall des Art. IV UmgrStG dar, wenn im Innenverhältnis der Übertragende keinerlei Verfügungsmöglichkeit über den Gesellschaftsanteil auf Grund seines zivilrechtlichen Eigentums mehr hat aber von der übernehmenden Mitunternehmerschaft ein Gesellschafterrecht erhält.

• In einer bestehenden atypisch stillen Gesellschaft wird das Vermögen des Inhabers des Unternehmens umgegründet (zB Verschmelzung); die atypisch stille Gesellschaft wird fortgeführt und die Beteiligung des atypisch stillen Gesellschafters bezieht sich auf das Gesamtvermögen nach der Umgründung, wenn der Geschäftsherr für die Einlage in die atypisch stille Mitunternehmerschaft zusätzliche Gesellschaftsrechte erhält (siehe auch Rz 359 und Rz 1498). *(BMF-AV Nr. 166/2014)*

Ein Anwendungsfall des Art. IV UmgrStG liegt auch vor, wenn es zu einer 1299
übertragenden Umwandlung einer Personengesellschaft auf eine andere Perso-
nengesellschaftsstruktur kommt, ohne dass es dabei zu einer inhaltlichen Änderung der Beteiligungen oder der Beteiligten kommt. Die steuerliche Wirkung beschränkt sich in diesem Fall auf die Rückwirkung dieses Vorgangs und auf den
Bereich der Gebühren und Verkehrsteuern. Ein strukturändernder Zusammenschluss ist etwa in folgenden Fällen anzunehmen:

- Eine GesBR wird in eine Personengesellschaft des Unternehmensrechts
  (OG, KG) umgegründet. Wenn sich dabei die Gesellschafter- oder Beteiligungsstruktur nicht ändert, kann es zu keiner Steuerlastverschiebung kommen. Bleibt bisheriges Sonderbetriebsvermögen eines Gesellschafters
  Sonderbetriebsvermögen desselben, hat dies keine ertragsteuerlichen Auswirkungen. Dies gilt auch für den Fall, dass eine GesBR infolge des Überschreitens der Umsatzgrenzen des § 189 UGB zur Protokollierung als OG
  oder KG verpflichtet ist und die Eintragung samt Übertragung des Vermögens tatsächlich vornimmt.

- Ein Kommanditist wechselt im Innenverhältnis seine Rechtstellung in die
  eines atypisch stillen Gesellschafters oder umgekehrt ohne Änderung des
  Beteiligungsausmaßes. Dieser Vorgang hat keine ertragsteuerlichen Auswirkungen. Ebenso muss keine Vorsorge zur Vermeidung einer Steuerlastverschiebung getroffen werden. *(BMF-AV Nr. 166/2014)*

Kein Anwendungsfall des Art. IV UmgrStG liegt mangels Strukturänderung 1300
bei einer formwechselnden Umwandlung einer Personengesellschaft im Sinne
des UGB vor (siehe Rz 407), dh. eine OG wird KG oder umgekehrt. *(AÖF 2008/
243)*

4.1.5.2.2 Keine Anwendungsfälle des Art. IV UmgrStG

Faktische Veränderungen bei Mitunternehmerschaften stellen keine Zusam- 1301
menschlüsse im Sinne des Art. IV UmgrStG dar.

- Zwei nebeneinander personen- und beteiligungsgleich bestehende Personengesellschaften bilanzieren ihre Gesellschaften einheitlich. Bei dieser einheitlichen Bilanzierung handelt es sich um keinen Zusammenschluss zu einer
  neuen (erweiterten) Personengesellschaft, sondern um eine unrichtige Bilanzierung, die zu einer Bilanzberichtigung führen muss, es sei denn, es liegt
  eine so genannte Unternehmenseinheit vor (EStR 2000 Rz 5834).

- Ein rechnungslegungspflichtiger oder nicht rechnungslegungspflichtiger
  Einzelunternehmer erwirbt ein weiteres Einzelunternehmen und führt diese
  beiden Betriebe zusammen. Da hier keine Mitunternehmerschaft entsteht,
  kann ein Anwendungsfall des Art. IV UmgrStG nicht vorliegen.

- Ein Einzelunternehmer überträgt eine Quote seines Einzelunternehmens unentgeltlich oder entgeltlich an eine andere Person. Es entsteht dadurch eine
  Mitunternehmerschaft außerhalb eines Zusammenschlusses. Die Quoten-
  übertragung ist ertragsteuerlich wie die Schenkung (§ 6 Z 9 lit. a EStG 1988)
  bzw. Veräußerung (§ 6 Z 8 lit. b EStG 1988 in Verbindung mit § 24 EStG
  1988) eines Mitunternehmeranteiles zu behandeln. Zur Verbindung dieses
  Vorganges mit einem Zusammenschluss siehe Rz 1364 ff.

- Der Beitritt einer GmbH als Komplementär-Arbeitsgesellschafter oder Minderheitsgesellschafter im Rahmen der 10%-Grenze bei einer errichtenden

§ 23

Umwandlung nach dem UmwG in Verbindung mit Art. II UmgrStG erfolgt umwandlungsbedingt und ist daher kein Zusammenschluss.

• Eine Umgründung des Inhabers des Unternehmens, wenn der nachfolgeberechtigte atypisch still Beteiligte nach der Umgründung weiterhin nur am bisherigen Vermögen beteiligt ist, führt zu keinem Zusammenschluss.

• Ein oder mehrere Mitunternehmer tätigt/tätigen eine Geld- oder Sacheinlage auf ihr variables Kapitalkonto. *(BMF-AV Nr. 166/2014)*

4.1.6. Erfordernis eines Zusammenschlussvertrages

1302   Grundlage für den Zusammenschluss bildet ein schriftlicher Zusammenschlussvertrag. Dieses Rechtsgeschäft muss nicht ausdrücklich als Zusammenschlussvertrag gekennzeichnet sein, es muss aber klar erkennbar sein, dass es sich um einen gesellschaftsrechtlichen Vorgang handelt. Der Vertrag hat insb. die Beteiligungsverhältnisse an der übernehmenden Personengesellschaft zu regeln und den Umfang des zu übertragenden Vermögens (Rz 1346 ff) und die Gegenleistung (Rz 1374 ff) zu beschreiben.

Bei neu errichteten Personengesellschaften wird der Zusammenschlussvertrag der Gesellschaftsvertrag (Präambel im Gesellschaftsvertrag) der übernehmenden Personengesellschaft oder ein eigener Vertrag sein, bei bereits bestehenden Personengesellschaften ein Nachtrag zum Gesellschaftsvertrag.

Aus § 23 Abs. 1 UmgrStG ergibt sich, dass zu den Anwendungsvoraussetzungen für einen Zusammenschluss das Erstellen eines schriftlichen Zusammenschlussvertrages gehört. Der Zusammenschlussvertrag kann wegen des Erfordernisses der Einholung von Genehmigungen (zB Grundverkehrs- oder Kartellbehörde) auch aufschiebend bedingt abgeschlossen werden.

Werden im Rahmen von Betriebs- oder Teilbetriebsübertragungen auch GmbH-Beteiligungen (siehe EStR 2000 Rz 492 und Rz 597) mitübertragen, ist für diese ein Notariatsakt erforderlich. *(BMF-AV Nr. 166/2014)*

Rz 1302a: *entfällt (BMF-AV Nr. 193/2015)*

4.1.7. Erfordernis der Wahl einer geeigneten Zusammenschluss- bzw Vorsorgemethode

4.1.7.1 Allgemeines

1303   Unabhängig von steuerlichen Erfordernissen ist bei jedem Zusammenschluss eine zivil- bzw. unternehmensrechtliche Einigung über die geplanten Beteiligungsverhältnisse erforderlich. Ebenso wie in allen anderen gesellschaftsrechtlichen Kooperationen prägt dem Grunde nach der Wert des zusammengefassten Vermögens und damit das Umtauschverhältnis die Beteiligungen. *(AÖF 2008/243)*

1304   Neben der auch steuerlich relevanten Frage der Beteiligungsverhältnisse ist bei Zusammenschlüssen die Frage der Steuerlastverhältnisse vor und nach dem Zusammenschluss von Bedeutung. § 24 Abs. 2 UmgrStG macht die Fortführung der Buchwerte des zusammengeschlossenen Vermögens in der übernehmenden Personengesellschaft von einer Vorsorge dahingehend abhängig, dass es durch den Zusammenschluss zu keiner endgültigen Verschiebung von persönlichen Steuerlasten (betreffend Einkommen- oder Körperschaftsteuer, nicht Gebühren und Verkehrsteuern) auf den/die Zusammenschluss-Partner kommt. Eine endgültige Verschiebung von Steuerlasten liegt vor, wenn die im Zusammenschlussvermögen vorhandenen Gesamtreserven ganz oder teilweise auf den (die) anderen Zusammenschlusspartner übergehen und auch von diesem (diesen) versteuert werden muss (müssen). Unmaßgeblich ist dabei der auf den Steuerpflichtigen anzuwendende Steuertarif. Da grundsätzlich jeder Steuerpflichtige die von ihm selbst erwirtschafteten Gesamtreserven auch selbst versteuern muss, ist eine solche Steuerlastverschiebung durch geeignete Vorsorgemaßnahmen zu vermeiden. Da die Vorsorge „für die weitere Gewinnermittlung" erfolgen muss, ist eine Methode erforderlich, die nicht als entgeltlich zu werten ist. Dies kann zB im Wege der Speicherung der Gesamtreserven oder im Wege eines gewinnabhängigen Ausgleichs erfolgen.

Die Vorsorge gegen eine Verschiebung von Steuerlasten kann sich nur auf steuerhängige stille Reserven einschließlich eines allfälligen Firmenwertes beziehen.

Zusammenschlüsse mit einem Stichtag bis 31.3.2012:

Stille Reserven des zum Anlagevermögen gehörenden Grund und Bodens blieben vor dem 1. StabG 2012 bei der Gewinnermittlung nach § 4 Abs. 1 EStG 1988 bzw. § 4 Abs. 3 EStG 1988 außer Ansatz und waren daher nicht Gegenstand einer Vorsorge. Zur späteren Realisierung der stillen Reserven siehe Rz 1314b.

Zusammenschlüsse mit einem Stichtag ab 1.4.2012:

Da die stillen Reserven von Grundstücken (Grund und Boden, Gebäude und grundstücksgleiche Rechte) ab dem 1.4.2012 unabhängig von der Gewinnermittlungsart immer steuerhängig sind, hat die gewählte Vorsorgemaßnahme auch diese stillen Reserven zu umfassen (siehe weiters Rz 1314, Rz 1320 und Rz 1457a). *(BMF-AV Nr. 193/2015)*

Wird gegen eine endgültige Steuerlastverschiebung nicht vorgesorgt, bleibt Art. IV UmgrStG trotzdem anwendbar. Es sind dann für die übertragenen Wirtschaftsgüter einschließlich Sonderbetriebsvermögen die Teilwerte anzusetzen. Dies bedeutet eine vollständige Gewinnrealisierung innerhalb des Anwendungsbereiches des Art. IV UmgrStG. Die anderen Bestimmungen des Art. IV UmgrStG (Rückwirkung, Gebühren und Verkehrsteuern) bleiben anwendbar (siehe Rz 1427 ff). Ergibt sich aus dem Zusammenschlussvertrag eindeutig, dass wegen der vorliegenden Verkehrs- bzw Buchwerte eine Vorsorge nicht erforderlich erscheint, ist bei nachträglicher Berichtigung dieser Werte eine Korrektur insofern vorzunehmen, als eine richtige Vorsorge getroffen wird. Zur Frage der Folgen einer sich nachträglich auf Grund abgabenbehördlicher Feststellungen als unrichtig herausstellenden Vorsorge siehe Rz 1503 ff.

Gesamthaft betrachtet müssen im konkreten Fall Maßnahmen in der zivil- oder unternehmensrechtlichen Zusammenschlussvereinbarung definiert werden, die die Fortführung der Buchwerte garantieren, der Maßgeblichkeit des Mitunternehmeranteilsbegriffes Rechnung tragen und die Verschiebung der persönlich bestehenden Steuerlasten vermeiden. Zulässige Maßnahmen sind:

• das vertragliche Abstellen auf die Verkehrswerte des jeweils zu übertragenden Vermögens in Verbindung mit der Abstimmung der den Kapitalkonten nicht entsprechenden Verkehrswertverhältnisse und dem Erstellen von Ergänzungsbilanzen für die einzelnen Mitunternehmer (Verkehrswertzusammenschluss, Rz 1311 ff)

• das vertragliche Abstellen auf die Buchwerte des jeweils zu übertragenden Vermögens und im Falle der fehlenden Übereinstimmung der Beteiligungsverhältnisse mit den Verkehrswerten in Verbindung mit gewinnabhängigen Ergebnisverteilungsvereinbarungen (Kapitalkontenzusammenschluss, Rz 1316 ff).

Haben die Zusammenschlusspartner eine zulässige Maßnahme im Rahmen der Zusammenschlussvereinbarung getroffen, ist eine Änderung der vertraglich festgelegten Maßnahme nach dem Vollzug des Zusammenschlusses nicht mehr wirksam. *(BMF-AV Nr. 166/2014)*

1307   Neben den sich aus den zum Stichtag vorhandenen Verkehrswerten und steuerlichen Gesamtreserven ergebenden vertragsrechtlichen Fragen des Zusammenschlusses ist auch die Anpassung der Verkehrs- bzw. Buchwerte der zusammenzuschließenden Vermögen an vorgegebene Beteiligungsverhältnisse im Wege rückwirkender Korrekturen eine Gestaltungsfrage, die auf die Vorsorgetechnik Einfluss nimmt. Siehe dazu Rz 1431 ff.

1308   Sollten die unternehmensrechtlich maßgebenden Buchwerte von den steuerlich maßgebenden Buchwerten zum Zusammenschlussstichtag abweichen, ist die Vorsorge gegen eine Steuerlastverschiebung auf die steuerlich maßgebenden Buchwerte zu beziehen. *(BMF-AV Nr. 166/2014)*

4.1.7.2 Mitunternehmeranteil und Beteiligung an der Mitunternehmerschaft

1309   Im Gegensatz zum Unternehmens- bzw. Zivilrecht ist der steuerliche Begriff des Mitunternehmeranteils dadurch geprägt, dass er aus der eigentlichen Substanzbeteiligung (starres/fixes Kapitalkonto), Gewinn- und sonstigen Verrechnungskonten (variable Kapitalkonten), allfälligem Sonderbetriebsvermögenskapital und den anschaffungsbedingten Mehrwerten bzw. Passiva (Ergänzungskapital) besteht. Zivilrechtliche Verbindlichkeiten der Gesellschaft gegenüber dem Gesellschafter zählen idR zum steuerlichen Eigenkapital (§ 23 Z 2 EStG 1988). Zur Überführung von Wirtschaftsgütern ins Sonderbetriebsvermögen siehe Rz 1348 und Rz 1441 ff. *(AÖF 2008/243)*

1310   Das Abstellen der Beteiligungsverhältnisse auf den steuerlichen Mitunternehmeranteilsbegriff ist nicht unbedingt erforderlich. Erfolgt ein Abstimmen auf die gesellschaftsvertraglich festgelegten Beteiligungen und damit auf starre/fixe Kapitalkonten, werden damit gleichzeitig auch der Buchwert und der Verkehrswert des zu übertragenden Vermögens beeinflusst:

- Tritt einer bestehenden Mitunternehmerschaft ein weiterer Gesellschafter bei, können die Beteiligungsverhältnisse auf die Substanzbeteiligung (fixes/ starres Kapitalkonto) der Altgesellschafter bezogen und damit die Beteiligung der neu eintretenden Gesellschafter auf diese abgestimmt werden. Voraussetzung ist, dass im Gesellschaftsvertrag eine entsprechende Festlegung erfolgt ist, sodass sich bei einer Auseinandersetzung bei Gesamtveräußerung, Aufgabe oder Austritt eines Gesellschafters die Notwendigkeit der Bereinigung der offenen Verrechnungsposten ergibt.

- Entsteht eine Personengesellschaft durch Zusammenschluss zweier oder mehrerer Unternehmer oder eines Unternehmers mit einem Nichtunternehmer, kann die dargestellte Vorgangsweise dadurch erreicht werden, dass das in der (jeweiligen) Zusammenschlussbilanz ausgewiesene positive Buchvermögen und das sonstige übertragene Vermögen gesellschaftsvertraglich auf fixe Beteiligungen (starre Kapitalkonten) bezogen wird, sodass der Überstand des Übertragungskapitals in ein variables Kapitalkonto eingestellt wird. Dies gilt auch für die Übertragung eines buchmäßig negativen Vermögens, bei dem in Höhe des Einstellens eines Betrages auf das starre Kapitalkonto ein in diesem Ausmaß höheres negatives variables Kapitalkonto entsteht.

Beispiele:

1. Die Einzelunternehmer A und B wollen sich zu einer Mitunternehmerschaft zusammenschließen. Die steuerlich maßgebenden Buchwerte des Betriebsvermögens und (mangels rückwirkender Korrekturen) damit das Zusammenschlusskapital zum Zusammenschlussstichtag betragen bei A 1000 und bei B -1500, der Verkehrswert des Betriebes des A beträgt 3000, jener des B 1000. Das Beteiligungsverhältnis wird mit 75% für A und 25% für B im Gesellschaftsvertrag festgelegt (Verkehrswertzusammenschluss). Es wird zu Buch- oder Verkehrswerten übertragen und in der Eröffnungsbilanz für A ein starres Kapitalkonto von 75 und für B ein solches von 25 gebildet. Das variable Kapitalkonto bei A beträgt somit 925 und bei B –1525. Entsprechend der gewählten Zusammenschlussmethode (Verkehrswertzusammenschluss) wird die Vorsorge zur Vermeidung einer endgültigen Steuerlastverschiebung getroffen (siehe dazu die Fortführung des Beispiels in Rz 1314).

2. In die A&B-OG, an der A und B zu jeweils 50% beteiligt sind, tritt der Einzelunternehmer C mit seinem Betrieb als neuer Gesellschafter ein. Die starren Kapitalkonten von A und B in der bestehenden A&B-OG betragen jeweils 100. Der steuerlich maßgebende Buchwert des Betriebsvermögens von C beträgt 1000. Die Zusammenschluss-Partner vereinbaren ein Beteiligungsverhältnis von jeweils einem Drittel. Unter Bezugnahme auf die starren Kapitalkonten von A und B beträgt das starre Kapitalkonto von C ebenfalls 100, sein variables Kapitalkonto beträgt daher 900. Entsprechend der gewählten Zusammenschlussmethode (Kapitalkontenzusammenschluss) wird die Vorsorge zur Vermeidung einer endgültigen Steuerlastverschiebung getroffen (siehe dazu das Beispiel in Rz 1319).

Ist in einem Zusammenschlussvertrag auf Basis starrer/fixer Kapitalkonten für beschränkt haftende Gesellschafter eine unbedingte Auffüllungsverpflichtung allfällig bestehender negativer Verrechnungsstände festgelegt worden, bestehen keine Bedenken, wenn diese Verpflichtung durch eine entsprechende Vertragsänderung aufgehoben wird. *(BMF-AV Nr. 166/2014)*

4.1.7.3 Verkehrswertzusammenschluss

Beim Verkehrswertzusammenschluss wird das Beteiligungsverhältnis in der übernehmenden Personengesellschaft entsprechend den Verkehrswerten der übertragenen Vermögen festgelegt. Daraus ergeben sich zwei Fragenbereiche: 1311

- Einerseits sollen die nach dem Umtauschverhältnis festgelegten Beteiligungen in den steuerlichen Kapitalkonten der Zusammenschlusspartner zum Ausdruck kommen und

- andererseits sollen ertragsteuerlich die bis zum Zusammenschlussstichtag angesammelten Gesamtreserven bei jenen Mitunternehmern verbleiben (gespeichert werden), die sie erwirtschaftet haben.

Das Herstellen der Übereinstimmung zwischen gesellschaftsvertraglicher Beteiligung und dem Ausweis der Beteiligungsverhältnisse auf den Kapitalkonten der Personengesellschafter sowie die Vorsorge gegen die Steuerlastverschiebung kann dabei insb. auf folgende Arten geschehen: 1312

- Buchwertübernahme mit Quotenverschiebung der Kapitalkonten und Rückkorrektur in Ergänzungsbilanzen (Rz 1314 ff)

- Verkehrswertübernahme und Rückkorrektur in Ergänzungsbilanzen (Rz 1315).

1312a   Verkehrswertzusammenschluss bei fortgesetzter Einnahmen/Ausgabenrechnung:

Soll die übernehmende Mitunternehmerschaft ihren Gewinn weiterhin nach § 4 Abs. 3 EStG 1988 ermitteln, ist auch ein Verkehrswertzusammenschluss möglich. Als Vorsorge gegen eine endgültige Steuerlastverschiebung sind Ergänzungsrechnungen (siehe dazu auch EStR 2000 Rz 6002) zu führen. Folgendes ist dabei zu beachten:

- Die Ergänzungsrechnung muss den Grundsätzen einer Ergänzungsbilanz entsprechen und die stillen Reserven auf die WG des betrieblichen AV aufteilen.

- Die Kapitalkonten müssen für den Fall der späteren Auseinandersetzung nach den Grundsätzen eines ordnungsgemäßen Rechnungswesens geführt werden.

- Stille Reserven im Umlaufvermögen sind im ersten Kalenderjahr der Mitunternehmerschaft nach dem Zusammenschluss steuerwirksam aufzulösen, um eine objektiv richtige Gewinnzurechnung zu gewährleisten.

Beispiel:
Ein Freiberufler (Gewinnermittlung gemäß § 4 Abs. 3 EStG 1988) schließt sich zum 31.12.01 mit der bisher nichtselbständig tätigen Berufskollegin B zu einer OG zusammen, A überträgt seinen Betrieb, B leistet eine Bareinlage. Die Beteiligungsverhältnisse in der OG sollen entsprechend den Verkehrswerten festgelegt werden. Der Betrieb des A hat zum Stichtag einen VW von 4.000, B soll mit 20% an der OG beteiligt sein und leistet daher eine Kapitaleinlage von 1.000.

Da die übernehmende OG den Gewinn ebenfalls nach § 4 Abs. 3 EStG 1988 ermitteln soll, muss A zum Zusammenschluss-Stichtag keine Bilanz mit Übergang zur Gewinnermittlung nach § 4 Abs. 1 EStG 1988 erstellen, sondern einen Status, in welchem das zu übertragende Vermögen zu steuerlichen Buchwerten wie folgt ausgewiesen wird.

Status des EU A zum 31.12.01

Aktiva	Buch-wert	Verkehrs wert	Passiva	Buch-wert	Verkehrs wert
BGA	1.000	1.500	Eigen-kapital	1.000	4.000
Forderungen	500	500	Verbind-lichkeiten	1.000	1.000
Klientenstock		2.000			
Noch nicht abrechenbare Leistungen (nnaL)	500	1.000			

Da in der OG die Buchwerte übernommen werden sollen, müssen die Kapitalkonten der Gesellschafter A und B so verschoben werden, dass sie dem vereinbarten Beteiligungsverhältnis 80:20 entsprechen, daher 1.600 für A und 400 für B betragen; dies entspricht einer Quoten- und damit Reservenverschiebung von A auf B iHv 600 (Verkehrswertzusammenschluss mit Quotenverschiebung). Über Ergänzungsrechnungen sind daher die stillen Reserven, aufgeteilt auf die WG des AV, denen sie zuzuordnen sind, bei A zu speichern, um im Falle einer Realisierung eine endgültige Reservenverschiebung zu vermeiden.

Ergänzungsrechnung A

Aktiva	Buchwert	Passiva	Buchwert
Ergänzungskapital	500	BGA	100
		Klientenstock	400

Ergänzungsrechnung B

Aktiva	Buchwert	Passiva	Buchwert
BGA	100	Ergänzungskapital	500
Klientenstock	400		

Um eine objektiv richtige Gewinnzurechnung zu gewährleisten, muss im erstem Kalenderjahr nach dem Zusammenschluss in der Personengesellschaft rechnerisch ein doppelter Wechsel der Gewinnermittlungsart vorgenommen werden und es sind die stillen Reserven im Umlaufvermögen steuerwirksam aufzulösen und dem Übertragenden zuzurechnen.

Fortsetzung des Beispiels:

	A (80%)	B (20%)
Übergangsgewinn	1.000	0
Übergangsverlust	−800	−200
Saldo	200	−200
Gewinnermittlung nach Zusammenschluss:		
Zurechnung Saldo aus doppeltem Wechsel	200	−200
Zufluss Forderungen/nnaL	1.200	300
Zurechnung stille Reserven aus nnaL	+100	−100
Steuerliche Gewinnverteilung	1.500	0

Erfassung auf den Kapitalkonten:

	Kapitalkonto	
	A (80%)	B (20%)
Buchwert Kapitalkonten vor Quotenverschiebung	1.000	1.000
Buchwert Kapitalkonten nach Quotenverschiebung	1.600	400
Wechsel Gewinnermittlungsart zu Einnahmen-Ausgaben-Rechnung nach Zusammenschluss	−800	−200
Zufluss nnaL	1.200	300
Kapitalkonten nach Zufluss nnaL	2.000	500

Kontrollrechnung für Veräußerung MU unmittelbar nach Zusammenschluss:

		A (80%)	B (20%)
Gesamt-Verkehrswert der Mitunternehmerschaft nach Zusammenschluss	5.000	4.000	1.000
Abzüglich Buchwerte Kapitalkonten		−2.000	−500
Auflösung Ergänzungskapital		+500	−500
Veräußerungsgewinn gesamt	2.500	2.500	0

(BMF-AV Nr. 166/2014)

Die die steuerliche Buchwertfortführung sichernden Ergänzungsbilanzen/ 1313
Ergänzungsrechnungen müssen mit der ersten jährlichen Erklärung über die Ge-

winnfeststellung, spätestens aber über Aufforderung der Abgabenbehörde vorgelegt werden. Sie sind aber jedenfalls nur dann als rechtzeitig vorgelegt anzusehen, wenn sich nicht bereits eine Veränderung der Ergänzungsbilanz durch Realisierung oder laufende Auflösung ergeben hat. *(BMF-AV Nr. 166/2014)*

1313a   Für das weitere Schicksal der Vorsorgemaßnahmen gilt Folgendes:

- Wird die Personengesellschaft später veräußert oder aufgegeben oder scheidet ein Gesellschafter im Wege der Anteilsveräußerung oder Abschichtung aus, werden im Rahmen der Veräußerungsgewinnermittlung die Ergänzungsbilanzen der veräußernden Mitunternehmer aufgelöst und gemäß § 24 EStG 1988 in Verbindung mit § 37 EStG 1988 berücksichtigt.

- Im Falle einer unentgeltlichen Übertragung gehen die steuerlichen Verhältnisse auf den Rechtsnachfolger über.

- Wechselt eine Personengesellschaft, deren Gesellschafter die Vorsorge gegen eine Steuerlastverschiebung in Form von Ergänzungsbilanzen getroffen haben, zu einem späteren Zeitpunkt zur Gewinnermittlung gemäß § 4 Abs. 3 EStG 1988, sind die Ergänzungsbilanzen in Form von Ergänzungsrechnungen weiterzuführen. In den Ergänzungsbilanzen abgebildete stille Reserven im Umlaufvermögen sind zum Zeitpunkt des Wechsels der Gewinnermittlungsart ertragswirksam aufzulösen.

- Im Falle der Einbringung des Betriebes der Personengesellschaft gemäß Art. III UmgrStG ergeben sich die Buchwerte des einzubringenden Vermögens nach Zusammenfassung der Schlussbilanzansätze mit den Ansätzen der Ergänzungsbilanzen und prägen die Verkehrswerte der Mitunternehmeranteile das Umtauschverhältnis. Davon abweichend festgelegte Beteiligungsverhältnisse sind kein Hindernis für die Geltung des Art. III UmgrStG, eine drohende Äquivalenzverletzung kann durch eine alineare Ausschüttungsvereinbarung vermieden werden.

- Im Falle der Einbringung eines Mitunternehmeranteils nach Art. III UmgrStG tritt die übernehmende Körperschaft in die Rechtsstellung des Einbringenden ein, sodass sich an der Vorsorgetechnik nichts ändert.

- Im Falle der Einbringung aller Mitunternehmeranteile nach Art. III UmgrStG zum gleichen Stichtag in dieselbe übernehmende Körperschaft gelten die oben genannten Grundsätze für die Betriebseinbringung.

- Kommt es nach dem Zusammenschluss zu einem weiteren Zusammenschluss, ist neben der bestehenden Vorsorge eine weitere Vorsorge betreffend den nunmehr Übertragenden zu treffen. Die schon bestehenden Ergänzungsbilanzen/Ergänzungsrechnungen können an die Veränderungen angepasst werden.

- Kommt es nach dem Zusammenschluss zu einer Realteilung der Personengesellschaft, sind – sofern es nicht zu einer steuerwirksamen Bereinigung der Ergänzungsbilanzen/Ergänzungsrechnungen kommt – die offenen Positionen in die realteilungsbedingte Vorsorgetechnik der Ausgleichsposten zu überführen. *(BMF-AV Nr. 166/2014)*

4.1.7.3.1 Buchwertübernahme mit Quotenverschiebung der Kapitalkonten und Ergänzungsbilanzen

1314   Dabei werden die übertragenen Betriebe, Teilbetriebe oder Mitunternehmeranteile zu den steuerlich maßgebenden Buchwerten laut der (den) Zusammenschlussbilanz(en) von der übernehmenden Personengesellschaft in der Steuerbilanz angesetzt und das gesamte Buchkapital im Verhältnis der Verkehrswerte der zusammengeschlossenen Vermögen auf die Partner verteilt. Die starren Kapitalkonten entsprechen nunmehr den Verkehrswertverhältnissen. Die mit dieser Quotenverschiebung allerdings verbundene Verschiebung von Gesamtreserven und Steuerlasten muss durch Ergänzungsbilanzen für die betroffenen Gesellschafter rückgängig gemacht werden. Da auf Grund der Buchwertfortführung die verschobenen und in den Ergänzungsbilanzen rückgängig gemachten Differenzen erst bei einer Realisierung der in der Personengesellschaft gespeicherten Reserven zu einer konkreten Steuerlastverschiebung führen, ist erst zu diesem Zeitpunkt eine Gegenrechnung mit den entsprechenden Ergänzungsbilanzansätzen erforderlich. Wurden davon abweichend die Ergänzungsbilanzbeträge laufend (ohne Realisierung) steuerwirksam aufgelöst, bestehen keine Bedenken, diese Methode auslaufend beizubehalten.

Beispiel:

Der Einzelunternehmer A und der Einzelunternehmer B schließen sich zur AB-OG zusammen und übertragen ihre Einzelunternehmen auf diese. Sie vereinbaren, dass das Beteiligungsverhältnis in der OG den Verkehrswerten der übertragenen Einzelunternehmen entsprechen soll. Der Zusammenschluss wird zu Buchwerten durchgeführt. Die aus den Jahres- oder Zwischenabschlüssen abgeleiteten Zusammenschlussbilanzen der beiden Einzelunternehmer zum Zusammenschlussstichtag zu den steuerlich maßgebenden Buchwerten (unter Angabe der Verkehrswerte in Klammer) stellen sich wie folgt dar:

Zusammenschlussbilanz A 31.12.00			
Anlagevermögen	500 (700)	Zusammenschlusskapital	600 (800)
Umlaufvermögen	300 (300)	Verbindlichkeiten	200 (200)

Zusammenschlussbilanz B 31.12.00			
Anlagevermögen	300 (1000)	Zusammenschlusskapital	100 (800)
Umlaufvermögen	200 (200)	Verbindlichkeiten	400 (400)

Die Verkehrswerte beider Einzelunternehmen betragen je 800, stille Reserven enthält in beiden Einzelunternehmen nur das Anlagevermögen.

Das Beteiligungsverhältnis in der übernehmenden OG beträgt den Verkehrswertrelationen der übertragenen Einzelunternehmen entsprechend 50:50. Da die Buchwerte des Eigenkapitals diesem Beteiligungsverhältnis nicht entsprechen, müssen die Kapitalkontenstände so zwischen den Gesellschaftern verschoben werden, dass sie die 50:50 Beteiligung wiedergeben.

AKTIVA A+B	gesamt	PASSIVA A+B		Verschiebung	gesamt
		Eröffnungsbilanz der OG 1.1.01			
AV A + AV B	800	Eigenkapital A	600	−250	350
UV A + UV B	500	Eigenkapital B	100	+250	350
		Verbindl A+B	200+400		600
Bilanzsumme	1300				1300

Die in den übertragenen Einzelunternehmen enthaltenen Gesamtreserven betragen für A 200 und für B 700, gesamt in der OG daher 900. Durch das vereinbarte Beteiligungsverhältnis von 50:50 würden bei einer Realisierung auf jeden der beiden Gesellschafter 450 Gesamtreserven entfallen. Dies entspricht einer Verschiebung von 250 von B auf A, welche durch die Quotenverschiebung auf den Kapitalkonten bewirkt wurde. Diese muss daher durch Ergänzungsbilanzen für beide Gesellschafter rückgängig gemacht werden.

Ergänzungsbilanz 1.1.01 A		Ergänzungsbilanz 1.1.01 B	
Mehrwert Aktiva 250	Ergänzungs- kapital 250	Ergänzungs- kapital 250	Minderwert Aktiva 250

Die laufenden Abschreibungen im Stammvermögen der Personengesellschaft wirken sich nicht auf die Ergänzungsbilanzen aus, da nur sicherzustellen ist, dass die verschobenen Kapitalkontenquoten nicht endgültig zu einer Steuerlastverschiebung führen. Diese Verschiebung kann aber erst bei einer tatsächlichen Realisierung (Veräußerung bzw. sonstigem Ausscheiden aus den Betriebsvermögen von Wirtschaftsgütern) eintreten, sodass erst dann die Auflösung der entsprechenden Ergänzungsbilanzposition vorzunehmen und damit die Besteuerung bei den Übertragenden sichergestellt ist.

Fortsetzung des Beispiels 1 aus Rz 1310 (VW-ZS mit Bezug auf starre Kapitalkonten):

Die Einzelunternehmer A und B schließen sich zu einer Mitunternehmerschaft zusammen. Die steuerlich maßgebenden Buchwerte des Betriebsvermögens und (mangels rückwirkender Korrekturen) damit das Zusammenschlusskapital zum Zusammenschlussstichtag betragen bei A 1.000 und bei B –1.500, der Verkehrswert des Betriebes des A beträgt 3.000, jener des B 1.000. Das Beteiligungsverhältnis wird mit 75% für A und 25% für B im Gesellschaftsvertrag festgelegt. Es wird zu Buchwerten übertragen und in der Eröffnungsbilanz für A ein starres Kapitalkonto von 75 und für B ein solches von 25 gebildet. Das variable Kapitalkonto bei A beträgt somit 925 und bei B –1.525. Die starren Kapitalkonten entsprechen den vereinbarten Beteiligungsverhältnissen, die Quotenverschiebung auf den variablen Kapitalkonten ist daher wie folgt vorzunehmen:

	A	B
Gesamtkap. vor Quotenverschiebung (–500)	1.000	–1.500
Kapitalkonten nach Quotenverschiebung	–375	–125
Davon fix	75	25
Davon variabel	–450	–150
Verschiebung daher	–1.375	+1.375

Zusammenschlussbilanz A 31.12.00			
Anlagevermögen	2.000 (4.000)	Eigenkapital	1.000 (3.000)
Umlaufvermögen	1.000 (1.000)	Verbindlichkeiten	2.000 (2.000)
Bilanzsumme	3.000 (5.000)	Bilanzsumme	3.000 (5.000)

Zusammenschlussbilanz B 31.12.00			
Anlagevermögen	2.000 (4.500)	Eigenkapital	–1.500 (1.000)
Umlaufvermögen	500 (500)	Verbindlichkeiten	4.000 (4.000)
Bilanzsumme	2.500 (5.000)	Bilanzsumme	2.500 (5.000)

Eröffnungsbilanz OG 1.1.01			
Anlagevermögen	4.000 (8.500)	Starres KK A	75 (3.000)
Umlaufvermögen	1.500 (1.500)	Variables KK A	–450
		Starres KK B	25 (1.000)
		Variables KK B	–150
		Verbindlichkeiten	6.000 (6.000)
Bilanzsumme	5.500 (10.000)	Bilanzsumme	5.500 (10.000)

A überträgt auf die OG stille Reserven von 2.000, B überträgt stille Reserven von 2.500. Kommt es unmittelbar nach dem ZS zu einer Realisierung dieser stillen Reserven, dann müsste bei einer dem Beteiligungsverhältnis entsprechenden Aufteilung A 3.375 (75% von 4.500) und B 1.125 (25% von 4.500) versteuern. Das entspricht einer Verschiebung von 1.375 von B auf A, die daher in den Ergänzungsbilanzen wie folgt zu erfassen ist.

Ergänzungsbilanz A 1.1.01			
Anlagevermögen	1.375	Ergänzungskapital	1.375

Ergänzungsbilanz B 1.1.01			
Ergänzungskapital	1.375	Anlagevermögen	1.375

Kontrollrechnung:

Die OG wird am 1.1.01 um 4.000 veräußert; der Veräußerungserlös wird wie folgt aufgeteilt:

Gesamt 4.000	3.000	1.000
Abzüglich Kapitalkonten	+375	+125
Anteiliger Veräußerungsgewinn vorläufig	3.375	1.125
Auflösung Ergänzungsbilanz	–1.375	+1.375
Anteil Veräußerungsgewinn	2.000	2.500

(BMF-AV Nr. 166/2014)

Werden bei einem Verkehrswertzusammenschluss mit einem nach 31.3.2012 **1314a** liegenden Stichtag als Teil eines begünstigten Vermögens (§ 23 Abs. 2 UmgrStG) betriebliche Grundstücke mitübertragen, muss sich die Vorsorgemaßnahme auch auf die stillen Reserven des mitübertragenen Grundstücks beziehen. Die stillen Reserven einschließlich jener des Geschäfts- und Firmenwertes sind den betrieblichen Wirtschaftsgütern zuzuordnen. Ungeachtet der Möglichkeit, für am 31.3.2012 nicht steuerverfangenen Grund und Boden die stillen Reserven gemäß § 30 Abs. 4 EStG 1988 pauschal zu ermitteln (siehe Rz 1457a), müssen für Zwecke der Vorsorgemaßnahmen die tatsächlichen stillen Reserven (Verkehrswert abzüglich Buchwert) ermittelt werden. Für den (die) Zusammenschluss-Partner, der (die) zusammenschlussbedingt anteiliges Eigentum am Grundstück erwerben, stellt dieses Neuvermögen iSd § 30 Abs. 3 EStG 1988 dar (siehe Rz 1457a).

Beispiel:

Der Einzelunternehmer A (Gewinnermittlung gemäß § 4 Abs. 1 EStG 1988) und die natürliche Person B schließen sich zu einem nach 31.3.2012 liegenden Stichtag zur A&B OG zusammen. A überträgt sein Einzelunternehmen samt betrieblichem Grundstück (keine Steuerverfangenheit zum 31.3.2012), B leistet eine Bareinlage. Das geplante Beteiligungsverhältnis von 90% für A und 10% für B soll sich an den Verkehrswertverhältnissen der übertragenen Vermögen orientieren. Das Einzelunternehmen des A hat zum Zusammenschlussstichtag einen Gesamtverkehrswert von 4.500, B leistet eine Bareinlage von 500.

Für die Ermittlung der stillen Reserven muss A den Gesamtverkehrswert anteilig auf die betrieblichen Wirtschaftsgüter aufteilen. Es entfallen auf Grund und Boden 1.000, auf das Gebäude 1.000, auf das restliche Anlagevermögen 500 und auf Firmenwert 2.200, Verbindlichkeiten 200.

Die Schlussbilanz des Einzelunternehmers A zum Zusammenschlussstichtag weist folgende Ansätze aus:

Aktiva	BW	VW	Passiva	BW	VW
G+B	100	1.000	Eigenkapital	500	4.500
Gebäude	500	1.000	Verbindlichkeiten	200	200
So. AV	100	500			
FW	0	2.200			
Bilanzsumme	700	4.700	Bilanzsumme	700	4.700

Um die tatsächlichen Kapitalkontenstände in der OG den vereinbarten Beteiligungsverhältnissen anzupassen, müssen Quotenverschiebungen zwischen den Kapitalkonten vorgenommen werden.

Eröffnungsbilanz der A&B OG zum 1.1.01

Aktiva	BW	Passiva	KK+/–	Buchwert
G+B	100	Eigenkapital A	500+400	900
Gebäude	500	Eigenkapital B	500–400	100
So. AV	100	Verbindlichkeiten		200
Bank	500			
Bilanzsumme	1.200	Bilanzsumme	1.000	1.200

Die Gesamtreserven des Betriebes zum 31.12.00 betragen 4.000. Durch den Zusammenschluss würden ohne Vorsorgemaßnahme 10% der von A erwirtschafteten stillen Reserven auf B übergehen und bei einer Veräußerung nach dem Stichtag von diesem zu versteuern sein. Die mit der Quotenverschiebung verbundene Verschiebung von stillen Reserven ist daher über Ergänzungsbilanzen, welche im Fall der Realisierung der stillen Reserven aufzulösen sind, wieder rückgängig zu machen.

Ergänzungsbilanz A

Ergänzungskapital	400	G+B	90
		Gebäude	50
		AV	40
		FW	220

Ergänzungsbilanz B

G+B	90	Ergänzungskapital	400
Gebäude	50		
AV	40		
FW	220		

Es bestehen keine Bedenken, wenn bis zum 31.12.2014 (an)gemeldete Zusammenschlüsse hinsichtlich der steuerlichen Vorsorge gegen die endgültige Verschiebung von Steuerlasten bis zur materiellen Rechtskraft des Bescheides an die obigen Ausführungen angepasst werden. *(BMF-AV Nr. 166/2014, BMF-AV Nr. 193/2015)*

1314b   Im Fall der Realisierung von stillen Reserven eines Grundstücks ist nach dem Zusammenschlussstichtag wie folgt zu unterscheiden:

Zusammenschlüsse mit einem Stichtag bis zum 31.3.2012:

Wurde anlässlich eines Zusammenschlusses mit einem Stichtag bis zum 31.3.2012 auch ein betriebliches Grundstück mitübertragen und für Grund und Boden mangels Steuerhängigkeit der stillen Reserven keine Vorsorge getroffen (Altvermögen, siehe Rz 1304), ist wie folgt vorzugehen:

- Erfolgt bei einer Veräußerung des Grundstücks/Veräußerung oder Beendigung der Personengesellschaft/Veräußerung des Mitunternehmeranteils nach dem 31.3.2012 die Ermittlung der Einkünfte gemäß § 30 Abs. 4 EStG 1988 pauschal, bestehen keine Bedenken, die sich daraus ergebenden stillen Reserven (bzw. Einkünfte) des Grund und Bodens im Verhältnis der Substanzbeteiligung der Zusammenschluss-Partner aufzuteilen; die Einkünfte unterliegen dem besonderen Steuersatz (§ 30a EStG 1988).

• Erfolgt hingegen bei einer Veräußerung des Grundstücks/Veräußerung oder Beendigung der Personengesellschaft/Veräußerung des Mitunternehmeranteils nach dem 31.3.2012 die Ermittlung der Einkünfte gemäß § 30 Abs. 3 EStG 1988, sind die Einkünfte aus der betrieblichen Grundstücksveräußerung für jeden Mitunternehmer individuell zu ermitteln, wobei die zum Zusammenschlussstichtag auf den Grund und Boden entfallenden stillen Reserven nachzuweisen sind und zur Gänze dem übertragenden Gesellschafter zuzurechnen sind.

Im Übrigen siehe dazu Rz 1313a.

Beispiel:

Der Einzelunternehmer A (Gewinnermittlung gemäß § 4 Abs. 1 EStG 1988) und B hatten sich zum 31.12.2008 zu einer OG (Beteiligungsverhältnis jeweils 50%) zusammengeschlossen. A übertrug dabei auch ein im Betriebsvermögen des Einzelunternehmens befindliches Betriebsgrundstück. Die stillen Reserven des Grund und Bodens fanden in der Vorsorgemaßnahme gegen eine Steuerlastverschiebung keinen Niederschlag, für das Gebäude wurden zum Stichtag stille Reserven von 500 festgestellt, in die Ergänzungsbilanzen der beiden Gesellschafter daher ein Betrag von jeweils 250 als aktives bzw. passives Ergänzungskapital eingestellt.

Im Jahr 2014 veräußert die OG das Betriebsgrundstück um 4.000. Der Veräußerungserlös ist auf den Grund und Boden und das Gebäude im Verhältnis der Verkehrswerte aufzuteilen; demnach entfallen auf den Grund und Boden 2.000 und auf das Gebäude ebenfalls 2.000 (Restbuchwert 1.000). Die Aufteilung auf die beiden Gesellschafter erfolgt gemäß § 188 BAO wie folgt:

	Gesamt	A	B
Grund und Boden	2.000	1.000	1.000
Einkünfte gemäß § 30 Abs. 4 EStG 1988 pauschal	280	140	
Gebäude	2.000	1.000	1.000
Auflösung Ergänzungsbilanz		+250	–250
Abzüglich Restbuchwert	–1.000	–500	
Einkünfte gemäß § 30 Abs. 3 EStG 1988	1.000	250	

Wollen die Gesellschafter die Einkünfte aus der Veräußerung des Grund und Bodens ebenfalls gemäß § 30 Abs. 3 EStG 1988 ermitteln, sind die zum Zusammenschlussstichtag auf den Grund und Boden entfallenden stillen Reserven nachzuweisen und vom übertragenden Gesellschafter A zu versteuern.

Zusammenschlüsse mit einem Stichtag ab dem 1.4.2012:

In diesen Fällen ist die Zuordnung der stillen Reserven entsprechend den Grundsätzen des § 24 Abs. 2 UmgrStG durch die gewählte Vorsorgemethode sichergestellt. Sofern es sich um Grundstücke handelt, auf die am Zusammenschlussstichtag § 30 Abs. 4 EStG 1988 gesamthaft oder eingeschränkt anwendbar ist, sind die Grundsätze des § 24 Abs. 3 bzw. des § 25 Abs. 5 UmgrStG zu beachten (siehe dazu Rz 1425a und Rz 1457a). Es ist daher im Zeitpunkt der Reservenrealisierung eine Gegenrechnung mit den entsprechenden Ergänzungsbilanzansätzen erforderlich (siehe Rz 1314a). Die Einkünfte aus der betrieblichen Grundstücksveräußerung sind für jeden Mitunternehmer individuell zu ermitteln und unterliegen dem besonderen Steuersatz (§ 30a EStG 1988). *(BMF-AV Nr. 193/2015)*

4.1.7.3.2 Verkehrswertübernahme mit Ergänzungsbilanzen

1315   Bei dieser Methode erfolgt die Übernahme des (der) übertragenen Vermögen(s) von der übernehmenden Mitunternehmerschaft – den festgelegten Beteiligungsverhältnissen entsprechend – in die Steuerbilanz der Mitunternehmerschaft zu Verkehrswerten. Das unternehmensrechtliche Wahlrecht zwischen Buchwertübernahme und Neubewertung im Sinne des § 202 UGB ist davon nicht berührt. Da das UmgrStG allerdings bei Zutreffen der sonstigen Voraussetzungen eine Übernahme der Buchwerte zwingend vorschreibt, sind die Aufwertungen in Ergänzungsbilanzen für die jeweils betroffenen Gesellschafter wieder rückgängig zu machen. Da die Abschreibungen des aufgewerteten Vermögens in der Mitunternehmerschaft steuerwirksam sind, muss eine jährliche Korrektur der entsprechenden Ergänzungsbilanzansätze erfolgen.

Beispiel 1:

Der Einzelunternehmer A und der Einzelunternehmer B schließen sich zu einer neugegründeten OG zusammen. Jeder der beiden überträgt sein Einzelunternehmen auf diese und erhält dafür eine Beteiligung an der OG. Das Beteiligungsverhältnis wird den Verkehrswerten der übertragenen Einzelunternehmen entsprechend festgelegt. Die zum Zusammenschlussstichtag aufzustellenden aus den Jahres- oder Zwischenabschlüssen abgeleiteten Zusammenschlussbilanzen der beiden Einzelunternehmen unter Darstellung der Verkehrswerte (unter Angabe der Buchwerte in Klammer) haben folgendes Bild:

Zusammenschlussbilanz A 31.12.00			
Anlagevermögen	700 (500)	Eigenkapital	800 (600)
Umlaufvermögen	300 (300)	Verbindlichkeiten	200 (200)
Bilanzsumme	1.000 (800)	Bilanzsumme	1.000 (800)

Zusammenschlussbilanz B 31.12.00			
Anlagevermögen	1.000 (300)	Eigenkapital	800 (100)
Umlaufvermögen	200 (200)	Verbindlichkeiten	400 (400)
Bilanzsumme	1.200 (500)	Bilanzsumme	1.200 (500)

Die Verkehrswerte beider Einzelunternehmen betragen 800, wobei bei beiden Betrieben die stillen Reserven ausschließlich im Anlagevermögen stecken. Da A und B das Beteiligungsverhältnis der neu gegründeten Personengesellschaft zu Verkehrswerten der übertragenen Betriebe entsprechend festlegen, beträgt dieses 50:50. Um eine endgültige Verschiebung von Steuerlasten zu vermeiden, werden in der Personengesellschaft die Verkehrswerte der übertragenen Einzelunternehmen übernommen.

Eröffnungsbilanz A+B OG 1.1.01			
Anlagevermögen	700+1.000=1.700	Eigenkapital A	800
Umlaufvermögen	300+ 200= 500	Eigenkapital B	800
		Verbindlichkeiten	200+400= 600

Da Art. IV UmgrStG bei Zutreffen aller Voraussetzungen die Fortführung der Buchwerte in der übernehmenden Personengesellschaft zwingend vorschreibt, müssen beide Gesellschafter die Aufwertung in Ergänzungsbilanzen wieder rückgängig machen. Da die Abschreibung des Anlagevermögens in der Gesellschaftsbilanz durch den Ansatz der Verkehrswerte auf den jeweils übertragenden Gesellschafter bezogen zu hoch ist, müssen die Ergänzungsbilanzpositionen betreffend die Minderwerte Anlagevermögen laufend ertragswirksam aufgelöst werden und führen bei dem auflösenden Mitunternehmer per Saldo zur Buchwertfortführung.

Ergänzungsbilanz A 1.1.01	
Ergänzungskapital 200	Minderwert Anlagevermögen 200

Ergänzungsbilanz B 1.1.01	
Ergänzungskapital 700	Minderwert Anlagevermögen 700

Beispiel 2:

Verkehrswertübernahme unter Bezug auf starre Kapitalkonten:

Die Einzelunternehmer A und B schließen sich zu einer Mitunternehmerschaft zusammen. Die steuerlich maßgebenden Buchwerte des Betriebsvermögens und (mangels rückwirkender Korrekturen) damit das Zusammenschlusskapital zum Zusammenschlussstichtag betragen bei A 1.000 und bei B –1.500, der Verkehrswert des Betriebes des A beträgt 3.000, jener des B 1.000. Das Beteiligungsverhältnis wird mit 75% für A und 25% für B im Gesellschaftsvertrag festgelegt. Es wird zu Verkehrswerten übertragen und in der Eröffnungsbilanz für A ein starres Kapitalkonto von 75 und für B ein solches von 25 gebildet. Das variable Kapitalkonto bei A beträgt somit 2.925 und bei B 975. Da in der Gesellschaftsbilanz die Verkehrswerte übernommen werden, kann es zu einer Verschiebung von stillen Reserven nicht kommen.

Da Art. IV UmgrStG bei Zutreffen aller Anwendungsvoraussetzungen die Fortführung der Buchwerte in der übernehmenden Personengesellschaft zwingend vorschreibt, müssen beide Gesellschafter die Aufwertung in der Gesellschaftsbilanz in Ergänzungsbilanzen wieder rückgängig machen. Da die Abschreibung des Anlagevermögens in der Gesellschaftsbilanz durch den Ansatz der Verkehrswerte auf den jeweils übertragenden Gesellschafter bezogen zu hoch ist, müssen die Ergänzungsbilanzpositionen betreffend die Minderwerte Anlagevermögen laufend ertragswirksam aufgelöst werden und führen bei dem auflösenden Mitunternehmer per Saldo zur Buchwertfortführung.

Eröffnungsbilanz OG 1.1.01			
Anlagevermögen	8.500	Starres KK A	75
Umlaufvermögen	1.500	Variables KK A	2.925
		Starres KK B	25
		Variables KK B	975
		Verbindlichkeiten	6.000
Bilanzsumme	10.000	Bilanzsumme	10.000

Ergänzungsbilanz A 1.1.01	
Ergänzungskapital 2.000	Anlagevermögen 2.000

Ergänzungsbilanz B 1.1.01	
Ergänzungskapital 2.500	Anlagevermögen 2.500

(BMF-AV Nr. 166/2014)

4.1.7.4 Kapitalkontenzusammenschluss

4.1.7.4.1 Grundsätzliches

Beim Kapitalkontenzusammenschluss sind zwar wie beim Verkehrswertzusammenschluss die Verkehrswerte des jeweils übertragenen Vermögens die Basis für den Zusammenschluss, in der Vertragsgestaltung kommt es aber zu einer Zweiteilung: 1316

- Zunächst werden die Beteiligungsverhältnisse der Mitunternehmer abweichend von den Verkehrswerten des jeweils auf die Personengesellschaft übertragenen Vermögens vertraglich im Standardfall nach dem Verhältnis der steuerlich maßgebenden Buchwerte der übertragenen Betriebe, Teilbetriebe oder Mitunternehmeranteile festgelegt. Abweichungen von dieser Standardsituation sind durch die Methode des Zusammenschlusses auf Basis fixer (starrer) Kapitalkonten möglich (siehe Rz 1309 ff). Insofern kommt es durch die Buchwertfortführung zu einer mit der gesellschaftsvertraglichen Vereinbarung übereinstimmenden Übernahme der Buchwerte und damit gleichzeitig zu einem diesen Verhältnissen entsprechenden Ausweis der Beteiligungen auf den Kapitalkonten der Zusammenschlusspartner. Eine Kapitalkontenverschiebung erübrigt sich daher.

- Soweit außerbetriebliches Vermögen übertragen wird, liegen Einlagen im Sinne des § 6 Z 5 EStG 1988 vor, soweit der Übertragende nach dem Zusammenschluss weiterhin am übertragenen Vermögen beteiligt ist. Soweit das übertragende Vermögen auf die Zusammenschlusspartner übergeht, liegt ein Tausch vor, der nach Maßgabe der §§ 27, 30 und 31 EStG 1988 zu beurteilen ist (siehe Rz 1417). Auch bei der Überführung von Wirtschaftsgütern des Sonderbetriebsvermögens in das gemeinschaftliche Betriebsvermögen der Mitunternehmerschaft erfolgt lediglich eine quotale Tauschrealisierung hinsichtlich des Fremdanteils und stellt der eigene quotale Anteil eine steuerneutrale Überführung dar, soweit es insgesamt zu einer Verschiebung stiller Reserven zwischen den Gesellschaftern kommt; hinsichtlich der Eigenquote ist bei Vorhandensein stiller Reserven eine Vorsorge gegen die endgültige Verschiebung der Steuerbelastung zu treffen.

Diese Betrachtungsweise ist erstmals für nach dem 30.9.2014 (an)gemeldete Zusammenschlüsse gemäß Art. IV UmgrStG anzuwenden.

- Im zweiten Schritt wird entsprechend den Verkehrswerten des jeweils übertragenen Vermögens ein Ausgleich zwischen den vereinbarten und den den Realwerten entsprechenden Beteiligungen durch eine gesellschaftsrechtliche Vereinbarung getroffen, die gleichzeitig der drohenden Steuerlastverschiebung entgegenwirkt.

Beispiel:

Der Einzelunternehmer A schließt sich mit B zu einer GesBR zusammen. A überträgt seinen Betrieb, welcher einen steuerlich maßgebenden Buchwert von 500 und einen Verkehrswert von 1000 hat. B leistet eine Geldeinlage. Da das vereinbarte Beteiligungsverhältnis an der GesBR 50:50 betragen soll, leistet B eine Bareinlage von 500. A überträgt Gesamtreserven in Höhe von 500, B überträgt keine stillen Reserven. Würde die Personengesellschaft unmittelbar nach Zusammenschluss liquidiert, entfielen auf jeden der beiden Mitunternehmer entsprechend ihrem Beteiligungsverhältnis 250 der im Betrieb enthaltenen Gesamtreserven. Da diese aber ausschließlich von A erwirtschaftet worden waren, würde dies ohne Vorsorge eine Verschiebung von Reserven und Steuerlasten von A auf B bewirken.

Zum Vorgehen bei Abweichungen zwischen unternehmensrechtlichen und steuerlichen Buchwerten siehe Rz 1319. *(BMF-AV Nr. 166/2014)*

1317   Voraussetzung für einen Kapitalkontenzusammenschluss ist:

- die Feststellung des (jeweiligen) Verkehrswertes
- das (jeweilige) Vorliegen eines steuerlichen positiven Buchwertes bzw. der Bezug auf ein starres Kapitalkonto (siehe Rz 1309 ff). *(BMF-AV Nr. 166/2014)*

Für Zusammenschlüsse mit einem Stichtag ab 1.4.2012 gilt: 1317a

Wird anlässlich eines Zusammenschlusses mit begünstigtem Vermögen iSd § 23 Abs. 2 UmgrStG ein Grundstück mitübertragen, ist Voraussetzung für einen Kapitalkontenzusammenschluss

• die Feststellung des Gesamtverkehrswertes des Übertragungsvermögens
• die Aufteilung des Gesamtverkehrswertes nach der Verhältnismethode auf die einzelnen betrieblichen Wirtschaftsgüter
• das (jeweilige) Vorliegen eines positiven Buchwertes bzw. der Bezug auf ein starres Kapitalkonto (siehe Rz 1309 ff). *(BMF-AV Nr. 166/2014)*

Zur Vermeidung einer Verschiebung von Steuerlasten sind folgende die 1318 Buchwertfortführung nicht beeinträchtigenden Vorsorgemaßnahmen denkbar:

• Gewinnvorab in Verbindung mit einem Ersatzausgleich (Rz 1319 ff)
• Liquidationsvorab in Verbindung mit einem Ersatzausgleich (Rz 1324 f)
• Gewinn- und Liquidationsvorab in Verbindung mit einem Ersatzausgleich (Rz 1326)
• Reservenvorbehalt (Rz 1327 ff). *(BMF-AV Nr. 166/2014)*

Für das weitere Schicksal der Gewinn- oder/und Liquidationsvorabvereinba- 1318a rungen gilt Folgendes:

• Wird die Personengesellschaft später beendet (Veräußerung oder Aufgabe) oder scheidet ein Gesellschafter im Wege der Anteilsveräußerung oder Abschichtung aus, ist ein offener Vorab durch eine entsprechende Zuordnung des Veräußerungs- oder Aufgabegewinnes gemäß § 24 EStG 1988 in Verbindung mit § 37 EStG 1988 zu befriedigen, anderenfalls der Ersatzausgleich zu erfüllen. Da nach § 24 Abs. 2 UmgrStG nur vorausgesetzt wird, dass im Rahmen des Zusammenschlusses eine Vorsorge gegen eine endgültige Steuerlastverschiebung getroffen wird, ist es im Rahmen der späteren Auseinandersetzung eine Frage der Vereinbarung, in welcher Weise der offene Vorab sofort oder auf Grund rechtsgeschäftlicher Regelungen später befriedigt wird.

  – Scheidet der Vorabberechtigte entgeltlich aus der weiter bestehenden Personengesellschaft aus und reicht der laufende Gewinnanteil des/der Verpflichteten für die Befriedigung des Vorab nicht aus, hat der Verpflichtete den Ersatzausgleich sofort oder im Wege einer Stundungs- oder Ratenvereinbarung zu erfüllen. Die Forderung aus dem Ersatzausgleich ist im Rahmen der Veräußerungsgewinnermittlung mit zu berücksichtigen.

  – Scheidet der Vorabverpflichtete entgeltlich aus der weiter bestehenden Personengesellschaft aus und reicht sein Abschichtungserlös zur Erfüllung des offenen Vorab nicht aus, hat der Verpflichtete den Ersatzausgleich aus seinem (Privat)Vermögen zu befriedigen. Neben der Soforttilgung ist auch eine Stundungs- oder Ratenvereinbarung möglich. Der Verpflichtete kann auch den offenen Ersatzausgleich mit Zustimmung des Berechtigten auf den Erwerber des Mitunternehmeranteiles ganz oder teilweise überbinden. Siehe dazu weiters Rz 1323.

• Im Falle einer unentgeltlichen Übertragung gehen die steuerlichen Verhältnisse auf den Rechtsnachfolger über.
• Im Falle der Einbringung des Betriebes der Personengesellschaft gemäß Art. III UmgrStG besteht zur Bereinigung offener Vorabpositionen die Möglichkeit

- der Erfüllung der Ersatzausgleichsregelung,
- der Berücksichtigung beim Umtauschverhältnis oder
- der Vereinbarung einer den offenen Vorab deckenden alinearen Ausschüttung.

• Die Einbringung eines Mitunternehmeranteils oder aller Mitunternehmeranteile nach Art. III UmgrStG führt zu den gleichen Regelungsmöglichkeiten wie bei der Betriebseinbringung.

• Kommt es nach dem Zusammenschluss zu einem weiteren Zusammenschluss, ist neben der bestehenden Vorsorge eine weitere Vorsorge bezogen auf das nunmehrige Übertragungsvermögen zu treffen. Die schon bestehenden Vorabvereinbarungen können an die Veränderungen angepasst werden. Der Folgezusammenschluss kann auch nach einer anderen Zusammenschlussmethode durchgeführt werden, sodass in diesem Fall die Vorsorge im Rahmen des Vorzusammenschlusses unverändert neben jener des Folgezusammenschlusses fortgesetzt werden kann. Eine Anpassung der Methode der schon bestehenden Vorabvereinbarungen an jene des Folgezusammenschlusses ist hingegen nicht möglich (siehe Rz 1306).

• Kommt es nach dem Zusammenschluss zu einer Realteilung der Personengesellschaft, sind offene Vorabpositionen entweder zu befriedigen oder durch Aufnahme in die Ausgleichsposten gemäß § 29 Abs. 1 Z 2 UmgrStG zu berücksichtigen. *(BMF-AV Nr. 166/2014)*

4.1.7.4.2 Gewinnvorab

1319   Eine Vereinbarung über einen Gewinnvorab bedeutet, das demjenigen (denjenigen), dessen (deren) Gesamtreserven sonst verkürzt würden, aus den Gewinnen der Personengesellschaft solange mehr zugewiesen wird, bis diese Verkürzung abgegolten ist. Diese Vorab-Gewinnzuweisung geht zu Lasten desjenigen (derjenigen), der (die) sonst nicht selbst erwirtschaftete Gesamtreserven versteuern müsste(n). Der Gewinnvorab ist vertraglich mit jenem Betrag begrenzt, der sich aus der Gegenüberstellung des steuerlich maßgebenden Buchwertes und des Verkehrswertes des übertragenen Vermögens (also unter Einschluss sämtlicher Reserven einschließlich eines Geschäfts- oder Firmenwertes) vervielfacht mit dem Beteiligungsprozentsatz, den der (die) Zusammenschlusspartner erworben haben, ergibt.

Beispiel:

A überträgt seinen Betrieb mit einem steuerlich maßgebenden Buchwert von 3000 und einem Verkehrswert von 7000. B leistet eine Geldeinlage von 1000, um das vereinbarte Beteiligungsverhältnis von 75 : 25 sicherzustellen. Der für A zu vereinbarende Gewinnvorab zB in Höhe von 10% des jährlichen Gewinnes ist mit insgesamt 1000 begrenzt, da sich B mit einem Viertel in die Gesamtreserven des Betriebes des A von 4000 „einkauft" und dem A gegenüber diesen „Kaufpreis" durch einen Gewinnverzicht bis zum Erreichen des Betrages von 1000 abgilt.

Eine allfällige unternehmensrechtliche Vorsorge ist unerheblich, solange für steuerliche Zwecke ausreichend Vorsorge getroffen und damit dem Erfordernis von § 24 Abs. 2 UmgrStG entsprochen wird.

Weichen die im Zusammenschlussvertrag oder in der Zusammenschlussbilanz dargestellten unternehmensrechtlichen Buchwerte von den steuerlichen Buchwerten ab und ergeben sich daraus Unterschiede zwischen unternehmensrechtlichem und steuerlichem Gewinnvorab, sind diese Unterschiede im Zusammenschlussvertrag zu dokumentieren. Im Zusammenschlussvertrag ist vorzusehen, dass diese Unterschiede im Rahmen der laufenden steuerlichen Gewinnzurechnung zu berücksichtigen sind.

Entsprechendes gilt für den Liquidationsvorab. *(BMF-AV Nr. 166/2014)*

Insoweit im Rahmen eines Kapitalkonten-Zusammenschlusses Grundstücke 1320 und/oder Kapitalvermögen, auf die der begünstigte Steuersatz gemäß § 27a oder § 30a EStG 1988 anwendbar ist, mit einem begünstigten Vermögen auf die übernehmende Personengesellschaft mitübertragen werden, ist für diese Wirtschaftsgüter zur Wahrung der Anwendbarkeit des Sondersteuersatzes als Vorsorgemaßnahme nur ein wirtschaftsgutbezogener Liquidationsvorab oder ein Reservenvorbehalt zulässig. Es bestehen keine Bedenken, wenn verschiedene Vorbehaltsmaßnahmen miteinander kombiniert werden, zB wirtschaftsgutbezogener Liquidationsvorab für das mitübertragene Grundstück und Gewinnvorab für den restlichen Betrieb (Teilbetrieb, Mitunternehmeranteil).

Beispiel:
Der Einzelunternehmer A, in dessen Betriebsvermögen sich ein im Jahr 2000 angeschafftes unbebautes Grundstück befindet (AK 100), schließt sich mit B zu einer A&B-OG zusammen; das Beteiligungsverhältnis in der OG soll 50:50 betragen. Die im Einzelunternehmen des A vorhandenen stillen Reserven befinden sich ausschließlich im Grundstück. Der Verkehrswert des Grundstücks zum Zusammenschlussstichtag beträgt 200. Im Rahmen des Kapitalkontenzusammenschlusses wird ein wirtschaftsgutbezogener Liquidationsvorab in Höhe der stillen Reserven des Grundstücks (100) vereinbart.

Wird das Grundstück später um 250 veräußert, ist der Veräußerungserlös im Verhältnis der Beteiligung auf die Mitunternehmer aufzuteilen, es entfallen daher je 125 auf A und B. Der Veräußerungserlös des A ist um den Liquidationsvorab iHv 100 zu erhöhen, der des B um diesen Betrag zu vermindern. Die Ermittlung der Einkünfte aus der Grundstücksveräußerung erfolgt individuell und gesellschafterbezogen.

Wird ein genereller Gewinnvorab ohne Berücksichtigung von Wirtschaftsgütern mit begünstigter Besteuerung vereinbart, ist dieser Gewinnvorab dem Normaltarif zu unterwerfen; ein Herausrechnen ist unzulässig. Es bestehen keine Bedenken, wenn bereits bestehende (Gewinn-, Liquidations-)Vorabvereinbarungen an obige Aussagen angepasst werden. *(BMF-AV Nr. 166/2014)*

Die Vorabzuweisung muss gewinnabhängig, dh. entweder in einem Prozent- 1320a satz oder in einem festen, aber mit dem (gesellschaftsrechtlichen) Gewinn begrenzten Betrag definiert sein. Eine über den vereinbarten Gewinnvorab hinausgehende Befriedigung ist solange unschädlich, als sie im laufenden Gewinn Deckung findet; ebenso ist eine vorübergehende Reduktion des Gewinnvorab zulässig. Die Vereinbarung von fixen oder umsatzabhängigen Beträgen ohne Gewinnbegrenzung oder die ausdrückliche Vereinbarung eines Verlustvorab begründet keine steuerneutrale Vorsorge, sondern ist als ein der Mitunternehmeranteilsveräußerung vergleichbarer Vorgang zu sehen und bewirkt im Rahmen des Art. IV UmgrStG gemäß § 24 Abs. 2 UmgrStG die Vollaufwertung der zusammengeschlossenen Vermögen (siehe Rz 1305 und Rz 1427 ff). Zum Zusammenschluss einer GmbH mit ihren Gesellschaftern zu einer GmbH & Co KG siehe KStR 2013 Rz 797. *(BMF-AV Nr. 166/2014)*

Ob der Gewinnvorab vor oder nach der dem Beteiligungsverhältnis ent- 1321 sprechenden Gewinnaufteilung erfolgt und damit langsamer oder rascher abgewickelt wird, ist Sache der Vereinbarung der Zusammenschlusspartner.

§ 23

Fortsetzung des Beispiels in Rz 1319:

Gewinnvorab nach Gewinnaufteilung:

Im ersten Wirtschaftsjahr der Mitunternehmerschaft ergibt sich ein Gewinn von 800. Dieser Gewinn wird zunächst dem A mit 600 und dem B mit 200 zugewiesen. In der Folge verzichtet B auf 10% von 200 (= 20) zugunsten des A, sodass sich eine Gewinnzuteilung von 620 für A und 180 für B ergibt. Der restliche Vorab beträgt 980.

Gewinnvorab vor Gewinnaufteilung:

Im ersten Wirtschaftsjahr der Mitunternehmerschaft ergibt sich ein Gewinn von 800. B verzichtet zunächst auf 10% von 800 (= 80) zugunsten des A. In der Folge wird der Restgewinn von 720 nach den Beteiligungsquoten zugerechnet, sodass sich wie bei der anderen Variante eine Gewinnzuteilung von 620 (540 + 80) für A und 180 für B ergibt. Der restliche Vorab beträgt 920. *(BMF-AV Nr. 166/2014)*

1322   Ein bloßer Vollzugsfehler, der nicht zur Aufwertung des Übertragungsvermögens, sondern zur Korrektur der Ergebniszurechnung führt, liegt vor, wenn die Gewinnvorabvereinbarung den Erfordernissen des Art. IV UmgrStG entspricht, in der Durchführung dieser Vereinbarung aber zB ein Verlustvorab zugewiesen wurde. *(BMF-AV Nr. 166/2014)*

1323   Da § 24 Abs. 2 UmgrStG die Vorsorge gegen eine „endgültige" Steuerlastverschiebung voraussetzt, muss die Vereinbarung eines Gewinnvorab auch eine Vereinbarung über einen Ersatzausgleich für den Fall beinhalten, dass die Mitunternehmerschaft oder Mitunternehmerstellung beendet wird, bevor der Gewinnvorab zur Gänze erfüllt worden ist. Die Zahlung des Ersatzausgleichs ist Betriebsausgabe, der Empfang durch den Anspruchsberechtigten Betriebseinnahme.

Fortsetzung des Beispiels in Rz 1319:

Im Jahre 5 nach dem Zusammenschluss veräußert B zum Bilanzstichtag seinen Mitunternehmeranteil an einen Neugesellschafter und erzielt einen vorläufigen Veräußerungsgewinn von 1.000. Aus der laufenden Gewinnverteilung erhält B nach Verzicht im Rahmen des Gewinnvorab einen Anteil von 140. Der Gewinnvorab ist bis auf 500 abgebaut. B muss dem A daher einen Ersatzausgleich von 500 bezahlen, dadurch entsteht bei B ein laufender Verlust von 360 (140–500) bzw. nach Saldierung mit dem Veräußerungsgewinn ein Gewinn von 640 (1.000–360) und bei A ein um 500 höherer laufender Gewinn.

Überbindet der zum Ausgleich verpflichtete Mitunternehmer den offenen Betrag mit Zustimmung des Berechtigten auf den erwerbenden Mitunternehmer, ändert dies im Rahmen der Ermittlung des Veräußerungsgewinnes nichts an der dabei zu berücksichtigenden Verpflichtung.

Fortsetzung des Beispiels in Rz 1319:

B hat eine offene Verpflichtung in Höhe von 500, die er auf den den Mitunternehmeranteil erwerbenden C überbindet. Der Barkaufpreis für den Mitunternehmeranteil vermindert sich um den offenen Vorabbetrag von 500. Bei B entsteht daher ein laufender Gewinn von 140 bzw. nach Saldierung mit dem Veräußerungsgewinn von 500 (verminderter Barkaufpreis) ein Gewinn von 640. A hat nur den laufenden Gewinn zu versteuern. Der erwerbende C hat den offenen Betrag von 500 nach Maßgabe der Gewinne der folgenden Jahre als Gewinnvorab zu erfüllen bzw. als Ersatzausgleich zu befriedigen.

Der Ersatzausgleich ist auch dann zu erfüllen, wenn es bei Beendigung der Mitunternehmerschaft keinen zurechenbaren Gewinn gibt.

Fortsetzung des Beispiels in Rz 1319:

Im Jahre 8 nach dem Zusammenschluss muss die Personengesellschaft Konkurs anmelden, es kommt zur Verwertung des Vermögens. Da eine Gewinnzuteilung nicht möglich ist, muss B einen offenen Rest des Gewinnvorab aus seinem Privatvermögen dem A bezahlen. Dieser ist auf beiden Seiten steuerwirksam. *(BMF-AV Nr. 166/2014)*

4.1.7.4.3 Liquidationsvorab

Bei einem Liquidationsvorab wird die Abgeltung der vorläufig verschobe- 1324 nen Gesamtreserven für den Zeitpunkt der Beendigung der Mitunternehmerschaft bzw. des Ausscheidens des Mitunternehmers vereinbart. Bei Veräußerung bzw. Liquidation des mitunternehmerischen Betriebes wird dem Berechtigten dabei der Ausgleich nach dem in Rz 1315 definierten Prinzip in Form eines im Zusammenschlussvertrag festgelegten Abgeltungsbetrages aus dem Veräußerungsgewinn zu Lasten des Verpflichteten zugewiesen.

Werden anlässlich eines Zusammenschlusses mit einem Stichtag ab dem 1.4.2012 auch Grundstücke und Kapitalvermögen im Sinne des § 27 Abs. 3 EStG 1988 mitübertragen, gelten die in der Rz 1320 beschriebenen Grundsätze. *(BMF-AV Nr. 166/2014)*

Ein Liquidationsvorab kann unternehmensbezogen, wirtschaftsgutbezogen 1325 oder kombiniert mit einem unternehmensbezogenen Vorab vereinbart werden. Der wirtschaftsgutbezogene Vorab wird bei Ausscheiden dieses Wirtschaftsgutes aus dem Betriebsvermögen der Personengesellschaft unabhängig davon fällig, ob es dabei zu einem Gewinn kommt.

Auch bei jedem Liquidationsvorab muss ein Ersatzausgleich im Zusammenschlussvertrag vereinbart werden. *(BMF-AV Nr. 166/2014)*

§ 23

4.1.7.4.4 Gewinn- und Liquidationsvorab

Die Vorsorge gegen eine Steuerlastverschiebung kann auch durch eine Kom- 1326 bination eines Gewinnvorab mit einem Liquidationsvorab vereinbart werden.

4.1.7.4.5. Besteuerung des Vorab *(BMF-AV Nr. 166/2014)*

Die Art der Besteuerung des Gewinn- bzw. Liquidationsvorab hängt von der 1326a jeweiligen Situation ab:

• Die Erfüllung des Gewinnvorab im laufenden Betrieb ist Teil der laufenden Gewinnermittlung und stets mit dem Normalsteuersatz zu erfassen.

• Die Erfüllung des wirtschaftsgutbezogenen Liquidationsvorab ist ebenfalls Teil der laufenden Gewinnermittlung. Unterliegt das dem Liquidationsvorab zugrundeliegende Wirtschaftsgut dem besonderen Steuersatz, ist dieser auch auf den entsprechenden Liquidationsvorab anzuwenden. Liegen dem Liquidationsvorab andere Wirtschaftsgüter zugrunde, kommt der Normalsteuersatz zur Anwendung.

• Die Erfüllung des unternehmensbezogenen Liquidationsvorab und eines den Gewinnvorab erfüllenden Ersatzausgleichs sind Teil des Veräußerungs- bzw. Aufgabegewinnes und daher nach den §§ 24 und 37 EStG 1988 zu behandeln. Zur steuerlichen Behandlung von Grundstücken oder Kapitalvermögen iSd § 27 Abs. 3 EStG 1988 im Rahmen von Veräußerungsgewinnen iSd § 24 EStG 1988 siehe EStR 2000 Rz 5659 ff. *(BMF-AV Nr. 166/2014)*

4.1.7.4.6. Reserven- und/oder Firmenwertvorbehalt *(BMF-AV Nr. 166/2014)*

Eine besondere Form des Kapitalkontenzusammenschlusses ist der Vor- 1327 behaltszusammenschluss. Unternehmensrechtlich geht der Betrieb samt allen stillen Reserven einschließlich jenen des Firmenwertes auf die Personengesellschaft über. Abgabenrechtlich behält sich bei dieser Vorsorgemethode im Standardfall derjenige, der Vermögen mit stillen Reserven und/oder jenen eines Firmenwertes überträgt, die zum Zusammenschlussstichtag bestehenden Reserven bzw. den Firmenwert vor, dh. er überträgt in steuerlicher Betrachtungsweise nur den Buchwert des Vermögens auf die Mitunternehmerschaft. An den stillen Reserven einschließlich jenen des Firmenwertes, die ab diesem Stichtag in der Personengesellschaft entstehen, sind die Gesellschafter ihrem Anteil entsprechend beteiligt. Damit wird einem in der Regel kapitalschwachen Partner die Möglichkeit eingeräumt, sich am Unternehmen eines anderen mit einem geringen Kapitaleinsatz zu beteiligen.

Wird der Vorbehalt an den stillen Reserven einschließlich Firmenwert vertraglich auf Teile des Vermögens beschränkt, ist für das restliche Vermögen eine Vorsorgemaßnahme gegen eine endgültige Steuerlastverschiebung zu treffen (siehe Rz 1319 ff und Rz 1324 ff).

Im Gegensatz zum Kapitalkontenzusammenschluss mit Gewinn- oder Liquidationsvorab, bei dem der zum Gewinnverzicht verpflichtete Partner auf Grund der Ersatzausgleichsverpflichtung das Risiko hinsichtlich allfälliger untergehender stiller Reserven trägt, liegt das Risiko des anteiligen oder vollständigen Wegfalls der vorbehaltenen stillen Reserven bei dem den Vorbehalt aussprechenden Partner. *(BMF-AV Nr. 166/2014)*

1328   Werden sämtliche stille Reserven des übertragenen Vermögens zurückbehalten, entspricht der Buchwert des übertragenen Vermögens dem Verkehrswert; der Zusammenschluss kann daher nur zu Buchwerten erfolgen. Die Beteiligungsverhältnisse in der übernehmenden Personengesellschaft orientieren sich damit an den Einlagen der übrigen Zusammenschlusspartner im Verhältnis zum Buchwert des die Gesamtreserven vorbehaltenden Partners.

Steuerliche Voraussetzung für die Anwendung dieser Zusammenschlussmethode ist das Vorliegen von positiven Buchwerten.

Beispiel:

A überträgt zum 31.12.01 seinen Betrieb mit einem steuerlich maßgebenden Buchwert von 1.400. Der Verkehrswert beträgt 3.800. A behält sich den gesamten den Buchwert übersteigenden Teil der stillen Reserven und des Firmenwertes in Höhe von 2.400 zurück. B leistet eine Geldeinlage von 600, um das vereinbarte Beteiligungsverhältnis von 70 : 30 sicherzustellen. Da die am Zusammenschlussstichtag bestehenden Reserven des A nicht auf B übergehen können, erübrigt sich eine Vorsorge. An den nach dem Zusammenschlussstichtag entstehenden neuen Reserven sind A und B nach Maßgabe der Beteiligungsverhältnisse beteiligt. *(BMF-AV Nr. 166/2014)*

1329   Die zum Zusammenschlussstichtag vorhandenen aber dem Übertragenden vorbehaltenen stillen Reserven einschließlich jener eines Firmenwertes haben nur insofern Bedeutung, als im Fall der Beendigung der Personengesellschaft oder bei Ausscheiden eines Gesellschafters geprüft werden muss, ob und wie weit diese Reserven noch vorhanden sind. Es ist daher auch bei dieser Zusammenschlussmethode vertraglich eine Vorsorge gegen eine endgültige Steuerlastverschiebung dahingehend erforderlich, dass im Zusammenschlussvertrag die vorbehaltenen Gesamtreserven betragsmäßig zu definieren und festzulegen sind, da sonst deren weitere Entwicklung bzw. eine eventuelle Verschiebung dieser zu einem späteren Zeitpunkt nicht mehr nachvollzogen werden kann und damit keine ausreichende Vorsorge getroffen wird.

Es ist daher bei jeder (Teil)Realisierung im Rahmen der Gewinnaufteilung die Aufteilung des Restbestandes der vorbehaltenen Gesamtreserven und der ge-

meinsam erwirtschafteten Reserven in Form einer von den Beteiligungsverhältnissen abweichenden Gewinnverteilung durchzuführen. Die Zuteilung des Restbestandes der vorbehaltenen Reserven ist Teil des Veräußerungsgewinnes. Eine
dem Fremdvergleich nicht entsprechende Zuteilung stellt eine Einkommensverwendung des anspruchsberechtigten Partners nach Besteuerung bei ihm dar.

Fortsetzung des Beispiels:

Das Unternehmen der Mitunternehmerschaft wird zum 31.12.05 veräußert. Von den
vorbehaltenen Reserven von 2.400 ist noch ein Betrag von 1.000 vorhanden. A verzichtet auf den ihm zustehenden Betrag, sodass der Veräußerungsgewinn 70 : 30 verteilt wird. Dies ändert nichts daran, dass A die restlichen vorbehaltenen Reserven von
1.000 und den danach verbleibenden Teil des Veräußerungsgewinnes zu versteuern
hat. *(BMF-AV Nr. 166/2014)*

Der Vorbehaltszusammenschluss schließt im Standardfall den Zusammen-   1330
schlusspartner zur Gänze von den am Zusammenschlussstichtag vorhandenen
stillen Reserven einschließlich jener eines Firmenwertes (Kundenwertes, Mandantenwertes) aus.

Diese Regelung schließt aber nicht aus, dass der den Betrieb übertragende
Partner den Vorbehalt später ganz oder zum Teil entgeltlich oder unentgeltlich
aufgibt. Eine entgeltliche Aufgabe kann durch Zahlung der im betreffenden Jahr
vorhandenen restlichen Reserven erfolgen; diesbezüglich ist eine Veräußerung
von stillen Reserven gegeben, die wie die Veräußerung eines Mitunternehmer-
antcils zu bchandeln ist. Im Falle der Tilgung im Wege eines Gewinnverzichtes
zugunsten des den Vorbehalt aufgebenden Partners liegt eine Veräußerung gegen
Ratenzahlung vor.

Beispiel:

A überträgt zum 31.12.01 seinen Betrieb mit einem steuerlich maßgebenden Buchwert von 1.400. Der Verkehrswert beträgt 3.800. A behält sich die gesamten den
Buchwert übersteigenden stillen Reserven sowie den Firmenwert von insgesamt
2.400 zurück. B leistet eine Geldeinlage von 600, um das vereinbarte Beteiligungsverhältnis von 70 : 30 (1.400 : 600) herzustellen.

Zum 31.12.04 wird festgestellt, dass von den vorbehaltenen Reserven noch 2.000 vorhanden sind. Mit 31.12.04 leistet B an A eine Zahlung von 600, im Gegenzug verzichtet A zur Gänze auf die noch vorhandenen vorbehaltenen stillen Reserven. Damit
gehen auf B 30% = 600 über, welche in einer entsprechenden Ergänzungsbilanz zu
berücksichtigen sind. B könnte alternativ zur Einmalzahlung von 600 auch ab dem
Jahre 05 zB 10% seines jährlichen Gewinnanteiles an A leisten, bis 600 erreicht sind.
In beiden Fällen liegt eine im Jahr 04 zu erfassende Quotenverschiebung der Mitunternehmeranteile bzw. eine teilweise Veräußerung des Mitunternehmeranteils
von A vor. *(BMF-AV Nr. 131/2018)*

Eine Variante des Vorbehaltszusammenschlusses (siehe Rz 1327 ff) ist der-   1330a
gestalt möglich, dass weder bei Eintritt noch bei Austritt in/aus der Gesellschaft
stille Reserven einschließlich jene des Firmenwertes ermittelt und abgegolten
werden, indem der jeweilige Partner bei Eintritt/Zusammenschluss nach Art. IV
UmgrStG innerhalb von neun Monaten nach dem Zusammenschlussstichtag entweder

•   das buchmäßige Eigenkapital oder

•   nur das feste Kapitalkonto (sog. naked in/naked out)

entsprechend der vereinbarten Substanzbeteiligungsquote aufbringt und bei
Austritt – abgesehen von seinen noch nicht ausbezahlten Gewinnanteilen – nur
Anspruch auf Abgeltung seines ursprünglich aufgebrachten Kapitals hat. Die
Angabe der vorbehaltenen Gesamtreserven ist diesfalls nicht erforderlich. Es be-

stehen keine Bedenken, wenn in solchen Fällen im jeweiligen Zusammenschlussvertrag vereinbart wird, dass der eintretende Partner bei feststehender Substanzbeteiligungshöhe erst sukzessive am Ergebnis beteiligt wird („Lockstep"). Ein Ersatzausgleich kommt bei dieser Methode nicht in Betracht.

Beispiel:

In die bestehende Partnerschaft mit 3 Altpartnern tritt ein neuer Partner zum 31.12.01 im Wege eines Vorbehaltszusammenschlusses auf Basis fixer Kapitalkonten ein und zahlt innerhalb von neun Monaten sein anteiliges fixes Kapitalkonto ein. Der neue Partner soll mit 25 % sofort an der Substanz und letztlich am Gewinn beteiligt werden. Es wird vereinbart, dass bei Austritt – abgesehen von den noch nicht ausbezahlten Gewinnanteilen – nur Anspruch auf das fixe Kapitalkonto besteht. In der Partnerschaft ist für alle Partner ein Schema festgelegt worden, nach dem neue Partner nach einem Punktesystem sukzessive am Gewinn der Partnerschaft beteiligt werden, bis sie nach fünf Jahren den der Beteiligung entsprechenden Gewinnanteil erhalten.

Gewinnbeteiligung in %	3 Altpartner	1 Neupartner
Jahr 1	90	10
Jahr 2	86	14
Jahr 3	82	18
Jahr 4	78	22
Jahr 5	75	25

Die obigen Ausführungen gelten für Zusammenschlüsse mit Lockstep-Vereinbarung, die nach dem 31.12.2014 (an)gemeldet werden. *(BMF-AV Nr. 166/ 2014, BMF-AV Nr. 40/2017)*

4.1.8. Zusammenschlussstichtag

1331   Nach § 24 Abs. 1 in Verbindung mit § 13 Abs. 1 UmgrStG ist der Zusammenschlussstichtag jener Tag, mit dessen Ablauf das Vermögen mit ertragsteuerlicher Wirkung auf die übernehmende Personengesellschaft übergehen soll. Es ist daher für den oder die Übertragenden und für die übernehmende Mitunternehmerschaft besonders wichtig, dass dieser Stichtag eindeutig bestimmt ist, da die Zurechnung des Vermögens und der daraus resultierenden Einkünfte zum Übertragenden mit Ablauf dieses Tages endet und die Zurechnung des Vermögens und der daraus resultierenden Einkünfte zur übernehmenden Mitunternehmerschaft ab dem dem Stichtag folgenden Tag erfolgt.

1332   Auf Grund des Verweises auf § 13 UmgrStG kann der Vertragtag nach oder vor dem Stichtag liegen oder mit dem Stichtag zusammenfallen. Wird der Zusammenschlussvertrag vor dem Zusammenschlussstichtag abgeschlossen, liegt im Hinblick auf das Fehlen wesentlicher Vertragsgrundlagen ein vorläufiger Vertrag vor, der innerhalb der Neunmonatsfrist zu ergänzen und abzuschließen ist (siehe Rz 763). Zu den Ergänzungen gehört auch die Möglichkeit, Vorsorgen und Veränderungen des Vermögens im Sinne des § 16 Abs. 5 UmgrStG festzulegen.

4.1.8.1 Rückwirkungsfiktion

1333   Sämtliche nach dem Zusammenschlussstichtag vom Übertragenden zivilrechtlich abgeschlossene Rechtsgeschäfte, die das übertragene Vermögen betreffen, sind ertragsteuerlich der übernehmenden Personengesellschaft zuzurechnen. Dies gilt nicht, soweit rückwirkende Korrekturen im Sinne des § 16 Abs. 5 UmgrStG vorgenommen (Rz 1431 ff) oder einzelne Geschäftsvorfälle im Zusammenschlussvertrag ausdrücklich zurückbehalten werden (siehe Rz 889). Der

Zusammenschlussstichtag hat damit ausschließlich in ertragsteuerlicher Hinsicht Bedeutung. Siehe weiters Rz 767 ff. *(AÖF 2008/243)*

4.1.8.2 Rückwirkungsfrist

§ 24 Abs. 1 UmgrStG in Verbindung mit § 13 Abs. 1 UmgrStG erlaubt die 1334
Rückbeziehung des Zusammenschlusses auf einen Stichtag, der vor der Unterfertigung des Zusammenschlussvertrages liegt. Für die Fristenberechnung ist in abgabenrechtlicher Sicht sowohl bei Zuständigkeit des Firmenbuches als auch bei jener des Finanzamtes § 108 BAO maßgebend. Der Fristenlauf wird mit dem gewählten Zusammenschlussstichtag in Gang gesetzt. Die Tage des Postenlaufs werden in die Neunmonatsfrist nicht eingerechnet.

Im Hinblick auf die Tatsache, dass in Fällen der Zuständigkeit des Firmenbuchgerichts (Rz 1337) § 902 Abs. 2 ABGB als maßgeblich angesehen wird (OGH 17.7.1997, 6 Ob 124/97x), hat die abgabenrechtliche Fristenregelung Nachrang.

• Sollte eine abgabenrechtlich rechtzeitige Anmeldung eines Zusammenschlusses vom Firmenbuchgericht zurückgewiesen werden, ist ein Zusammenschluss im Sinne des Art. IV UmgrStG auch abgabenrechtlich nicht zustande gekommen.

• Sollte ein abgabenrechtlich nicht rechtzeitig angemeldeter Zusammenschluss vom Firmenbuchgericht nicht zurückgewiesen werden, kommt die Ersatzstichtagsregelung zur Anwendung; siehe dazu Rz 1341. *(BMF-AV Nr. 166/2014)*

Wurde laut Vertrag ein Zusammenschluss auf einen bestimmten Tag be- 1335
zogen (zB auf den 1. Jänner, 24 Uhr) bezogen und diesem Zusammenschluss ein Jahresabschluss zum Vortag (im Beispielsfall auf den 31. Dezember des Vorjahres) zu Grunde gelegt, ist die vertragliche Festlegung und nicht die vorgelegte Bilanz steuerlich maßgebend. In diesem Fall ist mangels eines Zwischenabschlusses zum Vertragstag (im Beispielsfall zum 1. Jänner) eine Anwendungsvoraussetzung des Art. IV UmgrStG nicht gegeben. Es bestehen aber keine Bedenken, bei Fehlen eines aktiven Geschäftsbetriebes bzw. bei Fehlen des Erfordernisses einer exakten Vermögensdarstellung und Ergebnisabgrenzung aus anderen Gründen (entsprechend den Grundsätzen des KFS/RL 25 vom 3.12.2012) dem Zusammenschluss einen Zwischenabschluss zum Vertragstag (im Beispielsfall 1. Jänner) zugrunde zu legen, der mit den Ansätzen des Jahresabschlusses zum Vortag (im Beispielsfall 31. Dezember) übereinstimmt. In diesen Fällen erübrigt sich eine Gewinnermittlung für den Rumpfwirtschaftstag des Übertragenden. Liegt die vorgenannte Voraussetzung vor, bestehen auch im Falle des Aufdeckens des Fehlens eines Zwischenabschlusses auf den Folgetag anlässlich einer späteren abgabenbehördlichen Überprüfung keine Bedenken, die Anwendungsvoraussetzung des Art. IV UmgrStG als gegeben anzunehmen.

Zum Bilanzerfordernis siehe Rz 1389 ff. *(BMF-AV Nr. 166/2014)*

4.1.8.3 Anmeldung und Meldung

Die steuerliche Rückwirkung ist nur gewahrt, wenn der Zusammenschluss 1336
fristgerecht bei dem zuständigen

• Firmenbuchgericht angemeldet (Rz 1337)

• FA gemeldet (Rz 1338 f)

wird.

4.1.8.3.1 Anmeldung beim Firmenbuchgericht

1337   Das Firmenbuchgericht am Sitz der Personengesellschaft ist zuständig, wenn:

- durch den Zusammenschluss eine in das Firmenbuch einzutragende Personengesellschaft neu entsteht (Sachgründung) oder
- ein neuer Gesellschafter in eine im Firmenbuch eingetragene Personengesellschaft eintritt.

Dies gilt unabhängig von einer vor oder nach dem Zusammenschluss nicht bestehenden oder bestehenden oder in der Folge entstehenden Rechnungslegungspflicht. Ausgenommen von der Firmenbuchzuständigkeit ist der Zusammenschluss zu einer Innengesellschaft (atypisch stille Beteiligung an einem rechnungslegungspflichtigen Unternehmen).

Unabhängig von der Eintragung ins Firmenbuch muss innerhalb von neun Monaten ab dem Umgründungsstichtag eine Anzeige beim zuständigen Finanzamt erfolgen (§ 43 Abs. 1 UmgrStG). Die Verletzung dieser Frist kann eine Finanzordnungswidrigkeit gemäß § 51 Abs. 1 lit. a FinStrG darstellen (siehe Rz 1900). *(BMF-AV Nr. 193/2015)*

Randzahl 1337a: *entfällt (BMF-AV Nr. 166/2014)*

4.1.8.3.2 Meldung beim Finanzamt

1338   Der Zusammenschluss ist dem nach § 21 Abs. 2 Z 4 AVOG 2010 für die Gewinnfeststellung der übernehmenden Mitunternehmerschaft zuständigen FA in folgenden Fällen zu melden:

- Sachgründung einer nicht in das Firmenbuch einzutragenden Mitunternehmerschaft (zB GesBR, stille Mitunternehmerschaft)
- Vermögensübertragung in eine in das Firmenbuch eingetragene von den Zusammenschlusspartnern bar gegründete Personengesellschaft durch einen, mehrere oder sämtliche Gründergesellschafter
- Erhöhung des Gesellschaftsanteils durch einen, mehrere oder alle Mitunternehmer einer bestehenden protokollierten oder nicht protokollierten Mitunternehmerschaft. Im Falle einer Erhöhung von Gesellschaftsanteilen bestehender Gesellschafter im Zusammenhang mit dem Eintritt eines neuen Gesellschafters in eine im Firmenbuch eingetragene Gesellschaft erübrigt sich auf Grund der maßgeblichen Firmenbuchanmeldung eine eigenständige Meldung der Anteilserhöhung beim zuständigen FA
- Beitritt eines Gesellschafters in eine bestehende nicht im Firmenbuch eingetragene Personengesellschaft.

Als für die Meldung zuständiges FA gilt in Fällen, in denen eine Kapitalgesellschaft als Inhaber des Unternehmens einer atypisch stillen Mitunternehmerschaft auftritt, das für die Kapitalgesellschaft nach § 21 Abs. 2 Z 1 AVOG 2010 zuständige Finanzamt. *(BMF-AV Nr. 166/2014)*

1339   Fehlt es bei der Übertragung von Vermögen im Wege eines Zusammenschlusses auf eine ausländische übernehmende Personengesellschaft an einem zuständigen inländischen Firmenbuchgericht bzw. FA, ist auf Grund der Maßgeblichkeit des § 13 Abs. 1 UmgrStG die Meldung des Zusammenschlusses bei dem für den Übertragenden zuständigen inländischen FA vorzunehmen.

Ist bei einem Zusammenschluss im Ausland nur inländisches Vermögen oder ein inländischer Mitunternehmer betroffen, ist die Meldung bei dem für das übertragene Vermögen oder den Mitunternehmer zuständigen FA zu erstatten. *(AÖF 2008/243)*

Die Aussagen in Rz 785 bis Rz 791 zur Form und zum Inhalt der Meldung gelten auch für Zusammenschlüsse. *(AÖF 2008/243)* 1339a

4.1.8.4 Folgen der Fristverletzung

4.1.8.4.1 Zusammenschlüsse mit Firmenbuchzuständigkeit

Wird der beantragte Zusammenschluss in Verbindung mit einer Sachgründung einer in das Firmenbuch einzutragenden Personengesellschaft vom Firmenbuchgericht zurückgewiesen, kommt der Zusammenschluss mangels Eintragung der Personengesellschaft in dieser Form nicht zustande. Im Übrigen siehe dazu Rz 794 f. *(BMF-AV Nr. 166/2014)* 1340

Wird trotz steuerlich verspäteter Anmeldung der Zusammenschluss im Firmenbuch eingetragen und sind die übrigen Anwendungsvoraussetzungen des § 23 UmgrStG gegeben, gilt diese Eintragung als Zusammenschluss im Sinne des UmgrStG. Auf Grund des nach § 24 Abs. 1 UmgrStG maßgebenden § 13 UmgrStG führt das Vorliegen einer Fristverletzung nicht automatisch zu einer Verletzung der Anwendungsvoraussetzungen für Art. IV UmgrStG. Es geht zunächst nur die Möglichkeit einer rückwirkenden Umgründung verloren, es gilt der Tag des Abschlusses des Zusammenschlussvertrages als Ersatzstichtag. In der Folge sind zwei Folgewirkungen denkbar: 1341

§ 23

- Der Übertragende kann gemäß § 13 Abs. 1 letzter Satz UmgrStG bezogen auf den Vertragstag innerhalb von neun Monaten jene Maßnahmen setzen, die der Erfüllung der Anwendungsvoraussetzungen des § 23 UmgrStG dienen (siehe auch Rz 765). In diesem Fall bleiben die Wirkungen des Art. IV UmgrStG – bezogen auf den Ersatzstichtag – erhalten.
- Der Übertragende kann die gemäß dem letzten Satz des § 13 Abs. 1 UmgrStG vorgesehenen Maßnahmen, die der Erfüllung der Anwendungsvoraussetzungen des § 23 UmgrStG dienen, bezogen auf den Vertragstag nicht innerhalb von neun Monaten umsetzen. In diesem Fall liegt eine Verletzung der Anwendungsvoraussetzungen des Art. IV UmgrStG vor. Es kommt zum Veräußerungstatbestand gemäß § 24 Abs. 7 EStG 1988 bzw. § 20 KStG 1988 auf den ursprünglich gewählten Zusammenschlussstichtag (siehe Rz 1506 ff).

Die vorstehenden Ausführungen gelten auch für einen durch den Eintritt eines neuen Gesellschafters in eine bestehende im Firmenbuch eingetragene Personengesellschaft bewirkten Zusammenschluss. *(BMF-AV Nr. 166/2014)*

4.1.8.4.2 Zusammenschlüsse mit Finanzamtszuständigkeit

Bei verspäteter Meldung eines Zusammenschlusses bei dem zuständigen Finanzamt (Rz 1338) kommen die in Rz 1341 dargestellten Folgewirkungen zur Anwendung. *(AÖF 2008/243)* 1342

4.1.8.5 Fristbezogene Vertragsklausel

Die zwingende Gewinnverwirklichung kann vermieden werden, wenn im Zusammenschlussvertrag eine Klausel enthalten ist, nach der die tatsächliche Vermögensübertragung am Tag der fristgerechten Anmeldung beim Firmenbuchgericht bzw. am Tag der fristgerechten Meldung bei der zuständigen Abga- 1343 benbehörde erfolgen soll. Bei Fristverletzung kann ein noch nicht vollzogener Zusammenschluss daher nicht wirksam werden bzw. ist davon auszugehen, dass das schon genutzte umzugründende Vermögen der Mitunternehmerschaft nur zur Nutzung überlassen wurde, sodass eine Vermögensübertragung nicht Platz greifen konnte.

4.1.8.6 Erfordernis der Zurechnung des Vermögens zum Übertragenden

1344   Nach dem gemäß § 24 Abs. 1 Z 1 UmgrStG maßgebenden § 13 Abs. 2 UmgrStG muss das zu übertragende begünstigte wie nicht begünstigte Vermögen dem Übertragenden zum Zusammenschlussstichtag (ausgenommen Bargeld) zuzurechnen sein (siehe Rz 803 ff).

Auf Grund der Tatsache, dass bei einem Zusammenschluss auf eine bestehende Personengesellschaft auch diese als Übertragender gilt (Rz 1298), ist nach den einkommensteuerrechtlichen Grundsätzen davon auszugehen, dass das von ihr zu übertragende Vermögen den Mitunternehmern zum Zusammenschlussstichtag im Sinne des § 24 BAO zuzurechnen war.

Eine Ausnahme von diesem Grundsatz ist nur für Vermögenserwerbe im Erbwege möglich (siehe Rz 1345).

Wird der Zusammenschluss vertragsgemäß auf ein Vermögen bezogen, das dem (den) Übertragenden zu diesem Stichtag noch nicht zuzurechnen war, kann der Zusammenschluss auf diesen Stichtag nicht wirksam werden (zB Gesellschafterwechsel zwischen Stichtag und Vertragstag). Nach § 13 Abs. 2 UmgrStG gilt der Tag des Abschlusses des Zusammenschlussvertrages als Ersatzstichtag. In der Folge sind zwei Folgewirkungen denkbar:

• Der (die) Übertragende(n) nimmt (nehmen) die Sanierungsmöglichkeit des § 13 Abs. 2 UmgrStG wahr (siehe Rz 765), in diesem Fall bleiben die Wirkungen des Art. IV UmgrStG – bezogen auf den Ersatzstichtag – erhalten.

• Der (die) Übertragende(n) nimmt (nehmen) die Sanierungsmöglichkeit des § 13 Abs. 2 UmgrStG nicht wahr oder kann (können) sie auf Grund eines verspäteten Erkennens des Fehlens des Zurechnungserfordernisses nicht mehr wahrnehmen. In diesem Fall liegt eine Verletzung der Anwendungsvoraussetzungen des Art. IV UmgrStG vor. Es kommt zum Veräußerungstatbestand gemäß § 24 Abs. 7 EStG 1988 bzw. § 20 KStG 1988 auf den ursprünglich gewählten Zusammenschlussstichtag (siehe Rz 1506 ff).

Unschädlich ist der Wechsel eines reinen Arbeitsgesellschafters ohne Vermögensbeteiligung. *(BMF-AV Nr. 166/2014)*

1345   Eine Ausnahme von diesem Grundsatz besteht für Vermögenserwerbe im Erbwege (§ 13 Abs. 2 UmgrStG). Wird das zu übertragende Vermögen vom Übertragenden zwischen Zusammenschlussstichtag und Abschluss des Zusammenschlussvertrages im Erbwege erworben, kann der Übertragende den Zusammenschluss auf einen Tag, der nicht über neun Monate zurück reicht, rückbeziehen, an dem er über das zu übertragende Vermögen noch nicht verfügungsberechtigt war.

Beispiel 1:

A wird am 22.4.02 Eigentümer eines zum 31.12. bilanzierenden Einzelunternehmens

• im Erbwege
• durch Kauf
• im Schenkungswege
• als Legatar.

Nur im erstgenannten Fall ist die Übertragung des Einzelunternehmens zum Zusammenschlussstichtag 31.12.01, 24.00 Uhr, umgründungssteuerwirksam. In den anderen Fällen ist der 22.4.02, 24.00 Uhr, der frühestmögliche Zusammenschlussstichtag.

Beispiel 2:

A möchte sich zum 31.12.01 mit einer Geldeinlage an der den Gesellschaftern B, C und E je zu einem Drittel gehörenden X-KG (Wirtschaftsjahr = Kalenderjahr) beteiligen. Gesellschafter E hat seinen Anteil am 1.4.02 von D entgeltlich erworben. Da mit der Geldeinlage eine Betriebsübertragung der X-KG auf eine „neue" KG verbunden ist, musste dieses Vermögen zum 31.12.01 den Mitunternehmern zurechenbar gewesen sein. Da dies erst mit 1.4.02 gegeben ist, kann ein Zusammenschluss im Sinne des Art. IV UmgrStG zum 31.12.01 nicht zustande kommen.

Zu mehrfachen Umgründungsschritten auf einen Stichtag siehe Rz 1499 und Rz 1874 ff. *(BMF-AV Nr. 166/2014)*

4.1.9. Erfordernis eines übertragungsfähigen Vermögens

4.1.9.1 Allgemeines

Anwendungsvoraussetzung für einen Zusammenschluss im Sinne des Art. IV UmgrStG ist, dass zumindest eine der am Zusammenschluss beteiligten Personen begünstigtes Vermögen im Sinne des § 23 Abs. 2 UmgrStG in Verbindung mit § 12 Abs. 2 UmgrStG überträgt, somit 1346

- Betriebe,
- Teilbetriebe oder
- Mitunternehmeranteile.

Kapitalanteile können bei Zusammenschlüssen auf eine übernehmende Personengesellschaft nur dann begünstigt mitübertragen werden, wenn sie Teil eines Betriebes, Teilbetriebes oder Mitunternehmeranteiles sind. *(BMF-AV Nr. 166/2014)*

4.1.9.2 Positiver Verkehrswert

4.1.9.2.1 Begriff

Das übertragene begünstigte Vermögen muss einen positiven Verkehrswert am Zusammenschlussstichtag, jedenfalls aber am Tag des Abschlusses des Zusammenschlussvertrages aufweisen (§ 23 Abs. 1 UmgrStG). Der positive Verkehrswert unterliegt der Überprüfung durch die Abgabenbehörde (keine Bindung an die Rechtsauffassung des Firmenbuchgerichtes) und ist im Zweifel vom Übertragenden durch das Gutachten eines Sachverständigen nachzuweisen. Siehe Rz 672 ff. 1347

Nur tatsächlich in das Gesellschaftsvermögen (gemeinschaftliches Betriebsvermögen) übertragenes Vermögen kann in die Verkehrswertermittlung einbezogen werden. Dazu zählen nicht Wirtschaftsgüter, die ins Sonderbetriebsvermögen der Mitunternehmer überführt werden. 1348

Eine bloß buchmäßige Überschuldung des übertragenen Vermögens hindert nicht die Anwendung des Art. IV UmgrStG. 1349

Das Übertragen der Mitunternehmeranteile durch einzelne oder sämtliche Gesellschafter einer Mitunternehmerschaft auf eine neue Mitunternehmerschaft setzt bei jedem Übertragenden das Vorliegen eines positiven Verkehrswertes voraus. Wird trotz negativer Mitunternehmeranteile übertragen, kommt Art. IV UmgrStG nur für jene Mitunternehmer zur Anwendung, deren Mitunternehmeranteil einen positiven Verkehrswert aufweist. 1350

§ 23

1351   Wird demgegenüber der einen positiven Verkehrswert aufweisende Betrieb der Mitunternehmerschaft auf eine neue Mitunternehmerschaft gegen Gewährung von Gesellschafterrechten übertragen, liegt trotz realer Überschuldung eines Mitunternehmeranteiles kein Anwendungshindernis für Art. IV UmgrStG vor. Da jede Änderung der Beteiligungen in der bestehenden Mitunternehmerschaft steuerlich als Übertragung auf eine neue Mitunternehmerschaft gilt (siehe Rz 1298 ff), kann bei verbleibenden real überschuldeten Mitunternehmern eine Äquivalenzverletzung vorliegen.

1352   Eine reale Überschuldung (negativer Verkehrswert) am Zusammenschlussstichtag kann insb. durch bis zum Abschluss des Zusammenschlussvertrages tatsächlich getätigte Einlagen oder durch das Zurückbehalten von Verbindlichkeiten beseitigt werden (siehe Rz 1431 ff). Durch eine bloße Zusage des Übertragenden die reale Überschuldung durch Zuführung von Aktiven zu einem späteren Zeitpunkt zu beseitigen (Einlageversprechen), kann ein positiver Verkehrswert nicht geschaffen werden. Das Leisten von Einlagen kann bei nachgewiesener Erzielung von Gewinnen (Zwischenbilanz, Status) bzw. bei nachhaltiger Besserung der Ertragslage (Unternehmensbewertungsgutachten) im Rückwirkungszeitraum, die bei Kenntnis zum Zusammenschlussstichtag einen positiven Verkehrswert ergeben hätte, unterbleiben.

1353   Liegt ein positiver Verkehrswert nicht vor, kann Art. IV UmgrStG nicht angewendet werden. In einem solchen Fall sind die Gesamtreserven des übertragenen Vermögens zu realisieren (§ 24 Abs. 7 EStG 1988). Es bestehen keine Bedenken, von einer Gewinnrealisierung abzusehen, wenn Vorsorgemaßnahmen nicht zu treffen sind, weil eine Vermögensübertragung und damit ein Übergang von allfälligen Reserven auf andere Personen nicht stattfindet.

Beispiele:

Beitritt einer GmbH als reiner Arbeitsgesellschafter zu einer real überschuldeten KG, wobei der bisherige Komplementär ohne Veränderung der Beteiligung zum Kommanditisten wird.

Übertragung eines real überschuldeten Einzelunternehmens auf eine GmbH & Co KG, wobei der Einzelunternehmer einziger Kommanditist mit einer 100-prozentigen Vermögensbeteiligung ist.

Zusammenschluss zweier Personengesellschaften, von denen eine real überschuldet ist, wenn Personen- und Beteiligungsidentität besteht. *(AÖF 2008/243)*

4.1.9.2.2 Grundsätze der Unternehmensbewertung

1354   Der Verkehrswert ist der nach den in den Rz 682 ff dargestellten Grundsätzen des Fachgutachtens KFS BW 1 ermittelte Wert des übertragenen Vermögens. Der positive Verkehrswert ist nach der stand-alone Betrachtung ohne Berücksichtigung echter Synergieeffekte zu ermitteln. Unechte Synergieeffekte (siehe Rz 686) sind zu berücksichtigen. Der Verkehrswert entspricht der Begriffsbestimmung in Rz 680 f. *(BMF-AV Nr. 166/2014)*

4.1.9.3 Betrieb

1355   Betrieb im Sinne des UmgrStG ist eine selbstständige organisatorische Einheit zur Erzielung von betrieblichen Einkünften gemäß § 2 Abs. 3 Z 1 bis 3 EStG 1988 (Einkünfte aus Land- und Forstwirtschaft, aus selbstständiger Arbeit oder aus Gewerbebetrieb); siehe EStR 2000, Rz 5507. Die Betriebseigenschaft ergibt sich nicht aus der Rechtsform; entscheidend ist vielmehr der Inhalt der ausgeübten Tätigkeit. Daher fällt die Übertragung von Vermögen durch eine vermögensverwaltende Kapitalgesellschaft, die nur kraft Rechtsform Einkünfte aus Gewerbebetrieb hat (§ 7 Abs. 3 KStG 1988), nicht unter Art. IV UmgrStG, wenn nicht ein anderer Partner Vermögen im Sinne des § 23 Abs. 2 UmgrStG überträgt.

Übertragen werden können sowohl in- als auch ausländische Betriebe, die die Anwendungsvoraussetzungen erfüllen.   **1356**

Auch ein verpachteter – noch nicht aufgegebener – Betrieb (siehe EStR 2000 Rz 5647 bis Rz 5653) ist als begünstigtes Vermögen übertragbar. Zu einer bereits vor dem Zusammenschluss erfolgten Betriebsaufgabe siehe Rz 703.

Die Betriebseigenschaft des übertragenen Objektes muss beim Übertragenden jedenfalls zum Zusammenschlussstichtag wie auch zum Zeitpunkt des Abschlusses des Zusammenschlussvertrages vorliegen. *(BMF-AV Nr. 166/2014)*

Nicht unter Art. IV UmgrStG fallen mangels steuerlicher Betriebseigenschaft die Übertragung eines Liebhabereibetriebes oder des Hoheitsbetriebes einer Körperschaft des öffentlichen Rechts (§ 2 Abs. 5 KStG 1988). Siehe auch Rz 709 f.   **1357**

Anders als bei einer Einbringung gemäß Art. III UmgrStG muss ein Zusammenschluss von Freiberuflern nach den Standesvorschriften nicht unbedingt zulässig sein (siehe Beispiel Rz 1297 zweiter Bulletpoint). *(BMF-AV Nr. 166/2014)*

Der Betrieb in seiner konkreten Ausgestaltung muss auf die übernehmende Personengesellschaft als funktionsfähige Einheit übergehen, dh. die bestehende Betriebseigenschaft muss erhalten bleiben. Die Rz 693 bis Rz 699 gelten sinngemäß. Jene wesentlichen Aktiva, die für die Führung des Betriebes notwendig waren, tatsächlich der Erfüllung des Betriebszweckes gedient haben und nach der Umgründung weiterhin dienen sollen, müssen von ihr grundsätzlich übernommen werden (siehe dazu auch Rz 688).   **1358**

Nicht notwendig ist die Übertragung aller wesentlichen Grundlagen des Betriebes. Das Zurückbehalten von Anlagegütern, die zum notwendigen Betriebsvermögen gehören, darf allerdings die Eigenschaft des einzubringenden Vermögens als Betrieb oder Teilbetrieb nicht verletzen. Eine Betriebsaufspaltung im Wege des Zurückbehaltens des gesamten Anlagevermögens kann daher in der Regel nicht unter Art. IV UmgrStG fallen. Das Zurückbehalten einzelner zu den wesentlichen Betriebsgrundlagen gehörender Anlagegüter bei gleichzeitiger Übertragung von zumindest einer wesentlichen Betriebsgrundlage führt zu keiner Verletzung der Anwendungsvoraussetzungen des § 23 Abs. 2 iVm § 12 UmgrStG. Dies bezieht sich in erster Linie auf das Zurückbehalten der Betriebsgrundstücke, die nach dem Zusammenschluss der übernehmenden Personengesellschaft (entgeltlich oder unentgeltlich) als Sonderbetriebsvermögen zur Nutzung überlassen werden.

Zu den ertragsteuerlichen Folgen der Zurückbehaltung von Wirtschaftsgütern siehe Abschnitt 4.2.4.5. *(BMF-AV Nr. 166/2014)*

Werden (Teil)Betriebe freiberuflich tätiger Zusammenschlusspartner auf eine Personengesellschaft übertragen, stellt die wesentliche Betriebsgrundlage regelmäßig der Kunden-, Klienten- bzw. Patientenstock dar (siehe dazu EStR 2000 Rz 5514, 5517, 5562). Für den Umfang der zu übertragenden wesentlichen Betriebsgrundlage gilt dabei Folgendes: **1358a**

• Der Kunden-, Klienten- bzw. Patientenstock stellt ein einheitliches und damit unteilbares Wirtschaftsgut dar; somit kann dieser innerhalb des Art. IV UmgrStG grundsätzlich nur in seiner Gesamtheit auf die Personengesell-

schaft übergehen. Grundsätzlich begründet daher zB die Steuerberatungs-
tätigkeit im Verhältnis zur Wirtschaftsprüfungstätigkeit oder die ärztliche
Tätigkeit für Kassenpatienten im Verhältnis zur Tätigkeit für Privatpatienten
keinen Teilbetrieb (EStR 2000 Rz 5594 dritter Absatz).

• Liegt allerdings eine Teilbetriebseigenschaft iSd von Judikatur, Verwaltungspraxis und Lehre zu § 24 EStG 1988 aufgestellten Grundsätzen vor
(siehe dazu EStR 2000 Rz 5594 erster und zweiter Absatz), kann hingegen
eine Trennung beispielsweise des Wirtschaftsprüfungsteilbetriebes vom
Steuerberatungsteilbetrieb im Rahmen eines Zusammenschlusses gemäß
Art. IV UmgrStG erfolgen.

• Das Vorliegen von Teilbetrieben im Bereich ärztlicher Tätigkeiten wäre
denkbar, wenn die Kassen- bzw. Privatpatienten unterschiedlichen Fach-
richtungen zuzuordnen sind, beispielsweise dann, wenn ein Arzt die Kassenpatienten in seiner Allgemeinpraxis und die Privatpatienten in einer neben
der Allgemeinpraxis betriebenen Praxis für eine andere ärztliche Fachrichtung behandelt (vgl. EStR 2000 Rz 5594 erster Absatz zu einer neben einer
Allgemeinpraxis betriebenen Zahnarztpraxis). In der Regel wird den Privatpatienten im Verhältnis zu den Kassenpatienten aber keine Teilbetriebseigenschaft zukommen und auch eine vorbereitende Herstellung der Teilbetriebseigenschaft anlässlich des Zusammenschlusses gemäß Art. IV
UmgrStG nicht möglich sein (siehe nachfolgenden Bulletpoint). Lediglich
dann, wenn innerhalb derselben ärztlichen Fachrichtung für Kassen- als
auch für Privatpatienten eine Teilbetriebseigenschaft iSd Judikatur, Verwaltungspraxis und Lehre zu § 24 EStG 1988 vorliegen sollte (siehe dazu EStR
2000 Rz 5594 erster und zweiter Absatz, zB eigene Buchführung, eigenes
Personal), kann eine Trennung des Patientenstockes innerhalb derselben
ärztlichen Fachrichtung im Rahmen eines Zusammenschlusses gemäß
Art. IV UmgrStG erfolgen. Dabei wird aber bei der Beurteilung des Vorliegens eines Teilbetriebes besonderes Augenmerk auf die örtliche und zeitliche Trennung von Privat- und Kassenpatienten zu legen sein.

• Liegen keine Teilbetriebe vor, erleichtern unterschiedliche Tätigkeitsberei-
che aber die vorbereitende Herstellung von Teilbetrieben im Vorfeld einer
geplanten Umgründung. Kann somit eine Teilbetriebseigenschaft iSd EStR
2000 Rz 5594 zweiter Absatz und der an dieser Stelle zitierten Judikatur vorbereitend hergestellt werden, führt dies zur Trennbarkeit der Tätigkeitsberei-
che in ertragsteuerlicher bzw. umgründungssteuerlicher Sicht. Unabdingbare
Voraussetzung ist, dass diese Teilbetriebseigenschaft beim Übertragenden
jedenfalls bereits zum Zusammenschlussstichtag gegeben ist.

• Liegt eine Teilbetriebseigenschaft nicht vor und wird diese anlässlich des
Zusammenschlusses gemäß Art. IV UmgrStG auch nicht vorbereitend hergestellt, gilt für die Zurückbehaltung von Teilen des Kunden-, Klienten-
bzw. Patientenstockes Folgendes:

– Das Zurückbehalten von Teilen des Kunden-, Klienten- bzw. Patientenstockes ist unschädlich, wenn die zurückbehaltenen Kunden, Klienten
bzw. Patienten in Bezug auf den gesamten Kunden-, Klienten- bzw. Patientenstock von unwesentlicher Bedeutung sind. Dabei darf es sich iSd
Rz 889 nur um einzelne Kunden-, Klienten- bzw. Patientenbeziehungen
handeln. Es bestehen aber keine Bedenken, von einer unwesentlichen
Bedeutung der zurückbehaltenen Kunden-, Klienten- bzw. Patientenbeziehungen für den Gesamtbetrieb dann noch auszugehen, wenn deren

Ausmaß bezogen auf die Parameter Kunden-, Klienten- bzw. Patienten-
zahl als auch Umsatz eine „doppelte" Wesentlichkeitsgrenze von 10%
nicht übersteigt (siehe auch Rz 1431).

– Ein – über diese Wesentlichkeitsgrenze – hinausgehendes Zurückbehalten von Teilen des Kunden-, Klienten- bzw. Patientenstockes steht der
Anwendung von Art. IV UmgrStG auf diesen Zusammenschluss entgegen. Dies auch dann, wenn berufsrechtliche Vorschriften eine solche
Trennung gebieten. *(BMF-AV Nr. 166/2014)*

Keine wesentliche Betriebsgrundlage, sondern unselbständigen Teil der ärzt- 1358b
lichen Tätigkeit stellt eine ärztliche Hausapotheke dar und zwar unabhängig von
der Höhe des mit dieser erzielten Gewinnes oder Umsatzes (VwGH 22.5.1953,
3026/52; EStR 2000 Rz 5288 Beispiel 2; siehe auch EStR 2000 Rz 5605 zur
mangelnden Teilbetriebseigenschaft einer Hausapotheke). Dessen ungeachtet ist
der Unterhalt einer Hausapotheke für die Ausübung einer ärztlichen Tätigkeit
nicht erforderlich, sodass diese anlässlich des Zusammenschlusses zurückbehalten werden kann und der Arztbetrieb trotz Trennung von der Hausapotheke jedenfalls begünstigtes Vermögen darstellt.

Da die Hausapothekentätigkeit gesetzlich untrennbar mit der kassenvertrags-
mäßigen ärztlichen Tätigkeit verbunden ist, stellt eine zurückbehaltene Hausapotheke Sonderbetriebsvermögen des Zusammenschlusspartners in der Ärzte-
OG dar. *(BMF-AV Nr. 166/2014)*

Wird anlässlich eines Zusammenschlusses eines freiberuflich tätigen Zu- 1358c
sammenschlusspartners ein noch abzuwickelnder Großauftrag zurückbehalten,
kann dieser schwebende Vertrag wie ein einzelnes Rechtsgeschäft bzw. eine einzelne Kundenbeziehung iSd Rz 889 zurückbehalten werden (siehe auch
Rz 1431).

Beispiel:

A ist freiberuflicher Zivitechniker (Architekt). Sein Tätigkeitsbereich umfasst ua. die
Planung von Bauprojekten, die Durchführung der örtlichen Bauaufsicht sowie die Erstellung von Ausschreibungen. Diesem Tätigkeitsfeld liegen jeweils konkrete Einzel-
aufträge zugrunde.

Aufgrund der Teilnahme an einer Ausschreibung wird an A ein Großauftrag über ein
Bauprojekt vergeben, das sich über mehrere Jahre erstrecken wird.

A möchte sich mit seinem Einzelunternehmen gemäß Art. IV UmgrStG mit einem
weiteren Zivitechniker (Architekten) zusammenschließen, wobei er sich den Großauftrag aber zurückbehalten möchte.

Das Zurückbehalten des einzelnen schwebenden Vertrages ist grundsätzlich
unabhängig vom Umsatz oder der Größe des Auftrages unschädlich.

Im Einzelfall kann allerdings eine davon abweichende rechtliche Beurteilung geboten sein, wenn der Großauftrag beispielsweise die wesentliche Betriebsgrundlage der freiberuflichen Tätigkeit des Übertragenden darstellt und es
ansonsten keine wesentlichen Betriebsgrundlagen gibt, die im Rahmen des Zusammenschlusses auf die Personengesellschaft übertragen werden könnten (dies
könnte beispielsweise dann der Fall sein, wenn nahezu alle Mitarbeiter ausschließlich am Großauftrag arbeiten und nicht am laufenden Geschäft). Der
Restbetrieb, der übergehen soll, muss jedenfalls lebensfähig sein; auch muss es
sich dabei um einen ernsthaften Betrieb handeln. Trifft dies nicht zu, ist ein Zusammenschluss grundsätzlich nicht möglich, weil nicht die wesentlichen Betriebsgrundlagen übergehen.

Das zurückbehaltene Auftragsverhältnis stellt – für sich betrachtet – im Zeitpunkt der Übertragung weder einen Betrieb noch einen Teilbetrieb dar. Daher kommt es grundsätzlich zu einer Entnahmebesteuerung hinsichtlich der dem Großauftrag zuordenbaren Wirtschaftsgüter.

Da aber in der Folge dieser zurückbehaltene Bereich zu einem eigenen, „neuen" Betrieb erstarkt, die bisherige Tätigkeit durch denselben Steuerpflichtigen fortgeführt und auch die Steuerhängigkeit der stillen Reserven dieser Tätigkeit bei diesem Steuerpflichtigen unverändert gewahrt bleibt, kann von einer Entnahmebesteuerung abgesehen werden und die Entnahme aus dem „Altbetrieb" sowie die Einlage in den „Neubetrieb" zu Buchwerten erfolgen (idS VwGH 19.5.2005, 2000/15/0179).

Eine Überführung des Großauftrages ins Sonderbetriebsvermögen des Zusammenschlusspartners in der OG hat daher nicht zu erfolgen. *(BMF-AV Nr. 166/2014)*

1359   Das zu übertragende Vermögen muss genau definiert sein. Anwendungsvoraussetzung für Art. IV UmgrStG ist auf Grund des Verweises in § 23 Abs. 2 UmgrStG auf § 12 Abs. 2 UmgrStG ferner:

- Für den übertragenen Betrieb zum Zusammenschlussstichtag muss von rechnungslegungspflichtigen Gewerbetreibenden ein Jahres- oder Zwischenabschluss unter Beachtung der Grundsätze des § 5 Abs. 1 EStG 1988 aufgestellt werden, wobei auch eine ordnungsgemäß erstellte UGB-Bilanz den Anforderungen des § 23 Abs. 2 iVm § 12 Abs. 2 UmgrStG dann genügt, wenn allfällige Abweichungen zwischen den unternehmensrechtlichen und steuerlichen Buchwerten aus einer dem Finanzamt vorgelegten Mehr-Weniger-Rechnung bzw. aus dem Zusammenschlussvertrag hervorgehen.

- Für den übertragenen Betrieb zum Zusammenschlussstichtag muss von den übrigen Übertragenden ein den Grundsätzen des § 4 Abs. 1 EStG 1988 entsprechender Jahres- oder Zwischenabschluss erstellt werden (siehe weiters Rz 1389 ff).

Wird einer von mehreren Betrieben eines Unternehmens (zB einer Kapitalgesellschaft) übertragen, ist zum Zusammenschlussstichtag ein Jahres- oder Zwischenabschluss für das gesamte Unternehmen aufzustellen. Ebenso ist eine Zusammenschlussbilanz zu erstellen. Zum Jahres- oder Zwischenabschluss bei Fortführung der Einnahmen-Ausgaben-Rechnung siehe Rz 1398 ff.

Weiters gehört eine auf die Schluss- oder Zwischenbilanz aufbauende Zusammenschlussbilanz zu den Anwendungsvoraussetzungen des Art. IV UmgrStG. Die Zusammenschlussbilanz dient insbesondere der Darstellung des laut Vertrag tatsächlich zu übertragenden Vermögens zu Steuerwerten laut Schluss- oder Zwischenbilanz, berichtigt um steuerwirksame Aufwertungen und um die rückwirkenden Korrekturen und des sich daraus ergebenden Zusammenschlusskapitals. *(BMF-AV Nr. 166/2014)*

1360   Auch Betriebe gewerblicher Art einer Körperschaft des öffentlichen Rechts (siehe Rz 711) sowie steuerpflichtige wirtschaftliche Geschäftsbetriebe im Sinne des § 31 BAO zählen zu den zusammenschlussfähigen Betrieben. *(BMF-AV Nr. 166/2014)*

4.1.9.4 Teilbetrieb

1361   Auch der Teilbetrieb muss der Erzielung von betrieblichen Einkünften dienen (Einkünfte aus Land- und Forstwirtschaft, aus selbstständiger Arbeit oder aus Gewerbebetrieb). Der Begriff des Teilbetriebes ist nach einkommensteuerlichen Grundsätzen zu beurteilen (siehe EStR 2000, Rz 5579 bis 5628).

Sowohl in- als auch ausländische Teilbetriebe, die unter die Anwendungsvoraussetzungen des Art. IV UmgrStG fallen, sind übertragungsfähig.

Die Teilbetriebseigenschaft des Übertragungsvermögens muss beim Übertragenden sowohl zum Zusammenschlussstichtag als auch zum Zeitpunkt des Abschlusses des Zusammenschlussvertrages gegeben sein. Liegt diese nicht vor, ist der Übertragungsvorgang hinsichtlich der Bewertung des zu übertragenden Vermögens dem allgemeinen Ertragsteuerrecht zu unterwerfen und stellt die Übertragung von einzelnen Wirtschaftsgütern aus dem Betriebsvermögen damit grundsätzlich eine gewinnrealisierende Entnahme mit anschließender teilweiser Einlage bzw. teilweisem Tausch dar (siehe auch Rz 1417). *(BMF-AV Nr. 166/ 2014)*   **1362**

Auch bei der Übertragung von Teilbetrieben ist als Anwendungsvoraussetzung für Art. IV UmgrStG auf Grund des Verweises in § 23 Abs. 2 UmgrStG auf § 12 Abs. 2 UmgrStG zum Zusammenschlussstichtag ein Jahres- oder Zwischenabschluss für den gesamten Betrieb (das gesamte Unternehmen) des Übertragenden aufzustellen. Daneben ist eine Zusammenschlussbilanz zu erstellen. Im Übrigen siehe Rz 1355 ff.   **1363**

4.1.9.5 Mitunternehmeranteil

Zum Begriff des Mitunternehmeranteiles siehe Rz 1309 f, Rz 717 ff und EStR 2000 Rz 5804 ff. Eine Mitunternehmerschaft liegt nur bei Erzielung von Einkünften gemäß § 2 Abs. 3 Z 1 bis 3 EStG 1988 (Einkünfte aus Land- und Forstwirtschaft, aus selbstständiger Arbeit oder aus Gewerbebetrieb) vor.   **1364**

Übertragender kann jede natürliche und juristische Person sowie jede Mitunternehmerschaft sein.

Zu den übertragungsfähigen Mitunternehmeranteilen gehören alle in- und ausländischen Anteile an Personengesellschaften, bei denen die Gesellschafter als Mitunternehmer anzusehen sind.

Zur Übertragungsfähigkeit eines mit einem Fruchtgenussrecht belasteten Mitunternehmeranteiles siehe Rz 704 ff. *(BMF-AV Nr. 166/2014)*

Das übertragene Beteiligungsausmaß ist unerheblich. Art. IV UmgrStG ist auch dann anwendbar, wenn lediglich ein Teil des Mitunternehmeranteiles übertragen wird.   **1365**

Beispiel:

Der zu 40% an der ABC-OG beteiligte A überträgt die Hälfte seines Mitunternehmeranteiles im Wege eines Zusammenschlusses. *(AÖF 2008/243)*

Der von der Übertragung betroffene Mitunternehmeranteil umfasst grundsätzlich folgende Positionen: Fixe und variable Kapitalkonten, Gewinnverrechnungskonten, ausstehende Einlagen sowie eventuelles anschaffungsbedingtes Ergänzungskapital und Sonderbetriebsvermögen.   **1366**

Das Zurückbehalten von Sonderbetriebsvermögen anlässlich der Übertragung des Mitunternehmeranteiles im Wege eines Zusammenschlusses löst keine Gewinnrealisierung aus, wenn das Wirtschaftsgut weiterhin im Sonderbetriebsvermögen gehalten wird.   **1367**

Beispiel:

A überträgt seinen 20-prozentigen Mitunternehmeranteil an der ABC-KG zum Zu-

§ 23

sammenschlussstichtag 31.12.01 an die B-GmbH & Co KG. Das von A an die ABC-KG vermietete und von dieser betrieblich genutzte Grundstück wird nicht mitübertragen, sondern bleibt zivilrechtliches Eigentum von A.

Dieses Zurückbehalten löst keine ertragsteuerlichen Konsequenzen aus, da auf Grund der Mitunternehmerstellung von A an der B GmbH & Co KG und deren Mitunternehmerstellung an der ABC-KG die Eigenschaft des Grundstücks als Sonderbetriebsvermögen aufrecht bleibt. *(BMF-AV Nr. 166/2014)*

1368   Der übertragene Mitunternehmeranteil kann auch vor dem Zusammenschlussstichtag durch Schenkung oder Veräußerung der Quote eines Einzelunternehmens entstehen (siehe Rz 1301). Diese Quotenschenkung bzw. -veräußerung fällt steuerlich unter § 6 Z 9 lit. a EStG 1988 bzw. § 6 Z 8 lit. b EStG 1988 in Verbindung mit § 24 EStG 1988 (EStR 2000 Rz 5966). In der Folge können die nunmehr am Betriebsvermögen beteiligten Personen eine Vergesellschaftung vornehmen, die im Hinblick auf den nach § 24 Abs. 1 UmgrStG maßgebenden § 13 UmgrStG nicht rückwirkend sondern frühestens auf den Quotenübertragungstag steuerwirksam bezogen werden kann.

Beispiel:

Der Einzelunternehmer A schenkt seiner Gattin am 31.12. eine Quote von 40% seines Unternehmens mit Wirkung ab 31.12.01, 24.00 Uhr. Mit Zusammenschlussvertrag vom 30.8.02 erfolgt zum Zusammenschlussstichtag 31.12.01 die Errichtung der A-GmbH & Co KG, an der die neu gegründete A-GmbH als reiner Arbeitsgesellschafter sowie A und seine Gattin mit 60 bzw. 40% als Kommanditisten beteiligt sind.

Es liegt ein Zusammenschluss nach Art. IV UmgrStG vor, da die durch die Quotenschenkung entstehende Personengesellschaft begünstigtes Vermögen gemäß § 23 Abs. 2 UmgrStG in Verbindung mit § 12 Abs. 2 UmgrStG auf die A-GmbH & Co KG überträgt. *(BMF-AV Nr. 166/2014)*

1369   Art. IV UmgrStG verlangt auf Grund des Verweises in § 23 Abs. 2 UmgrStG auf § 12 Abs. 2 UmgrStG zum Zusammenschlussstichtag eine Bilanz der gesamten Mitunternehmerschaft, deren Anteil übertragen werden soll. Wird der Mitunternehmeranteil zu einem vom Regelbilanzstichtag der Mitunternehmerschaft abweichenden Zusammenschlussstichtag übertragen (siehe Rz 1410 f), hat auch die Mitunternehmerschaft auf den Zusammenschlussstichtag eine Steuerbilanz zu erstellen. Steuerlich endet mit dem Zusammenschlussstichtag ein (Rumpf)Wirtschaftsjahr für den übertragenden Mitunternehmer. Der Zusammenschlussstichtag begründet aber für die Mitunternehmerschaft kein abweichendes Wirtschaftsjahr, sondern führt nur zu einer Zwischenbilanz. Der Zwischenbilanzstichtag bedarf keiner Zustimmung des Finanzamtes. Art. IV UmgrStG setzt weiters das Aufstellen einer Zusammenschlussbilanz durch den Übertragenden voraus, in der der Mitunternehmeranteil ausgewiesen ist. *(BMF-AV Nr. 166/2014)*

4.1.10. Übertragung von nicht unter § 23 Abs. 2 UmgrStG fallendem Vermögen

1370   Zur Anwendung des Art. IV UmgrStG muss mindestens eine der am Zusammenschluss beteiligten Personen begünstigtes Vermögen gemäß § 23 Abs. 2 UmgrStG übertragen. Dann finden die Bestimmungen des Art. IV UmgrStG auf den ganzen Zusammenschluss Anwendung, auf jene Personen, die kein begünstigtes Vermögen übertragen, aber nur hinsichtlich der Rückwirkung.

Beispiel:

A beteiligt sich auf Grund eines Zusammenschlussvertrages vom 7.8.02 mit Wirkung zum 31.12.01 als atypisch stiller Gesellschafter am Unternehmen der B-GmbH. Da die B-GmbH einen Betrieb im Sinne des Einkommensteuerrechts unterhält und sich A mit einer Geldeinlage beteiligt, ist Art. IV UmgrStG dadurch erfüllt, dass der Betrieb der GmbH mit einem positiven Verkehrswert in die Mitunternehmerschaft übertragen wird. Obwohl A kein begünstigtes Vermögen überträgt, kann er rückwirkend der Mitunternehmerschaft beitreten.

Zur Bewertung siehe Rz 1417 ff. *(BMF-AV Nr. 166/2014)*

4.1.11. Erfordernis der tatsächlichen Vermögensübertragung

Das begünstigte Vermögen muss tatsächlich übertragen werden (§ 23 Abs. 1 UmgrStG).   1371

Stehen der geplanten rechtzeitigen Vermögensübertragung rechtliche bzw. behördliche Hindernisse entgegen, liegt keine Verletzung einer Anwendungsvoraussetzung des Art. IV UmgrStG vor, wenn die tatsächliche Übertragung nach Vorliegen der rechtlichen Möglichkeit ohne Aufschub erfolgt.

Das Übertragungsvermögen muss in der Zusammenschlussbilanz ausgewiesen werden, im Zeitpunkt des Zusammenschlussvertrages vorhanden sein und als solches auf die Mitunternehmerschaft übergehen. Soweit es zivilrechtlich zu einem Wechsel auf eine neu entstehende oder bestehende Mitunternehmerschaft kommt, ist der Nachweis der tatsächlichen Übertragung bei Vorliegen von Realvermögen durch die Grundbuchseintragung, zumindest aber durch eine Übertragungsaussage im Zusammenschlussvertrag mit gleichzeitig gefertigter Aufsandungserklärung, die den jederzeitigen Herausgabenanspruch der übernehmenden Mitunternehmerschaft sicherstellt, gegeben, abgesehen davon durch die Übertragung der Betriebsführungsgewalt. *(BMF-AV Nr. 166/2014)*

§ 23

Übertragen werden muss das zivilrechtliche, zumindest aber das wirtschaftliche Eigentum. Daher ist auch eine quoad sortem-Übertragung eines Mitunternehmeranteiles gemäß Art. IV UmgrStG möglich (siehe Rz 1298). *(BMF-AV Nr. 166/2014)*   1372

Auch das nicht begünstigte Vermögen eines Zusammenschlusspartners muss tatsächlich übertragen werden. Da nach allgemeinem Steuerrecht die Einlage in eine Mitunternehmerschaft eine Einlagehandlung erfordert, muss auch die im Zusammenschlussvertrag vereinbarte Geld- oder Sacheinlage bis zum letzten Tag der Neunmonatsfrist der Höhe nach feststehen und tatsächlich erbracht werden. *(BMF-AV Nr. 166/2014)*   1373

4.1.12. Erfordernis einer Gegenleistung

Anwendungsvoraussetzung des § 23 Abs. 1 UmgrStG ist ua., dass das übertragene Vermögen ausschließlich gegen Gewährung von Gesellschafterrechten an der übernehmenden Personengesellschaft erfolgt. Im Gegensatz zu Einbringungen (siehe Rz 1040 ff) gibt es von der Ausschließlichkeit der Gewährung von Gesellschafterrechten keine Ausnahme (siehe dazu Rz 1380). *(BMF-AV Nr. 166/2014)*   1374

4.1.12.1 Gewährung von Gesellschafterrechten

Der Begriff der Gesellschafterrechte ist gemäß Einkommensteuerrecht auszulegen (siehe EStR 2000 Rz 5804 ff). Jede positive Veränderung der Rechtsstellung des Gesellschafters ist als Gewährung von Gesellschafterrechten anzusehen. Zum Mitunternehmeranteils- und Beteiligungsbegriff siehe Rz 1309 f. Zur Übernahme des Gesellschafterrechts siehe Rz 1465.   1375

Um das Umtauschverhältnis und damit die zu gewährenden Gesellschafterrechte fixieren zu können, muss die Höhe der Einlagenleistung zum Zeitpunkt
des Vertragsabschlusses bekannt sein und im schriftlichen Zusammenschlussvertrag ausgewiesen werden. *(BMF-AV Nr. 166/2014)*

1376   Bei den Personengesellschaften des UGB (OG und KG) bestimmt sich das
Gesellschafterrecht nach der Substanzbeteiligung, die sich aus den vereinbarten
Einlagen ergibt. Diese unternehmensrechtliche Festlegung entspricht der einkommensteuerrechtlichen Substanzbeteiligung am Vermögen der Mitunternehmerschaft im Wege des Einstellens der Einlage in ein starres (fixes) Kapitalkonto. Damit führen bei Gründung der Personengesellschaft im Wege eines Zusammenschlusses die Gründungseinlagen zu Beteiligungen durch das Einstellen auf
den starren Kapitalkonten und prägen damit die Gegenleistung für die Vermögensübertragung. Dies gilt auch bei jeder Erweiterung schon bestehender Substanzbeteiligungen oder bei dem Eintreten weiterer Gesellschafter in die Personengesellschaft. Nicht erforderlich ist jedoch, dass das gesamte Zusammenschlusskapital in das starre (fixe) Kapitalkonto eingestellt wird. Vielmehr kann
ein über das starre (fixe) Kapitalkonto hinausgehendes Zusammenschlusskapital
auch am variablen Kapitalkonto erfasst werden (siehe Beispiel Rz 1377). *(BMF-
AV Nr. 131/2018)*

1377   Um dem Ausschließlichkeitserfordernis einer Gegenleistung im Sinne des
§ 23 UmgrStG zu entsprechen, muss die Übertragung von zusätzlichem Vermögen seitens des 100-prozentigen Kommanditisten einer GmbH & Co KG durch
eine Erhöhung des starren (fixen) Kapitalkontos gekennzeichnet sein.

Gleichmäßige weitere Einlagen aller Gesellschafter einer Personengesellschaft, durch die sich das quotale Verhältnis der Substanzbeteiligungen zueinander nicht ändert, stellen sich bei Einstellen in den starren Kapitalkonten als Gegenleistung dar.

In diesen beiden Fällen kommt es zu einer Stärkung der bereits bestehenden
Gesellschafterrechte durch Erhöhung der starren Kapitalkonten, ohne dass dies
zu einer Änderung der Beteiligungsquoten führt. Zur bloßen Einlage in das
variable Kapitalkonto siehe Rz 1379.

Beispiel:

An der A GmbH & Co KG sind die A GmbH als Komplementärin (reine Arbeitsgesellschafterin) und A als 100-prozentiger Kommanditist beteiligt. Die A GmbH & Co
KG führt einen Betrieb. Im Sonderbetriebsvermögen des A befinden sich drei bebaute
Grundstücke. Mit Zusammenschlussvertrag vom 30.9.02 räumt A der A GmbH & Co
KG das Baurecht an den drei in seinem Sonderbetriebsvermögen stehenden Grundstücken (inklusive der darauf befindlichen Gebäude) ein. Als Stichtag wird der
31.12.01 festgelegt. Im Zusammenschlussvertrag ist hinsichtlich der Gegenleistung
für die Einräumung des Baurechtes festgelegt, dass die Einräumung ausschließlich
gegen Gewährung von Gesellschafterrechten erfolgt, wobei das fixe Kapitalkonto des
A erhöht wird und der übersteigende Betrag (des Wertes des übertragenen Baurechts
sowie der Gebäude) in ein variables Kapitalkonto eingestellt wird.

Bei der übernehmenden „neuen" Mitunternehmerschaft fällt unter das „Gesellschafterrecht" nicht nur das Fixkapital (wenn sich das Beteiligungsverhältnis nach starren
Kapitalkonten – wie im gegenständlichen Fall – bestimmt), sondern alle veränder-
lichen Kapitalkonten. Allerdings ist es erforderlich, dass auch bei einer Übertragung
von zusätzlichem Vermögen seitens des 100% substanzbeteiligten Kommanditisten
eine – wenn auch geringfügige – Erhöhung des fixen Kapitalkontos anlässlich des Zusammenschlusses durchgeführt wird; werden lediglich variable Kapitalkonten berührt, liegt kein Zusammenschluss vor. Der Übertragungswert kann daher in der über-

nehmenden Personengesellschaft beliebig auf die einzelnen Eigenkapitalkonten, dh. auch auf die variablen, aufgeteilt werden.

Das Ausschließlichkeitserfordernis wird nicht dadurch verletzt, dass sich weitere Gegenleistungen an den Übertragenden neben der Gewährung von zusätzlichen Vermögensrechten in Form von Substanzbeteiligungen auch in Gesellschafterrechten abbilden, wie beispielsweise in einer von der Beteiligung abweichenden höheren Gewinnbeteiligung oder einer besonderen Form eines Mitwirkungsrechtes (Stimm- bzw. Kontrollrecht). Es darf aber jedenfalls zu keiner zusätzlichen, über Gesellschafterrechte hinausgehenden Gegenleistung kommen (zB Zahlung in das Privatvermögen des Übertragenden). *(BMF-AV Nr. 166/2014)*

Bei Einstieg eines neuen Gesellschafters in eine bestehende Mitunternehmerschaft müssen die Gesellschafterrechte (Beteiligungsquoten) der bisherigen Gesellschafter nicht verhältnismäßig absinken.   1377a

Wird die Beteiligungsquote von nur einem bisherigen Gesellschafter zugunsten des neu eintretenden Gesellschafters herabgemindert, ist im Hinblick auf die steuerlichen Rechtsfolgen – je nach näherer Ausgestaltung im Einzelfall – zu differenzieren:

- In der Praxis erfolgt ein solcher Zusammenschluss in der Regel so, dass neben dem neu eintretenden Gesellschafter jene bisherigen Gesellschafter, die ihre bisherige Beteiligungsquote wahren wollen, zusätzliche Einlagen leisten. Die Gesellschafter, deren Beteiligungsquoten absinken sollen, leisten keine Einlagen und sind nach dem Zusammenschluss mit einer geringeren Quote beteiligt. Diese Vorgangsweise ist grundsätzlich im Rahmen des Art. IV UmgrStG möglich.

- Wird allerdings eine gesonderte Gegenleistung für das Absinken der Beteiligungsquote vereinbart, wird darin in der Regel ein Verstoß gegen das Ausschließlichkeitserfordernis zu sehen sein, wonach anlässlich eines Zusammenschlusses nur Gesellschaftsrechte gewährt werden dürfen.

Beispiel:
An der operativen XY-OG sind X zu 51% und Y zu 49% beteiligt. Nun möchte Z sich zu 20% im Wege eines Zusammenschlusses an der OG beteiligen und leistet eine entsprechende Bareinlage. X möchte weiterhin zu 51% beteiligt bleiben und leistet daher ebenfalls eine Einlage. Y leistet keine Einlage und ist dementsprechend an der XYZ-OG nur mehr zu 29% beteiligt. *(BMF-AV Nr. 40/2017)*

Der Eintritt in eine neugegründete oder bestehende Personengesellschaft als Arbeitsgesellschafter begründet ein Gesellschafterrecht (in Form einer Gewinnbeteiligung) und begründet daher dem Grunde nach einen Zusammenschluss im Sinne des Art. IV UmgrStG, er vermag allerdings keine Substanzveränderung in der Rechtsposition des oder der Zusammenschlusspartner bewirken.   1378

Das Gewähren eines Gesellschafterrechtes und damit ein Zusammenschlusstatbestand liegen in Personengesellschaften mit fixierten Beteiligungsverhältnissen nicht vor, wenn Einlagen die Beteiligungsverhältnisse nicht berühren (Einstellen in das variable Kapitalkonto).   1379

Wird bei einer Einlage lediglich das variable Kapitalkonto berührt, liegt im Ausmaß der Quote der anderen Gesellschafter eine Veräußerung, im Ausmaß der Quote des Übertragenden eine Einlage vor (siehe dazu EStR 2000 Rz 5927).

Bei nahen Angehörigen kann jedoch insgesamt von einer Einlage und im Ausmaß der Fremdquote von einer Schenkung ausgegangen werden, wenn auch das variable Kapitalkonto der anderen (beschenkten) Gesellschafter entsprechend der jeweiligen Substanzbeteiligung anteilig erhöht wird.

Diese Betrachtungsweise ist erstmals für nach dem 30.9.2014 (an)gemeldete Zusammenschlüsse gemäß Art. IV UmgrStG anzuwenden. *(BMF-AV Nr. 166/ 2014)*

4.1.12.2. Unterbleiben der Gewährung von Gesellschafterrechten (BMF-AV Nr. 166/2014)

1380   Die Anwachsung gemäß § 142 UGB der Tochterpersonengesellschaft auf die 100-prozentige Mutterpersonengesellschaft als Folge des Ausscheidens der Komplementär-GmbH stellt keinen Zusammenschluss gemäß Art. IV UmgrStG dar (siehe VwGH 29.1.2009, 2008/16/0126). Der Fall einer als „upstream-Zusammenschluss" bezeichneten Vermögensübertragung auf eine 100-prozentige Mutterpersonengesellschaft (mit allfälliger nachfolgender Löschung der Tochterpersonengesellschaft) ist wirtschaftlich vergleichbar und fällt – mangels Gewährung von Gesellschafterrechten – ebenfalls nicht unter Art. IV UmgrStG.

Beispiel 1:

An der AB-KG sind die A-OG als Kommanditist und B als Arbeitsgesellschafter beteiligt. Die AB-KG überträgt auf Basis eines als „Zusammenschlussvertrag" bezeichneten Vertrages ihren Betrieb auf die A-OG und wird in Folge gelöscht.

Es liegt kein Zusammenschluss im Sinne des Art. IV UmgrStG vor. Da das Betriebsvermögen der AB-KG bereits vor dem Zusammenschluss in vollem Umfang Teil des Betriebsvermögens der A-OG war, kommt es nach allgemeinen steuerlichen Grundsätzen zu keiner Aufdeckung der stillen Reserven samt Firmenwert (siehe dazu Rz 1445 sowie EStR 2000 Rz 5941).

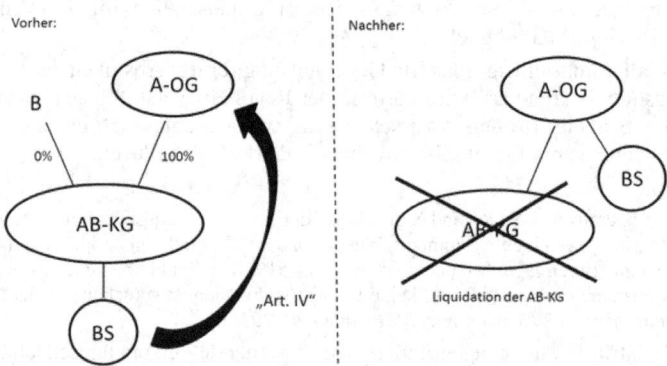

Dasselbe gilt für die Vermögensübertragung einer Tochterkapitalgesellschaft an ihre Mutterpersonengesellschaft. Die Gewährung von Gesellschafterrechten ist stets zwingende Anwendungsvoraussetzung von Art. IV UmgrStG; dass eine solche in bestimmten Konstellationen aus gesellschaftsrechtlichen Gründen nicht möglich ist, ändert daran nichts.

Beispiel 2:

Die A-OG hält 100% der Anteile an der B-GmbH. Die B-GmbH überträgt auf Basis eines als „Zusammenschlussvertrag" bezeichneten Vertrages ihren Teilbetrieb 2 auf die A-OG und müsste dafür Gesellschaftsanteile an der A-OG als Gegenleistung erhalten.

Dadurch ergäbe sich eine Ringbeteiligung bzw. wechselseitige Beteiligung. Unterbleibt die Gewährung einer Gegenleistung in Form von Gesellschafterrechten aufgrund des sich aus § 81 GmbHG ergebenden Verbots des Erwerbs eigener Geschäftsanteile, liegt kein Zusammenschluss im Sinne des Art. IV UmgrStG vor. Das gesellschaftsrechtliche Verbot des Erwerbs eigener Geschäftsanteile ändert nichts an der zwingenden Anwendungsvoraussetzung einer Gegenleistung für Art. IV UmgrStG.

Nach allgemeinen steuerlichen Grundsätzen führt dieser Vorgang entweder zu einer Gewinnausschüttung oder zu einer steuerneutralen Einlagenrückzahlung (siehe dazu den Einlagenrückzahlungs- und Innenfinanzierungserlass des BMF vom 27. September 2017, BMF-010203/0309-IV/6/2017, BMF-AV Nr. 155/2017.

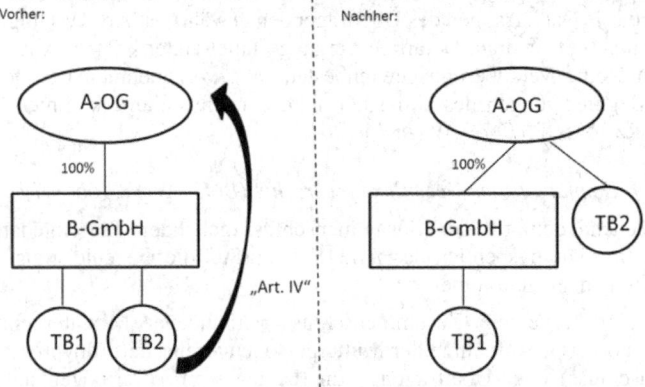

Überträgt eine Personengesellschaft einen Teilbetrieb auf eine an ihr beteiligte Personengesellschaft ohne Gewährung von Gesellschafterrechten, liegt ebenfalls kein Anwendungsfall von Art. IV UmgrStG vor. Allerdings können die Voraussetzungen von Art. V UmgrStG erfüllt sein.

Beispiel 3:

An der AB-OG sind die A-OG und die natürliche Person B zu jeweils 50% beteiligt. Die AB-OG überträgt auf Basis eines als „Zusammenschlussvertrag" bezeichneten Vertrages einen Teilbetrieb auf die A-OG. Um zu vermeiden, dass im Zuge dieser Übertragung die AB-OG Anteile an der A-OG erhält, soll eine Gewährung von Gesellschafterrechten unterbleiben. Die Übertragung des Teilbetriebes der AB-OG führt in weiterer Folge zu einer Abstockung des starren Kapitalkontos der A-OG und somit zu einer quotenmäßigen Verschiebung der Gesellschaftsanteile an der AB-OG zwischen der AOG und B.

In diesem Fall liegt kein Zusammenschluss im Sinne des Art. IV UmgrStG vor. Da jedoch Vermögen der AB-OG auf einen Gesellschafter übertragen wird und die A-OG als Gegenleistung ihre Gesellschafterrecht teilweise aufgibt, können unter Umständen die Voraussetzungen für eine Realteilung im Sinne des Art. V UmgrStG erfüllt sein.

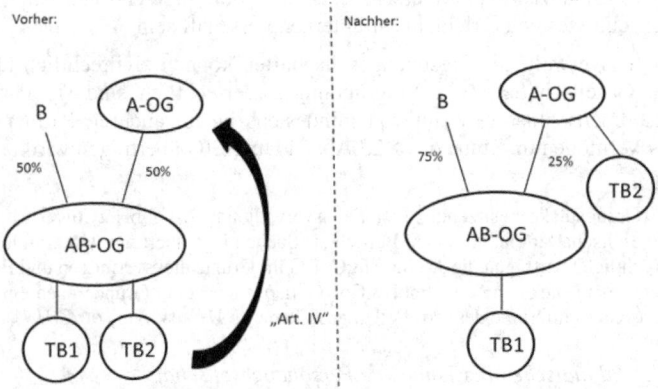

(BMF-AV Nr. 166/2014, BMF-AV Nr. 131/2018)

4.1.12.3. Gewährung einer unzulässigen Gegenleistung (BMF-AV Nr. 166/ 2014)

1381   Werden für übertragenes Vermögen teilweise Gesellschafterrechte und teilweise Zahlungen oder geldwerte (über bloße Annehmlichkeiten hinausgehende) Vorteile in das Privatvermögen des Übertragenden gewährt, ist Art. IV UmgrStG zur Gänze nicht anwendbar. Derartige Vorgänge fallen unter § 24 Abs. 7 EStG 1988, sodass eine Veräußerungsgewinnbesteuerung vorzunehmen ist und die sonstigen Begünstigungen des UmgrStG nicht zur Anwendung kommen können; siehe Rz 1506 ff. *(BMF-AV Nr. 166/2014)*

4.1.12.4. Empfänger der Gegenleistungsrechte (BMF-AV Nr. 166/2014)

1381a   Entsprechend dem für den Zusammenschluss geltenden Tauschgedanken muss auch im Geltungsbereich des Art. IV UmgrStG die Gegenleistung dem (den) Übertragenden zukommen.

Unterbleibt bei einem Zusammenschluss verbundener Mitunternehmerschaften in Form der Aufnahme der Mutterpersonengesellschaft (down-stream-Zusammenschluss) oder Übertragung von (begünstigtem) Vermögen auf die 100-prozentige Tochterpersonengesellschaft die Gewährung von Gesellschaftsrechten im Wege des Einstellens auf starren Kapitalkonten, ist kein Anwendungsfall des Art. IV UmgrStG gegeben. Mangels Verschiebung stiller Reserven auf andere kommt es dabei zu keiner Gewinnrealisierung.

Unterbleibt im Falle der Übertragung von Vermögen auf eine Schwesterpersonengesellschaft (der/die Gesellschafter ist/sind im gleichen Ausmaß an beiden Gesellschaften beteiligt) die Gewährung von Gesellschafterrechten an die übertragende Personengesellschaft und werden also die starren (fixen) Kapitalkonten auch nicht teilweise berührt, ist ebenfalls kein Anwendungsfall des Art. IV UmgrStG gegeben. Es bestehen aber keine Bedenken, von einer Gewinnrealisierung abzusehen, weil eine Verschiebung von stillen Reserven auf andere Personen nicht stattfindet. *(BMF-AV Nr. 166/2014)*

4.1.13. Erfordernis einer übernehmenden Personengesellschaft

1382   Gemäß § 23 Abs. 3 UmgrStG muss das Vermögen auf eine Gesellschaft übertragen werden, bei der die Gesellschafter als Unternehmer (Mitunternehmer) anzusehen sind. Die übernehmende Personengesellschaft kann eine inländische oder ausländische, eine bereits bestehende oder eine erst anlässlich des Zusammenschlusses neu errichtete Mitunternehmerschaft sein.

1383   Vermögensverwaltende Personengesellschaften können zivilrechtlich übernehmende Gesellschaften sein, umgründungssteuerrechtlich sind sie Partner eines Zusammenschlusses, wenn von mindestens einem anderen Partner begünstigtes Vermögen im Sinne des § 23 Abs. 2 UmgrStG übertragen wird.

Beispiel:

In die (Grundstücke besitzende) vermögensverwaltende A-GmbH&CoKG tritt ein neuer Gesellschafter ein, der einen Betrieb als Sacheinlage überträgt. Umgründungssteuerrechtlich übertragen die A-GmbH&CoKG ihr Grundstücksvermögen und B seinen Betrieb auf die „neue" A-GmbH&CoKG, damit liegt dem Grunde nach ein Zusammenschluss im Sinne des Art. IV UmgrStG vor. *(BMF-AV Nr. 166/2014)*

4.1.13.1 Inländische übernehmende Personengesellschaft

1384   Als übernehmende Personengesellschaft kommen nach Art. IV UmgrStG solche, die betriebliche Einkünfte gemäß § 2 Abs. 3 Z 1 bis 3 EStG 1988 erzielen (Mitunternehmerschaft), in Betracht, insb. folgende Personengesellschaften mit betrieblichen Einkünften:

- Personengesellschaften des Unternehmensrechts
- Gesellschaften bürgerlichen Rechts
- Atypische stille Gesellschaften
- Europäische wirtschaftliche Interessenvereinigungen. *(BMF-AV Nr. 166/ 2014)*

4.1.13.2 Ausländische übernehmende Personengesellschaft

Für eine ausländische übernehmende Personengesellschaft gelten die gleichen Voraussetzungen wie für eine inländische übernehmende Personengesellschaft. Die ausländische Mitunternehmerschaft muss daher einer inländischen Mitunternehmerschaft vergleichbar sein. Die Beurteilung der Vergleichbarkeit richtet sich dabei ausschließlich nach österreichischem innerstaatlichen Recht. Nicht entscheidend ist die steuerliche Behandlung der Gesellschaft im ausländischen Staat. **1385**

4.1.13.3 Mehrfachzusammenschlüsse

Wird von mehreren Übertragenden Vermögen auf eine neue Personengesellschaft übertragen, liegt trotz der Mehrheit letztlich ein einheitlicher Zusammenschluss vor, wenn alle Beteiligten die Vermögensübertragung auf denselben Zusammenschlussstichtag beziehen. Sollten die Einzelübertragungen nicht in einem einheitlichen Zusammenschlussvertrag geregelt werden, ändert sich bei getrennten zu unterschiedlichen Zeitpunkten abgeschlossenen Verträgen nichts daran, solange der individuelle Zusammenschluss nicht je nach Zuständigkeit durch die Eintragung in das Firmenbuch oder durch die Meldung an das Finanzamt vollzogen wird. Sollte dies der Fall sein, kann der Folgezusammenschluss im Hinblick auf den nach § 24 Abs. 1 Z 1 UmgrStG maßgebenden § 13 Abs. 2 UmgrStG nicht mehr auf den ursprünglichen Stichtag bezogen werden. **1385a**

§ 23

Beispiel:

Die Einzelunternehmer A und B wollen ihre Betriebe zusammenlegen und C und D wollen sich mit Geldeinlagen an dem vereinigten Unternehmen beteiligen.

- Werden die vier Vermögensübertragungen in einem Zusammenschlussvertrag zB auf den Stichtag 30.6.01 bezogen, finden sie mit Ablauf des vereinbarten Stichtages statt und ist die übernehmende Personengesellschaft steuerlich am Folgetag (1.7.01) mit vier Gesellschaftern entstanden.
- Schließen zunächst nur A und B einen Zusammenschlussvertrag auf den Stichtag 30.6.01 ab, ist ein von C und D danach abgeschlossener Zusammenschlussvertrag mit A und B kein Hindernis für einen Zusammenschluss zum 30.6.01, wenn der erste Vertrag noch nicht vollzogen wurde, dh. bei Firmenbuchzuständigkeit noch nicht protokolliert bzw. bei Finanzamtszuständigkeit noch nicht gemeldet wurde.
- Ist der erste Zusammenschluss hingegen schon vollzogen worden, kann der Beitritt von C und D nicht mehr auf den 30.6.01 bezogen werden. Er ist frühestens auf den Ablauf des Folgetages (1.7.01) möglich, da der Folgezusammenschluss mit der schon bestehenden Personengesellschaft als Partner zu vereinbaren ist und diese erst am Ende dieses Tages ihr Vermögen übertragen kann. Die dargestellte Rechtsfolge ist dann nicht gegeben, wenn die Zusammenschlüsse mittels eines Umgründungsplanes gemäß § 39 UmgrStG auf denselben Stichtag bezogen werden. *(AÖF 2008/243)*

1385b   Erfolgt nach einem Zusammenschluss auf einen bestimmten Stichtag im gleichen Kalenderjahr ein weiterer Zusammenschluss auf einen späteren Stichtag, ergeben sich unter Umständen mehrere Wirtschaftsjahre der jeweils Übertragenden. Die Wirkungen des Vorliegens von Wirtschaftsjahren sind dabei grundsätzlich gegeben, eine Sonderregelung gilt für die AfA (Rz 1403) bzw. in Fällen, in denen eine Verteilung nicht auf Wirtschaftsjahre bezogen ist (zB die Verteilung von Abfertigungsaufwendungen gemäß § 124b Z 68 lit. c EStG 1988 auf fünf Jahre).

Beispiel:

A und B schließen ihre Einzelbetriebe (Wirtschaftsjahr jeweils das Kalenderjahr) zum 31.1.01 zu einer OG (Wirtschaftsjahr = Kalenderjahr) zusammen (Firmenbucheintragung 14.5.01). Beide Übertragende haben ein Rumpfwirtschaftsjahr vom 1.1 bis 31.1.01 (Rz 1388 und Rz 1389). Die AB-GmbH tritt zum 30.6.01 als Komplementärin und reine Arbeitsgesellschafterin ein. Es entsteht bei der nunmehrigen GmbH&CoKG kein Rumpfwirtschaftsjahr (Rz 1454a). C beteiligt sich zum 30.09.01 mit einer Geldeinlage an der GmbH&CoKG. Die übertragende KG hat ein Rumpfwirtschaftsjahr 1.2. bis 30.9.01 (Rz 1404). Die „neue" KG hat ein Wirtschaftsjahr 1.10. bis 31.12.01. *(BMF-AV Nr. 193/2015)*

Übertragungsvorgang

§ 24. (1) Für den Übertragenden gilt Folgendes:

1. Hinsichtlich des Zusammenschlußstichtages, der Behandlung des Übertragenden und der zum Zwecke der Darstellung des Vermögens erstellten Zusammenschlußbilanz sind die §§ 13 bis 15 sowie § 16 Abs. 1 und 5 anzuwenden.

2. § 13 Abs. 1 ist mit der Maßgabe anzuwenden, daß sich die Firmenbuchzuständigkeit auf die Sachgründung einer einzutragenden Personengesellschaft und auf den Eintritt neuer Gesellschafter in eingetragene Personengesellschaften bezieht und die Meldung bei dem für die Feststellung der Einkünfte der Personengesellschaft zuständigen Finanzamt zu erfolgen hat.

3. Soweit im Rahmen des Zusammenschlusses das Besteuerungsrecht der Republik Österreich hinsichtlich des Vermögens eingeschränkt wird, sind die nach § 6 Z 6 lit. a des Einkommensteuergesetzes 1988 maßgebenden Werte anzusetzen, wobei § 6 Z 6 lit. c bis e des Einkommensteuergesetzes 1988 sinngemäß anzuwenden sind.

4. Für den Fall der Übertragung von ausländischen Betrieben, Teilbetrieben und Anteilen an ausländischen Mitunternehmerschaften in Personengesellschaften ist § 16 Abs. 3 mit der Maßgabe anzuwenden, dass an die Stelle des gemeinen Wertes die höheren Teilwerte einschließlich selbstgeschaffener unkörperlicher Wirtschaftsgüter treten.

(2) Die Buchwertfortführung ist in Anwendung des § 16 Abs. 1 nur zulässig, wenn für die weitere Gewinnermittlung Vorsorge getroffen wird, daß es bei den am Zusammenschluß beteiligten Steuerpflichtigen durch den Vorgang der Übertragung zu keiner endgültigen Verschiebung der Steuerbelastung kommt. Ist nach dem vorstehenden Satz keine Buchwertfortführung zulässig, ist der Teilwert der Wirtschaftsgüter einschließlich selbstgeschaffener unkörperlicher Wirtschaftsgüter anzusetzen.

(3) Grund und Boden, auf den im Falle einer Veräußerung am Zusammenschlussstichtag § 30 Abs. 4 des Einkommensteuergesetzes 1988 ganz oder eingeschränkt anwendbar wäre, kann zur Gänze mit den nach § 6 Z 14 des Einkommensteuergesetzes 1988 maßgebenden Werten angesetzt werden. Dies ist im Zusammenschlussvertrag festzuhalten. Dies gilt auch für nicht zum Betriebsvermögen gehörenden Grund und Boden.

(BGBl I 2015/163)

Gliederung:

4.2. Übertragungsvorgang (§ 24 UmgrStG)

4.2.1. Zurechnung des Vermögens zum Übertragenden zum Zusammenschlussstichtag

1386   Dem Übertragenden muss grundsätzlich das Vermögen bereits am Zusammenschlussstichtag zuzurechnen gewesen sein. Siehe dazu Rz 1344 f.

Maßgeblich hiefür ist das wirtschaftliche Eigentum. Demnach können zum Übertragungsobjekt auch Wirtschaftsgüter gehören, die in zivilrechtlicher Betrachtung nicht Bestandteil des Vermögens des Übertragenden sind.

4.2.2. Übertragung von Betriebsvermögen

1387   Gegenstand der Übertragung von begünstigtem Vermögen im Rahmen eines Zusammenschlusses gemäß Art. IV UmgrStG können nur Betriebe, Teilbetriebe und Mitunternehmeranteile sein, die der Erzielung von Einkünften im Sinne des § 2 Abs. 3 Z 1 bis 3 EStG 1988 dienen. Bezüglich der Begriffe siehe Rz 1355 bis Rz 1369.

4.2.2.1 Zu übertragender Betrieb

1388   Handelt es sich beim übertragenen Vermögen um einen Betrieb, gelten die Grundsätze des § 12 Abs. 2 Z 1 UmgrStG. Bei Übertragung eines Betriebes endet das Wirtschaftsjahr für das übertragene Vermögen jedenfalls mit dem Zusammenschlussstichtag.

Es ist daher zu diesem Stichtag nach steuerlichen Vorschriften ein Gewinn bzw. Verlust zu ermitteln. Fällt dieser Stichtag nicht mit dem Regelbilanzstichtag zusammen, begründet er ein Rumpfwirtschaftsjahr.

4.2.2.1.1. Jahres- oder Zwischenabschluss (BMF-AV Nr. 166/2014)

1389   Auf Grund des Verweises des § 23 Abs. 2 UmgrStG auf § 12 Abs. 2 UmgrStG ist die Übertragung eines Betriebes nur zu einem Stichtag möglich, zu dem ein steuerlicher Jahres- oder Zwischenabschluss (Bilanz) für den gesamten Betrieb des Übertragenden aufgestellt wird (Anwendungsvoraussetzung für Art. IV UmgrStG); zur Übertragung eines Teilbetriebes siehe Rz 1406.

Im Hinblick auf den weiten Zusammenschlussbegriff (siehe Rz 1298 ff) ist die Bilanzerstellungspflicht nicht nur dann gegeben, wenn ein Betrieb unmittelbar als Sacheinlage auf eine Personengesellschaft übertragen wird sondern auch dann, wenn ein Betrieb einer bestehenden Personengesellschaft zusammenschlussbedingt auf eine „neue" Personengesellschaft als übertragen gilt.

Beispiel:

A tritt in die B-KG als neuer Gesellschafter ein und überträgt dabei seinen Betrieb. In diesem Fall gelten A und die B-KG als Übertragende, daher müssen beide auf den Zusammenschlussstichtag einen Jahres- oder Zwischenabschluss erstellen. *(BMF-AV Nr. 166/2014)*

Wird im Falle eines Zusammenschlusses, bei dem es zu keiner Änderung der Beteiligungsverhältnisse kommt (Zusammenschluss eines Arbeitsgesellschafters mit einem Einzelunternehmen oder einer Körperschaft zu einer Mitunternehmerschaft oder Beitritt eines Arbeitsgesellschafters zu einer bestehenden Personengesellschaft) von der Erstellung eines Jahres- oder Zwischenabschlusses (Bilanz) und einer Zusammenschlussbilanz Abstand genommen, fehlt es an einer Anwendungsvoraussetzung für Art. IV UmgrStG. Dies führt allerdings mangels einer Verschiebung von stillen Reserven bzw. Steuerlasten nicht zur Gewinnverwirklichung im Sinne des § 24 Abs. 7 EStG 1988 bzw. des § 24 Abs. 2 UmgrStG. An der Identität des auf die „neue" Personengesellschaft übertragenen Betriebes ändert sich in diesem Fall nichts. *(BMF-AV Nr. 166/2014)* 1390

Die Bilanzierungspflicht gilt unabhängig davon, ob nach Unternehmens- oder Steuerrecht Buchführungspflicht besteht. 1391

Der die Anwendungsvoraussetzung für einen Zusammenschluss nach Art. IV UmgrStG erfüllende Jahres- bzw. Zwischenabschluss muss nach den Grundsätzen der Gewinnermittlungsart nach § 4 Abs. 1 EStG 1988 (Bestandsaufnahme, vollständige Vermögensdarstellung, Bewertung nach einkommensteuerrechtlichen Grundsätzen) erstellt werden. Rechnungslegungspflichtige Gewerbetreibende haben, wenn der Zusammenschluss nicht auf den Regelbilanzstichtag fällt, den erforderlichen Zwischenabschluss nach den zusätzlichen Regeln des § 5 Abs. 1 EStG 1988 zu erstellen, wobei auch eine ordnungsgemäß erstellte UGB-Bilanz dann genügt, wenn allfällige Abweichungen zwischen den unternehmensrechtlichen und steuerlichen Buchwerten aus einer dem Finanzamt vorgelegten Mehr-Weniger-Rechnung bzw. aus dem Zusammenschlussvertrag hervorgehen.

§ 24

Die Einkünfte des Übertragenden sind hinsichtlich des zu übertragenden Vermögens so zu ermitteln, als ob der Vermögensübergang mit Ablauf des Zusammenschlussstichtages erfolgt wäre. *(BMF-AV Nr. 166/2014)*

Bei Übertragung eines Betriebes ist die Übertragung aller wesentlichen Betriebsgrundlagen nicht Anwendungsvoraussetzung für einen Zusammenschluss gemäß Art. IV UmgrStG (siehe Rz 1358 bis 1358b sowie Rz 1442). *(BMF-AV Nr. 166/2014)* 1392

Im Hinblick auf das unbedingte Bilanzerfordernis kommt es bei der Übertragung durch nicht bilanzierende Betriebsinhaber zu einer einmaligen Bilanzierungspflicht. Ob damit ein Wechsel der Gewinnermittlungsart im Sinne des § 4 Abs. 10 EStG 1988 verbunden ist, hängt davon ab, ob die übernehmende Mitunternehmerschaft bilanziert oder nicht. Es können somit unterschiedliche Gewinnermittlungsarten aufeinander treffen, insb.: 1393

- Gewinnermittlung nach § 4 Abs. 3 EStG 1988 auf Gewinnermittlung nach § 4 Abs. 1 EStG 1988 oder § 5 Abs. 1 EStG 1988 (siehe Rz 1412).

- Gewinnermittlung nach § 4 Abs. 3 EStG 1988 auf Gewinnermittlung nach § 4 Abs. 3 EStG 1988 (siehe Rz 1413).

- Gewinnermittlung nach § 4 Abs. 1 EStG 1988 bzw. § 5 Abs. 1 EStG 1988 auf Gewinnermittlung nach § 4 Abs. 3 EStG 1988 (siehe Rz 1414).

Für eine aus dem Zusammenschluss neu oder erweitert entstehende Mitunternehmerschaft besteht grundsätzlich keine Bindung an die Gewinnermittlungsart der Rechtsvorgänger. Eine bestehende Rechnungslegungsverpflichtung wirkt jedoch gemäß § 189 Abs. 2 UGB bei dem Rechtsnachfolger fort, wenn der Betrieb oder Teilbetrieb übertragen wird. *(BMF-AV Nr. 166/2014)*

4.2.2.1.2 Übertragung durch nichtbilanzierenden Unternehmer auf eine bilanzierende Personengesellschaft

1394   Ist die Nachfolgepersonengesellschaft eine bilanzierende, kommt es für den oder die Übertragenden zum Zusammenschlussstichtag zu einem Wechsel der Gewinnermittlungsart im Sinne des § 4 Abs. 10 EStG 1988.

Ermittelt die übernehmende Personengesellschaft ihren Gewinn gemäß § 5 Abs. 1 EStG 1988, kann der Zusammenschluss einen zweimaligen Wechsel der Gewinnermittlungsart bewirken:

- Auf Grund der Verpflichtung zur Erstellung einer Bilanz auf den Zusammenschlussstichtag für den gesamten Betrieb erfolgt beim Übertragenden ein Wechsel der Gewinnermittlungsart gemäß § 4 Abs. 3 EStG 1988 zur Gewinnermittlungsart gemäß § 4 Abs. 1 EStG 1988.

- Bei der übernehmenden Personengesellschaft erfolgt sodann hinsichtlich des übernommenen Vermögens mit Beginn des dem Zusammenschlussstichtag folgenden Tages ein Wechsel von der Gewinnermittlungsart nach § 4 Abs. 1 EStG 1988 zur Gewinnermittlungsart nach § 5 EStG 1988.

1395   Ein Übergangsgewinn des Übertragenden aus dem Wechsel der Gewinnermittlung von § 4 Abs. 3 EStG 1988 auf § 4 Abs. 1 EStG 1988 ist demzufolge jenem Veranlagungsjahr zuzurechnen, in das der Zusammenschlussstichtag fällt. Ein Übergangsgewinn aus dem Wechsel von der Gewinnermittlung nach § 4 Abs. 1 EStG 1988 auf jene nach § 5 EStG 1988 ist in dem nach dem Umgründungsstichtag endenden Wirtschaftsjahr der übernehmenden Mitunternehmerschaft zu erfassen.

Nach Maßgabe des § 37 Abs. 5 EStG 1988 ist für den Übergangsgewinn der begünstigte Steuersatz anwendbar. *(BMF-AV Nr. 193/2015)*

1396   Ein Übergangsverlust des Übertragenden aus dem Wechsel der Gewinnermittlung nach § 4 Abs. 3 EStG 1988 zu jener nach § 4 Abs. 1 EStG 1988 ist gemäß § 4 Abs. 10 Z 1 letzter Satz EStG 1988 beim Übertragenden zur Gänze beim Gewinn des letzten Gewinnermittlungszeitraumes vor der Übertragung zu berücksichtigen (siehe Rz 820). *(BMF-AV Nr. 193/2015)*

1397   Wird bei Zusammenschlüssen mit einem Stichtag bis zum 31.3.2012 ein Grundstück mitübertragen, ist bei einem Wechsel der Gewinnermittlungsart auf § 5 Abs. 1 EStG 1988 anlässlich dieses Zusammenschlusses der Grund und Boden bei der übernehmenden Personengesellschaft mit dem höheren Teilwert anzusetzen. War der Grund und Boden zum 31.3.2012 nur aufgrund des Wechsels auf die Gewinnermittlung nach § 5 EStG 1988 steuerverfangen, können bei einer nach dem 31.3.2012 stattfindenden Realisierung der stillen Reserven des Grundstücks die auf den Grund und Boden entfallenden Einkünfte wie folgt ermittelt werden:

- Die bis zum Wechsel auf die Gewinnermittlung gemäß § 5 EStG 1988 entstandenen stillen Reserven bzw. Einkünfte können gemäß § 4 Abs. 3a Z 3 lit. c EStG 1988 pauschal auf Basis des Wechsel-Teilwertes ermittelt werden (§ 30 Abs. 4 EStG 1988). Diese pauschal ermittelten Einkünfte sind zur Gänze dem das Grundstück übertragenden Mitunternehmer zuzurechnen; Rz 1314b ist in diesem Fall nicht anzuwenden.

- Die ab dem Wechsel auf die Gewinnermittlung gemäß § 5 EStG 1988 bis zur Veräußerung entstandenen stillen Reserven bzw. Einkünfte sind nach den allgemeinen Gewinnermittlungsgrundsätzen zu ermitteln (§ 30 Abs. 3 EStG 1988, Erlös abzüglich Buchwert); dabei stellt der Wechsel-Teilwert die maßgeblichen Anschaffungskosten dar.

Für die Rechtslage vor StRefG 2015/2016, BGBl. I Nr. 118/2015, gilt:

Für den Inflationsabschlag ist der Zeitpunkt des Wechsels der Gewinnermittlung maßgeblich (§ 4 Abs. 3a Z 3 lit. b EStG 1988).

Ab 1.1.2016 ist die Geltendmachung eines Inflationsabschlags nicht mehr möglich (Entfall von § 4 Abs. 3a Z 3 lit. b EStG 1988 idF StRefG 2015/2016, BGBl. I Nr. 118/2015).

Zur Behandlung einer betrieblichen Versorgungsrente siehe Rz 1010. *(BMF-AV Nr. 40/2017)*

4.2.2.1.3 Übertragung durch nichtbilanzierende Unternehmer auf eine nichtbilanzierende Personengesellschaft

Ermittelt die übernehmende Personengesellschaft ihren Gewinn nach § 4 Abs. 3 EStG 1988, ändert dies nichts an der Notwendigkeit der Aufstellung eines Jahres- oder Zwischenabschlusses unter Beachtung der Grundsätze des § 4 Abs. 1 EStG 1988 (siehe Rz 1389 ff). Aus der Bilanzerstellung ist allerdings nicht die Rechtsfolge des Wechsels der Gewinnermittlung abzuleiten, dh. die Bilanz des übertragenden Einnahmen-Ausgaben-Rechners hat diesbezüglich bloß Statuscharakter (Evidenzstatus; es liegt daher kein Anwendungsfall des § 4 Abs. 10 Z 1 EStG 1988 vor, siehe VwGH 25.07.2013, 2011/15/0046). *(BMF-AV Nr. 193/2015)* 1398

Es ist allerdings zur Vermeidung einer Verschiebung von Steuerwirkungen der Übergang von der Gewinnermittlung nach § 4 Abs. 3 zu jener nach § 4 Abs. 1 EStG 1988 und zurück jedenfalls rechnerisch vorzunehmen und den Beteiligten entsprechend zuzuordnen. Es geht dabei um eine von Amts wegen zu beachtende objektiv richtige Gewinnermittlung und Gewinnzurechnung nach der Umgründung. Es handelt sich weder um die Frage einer Steuerlastverschiebung im Sinne des § 24 Abs. 2 UmgrStG, die sich auf Gesamtreserven bezieht, noch um die Frage einer Äquivalenzverletzung im Sinne des § 26 Abs. 1 Z 1 UmgrStG. 1399

Dabei kommen zwei Varianten in Betracht: Das rechnerische Ergebnis wird

- steuerwirksam im ersten Wirtschaftsjahr der neuen Personengesellschaft angesetzt (Zuschlag zum Gewinn- oder Verlustanteil, (Variante 1)
- in die gewählte Vorsorgemethode eingebaut (Variante 2).

Ein sich ergebender Übergangsverlust ist nicht auf 7 Jahre zu verteilen, da kein Anwendungsfall von § 4 Abs. 10 Z 1 EStG 1988 vorliegt.

Wird der Übergang von § 4 Abs. 3 EStG 1988 zu § 4 Abs. 1 EStG 1988 und zurück nicht rechnerisch vorgenommen und den Mitunternehmern zugeordnet, hat die Abgabenbehörde das steuerliche Ergebnis im ersten Wirtschaftsjahr nach dem Zusammenschlussstichtag im Sinne der Variante 1 zu berichtigen. 1400

Beispiel 1:

Einzelunternehmer A schließt sich zum 31.12.01 mit B zu einer GesBR zusammen. A überträgt sein Unternehmen, B leistet eine Geldeinlage. Die Beteiligungsverhältnisse nach dem Zusammenschluss sollen 75 : 25 sein. Die von A erstellte Bilanz (Evidenzstatus) zum 31.12.01 zeigt einen Bestand von Forderungen in Höhe von 1600 und verschiedene Verbindlichkeiten in Höhe von 800 auf. Der Übergangsgewinn für Einzelunternehmer A beträgt somit 800. Um eine objektiv richtige Gewinnzurechnung zu gewährleisten, muss der Saldo aus rechnerisch ermitteltem Übergangsgewinn (dieser ist nur A zuzurechnen) und rechnerisch ermitteltem Übergangsverlust (nach dem Beteiligungsverhältnis auf A und B aufzuteilen) den beiden Gesellschaftern im ersten Jahr nach dem Zusammenschluss als Gewinnzuschlag bzw. Gewinnabschlag zugeordnet werden. Der Gewinnzuschlag bzw. Übergangsverlust im Jahre 02 ist somit wie folgt zu ermitteln:	A	B
§ 4 Abs. 3 EStG 1988 auf § 4 Abs. 1 EStG 1988	800	–
§ 4 Abs. 1 EStG 1988 auf § 4 Abs. 3 EStG 1988	–600	–200
Saldo Gewinnzuschlag im Jahre 02	200	–200

Beispiel 2:

Angaben wie Beispiel 1. Obige Korrektur der Gewinnauswirkung von 200 kann alternativ auch in eine Vorsorgemethode (zB in einen Gewinnvorab) einschließlich einer Ersatzausgleichsvereinbarung eingebaut werden. A kann daher mit B vereinbaren, dass ihm die Gewinnkorrektur in Höhe von 200 in Form eines Gewinnvorab abgegolten wird, bspw. jährlich mit 10% des laufenden Gewinnes so lange, bis der Betrag von 200 verrechnet ist. Für A sind diese jährlichen Abgeltungen zusätzlicher Gewinn, für B Gewinnminderung. Sollte dieser Vorab in der Folge bis zur Beendigung der Mitunternehmerschaft oder dem steuerwirksamen Ausscheiden eines Mitunternehmers nicht erfüllt sein, hat die Ersatzausgleichsregelung auch hier zu gelten (siehe Abschn. 4.1.7.4.2). *(BMF-AV Nr. 166/2014)*

4.2.2.1.4 Übertragung durch bilanzierenden Unternehmer auf eine nichtbilanzierende Personengesellschaft

1401   Ermittelt der Übertragende den Gewinn nach § 4 Abs. 1 EStG 1988, die übernehmende Personengesellschaft aber nach § 4 Abs. 3 EStG 1988,

- ist zunächst ein aus dem Wechsel von der Gewinnermittlungsart nach § 4 Abs. 1 EStG 1988 zu jener nach § 4 Abs. 3 EStG 1988 resultierender Übergangsgewinn des Übertragenden im ersten nach dem Zusammenschlussstichtag endenden Wirtschaftsjahr zu erfassen. Ein Übergangsverlust ist mit dem ersten Siebentel in diesem Wirtschaftsjahr und den nächsten Siebenteln in den Folge-Wirtschaftsjahren zu berücksichtigen,

- und sodann zur Vermeidung einer Verschiebung von Steuerwirkungen im Sinne des Rz 1399 f vorzugehen.

1402   Gehört zum notwendigen Betriebsvermögen des Übertragenden mit Gewinnermittlung gemäß § 5 EStG 1988 ein Grundstück, berührt der Zusammenschluss das Grundstück nicht, weil die stillen Reserven des nackten Grund und Bodens seit dem 1. StabG 2012, BGBl. I Nr. 22/2012, unabhängig von der Gewinnermittlungsart, weiterhin steuerlich erfasst und somit auch bei der Gewinnermittlung gemäß § 4 Abs. 1 oder § 4 Abs. 3 EStG 1988 im Betriebsvermögen berücksichtigt werden. Gehört das Grundstück zum gewillkürten Betriebsvermögen, scheidet dieses in dem dem Zusammenschlussstichtag folgenden

Wirtschaftsjahr aus dem Betriebsvermögen aus und es kommt zu einer Entnahme:

- Grund und Boden wird gemäß § 6 Z 4 EStG 1988 idF AbgÄG 2012, BGBl. I Nr. 112/2012, mit dem Buchwert im Zeitpunkt der Entnahme angesetzt, sofern keine Ausnahme vom besonderen Steuersatz gemäß § 30a Abs. 3 EStG 1988 vorliegt.

- Gebäude werden gemäß § 6 Z 4 EStG 1988 mit dem Teilwert im Zeitpunkt der Entnahme bewertet (siehe dazu EStR 2000 Rz 5926). *(BMF-AV Nr. 166/ 2014)*

4.2.2.1.5 Gewinnermittlungsgrundsätze

Gemäß § 24 Abs. 1 UmgrStG in Verbindung mit § 14 UmgrStG wird die Besteuerungsgrundlage des Übertragenden durch den Zusammenschluss nicht beeinflusst.   1403

Da eine Betriebsübertragung zu Buchwerten vorliegt, kann im Jahr der Übertragung insgesamt nicht mehr als die ganze Jahres-AfA abgesetzt werden (siehe EStR 2000, Rz 3132).

Weicht der Zusammenschlussstichtag vom Regelbilanzstichtag des Übertragenden ab, ist das letzte Rumpfwirtschaftsjahr des Übertragenden, das mit dem Zusammenschlussstichtag endet, als Wirtschaftsjahr anzusehen. Stimmt der Zusammenschlussstichtag nicht mit dem Abschlussstichtag der bestehenden übernehmenden Personengesellschaft überein, zählt der Zeitraum zwischen Zusammenschlussstichtag und nächstem Abschlussstichtag der übernehmenden Personengesellschaft grundsätzlich als weiteres Wirtschaftsjahr (siehe Rz 1454a). *(AÖF 2008/243)*   1404

4.2.2.2 Zu übertragender Teilbetrieb

Das zu übertragende Vermögen kann auch ein Teilbetrieb sein, im Rahmen dessen Einkünfte im Sinne des § 2 Abs. 3 Z 1 bis 3 EStG 1988 erzielt werden. Zum Begriff Teilbetrieb siehe Rz 1361 ff und EStR 2000 Rz 5579.   1405

Für einen zu übertragenden Teilbetrieb endet die Zugehörigkeit zum Betriebsvermögen des Übertragenden mit Ablauf des Zusammenschlussstichtages. *(BMF-AV Nr. 166/2014)*

4.2.2.2.1 Jahres- oder Zwischenabschluss

Die Übertragung eines Teilbetriebes ist nur zu einem Stichtag möglich, zu dem ein steuerlicher Jahres- oder Zwischenabschluss (Bilanz) für den gesamten Betrieb des Übertragenden vorliegt (Anwendungsvoraussetzung für Art. IV UmgrStG). Siehe Rz 1389 ff.   1406

Auf Grund des Verweises auf § 14 UmgrStG endet für den übertragenen Teilbetrieb das Wirtschaftsjahr des Übertragenden mit dem Zusammenschlussstichtag. Erfolgt die Übertragung zu einem vom Regelbilanzstichtag abweichenden Stichtag, begründet die Bilanz für den gesamten Betrieb des Übertragenden hinsichtlich des verbleibenden Betriebes kein Rumpfwirtschaftsjahr, sondern hat nur Zwischenbilanzcharakter. Der zum Stichtag für den Teilbetrieb ermittelte Gewinn oder Verlust fließt in die laufende Gewinnermittlung des verbleibenden Betriebes des Übertragenden ein.

Beispiel:

Der Einzelunternehmer A (Wirtschaftsjahr = Kalenderjahr) schließt sich mit seinem

Erzeugungsteilbetrieb zum 31.7.01 mit B zu einer OG zusammen. A hat zum 31.7.01 einen Zwischenabschluss für das gesamte Einzelunternehmen zu erstellen. Für den zu übertragenden Teilbetrieb endet ein Wirtschaftsjahr. Das Restvermögen des A besteht nur mehr in einem Handelsbetrieb. Für den Restbetrieb hat A die Gewinnermittlung zum 31.12.01 vorzunehmen; es kommt diesbezüglich zu keinem Rumpfwirtschaftsjahr. *(BMF-AV Nr. 166/2014)*

4.2.2.2.2 Übertragung durch nichtbilanzierenden Unternehmer auf eine bilanzierende Personengesellschaft

1407   Zu den Konsequenzen eines zusammenschlussbedingten Wechsels der Gewinnermittlungsart bei Teilbetriebsübertragung vgl. Rz 1394 ff.

Wird ein Teilbetrieb eines nichtbilanzierenden Unternehmers auf eine bilanzierende Personengesellschaft übertragen, muss der Übertragende hinsichtlich seines Restbetriebes nicht auf die Gewinnermittlung gemäß § 4 Abs. 1 EStG 1988 übergehen.

4.2.2.2.3 Übertragung durch nichtbilanzierenden Unternehmer auf eine nichtbilanzierende Personengesellschaft

1408   Wird ein Teilbetrieb durch einen nichtbilanzierenden Unternehmer auf eine nicht bilanzierende Personengesellschaft übertragen, gelten die Ausführungen der Rz 1398 ff.

Auch in diesem Falle gilt, dass für das Restvermögen des Übertragenden keine Änderung der Gewinnermittlungsart eintritt. *(BMF-AV Nr. 166/2014)*

4.2.2.3 Zu übertragender Mitunternehmeranteil

1409   Die Übertragung von Mitunternehmeranteilen kann durch jede natürliche oder juristische Person sowie jede Mitunternehmerschaft erfolgen.

Gegenstand der Übertragung können Anteile an einer in- oder ausländischen Mitunternehmerschaft sein.

Bei Übertragung von Mitunternehmeranteilen im Rahmen eines Zusammenschlusses werden dem Übertragenden die Anteile an den Einkünften bis zum Zusammenschlussstichtag zugerechnet. Ab dem dem Zusammenschlussstichtag folgenden Tag sind die Einkünfte im Rahmen der einheitlichen und gesonderten Gewinnfeststellung der übernehmenden Mitunternehmerschaft zuzurechnen.

4.2.2.3.1. Jahres- oder Zwischenabschluss der Mitunternehmerschaft *(BMF-AV Nr. 166/2014)*

1410   Werden Mitunternehmeranteile außerhalb eines (Teil)Betriebes übertragen, muss auf den Zusammenschlussstichtag ein steuerlicher Jahres- oder Zwischenabschluss (Bilanz) für die gesamte Mitunternehmerschaft, an der die zu übertragenden Anteile bestehen, erstellt werden. Diese Bilanz ist Anwendungsvoraussetzung für einen Zusammenschluss gemäß Art. IV UmgrStG. Siehe Rz 1389. *(BMF-AV Nr. 166/2014)*

1411   Die im Zuge des Zusammenschlusses erfolgende Übertragung der Mitunternehmeranteile hat keine Auswirkungen auf die Gewinnermittlung der zu Grunde liegenden Mitunternehmerschaft.

Beispiel:

A möchte seinen privat gehaltenen Anteil der B-KG (Wirtschaftsjahr 1.7.–30.6) zum 31.3.01 als Sacheinlage auf die C-GmbH & Co KG (Wirtschaftsjahr = Kalenderjahr) übertragen. Die B-KG hat zum 31.3.01 einen Zwischenabschluss zu erstellen. Dieser Zwischenabschluss zeigt den zu übertragenden Mitunternehmeranteil an und ist Grundlage für die Zusammenschlussbilanz des A. Mit dem Zwischenabschluss ist gleichzeitig sichergestellt, dass die Zurechnung des Teilgewinnes oder -verlustes an der B-KG bis zum Zusammenschlussstichtag an den A und für den Rest des Wirtschaftsjahres bis zum 30.6.02 an die übernehmende C-GmbH & Co KG erfolgt. Bei der übernehmenden C-GmbH & Co KG beginnt mit 1.4.01 ein Rumpfwirtschaftsjahr, das am 31.12.01 endet. *(BMF-AV Nr. 166/2014)*

4.2.2.3.2 Übertragung eines Mitunternehmeranteiles an einer nichtbilanzierenden Mitunternehmerschaft auf eine bilanzierende Mitunternehmerschaft

Werden Anteile an einer nicht bilanzierenden Mitunternehmerschaft auf eine bilanzierende Personengesellschaft übertragen, hat die nicht bilanzierende Mitunternehmerschaft eine Bilanz gemäß § 4 Abs. 1 EStG 1988 zu erstellen. Für den Mitunternehmeranteil Übertragenden ist somit ein Übergangsgewinn bzw. Übergangsverlust zu ermitteln. Der Wechsel der Gewinnermittlungsart hat zum Zusammenschlussstichtag zu erfolgen. Bei der übernehmenden bilanzierenden Mitunternehmerschaft kommt es im Hinblick auf die Beteiligung an einer nicht bilanzierenden Mitunternehmerschaft hinsichtlich des übernommenen Mitunternehmeranteiles wiederum zu einem Wechsel auf § 4 Abs. 3 EStG 1988. Zu den Besonderheiten der Beteiligung eines bilanzierenden Gesellschafters an einer nicht bilanzierenden Mitunternehmerschaft siehe EStR 2000 Rz 661 und Rz 662. | 1412

Durch den Zusammenschluss wird die Gewinnermittlungsart der nichtbilanzierenden Mitunternehmerschaft nicht geändert.

4.2.2.3.3 Übertragung eines Mitunternehmeranteiles an einer nichtbilanzierenden Mitunternehmerschaft auf eine nichtbilanzierende Personengesellschaft

Im Falle der Übertragung eines Mitunternehmeranteiles an einer nichtbilanzierenden Mitunternehmerschaft auf eine nichtbilanzierende Personengesellschaft hat die nicht bilanzierende Mitunternehmerschaft eine Bilanz gemäß § 4 Abs. 1 EStG 1988 zu erstellen. Diese Bilanz hat nur die Bedeutung eines Status, der für die Feststellung des Buchwertes des umzugründenden Vermögens und der Höhe der Gesamtreserven Bedeutung hat. Jedoch ist zur Vermeidung einer Verschiebung von Steuerwirkungen bei der aufnehmenden Personengesellschaft im Sinne des Rz 1398 ff der Übergang von der Gewinnermittlung nach § 4 Abs. 3 zu jener nach § 4 Abs. 1 EStG 1988 und zurück rechnerisch vorzunehmen und den Beteiligten (Alt- und Neugesellschafter) entsprechend zuzuordnen. | 1413

Beispiel:

A ist mit einem Anteil von 25% an der AB-OG beteiligt, die den Gewinn gemäß § 4 Abs. 3 EStG 1988 ermittelt. Zum 31.12.01 tritt A mit seinem Gesellschaftsanteil an der AB-OG der D-OG – an der D und C zu jeweils 50% beteiligt sind – bei, die den Gewinn gemäß § 4 Abs. 3 EStG 1988 ermittelt und erhält dafür einen Gesellschaftsanteil von 10% an der D-OG. Der von der AB-OG anlässlich des Zusammenschlusses erstellte Status weist Forderungen in Höhe von 4.000 und Verbindlichkeiten in Höhe von 1.000 aus. Der rechnerische Übergangsgewinn des A beträgt daher – dem Gesellschaftsanteil entsprechend – 25% von 3.000 (= 750). Da die D-OG ihren Betrieb auf die (erweiterte) Personengesellschaft überträgt, muss sie zum Zusammenschlussstichtag ebenfalls einen Status erstellen. In diesem Status weist die D-OG Forderungen in Höhe von 800 und Verbindlichkeiten iHv 200 aus; der rechnerische Übergangsgewinn beträgt daher 600.

Um eine objektiv richtige Gewinnzurechnung zu gewährleisten, muss der Saldo aus dem rechnerisch ermittelten Übergangsgewinn (von A) und dem rechnerisch ermittelten Übergangsverlust (der „neuen" D-OG) den bisherigen Gesellschaftern der D-OG sowie dem neuen Gesellschafter A im ersten Jahr nach dem Zusammenschluss als Gewinnzuschlag bzw. -abschlag zugeordnet werden. Desgleichen muss der Saldo aus dem rechnerischen Übergangsgewinn der D-OG und dem rechnerisch ermittelten Übergangsverlust der erweiterten D-OG den bisherigen Gesellschaftern der D-OG sowie dem neuen Gesellschafter A im ersten Jahr nach dem Zusammenschluss als Gewinnzuschlag bzw. -abschlag zugerechnet werden. Dieser Gewinnzuschlag bzw. -abschlag im Jahr 02 ist daher wie folgt zu ermitteln:

Gewinnverteilung im Jahr 02 in der erweiterten D-OG:

	A (10%)	D (45%)	C (45%)
Übergangsgewinn AB-OG Anteil A	+750	0	0
Übergangsverlust nach ZS	−75	−337,5	−337,5
Übergangsgewinn D-OG Anteil D/C		+300	+300
Übergangsverlust nach Zusammenschluss	−60	−270	−270
Steuerliche Gewinnverteilung	+615	−307,5	−307,5

(BMF-AV Nr. 166/2014, BMF-AV Nr. 193/2015)

4.2.2.3.4 Übertragung eines Mitunternehmeranteiles an einer bilanzierenden Mitunternehmerschaft auf eine nichtbilanzierende Personengesellschaft

1414   Wird ein Mitunternehmeranteil an einer bilanzierenden Mitunternehmerschaft auf eine nichtbilanzierende Personengesellschaft übertragen, ist zur Vermeidung einer Verschiebung von Steuerwirkungen bei der aufnehmenden Personengesellschaft im Sinne des Rz 1398 ff der Übergang von der Gewinnermittlung nach § 4 Abs. 3 zu jener nach § 4 Abs. 1 EStG 1988 und zurück rechnerisch vorzunehmen und den Beteiligten (Alt- und Neugesellschafter) entsprechend zuzuordnen.

4.2.2.4 Zu übertragende sonstige Wirtschaftsgüter des Betriebsvermögens des Übertragenden

1415   Werden anlässlich der Übertragung eines Teilbetriebes vom Übertragenden sonstige Wirtschaftsgüter aus dem (Rest)betrieb mitübertragen, gilt auch für diese Wirtschaftsgüter Buchwertfortführung (§ 24 Abs. 1 UmgrStG in Verbindung mit § 16 Abs. 5 Z 4 UmgrStG), soweit sie bei der übernehmenden Mitunternehmerschaft notwendiges (oder gewillkürtes) Betriebsvermögen darstellen.

Beispiel:

A überträgt laut Gesellschaftsvertrag vom 12.9.02 den Teilbetrieb „Handel" seines Einzelunternehmens auf die neu errichtete A-GmbH & Co KG, die durch den Zusammenschluss der als Arbeitsgesellschafterin tätigen A-GmbH und des zu 100% am Vermögen und Erfolg beteiligten Kommanditisten entsteht. Ein bisher dem Teilbetrieb „Erzeugung" zugeordnetes Grundstück (Buchwert 4.000) samt einer mit der Anschaffung dieses Grundstücks in Zusammenhang stehenden Verbindlichkeit von 10.000 wird dem Teilbetrieb „Handel" zugeführt und auf die A-GmbH & Co KG übertragen. Das Grundstück wird an das Einzelunternehmen vermietet. *(BMF-AV Nr. 166/2014)*

1416   Die Übertragung eines zum Betriebsvermögen gehörenden Wirtschaftsgutes ohne Übertragung eines (Teil)Betriebes oder Mitunternehmeranteiles in das Betriebsvermögen der übernehmenden Mitunternehmerschaft gegen Gewährung von Gesellschafterrechten und der damit verbundenen Begründung oder Erhöhung des starren (fixen) Kapitalkontos des Übertragenden ist ein Anwendungsfall des Art. IV UmgrStG, da die zivilrechtlich übernehmende Personengesellschaft steuerrechtlich auch ein Übertragender (ihres Betriebes) ist (Rz 1298). Dies ändert nichts daran, dass eine rückwirkende steuerwirksame Entnahme aus dem Betriebsvermögen gemäß § 6 Z 4 EStG 1988 mit nachfolgender Einlage gemäß § 6 Z 5 EStG 1988 in die übernehmende Mitunternehmerschaft vorliegt.

Gleiches gilt sinngemäß für die Übertragung eines Wirtschaftsgutes aus dem Betriebsvermögen einer unter § 7 Abs. 3 KStG 1988 fallenden Körperschaft. Ein steuerwirksamer Entnahme-Einlage-Tatbestand ist im Falle der Übertragung auf eine Personengesellschaft nicht gegeben, wenn es zu keiner Verschiebung der stillen Reserven auf andere kommt (Übertragung bei 100-prozentiger Mitunternehmerstellung).

Zum Dividendenvorbehalt einer übertragenden Körperschaft hinsichtlich eines im übertragenen Betriebsvermögen enthaltenen Kapitalanteiles siehe Rz 881. *(AÖF 2008/243)*

4.2.3. Steuerliche Bewertung des außerbetrieblichen Vermögens

Für einen Zusammenschluss nach Art. IV UmgrStG ist es ausreichend, wenn einer der Zusammenschlusspartner begünstigtes Vermögen im Sinne des § 23 Abs. 2 UmgrStG überträgt. Die Rückwirkungsfiktion für das begünstigte Vermögen im Sinne des § 23 Abs. 2 UmgrStG ist nur dann sinnvoll wirksam, wenn auch der nur einzelne Wirtschaftsgüter übertragende bzw. eine Bareinlage leistende Partner in die Rückwirkungsfiktion eingebunden wird. Die Gleichstellung mit dem begünstigtes Vermögen Übertragenden gilt nicht hinsichtlich der Bewertung. Da das UmgrStG keine gesetzliche Anordnung für den Zeitpunkt der Bewertung des zu übertragenden außerbetrieblichen Vermögens enthält, kommt das allgemeine Ertragsteuerrecht zur Anwendung (VwGH 20.1.2016, 2012/13/0013, zum Zeitpunkt der Bewertung von nicht begünstigtem Vermögen – hier Aktien – iSd § 6 Z 5 EStG 1988). Soweit Privatvermögen übertragen wird, ist das zu übertragende Wirtschaftsgut zum Zeitpunkt des Vertragsabschlusses wie folgt zu bewerten:

1417

§ 24

- Insoweit die Übertragung zu einer Änderung der Zuordnung des übertragenen Wirtschaftsgutes zu den anderen Gesellschaftern führt, liegt ein Tauschvorgang vor, für den die Bewertung gemäß § 6 Z 14 EStG 1988 erfolgt.
- Insoweit die Übertragung die Mitunternehmerquote des übertragenden Mitunternehmers betrifft, liegt ein Einlagevorgang vor, für den die Bewertung gemäß § 6 Z 5 lit. b und c EStG 1988 erfolgt.

Diese Betrachtungsweise ist erstmals für nach dem 30.9.2014 (an)gemeldete Zusammenschlüsse gemäß Art. IV UmgrStG anzuwenden (siehe auch EStR 2000 Rz 5927a).

Wurde die Anschaffung (Herstellung) des übertragenen privaten Wirtschaftsgutes fremdfinanziert, wird auch die offene Verbindlichkeit zum Betriebsvermögen (EStR 2000 Rz 1424). Das Wirtschaftsgut kann samt Verbindlichkeit in das Gesellschaftsvermögen übertragen werden, wenn der Einlagewert insgesamt positiv ist. Geht nur das Wirtschaftsgut in das Gesellschaftsvermögen, wird die Verbindlichkeit zum negativen Sonderbetriebsvermögen (VwGH 12.9.1989, 88/14/0188). Infolge der Rückwirkung sind ab Beginn des dem Zusammenschlussstichtag folgenden Tages sämtliche mit dem Wirtschaftsgut zusammenhängenden Einnahmen und Ausgaben bzw. Werbungskosten von der übernehmenden Personengesellschaft zu tragen, soweit nichts Abweichendes vereinbart ist.

Beispiel:

Die bestehende freiberufliche A&B-OG (BW 200), an der die Mitunternehmer A und B zu jeweils 50% beteiligt sind und die ihren Betrieb bisher in gemieteten Räumlichkeiten betreibt, benötigt mangels ausreichender Raumkapazitäten größere Betriebsräumlichkeiten. A überträgt daher aus seinem Privatvermögen ein Grundstück (AK Grund und Boden 100, Gebäude 100) auf die OG und will als Gegenleistung eine höhere Beteiligung an der Mitunternehmerschaft. Es liegt bei Erfüllen der zwingenden Anwendungsvoraussetzungen ein dem Grunde nach unter Art. IV UmgrStG fallender Zusammenschluss vor. Für das Umtauschverhältnis sollen vereinbarungsgemäß die Verkehrswerte der OG (600) und des übertragenen Grundstücks (400, davon je 200 Grund und Boden und Gebäude) herangezogen werden. Der Verkehrswert der OG nach der Übertragung des Grundstücks beträgt 1.000 und verteilt sich im Verhältnis 700:300 auf A und B. Da A 30% seines Eigentums(anteils) am Grundstück gegen eine um 20% höhere Beteiligung am Gesellschaftsvermögen der OG tauscht, liegt hinsichtlich 30% des Grundstücks ein nach § 6 Z 14 EStG 1988 zu bewertender Tauschvorgang (Ansatz des gemeinen Wertes) und hinsichtlich 70% des Grundstücks ein nach § 6 Z 5 lit. b und c EStG 1988 zu bewertender Einlagevorgang (Ansatz der Anschaffungskosten für Grund und Boden und Gebäude, Ansatz des Teilwertes für Altvermögens-Gebäude) vor. Da ein Tausch ein entgeltliches Rechtsgeschäft ist, hat A zum Zusammenschlussstichtag Einkünfte aus privater Grundstücksveräußerung nach den Bestimmungen der §§ 30 ff EStG 1988 zu ermitteln. Insoweit eine Einlage vorliegt, sind jedoch § 25 Abs. 5 sowie § 24 Abs. 3 UmgrStG zu beachten (siehe dazu Rz 1457a und Rz 1425a). *(BMF-AV Nr. 193/2015, BMF-AV Nr. 40/2017)*

1417a   Gemäß § 24 Abs. 2 UmgrStG ist die Buchwertfortführung nur zulässig, wenn für die weitere Gewinnermittlung Vorsorge getroffen ist, dass es bei den am Zusammenschluss beteiligten Personen durch den Übertragungsvorgang zu keiner endgültigen Verschiebung der Steuerlasten kommt. Dieses Vorsorgeerfordernis trifft nicht nur begünstigtes, sondern auch sonstiges Vermögen, das in das Gemeinschaftsvermögen der übernehmenden Personengesellschaft übertragen wird. Es ist daher durch geeignete Vorsorgemaßnahmen sicherzustellen, dass die zum Zusammenschlussstichtag bestehenden stillen Reserven in sonstigem Vermögen vom dieses Vermögen übertragenden Zusammenschlusspartner bei einem späteren Realisierungsvorgang auch versteuert werden.

Fortsetzung des Beispiels in Rz 1417:

Die Übertragung des Grundstücks durch A auf die A&B-OG gegen eine höhere Beteiligung an der OG bewirkt eine Verschiebung in der Substanzbeteiligung in der OG und am Grundstück. Da sich das Umtauschverhältnis am Verkehrswert der jeweils übertragenen Vermögen (Betrieb der Mitunternehmerschaft und Grundstück) orientiert, liegt ein Verkehrswertzusammenschluss vor, die entsprechende Vorsorgeregelung wird daher durch das Aufstellen von Ergänzungsbilanzen erfüllt. In den Ergänzungsbilanzen sind die am Zusammenschlussstichtag bestehenden stillen Reserven wie folgt abzubilden:

Betrieb der Mitunternehmerschaft:

Die stillen Reserven im Betrieb der OG, die dem zum Stichtag bestehenden 50-prozentigen Beteiligungsverhältnis entsprechend A und B zuzurechnen sind, sind insoweit, als es durch den Zusammenschluss zu einer Verschiebung in der Substanzbeteiligung kommt, in den Ergänzungsbilanzen von A und B auszuweisen. Rechnerisch ergibt sich ein Verschiebungsbetrag iHv 80 von B auf A, der in der Ergänzungsbilanz des A als Aktivum (zB Firmenwert Personengesellschaft) und in der Ergänzungsbilanz des B als entsprechendes Passivum auszuweisen ist.

Anteilig eingelegtes Grundstück:

Die infolge der Anschaffungskosten als Einlagewerte ab dem dem Zusammenschlussstichtag folgenden Tag in der OG steuerhängigen stillen Reserven im (anteilig eingelegten) Grundstück sind insoweit, als es zu einer Verschiebung von A auf B kommt, in den Ergänzungsbilanzen von A und B auszuweisen; keine Verschiebung von stillen Reserven kann sich insoweit ergeben, als das Grundstück anteilig im Tauschwege übertragen wird. Je nachdem, ob es sich um ein zum 31.3.2012 steuerverfangenes Grundstück handelt oder nicht, stellen sich die Einlagewerte des Grundstücks wie folgt dar:

	AK	VW	Tauschwert für 30%	Einlagewert für 70%	Gesamt
G+B (Alt- und Neuvermögen)	100	200	60	70 (140)	130
Gebäude (Altvermögen)	100	200	60	140	200
Gebäude (Neuvermögen)	100	200	60	70	130

Durch den Zusammenschluss kommt es daher zu folgender Verschiebung in den stillen Reserven des eingelegten Grundstücks:

Stille Reserven	Gesamt	A bisher	B bisher	A neu 70%	Verschiebung	B neu 30%	Verschiebung
G+B	70	70	0	49	−21	21	+21
Gebäude (Altvermögen)	0	0	0	0	0	0	0
Gebäude (Neuvermögen)	70	70	0	49	−21	21	+21

Daraus ergeben sich folgende (Gesamt)Ergänzungsbilanzen für A und B: Variante Gebäude ist Altvermögen:

Ergänzungsbilanz A				Ergänzungsbilanz B			
Firmenwert PG	80	Ergänzungskapital	59	G+B	21	Firmenwert PG	80
		Grund und Boden	21	ErgKap	59		

Variante Gebäude ist Neuvermögen:

Ergänzungsbilanz A				Ergänzungsbilanz B			
FW PG	80	ErgKap	38	G+B	21	FW PG	80
		G+B	21	Gebäude	21		
		Gebäude	21	ErgKap	38		

(BMF-AV Nr. 166/2014)

4.2.4. Steuerliche Bewertung des begünstigten Vermögens

Das zu übertragende begünstigte Vermögen ist in der Zusammenschluss- 1418 bilanz mit dem Wert anzusetzen, der sich nach den steuerrechtlichen Vorschriften über die Gewinnermittlung ergibt (§ 24 Abs. 1 UmgrStG in Verbindung mit § 16 Abs. 1 UmgrStG und § 14 Abs. 1 UmgrStG). Dabei handelt es sich idR um die steuerlichen Jahresabschluss- bzw. Zwischenbilanzwerte des Übertragenden (Grundprinzip der Buchwertübertragung).

Ebenso wie bei allen anderen Umgründungstatbeständen gilt auch für die Bewertung des übertragenen Vermögens der Grundsatz der zwingenden Buchwertfortführung, dh. es besteht kein Wahlrecht zugunsten einer steuerwirksamen Aufwertung (Ausnahme siehe Rz 1426).

4.2.4.1 Allgemeines und Zusammenschlussbilanz

1419   Zum unternehmensrechtlichen Begriff der Zusammenschlussbilanz siehe sinngemäß Rz 837 ff. Gemäß § 24 Abs. 1 UmgrStG in Verbindung mit § 15 UmgrStG ist für den Zusammenschluss eine Zusammenschlussbilanz erforderlich. Die Zusammenschlussbilanz ist ein wesentlicher Teil des Zusammenschlussvertrages. Die Darstellung in Bilanzform kann dann unterbleiben, wenn die steuerlich maßgebenden Daten und Umstände im Zusammenschlussvertrag selbst dargestellt werden. Nicht bilanzmäßig darstellbare Wirtschaftsgüter, die mitübertragen werden (bspw. abgeschriebene Wirtschaftsgüter, nicht aktivierte Mietrechte) sind grundsätzlich auf andere Weise ausreichend zu definieren (siehe dazu Rz 667 und Rz 843). Eine gesonderte Beschreibung kann nur dann unterbleiben, wenn der gesamte Betrieb laut Vertrag „mit allen Aktiven und Passiven" übertragen wird. *(BMF-AV Nr. 166/2014)*

1420   Erfolgt weder die Aufstellung einer Zusammenschlussbilanz noch eine dem § 15 UmgrStG entsprechende Beschreibung der steuerlich relevanten Daten und Umstände (siehe Rz 1302), liegt die Verletzung einer Anwendungsvoraussetzung des Art. IV UmgrStG vor. *(AÖF 2008/243)*

1421   Zweck der Zusammenschlussbilanz ist

- die Darstellung des zu übertragenden Vermögens zu Steuerwerten gemäß § 16 UmgrStG

- bei einer Gesamtbetriebsübertragung die Darstellung des Betriebsvermögens zu den steuerlich maßgebenden Buchwerten

- bei einer Teilbetriebsübertragung die Darstellung des aus der Gesamtsteuerbilanz abgeleiteten zu übertragenden Teilbetriebsvermögens zu den steuerlich maßgebenden Buchwerten. Dabei hat die Zuordnung der Aktiva und Passiva nach den Grundsätzen des notwendigen Betriebsvermögens zu erfolgen. Neutrales Betriebsvermögen kann dispositiv dem zu übertragenden Teilbetrieb oder dem Restbetrieb zugeordnet werden (kein Fall der rückwirkenden Korrektur im Sinne des § 16 Abs. 5 UmgrStG).

- bei einer Mitunternehmeranteilsübertragung die Darstellung des aus der Gesamtsteuerbilanz der Mitunternehmerschaft abgeleiteten zu übertragenden Anteils laut den Kapitalkonten. Bei der Übertragung eines Teiles des Mitunternehmeranteiles ist davon auszugehen, dass der zu übertragenden Quote alle Teile des Mitunternehmeranteils quotal zuzuordnen sind (siehe das Beispiel zur Einbringung in Rz 721).

- die Darstellung der Steuerwerte im Falle der Aufwertung gemäß § 16 Abs. 3 UmgrStG (Rz 1426).

- die Darstellung der rückwirkenden Veränderungen des zu Steuerwerten dargestellten Vermögens gemäß § 16 Abs. 5 UmgrStG (Rz 1431 ff).

- die Erfassung des sich aus der Vermögensdarstellung und den rückwirkenden Veränderungen ergebenden Saldos als steuerliches Zusammenschlusskapital. *(AÖF 2008/243)*

1422   Wird neben dem Vermögen einer Mitunternehmerschaft auch Sonderbetriebsvermögen der Mitunternehmer in das Gesellschaftsvermögen übertragen, ist das Sonderbetriebsvermögen in die Zusammenschlussbilanz oder eine Zusammenschlusssonderbilanz aufzunehmen. Das Überführen vom Sonderbetriebsvermögen ins Gesellschaftsvermögen ist im Rahmen des Art. IV UmgrStG steuerneutral und außerhalb des Art. IV UmgrStG unter Umständen eine Entnahme und Einlage (EStR 2000 Rz 5931). Zum Überführen vom Gesellschaftsvermögen in das Sonderbetriebsvermögen siehe Rz 1444 f. *(AÖF 2008/ 243)*

Die in Ergänzungsbilanzen erfassten Aufwertungsbeträge einzelner Mitunternehmer aus dem entgeltlichen Erwerb der Mitunternehmeranteile sind notwendiger Teil der Zusammenschlussbilanz. **1423**

Fehlerhafte Zusammenschlussbilanzen sind zu berichtigen. Stellt sich nach dem Zusammenschluss bspw. heraus, dass – entgegen einer diesbezüglichen Vereinbarung im Zusammenschlussvertrag – eine Entnahme in der Zusammenschlussbilanz nicht rückbezogen wurde, liegt ein solcher fehlerhafter Ausweis vor, der eine Korrektur erforderlich macht. Auch im Falle der Erfassung einer Entnahme in unrichtiger Höhe ist die Zusammenschlussbilanz zu berichtigen. **1424**

Ob eine Änderung eines richtigen Zusammenschlussvertrages bzw. einer richtigen unternehmensrechtlichen Zusammenschlussbilanz nach Anmeldung beim Firmenbuch möglich und damit auch steuerwirksam ist, hängt von der Entscheidung des Firmenbuchgerichtes ab. Eine Änderung eines richtigen Zusammenschlussvertrages bzw. einer richtigen Zusammenschlussbilanz ist im Falle der Meldung beim FA unwirksam, da mit der fristgerechten Meldung der Zusammenschluss steuerlich wirksam geworden ist. *(AÖF 2008/243)*

4.2.4.2 Zwingende Buchwertübertragung

Gemäß § 24 Abs. 1 UmgrStG in Verbindung mit § 16 Abs. 1 UmgrStG ist bei Übertragung eines (inländischen wie auch ausländischen) Betriebes, Teilbetriebes oder Mitunternehmeranteils das übertragene Vermögen in der Zusammenschlussbilanz im Regelfall mit seinen Buchwerten anzusetzen. Dabei sind die steuerlichen Jahresabschluss- bzw. Zwischenbilanzwerte des Übertragenden sowohl in die Zusammenschlussbilanz als auch in die Eröffnungsbilanz der übernehmenden Mitunternehmerschaft einzustellen. Der Übertragende hat kein Wahlrecht, ob er das zu übertragende Vermögen zu Buchwerten, Teilwerten oder gemeinen Werten überträgt. Damit kommt eine Aufwertung nur für ausdrücklich im UmgrStG vorgesehene Fälle in Betracht. **1425**

4.2.4.2a. Aufwertungsoption für Grund und Boden (BMF-AV Nr. 193/2015)

Alternativ zur gespaltenen Betrachtungsweise für Grund und Boden bei Übertragung von Grundstücken zu Buchwerten (siehe Rz 1457a) kann für Grund und Boden die Aufwertungsoption gemäß § 24 Abs. 3 UmgrStG ausgeübt werden, wenn zum Zusammenschlussstichtag § 30 Abs. 4 EStG 1988 beim Übertragenden ganz oder eingeschränkt anwendbar wäre. Dabei kommt es zur sofortigen Realisierung der stillen Reserven des Grund und Bodens; die Personengesellschaft übernimmt den Grund und Boden zu den nach § 6 Z 14 EStG 1988 maßgebenden Werten. Die Aufwertungsoption kann grundstücksbezogen ausgeübt werden und ist in nach dem 29.12.2014 geschlossenen Zusammenschlussverträgen ersichtlich zu machen (§ 24 Abs. 3 zweiter Satz iVm 3. Teil Z 27 lit. a UmgrStG idF 2. AbgÄG 2014). Dabei handelt es sich um eine Ordnungsvorschrift. **1425a**

Werden im Rahmen eines Zusammenschlusses außerhalb eines begünstigten Vermögens Grundstücke des Privatvermögens übertragen und wäre § 30 Abs. 4 EStG 1988 am Zusammenschlussstichtag gesamthaft oder eingeschränkt beim Übertragenden anwendbar, kann gemäß § 24 Abs. 3 letzter Satz UmgrStG von der Aufwertungsoption ebenfalls Gebrauch gemacht werden. Die Ausübung der

Aufwertungsoption führt somit zu einer Aufwertung des gesamten Grund und Bodens, weil insoweit eine Änderung der Zurechnung erfolgt, ebenfalls eine Bewertung gemäß § 6 Z 14 EStG 1988 vorzunehmen ist (siehe Rz 1417).

Wird von der Aufwertungsoption Gebrauch gemacht, kann § 30 Abs. 4 EStG 1988 für sämtliche künftige Wertsteigerungen nach dem Zusammenschlussstichtag nicht angewendet werden. *(BMF-AV Nr. 193/2015)*

4.2.4.3 Aufwertungsoption

1426   Überträgt ein Steuerinländer ausländisches Vermögen, kann gemäß § 24 Abs. 1 UmgrStG in Verbindung mit § 16 Abs. 3 UmgrStG abweichend von der Buchwertfortführung das ausländische Vermögen auf den höheren Teilwert einschließlich eines allfälligen Geschäfts-, Firmen- oder Mandantenwertes aufgewertet werden, wenn

• der Zusammenschluss im Ausland zur Gewinnverwirklichung führt und

• mit dem in Betracht kommenden Staat ein DBA besteht, das dafür die Anrechnungsmethode vorsieht oder eine vergleichbare innerstaatliche Maßnahme zur Vermeidung der Doppelbesteuerung getroffen wurde. *(AÖF 2008/243)*

4.2.4.4 Zwangsaufwertung (Vorsorgeverletzung)

1427   Gemäß § 24 Abs. 2 UmgrStG ist die Buchwertfortführung nur zulässig, wenn es durch den Zusammenschluss zu keiner endgültigen Verschiebung von Steuerlasten zwischen den am Zusammenschluss beteiligten Steuerpflichtigen kommt.

1428   Werden durch den Zusammenschluss Steuerlasten endgültig verschoben, sieht § 24 Abs. 2 UmgrStG vor, dass auf den Zusammenschlussstichtag die übertragenen Wirtschaftsgüter nicht mit den Buchwerten, sondern mit den Teilwerten unter Berücksichtigung selbst geschaffener unkörperlicher Wirtschaftsgüter und eines selbst geschaffenen Firmenwertes anzusetzen sind. Eine derartige endgültige Verschiebung von Steuerbelastungen liegt vor, wenn vom Beteiligungsverhältnis abweichende stille Reserven übertragen werden und keine Vorsorge getroffen wird, diese Steuerlastverschiebung zu vermeiden. Zu den Methoden zur Vermeidung einer Steuerlastverschiebung siehe Rz 1303 ff.

1429   Im Falle der Nichtbeachtung einer Vorsorge gegen eine endgültige Verschiebung der Steuerbelastung wird nicht die Anwendbarkeit von Art. IV UmgrStG versagt, sondern es tritt lediglich Gewinnverwirklichung beim übertragenen Vermögen ein (siehe Rz 1305). Für diesen Gewinn können bei Zutreffen der Voraussetzungen die Begünstigungen des § 24 EStG 1988 und § 37 EStG 1988 Anwendung finden. Alle sonstigen steuerlichen Folgen des UmgrStG (Umsatzsteuer, Gebühren und Verkehrsteuern) sind anzuwenden.

1430   Die gesetzte Vorsorgemaßnahme muss erkennbar vom Bestreben getragen sein, die Verschiebung stiller Reserven samt jener des Firmenwerts zu vermeiden. Bloße Ungenauigkeiten in der Schätzung der stillen Reserven samt Firmenwert führen nicht zum Versagen der Buchwertfortführung, sondern lediglich zu einer entsprechenden Berichtigung. Ein Verzicht auf eine erforderliche oder eine bewusst fehlerhaft gestaltete Vorsorge kann unter § 44 UmgrStG fallen.

Zur Übertragung des Betriebes einer GmbH auf eine mit ihren Gesellschaftern gegründete KG siehe KStR 2013 Rz 797. *(BMF-AV Nr. 166/2014)*

4.2.4.5 Rückwirkende Korrekturen des zu übertragenden begünstigten Vermögens

4.2.4.5.1 Allgemeines

Das Vermögen geht steuerlich mit dem Zusammenschlussstichtag auf die übernehmende Personengesellschaft über (§ 24 Abs. 1 UmgrStG in Verbindung mit § 13 Abs. 1 UmgrStG). Das bedeutet, dass Vermögenstransaktionen, welche in der Zeit zwischen dem Zusammenschlussstichtag und dem Tag des Abschlusses des Zusammenschlussvertrages (im Rückwirkungszeitraum) erfolgen, bereits der übernehmenden Personengesellschaft zuzurechnen sind. Dies gilt nicht,   **1431**

- soweit Korrekturen im Sinne des § 16 Abs. 5 UmgrStG vorgenommen werden (Rz 1432 ff)
- soweit einzelne im Zusammenschlussvertrag ausdrücklich bestimmte Geschäftsvorfälle zurückbehalten werden (siehe auch Rz 889 und 1358b). *(BMF-AV Nr. 166/2014)*

Nachstehende im Rückwirkungszeitraum tatsächlich durchgeführte Änderungen hinsichtlich des übertragenen begünstigten Vermögens können jedoch auf den Zusammenschlussstichtag rückbezogen werden (§ 24 Abs. 1 UmgrStG in Verbindung mit § 16 Abs. 5 UmgrStG):   **1432**

- Tatsächliche Geld- und/oder Sachentnahmen (§ 16 Abs. 5 Z 1 UmgrStG)
- Tatsächliche Geld- und/oder Sacheinlagen (§ 16 Abs. 5 Z 1 UmgrStG)
- Zurückbehalten von Wirtschaftsgütern des Anlagevermögens und von Verbindlichkeiten (§ 16 Abs. 5 Z 3 UmgrStG)
- Verschieben von Wirtschaftsgütern in den Restbetrieb oder aus dem Restbetrieb (§ 16 Abs. 5 Z 4 UmgrStG)
- Minderung oder Mehrung des zu übertragenden Vermögens einer Körperschaft durch Ausschüttungen, Einlagenrückzahlungen oder Gesellschaftereinlagen (§ 16 Abs. 5 Z 5 UmgrStG).

Zur Trennung von Gebäude und Grund und Boden siehe Rz 694a. *(BMF-AV Nr. 131/2018)*

Durch diese rückwirkenden Maßnahmen wird der Buchwert und der Verkehrswert des zu übertragenden Vermögens verändert. Es darf dabei aber weder die Eigenschaft als begünstigtes Vermögen im Sinne des § 23 Abs. 2 UmgrStG noch der positive Verkehrswert beeinträchtigt werden. Aus Gründen der Verwaltungsvereinfachung bestehen keine Bedenken, wenn nach Feststellung des Verkehrswertes den rückwirkenden Korrekturen durch lineare Absenkung oder Erhöhung von Buch- und Verkehrswert Rechnung getragen wird.   **1433**

Die rückwirkenden Änderungen des übertragenen Vermögens können zB der Anpassung des Eigenkapitals (zB zum Angleichen der Kapitalkonten an die gewünschten Beteiligungsverhältnisse) oder der Verkehrswerte oder dem Herstellen eines positiven Verkehrswertes bei einem real überschuldeten Betrieb dienen.   **1434**

4.2.4.5.2 Bareinlagen nach dem Zusammenschlussstichtag

Der Ansatz einer „Aktivpost für Einlagen" in der Zusammenschlussbilanz führt dazu, dass sich das Zusammenschlusskapital bereits zum Zusammenschlussstichtag um den Wert der Einlage erhöht, obwohl diese erst im Rückwirkungszeitraum geleistet wurde (§ 16 Abs. 5 Z 1 UmgrStG). Im Falle der geson-   **1435** derten Übertragung von Mitunternehmeranteilen können Körperschaften im Sinne des § 7 Abs. 3 KStG 1988 von § 16 Abs. 5 Z 1 UmgrStG sinngemäß Gebrauch machen (siehe Rz 890).

Rückbezogene Einlagen müssen bis spätestens zum Vertragstag/Zeitpunkt der Unterschrift des Zusammenschlussvertrages tatsächlich geleistet werden. Bloße Einlageversprechen unter Ansatz einer Forderung gegenüber dem Übertragenden sind nicht geeignet, das Übertragungsvermögen zu verändern. Bleibt mangels einer Einlagewirkung das zu übertragende Vermögen real überschuldet, kann Art. IV UmgrStG nicht Anwendung finden. *(BMF-AV Nr. 193/2015)*

4.2.4.5.3 Sacheinlagen nach dem Zusammenschlussstichtag

1436   Gegenstand einer Einlage können gemäß § 16 Abs. 5 Z 1 UmgrStG nicht nur liquide Mittel (Bareinlagen), sondern auch Sachwerte (Einlage von Wirtschaftsgütern, die nicht notwendiges Privatvermögen darstellen) sein. Die Rückbeziehungsoption für Einlagen wird dadurch ausgeübt, dass die bis zum Vertragstag tatsächlich eingelegten Wirtschaftsgüter durch den Ansatz einer Aktivpost („Aktivpost für Einlagen") in der Zusammenschlussbilanz erfasst werden (§ 16 Abs. 5 Z 1 UmgrStG).

4.2.4.5.4 Barentnahmen nach dem Zusammenschlussstichtag

1437   Der Ansatz einer „Passivpost für Entnahmen" in der Zusammenschlussbilanz führt dazu, dass sich das Zusammenschlusskapital bereits zum Zusammenschlussstichtag um den Wert der Entnahme vermindert, obwohl diese erst später durchgeführt wird (§ 16 Abs. 5 Z 1 UmgrStG). Im Falle der gesonderten Übertragung von Mitunternehmeranteilen können Körperschaften im Sinne des § 7 Abs. 3 KStG 1988 von § 16 Abs. 5 Z 1 UmgrStG sinngemäß Gebrauch machen (siehe Rz 900).

Unter baren Entnahmen im Zeitraum zwischen Zusammenschlussstichtag und Abschluss des Zusammenschlussvertrages werden Entnahmen verstanden, die zu einem Zahlungsfluss führen. Das Ausmaß der baren Entnahmen ist insofern begrenzt, als unter Berücksichtigung der getätigten Entnahmen ein positiver Verkehrswert verbleibt. Dabei ist auch der Wert zurückbehaltener Wirtschaftsgüter zu berücksichtigen. Der positive Verkehrswert muss für das übertragene Vermögen vorliegen, das um die zurückbehaltenen Wirtschaftsgüter geschmälert ist. *(BMF-AV Nr. 193/2015)*

1438   Wurde die gemäß § 16 Abs. 5 Z 1 UmgrStG rückbezogene Barentnahme durch Kreditaufnahme nach dem Zusammenschlussstichtag finanziert, ändert dies nichts an der den Buch- bzw. Verkehrswert senkenden Wirkung. Es liegt weiters in der Übernahme der Verbindlichkeit durch die übernehmende Mitunternehmerschaft keine dem § 23 Abs. 1 UmgrStG widersprechende Gegenleistung vor. Die Kreditaufnahme fällt allerdings nicht unter die mit § 16 Abs. 5 Z 1 UmgrStG verbundene Rückwirkungsfiktion sondern unter die allgemeine Rückwirkung gemäß § 25 Abs. 1 UmgrStG in Verbindung mit § 18 Abs. 2 UmgrStG. Die Kreditaufnahme gilt daher als solche der übernehmenden Mitunternehmerschaft. Anders als im Bereich der vom Trennungsprinzip beherrschten Einbringungen nach Art. III UmgrStG (siehe Rz 903 f) stellen die Aufwandszinsen in jenem Ausmaß, das über die nach einkommensteuerrechtlichen Grundsätzen als betrieblich anerkannte Fremdfinanzierung von tatsächlichen Entnahmen hinausgeht (siehe EStR 2000, Rz 1423), keine Betriebsausgaben dar.

4.2.4.5.5 Sachentnahmen nach dem Zusammenschlussstichtag

Gegenstand einer Entnahme können gemäß § 16 Abs. 5 Z 1 UmgrStG nicht 1439
nur liquide Mittel (Barentnahmen), sondern auch Sachwerte (Entnahme von
Wirtschaftsgütern mit oder ohne zugehöriger Schulden) und Wirtschaftsgüter,
die im Rückwirkungszeitraum veräußert wurden, sein. Die Rückbeziehungsoption für Entnahmen wird dadurch ausgeübt, dass die bis zum Vertragstag tatsächlich entnommenen oder veräußerten Wirtschaftsgüter im Wege einer „Passivpost für Entnahmen" in der Zusammenschlussbilanz erfasst werden (§ 16
Abs. 5 Z 1 UmgrStG).

4.2.4.5.6 Vorbehaltene Entnahmen nach dem Zusammenschlussstichtag

Eine vorbehaltene Entnahme im Sinne des § 16 Abs. 5 Z 2 UmgrStG (siehe 1440
Rz 911 ff) kann in der Zusammenschlussbilanz mangels Steuerrechtspersönlich-
keit der übernehmenden Personengesellschaft und damit dem Fehlen des Trennungsprinzips keine kapitalkontenmindernde Wirkung entfalten. Sie kann – ggf.
im Gegensatz zum Zivilrecht – nicht Verbindlichkeitscharakter annehmen.
(BMF-AV Nr. 166/2014, BMF-AV Nr. 181/2014)

4.2.4.5.7 Zurückbehalten von Wirtschaftsgütern

Gemäß § 24 Abs. 1 UmgrStG in Verbindung mit § 16 Abs. 5 Z 3 UmgrStG 1441
können bis zum Tag des Abschlusses des Zusammenschlussvertrages tatsächlich
vorhandene Wirtschaftsgüter des Anlagevermögens und Verbindlichkeiten (ganz
oder teilweise) zurückbehalten werden. Formal geschieht das Zurückbehalten
durch Nichtaufnahme in die Zusammenschlussbilanz.

Durch das Zurückbehalten von Wirtschaftsgütern dürfen weder die Betriebs- 1442
oder Teilbetriebseigenschaft noch der positive Verkehrswert des Zusammenschlussvermögens verloren gehen. Eine Betriebsaufspaltung im Wege des Zurückbehaltens des gesamten Anlagevermögens kann daher nicht unter Art. IV
UmgrStG fallen. Das Zurückbehalten einzelner Anlagegüter, die zu den wesentlichen Betriebsgrundlagen gehören, führt zu keiner Verletzung der Anwendungsvoraussetzungen des § 23 UmgrStG (siehe auch Rz 1358 bis 1358b).
(BMF-AV Nr. 166/2014)

Das Zurückbehalten von Wirtschaftsgütern zur privaten Nutzung stellt eine 1443
Entnahme dar. Es sind daher die Bewertungsregeln für Entnahmen nach § 6 Z 4
EStG 1988 anzuwenden. Bei Ansatz des Teilwertes kommt es daher zur Aufdeckung der stillen Reserven, die zu versteuern sind. Grund und Boden des Anlagevermögens ist dagegen mit dem Buchwert im Zeitpunkt der Entnahme zu
bewerten.

Beispiel:
Ein rechnungslegungspflichtiger Einzelunternehmer überträgt seinen Betrieb auf eine
Personengesellschaft. Ein bisher als gewillkürtes Betriebsvermögen bilanziertes bebautes Grundstück wird zur privaten (nichtunternehmerischen) Nutzung zurückbehalten. Es liegt eine rückwirkende Entnahme vor. Die Bewertung der Entnahme erfolgt
bezüglich des Grund und Bodens zum Buchwert und bezüglich des Gebäudes zum
Teilwert; die auf das Gebäude entfallenden stillen Reserven sind zu versteuern. Umsatzsteuerlich liegt im Falle der bisherigen unternehmerischen Nutzung des Grundstückes steuerfreier Eigenverbrauch vor. Es kommt daher zu einer Vorsteuerberichtigung gemäß § 12 Abs. 10 UStG 1994. *(BMF-AV Nr. 166/2014)*

Ein Sonderfall des Zurückbehaltens liegt vor, wenn zurückbehaltene aktive 1444
oder passive Wirtschaftsgüter in das Sonderbetriebsvermögen wechseln:

- Ein Einzelunternehmer behält sich ein betrieblich genutztes und damit zum notwendigen Betriebsvermögen zählendes Grundstück zurück, stellt dieses aber der Mitunternehmerschaft zur betrieblichen Nutzung zur Verfügung. Das Grundstück wechselt zusammenschlussbedingt in das Sonderbetriebsvermögen, die steuerlichen Buchwerte sind fortzuführen (VwGH 19.5.2005, 2000/15/0179). Eine Vorsteuerkorrektur ist im Falle der umsatzsteuerpflichtigen entgeltlichen Überlassung nicht vorzunehmen. Die Entgelte für die Nutzungsüberlassung sind Sonderbetriebseinnahmen. Wird das Grundstück unentgeltlich zur Verfügung gestellt, ergeben sich ertragsteuerlich dieselben Konsequenzen, umsatzsteuerlich kommt es jedoch infolge des steuerfreien Eigenverbrauchs des Grundstücks zur Vorsteuerberichtigung gemäß § 12 Abs. 10 UStG 1994.

- Bei Übertragung des Betriebes durch eine Mitunternehmerschaft ist die gleichzeitige steuerneutrale Überführung von betrieblichen Wirtschaftsgütern aus dem Gesamthand- oder Gemeinschaftsvermögen in das Sonderbetriebsvermögen der beteiligten Mitunternehmerschaft nur möglich, wenn die Eigenschaft von notwendigem oder gewillkürtem Sonderbetriebsvermögen weiterhin vorliegt und es im Zuge der Überführung zu keinen Verschiebungen bezüglich der Zuordnung (Substanzbeteiligung) der betroffenen Wirtschaftsgüter zu den beteiligten Mitunternehmern kommt (VwGH 17.1.1995, 94/14/0077). Siehe dazu auch Rz 1445.

- Bei Übertragung des Betriebes durch eine Mitunternehmerschaft stellt die Überführung von betrieblichen Wirtschaftsgütern in das Sonderbetriebsvermögen unter Änderung der Zuordnungsverhältnisse zu den beteiligten Mitunternehmern einen Entnahme/Einlage-Vorgang dar (siehe dazu EStR 2000 Rz 5931).

Beispiel 1:

Die AB-OG schließt sich mit C zur ABC-KG zusammen. Im durch die AB-OG übertragenen Betrieb befindet sich auch ein bebautes Grundstück, das im Zuge des Zusammenschlusses zur Gänze in das Sonderbetriebsvermögen des A überführt werden soll. Durch die Überführung in das Sonderbetriebsvermögen des A verliert B seine bisherige 50-prozentige Substanzbeteiligung am Grundstück. Es kommt zu einer Entnahme durch B und in weiterer Folge zu einer Zuwendung an A mit nachfolgender Einlage durch A. Die Entnahme des Grund und Bodens erfolgt zum Buchwert, die des Gebäudes zum Teilwert.

Die Erfassung der durch die Entnahme aufgedeckten stillen Reserven erfolgt im Rahmen der letzten Ergebnisfeststellung der übertragenden Mitunternehmerschaft und ist den Gesellschaftern entsprechend der Gewinnverteilung zuzurechnen.

Erfolgt die Änderung der Zuordnung von Wirtschaftsgütern gegen Gewährung von Gesellschafterrechten, stellt dies einen Tausch außerhalb des Anwendungsbereiches des Art. IV UmgrStG dar.

Beispiel 2:

Die AB-OG schließt sich mit C zur ABC-KG zusammen. Im durch die AB-OG übertragenen Betrieb befindet sich auch ein bebautes Grundstück, das im Zuge des Zusammenschlusses zur Gänze in das Sonderbetriebsvermögen des A überführt werden soll. Durch die Überführung in das Sonderbetriebsvermögen des A verliert B seine bisherige 50-prozentige Substanzbeteiligung am Grundstück. Im Gegenzug erhält B eine höhere Beteiligung an der Mitunternehmerschaft. Es liegt ein Tausch vor. *(BMF-AV Nr. 166/2014)*

1445   Die Überführung von Wirtschaftsgütern aus dem Gesellschafts- bzw. Gemeinschaftsvermögen einer Mitunternehmerschaft (zB Betriebsgrundstück) in individuelles Quoteneigentum der Mitunternehmer kann eine Entnahme mit nachfolgender Einlage in das Sonderbetriebsvermögen darstellen:

- In eine unternehmensrechtliche Personengesellschaft (zB KG) tritt ein neuer Gesellschafter (zB Kommanditist) ein. Das bisher im Gesellschaftsvermögen der Gesellschaft stehende Grundstück wird in das Sonderbetriebsvermögen (individuelles Quoteneigentum) der bisherigen Gesellschafter überführt und der Gesellschaft zur Nutzung überlassen. Das rückwirkende Überführen ist eine Entnahme aus dem Gesellschaftsvermögen mit anschließender Einlage ins Sonderbetriebsvermögen. Eine steuerneutrale Überführung ins individuelle Quoteneigentum erfolgt dann, wenn die Beteiligungsquoten an der Mitunternehmerschaft vor dem Zusammenschluss mit den nachfolgenden Miteigentumsquoten am Grundstück übereinstimmen (VwGH 19.5.2005, 2000/15/0179). Stimmen die Miteigentumsquoten am nunmehrigen Sonderbetriebsvermögen nicht mit den Beteiligungsquoten an der Mitunternehmerschaft überein, ist das Gebäude zum Teilwert und der Grund und Boden grundsätzlich zum Buchwert zu entnehmen, sodass es zur Aufdeckung der stillen Reserven des Gebäudes kommt. Hinsichtlich des Gebäudes erfolgt eine vereinfachte Teilwertermittlung (EStR 2000 Rz 5926). Eine allenfalls auf die Anschaffungs- oder Herstellungskosten übertragene Rücklage gemäß § 12 EStG 1988 ist steuerpflichtig aufzulösen. Eine steuerneutrale Überführung ist auch dann zulässig, wenn der Mitunternehmeranteil zum Betriebsvermögen des Mitunternehmers gehört (KStR 2013 Rz 406). Umsatzsteuerlich kann eine Lieferung des Grundstücks von der Gesellschaft an die (neue) Miteigentümergemeinschaft angenommen werden. Es kann daher bei Option zur Steuerpflicht eine Vorsteuerberichtigung gemäß § 12 Abs. 10 UStG 1994 vermieden werden, falls eine anschließende entgeltliche Überlassung durch die Miteigentümergemeinschaft erfolgt.

- Zu einer GesbR tritt ein weiterer Gesellschafter hinzu. Ein Grundstück wird vom Gesellschaftsvermögen der (alten) GesbR ins Sonderbetriebsvermögen (individuelles Quoteneigentum) der bisherigen Gesellschafter überführt und der erweiterten (neuen) GesbR zur Nutzung überlassen. Es liegt ein Entnahme-Einlagetatbestand vor, es sei denn, es liegt die im Vorpunkt erwähnte Übereinstimmung der Beteiligungsverhältnisse vor dem Zusammenschluss mit den nachfolgenden Miteigentumsverhältnissen am Grundstück vor. Obwohl die GesbR kein zivilrechtliches Gesamthandeigentum haben kann (wie eine OG/KG), besitzt sie aus ertragsteuerlicher Sicht ein diesem gleichwertiges gemeinschaftliches Betriebsvermögen (Gesellschafts-, Gemeinschaftsvermögen). Hinsichtlich des Gebäudes erfolgt eine vereinfachte Teilwertermittlung (EStR 2000 Rz 5926); eine allenfalls auf Anschaffungs- oder Herstellungskosten übertragene Rücklage gemäß § 12 EStG 1988 ist steuerpflichtig aufzulösen. Die auf Grund und Boden entfallenden stillen Reserven sind nicht zu versteuern, da die Entnahme grundsätzlich zum Buchwert erfolgt. *(BMF-AV Nr. 166/2014)*

1445a Das Zurückbehalten von Anlagegütern ist im Sinne des dem allgemeinen Ertragsteuerrecht innewohnenden Grundsatzes, dass sich die Sachentnahme aus dem Betrieb grundsätzlich auch auf das mit dem Aktivum zusammenhängenden Passivum bezieht, nur mehr zusammen mit dem unmittelbar verbundenem Fremdkapital möglich. Der Zusammenhang ist nur dann unbeachtlich, wenn vom Stichtag zurück bereits mehr als sieben Wirtschaftsjahre vergangen sind.

Beispiel:
Der rechnungslegungspflichtige A überträgt seinen Einzelbetrieb zum 31.12.10 auf die A-GmbH&CoKG gegen Gewährung von Gesellschafterrechten und möchte dabei das a) zum gewillkürten b) zum notwendigen Betriebsvermögen gehörende Grundstück zurückbehalten. Am Zusammenschlussstichtag ist ein anschaffungsbedingter Kredit in Höhe von 15.000 offen. Sollte die Anschaffung des Grundstücks vor dem 31.12.03 erfolgt sein, kann A den Kredit übertragen, obwohl das Betriebsgrundstück zurückbehalten wird. Ist die Anschaffung später erfolgt, kommt es im Fall a) zwingend zur Entnahme des Grundstücks bzw. hinsichtlich des zurückbehaltenen Kredits zu einem Einlagentatbestand, im Fall b) zum Übergang des Grundstücks und des Kredits in das Sonderbetriebsvermögen.

Zu den Rechtsfolgen der Verletzung der zusammenhängenden Beurteilung siehe Rz 1447b. *(BMF-AV Nr. 166/2014)*

4.2.4.5.8 Verschieben von Wirtschaftsgütern

1446   Gemäß § 24 Abs. 1 UmgrStG in Verbindung mit § 16 Abs. 5 Z 4 UmgrStG können auch aktive und passive Wirtschaftsgüter aus einem nicht übertragenen Betrieb oder Teilbetrieb im Rahmen einer (Teil)Betriebsübertragung mitübertragen werden, soweit dies nach den Gewinnermittlungsgrundsätzen (notwendiges oder gewillkürtes Betriebsvermögen) möglich ist (siehe Rz 926). Die Zuordnung solcher Wirtschaftsgüter zum übertragenen Teilbetrieb erhöht oder senkt den Buch- bzw. Übertragungswert.

Kein Fall des Verschiebens liegt vor, wenn zurückbehaltene Wirtschaftsgüter mangels eines Restbetriebes in das Sonderbetriebsvermögen wechseln.

1447   Fälle des Verschiebens von Wirtschaftsgütern:

Ein Einzelunternehmer überträgt einen Teilbetrieb auf eine Personengesellschaft und behält das Betriebsgrundstück dieses Teilbetriebes zur weiteren betrieblichen Nutzung im Restbetrieb. Der Buchwert des Grundstücks wird im Restbetrieb fortgeführt, es ergeben sich keine steuerlichen Konsequenzen, wenn das Betriebsgrundstück zum notwendigen bzw. bei rechnungslegungspflichtigen Gewerbetreibenden zum gewillkürten Betriebsvermögen des Restbetriebes gehört. Liegt dies nicht vor, ist eine rückwirkende Entnahme anzunehmen.

Ein Gewerbetreibender überträgt einen Teilbetrieb einschließlich einer zum Betriebsvermögen des Restbetriebes gehörenden Forderung, um die Finanzierungssituation in der Personengesellschaft zu verbessern. *(BMF-AV Nr. 166/2014)*

1447a   Die Verschiebetechnik des § 16 Abs. 5 Z 4 UmgrStG ist dadurch gekennzeichnet, dass Wirtschaftsgüter nur zusammen mit unmittelbar verbundenem Fremdkapital zwischen den beiden Teilbetrieben verschoben werden. Damit wird eine Zerlegung unmittelbar wirtschaftlich zusammenhängender Aktiv- und Passivposten ausgeschlossen, was dem einkommensteuerlichen Grundsatz des Zusammenhangs von Aktivum und damit verbundenen Passivum entspricht. Siehe weiters dazu Rz 926a und Rz 926b. *(BMF-AV Nr. 166/2014)*

1447b   Sollten entgegen § 16 Abs. 5 Z 3 oder Z 4 UmgrStG Wirtschaftsgüter und mit ihnen unmittelbar zusammenhängendes Fremdkapital dennoch getrennt werden, ist damit keine Anwendungsvoraussetzung des § 23 UmgrStG verletzt, weil es sich hierbei um eine Ordnungsvorschrift handelt.

Wird daher zB das Grundstück ohne den Anschaffungskredit nach Z 3 zurückbehalten oder wird der kurz vor dem Stichtag aufgenommene Kredit ohne die vorhandenen liquiden Mittel oder damit erworbenen Aktiva nach Z 4 in den zu übertragenden Teilbetrieb verschoben, ist der in die Personengesellschaft aufgenommene Kredit nicht als negatives gemeinschaftliches Betriebsvermögen zu werten, sodass die Aufwandszinsen bei der einheitlichen Gewinnermittlung nicht abzugsfähig sind. Die Kredite behalten allerdings im Restbetrieb oder im Sonderbetriebsvermögen ihre Betriebsvermögenseigenschaft und können als persönliche (Sonder)Betriebsausgaben abgezogen werden.

Wird das Aktivum mitübertragen und die unmittelbar zusammenhängende Verbindlichkeit zurückbehalten, gilt diese zunächst als mitübertragen und in der Folge vom Übertragenden abgedeckt, dh. in das Sonderbetriebsvermögen übernommen, sodass die Aufwandszinsen als Sonderbetriebsausgaben abzugsfähig sind. *(BMF-AV Nr. 166/2014)*

4.2.4.5.9 Rückwirkende Maßnahmen bei übertragenden Körperschaften

Übertragende Körperschaften können das Zusammenschlussvermögen rückwirkend durch folgende Maßnahmen verändern: 1448

- Verschieben von Wirtschaftsgütern gemäß § 16 Abs. 5 Z 4 UmgrStG (siehe Rz 926 und 1446 f);
- Zurechnung von im Zeitraum zwischen Zusammenschlussstichtag und Abschluss des Zusammenschlussvertrages beschlossenen offenen Gewinnausschüttungen bzw. Einlagenrückzahlungen im Sinne des § 4 Abs. 12 EStG 1988 (§ 16 Abs. 5 Z 5 UmgrStG);
- Zurechnung von im Zeitraum zwischen Zusammenschlussstichtag und Abschluss des Zusammenschlussvertrages von den Gesellschaftern getätigten Einlagen in die übertragende Körperschaft (§ 16 Abs. 5 Z 5 UmgrStG).

Siehe weiters Rz 927 f. *(BMF-AV Nr. 166/2014)*

4.2.5. Bewertung bei grenzüberschreitenden Zusammenschlüssen

Die Bewertung richtet sich nach der Art des grenzüberschreitenden Zusammenschlusses: 1448a

- Export-Zusammenschluss:

Ein Export-Zusammenschluss liegt vor, wenn inländisches Vermögen auf eine ausländische Personengesellschaft gegen Gewährung von Gesellschafterrechten übertragen wird. Soweit das Besteuerungsrecht der Republik Österreich hinsichtlich des übertragenen Vermögens dabei nicht eingeschränkt wird, kommt es bei Beachtung der §§ 23 und 24 UmgrStG zur zwingenden Buchwertfortführung. Soweit es aber zu einer Einschränkung des Besteuerungsrechtes hinsichtlich des übertragenen Vermögens kommt, ist gemäß § 24 Abs. 1 Z 3 UmgrStG der gemäß § 6 Z 6 lit. a EStG 1988 maßgebende Wert (Fremdvergleichswert) anzusetzen und § 6 Z 6 lit. c bis e EStG 1988 idF AbgÄG 2015 ist sinngemäß anzuwenden (bis 31.12.2015: sinngemäße Anwendung von § 1 Abs. 2 UmgrStG idF vor AbgÄG 2015). Folglich ist im Falle der Einschränkung des Besteuerungsrechtes gegenüber EU/EWR-Staaten eine Entrichtung der Steuerschuld in Raten (bis 31.12.2015: ein Antrag auf Nichtfestsetzung) möglich (siehe Rz 44a ff).

- Import-Zusammenschluss:

Zur Bewertung bei einem Import-Zusammenschluss siehe Rz 1458a. *(BMF-AV Nr. 131/2018)*

4.2.6. Internationale Schachtelbeteiligung

1449   Zum Entstehen und zum Untergang einer internationalen Schachtelbeteiligung im Sinne des § 10 Abs. 2 KStG siehe Rz 1462 f. Ausschüttungen aus internationalen Schachtelbeteiligungen sind in Folge des Verweises in § 24 Abs. 1 UmgrStG auf § 14 Abs. 1 UmgrStG auch dann steuerbefreit, wenn die Jahresfrist nur in Folge des Zusammenschlusses nicht eingehalten wird. *(AÖF 2008/ 243)*

Die übernehmende Personengesellschaft

§ 25. (1) Für die übernehmende Personengesellschaft gilt Folgendes:

1. Sie hat das übernommene Vermögen mit jenen Werten anzusetzen, die sich beim Übertragenden unter Anwendung des § 16 bei Beachtung des § 24 Abs. 2 ergeben.

2. Soweit das Besteuerungsrecht der Republik Österreich hinsichtlich übernommener Vermögensteile entsteht, gilt Folgendes:
   – Sie sind mit dem höheren Teilwert anzusetzen.
   – Werden Vermögensteile übernommen, für die die Abgabenschuld nicht festgesetzt worden ist, sind die ursprünglichen Anschaffungskosten oder fortgeschriebenen Buchwerte, höchstens aber die gemeinen Werte anzusetzen. Die spätere Veräußerung oder das sonstige Ausscheiden gilt nicht als rückwirkendes Ereignis im Sinn des § 295a der Bundesabgabenordnung. Weist die übernehmende Personengesellschaft nach, dass Wertsteigerungen im übrigen EU/EWR-Raum eingetreten sind, sind diese vom Veräußerungserlös abzuziehen.

3. Sie ist im Rahmen einer Buchwertübertragung für Zwecke der Gewinnermittlung so zu behandeln, als ob sie Gesamtrechtsnachfolger wäre.

(2) § 14 Abs. 2 gilt für die übernehmende Personengesellschaft mit Beginn des dem Zusammenschlussstichtag folgenden Tages, soweit in § 16 Abs. 5 und § 26 Abs. 2 keine Ausnahmen vorgesehen sind.

(3) Für internationale Schachtelbeteiligungen im Sinne des § 10 Abs. 2 des Körperschaftsteuergesetzes 1988 gilt Folgendes:

1. Entsteht durch den Zusammenschluss eine internationale Schachtelbeteiligung oder wird ihr Ausmaß erweitert, ist hinsichtlich der bisher nicht steuerbegünstigten Beteiligungsquoten auf den Unterschiedsbetrag zwischen den Buchwerten und den höheren Teilwerten § 10 Abs. 3 erster Satz des Körperschaftsteuergesetzes 1988 nicht anzuwenden.

2. Geht durch den Zusammenschluss die Eigenschaft einer Beteiligung als internationale Schachtelbeteiligung unter, gilt, soweit für sie keine Option zugunsten der Steuerwirksamkeit erklärt worden ist, der höhere Teilwert zum Zusammenschlussstichtag, abzüglich auf Grund einer Umgründung nach diesem Bundesgesetz von § 10 Abs. 3 erster Satz des Körperschaftsteuergesetzes 1988 ausgenommener Beträge, als Buchwert.

(4) § 9 Abs. 9 ist sinngemäß anzuwenden.

(5) Für zum Buchwert übernommene Grundstücke im Sinne des § 30 Abs. 1 des Einkommensteuergesetzes 1988 gilt Folgendes:

1. Der Teilwert von Grund und Boden ist in Evidenz zu nehmen, wenn im Falle einer Veräußerung am Zusammenschlussstichtag § 30 Abs. 4 des Einkommensteuergesetzes 1988 beim Übertragenden auf den gesamten Grund und Boden anwendbar wäre. Bei späterer Veräußerung des Grund und Bodens ist wie folgt vorzugehen:

– Für Wertveränderungen bis zum Zusammenschlussstichtag kann § 30 Abs. 4 des Einkommensteuergesetzes 1988 beim Übertragenden angewendet werden, wobei an Stelle des Veräußerungserlöses der in Evidenz genommene Teilwert tritt.

– Für Wertveränderungen nach dem Zusammenschlussstichtag kann § 30 Abs. 4 des Einkommensteuergesetzes 1988 beim Übertragenden insoweit angewendet werden, als diesem der Grund und Boden weiterhin zuzurechnen ist. Darüber hinaus ist § 30 Abs. 4 des Einkommensteuergesetzes 1988 nicht anwendbar.

2. § 30 Abs. 4 des Einkommensteuergesetzes 1988 kann insoweit beim Übertragenden angewendet werden, als bei diesem im Falle einer Veräußerung am Zusammenschlussstichtag § 30 Abs. 4 des Einkommensteuergesetzes 1988 aufgrund eines Wechsels der Gewinnermittlungsart oder einer Einlage (§ 4 Abs. 3a Z 3 lit. c oder Z 4 des Einkommensteuergesetzes 1988) nur eingeschränkt anwendbar wäre.

Dies gilt sinngemäß für nicht zum Betriebsvermögen gehörende Grundstücke, soweit auf diese § 6 Z 5 des Einkommensteuergesetzes 1988 angewendet wird.

(BGBl I 2015/163)

Gliederung:

4.3. Übernehmende Personengesellschaft (§ 25 UmgrStG)

1450   Gemäß § 25 Abs. 1 UmgrStG hat die übernehmende Personengesellschaft die steuerlichen Werte aus der Zusammenschlussbilanz fortzuführen. Das sind idR die Buchwerte und im Ausnahmefall der Aufwertungsverpflichtung bzw. -option die Teilwerte.

4.3.1. Rechtsnachfolge

1451   Da das Unternehmensrecht für die im Zuge des Zusammenschlusses erfolgende Vermögensübertragung keine speziellen Vorschriften enthält, erfolgt der zusammenschlussbedingte Vermögensübergang regelmäßig im Wege der privatrechtlichen Einzelrechtsnachfolge. Die einzelnen Vermögensgegenstände und Rechte gehen erst durch Einzelübertragung, unter Beachtung der hiefür jeweils gesetzlich vorgeschriebenen Rechtsakte (Grundstücke daher erst durch Intabulation), in das Eigentum der Personengesellschaft über (VwGH 16.6.2004, 2001/08/0034). Bestehende zivilrechtliche Vertragsverhältnisse, die das eingebrachte Vermögen betreffen, gehen daher nur dann auf die übernehmende Personengesellschaft über, wenn das Vertragsverhältnis im Wege der Vertragsübernahme auf diese übertragen wird. Dies wäre grundsätzlich nur mit der Zustimmung jedes einzelnen bisherigen Vertragspartners des Übertragenden möglich. Unternehmensrechtlich sieht § 38 Abs. 1 UGB jedoch einen Übergang von unternehmensbezogenen Vertragsverhältnissen durch die aufnehmende Personengesellschaft vor, wobei dem Dritten ein Widerspruchsrecht zusteht, sofern nicht Gegenteiliges vereinbart wird. Arbeitsverhältnisse gehen idR kraft Gesetzes mit Übergang eines Unternehmens, Betriebes oder Teilbetriebes auf einen anderen auch auf diesen über (siehe Rz 1467 ff). *(BMF-AV Nr. 193/2015)*

4.3.1.1 Fiktive steuerrechtliche Gesamtrechtsnachfolge

Die übernehmende Personengesellschaft tritt im Rahmen der Buchwertübertragung in die bilanzsteuerrechtlichen Rechte und Pflichten des Übertragenden ein (§ 25 Abs. 1 UmgrStG). Die Siebenjahresfrist des § 37 EStG 1988 wird durch den Zusammenschlussstichtag nur für den Übertragenden eines (Teil)Betriebes oder Mitunternehmeranteils nicht unterbrochen. Bspw. kommt es für den Einzelunternehmer durch den Zusammenschluss mit Buchwertfortführung zu keinem Neubeginn der Siebenjahresfrist, wohl aber für einen mit Bargeld oder anderen Wirtschaftsgütern Beitretenden. 1452

Diese steuerrechtliche Gesamtrechtsnachfolge-Fiktion tritt nur bei Buchwertfortführung ein. *(BMF-AV Nr. 166/2014)*

Die übernehmende Personengesellschaft hat auf Grund dieser Fiktion bspw. nachstehende Verpflichtungen zu beachten: 1453

- Beibehaltung der Abschreibungsgrundsätze (einschließlich Fortführung der Sonderabschreibung gemäß § 8 Abs. 2 EStG 1988)

- Fortführung steuerfreier Rücklagen (siehe auch Rz 1453a),

- Beachtung offener Schwebeverluste (§ 2 Abs. 2a EStG 1988) und aliquote Anrechnung im Rahmen der Gewinnfeststellung der folgenden Wirtschaftsjahre auf die einzelnen übertragenden Gesellschafter

- Fortführung von Pensionsrückstellungen bzw. des Abbaus des Unterdeckungsbetrages der Pensionsrückstellungen (§ 116 Abs. 4 Z 2 EStG 1988) bei fortgesetzter Bilanzierung

- Fortführung der Abfertigungsrückstellung (EStR 2000 Rz 3351) unter Beachtung der Übergangsregelungen des § 124b Z 66 bis 68 EStG 1988 (EStR 2000 Rz 3337)

- Zehntel aus Instandsetzungen gemäß § 4 Abs. 7 EStG 1988 und Siebentel aus Teilwertabschreibungen gemäß § 12 KStG 1988, Fünfzehntel aus der Abschreibung des Sockelbetrages aus Jubiläumsgeldrückstellungen sind den Übertragenden weiterhin personenbezogen zuzurechnen. *(BMF-AV Nr. 166/2014)*

Sonderregelungen des EStG 1988 können bei der übernehmenden Personengesellschaft zu besonderen Rechtsfolgen führen: 1453a

- Hat der Übertragende die Regelungen des § 11a EStG 1988 über die begünstigte Besteuerung für nicht entnommene Gewinne in Anspruch genommen, ist
  - bei Buchwertführung für Zwecke einer allfälligen Nachversteuerung auf die Gewinne, Entnahmen und Einlagen in der Folgeära der Mitunternehmerstellung abzustellen (EStR 2000 Rz 3860o)
  - bei steuerwirksamer Aufwertung von einem einer Veräußerung gleichzuhaltenden Tatbestand auszugehen, der keine Nachversteuerung auslöst (EStR 2000 Rz 3860m)
- Hat der Übertragende Übertragungsrücklagen gemäß § 12 EStG 1988 gebildet, laufen offene Verwendungsfristen gemäß § 12 Abs. 9 EStG 1988 weiter. Im Fall der Übertragung von Teilbetrieben kann der Übertragende die Übertragungsrücklage frei zuordnen, dh. sie aufteilen oder zur Gänze dem Teilbetrieb oder dem Restbetrieb zurechnen. Ist an der übernehmenden Personengesellschaft eine Körperschaft substanzbeteiligt, die von den Regelungen des § 12 EStG 1988 ausgeschlossen ist, ist beim Übertragenden eine Nachversteuerung zum Zusammenschlussstichtag insoweit nicht vorzunehmen, als die Rücklage weiterhin natürlichen Personen zuzurechnen ist (EStR 2000 Rz 3892d). Daraus ergibt sich, dass eine Nachversteuerung zur Gänze unterbleiben kann, wenn sich der übertragende Einzelunternehmer im Zusammenschlussvertrag die Übertragungsrücklage ungeachtet der quotalen Beteiligung an der übernehmenden Personengesellschaft vorbehält oder die Rücklage in das Sonderbetriebsvermögen übernimmt.

Beispiel:

Der Einzelunternehmer A weist zum Zusammenschlussstichtag im Jahresabschluss und der Zusammenschlussbilanz eine Übertragungsrücklage von 1000 aus. An der übernehmenden AB-GmbH&CoKG sind A und die B-GmbH zu je 50% beteiligt. Die Übertragungsrücklage wird zur Gänze übernommen und vertraglich dem A vorbehalten. Die AB-GmbH&CoKG tätigt in dem dem Zusammenschlussstichtag folgenden Wirtschaftsjahr eine Investition in Höhe von a) 800 b) 5000.

Im Falle a) entfallen auf A 400, er kann daher die Rücklage in diesem Ausmaß bestimmungsgemäß verwenden und hat den steuerlichen Buchwert von 0 dadurch evident zu halten, dass er in der Sonderbetriebsvermögensbilanz die übertragene stille Rücklage iHv 400 als Bewertungsreserve auf der Passivseite einstellt. Die restliche Rücklage von 600 kann bei weiteren Investitionen bestimmungsgemäß verwendet werden oder ist mangels solcher von A nachzuversteuern.

Im Falle b) entfallen auf A 2500, sodass die Übertragungsrücklage zur Gänze bestimmungsgemäß verwendet werden kann. In der Sonderbetriebsvermögensbilanz ist die Übertragungsrücklage nunmehr als Bewertungsreserve iHv 1000 auszuweisen.

In beiden Fällen steht dem Bilanzansatz auf der Passivseite aktivseitig das Ergänzungskapital gegenüber. *(BMF-AV Nr. 131/2018)*

4.3.1.2 Zeitpunkt der steuerlichen Vermögensübernahme

1454   Ertragsteuerlich gilt das Vermögen mit Beginn des dem Zusammenschlussstichtag folgenden Tages als übernommen. Diese Rückwirkungsfiktion ist zwingend und umfasst auch ein im Sinne des § 23 Abs. 2 UmgrStG in Verbindung mit § 12 Abs. 2 UmgrStG mitübertragenes nicht begünstigtes Vermögen (Rz 1417). Die Rückwirkungsfiktion gilt nicht für die Arbeitnehmerbeteiligung im Sinne des § 26 Abs. 2 UmgrStG hinsichtlich der Behandlung der Einkünfte aus nichtselbständiger Arbeit (Rz 1470 f). *(AÖF 2008/243)*

Auf Grund der Rückwirkungsfiktion beginnt für eine im Rahmen des Art. IV 1454a
UmgrStG neu gegründete Mitunternehmerschaft (siehe Abschn. 4.1.5.1.) das erste Wirtschaftsjahr mit Beginn des dem Zusammenschlussstichtag folgenden Tages. Für eine bestehende (als übertragende zu wertende) Mitunternehmerschaft
beginnt dann ein neues Wirtschaftsjahr, wenn sich bei den bisherigen Mitunternehmern die Beteiligungsquoten ändern, mit dem dem Zusammenschlussstichtag folgenden Tag. Tritt hingegen im Beteiligungsverhältnis keine Änderung ein
(bspw. Beitritt eines reinen Arbeitsgesellschafters ohne Kapitaleinlage; Einlagen
aller Mitunternehmer im Verhältnis ihrer Beteiligungen auf das starre/fixe Kapitalkonto; Einlage des 100-prozentigen Kommanditisten auf das starre/fixe Kapitalkonto; strukturändernder Zusammenschluss im Sinne der Rz 1299), beginnt
kein neues Wirtschaftsjahr (siehe auch Beispiel in Rz 1385b). *(BMF-AV Nr. 166/
2014)*

4.3.1.3 Bewertung des übernommenen Vermögens

Der in der **Zusammenschlussbilanz** des Übertragenden anzusetzende Wert 1455
ist für die übernehmende Personengesellschaft bindend. Das sind die Buchwerte
und in den Ausnahmefällen der Aufwertungsverpflichtung bzw. -option die Teilwerte bzw. gemeinen Werte.

4.3.1.3.1 Übernahme von Betriebsvermögen

4.3.1.3.1.1. Allgemeines *(BMF-AV Nr. 193/2015)*

Unternehmensrechtlich hat die übernehmende Personengesellschaft die 1456
Wahl, die Buchwerte des Übertragenden fortzuführen (§ 202 Abs. 2 UGB) oder
das übertragene Vermögen mit dessen beizulegendem Wert anzusetzen (§ 202
Abs. 1 UGB). Steuerrechtlich hat die übernehmende Personengesellschaft gemäß § 25 Abs. 1 UmgrStG die steuerlich maßgebenden Werte des Übertragenden zwingend zu übernehmen.

Unternehmensrechtliche höhere Ansätze sind auf die steuerlichen Werte zu
korrigieren. Diese steuerlichen Werte sind evident zu halten. *(AÖF 2008/243)*

Sollte sich nachträglich herausstellen, dass die aus dem Jahres- bzw. Zwi- 1457
schenabschluss in die Zusammenschlussbilanz übernommenen Buchwerte im
Hinblick auf das Fehlen einer ausreichenden endgültigen Vorsorge gegen eine
Steuerlastverschiebung durch den Ansatz der höheren Teilwerte einschließlich
eines selbstgeschaffenen Geschäfts- oder Firmenwertes zu ersetzen sind, müssen auch diese Werte von der übernehmenden Personengesellschaft durch eine
Korrektur der Übernahmewerte im Rahmen der Wiederaufnahme des Verfahrens
berichtigt werden.

4.3.1.3.1.2. Übernahme von Grundstücken *(BMF-AV Nr. 193/2015)*

• Werden im Zuge eines Zusammenschlusses Grundstücke zum Buchwert 1457a
übernommen (zur Ausübung der Aufwertungsoption siehe Rz 1425a),
kommt gemäß § 25 Abs. 5 Z 1 UmgrStG eine gespaltene Betrachtungsweise
zur Anwendung.

Der Teilwert von Grund und Boden zum Zusammenschlussstichtag ist in
Evidenz zu nehmen, wenn im Falle der Veräußerung am Zusammenschlussstichtag § 30 Abs. 4 EStG 1988 beim Übertragenden gesamthaft anwendbar wäre („Altvermögen"). Im Falle einer späteren Veräußerung ist wie
folgt vorzugehen:

§ 25

– Für Wertsteigerungen bis zum Zusammenschlussstichtag kann der das Grundstück Übertragende die pauschale Einkünfteermittlung nach § 30 Abs. 4 EStG 1988 weiter auf den Grund und Boden anwenden; an die Stelle des Veräußerungserlöses tritt der in Evidenz genommene Teilwert.

– Für Wertsteigerungen nach dem Zusammenschlussstichtag kann der das Grundstück Übertragende die pauschale Einkünfteermittlung nach § 30 Abs. 4 EStG 1988 auf den Grund und Boden anwenden, soweit ihm dieser nach dem Zusammenschlussstichtag noch zuzurechnen ist (im Ausmaß seiner Beteiligungsquote); die Altvermögenseigenschaft des Grund und Bodens bleibt insoweit bestehen. Auf die anderen Zusammenschlusspartner kann die Altvermögenseigenschaft nicht übertragen werden, weshalb die ihnen zuzurechnenden stillen Reserven jedenfalls nach den allgemeinen Gewinnermittlungsgrundsätzen zu ermitteln sind; insoweit stellt der Grund und Boden Neuvermögen dar.

Beispiel 1:

Der Einzelunternehmer A ermittelt seinen Gewinn nach § 4 Abs. 1 EStG 1988. A und die natürliche Person B schließen sich zu einem nach dem 31.3.2012 liegenden Stichtag zur A&B-OG zusammen. Dabei überträgt A sein Einzelunternehmen samt betrieblichem Grund und Boden („Altvermögen", Buchwert: 200; gemeiner Wert sowie Teilwert zum Zusammenschlussstichtag: 1.200). B leistet eine Bareinlage. Das geplante Beteiligungsverhältnis nach dem Zusammenschluss von A beträgt 70%, das von B 30%.

Der Grund und Boden wird zum Buchwert übernommen. Da bei dem den Grund und Boden Übertragenden A § 30 Abs. 4 EStG 1988 im Falle einer Veräußerung zum Zusammenschlussstichtag gesamthaft anwendbar wäre, kann die gespaltene Betrachtungsweise des § 25 Abs. 5 UmgrStG angewendet werden. Der Teilwert des Grund und Bodens zum Zusammenschlussstichtag (1.200) ist daher in Evidenz zu nehmen. Kommt es nach dem Zusammenschluss zu einer Veräußerung des Grund und Bodens um 2.000, gilt Folgendes:

• A kann die Wertsteigerungen bis zum Zusammenschlussstichtag gemäß § 30 Abs. 4 EStG 1988 pauschal ermitteln, wobei als Veräußerungserlös der in Evidenz genommene Teilwert gilt. Die zu versteuernden stillen Reserven betragen somit 168 (1.200*0,14).

• A kann die Wertsteigerungen ab dem Zusammenschlussstichtag insoweit weiterhin gemäß § 30 Abs. 4 EStG 1988 pauschal ermitteln, als ihm der Grund und Boden nach dem Zusammenschluss noch zuzurechnen ist (Beteiligungsquote von 70%). Die zu versteuernden stillen Reserven betragen somit 78,4 [(Veräußerungserlös 2.000 minus Teilwert im Zeitpunkt des Zusammenschlusses 1.200)*0,7*0,14].

• B muss die Wertsteigerungen ab dem Zusammenschlussstichtag - hinsichtlich seiner Beteiligungsquote von 30% - nach allgemeinen Gewinnermittlungsgrundsätzen ermitteln. Die zu versteuernden stillen Reserven betragen somit 240 [(Veräußerungserlös 2.000 minus Teilwert im Zeitpunkt des Zusammenschlusses 1.200)*0,3].

Der Sondersteuersatz gemäß § 30a Abs. 1 iVm § 30a Abs. 3 EStG 1988 kann von A und B auf die von ihnen zu versteuernden stillen Reserven angewendet werden. Zu den Vorsorgemethoden siehe Rz 1314a.

Alternativ zur gespaltenen Betrachtungsweise kann die Aufwertungsoption gemäß § 24 Abs. 3 UmgrStG in Anspruch genommen werden (siehe dazu Rz 1425a).

• Werden im Zuge eines Zusammenschlusses mit einem Stichtag ab 1.4.2012 Grundstücke zum Buchwert übernommen und ging diesem Zusammenschluss ein Wechsel der Gewinnermittlung auf § 5 Abs. 1 EStG 1988 oder eine Einlage aus dem Privatvermögen voraus (Wechsel oder Einlage vor dem

1.4.2012), ist beim Übertragenden § 30 Abs. 4 EStG 1988 auf Grundstücke am Zusammenschlussstichtag nur eingeschränkt anwendbar (gemäß § 4 Abs. 3a Z 3 lit. c EStG 1988 auf den Aufwertungsteilwert bzw. gemäß Z 4 auf den Einlageteilwert). Im Falle einer späteren Veräußerung kann § 30 Abs. 4 EStG 1988 vom Übertragenden insoweit - somit auf den Aufwertungsteilwert bzw. Einlageteilwert - weiter angewendet werden (§ 25 Abs. 5 Z 2 UmgrStG idF 2. AbgÄG 2014).

Beispiel 2:
Der Einzelunternehmer A ermittelt seinen Gewinn nach § 5 Abs. 1 EStG 1988. A und die natürliche Person B schließen sich zu einem nach dem 31.3.2012 liegenden Stichtag zur A&B-OG zusammen. Dabei überträgt A sein Einzelunternehmen samt betrieblichem Grund und Boden (ursprüngliche Anschaffungskosten: 100; gemeiner Wert sowie Teilwert zum Zusammenschlussstichtag: 1.500); B leistet eine Bareinlage. A führte in seinem Einzelunternehmen in der Vergangenheit einen Wechsel der Gewinnermittlung durch; der Teilwert von Grund und Boden im Zeitpunkt des Wechsels der Gewinnermittlung betrug 1.000. Das geplante Beteiligungsverhältnis von A und B nach dem Zusammenschluss beträgt jeweils 50%. Da § 30 Abs. 4 EStG 1988 am Zusammenschlussstichtag gemäß § 4 Abs. 3a Z 3 lit. c EStG 1988 nur eingeschränkt anwendbar war, kann die pauschale Gewinnermittlung weiter angewendet werden, wobei der Aufwertungsteilwert an die Stelle des Veräußerungserlöses tritt.

Kommt es später zu einer Veräußerung des Grund und Bodens um 2.200, gilt Folgendes:

- A kann die Wertsteigerungen bis zum Wechsel der Gewinnermittlungsart gemäß § 30 Abs. 4 EStG 1988 ermitteln; die Regelung des § 4 Abs. 3a Z 3 lit. c EStG 1988 ist auch nach dem Zusammenschluss weiterhin anzuwenden. Die zu versteuernden stillen Reserven betragen somit in diesem Fall 140 (1.000*0,14).

- A hat die Wertsteigerungen, die ab dem Wechsel der Gewinnermittlungsart bis zum Zusammenschlussstichtag eingetreten sind, nach allgemeinen Gewinnermittlungsgrundsätzen zu ermitteln. Die zu versteuernden stillen Reserven betragen somit 500 (Teilwert im Zeitpunkt des Zusammenschlusses 1.500 minus Aufwertungsteilwert 1.000).

- A und B haben die Wertsteigerungen nach dem Zusammenschlussstichtag – ihren Beteiligungsquoten entsprechend – ebenfalls nach allgemeinen Gewinnermittlungsgrundsätzen zu ermitteln. Die zu versteuernden stillen Reserven betragen somit 700 (Veräußerungserlös 2.200 minus Teilwert zum Zusammenschlussstichtag 1.500; somit für A und B jeweils 350).

Der Sondersteuersatz gemäß § 30a Abs. 1 iVm § 30a Abs. 3 EStG 1988 kann von A und B auf die von ihnen zu versteuernden stillen Reserven angewendet werden.

Alternativ kann die Aufwertungsoption gemäß § 24 Abs. 3 UmgrStG in Anspruch genommen werden (siehe dazu Rz 1425a); dabei kann für die bis zum Wechsel der Gewinnermittlung angefallenen Wertsteigerungen § 30 Abs. 4 EStG 1988 angewendet werden.

Werden im Rahmen eines Zusammenschlusses außerhalb eines begünstigten Vermögens Grundstücke des Privatvermögens zu Buchwerten übertragen (zur Ausübung der Aufwertungsoption siehe Rz 1425a) und wäre § 30 Abs. 4 EStG 1988 am Zusammenschlussstichtag gesamthaft oder eingeschränkt beim Übertragenden anwendbar, kommt § 25 Abs. 5 UmgrStG sinngemäß zur Anwendung, soweit keine Änderung der Zurechnung erfolgt (siehe Rz 1417). *(BMF-AV Nr. 193/2015)*

4.3.1.3.2 Übernahme von außerbetrieblichem Vermögen

Für einen Zusammenschlusspartner, der – neben Vermögen im Sinne des § 23 Abs. 2 UmgrStG oder ausschließlich – einzelne Wirtschaftsgüter überträgt   1458 bzw. eine Bareinlage leistet, gelten hinsichtlich der einzelnen Wirtschaftsgüter die Bestimmungen betreffend Buchwertfortführung nicht. Zur Bewertung siehe Rz 1417. Zur Übertragung von außerbetrieblichen Grundstücken im Zuge eines Zusammenschlusses siehe Rz 1457a und Rz 1425a). *(BMF-AV Nr. 193/2015)*

4.3.1.3.3 Bewertung bei Import-Zusammenschlüssen

1458a Ein Import-Zusammenschluss liegt vor, wenn ausländisches Vermögen auf eine inländische Personengesellschaft gegen Gewährung von Gesellschafterrechten übertragen wird. Soweit das übertragene Vermögen im Inland verbleibt, kommt es bei Beachtung des § 24 UmgrStG zur zwingenden Buchwertfortführung. Soweit Vermögensteile auf die inländische Personengesellschaft übertragen werden und das Besteuerungsrecht der Republik Österreich hinsichtlich dieses Vermögens entsteht, kommt es unabhängig davon, welche Rechtsfolgen sich nach dem Abgabenrecht des Staates der übertragenden Gesellschaft ergeben, in Österreich nach § 25 Abs. 1 Z 2 erster Teilstrich UmgrStG zu einer steuerneutralen Neubewertung zum höheren Teilwert. Damit wird erreicht, dass im Ausland entstandene stille Reserven für den Fall einer späteren Realisierung im Inland von der Besteuerung ausgenommen werden.

Der höhere Teilwert wird auch für wieder übernommenes Vermögen angesetzt, für das aufgrund der ertragsteuerlichen Vorschriften ein Antrag auf Ratenzahlung gestellt wurde (siehe Rz 160b). *(BMF-AV Nr. 40/2017)*

1458b Die Neubewertung zum höheren Teilwert nach § 25 Abs. 1 Z 2 erster Teilstrich UmgrStG hat nicht zu erfolgen, wenn Vermögen übernommen wird, für das die Steuerschuld aufgrund der ertragsteuerlichen Vorschriften ursprünglich nicht festgesetzt worden ist (Re-Import, siehe Rz 160c); in diesem Fall sind gemäß § 25 Abs. 1 Z 2 zweiter Teilstrich UmgrStG die Anschaffungskosten bzw. die (fortgeschriebenen) Buchwerte vor der Auslandsüberführung maßgebend, bei späterer Gewinnverwirklichung sind allerdings nachweislich im Ausland entstandenen stillen Reserven auszuscheiden. Bei nach dem 31.12.2015 erfolgenden Re-Importen kann höchstens der gemeine Wert angesetzt werden, sollte dieser zum Zusammenschlussstichtag niedriger sein (Bewertungshöchstgrenze, siehe Rz 160c). *(BMF-AV Nr. 40/2017)*

4.3.2. Rechts- und Geschäftsbeziehungen zum Übertragenden

1459 Ist der Übertragende vor dem Zusammenschluss hinsichtlich des übertragenen Vermögens in steuerlich anerkannten Rechtsbeziehungen zur übernehmenden Personengesellschaft gestanden, können die Beziehungen nach dem Zusammenschlussstichtag ertragsteuerlich nicht mehr wirksam sein. Bspw. sind Leistungen des übertragenen Betriebes an die übernehmende Mitunternehmerschaft ab Beginn des dem Zusammenschlussstichtag folgenden Tages ertragsteuerlich Innenvorgänge ohne Realisierungscharakter.

1460 Soweit es durch die Vermögensübertragung zur Vereinigung von Forderungen und Verbindlichkeiten in einer Hand kommt (Confusio), sind allfällige Buchgewinne oder Buchverluste steuerwirksam und in dem auf den Zusammenschlussstichtag folgenden Wirtschaftsjahr steuerlich zu erfassen. Ein dem Confusio-Tatbestand gleichkommender Fall kann sich dadurch ergeben, dass sich zwei Einzelunternehmer mit Leistungsbeziehungen zu einer neuen Mitunternehmerschaft zusammenschließen und die Forderungen und Verbindlichkeiten in der Mitunternehmerschaft zusammentreffen; idR werden diese Positionen allerdings in das jeweilige Sonderbetriebsvermögen übernommen und bleiben damit steuerwirksam.

Beispiel:

A und B schließen ihre Einzelunternehmen nach Art. IV UmgrStG zu einer neuen Personengesellschaft zusammen.

Der Einzelunternehmer A hat gegen den Einzelunternehmer B eine Forderung (Anschaffungskosten 100, teilwertberichtigt auf 25), B hat im Betriebsvermögen eine Verbindlichkeit von 100 an A.

Forderung und Verbindlichkeit gehen auf die Mitunternehmerschaft über. Infolge Vereinigung von Forderung und Verbindlichkeit entsteht ein steuerpflichtiger Confusio-Gewinn von 75. Dieser müsste zur Vermeidung einer Äquivalenzverletzung dem B zugerechnet werden, da er durch den Wegfall seiner Schuld von 100 nach Ausgleich mit der bei A noch zu Buche stehenden 25 Forderung um 75 bereichert wird.

Übertragen A und B die Forderung bzw. die Verbindlichkeit jeweils in das Sonderbetriebsvermögen, ist die Tilgung bei A insoweit gewinnerhöhend, als sie 25 übersteigt und bei B ein Gewinn in dem Ausmaß, in dem eine Tilgung endgültig nicht mehr zu erfolgen hat.

Sollte A auf die Forderung vor dem Zusammenschlussstichtag verzichten, liegt entweder ein betrieblicher oder ein außerbetrieblicher Vorgang vor, der nach einkommensteuerrechtlichen Grundsätzen zu beurteilen ist. Gleiches gilt für einen Verzicht im Bereich des Sonderbetriebsvermögens. *(BMF-AV Nr. 193/2015)*

Führt ein Mitunternehmer neben der Mitunternehmerschaft einen eigenständigen (Teil)Betrieb, sind ab Beginn des dem Zusammenschlussstichtag folgenden Tages die Leistungsbeziehungen zwischen diesem (Teil)Betrieb und der Gesellschaft anzuerkennen, sofern sie beiderseits betrieblich veranlasst sind und fremdüblich erfolgen (siehe EStR 2000, Rz 5860ff).   1461

4.3.3. Internationale Schachtelbeteiligung

4.3.3.1 Entstehen bzw. Erweiterung einer internationalen Schachtelbeteiligung

Eine internationale Schachtelbeteiligung kann im Hinblick auf die in § 10   1461a Abs. 2 KStG 1988 vorgesehene Möglichkeit einer mittelbar gehaltenen Beteiligungen zusammenschlussveranlasst entstehen bzw. erweitert werden.

Dies ist der Fall, wenn die Körperschaft eine weniger als 10% betragende Beteiligung der ausländischen Körperschaft besitzt und durch eine Vermögensübertragung auf eine Mitunternehmerschaft gegen Gewährung von Gesellschafterrechten quotenmäßig an der Beteiligung der Mitunternehmerschaft an derselben ausländischen Körperschaft in Summe nunmehr eine 10% oder mehr betragende Beteiligung besitzt. Eine Erweiterung ist denkbar, wenn die von der Körperschaft gehaltene internationale Schachtelbeteiligung im Sinne des § 10 Abs. 2 KStG 1988 auf Grund des Zusammenschlusses durch die mittelbar durch die Mitunternehmerschaft gehaltene Beteiligung den Besitzstand erweitert. *(AÖF 2008/243)*

Die mit dem Entstehen oder der Erweiterung der internationalen Schachtel-   1461b beteiligung verbundene Ausnahme von der Steuerneutralität stellt darauf ab, dass die bis zum Zusammenschlussstichtag angesammelten steuerhängigen stillen Reserven auch in der Folge bei der an der übernehmenden Personengesellschaft beteiligten Körperschaft steuerhängig bleiben. Es unterliegt der Unterschiedsbetrag zwischen Buchwert und dem höheren Teilwert der Schachtelbeteiligung an dem dem Zusammenschlussstichtag folgenden Tag bei späterer

Realisierung der Körperschaftsteuerpflicht. Der Unterschiedsbetrag ist in Evidenz zu nehmen.

Da der Zusammenschluss keinen Anschaffungtatbestand darstellt, tritt die Steuerneutralität und die dargestellte Ausnahme davon zwingend ein, eine Option zu Gunsten der Steuerwirksamkeit im Sinne des § 10 Abs. 3 KStG 1988 ist nicht möglich. Die Jahresfrist beginnt in diesem Fall ab dem dem Zusammenschlussstichtag folgenden Tag zu laufen. *(AÖF 2008/243)*

4.3.3.2 Untergang einer internationalen Schachtelbeteiligung

1462   Eine am Zusammenschlussstichtag bestehende steuerneutrale internationale Schachtelbeteiligung im Sinne des § 10 Abs. 2 KStG 1988 geht durch einen Zusammenschluss dann unter, wenn sie durch eine Körperschaft im Rahmen der Übertragung eines Betriebes oder Teilbetriebes auf eine Mitunternehmerschaft übertragen wird und auf Grund der quotenmäßigen Beteiligung an der übernehmenden Mitunternehmerschaft eine Beteiligung an der ausländischen Körperschaft von weniger als 10% entsteht (§ 25 Abs. 3 UmgrStG). *(AÖF 2008/243)*

1463   Im Falle des Untergehens einer internationalen Schachtelbeteiligung hat eine steuerneutrale Aufwertung auf den höheren Teilwert zum Zusammenschlussstichtag zu erfolgen. Der höhere Teilwert ist nach § 25 Abs. 3 Z 2 UmgrStG um

- bis zum Zusammenschlussstichtag entstandene fiktive Teilwertabschreibungen nach der Rechtslage vor dem Budgetbegleitgesetz 2003 (BGBl. I 71/2003) und

- bis zum Zusammenschlussstichtag umgründungsbedingt entstandene von der Steuerneutralität ausgenommene Unterschiedsbeträge und

- vor dem Entstehen der internationalen Schachtelbeteiligung vorgenommene steuerwirksame Teilwertabschreibungen im Sinne des § 12 Abs. 3 Z 2 KStG 1988

zu kürzen. Der sich nach der Kürzung ergebende Betrag gilt für die an der übernehmenden Mitunternehmerschaft beteiligte Körperschaft als steuerlich maßgebender Buchwert und ist in Evidenz zu nehmen. *(AÖF 2008/243)*

4.3.4. Buchführungsgrenzen

1464   Wird zivilrechtlich eine Personengesellschaft durch den Zusammenschluss erst begründet, die nicht schon nach der Rechtsform rechnungslegungspflichtig im Sinne des UGB ist, besteht die Rechnungslegungspflicht (nach einem Rumpf-Pufferjahr) bereits ab dem der tatsächlichen Übernahme des Vermögens folgenden Geschäftsjahr, wenn ein Rechtsvorgänger hinsichtlich des übernommenen (Teil-)Betriebes zur Rechnungslegung verpflichtet war, es sei denn, dass der Schwellenwert für den übernommenen (Teil-)Betrieb in den letzten zwei aufeinanderfolgenden Geschäftsjahren nicht erreicht wurde. War keiner der Rechtsvorgänger hinsichtlich der übernommenen (Teil-)Betriebe zur Rechnungslegung verpflichtet, ist für neue Unternehmer und für übernommene (Teil-)Betriebe der Zeitraum des § 189 UGB von zwei Geschäftsjahren beim neuen Unternehmer zu beachten. Dieselben Grundsätze kommen zur Anwendung bei Veränderungen einer bestehenden Personengesellschaft durch Zusammenschluss. Eine bilanzsteuerliche und zivilrechtliche Gesamtrechtsnachfolge ist nicht maßgeblich. *(BMF-AV Nr. 166/2014)*

4.3.5. Zusammenschlussbedingte Wirkungen in Bezug auf die Kapitalertragsteuer

Hinsichtlich der Änderungen auf Grund der Vermögensübertragung durch   1464a
eine Körperschaft in Bezug auf offene Ausschüttungen und Zinsenerträge aus
Geldeinlagen und Kapitalerträgen aus Forderungswertpapieren nach dem Zusammenschlussstichtag siehe Rz 565a ff. Die Wirkungen treten nicht ein, wenn
die Ausschüttungen bzw. Geldeinlagen und Wertpapiere nach dem nach § 24
Abs. 1 UmgrStG maßgebenden § 16 Abs. 5 Z 4 und 5 UmgrStG nicht auf die
Personengesellschaft übertragen werden. *(AÖF 2008/243)*

4.4. Behandlung der Mitunternehmer

4.4.1 Zeitpunkt des Erwerbs des Mitunternehmeranteils

Mit der Übernahme des übertragenen Vermögens durch die Personengesell-   1465
schaft (Rz 1452) zu Beginn des dem Zusammenschlussstichtag folgenden Tages
erwirbt der Übertragende auch das als Gegenleistung bestimmte Gesellschafterrecht. Zu diesem Zeitpunkt treten auch die einkommensteuerrechtlichen Folgen
allfälliger äquivalenzverletzungsbedingter Anteilsveränderungen ein (siehe
Rz 1472). *(BMF-AV Nr. 166/2014)*

4.4.2 Bewertung des Mitunternehmeranteils

Das als Gegenleistung erworbene Gesellschafterrecht ist dem Grunde nach   1466
auf Grund der Spiegelbildtheorie mit dem Mitunternehmeranteil laut Zusammenschlussbilanz ident. Im Falle der Vermögensübertragung durch einen nicht
rechnungslegungspflichtigen Partner auf eine rechnungslegungspflichtige Personengesellschaft wirkt sich der Wechsel der Gewinnermittlungsart zu jener
nach § 5 Abs. 1 EStG 1988 analog zur Regelung in § 20 Abs. 8 UmgrStG entsprechend auf den Mitunternehmeranteil aus (Berücksichtigung von bisher nicht
erfassten Passivposten). *(BMF-AV Nr. 166/2014)*

§ 25

§ 26

Sonstige Rechtsfolgen des Zusammenschlusses
§ 26. (1) Es sind anzuwenden:

1. § 6 Abs. 2 hinsichtlich einer im Zuge der Übertragung auftretenden Verschiebung der Beteiligungsverhältnisse mit der Maßgabe, dass der Unterschiedsbetrag mit Beginn des dem Zusammenschlussstichtag folgenden Tages als unentgeltlich zugewendet gilt.

2. § 22 Abs. 3 hinsichtlich der Umsatzsteuer.

(2) Nimmt ein Arbeitnehmer des zu übertragenden Betriebes am Zusammenschluß teil, bleiben die Bezüge und Vorteile aus diesem Dienstverhältnis abweichend von § 14 Abs. 2 bis zur Eintragung des Zusammenschlusses in das Firmenbuch, andernfalls bis zum Tag der Meldung im Sinne des § 24 Abs. 1 Einkünfte aus nichtselbständiger Arbeit, soweit sie sich auf diese Zeit beziehen.

(3) Zusammenschlüsse nach § 23 sind hinsichtlich des übertragenen Vermögens (§ 23 Abs. 2) von den Kapitalverkehrsteuern und von den Gebühren nach § 33 TP 21 des Gebührengesetzes 1957 befreit, wenn das zu übertragene Vermögen am Tag des Abschlusses des Zusammenschlußvertrages länger als zwei Jahre als Vermögen des Übertragenden besteht.

(4) Werden auf Grund eines Zusammenschlusses nach § 23 Erwerbsvorgänge nach § 1 des Grunderwerbsteuergesetzes 1987 verwirklicht, so ist die Grunderwerbsteuer gemäß § 4 in Verbindung mit § 7 des Grunderwerbsteuergesetzes 1987 zu berechnen.

(BGBl I 2015/118)

Gliederung:

4.5. Sonstige Rechtsfolgen des Zusammenschlusses (§ 26 UmgrStG)

4.5.1. Arbeitsverhältnisse (§ 26 Abs. 2 UmgrStG, § 41 UmgrStG)

4.5.1.1 Allgemeines

Sofern die übernehmende Mitunternehmerschaft Dienstnehmer arbeitsrecht- 1467
lich übernimmt, tritt bezüglich der Lohnabgaben „Gesamtrechtsnachfolge" ein
(§ 41 UmgrStG). Der Übergang der Abfuhrverpflichtungen von der übertragenden Rechtsperson auf die übernehmende Mitunternehmerschaft erfolgt nicht
rückwirkend, sondern im Falle der Firmenbuchzuständigkeit de jure im Zeitpunkt der Eintragung bzw. sonst mit dem Tag der Meldung bei dem für die übernehmende Mitunternehmerschaft zuständigen FA (§ 41 UmgrStG). *(AÖF 2008/
243)*

Es bestehen allerdings keine Bedenken, wenn der Übergang der lohnsteuer- 1468
lichen Verhältnisse mit dem der Anmeldung zur Eintragung im Firmenbuch bzw.
soweit keine Eintragung im Firmenbuch vorgesehen ist, mit dem der Meldung
beim zuständigen FA folgenden Lohnzahlungszeitraum vorgenommen wird.
(BMF-AV Nr. 166/2014)

Wird im Rahmen eines Zusammenschlusses das Dienstverhältnis mit dem 1469
umzugründenden Unternehmen als Arbeitgeber einvernehmlich aufgelöst, unterliegen die ausbezahlten Abfertigungen vorbehaltlich der EStR 2000, Rz 1458,
3350, beim Empfänger der Besteuerung gemäß § 67 Abs. 3 EStG 1988 (vgl.
LStR 2002, Rz 1072). *(AÖF 2004/116)*

4.5.1.2 Arbeitnehmer als Partner des Zusammenschlusses

Nimmt ein bisheriger Arbeitnehmer mit einer Vermögenseinlage oder als 1470
Arbeitsgesellschafter am Zusammenschluss teil, erfolgt die Änderung der Einkunftsart von nicht selbständiger Arbeit auf eine der drei betrieblichen Einkunftsarten erst zum Zeitpunkt der Anmeldung zur Eintragung im Firmenbuch
bzw. der Meldung beim für die übernehmende Mitunternehmerschaft zuständigen FA (§ 26 Abs. 2 UmgrStG). Besteht das Arbeitsverhältnis ruhend weiter, ist
die Abfertigungsrückstellung weiterzuführen und erst aufzulösen, wenn das arbeitsrechtliche Dienstverhältnis beendet wird (EStR 2000 Rz 3334). Die Auszahlung der Abfertigung ist nach Maßgabe des § 20 Abs. 1 Z 8 EStG 1988 eine
Betriebsausgabe und unterliegt beim Empfänger der Besteuerung gemäß § 67
Abs. 3 EStG 1988 (LStR 2002 Rz 1074). *(BMF-AV Nr. 166/2014)*

Ist ein Geschäftsführer Dienstnehmer der Komplementär-GmbH einer 1471
GmbH & Co KG oder GmbH & atypische stille Gesellschaft, wird dieses

Dienstverhältnis durch einen Zusammenschluss der Personengesellschaft mit dieser Person nicht berührt.

4.5.2. Äquivalenzverletzung (§ 26 Abs. 1 Z 1 UmgrStG)

4.5.2.1 Nicht äquivalente Beteiligungen

1472　Eine Äquivalenzverletzung (siehe dazu auch KStR 2013 Rz 797) liegt vor, wenn die Beteiligungsverhältnisse abweichend von den Verkehrswerten der sich zusammenschließenden Vermögen ohne wirtschaftliche Begründung festgelegt werden. Die Ausführungen zu § 6 Abs. 2 UmgrStG gelten sinngemäß (siehe Rz 305 ff) mit der Maßgabe, dass infolge der Rückwirkungsfiktion auch die Äquivalenzverletzung rückwirkend erfolgt.

Beispiel 1:

Ein Einzelunternehmer beteiligt seinen Sohn zu 50% an seinem Betrieb mit einem Verkehrswert von 3000 und einen Buchwert von 1400. Dazu gründet er mit seinem Sohn vorbereitend eine OG, an der beide zu 50% beteiligt sind. In weiterer Folge überträgt er seinen Betrieb auf die OG, sein Sohn leistet eine Bareinlage in Höhe von 1000 (Verkehrswertzusammenschluss).

Schenkungssteuerliche Folgen – Meldepflicht gemäß § 121a BAO:

Da die Beteiligungsverhältnisse entsprechend den Verkehrswerten 75% : 25% betragen müssten, liegt im Ausmaß von 25% eine Schenkung von Gesellschaftsanteilen vom Vater an den Sohn vor. Der Sohn wird von seinem Vater um 1.000 bereichert. Liegt zusätzlich zur objektiven Unentgeltlichkeit dieser Übertragung auch ein subjektiver Bereicherungswille im Sinne des § 3 Abs. 1 Z 2 ErbStG 1955 vor (der bei Vermögensübertragungen innerhalb der Familie vermutet werden kann), löst eine solche Äquivalenzverletzung grundsätzlich die Meldepflicht gemäß § 121a BAO aus (gilt für Äquivalenzverletzungen ab dem 1.8.2008). Allerdings sind Erwerbe zwischen Angehörigen von der Anzeigepflicht gemäß § 121a BAO befreit, wenn der gemeine Wert unter 50.000 Euro liegt.

Ertragsteuerliche Folgen:

Bei äquivalentem Zusammenschluss würde der Vater eine Beteiligung von 75% und der Sohn eine solche von 25% erhalten: Buchwert des Betriebes 1.400 + Bareinlage 1.000 = 2.400, davon entfallen entsprechend den Verkehrswerten (3.000 : 1.000) auf den Vater 75% (Buchkapital 1.800) und den Sohn 25% (Buchkapital 600). Da sich der Sohn mit seiner Bareinlage in 25% der Gesamtreserven von 1.600 „eingekauft" hat, ist zur Vermeidung einer Steuerlastverschiebung vom Vater auf den Sohn für 400 eine Vorsorgemaßnahme in Ergänzungsbilanzen zu treffen: Vater – Minderwert Passiva 400, Sohn – Mehrwert Aktiva 400.

Bilanz der OG nach äquivalentem Zusammenschluss

Aktiva	2.400	Vater	1.800 (75%)
		Sohn	600 (25%)
	2.400		2.400

Ergänzungsbilanz Vater		Ergänzungsbilanz Sohn	
Kapital 400	Minderwert 400	Mehrwert 400	Kapital 400

Dann schenkt der Vater 1/3 seiner 75-prozentigen Beteiligung samt 1/3 seiner stillen Reserven von 1.600 dem Sohn. Auf Vater und Sohn entfällt dann jeweils ein Buchkapital von 1.200, die Ergänzungsbilanzposten verringern sich um 1/3.

Bilanz der OG nach Schenkung

Aktiva	2.400	Vater	1.200 (50%)
		Sohn	1.200 (50%)
	2.400		2.400

Ergänzungsbilanz Vater		Ergänzungsbilanz Sohn	
Kapital 267	Minderwert 267	Mehrwert 267	Kapital 267

Wird unmittelbar nach Zusammenschluss und Schenkung der gesamte Betrieb fremdüblich veräußert, ergeben sich folgende Auswirkungen:

	Vater	Sohn
Erlös	2.000	2.000
Buchkapital OG	–1.200	–1.200
Zwischensumme	800	800
Kapital Ergänzungsbilanz	+ 267	–267
Veräußerungsgewinn	1.067 (2/3 der stRes)	533 (1/3 der stRes)

Beispiel 2:

Die Einzelunternehmen A und B schließen sich zu einer Mitunternehmerschaft zusammen (Verkehrswertzusammenschluss).

Der Verkehrswert des Betriebes A beträgt 200 (Buchwert 140, stille Reserven 60), jener des Betriebes B 200 (Buchwert 100, stille Reserven 100). Die Beteiligungen sollen nicht 50% zu 50%, sondern 75% zu 25% betragen.

Äquivalenter Zuschuss: Buchwert des A 140 + Buchwert des B 100 = 240, davon entfallen je 1/2 auf A und B.

Bilanz nach äquivalentem Zusammenschluss

Aktiva	240	A	120
		B	120
	240		240

Mehr-, Minderwerte (Ergänzungsbilanz)

	A	B
Stille Res vor Zus.schluss	60	100
Stille Res nach Zus.schluss	80	80
	+20	–20

Ergänzungsbilanz A		Ergänzungsbilanz B	
Mehrwert 20	Kapital 20	Kapital 20	Minderwert 20

Dann schenkt B die Hälfte seiner 50% Beteiligung samt stillen Reserven dem A. Dadurch verändert sich das Buchkapital von A und B, weiters vermindern sich die Ergänzungsbilanzposten um die Hälfte.

Bilanz nach Schenkung

Aktiva	240	A	180 (120+60) 75%
		B	60 (120–60) 25%
	240		240

Ergänzungsbilanz A		Ergänzungsbilanz B	
Mehrwert 10	Kapital 10	Kapital 10	Minderwert 10

Wird unmittelbar nach Zusammenschluss und Schenkung der gesamte Betrieb fremdüblich veräußert, ergeben sich folgende Auswirkungen:

	A	B
Erlös	300	100
Buchkapital in der Gesellschaft	–180	–60
Zwischensumme	120	40
Kapital Ergänzungsbilanz	–10	+10
Veräußerungsgewinn	110	50

§ 26

StRes vor Zus.schluss	60	100
Schenkung	+50	–50
Veräußerungsgewinn	110	50

(BMF-AV Nr. 166/2014)

4.5.2.2. entfällt (BMF-AV Nr. 166/2014)

Randzahl 1473: *entfällt (BMF-AV Nr. 166/2014)*

4.5.3. Umsatzsteuer (§ 26 Abs. 1 Z 2 UmgrStG)

4.5.3.1 Allgemeines

1474   Die Rückwirkungsfiktion gilt nicht für den Bereich der Umsatzsteuer. Der Übergang der umsatzsteuerlichen Zurechnung kann mit dem der Anmeldung des Zusammenschlusses zur Eintragung im Firmenbuch bzw. mit dem der Meldung beim zuständigen FA folgenden Monatsersten angenommen werden, sofern der zuständigen Abgabenbehörde kein anderer Stichtag des tatsächlichen Wechsels der Unternehmereigenschaft dargetan wird. Für Zeiträume bis zu diesem Zeitpunkt sind die Umsatzsteuervorauszahlungen unter der Steuernummer des übertragenden Unternehmens vorzunehmen.

1475   Für die betroffenen UVA-Zeiträume ist unter der Steuernummer des übertragenden Unternehmens eine Umsatzsteuerjahreserklärung (§ 21 Abs. 4 UStG 1994) zu legen.

1476   Entsteht keine neue Mitunternehmerschaft, sondern treten in eine bereits bestehende Mitunternehmerschaft nur neue Gesellschafter ein, bleibt die umsatzsteuerliche Unternehmereigenschaft (der bisherigen Mitunternehmerschaft) unverändert bestehen.

1477   Der Zusammenschluss selbst ist kein steuerbarer Umsatz, daher fällt keine Umsatzsteuer an und es kommt zu keiner Vorsteuerberichtigung.

Nur die Übertragung von begünstigtem Vermögen gilt nicht als steuerbarer Umsatz. Die Übertragung von nicht begünstigtem Vermögen ist nach den allgemeinen umsatzsteuerlichen Grundsätzen zu beurteilen.

1478   Hält der Übertragende ein bis zum Zusammenschluss unternehmerisch genutztes Grundstück im Zuge des Zusammenschlusses im Sonderbetriebsvermögen zurück, muss er mit dem Grundstück eine umsatzsteuerbare Leistung erbringen (zB dieses Grundstück an die Mitunternehmerschaft vermieten), wenn er die Rechtsfolgen des Entnahmeeigenverbrauchs des Grundstücks (verbunden unter Umständen mit einer Vorsteuerberichtigung gemäß § 12 Abs. 10 UStG 1994) vermeiden will. Rechnungen zum Zwecke des Vorsteuerabzuges sind in der Folge auf den Gesellschafter auszustellen. Siehe auch Rz 1441 ff. *(BMF-AV Nr. 166/2014)*

1479   Schließt sich ein Unternehmer mit anderen Personen zu einer reinen Innengesellschaft (zB atypisch stillen Gesellschaft) zusammen, so hat dies umsatzsteuerlich keine Auswirkung, da die Innengesellschaft nicht Unternehmer im Sinne des § 2 UStG 1994 ist (vgl. UStR 2000, Rz 181).

4.5.3.2 Organschaft

1479a   Die Regelung des § 26 Abs. 1 Z 2 UmgrStG betreffend den Zeitpunkt der umsatzsteuerlichen Wirkung des Zusammenschlusses gilt auch für eine Organschaft. Da eine Organschaft in umsatzsteuerlicher Hinsicht unabhängig von der

Rechtsform des Organträgers bestehen kann, endet eine entsprechende Organschaft nur, wenn als Folge des Zusammenschlusses die Voraussetzungen des § 2 Abs. 2 Z 2 UStG 1994 nicht mehr gegeben sind (siehe UStR 2000 Rz 233 ff). *(BMF-AV Nr. 40/2017)*

4.5.4. Gebühren (§ 26 Abs. 3 UmgrStG)

Für Zusammenschlüsse bis 31.12.2016 gilt Folgendes: 1480

Gemäß § 26 Abs. 3 UmgrStG sind Zusammenschlüsse nach § 23 UmgrStG hinsichtlich des übertragenen Vermögens (§ 23 Abs. 2 UmgrStG) von den Gebühren nach § 33 TP 21 GebG (Zessionen) befreit, wenn das zu übertragende Vermögen am Tag des Abschlusses des Zusammenschlussvertrages länger als zwei Jahre als Vermögen des Übertragenden besteht.

Die Befreiungsvoraussetzungen entsprechen jenen der Befreiung von der Gesellschaftsteuer. Auf die folgenden Ausführungen zu Rz 1481 ff sowie auch auf die sinngemäß geltenden Ausführungen zu Art. III UmgrStG (Rz 1223 ff) wird verwiesen.

Hinsichtlich des Bestehens von behördlichen Zweifeln am Vorliegen der Anwendungsvoraussetzungen für Art. IV UmgrStG siehe Rz 1290.

Fallen Gebühren an, sind sie als sofortiger Aufwand abzugsfähig (vgl. EStR 2000 Rz 1662). *(BMF-AV Nr. 40/2017)*

4.5.5. Kapitalverkehrsteuern

4.5.5.1 Allgemeines

Für Umgründungsvorgänge, die noch Gesellschaftsteuerpflicht auslösen 1481 können (zum Auslaufen der Gesellschaftsteuer siehe Rz 323), sind die folgenden Ausführungen zu beachten:

Zusammenschlüsse nach § 23 UmgrStG sind gemäß § 26 Abs. 3 UmgrStG hinsichtlich des übertragenen Vermögens (§ 23 Abs. 2 UmgrStG) von der Gesellschaftsteuer befreit, wenn das zu übertragende Vermögen am Tag des Abschlusses des Zusammenschlussvertrages länger als zwei Jahre als Vermögen des Übertragenden besteht.

Grundvoraussetzung für die Anwendung des § 26 Abs. 3 UmgrStG ist, dass ein Zusammenschluss nach § 23 UmgrStG vorliegt. *(BMF-AV Nr. 40/2017)*

Die Befreiung umfasst jedoch nur die Übertragung von begünstigtem Ver- 1482 mögen (Betriebe, Teilbetriebe und Mitunternehmeranteile im Sinne des § 12 Abs. 2 UmgrStG) sowie den Erwerb der dafür gewährten Gesellschaftsrechte.

Ob ein Zusammenschluss nach § 23 UmgrStG vorliegt und ob es sich beim 1483 übertragenen Vermögen um begünstigtes Vermögen handelt, ist nach ertragsteuerlichen Grundsätzen zu beurteilen. Hinsichtlich des Bestehens von behördlichen Zweifeln am Vorliegen der Anwendungsvoraussetzungen für Art. IV UmgrStG siehe Rz 1290. *(BMF-AV Nr. 166/2014)*

Eine Geldeinlage an eine Kapitalgesellschaft anlässlich der Gründung einer 1484 stillen Gesellschaft unterliegt der Gesellschaftsteuer, weil nicht Vermögen im Sinne des § 23 Abs. 2 UmgrStG übertragen, sondern nur eine Geldeinlage an eine Kapitalgesellschaft geleistet wurde und diese Einlage gemäß § 178 Abs. 1 UGB in das Vermögen der Kapitalgesellschaft übergeht (VwGH 1.9.1999, 98/16/0181). *(AÖF 2008/243)*

1485   Bezüglich der Zweijahresfrist und Leistungen an eine übertragende Gesellschaft zur Erhöhung des Verkehrswertes wird auf die sinngemäß geltenden Ausführungen zur Einbringung im Rz 1228 ff verwiesen.

1486   Im Falle eines Beitrittes einer Kapitalgesellschaft als Komplementär zu einer reinen Kommanditgesellschaft, womit im Sinne des KVG die Kommanditisten Gesellschaftsrechte an einer „neuen" Kapitalgesellschaft erwerben und im Sinne des UmgrStG ein Zusammenschluss von Mitunternehmeranteilen vorliegt, ist die Übertragung von Mitunternehmeranteilen und somit die Anwendbarkeit des § 26 Abs. 3 UmgrStG zu bejahen, weil die bisher als Mitunternehmer an der ursprünglichen reinen Personengesellschaft beteiligten Kommanditisten dadurch nach dem KVG Gesellschaftsrechte an der „neuen" Kapitalgesellschaft gegen Übertragung der bisherigen Mitunternehmeranteile an der reinen Personengesellschaft auf die „neue" Kapitalgesellschaft erlangen (VwGH 16.12.1999, 99/16/0205). *(AÖF 2008/243)*

1487   Die Befreiungsbestimmungen im UmgrStG bewirken vielfach ein Konkurrenzverhältnis zu den Befreiungsbestimmungen des § 6 Abs. 1 Z 2 und 3 KVG. Es sind grundsätzlich die für den Abgabenpflichtigen günstigeren Bestimmungen anzuwenden.

Auf die entsprechenden Ausführungen zu Art. I UmgrStG, Art. II UmgrStG und Art. III UmgrStG (Rz 325, Rz 610 f und Rz 1237) wird hingewiesen. *(AÖF 2008/243)*

4.5.5.2 Mehrfachumgründungen und Gesellschaftsteuer

1488   Erfolgt anlässlich einer Mehrfachumgründung (§ 39 UmgrStG) eine Realteilung mit Übertragung eines Teilbetriebes einer GmbH & Co KG auf ihren Gesellschafter (natürliche Person) und in weiterer Folge ein Zusammenschluss nach § 23 UmgrStG, womit dieser Teilbetrieb auf eine andere GmbH & Co KG übertragen wird, kann die Befreiungsbestimmung des § 26 Abs. 3 UmgrStG mangels erfüllter Zweijahresfrist keine Anwendung finden.

1489   Die Bestimmung des § 39 UmgrStG stellt lediglich eine ertragsteuerlich wirksame Erleichterung dar. Erfolgt aber eine uno-actu-Durchführung der Teilbetriebsübertragung, auf Grund welcher keine zwischenzeitige Weiterführung des Teilbetriebes durch den Gesellschafter als Einzelunternehmer erfolgt, stellt dies eine Übertragung eines Teilbetriebes einer Kapitalgesellschaft im Sinne des KVG auf eine andere Kapitalgesellschaft im Sinne des KVG dar, und ist im Hinblick darauf, dass die Übertragung ausschließlich gegen Erhöhung von Gesellschaftsrechten erfolgt, die Befreiung gemäß § 6 Abs. 1 Z 3 KVG zuzuerkennen (VwGH 29.11.2001, 99/16/0119).

4.5.6. Grunderwerbsteuer

1490   § 26 Abs. 4 UmgrStG sieht für Erwerbsvorgänge nach § 1 GrEStG 1987 vor, dass die Grunderwerbsteuer gemäß § 4 iVm § 7 GrEStG 1987, somit ausschließlich nach den Vorschriften des GrEStG 1987 zu berechnen ist, wenn diese Erwerbsvorgänge auf Grund eines Zusammenschlusses nach § 23 UmgrStG verwirklicht werden. Die Grunderwerbsteuer ist daher bei nicht land- und forstwirtschaftlichen Grundstücken in Höhe von 0,5% vom Grundstückswert (§ 4 Abs. 1 iVm § 7 Abs. 1 Z 2 lit. c GrEStG 1987), bei land- und forstwirtschaftlichen Grundstücken in Höhe von 3,5% vom einfachen Einheitswert (§ 4 Abs. 2 Z 4 iVm § 7 Abs. 1 Z 3 GrEStG 1987) zu berechnen; dies gilt unabhängig davon, ob eine Gegenleistung vorliegt oder nicht. Das Gleiche trifft zu, wenn im Zuge eines Zusammenschlusses ein Tatbestand gemäß § 1 Abs. 2a oder 3 GrEStG 1987 verwirklicht wird.

Diese mit dem StRefG 2015/2016 angepasste Bestimmung des UmgrStG ist erstmals auf Zusammenschlüsse mit einem Stichtag nach dem 31.12.2015 anzuwenden. Für alle Zusammenschlüsse mit einem früheren Stichtag, unabhängig davon, ob die Grundstücke zivilrechtlich erst im Jahr 2016 erworben werden, gilt nach wie vor die Rechtslage des UmgrStG idF vor dem StRefG 2015/2016. Für diese Fälle ist als Bemessungsgrundlage der zweifache Einheitswert heranzuziehen, der Steuersatz beträgt 3,5%.

Hinsichtlich des Bestehens von behördlichen Zweifeln am Vorliegen der Anwendungsvoraussetzungen für Art. IV UmgrStG siehe Rz 1290. *(BMF-AV Nr. 40/2017)*

Bei der Übertragung von Grundstücken im Zuge eines Zusammenschlusses 1491 gemäß Art. IV UmgrStG ist bei jeder derartigen Übertragung unabhängig davon, ob es sich um Vermögen im Sinne des § 12 Abs. 2 UmgrStG handelt, die Grunderwerbsteuer gemäß Rz 1490 zu berechnen. Dies gilt auch, wenn in Folge eines Zusammenschlusses nach Art. IV UmgrStG eine Anwachsung nach § 142 UGB eintritt. *(BMF-AV Nr. 40/2017)*

Die Grunderwerbsteuer knüpft als eine Verkehrsteuer an die äußere zivil- 1492 rechtliche (gesellschaftsrechtliche), durch die Umgründungsvorgänge bewirkte Gestaltung an.

Werden daher in einer gemeinsamen Urkunde zuerst eine Realteilung und dann ein Zusammenschluss vereinbart, und gehört zum übertragenem Vermögen ein Grundstück im Sinne des § 2 GrEStG, sind diese Rechtsvorgänge jeweils gesondert der Grunderwerbsteuer zu unterwerfen.

Die Bestimmung des § 1 Abs. 4 GrEStG kann keine Anwendung finden, weil sie voraussetzt, dass die einzelnen Erwerbsvorgänge zwischen den gleichen Vertragspartnern stattfinden (VwGH 25.5.1999, 98/16/0304).

Im Übrigen wird auf die Ausführungen zur Verschmelzung und Einbringung (Rz 330 ff und Rz 1238 ff) verwiesen.

4.6. Zusammenschluss und Unternehmensgruppen

4.6.1 Gruppeninterne Zusammenschlüsse

4.6.1.1 Inländische Zusammenschlüsse

Der Zusammenschluss zweier Gruppenmitglieder oder des Gruppenträgers 1493 mit einem Gruppenmitglied zu einer neuen Personengesellschaft ändert nichts am Bestand der Unternehmensgruppe. Soweit ein Betrieb oder Teilbetrieb übertragen wird, tritt an seine Stelle der Mitunternehmeranteil an der übernehmenden Personengesellschaft. Soweit eine beteiligte Körperschaft die Beteiligung an einem Gruppenmitglied überträgt, tritt an die Stelle einer unmittelbaren Beteiligung eine mittelbare. Bleibt dadurch die ausreichende finanzielle Verbindung erhalten, ergibt sich keine unmittelbare Änderung. Sinkt die finanzielle Verbindung über die Personengesellschaft auf 50% oder weniger, bleibt die Gruppenzugehörigkeit der Beteiligungskörperschaft erhalten, sofern bei einem an beiden an der Personengesellschaft beteiligten Gruppenmitgliedern beteiligten übergeordneten Gruppenmitglied bzw. Gruppenträger mittelbar eine ausreichende finanzielle Verbindung vorliegt.

§ 26

Hat die an der übertragenden Körperschaft beteiligte Körperschaft die Beteiligung vor dem 1. März 2014 angeschafft und wurde die übertragende Körperschaft spätestens für ein Wirtschaftsjahr dieser Körperschaft in die Unternehmensgruppe einbezogen, das im Kalenderjahr 2015 endet, konnte diese eine anschaffungsbedingte Firmenwertabschreibung vornehmen. Mit der Übertragung des gesamten Betriebes kommt es in einem solchen Fall zum Ende der Firmenwertabschreibung, mit der Übertragung eines Teilbetriebes zu Verminderung.

Hat die die Beteiligung übertragende Körperschaft eine anschaffungsbedingte Firmenwertabschreibung vorgenommen, endet diese mangels einer unmittelbar gehaltenen Beteiligung nach dem Zusammenschluss.

Beispiele:

1. Gruppenmitglied A und Gruppenmitglied B (Wirtschaftsjahr 1.4. bis 31.3.) schließen sich zum 31.12.01 zu einer AB-OG zusammen, wobei A einen Teilbetrieb und B die 100-prozentige Beteiligung an der Beteiligungskörperschaft C (Wirtschaftsjahr 1.7. bis 30.6.), welche vor dem 1. März 2014 angeschafft sowie in die Unternehmensgruppe einbezogen wurde, überträgt. Auf Grund des Verkehrswertzusammenschlusses ergibt sich ein Beteiligungsverhältnis von 60% für A und 40% für B. Gruppenmitglied A ist mit 1.1.02 mittelbar mit 60% an C und damit ausreichend beteiligt. Der Wechsel der finanziellen Verbindung von B zu C auf A zu C mitten im Wirtschaftsjahr von C ändert im Hinblick auf § 9 Abs. 5 KStG 1988 nichts an der unverändert gegebenen Gruppenzugehörigkeit von C.

Der zu 100% an A und B beteiligte Gruppenträger (Wirtschaftsjahr 1.11. bis 31.10.) hat beide Beteiligungen vor dem 1. März 2014 angeschafft und in die Unternehmensgruppe einbezogen. Der Gruppenträger hat daher auf beide Beteiligungen eine Firmenwertabschreibung vorgenommen. Die Bemessungsgrundlage hinsichtlich der A-Beteiligung beträgt 30.000, der Gruppenträger kann bei der Gewinnermittlung des zum 31.10.01 endenden Wirtschaftsjahres letztmalig 200 absetzen, ab dem Folgejahr ist durch den Wegfall des Teilbetriebes, der zB 45% des Gesamtwertes beträgt, nur mehr 110 (55% von 200). Die Firmenwertabschreibung bezüglich der B-Beteiligung ändert sich nicht.

Die von B vorgenommene Firmenwertabschreibung endet zusammenschlussbedingt. B kann das letzte Fünfzehntel zu Lasten des mit 31.3.01 endenden Wirtschaftsjahres geltend machen.

2. Gruppenträger F ist zu 60% an Gruppenmitglied G und zu 75% an Gruppenmitglied H beteiligt. G und H schließen sich zur GH-OG zusammen, wobei G einen Teilbetrieb samt der zugehörigen 100%-Beteiligung am Gruppenmitglied J und H die 70%-Beteiligung am Gruppenmitglied K übertragen. An der übernehmenden GH-OG sind G mit 55% und H mit 45% beteiligt. G ist nunmehr mittelbar zu 55% an J und zu 38,5% an K beteiligt, H zu 45% an J und 31,5% an K. An der Unternehmensgruppe ändert sich nichts, da die ausreichende finanzielle Verbindung zu J und K nach § 9 Abs. 4 dritter Teilstrich KStG 1988 auch mittelbar über die Beteiligungen von Gruppenmitgliedern bestehen kann und G die Stimmrechtsmehrheit hinsichtlich der Beteiligung an der GH-OG besitzt. Das Einkommen von J ist unverändert G, das Einkommen von K ist nunmehr dem Gruppenträger F zuzurechnen.

Sollten G und H vor dem Zusammenschluss Firmenwertabschreibungen auf die Beteiligung an J und K vorgenommen haben, enden diese durch den Zusammenschluss auf Grund der mittelbaren Beteiligung. *(BMF-AV Nr. 166/2014)*

1493a Besteht in der Unternehmensgruppe eine Mitunternehmerschaft, über die weitere Gruppenmitglieder gehalten werden, ist ein Zusammenschluss durch Vermögensübertragung durch den Gruppenträgers oder ein Gruppenmitglied möglich, wodurch unter Umständen Beteiligungsverschiebungen ergeben können, ohne dass sich die Unternehmensgruppe ändert.

Beispiel:

Gruppenmitglied A und Gruppenmitglied B (Wirtschaftsjahr 1.4. bis 31.3.) sind zu 60% und 40% am der AB-OG beteiligt, die die 100%-Beteiligung an der Beteiligungskörperschaft E hält. Gruppenmitglied D überträgt die 100-prozentige Beteiligung an der Beteiligungskörperschaft F gegen Gewährung einer 25-prozentigen Beteiligung auf die OG. Nach dem Zusammenschluss sind daher an der AB-OG A zu 45%, B zu 30% und D zu 25% beteiligt. A, B und D sind demnach in diesem Verhältnis am Gruppenmitglied E und F beteiligt. Keines der drei Gruppenmitglieder besitzt die Mehrheit der Stimmrechte an der OG. Damit scheiden E und F mit Beginn des dem Zusammenschlussstichtag folgenden Tages aus der Unternehmensgruppe aus, sofern bei einem übergeordneten Gruppenmitglied bzw. dem Gruppenträger eine mittelbare finanzielle Verbindung vorliegt. *(BMF-AV Nr. 166/2014)*

4.6.1.2 Grenzüberschreitende Zusammenschlüsse

Schließt sich ein inländisches Gruppenmitglied mit einem ausländischen Gruppenmitglied zu einer ausländischen Personengesellschaft zusammen, bleibt bei diesem Export-Zusammenschluss in der Regel das inländische Vermögen im Inland und das ausländische Vermögen im Ausland. Die Ergebnisse inländischer (Teil)Betriebe sind quotal dem inländischen Gruppenmitglied zuzurechnen und werden quotal im Rahmen der beschränkten Körperschaftsteuerpflicht des ausländischen Gruppenmitglieds erfasst, sodass eine Einbeziehung zur Ermittlung des ausländischen Verlustes unterbleibt. Gehen zusammenschlussbedingt Beteiligungen an einem inländischen Gruppenmitglied auf die ausländische Personengesellschaft über, ändert sich nichts an der Unternehmensgruppe, wenn das beteiligte inländische Gruppenmitglied über die Personengesellschaft die ausreichenden finanziellen Verbindungen hält. | 1493b

Zu den Auswirkungen des Zusammenschlusses auf eine Firmenwertabschreibung siehe Rz 1493. *(AÖF 2008/243)*

Die Vermögensvereinigung aus- und inländischer Gruppenmitglieder in einer inländischen Personengesellschaft ändert an der Unternehmensgruppe in der Regel nichts. Die Ausführungen in Rz 1493b gelten entsprechend. Wird das ausländische Gruppenmitglied über die übernehmende Personengesellschaft ausreichend an einem in- oder ausländischen Gruppenmitglied beteiligt, scheidet das betreffende Gruppenmitglied aus der Unternehmensgruppe aus. *(BMF-AV Nr. 166/2014)* | 1493c

4.6.1.3 Ausländische Zusammenschlüsse

Der Zusammenschluss ausländischer Gruppenmitglieder zu einer ausländischen Personengesellschaft ändert nichts an deren Gruppenzugehörigkeit, solange nicht Beteiligungen an anderen inländischen Gruppenmitgliedern übertragen werden und eine ausreichende finanzielle Verbindung über die Personengesellschaft entsteht und das betreffende Gruppenmitglied ausscheidet. *(AÖF 2008/243)* | 1493d

4.6.2 Zusammenschlüsse mit Gruppenfremden

4.6.2.1 Inländische Zusammenschlüsse

Der Zusammenschluss eines inländischen Gruppenmitglieds mit einem Gruppenfremden hat für die Unternehmensgruppe zunächst nur insoweit Bedeutung, als der Gewinn oder Verlust aus dem übertragenen (Teil)Betrieb durch einen Gewinn- oder Verlustanteil am Einkommen der Mitunternehmerschaft er- | 1494

§ 26

setzt wird. Wird die Beteiligung an einem Gruppenmitglied übertragen, ist die neue Beteiligung an der Personengesellschaft und die Durchrechnung dafür maßgebend, ob die ausreichende finanzielle Verbindung zu dem betreffenden Gruppenmitglied weiterhin besteht.

Beispiel:

Das Gruppenmitglied A schließt sich mit dem Einzelunternehmer B dadurch zu einer OG zusammen, dass B seinen Betrieb und A die 100%-Beteiligung an der Beteiligungskörperschaft C und die 75%-Beteiligung an der Beteiligungskörperschaft D überträgt. Voraussetzung für die fortgesetzte Gruppenzugehörigkeit von C und D ist einerseits, dass A nach dem Zusammenschluss in der OG die Stimmrechtsmehrheit (idR gekoppelt mit der Beteiligungsmehrheit) erlangt, und andererseits durchgerechnet weiterhin ausreichend mit C und D finanziell verbunden ist. Sollte A an der Personengesellschaft mit 70% beteiligt sein, ändert sich nichts an der Gruppenzugehörigkeit, sollte A mit 60% beteiligt sein, scheidet D aus der Unternehmensgruppe aus.

Gleiches gilt für die Beteiligung eines Gruppenfremden an einer für die Unternehmensgruppe bedeutsamen Personengesellschaft.

Beispiel:

An der TZ-OG sind das Gruppenmitglied T zu 70% und das Gruppenmitglied Z zu 30% beteiligt. Die OG hält unter anderem die 100%-Beteiligung an der Beteiligungskörperschaft X und die 70%-Beteiligung an der ausländischen Beteiligungskörperschaft Y. Die gruppenfremde A-GmbH tritt der OG als neuer Gesellschafter bei und überträgt einen Teilbetrieb einschließlich einer 80%-Beteiligung an der B-GmbH. Nach dem Kapitalkontenzusammenschluss auf Basis fixer Kapitalkonten (Rz 1310) sind T mit 64%, Z mit 27% und A mit 9% beteiligt. Die Gruppenzugehörigkeit von X ist weiterhin gegeben, Y hingegen scheidet dann aus der Unternehmensgruppe aus, wenn auch über eine übergeordnete beteiligte Körperschaft keine mittelbare finanzielle Verbindung vorliegt. Scheidet Y aus, sind offene nicht nachverrechnete Verluste zum Zusammenschlussstichtag nachzuversteuern. Die von der OG übernommene B-Beteiligung vermittelt T eine ausreichende finanzielle Verbindung. B kann mittels eines Ergänzungsantrages ab dem Jahr in die Unternehmensgruppe aufgenommen werden, ab dem die OG ganzjährig an B beteiligt ist. *(BMF-AV Nr. 166/2014)*

4.6.2.2 Grenzüberschreitende Zusammenschlüsse

1494a   Der Exportzusammenschluss eines inländischen Gruppenmitglieds mit einem ausländischen Gruppenfremden zu einer in- oder ausländischen Personengesellschaft ist für die Gruppenzugehörigkeit nicht von Bedeutung, solange nicht Beteiligungen an Gruppenmitgliedern übertragen werden und die ausreichende finanzielle Verbindung verloren geht.

Gleiches gilt für den Importzusammenschluss eines ausländischen Gruppenmitglieds mit einem inländischen Gruppenfremden zu einer in- oder ausländischen Personengesellschaft. *(AÖF 2008/243)*

4.6.2.3 Ausländische Zusammenschlüsse

1494b   Für den Zusammenschluss eines ausländischen Gruppenmitglieds mit einem ausländischen Gruppenfremden zu einer ausländischen Personengesellschaft gilt die Aussage in Rz 1493d entsprechend. *(AÖF 2008/243)*

4.7. Zusammenschluss und atypisch stille Beteiligung

4.7.1 Grundsätzliches

1495   Beteiligt sich jemand am Unternehmen eines anderen als stiller Gesellschafter (§ 179 UGB) mit einer Vermögenseinlage und erstreckt sich die Beteiligung auch auf die stillen Reserven und den Geschäfts- oder Firmenwert des Unternehmens, liegt eine atypisch stille Gesellschaft mit betrieblichen Einkünften und steuerrechtlich eine stille Mitunternehmerschaft vor. Die stillen Gesellschafter erzielen Einkünfte gemäß § 2 Abs. 3 Z 1 bis 3 EStG 1988 und sind steuerrechtlich wie Gesamthandeigentümer am Gesellschaftsvermögen zu betrachten (siehe EStR 2000 Rz 5815 ff). Das UmgrStG normiert keine Spezialtatbestände für atypisch stille Gesellschaften.

Die Gründung einer atypischen stillen Gesellschaft stellt bei Vorliegen der Anwendungsvoraussetzungen des § 23 UmgrStG einen Zusammenschluss im Sinne des Art. IV UmgrStG dar, unabhängig davon, worin die Vermögenseinlage des stillen Gesellschafters besteht, da der Inhaber der Unternehmens steuerlich seinen Betrieb auf die entstehende Mitunternehmerschaft gegen Gewährung von Gesellschafterrechten überträgt. Ein Anwendungsfall des Art. IV UmgrStG kann auch dann vorliegen, wenn der Inhaber des Unternehmens keinen Betrieb unterhält (vor allem bei einer vermögensverwaltenden Kapitalgesellschaft) und die Vermögenseinlage des stillen Gesellschafters begünstigtem Vermögen im Sinne des § 23 Abs. 2 UmgrStG darstellt. In den Anwendungsbereich des Art. IV UmgrStG fallen auch Veränderungen einer bestehenden atypisch stillen Mitunternehmerschaft (Eintritt neuer Gesellschafter, Erhöhung der Beteiligungen) oder der Zusammenschluss zweier atypisch stiller Mitunternehmerschaften. *(AÖF 2008/243)*

Das Einhalten aller Regelungen des Art. IV UmgrStG und der damit verbundene Zusammenschluss zu einer Mitunternehmerschaft schließt nicht aus, dass die Vermögensübertragung in besonders gelagerten Fällen nicht als Übertragung im Sinne des § 23 UmgrStG zu werten ist. So kann die zusätzliche Beteiligung des Gesellschafters einer GmbH als atypisch stiller Gesellschafter unter Umständen als eigenkapitalersetzende Gesellschaftereinlage gewertet werden (VwGH 19.3.1986, 83/13/0109, siehe Rz 1289). **1496**

Zur Anerkennung einer atypisch stillen Gesellschaft durch Beteiligung der Gesellschafter einer GmbH siehe VwGH 1.9.2015, 2012/15/0234.

Zur Übertragung des Betriebes einer GmbH auf eine mit ihren Gesellschaftern gegründete KG siehe KStR 2013 Rz 797. *(BMF-AV Nr. 40/2017)*

Reine Innengesellschaften können weder Unternehmer im Sinne des UStG 1994 noch Arbeitgeber sein. Diese Funktionen kommen dem nach außen in Erscheinung tretendem Geschäftsherrn zu. Umsatzsteuerrechtlich (siehe Rz 1447 ff) und für die Lohnabgaben (siehe Rz 1467 ff) ergeben sich durch einen Zusammenschluss zu einer atypisch stillen Gesellschaft keine Auswirkungen. *(AÖF 2008/243)* **1497**

4.7.2 Beendigung einer (atypisch) stillen Gesellschaft durch Zusammenschluss des Geschäftsherrn

Fällt im Fall einer atypisch stillen Mitunternehmerschaft als Folge eines Zusammenschlusses der Geschäftsinhaber (Inhaber des Unternehmens) weg, führt dies ipso jure zur Beendigung der stillen Gesellschaft, es sei denn, es wäre im Gesellschaftsvertrag über die stille Gesellschaft anderes ausdrücklich vereinbart worden (Fortsetzungsklausel bei wesentlichen Veränderungen des Inhabers des Unternehmens, vgl. VwGH 28.11.2001, 97/13/0078). Die Fortsetzungsklausel ist spätestens zum Zeitpunkt des Abschlusses des Zusammenschlussvertrages zu vereinbaren, andernfalls gehen die stillen Gesellschaften mit der Protokollierung oder mangels Protokollierung mit der Übertragung der Verfügungsmacht auf die **1498**

Mitunternehmerschaft unter, sofern nicht ein anderer Zeitpunkt vereinbart wurde. Der atypisch stille Gesellschafter hat dann idR einen Abfindungsanspruch, der sich am Verkehrswert des übertragenden Unternehmens orientiert. Die Abfindung kann gegebenenfalls die Voraussetzungen für eine Realteilung im Sinne des Art. V UmgrStG erfüllen. *(BMF-AV Nr. 166/2014)*

4.7.3 Beitritt mehrerer atypisch stiller Gesellschafter

1499   Beteiligen sich mehrere Personen als atypische stille Gesellschafter an einem Unternehmen im Sinne des UGB, wird zur Vermeidung mehrfacher Zusammenschlüsse ein und derselbe Stichtag vereinbart und eine gemeinsame Meldung vorgesehen werden müssen. Es ist zulässig, für künftige Mitunternehmer einen Treuhänder auftreten zu lassen, selbst wenn die Treugeber im Zeitpunkt der Fassung des Umgründungsplanes noch nicht namentlich bekannt sind. Innerhalb der neunmonatigen Rückwirkungspflicht müssen die künftigen Mitunternehmer ihre Beitrittserklärungen abgeben und muss die entsprechende Meldung beim zuständigen FA erfolgt sein (siehe Rz 1879 ff).

Beispiel:
Rückwirkend auf den 31.12.01 soll unter Anwendung der neunmonatigen Rückwirkungsfrist im Sinne des Art. IV UmgrStG zuerst eine KG gegründet werden, der in einem zweiten Schritt zum selben Stichtag atypisch stille Gesellschafter beitreten. Umgründungssteuerrechtlich wird mit diesem Beitritt zur KG eine Mitunternehmerschaft gegründet.

Für die allenfalls noch nicht namentlich bekannten atypisch stillen Gesellschafter kann ein Treuhänder die an den Umgründungen beteiligten atypisch stillen Gesellschafter bei der Fassung des Umgründungsplanes vertreten. Bis zum 30.09.02 haben die atypisch Stillen ihre Beitrittserklärung abgegeben und die Einlage zu leisten und muss die Meldung beim zuständigen FA erfolgt sein. *(BMF-AV Nr. 166/2014)*

4.7.4 Formwechselnde Umwandlung

1500   Eine formwechselnde Umwandlung einer Mitunternehmerschaft mit strukturändernder Wirkung dadurch, dass ein atypisch stiller Gesellschafter Hauptgesellschafter oder ein Hauptgesellschafter atypisch stiller Gesellschafter wird, fällt unter Art. IV UmgrStG, löst aber keine ertragsteuerlichen Konsequenzen aus. Siehe Rz 1300.

Beispiel 1:
A ist am Unternehmen des rechnungslegungspflichtigen Einzelunternehmers B atypisch still beteiligt. A und B vereinbaren die Gründung der AB-KG, in der ohne Änderung der bisherigen Beteiligungsverhältnisse A Kommanditist und B Komplementär werden soll.

Beispiel 2:
Der bisherige Kommanditist wechselt unter Beibehaltung seiner Rechtsstellung im Innenverhältnis in die Stellung eines atypisch stillen Gesellschafters. Das FA ist durch Vorlage des Vertrages über die atypisch stille Gesellschaft zu verständigen. Besteht die Identität der zuvor als KG und nunmehr als atypisch stille Gesellschaft geführten Mitunternehmerschaft weiter, wird sie unter derselben Steuernummer weitergeführt. *(AÖF 2008/243)*

4.8. Zusammenschluss und begünstigte Besteuerung für nicht entnommene Gewinne

1501   Hat der übertragende Einzelunternehmer oder Mitunternehmer die begünstigte Besteuerung für nicht entnommene Gewinne gemäß § 11a EStG 1988 in

Anspruch genommen, ist im Falle des Zusammenschlusses mit Buchwertfortführung für Zwecke einer allfälligen Nachversteuerung auf die Gewinne, Entnahmen und Einlagen in der Folgeära der neuen oder veränderten Mitunternehmerstellung abzustellen. *(AÖF 2008/243)*

Rückwirkende Entnahmen und Einlagen gemäß dem nach § 24 Abs. 1 Z 1   1502
UmgrStG maßgebenden § 16 Abs. 5 UmgrStG gelten als am Zusammenschlussstichtag getätigt und wirken sich bei der Einkommensermittlung des Übertragenden im Zusammenschlussjahr auf § 11a EStG 1988 aus.

- Tatsächliche Entnahmen (§ 16 Abs. 5 Z 1 UmgrStG) und in den zu übertragenden Teilbetrieb aus dem verbleibenden verschobene Vermögensteile
  (§ 16 Abs. 5 Z 4 UmgrStG) können daher zu einer eigenkapitalabfallbedingten (letzten) Nachversteuerung führen.

- Rückwirkende Einlagen (§ 16 Abs. 5 Z 1 UmgrStG) und in den verbleibenden aus dem zu übertragenden Teilbetrieb verschobene Vermögensteile
  (§ 16 Abs. 5 Z 4 UmgrStG) bewirken einen Anstieg des Eigenkapitals zum
  Zusammenschlussstichtag. Soweit sie getätigt werden, um einen positiven
  Verkehrswert darstellen zu können, sind als betriebsnotwendig anzusehen.

Soweit Entnahmen und Einlagen nach dem Zusammenschlussstichtag nicht
rückbezogen werden, sind sie in dem dem Zusammenschlussstichtag folgenden
Jahr zu berücksichtigen. Eine gebildete Passivpost für vorbehaltene Entnahmen
hat im Bereich des Art. IV UmgrStG keine Wirkung, sie verändert das Zusammenschlusskapital nicht und führt erst bei Tilgung zu einer Entnahme. Zurückbehaltenes Anlagevermögen und zurückbehaltene Verbindlichkeiten (§ 16
Abs. 5 Z 3 UmgrStG) führen im Gegensatz zu Einbringungen nicht zu einer
rückwirkenden Entnahme oder Einlage, da sie die Eigenschaft von Sonderbetriebsvermögen annehmen (VwGH 19.5.2005, 2000/15/0179). *(AÖF 2008/
243)*

§ 26

4.9. Auswirkung abgabenbehördlicher Feststellungen auf Zu-
sammenschlüsse

Die Feststellungen im Rahmen abgabenbehördlicher Überprüfungen eines   1503
vollzogenen Zusammenschlusses können zu nachträglichen Änderungen des
Buchwertes und damit unter Umständen auch des Verkehrswertes des übertragenden Vermögens führen. Die Änderungen können auf bilanzsteuerrechtliche
Berichtigungen aus der Zeit bis zum Zusammenschlussstichtag zurückzuführen
sein und beeinflussen daher den dem Zusammenschluss zu Grunde gelegten Jah-
res- bzw. Zwischenabschluss, die darauf aufbauende Zusammenschlussbilanz
und wirken sich auf die steuerlichen Verhältnisse bei der übernehmenden Mitunternehmerschaft aus. Die Änderungen können auch auf fehlerhafte Maßnahmen
im Zuge des Zusammenschlusses zurückzuführen sein.

Im Rahmen von Betriebsprüfungen werden die Auswirkungen dieser Fest-   1504
stellungen in der auf den Zusammenschlussstichtag projizierten Prüferbilanz
festgehalten. Betriebsvermögenserhöhungen bzw. -verminderungen führen zu
geänderten Buchwerten im Jahres- bzw. Zwischenabschluss:

- Einstellung der steuerlich maßgebenden Aktiv- bzw. Passivwerte

- Übernahme der Aktiv- und Passivwerte in die Zusammenschlussbilanz, soweit sie nicht entnommen oder zurückbehalten wurden

- Erhöhung bzw. Verminderung des Zusammenschlusskapitals

- Berichtigung der Buchwerte der übernehmenden Mitunternehmerschaft.

Es ist weiters zu prüfen, ob und wieweit sich durch die Feststellungen Auswirkungen je nach vorgenommener Zusammenschlussmethode ergeben:

- Beim Verkehrswertzusammenschluss ist die Quotenverschiebung bzw. ein veränderter Verkehrswert berichtigt darzustellen und sind die Ergänzungsbilanzen entsprechend anzupassen. Beim Kapitalkontenzusammenschluss ist der Gewinn- oder Liquidationsvorab entsprechend anzupassen oder ein ergänzender zu vereinbaren.

- Eine Verminderung des Betriebsvermögens löst vergleichbare Folgen in den Bilanzen und bei der übernehmenden Mitunternehmerschaft aus. Auf Grund der Wertänderungen kann sich auch hier die Frage nach der Beseitigung einer nachträglich eintretenden Äquivalenzverletzung stellen.

- Weiters kann sich die Frage nach dem Vorliegen eines positiven Verkehrswertes oder des Vorliegens eines zusammenschlussfähigen Vermögens (vor allem Teilbetrieb) ergeben. Im Hinblick auf die Tatsache einer rechtlich abgeschlossenen Umgründung ist eine nachträgliche Veränderung tatsächlicher Verhältnisse oder tatsächlich vorgenommener rückwirkender Korrekturen nicht möglich bzw. nicht rückwirkend steuerwirksam. Liegt der positive Verkehrswert bzw. die Vermögensqualität nicht mehr vor, ist Art. IV UmgrStG nicht anwendbar.

- Zur Fristverletzung siehe Rz 1340 ff.

1505   Formelle Anwendungsfehler bei einem Zusammenschluss werden dahingehend zu würdigen sein, ob ein erkennbares Bemühen um eine richtige Durchführung des Zusammenschlusses vorliegt.

4.10. Rechtsfolgen eines nicht unter Art. IV UmgrStG fallenden Zusammenschlusses

1506   Fällt die gesellschaftsvertragliche Übertragung von (Teil-)Betrieben oder Mitunternehmeranteilen nicht unter Art. IV UmgrStG (zB bei realer Überschuldung), ist ein steuerwirksamer Veräußerungsgewinn auf den umgründungssteuerrechtlich maßgebenden Stichtag zu ermitteln (§ 24 Abs. 7 EStG 1988). Dieser Gewinn ist rückwirkend zum gewählten Zusammenschlussstichtag zu ermitteln, wenn der Zusammenschluss bei der jeweils zuständigen Behörde (Firmenbuchgericht oder FA) innerhalb der Neunmonatsfrist (an-)gemeldet wird; andernfalls ist der Tag des Abschlusses des Zusammenschlussvertrages maßgebend.

Diese Rückwirkung ist für Personen, die mit einer Geldeinlage oder sonstigen Wirtschaftsgütern beitreten, nicht anwendbar; diese nehmen am Betriebsergebnis frühestens ab dem Abschlusstag des Zusammenschlussvertrages teil (siehe EStR 2000, Rz 5719).

(AÖF 2004/116)

1507   Bei der übernehmenden Mitunternehmerschaft ist von einem entgeltlichen Betriebs- oder Mitunternehmeranteilserwerb auszugehen. Sie hat in ihrer Eröffnungsbilanz die Teilwerte der übernommenen Wirtschaftsgüter (einschließlich Firmenwert) anzusetzen und von den Anschaffungskosten abnutzbarer Wirtschaftsgüter Abschreibungen nach den Grundsätzen der § 7 EStG 1988 und § 8 EStG 1988 vorzunehmen. Hinsichtlich der mit einer Geldeinlage oder sonstigen Wirtschaftsgütern Beitretenden bleibt es beim Einlagetatbestand (siehe Rz 1417).

Ein entgeltlicher Betriebs- oder Mitunternehmeranteilserwerb ist nicht anzunehmen, wenn die errichtete Personengesellschaft in besonders gelagerten Fällen steuerlich nicht anerkannt wird (Rz 1289). In diesem Fall ist unverändert das Unternehmen des Übertragenden steuerlich zu erfassen. *(AÖF 2008/243)*

Auf einen nicht unter Art. IV UmgrStG fallenden Zusammenschluss sind die   1508 übrigen Wirkungen des UmgrStG nicht anwendbar (Umsatzsteuer, Verkehrsteuern).

Zur Zwangsaufwertung infolge Vorsorgeverletzung siehe Rz 1427 ff.

§ 26

Artikel V
Realteilung
Anwendungsbereich

§ 27. (1) Eine Realteilung im Sinne dieses Bundesgesetzes liegt vor, wenn Vermögen (Abs. 2 oder 3) von Personengesellschaften auf Grundlage eines schriftlichen Teilungsvertrages (Gesellschaftsvertrages) und einer Teilungsbilanz zum Ausgleich untergehender Gesellschafterrechte ohne oder ohne wesentliche Ausgleichszahlung (§ 29 Abs. 2) tatsächlich auf Nachfolgeunternehmer übertragen wird, denen das Vermögen zur Gänze oder teilweise zuzurechnen war. Voraussetzung ist, dass das übertragene Vermögen am Teilungsstichtag, jedenfalls aber am Tag des Abschlusses des Teilungsvertrages, für sich allein einen positiven Verkehrswert besitzt. Die Personengesellschaft hat im Zweifel die Höhe des positiven Verkehrswertes durch ein begründetes Gutachten eines Sachverständigen nachzuweisen. Besteht die Personengesellschaft weiter, muss ihr aus der Realteilung Vermögen (Abs. 2 oder 3) verbleiben.

(2) Zum Vermögen zählen nur Betriebe, Teilbetriebe und Mitunternehmeranteile im Sinne des § 12 Abs. 2.

(3) Abweichend von Abs. 2 gilt folgendes:

1. Liegen bei einem Forstbetrieb keine Teilbetriebe im Sinne des § 12 Abs. 2 Z 1 vor, gilt als Teilbetrieb die Übertragung von Flächen, für die ein gesetzlicher Realteilungsanspruch besteht und die vom Nachfolgeunternehmer für sich als Forstbetrieb geführt werden können.

2. Liegen bei einem Betrieb, dessen wesentliche Grundlage der Klienten- oder Kundenstock ist, keine Teilbetriebe im Sinne des § 12 Abs. 2 Z 1 vor, gilt als Teilbetrieb die Übertragung jenes Teiles des Klienten- oder Kundenstocks, der vom Nachfolgeunternehmer bereits vor der Realteilung dauerhaft betreut worden ist und für sich als Betrieb geführt werden kann.

(4) Personengesellschaften sind solche, bei denen die Gesellschafter als Unternehmer (Mitunternehmer) anzusehen sind.

(5) Auf Realteilungen sind die §§ 28 bis 31 anzuwenden.

(BGBl I 2010/34)

Gliederung:

5. Realteilungen (Art. V UmgrStG)

§ 27

5.1. Begriff und Anwendungsvoraussetzungen (§ 27 UmgrStG)

5.1.1. Allgemeines

5.1.1.1 Begriffsbestimmung

Eine Realteilung im Sinne des § 27 Abs. 1 UmgrStG liegt vor, wenn   1509

- Personengesellschaften (Mitunternehmerschaften)
- Vermögen
- auf Grund eines Teilungsvertrages (Gesellschaftsvertrages)
- zum Ausgleich untergehender Gesellschafterrechte
- ohne oder ohne wesentliche Ausgleichszahlungen
- auf Nachfolgeunternehmer übertragen, denen das Vermögen ganz oder teilweise zuzurechnen war.

Für die Realteilung bestehen keine unternehmens- und gesellschaftsrechtlichen Grundlagen. Der Tatbestand der Realteilung wird somit ausschließlich durch das Steuerrecht in den §§ 27 ff UmgrStG definiert. Daher kommt einer allfälligen Eintragung einer Realteilung in das Firmenbuch keine für steuerliche Zwecke maßgebende Wirkung zu, dh. auch in diesem Fall hat die Abgabenbehörde das Vorliegen der Anwendungsvoraussetzungen des § 27 UmgrStG eigenständig zu beurteilen.   1510

Personengesellschaften sind Gesellschaften, bei denen die Gesellschafter als Mitunternehmer anzusehen sind. Darunter fallen insb. die OG, KG, die GesBR,   1511

Europäische wirtschaftliche Interessenvereinigung sowie die atypisch stille Gesellschaft, wenn die Gesellschafter jeweils Einkünfte gemäß § 2 Abs. 3 Z 1 bis 3 EStG 1988 (betriebliche Einkunftsarten) erzielen. *(AÖF 2008/243)*

1512   Zum begünstigten Vermögen zählen nur (in- oder ausländische) Betriebe, Teilbetriebe oder Mitunternehmeranteile. Ausnahmen von der Teilbetriebseigenschaft werden bei Forstflächen und beim Kunden- bzw. Klientenstock gemacht (siehe Rz 1550 ff).

Das Vermögen muss einen positiven Verkehrswert haben und auf Gesellschafter verteilt werden, die bereits an diesem Vermögen beteiligt waren. Das Aufgehen eines übertragenen Vermögens in einem bereits bestehenden Betrieb ist unschädlich. Wird ein Betrieb (Teilbetrieb) zerschlagen oder werden lediglich einzelne Gegenstände des Betriebsvermögens auf einen Gesellschafter überführt, liegt keine Realteilung im Sinne des Art. V UmgrStG vor. Dies gilt auch dann, wenn derartige Gegenstände weiterhin betrieblich eingesetzt werden.

Zur Frage der tatsächlichen Übertragung siehe Rz 738 ff und Rz 1371 ff. *(BMF-AV Nr. 193/2015)*

1513   Nachfolgeunternehmer können natürliche und juristische Personen oder Mitunternehmerschaften sein. In Betracht kommen unbeschränkt oder beschränkt Steuerpflichtige.

1514   Zwingende Anwendungsvoraussetzungen des Art. V UmgrStG sind nach § 27 Abs. 1 UmgrStG folgende:

- Ein schriftlicher Teilungsvertrag (Änderung des Gesellschaftsvertrags, siehe Rz 1526)
- Ein Vermögen (Teilungsvermögen) im Sinne des § 27 Abs. 2 bzw. § 27 Abs. 3 UmgrStG (siehe Rz 1545 ff)
- Ein Jahres- oder Zwischenabschluss
- Eine Teilungsbilanz (§ 12 Abs. 2 UmgrStG) zum Teilungsstichtag (siehe Rz 1536 f), die zumindest den Erfordernissen des § 4 Abs. 1 EStG 1988 entspricht (siehe Rz 1598 ff)
- Ein positiver Verkehrswert des Teilungsvermögens nach der „Stand-alone-Methode" (siehe Rz 1546 ff)
- Die tatsächliche Übertragung des Vermögens auf den oder die Rechtsnachfolger (siehe Rz 1563)
- Eine Gegenleistung in Form der vollständigen oder teilweisen Aufgabe von Gesellschafterrechten ohne oder ohne wesentliche Ausgleichszahlungen (siehe Rz 1564 ff).

Teilungsstichtag kann jeder beliebige Tag sein, zu dem die vorgenannten Anwendungsvoraussetzungen vorliegen.

Art. V UmgrStG ist international ausgelegt, dh. darunter können inländische, ausländische und grenzüberschreitende Realteilungen fallen, es können an der teilenden Personengesellschaft inländische und ausländische Gesellschafter beteiligt sein und es kann inländisches und ausländisches Vermögen übertragen werden. *(BMF-AV Nr. 193/2015)*

1515   Bei Vorliegen der Anwendungsvoraussetzungen des § 27 Abs. 1 UmgrStG ist Art. V UmgrStG im Hinblick auf § 27 Abs. 5 UmgrStG gesamthaft anzuwenden. Entstehen bei der für die Verkehrsteuern zuständigen Abgabenbehörde (Finanzamt für Gebühren, Verkehrsteuern und Glücksspiel gemäß § 19 AVOG

2010) Zweifel, ob die Anwendungsvoraussetzungen des § 27 UmgrStG erfüllt sind, ist im Interesse einer einheitlichen Beurteilung der Umgründung eine Abstimmung mit den für die Ertragsbesteuerung der Mitunternehmerschaft und der Nachfolgeunternehmer zuständigen Abgabenbehörden herbeizuführen.

Wie in allen anderen Umgründungstatbeständen gilt auch im Bereich der Realteilungen, dass bei Vorliegen der Anwendungsvoraussetzungen des § 27 UmgrStG sämtliche Bestimmungen des Art. V UmgrStG und damit auch die neben der Ertragsbesteuerung bestehenden zwingend anzuwenden sind. Zu den Folgen außerhalb der Ertragsbesteuerung siehe Rz 1628 ff.

Liegen die Anwendungsvoraussetzungen des § 27 UmgrStG nicht vor, sind die allgemeinen Vorschriften des Abgabenrechts zwingend anzuwenden. Für den ertragsteuerlichen Bereich ist § 24 EStG 1988 maßgebend, nach dem die Realteilung zu einem Veräußerungsgewinn führt (siehe Rz 1640 ff). Es besteht somit kein Wahlrecht für die Anwendung oder den Verzicht auf Art. V UmgrStG bzw. des § 24 EStG 1988. *(BMF-AV Nr. 193/2015)*

5.1.1.2 Steuerklauseln

Der Eintritt der steuerlichen Wirkungen einer Realteilung bzw. das Verhindern der negativen Wirkungen einer missglückten Realteilung kann nicht durch Steuerklauseln im Teilungsvertrag von der Erfüllung sämtlicher Anwendungsvoraussetzungen des § 27 UmgrStG abhängig gemacht werden. Steuerlich beachtlich ist aber   1516

- eine Vertragsklausel, die eine Adaptierung der Ausgleichszahlungen (im Rahmen der Drittelbegrenzung) und der Ausgleichsposten vorsieht, soweit abgabenbehördliche Feststellungen zu Änderungen der Buch- und Verkehrswerte führen und

- eine auf die Fristenwahrung bezogene Vertragsklausel (siehe Rz 1543) und

- eine aufschiebende Bedingung, deren Eintritt von der Zustimmung Dritter (zB Grundverkehrsbehörde) abhängig ist.

Fehlt eine Vertragsklausel im Sinne des ersten Punktes, ist die Abgabenbehörde nicht berechtigt, die begehrten Anpassungen von vornherein abzulehnen. *(BMF-AV Nr. 193/2015)*

5.1.1.3 Teilungsvorgänge nach Art. V UmgrStG

Unter § 27 UmgrStG fallen insb. die folgenden Vorgänge: 1517

- Aufteilung einer Personengesellschaft (Liquidationsteilung):

  - Alle Gesellschafter erhalten als Abgeltung für die Aufgabe ihrer Gesellschafterrechte einen (oder mehrere) Betrieb(e), Teilbetrieb(e) und/oder einen (oder mehrere) Mitunternehmeranteil(e); die Personengesellschaft geht unter (nicht verhältniswahrende Aufteilung, Rz 1522).

  - Die Personengesellschaft wird dadurch aufgelöst, dass sie Vermögen im Sinne des § 27 Abs. 2 UmgrStG auf neu zu gründende oder bestehende Personengesellschaften überträgt und die Gesellschafter an diesen im gleichen Ausmaß wie an der untergehenden Personengesellschaft beteiligt sind (verhältniswahrende Aufteilung, Rz 1521).

- Abteilung (Übertragungsteilung):

  - Ein Gesellschafter oder mehrere Gesellschafter scheiden aus der Personengesellschaft aus oder vermindern ihren Anteil an derselben und erhalten als Abgeltung dafür einen (oder mehrere) Betrieb(e), Teilbetrieb(e) und/oder Mitunternehmeranteil(e) (nicht verhältniswahrende Abteilung, Rz 1525).

- Die Personengesellschaft überträgt Vermögen im Sinne des § 27 Abs. 2 UmgrStG auf eine neu zu gründende oder bestehende Personengesellschaft, an der die Gesellschafter im gleichen Ausmaß wie an der realgeteilten Personengesellschaft beteiligt sind (verhältniswahrende Abteilung, Rz 1524).

Die Personengesellschaft bleibt als Mitunternehmerschaft bestehen (Verkleinerung der Personengesellschaft).

- Änderung der Beteiligungsverhältnisse von an mehreren Mitunternehmerschaften beteiligten Gesellschaftern in der Form, dass bestimmte Gesellschafter nicht mehr an allen Gesellschaften beteiligt sind.

Beispiel 1:
A und B sind an der AB-OG beteiligt, die den Teilbetrieb I und den Teilbetrieb II führt. Die OG wird aufgelöst, wobei A den Teilbetrieb I und B den Teilbetrieb II erhält. Da A und B vor der Auflösung an der AB-OG beteiligt waren, liegt dem Grunde nach eine Realteilung (nicht verhältniswahrende Aufteilung) im Sinne des Art. V UmgrStG vor.

Beispiel 2:
A und B sind zu jeweils 50% an der AB-OG beteiligt, die den Teilbetrieb I und den Teilbetrieb II führt. A und B kommen überein, die Personengesellschaft zu liquidieren und zwei neue Personengesellschaften zu gründen, wobei eine den Teilbetrieb I und eine den Teilbetrieb II führen soll. A und B sind auch an den beiden neuen Gesellschaften zu jeweils 50% beteiligt. Es liegt dem Grunde nach eine Realteilung (verhältniswahrende Aufteilung) im Sinne des Art. V UmgrStG vor.

Beispiel 3:
A, B und C sind an der AB-OG beteiligt, die den Teilbetrieb I und den Teilbetrieb II führt. C gibt seine Gesellschafterrechte auf und erhält dafür den Teilbetrieb II übertragen. Die AB-OG bleibt mit anderen Beteiligungsverhältnissen weiter bestehen. Es liegt dem Grunde nach eine Realteilung (nicht verhältniswahrende Abteilung) im Sinne des Art. V UmgrStG vor.

Beispiel 4:
A und B sind an der AB-OG beteiligt, die den Teilbetrieb I und den Teilbetrieb II führt. Sie beschließen den Teilbetrieb II auf eine neu gegründete Personengesellschaft zu übertragen, an der beide im gleichen Verhältnis beteiligt sind. Die AB-OG bleibt mit dem Teilbetrieb I weiter bestehen. Es liegt dem Grunde nach eine Realteilung (verhältniswahrende Abteilung) im Sinne des Art. V UmgrStG vor.

Beispiel 5:
A und B sind an der AB-OG und an der AB-KG beteiligt. A und B vereinbaren, dass A den Betrieb der OG und B den Betrieb der KG jeweils als Einzelunternehmer weiterführen. A und B war vor dieser Vereinbarung sowohl Vermögen der OG als auch Vermögen der KG zuzurechnen. Es liegt daher dem Grunde nach eine Realteilung im Sinne des Art. V UmgrStG vor.

Beispiel 6:
A, B und C sind an der ABC-OG, an der ABC-KG1 und ABC-KG2 beteiligt. Die Gesellschafter vereinbaren, dass C aus dem Betrieb der KG2 ausscheidet und dafür einen höheren Anteil an der ABC-KG 1 erhält. A, B und C waren vor dieser Vereinbarung am Vermögen der OG, KG1 und KG2 beteiligt. Es liegt daher dem Grunde nach eine Realteilung im Sinne des Art. V UmgrStG vor.

- Aufteilung einer Erbengemeinschaft, die hinsichtlich des Betriebsvermögens eine GesbR darstellt. Eine Realteilung kann sowohl vor als auch nach

Einantwortung erfolgen, wenn die Voraussetzungen des Art. V UmgrStG erfüllt sind. *(BMF-AV Nr. 131/2018)*

Nicht unter § 27 UmgrStG fallen insbesondere die folgenden Vorgänge: 1517a

- die Übernahme von einzelnen Vermögensgegenständen der Personengesellschaft durch die Gesellschafter im Zuge einer Betriebszerschlagung;

- die Abschichtung eines Gesellschafters mit Geld oder einzelnen Wirtschaftsgütern des Betriebsvermögens (siehe Rz 1641);

- die gleichmäßige Herabsetzung der starren Kapitalkonten aller Gesellschafter der Personengesellschaft (siehe dazu Rz 1568);

- der Betriebs- bzw. Anteilstausch, bei dem die Gesellschafter von Personengesellschaften oder Einzelunternehmer vor den Umgründungsvorgängen nicht am aufzuteilenden Vermögen beteiligt waren; insoweit liegen Betriebsveräußerungen vor;

- der Austritt eines Arbeitsgesellschafters aus einer Mitunternehmerschaft.

Beispiel 1:

Der Betrieb einer OG wird aufgelöst und die einzelnen Gegenstände des Betriebsvermögens auf die Gesellschafter übertragen. Es liegt keine Realteilung vor, und zwar auch dann und insoweit nicht, als die Gesellschafter die einzelnen Gegenstände des Betriebsvermögens in ihre eigenen Betriebe überführen. Es ist vielmehr von einer Aufgabe des Betriebes der OG auszugehen.

Beispiel 2:

Aus dem Betrieb einer OG werden unwesentliche Teile des Betriebsvermögens auf einen Gesellschafter übertragen. Es liegt keine Realteilung vor, und zwar auch dann und insoweit nicht, als der Gesellschafter die übertragenen Teile des Betriebsvermögens in einen eigenen Betrieb überführt.

Beispiel 3:

A führt als Einzelunternehmer den Betrieb I, B als Einzelunternehmer den Betrieb II. A und B tauschen die Betriebe I und II. Da A vor dem Tausch nicht am Betrieb II und B vor dem Tausch nicht am Betrieb I beteiligt waren, liegt kein Vorgang im Sinne des Art. V UmgrStG, sondern ein solcher im Sinne des § 24 EStG 1988 vor. Dieses Ergebnis kann auch durch einen kurzfristigen Zusammenschluss zu einer Personengesellschaft mit nachfolgender Aufteilung nicht vermieden werden (missbräuchliche Umgründung im Sinne des § 44 UmgrStG).

Beispiel 4:

A und C sind an der AC-OG beteiligt. Zudem sind A und B an der AB-KG beteiligt. B und C vereinbaren einen Tausch ihrer Anteile. Vor der Vereinbarung war B nicht an der OG und C nicht an der KG beteiligt. Es liegt daher kein Vorgang im Sinne des Art. V UmgrStG, sondern ein solcher im Sinne des § 24 EStG 1988 vor. *(BMF-AV Nr. 193/2015)*

5.1.2. Inländische Realteilung

Ein inländische Realteilung liegt vor, wenn eine Vermögensübertragung ausschließlich nach inländischem Steuerrecht zu beurteilen ist. Dies ist dann der Fall, wenn ein inländischer Teilbetrieb oder Mitunternehmeranteil einer Personengesellschaft mit Sitz im Inland auf einen Steuerinländer (unbeschränkt Steuerpflichtigen) übertragen wird. 1518

5.1.3. Ausländische Realteilung

Ein ausländische Realteilung liegt vor, wenn auf eine Vermögensübertragung ausländisches Steuerrecht zur Anwendung kommt. Art. V UmgrStG 1519

§ 27

kommt dann zur Anwendung, wenn ein Inlandsbezug gegeben ist, bspw. wenn ausscheidende ausländische Gesellschafter mit Anteilen an einer inländischen Mitunternehmerschaft oder einem inländischen Teilbetrieb der ausländischen Personengesellschaft abgefunden werden.

5.1.4. Grenzüberschreitende Realteilung

1520   Eine grenzüberschreitende Realteilung liegt vor, wenn entweder Vermögen einer ausländischen Personengesellschaft auf im Inland unbeschränkt steuerpflichtige Gesellschafter oder Vermögen einer inländischen Personengesellschaft auf ausländische Gesellschafter übertragen wird. Unter Art. V UmgrStG fällt sowohl eine Export-Teilung (Rz 1603) wie eine Import-Teilung (Rz 1622a ff). *(BMF-AV Nr. 193/2015)*

5.1.5. Aufteilung

5.1.5.1 Verhältniswahrende Aufteilung

1521   Eine verhältniswahrende Aufteilung liegt dann vor, wenn die Gesellschafter einer Mitunternehmerschaft deren Auflösung in der Weise beschließen, dass Vermögen im Sinne des § 27 Abs. 2 UmgrStG auf von den Gesellschaftern neu gegründete Personengesellschaften übertragen wird und sich an den Beteiligungsverhältnissen nichts ändert.

Beispiel:

An der AB-OG sind die Gesellschafter A und B je zu 50% beteiligt. Die AB-OG führt die Teilbetriebe I und II. Die AB-OG wird in der Form realgeteilt, dass der Teilbetrieb I auf die von A und B jeweils mit Halbbeteiligung gegründete KG1-AB und der Teilbetrieb II auf die von A und B ebenfalls mit Halbbeteiligung gegründete KG2-AB übergeht. *(AÖF 2008/243)*

5.1.5.2 Nichtverhältniswahrende bzw. entflechtende Aufteilung

1522   Eine nicht verhältniswahrende bzw. entflechtende Aufteilung liegt dann vor, wenn die Gesellschafter einer Mitunternehmerschaft die Auflösung ihrer Gesellschaft in der Weise beschließen, dass Vermögen im Sinne des § 27 Abs. 2 UmgrStG auf die ausscheidenden Gesellschafter als Abfindung übertragen wird. Nach der Aufteilung führen die bisherigen Mitunternehmer das ihnen übertragene Vermögen allein als Einzelunternehmer oder gemeinsam in bereits bestehenden Mitunternehmerschaften fort, oder schließen sich selbst wieder zu einer oder mehreren neuen Mitunternehmerschaften zusammen. Die Gesellschafter können an sämtlichen Nachfolgegesellschaften in unterschiedlichem Ausmaß, aber auch nur an einzelnen Nachfolgegesellschaften beteiligt sein (dies entspricht der nicht verhältniswahrenden Spaltung im Sinne des Art. VI UmgrStG).

Beispiel:

Die ABC-OG, an der die Gesellschafter A, B und C zu je 1/3 beteiligt sind, führt die Teilbetriebe I, II und III. Möglichkeiten einer entflechtenden bzw. nichtverhältniswahrenden Aufteilung sind bspw.:

Jeder der Gesellschafter erhält einen Teilbetrieb, den er als Einzelunternehmer fortführt.

A erhält den Teilbetrieb I, B und C errichten eine neue Mitunternehmerschaft, die die Teilbetriebe II und III fortführt.

A erhält den Teilbetrieb I und gründet mit B und C eine neue Mitunternehmerschaft, die die Teilbetriebe II und III fortführt. *(AÖF 2008/243)*

1523   Eine nicht verhältniswahrende bzw. entflechtende Aufteilung kann auch im Falle eines Mitunternehmeranteilstausches vorliegen. Da im Falle der Aufteilung an alle Gesellschafter Vermögen im Sinne des § 27 Abs. 2 UmgrStG übertragen werden muss, ist gedanklich zunächst von einer Vereinigung der beiden Personengesellschaften mit anschließender Aufteilung je eines Betriebes an je einen Gesellschafter auszugehen, sodass eine Grundvoraussetzung für die Anwendung des Art. V UmgrStG erfüllt ist.

Beispiel:

A und B sind je zur Hälfte an der OG 1 und der OG 2 beteiligt. Die Gesellschaften werden in der Form aufgeteilt, dass jeder der Gesellschafter die gesamte 50-prozentige Beteiligung an der einen Gesellschaft gegen Erwerb der 50-prozentigen Beteiligung an der anderen Gesellschaft aufgibt, sodass jeder der Gesellschafter die Alleingesellschafterstellung an einer OG erwirbt.

Zum Kapitalkontenclearing siehe Rz 1625. *(AÖF 2008/243)*

5.1.6. Abteilung

5.1.6.1 Verhältniswahrende Abteilung

Eine verhältniswahrende Abteilung liegt dann vor, wenn die Gesellschafter einer Mitunternehmerschaft beschließen, Vermögen im Sinne des § 27 Abs. 2 UmgrStG auf eine neu zu gründende oder bestehende Personengesellschaft, an der die Gesellschafter im gleichen Ausmaß wie an der realgeteilten Mitunternehmerschaft beteiligt sind, zu übertragen, sich sohin an den Beteiligungsverhältnissen nichts ändert. Der abteilenden Mitunternehmerschaft muss selbst Vermögen im Sinne des § 27 Abs. 2 UmgrStG verbleiben. 1524

Beispiel:

An der AB-OG sind die Gesellschafter A und B je zur Hälfte beteiligt. Die OG führt die Teilbetriebe I und II. A und B beschließen, die OG in der Weise abzuteilen, dass die OG den Teilbetrieb I behält, und der Teilbetrieb II auf die neu errichtete AB-OG2, an der A und B ebenfalls je zur Hälfte beteiligt sind, übertragen wird. *(AÖF 2008/ 243)*

5.1.6.2 Nichtverhältniswahrende bzw. entflechtende Abteilung

Eine nicht verhältniswahrende bzw. entflechtende Abteilung liegt dann vor, wenn die Gesellschafter einer Mitunternehmerschaft beschließen, Vermögen im Sinne des § 27 Abs. 2 UmgrStG auf den oder die ausscheidenden Gesellschafter als Abfindung zu übertragen, die Mitunternehmerschaft jedoch bestehen bleibt und selbst Vermögen im Sinne des § 27 Abs. 2 UmgrStG behält. Auch in diesem Fall führen die abgefundenen Mitunternehmer das ihnen übertragene Vermögen allein als Einzelunternehmer oder gemeinsam in bereits bestehenden Mitunternehmerschaften fort, oder schließen sich selbst wieder zu einer oder mehreren neuen Mitunternehmerschaften zusammen. Die Gesellschafter können an sämtlichen Nachfolgegesellschaften in unterschiedlichem Ausmaß, aber auch nur an einzelnen Nachfolgegesellschaften beteiligt sein (dies entspricht der nicht verhältniswahrenden Spaltung im Sinne des Art. VI UmgrStG). 1525

Beispiel:

Die ABC-OG, an der die Gesellschafter A, B und C zu je 1/3 beteiligt sind, führt die Teilbetriebe I, II und III. Möglichkeiten einer entflechtenden bzw. nichtverhältniswahrenden Abteilung sind bspw.:

A erhält den Teilbetrieb I, B und C führen die OG mit den Teilbetrieben II und III fort

A erhält den Teilbetrieb I, bleibt aber zusammen mit B und C an der OG beteiligt, die die Teilbetriebe II und III fortführen.

Eine nichtverhältniswahrende bzw. entflechtende Abteilung kann auch im Falle der Übertragung eines Mitunternehmeranteiles vorliegen.

Beispiel:

A, B und C sind je zu einem Drittel an der ABC-OG beteiligt. Die OG wird durch Abteilung in der Form realgeteilt, dass C aus der OG ausscheidet und mit einem von der OG gehaltenen Mitunternehmeranteil an der Y-KG abgefunden wird. A und B bleiben Gesellschafter der OG, die ihren Betrieb fortführt. *(AÖF 2008/243)*

5.1.7. Erfordernis eines Teilungsvertrages

1526   § 27 Abs. 1 UmgrStG setzt als Grundlage für die Vornahme einer Realteilung den Abschluss eines schriftlichen Teilungsvertrages (Gesellschaftsvertrages) voraus. Dieses Rechtsgeschäft muss nicht ausdrücklich als Teilungsvertrag bezeichnet werden, es muss aber klar erkennbar sein, dass es sich um einen gesellschaftsrechtlichen Vorgang handelt. Beim Teilungsvertrag handelt es sich um eine gesellschaftsrechtlich veranlasste Willenseinigung zwischen den Teilungspartnern über eine Vermögensübertragung. *(BMF-AV Nr. 193/2015)*

1527   Der Teilungsvertrag ist jedenfalls dann vollständig, wenn er folgende Punkte enthält:

• Teilungspartner

• Teilungsstichtag (Rz 1536 ff)

• Das definierte Teilungsvermögen (Teilungsmassen; Rz 1545 ff) unter Bezugnahme auf den zugrundeliegenden Jahres- oder Zwischenabschluss gemäß § 4 Abs. 1 EStG 1988 und die darauf aufbauende Teilungsbilanz (Rz 1598 ff)

• Vereinbarte Gegenleistung (Rz 1564 ff). *(BMF-AV Nr. 193/2015)*

5.1.8. Teilungsrelevante Faktoren

5.1.8.1 Anteil am Gesamtverkehrswert und Verkehrswert der Teilungsmasse – Ausgleichszahlung

5.1.8.1.1 Allgemeines

1528   Eine Realteilung zu Buchwerten ist nach § 27 Abs. 1 UmgrStG nur möglich, wenn Vermögen im Sinne des § 27 Abs. 2 und 3 UmgrStG ohne oder ohne wesentliche Ausgleichszahlungen tatsächlich auf Nachfolgeunternehmer übertragen wird. Dabei ist Folgendes zu prüfen:

• Stimmt der Verkehrswert der aufzugebenden Beteiligung an der teilenden Personengesellschaft mit dem Verkehrswert der Teilungsmasse überein, liegt ein (unternehmens- und) abgabenrechtlich äquivalentes Verhalten vor.

• Stimmt der Verkehrswert der aufzugebenden Beteiligung an der teilenden Personengesellschaft mit dem Verkehrswert der Teilungsmasse nicht überein, kann

  – ein innerbetrieblicher Ausgleich durch die Zuordnung von neutralen Aktiva zu den Teilungsmassen (siehe Rz 1574 ff) oder ein Verschieben von Aktiva im Rahmen des nach § 29 Abs. 1 UmgrStG anwendbaren § 16 Abs. 5 Z 4 UmgrStG zwischen den Teilungsmassen versucht (siehe Rz 1617 f) oder

  – ein externer Ausgleich durch eine Ausgleichszahlung der begünstigten Gesellschafter an die benachteiligten gewählt oder

– eine Kombination von beiden

vereinbart werden.

Die Ausgleichszahlungen stellen beim Leistenden keine Betriebsausgabe und beim Empfänger keine Betriebseinnahme dar. *(BMF-AV Nr. 193/2015)*

Wird bei fehlender Übereinstimmung   1529

- auf einen Ausgleich zum Teil oder zur Gänze verzichtet, kann eine Äquivalenzverletzung im Sinne des § 31 Abs. 1 Z 1 UmgrStG mit Schenkungswirkung vorliegen (siehe Rz 1629), die die Geltung des Art. V UmgrStG nicht beeinträchtigt, wenn im Übrigen die notwendige Vorsorge gegen eine Steuerlastverschiebung getroffen wird (Rz 1532)

- die Drittelgrenze durch Ausgleichszahlungen überschritten, liegt eine Verletzung der Anwendungsvoraussetzungen des Art. V UmgrStG vor, die zum Veräußerungs(Aufgabe)tatbestand des § 24 Abs. 7 EStG 1988 bei der Personengesellschaft (für alle Gesellschafter) zum Teilungsstichtag führt.

Zu den steuerlichen Wirkungen beim Rechtsnachfolger siehe Rz 1624 f.

5.1.8.1.2 Drittelbegrenzung

Ausgleichszahlungen zwischen den am Teilungsvorgang beteiligten Steuerpflichtigen dürfen nach § 29 Abs. 2 UmgrStG ein Drittel des Verkehrswertes des empfangenen Vermögens des benachteiligten Gesellschafters nicht übersteigen, andernfalls ist insgesamt ein entgeltlicher Vorgang anzunehmen, der die Anwendung des Art. V UmgrStG zur Gänze ausschließt (vgl. zur verunglückten Realteilung Rz 1640 f).   1530

Bei Prüfung der Drittelgrenze sind die Ausgleichszahlungen in Relation zum Wert jenes Vermögens zu setzen, das der Empfänger der Ausgleichszahlungen erhält. Für die Prüfung der Drittelgrenze ist nur das zu teilende Gesellschaftsvermögen heranzuziehen; Sonderbetriebsvermögen wird nicht einbezogen.

Beispiel:

A und B sind zu je 50% an der AB-OG beteiligt, die Teilbetriebe I und II führt. Der Verkehrswert des Teilbetriebs I beläuft sich auf 5 Mio., jener des Teilbetriebes II auf 3 Mio. A und B vereinbaren eine Aufteilung der OG in der Form, dass A den Teilbetrieb I und B den Teilbetrieb II erhält. A und B haben Anspruch auf je 4 Mio., A erhält demgegenüber wertmäßig 5 Mio. und B wertmäßig 3 Mio. Zum Ausgleich der Wertdifferenzen muss A an B 1 Mio. zahlen. Diese Ausgleichszahlung ist zum Verkehrswert des von B empfangenen Vermögens, also zum Verkehrswert des Teilbetriebs II iHv 3 Mio. in Relation zu setzen. Da sie mit 1 Mio. nicht mehr als ein Drittel von 3 Mio. beträgt, liegt eine Realteilung im Sinne des Art. V UmgrStG vor. *(BMF-AV Nr. 193/2015)*

5.1.8.1.3 Verdeckter Spitzenausgleich

Den Ausgleichszahlungen auf Grund ausdrücklicher Vereinbarungen der Gesellschafter sind Einlagen gleichzuhalten, die zum Zwecke des Herstellens der Teilungsfähigkeit der Vermögen geleistet werden (so genannter verdeckter Spitzenausgleich). Ein Zusammenhang einer Einlage mit der Herstellung der Teilungsfähigkeit der Vermögen kann insb. dann vorliegen, wenn die Einlage kurze Zeit (Richtwert: 6 Monate) vor dem Teilungsstichtag geleistet wird.   1531

Als verdeckte Ausgleichszahlungen können demnach insbesondere

- die Umbuchung variabler Kapitalkonten sowie

§ 27

• Entnahmen/Einlagen im zeitlichen Naheverhältnis zum Teilungsstichtag in Betracht kommen, sofern dabei nicht bloß eine betragsmäßige Anpassung der variablen Kapitalkonten an die fixen Kapitalkonten erfolgt, die ausdrücklich im Teilungsvertrag festgehalten wird (siehe Rz 1625).

Zur Behandlung von rückwirkenden Einlagen nach dem Stichtag siehe Rz 1609 f. Zur Behandlung der Zurechnung von Fremdkapital siehe Rz 1575. Zur Trennung von Aktiva und Passiva siehe Rz 1617. *(BMF-AV Nr. 193/2015)*

5.1.8.2. Anteil an den Gesamtreserven der Personengesellschaft und Gesamtreserven der Teilungsmasse – Ausgleichsposten (BMF-AV Nr. 193/ 2015)

5.1.8.2.1 Grundsätzliches

1532   Die Vornahme einer Realteilung zu Buchwerten ist nach § 29 Abs. 1 UmgrStG nur zulässig, wenn für die weitere Gewinnermittlung Vorsorge getroffen wird, dass es bei den an der Teilung beteiligten Steuerpflichtigen durch den Vorgang der Teilung zu keiner endgültigen Verschiebung der Steuerbelastung kommt. Diese Verschiebung tritt ein, wenn die im übernommenen Vermögen enthaltenen steuerhängigen Gesamtreserven nicht dem auf die aufgegebene Beteiligung an der Mitunternehmerschaft entfallenden Anteil an den steuerhängigen Gesamtreserven der Mitunternehmerschaft entsprechen und keine Vorsorge getroffen wird.

Die einzige im Gesetz vorgesehene Vorsorgemethode ist die Bildung von Ausgleichsposten, durch die die „überspringenden" stillen Reserven ausgewiesen und ausgeglichen werden. Diese Ausgleichsposten stellen keine Wirtschaftsgüter dar, sondern sind nur Bilanzierungshilfen. Die Ausgleichposten beziehen sich nur auf die Verschiebung stiller Reserven. Diese Vorsorge ist unabhängig von der Frage zu treffen, ob es im Hinblick auf die Wertverhältnisse der in den Teilungsvorgang einbezogenen Vermögen zu Ausgleichszahlungen im Sinne des § 29 Abs. 2 UmgrStG kommt (Rz 1528). Der Ausgleichposten kann daher auch jenen Nachfolgeunternehmer „belasten", der eine Ausgleichszahlung erhalten hat.

Im Falle der Realteilung einer Personengesellschaft, für die vereinbart ist, dass weder bei Ein- noch bei Austritt der Gesellschafter weder stille Reserven noch ein Firmenwert/Praxiswert abgegolten werden (siehe Rz 1330a), kann es bei den Nachfolgeunternehmern nicht zu einer Bildung von Ausgleichsposten kommen. Wird hingegen - mangels Beteiligung am Vermögen - gar kein begünstigtes Vermögen übertragen, kommt Art. V UmgrStG schon dem Grunde nach nicht zur Anwendung.

Für Realteilungen mit einem Stichtag nach dem 31.3.2012 gilt:

In die Vorsorge gegen eine Steuerlastverschiebung sind auch die stillen Reserven des zum Anlagevermögen gehörenden Grund und Bodens mit einzubeziehen. Soweit im Falle einer Veräußerung auf den Grund und Boden zum Teilungsstichtag § 30 Abs. 4 EStG 1988 anwendbar wäre, können die in den Ausgleichsposten einzubeziehenden stillen Reserven pauschal berechnet werden. Zur Abschreibung bzw. Auflösung der Ausgleichsposten siehe Rz 1533. *(BMF-AV Nr. 131/2018)*

1532a   Auf Realteilungen, die ab dem 30.12.2014 beschlossen oder vertraglich unterfertigt wurden, sind die §§ 29 Abs. 1 Z 2a und 30 Abs. 4 UmgrStG anzuwenden, um eine getrennte Behandlung von sondersteuersatzbesteuerten Wirtschaftsgütern mit zum Tarif besteuerten Wirtschaftsgütern zu gewährleisten. Da nach der bisherigen Rechtslage sowohl Einkünfte aus Grundstücksveräußerungen als auch aus Kapitalvermögen mit dem besonderen Steuersatz von 25% besteuert wurden, war nur ein einziger „Sonderausgleichsposten" zu bilden.

Für Umgründungsstichtage nach dem 31.12.2015 sieht § 29 Abs. 1 Z 2a UmgrStG idF StRefG 2015/2016, BGBl. I Nr. 118/2015, vor, dass die Wirtschaftsgüter, auf deren Erträge bzw. Wertsteigerungen ein besonderer Steuersatz gemäß § 27a Abs. 1 EStG 1988 bzw. § 30a Abs. 1 EStG 1988 idF StRefG 2015/2016, BGBl. I Nr. 118/2015, anzuwenden ist, jeweils in gesonderten Sonderausgleichsposten zu erfassen sind.

Danach sind die stillen Reserven von Wirtschaftsgütern des Kapitalvermögens iSd § 27 EStG 1988, auf deren Wertsteigerungen der besondere Steuersatz iHv 27,5% gemäß § 27a Abs. 1 Z 2 EStG 1988 anwendbar ist, in einen gesonderten Ausgleichsposten einzustellen, der zu diesem besonderen Steuersatz aufzulösen oder unter sinngemäßer Anwendung des § 6 Z 2 lit. c EStG 1988 abzuschreiben ist (siehe EStR 2000 Rz 794 ff). Ebenso sind stille Reserven von Wirtschaftsgütern des Kapitalvermögens iSd § 27 EStG 1988 (zB Fremdwährungsbankeinlagen), auf deren Wertsteigerungen der besondere Steuersatz iHv 25% gemäß § 27a Abs. 1 Z 1 EStG 1988 anwendbar ist, in einen gesonderten Ausgleichsposten einzustellen.

Für Grundstücke iSd § 30 Abs. 1 EStG 1988, auf deren Wertsteigerungen der besondere Steuersatz iHv 30% gemäß § 30a Abs. 1 EStG 1988 (bis 2015: 25%, siehe EStR 2000 Rz 2635 f) anwendbar ist, gilt Folgendes:

- Ist § 30 Abs. 4 EStG 1988 auf die stillen Reserven zum Teilungsstichtag ganz oder eingeschränkt anwendbar, kann Grund und Boden zur Gänze mit den Werten gemäß § 6 Z 14 EStG 1988 angesetzt werden (Aufwertungsoption; siehe Rz 1601a); zu einer Bildung von Ausgleichsposten kommt es in diesen Fällen nicht. Die Ausübung des Wahlrechts ist im Teilungsvertrag festzuhalten.

- Wird von der Aufwertungsoption nicht Gebrauch gemacht, sind die stillen Reserven in einen (weiteren) gesonderten Ausgleichsposten einzustellen, der zum besonderen Steuersatz aufzulösen oder unter sinngemäßer Anwendung des § 6 Z 2 lit. d EStG 1988 abzuschreiben ist. Für die Berechnung der Höhe der stillen Reserven kann § 30 Abs. 4 EStG 1988 insoweit berücksichtigt werden, als er zum Teilungsstichtag anwendbar wäre.

Die Auflösungsbeträge von Ausgleichsposten für sondersteuersatzbesteuerte Wirtschaftsgüter, die anlässlich von Realteilungen mit einem Stichtag bis 31.12.2015 gebildet wurden, sind mit dem zum Zeitpunkt der Bildung des Ausgleichspostens geltenden Steuersatz zu versteuern.

Im Falle der Regelbesteuerungsoption kommt der allgemeine Tarif zur Anwendung.

Zur Vorgangsweise bei einer späteren Veräußerung der Grundstücke siehe Rz 1533d. *(BMF-AV Nr. 40/2017)*

5.1.8.2.2 Behandlung der Ausgleichsposten

Ausgleichsposten sind ab dem dem Teilungsstichtag folgenden Wirtschaftsjahr gleichmäßig verteilt auf 15 Wirtschaftsjahre steuerwirksam abzusetzen bzw. aufzulösen:

1533

- Der Rechtsnachfolger hat einen aktiven Ausgleichsposten einzustellen, wenn der Anteil der in der ihm zukommenden Teilungsmasse enthaltenen Gesamtreserven (stillen Reserven inklusive Firmenwert) den beteiligungsbezogenen Anteil an den Gesamtreserven der Personengesellschaft übersteigt. Der Gesellschafter bekommt in diesem Fall zu viel an steuerhängigen stillen Reserven zugewiesen. Der aktive Ausgleichsposten ist gleichmäßig auf 15 Wirtschaftsjahre verteilt steuerwirksam abzuschreiben. Damit wird im Ergebnis die bei späterer Realisierung eintretende zu hohe Steuerpflicht neutralisiert.

- Der Rechtsnachfolger hat einen passiven Ausgleichsposten einzustellen, wenn der Anteil der in der ihm zukommenden Teilungsmasse enthaltenen Gesamtreserven den beteiligungsbezogenen Anteil an den Gesamtreserven der Personengesellschaft unterschreitet. Der Gesellschafter bekommt in diesem Fall zu wenig an steuerhängigen stillen Reserven zugewiesen. Der passive Ausgleichsposten ist gleichmäßig auf 15 Wirtschaftsjahre verteilt gewinnerhöhend aufzulösen. Damit wird im Ergebnis die bei späterer Realisierung eintretende zu niedrige Steuerpflicht neutralisiert.

Zur weiteren Behandlung der Ausgleichsposten siehe Rz 1623.

Für Realteilungen mit einem Stichtag nach dem 31.3.2012, deren Verträge vor dem 30.12.2014 beschlossen oder unterfertigt wurden, gilt:

Insoweit in den aktiven/passiven Ausgleichsposten auch stille Reserven von dem besonderen Steuersatz unterliegenden Wirtschaftsgütern enthalten sind, erfolgt die Abschreibung/Auflösung jedenfalls zum progressiven Steuertarif.

Zu gesonderten Ausgleichsposten für Realteilungen, deren Verträge ab dem 30.12.2014 beschlossen oder unterfertigt werden, siehe Rz 1532a. *(BMF-AV Nr. 193/2015)*

1533a   Durch die ab dem 1.4.2012 mit dem 1. StabG 2012, BGBl. I Nr. 22/2012, eingeführte generelle Besteuerung von Gewinnen aus Grundstücksveräußerungen und die durch das 2. AbgÄG 2014, BGBl. I Nr. 105/2014, geschaffenen Bestimmungen zur Behandlung von Grundstücksübertragungen im Zuge von Realteilungen sind für die Rechtsfolgen einer Grundstücksveräußerung, die einer Realteilung nachfolgt, die folgenden drei Zeiträume zu unterscheiden:

- Für Realteilungen mit einem Stichtag bis zum 31.3.2012 siehe Rz 1533b.

- Für Realteilungen mit einem Stichtag ab dem 1.4.2012, die bis zum 29.12.2014 vertraglich unterfertigt wurden, siehe Rz 1533c.

- Für Realteilungen, die ab dem 30.12.2014 vertraglich unterfertigt werden, siehe Rz 1533d. *(BMF-AV Nr. 193/2015)*

1533b   „Realteilungen mit einem Stichtag bis zum 31.3.2012:

Wurde anlässlich einer Realteilung mit einem Stichtag bis zum 31.3.2012 auch ein Grundstück mitübertragen und für Grund und Boden mangels Steuerhängigkeit der stillen Reserven keine Vorsorge getroffen (Altvermögen, siehe Rz 1532), ist wie folgt vorzugehen:

- Erfolgt bei einer Veräußerung des Grundstücks durch den Nachfolge-Einzelunternehmer oder bei einer Veräußerung bzw. Aufgabe des Nachfolge-Einzelunternehmens nach dem 31.3.2012 die Ermittlung der Einkünfte für den betrieblichen Grund und Boden nach den allgemeinen Gewinnermittlungsgrundsätzen oder gemäß § 30 Abs. 4 EStG 1988, sind die Einkünfte zur Gänze dem Einzelunternehmer zuzurechnen und unterliegen dem besonderen Steuersatz.

- Erfolgt bei einer Veräußerung des Grundstücks durch eine Nachfolge-Mitunternehmerschaft oder bei einer Veräußerung bzw. Aufgabe der Nachfolge-Mitunternehmerschaft nach dem 31.3.2012 die Ermittlung der Einkünfte für den betrieblichen Grund und Boden nach allgemeinen Gewinnermittlungsgrundsätzen oder gemäß § 30 Abs. 4 EStG 1988, sind diese Einkünfte im Verhältnis der Substanzbeteiligungen zum Veräußerungs- bzw. Aufgabezeitpunkt auf die Mitunternehmer aufzuteilen und unterliegen dem besonderen Steuersatz.

Beispiel:

A, B und C waren je zu 1/3 Gesellschafter der ABC-OG. Durch eine Realteilung mit Stichtag 31.12.2010 tritt C aus der ABC-OG aus und bekommt als Gegenleistung einen Teilbetrieb der OG übertragen. A und B sind nach der Realteilung je zur Hälfte an der ABC-OG beteiligt. Der sich im Betriebsvermögen der OG befindliche, zu diesem Zeitpunkt nicht steuerhängige Grund und Boden (gemeiner Wert: 100) befindet sich nach der Realteilung im Teilbetrieb, der bei der OG verbleibt. Da die stillen Reserven im Grund und Boden nicht steuerhängig waren, wurde keine Vorsorge gegen eine Steuerlastverschiebung getroffen. Verkauft die OG Grund und Boden am 20.2.2013 um 150, kann der Gewinn gemäß § 30 Abs. 4 EStG 1988 pauschal ermittelt werden (150*0,14 = 21). Dieser Gewinn ist A und B je zur Hälfte (10,5) zuzurechnen und von diesen zu versteuern.

Variante:

Hätte C den Grund und Boden im Zuge der Realteilung übernommen und ebenfalls am 20.2.2013 um 150 veräußert, kann dieser den Gewinn ebenfalls pauschal gemäß § 30 Abs. 4 EStG 1988 ermitteln (21). Dieser wäre in diesem Fall ausschließlich C zuzurechnen und von diesem zu versteuern. *(BMF-AV Nr. 193/2015)*

Realteilungen mit einem Stichtag ab dem 1.4.2012 und einer vertraglichen Unterfertigung bis zum 29.12.2014: **1533c**

In diesen Fällen sind die auf betriebliche Grundstücke entfallenden stillen Reserven zum Teilungsstichtag zu ermitteln und zur Vermeidung einer Steuerlastverschiebung im Ausgleichsposten gemäß § 29 Abs. 1 Z 2 UmgrStG zu berücksichtigen (siehe auch Rz 1532 und 1533); eine Bildung eines gesonderten Ausgleichspostens kommt in diesen Fällen nicht in Betracht, weil § 29 Abs. 1 Z 2a UmgrStG zu diesem Zeitpunkt noch nicht anwendbar war. *(BMF-AV Nr. 193/2015)*

Realteilungen, die ab dem 30.12.2014 beschlossen oder vertraglich unterfertigt werden: **1533d**

Für diese ist ein gesonderter Ausgleichsposten iSd § 29 Abs. 1 Z 2a UmgrStG zu bilden (siehe auch Rz 1532a). Bei einer späteren Realisierung der stillen Reserven durch den/die Nachfolgeunternehmer ist wie folgt vorzugehen:

- Auf die Wertveränderungen bis zum Teilungsstichtag ist § 30 Abs. 4 EStG 1988 anzuwenden, soweit diese Bestimmung bei der Berechnung des Ausgleichspostens angewendet wurde.

- Auf die Wertveränderungen nach dem Teilungsstichtag kann § 30 Abs. 4 EStG 1988 bei dem/den Nachfolgeunternehmer(n) nur insoweit angewendet werden, als diesem/diesen das Grundstück bereits vor dem Teilungsstichtag zuzurechnen war.

Diese Vorgangsweise kann auch auf Realteilungen mit einem Stichtag nach dem 31.3.2012 angewendet werden, für die die Höhe des Ausgleichspostens iSd

§ 29 Abs. 1 Z 2 UmgrStG in Bezug auf die stillen Reserven des Grund und Bodens gemäß § 30 Abs. 4 EStG 1988 ermittelt wurde (siehe Rz 1532).

Beispiel 1:

An der freiberuflichen A&B-OG sind die natürlichen Personen A und B zu je 50% als Gesellschafter beteiligt. Die Gesellschafter beschließen mit Vertrag vom August 2014 rückwirkend zum 31.12.2013 die Realteilung der OG dergestalt, dass A den Teilbetrieb 1 mit dem zu diesem TB gehörigen Grundstück und B den Teilbetrieb 2 übernimmt.

Zum 31.12.2013 hat der TB 1 einen BW von 500 und einen VW von 1000, der TB 2 hat einen BW von 700 und einen VW von 1000. Ihrer Beteiligung entsprechend entfallen auf jeden Gesellschafter ein BW von 600 und ein VW von 1000, daher stille Reserven von 400.

Der im TB 1 befindliche Grund und Boden hat AK iHv 50 und einen VW von 200; da es sich bei diesem Grund und Boden um Altvermögen iSd § 30 Abs. 4 EStG 1988 handelt, werden die stillen Reserven dafür mit 14% des VW, das sind 28, festgesetzt und in dieser Höhe im AP berücksichtigt. Der Ausgleichsposten berechnet sich daher wie folgt:

(fiktiver) BW des TB 1	622*	VW 1000	stRes 378
BW des TB 2	700	VW 1000	stRes 300
Gesamt	1322	2000	678

[*Die 622 ergeben sich aus dem tatsächlichen BW 500 minus dem tatsächlichen BW für den Grund und Boden 50 plus dem fiktiven Buchwert für Grund und Boden (86% des Teilwertes = 172)].

Da von den Gesamtreserven von jedem der Gesellschafter 339 erwirtschaftet wurden und auch versteuert werden müssten, tatsächlich aber auf A 378 und auf B 300 übergehen, ist von A ein aktiver AP iHv 39 und von B ein passiver AP in derselben Höhe zu bilden und über 15 Jahre verteilt zum progressiven Einkommensteuertarif abzuschreiben bzw. aufzulösen, beginnend mit 2014.

Veräußerung des Grundstücks im Jahr 2015:

2015 wird das Grundstück insgesamt um 400 veräußert, davon entfallen auf den Grund und Boden 230. Die Einkünfte aus der Grundstücksveräußerung sind hinsichtlich des Grund und Bodens wie folgt zu ermitteln:

Bis zum Teilungsstichtag kann die Einkünfteermittlung sowohl hinsichtlich der eigenen Quote als auch hinsichtlich der Quote des B gemäß § 30 Abs. 4 EStG 1988 erfolgen; dies gilt auch für ab dem Stichtag entstandene Wertzuwächse, insoweit, als sie die eigene Quote des Rechtsnachfolgers A betreffen. Die Einkünfte betragen daher 14% des auf Grund und Bodens entfallenden Veräußerungserlöses von 215 (200 bis zum Stichtag zuzüglich 50% des Zuwachses ab Stichtag), das sind 30,1.

Hinsichtlich des Anteils am Grund und Boden, der dem A vor dem Teilungsstichtag nicht zuzurechnen war, sind die Einkünfte nach den allgemeinen Gewinnermittlungsvorschriften zu ermitteln, sie betragen daher 15 (Veräußerungserlös 115 minus neuem Buchwert iHv 100 = 15).

Beispiel 2:

Die natürlichen Personen A und B sind zu je 50% an der AB-OG beteiligt. Im Betriebsvermögen der AB-OG befindet sich Grund und Boden (Buchwert: 50), der am 31.3.2012 nicht steuerverfangen war (Altvermögen). Zum Stichtag 31.12.2014 wird die AB-OG auf ihre beiden Gesellschafter A und B aufgeteilt, wobei A den Grund und Boden übernimmt (gemeiner Wert zum Teilungsstichtag 100).

Hinsichtlich des Grund und Bodens ergeben sich folgende Rechtsfolgen für die Nachfolgeunternehmer A und B:

Da es sich bei dem im Teilungsvermögen befindlichen Grund und Boden um Altvermögen im Sinne des § 30 Abs. 4 EStG 1988 handelt, werden die stillen Reserven dafür mit 14% des Verkehrswerts, das sind 14, festgesetzt und in der Höhe der verschobenen Reserven (7) im gesonderten Ausgleichsposten gemäß § 29 Abs. 1 Z 2a UmgrStG berücksichtigt. Dieser Ausgleichsposten ist bei B über fünfzehn Jahre verteilt zum Sondersteuersatz gewinnerhöhend aufzulösen und beim übernehmenden A auf fünfzehn Jahre unter sinngemäßer Anwendung von § 6 Z 2 lit. d EStG 1988 abzusetzen.

Kommt es später zu einer Veräußerung des Grund und Bodens durch A um 200, ist wie folgt vorzugehen:

- Die stillen Reserven bis zum Teilungsstichtag (50) sind je zur Hälfte A und B zuzurechnen. Die B zuzurechnende Hälfte wurde von A im Zuge der Realteilung übernommen und dafür ein einheitlicher Ausgleichsposten gebildet. Da die Höhe dieses Ausgleichspostens nach § 30 Abs. 4 EStG 1988 ermittelt wurde, hat A daher § 30 Abs. 4 EStG 1988 in einem ersten Schritt auf Basis des Verkehrswertes (100) des gesamten Grund und Bodens zum Teilungsstichtag anzuwenden.

- Für alle Wertsteigerungen ab dem Teilungsstichtag, die A's Beteiligungsquote am Grundstück vor der Realteilung entsprechen (Veräußerungserlös 200 minus gemeiner Wert zum Teilungsstichtag 100 = 100*0,5 = 50), kann A § 30 Abs. 4 EStG 1988 weiter anwenden.

- Für die Wertsteigerungen ab dem Teilungsstichtag, die den Quoten der anderen Mitunternehmer vor dem Teilungsstichtag entsprechen (50), hat A die allgemeinen Gewinnermittlungsgrundsätze anzuwenden. Jedenfalls kann der besondere Steuersatz gemäß § 30a Abs. 1 in Verbindung mit Abs. 3 EStG 1988 angewendet werden.

Daher kann § 30 Abs. 4 EStG 1988 für einen Wert in Höhe von 150 angewendet werden und die pauschal ermittelten Einkünfte betragen somit 21 (150*0,14). Die Steuerlast beträgt demnach für A 21,3 (=21*0,3 + 50*0,3); (bis 2015: 17,75 [= 21*0,25 + 50*0,25]). *(BMF-AV Nr. 193/2015, BMF-AV Nr. 40/2017)*

„Gemäß § 30 Abs. 4 UmgrStG wird von einer grundstücksbezogenen Betrachtung abgewichen, wenn die Teilungsmasse eine Mehrzahl von Grundstücken des Altvermögens umfasst. In diesen Fällen kann eine verkehrswertmäßige Betrachtung für alle zu übertragenden Grundstücke des Altvermögens angestellt werden.   **1533e**

Beispiel:

Die natürlichen Personen A und B sind zu je 50% an der AB-OG beteiligt. Im Betriebsvermögen der AB-OG befinden sich zwei Grundstücke des Altvermögens (Verkehrswert Grundstück 1: 30; Grundstück 2: 50). Zum Stichtag 31.12.2015 wird die AB-OG auf ihre beiden Gesellschafter A und B aufgeteilt, wobei A das Grundstück 1 und B das Grundstück 2 übernimmt.

Bei Gesamtbetrachtung des Altvermögens sind A und B vor der Realteilung jeweils iHv 40 an diesem Grundvermögen beteiligt. Das A nach der Realteilung zugeteilte „Grundvermögen" beträgt 30 (Grundstück 1), welches bei diesem weiterhin zur Gänze Altvermögen darstellt (verkehrswertmäßig gedeckt in 40). Das B nach der Realteilung zugeteilte „Grundvermögen" beträgt 50 (Grundstück 2) und stellt nach der Realteilung zu 80% Altvermögen dar, weil der ihm zugeteilte Verkehrswert seine bisherige Grundstücksquote (40) um 20% überschreitet. Daher kann B nach der Realteilung § 30 Abs. 4 EStG 1988 auf eine Quote von 80% seines Grundstücks weiter anwenden. *(BMF-AV Nr. 193/2015)*

Die gesetzte Vorsorgemaßnahme muss erkennbar vom Bestreben getragen sein, die Verschiebung stiller Reserven einschließlich eines Geschäfts- oder Firmenwertes zu vermeiden. Bloße Ungenauigkeiten in der Schätzung der stillen Reserven führen nicht zum Versagen der Buchwertfortführung, sondern lediglich zu einer entsprechenden Berichtigung.   **1534**

Beispiel:

AB-OG			
Teilbetrieb I	4.000.000	Teilungskapital A	3.050.000
Teilbetrieb II	2.100.000	Teilungskapital B	3.050.000

A übernimmt den Teilbetrieb I, B den Teilbetrieb II. A und B haben vor der Teilung Anteile im Wert von jeweils 4 Mio. Zum Ausgleich der Wertverhältnisse leistet A an B eine Ausgleichszahlung von 1 Mio. Überdies tritt eine Verschiebung in den stillen Reserven ein, die auf A und B vor der Teilung zu jeweils 950.000 entfallen. Nach der Teilung entfallen auf A 1 Mio. und auf B 900.000. A hätte daher ohne Ausgleichsmaßnahmen um 50.000 zu viel und B um 50.000 zu wenig zu versteuern. Eine Buchwertfortführung ist zulässig, wenn A und B zur Vermeidung dieser Verschiebung Ausgleichsposten in Höhe von je 50.000 einstellen. Die Eröffnungsbilanzen der Einzelunternehmen haben dann folgenden Inhalt::

Einzelunternehmen A			
Teilbetrieb I	4.000.000	Kapital A	3.050.000
Ausgleichsposten	50.000	Ausgleichsverbindlichkeit	1.000.000

Einzelunternehmen B			
Teilbetrieb II	2.100.000	Kapital B	3.050.000
Ausgleichsforderung	1.000.000	Ausgleichsposten	50.000

Für A stellt die Ausgleichszahlung als solche keinen abzugsfähigen Aufwand, für B keinen steuerpflichtigen Ertrag dar. Werden die Nachfolgeunternehmen unmittelbar nach der Teilung veräußert, würde A unter Anrechnung der Ausgleichsverbindlichkeit 4 Mio. (bar) erlösen, B in Hinblick auf den zusätzlichen Wert seiner Ausgleichsforderung ebenfalls 4 Mio. erhalten. Bei beiden Nachfolgeunternehmern ergäbe sich unter Einbeziehung der Ausgleichsposten (A setzt 50.000 ab, B erhöht um 50.000) wie vor der Realteilung eine Realisierung stiller Reserven von jeweils 950.000. *(BMF-AV Nr. 193/2015)*

5.1.8.2.3 Fehlen einer Vorsorge

1535   Wird die erforderliche Vorsorge nicht getroffen, ist nach § 29 Abs. 1 UmgrStG in Verbindung mit § 24 Abs. 2 letzter Satz UmgrStG bei der auf- oder abteilenden Mitunternehmerschaft der Teilwert der übertragenen Wirtschaftsgüter einschließlich selbstgeschaffener unkörperlicher Wirtschaftsgüter anzusetzen (vgl. Rz 1643), ohne dass die Geltung des Art. V UmgrStG im Übrigen beeinträchtigt ist.

Ergibt sich aus dem Teilungsvertrag, dass wegen den vorliegenden Verkehrs- bzw Buchwerten eine Vorsorge nicht erforderlich erscheint, ist bei nachträglicher Berichtigung dieser Werte eine Korrektur dahingehend vorzunehmen, dass eine richtige Vorsorge getroffen wird.

Auch eine Vorsorge im Wege einer Vereinbarung von Zahlungen zum Ausgleich von Mehr- bzw. Minderbelastungen an Einkommen- oder Körperschaftsteuer entspricht nicht den Voraussetzungen des § 29 Abs. 1 UmgrStG.

5.1.9. Teilungsstichtag

5.1.9.1 Rückwirkungsfiktion

1536   Teilungsstichtag ist der Tag, zu dem das Vermögen der realzuteilenden Personengesellschaft mit ertragsteuerlicher Wirksamkeit auf den oder die Nachfolgeunternehmer übergehen soll. Teilungsstichtag kann jeder von den Teilungspartnern bestimmte Tag sein (§ 28 UmgrStG in Verbindung mit § 13 Abs. 1 UmgrStG).

Bei einem vom Regelbilanzstichtag abweichenden Teilungsstichtag liegt – für an Nachfolgeunternehmer übertragene Betriebe – kein zustimmungsbedürftiger Wechsel des Bilanzstichtages im Sinne des § 2 Abs. 7 EStG 1988 vor.

Für den im Falle einer Abteilung bei der Personengesellschaft verbleibenden Betrieb läuft das Wirtschaftsjahr mangels Vorliegens einer „neuen" Personengesellschaft weiter. Die Auskehrung eines Mitunternehmeranteiles hat auf das Wirtschaftsjahr der Personengesellschaft ebenfalls keinen Einfluss.

Im Falle der Aufteilung endet mit dem Stichtag das Wirtschaftsjahr der untergehenden Mitunternehmerschaft.

Der Teilungsvertrag kann einen bevorstehenden oder einen rückwirkenden **1537** Teilungsstichtag festlegen oder den Vertragstag als Stichtag definieren:

- Rückbezogene Stichtage, dh. Stichtage, die vor dem Abschluss des Teilungsvertrages liegen, sind nur im Rahmen der Grenzen des nach § 28 UmgrStG maßgebenden § 13 Abs. 1 UmgrStG möglich (Frist von neun Monaten, siehe Rz 1538 ff).

- Andere Stichtage, dh. Stichtage auf den Tag des Abschlusses des Teilungsvertrages oder auf einen Tag danach, können idR nur im Rahmen eines Grundsatzvertrages (Festlegung des Stichtages, abstrakte Definition der Teilungsmasse, Bestimmung des oder der Ausscheidenden) festgelegt werden. Dieser vorläufige Vertrag muss ergänzt und vervollständigt werden und ist in diesem Sinn ebenfalls ein rückwirkender, da die Endfassung einer abschließenden Willensübereinstimmung und damit der Unterfertigung bedarf. Es sind daher auch in diesem Fall innerhalb von neun Monaten ab dem Stichtag die Ergänzungen vorzunehmen (Bilanzerstellung, soweit nach § 12 Abs. 2 UmgrStG erforderlich, Wertermittlung, Gegenleistungsdefinition) und der zuständigen Behörde vorzulegen (siehe auch Rz 1541). *(BMF-AV Nr. 193/ 2015)*

§ 27

Für die Fristenberechnung ist in abgabenrechtlicher Sicht sowohl bei Zu- **1537a** ständigkeit des Firmenbuches als auch bei jener des Finanzamtes § 108 BAO maßgebend. Der Fristenlauf wird mit dem gewählten Teilungsstichtag in Gang gesetzt. Die Tage des Postenlaufs werden in die Neunmonatsfrist nicht eingerechnet.

Im Hinblick auf die Tatsache, dass in Fällen der Zuständigkeit des Firmenbuchgerichts (Rz 1538) weder unternehmensrechtliche noch firmenbuchrechtliche Fristen bestehen, hat auch die abgabenrechtliche Fristenregelung für das Firmenbuchverfahren keine Bedeutung (OGH 17.7.1997, 6 Ob 124/97x).

- Sollte eine abgabenrechtlich rechtzeitige Anmeldung einer Realteilung vom Firmenbuchgericht zurückgewiesen werden, ist eine Realteilung im Sinne des Art. V UmgrStG auch abgabenrechtlich nicht zustandegekommen.

- Sollte eine abgabenrechtlich nicht rechtzeitig angemeldete Realteilung vom Firmenbuchgericht nicht zurückgewiesen werden, kommt die Ersatzstichtagsregelung zur Anwendung; siehe Rz 1541.

Zur Berechnung der Fristen bei Teilungsstichtagen zu einem Monatsende siehe Rz 775. *(BMF-AV Nr. 193/2015)*

5.1.9.2 Rückwirkungsfrist

5.1.9.2.1 Fälle der Anmeldung beim Firmenbuch

1538   Beim zuständigen Firmenbuchgericht ist eine fristgerechte Anmeldung einer Realteilung nach § 28 in Verbindung mit § 13 Abs. 1 UmgrStG in folgenden Fällen erforderlich:

- Bei Löschung einer im Firmenbuch eingetragenen Personengesellschaft (Aufteilung).

- Beim Ausscheiden eines eingetragenen Gesellschafters aus einer im Firmenbuch eingetragenen Personengesellschaft (Abteilung).

Unabhängig von der umgründungssteuerrechtlichen Zuständigkeit und von einer Neunmonatsfrist besteht bei Übertragung von (Teil-)Betrieben von im Firmenbuch eingetragenen Personengesellschaften eine Eintragungspflicht in das Firmenbuch gemäß § 3 Z 15 FBG; diese Verpflichtung hat allerdings keine umgründungssteuerrechtliche Bedeutung.

Die Anmeldung beim Firmenbuchgericht muss vollständig erfolgen, klar abgefasst sein und jeden Zweifel ausschließen (siehe Rz 1540).

Unabhängig von der Eintragung ins Firmenbuch, muss innerhalb von neun Monaten ab dem Umgründungsstichtag eine Anzeige beim zuständigen Finanzamt erfolgen (§ 43 Abs. 1 UmgrStG). Die Verletzung dieser Frist kann eine Finanzordnungswidrigkeit gemäß § 51 Abs. 1 lit. a FinStrG darstellen (siehe Rz 1899 f). *(BMF-AV Nr. 193/2015)*

5.1.9.2.2 Fälle der Meldung beim Finanzamt

1539   In allen nicht von der Firmenbuchzuständigkeit erfassten Fällen ist eine Realteilung nach § 28 UmgrStG in Verbindung mit § 13 Abs. 1 UmgrStG bei dem für die teilende Personengesellschaft nach § 21 AVOG 2010 zuständigen FA fristgerecht im Sinne des § 108 BAO zu melden. Darunter fallen insb. die folgenden Realteilungsvorgänge:

- Aufteilung einer nicht im Firmenbuch eingetragenen Personengesellschaft

- Ausscheiden eines Gesellschafters aus einer nicht im Firmenbuch eingetragenen Personengesellschaft (Abteilung)

- (Teil-)Betriebs- oder Mitunternehmeranteilsübertragungen einer nicht im Firmenbuch eingetragenen Personengesellschaft auf eine im Firmenbuch eingetragene übernehmende Gesellschaft (bspw. bei Realteilung einer Kapitalgesellschaft und atypisch stille Gesellschaft)

- (Teil-)Betriebs- oder Mitunternehmeranteilsübertragungen einer im Firmenbuch eingetragenen Personengesellschaft auf nicht zur Gänze aus der Personengesellschaft ausscheidende Gesellschafter

- Änderungen der Beteiligungsverhältnisse bei bestehend bleibenden Personengesellschaften, an denen die gleichen Personen (gleich oder ungleich) beteiligt sind.

Bei einer Mehrheit von Übernehmenden müssen alle Meldungen rechtzeitig bei dem zuständigen FA bzw. den zuständigen FÄ eintreffen. *(BMF-AV Nr. 193/2015, BMF-AV Nr. 40/2017)*

1539a   Fehlt es bei der Übertragung von Vermögen im Wege einer Realteilung einer ausländischen übertragenden Personengesellschaft an einem zuständigen inländischen Firmenbuchgericht bzw. FA, ist die Meldung der Realteilung bei dem für den Rechtsnachfolger zuständigen inländischen FA maßgeblich.

Ist bei einer Realteilung im Ausland nur inländisches Vermögen eines ausländischen Nachfolgeunternehmers betroffen, ist die Meldung bei dem für das übertragene Vermögen zuständigen FA zu erstatten. *(AÖF 2008/243)*

Im Gegensatz zu den Fällen der Anmeldung beim Firmenbuch erfolgt auf Grund der Meldung beim zuständigen FA keine mit Konstitutivwirkung verbundene Bestätigung oder Zurückweisung. Die steuerliche Wirksamkeit einer alle Voraussetzungen des § 27 UmgrStG erfüllenden Realteilung ist daher mit dem Tag des rechtzeitigen Einlangens der vollständigen Meldung selbst gegeben (Rz 1540). Damit kommt der Meldung eine über eine bloße Formvorschrift hinausgehende Bedeutung zu. Ein Zurückziehen der erfolgten Meldung seitens der teilenden Personengesellschaft hebt die Wirkung einer nach Art. V UmgrStG vollzogenen Realteilung nicht auf. *(AÖF 2008/243)* 1539b

Der Textaufbau des nach § 28 maßgebenden § 13 Abs. 1 UmgrStG zeigt an, dass das System der Meldung dem System der Anmeldung beim Firmenbuch gleichgestellt bzw. ihm nachempfunden ist. Die Meldung muss daher, um die Eigenschaft einer die Steuerwirksamkeit einer Realteilung auslösenden Handlung zu besitzen, vollständig sein und alle Mindestelemente des Teilungsvertrages einschließlich erforderlicher Beilagen in exakter und jeden Zweifel ausschließenden Form enthalten oder sich auf den unterfertigten Teilungsvertrag beziehen. 1540

Zum Inhalt der Meldung bei rückbezogenen und vorbezogenen Realteilungen siehe die entsprechend anzuwendenden Rz 786 bis Rz 788, zu sonstigen Rechtsfolgen Rz 789 bis Rz 791. *(AÖF 2008/243)*

5.1.9.2.3 Folgen der Fristverletzung

5.1.9.2.3.1. Zurückweisung der Anmeldung durch das Firmenbuchgericht *(BMF-AV Nr. 193/2015)*

Weist das Firmenbuchgericht die Anmeldung der Realteilung in Form einer Aufteilung einer im Firmenbuch eingetragenen Personengesellschaft zurück, kommt die Realteilung nicht zustande. 1541

Wird trotz steuerlich verspäteter Anmeldung die Realteilung im Firmenbuch eingetragen und sind die Anwendungsvoraussetzungen des § 27 UmgrStG im Übrigen gegeben, ist die Realteilung als solche im Sinne des Art. V UmgrStG zu werten, auf die die Rechtsfolgen einer verspäteten Anmeldung anzuwenden sind.

Es geht zunächst nur die Möglichkeit einer rückwirkenden Umgründung verloren, es gilt der Tag des Abschlusses des Teilungsvertrages als Ersatzstichtag. In der Folge sind zwei Folgewirkungen denkbar:

- Die Personengesellschaft kann die Sanierungsmöglichkeit des § 13 Abs. 1 vorletzter Satz UmgrStG wahrnehmen (siehe Rz 765), dh. bezogen auf den Vertragstag innerhalb von neun Monaten jene Maßnahmen setzen, die der Erfüllung der Anwendungsvoraussetzungen des § 27 UmgrStG dienen; in diesem Fall bleiben die Wirkungen des Art. V UmgrStG – bezogen auf den Ersatzstichtag – erhalten.

- Die Personengesellschaft nimmt die Sanierungsmöglichkeit des § 13 Abs. 1 vorletzter Satz UmgrStG nicht wahr oder kann sie auf Grund eines verspäteten Erkennens einer Fristverletzung nicht mehr wahrnehmen. In diesem Fall liegt eine Verletzung der Anwendungsvoraussetzungen des Art. V UmgrStG vor. Es kommt zum Veräußerungstatbestand gemäß § 24 Abs. 7 EStG 1988 bzw. § 20 KStG 1988 auf den ursprünglich gewählten Teilungsstichtag (siehe Rz 1640 ff). *(BMF-AV Nr. 193/2015)*

5.1.9.2.3.2 Sonstige Fälle der verspäteten Anmeldung bzw. Meldung

1542   In allen anderen als den unter Rz 1541 genannten Fällen der verspäteten Anmeldung bzw. Meldung der Realteilung kommen die in Rz 1541 dargestellten Folgewirkungen zur Anwendung. *(AÖF 2008/243)*

5.1.9.2.3.3 Fristbezogene Vertragsklausel

1543   Die zwingende Gewinnverwirklichung kann vermieden werden, wenn im Teilungsvertrag eine Klausel enthalten ist, nach der die tatsächliche Vermögensübertragung am Tag der fristgerechten Anmeldung beim Firmenbuchgericht bzw. am Tag der fristgerechten Meldung bei der zuständigen Abgabenbehörde erfolgen soll. Bei Fristverletzung kann eine noch nicht vollzogene Realteilung daher nicht wirksam werden bzw. ist davon auszugehen, dass das umzugründende Vermögen der Mitunternehmerschaft dem Rechtsnachfolger nur zur Nutzung überlassen wurde, sodass eine Vermögensübertragung nicht Platz greifen konnte.

5.1.9.3. Erfordernis der Zurechnung des Vermögens (BMF-AV Nr. 193/2015)

1544   Zu den Anwendungsvoraussetzungen einer Realteilung zu Buchwerten gehört, dass das am Tag des Abschlusses des Teilungsvertrages vorhandene und zu übertragende Vermögen auch zum Teilungsstichtag den Mitunternehmern im Sinne des § 24 BAO zuzurechnen war (siehe Rz 1573). Eine Ausnahme von diesem Grundsatz ist nur für Vermögenserwerbe im Erbwege möglich (§ 28 in Verbindung mit § 13 Abs. 2 UmgrStG), siehe Rz 809 und Rz 1345.

Wird die Realteilung vertragsgemäß auf ein Vermögen bezogen, das den Mitunternehmern zum geplanten Teilungsstichtag noch nicht zuzurechnen war, kann die Realteilung auf diesen Stichtag nicht wirksam erfolgen (zB Gesellschafterwechsel zwischen Stichtag und Vertragstag).

Nach dem nach § 28 UmgrStG maßgebenden § 13 Abs. 2 UmgrStG gilt der Tag des Abschlusses des Teilungsvertrages als Ersatzstichtag. In der Folge sind zwei Folgewirkungen denkbar:

• Die Personengesellschaft nimmt die Sanierungsmöglichkeit des § 13 Abs. 2 UmgrStG wahr (siehe Rz 765), in diesem Fall bleiben die Wirkungen des Art. V UmgrStG – bezogen auf den Ersatzstichtag – erhalten.

• Die Personengesellschaft nimmt die Sanierungsmöglichkeit des § 13 Abs. 2 UmgrStG nicht wahr oder kann sie auf Grund eines verspäteten Erkennens des Fehlens des Zurechnungserfordernisses nicht mehr wahrnehmen. In diesem Fall liegt eine Verletzung der Anwendungsvoraussetzungen des Art. V UmgrStG vor. Es kommt zum Veräußerungstatbestand gemäß § 24 Abs. 7 EStG 1988 bzw. § 20 KStG 1988 auf den ursprünglich gewählten Teilungsstichtag (siehe Rz 1640 ff).

Unschädlich ist der Wechsel eines reinen Arbeitsgesellschafters ohne Vermögensbeteiligung. *(AÖF 2008/243)*

5.1.10. Erfordernis eines teilungsfähigen Vermögens

5.1.10.1 Allgemeines

Die Vornahme einer nach Art. V UmgrStG begünstigten Realteilung setzt voraus, dass das zu übertragende Vermögen im Sinne des § 27 Abs. 2 UmgrStG am Teilungsstichtag, jedenfalls aber am Tag des Abschlusses des Teilungsvertrages, einen positiven Verkehrswert besitzt, und tatsächlich auf Nachfolgeunternehmer übertragen wird (§ 27 Abs. 1 UmgrStG). **1545**

Bei der Aufteilung muss jeder Mitunternehmer Vermögen im Sinne des § 27 Abs. 2 UmgrStG erhalten, bei der Abteilung muss jeder abzufindende Mitunternehmer Vermögen im Sinne des § 27 Abs. 2 UmgrStG erhalten und die verbleibende Mitunternehmerschaft Vermögen im Sinne des § 27 Abs. 2 UmgrStG behalten.

5.1.10.2 Positiver Verkehrswert

5.1.10.2.1 Begriff

Die Teilungsmasse muss am Teilungsstichtag, jedenfalls aber am Tag des Abschlusses des Teilungsvertrages, bei **1546**

- Aufteilung hinsichtlich des auf die Gesellschafter übergehenden Vermögens

- Abteilung hinsichtlich des auf den bzw. die ausscheidenden Gesellschafter übergehenden Vermögens

einen Verkehrswert von mehr als Null besitzen (§ 23 Abs. 1 UmgrStG).

Sonderbetriebsvermögen zählt nicht zur Teilungsmasse, weil es nicht Gesellschaftsvermögen ist. Es hat daher sowohl bei der Ermittlung des positiven Verkehrswertes als auch bei der Berechnung der Bemessungsgrundlage für die Drittelbegrenzung von Ausgleichszahlungen (Rz 1530) außer Betracht zu bleiben. *(BMF-AV Nr. 193/2015)*

Der positive Verkehrswert muss bei dem von der teilenden Personengesellschaft unmittelbar übertragenen Vermögen gegeben sein. Diese Voraussetzung bezieht sich nicht auf die nach der Umgründung entstehende Unternehmensform, sondern auf den Wert des umzugründenden Vermögens vor der Realteilung und ist daher isoliert und unbeeinflusst von möglichen Synergieeffekten zu betrachten (Stand-alone-Betrachtung). Daraus ergibt sich, dass die zum geplanten Umgründungsstichtag allenfalls fehlende Umgründungsfähigkeit auf Grund einer realen (wirtschaftlichen) Überschuldung bis zum Vertragstag herzustellen ist. Dies kann geschehen durch **1547**

- eine entsprechende Besserung der wirtschaftlichen Ertragslage in der Zeit zwischen dem Teilungsstichtag und dem Vertragsabschlusstag, oder

- entsprechende rückwirkende Korrekturmaßnahmen im Sinne des § 16 Abs. 5 UmgrStG (rückbezogene Einlagen oder Nutzung der Verschiebetechnik),

die das Vorliegen eines (nachhaltigen) positiven Verkehrswertes auch ohne nachfolgende Realteilung rechtfertigen.

Ein positiver Verkehrswert liegt trotz buchmäßig überschuldeten Vermögens vor, wenn im Vermögen entsprechend hohe stille Reserven und/oder ein originärer Firmenwert mit dementsprechend guten künftigen Ertragsaussichten enthalten sind.

Die Personengesellschaft hat den positiven Verkehrswert im Zweifel durch ein begründetes Gutachten eines Sachverständigen nachzuweisen. Dem Gutachten kommt die Stellung eines Beweismittels im Sinne der BAO zu, das wie jedes andere der Würdigung der Abgabenbehörde unterliegt. Zum Sachverständigen kann auch der die Realteilung betreuende Wirtschaftstreuhänder bestellt werden. Siehe Rz 685.

Kommt bis zum Abschluss des Teilungsvertrages ein positiver Verkehrswert nicht zu Stande, kann auf die vollzogene Realteilung Art. V UmgrStG nicht Anwendung finden, was zur Ermittlung eines Veräußerungsgewinnes führt (§ 24 Abs. 7 EStG 1988, siehe Rz 1640 f). Es bestehen keine Bedenken, von einer Gewinnverwirklichung abzusehen, wenn Vorsorgemaßnahmen nicht zu treffen sind und damit ein Übergang von allfälligen Reserven auf andere Personen nicht stattfindet. *(BMF-AV Nr. 193/2015)*

5.1.10.2.2 Grundsätze der Unternehmensbewertung

Siehe Rz 682 ff.

5.1.10.3 Betrieb

1548   Der Betrieb als Übertragungsobjekt im Sinne des § 27 Abs. 2 UmgrStG ist nach dem hier maßgebenden EStG 1988 ein in sich organisch geschlossener Komplex von Wirtschaftsgütern, der die wesentliche Grundlage einer im wirtschaftlichen Verkehr stehenden Tätigkeit bildet und dem Übernehmer objektiv die Fortführung ermöglicht (vgl. EStR 2000 Rz 5507 ff). Die Betriebseigenschaft des Übertragungsvermögens muss bei der übertragenden Personengesellschaft sowohl zum Teilungsstichtag als auch zum Zeitpunkt des Abschlusses des Teilungsvertrages gegeben sein. Die Rz 693 bis Rz 699 sowie die Rz 1358a bis 1358c gelten sinngemäß.

Es können sowohl in- als auch ausländische Betriebe übertragen werden, soweit die Anwendungsvoraussetzungen erfüllt sind. Auch ein verpachteter oder ruhender – noch nicht aufgegebener – Betrieb (siehe EStR 2000 Rz 5647 bis Rz 5653) ist als begünstigtes Vermögen übertragbar.

Erfüllt einer der Betriebe die Kriterien nicht, kommt es nach allgemeinem Steuerrecht bei der zu teilenden Mitunternehmerschaft zur Veräußerungsgewinnbesteuerung im Sinne des § 24 Abs. 7 EStG 1988, die auch für den anderen einen Betrieb übernehmenden Teilungspartner maßgebend ist. *(BMF-AV Nr. 193/2015, BMF-AV Nr. 40/2017)*

5.1.10.4 Teilbetrieb

1549   Der Teilbetrieb als Übertragungsobjekt im Sinne des § 27 Abs. 2 UmgrStG ist nach dem hier maßgebenden EStG 1988 als organisch in sich geschlossener Betriebsteil zu sehen, der mit einer gewissen Selbstständigkeit ausgestattet ist und durch seine organische Geschlossenheit es ermöglicht, die gleiche Erwerbstätigkeit ohne weiteres fortzusetzen (vgl. EStR 2000 Rz 5579 ff).

Der Teilbetriebsbegriff muss aus der Sicht der teilenden Personengesellschaft gegeben sein. Entscheidend ist, dass der zu übertragende Teilbetrieb am Teilungsstichtag bereits als solcher existiert und nicht erst in der Zeit zwischen Teilungsstichtag und Vertragstag geschaffen wird. Die Teilbetriebseigenschaft darf durch Teilungsmaßnahmen nicht verloren gehen.

Es können sowohl in- als auch ausländische Teilbetriebe übertragen werden, soweit die Anwendungsvoraussetzungen erfüllt sind. Verpachtete oder ruhende (noch nicht aufgegebene) Teilbetriebe können im Rahmen der Realteilung übertragen werden. Erfüllt einer der Teilbetriebe die Kriterien nicht, kommt es nach allgemeinem Steuerrecht bei der zu teilenden Mitunternehmerschaft zur Veräußerungsgewinnbesteuerung im Sinne des § 24 Abs. 7 EStG 1988, die auch für den anderen einen Teilbetrieb übernehmenden Teilungspartner maßgebend ist. *(BMF-AV Nr. 193/2015)*

5.1.10.5 Teilbetriebsfiktion

5.1.10.5.1 Anwendungsbereich

Besitzt die Personengesellschaft nur einen einheitlichen Betrieb, kommt eine Realteilung im Sinne des Art. V UmgrStG auf Grund der Sonderregelung des § 27 Abs. 3 UmgrStG nur in zwei Fällen in Betracht: **1550**

- Bei einem Forstbetrieb (reiner Forstbetrieb oder Forst innerhalb einer Land- und Forstwirtschaft), der auf Grund gesetzlicher Teilungsfähigkeit geteilt wird, wobei der (die) Nachfolger mit den übernommenen, keinen Teilbetrieb im Sinne des EStG darstellenden Flächen einen Forstbetrieb führen kann (können); siehe Rz 1551 ff.

- Bei einem freiberuflichen oder gewerblichen Betrieb, bei dem die wesentliche Grundlage der Klienten-, Mandanten- oder Kundenstock (und nicht die Erzeugung oder der Handel) darstellt und bei dem der ausscheidende Gesellschafter einen bestimmten – keine Teilbetriebseigenschaft im Sinne des EStG besitzenden – Teil des Klienten-, Mandanten- oder Kundenstocks übernimmt, den er schon vor der Teilung dauerhaft betreut hat und mit dem er nach der Teilung einen Betrieb führen kann; siehe Rz 1559 ff.

5.1.10.5.2 Teilbetriebsfiktion bei Forstbetrieben

5.1.10.5.2.1 Allgemeines

Die Teilbetriebsfiktion ermöglicht die Aufteilung von Flächen des dem Grunde nach unteilbaren Forstbetriebes. Zur Vermeidung unerwünschter Gestaltungen wird die erweiterte Teilungsmöglichkeit dadurch abgesichert, dass die forstbetriebliche Teilung auf einen gesetzlichen Teilungsanspruch und eine gesonderte Lebensfähigkeit (§ 15 Forstgesetz 1975, BGBl. Nr. 440/1975 idgF) der geteilten Flächen bezogen wird. Demgemäß ist Voraussetzung für die Anwendung der Teilbetriebsfiktion, dass die geteilten Flächen vom Nachfolgeunternehmer für sich (gesondert und daher auch unabhängig von einem allenfalls schon bestehenden Forstbetrieb des Teilungspartners) als Forstbetrieb (im Sinne der Begriffsbestimmung der Rz 1552 f) geführt werden können.   **1551**

Abgesehen von der Teilbetriebsfiktion sind auf die Realteilung die allgemeinen Grundsätze des Art. V UmgrStG anzuwenden. Es ist daher auf den Teilungsstichtag ein Jahres- oder Zwischenabschluss der teilenden Mitunternehmerschaft aufzustellen und die Teilungsmasse in einer Teilungsbilanz darzustellen. Dabei ist das Vermögen in erster Linie nach objektiven Kriterien der Teilungsmasse zuzuordnen (Rz 1575). Nach § 29 Abs. 1 UmgrStG können rückwirkende Korrekturen des zu teilenden Vermögens im Sinne des § 16 Abs. 5 UmgrStG vorgenommen werden. *(AÖF 2008/243)*

5.1.10.5.2.2 Teilungsmassen

Von den Regelungen über die Teilbetriebsfiktion können auf- und abteilende   **1552**

Mitunternehmerschaften Gebrauch machen, die ausschließlich einen Forstbetrieb oder neben dem forstwirtschaftlichen Betrieb auch einen anderen, vor allem landwirtschaftlichen Betrieb unterhalten. Ist neben dem forstwirtschaftlichen Betrieb ein eigenständiger Gewerbebetrieb vorhanden, ändert die einkommensteuerliche Einheitsbetrachtung nichts an der Teilungsfähigkeit des Forstbetriebes im Sinne der Teilbetriebsfiktion.

Liegen in der Mitunternehmerschaft innerhalb der Landwirtschaft und der Forstwirtschaft Teilbetriebe im Sinne des § 12 Abs. 2 Z 1 UmgrStG und damit des EStG 1988 vor (zB an getrennten Standorten), kann die Auf- oder Abteilung nach den allgemeinen Regeln des Art. V UmgrStG erfolgen.

Liegt ein in einkommensteuerlicher Hinsicht unteilbarer landwirtschaftlicher und unteilbarer forstwirtschaftlicher Betrieb vor, kann von der Teilbetriebsfiktion des § 27 Abs. 3 Z 1 UmgrStG nur hinsichtlich des forstwirtschaftlichen Teiles Gebrauch gemacht werden.

1553   Wird entgegen den vorstehend dargestellten Grundsätzen im Rahmen der Realteilung der land- und forstwirtschaftlich tätigen Mitunternehmerschaft neben der Anwendung der Teilbetriebsfiktion auf den Forstbetrieb der steuerlich nicht teilbare landwirtschaftliche Betrieb dennoch nach Flächen und dem sonstigen Vermögen geteilt, sind die Vorschriften des Art. V UmgrStG insgesamt nicht anwendbar. Es ist demzufolge ein Fall der Veräußerungsgewinnbesteuerung im Sinne des § 24 Abs. 7 EStG 1988 für das Gesamtvermögen der Mitunternehmerschaft und für sämtliche Mitunternehmer gegeben. Zur Vermeidung eines solchen Ergebnisses kann der Realteilung des Forstbetriebes eine (idR verhältniswahrende) Realteilung in Form der Übertragung des landwirtschaftlichen Betriebes auf eine Schwester-Mitunternehmerschaft vorgelagert werden. Dabei können räumlich mit dem Forstbetrieb zusammenhängende landwirtschaftlich genutzte Flächen bei Einhaltung der Bagatellgrenze (siehe Rz 1558) beim Forstbetrieb verbleiben.

Ebenso kann bei eindeutiger getrennter vertraglicher Gestaltung die Teilung des Forstbetriebes mit der Teilung des mitunternehmerischen landwirtschaftlichen Teilbetriebes verbunden werden. Dabei fällt, bei Vorliegen der Voraussetzungen, die Teilung des Forstbetriebes unter Art. V UmgrStG und ist daher mit dem Realteilungsstichtag steuerlich wirksam, während die Aufteilung des landwirtschaftlichen Teilbetriebes als Teilbetriebsaufgabe mit Veräußerungsgewinnbesteuerung nach allgemeinem Steuerrecht nicht rückwirkend, sondern idR mit dem Tag des Vertragsabschlusses wirksam wird.

5.1.10.5.2.3 Begriff und Umfang des Forstbetriebes

1554   Der Begriff des Forstbetriebes ist zur Abgrenzung vom landwirtschaftlichen Betrieb (oder sonstigen Aktivitäten) nach ertragsteuerlichen Grundsätzen zu beurteilen. Für die Zuordnung von Grundflächen zum Forstbetrieb ist der forstrechtliche Begriff des „Waldes" (§§ 1 bis 4 des Forstgesetzes, BGBl. Nr. 440/1975 idgF) heranzuziehen. Dieser Begriff umfasst neben voll bestockten Waldflächen und Nutzungsflächen, die vorübergehend nicht oder nicht voll bestockt sind (Schläge, Aufforstungen usw.), auch die Kampfzonen, Räumden und jene Flächen, die zwar dauernd unbestockt sind, aber in direktem räumlichen und wirtschaftlichen Zusammenhang mit der Waldbewirtschaftung stehen, wie zB Bringungsanlagen, Holzlagerplätze und Waldschneisen.

1555   Zum Forstbetrieb zählen weiters

- die ertragsteuerlich als forstwirtschaftliche Nebenbetriebe anzusehenden Tätigkeiten wie Sägen, Schottergruben und Forstgärten,

- die Jagd und die Fischerei auf dem Forstbetrieb zugehörigen Flächen und Gewässern (ausgenommen Teichwirtschaft und Fischzucht) unabhängig davon, ob sie selbst betrieben werden oder verpachtet sind,

- Flächen, auf denen sich Betriebsgebäude des Forstbetriebes oder eines forstlichen Nebenbetriebes (Sägewerk, Jagdhütten, usw.) befinden.

Zum Forstbetrieb zählen nicht 1556

- landwirtschaftlich genutzte Flächen, die nicht unter den Waldbegriff fallen (zB Christbaumzucht, Almen, Schipisten, Wildgatter zur Wildfleischproduktion), es sei denn, sie werden im Rahmen eines Forstbetriebes betrieben (zB Forstgärten).

- Grundflächen, die direkt weder einer forstwirtschaftlichen noch einer landwirtschaftlichen Nutzung unterliegen (zB Ödland), es sei denn, die außerforstwirtschaftliche Nutzung zieht keine wesentliche Änderung der forstlichen Nutzung nach sich (zB. Langlaufloipen).

5.1.10.5.2.4 Zurechnung von Wirtschaftsgütern

Die Grundsätze der Gewinnermittlung nach § 4 EStG 1988 hinsichtlich der Zugehörigkeit von Wirtschaftsgütern zu einem Betriebsvermögen sind dahingehend zu beachten, dass bewegliche, überwiegend gesamtbetrieblichen Zwecken der Mitunternehmerschaft dienende Wirtschaftsgüter zur Gänze jenem Betrieb(steil) zuzurechnen sind, in dem sie überwiegend genutzt werden. 1557

Unterhält die Personengesellschaft nicht nur einen Forstbetrieb, sind Gebäude zum Betriebsvermögen des landwirtschaftlichen bzw gewerblichen oder forstwirtschaftlichen Betriebes nach Maßgabe der nachhaltigen Nutzung zuzurechnen. Denkbar ist bei einer Mischnutzung auch die Begründung von Miteigentum, eine Parifizierung oder das Einräumen eines Nutzungsrechtes für den Teilungspartner. Weiters kann im Wege einer rückwirkenden Korrektur die Zuordnung des Gebäudes zu einem Partner nach § 16 Abs. 5 Z 4 UmgrStG erfolgen.

5.1.10.5.2.5 Bagatellgrenze

Da ein Forstbetrieb völlig ohne landwirtschaftlich genutzte Flächen in der Praxis kaum vorstellbar erscheint, bestehen keine Bedenken, die Eigenschaft als Forstbetrieb auch dann noch als gegeben anzunehmen, wenn landwirtschaftlich genutzte oder ungenutzte Flächen, die nicht unter den Waldbegriff fallen, aber in unmittelbarem räumlichen Zusammenhang mit den Waldflächen stehen, im (Teil)Betrieb vorhanden sind, und folgende Kriterien vorliegen: 1558

- Es besteht am Tag des Abschlusses des Teilungsvertrages kein eigener aktiv betriebener oder verpachteter landwirtschaftlicher Hauptbetrieb (die der Realteilung vorgelagerte Abteilung eines landwirtschaftlichen Betriebes im Sinne des Rz 1552 f auf den Teilungsstichtag stellt kein Hindernis dar).

- Die landwirtschaftlich genutzten Flächen umfassen nicht mehr als 20% der Gesamtgrundfläche des Forstbetriebes im Sinne des Folgepunktes.

- Als Gesamtgrundfläche gelten alle Flächen im Sinne des Rz 1552 f, wobei die nicht zum Forstbetrieb zählenden Flächen, ausgenommen Ödland, mit zu berücksichtigen und Almflächen nur mit 50% ihrer Fläche anzusetzen sind.

- Der Einheitswert der landwirtschaftlich genutzten Flächen übersteigt nicht 15.000 €.

- Diese Einheitswertgrenze ist unbeachtlich, wenn die landwirtschaftlich genutzten Flächen höchstens 5% der Gesamtgrundflächen des Betriebes betragen.

Beispiel 1:
Der zu teilende Betrieb umfasst eine Gesamtfläche von 1.902 ha, davon 6 ha Ödland. Daher Berechnungsgrundlage 1.896 ha. Davon sind 165 ha Almflächen mit einem Einheitswert von 3.700 € und 97 ha landwirtschaftlich genutzte Flächen mit einem Einheitswert von 9.200 €. Alm- und landwirtschaftlich genutzte Flächen sind verpachtet. Zur Berechnung der 20%-Grenze für landwirtschaftlich genutzte Flächen sind die Almflächen mit 50% = 83 ha anzusetzen, so dass sich eine landwirtschaftlich genutzte Fläche von 180 ha ergibt. Der Prozentsatz der landwirtschaftlich genutzten Flächen beträgt daher 9,5 und ein Überschreiten der 20%-Grenze ist nicht gegeben. Da der landwirtschaftliche Einheitswert 12.900 € (3.700 € + 9.200 €) beträgt, ist die Einheitswertgrenze nicht überschritten und der Betrieb gilt daher als Forstbetrieb.

Beispiel 2:
Der zu teilende Betrieb umfasst eine Gesamtfläche von 7.315 ha, davon 45 ha Ödland. Daher Berechnungsgrundlage 7.270 ha. Davon sind 316 ha Almflächen mit einem Einheitswert von 7.600 € und 205 ha landwirtschaftlich genutzte Flächen mit einem Einheitswert von 19.000 €. Alm- und landwirtschaftlich genutzte Flächen sind verpachtet. Zur Berechnung der 20%-Grenze für landwirtschaftliche Flächen sind die Almflächen mit 50% = 158 ha anzusetzen, so dass sich eine landwirtschaftlich genutzte Fläche von 363 ha ergibt. Der Prozentsatz der landwirtschaftlich genutzten Flächen beträgt daher 4,99 und ein Überschreiten der 20%-Grenze ist nicht gegeben. Da der landwirtschaftliche Einheitswert 26.600 € (7.600 € + 19.000 €) beträgt, ist die Einheitswertgrenze überschritten, die landwirtschaftlich genutzten Flächen umfassen aber unter 5% der Gesamtfläche, so dass auch dieser Betrieb als Forstbetrieb gilt.

Liegen die oben genannten Kriterien nicht vor, ist hinsichtlich der genannten Flächen von einem eigenständigen, nicht unter die Teilbetriebsfiktion des § 27 Abs. 3 Z 1 UmgrStG fallenden landwirtschaftlichen Betrieb oder von einem unselbständigen Teil eines neben dem Forstbetrieb unterhaltenen landwirtschaftlichen Betriebes auszugehen.

5.1.10.5.3 Teilbetriebsfiktion bei Dienstleistungsbetrieben

5.1.10.5.3.1 Allgemeines

1559 Um im Wesentlichen kunden- bzw. mandantenorientierte Berufsgruppen im freiberuflichen Bereich (zB die der Rechtsanwälte und Wirtschaftstreuhänder, selten bei Ärzten und Notaren) und im gewerblichen Bereich (zB Makler) nicht von vornherein von der Möglichkeit einer Realteilung auszuschließen, besteht in § 27 Abs. 3 Z 2 UmgrStG neben der forstbetrieblichen Teilbetriebsfiktion auch für diese Berufsgruppen eine solche. Danach wird der freiberufliche oder gewerbliche Teilbetrieb in jenem Umfang als gegeben angesehen, in dem der ausscheidende Mitunternehmer Kunden bzw. Mandanten bereits vor der Realteilung dauerhaft betreut hat. Voraussetzung für die Anwendung der Teilbetriebsfiktion ist, dass die wesentliche Grundlage des Betriebes im Kunden- bzw. Klientenstock besteht. Ob dies bei freien Berufen der Fall ist, kann anhand der Judikatur zur Betriebsaufgabe bzw. -veräußerung geklärt werden, denn der Entzug der wesentlichen Betriebsgrundlagen führt im Normalfall zur Anwendung des § 24 EStG 1988 (vgl. EStR 2000 Rz 5507 ff). Die Teilbetriebsfiktion wird vor allem dann von Bedeutung sein, wenn die Aufteilung des Kunden- bzw. Klientenstocks eine wesentliche Frage der Auseinandersetzung darstellt.

Voraussetzung für das Vorliegen des fiktiven Teilbetriebes ist

- eine dauerhafte Betreuung des zu übertragenden Klienten- oder Kunden-stocks und

- die Eignung für eine eigenständige Berufs- bzw. Betriebsausübung. *(BMF-AV Nr. 193/2015)*

5.1.10.5.3.2 Dauerhafte Betreuung

Der Gesetzgeber definiert den Begriff „dauerhaft" nicht. Es bestehen keine Bedenken, eine Betreuung von mindestens einem Jahr als dauerhaft anzusehen.　1560

In die Zeit der dauerhaften Mandantenbetreuung ist sowohl eine unselbst-ständige als auch selbstständige Tätigkeit bis zum Abschluss des Teilungs-vertrages einzurechnen, wobei eine untergeordnete Mitbetreuung eines Mandan-ten nicht ausreicht. Ausschlaggebend ist, dass der Mandant vom Nachfolgeun-ternehmer eigenverantwortlich betreut wurde.

Ob und wie weit im Bereich von Freiberufler-Sozietäten vor dem Teilungs-stichtag ein fiktiver Teilbetrieb geschaffen werden kann, ist insoweit Tat-bestandsfrage, als in Sozietäten teilweise eine dauerhaft betreute Klientel nicht vorliegt, sondern ein häufig wechselnder Bestand an Mandanten. Die Speziali-sierung der Partner der Sozietät und damit die Betreuung der Mandanten nur auf diesem Spezialgebiet reicht für die Annahme eines Teilbetriebes nicht aus. Ein Teilbetrieb liegt auch dann nicht vor, wenn der Ausscheidende keinen Anspruch auf Mitnahme von Mandanten hat, ihm aber einzelne Klienten von sich aus fol-gen.

Liegt auf Grund dauerhafter Betreuung ein fiktiver Teilbetrieb vor, ist die Zuordnung von weiteren Mandanten der Sozietät (insb. jenen, die von nieman-den dauerhaft betreut wurden) in analoger Anwendung des § 29 Abs. 1 UmgrStG in Verbindung mit § 16 Abs. 5 Z 4 UmgrStG nicht schädlich und führt zu keiner Versagung des Art. V UmgrStG, wenn es dadurch zu keiner wesent-lichen Änderung des Charakters des übertragenen Klientenstocks kommt.

§ 27

5.1.10.5.3.3 Selbstständige Betriebseignung

Voraussetzung für die Anwendung der Teilbetriebsfiktion ist ferner, dass der übernommene Teilbetrieb (Klientenstock samt sonstigem Vermögen und Schul-den) für sich als Betrieb fortbestehen kann. Die Betriebseigenschaft wird dann gegeben sein, wenn mit den übernommenen Mandanten spätere Betriebseinnah-men verbunden sind und die übernommenen Mandanten noch aktiv betreut wer-den müssen bzw. können. Die bloße Übernahme von (bereits „abgegangenen") Mandanten mit offenen Honorarnoten ohne weitere Betreuung(smöglichkeit) reicht dementsprechend für die Betriebseigenschaft nicht aus. Die Fortführungs-fähigkeit bedingt auch, dass es sich beim übernommenen Teilbetrieb um keinen Liebhabereibetrieb handelt, es muss also vom Nachfolgeunternehmer eine Ein-kunftsquelle übernommen werden.　1561

5.1.10.6 Mitunternehmeranteil

Zum Mitunternehmeranteil als Übertragungsobjekt im Sinne des § 27 Abs. 2 UmgrStG gehören grundsätzlich starre und variable Kapitalkonten, das aktive und/oder passive Sonderbetriebsvermögen und allfällige sich aus der Verteilung des Anteilskaufpreises auf die Quoten des erworbenen Vermögens in Ergän-zungsbilanzen dargestellte Aktiv- und Passivposten (siehe Rz 717 ff und EStR　1562

2000 Rz 5912 ff). Die Eigenschaft eines begünstigten Vermögens ist unabhängig davon gegeben, ob der Mitunternehmeranteil ganz oder teilweise übertragen wird. *(BMF-AV Nr. 193/2015)*

5.1.11. Erfordernis der tatsächlichen Vermögensübertragung

1563   Das Vermögen muss tatsächlich auf die Nachfolgeunternehmer übertragen worden sein (§ 27 Abs. 1 UmgrStG). Das bedeutet, dass das in der Teilungsbilanz ausgewiesene Vermögen, aber auch das im Teilungsvertrag angeführte nicht bilanzierte Vermögen wirtschaftlich auch noch am Tag des Abschlusses des Teilungsvertrages vorhanden ist und auf den Nachfolgeunternehmer übergeht.

Stehen der geplanten rechtzeitigen Vermögensübertragung rechtliche bzw. behördliche Hindernisse entgegen, liegt keine Verletzung einer Anwendungsvoraussetzung des Art. V UmgrStG vor, wenn die tatsächliche Übertragung nach Vorliegen der rechtlichen Möglichkeiten ohne Aufschub erfolgt. Siehe auch Rz 1516.

Die Veräußerung einzelner Wirtschaftsgüter zwischen Teilungsstichtag und Zeitpunkt der Unterfertigung des Teilungsvertrages ist nicht schädlich, solange der (Teil)Betrieb bzw. Mitunternehmeranteil als solcher noch erhalten ist. Die Veräußerung der Teilungsmasse nach dem Tag des Abschlusses des Teilungsvertrages (Risikoübergang) ist bereits als Verfügung des Übernehmers anzusehen und ihm zuzurechnen. *(BMF-AV Nr. 193/2015)*

5.1.12. Erfordernis einer Gegenleistung

5.1.12.1 Allgemeines

1564   Die Realteilung ist ungeachtet der gesellschaftsrechtlichen Verankerung ein tauschartiger Vorgang, der sich ertragsteuerlich von einem rechtsgeschäftlichen Veräußerungsvorgang insofern unterscheidet, als der ausscheidende Mitunternehmer nicht mit Geld und/oder anderen Wirtschaftsgütern der Mitunternehmerschaft abgefunden wird, sondern als Gegenleistung für die Aufgabe oder Verminderung seiner Beteiligung an der Mitunternehmerschaft von der Mitunternehmerschaft eine betriebliche Einheit erhält.

Wirtschaftlich bedeutet dies im Fall der Abteilung eine (Teil)Abschichtung und im Fall der Aufteilung eine Verteilung des „Liquidationsvermögens". Durch die Verankerung in Art. V UmgrStG ist diesen Realisierungsfällen die sofortige Ertragsteuerwirksamkeit genommen. Erfordernis für eine steuerneutrale Realteilung ist idR die Feststellung des Verkehrs- und Buchwertes der Mitunternehmerschaft und des zu übertragenden Vermögens (ausgenommen die Verkehrwertfeststellung bei der verhältniswahrenden Abteilung im Sinne der Rz 1524).

Das Ausscheiden eines substanzbeteiligten Mitunternehmers aus einer Mitunternehmerschaft unter Verzicht auf eine Abfindung stellt keinen Vorgang gemäß Art. V UmgrStG dar, sondern ist idR eine unentgeltliche Mitunternehmeranteilsübertragung an die verbleibenden Mitunternehmer. Zur Behandlung der Übertragung eines Mitunternehmeranteils mit einem negativen Kapitalkonto siehe EStR 2000 Rz 5987 f. *(BMF-AV Nr. 193/2015)*

5.1.12.2 Verzicht auf Gesellschafterrechte (Ausscheiden)

1565   Die Übertragung des Vermögens auf den oder die Mitunternehmer setzt nach § 27 Abs. 1 UmgrStG untergehende Gesellschafterrechte voraus. Unter „untergehende Gesellschafterrechte" fällt der mit dem Ausscheiden verbundene

- vollständige Verzicht auf die Gesellschafterstellung oder

- eine mit einem Teilausscheiden verbundene Verminderung der Gesellschafterstellung.

Obwohl im Gegensatz zu § 23 Abs. 1 UmgrStG das Ausschließlichkeitsgebot nicht erwähnt wird, ist aus der Begriffsbestimmung des § 27 Abs. 1 UmgrStG abzuleiten, dass der gesellschaftsrechtliche Tausch in der – abgesehen von zulässigen Ausgleichszahlungen – ausschließlichen Übernahme von Vermögen im Sinne des § 27 Abs. 2 oder 3 UmgrStG (Teilungsmasse) gegen anteilige oder volle Aufgabe der Gesellschafterrechte besteht. Die Übernahme von Vermögen der Mitunternehmerschaft, das nicht vom § 27 Abs. 2 oder 3 UmgrStG erfasst wird, fällt nicht unter den „gesellschaftsrechtlichen" Begriff der Realteilung, sondern unter den „rechtsgeschäftlichen" Begriff der Anteilsveräußerung. Geldzahlungen sind lediglich im Rahmen der Ausgleichszahlungen gemäß § 29 Abs. 2 UmgrStG (Rz 1528 ff) umgründungsteuerrechtlich unbedenklich.

Die Rückwirkung wirkt sich auf alle und nicht nur auf die bei einer Abteilung ausscheidenden Mitunternehmer aus. *(BMF-AV Nr. 193/2015)*

5.1.12.3 Verminderung der Gesellschafterrechte

Nach allgemeinem Einkommensteuerrecht führt die entgeltliche Aufgabe eines Teiles der Beteiligung an einer Mitunternehmerschaft zur Veräußerungsgewinnbesteuerung im Sinne des § 24 EStG 1988 auf den vereinbarten Auflösungsstichtag. Sollte der Abfindungsanspruch durch die Herausgabe eines Wirtschaftsgutes der Mitunternehmerschaft befriedigt werden, liegt darin neben dem Veräußerungs- ein Entnahmetatbestand, der für die verbleibenden Mitunternehmer idR insoweit zum Aufdecken ihrer steuerhängigen stillen Reserven führt (Sachabfindung, EStR 2000 Rz 5975). *(BMF-AV Nr. 193/2015)* | 1566

Im Falle der Einbettung des Veränderungstatbestandes in eine Realteilung im Sinne des Art. V UmgrStG unterbleibt die Veräußerungsgewinn(Entnahme)besteuerung. Liegt eine Abteilung dergestalt vor, als ein Mitunternehmer mit einem Teilbetrieb bzw. Mitunternehmeranteil der Mitunternehmerschaft und daher mit Vermögen im Sinne des § 27 Abs. 2 UmgrStG gegen Aufgabe seiner Beteiligung abgefunden wird und die Mitunternehmerschaft nach der Abteilung Vermögen im Sinne des § 27 UmgrStG behält, ist eine der Anwendungsvoraussetzungen für Art. V UmgrStG gegeben. | 1567 § 27

Die gesellschaftsvertragliche Veränderung der Beteiligungsverhältnisse in einer Mitunternehmerschaft bei gleich bleibender Mitunternehmerzahl ist dem Grunde nach ein Realteilungstatbestand, wenn die Anwendungsvoraussetzungen des § 27 UmgrStG erfüllt sind. Beschließen die Mitunternehmer eine „Kapitalherabsetzung" dahin gehend, dass die Beteiligungen (verkörpert durch die starren Kapitalkonten) gleichmäßig herabgesetzt werden und der Herabsetzungsbetrag entnommen wird, ergibt sich vor und nach diesem Vorgang keine Änderung der Beteiligungsverhältnisse. Eine Realteilung im Sinne des Art. V UmgrStG liegt nicht vor, da die Mitunternehmer für den anteiligen Anteilsverzicht kein begünstigtes Vermögen im Sinne des § 27 Abs. 2 UmgrStG erhalten; es kann darin aber auch keine verunglückte, unter § 24 Abs. 7 EStG 1988 fallende Realteilung erblickt werden, da sich gesamthaft keine Veränderung der Beteiligungsverhältnisse und der Steuerlastverhältnisse ergibt. Sollte die gleichmäßige Herabsetzung der starren Kapitalkonten gegen Übertragung eines Wirtschaftsgutes der Mitunternehmerschaft erfolgen, ohne eine Steuerlastverschie- | 1568 bung zu bewirken, liegt für alle Mitunternehmer nur insoweit ein Entnahmetatbestand im Sinne des § 6 Z 4 EStG 1988 vor. *(BMF-AV Nr. 193/2015)*

5.1.13. Erfordernis eines übernehmenden Mitunternehmers

1569   Übernehmende und damit Nachfolgeunternehmer im Sinne des § 30 UmgrStG können nur Mitunternehmer der übertragenden Mitunternehmerschaft sein.

5.1.13.1 Inländischer übernehmender Mitunternehmer

1570   Bei der Aufteilung (Liquidationsteilung) müssen alle Mitunternehmer Übernehmende sein und Vermögen im Sinne des § 27 Abs. 2 UmgrStG erhalten. Dabei ist es gleichgültig, ob eine verhältniswahrende oder eine nicht verhältniswahrende (entflechtende) Aufteilung erfolgt.

Bei der Abteilung (Übertragungsteilung) muss der (müssen die) ganz oder zum Teil ausscheidende(n) Mitunternehmer Vermögen im Sinne des § 27 Abs. 2 UmgrStG erhalten und der bestehen bleibenden Personengesellschaft Vermögen im Sinne des § 27 Abs. 2 UmgrStG verbleiben. *(BMF-AV Nr. 193/2015)*

5.1.13.2 Ausländischer Mitunternehmer

1571   Art. V UmgrStG ist auch auf ausländische Realteilungen anzuwenden, wenn sich ein Inlandsbezug insofern ergibt, als ausländische Gesellschafter mit inländischem Vermögen im Sinne des § 27 Abs. 2 UmgrStG abgefunden werden, sodass sich realteilungsbedingt beim inländischen Vermögen ein Eigentümerwechsel ergibt.

Teilungsvorgang

§ 28. Hinsichtlich des Teilungsstichtages, der Behandlung der zu teilenden Personengesellschaft und der zum Zweck der Darstellung des Vermögens erstellten Teilungsbilanz sind die §§ 13 bis 15 anzuwenden. § 13 Abs. 1 ist mit der Maßgabe anzuwenden, daß sich die Firmenbuchzuständigkeit auf die teilungsbedingte Löschung einer eingetragenen Personengesellschaft und das teilungsbedingte Ausscheiden eines Gesellschafters aus einer solchen bezieht und die Meldung bei dem für die Feststellung der Einkünfte der zu teilenden Personengesellschaft zuständigen Finanzamt zu erfolgen hat.

(BGBl I 2010/9)

Gliederung:

5.2. Teilungsvorgang (§ 28 UmgrStG)

Zum Teilungsvorgang verweist § 28 UmgrStG hinsichtlich des Teilungsstichtages, der zu teilenden Personengesellschaft und der zum Zweck der Darstellung des Vermögens erstellten Teilungsbilanz auf die Bestimmungen der §§ 13 bis 15 UmgrStG.   **1572**

5.2.1. Zurechnung des Vermögens bis zum Teilungsstichtag

Das am Tag des Abschlusses des Teilungsvertrages vorhandene zu übertragende Vermögen (Teilungsmasse) muss schon am Teilungsstichtag   **1573**

- sowohl der übertragenden Mitunternehmerschaft
- als auch jedem Mitunternehmer (in Erbfällen seinem Rechtsvorgänger)

zuzurechnen gewesen sein (siehe Rz 1544), sonst verschiebt sich steuerlich der festgelegte Teilungsstichtag nach § 13 Abs. 2 UmgrStG auf den Tag des tatsächlichen Vermögensüberganges (Abschluss des Teilungsvertrages).

Beispiel 1:
Die ABC-OG erwirbt am 1.7.01 einen 25-prozentigen Mitunternehmeranteil. Die Abfindung des rückwirkend zum 31.12.00 ausscheidenden C mit dem Mitunternehmeranteil ist frühestens zum 1.7.01 als Realteilungsfall möglich. Sollte C laut Teilungsvertrag vom 25.9.01 mit einem am 31.12.00 bestehenden Teilbetrieb samt dem am 1.7.01 erworbenen Mitunternehmeranteil abgefunden werden, könnte auch in diesem Fall der Mitunternehmeranteil nicht Gegenstand der Realteilung zum 31.12.00 werden, da er stets als begünstigtes Vermögen anzusehen ist. Als Ersatzstichtag kommt der 25.9.01 in Betracht, wenn alle Voraussetzungen des § 27 UmgrStG innerhalb der mit 25.9.01 beginnenden Neunmonatsfrist erfüllt werden.

Art. V UmgrStG kann diesfalls aber nur zur Anwendung kommen, wenn die Anwendungsvoraussetzungen des § 27 UmgrStG auf diesen Stichtag (fristgerecht) geschaffen werden.

Beispiel 2:
Die ABC-OG unterhält seit Jahren drei Teilbetriebe. Sie soll mit Vertrag vom 1.8.02 zum 31.12.01 aufgeteilt werden. Mitunternehmer B hat zum 1.7.02 seinen Anteil seinem Sohn D unentgeltlich übertragen. Die Aufteilung ist frühestens zum 1.7.02 möglich. Wird die ABC-OG vertragsgemäß dennoch zum 31.12.01 aufgeteilt, bleibt Art. V UmgrStG dann anwendbar, wenn die Sanierungsmöglichkeit des § 13 Abs. 2 UmgrStG wahrgenommen wird, dh. die Realteilung rechtzeitig zum 1.7.02 neu organisiert wird. *(BMF-AV Nr. 193/2015)*

5.2.2. Teilungsmasse

5.2.2.1 Allgemeines

1574   Steuerrechtlich kann die Teilungsmasse nur Betriebsvermögen in nachstehender Form umfassen:

- In- und ausländische land- und forstwirtschaftliche, freiberufliche, sonstige selbständige oder gewerbliche Betriebe (Rz 1548)
- In- und ausländische Teilbetriebe und zwar
- Teilbetriebe im Sinn des EStG 1988 (Rz 1549)
- Teilbetriebe im Sinne des § 29 Abs. 3 Z 1 UmgrStG betreffend forstwirtschaftlich genutzte Flächen (Rz 1552 f)
- Teilbetriebe im Sinne des § 29 Abs. 3 Z 2 UmgrStG betreffend gesellschafterbezogene Klienten-, Mandanten- oder Kundenstockteile eines freiberuflichen, sonstigen selbständigen oder gewerblichen Betriebes (Rz 1559 ff)
- Beteiligungen jeglichen Ausmaßes an in- und ausländischen Personengesellschaften, wenn den Beteiligungen die Eigenschaft einer Mitunternehmerbeteiligung an einer Mitunternehmerschaft zukommt (Rz 1562).

Die Tatbestandsvoraussetzungen des § 27 Abs. 1 UmgrStG ist nicht erfüllt bei Übertragung einzelner Wirtschaftsgüter, von Liebhabereibetrieben oder aufgegebenen Betrieben. Auch (qualifizierte) Beteiligungen an in- und ausländischen Kapitalgesellschaften und Genossenschaften fallen nicht unter das teilungsfähige Vermögen, es sei denn, sie werden als unselbständige Teile eines (Teil)Betriebes oder Mitunternehmeranteiles mitübertragen.

5.2.2.2 Reihenfolge der Vermögenszurechnung

1575   Besteht das Vermögen der teilenden Personengesellschaft aus zwei (mehreren) Betrieben oder aus zwei (mehreren) Teilbetrieben, ist bei der Zuordnung der Aktiva und Passiva zu den Teilungsmassen in folgender Weise vorzugehen:

- Zunächst sind die Aktiva und Passiva dem jeweiligen (Teil)Betrieb nach den Grundsätzen des notwendigen Betriebsvermögens zuzurechnen. Beidseitig genutztes Anlagevermögen wird jener Teilungsmasse zuzuordnen sein, der das Anlagegut überwiegend dient. Fremdkapital ist ebenfalls primär nach Zugehörigkeit zu den Teilungsmassen aufzuteilen, bspw. Lieferantenschulden, Anschaffungskredite, drohende Verluste aus schwebenden Geschäften, Gewährleistungsrückstellungen, Abfertigungsvorsorgen für die ausschließlich oder überwiegend in einem (Teil)Betrieb tätigen Arbeitnehmer.
- Über die Zuordnung neutraler (indifferenter) Aktiva kann unabhängig von nach § 28 UmgrStG in Verbindung mit § 16 Abs. 5 UmgrStG zulässigen rückwirkenden Korrekturen disponiert werden.
- Passiva sind grundsätzlich den damit in Zusammenhang stehenden Aktiva bzw. den jeweiligen (Teil)Betrieben zuzuordnen (siehe erster Bulletpoint).

Sollte eine solche Zuordnung ausnahmsweise nicht möglich sein und eine „Restgröße" verbleiben (zB Kontokorrentkonto, Finanzamtsverbindlichkeiten, Passiva aufgegebener Betriebe), ist diese den Teilungsmassen sachgerecht zuzuordnen.

- Zur Möglichkeit, über einzelne im Realteilungsvertrag ausdrücklich bestimmte Geschäftsvorfälle steuerneutral zu disponieren, siehe die Ausführungen in Rz 889.

- Der sich aus der Zuordnung ergebende Buchwert (Saldo der steuerlich maßgebenden Aktiva und Passiva) kann bereits im Jahres- oder Zwischenabschluss festgehalten werden, sonst kommt er in der (den) Teilungsbilanz(en) zum Ausdruck.

- In der Folge kann von rückwirkenden Korrekturen des § 29 Abs. 1 UmgrStG in Verbindung mit § 16 Abs. 5 Z 4 UmgrStG Gebrauch gemacht werden (siehe Rz 1672 ff).

Werden einer Teilungsmasse durch Zuordnung einer „Restgröße" (siehe dritter Bulletpoint) bzw. durch rückwirkende Korrekturen gemäß § 16 Abs. 5 Z 4 UmgrStG wesentlich mehr Passiva zugeordnet, als dem Verhältnis der Verkehrswerte der Teilungsmassen vor Abzug der Schulden entspricht, kann ein verdeckter Spitzenausgleich vorliegen (siehe Rz 1531 und 1617). *(BMF-AV Nr. 193/ 2015, BMF-AV Nr. 40/2017)*

5.2.2.3 Zu übertragender Betrieb

5.2.2.3.1 Allgemeines

Anwendungsvoraussetzung für Art. V UmgrStG ist nach dem auf § 12 Abs. 2 UmgrStG verweisenden § 27 Abs. 2 UmgrStG das Aufstellen eines Jahres- oder Zwischenabschlusses zum Teilungsstichtag nach den Grundsätzen der Gewinnermittlungsart des § 4 Abs. 1 EStG 1988 und bei rechnungslegungspflichtigen Personengesellschaften kraft entsprechenden Umsatzes oder kraft Rechtsform nach den zusätzlichen Regeln des § 5 Abs. 1 EStG 1988. Eine ordnungsgemäß erstellte UGB-Bilanz genügt dann, wenn allfällige Abweichungen zwischen den unternehmensrechtlichen und den steuerrechtlichen Buchwerten aus einer dem Finanzamt vorgelegten Mehr-Weniger-Rechnung bzw. aus dem Teilungsvertrag hervorgehen. Weiters ist idR der Verkehrswert der Personengesellschaft bzw. dessen Zurechnung zu den Teilungsmassen zu ermitteln. *(BMF-AV Nr. 193/2015)*

Kommt es im Zuge einer Realteilung zur Übertragung von bestehendem Sonderbetriebsvermögen (SBV) auf ein Nachfolgeunternehmen oder eine Nachfolgemitunternehmerschaft, umfasst die realteilungsbedingte, dem Grunde nach zwingend zu Buchwerten erfolgende Vermögensübertragung auch das Sonderbetriebsvermögen (kein Entnahme-Einlagen-Tatbestand), vorausgesetzt, es tritt in der persönlichen Zurechnung keine Änderung ein.

Insbesondere bei folgenden Konstellationen kommt es zu keiner Zurechnungsänderung:

- Bisheriges SBV eines Mitunternehmers der teilenden Personengesellschaft wird zum SBV desselben Mitunternehmers einer Nachfolge-Mitunternehmerschaft.

- Bisheriges SBV mehrerer Mitunternehmer wird SBV derselben Mitunternehmer bei einer Nachfolge-Mitunternehmerschaft.

1576

1576a

- Bisheriges SBV eines Mitunternehmers wird Betriebsvermögen des Nach-folge-Einzelunternehmens.

- Bisheriges SBV mehrerer Mitunternehmer wird hinsichtlich der Quote anteiliges Betriebsvermögen eines Nachfolge-Einzelunternehmens. Inwieweit dabei ein Entnahmetatbestand verwirklicht wird siehe EStR 2000 Rz 574. *(BMF-AV Nr. 193/2015)*

1577   Eine bloß einheitliche Bilanzierung für zwei nebeneinander personen- und beteiligungsgleich bestehende Personengesellschaften begründet außerhalb einer gesellschaftsrechtlichen Verbindung der beiden keine zusätzliche Mitunternehmerschaft (siehe Rz 1301), sodass die Zerlegung des Rechenwerkes und die getrennte Bilanzierung der Gesellschaften nicht als Auflösung oder Realteilung einer Mitunternehmerschaft zu werten sind.

5.2.2.3.2 Betriebsübertragung durch eine bilanzierende Mitunternehmer-schaft auf einen bilanzierenden Nachfolgeunternehmer

1578   Im Falle einer Aufteilung hat die Personengesellschaft den Gewinn (Verlust) des mit dem Teilungsstichtag endenden Wirtschaftsjahres im Rahmen der Gewinnfeststellung zu erklären. Die Gewinn(Verlust)anteile sind den Gesellschaftern zum Bilanzstichtag zuzurechnen.

Beispiel:

Die den unbeschränkt steuerpflichtigen Gesellschaftern A und B je zur Hälfte gehörende, zwei örtlich getrennte inländische Betriebe besitzende OG-AB (Wirtschaftsjahr = Kalenderjahr) soll in der Weise zum Bilanzstichtag 31.12.01 aufgeteilt werden (Liquidationsteilung), dass A den Betrieb 1 und B den Betrieb 2 jeweils gegen Aufgabe der Beteiligung an der OG-AB erhalten. Nach Aufstellung einer aus dem Jahresabschluss abgeleiteten Teilungsbilanz wird im September 02 ein Teilungsvertrag geschlossen.

Der Jahresabschluss der OG-AB ist nach allgemeinem Bilanzsteuerrecht zu erstellen.

Jahresabschluss OG-AB					
	Buchwert	Verkehrswert der Aktiva	Stille Reserven		Buchwert	Anteil stille Reserven
B 1	100	200	100	EK A*	50	100
B 2	100	200	100	EK B*	50	100
				FK	100	–
	200	400	200		200	200

* Starres und variables Kapitalkonto

Die OG-AB weist einen Buchwert von 100 aus und hat einen Verkehrswert von 300 (400 - 100).

Die Verkehrswerte der beiden Betriebe sind nach Zurechnung des Fremdkapitals je zur Hälfte gleich hoch, es kann daher die Zuteilung an die beiden je zur Hälfte beteiligten Gesellschafter ohne weitere Korrekturmaßnahmen (zum Kapitalkontenclearing siehe Rz 1625) bzw. ohne Ausgleichszahlungen erfolgen. Da die stillen Reserven in den beiden Betrieben ebenfalls gleich hoch sind, kann es durch die Aufteilung zu keiner (endgültigen) Verschiebung der Steuerlastverhältnisse kommen, so dass sich eine Vorsorge (im Wege von Ausgleichsposten) erübrigt.

Da die OG-AB je einen Betrieb auf die beiden Gesellschafter als Nachfolge-Einzelunternehmer überträgt, ist sie zur Buchwertteilung verpflichtet, dh. es unterbleibt eine Aufwertungs(Veräußerungs)gewinnbesteuerung.

Die von der OG-AB aufgestellte Teilungsbilanz muss die steuerlich maßgebenden Werte des Jahresabschlusses übernehmen. Die Teilungsbilanz weicht im gegenständlichen Fall vom Jahresabschluss nur dadurch ab, dass die Eigenkapitalpositionen durch die Bezeichnung Teilungskapital ersetzt wurden.

Teilungsbilanz OG-AB (UR = StR)					
Buchwert	Verkehrswert	Stille Reserven		Buch-wert	Anteil stille Reserven
B 1 100	200	100	Teilungskapital A	50	100
B 2 100	200	100	Teilungskapital B	50	100
			FK 1	50	–
			FK 2	50	–
200	400	200		200	200"

(BMF-AV Nr. 193/2015)

5.2.2.3.3 Betriebsübertragung durch eine nichtbilanzierende Mitunternehmerschaft auf einen nichtbilanzierenden Nachfolgeunternehmer

5.2.2.3.3.1 Allgemeines

Ermittelt die teilende Personengesellschaft ihren Gewinn gemäß § 4 Abs. 3 EStG 1988, hat die Personengesellschaft zum Teilungsstichtag einen Jahres- oder Zwischenabschluss zu erstellen, der den Grundsätzen des § 4 Abs. 1 EStG 1988 entspricht (Bestandsaufnahme, Ansatz und Bewertung aller Wirtschaftsgüter). Der mit der Bilanzierung im Normalfall verbundene Wechsel zur Gewinnermittlungsart gemäß § 4 Abs. 1 EStG 1988 tritt in diesem Fall nicht ein, wenn die verbleibende Mitunternehmerschaft und der Nachfolge-Einzelunternehmer bzw. die Nachfolge-Mitunternehmerschaft die Gewinnermittlung nach § 4 Abs. 3 EStG 1988 beibehalten wollen (VwGH 25.7.2013, 2011/15/0046). Zur Vermeidung eines doppelten Wechsels der Gewinnermittlungsart hat der Jahres- oder Zwischenabschluss diesfalls bloß Statuscharakter (Evidenzstatus; siehe auch Rz 1398). *(BMF-AV Nr. 193/2015)*   1579

§ 28

5.2.2.3.3.2 Rechnerischer Wechsel der Gewinnermittlungsart

Zur Vermeidung einer Verschiebung von Steuerwirkungen ist der Übergang von § 4 Abs. 3 zu § 4 Abs. 1 EStG 1988 und zurück rechnerisch vorzunehmen und den Beteiligten entsprechend zuzuordnen. Dabei kommen zwei Varianten in Betracht: Das rechnerische Ergebnis wird   1580

• steuerwirksam im ersten Wirtschaftsjahr der Nachfolgeunternehmen angesetzt = Zuschlag zum Gewinn oder Verlust (Variante 1)

• bei den Ausgleichsposten mitberücksichtigt (Variante 2).

Dabei geht es um eine von Amts wegen zu beachtende objektiv richtige Gewinnermittlung und Gewinnzurechnung nach der Umgründung. Es handelt sich weder um die Frage einer Steuerlastverschiebung im Sinne des § 29 Abs. 1 UmgrStG, die sich auf stille Reserven einschließlich eines Firmenwertes bezieht, noch um die Frage einer Äquivalenzverletzung im Sinne des § 31 Abs. 1 Z 1 UmgrStG, die sich auf eine den übertragenen Werten nicht entsprechende Gegenleistung bezieht.

Welche Methode zur Anwendung gelangt, ist Sache der Gesellschafter, sämtliche Gesellschafter haben sich allerdings der gleichen Methode zu bedienen. *(AÖF 2008/243)*

1581   Ergibt sich bei der teilenden Mitunternehmerschaft ein rechnerischer Übergangsgewinn (Übergangsverlust), wird dieser bei allen Mitunternehmern quotenmäßig festgehalten, dh. zunächst in Evidenz genommen. Nach der Realteilung kommt es nach Maßgabe des Vermögens laut Teilungsbilanz(en) und dem
verbleibenden Vermögen in der allenfalls bestehen bleibenden Mitunternehmerschaft zu einem rechnerischen Übergangsverlust (Übergangsgewinn). Ebenso
wie bei Zusammenschlüssen sind die Auswirkungen dieser rechnerischen Vorgänge mangels Geltung des § 4 Abs. 10 EStG 1988 steuerwirksam im ersten
Wirtschaftsjahr der Nachfolgeunternehmen oder bei den Ausgleichsposten zu
berücksichtigen. Ein rechnerischer Übergangsverlust ist daher nicht auf sieben
Gewinnermittlungszeiträume zu verteilen, weil kein Anwendungsfall von § 4
Abs. 10 Z 1 EStG 1988 vorliegt.

Beispiel:

An der teilenden Mitunternehmerschaft sind A, B und C zu je einem Drittel beteiligt.
C scheidet

a) zum 31. Dezember 01

b) zum 30. Juni 01

aus der Mitunternehmerschaft aus und wird mit einem Teilbetrieb abgefunden. Die
von der Mitunternehmerschaft zum Teilungsstichtag aufgestellte Bilanz (Status) zeigt
Forderungen von 1.200 und Verbindlichkeiten aus Warenlieferungen und Leistungen
von 600 auf.

Personengesellschaft ABC:
Rechnerischer Übergang von § 4 Abs. 3 auf § 4 Abs. 1 EStG 1988

Lieferforderungen	+1.200
Warenverbindlichkeiten	– 600
Übergangsgewinn in Evidenz	+ 600
	dh. je 200 für A, B und C

Nach der Realteilung rechnerischer Übergang von § 4 Abs. 1 EStG 1988 zu § 4
Abs. 3 EStG 1988

Teilungsbilanz C:

C hat laut Teilungsbilanz zum Teilungsstichtag Forderungen in Höhe von 900 und
Verbindlichkeiten in Höhe von 100 übernommen.

Lieferforderungen	– 900
Warenverbindlichkeiten	+ 100
Übergangsverlust	– 800

Personengesellschaft AB:

In der teilenden Mitunternehmerschaft verbleiben Restforderungen in Höhe von 300
und Restverbindlichkeiten in Höhe von 500.

Lieferforderungen	– 300
Warenverbindlichkeiten	+ 500
Übergangsgewinn	+ 200
	dh. je 100 für A und B

Variante 1:

C hat den Saldo aus dem rechnerischen Übergangsgewinn (200) und dem rechnerischen Übergangsverlust (800) in Höhe von – 600

bei a) im Rahmen der Gewinnermittlung des Jahres 02 und

bei b) im Rahmen der Gewinnermittlung des Jahres 01

abzusetzen.

A und B haben die Summen aus den beiden rechnerischen Übergangsgewinnen (je 200 + je 100) in Höhe von je 300

bei a) im Rahmen der Gewinnermittlung des Jahres 02 und

bei b) im Rahmen der Gewinnermittlung des Jahres 01

dem sich ergebenden Gewinnanteil zuzurechnen.

Variante 2:

Eine steuerwirksame Berücksichtigung des Übergangsgewinnes im ersten Jahr der Nachfolgeunternehmer kann im Einzelfall zu Härten in der Besteuerung führen, wenn in der Bilanz (Status) ein erheblicher Forderungsbestand ausgewiesen ist, mit dessen Eingang in dem der Umgründung folgenden Wirtschaftsjahr nicht zu rechnen ist. Es bestehen daher keine Bedenken, wenn alle an der Umgründung Beteiligten dahingehend übereinkommen, dass die rechnerischen Ergebnisse des doppelten Wechsels in die dem § 29 Abs. 1 UmgrStG entsprechende Methode der Ausgleichsposten eingekleidet werden. In diesem Fall ist die gewählte Alternativmethode von allen Beteiligten durchzuführen. Zur Vermeidung von Zweifeln wird die gewählte Alternativmethode in geeigneter Weise der Abgabenbehörde zu dokumentieren sein; sollte sie mit einer zur Vermeidung einer endgültigen Steuerlastverschiebung erforderlichen Methode kombiniert werden, steht der Erfassung in einer Summe nichts im Wege, wenn die Bemessungsgrundlagen der beiden Methoden getrennt dargestellt werden.

Fortsetzung des Beispiels:

A, B und C wählen die Berücksichtigung nach Art von Ausgleichsposten (Variante 2). Für C ergibt sich ein aktiver Ausgleichsposten von 600, der

bei a) beginnend ab dem Jahr 02

bei b) beginnend ab dem Jahr 01

gleichmäßig auf 15 Jahre verteilt abzusetzen ist.

Für A und B ergibt sich je ein passiver Ausgleichsposten von 300, der

bei a) beginnend ab dem Jahr 02

bei b) beginnend ab dem Jahr 01

gleichmäßig auf 15 Wirtschaftsjahre verteilt gewinnerhöhend aufzulösen ist.

Wird der rechnerische Übergang von § 4 Abs. 3 zu § 4 Abs. 1 EStG 1988 und zurück nicht vorgenommen und den Beteiligten zugeordnet, hat die Abgabenbehörde das steuerliche Ergebnis des ersten Wirtschaftsjahres nach dem Teilungsstichtag im Sinne der Variante 1 zu berichten. *(BMF-AV Nr. 193/2015)*

Ermittelt die verbleibende Mitunternehmerschaft auch nach Teilung den Gewinn gemäß § 4 Abs. 3 EStG 1988, ergibt sich Folgendes: 1582

- Für die Mitunternehmerschaft kommt es zum Statusverfahren im Sinne der Rz 1580 f (doppelter rechnerischer Wechsel).

- Für alle abzufindenden Mitunternehmer kommt es zum Übergang von der Gewinnermittlung nach § 4 Abs. 3 EStG 1988 zu jener nach § 4 Abs. 1 EStG 1988 gemäß § 4 Abs. 10 EStG 1988.

- Auf Grund der Bilanzierungspflicht der Mitunternehmerschaft zum Teilungsstichtag ergeben sich die Steuerwirkungen des Wechsels zur Gewinnermittlung nach § 4 Abs. 1 EStG 1988 am Teilungsstichtag. Der Abzufindende hat einen Übergangsgewinn somit im Wirtschaftsjahr, in das der Teilungsstichtag fällt, zu versteuern und kann einen Übergangsverlust in diesem Wirtschaftsjahr zur Gänze steuerwirksam berücksichtigen (siehe Rz 820).

- Die verbleibende Personengesellschaft geht rechnerisch von § 4 Abs. 1 auf § 4 Abs. 3 EStG 1988 über und versteuert den rechnerisch ermittelten Übergangsgewinn gesellschafterbezogen nach Variante 1 oder 2.

§ 28

Beispiel:

Angaben wie Rz 1581 mit der Maßgabe, dass C den Gewinn durch Bilanzierung ermittelt:

Der Nachfolger C hat im Jahre 2001 als Übergangsgewinn 200 zu versteuern.

Bei der verbleibenden Personengesellschaft entfallen nach Übergang von § 4 Abs. 1 auf § 4 Abs. 3 EStG 1988 im Jahre 2002 je 300 auf A und B.

Ein Übergangsgewinn unterliegt im Normalfall der vollen Tarifbesteuerung, der Hälftesteuersatz steht dafür nur nach Maßgabe des § 37 Abs. 5 EStG 1988 zu.

Für Realteilungen mit einem Stichtag bis zum 31.3.2012 gilt:

Wird Grund und Boden einer nicht rechnungslegungspflichtigen Mitunternehmerschaft nach Art. V UmgrStG ins Gesellschaftsvermögen eines unter § 5 Abs. 1 EStG 1988 fallenden Nachfolgeunternehmers oder ins Sonderbetriebsvermögen überführt, ist nach Maßgabe des § 4 Abs. 10 Z 3 lit. a EStG 1988 idF vor dem 1. StabG 2012 eine steuerneutrale Aufwertung auf den höheren Teilwert vorzunehmen. Im Falle einer Realisierung der stillen Reserven dieses Grundstücks nach dem 31.3.2012 können gemäß § 4 Abs. 3a Z 3 lit. c EStG 1988 für den Grund und Boden die Einkünfte bis zum Teilungsstichtag auf Basis des Übertragungs-Teilwertes gemäß § 30 Abs. 4 EStG 1988 ermittelt werden.

Für die Rechtslage vor StRefG 2015/2016, BGBl. I Nr. 118/2015, gilt:

Für den Inflationsabschlag ist der Zeitpunkt des Wechsels der Gewinnermittlung maßgeblich (§ 4 Abs. 3a Z 3 lit. b EStG 1988).

Ab 1.1.2016 ist die Geltendmachung eines Inflationsabschlags nicht mehr möglich (Entfall des § 4 Abs. 3a Z 3 lit. b EStG 1988 idF StRefG 2015/2016, BGBl. I Nr. 118/2015).

Für Realteilungen mit einem Stichtag ab dem 1.4.2012 gilt:

Wird Grund und Boden einer nicht rechnungslegungspflichtigen Mitunternehmerschaft nach Art. V UmgrStG ins Gesellschaftsvermögen eines unter § 5 Abs. 1 EStG 1988 fallenden Nachfolgeunternehmers oder ins Sonderbetriebsvermögen überführt, sind die stillen Reserven des Grund und Bodens in die Berechnung des Ausgleichspostens einzubeziehen (siehe Rz 1532). Im Falle einer späteren Realisierung der stillen Reserven gelten die Ausführungen zu Rz 1533a ff. *(BMF-AV Nr. 40/2017)f*

5.2.2.3.5 Betriebsübertragung durch eine bilanzierende Mitunternehmerschaft auf einen nichtbilanzierenden Nachfolgeunternehmer

1583   Ermittelt die teilende Mitunternehmerschaft ihren Gewinn nach § 4 Abs. 1 oder § 5 Abs. 1 EStG 1988 und ist es möglich, dass der Nachfolgeunternehmer seinen Gewinn nach § 4 Abs. 3 EStG 1988 ermittelt (siehe Rz 1584), ist damit beim Nachfolgeunternehmer nach § 4 Abs. 10 EStG 1988 die Ermittlung eines Übergangsverlustes oder -gewinnes durch Ab- und Zuschläge verbunden.

Das Übergangsergebnis ist in jenem Gewinnermittlungszeitraum zu erfassen, das dem Teilungsstichtag folgt, da das mit dem Teilungsstichtag – hinsichtlich des zu übertragenden Vermögens – endende Wirtschaftsjahr der teilenden Mitunternehmerschaft mit Bilanzierung endet und eine Änderung der Gewinnermittlungsart erst mit Beginn des ersten Wirtschaftsjahres des Nachfolgeunternehmers möglich ist. Entsteht durch Zu- und Abschläge ein Übergangsverlust, kann dieser in der Folge in jedem Wirtschaftsjahr nur zu je einem Siebentel geltend gemacht werden, wobei die Siebentel vom Nachfolgeunternehmer abzusetzen bzw. bei durch Teilung entstehenden Mitunternehmerschaften wie Sonderbetriebsausgaben im Rahmen der einheitlichen und gesonderten Gewinnfeststellung geltend zu machen sind. *(BMF-AV Nr. 193/2015)*

5.2.2.3.6 Gewinnermittlungsgrundsätze bei Betriebsübertragung

5.2.2.3.6.1 Allgemeines

Gemäß § 28 in Verbindung mit § 14 UmgrStG ist zum Teilungsstichtag ein Jahres- oder Zwischenabschluss der Mitunternehmerschaft zu erstellen, wobei das Betriebsvermögen mit dem Wert anzusetzen ist, der sich nach den steuerlichen Vorschriften über die Gewinnermittlung ergibt.   **1584**

Im Fall der Realteilung zu Buchwerten nach Art. V UmgrStG kommt es zu keiner Auflösung von Rücklagen.

Im Fall der Abteilung einer unter § 5 Abs. 1 EStG 1988 fallenden Mitunternehmerschaft kann es beim Nachfolgeunternehmer zum sofortigen Wegfall der Rechnungslegungspflicht mit Beginn des dem Teilungsstichtag folgenden Tages kommen, wenn für das übernommene Vermögen schon vor der Realteilung isoliert betrachtet die Umsatzgrenzen nach § 189 Abs. 2 Z 2 UGB nicht überschritten wurden. Diesfalls liegt ein Wechsel zur Gewinnermittlung nach § 4 Abs. 1 oder 3 EStG 1988 vor.

Beispiel:

An der rechnungslegungspflichtigen ABC-OG (Wirtschaftsjahr = Kalenderjahr) sind A, B und C beteiligt. B scheidet zum 31.12.03 im Wege einer Abteilung aus der OG aus und erhält als Abfindung einen Teilbetrieb. Die Umsätze des Teilbetriebes in den Jahren 02 und 03 betrugen jeweils 300.000 Euro B kann in diesem Fall im Jahr 04 zwischen der Gewinnermittlung nach § 5 Abs. 1 (Fortführungsoption nach § 5 Abs. 2 EStG 1988), nach § 4 Abs. 1 und nach § 4 Abs. 3 EStG 1988 wählen.

Im Fall einer Aufteilung einer unter § 5 Abs. 1 EStG 1988 fallenden Mitunternehmerschaft ist entsprechend vorzugehen, dh. bei jedem Nachfolgeunternehmer ist isoliert auf die bisherigen Umsätze des übernommenen Vermögens abzustellen.

Hat in den angeführten Fällen die auf- oder abteilende Mitunternehmerschaft gewillkürtes Betriebsvermögen, scheidet dieses bei der teilenden Personengesellschaft/beim Nachfolgeunternehmer mit Beginn des dem Teilungsstichtag folgenden Tages aus dem Betriebsvermögen aus, wenn diese(r) von der Fortführungsoption nach § 5 Abs. 2 EStG 1988 keinen Gebrauch macht.

Für Teilungsstichtage ab dem 1.4.2012 gilt dabei für Grundstücke Folgendes:

Die Entnahme des Grund und Bodens erfolgt bei der teilenden Mitunternehmerschaft/beim Nachfolgeunternehmer gemäß § 6 Z 4 EStG 1988 zum Buchwert, die Entnahme des Gebäudes zum Teilwert. *(BMF-AV Nr. 193/2015)*

5.2.2.3.6.2 Einzelpunkte

- Forschungsprämie gemäß § 108c EStG 1988: Siehe EStR 2000 Rz 8208 ff.   **1585**
- Zehntelbeträge nach § 4 Abs. 7 EStG 1988: Sie sind bei Buchwertfortführung von dem das Gebäude übernehmenden Nachfolgeunternehmer fortzuführen (EStR 2000 Rz 1406).
- Überführung von Wirtschaftsgütern in das Ausland, Betriebs- und Betriebsstättenverlegung: § 6 Z 6 EStG 1988 hat als allgemeine Norm Nachrang ge-

genüber den speziellen Normen des Umgründungssteuerrechtes (EStR 2000 Rz 2506).

- AfA: Im Jahr der Übertragung kann insgesamt nicht mehr als die ganze Jahres-AfA abgesetzt werden. Da der Rechtsnachfolger in die Rechtsstellung des Rechtsvorgängers eintritt, bestehen keine Bedenken, wenn in diesem Fall die Jahres-AfA aliquot bei der Gewinnermittlung des Rechtsvorgängers und des Rechtsnachfolgers berücksichtigt wird (EStR 2000 Rz 3132).

- Übertragung stiller Reserven: Wird ein Anlagegut vor dem Teilungsstichtag veräußert, kann die Mitunternehmerschaft bei Vorliegen der Voraussetzungen des § 12 EStG 1988 im Veräußerungsjahr eine Ersatzübertragung vornehmen oder in dem zum Teilungsstichtag zu erstellenden Jahresabschluss eine Übertragungsrücklage im Sinne des § 12 Abs. 7 EStG 1988 bilden. Auf Grund des damit verbundenen Einstellens in die Teilungsbilanz geht diese Rücklage auf den Rechtsnachfolger über. Der Nachfolgeunternehmer hat daher innerhalb der in § 12 EStG 1988 vorgesehenen Frist die Möglichkeit der Ersatzübertragung.

- Die Veräußerung eines in der Teilungsmasse enthaltenen Anlagegutes in der Zeit zwischen Teilungsstichtag und Abschluss des Teilungsvertrages ist ertragsteuerlich dem diese Teilungsmasse übernehmenden Nachfolgeunternehmer zuzurechnen. Ist die Besitzzeit unter Anrechnung jener der realgeteilten Mitunternehmerschaft gegeben (vgl. EStR 2000 Rz 3878 und Rz 3879), kann der Nachfolgeunternehmer im Veräußerungsjahr eine Ersatzübertragung vornehmen oder im nächsten Jahresabschluss eine Übertragungsrücklage bilden.

- Die Abfertigungsrückstellung ist in dem zum Teilungsstichtag zu erstellenden Jahres- oder Zwischenabschluss nach den allgemeinen Grundsätzen des § 14 EStG 1988 unter Beachtung der Übergangsregelungen des § 124b Z 66 bis 68 EStG 1988 (EStR 2000 Rz 3351a bis Rz 3351c) oder der Möglichkeit der Übertragung von Anwartschaften auf Versicherungen (EStR 2000 Rz 3369) zu bilden bzw. zu behandeln.

- Jubiläumsgeldrückstellung: Wird der Betrieb mit Buchwertfortführung übertragen, sind die Fünfzehntelabsetzungen für Jubiläumsgeldrückstellungen (§ 14 Abs. 12 EStG 1988) vom Rechtsnachfolger fortzuführen (EStR 2000 Rz 3442).

- Progressionsermäßigung: Ein seit der Eröffnung oder dem letzten entgeltlichen Erwerbsvorgang erfolgter Wechsel der Gewinnermittlungsart hat auf Beginn und Lauf der siebenjährigen Frist (§ 37 Abs. 2 und 5 EStG 1988) keinen Einfluss. Im Falle der Buchwertfortführung (insb. bei der unentgeltlichen Betriebsübernahme gemäß § 6 Z 9 EStG 1988 und Buchwertübertragungen im Sinne der Art. II, IV und V UmgrStG) sind die Zeiträume zusammenzurechnen; die Frist berechnet sich jeweils pro Betrieb bzw. Teilbetrieb (EStR 2000 Rz 7375, mit Beispielen). *(BMF-AV Nr. 193/2015)*

5.2.2.4 Zu übertragender Teilbetrieb

5.2.2.4.1 Allgemeines

1586   Zum Begriff des Teilbetriebes siehe Rz 714 ff. Die Ausführungen in Rz 1576 ff zur Betriebsübertragung gelten auch hier. Die Mitunternehmerschaft hat in jedem Fall den Gewinn (Verlust) des mit dem Teilungsstichtag endenden Wirtschaftsjahres im Rahmen der Gewinnfeststellung zu erklären. *(BMF-AV Nr. 193/2015)*

5.2.2.4.2 Teilbetriebsübertragung durch eine bilanzierende Mitunternehmerschaft auf einen bilanzierenden Nachfolgeunternehmer

Die Vorgangsweise bei zu übertragenden Teilbetrieben entspricht jener bei Betriebsübertragungen, dh. es ist unternehmens- bzw. steuerrechtlich ein Jahres- oder Zwischenabschluss für den gesamten Betrieb auf der Grundlage des § 4 Abs. 1 bzw. § 5 Abs. 1 EStG 1988 aufzustellen. Die Bilanzerstellung ist Anwendungsvoraussetzung für Art. V UmgrStG und gilt auch für Einnahmen-Ausgaben-Rechner und pauschalierte Steuerpflichtige. 1587

Beispiel:

Die den unbeschränkt steuerpflichtigen Gesellschaftern A und B je zur Hälfte gehörende nur inländisches Vermögen besitzende OG-AB soll zum 30.6.01 in der Weise aufgeteilt werden, dass A den Teilbetrieb 1 und B den Teilbetrieb 2 jeweils gegen Aufgabe ihrer Beteiligung an der OG-AB erhalten. Nach Aufstellung eines Jahresabschlusses zum 30.6.01 wird im Februar 02 ein Teilungsvertrag geschlossen. Durch die Übertragung je eines Teilbetriebes ist eine Grundvoraussetzung für die Anwendung des Art. V UmgrStG erfüllt.

Die steuerliche Existenz der OG-AB als Mitunternehmerschaft endet mit Ablauf des Teilungsstichtages. Sie hat den Gewinn (Verlust) des mit 30.6.01 endenden (letzten) Wirtschaftsjahres im Rahmen der Gewinnfeststellung zu erklären. Die Gewinn(Verlust)anteile sind den Gesellschaftern A und B zum Bilanzstichtag zuzurechnen und zur Einkommensteuer zu erklären.

Jahresabschluss OG-AB zum 30.6.01							
Buchwert		Verkehrswert	stille Reserven			Buchwert	Anteil stille Reserven
UR	StR					UR	StR	
TB 1	40	50	350	300	EK A	85*	100	250
TB 2	180	200	400	200	EK B	85*	100	250
					FK	50	50	–
	220	250	750	500		220	250	500

*) starres und variables Kapitalkonto

Die OG-AB weist einen Buchwert von 200 aus und hat einen Verkehrswert von 700 (750–50). Die Verkehrswerte der Teilbetriebe 1 und 2 sind nach Zurechnung je des halben Fremdkapitals nicht gleich groß (325 : 375). A erhält trotz des Anspruches auf das halbe Vermögen weniger als (50% und B mehr als die ihm zustehende 50%. Eine Glattstellung über Ausgleichszahlungen (in Geld oder Sachwerten) ist zulässig, wenn sie ein Drittel des Wertes des empfangenen Vermögens des Zahlungsempfängers nicht übersteigen.

Die zurechenbaren Fremdkapitalposten sind dem TB 1 mit 23 und dem TB 2 mit 17 zuzurechnen.

Das nicht zuordenbare Fremdkapital iHv 10 wird im Verhältnis der Verkehrswerte von TB I und II vor Abzug der Schulden aufgeteilt (4,7:5,3).

Die stillen Reserven inklusive Firmenwert der Teilbetriebe 1 und 2 sind nicht gleich groß (300 : 200); ohne Vorsorgemaßnahmen würde sich eine (endgültige) Verschiebung der den beiden Gesellschaftern vertragsmäßig je zur Hälfte zuzurechnenden stillen Reserven inklusive Firmenwert ergeben.

Da die OG je einen Teilbetrieb auf die beiden Gesellschafter als Nachfolge-Einzelunternehmer überträgt, ist sie zur Buchwertteilung verpflichtet, dh. es unterbleibt eine Aufwertungs-(Veräußerungs-)gewinnbesteuerung, wenn die Ausgleichs- und Vorsorgemaßnahmen im gesetzlichen Ausmaß erfolgen.

Die von der OG-AB aufzustellende Teilungsbilanz muss die steuerlich maßgebenden Werte des Jahresabschlusses übernehmen, soweit nicht Vermögensänderungen auf

§ 28

den Teilungsstichtag rückbezogen werden. Im Hinblick auf die Abweichungen der unternehmens- und steuerrechtlichen Ansätze werden in der Teilungsbilanz im Doppelspaltensystem beide Werte dargestellt. Die steuerlichen Ansätze weichen vom Jahresabschluss nur insofern ab, als die Eigenkapitalpositionen durch die Bezeichnung Teilungskapital ersetzt werden.

Teilungsbilanz OG-AB zum 30.6.01								
	Buchwert		Verkehrs-wert	Stille Reserven		Buchwert		Anteil stille Reserven
	UR	StR				UR	stR	
TB 1	40	50	350	300	Teilungskapital A	85	100	250
TB 2	180	200	400	200	Teilungskapital B	85	100	250
					FK 1	27,7	27,7	–
					FK 2	22,3	22,3	–
	220	250	750	500		220	250	500

Die gesamten stillen Reserven inklusive Firmenwert der OG-AB betragen 500, die auf Grund der jeweils 50-prozentigen Beteiligung von A und B je zur Hälfte auf die beiden entfallen. Durch die Realteilung darf es zu keiner endgültigen Verschiebung der Steuerbelastung kommen, anderenfalls kommt es im Rahmen des Art. V UmgrStG zu einer Versagung der Buchwertfortführung. Da A mit dem Teilbetrieb 1 stille Reserven von 300 und damit um 50 zu viel und B mit dem Teilbetrieb 2 solche von 200 und damit um 50 zu wenig übernimmt, ist bei A ein aktiver Ausgleichsposten von 50 und bei B ein passiver Ausgleichsposten von 50 bilanzmäßig (nach der Realteilung) anzusetzen.

Ausgleichsposten (Beteiligung zwar gleich, stille Reserven inklusive Firmenwert ungleich)			
A		B	
Stille Reserven TB 1	300	Stille Reserven TB 2	200
Anteil stille Reserven	– 250	Anteil stille Reserven	– 250
Ausgleichsposten	50	Ausgleichsposten	– 50

A hat ab dem der Realteilung folgenden Wirtschaftsjahr 3,33 (50:15) gewinnmindernd abzusetzen.

B hat ab dem der Realteilung folgenden Wirtschaftsjahr 3,33 (50:15) gewinnerhöhend aufzulösen.

Der Verkehrswert der OG-AB beträgt 700, der auf Grund der jeweils 50-prozentigen Beteiligung von A und B je zur Hälfte auf die beiden entfällt. Gegenüber dem Anspruch beider Gesellschafter auf einen Verkehrswertanteil von jeweils 350 ergibt sich für A ein Anteil von 322,3, und damit um 27,7 zu wenig, und für B ein Anteil von 377,7, und damit um 27,7 zu viel. Die Ausgleichszahlung von 27,7 an A darf ein Drittel von 322,3 =107,43 nicht übersteigen. Die Zahlung stellt bei B keine Betriebsausgabe und bei A keine Betriebseinnahme dar.

Ausgleichszahlungen (Beteiligungen stimmen mit Verkehrswert des geteilten Vermögens nicht überein)			
A		B	
Gesamter Verkehrswert 750 – 50	= 700 : 2 = 350	Gesamter Verkehrswert 750 – 50	= 700 : 2 = 350
Verkehrswert TB 1 350 – 27,7	= –322,3	Verkehrswert TB 2 400 – 22,3	= 377,7

Ausgleichszahlung von B	= 27,7	Ausgleichszahlung an A	= 27,7
Zulässigkeitsprüfung: 1/3 von 322,3 (350 – 27,7) = 107,43 zu 27,7.			

(BMF-AV Nr. 193/2015)

5.2.2.4.3 Teilbetriebsübertragung durch eine nichtbilanzierende Mitunternehmerschaft auf einen nichtbilanzierenden Nachfolgeunternehmer

Siehe die Ausführungen zur Betriebsübertragung in Rz 1579. 1588

5.2.2.4.4 Teilbetriebsübertragung durch eine nichtbilanzierende Mitunternehmerschaft auf einen bilanzierenden Nachfolgeunternehmer

Siehe die Ausführungen zur Betriebsübertragung in Rz 1582. 1589

5.2.2.4.5 Teilbetriebsübertragung durch eine bilanzierende Mitunternehmerschaft auf einen nichtbilanzierenden Nachfolgeunternehmer

Siehe die Ausführungen zur Betriebsübertragung in Rz 1583. 1590

5.2.2.4.6 Gewinnermittlungsgrundsätze bei Teilbetriebsübertragung

Zum Teilungsstichtag ist eine **Bilanz der Mitunternehmerschaft** zu er- 1591
stellen, wobei das Betriebsvermögen mit dem Wert anzusetzen ist, der sich nach
den steuerlichen Vorschriften über die Gewinnermittlung ergibt (siehe auch
Rz 1584 ff).

5.2.2.5 Zu übertragender Mitunternehmeranteil

Zum Begriff des Mitunternehmeranteils siehe Rz 717 ff und EStR 2000 1592
Rz 5804 ff. Die Übertragung des Mitunternehmeranteils setzt auf Grund der
Vorschrift des § 12 Abs. 2 Z 2 UmgrStG voraus, dass die Mitunternehmerschaft,
deren Anteil übertragen werden soll, einen Jahres- oder Zwischenabschluss zum
Teilungsstichtag erstellt. Dies ist damit Anwendungsvoraussetzung für Art. V
UmgrStG. Die Übertragung des Mitunternehmeranteils setzt wie bei den anderen Realteilungstatbeständen die gänzliche oder teilweise Aufgabe eines Gesellschafterrechtes voraus. Das Ausscheiden eines substanzbeteiligten Mitunternehmers aus einer Mitunternehmerschaft unter Verzicht auf eine Abfindung stellt
mangels Gegenleistung keinen Vorgang gemäß Art. V UmgrStG dar, sondern ist
idR eine unentgeltliche Mitunternehmeranteilsübertragung an die verbliebenden
Mitunternehmer. *(BMF-AV Nr. 193/2015)*

5.2.2.5.1 Jahresabschluss (Bilanz) der Mitunternehmerschaft

Bei außerhalb von (Teil)Betrieben zu übertragenden Mitunternehmeranteilen ist zum Teilungsstichtag 1593

- unternehmensrechtlich kein Bilanzerfordernis gegeben

- steuerrechtlich (wie in Rz 1592 dargestellt) ein Jahres- oder Zwischenabschluss der Mitunternehmerschaft, an der die Beteiligung besteht, aufzustellen. Bei rechnungslegungspflichtigen Gesellschaften ist der Jahresabschluss und bei Zwischenstichtagen eine Bilanz im Sinne des § 4 Abs. 1 bzw. § 5 Abs. 1 EStG 1988 Grundlage für die Betriebsvermögensdarstellung des Mitunternehmeranteils. Die Bilanz ist nicht erforderlich, wenn der Mitunternehmeranteil im Rahmen eines (Teil)Betriebes mitübertragen wird.

§ 28

Beispiel:

Die unbeschränkt steuerpflichtigen natürlichen Personen A, B und C sind im Verhältnis von 25 : 25 : 50 an der inländischen OG-ABC (Kalenderjahr = Wirtschaftsjahr) beteiligt. Die OG, die an der KG-D beteiligt ist, soll in der Weise durch Abteilung (Übertragungsteilung) zum Bilanzstichtag 31.12.01 realgeteilt werden, als C aus der Gesellschaft ausscheidet und mit dem Betrieb gegen Aufgabe seiner Beteiligung abgefunden wird, während die verbleibende OG-AB den Kommanditanteil an der KG-D behält. Nach Aufstellung einer Teilungsbilanz wird im September 02 ein Teilungsvertrag geschlossen.

Da der ausscheidende Gesellschafter Vermögen im Sinne des § 27 Abs. 2 UmgrStG erhält und der übertragenden Personengesellschaft ebenfalls Vermögen im Sinne des § 27 Abs. 2 UmgrStG verbleibt, ist eine Grundvoraussetzung für die Anwendung des Art. V UmgrStG erfüllt.

Die OG-ABC hat den Gewinn (Verlust) des mit dem Teilungsstichtag = Regelbilanzstichtag endenden Wirtschaftsjahres im Rahmen der Gewinnfeststellung zu erklären. Die Gewinn(Verlust)anteile sind den Gesellschaftern A, B und C zum Bilanzstichtag zuzurechnen und im Veranlagungswege zu erfassen.

Jahresabschluss OG-ABC zum 31.12.01						
	Buch-wert	Verkehrs-wert	stille Reserven		Buch-wert	Anteil stille Reserven
Beteiligung KG-D	200	1.000	800	EK A	275	250
Betrieb	1.000	1.200	200	EK B	275	250
				EK C	550	500
				FK Betrieb	100	–
	1.200	2.200	1.000		1.200	1.000

Die OG-ABC weist einen Buchwert von 1.100 (Buchwert des Betriebes 900) aus und hat einen Verkehrswert von 2.100 (Verkehrswert des Betriebes 1.100). Der Verkehrswert des Betriebes übersteigt 50% des Gesamtverkehrswertes, C erhält daher mehr als die ihm zustehende Quote. Eine Glattstellung über Ausgleichszahlungen (in Geld oder Sachwerten) ist zulässig, wenn sie ein Drittel des Wertes des empfangenen Vermögens des Zahlungsempfängers nicht übersteigen.

Die stillen Reserven inklusive Firmenwert des Betriebes und des Mitunternehmeranteiles sind nicht gleich groß, es würde sich ohne Vorsorgemaßnahmen eine (endgültige) Verschiebung der den Gesellschaftern nach ihrer Beteiligungsquote zuzurechnenden stillen Reserven inklusive Firmenwert ergeben.

Da die OG-ABC einen Betrieb im Sinne des § 27 Abs. 2 UmgrStG auf den abzufindenden Gesellschafter C als inländischen Nachfolge-Einzelunternehmer überträgt, ist sie zur Buchwertteilung verpflichtet, dh. es unterbleibt eine Veräußerungsgewinnbesteuerung. Die von der OG-ABC aufzustellende Teilungsbilanz muss die steuerlich maßgebenden Werte des Betriebes laut Jahresabschluss übernehmen, soweit nicht Vermögensveränderungen auf den Teilungsstichtag rückbezogen werden; dies liegt im gegenständlichen Fall nicht vor.

Teilungsbilanz OG-ABC für Betrieb (UR=StR) zum 31.12.01						
	Buchwert	Verkehrs-wert	stille Reserven		Buchwert	Anteil stille Reserven
Betrieb	1.000	1.200	200	Teilungskapital	900	200
				FK	100	–
	1.000	1.200	200		1.000	200

Die gesamten stillen Reserven inklusive Firmenwert der OG-ABC betragen 1.000, sodass auf Grund der 50-prozentigen Beteiligung auf C ein Anteil von 500 entfällt.

Da C mit dem Betrieb stille Reserven inklusive Firmenwert von 200 und damit um 300 zu wenig übernimmt, ist bei ihm ein passiver Ausgleichsposten in dieser Höhe und in der OG-ABC ein aktiver Ausgleichsposten von jeweils 300 bilanzmäßig anzusetzen.

Ausgleichsposten (Beteiligung zwar gleich, stille Reserven inklusive Firmenwert ungleich)			
A + B		C	
stille Reserven MU-Anteil	800	stille Reserven Betrieb	200
Anteil stiller Reserven an OG-ABC	– 500	Anteil stille Reserven an OG-A, B, C	– 500
Aktiver Ausgleichsposten	300	Passiver Ausgleichsposten	– 300

Der Verkehrswert der OG-ABC beträgt 2.100, von dem A und B je 525 (je 25%) und auf C 1.050 (50%) entfallen. Gegenüber dem Anspruch des Gesellschafters C auf einen Verkehrswertanteil von 1.050 ergibt sich betriebsbedingt ein solcher von 1.100 und damit um 50 zu viel. Die Ausgleichszahlung des C an die OG-ABC darf ein Drittel von 1.000 = 333,33 nicht übersteigen, sie ist daher gedeckt. Die Zahlung des C und die Einnahme der OG-ABC sind steuerneutral.

Ausgleichszahlungen (Beteiligungen stimmen mit Verkehrswert des geteilten Vermögens nicht überein)			
OG-ABC		C	
Gesamter Verkehrswert 2.200 – 100 = 2.100, davon 50%	1.050	Gesamter Verkehrswert 2.100, davon 50%	1.050
Verkehrswert MU-Anteil	– 1.000	Verkehrswert Betrieb	– 1.100
Ausgleichszahlung von C	50	Ausgleichszahlung an OG-ABC	50
Zulässigkeitsprüfung: 1/3 von 1.000 = 333,33 zu 50"			

(BMF-AV Nr. 193/2015)

5.2.2.5.2 Übertragung durch eine nichtbilanzierende Mitunternehmerschaft auf einen bilanzierenden Nachfolgeunternehmer
Siehe die Ausführungen zur Betriebsübertragung in Rz 1574 ff.   1594

5.2.2.5.3 Übertragung durch eine nichtbilanzierende Mitunternehmerschaft auf einen nichtbilanzierenden Nachfolgeunternehmer
Siehe die Ausführungen zur Betriebsübertragung in Rz 1574 ff.   1595

5.2.2.5.4 Übertragung durch eine bilanzierende Mitunternehmerschaft auf einen nichtbilanzierenden Nachfolgeunternehmer
Siehe die Ausführungen zur Betriebsübertragung in Rz 1574 ff.   1596

5.2.2.5.5 Gewinnermittlungsgrundsätze
Siehe die Ausführungen zur Betriebsübertragung in Rz 1574 ff.   1597

Bewertung des Betriebsvermögens in der Teilungsbilanz

§ 29. (1) Für der Bewertung des Betriebsvermögens in der Teilungsbilanz gilt Folgendes:

1. Es sind § 14 Abs. 1 und § 16 Abs. 5 anzuwenden.

2. Die Teilung zu Buchwerten (Buchwertteilung) ist nur zulässig, wenn für die weitere Gewinnermittlung Vorsorge getroffen wird, daß es bei den an der Teilung beteiligten Steuerpflichtigen durch den Vorgang der Teilung zu keiner endgültigen Verschiebung der Steuerbelastung kommt. Die dafür bei den Nachfolgeunternehmern eingestellten Ausgleichsposten sind ab dem dem Teilungsstichtag folgenden Wirtschaftsjahr gleichmäßig verteilt auf fünfzehn Wirtschaftsjahre abzusetzen oder aufzulösen. § 24 Abs. 2 letzter Satz ist anzuwenden.

2a. Für Wirtschaftsgüter, auf deren Erträge bzw. Wertsteigerungen ein besonderer Steuersatz gemäß § 27a Abs. 1 oder der besondere Steuersatz gemäß § 30a Abs. 1 des Einkommensteuergesetzes 1988 anwendbar ist, sind gesonderte Ausgleichsposten im Sinne der Z 2 zu bilden. Diese sind zum jeweiligen besonderen Steuersatz gemäß § 27a Abs. 1 oder § 30a Abs. 1 des Einkommensteuergesetzes 1988 aufzulösen oder jeweils unter sinngemäßer Anwendung von § 6 Z 2 lit. c oder d des Einkommensteuergesetzes 1988 abzusetzen. Abweichend davon kann, wenn am Teilungsstichtag § 30 Abs. 4 des Einkommensteuergesetzes 1988 ganz oder eingeschränkt anwendbar wäre, Grund und Boden zur Gänze mit den nach § 6 Z 14 des Einkommensteuergesetzes 1988 maßgebenden Werten angesetzt werden. Dies ist im Teilungsvertrag festzuhalten.

3. Soweit im Rahmen der Realteilung auf einen ausländischen Nachfolgeunternehmer das Besteuerungsrecht der Republik Österreich hinsichtlich des Vermögens eingeschränkt wird, sind die nach § 6 Z 6 lit. a des Einkommensteuergesetzes 1988 maßgebenden Werte anzusetzen, wobei § 6 Z 6 lit. c bis e des Einkommensteuergesetzes 1988 sinngemäß anzuwenden sind.

4. Für den Fall der Übertragung von ausländischen Betrieben, Teilbetrieben und Anteilen an ausländischen Mitunternehmerschaften in Personengesellschaften ist § 16 Abs. 3 mit der Maßgabe anzuwenden, dass an die Stelle des gemeinen Wertes die höheren Teilwerte einschließlich selbstgeschaffener unkörperlicher Wirtschaftsgüter treten.

(2) Sind im Hinblick auf die Wertverhältnisse des übertragenen Vermögens Ausgleichszahlungen erforderlich, dürfen sie ein Drittel des Wertes des empfangenen Vermögens des Zahlungsempfängers nicht übersteigen.

(BGBl I 2015/163)

Gliederung:

5.3. Steuerliche Bewertung des zu übertragenden Vermögens (§ 29 UmgrStG)

5.3.1. Allgemeines und Teilungsbilanz

Da die Bewertungsvorschriften des Unternehmensrechts für Umgründungen (§ 202 UGB) nicht zur Anwendung kommen, sind jene des UmgrStG unabhängig davon anzuwenden, wie die übertragende Personengesellschaft zum Teilungsstichtag unternehmensrechtlich bilanziert und ob die Rechtsnachfolger das übernommene Vermögen mit dem Buchwert oder dem beizulegenden Wert ansetzen. Es ist daher sowohl in Fällen der steuerlich zwingenden Buchwertfortführung, der steuerlich vorgesehenen Aufwertungsoption und des steuerlichen Aufwertungszwanges unmaßgeblich, ob eine Übereinstimmung mit der unternehmensrechtlichen Bewertung besteht. Unterschiedliche Ansätze sind hinsichtlich der Auswirkung auf den steuerlichen Gewinn in der jährlichen Steuererklärung in der Mehr-Weniger-Rechnung zu korrigieren. *(BMF-AV Nr. 193/2015)* **1598**

Gemäß § 28 in Verbindung mit § 15 UmgrStG ist für die Realteilung eine Teilungsbilanz erforderlich. Sie stellt einen Teil des Teilungsvertrages dar (siehe Rz 1526). Die Aufstellung einer (steuerlichen) Teilungsbilanz auf den Teilungsstichtag ist Anwendungsvoraussetzung des Art V UmgrStG. Wird jedoch die Teilungsbilanz in Fällen der Firmenbuchzuständigkeit nicht rechtzeitig mit der Anzeige gemäß § 43 Abs. 1 UmgrStG vorgelegt bzw. kommt es zum gänzlichen Unterbleiben der Anzeige, wird Art. V UmgrStG nicht verletzt. Art. V UmgrStG ist in diesen Fällen dann erfüllt, wenn innerhalb der Neunmonatsfrist die steuerliche Teilungsbilanz tatsächlich erstellt wurde. Außerhalb der Firmenbuchzuständigkeit hat bei Nichtvorlegen der Teilungsbilanz die Abgabenbehörden zur Vorlage der fehlenden Unterlagen aufzufordern. Wird dieser Aufforderung innerhalb von zwei Wochen nachgekommen, ist der rückwirkende Stichtag anzuerkennen. Die Bilanzform ist dann nicht zwingend, wenn die Abweichungen in beschreibender Form in einer dem Finanzamt vorgelegten Mehr-Weniger-Rechnung oder im Teilungsvertrag dargestellt werden. Nicht darstellbare Wirtschaftsgüter, welche ebenfalls mitübertragen werden (bspw. ein originärer Firmenwert), müssen im Teilungsvertrag umschrieben werden. **1599**

§ 29

Erfolgt weder die Aufstellung einer Teilungsbilanz noch eine eindeutige Beschreibung der steuerlich relevanten Daten und Umstände, liegt eine Verletzung der Anwendungsvoraussetzungen des § 27 Abs. 1 UmgrStG vor. *(BMF-AV Nr. 193/2015)*

1600   Bei einer vom Steuerrecht abweichenden Bewertung sind die unternehmens- und steuerrechtlich maßgebenden Aktiva und Passiva getrennt, aber möglichst in einer Teilungsbilanz darzustellen (Doppelspaltenform). Die Teilungsbilanz wird aus dem Jahres- oder Zwischenabschluss abgeleitet. In der Teilungsbilanz ist das von der teilenden Personengesellschaft laut Teilungsvertrag tatsächlich auf den oder die Rechtsnachfolger zu übertragende Vermögen in Bilanzform auszuweisen. Diese Sonderbilanz hat vier Funktionen:

- Darstellung der steuerlich maßgebenden Buchwerte der bilanzierungspflichtigen Aktiva und Passiva.

- Darstellung der steuerwirksamen Aufwertungen betreffend inländisches und/oder ausländisches Vermögen in den Fällen des § 29 Abs. 1 in Verbindung mit § 16 Abs. 3 UmgrStG.

- Darstellung der rückwirkenden Korrekturen im Sinne des § 29 in Verbindung mit § 16 Abs. 5 UmgrStG.

- Ausweis des Saldos der Aktiva und Passiva unter Berücksichtigung der rückwirkenden Korrekturen als Teilungskapital.

Nicht darstellbares Vermögen (zB originäre Mietrechte, Klientenstock, Patentrechte) sollte im Teilungsvertrag beschrieben werden. *(AÖF 2008/243)*

5.3.2. Zwingende Buchwertübertragung

1601   Soweit das UmgrStG Buchwertfortführung vorsieht, ist diese – abgesehen von den dort normierten Ausnahmen – zwingend vorzunehmen.

Zu einem Veräußerungsgewinn kommt es nur dann, wenn die Buchwertfortführung entweder auf Grund der Bestimmungen des UmgrStG nicht möglich ist oder das UmgrStG ein Wahlrecht einräumt und im Rahmen dessen auf die Buchwertfortführung verzichtet wird (EStR 2000, Rz 5718 unter Hinweis auf VwGH 29.1.1998, 97/15/0197).

5.3.2a. Aufwertungsoption für Grund und Boden *(BMF-AV Nr. 193/2015)*

1601a   Alternativ zur Übertragung von Grundstücken zu Buchwerten kann für Realteilungen, die ab dem 30.12.2014 vertraglich unterfertigt werden, für Grund und Boden die Aufwertungsoption gemäß § 29 Abs. 1 Z 2a vorletzter Satz UmgrStG ausgeübt werden (siehe Rz 1532a), wenn zum Teilungsstichtag § 30 Abs. 4 EStG 1988 gesamthaft oder eingeschränkt anwendbar wäre. Dabei kommt es zur sofortigen Realisierung der stillen Reserven des Grund und Bodens; die Nachfolgeunternehmer übernehmen den Grund und Boden zu den nach § 6 Z 14 EStG 1988 maßgebenden Werten. Die Aufwertungsoption kann grundstücksbezogen ausgeübt werden und ist in nach dem 29.12.2014 geschlossen Teilungsverträgen ersichtlich zu machen (§ 29 Abs. 1 Z 2a letzter Satz iVm 3. Teil Z 27 lit. a UmgrStG idF 2. AbgÄG 2014). Dabei handelt es sich um eine Ordnungsvorschrift.

Wird von der Aufwertungsoption Gebrauch gemacht, kann § 30 Abs. 4 EStG 1988 für sämtliche künftige Wertsteigerungen des aufgewerteten Grundstückes nach dem Teilungsstichtag nicht angewendet werden. *(BMF-AV Nr. 193/2015)*

5.3.3. Aufwertungsoption

Abweichend von der grundsätzlich zwingenden Buchwertfortführung kann   1602
bei Mitunternehmerschaften mit In- und Auslandsbezug das ausländische Vermögen (ausländische Betriebe, Teilbetriebe und Anteile an ausländischen Mitunternehmerschaften) auf den höheren Teilwert einschließlich eines allfälligen Geschäfts-, Firmen- oder Mandantenwertes aufgewertet werden, wenn

- die Realteilung einer ausländischen Personengesellschaft im Ausland zur tatsächlichen steuerlichen Gewinnverwirklichung führt und

- mit dem jeweiligen Staat ein DBA besteht, das dafür die Anrechnungsmethode vorsieht oder eine vergleichbare innerstaatliche Maßnahme zur Vermeidung der Doppelbesteuerung getroffen wurde (§ 29 Abs. 1 in Verbindung mit § 16 Abs. 3 UmgrStG).

Damit kann die ausländische Einkommensteuer auf die sich bei den einzelnen Mitunternehmern ergebende inländische Aufwertungsgewinnsteuer angerechnet werden. *(BMF-AV Nr. 193/2015)*

5.3.4. Aufwertungszwang

5.3.4.1 Export-Realteilung

Eine Export-Realteilung liegt vor, wenn Vermögen einer inländischen teilen-   1603
den Personengesellschaft auf einen im Ausland ansässigen Nachfolgeunternehmer gegen Verzicht auf ein Gesellschafterrecht übertragen wird. Soweit dabei das Besteuerungsrecht der Republik Österreich hinsichtlich des übertragenen Vermögens nicht eingeschränkt wird, kommt es bei Beachtung des § 28 UmgrStG zur zwingenden Buchwertfortführung. Soweit teilungsveranlasst das Besteuerungsrecht der Republik Österreich hinsichtlich des Vermögens jedoch eingeschränkt wird, ist gemäß § 29 Abs. 1 Z 3 UmgrStG der nach § 6 Z 6 lit. a EStG 1988 maßgebende Wert (Fremdvergleichswert) anzusetzen und § 6 Z 6 lit. c bis e EStG 1988 sind sinngemäß anzuwenden (bis 31.12.2015: sinngemäße Anwendung von § 1 Abs. 2 UmgrStG idF vor AbgÄG 2015). Im Falle der Einschränkung des Besteuerungsrechtes gegenüber EU/EWR-Staaten kann folglich ein Antrag auf Ratenzahlung gestellt werden (bis 31.12.2015: Antrag auf Nichtfestsetzung).

§ 29

Da es sich bei § 29 Abs. 1 Z 3 UmgrStG um eine Bewertungsvorschrift handelt, führt das Vorliegen einer Einschränkung des Besteuerungsrechtes nicht zu einem Anwendungsausschluss des UmgrStG. *(BMF-AV Nr. 40/2017, BMF-AV Nr. 131/2018)*

5.3.4.2 Fehlen einer Vorsorge gegen eine Steuerlastverschiebung

Mit der Realteilung gibt der Nachfolgeunternehmer die Beziehung zu allen   1603a
bei der Aufteilung den anderen Mitunternehmern zukommenden oder bei der Abteilung in der verkleinerten Mitunternehmerschaft verbleibenden steuerhängigen stillen Reserven einschließlich eines allfälligen Firmenwertes auf und erhält die in der ihm zugeteilten Teilungsmasse enthaltenen stillen Reserven einschließlich eines allfälligen Firmenwertes. Es sind drei mögliche Ergebnisse zu beurteilen:

- Die quotenmäßig bestehenden steuerhängigen Gesamtreserven an der Mitunternehmerschaft (= Steuerlast in Höhe des Unterschiedsbetrages zwischen dem Buchwert und dem Verkehrswert des aufzugebenden Mitunternehmeranteiles) übersteigen die zu übernehmenden steuerhängigen Gesamtreserven der Teilungsmasse (= Steuerlast in Höhe des Unterschiedsbetrages zwischen dem Buchwert und dem Verkehrswert der zu übernehmenden wirtschaftlichen Einheit). Der ausscheidende Mitunternehmer hätte ohne Vorsorgemaßnahmen daher in der Folge zu Lasten der anderen Mitunternehmer weniger zu versteuern als bei Auflösung der Mitunternehmerschaft zum Teilungsstichtag.

- Die zu übernehmenden steuerhängigen Gesamtreserven der Teilungsmasse übersteigen die quotenmäßigen steuerhängigen Gesamtreserven an der Mitunternehmerschaft. Der Nachfolgeunternehmer hätte ohne Vorsorgemaßnahmen daher in der Folge zu Gunsten der anderen Mitunternehmer mehr zu versteuern als bei Auflösung der Mitunternehmerschaft zum Teilungsstichtag.

- Die quotenmäßig steuerhängigen Gesamtreserven an der Mitunternehmerschaft entsprechen den erhaltenen steuerhängigen Gesamtreserven an der Mitunternehmerschaft. Die Versteuerung der stillen Reserven einschließlich eines allfälligen Firmenwertes bleibt bei allen Mitunternehmern betragsmäßig gleich, es ist daher eine Vorsorge nicht erforderlich. Die stillen Reserven einschließlich eines allfälligen Firmenwertes können allerdings in den fortgesetzten Unternehmen zu unterschiedlichen Zeitpunkten steuerwirksam werden.

Die Vorsorge ist nur dann erfüllt, wenn sich sämtliche Mitunternehmer im Teilungsvertrag ausdrücklich zur Vorsorge gegen eine endgültige Steuerlastverschiebung durch Ansatz und Fortführung von betraglich festgelegten Ausgleichsposten verpflichten (zur späteren Unterlassung des Ansatzes der Ausgleichsposten durch einen, mehrere oder alle Teilungspartner siehe Rz 1604). Sollte auch nur ein Mitunternehmer diese Voraussetzungen nicht erfüllen, liegt für alle Mitunternehmer eine Vorsorgeverletzung vor.

Da das System der Vorsorge bei Realteilungen davon ausgeht, dass jeder Mitunternehmer quotal an sämtlichen Gesamtreserven der Mitunternehmerschaft beteiligt ist, liegt durch die Vermögenszuteilung eine Entflechtung der Reserven vor, die sowohl bei der Aufteilung (Gesamtvermögensaufteilung) als auch bei der Abteilung (der Ausscheidende gibt die stillen Reserven des Restvermögens auf, die verbleibenden Mitunternehmer geben die stillen Reserven des zu übertragenden Vermögens auf) relevant ist.

Wird in den oben genannten ersten beiden Fällen keine oder nur eine unzureichende Vorsorge gegen eine Steuerlastverschiebung mittels Ausgleichsposten getroffen, kommt es im Rahmen des Art. V UmgrStG zum Gewinnrealisierungsfall. Dabei sind sämtliche stille Reserven einschließlich eines allfälligen Firmenwertes der Mitunternehmerschaft samt Sonderbetriebsvermögen von allen Mitunternehmern zum Teilungsstichtag nach § 29 Abs. 1 in Verbindung mit § 24 Abs. 2 letzter Satz UmgrStG im Sinne der §§ 24 und 37 EStG 1988 als Veräußerungsgewinn quotenmäßig zu versteuern. *(BMF-AV Nr. 193/2015)*

1604   Die Rechtsfolge der ertragssteuerwirksamen Realteilung ist nicht zu ziehen, wenn sich der (die) Nachfolgeunternehmer bzw. die verbleibende Personengesellschaft im Teilungsvertrag ausdrücklich verpflichten, durch Ausgleichsposten gegen eine endgültige Steuerlastverschiebung vorzusorgen, später aber einer, mehrere oder alle Teilungspartner den Ansatz des Ausgleichsposten unterlassen. *(BMF-AV Nr. 193/2015)*

5.3.5. Rückwirkende Korrekturen des zu übertragenden Vermögens

5.3.5.1 Allgemeines

Die Möglichkeiten im Sinne des auf § 16 Abs. 5 UmgrStG verweisenden § 29 UmgrStG, bis zum Abschluss des Teilungsvertrages das zu teilende Vermögen (Betriebe, Teilbetriebe und Mitunternehmeranteile) laut Jahres- oder Zwischenabschluss auf den Teilungsstichtag rückwirkend buch- und wertmäßig zu verändern, sind: 1605

- Tatsächliche Geld- und/oder Sacheinlagen der/des Mitunternehmer(s) (§ 16 Abs. 5 Z 1 UmgrStG)
- Tatsächliche Geld- und/oder Sachentnahmen der/des Mitunternehmer(s) (§ 16 Abs. 5 Z 1 UmgrStG)
- Zurückbehalten von Anlagegütern und/oder Verbindlichkeiten der Personengesellschaft als Sonderfall von Entnahmen oder Einlagen der/des Mitunternehmer(s) (§ 16 Abs. 5 Z 3 UmgrStG)
- Verschieben von Wirtschaftsgütern (Aktiva bzw. Passiva) aus dem oder in den zu übertragenden (Teil)Betrieb (§ 16 Abs. 5 Z 4 UmgrStG)
- Aufdecken interner Verrechnungsposten aus innerbetrieblichen Leistungsbeziehungen zwischen den Teilungsmassen.

Die Maßnahmen im Sinne des § 16 Abs. 5 Z 2 und 5 UmgrStG haben im Rahmen der Realteilung nach Art. V UmgrStG keine steuerliche Wirkung (siehe Rz 1615).

Zur Trennung von Gebäude und Grund und Boden siehe Rz 694a. *(BMF-AV Nr. 131/2018)*

Rückwirkende Korrekturen sind tatsächliche Vorgänge, die mit dem Tag des Abschlusses des Teilungsvertrages abgeschlossen sein müssen. Sie können nach diesem Zeitpunkt nicht mehr geändert werden. Dies gilt auch im Falle von Feststellungen der Abgabenbehörde im Veranlagungsverfahren oder der Außenprüfung im Erstverfahren oder wieder aufgenommenen Verfahren (siehe Rz 1638 ff). *(BMF-AV Nr. 193/2015)* 1606

§ 29

5.3.5.2 Bar- oder Sacheinlagen nach dem Teilungsstichtag

Das rückwirkende Erhöhen der Teilungsmasse kann nach § 29 Abs. 1 in Verbindung mit § 16 Abs. 5 Z 1 UmgrStG durch das Rückbeziehen tatsächlich bis zum Abschluss des Teilungsvertrages getätigter Bareinlagen, die in der Teilungsbilanz als Aktivpost (technische Forderung gegen den/die einlegenden Mitunternehmer) eingestellt werden und daher das Mitunternehmerschaftsvermögen und den Mitunternehmeranteil des einlegenden Mitunternehmers buch- und wertmäßig erhöhen. Zivilrechtlich führt die Bareinlage zu einem Zugang auf dem variablen Kapitalkonto. Die Aktivpost löst sich durch die nachfolgenden tatsächlichen Einlagen auf. Rückwirkende Einlagen eignen sich auch zur Sanierung wirtschaftlich überschuldeter Personengesellschaften. Unter § 7 Abs. 3 KStG 1988 fallende Körperschaften können von § 16 Abs. 5 Z 1 UmgrStG sinngemäß Gebrauch machen (siehe Rz 890). Versprochene, aber bis Vertragsabschluss nicht erbrachte Einlagen sind selbst bei rechtsverbindlicher Verpflichtung mangels einer Deckung in § 29 Abs. 1 in Verbindung mit § 16 Abs. 5 Z 1 UmgrStG nicht steuerwirksam. *(BMF-AV Nr. 193/2015)* 1607

Der Mitunternehmer der zu teilenden Mitunternehmerschaft kann weiters im Wege des § 29 Abs. 1 in Verbindung mit § 16 Abs. 5 Z 1 UmgrStG seinen Mit- 1608 unternehmeranteil rückwirkend auch durch tatsächlich in der Zeit zwischen Teilungsstichtag und Abschluss des Teilungsvertrages getätigte Sacheinlagen vergrößern. Zum Einlagetatbestand im Wege des Zurückbehaltens siehe Rz 1616.

Beispiel:

Die den unbeschränkt steuerpflichtigen Gesellschaftern A und B je zur Hälfte gehörende, nur inländisches Vermögen besitzende OG-AB soll in der Weise zum Bilanzstichtag aufgeteilt werden, dass A den Teilbetrieb 1 und B den Teilbetrieb 2 jeweils gegen Aufgabe ihrer Beteiligung an der OG-AB erhalten. Auf Grund eines Gutachtens wird festgestellt, dass die stillen Reserven inklusive Firmenwert nicht ausreichen, um die Überschuldung der OG-AB zu beseitigen.

Im Falle der Sanierung vor der Realteilung endet die steuerliche Existenz der OG-AB als Mitunternehmerschaft mit Ablauf des Teilungsstichtages. Die OG-AB hat den Gewinn (Verlust) des mit dem Regelbilanzstichtag endenden letzten Wirtschaftsjahres im Rahmen der Gewinnfeststellung zu erklären.

Jahresabschluss OG-AB						
	Buchwert	Verkehrswert	Stille Reserven		Buchwert	Anteil stille Reserven
TB 1	50	200	150	EK A	– 100	75
TB 2	200	200		EK B	– 100	75
				FK	450	–
	250	400	150		250	150

Die OG-AB weist einen Buchwert von -200 aus und ist wirtschaftlich (real) mit 50 überschuldet. Da es gelingt, das Fremdkapital von 450 je zur Hälfte den Teilbetrieben zuzurechnen, ergibt sich für die Teilbetriebe 1 und 2 jeweils eine reale Überschuldung von 25. Es ist die Teilungsfähigkeit daher bis zum Tag des Abschlusses des Teilungsvertrages unter Annahme keiner weiteren tatsächlichen Verluste durch Einlagen von mindestens 51 herzustellen.

Die von der OG-AB aufzustellende Teilungsbilanz muss die steuerlich maßgebenden Werte des Jahresabschlusses übernehmen, soweit nicht Vermögensveränderungen auf den Teilungsstichtag rückbezogen werden. Im gegenständlichen Fall beschließen die Gesellschafter, nach dem Teilungsstichtag Einlagen im Ausmaß von jeweils 200 zu leisten. Diese Einlagen wirken sich positiv auf das Teilungsvermögen aus, wenn sie auf den Teilungsstichtag rückbezogen werden. Voraussetzung ist, dass die Einlagen bis zum Tag des Abschlusses des Teilungsvertrages tatsächlich geleistet sind.

Während A eine Bareinlage von 200 erbracht hat, überträgt B mangels verfügbarer liquider Mittel die von ihm bisher privat gehaltene 20-prozentige Beteiligung an einer GmbH (Bewertung gemäß § 6 Z 5 EStG 1988 mit den Anschaffungskosten von 200) auf die OG-AB. Die beiden Einlagen werden in der Teilungsbilanz als Aktivposten für Einlagen angesetzt, wobei die Sacheinlage des B als neutrales Aktivum zur Gänze dem Teilbetrieb 2 zugeordnet wird. Durch die Einlagen ergibt sich für A und B jeweils ein positives Teilungskapital von 100 bzw. liegt bei linearer Wirkung der Einlagen nunmehr ein Verkehrswert der OG-AB in Höhe von 350 (800 – 450) vor.

Teilungsbilanz OG-AB (HR=StR)						
	Buch-wert	Ver-kehrs-wert	stille Reserven		Buchwert	Anteil stille Reserven
TB 1	50	200	150	Teilungskapital A	100	75
Bareinlage A	200	200	–	Teilungskapital B	100	75
TB 2	200	200	–	FK 1	225	–

Sacheinlage B	200	200	–	FK 2	225	–
	650	800	150		650	150

Ausgleichsposten (Beteiligung zwar gleich, stille Reserven inklusive Firmenwert ungleich)			
A		B	
Stille Reserven TB 1	150	Stille Reserven TB 2	0
Anteil stille Reserven	– 75	Anteil stille Reserven	– 75
Ausgleichsposten	75	Ausgleichsposten	– 75

Bei A ab dem der Realteilung folgenden Wirtschaftsjahr gewinnmindernd abzusetzen: 5 (75 : 15).

Bei B ab dem der Realteilung folgenden Wirtschaftsjahr gewinnerhöhend aufzulösen: 5 (75 : 15).

Ausgleichszahlungen (Beteiligungen stimmen mit Verkehrswert des geteilten Vermögens überein)			
A		B	
Summe VKW 800 – 450 = 350 : 2 =	175	Summe VKW 800 – 450 = 350 : 2 =	175
Verkehrswert TB 1 400 – 225 =	– 175	Verkehrswert TB 2 400 – 225 =	– 175
Ausgleichszahlung	0	Ausgleichszahlung	0

Es kommt daher zu keinen Ausgleichszahlungen.

Nach Realteilung: EU-A					
	Buchwert	Verkehrswert	Stille Reserven		Buchwert
TB 1	250	400	150	EK	100
AP	75			FK	225
	325				325

Nach Realteilung: EU-B					
	Buchwert	Verkehrswert	Stille Reserven		Buchwert
TB 2	400	400	0	EK	100
				AP	75
				FK	225
	400				400

Hätte A mangels Zahlungsfähigkeit des B eine Einlage von 400 erbracht, die zur Hälfte dem Teilbetrieb 2 zugerechnet worden wäre, hätte sich damit ein Ausgleichszahlungstatbestand ergeben, der mangels Deckung in der Drittelgrenze zur Nichtanwendung des Art. V UmgrStG geführt hätte. *(BMF-AV Nr. 193/2015)*

5.3.5.3 Einlagen als verdeckter Spitzenausgleich

1609 Einlagen zum Zwecke der Herstellung einer den gesellschaftsvertraglichen Beteiligungsverhältnissen entsprechenden Teilungsmasse kurz vor dem Teilungsstichtag (Richtwert: 6 Monate) können als verdeckter Spitzenausgleich Ausgleichszahlungscharakter haben und fallen diesfalls unter die Drittelbegrenzung des § 29 Abs. 2 UmgrStG (siehe Rz 1531 und Rz 1624 f) *(BMF-AV Nr. 193/2015)*

1610 Ein verdeckter Spitzenausgleich im Wege rückwirkender Korrekturen ist auch denkbar, wenn der gleiche Effekt durch Einlagen nach dem Stichtag dadurch erreicht wird, dass sie auf die Teilungsmasse(n) des (der) Teilungspartner „durchgeschleust" werden. Siehe auch Rz 1611 ff und Rz 1617 f. Hinsichtlich

§ 29

der Unbedenklichkeit von sanierungsbedingten rückwirkenden Einlagen siehe Rz 1607. *(AÖF 2008/243)*

5.3.5.4 Barentnahmen nach dem Teilungsstichtag

1611   Das rückwirkende Verringern der Teilungsmasse kann nach § 29 Abs. 1 in Verbindung mit § 16 Abs. 5 Z 1 UmgrStG durch das Rückbeziehen tatsächlich bis zum Abschluss des Teilungsvertrages getätigter Barentnahmen, die in der Teilungsbilanz als Passivpost (technische Verbindlichkeit der Mitunternehmerschaft gegenüber den/die ausscheidenden Mitunternehmer) eingestellt und als Geldbestandsminderung des zu übertragenden Vermögens der Mitunternehmerschaft und als Buch- bzw. Verkehrswertminderung des Mitunternehmeranteils wirksam werden. Die Grenze für Barentnahmen ist unter der Annahme einer linearen Verminderung des Verkehrswertes der Erhalt des positiven Verkehrswertes des übertragenen Vermögens. Unter § 7 Abs. 3 KStG 1988 fallende Körperschaften können von § 16 Abs. 5 Z 1 UmgrStG sinngemäß Gebrauch machen (siehe Rz 900). *(BMF-AV Nr. 193/2015)*

1612   Reichen die vorhandenen liquiden Mittel und Bankguthaben nicht aus, können die Entnahmen auch kreditfinanziert werden. Da die Regelung des § 29 Z. 1 UmgrStG in Verbindung mit § 16 Abs. 5 Z 1 UmgrStG der rückwirkenden Gestaltung der Teilungsmasse dient, ist die kreditfinanzierte Entnahme der liquiden Mittel an sich im vollen Umfang als Bestand- und Wertminderung der Teilungsmasse anzuerkennen und – wie oben erwähnt – als technische Verbindlichkeit der Mitunternehmerschaft in der Teilungsbilanz auszuweisen. Dies ändert allerdings nichts daran, dass die Kreditfinanzierung nicht betrieblich, sondern umgründungs- und damit gesellschaftsrechtlich veranlasst ist. Die Aufwandszinsen sind somit in jenem Ausmaß, das über die auch nach einkommensteuerrechtlichen Grundsätzen als betrieblich anerkannte Fremdfinanzierung von tatsächlichen Entnahmen hinausgeht (siehe EStR 2000, Rz 1423), beim Rechtsnachfolger nicht als Betriebsausgaben anzuerkennen. Sollte ein vor dem Teilungsstichtag von der Personengesellschaft aufgenommener Bankkredit nur dazu dienen, gemäß § 29 Z 1 UmgrStG in Verbindung mit § 16 Abs. 5 Z 4 UmgrStG dem einen Teilungspartner die liquiden Mittel und dem anderen die Kreditverbindlichkeit zuzurechnen, wird dies als verdeckter Spitzenausgleich zu werten sein (siehe Rz 1609 f).

1613   Die zwischen dem Teilungsstichtag und dem Vertragsabschluss getätigten Entnahmen sind, soweit sie nicht durch tatsächliche Einlagen im gleichen Zeitraum wieder ausgeglichen werden, im Hinblick auf die ab dem Teilungsstichtag eintretende ertragsteuerliche Fremdbeziehung rückzubeziehen. Ein Verzicht auf die Rückbeziehung würde in dieser Höhe Ausgleichszahlungsfunktion annehmen und, soweit die Drittelgrenze überstiegen wird, rückwirkend auf den Teilungsstichtag zu einem vollständigen steuerwirksamen Aufdecken aller stiller Reserven einschließlich eines allfälligen Firmenwertes der Mitunternehmerschaft samt Sonderbetriebsvermögen führen (§ 24 Abs. 7 EStG 1988). Wird auf die Ausgleichsforderung zum Teil oder zur Gänze verzichtet, liegt ein Fall der Äquivalenzverletzung nach § 31 Abs. 1 Z 1 UmgrStG in Verbindung mit § 6 Abs. 2 UmgrStG vor (unentgeltliche Zuwendung, siehe Rz 305 ff), der die Geltung des Art. V UmgrStG grundsätzlich nicht berührt (siehe Rz 1629).

5.3.5.5 Sachentnahmen nach dem Teilungsstichtag

1614   Die Summe der rückzubeziehenden Bar- und Sachentnahmen unter Berücksichtigung von Einlagen und der Verschiebetechnik gemäß § 16 Abs. 5 Z 4 UmgrStG darf den positiven Verkehrswert nicht unterschreiten. Es ist daher in Höhe des auf dem Privatkonto erfassten Buchwertes der Sachentnahmen eine Passivpost für Entnahmen im Sinne des § 16 Abs. 5 Z 1 UmgrStG in die Teilungsbilanz einzustellen. Sollte zu viel entnommen worden sein, kann der Ausgleich bis zum Tag des Abschlusses des Teilungsvertrages im Wege von Bar- oder Sacheinlagen oder das Zurückbehalten von Verbindlichkeiten hergestellt werden. Ein bloßes Einlageversprechen genügt nicht.

5.3.5.6 Vorbehaltene Entnahmen nach dem Teilungsstichtag

Eine vorbehaltene Entnahme im Sinne des § 16 Abs. 5 Z 2 UmgrStG (siehe Rz 911 ff) kann mangels Geltung des Trennungsprinzips in der Beziehung zwischen Mitunternehmerschaft und dem Mitunternehmer in der Teilungsbilanz keine kapitalkontenmindernde Wirkung entfalten. Sie kann nur die steuerliche Eigenschaft eines variablen Kapitalkontos des betreffenden Gesellschafters und – ggf. im Gegensatz zum Zivilrecht – nicht Verbindlichkeitscharakter annehmen. *(AÖF 2008/243)*   1615

5.3.5.7 Zurückbehalten von Wirtschaftsgütern

Die rückwirkende Korrektur des Teilungsvermögens iSd § 16 Abs. 5 Z 3 UmgrStG im Wege des Zurückbehaltens von Wirtschaftsgütern des Betriebsvermögens kann im Anwendungsbereich des Art. V UmgrStG Folgendes bewirken: 1616

- Behält eine abteilende Mitunternehmerschaft ein dem abzuteilenden Vermögen iSd § 12 Abs. 2 UmgrStG zuzuordnendes Wirtschaftsgut zurück, liegt technisch ein Verschieben iSd § 16 Abs. 5 Z 4 UmgrStG vor (siehe Rz 1617 f).

- Werden bei einer aufteilenden Mitunternehmerschaft den auf die Nachfolgeunternehmer übergehenden Vermögen iSd § 12 Abs. 2 UmgrStG zuzuordnende Wirtschaftsgüter den jeweils anderen Vermögen (Betriebe, Teilbetriebe) zugeordnet, liegt ebenfalls ein Fall des Verschiebens iSd § 16 Abs. 5 Z 4 UmgrStG vor (siehe Rz 1617 f).

§ 29

- Werden Wirtschaftsgüter des gewillkürten Betriebsvermögens im Rahmen einer Realteilung in das Privatvermögen der Nachfolgeunternehmer entnommen, liegt eine auf den Teilungsstichtag rückzubeziehende Entnahme iSd § 6 Z 4 EStG 1988 vor, die im Rahmen der zum Teilungsstichtag durchzuführenden Gewinnfeststellung nach § 188 BAO zu berücksichtigen ist. Unmittelbar zusammenhängende Verbindlichkeiten teilen innerhalb der Siebenjahresfrist das Schicksal des entnommenen Wirtschaftsgutes. Für die Bewertung bei der Entnahme von Grund und Boden ist § 6 Z 4 zweiter Satz EStG 1988 anzuwenden. *(BMF-AV Nr. 193/2015)*

5.3.5.8 Verschieben von Wirtschaftsgütern

Eine für Auf- und Abteilungen geltende rückwirkende Korrektur im Sinne des nach § 29 Abs. 1 Z 1 UmgrStG anwendbaren § 16 Abs. 5 Z 4 UmgrStG im Wege des Verschiebens von objektiv dem einen oder anderen (Teil)Betrieb zurechenbaren Aktiva bzw. Passiva zum jeweils anderen kann der Erhöhung oder Verminderung des Buch- und Verkehrswertes der Teilungsmassen führen. Der Begriff der rückwirkenden Korrektur bezieht sich nicht auf die Zuordnung von neutralen Aktiva, da dies bereits in der Phase der Bestimmung des Betriebsvermögens der einzelnen Teilungsmassen erfolgt (siehe Rz 1575). Die Anwendung   1617 der Korrekturtechnik des Verschiebens kann insoweit die Eigenschaft eines verdeckten Spitzenausgleichs annehmen, als mit Aktiva unmittelbar verbundene Verbindlichkeiten im Rahmen des Verschiebens, ausschließlich zur Anpassung der Teilungsmassen, getrennt werden (siehe Rz 1575). Eine Trennung von mit Aktiva unmittelbar zusammenhängenden Verbindlichkeiten ist nur im Rahmen des § 16 Abs. 5 Z 4 UmgrStG zulässig (Siebenjahresfrist).

Hinsichtlich der Verschiebung von Grundstücken siehe Rz 1532. *(BMF-AV Nr. 193/2015)*

1618   Eine Unterart der Verschiebetechnik stellt das Aufdecken interner Leistungsbeziehungen zwischen zu trennenden Teilungsmassen dar, bei der die offene Verrechnungspost zum Teilungsstichtag in der Teilungsbilanz beim „Gläubiger(teil)betrieb" als technische Forderung und beim „Schuldner(teil)betrieb" als technische Verbindlichkeit eingestellt wird.

Beispiel:

Die den Gesellschafter A, B und C gehörende X-KG (Wirtschaftsjahr = Kalenderjahr) unterhält einen Erzeugungsbetrieb und ein Kleinkraftwerk, das zum Teil der Versorgung des Erzeugungsbetriebes dient, den überwiegenden Teil des erzeugten Stroms aber an das öffentliche Versorgungsnetz abgibt. A soll rückwirkend zum 31.12.01 als Gegenleistung für die Aufgabe seiner Beteiligung das Kleinkraftwerk erhalten.

Eine bisher dem E-Werk zugerechnete Beteiligung an einer Elektroinstallations-GmbH wird der verbleibenden KG zugeordnet und scheint daher in der Teilungsbilanz nicht mehr auf. In dieser wird eine Forderung auf die bis zum Teilungsstichtag erfolgte und noch nicht abgerechnete innerbetriebliche Stromlieferung an den Erzeugungsbetrieb ausgewiesen. *(BMF-AV Nr. 193/2015)*

Der Nachfolgeunternehmer

§ 30. (1) Für den Nachfolgeunternehmer gilt Folgendes:

1. Er hat das übertragene Vermögen mit jenen Werten anzusetzen, die sich bei der geteilten Personengesellschaft bei Anwendung des § 16 unter Beachtung des § 29 ergeben haben.

2. Soweit das Besteuerungsrecht der Republik Österreich hinsichtlich übernommener Vermögensteile entsteht, gilt Folgendes:

   – Sie sind mit dem höheren Teilwert anzusetzen.

   – Werden Vermögensteile übernommen, für die bei dem übernehmenden Nachfolgeunternehmer die Abgabenschuld nicht festgesetzt worden ist oder gemäß § 16 Abs. 1a nicht entstanden ist, sind beim übernehmenden Nachfolgeunternehmer die fortgeschriebenen Buchwerte oder die ursprünglichen Anschaffungskosten, höchstens aber die gemeinen Werte anzusetzen. Die spätere Veräußerung oder das sonstige Ausscheiden gilt nicht als rückwirkendes Ereignis im Sinn des § 295a der Bundesabgabenordnung. Weist der übernehmende Nachfolgeunternehmer nach, dass Wertsteigerungen im übrigen EU/EWR-Raum eingetreten sind, sind diese vom Veräußerungserlös abzuziehen.

3. Er ist im Rahmen einer Buchwertteilung für Zwecke der Gewinnermittlung so zu behandeln, als ob er Gesamtrechtsnachfolger wäre.

(2) § 14 Abs. 2 gilt für den Nachfolgeunternehmer mit Beginn des dem Teilungsstichtag folgenden Tages, soweit in § 16 Abs. 5 keine Ausnahmen vorgesehen sind.

(3) Für internationale Schachtelbeteiligungen im Sinne des § 10 Abs. 2 des Körperschaftsteuergesetzes 1988 gilt Folgendes:

1. Entsteht durch die Realteilung eine internationale Schachtelbeteiligung oder wird ihr Ausmaß erweitert, ist hinsichtlich der bisher nicht steuerbegünstigten Beteiligungsquoten auf den Unterschiedsbetrag zwischen den Buchwerten und den höheren Teilwerten § 10 Abs. 3 erster Satz des Körperschaftsteuergesetzes 1988 nicht anzuwenden.

2. Geht durch die Realteilung die Eigenschaft einer Beteiligung als internationale Schachtelbeteiligung unter, gilt, soweit für sie keine Option zugunsten der Steuerwirksamkeit erklärt worden ist, der höhere Teilwert zum Teilungsstichtag, abzüglich auf Grund einer Umgründung nach diesem Bundesgesetz von § 10 Abs. 3 erster Satz des Körperschaftsteuergesetzes 1988 ausgenommener Beträge, als Buchwert.

(4) Soweit im Fall der Veräußerung eines Grundstücks im Sinne des § 30 Abs. 1 des Einkommensteuergesetzes 1988 am Teilungsstichtag § 30 Abs. 4 des Einkommensteuergesetzes 1988 anwendbar wäre, kann dies bei der Bildung der Ausgleichsposten (§ 29 Abs. 1 Z 2a) einheitlich berücksichtigt werden. Bei späterer Veräußerung des Grundstücks ist wie folgt vorzugehen:

– Für Wertveränderungen bis zum Teilungsstichtag ist § 30 Abs. 4 des Einkommensteuergesetzes 1988 anzuwenden, soweit dies bei der Bildung der Ausgleichposten berücksichtigt wurde.

– Für Wertveränderungen nach dem Teilungsstichtag kann § 30 Abs. 4 des Einkommensteuergesetzes 1988 bei dem das Grundstück übernehmenden Nachfolgeunternehmer insoweit weiter angewendet werden, als ihm das Grundstück schon vor dem Teilungsstichtag zuzurechnen war; bei der Übertragung einer Mehrzahl von Grundstücken ist dabei eine verkehrswertmäßige Betrachtung anzuwenden. Darüber hinaus ist § 30 Abs. 4 des Einkommensteuergesetzes 1988 nicht anwendbar.

(BGBl I 2015/163)

Gliederung:

5.4. Nachfolgeunternehmer (§ 30 UmgrStG)

5.4.1. Rechtsnachfolge

5.4.1.1 Fiktive steuerrechtliche Gesamtrechtsnachfolge

1619   Der Nachfolgeunternehmer ist für Zwecke der Gewinnermittlung so zu behandeln, als ob er Gesamtrechtsnachfolger wäre (§ 30 Abs. 1 Z 1 UmgrStG). Diese Quasigesamtrechtsnachfolge bezieht sich nur auf das Ertragsteuerrecht und gilt nur im Falle der Buchwertteilung. *(BMF-AV Nr. 193/2015)*

1620   Für alle anderen Abgaben und das Abgabenverfahren bleibt es bei der Einzelrechtsnachfolge. Demnach können alle Bescheide und sonstige Verfahrensschritte, soweit sie die Zeit vor der Teilung betreffen, nur mit Wirkung gegen die realgeteilte Personengesellschaft bzw. deren ehemalige Gesellschafter, nicht jedoch gegen die Nachfolgeunternehmer als solche ergehen bzw gesetzt werden.

1621   Die Fiktion der steuerrechtlichen Gesamtrechtsnachfolge bewirkt den Eintritt des Nachfolgeunternehmers in die ertragsteuerrechtlichen Rechte und Pflichten der realgeteilten Personengesellschaft. Damit hat der Nachfolgeunternehmer bspw. die Abschreibungsgrundsätze fortzusetzen, steuerfrei gebildete Rücklagen fortzuführen und offene Verwendungsfristen hinsichtlich solcher Rücklagen zu beachten, offene Behaltefristen zu wahren, übergehende Schwebeverluste in Evidenz zu halten, den Abbau des Unterdeckungsbetrages bei Pensionsrückstellungen fortzuführen, für die Wertpapierdeckung für Pensionsrückstellungen Sorge zu tragen.

Der Nachfolgeunternehmer hat insbesondere die nachstehenden ertragsteuerrechtlichen Rechte bzw. Pflichten der realgeteilten Personengesellschaft fortzuführen bzw. zu beachten:

- Die personenbezogene Verrechnung von Schwebeverlusten gemäß § 2 Abs. 2a EStG 1988 (EStR 2000 Rz 156 ff)

- Fortführung von Zehntelabsetzungen gemäß § 4 Abs. 7 EStG 1988 (EStR 2000 Rz 1406)

- Fortführung der Abfertigungsrückstellung (EStR 2000 Rz 3351) unter Beachtung der Übergangsregelungen des § 124b Z 66 bis 68 EStG 1988 (EStR 2000 Rz 3337)

- Fortführung der AfA; da der Nachfolgeunternehmer in die Rechtsstellung des Rechtsvorgängers eintritt; es bestehen keine Bedenken, wenn im Jahr der Vermögensübertragung die Jahres-AfA aliquot bei der Gewinnermittlung des Rechtsvorgängers- und des Rechtsnachfolgers berücksichtigt wird (EStR 2000 Rz 3132)

- Fortführung der Fünfzehntelregelung bei Jubiläumsgeldrückstellungen (EStR 2000 Rz 3442).

- Beachtung der Nachversteuerung gemäß § 11a EStG 1988

- Fortführung einer Übertragungsrücklage nach § 12 EStG 1988

- Fortführung der Altvermögenseigenschaft von Kapitalvermögen und Grundstücken unter Beachtung von § 29 UmgrStG (Rz 1533a ff). *(BMF-AV Nr. 193/2015)*

1621a Die Einkünfte des Nachfolgeunternehmers sind so zu ermitteln, als ob der Vermögensübergang mit Beginn des dem Teilungsstichtag folgenden Tages erfolgt wäre (§ 30 Abs. 1 in Verbindung mit § 14 Abs. 2 UmgrStG). Auf Grund dieser Rückwirkungsfiktion sind alle Einkünfte bis zum Ablauf des Teilungsstichtages der teilenden Personengesellschaft zuzurechnen (Feststellung im Sinne des § 188 BAO). Alle Einkünfte, die nach diesem Stichtag erzielt werden, sind auch dann den Nachfolgeunternehmern zuzurechnen, wenn der Teilungsvertrag erst zu einem späteren Zeitpunkt abgeschlossen wird. *(BMF-AV Nr. 193/2015)*

1621b Begründet die Übernahme der Teilungsmasse für den Nachfolgeunternehmer die Gewinnermittlung gemäß § 5 Abs. 1 EStG 1988, kann das Wirtschaftsjahr frei gewählt werden. Ist die Teilungsmasse einem bestehenden Unternehmen des Rechtsnachfolgers zuzurechnen, ändert dies nichts am bestehenden Wirtschaftsjahr. *(BMF-AV Nr. 193/2015)*

1621c Die Übernahme eines die Voraussetzungen des § 27 Abs. 3 UmgrStG erfüllenden fiktiven Teilbetriebes begründet für den Nachfolgeunternehmer die Eigenschaft eines Betriebes im Sinne des § 2 Abs. 3 Z 1 bis 3 EStG 1988. *(AÖF 2008/243)*

5.4.1.2 Bewertung des übernommenen Vermögens

5.4.1.2.1 Allgemeines

1622 Unternehmensrechtlich hat der Nachfolgeunternehmer die Wahl, entweder die Buchwerte fortzuführen (§ 202 Abs. 2 UGB) oder das übertragene Vermögen mit dessen beizulegendem Wert anzusetzen (§ 202 Abs. 1 UGB).

Steuerrechtlich hingegen ist das übertragene Vermögen nach § 30 Abs. 1

§ 30

UmgrStG mit jenen Werten anzusetzen, die sich bei der geteilten Personengesellschaft bei Anwendung des § 16 UmgrStG unter Beachtung des § 29 UmgrStG ergeben. Die Nachfolgeunternehmer haben daher in ihren Eröffnungsbilanzen die jeweiligen Buchwerte der Teilungsbilanz weiterzuführen, und zwar

- im Falle der Buchwertteilung die aus dem Jahres- bzw. Zwischenabschluss abgeleiteten steuerlich maßgebenden Buchwerte
- im Falle der Aufwertung von Grund und Boden im Sinne des § 29 Abs. 1 Z 2a UmgrStG die gemäß § 6 Z 14 EStG 1988 maßgebenden Werte
- im Falle der Aufwertung von Auslandsvermögen im Sinne des § 16 Abs. 3 UmgrStG die sich aus der Darstellung des Teilwertes (Rz 1602) ergebenden Buchwerte
- im Falle der Zwangsaufwertung die sich aus der Darstellung der Teilwerte ergebenden Buchwerte. *(BMF-AV Nr. 193/2015)*

5.4.1.2.2 Import-Realteilung

1622a   Eine Import-Realteilung liegt vor, wenn bei der Realteilung einer ausländischen Personengesellschaft Vermögen auf einen im Inland ansässigen Nachfolgeunternehmer gegen Verzicht auf Gesellschafterrechte übergeht. Soweit das übertragene Vermögen im Ausland verbleibt, kommt es bei Beachtung des § 29 UmgrStG zur zwingenden Buchwertfortführung. Soweit das Besteuerungsrecht der Republik Österreich entsteht, kommt es unabhängig davon, welche Rechtsfolgen sich nach dem Abgabenrecht des Staates der übertragenden Gesellschaft ergeben, in Österreich nach § 30 Abs. 1 Z 2 erster Teilstrich UmgrStG zu einer steuerneutralen Neubewertung zum höheren Teilwert. Damit wird erreicht, dass im Ausland entstandene stille Reserven für den Fall einer späteren Realisierung im Inland von der Besteuerung ausgenommen werden. Der höhere Teilwert wird auch für wieder übernommenes Vermögen angesetzt, für das aufgrund der ertragsteuerlichen Vorschriften ein Antrag auf Ratenzahlung gestellt wurde (siehe Rz 160b).

Eine Neubewertung kommt nur insoweit nicht in Frage, als bereits vor der Realteilung mit dem Staat der übertragenden Personengesellschaft ein Besteuerungsrecht aufgrund eines DBA mit der Anrechnungsmethode oder mangels DBA bestanden hat und auch keine innerstaatlichen befreienden Maßnahmen getroffen wurden.

Beispiel:

An der deutschen A&B-KG sind die natürlichen Personen A (Deutschland) und B (Österreich) zu jeweils 50% beteiligt. Die KG hat einen Betrieb in Deutschland und eine Betriebsstätte (=Teilbetrieb) in Italien. Zum 31.12.01 wird die KG dergestalt aufgeteilt, dass A den TB in Deutschland und B die Betriebsstätte in Italien übernimmt. An den halben stillen Reserven der italienischen Betriebsstätte entsteht daher das Besteuerungsrecht der Republik Österreich neu und es kommt zur anteiligen Neubewertung der davon betroffenen Wirtschaftsgüter. *(BMF-AV Nr. 40/2017)*

1622b   Die Neubewertung zum höheren Teilwert nach § 30 Abs. 1 Z 2 erster Teilstrich UmgrStG hat nicht zu erfolgen, wenn Vermögen übernommen wird, für das die Steuerschuld aufgrund der ertragsteuerlichen Vorschriften ursprünglich nicht festgesetzt worden ist (Re-Import, siehe Rz 160c); in diesem Fall sind gemäß § 30 Abs. 1 Z 2 zweiter Teilstrich UmgrStG die Anschaffungskosten bzw. die (fortgeschriebenen) Buchwerte vor der Auslandsüberführung maßgebend, bei späterer Gewinnverwirklichung sind allerdings nachweislich im Ausland entstandenen stillen Reserven auszuscheiden. Bei nach dem 31.12.2015 erfolgenden Re-Importen kann höchstens der gemeine Wert angesetzt werden, sollte dieser zum Teilungsstichtag niedriger sein (Bewertungshöchstgrenze, siehe Rz 160c). *(BMF-AV Nr. 40/2017)*

5.4.1.2.3 Vorsorgemaßnahmen

Eine Teilung zu Buchwerten ist nach § 29 Abs. 1 UmgrStG nur zulässig, 1623 wenn für die weitere Gewinnermittlung (der Nachfolgeunternehmer) durch Ausgleichsposten Vorsorge getroffen wird, dass es bei den an der Teilung beteiligten Steuerpflichtigen zu keiner endgültigen Verschiebung der Steuerbelastung (der stillen Reserven) kommt. Entscheiden sich die Partner zur Bildung von Ausgleichsposten, sind alle Partner davon betroffen. Siehe weiters dazu Rz 1532 ff.

Ein aktiver Ausgleichsposten ist gleichmäßig auf 15 Jahre verteilt abzusetzen. Ein passiver Ausgleichsposten ist gleichmäßig auf 15 Jahre verteilt gewinnerhöhend aufzulösen. Im Falle der steuerwirksamen Beendigung der betrieblichen Tätigkeit durch Veräußerung oder Aufgabe des übernommenen Betriebes ist ein offener Betrag des aktiven Ausgleichspostens sofort zu Lasten des Veräußerungsgewinnes abzuschreiben, ein offener Posten des negativen Ausgleichspostens sofort zu Gunsten des Veräußerungsgewinnes aufzulösen. In den Fällen der Betriebsübertragung mit Buchwertfortführung (unentgeltliche Übertragung, Umgründung mit Buchwertfortführung) sind die Ausgleichsposten vom Erwerber zu übernehmen und weiterzuführen.

Sind in den Ausgleichsposten auch stille Reserven von Wirtschaftsgütern, die dem besonderen Steuersatz unterliegen, enthalten, erfolgt die Abschreibung/Auflösung entsprechend den Ausführungen in Rz 1532a und 1533. *(BMF-AV Nr. 193/2015)*

5.4.1.2.4 Ausgleichszahlungen

Entspricht das in der Teilungsmasse enthaltene Vermögen wertmäßig nicht 1624 dem Wert der bisherigen Beteiligung des Mitunternehmers an der teilenden Personengesellschaft, können Ausgleichszahlungen zwischen den am Teilungsvorgang beteiligten Steuerpflichtigen vereinbart werden, die nach § 29 Abs. 2 UmgrStG ein Drittel des Wertes des empfangenen Vermögens des Zahlungsempfängers nicht übersteigen dürfen. Siehe dazu und zum verdeckten Spitzenausgleich weiters Rz 1530 f, Rz 1609 f, Rz 1611 ff und Rz 1617 f.

Beispiel:

A und B sind zu je 50% an der AB-OG beteiligt, die den Teilbetrieb I und den Teilbetrieb II führt. Der Teilbetrieb I hat einen Buchwert von 4 Mio. und einen (Teil-) Wert von 5 Mio. Der Teilbetrieb II hat einen Buchwert von 2,1 Mio. und einen (Teil-) Wert von 3 Mio. Es wird folgende Teilungsbilanz erstellt:

AB-OG			
Teilbetrieb I	4.000.000	Kapital A	3.050.000
Teilbetrieb II	2.100.000	Kapital B	3.050.000

A übernimmt den Teilbetrieb I, B den Teilbetrieb II. A und B hatten vor der Teilung Anteile im Wert von jeweils 4 Mio. Zum Ausgleich der Wertverhältnisse leistet daher A an B eine Ausgleichszahlung von 1 Mio. Überdies tritt eine Verschiebung in den stillen Reserven ein, die auf A und B vor der Teilung zu jeweils 950.000 entfielen. Nach der Teilung entfallen auf A 1 Mio. und auf B 900.000. Eine Buchwertfortführung ist zulässig, wenn A und B zur Vermeidung dieser Verschiebung Ausgleichsposten einstellen. Die Eröffnungsbilanzen der Einzelunternehmen haben dann folgenden Inhalt:

Einzelunternehmen A			
Teilbetrieb I	4.000.000	Kapital A	3.050.000
Ausgleichsposten	50.000	Ausgleichsverbindlichkeit	1.000.000

Einzelunternehmen B			
Teilbetrieb II	2.100.000	Kapital B	3.050.000
Ausgleichsforderung	1.000.000	Ausgleichsposten	50.000

Für A stellt die Ausgleichszahlung als solche keine Betriebsausgabe und für B keine Betriebseinnahme dar. Werden die Nachfolgeunternehmen unmittelbar nach der Teilung veräußert, würde A unter Anrechnung der Ausgleichsverbindlichkeit 4 Mio. (bar) erlösen, B in Hinblick auf den zusätzlichen Wert seiner Ausgleichsforderung ebenfalls 4 Mio. erhalten. Bei beiden Nachfolgeunternehmern ergäbe sich wie vor der Realteilung eine Realisierung stiller Reserven von jeweils 950.000.

Die Ausgleichszahlung ist zum (Teil-)Wert des von B empfangenen Vermögens, also zum (Teil-)Wert des Teilbetriebs II in Relation zu setzen. Da sie nicht mehr als ein Drittel von 3 Mio. beträgt, liegt eine Realteilung im Sinne des Art. V UmgrStG vor.

Zulässige Ausgleichszahlungen lassen die Buchwertfortführung unberührt. Sie führen weder zu erfolgswirksamen Betriebseinnahmen noch zu Betriebsausgaben. *(AÖF 2008/243)*

1625   Werden zum Teilungsstichtag die variablen Kapitalkonten der Mitunternehmer den Beteiligungsverhältnissen (fixen Kapitalkonten) buchmäßig angepasst (Kapitalkontenclearing), liegen dann keine Ausgleichszahlungen vor, wenn dies auch ausdrücklich im Teilungsvertrag festgehalten wird (siehe auch Rz 1531). *(BMF-AV Nr. 193/2015)*

5.4.2. Rechts- und Geschäftsbeziehungen zur übertragenden Mitunternehmerschaft

1626   Zum Aufdecken von Innenbeziehungen siehe Rz 1618.

Ergebnisse aus Veränderungen des Betriebsvermögens infolge der Vereinigung von Aktiven und Passiven wegen des Zusammenfallens von Gläubiger- und Schuldnerstellung sind in dem auf den Teilungsstichtag folgenden Wirtschaftsjahr steuerlich zu erfassen (Confusio).

Beispiel:

An der rechnungslegungspflichtigen GmbH & Co KG sind die operativ tätige GmbH mit 50% und der Kommanditist B privat mit 50% beteiligt. Die GmbH steht in laufender Geschäftsbeziehung mit der KG, beide Gesellschafter haben jeweils ein in ihrem Alleineigentum befindliches Grundstück an die KG vermietet und damit Sonderbetriebsvermögen begründet. Die KG wird dahingehend aufgeteilt, dass die GmbH den Betrieb 1 und der Kommanditist B den Betrieb 2 gegen Aufgabe ihrer Beteiligungen übernehmen. Die GmbH hat gegen den Betrieb 1 der KG eine Forderung (Anschaffungskosten 100, teilwertberichtigt auf 40), der Betrieb 1 der KG hat eine Verbindlichkeit von 100 gegen die GmbH.

*   Die GmbH „tauscht" die untergehende Beteiligung steuerneutral (bei entsprechender Vorsorge) gegen den übernommenen Betrieb 1. Infolge Vereinigung der Forderung und Verbindlichkeit entsteht bei der GmbH ein steuerpflichtiger Buchgewinn von 60 (keine Rücklagenbildung). Das vermietete im Sonderbetriebsvermögen stehende Grundstück kehrt steuerneutral in das Betriebsvermögen der GmbH zurück (KStR 2013 Rz 406).

*   Bei B entsteht durch die Aufgabe der Beteiligung ein Einzelunternehmen. Dabei ist zu prüfen, ob B den Gewinn weiterhin nach § 5 Abs. 1 EStG 1988 zu ermitteln hat oder nach § 5 Abs. 2 EStG 1988 ermittelt oder mangels Rechnungslegungs-

pflicht mit Beginn des dem Teilungsstichtag folgenden Tages die Gewinnermittlungsart wechselt.

- Wird das vermietete Grundstück im übernommenen Betrieb genutzt, geht es zu Buchwerten auf das Einzelunternehmen über.
- Wird das vermietete Grundstück einem Dritten, zB der GmbH zur Nutzung überlassen, kann es im Rahmen der Gewinnermittlung nach § 5 Abs. 1 EStG 1988 als gewillkürtes Betriebsvermögen behandelt werden, beim Wechsel der Gewinnermittlungsart sind die stillen Reserven des Gebäudes infolge des Überganges in das Privatvermögen als normal steuerpflichtiger Entnahmetatbestand zu erfassen.

Auf Leistungsbeziehungen zwischen der Mitunternehmerschaft und den nach der Abteilung im verminderten Ausmaß verbliebenen Mitunternehmern ist weiterhin die Zurechnungsvorschrift gemäß § 21 Abs. 2 Z 2, § 22 Z 3 und § 23 Z 2 EStG 1988 anzuwenden (EStR 2000 Rz 5860 ff), sofern nicht fremdübliche Leistungsbeziehungen des (abgeteilten) Betriebes der Rechtsnachfolger zur Mitunternehmerschaft vorliegen (EStR 2000 Rz 5862).

Ist der Nachfolgeunternehmer im Falle einer Abteilung nicht mehr Mitunternehmer der verbleibenden Mitunternehmerschaft, sind auf die nach dem Teilungsstichtag erfolgenden Leistungsbeziehungen zu dieser die allgemeinen Regeln anzuwenden (EStR 2000 Rz 5879). *(BMF-AV Nr. 193/2015)*

5.4.3. Internationale Schachtelbeteiligung

5.4.3.1 Entstehen bzw. Erweiterung einer internationalen Schachtelbeteiligung

Entsteht durch die realteilungsbedingte Vermögensübernahme – zu Buchwerten – bei einer übernehmenden Körperschaft im Sinne des § 7 Abs. 3 KStG 1988 eine internationale Schachtelbeteiligung im Sinne des § 10 Abs. 2 KStG 1988, ist nach § 30 Abs. 3 UmgrStG hinsichtlich der bisher nicht steuerbegünstigten Beteiligungsquote der Unterschiedsbetrag zwischen den Buchwerten und den höheren Teilwerten als Ausnahme von der Steuerneutralität des § 10 Abs. 3 KStG 1988 zu werten. Da die Übernahme der Beteiligung im Rahmen der Realteilung keinen Anschaffungstatbestand darstellt, tritt die Steuerneutralität zwingend ein, eine Option zu Gunsten der Steuerwirksamkeit im Sinne des § 10 Abs. 3 KStG 1988 ist nicht möglich. Die Jahresfrist im Sinne des § 10 Abs. 2 KStG 1988 (vgl. KStR 2001 Rz 561 ff) beginnt in diesem Fall ab dem dem Teilungsstichtag folgenden Tag zu laufen. 1627

Beispiel:

Vor Realteilung:

An einer inländischen OG sind seit Jahren die natürliche Person A mit 75% und die B-GmbH mit 25% beteiligt. Die OG hält seit Jahren eine 30%-ige Beteiligung an der ausländischen, einer inländischen Kapitalgesellschaft vergleichbaren C-AG. A ist quotenmäßig zu 22,5% an der C-AG beteiligt. Die B-GmbH ist quotenmäßig zu 7,5% und damit nicht an der C-AG schachtelbeteiligt. Die OG soll in der Weise aufgeteilt werden, dass A den Teilbetrieb 1 und 20% der 30-prozentigen Beteiligung an der C-AG und die B-GmbH den Teilbetrieb 2 und 10% der 30-prozentigen Beteiligung an der C-AG erhält.

Nach Realteilung:

A hält nunmehr unmittelbar 20% der Aktien an der C-AG unverändert als steuerhängige Beteiligung.

Die B-GmbH hält nunmehr unmittelbar 10% der Aktien an der C-AG. Bei ihr entsteht dadurch eine internationale Schachtelbeteiligung. *(AÖF 2008/243)*

1627a   Eine Erweiterung einer internationalen Schachtelbeteiligung ist realteilungsbedingt möglich:

- Die an der Mitunternehmerschaft beteiligte Körperschaft ist quotenmäßig
10% oder mehr an einer ausländischen Körperschaft beteiligt und wird realteilungsbedingt durch Übernahme der Beteiligung unmittelbar in einem höheren Ausmaß beteiligt. Da die Anschaffung der Beteiligung durch die Personengesellschaft erfolgte, konnte die Körperschaft nicht zugunsten der
Steuerpflicht optieren, die Übernahme der erweiterten Beteiligung bleibt
eine steuerneutrale, für die die Jahresfrist mit dem dem Teilungsstichtag folgenden Tag zu laufen beginnt.

Beispiel:
An der B-OG sind die A-GmbH zu 50% und die natürlichen Personen F und G zu je
25% beteiligt. Die OG hält seit Jahren eine 25-prozentige Beteiligung an der ausländischen C-GmbH. Da die A-GmbH quotal mit 12,5% an der C-GmbH beteiligt ist,
liegt eine steuerneutrale internationale Schachtelbeteiligung vor. Anlässlich der Abteilung zum 31.12.01 im Wege des Verzichts der A-GmbH auf ihr Gesellschafterrecht
gegen Übernahme eines Teilbetriebes übernimmt die A-GmbH im Wege der Nutzung
der Verschiebetechnik des § 16 Abs. 5 Z 4 UmgrStG die gesamte C-Beteiligung. Damit erweitert sich die internationale Schachtelbeteiligung von 12,5% auf 25%. Die
Steuerneutralität setzt ein, ausgenommen die am Teilungsstichtag bestehende stille
Reserve für den zuerworbenen Teil.

- Die an der Mitunternehmerschaft beteiligte Körperschaft ist schon vor der
Realteilung durch die Zusammenrechnung von einer unmittelbar die 10%-
Grenze nicht erreichenden und quotal über die Personengesellschaft gehaltenen Beteiligung im Besitz einer steuerneutralen internationalen Schachtelbeteiligung und übernimmt realteilungsbedingt einen weiteren Teil.

Beispiel:
Die D-GmbH ist an der ausländische Z-AG mit 5% beteiligt. Über die 25%-Beteili-
gung an der C-KG, die an der Z-AG mit 30% beteiligt ist, ergibt sich für die D-GmbH
eine 12,5-prozentige Beteiligung an der Z-AG und damit eine internationale Schachtelbeteiligung. Anlässlich der Aufteilung zum 31.12.01 übernimmt die D-GmbH einen Betrieb und im Wege der Nutzung der Verschiebetechnik des § 16 Abs. 5 Z 4
UmgrStG die gesamten Z-Aktien. Damit erweitert sich die internationale Schachtelbeteiligung von 12,5% auf 35%. Auch die Erweiterung der Beteiligung ist steuerneutral, soweit nicht bisher steuerhängige Teile übernommen werden. *(BMF-AV Nr.
193/2015)*

5.4.3.2 Untergang einer internationalen Schachtelbeteiligung

1627b   Da eine internationale Schachtelbeteiligung mittelbar über eine Personengesellschaft bestehen kann, ist auch der Untergang einer solchen realteilungsver-
anlasst möglich. Dies ist dann denkbar, wenn eine Körperschaft als Mitunternehmer mittelbar oder zusammen mit einer unmittelbar gehaltenen Beteiligung
an der ausländischen Körperschaft eine unter § 10 Abs. 2 KStG 1988 fallende
internationale Schachtelbeteiligung besitzt und durch die Zuordnung der in der
Mitunternehmerschaft gehaltenen Beteiligung an andere Mitunternehmer die
Beteiligung auf ein Ausmaß von weniger als 10% herabsinkt. Siehe dazu
Rz 1463. *(AÖF 2008/243)*

Sonstige Rechtsfolgen der Realteilung

§ 31. (1) Es sind anzuwenden:

1. § 6 Abs. 2 hinsichtlich einer im Zuge der Teilung auftretenden Verschiebung im Verhältnis der zuzurechnenden Werte mit der Maßgabe, dass der Unterschiedsbetrag mit Beginn des dem Teilungsstichtag folgenden Tages als unentgeltlich zugewendet gilt.

2. § 22 Abs. 3 hinsichtlich der Umsatzsteuer

(2) Realteilungen nach § 27 sind von den Kapitalverkehrsteuern und von den Gebühren nach § 33 TP 21 des Gebührengesetzes 1957 befreit, wenn das zu teilende Vermögen am Tag des Abschlusses des Teilungsvertrages länger als zwei Jahre als Vermögen der zu teilenden Personengesellschaft besteht.

(3) Werden auf Grund einer Realteilung nach § 27 Erwerbsvorgänge nach § 1 des Grunderwerbsteuergesetzes 1987 verwirklicht, so ist die Grunderwerbsteuer gemäß § 4 in Verbindung mit § 7 des Grunderwerbsteuergesetzes 1987 zu berechnen, sofern diese Grundstücke nicht innerhalb der letzten drei Jahre Gegenstand eines nach diesem Bundesgesetz begünstigten Erwerbsvorganges waren.

(BGBl I 2015/118)

Gliederung:

5.5. Sonstige Rechtsfolgen der Realteilung (§ 31 UmgrStG)

5.5.1. Arbeitsverhältnisse

Sofern der Nachfolgeunternehmer Dienstnehmer arbeitsrechtlich über- 1628
nimmt, tritt bezüglich der Lohnabgaben „Gesamtrechtsnachfolge" ein (§ 41

UmgrStG). Der Übergang der Abfuhrverpflichtungen von der übertragenden Personengesellschaft auf den Nachfolgeunternehmer erfolgt nicht rückwirkend, sondern im Falle der Firmenbuchzuständigkeit de jure im Zeitpunkt der Eintragung bzw. sonst mit dem Tag der Meldung bei dem für den Nachfolgeunternehmer zuständigen FA. Es bestehen allerdings keine Bedenken, wenn der Übergang der lohnsteuerlichen Verhältnisse mit dem der Anmeldung zur Eintragung im Firmenbuch bzw. soweit keine Eintragung im Firmenbuch vorgesehen ist, mit dem der Meldung beim zuständigen FA folgenden Lohnzahlungszeitraum vorgenommen wird. *(AÖF 2008/243)*

5.5.2. Äquivalenzverletzung (§ 31 Abs. 1 Z 1 UmgrStG)

1629   Entsprechen die Beteiligungsverhältnisse vor der Realteilung nicht den Wertverhältnissen des von den Nachfolgeunternehmern übernommenen Vermögens, gilt der Unterschiedsbetrag, wenn der Wertausgleich nicht auf andere Weise erfolgt, nach dem auf § 6 Abs. 2 UmgrStG verweisenden § 31 Abs. 1 Z 1 UmgrStG als unentgeltlich zugewendet. Die Ausführungen zu § 6 Abs. 2 UmgrStG gelten sinngemäß (siehe Rz 305 ff) mit der Maßgabe, dass infolge der Rückwirkungsfiktion auch die Äquivalenzverletzung rückwirkend erfolgt. Der für Art. V UmgrStG in Betracht kommende Wertausgleich ist in der Regel die Ausgleichszahlung (siehe Rz 1528 ff und Rz 1624 f).

Eine Äquivalenzverletzung gefährdet nicht die Buchwertfortführung, wenn Vorsorge getroffen wird, dass es hinsichtlich der nicht unentgeltlich übertragenen Quoten zu keiner endgültigen Verschiebung der stillen Reserven kommt. *(AÖF 2004/116)*

5.5.3. Umsatzsteuer

1630   Nach § 31 Abs. 1 Z 2 UmgrStG ist in Bezug auf die umsatzsteuerrechtliche Behandlung von Realteilungen § 22 Abs. 3 UmgrStG anzuwenden.

Demnach gelten Vermögensübertragungen auf Grund von Realteilungen nicht als steuerbare Umsätze im Sinne des UStG 1994. Das bedeutet, dass auf Grund der Realteilung weder ein steuerbarer Umsatz bewirkt, noch die Verpflichtung zur Vornahme von Vorsteuerberichtigungen nach § 12 Abs. 10 bzw. 11 UStG 1994 ausgelöst werden (vgl. VwGH 5.7.1994, 94/14/0021).

Die Nachfolgeunternehmer treten für den Bereich der Umsatzsteuer unmittelbar in die Rechtsstellung der realgeteilten Personengesellschaft ein.

Beispiel:

Die inländische AB-OG führt zwei Teilbetriebe. Die OG wird zum 31.12.03 in der Weise aufgeteilt, dass der Gesellschafter A den Teilbetrieb A und der Gesellschafter B den Teilbetrieb B gegen Aufgabe ihrer Beteiligungen übernehmen.

Die Realteilung fällt unter das UmgrStG. Die AB-OG überträgt unter anderem ein bebautes Grundstück (Lagerhalle), das unter Inanspruchnahme des Vorsteuerabzuges am 1.7.2012 erworben und zur Ausführung steuerpflichtiger Umsätze verwendet wurde, an A.

A veräußert das (von ihm nach der Realteilung weiterhin für die Ausführung steuerpflichtiger Umsätze verwendete) Grundstück am 1.5.2015 ohne Inanspruchnahme der Optionsmöglichkeit des § 6 Abs. 2 UStG 1994.

Auf Grund des unmittelbaren Eintritts des A in die umsatzsteuerliche Rechtsstellung der AB-OG muss A eine Vorsteuerberichtigung gemäß § 12 Abs. 10 UStG 1994 im Ausmaß von 17/20 des beim Erwerb des Grundstücks durch die AB-OG geltend gemachten Vorsteuerabzugs vornehmen. *(BMF-AV Nr. 40/2017)*

Das UmgrStG sieht keine umsatzsteuerliche Rückwirkung vor. Der Über- 1631
gang der umsatzsteuerlichen Zurechnung kann mit dem der Anmeldung zur Eintragung im Firmenbuch bzw. – soweit unternehmensrechtlich keine Eintragung
im Firmenbuch vorgesehen ist – mit dem der Meldung beim zuständigen FA folgenden Monatsersten angenommen werden, sofern der zuständigen Abgabenbehörde kein anderer Stichtag des tatsächlichen Wechsels der Unternehmereigenschaft dargetan wird. Ab diesem Zeitpunkt sind die Umsätze bzw. Vor-
steuerbeträge (für den übertragenen Bereich) dem Nachfolgeunternehmer
zuzurechnen.

Die Umsatzsteuer für Dienstleistungen, die die übertragende Gesellschaft
für die Durchführung der Übertragung in Anspruch nimmt (zB Beratungsleis-
stungen), ist insoweit als Vorsteuer abzugsfähig, als für die Umsätze der übertragenden Körperschaft das Recht auf Vorsteuerabzug besteht (EuGH 22.2.2001,
Rs C-408/98, Abbey National plc).

Beispiel:

Die (inländische) AB-GesBR überträgt ihren Teilbetrieb A (Realitätenvermittlung
-50% des Umsatzes) ihrem Gesellschafter A und ihren Teilbetrieb B (Versicherungs-
vertretung -50% des Umsatzes) ihrem Gesellschafter B.

Bei der AB-GesBR fallen im Zusammenhang mit der Realteilung (nicht einem Bereich direkt zurechenbare) Vorsteuern von 2.000 Euro an.

Die AB-GesBR kann Vorsteuern in Höhe von 1.000 Euro abziehen (Aufteilung nach
dem Umsatzverhältnis). *(AÖF 2008/243)*

5.5.4. Gebühren

Für Realteilungen bis 31.12.2016 gilt Folgendes: 1632

§ 31 Abs. 2 UmgrStG sieht für Realteilungen eine Befreiung von den Gebühren gemäß § 33 TP 21 GebG (Zessionen) vor. Diese Befreiung ist nur anwendbar, wenn die Personengesellschaft das zu teilende Vermögen unmittelbar
oder als zivilrechtlicher Gesamtrechtsnachfolger unter Einbeziehung des Vor-
besitzers am Tage des Abschlusses des Teilungsvertrages länger als zwei Jahre
besessen hat.

Gemäß § 33 TP 21 Abs. 2 Z 6 GebG unterliegen Übertragungen der mit der
Stellung eines Gesellschafters verbundenen Rechte und Pflichten nicht der Zes-
sionsgebühr.

Im Übrigen gelten die Ausführungen zur Einbringung und zum Zusammenschluss sinngemäß (Rz 1223 ff und Rz 1480). *(BMF-AV Nr. 40/2017)*

5.5.5. Kapitalverkehrsteuern

Für Umgründungsvorgänge, die noch Gesellschaftsteuerpflicht auslösen 1633
können (zum Auslaufen der Gesellschaftsteuer siehe Rz 323), sind die folgenden Ausführungen zu beachten:

Die in § 31 Abs. 2 UmgrStG normierte Befreiungsbestimmung ist nur anwendbar, wenn das zu teilende Vermögen am Tag des Abschlusses des Teilungsvertrages länger als zwei Jahre als Vermögen der zu teilenden Personengesellschaft besteht.

Die Befreiung von der Gesellschaftsteuer ist nur von Bedeutung, wenn der
Nachfolgeunternehmer eine Kapitalgesellschaft oder eine GmbH & Co KG ist.

Die Steuerbefreiung kommt auch hinsichtlich des Übergangs bereits bestehender stiller Beteiligungen in Betracht, wenn diese im Rahmen einer Vermö-

gens-, Betriebs- oder Teilbetriebsübertragung mitübertragen werden. *(BMF-AV Nr. 40/2017)*

5.5.6. Grunderwerbsteuer

1634 § 31 Abs. 3 UmgrStG sieht für Erwerbsvorgänge nach § 1 GrEStG 1987 vor, dass die Grunderwerbsteuer gemäß § 4 iVm § 7 GrEStG 1987, somit ausschließlich nach den Vorschriften des GrEStG 1987 zu berechnen ist, wenn diese Erwerbsvorgänge auf Grund einer Realteilung nach § 27 UmgrStG verwirklicht werden.

Die Grunderwerbsteuer ist daher bei nicht land- und forstwirtschaftlichen Grundstücken in Höhe von 0,5% vom Grundstückswert (§ 4 Abs. 1 iVm § 7 Abs. 1 Z 2 lit. c GrEStG 1987), bei land- und forstwirtschaftlichen Grundstücken in Höhe von 3,5% vom einfachen Einheitswert (§ 4 Abs. 2 Z 4 iVm § 7 Abs. 1 Z 3 GrEStG 1987) zu berechnen; dies gilt unabhängig davon, ob eine Gegenleistung vorliegt oder nicht.

Die mit dem StRefG 2015/2016 angepasste Bestimmung des UmgrStG ist erstmals auf Realteilungen mit einem Stichtag nach dem 31.12.2015 anzuwenden. Für alle Realteilungen mit einem früheren Stichtag, unabhängig davon, ob die Grundstücke zivilrechtlich erst im Jahr 2016 erworben werden, gilt nach wie vor die Rechtslage des UmgrStG idF vor dem StRefG 2015/2016. Für diese Fälle ist als Bemessungsgrundlage der zweifache Einheitswert heranzuziehen, der Steuersatz beträgt 3,5%.

Waren die aufgrund der Realteilung erworbenen Grundstücke bereits innerhalb der letzten drei Jahre Gegenstand eines nach dem UmgrStG begünstigten Erwerbsvorganges, wird die Grunderwerbsteuer nicht gemäß § 4 Abs. 1 zweiter Satz iVm § 7 Abs. 1 Z 2 lit. c GrEStG 1987 berechnet (mit 0,5% der Grundstückswerte), sondern nach den allgemeinen Bestimmungen über die Bemessungsgrundlage und den Tarif. Die Grundstücke waren Gegenstand eines begünstigten Erwerbsvorganges, wenn

- bei Umgründungen mit einem Stichtag vor dem 1.1.2016 der zweifache Einheitswert als Bemessungsgrundlage (§ 6 Abs. 6, § 11 Abs. 5, § 22 Abs. 5, § 26 Abs. 4, § 31 Abs. 3 oder § 38 Abs. 6 UmgrStG idF vor dem StRefG 2015/2016),

- bei Umgründungen mit einem Stichtag nach dem 31.12.2015 bei nicht land- und forstwirtschaftlichen Grundstücken der Grundstückswert als Bemessungsgrundlage gemäß § 4 Abs. 1 zweiter Satz GrEStG 1987 und der Steuersatz von 0,5% gemäß § 7 Abs. 1 Z 2 lit. c GrEStG 1987,

- bei land- und forstwirtschaftlichen Grundstücken der Einheitswert als Bemessungsgrundlage (§ 4 Abs. 2 Z 4 GrEStG 1987) und der Steuersatz von 3,5% (§ 7 Abs. 1 Z 3 GrEStG 1987)

herangezogen wurde.

Als Bemessungsgrundlage ist in diesen Fällen bei nicht land- und forstwirtschaftlichen Grundstücken der Wert der Gegenleistung, mindestens aber der Grundstückswert der erworbenen Grundstücke, bei land- und forstwirtschaftlichen Grundstücken der gemeine Wert heranzuziehen. Welcher Steuersatz anzuwenden ist, hängt davon ab, ob der Erwerbsvorgang als unentgeltlich, teilentgeltlich oder entgeltlich einzustufen ist: Für die unentgeltlichen Teile kommt der Stufentarif gemäß § 7 Abs. 1 Z 2 lit. a GrEStG 1987 zur Anwendung, während für die entgeltlichen Teile der Steuersatz gemäß § 7 Abs. 1 Z 3 GrEStG 1987 3,5% beträgt.

Die Grunderwerbsteuer knüpft als eine Verkehrsteuer an die äußere zivilrechtliche (gesellschaftsrechtliche) durch die Umgründungsvorgänge bewirkte Gestaltung an.

Werden daher in einer gemeinsamen Urkunde zuerst eine Realteilung und dann ein Zusammenschluss vereinbart und gehört zum übertragenem Vermögen ein Grundstück im Sinne des § 2 GrEStG 1987, sind diese Rechtsvorgänge (auch bei Erstellung eines Umgründungsplans gemäß § 39 UmgrStG) jeweils gesondert der Grunderwerbsteuer zu unterwerfen.

Die Bestimmung des § 1 Abs. 4 GrEStG 1987 kann keine Anwendung finden, weil sie voraussetzt, dass die einzelnen Erwerbsvorgänge zwischen den gleichen Vertragspartnern stattfinden (siehe VwGH 27.5.1999, 98/16/0304).

Wird anlässlich der Realteilung nach Art. V UmgrStG ein Grundstück der übertragenden Personengesellschaft geteilt, ist hiefür die Befreiungsbestimmung des § 3 Abs. 2 GrEStG 1987 anwendbar.

Im Übrigen wird auf die Ausführungen zur Verschmelzung und zur Einbringung (Rz 330 ff und Rz 1238 ff) verwiesen. *(BMF-AV Nr. 40/2017)*

5.6. Realteilung und Unternehmensgruppen

5.6.1 Realteilungen innerhalb der Unternehmensgruppe

Die Realteilung einer nur aus Gruppenangehörigen bestehenden Personengesellschaft ändert an der bestehenden Unternehmensgruppe nur insoweit etwas, als bei einer Aufteilung die über die Personengesellschaft bestehenden finanziellen Verbindungen zu unmittelbaren werden und bei einer Abteilung entweder beim Nachfolgeunternehmer eine unmittelbare finanzielle Verbindung entsteht oder die mittelbare in der Personengesellschaft verbleibt. Firmenwertabschreibungen können realteilungsbedingt nicht begründet werden. 1635

Beispiele:

1. An der AB-OG sind das Gruppenmitglied A zu 30% und das Gruppenmitglied B zu 70% beteiligt. Anlässlich der Aufteilung der beiden Betriebe wird die 75%-Beteiligung an der Beteiligungskörperschaft C quotal den beiden Partnern zugerechnet. Nach der Aufteilung hat A eine 22,5-prozentige und B eine 52,5-prozentige Beteiligung an C. Die ausreichende finanzielle Verbindung besteht nunmehr zu B, eine Unterbrechung der Gruppenzugehörigkeit ist nicht gegeben.

2. Handelt es sich im Beispiel 1 um eine 70%-Beteiligung an C, sind nach der Aufteilung A mit 21% und B mit 49% an C beteiligt. Die unverändert gegebene finanzielle Verbindung kann in diesem Fall nach § 9 Abs. 4 dritter Teilstrich KStG 1988 gegeben sein.

3. An der EFG-KG sind der Gruppenträger E mit 20% und die Gruppenmitglieder F mit 65% und G mit 15% beteiligt. Die KG hält eine 80%-Beteiligung an der Beteiligungskörperschaft K. Anlässlich der Abteilung im Wege des Verzichtes des Gruppenträgers auf sein Gesellschafterrecht gegen Übernahme eines Teilbetriebes wird diesem auch die gesamte Beteiligung an K mittels der Verschiebetechnik gemäß § 16 Abs. 5 Z 4 UmgrStG zugeordnet. Nach der Realteilung ist das Einkommen nicht mehr F, sondern dem Gruppenträger E zuzurechnen. *(BMF-AV Nr. 193/ 2015)*

5.6.2 Realteilungen bei Vorliegen von Gruppenfremden

Die Realteilung einer Personengesellschaft, an der neben Gruppenmitglie- 1635a dern auch inländische Gruppenfremde beteiligt sind, ändert an der bestehenden Unternehmensgruppe nur dann etwas, wenn die mittelbar bestehende finanzielle Verbindung teilungsbedingt verloren geht.

Beispiel:

1. An der OP-KG sind das Gruppenmitglied O zu 55%, das Gruppenmitglied P zu 15% und der gruppenfremde R zu 30% beteiligt. Die KG ist an der Beteiligungskörperschaft T zu 75% beteiligt, die finanzielle Verbindung durch die beiden Gruppenmitglieder in Summe ist durch einen Syndikatsvertrag zwischen O und P gegeben. R scheidet aus der KG aus und wird mit einem Teilbetrieb abgefunden.
   - Verbleibt die Beteiligung zur Gänze in der Personengesellschaft, sind O nunmehr mit 58,92% an T (78,57% von 75%) und P mit 16,07% an T (21,43% von 75%) beteiligt, sodass die Gruppenzugehörigkeit von T weiterhin gegeben ist.
   - Erhält R von der 75%-Beteiligung eine seiner Beteiligung an der KG entsprechende Quote von 22,5%, ist die finanzielle Verbindung ab dem dem Teilungsstichtag folgenden Tag weiterhin auf Grund des Syndikatsvertrages gegeben.

2. Die U-GmbH als Gruppenmitglied und die V-GmbH als gruppenfremde Körperschaft sind an der UV-OG zu 60% bzw. 40% beteiligt. Anlässlich der Aufteilung erhält V einen der beiden Betriebe. Da die V-GmbH unbedingt die Beteiligungsmehrheit an der 90%-Beteiligung an der Z-GmbH haben will, bekommt V 75%-Punkte und U 15%-Punkte der Beteiligung. U war bis zur Realteilung mittelbar mit 54% an Z beteiligt und hatte sie in die Unternehmensgruppe aufgenommen. Mit dem dem Teilungsstichtag folgenden Tag erlischt die finanzielle Verbindung. U könnte am Einkommen von Z nur dann partizipieren, wenn V mit Z eine Unternehmensgruppe bildet und U als Minderbeteiligten einer Gruppenträger-Beteiligungsgemeinschaft annimmt. *(AÖF 2008/243)*

5.6.3 Grenzüberschreitende Realteilungen

5.6.3.1 Export-Realteilungen

1635b   Sind an der inländischen Personengesellschaft auch ausländische Gruppenmitglieder oder gruppenfremde Personen beteiligt, stellt sich wie bei Inlandsteilungen die Frage des Fortbestehens der finanziellen Verbindung.

Beispiel:

An der KL-KG sind das Gruppenmitglied K zu 55% und das ausländische Gruppenmitglied L zu 45% beteiligt. Die KG ist zu 80% an der inländischen J-GmbH beteiligt. Anlässlich der Aufteilung übernimmt K den inländischen und L den ausländischen Betrieb.
   - Wird die J-Beteiligung quotal aufgeteilt, sind K mit 44% und L mit 36% beteiligt. Die Gruppenzugehörigkeit von J bleibt bestehen, wenn eine übergeordnete beteiligte Körperschaft mittelbar beteiligt ist.
   - Wird die J-Beteiligung zur Gänze K zugeordnet, bleibt die Gruppenzugehörigkeit bestehen.
   - Wird die J-Beteiligung zur Gänze L zugeordnet, erlischt die finanzielle Verbindung zu J, da die maßgebliche Beteiligung von L die zweite Ebene betrifft (nur ein Auslandsmitglied, das unmittelbar mit inländischen Gruppenmitgliedern verbunden ist, kann Mitglied sein).

Soweit inländische Vermögensteile teilungsbedingt in das Ausland übertragen werden und das Besteuerungsrecht der Republik Österreich eingeschränkt wird, kommt es zur sofortigen und unter Umständen zur aufgeschobenen Besteuerung der stillen Reserven (siehe Rz 1603). *(AÖF 2008/243)*

5.6.3.2 Import-Realteilungen

1635c   Sind an der ausländischen Personengesellschaft auch inländische Gruppen-

mitglieder oder gruppenfremde Personen beteiligt, stellt sich wie bei Inlandsteilungen die Frage des Fortbestehens der finanziellen Verbindung.

Beispiel:

An der ausländischen XY-Personengesellschaft sind das inländische Gruppenmitglied X zu 65% und das ausländische Gruppenmitglied Y zu 35% beteiligt. Die XY
unterhält einen inländischen und einen ausländischen Betrieb und ist zu 60% an der
ausländischen R-GmbH und zu 75% an der inländischen S-GmbH beteiligt. Da der
Gruppenträger Alleingesellschafter von X und Y ist, sind R und S über die Beteiligungen beider Mitunternehmer Gruppenmitglieder, da X und Y alleine nur minder-
beteiligt sind. Bis zur Realteilung ist X der im ausländischen Betrieb anfallende Verlust zu 65% als Verlust im Sinne des § 2 Abs. 8 EStG 1988 zuzurechnen. Zusätzlich
ist X zu 65% der Gewinn oder Verlust des inländischen Betriebes zuzurechnen.

Die XY wird aufgeteilt:

* Erhält X den inländischen Betrieb und die R-Beteiligung, scheidet S aus der Unternehmensgruppe im Hinblick auf das Entstehen einer zweiten Auslandsebene
  aus.
* Erhält X den inländischen Betrieb und die S-Beteiligung, scheidet R aus der Unternehmensgruppe aus.
* Werden die beiden Beteiligungen quotal aufgeteilt, bleiben R und S in der Unternehmensgruppe. *(BMF-AV Nr. 193/2015)*

5.7. Realteilung und atypisch stille Beteiligung

Die Realteilung einer atypisch (unechten) stillen Gesellschaft (vgl. EStR   1636
2000 Rz 5815) kann unter den Anwendungsbereich des Art. V UmgrStG fallen.

Beispiel 1:

Am Unternehmen der AB-OG ist C als atypisch stiller Gesellschafter beteiligt. Die
atypisch stille Gesellschaft führt die Teilbetriebe 1 und 2. Die atypisch stille Gesellschaft soll in der Weise aufgeteilt werden, dass die AB-OG den Teilbetrieb 1 und der
atypisch stille Gesellschafter den Teilbetrieb 2 erhält.

Die Aufteilung fällt – bei Zutreffen der sonstigen Voraussetzungen – unter Art. V
UmgrStG.

Beispiel 2:

Die dem A und dem B gehörende AB-OG ist an der CD-OG als atypisch stiller Gesellschafter beteiligt. Die AB-OG soll in der Form aufgeteilt werden, dass A den von
der OG geführten Betrieb und B die von der OG gehaltene atypisch stille Beteiligung
an der CD-OG erhalten soll.

Die Aufteilung fällt – bei Zutreffen der sonstigen Voraussetzungen – ebenfalls unter
Art. V UmgrStG. *(AÖF 2008/243)*

5.8. Realteilung und begünstigte Besteuerung für nicht entnom-
mene Gewinne

Bei Umgründungen nach dem UmgrStG unter Buchwertfortführung werden   1637
grundsätzlich die Verhältnisse des Rechtsvorgängers auf den Rechtsnachfolger
übertragen.

Bei Personengesellschaften, die als Mitunternehmerschaften anzusehen
sind, können jeweils nur die Gesellschafter die bis 2004 geltende Verzinsung des
Eigenkapitals gem § 11 Abs. 2 EStG 1988 als Betriebsausgabe abziehen. Sie haben daher das bis zur Realteilung für ihren Mitunternehmeranteil geführte Ei-
genkapitalevidenzkonto fortzuführen. Durch die Realteilung ändert sich auch
das Eigenkapital betraglich nicht, da das Eigenkapital im weggefallenen Mit-

§ 31

unternehmeranteil nur durch einen (Teil-)Betrieb oder einen anderen Mitunternehmeranteil ersetzt wird. *(BMF-AV Nr. 193/2015)*

1637a   Rückwirkende Entnahmen und Einlagen gemäß dem nach § 29 Abs 1 Z 1 UmgrStG maßgebenden § 16 Abs. 5 UmgrStG gelten als am Teilungsstichtag getätigt und wirken sich bei der Einkommensermittlung des ausscheidenden Mitunternehmers im Teilungsjahr auf § 11a EStG 1988 aus.

• Tatsächliche Entnahmen (§ 16 Abs. 5 Z 1 UmgrStG) und in den zu übertragenden Teilbetrieb aus dem verbleibenden verschobene Vermögensteile (§ 16 Abs. 5 Z 4 UmgrStG) können daher zu einer eigenkapitalabfallbedingten (letzten) Nachversteuerung führen.

• Rückwirkende Einlagen (§ 16 Abs. 5 Z 1 UmgrStG) und in den verbleibenden aus dem zu übertragenden Teilbetrieb verschobene Vermögensteile (§ 16 Abs. 5 Z 4 UmgrStG) bewirken einen Anstieg des Eigenkapitals zum Teilungsstichtag.

Soweit sie getätigt werden, um einen positiven Verkehrswert darstellen zu können, sind als betriebsnotwendig anzusehen. Soweit Entnahmen und Einlagen nach dem Teilungsstichtag nicht rückbezogen werden, sind sie in dem dem Teilungsstichtag folgenden Jahr zu berücksichtigen. Eine gebildete Passivpost für vorbehaltene Entnahmen hat im Bereich des Art. V UmgrStG keine Wirkung, sie verändert das Teilungskapital nicht und führt erst bei Tilgung zu einer Entnahme. Sonderbetriebsvermögen wird bei vollständigem Ausscheiden aus der Mitunternehmerschaft zu Betriebsvermögen des Nachfolgeunternehmers und führt nicht zu einer Entnahme oder Einlage. *(AÖF 2008/243)*

1637b   Rückwirkende Entnahmen und Einlagen gemäß dem nach § 29 Abs. 1 Z 1 UmgrStG maßgebenden § 16 Abs. 5 UmgrStG gelten als am Teilungsstichtag getätigt und wirken sich bei der Einkommensermittlung des ausscheidenden Mitunternehmers im Teilungsjahr auf § 11a EStG 1988 aus.

• Tatsächliche Entnahmen (§ 16 Abs. 5 Z 1 UmgrStG) und in den zu übertragenden Teilbetrieb aus dem verbleibenden verschobene Vermögensteile (§ 16 Abs. 5 Z 4 UmgrStG) können daher zu einer eigenkapitalabfallbedingten (letzten) Nachversteuerung führen.

• Rückwirkende Einlagen (§ 16 Abs. 5 Z 1 UmgrStG) und in den verbleibenden aus dem zu übertragenden Teilbetrieb verschobene Vermögensteile (§ 16 Abs. 5 Z 4 UmgrStG) bewirken einen Anstieg des Eigenkapitals zum Teilungsstichtag. Soweit sie getätigt werden, um einen positiven Verkehrswert darstellen zu können, sind als betriebsnotwendig anzusehen.

Soweit Entnahmen und Einlagen nach dem Teilungsstichtag nicht rückbezogen werden, sind sie in dem dem Teilungsstichtag folgenden Jahr zu berücksichtigen. Eine gebildete Passivpost für vorbehaltene Entnahmen hat im Bereich des Art. V UmgrStG keine Wirkung, sie verändert das Teilungskapital nicht und führt erst bei Tilgung zu einer Entnahme. Sonderbetriebsvermögen wird bei vollständigem Ausscheiden aus der Mitunternehmerschaft zu Betriebsvermögen des Nachfolgeunternehmers und führt nicht zu einer Entnahme oder Einlage. *(BMF-AV Nr. 193/2015)*

5.9. Auswirkung abgabenbehördlicher Feststellungen auf Realteilungen

1638   Die Feststellungen im Rahmen abgabenbehördlicher Überprüfungen einer vollzogenen Realteilung können zu nachträglichen Änderungen des Buchwertes und damit unter Umständen auch des Verkehrswertes des übertragenden Vermögens führen.

Die Änderungen können auf bilanzsteuerrechtliche Berichtigungen aus der Zeit bis zum Teilungsstichtag zurückzuführen sein und beeinflussen daher den der Realteilung zu Grunde gelegten Jahres- bzw. Zwischenabschluss, die darauf aufbauende Teilungsbilanz und wirken sich auf die steuerlichen Verhältnisse beim Rechtsnachfolger aus. Die Änderungen können auch auf fehlerhafte Maßnahmen im Zuge der Realteilung zurückzuführen sein.

Im Rahmen von Außenprüfungen werden die Auswirkungen dieser Feststellungen in der auf den Teilungsstichtag projizierten Prüferbilanz festgehalten. Führen die Feststellungen der Außenprüfung zu einer Erhöhung oder Verminderung des Betriebsvermögens, können nachstehende Positionen der Teilungsbilanz folgende Änderung erfahren: 1639

- Erhöhung bzw. Verminderung der (jeweiligen) Kapitalkonten
- Korrektur der Ausgleichszahlung (siehe Rz 1624 ff)
- Korrektur der Ausgleichsposten (siehe Rz 1623)

Auf Grund der Wertänderungen kann sich die Frage nach dem Vorliegen eines positiven Verkehrswertes oder des Vorliegens eines teilungsfähigen Vermögens (vor allem Teilbetrieb) ergeben. Im Hinblick auf die Tatsache einer rechtlich abgeschlossenen Umgründung ist eine nachträgliche Sanierung durch Gesellschaftermaßnahmen von außen bzw. durch Änderung der seinerzeit vorgenommenen rückwirkenden Korrekturen nicht möglich.

Zur Wirkung von Steuerklauseln siehe Rz 1516, die auch die Korrektur von Ausgleichszahlungen und Ausgleichsposten einschließt.

Formelle Anwendungsfehler bei einer Realteilung werden dahingehend zu würdigen sein, ob ein erkennbares Bemühen um eine richtige Durchführung der Realteilung vorliegt.

Geänderte Bescheide über die Feststellungen für Zeiträume bis zum Teilungsstichtag sind der abteilenden Personengesellschaft und den damals beteiligten Gesellschaftern oder den damals beteiligten Gesellschaftern der aufgeteilten Personengesellschaft zuzustellen. *(BMF-AV Nr. 193/2015)*

§ 31

5.10. Rechtsfolgen einer nicht unter Art. V UmgrStG fallenden Realteilung

5.10.1 Rückwirkende Ermittlung eines Veräußerungsgewinnes

Fällt die gesellschaftsvertragliche Übertragung von (Teil-)Betrieben oder Mitunternehmeranteilen nicht unter Art. V UmgrStG, weil 1640

- hinsichtlich des übertragenen Vermögens die Eigenschaft eines begünstigten Vermögens im Sinne des § 27 Abs. 2 UmgrStG nicht vorliegt (Rz 1545)
- ein negativer Verkehrswert des übertragenen Vermögens am Teilungsstichtag bzw. jedenfalls am Tag des Abschlusses des Teilungsvertrages besteht (siehe Rz 1546 ff)
- Ausgleichszahlungen mehr als ein Drittel des Wertes des empfangenen Vermögens betragen (siehe Rz 1530)
- eine Fristverletzung ohne Sanierung vorliegt (siehe Rz 1541 ff)
- das zu teilende Vermögen den Mitunternehmern zum geplanten Teilungsstichtag noch nicht zuzurechnen ist (Rz 1544)

- ein fiktiver Teilbetrieb nicht vorliegt (siehe Rz 1553, Rz 1560, Rz 1561)
- eine missbräuchliche Umgründung im Sinne des § 44 UmgrStG anzunehmen ist (siehe Rz 1907 ff),

ist ein Veräußerungsgewinn im Sinne des § 24 EStG 1988 zu ermitteln. Dieser Gewinn ist rückwirkend zum gewählten Teilungsstichtag zu ermitteln (§ 24 Abs. 7 EStG 1988), wenn die Realteilung bei der jeweils zuständigen Behörde (Firmenbuchgericht oder FA) innerhalb der Neunmonatsfrist (an-)gemeldet wurde; andernfalls ist der Tag des Abschlusses des Teilungsvertrages maßgebend.

In gleicher Weise wie bei nicht unter Art. IV UmgrStG fallenden Zusammenschlüssen (siehe Rz 1353) bestehen keine Bedenken, von einer Gewinnverwirklichung abzusehen, wenn Vorsorgemaßnahmen nicht zu treffen sind und damit ein Übergang von allfälligen Reserven auf andere Personen nicht stattfindet. *(BMF-AV Nr. 193/2015)*

1641   Eine Vermögensübertragung, die nicht unter Art. V UmgrStG fällt, ist nach allgemeinen ertragsteuerlichen Grundsätzen zu beurteilen. Dabei liegt eine steuerwirksame Veräußerung oder Aufgabe des Mitunternehmeranteils dann vor, wenn ein Mitunternehmer mit Gesellschaftsvermögen abgeschichtet wird oder wenn die Mitunternehmerschaft auf Grund der Vermögensübertragung liquidiert wird. Der Veräußerungsgewinn ist nach allgemeinen ertragsteuerlichen Grundsätzen zu ermitteln:

- Erfolgt die Aufgabe des Mitunternehmeranteils gegen Bargeld, stellt dieses den Veräußerungserlös dar.

- Erfolgt die Veräußerung des Mitunternehmeranteils gegen Sachvermögen aus der Mitunternehmerschaft, ist bei der Ermittlung des Veräußerungsgewinnes in zwei Schritten vorzugehen (siehe EStR 2000 Rz 5964a): Im ersten Schritt erfolgt die Veräußerung des gesamten Mitunternehmeranteils. Veräußerungserlös ist dabei der gemeine Wert des Abfindungsvermögens. Im Rahmen der Betriebsveräußerung liegt hinsichtlich des im Gesellschaftsvermögen befindlichen Sachwertes (steuerlich) eine (anteilige) Veräußerung vor, die zu einer Aufdeckung allfälliger stiller Reserven führt (siehe dazu EStR 2000 Rz 5975). In einem zweiten Schritt überträgt die Gesellschaft (steuerlich die Gesellschafter) das Abfindungsvermögen als Leistung an Zahlungs statt an den ausscheidenden Gesellschafter und tilgt damit die gegenüber diesem bestehende Verbindlichkeit. Eine Leistung an Zahlungs statt stellt einen Veräußerungsvorgang dar (siehe auch EStR 2000 Rz 6156). Veräußerungserlös ist die getilgte Verbindlichkeit.

Beispiel 1:

A, B und C sind zu je einem Drittel an der ABC-OG beteiligt. In dieser Mitunternehmerschaft befinden sich seit der Gründung der OG durch A, B und C im Jahr 01 drei Teilbetriebe (Teilbetrieb 1 BW: 90, gemeiner Wert: 300; Teilbetrieb 2 BW: 180, gemeiner Wert: 420; Teilbetrieb 3 BW: 180, gemeiner Wert: 540).

A scheidet aus der OG aus und wird mit Teilbetrieb 2 von B und C abgeschichtet. Das Abschichtungsguthaben des A beträgt 420. Die Gesellschafter kommen überein, dass A das Abschichtungsguthaben durch Überlassung des Teilbetriebes 2 „ausbezahlt" werden soll. Art. V UmgrStG kommt wegen einer Fristverletzung ohne Sanierung nicht zur Anwendung.

Die Kapitalkonten von A, B und C betragen jeweils 150; in der Differenz zum Abschichtungsbetrag in Höhe von 420 liegt bei A ein Gewinn aus einer Mitunternehmeranteilsveräußerung vor (270). Der Veräußerungserlös des A entfällt dabei im Verhältnis 10:14:18 auf Teilbetrieb 1, Teilbetrieb 2 und Teilbetrieb 3. Somit ergibt sich bei A

- für Teilbetrieb 1 ein Veräußerungsgewinn von 70 (100 – 30),
- für Teilbetrieb 2 ein Veräußerungsgewinn von 80 (140 – 60) und
- für Teilbetrieb 3 ein Veräußerungserlös von 120 (180 – 60).

In weiterer Folge wird der Anspruch des A auf Auszahlung des Abschichtungsguthabens durch die Übertragung des Teilbetriebes 2 entrichtet. Damit kommt es bei B und C zu einer Veräußerung dieses Teilbetriebes an A durch Überlassung an Zahlungs statt. Hinsichtlich des von B und C erworbenen Drittels am Teilbetrieb 2 decken sich Anschaffungskosten und Veräußerungserlös, weshalb der Veräußerungsgewinn für B und C hinsichtlich dieses Drittels bei 0 liegt.

Hinsichtlich der bisher B und C zuzurechnenden Drittelanteile am Teilbetrieb 2 werden durch die Überlassung an Zahlungs statt die stillen Reserven in Höhe von jeweils 80 aufgedeckt. Im Ergebnis kommt es somit zur vollständigen Aufdeckung und steuerlichen Erfassung der in Teilbetrieb 2 befindlichen stillen Reserven in Höhe von 240.

Dies gilt auch, wenn die Mitunternehmerschaft untergeht, weil der vorletzte Mitunternehmer mit Vermögen aus der Gesellschaft abgeschichtet wird, und der Betrieb der Mitunternehmerschaft vom letzten „verbleibenden" Mitunternehmer als Einzelunternehmen weitergeführt wird.

Beispiel 2:

A und B sind je zur Hälfte an der AB-OG beteiligt. In dieser Mitunternehmerschaft befinden sich seit der Gründung der OG durch A und B im Jahr 01 ein Betrieb und ein Grundstück.

A scheidet aus der OG aus und wird mit dem Grundstück von B abgeschichtet; es kommt zur Anwachsung gemäß § 142 UGB und B führt den Betrieb der Mitunternehmerschaft nun als Einzelunternehmen fort.

Zunächst liegt bei A eine Veräußerung seines Mitunternehmeranteils vor. In einem zweiten Schritt wird A das Grundstück von B an Zahlungs statt übertragen, wodurch bei B eine Veräußerung des Grundstücks stattfindet (und nun auch die auf B entfallenden stillen Reserven im Grundstück aufgedeckt werden).

Bei B kommt es zu keiner (weiteren) Veräußerungsbesteuerung im Hinblick auf seinen MU-Anteil.

Die Nachfolgeunternehmer können die Begünstigungen gemäß § 12 EStG 1988 nicht beanspruchen.

Die übrigen Wirkungen des UmgrStG betreffend Arbeitsverhältnisse, Umsatzsteuer, Gebühren und Verkehrsteuern sind im Falle verunglückter Realteilungen nicht anwendbar (vgl. EStR 2000 Rz 5719). *(BMF-AV Nr. 193/2015)*

5.10.2 Sachabfindung

Soweit Ansprüche eines Mitunternehmers in Geld oder anderen, nicht die **1642** Eigenschaft von (Teil-)Betrieben oder Mitunternehmeranteilen besitzenden Vermögensteilen befriedigt werden (Sachabfindung, EStR 2000 Rz 5975), und damit eine Anwendungsvoraussetzung des § 27 UmgrStG nicht erfüllt ist, kommt eine rückwirkende Veräußerungsgewinnermittlung nicht in Betracht. In solchen Fällen ist der Tag des Abschlusses des Teilungsvertrages maßgebend. Auch sind die übrigen Wirkungen des UmgrStG betreffend Arbeitsverhältnisse, Umsatzsteuer, Gebühren und Verkehrsteuern nicht anwendbar. *(BMF-AV Nr. 193/2015)*

5.10.3 Vorsorgeverletzung

Kommt es zur Ermittlung eines Veräußerungsgewinnes, weil die nach § 29 **1643** Abs. 1 Z 2 und 2a UmgrStG erforderliche Vorsorge gegen eine endgültige Verschiebung der Steuerbelastung nicht durch Ausgleichsposten vermieden wird (siehe Rz 1532 ff), ist Art. V UmgrStG weiterhin anzuwenden und bleibt bei rechtzeitiger (An)Meldung die Rückwirkung erhalten. Damit sind auch die übrigen Wirkungen des UmgrStG betreffend Arbeitsverhältnisse, Umsatzsteuer, Gebühren und Verkehrsteuern anzuwenden. *(BMF-AV Nr. 193/2015)*

Artikel VI
Spaltung

Anwendungsbereich

§ 32. (1) Spaltungen im Sinne dieses Bundesgesetzes sind

1. Auf- und Abspaltungen zur Neugründung oder zur Aufnahme auf Grund des Bundesgesetzes über die Spaltung von Kapitalgesellschaften, BGBl. Nr. 304/1996, und

2. Spaltungen ausländischer Körperschaften im Ausland auf Grund vergleichbarer Vorschriften,

wenn nur Vermögen im Sinne der Abs. 2 und/oder 3 auf die neuen oder übernehmenden Körperschaften tatsächlich übertragen wird und soweit das Besteuerungsrecht der Republik Österreich hinsichtlich der stillen Reserven einschließlich eines allfälligen Firmenwertes beim Rechtsnachfolger nicht eingeschränkt wird.

(2) Zum Vermögen zählen Betriebe, Teilbetriebe, Mitunternehmeranteile und Kapitalanteile im Sinne des § 12 Abs. 2.

(3) Abweichend von Abs. 2 gilt Folgendes:

1. Liegen bei einem Forstbetrieb keine Teilbetriebe im Sinne des § 12 Abs. 2 Z 1 vor, gilt als Teilbetrieb die Übertragung von Flächen, für die ein gesetzlicher Realteilungsanspruch besteht und die von der neuen oder übernehmenden Körperschaft für sich als Forstbetrieb geführt werden können.

2. Liegen bei einem Betrieb, dessen wesentliche Grundlage der Klienten- oder Kundenstock ist, keine Teilbetriebe im Sinne des § 12 Abs. 2 Z 1 vor, gilt bei einer nicht verhältniswahrenden Auf- oder Abspaltung als Teilbetrieb die Übertragung jenes Teiles des Klienten- oder Kundenstocks, der in der spaltenden Körperschaft bereits vor der Spaltung von einem Anteilsinhaber dauerhaft betreut worden ist und in der neuen oder übernehmenden Körperschaft für sich als Betrieb geführt werden kann.

(4) Auf Spaltungen im Sinne des Abs. 1 sind die §§ 33 bis 38 anzuwenden.

(BGBl I 2003/71)

Gliederung:

6. Spaltungen nach dem Spaltungsgesetz (Art. VI UmgrStG)
6.1. Begriffsbestimmung (§ 32 UmgrStG)
6.1.1. Allgemeines

1644   Im Gegensatz zur Verschmelzung, die grundsätzlich das Zusammenführen von Unternehmen mit Gesamtrechtsnachfolge darstellt, ist die Spaltung eine Form der steuerneutralen Unternehmensteilung mit partieller Gesamtrechtsnachfolge unter grundsätzlicher Gewährung von Anteilen an der/den neuen oder übernehmenden Körperschaft/en als Gegenleistung für die übertragenen Vermögensteile, wobei das Vermögen der spaltenden Gesellschaft endgültig vermindert wird, und grundsätzlich die Gesellschafter der spaltenden Körperschaft Anteile an der neuen oder übernehmenden Körperschaft erhalten. Die Spaltung ist das Gegenstück zur Realteilung auf Ebene der Körperschaften. Da das Spaltungsgesetz (SpaltG) erst nach dem Ergehen des UmgrStG erlassen wurde und der ursprüngliche Spaltungstatbestand des Art. VI UmgrStG über den Anwendungsbereich des SpaltG hinausgeht, enthält Art. VI UmgrStG zwei Spaltungstypen:

- Spaltungen nach dem SpaltG (siehe Rz 1645) auf Grund des Spaltungsgesetzes (SpaltG), BGBl. Nr. 304/1996, bzw. Spaltungen auf Grund vergleichbarer ausländischer Vorschriften in Verbindung mit § 32 ff UmgrStG (siehe dazu Rz 1646).

- Steuerspaltungen gemäß § 38a bis 38 f UmgrStG (siehe dazu Rz 1811 ff).

Beide Spaltungstypen kennen die Unterarten der Auf- und Abspaltung, je nachdem, ob die spaltende Körperschaft anlässlich der Spaltung untergeht oder bestehen bleibt.

Die Einschränkung der Teilungsmasse auf Vermögen im Sinne des § 12 Abs. 2 UmgrStG und die grundsätzliche Steuerneutralität der Neugestaltung der Anteilsverhältnisse hat für beide Spaltungsformen Geltung.

Bei der Spaltung nach dem SpaltG wie auch bei Steuerspaltungen ist davon auszugehen, dass die spaltende Körperschaft über das gemäß § 32 Abs. 1 UmgrStG bzw. § 38a UmgrStG begünstigt zu spaltende Vermögen im Sinne des § 12 Abs. 2 UmgrStG (Betrieb, Teilbetrieb, Mitunternehmeranteil, Kapitalanteil) nicht nur am Spaltungsbeschlusstag, sondern auch am Spaltungsstichtag verfügen können muss. Das bedeutet, dass das begünstigt zu spaltende Vermögen der spaltenden Körperschaft auch schon am Spaltungsstichtag zuzurechnen war. *(BMF-AV Nr. 175/2014)*

6.1.2. System und Anwendungsbereich

1645   In den Anwendungsbereich der Spaltungen im Sinne der §§ 32 ff UmgrStG fallen Spaltungen

- von Kapitalgesellschaften auf Grund des SpaltG gemäß § 32 Abs. 1 Z 1 UmgrStG bzw.

- von ausländischen Kapitalgesellschaften auf Grund vergleichbarer Vorschriften gemäß § 32 Abs. 1 Z 2 UmgrStG.

Grenzüberschreitende Spaltungen sind nicht ausdrücklich vom Wortlaut des § 32 UmgrStG erfasst, bei unternehmensrechtlicher Zulässigkeit sind die §§ 32 ff UmgrStG jedoch anzuwenden. *(BMF-AV Nr. 40/2017)*

6.1.3. Inländische Spaltungen nach dem SpaltG

Das für Spaltungen gemäß § 32 Abs. 1 Z 1 UmgrStG maßgebliche Spal- **1646** tungsgesetz, das die EG-Spaltungsrichtlinie umsetzt (6. Spaltungs-RL vom 17.12.1982, RL 82/891/EWG in der aktuellen Fassung der Änderungsrichtlinie 2014/59/EU, ABl. Nr. L 173 vom 12.06.2014 S. 190), bildet die Grundlage der inländischen Spaltungen. Das SpaltG regelt ausschließlich die Spaltung von inländischen Kapitalgesellschaften, dh. übertragende und neue oder übernehmende Kapitalgesellschaften können nur AG und GmbH sein. Mit der Zitierung des SpaltG in § 32 Abs. 1 Z 1 UmgrStG ist die grundsätzliche Maßgeblichkeit der Spaltungsformen für Art. VI UmgrStG verbunden. Die Eintragung der Spaltung im Firmenbuch ist bindend. Siehe dazu weiters Rz 1654a bis Rz 1654c.

Rechtsformübergreifende Spaltungen sind möglich, dh. Vermögen im Sinne des § 12 Abs. 2 UmgrStG kann von einer AG auf eine GmbH und umgekehrt gespalten werden. *(BMF-AV Nr. 175/2014)*

6.1.3.1 Aufspaltungen – Abspaltungen

6.1.3.1.1 Allgemeines

Beide Spaltungsformen sehen Gesamtrechtsnachfolge vor. Diese Gesamt- **1647** rechtsnachfolge ist eine partielle, dh. sie ist beschränkt auf die übertragenen Vermögensteile, umfasst allerdings auch verfahrensrechtliche Positionen, und zwar unabhängig davon, ob der Rechtsvorgänger nach dem Rechtsübergang weiter existent bleibt (VwGH 1.9.1999, 98/16/0121; VwGH 4.6.2008, 2005/13/0135).

Spaltungsgesetzlich sind Zahl, Eigenschaft und Nationalität der Gesellschafter der spaltenden Gesellschaft unbeachtlich, ebenso, ob inländisches oder ausländisches Vermögen gespalten wird und ob es sich um betriebsführende (operative) oder vermögensverwaltende Gesellschaften handelt.

Für die Beurteilung der Frage, ob und wieweit es bei einer Spaltung im Sinne des SpaltG zu einer Anteilsgewährung kommt oder nicht, sind die Vorschriften des SpaltG maßgebend. *(BMF-AV Nr. 175/2014)*

6.1.3.1.2 Aufspaltungen

§ 1 Abs. 2 Z 1 SpaltG definiert die Aufspaltung als Übertragung aller Ver- **1648** mögensteile der spaltenden Kapitalgesellschaft auf andere neugegründete oder bereits bestehende Kapitalgesellschaften mit Gesamtrechtsnachfolge unter Beendigung ohne Liquidation der spaltenden Kapitalgesellschaft. Bei der Aufspaltung muss das Vermögen daher auf zumindest zwei Rechtsnachfolger übergehen. Gesellschaftsrechtlich erlischt die spaltende Kapitalgesellschaft im Zeitpunkt der Eintragung der Spaltung in das Firmenbuch ohne formelle Abwicklung, gleichzeitig erfolgt der Vermögensübergang, und die Gesellschafter der spaltenden Kapitalgesellschaft werden oder sind bereits Gesellschafter der übernehmenden Kapitalgesellschaften.

6.1.3.1.3 Abspaltungen

§ 1 Abs. 2 Z 2 SpaltG definiert die Abspaltung als Übertragung eines oder **1649** mehrerer Vermögensteile auf eine oder mehrere neugegründete oder bereits bestehende Kapitalgesellschaften mit Gesamtrechtsnachfolge unter Fortführung der spaltenden Kapitalgesellschaft. Bei dieser Spaltungsform genügt es, wenn das Vermögen auf einen Rechtsnachfolger übertragen wird. Die spaltende Kapitalgesellschaft bleibt bestehen. Zur gesellschaftsrechtlichen Wirksamkeit siehe Rz 1658.

6.1.3.2. Spaltung zur Neugründung – Spaltung zur Aufnahme

6.1.3.2.1 Spaltung zur Neugründung (§§ 2 bis 16 SpaltG)

1650   Bei der Spaltung zur Neugründung wird das Vermögen der spaltenden Kapitalgesellschaft auf Grund eines Spaltungsplanes (§ 2 SpaltG) bei Aufspaltungen auf mindestens zwei dadurch gegründete neue Kapitalgesellschaften mit Beendigung der spaltenden Kapitalgesellschaft, und bei Abspaltungen auf eine oder mehrere dadurch gegründete neue Kapitalgesellschaft(en) unter Fortführung der spaltenden Kapitalgesellschaft übertragen. Bei dieser Spaltungsform ist die Anteilsgewährung an die Gesellschafter der spaltenden Kapitalgesellschaft begriffsnotwendig.

Neben den Vorschriften des SpaltG sind die Vorschriften über die aktienrechtliche Gründung zu beachten.

6.1.3.2.2 Spaltung zur Aufnahme (§ 17 SpaltG)

1651   Die Spaltung zur Aufnahme weicht von der Spaltung zur Neugründung nur dadurch ab, dass das Vermögen der spaltenden Gesellschaft gemäß einem Spaltungs- und Übernahmsvertrag bei Aufspaltungen auf mindestens zwei bestehende Gesellschaften mit Beendigung der spaltenden Kapitalgesellschaft, und bei Abspaltungen auf eine oder mehrere bestehende Gesellschaft(en) unter Fortführung der spaltenden Kapitalgesellschaft übergeht.

Nach § 17 SpaltG sind bei der Spaltung zur Aufnahme die Verschmelzungsvorschriften des AktG ergänzend zu den spaltungsrechtlichen Vorschriften anzuwenden. Demnach gibt es bei der Spaltung zur Aufnahme Fälle, in denen es zur Anteilsgewährung kommt, in denen auf eine Anteilsgewährung verzichtet werden kann und in denen eine Anteilsgewährung ausgeschlossen ist (§ 224 AktG, der nicht nur für AG, sondern auch für GmbH maßgeblich ist).

Liegt im Einzelfall ein Treuhandverhältnis hinsichtlich bestimmter Anteile für den Hauptgesellschafter vor, richtet sich die Möglichkeit des Unterbleibens einer Anteilsgewährung unabhängig von der abgabenrechtlichen Zurechnungsregel des § 24 BAO auf Grund der Maßgeblichkeit des Spaltungsrechtes für das Umgründungssteuerrecht (außerhalb des Bewertungsrechtes) nach den im Unternehmens- und Gesellschaftsrecht gegebenen Ausnahmemöglichkeiten.

Es ist auch eine Kombination zwischen Spaltung zur Neugründung und zur Aufnahme möglich (die abspaltende Gesellschaft überträgt zB einen Betrieb auf eine neu gegründete und einen Kapitalanteil auf eine bestehende Gesellschaft und behält die Liegenschaft zurück). Mit der Spaltung zur Aufnahme wird im Zusammenhang mit der Gesamtrechtsnachfolge neben dem Spaltungseffekt auf Übernehmerebene ein fusionsartiger Einbringungseffekt (Teilfusion) erzielt.

Es sind daher folgende Arten der Spaltung zur Aufnahme zu unterscheiden:

- Konzentrationsauf- und -abspaltung, siehe Rz 1739 und Rz 1752

- Down-stream-Aufspaltungen, siehe Rz 1741 ff und Rz 1753

- Down-stream-Abspaltungen, siehe Rz 1744 und Rz 1754

- Up-stream-Aufspaltungen, siehe Rz 1749 und Rz 1755

- Up-stream-Abspaltungen, siehe Rz 1750 und Rz 1756 ff

- Side-stream-Auf- und -Abspaltungen, siehe Rz 1759 ff
- Gemischte Spaltungen, siehe Rz 1766. *(BMF-AV Nr. 175/2014)*

6.1.3.3 Verhältniswahrende und nicht verhältniswahrende Spaltung

Bezogen auf die Anteilsinhaber der spaltenden Gesellschaft bestehen zwei Möglichkeiten: 1652

- Eine verhältniswahrende Spaltung liegt vor, wenn die Gesellschafter der spaltenden Gesellschaft in jenem Verhältnis an den Nachfolgegesellschaften beteiligt werden, das ihrer Beteiligung an der spaltenden Kapitalgesellschaft entspricht bzw. entsprochen hat.
- Weicht das Beteiligungsverhältnis an den Nachfolgegesellschaften vom Beteiligungsverhältnis an der spaltenden Kapitalgesellschaft ab, wird von einer nicht verhältniswahrenden Spaltung gesprochen.

Es ist eine Dispositionsfrage der Anteilsinhaber, in welchem abweichenden Ausmaß sie an der spaltenden und neuen oder übernehmenden Gesellschaft beteiligt sein wollen bzw. ob sie eine entflechtende Spaltung dahingehend beschließen, dass ein (einzelne) Gesellschafter an einer der bei der Spaltung beteiligten Gesellschaften überhaupt nicht mehr beteiligt ist (sind).

Gesellschaftsrechtlich besteht die Möglichkeit der Mehrstimmigkeitsspaltung. Bei verhältniswahrenden Spaltungen bedarf es der Zustimmung von mindestens drei Viertel des bei der Beschlussfassung vertretenen Grundkapitals, bei einer GmbH von drei Viertel der abgegebenen Stimmen.

Bei nicht verhältniswahrenden und rechtsformübergreifenden Spaltungen ist analog zum Umwandlungsrecht die Zustimmung von mindestens 90% des gesamten Nennkapitals Voraussetzung, soweit der Beschluss nicht in den in § 8 Abs. 3 SpaltG genannten Fällen der Zustimmung aller Gesellschafter bedarf.

§ 9 Abs. 1 SpaltG gewährt bei einer nicht verhältniswahrenden Spaltung den der Spaltung widersprechenden Gesellschaftern ein Recht auf angemessene Barabfindung (siehe Rz 1735), es sei denn, sie sind an allen beteiligten Gesellschaften im gleichen Verhältnis wie an der übertragenden Gesellschaft beteiligt.

Zur Behandlung der geleisteten Zuzahlungen an die Gesellschafter der spaltenden Gesellschaft siehe Rz 1737 f. Zuzahlungen, die nicht zum Ausgleich von Wertdifferenzen geleistet werden, sind nach allgemeinen steuerrechtlichen Grundsätzen zu behandeln. *(BMF-AV Nr. 175/2014)*

§ 32

6.1.4. Ausländische Spaltungen

Nach § 32 Abs. 1 Z 2 UmgrStG unterliegen Spaltungen im Ausland, die nach einem dem österreichischen SpaltG vergleichbaren ausländischen Spaltungsrecht erfolgen, hinsichtlich inländischen Vermögens bzw. hinsichtlich inländischer Anteilsinhaber der spaltenden Gesellschaft den Vorschriften des Art. VI UmgrStG, sofern die ausländische Gesellschaft einer inländischen Kapitalgesellschaft vergleichbar ist und ausschließlich Vermögen im Sinne des § 12 Abs. 2 UmgrStG übertragen wird. 1653

Ob ein vergleichbares ausländisches Spaltungsrecht vorliegt, ist aus dem Vergleich der österreichischen mit den ausländischen Vorschriften festzustellen, wobei entscheidend ist, dass die Vergleichbarkeit in der systematischen Ausrichtung gegeben ist. Vergleichbar sind jedenfalls jene ausländischen Rechtsgrundlagen, die auf der Umsetzung der EG-Spaltungsrichtlinie beruhen. Dabei ist auch auf die konkrete Ausgestaltung der Spaltung Bedacht zu nehmen; sieht das ausländische Recht mehrere Gestaltungsmöglichkeiten vor, ist eine Vergleichbarkeit dann gegeben, wenn die konkrete Ausgestaltung der Spaltung dem österreichischen Spaltungsrecht entspricht. *(BMF-AV Nr. 40/2017)*

1654 Eine ausländische Gesellschaft ist einer inländischen Kapitalgesellschaft vergleichbar, wenn sie aus der Sicht des österreichischen Gesellschaftsrechts folgende Wesensmerkmale einer inländischen Kapitalgesellschaft aufweist:

• Eigene Rechtspersönlichkeit,

• starres, ergebnisunabhängiges Gesellschaftskapital,

• Beteiligung anderer Personen am Gesellschaftskapital,

• Haftungsbeschränkung,

• Möglichkeit einer Drittorganschaft.

Siehe auch Rz 38, dazu ausführlich KStR 2013 Rz 134. Zur Behandlung von internationalen Schachtelbeteiligungen siehe Rz 1767 ff. *(BMF-AV Nr. 175/ 2014)*

6.1.4a. Maßgeblichkeit des Unternehmensrechtes

1654a Infolge des Verweises des § 32 Abs. 1 Z 1 UmgrStG auf spaltungsrechtliche Vorschriften ist die Frage, ob eine Spaltung im Sinne des Art. VI UmgrStG vorliegt, eine unternehmensrechtliche vom zuständigen Firmenbuchgericht zu lösende Vorfrage. Der Grundsatz der Maßgeblichkeit des Gesellschaftsrechtes bewirkt auch die Bindung der Abgabenbehörde an die Eintragung der Spaltung in das Firmenbuch (§ 116 Abs. 2 BAO). Die rechtskräftig eingetragene den Anwendungsvoraussetzungen des § 32 UmgrStG entsprechende Spaltung gilt somit für steuerliche Zwecke als maßgebend, solange sie für nichtig erklärt wird.

Wird der Antrag auf Eintragung des Spaltungsbeschlusses im Firmenbuch zurückgewiesen, kommt eine Spaltung weder unternehmens- noch abgabenrechtlich zustande.

Wird eine im Firmenbuch eingetragene Spaltung dem zuständigen Finanzamt nicht innerhalb von neun Monaten ab dem Umgründungsstichtag angezeigt (§ 43 Abs. 1 UmgrStG), stellt die Verletzung dieser Frist keine Verletzung einer Anwendungsvoraussetzung sondern eine Finanzordnungswidrigkeit gemäß § 51 Abs. 1 lit. a FinStrG dar (siehe Rz 1900). *(BMF-AV Nr. 193/2015)*

1654b Wird die Eintragung der Spaltung im Firmenbuch nachträglich als nichtig gelöscht, ist davon auszugehen, dass eine Vermögensübertragung nicht stattgefunden hat und eine Besteuerung dieses Vermögens bei der spaltenden Körperschaft ab dem Spaltungsstichtag vorzunehmen ist. Sofern eine Trennung bei der Einkommensermittlung der übernehmenden Körperschaft zwischen den Einkünften aus dem eigenen und übernommenen Vermögen aus dem Rechenwerk nicht ableitbar ist, sind deren Besteuerungsgrundlagen bei der spaltenden und übernehmenden Körperschaft im Schätzungswege zu ermitteln. *(AÖF 2005/ 273)*

1654c Die gesellschaftsrechtliche Rückwirkungsfrist des § 2 Abs. 2 SpaltG von neun Monaten für die Anmeldung der Spaltung zum Firmenbuch ist auch für die abgabenrechtliche Rückwirkung maßgebend (siehe Rz 1659). *(AÖF 2005/273)*

6.1.5. Steuerliche Anwendungsvoraussetzungen

1655 Art. VI UmgrStG kommt für Spaltungen nach dem SpaltG zur Anwendung,

- wenn der Spaltungsbeschluss in das Firmenbuch eingetragen wird. Auf Grund der unternehmensrechtlichen Maßgeblichkeit ist Art. VI UmgrStG daher solange anzuwenden, als eine nichtige oder anfechtbare Spaltung im Firmenbuch eingetragen bleibt. Mit der nachträglichen Austragung des Spaltungsbeschlusses im Firmenbuch gehen die Wirkungen des Art. VI UmgrStG ex tunc verloren;

- wenn ausschließlich Vermögen im Sinne des § 12 Abs. 2 UmgrStG auf bestehende Körperschaften oder die neuen übernehmenden Körperschaften tatsächlich übergeht. Damit ist der steuerliche Anwendungsbereich der Spaltungen nach dem UmgrStG enger als jener nach § 1 Abs. 1 SpaltG, der jegliche Vermögensübertragung zulässt. Gegenstand der Spaltung darf daher für steuerliche Zwecke nichts anderes als ein

  - Betrieb (§ 12 Abs. 2 Z 1 UmgrStG, zur Definition siehe Rz 687 ff)
  - Teilbetrieb (§ 12 Abs. 2 Z 1 oder § 32 Abs. 3 UmgrStG, zur Definition siehe Rz 714 ff)
  - fiktiver Teilbetrieb (§ 32 Abs. 3 UmgrStG, zur Definition siehe Rz 1663a)
  - Mitunternehmeranteil (§ 12 Abs. 2 Z 2 UmgrStG, zur Definition siehe Rz 717 ff)
  - Kapitalanteil (§ 12 Abs. 2 Z 3 UmgrStG, zur Definition siehe Rz 725 ff)

  sein;

- wenn das spaltungsfähige Vermögen tatsächlich übertragen wird. Es muss vom Spaltungsstichtag bis zum Tag der Eintragung des Spaltungsbeschlusses durchgehend vorhanden sein, dh. die spaltende Kapitalgesellschaft muss an diesen Tagen über das der Spaltung unterworfene Vermögen verfügen und an die übernehmende Kapitalgesellschaft übertragen können. Ist der Spaltung eine Einbringung in die spaltende Körperschaft gemäß Art. III UmgrStG vorgelagert, kann die spaltende Körperschaft über das eingebrachte Vermögen mit Beginn des dem Einbringungsstichtag folgenden Tages verfügen, sodass eine Spaltung in Bezug auf das eingebrachte Vermögen im Sinne des Art. VI UmgrStG frühestens mit diesem Folgetag erfolgen kann, es sei denn, die Spaltung kann gemäß § 39 UmgrStG mittels eines Umgründungsplans auf den Einbringungsstichtag bezogen werden (Rz 1874 ff);

- soweit das Besteuerungsrecht der Republik Österreich hinsichtlich der stillen Reserven einschließlich eines allfälligen Firmenwertes nicht eingeschränkt wird;

- wenn bzw. soweit keine missbräuchliche Anwendung des UmgrStG vorliegt. *(BMF-AV Nr. 175/2014)*

Eine gleichzeitige Übertragung von im Sinne des § 12 Abs. 2 oder § 32 Abs. 3 UmgrStG begünstigtem und nichtbegünstigtem Vermögen auf eine neue oder übernehmende Körperschaft ist möglich, wenn das nicht begünstigte Vermögen zumindest als gewillkürtes Betriebsvermögen dem begünstigten Vermögen zugeordnet werden kann. Eine gleichzeitige Abspaltung von im Sinne des § 12 Abs. 2 oder § 32 Abs. 3 UmgrStG begünstigtem Vermögen auf eine neue oder übernehmende und nichtbegünstigtem Vermögen auf eine andere neue oder übernehmende Körperschaft schließt die Anwendung des Art. VI UmgrStG nur hinsichtlich der Abspaltung des nichtbegünstigten Vermögens aus, und zwar auch dann, wenn den Abspaltungen ein einziger Spaltungsplan bzw. Spaltungs- und Übernahmevertrag zugrunde liegt.

Beispiel:

Die A-GmbH spaltet zum 31.12.01 einerseits einen Teilbetrieb zur Neugründung in die B-GmbH ab und andererseits ein Grundstück zur Aufnahme in die C-GmbH ab. An der A-GmbH ist die natürliche Person A außerbetrieblich zu 100% beteiligt.

Die Teilbetriebsabspaltung fällt bei Wahrung der Anwendungsvoraussetzungen des § 32 UmgrStG unter Art. VI UmgrStG, die Grundstücksabspaltung unter § 20 KStG 1988. Die Grundstücksabspaltung führt

- auf Ebene der abspaltenden A-GmbH zur Realisierung der stillen Reserven des Grundstückes gemäß § 20 Abs. 1 Z 2 KStG 1988 iVm § 6 Z 14 EStG 1988
- bei A gemäß § 27 EStG 1988 zur Gewinnrealisierung (Tauschgrundsatz), die Anteile an der neuen C-GmbH sind mit dem gemeinen Wert der „Wertminderung" seiner Beteiligung, die dem gemeinen Wert der Liegenschaft entspricht, anzusetzen (siehe auch Rz 1809).

Hinsichtlich des abgespaltenen Teilbetriebes kommt es hinsichtlich der Anteile hingegen zu einer bloßen Ab- und Aufstockung (siehe Rz 1733).

Die Aufspaltung im Wege der Übertragung von begünstigtem Vermögen in eine neue oder übernehmende Körperschaft und nicht begünstigtem Vermögen in eine andere neue oder übernehmende Körperschaft schließt die Anwendung des Art. VI UmgrStG zur Gänze aus, weil die Aufspaltung als solche immer ein einheitlicher Vorgang ist (siehe Abschnitt 6.13.2.). Die Aufspaltung einer vermögensverwaltenden Körperschaft ist nur dann steuerneutral möglich, wenn nur Kapitalanteile im Sinne des § 12 Abs. 2 Z 3 UmgrStG oder daneben auch Mitunternehmeranteile im Sinne des § 12 Abs. 2 Z 2 UmgrStG übertragen werden. Sollte daher eine aufspaltende Holdinggesellschaft am Spaltungsstichtag neben Kapitalanteilen auch liquide Mittel und Forderungen besitzen und allgemeine (nicht mit dem Beteiligungserwerb zusammenhängende) Verbindlichkeiten ausweisen, kann eine Spaltung nach dem SpaltG nicht unter Art. VI UmgrStG fallen. *(BMF-AV Nr. 175/2014)*

1657   Bei Vorliegen der Anwendungsvoraussetzungen des § 32 Abs. 1 UmgrStG ist Art. VI UmgrStG im Hinblick auf § 32 Abs. 4 UmgrStG gesamthaft anzuwenden. Entstehen bei den für die Anteilsinhaber der betroffenen Körperschaften zuständigen Abgabenbehörden oder den für die Verkehrsteuern zuständige Abgabenbehörde Zweifel, ob die Anwendungsvoraussetzungen des § 32 UmgrStG erfüllt sind, ist im Interesse einer einheitlichen Beurteilung der Umgründung eine Abstimmung mit den für die Ertragsbesteuerung der spaltenden Körperschaft und der übernehmenden Körperschaft(en) zuständigen Abgabenbehörden herbeizuführen.

Zu Spaltungen außerhalb des UmgrStG siehe Rz 1731 ff und Rz 1802 ff. *(BMF-AV Nr. 175/2014)*

Spaltende Körperschaft

§ 33. (1) Bei der Ermittlung des Gewinnes für das hinsichtlich des zu übertragenden Vermögens mit dem Spaltungsstichtag endende Wirtschaftsjahr ist das Betriebsvermögen mit dem Wert anzusetzen, der sich nach den steuerrechtlichen Vorschriften über die Gewinnermittlung ergibt.

(2) Abweichend von Abs. 1 kann ausländisches Vermögen (§ 16 Abs. 3 Z 3) mit dem sich aus § 20 des Körperschaftsteuergesetzes 1988 ergebenden Wert angesetzt werden, wenn die Spaltung im Ausland zur Gewinnverwirklichung führt und mit dem in Betracht kommenden ausländischen Staat ein Doppelbesteuerungsabkommen besteht, das dafür die Anrechnungsmethode vorsieht, oder eine vergleichbare innerstaatliche Maßnahme zur Vermeidung der Doppelbesteuerung getroffen wurde.

(3) Das Einkommen (der Gewinn) der spaltenden Körperschaft ist so zu ermitteln, als ob der Vermögensübergang mit Ablauf des Spaltungsstichtages erfolgt wäre.

(4) Bei Aufspaltungen gilt Abs. 3 nicht für Gewinnausschüttungen der spaltenden Körperschaft auf Grund von Beschlüssen nach dem Spaltungsstichtag, sowie für

– die Einlagenrückzahlung im Sinne des § 4 Abs. 12 des Einkommensteuergesetzes 1988 durch die spaltende Körperschaft und

– Einlagen im Sinne des § 8 Abs. 1 des Körperschaftsteuergesetzes 1988 in die spaltende Körperschaft

in der Zeit zwischen dem Spaltungsstichtag und dem Tag des Spaltungsbeschlusses. Weiters kann § 16 Abs. 5 Z 4 samt Schlussteil sinngemäß angewendet werden.

(5) Bei Abspaltungen kann abweichend von Abs. 3 auf das zu übertragende Vermögen § 16 Abs. 5 Z 4 und 5 samt Schlussteil angewendet werden.

(6) Spaltungsstichtag ist der Tag, zu dem die Schlussbilanz aufgestellt ist, die der Spaltung zugrunde gelegt ist. Die spaltende Körperschaft hat zum Spaltungsstichtag weiters aufzustellen

– eine Übertragungsbilanz, in der das auf die neuen oder übernehmenden Körperschaften jeweils zu übertragende Vermögen mit den nach Abs. 1 und 2 steuerlich maßgebenden Buchwerten bzw Werten und dem sich jeweils daraus ergebenden Übertragungskapital unter Berücksichtigung nachträglicher Veränderungen im Sinne der Abs. 4 und 5 darzustellen ist und

– im Falle der Abspaltung auch eine Restbilanz zur Darstellung der steuerlich maßgebenden Buchwerte des nach der Spaltung verbleibenden Vermögens.

(7) Bei einer Abspaltung bleiben Buchverluste oder Buchgewinne bei der Gewinnermittlung außer Ansatz. § 20 Abs. 4 Z 1 ist anzuwenden.

(BGBl I 2018/62)

Gliederung:

6.2. Spaltende Körperschaft (§ 33 UmgrStG)

6.2.1. Spaltungsstichtag

6.2.1.1 Allgemeines

1658   Spaltungsstichtag ist jener Tag, der im Spaltungsplan oder im Spaltungs- und Übernahmsvertrag als jener Tag festgelegt ist, an dem die Handlungen der übertragenden Gesellschaft als für Rechnung der neuen Gesellschaften vorgenommen gelten (§ 2 Abs. 1 Z 7 SpaltG). Mit Ablauf des Spaltungsstichtages ist die Vermögensübertragung von der spaltenden auf die übernehmende(n) Gesellschaft(en) steuerlich wirksam (siehe Rz 1659).

Spaltungsstichtag kann jeder beliebige Tag innerhalb der vom unternehmensrechtlichen SpaltG vorgegebenen neunmonatigen Rückwirkungsfrist sein. Die Rückwirkungsfrist ergibt sich daraus, dass die Schlussbilanz, welche der Spaltung zu Grunde gelegt wird, im Zeitpunkt der Anmeldung der Spaltung zur Eintragung in das Firmenbuch nicht älter als neun Monate sein darf. Bei einem vom Regelbilanzstichtag abweichendem Spaltungsstichtag liegt kein zustimmungsbedürftiger Wechsel des Bilanzstichtages im Sinne des § 2 Abs. 7 EStG 1988 bzw. § 7 Abs. 5 KStG 1988 vor.

Die Durchführung einer Spaltung nach dem SpaltG setzt somit eine fristgerechte Anmeldung beim zuständigen Firmenbuchgericht voraus. Zuständig ist das Firmenbuchgericht am Sitz der übertragenden Kapitalgesellschaft. Wird die Anmeldung der Spaltung durch das zuständige Firmenbuchgericht als verspätet zurückgewiesen, kommt die Spaltung nicht zustande. In diesem Fall ist das zu übertragende Vermögen der spaltenden Körperschaft weiterhin zuzurechnen; wurde das Vermögen bereits faktisch übertragen, liegt eine Nutzungsüberlassung vor (siehe Rz 780). Sollte trotz einer verspäteten Anmeldung eine Eintragung der Spaltung in das Firmenbuch erfolgen, ist sie im Hinblick auf die Maßgeblichkeit der unternehmensrechtlichen Vorgänge als eine Umgründung im Sinne des UmgrStG zu werten. Als Zeitpunkt des Vermögensüberganges gilt daher auch in diesem Fall der vertraglich vereinbarte Spaltungsstichtag.

Bei Spaltungen im Ausland, bei denen inländisches Vermögen betroffen ist, ist das Erfüllen der Nachweispflicht im Wege einer Anmeldung bei einem ausländischen Registergericht oder FA nicht zielführend. In diesen Fällen wird die Rückwirkungsfiktion (siehe Rz 1659) durch eine fristgerechte Meldung bei dem für den Übertragenden zuständigen FA ausgelöst. Als fristgerecht wird eine Meldung innerhalb der Neunmonatsfrist angesehen. Für die Wahrung der Frist gilt § 108 Abs. 4 BAO. Siehe dazu Rz 774 f. *(BMF-AV Nr. 175/2014)*

6.2.1.2 Rückwirkungsfiktion

Ertragsteuerlich gilt der Vermögensübergang rückwirkend mit dem Ablauf des Spaltungsstichtages als vollzogen. Alle Rechtshandlungen, die hinsichtlich des übertragenen Vermögens bis zum Ablauf des Spaltungsstichtages angefallen sind, sind mit ihren bilanziellen und erfolgsmäßigen Konsequenzen noch der übertragenden Körperschaft zuzurechnen. Alle mit Beginn des dem Spaltungsstichtag folgenden Tages angefallenen Rechtshandlungen sind hingegen bereits bei der neuen oder übernehmenden Körperschaft zu erfassen. Von der Rückwirkungsfiktion nicht erfasst sind die in § 33 Abs. 4 und 5 UmgrStG angeführten Korrekturen des übertragenen Vermögens (siehe dazu Rz 1672 ff).   **1659**

Als Folge der Rückwirkungsfiktion sind daher bei der Spaltung zur Aufnahme Rechtsgeschäfte zwischen der spaltenden und der übernehmenden Körperschaft, welche zwischen Spaltungsstichtag und dem Tag der Eintragung der Spaltung in das Firmenbuch abgeschlossen werden, steuerlich insoweit nicht anzuerkennen, als sie sich auf das übertragene Vermögen beziehen. Dies gilt insb. für den Verkauf und die entgeltliche Überlassung von Wirtschaftsgütern im betreffenden Zeitraum.

Beispiel:

Die X-GmbH verkauft der Y-GmbH am 27.2.02 eine Maschine. Ferner mietet sie von ihr ein Geschäftslokal. Rückwirkend per 31.12.01 spaltet die X-GmbH ihren Betrieb in die Y-GmbH ab. Die X-GmbH behält sich nur die Betriebsgrundstücke zurück.

Da die Maschine als Teil des abgespaltenen Betriebes rückwirkend mit Ablauf des Spaltungsstichtages auf die Y-GmbH übergeht, ist der Verkauf steuerlich nicht anzuerkennen. Es liegt daher bei der Y-GmbH keine Anschaffung vor, bei der X-GmbH kommt es zu keinem steuerpflichtigen Veräußerungserlös. Das Mietverhältnis hingegen bleibt davon unberührt, da die Betriebsgrundstücke, zu denen das vermietete Geschäftslokal gehört, im Eigentum der X-GmbH verbleiben. Umgekehrt ist auch ein rückwirkendes Aufdecken von am Spaltungsstichtag offenen innerbetrieblicher Liefer- oder Leistungsbeziehungen auf Grund einer Auf- oder Abspaltung denkbar (siehe Rz 1677). *(AÖF 2008/243)*

6.2.2. Schlussbilanz

Die spaltende Körperschaft hat gemäß § 2 Abs. 2 SpaltG zum Spaltungsstichtag eine Schlussbilanz aufzustellen und zwar auch dann, wenn der Spaltungsstichtag kein Regelbilanzstichtag ist. Wird als Spaltungsstichtag ein Regelbilanzstichtag gewählt, ist die Schlussbilanz mit dem Jahresabschluss ident. In der Schlussbilanz ist das gesamte Vermögen der spaltenden Körperschaft zum Spaltungsstichtag darzustellen. Da mit Ablauf des Spaltungsstichtages bei der spaltenden Gesellschaft hinsichtlich des übertragenen Vermögens der Gewinnermittlungszeitraum endet, dient die Schlussbilanz bei der spaltenden Gesellschaft als Grundlage für die Ermittlung des steuerlichen Gewinns des übertragenen Vermögens im Jahr der Spaltung: **1660**

§ 33

- Bei einer Aufspaltung endet jedenfalls mit Ablauf des Spaltungsstichtages das Wirtschaftsjahr der spaltenden Gesellschaft, da diese steuerlich mit Ablauf des Spaltungsstichtages als Steuersubjekt und Steuerobjekt untergeht.

- Bei einer Abspaltung endet für die spaltende Gesellschaft nur dann ein Wirtschaftsjahr, wenn der Spaltungsstichtag zugleich Regelbilanzstichtag ist. Erfolgt die Abspaltung hingegen auf einen Zwischenstichtag, wird steuerlich mit dem Spaltungsstichtag das Wirtschaftsjahr nur hinsichtlich des abzuspaltenden Vermögens beendet. Für das der abspaltenden Körperschaft verbleibende Vermögen wird das Wirtschaftsjahr hingegen nicht beendet. Bei der übernehmenden Körperschaft beginnt mit dem Ablauf des Spaltungsstichtages hinsichtlich des abgespaltenen Vermögens ein neues Wirtschaftsjahr (siehe VwGH 26.7.2007, 2006/15/0262).

Beispiel:

Die X-GmbH (Wirtschaftsjahr = Kalenderjahr) spaltet mit Vertrag vom 17.11.01 zum Stichtag 31.3.01 einen Betrieb in die bereits bestehende Y-GmbH ab. Das Wirtschaftsjahr der Y-GmbH endet am 30.9.01 Die Anmeldung der Spaltung zur Eintragung in das Firmenbuch erfolgt am 5.12.01.

Die X-GmbH hat im Kalenderjahr 01 die bis zum 31.3.01 erwirtschafteten Ergebnisse des abgespaltenen Betriebes und jene des ihr verbleibenden Restvermögens für das gesamte Kalenderjahr zu versteuern. Die Y-GmbH versteuert für das Wirtschaftsjahr 1.10.00 bis 30.9.01 zusätzlich zu den Erträgen ihres bisherigen Betriebes auch jene des übertragenen Betriebes, die ab dem 1.4.01 angefallen sind. *(BMF-AV Nr. 175/ 2014)*

6.2.3. Steuerliche Gewinnermittlung

1661   Die in der Schlussbilanz der spaltenden Gesellschaft ausgewiesenen Aktiva und Passiva sind nach den allgemeinen steuerlichen Gewinnermittlungsgrundsätzen zu bewerten, dh. es sind die Abweichungen in der Mehr-Weniger-Rechnung oder in einer steuerlichen Schlussbilanz darzustellen. Eine Aufwertung des übertragenen Vermögens ist weder spaltungs- noch umgründungssteuerrechtlich möglich. Eine Ausnahme von diesem Grundsatz kann sich bei Auslandsvermögen ergeben (siehe Rz 1668 ff). Die Aktivierung von nicht entgeltlich erworbenen unkörperlichen Vermögensgegenständen des Anlagevermögens ist daher ebenso unzulässig wie die eines originären Firmenwerts. Für abnutzbares Anlagevermögen gelten die Regeln des § 7 EStG 1988. Bei einem vom Kalenderjahr abweichendem Spaltungsstichtag sind daher grundsätzlich die Regeln über die Halb- bzw. Ganzjahres-AfA anzuwenden. Es ist jedoch nicht zu beanstanden, wenn die AfA nach den Regeln der EStR 2000 Rz 3132 aliquot bei der spaltenden und der übernehmenden Körperschaft berücksichtigt wird (siehe Rz 120 f). Zu den Rechtsfolgen bei der übernehmenden Körperschaft siehe Rz 1689.

Beispiel:

Die A-GmbH (Wirtschaftsjahr = Kalenderjahr) spaltet mit Stichtag

a) 31.5.01

b) 31.7.01

einen Teilbetrieb in die B-GmbH (Wirtschaftsjahr = Kalenderjahr) ab. Der A-GmbH steht im Falle a) hinsichtlich des im abgespaltenen Teilbetrieb enthaltenen abnutzbaren Anlagevermögens nur eine Halbjahres-AfA zu. Alternativ können fünf Zwölftel der Ganzjahres-AfA angesetzt werden. Im Falle b) kann entweder eine ganze Jahres-AfA geltend gemacht oder sieben Zwölftel der Ganzjahres-AfA abgesetzt werden.

Sollte die B-GmbH ein vom Kalenderjahr abweichendes Wirtschaftsjahr, zB 1.7.-30.6., haben, kommt es bei ihr im Falle a) in dem mit 30.6.01 endenden Wirtschaftsjahr zu keinem AfA-Ansatz oder zum Ansatz eines Zwölftels, weil ab dem Folge-Wirtschaftjahr 1.7.01 – 30.6.02 eine Ganzjahres-AfA abzusetzen ist, und im Falle b) im Wirtschaftsjahr 1.7.01-30.6.02 zur Halbjahres-AfA (wenn die spaltende eine Ganzjahres-AfA geltend macht) oder zum Ansatz von elf Zwölftel (wenn die spaltende sieben Zwölftel geltend macht).

Hinsichtlich der Rechtsfolgen bei der neuen oder übernehmenden Körperschaft wird auf Rz 1689 verwiesen. *(AÖF 2008/243)*

6.2.4. Übertragungsbilanz(en)

6.2.4.1 Zweck der Übertragungsbilanz

Das SpaltG kennt keine das zu übertragende Vermögen beschreibende Bilanz. Da bei der Aufspaltung die Summe der Werte der Eröffnungsbilanzen (§ 2 Abs. 1 Z 12 SpaltG) bzw. bei der Abspaltung die Summe der Werte der Eröffnungsbilanz(en) und der Spaltungsbilanz (§ 2 Abs. 1 Z 12 SpaltG) nicht mit den Werten der Schlussbilanz im Hinblick auf eine mögliche Neubewertung übereinstimmen muss, wird dieser Mangel durch das Aufstellen einer steuerlichen Übertragungsbilanz zum Spaltungsstichtag wettgemacht. Diese Übertragungsbilanz dient dazu, **1662**

- das zu übertragende Vermögen mit den aus der Schlussbilanz abgeleiteten steuerlich maßgeblichen Werten auszuweisen (siehe Rz 1667)

- allfällig auf Grund der Aufwertungsoption gemäß § 33 Abs. 2 UmgrStG vorgenommene Aufwertungen von übertragenem ausländischen Vermögen (siehe Rz 1668 ff) darzustellen

- rückwirkend vorgenommene Korrekturen des übertragenen Vermögens erkennbar zu machen (siehe Rz 1672 ff) und

- den sich ergebenden Saldo als Übertragungskapital zu bezeichnen.

Sind an der Spaltung mehrere Körperschaften als neue oder übernehmende Körperschaften beteiligt, ist für jede rechtsnachfolgende Körperschaft eine eigene Übertragungsbilanz aufzustellen. Der Saldo aus den übertragenen Aktiva und Passiva stellt das jeweilige Übertragungskapital dar. Eine Übertragungsbilanz ist auch dann aufzustellen, wenn nur ein Kapitalanteil im Sinne des § 12 Abs. 2 Z 3 UmgrStG übertragen wird. *(BMF-AV Nr. 175/2014)*

Das Erfordernis des Aufstellens einer Übertragungsbilanz ist eine steuerliche Ordnungsvorschrift und gehört nicht zu den Anwendungsvoraussetzungen des Art. VI UmgrStG. Die Übertragungsbilanz hat allerdings insoweit steuerliche Bedeutung, als die neue oder übernehmende Körperschaft nach § 34 Abs. 1 UmgrStG zur Übernahme und Fortführung der steuerlich maßgebenden Werte laut Übertragungsbilanz verpflichtet ist. *(BMF-AV Nr. 175/2014)* **1662a**   § 33

6.2.4.2 Vermögenszurechnung

6.2.4.2.1 Betriebe oder Teilbetriebe

Besteht das Vermögen der spaltenden Körperschaft aus zwei (mehreren) Betrieben oder aus zwei (mehreren) Teilbetrieben, ist bei der Zuordnung der Aktiva und Passiva zu den Teilungsmassen in folgender Weise vorzugehen: **1663**

- Zunächst sind die Aktiva und Passiva dem jeweiligen (Teil)Betrieb nach den Grundsätzen des notwendigen Betriebsvermögens zuzurechnen. Beidseitig genutztes Anlagevermögen wird jener Teilungsmasse zuzuordnen sein, der das Anlagegut überwiegend dient. Fremdkapital ist ebenfalls primär nach Zugehörigkeit zu den Teilungsmassen aufzuteilen, bspw. Lieferantenschulden, Anschaffungskredite, drohende Verluste aus schwebenden Geschäften, Gewährleistungsrückstellungen, Abfertigungsvorsorgen für die ausschließlich oder überwiegend in einem (Teil)Betrieb tätigen Arbeitnehmer.

- Über die Zuordnung neutraler (indifferenter) Aktiva kann unabhängig von nach § 33 UmgrStG in Verbindung mit § 16 Abs. 5 UmgrStG zulässigen rückwirkenden Korrekturen disponiert werden.

- Passiva sind grundsätzlich den damit in Zusammenhang stehenden Aktiva bzw. den jeweiligen (Teil)Betrieben zuzuordnen (siehe erster Bulletpoint). Sollte eine solche Zuordnung ausnahmsweise nicht möglich sein und eine „Restgröße" verbleiben (zB Kontokorrentkonto, Finanzamtsverbindlichkeiten, Passiva aufgegebener Betriebe), ist diese den Teilungsmassen sachgerecht zuzuordnen.

- Zur Möglichkeit, über einzelne im Spaltungsbeschluss ausdrücklich bestimmte Geschäftsvorfälle steuerneutral zu disponieren, siehe die Ausführungen in Rz 889.

- Der sich aus der Zuordnung ergebende Buchwert (Saldo der steuerlich maßgebenden Aktiva und Passiva) kann bereits im Jahres- oder Zwischenabschluss festgehalten werden, sonst kommt er in der (den) Übertragungsbilanz(en) zum Ausdruck.

- In der Folge kann von den rückwirkenden Korrekturen des § 33 Abs. 4 bzw. Abs. 5 in Verbindung mit § 16 Abs. 5 UmgrStG Gebrauch gemacht werden (siehe Rz 1672 ff).

Zu den Voraussetzungen einer unterschiedlichen Zuordnung von Grund und Boden und Gebäude durch die Einräumung eines Baurechts- oder Dienstbarkeitsvertrages siehe die Ausführungen in Rz 694a und Rz 694b. Werden einer Teilungsmasse durch Zuordnung einer "Restgröße" (siehe dritter Bulletpoint) bzw. durch rückwirkende Korrekturen gemäß § 16 Abs. 5 UmgrStG wesentlich mehr Passiva zugeordnet, als dem Verhältnis der Verkehrswerte der Teilungsmassen vor Abzug der Schulden entspricht, besteht Missbrauchsverdacht, wenn die Spaltung der Vorbereitung einer Veräußerung, Einlösung, Abschichtung oder sonstigen Realisierung der Anteile dient. Vom Vorliegen eines Missbrauchs ist nicht auszugehen, wenn alle Teilungsmassen jeweils für sich ein positives steuerliches Eigenkapital aufweisen, die Zuordnung der „Restgröße" im Verhältnis der Buchwerte der Aktivseite der Teilungsmassen erfolgt oder nur unwesentlich vom Verkehrswertverhältnis vor Abzug der Schulden abweicht. *(BMF-AV Nr. 40/2017)*

6.2.4.2.2 Teilbetriebsfiktion

1663a   Die in § 32 Abs. 3 geregelte Teilbetriebsfiktion ermöglicht analog zu der in Art. V UmgrStG enthaltenen Fiktion die Entflechtung eines in einer Kapitalgesellschaft unterhaltenen dem Grunde nach unteilbaren Forstbetriebes einerseits und eines kunden(klienten)bezogenen Betriebes andererseits. Diesem Zweck dient auch die im 3. Teil Z 10 UmgrStG geregelte Teilbetriebsfiktion. Das bei Kapitalgesellschaften gegebene Trennungsprinzip zwischen Körperschaft und ihren Anteilsinhabern ist kein Hindernis, die gesellschafterbezogene Funktion der Kunden-, Klienten- oder Mandantenbetreuung des der Kapitalgesellschaft zurechenbaren Kunden-, Klienten- oder Mandantenstocks für eine nicht verhältniswahrende Spaltung einzusetzen.

- Für eine nicht verhältniswahrende Spaltung eines Forstbetriebes können die Grundsätze der Rz 1551 ff sinngemäß angewendet werden.

- Für eine nicht verhältniswahrende Spaltung eines Dienstleistungsbetriebes können die Grundsätze der Rz 1559 ff sinngemäß angewendet werden. *(AÖF 2008/243)*

6.2.4.2.3 Mitunternehmeranteile

Die gesonderte Übertragung eines Mitunternehmeranteiles im Rahmen einer   1664
Spaltung kann nur die zu diesem Begriff steuerlich gehörenden Teile umfassen.
Siehe dazu Rz 717 ff.

Beispiel:

Die A-GmbH möchte ihren 25-prozentigen KG-Anteil an der B-KG, bezogen auf das starre Kapitalkonto, zum 31.12.01 abspalten und bei dieser Gelegenheit ein nicht der KG dienendes Grundstück und einen 10-prozentigen Anteil an der C-GmbH mitübertragen.

Die Abspaltung fällt zur Gänze nicht unter Art. VI UmgrStG, da nicht begünstigtes Vermögen neben begünstigtem Vermögen übertragen wird. Hätte die A-GmbH nur den Mitunternehmeranteil und den Kapitalanteil abgespalten, wäre Art. VI UmgrStG dann anwendbar, wenn der Kapitalanteil bei der übernehmenden Körperschaft zum Erreichen oder Erhöhen der Stimmrechtsmehrheit an der C-GmbH führt. *(BMF-AV Nr. 175/2014)*

6.2.4.2.4 Kapitalanteile

Die gesonderte Übertragung eines Kapitalanteils im Rahmen einer Spaltung   1665
ist im Sinne der Begriffsbestimmung in Rz 725 ff möglich. Einem Kapitalanteil
kann in sinngemäßer Anwendung des § 12 Abs. 2 Z 3 UmgrStG nur der zum
Spaltungsstichtag ausstehende Teil des nachweisbar ausschließlich zur Anschaffung dieses Anteiles aufgenommenen Fremdkapitals ganz oder teilweise zugeordnet werden, ohne dass die Eigenschaft als begünstigtes Vermögen verloren
geht (siehe Rz 734 ff). Die Übertragung von Verbindlichkeiten, die in unmittelbarem Zusammenhang mit Einlagen in die Gesellschaft stehen, deren Kapitalanteil übertragen wird, ist verpflichtend, wenn die Einlage innerhalb von zwei
Jahren vor dem Spaltungsstichtag erfolgte (§ 12 Abs. 2 Z 3 UmgrStG idF
AbgÄG 2012, siehe Rz 737a). *(BMF-AV Nr. 175/2014)*

6.2.4.3 Darstellungsform

Für die Übertragungsbilanz ist die Kontenform nicht zwingend. Es genügt   1666
eine Aufstellung der übertragenen Aktiva und Passiva einschließlich des Übertragungskapitals in beschreibender Form im Spaltungsplan (bei der Spaltung zur
Neugründung) bzw. im Spaltungs- und Übernahmsvertrag (bei der Spaltung zur
Aufnahme) unter Anführung der steuerlich maßgeblichen Werte (siehe Rz 1667
ff). Die im Spaltungsplan bzw. im Spaltungs- und Übernahmsvertrag vorgenommene Vermögenszuteilung ist jedenfalls für den Ausweis in der Übertragungsbilanz maßgeblich. Die Bedeutung der Übertragungsbilanz liegt schließlich auch
darin, dass die steuerlich maßgebenden Ansätze in der Folge für die neue oder
übernehmende Körperschaft bindend sind.

6.2.5. Steuerliche Bewertung

6.2.5.1 Allgemeines

Das auf den Rechtsnachfolger übergehende Vermögen ist in der Übertra-   1667 gungsbilanz mit den steuerlich maßgeblichen Werten darzustellen. Als steuerlich maßgeblicher Wert gilt grundsätzlich der steuerliche Buchwert, der sich auf Grund der bilanzsteuerrechtlichen Vorschriften des EStG 1988 bzw. des KStG 1988 ergibt. Wird bei der Übertragung von ausländischem Vermögen von der Aufwertungsoption Gebrauch gemacht, ist der sich aus § 20 KStG 1988 ergebende Wert als Buchwert zu verstehen (siehe Rz 1668 ff).

6.2.5.2 Aufwertungsoption

1668   Grundsätzlich gilt das Gebot der Buchwertfortführung der sich aus der Schlussbilanz ergebenden steuerlich maßgebenden Ansätze auch für im Zuge der Spaltung übertragenes ausländisches Vermögen. Nur unter den in § 33 Abs. 2 UmgrStG genannten Voraussetzungen wird der spaltenden Körperschaft ein Wahlrecht eingeräumt, ausländisches Vermögen anstatt mit dem Buchwert mit dem sich aus § 20 KStG 1988 ergebenden Wert anzusetzen. Zweck der Bestimmung ist die Vermeidung einer ansonsten eintretenden Doppelbesteuerung. Die Aufwertungsoption kann nur von der spaltenden Gesellschaft ausgeübt werden. Die Inanspruchnahme der Aufwertungsoption ist von folgenden Voraussetzungen abhängig:

- Die Spaltung führt im Ausland zu einer tatsächlichen steuerpflichtigen Gewinnverwirklichung.

- Der ausländische Staat hat mit Österreich ein DBA abgeschlossen, das für die nach ausländischem Recht verwirklichten Gewinne die Anrechnungsmethode vorsieht oder es wurde eine vergleichbare innerstaatliche Maßnahme zur Vermeidung der Doppelbesteuerung getroffen (§ 48 BAO-Bescheid bzw. auf Grundlage der Verordnung BGBl. II Nr. 474/2002). *(BMF-AV Nr. 175/2014)*

1669   Als ausländisches Vermögen im Sinne dieser Vorschrift gelten auf Grund des Verweises des § 33 Abs. 2 UmgrStG auf § 16 Abs. 3 Z 3 UmgrStG nur ausländische Betriebe, Teilbetriebe, Anteile an ausländischen Mitunternehmerschaften sowie Kapitalanteile im Sinne des § 12 Abs. 2 Z 3 UmgrStG an ausländischen Körperschaften, welche mit einer inländischen Kapitalgesellschaft oder Erwerbs- und Wirtschaftsgenossenschaft vergleichbar sind. Bei den ausländischen Betrieben oder Teilbetrieben muss es sich um Betriebsvermögen zur Erzielung von Einkünften im Sinne des § 2 Abs. 3 Z 1 bis 3 EStG 1988 handeln. Nicht der Aufwertungsoption zugänglich sind hingegen einzelne im Ausland gelegene Wirtschaftsgüter inländischer Betriebe oder Teilbetriebe.

Beispiel:

Die A-GmbH spaltet einen inländischen Betrieb, dem ein im Ausland gelegenes bebautes Grundstück zuzurechnen ist, auf die B-GmbH ab. Da es sich bei dem ausländischen Grundstück für sich allein nicht um begünstigtes Vermögen gemäß § 16 Abs. 3 Z 3 UmgrStG handelt, geht der abgespaltene Betrieb samt dem ausländischen Grundstück zwingend zu Buchwerten auf die B-GmbH über.

1670   Die Ausübung des Aufwertungswahlrechts führt zum Aufdecken der stillen Reserven des übertragenen Auslandsvermögens und damit zur Vorwegnahme einer späteren Gewinnverwirklichung. Dadurch wird im Inland in der Periode der Spaltung die Anrechnung der ausländischen Steuer auf die auf Grund der Aufwertung anfallende inländische (Teil)Körperschaftsteuer ermöglicht. Die Mindestkörperschaftsteuer allein bietet jedoch keine Anrechnungsmöglichkeit. Das Wahlrecht ist bei Zutreffen der Voraussetzungen für Vermögen in verschiedenen Staaten jeweils gesondert ausübbar.

Nimmt der ausländische Staat die Spaltung nicht zum Anlass, die stillen Re- 1671
serven des ausländischen Vermögens zu besteuern oder besteht mit dem betreffenden Staat ein DBA, welches die Befreiungsmethode vorsieht, greift die Aufwertungsoption nicht. Da es in diesen Fällen zu keiner Doppelbesteuerung kommen kann, sind diesfalls auch hinsichtlich des übertragenen ausländischen
Vermögens zwingend die Buchwerte fortzuführen.

Beispiel:

Die A-GmbH spaltet einen im Ausland gelegenen Betrieb auf die B-GmbH ab. Mit
dem betreffenden ausländischen Staat besteht ein DBA, welches die Anrechnungsmethode vorsieht. Der ausländische Staat nimmt die Spaltung zum Anlass, die stillen
Reserven einschließlich des Firmenwertes des Betriebes zu versteuern.

Macht die A GmbH von der Aufwertungsoption Gebrauch, entsteht hinsichtlich des
ausländischen Betriebes auf Grund der Aufwertung in Österreich ein steuerpflichtiger
Gewinn. Auf die dabei anfallende Körperschaftsteuer kann nunmehr die ausländische
Steuer angerechnet werden. Würde die A GmbH nicht aufwerten und würden daher
die Buchwerte fortgeführt, blieben die stillen Reserven des Betriebes einschließlich
des Firmenwertes in Österreich weiterhin steuerhängig, obwohl sie schon im Ausland
besteuert worden sind. Beim Verkauf des Betriebes in einem Folgejahr würden dieselben stillen Reserven daher nochmals versteuert.

Besteht mit dem betreffenden Staat hingegen ein DBA, welches die Befreiungsmethode vorsieht, besteht die Möglichkeit der Doppelbesteuerung nicht, da die stillen
Reserven des im Ausland gelegenen Betriebes im Inland nicht steuerhängig sind. Die
A-GmbH hat dann auch hinsichtlich des ausländischen Betriebes zwingend die Buchwerte fortzuführen.

Zur Behandlung der Anteilsinhaber im Falle der Inanspruchnahme der Aufwertungsoption siehe Rz 1730.

Zu den rückwirkenden Korrekturen bei der Aufspaltung siehe Rz 1672 ff
und bei der Abspaltung siehe Rz 1678 ff. *(BMF-AV Nr. 175/2014)*

6.2.5.3. Rückwirkende Korrekturen bei der Aufspaltung

6.2.5.3.1 Ausschüttungen, Einlagenrückzahlungen und Einlagen

Gemäß § 33 Abs. 4 UmgrStG gilt bei einer Aufspaltung die Rückwirkungs- 1672
fiktion des § 33 Abs. 3 UmgrStG (siehe Rz 1659) für die nachfolgend angeführten Vorgänge nicht. Diese in die Zeit nach dem Spaltungsstichtag fallenden Vorgänge entfalten daher noch Wirkung für die spaltende (übertragende) Körperschaft und deren Gesellschafter:

§ 33

- Gewinnausschüttungen der spaltenden Körperschaft auf Grund von Beschlüssen nach dem Spaltungsstichtag (gilt nicht für verdeckte Ausschüttungen, siehe dazu unten); Gewinnausschüttungen der spaltenden Körperschaft
  im Rückwirkungszeitraum vermindern daher gemäß § 4 Abs. 12 Z 4 EStG
  1988 idF AbgÄG 2015 die Innenfinanzierung dieser Körperschaft.
- Einlagenrückzahlungen im Sinne des § 4 Abs. 12 EStG 1988 durch die spaltende Körperschaft in der Zeit zwischen dem Spaltungsstichtag und dem Tag
  des Spaltungsbeschlusses (siehe § 4 Abs. 12 Z 3 EStG 1988 idF AbgÄG
  2012, wonach Einlagenrückzahlungen durch die übertragende Körperschaft
  im Rückwirkungszeitraum ihr Einlagenevidenzkonto mindern).
- Einlagen der Anteilsinhaber im Sinne des § 8 Abs. 1 KStG 1988 in die spaltende Körperschaft in der Zeit zwischen dem Spaltungsstichtag und dem Tag
  des Spaltungsbeschlusses (siehe § 4 Abs. 12 Z 3 EStG 1988 idF AbgÄG
  2012, wonach Einlagen in die übertragende Körperschaft im Rückwirkungszeitraum ihr Einlagenevidenzkonto erhöhen).

Die Gestaltung des übertragenen Vermögens durch vorbehaltene Entnahmen gemäß § 16 Abs. 5 Z 2 UmgrStG ist gesetzlich nicht vorgesehen und daher nicht steuerwirksam (siehe Rz 1680).

Da die spaltende Körperschaft im Zuge der Aufspaltung mit Ablauf des Spaltungsstichtages steuerlich erlischt, sind die genannten Vorgänge zwingend auf den Spaltungsstichtag rückzubeziehen und den Nachfolgegesellschaften zuzuordnen. Insoweit kommt es zu einer rückwirkenden Korrektur des übertragenen Vermögens. Die Rückbeziehung erfolgt durch Aufnahme dieser Vorgänge in die Übertragungsbilanz(en) für jene Nachfolgegesellschaft(en), der (denen) die Ausschüttungen, Einlagenrückzahlungen oder Einlagen zugeordnet werden soll(en). Für Ausschüttungen und Einlagenrückzahlungen sind in die Übertragungsbilanzen entsprechende Passivposten einzustellen, welche erfolgsneutral das Übertragungskapital mindern. Einlagen führen zu einer Forderung und somit zu einer Erhöhung des Übertragungskapitals.

§ 33 Abs. 4 UmgrStG dient nur der Gestaltung des Spaltungsvermögens, welches entsprechend erhöht oder vermindert wird. Die Zuordnung von Ausschüttungen, Einlagen und Einlagenrückzahlungen zu den einzelnen übernehmenden Körperschaften bedeutet jedoch nicht, dass die steuerlichen Folgen dieser Vorgänge nach den Verhältnissen der übernehmenden Körperschaften zu beurteilen wären. Vielmehr sind Gewinnausschüttungen, Einlagenrückzahlungen und Einlagen immer den zum Zeitpunkt des Ausschüttungs- bzw. Rückzahlungsbeschlusses tatsächlich beteiligten Gesellschaftern zuzurechnen.

Im Gegensatz zu den offenen Ausschüttungen sind verdeckte Ausschüttungen von der Rückwirkungsfiktion erfasst, da für sie das Erfordernis eines Beschlusses nicht erfüllt ist. Verdeckte Ausschüttungen in der Zeit zwischen dem Spaltungsstichtag und dem Tag des Spaltungsbeschlusses sind daher bei jener übernehmenden Körperschaft zu erfassen, welcher das von der verdeckten Ausschüttung betroffene Vermögen übertragen wurde. Auf Gesellschafterebene sind verdeckte Ausschüttungen jedenfalls jenen Gesellschaftern zuzurechnen, denen die Ausschüttung tatsächlich zugeflossen ist. *(BMF-AV Nr. 175/2014, BMF-AV Nr. 40/2017)*

6.2.5.3.2 Rückwirkendes Verschieben von Aktiva und Passiva

1673   Neben den oben angeführten Vorgängen, welche bei einer Aufspaltung zwingend auf den Spaltungsstichtag rückzubeziehen sind, kann der zu übertragende (Teil-)Betrieb oder Mitunternehmeranteil gemäß § 16 Abs. 5 Z 4 UmgrStG rückwirkend zum Spaltungsstichtag durch Verschieben von Wirtschaftsgütern zwischen den einzelnen (Teil-)Betrieben in seinem Umfang verändert werden. Dabei können nicht betriebszugehörige Wirtschaftsgüter mit einem (Teil-)Betrieb übertragen bzw. betriebszugehörige Wirtschaftsgüter einem anderen (Teil-)Betrieb zugeordnet werden.

Die Grenzen der Verschiebetechnik sind in steuerlicher Hinsicht in zweifacher Weise vorgegeben:

- Einerseits ist § 16 Abs. 5 UmgrStG zu beachten, wonach die Eigenschaft eines begünstigten Vermögens im Sinne des § 12 Abs. 2 UmgrStG nicht verloren gehen darf und ein positiver Verkehrswert erhalten bleiben muss. Die zweitgenannte Voraussetzung ist allerdings bereits spaltungsrechtlich zu prüfen und hindert die Eintragung des Spaltungsbeschlusses in das Firmenbuch.

- Andererseits ist § 16 Abs. 5 Z 4 UmgrStG zu beachten, wonach Aktiva in der Regel nur zusammen mit unmittelbar verbundenen Passiva verschoben oder zurückbehalten werden können (siehe Rz 926 bis Rz 926d).

Beispiel:

Die A-GmbH wird mit Stichtag 31.12.01 aufgespalten. Der Teilbetrieb 1 wird in die B-GmbH, der Teilbetrieb 2 in die C-GmbH gespalten. Mit Wirkung zum Spaltungsstichtag kann eine Maschine, welche an sich dem Teilbetrieb 1 zuzuordnen ist, einschließlich eines allenfalls bestehenden Anschaffungskredits mit dem Teilbetrieb 2 der C-GmbH übertragen werden. Die Verknüpfung mit dem Kredit gilt nicht, wenn der Anschaffungszeitpunkt der fremdfinanziert erworbenen Maschine am Spaltungsstichtag bereits länger als sieben Jahre zurückgelegen ist. *(BMF-AV Nr. 175/2014)*

Hinsichtlich der rückwirkenden Vermögenserhöhung ergibt sich keine umfängliche Begrenzung. Es ist formell betrachtet zulässig, einem auszulagernden Kleinstbetrieb Vermögensteile zuzuordnen, die nach allgemeinen steuerlichen Grundsätzen gewillkürtes oder neutrales Betriebsvermögen darstellen. Diese formal unbedenkliche Gestaltungsmöglichkeit kann nur dann eine Gefährdung der Steuerwirkung der Spaltung hervorrufen, wenn darin ein in § 44 UmgrStG angesprochener Gestaltungsfall zur Umgehung oder Minderung der Abgabenpflicht zu erblicken ist. Dieser Verdacht wird umso größer sein, je höher das Missverhältnis zwischen dem Wert des zu übertragenden (Teil-)Betriebes und dem darüberhinausgehenden Wert des beigefügten gewillkürten bzw. neutralen Vermögens ist. Zum Vorliegen eines Missbrauchsverdachts im Zusammenhang mit der Zuordnung einer allfälligen „Restgröße" von Passiva bzw. mit rückwirkenden Korrekturen von Passiva siehe Rz 1663. **1674**

Beispiel:

Im Zuge der Aufspaltung einer GmbH, die nur einen Betrieb führt, soll Vermögen übertragen werden, das nicht den Voraussetzungen für Vermögen im Sinne des § 12 Abs. 2 UmgrStG entspricht. Es wird daher vorbereitend vor dem Spaltungsstichtag ein Kleinstbetrieb geschaffen, um eine Rechtsgrundlage für eine steuerneutrale Spaltung zu schaffen. Dem Kleinstbetrieb mit einem Verkehrswert von 10 werden Vermögensteile im Verkehrswert von 1.000 „mitgegeben". Liegt das Ziel in der Vermeidung der Abgabenpflicht, ist der Verdacht einer missbräuchlichen Nutzung des UmgrStG gegeben. *(BMF-AV Nr. 175/2014)*

Das Verschieben von Wirtschaftsgütern erfolgt durch Aufnahme bzw. Nichtaufnahme der jeweiligen Aktiva und Passiva in die Übertragungsbilanzen. Das Verschieben von Aktiva führt demnach zu einer Erhöhung des Übertragungskapitals für die den aufnehmenden Teilbetrieb neue oder übernehmende Körperschaft und zu einer spiegelbildlichen Verminderung des Übertragungskapitals für die den übertragenden Teilbetrieb neue oder übernehmende Körperschaft. Das Verschieben einer Aktiv- bzw. Passivpost ist dem Grunde nach unter Beachtung der Siebenjahresfrist nur mit einer unmittelbar zusammenhängenden Aktiv- bzw. Passivpost möglich; eine allfällige verbleibende „Restgröße" von Passiva ist vor Vornahme allfälliger rückwirkender Korrekturen einer der Vermögensmassen sachgerecht zuzuordnen (siehe Rz 1663 dritter Bulletpoint). Zum Vorliegen eines Missbrauchsverdachts im Zusammenhang mit der Zuordnung einer „Restgröße" bzw. durch Vornahme rückwirkender Korrekturen siehe aber Rz 1663. **1675**

Rückwirkende Entgeltvereinbarungen zwischen den an der Spaltung beteiligten Körperschaften sind hinsichtlich des verschobenen Vermögens gemäß § 34 Abs. 1 UmgrStG in Verbindung mit § 18 Abs. 3 UmgrStG dann anzuerkennen, wenn sie spätestens am Tag des Abschlusses des Spaltungsplans bzw. Spal-

§ 33

tungs- und Übernahmevertrages abgeschlossen worden sind (siehe dazu auch Rz 1691).

Beispiel:

Wird in obigem Beispiel die Maschine des Teilbetriebes 1, die zu Teilbetrieb 2 in die C-GmbH verschoben wurde, auch nach der Spaltung von Teilbetrieb 1, der sich nunmehr in der B-GmbH befindet, genutzt, ist zwischen den beiden Gesellschaften bereits rückwirkend ab dem dem Spaltungsstichtag folgenden Tag eine dem Fremdverhaltensgrundsatz entsprechende Miete zu verrechnen (siehe Rz 983). Andernfalls können bei konzernverbundenen Gesellschaften verdeckte Ausschüttungen vorliegen. *(BMF-AV Nr. 175/2014)*

1676 Ein Verschieben von Wirtschaftsgütern kann gemäß § 16 Abs. 5 Z 4 UmgrStG nur zwischen Betrieben oder Teilbetrieben erfolgen. Spaltende unter § 7 Abs. 3 KStG 1988 fallende Körperschaften können Wirtschaftsgüter und mit ihnen zusammenhängendes Fremdkapital auch dann zurückbehalten, wenn ein (Teil-)Betrieb nicht verbleibt. Nur eingeschränkt möglich hingegen ist das Verschieben von Wirtschaftsgütern bei gesondert zu übertragenen Mitunternehmer- oder Kapitalanteilen.

• Eine Disposition bei gesondert zu übertragenden Mitunternehmeranteilen ist nur hinsichtlich der Mitübertragung oder des Zurückbehaltens von Sonderbetriebsvermögen möglich. Die Verknüpfungsregeln des § 16 Abs. 5 Z 4 UmgrStG sind zu beachten (siehe Rz 926a ff).

• Spaltende unter § 7 Abs. 3 KStG 1988 fallende Körperschaften können aber im Falle der gesonderten Übertragung von Mitunternehmeranteilen eine rückwirkende Übertragung von Guthaben des variablen Kapitalkontos in das Stammvermögen bzw. Einlagen in das variable Kapitalkonto in sinngemäßer Anwendung von § 16 Abs. 5 Z 1 UmgrStG vornehmen.

• Eine Disposition bei gesondert zu übertragenden Kapitalanteilen ist auf Grund des Maßgeblichkeit des § 12 Abs. 2 Z 3 UmgrStG (siehe Rz 735) nur hinsichtlich der Mitübertragung oder des Zurückbehaltens des zum Spaltungsstichtag ausstehenden Teils des nachweisbar ausschließlich zur Anschaffung dieses Anteiles aufgenommenen Fremdkapitals möglich.

Beispiel:

Die A-GmbH wird mit Stichtag 31.12.01 aufgespalten. Der Teilbetrieb 1 wird in die B-GmbH, der 50-prozentige Kapitalanteil an der Y-GmbH wird in die C-GmbH gespalten. Zusammen mit dem Kapitalanteil wird der C-GmbH eine Forderung übertragen.

Da nicht nur Vermögen im Sinne des § 12 Abs. 2 UmgrStG übertragen wird, kommt das allgemeine Ertragssteuerrecht zur Anwendung. Die spaltende A-GmbH und ihre Gesellschafter unterliegen daher der Liquidationsbesteuerung.

Jedenfalls besteht eine Verpflichtung zur Übertragung von Verbindlichkeiten im Zusammenhang mit Einlagen in die Gesellschaft, deren Kapitalanteil übertragen wird, wenn diese innerhalb von zwei Jahren vor dem Spaltungsstichtag erfolgten (§ 12 Abs. 2 Z 3 UmgrStG idF AbgÄG 2012, siehe Rz 737a). *(BMF-AV Nr. 175/2014)*

1677 Eine weitere Möglichkeit einer rückwirkenden Korrektur besteht darin, die zum Spaltungsstichtag offenen Posten aus der innerbetrieblichen Liefer- und Leistungsbeziehung zwischen den Teilungsmassen aufzudecken und als Forderung bzw. Verbindlichkeit in den Übertragungsbilanzen darzustellen. Voraussetzung ist, dass das Bestehen innerbetrieblicher Verrechnung nachgewiesen wird. Ein willkürliches Einstellen von Forderungen oder Verbindlichkeiten ist nicht möglich. *(BMF-AV Nr. 175/2014)*

6.2.5.4 Rückwirkende Korrekturen bei der Abspaltung

6.2.5.4.1 Korrekturen im Sinne des § 16 Abs. 5 Z 4 UmgrStG

Wie bei der Aufspaltung ist auch bei der Abspaltung ein Verschieben von Wirtschaftsgütern zwischen Betrieben möglich. Eine Einschränkung dahingehend, dass in der spaltenden Körperschaft Vermögen im Sinne des § 12 Abs. 2 UmgrStG verbleiben muss, besteht nicht. 1678

Beispiel:

Der Betrieb der A-GmbH wird mit Stichtag 31.12.01 in die B-GmbH abgespalten. Obwohl die spaltende Gesellschaft nach der Spaltung über keinen Betrieb verfügt, können zB die Betriebsgrundstücke oder Forderungen in der A-GmbH verbleiben.

Bei Anwendung der Verschiebetechnik sind die in § 16 Abs. 5 Z 4 UmgrStG verankerten Einschränkungen hinsichtlich der Verknüpfung von zu verschiebenden Aktiva mit unmittelbar verbundenen Passiva zu beachten (siehe Rz 926a bis Rz 926d).

Zur Trennung von Gebäude und Grund und Boden siehe Rz 694a. *(BMF-AV Nr. 131/2018)*

6.2.5.4.2 Korrekturen im Sinne des § 16 Abs. 5 Z 5 UmgrStG

Bei Abspaltungen bewirken offene Gewinnausschüttungen, Einlagenrückzahlungen und Einlagen, die in der Zeit zwischen Spaltungsstichtag und Spaltungsbeschluss getätigt werden, grundsätzlich eine Kapitalveränderung bei der spaltenden Gesellschaft. Die angeführten Vermögensänderungen können jedoch gemäß § 33 Abs. 5 UmgrStG durch Aufnahme in die Übertragungsbilanz(en) auf das abgespaltene Vermögen bezogen werden. Das zu übertragende Vermögen wird somit diesfalls durch Ausschüttungen und Einlagenrückzahlungen vermindert bzw. durch Einlagen erhöht. 1679

Wie bei der Aufspaltung haben die angeführten Vermögensänderungen auch bei der Abspaltung nur vermögensgestaltende Wirkung (siehe Rz 1672). Offene Ausschüttungen, Einlagenrückzahlungen und Einlagen sind daher immer den zum Zeitpunkt des Ausschüttungs- bzw. Rückzahlungsbeschlusses tatsächlich beteiligten Gesellschaftern zuzurechnen.

6.2.5.4.3 Korrekturen im Sinne des § 16 Abs. 5 Z 2 UmgrStG

Auf Grund von § 33 Abs. 5 UmgrStG idF AbgÄG 2005 kann die Vornahme einer vorbehaltenen Entnahme keine steuerliche Wirkung entfalten (für Umgründungen, die nach dem 31. Jänner 2006 beim Firmenbuchgericht zur Eintragung angemeldet oder bei dem zuständigen FA gemeldet wurden, 3. Teil Z 11 UmgrStG). Wird dennoch eine Passivpost für vorbehaltene Entnahmen gebildet, führt eine Verzinsung und Tilgung bei der übernehmenden Gesellschaft zu einer verdeckten Ausschüttung, die bei der die Gläubigerstellung innehabenden spaltenden Gesellschaft unter § 10 Abs. 1 KStG 1988 fällt. *(BMF-AV Nr. 175/2014)* 1680

§ 33

6.2.5.4.4. Korrekturen bei der Abspaltung von Kapitalanteilen *(BMF-AV Nr. 131/2018)*

Bei Abspaltungen von Kapitalanteilen steht das Instrumentarium des § 16 Abs. 5 UmgrStG nicht zur Verfügung, sodass etwa eine im Rückwirkungszeitraum an die abspaltende Gesellschaft erfolgte Ausschüttung steuerlich bereits der übernehmenden Körperschaft zuzurechnen ist. 1681

Zum Zurückbehalten des Anspruchs durch einen im Spaltungs- und Übernahmsvertrag verankerten Vorbehalt der Ausschüttung siehe Rz 881, wonach kein Verstoß einer Anwendungsvoraussetzungen vorliegt, allerdings die im Rückwirkungszeitraum erfolgte Ausschüttung im ersten Schritt dennoch der übernehmenden Körperschaft zuzurechnen sind und in weiterer Folge als im Zuge der Einkommensverwendung an die abspaltende Gesellschaft übertragen gelten. *(BMF-AV Nr. 131/2018)*

Randzahl 1682: *derzeit frei*

6.2.6. Spaltungs- bzw. Restbilanz

1683 Im Falle der Abspaltung hat die spaltende Körperschaft nach § 2 Abs. 1 Z 12 SpaltG eine Spaltungsbilanz aufzustellen, die das nach der Spaltung verbleibende Vermögen zu unternehmensrechtlichen Werten ausweist. Aus diesen Ansätzen ist für steuerliche Zwecke eine Restbilanz abzuleiten, in der die steuerlich maßgebenden Buchwerte dargestellt werden. Die unternehmens- und steuerrechtlichen Ansätze müssen den in der Schlussbilanz ausgewiesenen Ansätzen entsprechen, da eine Neubewertung nicht möglich ist.

Das Erfordernis des Aufstellens einer Restbilanz ist eine steuerliche Ordnungsvorschrift und gehört nicht zu den Anwendungsvoraussetzungen des Art. VI UmgrStG. *(BMF-AV Nr. 175/2014)*

6.2.7. Buchgewinne und Buchverluste bei der spaltenden Körperschaft

1684 Zu einem Buchgewinn oder Buchverlust kann es bei der spaltenden Körperschaft nur im Zuge einer Abspaltung kommen, da bei einer Aufspaltung die spaltende Gesellschaft untergeht. Wird Vermögen mit einem positiven Buchwert übertragen, entsteht im Falle einer Spaltung mit Anteilsgewährung an die Gesellschafter der spaltenden Gesellschaft in Höhe des übertragenen positiven Buchwertes ein Buchverlust, bei Übertragung von Vermögen mit negativem Buchwert ein entsprechender Buchgewinn. Sowohl Buchverluste als auch Buchgewinne sind gemäß § 33 Abs. 7 UmgrStG steuerneutral.

Zu den Auswirkungen von Buchgewinnen und Buchverlusten auf die Innenfinanzierung siehe Rz 379. *(BMF-AV Nr. 40/2017)*

1685 Im Falle der Abspaltung von Vermögen von der Muttergesellschaft auf eine Tochtergesellschaft (down-stream-Abspaltung zur Aufnahme) kann eine Spaltung mit Anteilsgewährung und eine solche ohne Anteilsgewährung beschlossen werden. Verzichten die Gesellschafter der übertragenden Muttergesellschaft auf die Gewährung von Anteilen an der übernehmenden Tochtergesellschaft (Anwendungsfall des auch für GmbH geltenden § 224 Abs. 2 Z 2 AktG auf Grund des § 17 SpaltG), entsteht kein Buchgewinn bzw. Buchverlust. Diesfalls verändert der Buchwert des übertragenen Vermögens bei der übertragenden Muttergesellschaft den Beteiligungsansatz der übernehmenden Tochtergesellschaft (§ 33 Abs. 7 UmgrStG in Verbindung mit § 20 Abs. 4 Z 1 UmgrStG). Wird Vermögen mit einem positiven Buchwert übertragen, erhöht sich der Beteiligungsansatz um den Buchwert des übertragenen Vermögens, wird Vermögen mit negativem Buchwert übertragen, vermindert er sich entsprechend. Es kommt somit zu einer Umbuchung des Saldos der Buchwerte der übertragenen Vermögensgegenstände auf den Beteiligungsansatz an der Tochtergesellschaft.

Beispiel:

Die A-GmbH ist Alleingesellschafterin der B-GmbH (Buchwert der Beteiligung 90).

Die Muttergesellschaft spaltet einen Teilbetrieb (Buchwert 50) auf die Tochtergesellschaft a) unter Verzicht auf eine Anteilsgewährung b) mit Anteilsgewährung ab.

a) Der Buchwert der Beteiligung an der B-GmbH ist um den steuerlichen Buchwert des abgespaltenen Teilbetriebes in Höhe von 50 zu erhöhen und beträgt nunmehr 140. Durch die Aktivierung auf den Beteiligungsbuchwert wird der Abgang des abgespaltenen Teilbetriebes ausgeglichen, sodass kein Buchverlust entsteht.

b) Es entsteht bei der spaltenden Muttergesellschaft ein steuerneutraler Buchverlust in Höhe von 50. Da die Gesellschafter der A-GmbH die Gegenleistung im Wege einer Kapitalerhöhung bei der B-GmbH erhalten, sinkt die Beteiligung der A-GmbH an der B-GmbH entsprechend dem Umtauschverhältnis auf ein geringeres Ausmaß ab.

Sollte die Abspaltung auf eine mittelbar mit der spaltenden Gesellschaft hundertprozentig verbundene Enkelgesellschaft unter Verzicht auf eine Anteilsgewährung erfolgen, wird der Buchwert des übertragenen Vermögens auf die Beteiligung an der unmittelbaren Tochtergesellschaft und bei dieser auf die Beteiligung an der übernehmenden Gesellschaft zu aktivieren sein. Bei der Tochtergesellschaft wird in Höhe der Aktivierung eine entsprechende Rücklage zu bilden sein.

Im Falle der Abspaltung von Vermögen der Tochtergesellschaft auf die Muttergesellschaft (up-stream-Abspaltung) kommt es bei der übernehmenden Muttergesellschaft in Höhe eines eingehenden positiven Buchwertes zu einem steuerneutralen Buchgewinn in Verbindung mit einer steuerneutralen Beteiligungsansatzverminderung (§ 34 Abs. 2 Z 2 UmgrStG), im Falle eines eingehenden negativen Buchwertes des übertragenen Vermögens zu einem steuerneutralen Buchverlust und ebenfalls zu einer Beteiligungsansatzverminderung. Die Steuerneutralität ändert sich nicht im Falle der Neubewertung des übernommenen Vermögens.

1686

§ 33

Neue oder übernehmende Körperschaften

§ 34. (1) Die neue oder übernehmende Körperschaft hat die zum Spaltungsstichtag steuerlich maßgebenden Buchwerte im Sinne des § 33 fortzuführen. § 33 Abs. 3 gilt für die neue oder übernehmende Körperschaft mit dem Beginn des auf den Spaltungsstichtag folgenden Tages. § 18 Abs. 3 ist anzuwenden.

(2) Für übernehmende Körperschaften gilt folgendes:

1. Buchgewinne und Buchverluste bleiben bei der Gewinnermittlung außer Ansatz.

2. Besitzt die übernehmende Körperschaft Anteile an der abspaltenden Körperschaft, ist Z 1 mit der Maßgabe anzuwenden, daß bei der Ermittlung des Buchgewinnes oder Buchverlustes der steuerlich maßgebende Buchwert der Anteile an der abspaltenden Körperschaft in dem Verhältnis zu vermindern ist, in dem sich der Wert der abspaltenden Körperschaft durch die Abspaltung vermindert hat.

3. Unabhängig vom Vorliegen eines Buchgewinnes oder -verlustes sind Veränderungen des Betriebsvermögens, die aus der Vereinigung von Aktiven und Passiven (Confusio) stammen, in dem dem Spaltungsstichtag folgenden Wirtschaftsjahr zu berücksichtigen.

(3) Für internationale Schachtelbeteiligungen im Sinne des § 10 Abs. 2 des Körperschaftsteuergesetzes 1988 gilt folgendes:

1. Entsteht durch die Spaltung bei der übernehmenden Körperschaft eine internationale Schachtelbeteiligung oder wird ihr Ausmaß erweitert, ist hinsichtlich der bisher nicht steuerbegünstigten Beteiligungsquoten auf den Unterschiedsbetrag zwischen den Buchwerten und den höheren Teilwerten § 10 Abs. 3 erster Satz des Körperschaftsteuergesetzes 1988 nicht anzuwenden.

2. Geht durch die Spaltung die Eigenschaft einer Beteiligung als internationale Schachtelbeteiligung unter, gilt, soweit für sie keine Option zugunsten der Steuerwirksamkeit erklärt worden ist, der höhere Teilwert zum Spaltungsstichtag, abzüglich vorgenommener oder als nach diesem Bundesgesetz vorgenommen geltender Teilwertabschreibungen im Sinne des § 6 Z 2 lit. a des Einkommensteuergesetzes 1988, als Buchwert.

(BGBl I 2005/161)

Gliederung:

6.3. Neue oder übernehmende Körperschaft (§ 34 UmgrStG)

6.3.1. Rechtsnachfolge

6.3.1.1 Unternehmens- und steuerrechtliche Gesamtrechtsnachfolge

Der spaltungsrechtliche Vermögensübergang von der übertragenden Körper- **1687** schaft auf die neue oder übernehmende Körperschaft erfolgt durch Eintragung der Spaltung in das Firmenbuch im Wege der Gesamtrechtsnachfolge gemäß § 14 Abs. 2 Z 1 SpaltG. Diese Regelung ist inhaltsgleich mit § 220 Abs. 2 Z 5 AktG (siehe Rz 114 ff). Der zivilrechtliche Vermögensübergang durch Gesamtrechtsnachfolge erfolgt mit dem Tag der Eintragung ins Firmenbuch. Für den Zeitraum zwischen Spaltungsstichtag und Eintragung der Spaltung in das Firmenbuch wird durch § 2 Abs. 1 Z 7 SpaltG normiert, dass die Handlungen der übertragenden Gesellschaft als für Rechnung der neuen Gesellschaft vorgenommen gelten.

Auf Grund des Vermögensüberganges durch gesellschaftsrechtliche Gesamtrechtsnachfolge im Wege einer Spaltung kommt es durch § 19 BAO zum Übergang der sich aus den Abgabenvorschriften ergebenden Rechte und Pflichten des Rechtsvorgängers auf den Rechtsnachfolger (abgabenrechtliche Gesamtrechtsnachfolge). Sollte ein Spaltungsvorgang nicht unter Art. VI UmgrStG fallen (siehe Rz 1802 ff), würde auch dieser Vermögensübergang kraft gesellschaftsrechtlicher Gesamtrechtsnachfolge unter § 19 BAO fallen und abgabenrechtliche Gesamtrechtsnachfolge vorliegen. *(AÖF 2005/273)*

Körperschaftsteuerbescheide, die Zeiträume bis zum Spaltungsstichtag be- **1687a** treffen, sind nach Eintragung

- der Aufspaltung in das Firmenbuch den neuen oder übernehmenden Körperschaften als Rechtsnachfolger nach der spaltenden Körperschaft und

- der Abspaltung in das Firmenbuch der spaltenden Körperschaft

zuzustellen.

Ergeben sich nach einer Spaltung aufgrund einer Außenprüfung der übertragenden Gesellschaft Feststellungen, die Zeiträume bis zum Spaltungsstichtag betreffen, gilt für die Erlassung neuer Abgabenbescheide Folgendes:

Nach § 14 Abs. 2 Z 1 SpaltG gehen die Vermögensteile der übertragenden Gesellschaft entsprechend der im Spaltungsplan oder im Spaltungs- und Übernahmsvertrag vorgesehenen Zuordnung jeweils im Wege der Gesamtrechtsnachfolge auf die übernehmende(n) Gesellschaft(en) über (partielle Gesamtrechtsnachfolge). Nach dieser Zuordnung richtet sich auch die Bescheiderstellung und Zustellung.

- Betreffen die Feststellungen Vermögensteile der abspaltenden Gesellschaft, ist nur ihr ein neuer Bescheid zuzustellen.

- Betreffen die Feststellungen übertragene Vermögensteile, ist der betroffenen neuen oder übernehmenden Gesellschaft ein neuer Bescheid zuzustellen. Die Bescheide ergehen „An die neue/übernehmende Gesellschaft als Rechtsnachfolgerin der spaltenden Gesellschaft". In den Bescheiden wird jeweils nur über den Sachverhalt abgesprochen, der sich auf den von der Feststellung betroffenen Vermögensteil bezieht.

• Sofern Feststellungen bestimmten Vermögensteilen nicht direkt zuordenbar sind (zB bei verdeckten Ausschüttungen), ist die Zuordnung im Schätzungswege vorzunehmen und jeder der betroffenen Gesellschaften ein neuer Bescheid zuzustellen. *(BMF-AV Nr. 175/2014)*

6.3.1.2 Zeitpunkt der steuerlichen Vermögensübernahme

1688   Gemäß § 34 Abs. 1 UmgrStG gilt § 33 Abs. 3 UmgrStG für die neue oder übernehmende Körperschaft mit dem Beginn des auf den Spaltungsstichtages folgenden Tages (siehe Rz 1659). Bei der Spaltung zur Neugründung ist daher ab diesem Zeitpunkt die neue oder übernehmende Körperschaft als Steuersubjekt anzuerkennen. Bei der Spaltung zur Aufnahme gilt dies auch für den Fall, dass die neue oder übernehmende Körperschaft erst nach dem Spaltungsstichtag gegründet wird; dies gilt sowohl für Bar- als auch für Sachgründungen. Das bedeutet weiters, dass das Einkommen der neuen oder übernehmenden Körperschaft so zu ermitteln ist, als ob der Vermögensübergang bereits zu diesem Zeitpunkt erfolgt wäre (Rückwirkungsfiktion). Durch die steuerliche Festlegung, dass der Vermögensübergang von der spaltenden Körperschaft auf die neue oder übernehmende Körperschaft zum Spaltungsstichtag erfolgt, wird abgabenrechtlich bewirkt, dass das durch das übertragene Vermögen erzielte Einkommen bereits der neuen oder übernehmenden Körperschaft zuzurechnen ist. *(BMF-AV Nr. 131/2018)*

6.3.1.3 Bewertung des übernommenen Vermögens

1689   Die neue oder übernehmende Körperschaft hat die steuerlich maßgebenden Werte laut Übertragungsbilanz gemäß § 33 Abs. 6 UmgrStG fortzuführen, womit die Buchwertfortführung sichergestellt ist. Dies gilt auch für die sich aus dem Geltendmachen der Aufwertungsoption (siehe dazu Rz 1668) ergebenden in der Übertragungsbilanz ausgewiesenen Buchwerte.

Bewertet die neue oder übernehmende Körperschaft das übertragene Vermögen gemäß § 202 Abs. 1 UGB mit dem beizulegenden Wert, kann diese unternehmensrechtliche Bewertung für steuerliche Zwecke nicht maßgeblich sein, weil das UmgrStG zwingend die steuerliche Buchwertfortführung anordnet. Soweit die unternehmensrechtlichen Wertansätze von den fortzuführenden steuerlichen Buchwerten abweichen, sind die Unterschiede in der jährlichen Mehr-Weniger-Rechnung außerbilanzmäßig zu erfassen, sofern nicht eigene Steuerbilanzen aufgestellt werden. *(AÖF 2008/243)*

6.3.1.4. entfällt (BMF-AV Nr. 175/2014)

Randzahl 1690: *entfällt (BMF-AV Nr. 175/2014)*

6.3.1.5 Schuldrechtliche Rechtsbeziehungen im Rückwirkungszeitraum

1691   Durch Verweis in § 34 Abs. 1 letzter Satz UmgrStG auf § 18 Abs. 3 UmgrStG werden die Bestimmungen des Art. III UmgrStG für den Zeitpunkt, ab dem schuldrechtliche Rechtsbeziehungen zwischen der spaltenden Körperschaft und der neuen oder übernehmenden Körperschaft steuerrechtlich anerkannt werden, für Spaltungsvorgänge anwendbar gemacht. Siehe dazu Rz 973 ff.

6.3.1.6 Bewertungsmethode

Auf Grund der zivilrechtlichen und steuerrechtlichen Gesamtrechtsnach- 1692
folge hat die neue oder übernehmende Körperschaft die Bewertungsmethoden
der übertragenden Körperschaft fortzuführen. Es setzt daher die neue oder übernehmende Körperschaft insbesondere die AfA Methode fort und tritt in die Behaltefristen des Rechtsvorgängers ein (siehe Rz 118 ff). Für abnutzbares Anlagevermögen gelten die Regeln des § 7 EStG 1988. Weicht der Spaltungsstichtag
vom Regelbilanzstichtag der spaltenden Körperschaft ab, sind die Regeln über
die Halb- bzw. Ganzjahres-AfA anzuwenden. Es ist jedoch zu beachten, dass in
Summe bei übertragender und übernehmender Körperschaft innerhalb eines
Zeitraumes von 12 Monaten nur eine Ganzjahres AfA zusteht (siehe EStR 2000
Rz 3132). In dieser Konstellation wird auch eine aliquote Berücksichtigung der
AfA-Beträge bei der spaltenden und bei der neuen oder übernehmenden Körper-
schaft als zulässig erachtet.

Die Übernahme von teilwertberichtigten Beteiligungen vor Ablauf der Siebentelverteilung gemäß § 12 Abs. 3 Z 2 KStG 1988 führt analog zur Regelung in
Rz 1710 zur Fortsetzung der außerbilanzmäßigen Absetzung ab dem dem Spaltungsstichtag folgenden Wirtschaftsjahr. Für Spaltungsverträge ab dem 1.1.2011
gilt, dass offene Siebentel aufgrund einer abzugsfähigen Teilwertabschreibung
oder aufgrund eines Verlustes anlässlich der Veräußerung bzw. eines sonstigen
Ausscheidens einer zum Anlagevermögen gehörenden Beteiligung gemäß § 12
Abs. 3 Z 2 KStG 1988 von der Regelung des § 4 UmgrStG umfasst sind (siehe
dazu Rz 211). *(BMF-AV Nr. 175/2014)*

6.3.2. Buchgewinne und Buchverluste bei der Spaltung zur Aufnahme

6.3.2.1 Steuerneutrale Unterschiedsbeträge

Auch bei der Spaltung gilt der Grundsatz, dass Buchgewinne und Buch- 1693
verluste bei der Gewinnermittlung der übernehmenden Körperschaft steuerneutral sind. Buchgewinne bzw. Buchverluste entstehen dem Grunde nach dann,
wenn der buchmäßige Wert des übertragenen Vermögens dem Buchwert der dafür erhaltenen Gegenleistung nicht entspricht. Bei der Spaltung mit Anteilsgewährung kommt allerdings die Gegenleistung nicht der spaltenden Körperschaft zu, sodass schon dadurch bei ihr ein Buchverlust oder Buchgewinn entsteht (siehe Rz 1684 ff).

Zu den Auswirkungen von Buchgewinnen und Buchverlusten auf die Innenfinanzierung siehe Rz 379. *(BMF-AV Nr. 175/2014, BMF-AV Nr. 40/2017)*

§ 34

6.3.2.1.1 Buchgewinne und Buchverluste auf gesellschaftsrechtlicher
Grundlage

Sind die an der Spaltung beteiligten Körperschaften weder direkt noch in- 1694
direkt gesellschaftsrechtlich verbunden, erfolgt der Spaltungsvorgang auf gesellschaftsrechtlicher Grundlage (Konzentrationsspaltung). Bei der übernehmenden
Körperschaft entsteht in Höhe

• des das Gründungsnennkapital oder die Nennkapitalerhöhung übersteigen-
den buchmäßig positiven oder negativen Vermögenszuganges oder mangels
Nennkapitalerhöhung in Höhe des positiven Vermögenszuganges ein in die
Kapitalrücklage einzustellender Buchgewinn

• der den buchmäßig positiven Vermögenszugang übersteigenden Nennkapi-
talbildung oder -erhöhung ein Buchverlust, der nach den Regelungen des

§ 202 Abs. 2 UGB aktivierungsfähig ist, bzw. mangels Nennkapitalerhöhung in Höhe des buchmäßig negativen Vermögenszugangs ein in einem Sonderposten der Gewinn- und Verlustrechnung auszuweisender Buchverlust (siehe KFS/RL 25 Rz 93). *(BMF-AV Nr. 175/2014)*

6.3.2.1.2 Buchgewinne und Buchverluste auf betrieblicher Grundlage

1695   Erfolgen Spaltungsvorgänge zwischen gesellschaftsrechtlich verbundenen Unternehmungen (Konzernspaltungen), ist wie bei Verschmelzungen eine up-stream-Spaltung und down-stream-Spaltung möglich.

6.3.2.1.2.1 Up-Stream-Spaltung

1696   Eine up-stream-Spaltung liegt vor, wenn die übernehmende(n) Körperschaft(en) über Anteile an der abspaltenden Körperschaft verfügt (verfügen). In der Folge wird anteilig der Kapitalanteil, den die übernehmende Körperschaft besitzt, durch Vermögen der spaltenden Körperschaft ersetzt. Gemäß § 224 Abs. 1 AktG in Verbindung mit § 17 SpaltG darf die übernehmende Körperschaft bei der up-stream-Spaltung für das übernommene Vermögen keine Anteile gewähren. Es ist nach § 34 Abs. 2 Z 2 UmgrStG eine Wertminderung des Kapitalanteiles an der spaltenden Gesellschaft im Verhältnis zu dem Wert, um den sich das Vermögen der abspaltenden Körperschaft verringert hat, anzunehmen. Der Unterschiedsbetrag zwischen dem Vermögenszugang und der Wertminderung ist als steuerneutraler Buchgewinn oder -verlust zu behandeln.

Beispiel 1:
Die T-GmbH spaltet Vermögen auf ihre hundertprozentige Mutter (M-GmbH) ab:

Buchwert des übertragenen Vermögens	1.000
Verkehrswert des übertragenden Vermögens	2.500
Verkehrswert des gesamten Vermögens der T-GmbH	7.500
Buchwert der Beteiligung an T-GmbH	900
Ermittlung des Buchgewinnes bei der übernehmenden Muttergesellschaft:	
Buchwert der Beteiligung	900
Verringerung der Beteiligung um 1/3 (auf Basis Verkehrswerte 2500/7500)	– 300
Buchwert der Beteiligung an T nach Abspaltung	600

Buchwert übertragenes Vermögen	1.000
Buchwertabgang der Beteiligung	– 300
steuerneutraler Buchgewinn	700

Die Beteiligungsansatz T-GmbH ist bei der M-GmbH um 1/3, bezogen auf die Verkehrswertrelationen bei der Tochter, steuerneutral abzustocken.

Beispiel 2:
Die A-GmbH und Die B-GmbH sind zu je 50% an der T-GmbH beteiligt. Die T-GmbH wird auf ihre beiden Gesellschafter dergestalt aufgespalten, dass die A-GmbH den Betrieb und die B-GmbH zwei 100%ige Beteiligungen erhält. Die steuerlichen Folgen der beiden übernehmenden Körperschaften entsprechen jenen des Beispiels 1.

6.3.2.1.2.2 Side-Stream-Spaltungen

1697   Side-stream-Spaltungen liegen vor, wenn die an der Spaltung beteiligten Körperschaften nicht aneinander beteiligt sind, jedoch eine konzernmäßige Verflechtung vorliegt. Side-Stream-Spaltungen sind Abspaltungen auf Schwester-, Tanten- oder Nichtengesellschaften. Die unternehmensrechtliche Zulässigkeit der Spaltungsrichtung ergibt sich aus § 224 Abs. 2 Z 1 AktG in Verbindung mit § 17 SpaltG.

Bei Spaltungsvorgängen in dieser Konstellation ist ebenfalls die generelle Aussage des § 34 Abs. 2 Z 1 UmgrStG (Neutralität von Buchgewinnen und Buchverlusten) umzusetzen. Mangels Vorliegen einer Beteiligung der übernehmenden Körperschaft an der spaltenden Körperschaft kommt die spezielle Regelung des § 34 Abs. 2 Z 2 UmgrStG nicht zur Anwendung. Der sich zwingend ergebende und steuerlich gemäß § 34 Abs. 2 Z 1 UmgrStG bei der übernehmenden Körperschaft neutral zu behandelnde Buchgewinn oder Buchverlust ergibt sich daher nur aus dem buchmäßigen Wert des übertragenen Vermögens. Zur Behandlung der Anteilsinhaber siehe Rz 1759 ff. *(BMF-AV Nr. 175/2014)*

6.3.2.1.2.3 Down-Stream-Abspaltung

Bei down-stream-Abspaltungen gemäß § 224 Abs. 3 AktG in Verbindung mit § 17 SpaltG (Abspaltung von der Mutter- auf die Tochtergesellschaft) spaltet die Muttergesellschaft Vermögen auf ihre Tochter ab. In Höhe des Buchwertes des abgehenden Vermögens ist die Beteiligung an der Tochtergesellschaft bei der Muttergesellschaft zu erhöhen (§ 33 Abs. 7 zweiter Satz iVm § 20 Abs. 4 Z 1 UmgrStG). Buchgewinne oder Buchverluste können in diesem Fall nicht entstehen.   1698

Wird die Beteiligung an der Tochtergesellschaft down-stream auf diese abgespalten, ist in Anwendung der verschmelzungsrechtlichen Regelungen bei down-stream-Vorgängen auch bei der Spaltung zwingend eine Auskehrung der spaltungsrechtlich erworbenen eigenen Anteile als Abfindung an die Gesellschafter der Muttergesellschaft vorzunehmen. Für steuerliche Zwecke ist eine down-stream-Abspaltung mit Anteilsauskehrung gedanklich in zwei fiktive Schritte zu zerlegen: in eine Abspaltung zur Neugründung und eine darauf folgende down-stream-Verschmelzung (§ 36 Abs. 4 UmgrStG; Rz 1747).

Beispiel:

Die M-GmbH spaltet ihre 100% Beteiligung an der T-GmbH auf die T-GmbH ab.

Es sind die Bestimmungen des § 17 Z 5 SpaltG in Verbindung mit § 224 Abs. 3 AktG auch in dieser Konstellation anzuwenden. Die übernehmende Tochtergesellschaft erhält 100% der Anteile an sich selbst und hat diese Anteile eine juristische Sekunde später an die Gesellschafter der übertragenden Gesellschaft auszukehren. Bei der T-GmbH findet faktisch und buchmäßig kein Vermögenszugang statt. Gesellschaftsrechtlich sind die M-GmbH und die T-GmbH nach Abspaltung Schwestergesellschaften. Zu den Fiktionsschritten im Detail siehe Rz 1747. *(BMF-AV Nr. 175/2014)*

6.3.2.2 Steuerwirksame Unterschiedsbeträge (Confusio)

Confusio-Gewinne und -Verluste, die aus dem Zusammenfallen von Forderungen und Verbindlichkeiten bei der übernehmenden Körperschaft entstehen können, sind nur bei der Spaltung zur Aufnahme möglich (siehe Rz 162 ff). Die steuerliche Berücksichtigung von Confusio-Gewinnen und -Verlusten hat in jenem Wirtschaftsjahr zu erfolgen, das dem Spaltungsstichtag folgt. Entspricht der Spaltungsstichtag nicht dem Bilanzstichtag der übernehmenden Körperschaft, so erfolgt die Berücksichtigung in dem Wirtschaftsjahr, das nach Ablauf jenes Wirtschaftsjahres beginnt, in das der Spaltungsstichtag fällt.   1699

Beispiel:

Der Spaltungsstichtag 31.3.01 fällt in das laufende mit 31.12.01 endende Wirtschaftsjahr der übernehmenden Gesellschaft. Der Confusiotatbestand ist im Wirtschaftsjahr 02 steuerlich zu erfassen.

Zu den Auswirkungen von Confusiogewinnen und Confusioverlusten auf die Innenfinanzierung siehe Rz 379. *(BMF-AV Nr. 40/2017)*

6.3.3. Internationale Schachtelbeteiligung

6.3.3.1 Entstehen oder Erweiterung einer internationalen Schachtelbeteiligung

1700   § 34 Abs. 3 UmgrStG regelt das Entstehen bzw. die Erweiterung sowie den Wegfall einer internationalen Schachtelbeteiligung bei der übernehmenden Körperschaft. Eine internationale Schachtelbeteiligung kann nur bei der Spaltung zur Aufnahme entstehen oder erweitert werden. Die in Rz 180 ff dargestellten Grundsätze gelten auch für die Spaltung. *(BMF-AV Nr. 175/2014)*

6.3.3.2 Untergang einer internationalen Schachtelbeteiligung

1701   Der Wegfall der Eigenschaft einer internationalen Schachtelbeteiligung ist sowohl bei der Aufspaltung als auch bei der Abspaltung möglich. Jene Körperschaft, die nach der Spaltung über ein Beteiligungsausmaß verfügt, das nicht mehr die Voraussetzungen einer internationalen Schachtelbeteiligung im Sinne des § 10 Abs. 2 KStG 1988 erfüllt, kann zur Vermeidung einer sonst eintretenden Steuerpflicht eine Aufwertung hinsichtlich dieser Beteiligungsquote zum Spaltungsstichtag auf den höheren Teilwert vornehmen.

Beispiel:

Die M-GmbH verfügt über eine steuerneutrale internationale Schachtelbeteiligung gemäß § 10 Abs. 2 KStG 1988 mit einem Beteiligungsausmaß von 65% und einem Buchwert von 1.200. Der Teilwert dieser Beteiligung zum Spaltungsstichtag beträgt 2.400. Durch eine Abspaltung zum 31.12.01 wird eine Quote von 60% auf ein Schwesterunternehmen übertragen. Bei der M-GmbH verbleibt daher nach Abspaltung lediglich ein Beteiligungsausmaß von 5%.

Das bei der M-GmbH verbleibende Beteiligungsausmaß in Höhe von 5% vermittelt nicht mehr die Steuerneutralität hinsichtlich eines etwaigen Veräußerungsgewinnes. Um den Grundsatz der Entstrickung der stillen Reserven bei Umgründungsvorgängen beizubehalten, wird durch § 34 Abs. 3 Z 2 UmgrStG die Aufwertung des verbleibenden Beteiligungsausmaßes zum Spaltungsstichtag auf den höheren Teilwert ermöglicht. Die verbleibende Quote im Ausmaß von 5% und einem Buchwert von 92,31 wird auf den Teilwert in Höhe von 184,62 steuerneutral aufgewertet.

Von der auf Grund der steuerneutralen Aufwertung entstandenen Entsteuerung der zum Spaltungsstichtag bestehenden stillen Reserven ausgenommen sind bis zum Spaltungsstichtag umgründungsbedingt entstandene von der Steuerneutralität ausgenommene Unterschiedsbeträge im Sinne des § 34 Abs. 3 Z 1 UmgrStG (vgl. Rz 1161).

Die ausgenommenen Beträge sind bei Aufspaltungen mit Teilung der Schachtelbeteiligung im Verhältnis der übertragenen Teile der Schachtelbeteiligung und bei Abspaltungen im Verhältnis des übertragenen Teils der Schachtelbeteiligung zu dem bei der spaltenden Körperschaft verbleibenden Teil aufzuteilen. Zur Vermeidung von Auslegungsschwierigkeiten ist sicherzustellen, dass die von der spaltenden Körperschaft entsprechend abgestockten Evidenzdaten der übernehmenden Körperschaft übermittelt und von dieser in Evidenz genommen werden. Der sich ergebende Betrag gilt als steuerlich maßgebender Buchwert des Anteils.

Der um die ausgenommenen Beträge gekürzte höhere Teilwert gilt als steuerlich maßgebender Buchwert und ist in Evidenz zu halten. *(BMF-AV Nr. 175/2014)*

Verlustabzug

§ 35. § 8 Abs. 4 Z 2 des Körperschaftsteuergesetzes 1988 ist nach Maßgabe des § 21 anzuwenden.

(BGBl I 2003/71)

Gliederung:

6.4. Verlustabzug (§ 35 UmgrStG)

§ 35 UmgrStG bezieht sich auf den Verlustabzug iSd § 8 Abs. 4 KStG 1988 **1702** der übertragenden und übernehmenden Körperschaft sowie auf Verlustvorträge aus den der Körperschaft als Gruppenträger zugerechneten Verlusten, aus Verlusten ausländischer Gruppenmitglieder iSd § 9 Abs. 6 Z 6 KStG 1988 als auch aus in den Verlustvortrag eingegangenen ausländischen Betriebsstättenverlusten iSd § 2 Abs. 8 EStG 1988.

Weiters umfasst der Verlustbegriff des § 21 UmgrStG noch nicht abgesetzte Siebentelbeträge aufgrund einer abzugsfähigen Teilwertabschreibung oder aufgrund eines Verlustes anlässlich der Veräußerung bzw. eines sonstigen Ausscheidens einer zum abnutzbaren Anlagevermögen gehörenden Beteiligung gemäß § 12 Abs. 3 Z 2 KStG 1988, da die Bestimmungen des § 21 UmgrStG bzw. § 4 UmgrStG an den Verlustentstehungszeitpunkt anknüpfen (VwGH 14.10.2010, 2008/15/0212, siehe Rz 1177, 1180 bzw. 211).

§ 35 UmgrStG regelt im Hinblick auf den dem Art. III UmgrStG entsprechenden Bereich des begünstigten Vermögens durch den Verweis auf § 21 UmgrStG

- die Möglichkeit des Überganges vortragsfähiger Verluste der übertragenden Körperschaft gemäß § 8 Abs. 4 Z 2 lit. c KStG 1988 auf die neue oder übernehmende Körperschaft (Rz 1703 ff)

- das Schicksal bestehender vortragsfähiger Verluste der übernehmenden Körperschaft (Rz 1719)

- die Einschränkung der Doppelverlustverwertung (Rz 1720 ff) und

- das allfällige Wirksamwerden oder Nichtwirksamwerden eines Mantelkauftatbestandes (siehe Rz 1724 ff). *(BMF-AV Nr. 175/2014)*

6.4.1. Vortragsfähige Verluste der spaltenden Körperschaft

6.4.1.1 Gemeinsamkeiten bei der Auf- und Abspaltung

6.4.1.1.1 Allgemeines

1703   Grundvoraussetzung für den zwingenden objektbezogenen Übergang von Verlusten gemäß § 35 UmgrStG in Verbindung mit § 21 UmgrStG im Zuge einer Auf- und Abspaltung nach dem SpaltG ist, dass die Spaltung unter Buchwertfortführung erfolgt. Macht die übertragende Körperschaft von der Aufwertungsoption gemäß § 33 Abs. 2 UmgrStG Gebrauch, ist ein diesem Vermögen zuzurechnender verbleibender Verlustvortrag mangels Buchwertfortführung vom Übergang auf die neue oder übernehmende Körperschaft ausgeschlossen und im Fall der Abspaltung von der übertragenden Körperschaft weiter vortrags- und abzugsfähig. *(BMF-AV Nr. 175/2014)*

6.4.1.1.2 Vorhandensein des zu spaltenden Vermögens am Stichtag

1704   Auf Grund des Verweises des § 35 UmgrStG auf § 21 UmgrStG hängt der Übergang von Verlusten der übertragenden auf die neue oder übernehmende Körperschaft vom Vorhandensein des verlusterzeugenden Vermögens zum Spaltungsstichtag ab (VwGH 29.9.2010, 2007/13/0012; siehe Rz 1186). *(BMF-AV Nr. 175/2014)*

6.4.1.1.3 Tatsächliche Übertragung des zu spaltenden Vermögens

1705   § 32 UmgrStG setzt die Übertragung von begünstigtem Vermögen im Sinne des § 12 Abs. 2 UmgrStG voraus. Die Anwendungsvoraussetzung für Art. VI UmgrStG bezieht sich somit auch darauf, dass das zu spaltende Vermögen (Betrieb, Teilbetrieb, Mitunternehmeranteil und Kapitalanteil) zum Zeitpunkt des Abschlusses des Spaltungsplans bzw. des Spaltungs- und Übernahmsvertrages tatsächlich vorhanden ist. Damit hängt auch der Verlustvortragsübergang von dieser Voraussetzung ab. Weist daher das ab- oder aufzuspaltende Vermögen in diesem Zeitpunkt nicht mehr die Eigenschaft eines Betriebes oder Teilbetriebes auf, stellt sich die Frage eines Verlustüberganges auf die neue oder übernehmende Körperschaft nicht, da mangels Geltung des Art. VI UmgrStG ein Übergang eines objektbezogenen Verlustvortrages auf den Rechtsnachfolger nicht in Betracht kommt. *(AÖF 2004/116)*

6.4.1.1.4 Objektbezogener Verlustvortragsübergang

1706   Auf Grund des Verweises des § 35 UmgrStG ist auch bei Auf- und Abspaltungen die Objektbezogenheit der Verluste im Sinne § 21 UmgrStG Voraussetzung für den Übergang von Verlusten. Damit gehen jene Verluste der übertragenden Körperschaft auf die übernehmende(n) Körperschaft(en) über, die dem übertragenen Vermögen zugerechnet werden können. Als Verlustzuordnungsobjekt gelten auch die fiktiven Teilbetriebe (Forst- und Kundenstockteilbetriebe) im Sinne des § 32 Abs. 3 UmgrStG. Zur Objektbezogenheit siehe sinngemäß auch Rz 1173 ff und Rz 207a. *(BMF-AV Nr. 175/2014)*

1707   Ist eine eindeutige Zuordnung der Verluste zu den noch vorhandenen und nicht mehr vorhandenen Betrieben, Teilbetrieben bzw. nicht einem Betrieb zurechenbaren Vermögensteilen nicht möglich, ist eine sachgerechte Aliquotierung der Verlustvorträge vorzunehmen. Dabei besteht kein Wahlrecht hinsichtlich einer früheren oder späteren Verrechnung von einzelnen Verlustkomponenten aus verschiedenen Einkunftsquellen, dh. es ist von einer gleichmäßigen

Verrechnung aller Teilverluste im Rahmen des Verlustausgleichs und des Verlustvortrags bis zur Spaltung auszugehen (siehe auch Rz 198). *(BMF-AV Nr. 175/2014)*

6.4.1.1.5 Vergleichbarkeit des vorhandenen Vermögens

Auf Grund des Verweises des § 35 UmgrStG auf § 21 UmgrStG ergibt sich aus § 21 Z 1 UmgrStG die Anwendbarkeit des § 4 Z 1 lit. c UmgrStG. Danach geht trotz Übergangs des verlustverursachenden Vermögens im Zuge einer Handelsspaltung das objektbezogene Verlustvortragsrecht nicht über, wenn der Umfang des übertragenen Vermögens zum Spaltungsstichtag gegenüber jenem im Verlustentstehenszeitraum derart vermindert ist, dass eine Vergleichbarkeit nach dem Gesamtbild der Verhältnisse nicht mehr gegeben ist. Zu den für die Beurteilung der Vergleichbarkeit in Frage kommenden Kriterien siehe Rz 218 ff. Zur Beurteilung der Vergleichbarkeit bei isolierter Auf-/Abspaltung eines Mitunternehmeranteils oder Kapitalanteils siehe Rz 1190. Zu den Auswirkungen des Wegfalls einzelner Wirtschaftsgüter im betrieblichen Bereich im Hinblick auf den Verlustübergang bei Spaltungen siehe Rz 1191. *(BMF-AV Nr. 175/2014)* | 1708

6.4.1.1.6 Zeitliches Wirksamwerden des Verlustvortragsüberganges

Die spaltende Körperschaft kann in jedem Fall, daher auch bei einem vom Ende des Veranlagungszeitraumes abweichenden Spaltungsstichtag im Rahmen der Einkommensermittlung ihre vortragsfähigen Verluste als Sonderausgaben geltend machen (siehe Rz 1182). Zur Zurechnung eines auf das Spaltungsvermögen bezogenen (Teil)Verlustes der spaltenden Körperschaft, der im Rumpfzeitraum zwischen einem vom Kalenderjahr abweichenden Bilanzstichtag und dem nach diesem Bilanzstichtag liegenden Spaltungsstichtag entstanden ist, siehe ebenfalls Rz 1182. Ein nach Verrechnung mit dem Gewinn verbleibender Restbetrag ist darauf hin zu prüfen, ob und wieweit er mit dem zu übertragenden Vermögen in objektivem Zusammenhang steht. Der so ermittelte Verlust geht zwingend auf die übernehmende Körperschaft über, die ihn ab dem dem Spaltungsstichtag folgenden Veranlagungszeitraum absetzen kann. | 1709

Beispiel:

Die zum 31.12. bilanzierende A-AG spaltet ihren Teilbetrieb 1 per 31.01.01 auf die BAG ab. Ungeachtet der Tatsache, dass hinsichtlich des abzuspaltenden Teilbetriebes ein Wirtschaftsjahr endet, hat die spaltende AG bei ihrer Einkommensermittlung für den Veranlagungszeitraum 01 den (gesamten) vortragsfähigen Verlust aus 00 von zB 1000 mit 750 als Sonderausgabe abzusetzen. Der verbleibende Rest von 250 ist objektbezogen den beiden Teilbetrieben zuzuordnen. Ergibt sich für den Teilbetrieb 1 objektbezogen ein Betrag von 150, geht dieser auf die B-AG über und kann bei der Veranlagung für das Jahr 02 als Sonderausgabe geltend gemacht werden. *(BMF-AV Nr. 175/2014, BMF-AV Nr. 40/2017)*

6.4.1.1.7 Behandlung von Schwebeverlusten

Nicht unter die Regelung des § 21 Z 1 UmgrStG fallen Schwebeverluste; diese gehen objektbezogen auf die übernehmende Körperschaft über. Zu den Schwebeverlusten gehören etwa Verluste gemäß § 2 Abs. 2a EStG 1988 und Übergangsverluste gemäß § 4 Abs. 10 Z 1 EStG 1988 (Rechtsnachfolge nach einer Einbringung). Diese gehen auf Grund der (partiellen) Gesamtrechtsnachfolge gemäß § 19 Abs. 1 BAO in Verbindung mit der Buchwertfortführung und des Zusammenhanges mit dem übertragenen Vermögen auf die neue oder übernehmende Körperschaft über. Keine Schwebeverluste stellen am Spaltungsstich- | 1710

§ 35

tag offene Siebentelbeträge aus abzugsfähigen Teilwertabschreibungen und Veräußerungsverlusten bzw. Verluste anlässlich des sonstigen Ausscheidens einer zum Anlagevermögen gehörenden Beteiligung gemäß § 12 Abs. 3 Z 2 KStG 1988 dar (siehe Rz 1702).

Für Spaltungsverträge ab dem 1.1.2011 gilt Folgendes:

Offene Verlustsiebentel aufgrund einer abzugsfähigen Teilwertabschreibung oder aufgrund eines Verlustes anlässlich der Veräußerung bzw. eines sonstigen Ausscheidens einer zum abnutzbaren Anlagevermögen gehörenden Beteiligung gemäß § 12 Abs. 3 Z 2 KStG 1988 gehen nur nach Maßgabe des § 35 UmgrStG iVm § 21 UmgrStG auf die übernehmende Körperschaft über, da § 21 UmgrStG an den Verlustentstehungszeitpunkt anknüpft (VwGH 14.10.2010, 2008/15/0212; siehe Rz 211, Rz 1692 und Rz 1180). *(BMF-AV Nr. 175/2014)*

6.4.1.2 Aufspaltung

6.4.1.2.1 Aufspaltung einer betriebsführenden Körperschaft

1711 Ein im Fall der Aufspaltung auf Grund der einschränkenden Bestimmungen des § 35 UmgrStG in Verbindung mit dem auf § 4 Z 1 lit. a UmgrStG (Objektbezug) und § 4 Z 1 lit. c UmgrStG (Größenvergleich) verweisenden § 21 UmgrStG nicht auf die neue oder übernehmende Körperschaft übergehender Verlustvortrag geht verloren.

Geht bei der Aufspaltung auf jeden Rechtsnachfolger ein (Teil)Betrieb über, ist die kleinste Einheit für die Objektbetrachtung der (Teil)Betrieb.

Bei der Aufspaltung kann es vorkommen, dass mangels Vorliegen mehrerer Betriebe einerseits ein Betrieb und andererseits anderes begünstigtes Vermögen im Sinne des § 12 Abs. 2 UmgrStG (Kapitalanteile) übertragen werden. Auch in diesem Fall ist der Teilbetrieb die kleinste Einheit für die Objektbetrachtung.

Im Hinblick auf die Maßgeblichkeit des § 21 UmgrStG kommt betriebszugehörigen Kapitalanteilen, die für sich begünstigtes Vermögen im Sinne des § 12 Abs. 2 Z 3 UmgrStG darstellen, für die Frage der Objektbetrachtung nur Bedeutung zu, wenn diese gesondert übertragen werden. Ist ein Kapitalanteil zum Spaltungsstichtag nicht mehr vorhanden (zB in Folge einer Veräußerung oder Liquidation), spielt dies für die Anwendung von § 35 UmgrStG iVm § 4 UmgrStG keine Rolle (VwGH 14.10.2010, 2008/15/0212).

Beispiel:

Die aufspaltende A-GmbH überträgt ihren Betrieb auf die an ihr zu 50% beteiligte X-GmbH und den betriebszugehörigen 30-prozentigen Kapitalanteil an der T1-GmbH auf die an ihr ebenfalls zu 50% beteiligte Y-GmbH. Auf die Beteiligung an der T1-GmbH wurde eine Teilwertabschreibung iSd § 12 Abs. 3 Z 2 KStG 1988 durchgeführt. Auf diese Teilwertabschreibung entfällt eine Verlustkomponente iHv 800. Darüber hinaus befand sich im Betrieb auch eine 50-prozentige Beteiligung an der T2-GmbH, die bereits vor der Aufspaltung mit Verlust veräußert wurde. Der objektbezogene vortragsfähige Verlust beträgt 1.000 (Betrieb inklusive Verlust aus der Veräußerung des Anteils an der T2-GmbH, aber ohne Verlust aus der Beteiligung an der T1-GmbH).

Vor Aufspaltung:

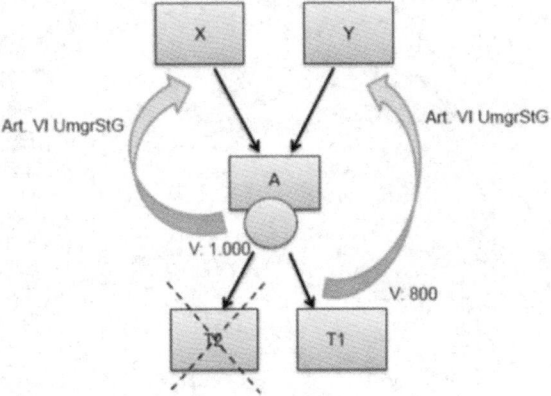

Nach Aufspaltung:

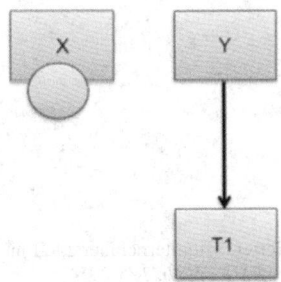

Auf die X-GmbH geht im Zuge dieser Aufspaltung der gesamte Verlust iHv 1.000 über. Diese Rechtsfolge gilt auch für noch offene Siebentelabsetzbeträge gemäß § 12 Abs. 3 Z 2 KStG 1988 betreffend die vor der Spaltung mit Verlust veräußerte Beteiligung an der T2-GmbH.

Auf die Y-GmbH geht im Zuge dieser Aufspaltung der Verlust aus der Teilwertabschreibung an der T1-GmbH (800) über, weil dieser Verlust dem isoliert übertragenen Vermögen „Kapitalanteil" iSd § 12 Abs. 2 Z 3 UmgrStG zuzurechnen ist. Diese Rechtsfolge gilt auch für noch offene Siebentelabsetzbeträge gemäß § 12 Abs. 3 Z 2 KStG 1988 betreffend die Beteiligung an der T1-GmbH. *(BMF-AV Nr. 175/2014)*

Auch ein Mitunternehmeranteil ist für Zwecke des § 35 UmgrStG als Betrieb anzusehen. Bei der Übertragung eines Mitunternehmeranteils im Wege einer Aufspaltung ist für die Frage der Verlustzurechnung darauf abzustellen, ob einerseits der von der Mitunternehmerschaft zum Zeitpunkt der Verlustentstehung geführte Betrieb zum Spaltungsstichtag noch vorhanden ist. Dabei ist ohne Relevanz, ob der Mitunternehmeranteil zum Betriebsvermögen eines mitübertragenen Betriebes gehört oder ob dieser einen eigenständigen Betrieb darstellt. Andererseits muss für einen – vollständigen – Verlustübergang auch der Mitunternehmeranteil zum Spaltungsstichtag im selben Ausmaß wie zum Zeitpunkt der Verlustentstehung dem Übertragenden zuzurechnen sein (vgl. Rz 200).

§ 35

1711a

Beispiel:

Die aufspaltende A-GmbH überträgt ihren Teilbetrieb 1 auf die an ihr zu 50% beteiligte X-GmbH und den Teilbetrieb 2 auf die an ihr ebenfalls zu 50% beteiligte Y-

GmbH. Zum Betriebsvermögen des Teilbetriebes 2 gehörte ein Mitunternehmeranteil an der M-KG, der bereits vor der Aufspaltung mit Verlust (1.000) veräußert wurde. Vor Aufspaltung:

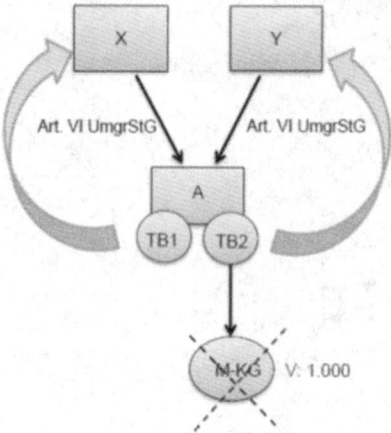

Nach Aufspaltung:

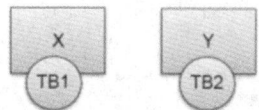

Der Verlust aus dem vor der Aufspaltung veräußerten Mitunternehmeranteil an der MKG iHv 1.000 geht nicht auf die Y-GmbH über. *(BMF-AV Nr. 175/2014)*

1711b   Wird im Zuge der Aufspaltung je ein (Teil)Betrieb übertragen und dabei die Verschiebetechnik des § 33 Abs. 4 UmgrStG angewendet, wird der auf den verschobenen Vermögensteil bezogene Verlustvortrag nur dann mit diesem mitübertragen, wenn es sich beim verschobenen Vermögensteil isoliert betrachtet um begünstigtes Vermögen im Sinne des § 12 Abs. 2 Z 2 und 3 UmgrStG handelt.

Beispiel:

Im Zuge der Aufspaltung werden aus dem dem Teilbetrieb 1 zuzurechnenden Vermögen ein bebautes Grundstück, eine Forderung und ein 25-prozentiger Kapitalanteil in den Teilbetrieb 2 verschoben und in der Übertragungsbilanz für den Teilbetrieb 2 ausgewiesen. Obwohl auf das bebaute Grundstück, die teilwertberichtigte Forderung und den Kapitalanteil Verluste entfallen, ist nur der aus der Teilwertabschreibung auf den Kapitalanteil entfallende Verlustrest dem Teilbetrieb 2 zuzurechnen und geht mit dem teilbetriebsbezogenen Verlust des Teilbetriebes 2 auf die den Teilbetrieb 2 übernehmende Körperschaft über. Die übrigen Verluste gehen auf die den Teilbetrieb 1 übernehmende Körperschaft über. *(BMF-AV Nr. 175/2014)*

6.4.1.2.2 Aufspaltung einer nichtbetriebsführenden Körperschaft

1712   Siehe dazu sinngemäß Rz 208 f.

Die Aufspaltung einer nichtbetriebsführenden (vermögensverwaltenden) Körperschaft ist nur dann als Anwendungsfall des Art. VI UmgrStG denkbar, wenn auf die neuen oder übernehmenden Körperschaften ausschließlich Kapitalanteile im Sinne des § 12 Abs. 2 Z 3 UmgrStG übergehen. Da diese im Falle der Aufspaltung einer nichtbetriebsführenden (vermögensverwaltenden) Körperschaft das Verlustzuordnungsobjekt darstellen, folgen objektbezogen die vortragsfähigen Verluste den zu übertragenden Kapitalanteilen einschließlich offener Siebentel gemäß § 12 Abs. 3 Z 2 KStG 1988. *(BMF-AV Nr. 175/2014)*

6.4.1.3 Abspaltung

6.4.1.3.1 Allgemeines

Im Fall der Abspaltung verbleibt ein auf Grund der einschränkenden Bestimmungen des § 35 UmgrStG in Verbindung mit § 21 Z 1 UmgrStG (fehlender Objektbezug) und dem auf § 4 Z 1 lit. c UmgrStG (fehlende Vergleichbarkeit) verweisenden § 21 Z 1 UmgrStG nicht auf die neue oder übernehmende Körperschaft übergehender vortragsfähiger Verlust bei der übertragenden Körperschaft, da diese Bestimmungen nur auf das übertragene Vermögen Bezug nehmen. Die nicht vom Verlustvortragsübergang betroffenen am Spaltungsstichtag vorhandenen vortragsfähigen Verluste sind unabhängig davon weiterhin abzugsfähig, ob das verlustverursachende Vermögen noch vorhanden ist. *(AÖF 2004/116)* — 1713

Der in § 35 UmgrStG vorgesehene Verlustvortragsübergang auf den Rechtsnachfolger ist dem Grunde nach eine zwingende Folge der Vermögensübertragung. Bei Abspaltungen besteht für die übertragende Körperschaft daher kein Wahlrecht, vortragsfähige Verluste zu übertragen oder zu behalten. — 1714

Beispiel:

Die X-GmbH hat zum 31.12.03 vortragsfähige Verluste von 100.000. Der Spaltungsbeschluss erfolgt im Juli 04; die Spaltung wird im August 04 im Firmenbuch eingetragen. Von den vortragsfähigen Verlusten entfallen 30.000 auf den im Jahr 01 eingestellten Betrieb A, 50.000 auf den abzuspaltenden Betrieb B und 20.000 auf den zum 1.4.04 veräußerten Betrieb C. Da der Betrieb C nicht steuerwirksam abgespalten werden kann, gehen spaltungsbedingt die 50.000 auf die übernehmende Gesellschaft über. Die restlichen 50.000 verbleiben mangels einer unter § 8 Abs. 4 Z 2 lit. c KStG 1988 fallenden Strukturänderung bei der X-GmbH als vortragsfähige Verluste.

Bei Abspaltungen kommt ein umgründungsbedingter Verlustvortragsübergang erst nach der Besteuerung der spaltenden Körperschaft für den Veranlagungszeitraum in Betracht, in den die Abspaltung fällt. Dies gilt unabhängig davon, ob der Umgründungsstichtag auf das Ende des Veranlagungszeitraumes fällt oder nicht.

Bei der Zuordnung von Verlusten zum abgespalteten Vermögen steht der übertragenden Körperschaft hinsichtlich jener Verluste, die neben dem zu spaltenden Vermögen auch aus anderen Einkunftsquellen stammen und die bis zur Spaltung zum Teil mit Gewinnen verrechnet wurden und daher nicht eindeutig dem Spaltungsvermögen oder dem Restvermögen zugerechnet werden können, kein Wahlrecht zu. Kann der restliche noch nicht ausgeglichene Verlust dem Abspaltungsvermögen oder dem Restvermögen nicht objektiv eindeutig zugerechnet werden, ist dieser zwischen dem abgespalteten und dem verbleibenden Vermögen sachgerecht aufzuteilen (siehe Rz 1184 f). *(BMF-AV Nr. 175/2014)*

Da ein anteiliger Verlustvortragsübergang sowohl für die fortgesetzte Einkommensermittlung der übertragenden Körperschaft als auch für jene der neuen oder übernehmenden Körperschaft Bedeutung hat, wird das gewonnene Ergebnis und damit das Ausmaß des bei der übertragenden verbleibenden bzw. auf die übernehmende Körperschaft übergehenden Verlustvortrags zur Vermeidung einer Doppelberücksichtigung oder Doppelnichtberücksichtigung in überprüf- — 1715

§ 35

barer Weise zu dokumentieren sein, in erster Linie im Spaltungsplan oder Spaltungs- und Übernahmevertrag. Liegt eine eindeutig die Aufteilung dokumentierende Unterlage nicht vor, haben die betroffenen Abgabenbehörden zumindest zu prüfen und eine Abstimmung darüber herzustellen, ob die Summe der von der übertragenden und der (den) neuen oder übernehmenden Körperschaft(en) angesetzten vortragsfähigen Verluste dem Stand vor der Aufteilung entspricht. Sollte keine Aufteilung vorgenommen worden sein oder an der getroffenen Aufteilung sachliche Zweifel entstehen, wird die Richtigkeit im Vorhalteverfahren zu klären sein.

6.4.1.3.2 Abspaltung einer betriebsführenden Körperschaft

1716   Wird der gesamte Betrieb (bzw. werden alle Betriebe) im Sinne des § 12 Abs. 2 Z 1 UmgrStG der Körperschaft abgespalten, geht der gesamte objektbezogene vortragsfähige Verlust der abspaltenden Körperschaft auf die neue oder übernehmende Körperschaft unabhängig davon über, in welchem Ausmaß Wirtschaftsgüter des notwendigen Betriebsvermögens (innerhalb des nach dem UmgrStG zulässigen Gestaltungsspielraumes) oder außerhalb des notwendigen Betriebsvermögens nicht übertragen werden. Geht bei der Abspaltung ein (Teil)Betrieb über, ist dieser die kleinste Einheit für die Objektbetrachtung. Im Hinblick auf die Maßgeblichkeit des § 21 UmgrStG kommt betriebszugehörigen Kapitalanteilen, die für sich begünstigtes Vermögen im Sinne § 12 Abs. 2 Z 3 UmgrStG darstellen, für die Frage der Objektbetrachtung nur in folgenden Fällen Bedeutung zu:

• Der Kapitalanteil wird gesondert übertragen.

• Der Kapitalanteil wird zurückbehalten.

Ist der Kapitalanteil zum Spaltungsstichtag (zB in Folge einer Veräußerung oder Liquidation) nicht mehr vorhanden, spielt dies für die Anwendung von § 35 UmgrStG iVm § 4 UmgrStG keine Rolle (VwGH 14.10.2010, 2008/15/0212).

Demgegenüber sind allerdings Verluste von nach der Verschiebetechnik des nach § 33 Abs. 5 UmgrStG anwendbaren § 16 Abs. 5 Z 4 UmgrStG zurückbehaltenen Vermögensteilen, die für sich die Eigenschaft eines begünstigten Vermögens im Sinne des § 12 Abs. 2 Z 2 UmgrStG (Mitunternehmeranteile) und des § 12 Abs. 2 Z 3 UmgrStG (Kapitalanteile, die mindestens ein Viertel des rechnerischen Wertes der Gesamtanteile) umfassen, der spaltenden Körperschaft zuzurechnen.

Beispiel:

Die X-GmbH spaltet ihren gesamten Betrieb auf die Y-GmbH ab, behält aber das Betriebsgrundstück und einen Kommanditanteil sowie einen hundertprozentigen Kapitalanteil an der Y-GmbH zurück. Ist eine objektive Zuordnung zu den zurückbehaltenen Vermögensteilen möglich, ist ein auf das Grundstück entfallender Verlustteil unbeachtlich (dh. dieser geht auf die Y-GmbH über), während die auf den Mitunternehmeranteil und auf den Kapitalanteil entfallenden Verlustteile bei der X-GmbH zurückbleiben. *(BMF-AV Nr. 175/2014)*

1717   Auch ein Mitunternehmeranteil ist für Zwecke der Anwendung von § 35 UmgrStG als Betrieb anzusehen (siehe im Übrigen Rz 1711a). *(BMF-AV Nr. 175/2014)*

Randzahl 1717a: *entfällt (BMF-AV Nr. 175/2014)*

6.4.1.3.3 Abspaltung einer nichtbetriebsführenden Körperschaft

Ebenso wie bei der Aufspaltung fällt bei der Abspaltung einer nichtbetriebs- **1718** führenden (vermögensverwaltenden) Körperschaft nur die Übertragung von Kapitalanteilen im Sinne des § 12 Abs. 2 Z 3 UmgrStG unter Art. VI UmgrStG. Da diese im Fall der Abspaltung nichtbetriebsführender (vermögensverwaltender) Körperschaften das Verlustzuordnungsobjekt darstellen, folgen objektbezogen die vortragsfähigen Verluste den zu übertragenden Kapitalanteilen einschließlich offener Siebentel gemäß § 12 Abs. 3 Z 2 KStG 1988.

Wird der gesamte von der spaltenden Körperschaft gehaltene Kapitalanteil übertragen, geht unabhängig davon, ob es sich um einen solchen im Sinne des § 12 Abs. 2 Z 3 erster Teilstrich UmgrStG (mindestens ein Viertel des Nennkapitals) oder den § 12 Abs. 2 Z 3 zweiter Teilstrich UmgrStG (unter einem Viertel, aber Verschaffen oder Erhöhen der Stimmrechtsmehrheit) handelt, der dem abgespaltenen Anteil objektiv zurechenbare vortragsfähige Verlust auf die neue oder übernehmende Körperschaft über.

Wird nur ein Teil des von der spaltenden Körperschaft gehaltenen Kapitalanteils abgespalten, geht der gesamte objektiv zurechenbare vortragsfähige Verlust auf die neue oder übernehmende Körperschaft über, es sei denn, der zurückbehaltene Anteil beträgt mindestens ein Viertel des Nennkapitals und stellt damit für sich begünstigtes Vermögen im Sinne des § 12 Abs. 2 Z 3 UmgrStG dar. Zur Frage der Behandlung noch nicht abzugsfähiger Teile einer Teilwertabschreibung gemäß § 12 Abs. 3 Z 2 KStG 1988 siehe Rz 1180. *(BMF-AV Nr. 175/2014)*

Ausnahmsweise kann neben einer betriebsführenden auch eine vermögens- **1718a** verwaltende Funktion von einer Körperschaft ausgeführt werden. Dies kann vorliegen, wenn Vermögensteile von nicht untergeordneter Bedeutung dem (den) übertragenen Betrieb(en) objektiv überhaupt nicht zurechenbar waren und auch nicht unter den einkommensteuerlichen Begriff des gewillkürten Betriebsvermögens subsumiert werden können (siehe Rz 203). In diesen Fällen sind die Aussagen zu beiden Bereichen (betriebsführend siehe Rz 1711 zur Aufspaltung und Rz 1716 zur Abspaltung, vermögensverwaltend siehe Rz 1712 zur Aufspaltung und Rz 1718 zur Abspaltung) entsprechend anzuwenden.

Beispiel:

Die A-GmbH spaltet ihren Betrieb auf die an ihr zu 50% beteiligte X-GmbH ab. Neben diesem Betrieb hat die A-GmbH als Holding drei Beteiligungen zu je 30% an den Gesellschaften T1, T2 und T3 gehalten. Die Beteiligung an der T1 wurde bereits vor der Abspaltung mit Verlust veräußert; auf die Beteiligungen T2 und T3 wurde jeweils eine Teilwertabschreibung iSd § 12 Abs. 3 Z 2 KStG 1988 durchgeführt.

Soweit Verluste dem vermögensverwaltenden Bereich (Verluste aus Veräußerung sowie Teilwertabschreibungen) zuzuordnen sind, gehen sie nicht auf die X-GmbH über und bleiben bei der spaltenden Körperschaft A-GmbH erhalten. *(BMF-AV Nr. 175/ 2014)*

6.4.2. Vortragsfähige Verluste der übernehmenden Körperschaft

Auf Grund des Verweises des § 35 UmgrStG auf § 21 UmgrStG sind die die **1719** übernehmende(n) Körperschaft(en) betreffenden Regelungen des § 4 Z 1 lit. b UmgrStG im Zuge einer Auf- oder Abspaltungen nach dem SpaltG zur Aufnahme sinngemäß anzuwenden (siehe sinngemäß Rz 192 ff). Nach dieser Gesetzesstelle sind vorhandene eigene vortragsfähige Verluste soweit weiterhin als Sonderausgabe im Sinne des § 8 Abs. 4 Z 2 KStG 1988 zu behandeln, als die Betrie-

§ 35

be, Teilbetriebe oder nicht einem Betrieb zurechenbaren Vermögensteile, die die Verluste verursacht haben, am Spaltungsstichtag und Beschlusstag tatsächlich vorhanden sind. Neben den Regelungen über das Vorhandensein (siehe Rz 1704) kommen auch die Regelungen über die umfängliche Vergleichbarkeit zur Anwendung (siehe Rz 1708).

Beispiel:

Die A-GmbH spaltet zum 31.12.02 eine 25-prozentige Beteiligung an der B-GmbH in die C-GmbH ab. Die C-GmbH weist zum 31.12.02 nach Verrechnung mit dem Jahresgewinn vortragsfähige Verluste von 1.000 aus. Es stellt sich heraus, dass der von der C-GmbH bis Ende 00 betriebene verlustbringende Handel mit Elektrowaren eingestellt wurde und seither ein gewinnbringendes Altwarengeschäft unterhalten wird. Da die Verluste zur Gänze aus dem eingestellten Betrieb stammen, fällt das Recht, die vortragsfähigen Verluste von 1.000 ab dem Jahr 03 als Sonderausgabe abzusetzen, weg. *(AÖF 2008/243)*

6.4.3. Verbundene Körperschaften (Doppelverlustverwertung)

6.4.3.1 Allgemeines zur Kürzung

1720   Auf Grund des Verweises des § 35 UmgrStG auf § 21 UmgrStG ist das Verbot der doppelten Verlustverwertung gemäß § 4 Z 1 lit. d UmgrStG sinngemäß auch bei Auf- oder Abspaltungen nach dem SpaltG zwischen gesellschaftsrechtlich in vertikaler Struktur verbundenen Körperschaften anzuwenden.

Siehe dazu sinngemäß Rz 223 ff.

Das Verbot der Doppelverlustverwertung verhindert in seiner Zielsetzung ein mehrfaches Geltendmachen von Verlusten in den Fällen des Zusammenfalls von verlustverursachenden Vermögen einer Tochter- oder Enkelgesellschaft und der durch eine Teilwertabschreibung verminderten (mittelbaren) Beteiligung an dieser Gesellschaft. Rz 227 ff gilt sinngemäß. *(AÖF 2008/243)*

1721   Der umfängliche Anwendungsbereich dieser Verlustkürzungsvorschrift im Zuge einer Spaltung nach dem SpaltG ist vom Ausmaß des Zusammenfalls von verlustverursachenden Vermögen einer Körperschaft und der durch eine Teilwertabschreibung verminderten Beteiligung an dieser bestimmt:

- Bei einer up-stream-Spaltung ist zu unterscheiden:

  – Im Falle der up-stream-Aufspaltung kommt es bei den übernehmenden Körperschaften zu einem vollständigen Zusammenfall und damit zur vollständigen Anwendung der Verlustkürzungsvorschrift.

  – Im Falle der up-stream-Abspaltung kommt es insoweit zu einem Zusammenfall, als verlustverursachendes Vermögen übertragen wurde.

- Bei einer down-stream-Spaltung kommt es durch die Vermögensübertragung der Mutterkörperschaft auf die Tochterkörperschaft im Wege der Gesamtrechtsnachfolge zur Anwendung des § 224 Abs. 3 AktG in Verbindung mit § 17 SpaltG. Soweit daher bei einer down-stream Spaltung Anteile an der Tochterkörperschaft im Zuge der Spaltung auf diese übertragen und entsprechend den unternehmensrechtlichen Vorschriften an die Gesellschafter des übertragenden Rechtsträgers weitergeleitet wurden, ist die Anwendungsvoraussetzung des § 4 Z 1 lit. d UmgrStG gegeben. Demnach ist bei einer down-stream Spaltung zu unterscheiden:

  – Im Fall der down-stream-Aufspaltung kommt es bei den übernehmenden Körperschaften zu einem vollständigen Zusammenfall und damit zur vollständigen Anwendung der Verlustkürzungsvorschrift.

– Bei einer down-stream Abspaltung bewirkt die bloße Übertragung von Vermögen der Muttergesellschaft auf die Tochtergesellschaft, soweit nicht die teilwertberichtigte Tochterbeteiligung übertragen wurde, keinesfalls die Anwendung der Rechtsfolgen des § 4 Z 1 lit. d UmgrStG. *(BMF-AV Nr. 175/2014)*

Kommt es im Zuge einer Spaltung nach dem SpaltG zum Zusammenfall von verlustverursachendem Vermögen einer Tochtergesellschaft und der durch eine Teilwertabschreibung verminderten Beteiligung an dieser Tochtergesellschaft, ist zu unterscheiden: 1722

- Im Falle einer up-stream-Auf- oder -Abspaltung sind übergehende Verlustvorträge der übertragenden (Tochter)Körperschaft um Teilwertabschreibungen auf die Beteiligung an dieser zu kürzen.

- Im Falle einer down-stream-Auf- oder -Abspaltung sind die vortragsfähigen Verluste der übernehmenden (Tochter)Körperschaft um Teilwertabschreibungen auf die Beteiligung an dieser zu kürzen.

Dabei erfolgt die Kürzung unabhängig davon, ob die Teilwertabschreibung bei der die Beteiligung haltenden (Mutter)Körperschaft zu einem vortragsfähigen Verlust geführt hat oder ob ein solcher zum Spaltungsstichtag noch vorhanden ist.

Hinsichtlich des Ausmaßes der Kürzung ist zwischen Auf- und Abspaltung zu unterscheiden:

- Da es in den Fällen der up- bzw. down-stream-Aufspaltung zur Aufnahme zu einem vollständigen Zusammenfall von teilwertberichtigter Beteiligung und verlustverursachenden Vermögen kommt, ist eine Kürzung des vorhandenen Verlustvortrages der Tochter- bzw. Enkelgesellschaft bis zur vollen Höhe der Teilwertabschreibung vorzunehmen.

- Im Fall der up-stream-Abspaltung zur Aufnahme kommt es nur teilweise zu einem Zusammenfall von teilwertberichtigter Beteiligung und verlustverursachenden Vermögen. Der Wegfall der Beteiligung erfolgt in diesem Fall in jener Höhe, die auf Grund der spaltungsbedingten Wertminderung einer Buchwertanpassung zu unterziehen ist. Die Anwendung der Verlustkürzungsvorschrift des nach § 35 bzw. § 21 UmgrStG maßgebenden § 4 Z 1 lit. d UmgrStG hängt jedoch vom Ausmaß des Zusammenfalls von teilwertberichtigter Beteiligung und verlustverursachendem Vermögen ab. Dabei ist eine Kürzung des übertragenen Verlustabzuges der Tochtergesellschaft im Ausmaß des Verhältnisses zum Gesamtverlust der Tochtergesellschaft, begrenzt durch die Höhe der Teilwertabschreibung an der Tochtergesellschaft vorzunehmen.

§ 35

- Im Fall der down-stream-Abspaltung zur Aufnahme kommt es zu einem Zusammenfall mit dem verlustverursachenden Vermögen insoweit, als die teilwertberichtigte Beteiligung an der Tochtergesellschaft übertragen wurde. Die Anwendung der Verlustkürzungsvorschrift des nach § 35 bzw. § 21 UmgrStG maßgebenden § 4 Z 1 lit. d UmgrStG bei der übernehmenden Tochtergesellschaft hängt in diesem Fall vom Ausmaß der Beteiligungsübertragung ab.

Die Kürzung der Verlustvorträge der Tochtergesellschaft, bzw. in Fällen eines mittelbaren Beteiligungsverhältnisses der Enkelgesellschaft, bei einer Auf- oder Abspaltung zur Aufnahme hat im Fall der

- up-stream Spaltung in dem dem Spaltungsstichtag folgenden Veranlagungszeitraum und im Fall der

- down-stream Spaltung in dem Veranlagungszeitraum zu erfolgen, in den der Spaltungsstichtag fällt. *(BMF-AV Nr. 175/2014)*

6.4.3.2. Behandlung offener Siebentel aus einer Teilwertabschreibung im Rahmen der sinngemäßen Anwendung des § 4 Z 1 lit. d UmgrStG (BMF-AV Nr. 175/2014)

1723   Kommt es im Zuge einer Spaltung hinsichtlich des Ausmaßes zur vollständigen Anwendung der Verlustkürzungsbestimmung des § 4 Z 1 lit. d UmgrStG, entspricht die Behandlung der noch offenen Siebentel aus der Teilwertabschreibung, im Wege der zusätzlichen Absetzung des Unterschiedsbetrages (Zusatzabschreibung) zwischen dem Verlustkürzungsbetrag und den nach § 12 Abs. 3 Z 2 KStG 1988 bereits berücksichtigten Teilen der Teilwertabschreibung, jener in Rz 232. Ist die Verlustkürzungsbestimmung nur teilweise anzuwenden, kommt es nur zur teilweisen Anwendung der Zusatzabschreibung noch offener Siebentelbeträge aus der Teilwertabschreibung. Die restliche Teilwertabschreibung gemäß § 12 Abs. 3 Z 2 KStG 1988 ist im gekürzten Ausmaß auf den durch die Verlustkürzung unveränderten Verteilungszeitraum abzusetzen.

Beispiel:
Siehe auch Beispiel in Rz 233.

Die M-GmbH ist Alleingesellschafterin der T-GmbH. Die M-GmbH hat im Jahr 01 eine Teilwertabschreibung in Höhe von 700 auf die hundertprozentige Beteiligung an der Tochtergesellschaft T-GmbH vorgenommen und steuerlich 100 absetzen können. Zum 31.12.03 spaltet die T-GmbH (Verkehrswert 300) ihren Teilbetrieb X (Verkehrswert 150) zur Aufnahme in die Muttergesellschaft (up-stream-Abspaltung zur Aufnahme) ab. Der vortragsfähige Verlust der T-GmbH beträgt nach Veranlagung für das Jahr 03 a) 1.000 und b) 450. Von diesem vortragsfähigen Verlust entfallen objektbezogen und vergleichbar a) 500 und b) 225 (entspricht 50% des Gesamtverlustes der T-GmbH) auf den abgespaltenen Teilbetrieb X.

Fall a) Verlustvortrag der T-GmbH 1.000

Die übernehmende M-GmbH kann den übertragenen vortragsfähigen Verlust im Jahr 04 geltend machen. Der übertragene vortragsfähige Verlust von 500 ist aber um 50% der Teilwertabschreibung, das sind 350, zu kürzen, sodass die übernehmende M-GmbH nur mehr 150 des übertragenen vortragsfähigen Verlustes als Sonderausgaben-Verlust absetzen kann. Die übernehmende M-GmbH konnte weiters bis zum Spaltungsstichtag von der Teilwertabschreibung in Höhe von 700 drei Siebentel, das sind 300, steuerwirksam absetzen. Sie kann im Jahr 04 das vierte Siebentel in Höhe von 100 geltend machen.

Die Berechnung der Zusatzabschreibung (Unterschiedsbetrag zwischen den insgesamt berücksichtigten Teilen der Teilwertabschreibung und dem Verlustkürzungsbetrag) im Sinne des § 4 Z 1 lit. d UmgrStG ist entsprechend anteilig (50%) der Verlustkürzung vorzunehmen.

Verlustkürzungsbetrag (50% der Teilwertabschreibung)	350
anteilige bis 03 angesetzte Siebentel (50% von 300)	–150
anteiliges Siebentel des Jahres 04 (50% von 100)	–50
Unterschiedsbetrag (Zusatzabschreibung)	150

Der Unterschiedsbetrag in Höhe von 150 kann im Jahr 04 zusätzlich abgesetzt werden. Damit wurden bis zur Höhe der anteiligen Verlustkürzung die anteiligen Teilwertabschreibungssiebentel steuerlich berücksichtigt. Die restlichen anteiligen Teilwertabschreibungssiebentel (3 x 50) sind unverändert im ursprünglichen Verteilungszeitraum in den Jahren 05 bis 07 abzusetzen.

Die übernehmende M-GmbH kann daher im Jahr 04 folgende Beträge absetzen:

restlicher Sonderausgabenverlust der T-GmbH (500 – 350)	150
normale Absetzung des vierten Teilwertabschreibungssiebentels	100
Unterschiedsbetrag (Zusatzabschreibung)	150
Fall b) Verlustvortrag der T-GmbH	450

Die von der M-GmbH vorgenommene anteilige Teilwertabschreibung von 350 übersteigt den anteilig übertragenen Verlustvortrag in Höhe von 225. Auf Grund. der vollen Kürzung des übertragenen Verlustvortrages um 225 kommt für die übernehmende M-GmbH ein weiterer Abzug als Sonderausgabe nicht mehr in Betracht. Die M-GmbH kann im Jahr 04 das vierte Siebentel in Höhe von 100 absetzen. Zusätzlich kann die M-GmbH den Unterschiedsbetrag zwischen dem Verlustkürzungsbetrag von 225 und den bisher abgesetzten anteiligen Siebentelbeträgen von 200 (50% von 400), das ergibt einen Betrag von 25, steuerlich geltend machen. Im Hinblick auf die zusätzliche Abschreibung im Jahr 04 kann die M-GmbH in den Jahren 05 bis 06 die nächsten Siebentel in Höhe von je 100 und im Jahre 07 den Restbetrag von 75 absetzen.

Die übernehmende M-GmbH kann daher im Jahr 04 folgende Beträge absetzen:

restlicher Sonderausgabenverlust der T-GmbH	0
normale Absetzung des vierten Teilwertabschreibungssiebentels	100
Unterschiedsbetrag (Zusatzabschreibung)	25

(BMF-AV Nr. 175/2014)

6.4.4. Mantelkauf

Auf Grund des Verweises des § 35 UmgrStG auf § 21 UmgrStG ist die Regelung über den mit Verschmelzungen zusammenhängenden Mantelkauftatbestand und seine Ausnahmen auch auf Auf- oder Abspaltungen nach dem SpaltG zur Aufnahme anzuwenden. Im Hinblick auf die gesetzliche Reihenfolge der Prüffelder in § 4 Z 1 und 2 UmgrStG kommt die Prüfung des Vorliegens oder Nichtvorliegens eines Mantelkaufes nur dann in Betracht, wenn die Voraussetzungen des § 4 Z 1 UmgrStG gegeben sind. Siehe auch Rz 241 ff. *(AÖF 2008/243)*

1724

6.4.4.1 Voraussetzungen für den spaltungsbezogenen Mantelkauftatbestand

Siehe sinngemäß Rz 242 f. In Bezug auf das Erfordernis der Änderung der Gesellschafterstruktur kann der spaltungsbezogene Mantelkauftatbestand nur bei Spaltungen zur Aufnahme Anwendung finden.

1725

Mit dem spaltungsbezogenen Mantelkauftatbestand wird dem objektbezogenen Verlustvortragsübergang in gewisser Weise auch zukunftsorientiert Rechnung getragen, wobei spaltende und übernehmende Körperschaft für die Frage des Vorliegens der Tatbestandsvoraussetzungen als Einheit anzusehen sind. Danach ist der Verlustabzug ausgeschlossen, wenn die wesentlichen Änderungen der zum Mantelkauftatbestand führenden Strukturänderungen z.T. bei der übertragenden und z.T. bei der übernehmenden Körperschaft erfolgen. Der Mantelkauf ist demnach auf die spaltende und übernehmende Körperschaft zu beziehen.

§ 35

6.4.4.2 Ausnahmetatbestände

Zu den die Annahme des Manteltatbestandes verhindernden Ausnahmetatbeständen des § 8 Abs. 4 Z 2 lit. c KStG 1988 und des § 4 Z 2 UmgrStG siehe sinngemäß Rz 251 f. *(BMF-AV Nr. 175/2014)*

1726

Rz 1727: *derzeit nicht belegt (AÖF 2008/243)*

Behandlung der Anteilsinhaber bei einer verhältniswahrenden Spaltung

§ 36. (1) Bei den Anteilsinhabern der spaltenden Körperschaft und im Falle der Spaltung zur Aufnahme auch bei den Anteilsinhabern übernehmender Körperschaften gilt der dem Spaltungsplan oder Spaltungs- und Übernahmevertrag entsprechende Austausch von Anteilen nicht als Tausch. Die Anteile an den neuen oder übernehmenden Körperschaften gelten mit Beginn des dem Spaltungsstichtag folgenden Tages als erworben. Für neue Anteile sind die Anschaffungszeitpunkte der alten Anteile maßgeblich.

(2) Für Spaltungen zur Neugründung gilt folgendes:

1. Bei einer Aufspaltung haben die Anteilsinhaber den Buchwert oder die Anschaffungskosten der Anteile an der spaltenden Körperschaft, abzüglich erhaltener Zuzahlungen der beteiligten Körperschaften (§ 2 Abs. 1 Z 3 SpaltG) fortzuführen und den gewährten Anteilen entsprechend den Wertverhältnissen zuzuordnen.

2. Bei einer Abspaltung ist für die Bewertung der Anteile an der spaltenden und den neuen Körperschaften § 20 Abs. 4 Z 3 anzuwenden.

(3) Abweichend von Abs. 1 gilt Folgendes:

1. Soweit das Besteuerungsrecht der Republik Österreich hinsichtlich der Anteile der übertragenden Körperschaft an der übernehmenden Körperschaft eingeschränkt wird, sind diese bei der übernehmenden Körperschaft mit den nach § 6 Z 6 lit. a des Einkommensteuergesetzes 1988 maßgebenden Werte anzusetzen, wobei § 6 Z 6 lit. c bis e des Einkommensteuergesetzes 1988 sinngemäß anzuwenden sind.

2. Werden ausländischen Anteilsinhabern eigene Anteile der übernehmenden Körperschaft gewährt, sind diese mit den nach § 6 Z 6 lit. a des Einkommensteuergesetzes 1988 maßgebenden Werte anzusetzen, wobei § 6 Z 6 lit. c bis e des Einkommensteuergesetzes 1988 sinngemäß anzuwenden sind.

(4) Bei Auf- und Abspaltungen zur Aufnahme gilt, soweit auf Anteilsinhaber nicht § 33 Abs. 7 und § 34 Abs. 2 anzuwenden ist, die spaltungs- und übernahmsvertragsmäßige Anteilsaufteilung zunächst als Austausch von Anteilen auf Grund einer Auf- oder Abspaltung zur Neugründung, auf den Abs. 2 anzuwenden ist, und nachfolgend als Austausch von Anteilen auf Grund einer Verschmelzung, auf den § 5 anzuwenden ist.

(5) Für internationale Schachtelbeteiligungen im Sinne des § 10 Abs. 2 des Körperschaftsteuergesetzes 1988 gilt folgendes:

1. Entsteht durch eine Spaltung im Sinne des § 32 Abs. 1 Z 2 bei einer Körperschaft als Anteilsinhaber eine internationale Schachtelbeteiligung oder wird ihr Ausmaß durch neue Anteile oder durch Zurechnung zur bestehenden Beteiligung verändert, ist hinsichtlich der bisher nicht steuerbegünstigten Beteiligungsquoten auf den Unterschiedsbetrag zwischen den Buchwerten und den höheren Teil-

werten § 10 Abs. 3 erster Satz des Körperschaftsteuergesetzes 1988 nicht anzuwenden.

2. Geht durch die Spaltung die Eigenschaft einer Beteiligung als internationale Schachtelbeteiligung unter, gilt der höhere Teilwert zum Spaltungsstichtag, abzüglich auf Grund einer Umgründung nach diesem Bundesgesetz von § 10 Abs. 3 erster Satz des Körperschaftsteuergesetzes 1988 ausgenommener Beträge, als Buchwert.

(BGBl I 2015/163)

Behandlung der Anteilsinhaber bei einer nicht verhältniswahrenden Spaltung

§ 37. (1) Bei einer nicht unter § 36 fallenden Auf- oder Abspaltung gilt die spaltungsplanmäßige oder spaltungs- und übernahmsvertragsmäßige Anteilsaufteilung zwischen den Anteilsinhabern der spaltenden Körperschaft als Anteilstausch nach Durchführung einer Spaltung im Sinne des § 36.

(2) Tauschvorgänge im Sinne des Abs. 1, die ohne oder ohne wesentliche Zuzahlung (Abs. 4) erfolgen, gelten nicht als Veräußerung und Anschaffung. Die Anteile an den neuen oder übernehmenden Körperschaften gelten mit Beginn des dem Spaltungsstichtag folgenden Tages als erworben. Für neue Anteile sind die Anschaffungszeitpunkte der alten Anteile maßgeblich.

(3) Der Anteilsinhaber hat den Buchwert oder die Anschaffungskosten der im Sinne des Abs. 1 hingegebenen Anteile fortzuführen und den eingetauschten Anteilen entsprechend den Wertverhältnissen zuzuordnen. § 5 ist anzuwenden.

(4) Zuzahlungen von Anteilsinhabern sind nicht wesentlich, wenn sie ein Drittel des gemeinen Wertes der in Anteilen empfangenen Gegenleistung des Zahlungsempfängers nicht übersteigen. Abweichend von Abs. 2 gilt in diesem Fall die Zahlung beim Empfänger als Veräußerungsentgelt und beim Leistenden als Anschaffung.

(BGBl I 2012/112)

Gliederung:

6.5. Behandlung der Anteilsinhaber (§§ 36 und 37 UmgrStG)

6.5.1. Allgemeines

6.5.1.1 Übersicht

1728   Im Zuge einer Spaltung nach dem SpaltG kommt es zu einer Übertragung von Vermögen auf der Ebene von Körperschaften. Die Gegenleistung für die Vermögensübertragung wird jedoch grundsätzlich nicht der übertragenden Körperschaft, sondern ihren Gesellschaftern gewährt. Bei den Gesellschaftern der spaltenden Gesellschaft kommt es wie im Verschmelzungsrecht in umgründungsteuerlicher Betrachtungsweise mangels Vorliegen einer Veräußerung und Anschaffung zu einem außerhalb der Rückwirkungsfiktion liegenden Anteilstausch.

Auf Gesellschafterebene ist spaltungsrechtlich zwischen verhältniswahrender und nicht verhältniswahrender Spaltung zu unterscheiden. Siehe dazu auch Rz 1652:

• Verhältniswahrende Spaltung (§ 36 UmgrStG):

Darunter versteht man eine Spaltung, bei der die Gesellschafter der spaltenden Körperschaft nach der Spaltung an der(n) Nachfolgekörperschaft(en) im gleichen Verhältnis zueinander beteiligt sind wie vor der Spaltung. Dies gilt direkt bei der Spaltung zur Neugründung (siehe Rz 1732 ff) bzw. bei der Schwesterspaltung zur Aufnahme (siehe Rz 1759 ff) und indirekt bei einer Konzentrationsspaltung zur Aufnahme (siehe Rz 1739).

Beispiel:

A und B sind zu je 50% an der AB-GmbH beteiligt. Die AB-GmbH spaltet einen Teilbetrieb in die dem C zu 100% gehörende C-GmbH ab. Auf Grund des Umtauschverhältnisses von 1 : 1 sind A und B zu je 25% an der C-GmbH beteiligt, die Beteiligung des C sinkt auf 50%.

• Nicht verhältniswahrende Spaltung (§ 37 UmgrStG):

Diese liegt vor, wenn die Anteile an der(n) neuen oder übernehmenden Körperschaft(en) den Anteilsinhabern der spaltenden Körperschaft nicht in dem

Verhältnis zugeteilt werden, das ihrer Beteiligung vor der Spaltung entspricht. In ihrer stärksten Ausprägung führt die nicht verhältniswahrende Spaltung zu einer Entflechtung der Gesellschafterstruktur („entflechtende Spaltung"). Zur nicht verhältniswahrenden Spaltung zur Neugründung siehe Rz 1735 ff, zur nicht verhältniswahrenden Spaltung zur Aufnahme siehe Rz 1751 ff. *(BMF-AV Nr. 175/2014)*

Die Gesellschafterebene bleibt von der Spaltung nur in folgenden Fällen der   1729
Konzernspaltung ohne Anteilsgewährung unberührt:

- Im Fall der Abspaltung zur Aufnahme von Vermögen der Muttergesellschaft in die Tochtergesellschaft (down-stream-Abspaltung) mit Verzicht der Gesellschafter der Muttergesellschaft auf Anteilsgewähr, ausgenommen die Beteiligung an der Tochtergesellschaft wird down-stream abgespalten und ausgekehrt (siehe dazu Rz 1698).

- Im Fall der Abspaltung zur Aufnahme von Vermögen der Tochtergesellschaft in die Muttergesellschaft (up-stream-Abspaltung) hat nach § 224 Abs. 1 AktG in Verbindung mit § 17 SpaltG eine Anteilsgewährung an die Gesellschafter der übernehmenden Gesellschaft zu unterbleiben.

In beiden Ausnahmefällen sind mangels Ausgabe von Anteilen an die Gesellschafter nicht die Regeln der §§ 36 und 37 UmgrStG über die Behandlung der Anteilsinhaberebene, sondern die Bestimmungen über die Steuerneutralität von Buchgewinnen und Buchverlusten, bei der spaltenden Körperschaft § 33 Abs. 7 UmgrStG und bei der übernehmenden Körperschaft § 34 Abs. 2 UmgrStG, anzuwenden. Siehe dazu Rz 1684 ff und Rz 1693 ff. *(BMF-AV Nr. 175/2014)*

6.5.1.2 Behandlung der Anteilsinhaber im Anwendungsbereich des UmgrStG

Die §§ 36 und 37 UmgrStG regeln die Rechtsfolgen einer Spaltung nach   1730
dem SpaltG auf Gesellschafter- bzw. Anteilsinhaberebene. Dabei regelt § 36 UmgrStG im Rahmen der verhältniswahrenden Spaltung die steuerliche Behandlung der Anteilsinhaber der übertragenden Körperschaft und im Fall der Spaltung zur Aufnahme auch die steuerliche Behandlung der Anteilsinhaber der Nachfolgegesellschaft. § 37 UmgrStG regelt die Rechtsfolgen für die Anteilsinhaber im Rahmen der nicht verhältniswahrenden Spaltung. Beide Bestimmungen sehen die grundsätzliche Steuerneutralität des Austausches von Anteilen im Zuge der Spaltung vor.

Die grundsätzliche Steuerneutralität ergibt sich aus der Formulierung, dass bei den Anteilsinhabern der spaltenden Körperschaft und im Falle einer Spaltung zur Aufnahme auch bei den Anteilsinhabern der übernehmenden Körperschaften der dem Spaltungsplan oder Spaltungs- und Übernahmevertrag entsprechende Austausch von Anteilen nicht als Tausch (Anschaffung und Veräußerung) gilt (§ 36 Abs. 1 erster Satz UmgrStG). Daraus folgt, dass die bei einer verhältniswahrenden Spaltung erworbenen Anteile nicht als angeschafft gelten. Bei einer nicht verhältniswahrenden Spaltung fallen die steuerrechtlich nach einer als verhältniswahrend geltenden Spaltung wertneutral getauschten Anteile nicht unter den Tauschgrundsatz des § 6 Z 14 lit. a EStG 1988 und lösen daher ebenfalls keinen Anschaffungstatbestand aus (siehe Rz 1733, § 37 Abs. 1 iVm Abs. 2 UmgrStG, Rz 1736).

Die Steuerneutralität bezieht sich neben den Aktien bzw. GmbH-Anteilen der Anteilsinhaber der übertragenden Gesellschaft auch auf Surrogatkapital (§ 2 Abs. 1 Z 8 SpaltG erwähnt die Inhaber besonderer Rechte).

Ein nicht dem Spaltungsplan bzw. Spaltungs- und Übernahmsvertrag entsprechender Anteilsaustausch führt zur Unanwendbarkeit der §§ 36 und 37 UmgrStG und damit zur grundsätzlichen Steuerpflicht des Anteilstausches, aber nicht zur Unanwendbarkeit des Art. VI UmgrStG in den übrigen Bestimmungen auf Ebene der spaltenden und übernehmenden Körperschaften. Siehe dazu Rz 1731 ff.

Die Rechtsfolgen der §§ 36 und 37 UmgrStG gelten für sämtliche Gesellschafter bzw. Anteilsinhaber einer spaltenden oder übernehmenden Körperschaft im Anwendungsbereich des Art. VI UmgrStG, somit für jede unbeschränkt oder beschränkt steuerpflichtige natürliche oder juristische Person.

Besondere Bestimmungen werden umgründungssteuerrechtlich für die Veränderungen bei internationalen Schachtelbeteiligungen im Zuge einer Spaltung und für die steuerliche Behandlung von Zuzahlungen getroffen. *(BMF-AV Nr. 175/2014)*

6.5.1.3 Behandlung der Anteilsinhaber bei voller oder anteiliger Nichtanwendbarkeit des UmgrStG

1731   Zur Behandlung der Anteilsinhaber der übertragenden Körperschaft siehe Rz 1806 f. *(BMF-AV Nr. 175/2014)*

6.5.2. Verhältniswahrende Spaltung zur Neugründung

1732   Zum Begriff verhältniswahrende Spaltung siehe Rz 1728 f und Rz 1650.

6.5.2.1 Anteilstausch

1733   Bezogen auf die Spaltungsformen ist zu unterscheiden:

*   Bei der verhältniswahrenden Aufspaltung zur Neugründung geben die Anteilsinhaber ihre Anteile an der spaltenden Körperschaft zur Gänze gegen Gewährung von Anteilen (Gegenleistung) an den neuen Kapitalgesellschaften auf.

*   Bei der verhältniswahrenden Abspaltung zur Neugründung geben die Anteilsinhaber ihre Anteile an der spaltenden Körperschaft hingegen nur teilweise auf, sodass es zur (Wert)Minderung der Beteiligung an der spaltenden Gesellschaft gegen Gewährung von Anteilen (Gegenleistung) an der (den) neuen Kapitalgesellschaft(en) kommt.

Dabei bleibt das Beteiligungsverhältnis der Anteilsinhaber der spaltenden Körperschaft zueinander sowohl an den Nachfolgekörperschaften bei einer Aufspaltung als auch an der spaltenden und deren Nachfolgekörperschaft(en) im Fall der Abspaltung unverändert.

Gemäß § 36 Abs. 1 erster Satz UmgrStG gilt auf Ebene der Anteilsinhaber der spaltenden Körperschaft der dem Spaltungsplan oder dem Spaltungs- und Übernahmsvertrag entsprechende Anteilstausch nicht als ertragsteuerlicher Tauschvorgang (daher keine Veräußerung und Anschaffung nach § 6 Z 14 EStG 1988). Der Erwerb dieser neuen Anteile an der übernehmenden Körperschaft erfolgt mit Beginn des dem Spaltungsstichtag folgenden Tages (steuerliche Rückwirkungsfiktion gemäß § 36 Abs. 1 zweiter Satz UmgrStG für Spaltungsstichtage nach dem 31.12.2006). Gemäß § 36 Abs. 1 letzter Satz UmgrStG sind jedoch für die neuen Anteile die Anschaffungszeitpunkte der alten Anteile maßgeblich (AbgÄG 2012, BGBl. I Nr. 112/2012; § 36 Abs. 1 letzter Satz UmgrStG ist erstmals auf Spaltungen mit einem Stichtag nach dem 31.3.2012 anzuwenden). Aufgrund dieser Bestimmung werden die im Zuge der Spaltung erworbenen Anteile an der übernehmenden Gesellschaft mit dem Status der untergegangenen Anteile an der spaltenden Gesellschaft fortgeführt (Identitätsfiktion, siehe auch Rz 265 sowie Rz 1151): Die Steuerhängigkeit der spaltungsbedingt erworbenen Anteile ergibt sich folglich aus den untergegangenen Anteilen (siehe im Detail Rz 265).

• Werden neue Anteile als Gegenleistung für nicht steuerhängige, untergegangene Anteile gewährt, sind auch die spaltungsbedingt erworbenen Anteile nicht steuerhängig.

• Waren die untergegangenen Anteile hingegen nach § 31 EStG 1988 idF vor BudBG 2011 bzw. § 124b Z 185 lit. a Teilstrich 1 EStG 1988 (befristet) steuerhängig, setzt sich diese (befristete) Steuerhängigkeit unabhängig von der Beteiligungshöhe (und somit auch bei Überschreitung von 1%) in den spaltungsbedingt erworbenen Gegenleistungsanteilen fort (siehe 3. Teil Z 21 letzter Satz UmgrStG). Dies gilt auch bei nicht verhältniswahrenden Spaltungen (siehe § 37 Abs. 1 iVm Abs. 2 UmgrStG, auch Rz 1736).

Beispiel 1:

Die natürliche Person A erwirbt am 15.06.2009 einen 3-prozentigen Anteil an der X-AG. Zum Stichtag 31.12.2012 erfolgt eine verhältniswahrende Aufspaltung der X-AG zur Aufnahme auf die bereits bestehenden Gesellschaften Y-AG und Z-AG; Art. VI UmgrStG ist anwendbar. A erhält im Zuge der Aufspaltung Anteile sowohl an der Y-AG als auch an der Z-AG im Ausmaß von je 0,5%.

Die spaltungsbedingt erhaltenen Gegenleistungsanteile an den aufnehmenden Körperschaften gelten gemäß § 36 Abs. 1 zweiter Satz UmgrStG grundsätzlich als an dem dem Spaltungsstichtag folgenden Tag (01.01.2013) erworben. Diese Anteile gelten zwar aufgrund von § 36 Abs. 1 letzter Satz UmgrStG als zum 15.06.2009 angeschafft, weil für die neuen Anteile die Anschaffungszeitpunkte der untergegangenen Anteile maßgeblich sind. Dennoch ist § 27 Abs. 3 EStG 1988 idF nach BudBG 2011 auf die neuen Anteile anwendbar, weil es sich bei den neuen für die Gegenleistung erhaltenen Anteilen um Neubestand iSd § 124b Z 185 lit. a Teilstrich 1 EStG 1988 handelt (eine Beteiligung, die am 31.03.2012 die Voraussetzungen des § 31 EStG 1988 idF vor BudBG 2011 erfüllte).

Beispiel 2:

Die natürliche Person A hat am 01.04.2009 100 Aktien (in Summe ein Ausmaß von weniger als 1%) an der börsenotierten X-AG erworben. Zum Stichtag 31.12.2012 erfolgt eine verhältniswahrende Aufspaltung der X-AG auf die bereits bestehenden Gesellschaften Y-AG und Z-AG; Art. VI UmgrStG ist anwendbar. A erhält im Zuge der Aufspaltung neue Aktien sowohl an der Y-AG als auch an der Z-AG.

Die spaltungsbedingt erhaltenen Aktien an den aufnehmenden Körperschaften gelten gemäß § 36 Abs. 1 zweiter Satz UmgrStG grundsätzlich als an dem dem Spaltungsstichtag folgenden Tag (01.01.2013) erworben. Diese Aktien gelten aber aufgrund von § 36 Abs. 1 letzter Satz UmgrStG als zum 01.04.2009 angeschafft, weil für die neuen Anteile die Anschaffungszeitpunkte der untergegangenen Anteile maßgeblich sind. Da es sich bei den untergegangenen Aktien auch nicht um Neubestand iSd § 124b Z 185 lit. a EStG 1988 handelt, liegt hinsichtlich der spaltungsbedingt erworbenen Aktien kein Neuvermögen iSd § 27 EStG 1988 idF BudBG 2011 vor. *(BMF-AV Nr. 175/2014)*

Da der spaltungsbedingte Anteilstausch nicht als ertragsteuerlicher Tausch gilt (siehe Rz 1733), haben die Anteilsinhaber der spaltenden Körperschaft die

1733a

§§ 36, 37

Anschaffungskosten bzw. Buchwerte der untergegangenen Anteile fortzuführen und auf die spaltungsbedingt gewährten neuen Anteile zu übertragen. Die Zuordnung der Anschaffungskosten bzw. der Buchwerte der untergegangenen Anteile auf die spaltungsbedingt erworbenen Anteile erfolgt nach dem Verhältnis der Verkehrswerte der Anteile an den neuen Körperschaften. Das Aufteilungsverhältnis der Vermögensteile ist zum Zeitpunkt des Abschlusses des Spaltungsplanes bzw. Spaltungs- und Übernahmsvertrages zu ermitteln. Somit kommt es auf Ebene der Gesellschafter zur Fortführung der stillen Reserven der Anteile an der übertragenden Gesellschaft in den Anteilen an den Nachfolgegesellschaften.

Beispiel:

Die natürliche Person A und die Y-GmbH sind zu je 50% an der Z-GmbH beteiligt. Die Anschaffungskosten des Anteils des A und der Buchwert der Y-GmbH an der Z-GmbH betragen je 50. Die Z-GmbH soll zum 31.12.02 nach dem SpaltG verhältniswahrend aufgespalten werden. Dabei soll ihr Teilbetrieb 1 auf die neu gegründete A-GmbH und ihr Teilbetrieb 2 auf die neu gegründete B-GmbH übertragen werden. Der Verkehrswert der spaltenden Z-GmbH beträgt 1.000, darin enthalten sind Teilbetrieb 1 mit einem Verkehrswert von 400 und Teilbetrieb 2 mit einem Verkehrswert von 600.

Unternehmensrechtlich erwerben die Gesellschafter A und die Y-GmbH nach § 14 Abs. 2 Z 3 SpaltG mit dem Tag der Protokollierung spaltungsplangemäß die Anteile an den neu gegründeten Gesellschaften.

Steuerlich liegt für die Gesellschafter nach § 36 UmgrStG ein steuerneutraler (dh. nicht unter § 6 Z 14 EStG 1988 fallender) Anteilstausch im Wege der Aufgabe der Anteile an der Z-GmbH gegen Übernahme der Anteile an der A-GmbH und der B-GmbH vor.

Da eine verhältniswahrende Spaltung vorgenommen wurde, sind die Gesellschafter der spaltenden Gesellschaft an den neuen Gesellschaften im ursprünglichen Ausmaß von je 50% beteiligt.

Die Anschaffungskosten bzw. der Buchwert der untergegangenen Anteile in Höhe von je 50 an der Z-GmbH sind bei den Gesellschaftern nach § 36 Abs. 2 UmgrStG im Verhältnis der auf die übernehmenden Gesellschaften übergegangenen Verkehrswerte aufzuteilen und betragen hinsichtlich

- der A-GmbH (der übergehende Verkehrswert beträgt 400, das sind 40% des Verkehrswertes der spaltenden Z-GmbH) für den Gesellschafter A und die Y-GmbH je 20 (40% von 50).
- der B-GmbH (der übergehende Verkehrswert beträgt 600, das sind 60% des Verkehrswertes der spaltenden Z-GmbH) für den Gesellschafter A und die Y-GmbH je 30 (60% von 50). *(BMF-AV Nr. 175/2014)*

6.5.2.2 Behandlung von Zuzahlungen der beteiligten Körperschaften

1734   Kommt es im Zuge der Spaltung zu unternehmensrechtlich gemäß § 2 Abs. 1 Z 3 SpaltG zulässigen Zuzahlungen (bis 10% des Gesamtbetrags des Nennwerts der gewährten Anteile, „Spitzenausgleich") der übertragenden oder übernehmender Körperschaften an die Anteilsinhaber der übertragenden Körperschaft, kürzen diese die nach Rz 1733 ermittelten Anschaffungskosten bzw. Buchwerte der gewährten Anteile an der übernehmenden Körperschaft (§ 36 Abs. 2 Z 1 UmgrStG); diese Zuzahlungen haben keine Auswirkungen auf das Einlagenevidenzkonto. Durch die Kürzung der Anschaffungskosten bzw. Buchwerte der neuen Anteile bleibt die Zuzahlung steuerhängig. Bei entsprechend niedrigen Anschaffungskosten bzw. Buchwerten kann es auch zu negativen Anschaffungskosten bzw. Buchwerten kommen.

Beispiel:

Fortsetzung des Beispiels aus Rz 1733a. Sollte es bei den übernehmenden Gesellschaften unter Beachtung der unternehmensrechtlichen Vorschriften zum Ansatz eines Stammkapitals von

* 100 bei der A-GmbH (davon je 50 für A und Y-GmbH) bzw.

* 200 bei der B-GmbH (davon je 100 für A und Y-GmbH) kommen,

wären Zuzahlungen der spaltenden Z-GmbH bis zur Höhe von 30 (10% der gewährten neuen Anteile von 300) unternehmensrechtlich zulässig. Sollten Zuzahlungen geleistet werden, sind diese bei den Gesellschaftern von den Anschaffungskosten bzw. Buchwert an den übernehmenden Gesellschaften abzusetzen.

Bei der die Zuzahlung tätigenden Körperschaft sind die baren Zuzahlungen als ein gesellschaftsrechtlich veranlasster Teil der Gegenleistung für die Übernahme des Vermögens der übertragenden Körperschaft nicht abzugsfähig. *(BMF-AV Nr. 175/2014)*

6.5.3. Nichtverhältniswahrende Spaltung zur Neugründung

6.5.3.1 Allgemeines

Zum Begriff „nichtverhältniswahrend" siehe Rz 1728.   1735

Spaltungsrechtliche Voraussetzung für eine nichtverhältniswahrende Spaltung ist nach § 8 Abs. 3 SpaltG – von den Fällen der Zustimmungsbedürftigkeit aller Anteilsinhaber abgesehen – die Zustimmung von neun Zehntel des gesamten Nennkapitals. Diesem Beschluss widersprechende Anteilsinhaber haben nach § 9 Abs. 1 SpaltG Anspruch auf Barabfindung ihrer Anteile. Zur steuerlichen Behandlung der Abfindungsberechtigten siehe Rz 1779. *(AÖF 2008/243)*

6.5.3.2 Anteilstausch

Die im Spaltungsplan gemäß § 3 SpaltG festgelegten neuen nicht verhältniswahrenden Beteiligungsverhältnisse treten mit der Eintragung der Spaltung in das Firmenbuch ex lege, dh. ohne eigene rechtsgeschäftliche Abtretungsverträge ein. Im Gegensatz dazu ist die steuerliche Beurteilung nach § 37 UmgrStG zum Zweck der Bestimmung der Anschaffungskosten bzw. Buchwerte der spaltungsgeborenen Anteile von einer Doppelfiktion geprägt. Danach gilt als Grundprinzip für die Ermittlung der Anschaffungskosten bzw. Buchwerte der Anteile an der oder den neuen bzw. der übertragenden Körperschaft(en) bei einer nicht verhältniswahrenden Spaltung zur Neugründung: 1736

* In einem ersten Fiktionsschritt ist von einer nicht unter den Tauschgrundsatz fallenden Aufgabe oder Teilaufgabe der Beteiligung an der spaltenden Kapitalgesellschaft gegen Gewährung von quotengleichen Anteilen an der oder den neuen Kapitalgesellschaft(en) auszugehen. Die Anschaffungskosten bzw. Buchwerte sind zunächst wie bei der verhältniswahrenden Spaltung zu ermittelten. Siehe dazu Rz 1732.

* Im zweiten Fiktionsschritt werden die verhältniswahrend zugekommenen Anteile der neuen Körperschaft(en) spaltungsplangemäß zwischen den Gesellschaftern der spaltenden Gesellschaft getauscht. Dabei sind die im ersten Fiktionsschritt ermittelten Anschaffungskosten bzw. Buchwerte auf die im zweiten Fiktionsschritt eingetauschten Anteile zu übertragen.

Beispiel:

Es gelten die Eingangsangaben des Beispiels aus Rz 1733a. Abweichend ist eine nicht verhältniswahrende Spaltung ohne Zuzahlungen Dritter geplant. An der A-GmbH soll A Alleingesellschafter werden, an der B-GmbH soll A mit 16,67% und die Y-GmbH mit 83,33% beteiligt sein. Da eine wertgleiche Spaltung erfolgt ist, kommt eine Zuzahlung nicht in Betracht. Die Anschaffungskosten des A an der A-

GmbH betragen nunmehr 40 (20 + 2/3 von 30, das ist der an die Y-GmbH abgetretene Anteilsteil an der B-GmbH) und an der B-GmbH 10 (1/3 von 30, das ist der verbliebene Anteil), der Buchwert der Beteiligung der Y-GmbH an der B-GmbH beträgt nunmehr 50 (30 + Buchwert des an A abgegebenen Anteils an der B-GmbH von 20).

Der Anteilstausch erfolgt steuerneutral; zu den Rechtsfolgen einer Äquivalenzverletzung siehe Rz 1780. *(BMF-AV Nr. 175/2014)*

1736a   § 36 Abs. 3 UmgrStG regelt – analog zu § 5 UmgrStG – Ausnahmen vom steuerneutralen Anteilstausch. Demnach liegt kein steuerneutraler Tausch vor, wenn das Besteuerungsrecht Österreichs spaltungsbedingt eingeschränkt wird (anzuwenden für Spaltungen, die nach dem 31.12.2007 beschlossen werden). Dabei sind folgende Fälle zu unterscheiden:

- Soweit das Besteuerungsrecht hinsichtlich der Anteile der übertragenden Körperschaft an der übernehmenden Körperschaft eingeschränkt wird, sind diese bei der übernehmenden Körperschaft mit dem Fremdvergleichswert (bis 31.12.2015 mit dem gemeinen Wert) anzusetzen (§ 36 Abs. 3 Z 1 UmgrStG). § 6 Z 6 lit. c bis e EStG 1988 sind sinngemäß anzuwenden, weshalb im Falle der Einschränkung des Besteuerungsrechtes gegenüber EU/EWR-Staaten ein Antrag auf Ratenzahlung von der übernehmenden Körperschaft gestellt werden kann (bis 31.12.2015: ein Antrag auf Nichtfestsetzung).

  § 36 Abs. 3 Z 1 UmgrStG betrifft somit ausschließlich Fälle der Anteilsauskehrung anlässlich von down-stream-Ab- oder -Aufspaltungen von Kapitalanteilen. Dies ist dann der Fall, wenn die Beteiligung der Muttergesellschaft an der Tochtergesellschaft down-stream ab- oder aufgespalten wird und die Anteile an der Tochtergesellschaft spaltungsbedingt an ausländische Anteilsinhaber der Muttergesellschaft ausgekehrt werden (vorausgesetzt, mit dem betreffenden Staat besteht ein dem OECD-Musterabkommen folgendes DBA und dem Ansässigkeitsstaat der ausländischen Anteilsinhaber der Muttergesellschaft kommt das alleinige Besteuerungsrecht hinsichtlich eines Veräußerungsgewinnes zu). Zu einer Einschränkung des Besteuerungsrechts kommt es aber auch dann, wenn eine Anteilsauskehr an mit diesen Anteilen steuerbefreite inländische Anteilsinhaber erfolgt; ein Antrag auf Ratenzahlung (bis 31.12.2015: Antrag auf Nichtfestsetzung) kann in diesen Fällen nicht gestellt werden (siehe auch Rz 265a). Aufgrund des Verweises in § 36 Abs. 4 UmgrStG auf § 5 UmgrStG ergibt sich diese Rechtsfolge für down-stream-Auf- oder -Abspaltungen mit Anteilsauskehr auch bereits aus § 5 Abs. 1 Z 4 UmgrStG (siehe Rz 1747 zum zweiten Fiktionsschritt). Auf andere als ausgekehrte Anteile kommt § 36 Abs. 3 Z 1 UmgrStG (wie auch § 5 Abs. 1 Z 4 UmgrStG) nicht zur Anwendung, auch wenn diese aus Anlass einer down-stream-Verschmelzung gewährt werden (zB neue Anteile oder eigene Anteile der übernehmenden Körperschaft; dazu gleich).

- Werden ausländischen Anteilsinhabern eigene Anteile (Aktien oder GmbH-Anteile) der übernehmenden Körperschaft gewährt (§ 36 Abs. 3 Z 2 UmgrStG), sind diese mit dem Fremdvergleichswert anzusetzen, wenn das Besteuerungsrecht der Republik Österreich hinsichtlich dieser Anteile eingeschränkt wird. Ein Antrag auf Ratenzahlung kann gestellt werden, wenn die Einschränkung gegenüber einem EU/EWR-Staat erfolgt (sinngemäße Anwendung von § 6 Z 6 lit. c bis e EStG 1988); dafür ist die Ansässigkeit der Anteilsinhaber der übernehmenden Körperschaft maßgeblich.

§ 36 Abs. 3 Z 2 UmgrStG kommt daher dann zur Anwendung, wenn von der übernehmenden Gesellschaft eigene Anteile ausgekehrt werden, bei denen es sich nicht um Anteile der übertragenden Körperschaft an der übernehmenden Körperschaft handelt (dann ist Z 1 anzuwenden). *(BMF-AV Nr. 40/ 2017, BMF-AV Nr. 131/2018)*

6.5.3.3. Behandlung von Zuzahlungen von Anteilsinhabern (§ 37 Abs. 4 UmgrStG) (BMF-AV Nr. 175/2014)

- Sollte es zu einem Tausch von nicht wertgleichen Anteilen kommen, kann die drohende Vermögensverschiebung durch Zuzahlungen an die sonst benachteiligten Anteilsinhaber vermieden werden. Im Gegensatz zu den gemäß § 2 Abs. 1 Z 3 SpaltG mit 10% des auf die gewährten Anteile entfallenden anteiligen Betrages des Nennkapitals beschränkten baren Zuzahlungen der beteiligten Körperschaften (Spitzenausgleich, siehe Rz 1734) sind Zuzahlungen von den Anteilsinhabern der an der Spaltung beteiligten Körperschaften, nach der genannten Vorschrift des SpaltG unbeschränkt zulässig.

1737

- Für die Zuzahlungen von Anteilsinhabern sehen § 37 Abs. 2 und Abs. 4 UmgrStG vor, dass diese die Steuerneutralität des Anteilstausches nicht hindern, sofern sie nicht wesentlich sind. Eine Zuzahlung ist nicht wesentlich, solange sie ein Drittel des gemeinen Wertes, somit des Verkehrswertes, der vom Zuzahlungsempfänger erhaltenen Anteile nicht übersteigt. Die Zuzahlung selbst zählt nicht zur Bemessungsgrundlage für die „Drittelgrenze". Somit gilt für Zuzahlungen:

- Unterschreitet die Zuzahlung von Anteilsinhabern die „Drittelgrenze" und ist somit nicht wesentlich, bleibt zwar der Anteilstausch beim Zuzahlungsempfänger steuerneutral, nicht jedoch die Zuzahlung selbst. Diese ist beim Zuzahlungsempfänger als Veräußerungsentgelt nach den Grundsätzen des allgemeinen Steuerrechts bei Anteilen im Privatvermögen (gemäß § 27 EStG 1988) bzw. nach den allgemeinen steuerlichen Gewinnermittlungsvorschriften im Rahmen der betrieblichen Einkünfte steuerpflichtig. Für den Zahlenden der Zuzahlung stellt diese zusätzliche Anschaffungskosten der erhaltenen Anteile dar.

- Übersteigt die Zuzahlung die „Drittelgrenze" und ist somit wesentlich oder stammt die Zuzahlung unabhängig von ihrer Höhe von einem Dritten, der nicht Anteilsinhaber ist, fällt der Anteilstausch für den zahlenden und empfangenden Anteilsinhaber nicht unter Art. VI UmgrStG. Daher kommt § 37 Abs. 2 UmgrStG nicht zur Anwendung, es liegt insoweit ein unter den Tauschgrundsatz des § 6 Z 14 lit. a EStG 1988 fallender Veräußerungs- und Anschaffungsvorgang vor, als der Anteilstausch von einer verhältniswahrenden Spaltung abweicht (anteilige Tauschbesteuerung).

§§ 36, 37

Zu den Rechtsfolgen eines nicht unter Art. VI UmgrStG fallenden Anteilstausches siehe Rz 1806.

Beispiel:

Es gelten die Eingangsangaben des Beispiels aus Rz 1733a. Abweichend davon soll es jedoch zu einer entflechtenden (das ist die Extremform der nicht verhältniswahrenden) Aufspaltung dergestalt kommen, dass spaltungsplangemäß Gesellschafter A Alleingesellschafter der A-GmbH und die Y-GmbH Alleingesellschafter der B-GmbH wird.

Unternehmensrechtlich wird mit Eintragung des Spaltungsbeschlusses in das Firmenbuch A Alleingesellschafter der A-GmbH und die Y-GmbH Alleingesellschafter der B-GmbH.

Steuerrechtlich wird dieses Ergebnis in zwei Fiktionsschritten erreicht:

• Zunächst gilt gedanklich eine verhältniswahrende Spaltung wie im Beispiel aus Rz 1733a als durchgeführt. Die Anschaffungskosten der jeweils 50%-Beteiligungen des A und der Y-GmbH an den neu entstandenen Gesellschaften betragen für die A-GmbH je 20 und für die B-GmbH je 30 (1. Fiktionsschritt).

• Eine juristische Sekunde später gilt ein Anteilstausch zwischen den Gesellschaftern A und der Y-GmbH als bewirkt, der zum spaltungsplangemäßen Beteiligungsstand führt (2. Fiktionsschritt). Bei diesem fiktiven Tausch überträgt der A seinen 50%-Anteil in Höhe von 300 (das sind 50% des Verkehrswertes der B-GmbH) an der B-GmbH auf die Y-GmbH und erhält von der Y-GmbH einen 50%-Anteil an der A-GmbH in Höhe von 200 (das sind 50% des Verkehrswertes der A-GmbH).

Da der Anteilstausch somit nicht wertgleich erfolgt, steht A eine Zuzahlung bzw. Ausgleichszahlung in Höhe von 100 von der Y-GmbH zu. Nach Leistung der Ausgleichszahlung ergeben sich folgende Wertverhältnisse:

Zurechnung an Gesellschafter:	A	Y-GmbH
Verkehrswert A-GmbH	400	
Verkehrswert B-GmbH		600
Ausgleichszahlung	+ 100	– 100
erhaltener Gesamtwert	500	500

Die Zuzahlung ändert nach § 37 Abs. 4 UmgrStG nur dann nichts an der Steuerneutralität des Anteilstausches, wenn sie ein Drittel des erhaltenen (Tausch-)Wertes des Anteils des Zuzahlungsempfängers (A erhält einen Wert von 200 an der A-GmbH) nicht übersteigt. Ein Drittel von 200 sind 66,66. Somit ist die Zuzahlung darin nicht gedeckt. Für beide Gesellschafter ergibt sich ein steuerwirksamer Anteilstausch nach § 6 Z 14 lit. a EStG 1988.

• A hat einen Überschuss im Sinne des § 27 EStG 1988 in Höhe von 270 (gemeiner Wert des hingegebenen Anteils von 300 abzüglich dessen Anschaffungskosten in Höhe von 30) zu versteuern. Die Anschaffungskosten des eingetauschten 50%-Anteiles an der A-GmbH betragen nunmehr 300. Da die eigenen Anschaffungskosten des 50%-Anteils des A an der A-GmbH 20 betragen, ergeben sich Gesamtanschaffungskosten des A für den 100%-Anteil an der A-GmbH von 320 (300 aus dem Tausch und 20 aus der Aufteilung im Zuge der fiktiven verhältniswahrenden Spaltung laut erstem Fiktionsschritt).

• Die Y-GmbH hat den Tausch im Rahmen ihrer betrieblichen Einkünfte in Höhe von 180 (gemeiner Wert des hingegebenen Anteils von 200 abzüglich dessen Buchwert in Höhe von 20) zu versteuern. Der Buchwert des eingetauschten 50%-Anteiles an der B-GmbH beträgt nunmehr 300 (200 gemeiner Wert des hingegebenen Anteils zuzüglich 100 Ausgleichszahlung). Da der Buchwert für den eigenen 50%-Anteil der Y-GmbH an der B-GmbH 30 beträgt, ergibt sich ein Buchwert für den 100%-Anteil an der B-GmbH von 330 (300 aus dem Tausch und 30 aus der Aufteilung im Zuge der fiktiven verhältniswahrenden Spaltung laut erstem Fiktionsschritt). *(BMF-AV Nr. 131/2018)*

1738   Werden im Zuge einer nicht verhältniswahrenden Spaltung Anteile mit unterschiedlichen Verkehrswerten getauscht und keine oder eine zu geringe Zuzahlung geleistet (zB im Ausmaß des die Drittelgrenze nicht übersteigenden Betrages), stellt dies kein Hindernis für die Steuerneutralität des Anteilstausches dar, sondern führt zu den Rechtsfolgen der Äquivalenzverletzung. Siehe dazu Rz 1780. *(BMF-AV Nr. 175/2014)*

6.5.4. Verhältniswahrende Spaltung zur Aufnahme

6.5.4.1 Verhältniswahrende Konzentrationsspaltung

Bei einer verhältniswahrenden Konzentrationsspaltung (= Auf- oder Abspal-   1739
tung zur Aufnahme in fremde übernehmende Gesellschaften) liegt eine gänzliche oder teilweise Aufgabe der Beteiligung an der spaltenden Gesellschaft gegen Gewährung von Anteilen an einer bereits bestehenden übernehmenden Kapitalgesellschaft vor. Die Anteile an der übernehmenden Kapitalgesellschaft
gelten rückwirkend als mit dem dem Spaltungsstichtag folgenden Tag als erworben (steuerliche Rückwirkungsfiktion gemäß § 36 Abs. 1 zweiter Satz UmgrStG
für Spaltungsstichtage nach dem 31.12.2006). Nach § 36 UmgrStG unterbleibt
eine Besteuerung der im Spaltungs- und Übernahmsvertrag festgelegten Gegenleistung. Für Zwecke der Ermittlung der Anschaffungskosten bzw. Buchwerte
der Anteile im Zuge einer Spaltung zur Aufnahme gilt gemäß § 36 Abs. 4
UmgrStG – soweit auf die Anteilsinhaber der spaltenden Gesellschaft nicht § 33
Abs. 7 und § 34 Abs. 2 UmgrStG anzuwenden sind – abgabenrechtlich folgendes Grundprinzip:

- Zunächst ist fiktiv eine verhältniswahrende Auf- oder Abspaltung auf eine
  neugegründete Zwischenkapitalgesellschaft anzunehmen (1. Fiktionsschritt). Die Anteilsinhaber der abzuspaltenden Gesellschaft haben im Verhältnis des Verkehrswertes des abgespaltenen Vermögens zum gesamten
  Verkehrwert der spaltenden Gesellschaft die Anschaffungskosten/Buchwer-
  te auf die Beteiligung an der spaltenden Gesellschaft abzustocken; gleichzeitig sind diese anteilig auf die Beteiligung an der fiktiv neu gegründeten
  Gesellschaft zu übertragen. Mit dieser „Aufteilung" einer geht gemäß § 36
  Abs. 1 letzter Satz UmgrStG auch die Übertragung des Anschaffungszeitpunkts der Beteiligung an der spaltenden Gesellschaft auf die Beteiligung an
  der fiktiv neu gegründeten Gesellschaft.

  Spaltungsrechtlich zulässige Zuzahlungen (dh. bis 10% des Nennwertes der
  gewährten Anteile) etwa der spaltenden Körperschaft an ihre Anteilsinhaber
  führen dabei wie in Rz 1734 dargestellt zu einer Minderung der Anschaffungskosten bzw. Buchwerte der Anteile an dieser fiktiven Zwischengesellschaft.

- In der Folge wird die im Zuge der fiktiven Spaltung zur Neugründung entstandene Zwischengesellschaft auf die übernehmende Körperschaft fiktiv
  verschmolzen (2. Fiktionsschritt). Bei dieser fiktiven Verschmelzung ist hinsichtlich der Bestimmung der Anschaffungskosten bzw. Buchwerte – aufgrund des Verweises in § 36 Abs. 4 UmgrStG – § 5 UmgrStG anzuwenden.
  Dadurch treten die Anteile an der übernehmenden Gesellschaft an die Stelle
  der Anteile der fiktiv neu gegründeten Gesellschaft (Identitätsfiktion). Für
  die im Zuge der fiktiven Verschmelzung erworbenen Anteile sind gemäß § 5
  Abs. 2 UmgrStG die Anschaffungszeitpunkte der alten Anteile fortzuführen
  (siehe dazu Rz 256 ff). Diese Übertragung ist grundsätzlich steuerneutral.
  Gemäß § 5 Abs. 1 Z 4 UmgrStG kommt es jedoch insoweit zu einem steuerpflichtigen Tausch, als das Besteuerungsrecht Österreichs hinsichtlich der
  Anteile der übertragenden Körperschaft an der übernehmenden Körperschaft verloren geht. Dies kann der Fall sein, wenn es sich um ausländische
  Anteilsinhaber handelt oder die verschmelzungsbedingt erworbenen Anteile
  aus anderen Gründen nicht steuerhängig sind; siehe auch Rz 265a.

Beispiel:

Zur verhältniswahrenden Konzentrationsabspaltung zur Aufnahme:

Zum 31.12.02 soll eine verhältniswahrende Abspaltung zur Aufnahme des Teilbetriebes 1 der Z-GmbH auf die bereits bestehende A-GmbH erfolgen. Die Gesellschafter der übertragenden Gesellschaft sind die natürlichen Personen A und B mit einem Anteil von je 50% und Anschaffungskosten von je 500. Der Verkehrswert der spaltenden Z-GmbH beträgt 2.000 und der darin enthaltene abzuspaltende Teilbetrieb 1 weist einen Verkehrswert von 900 auf. Gesellschafter der übernehmenden A-GmbH mit einem Verkehrswert von 100 und Anschaffungskosten von 50 ist die natürliche Person S.

Steuerlich liegt für die Gesellschafter A und B nach § 36 Abs. 1 erster Satz UmgrStG ein steuerneutraler (dh. nicht unter § 6 Z 14 EStG 1988 fallender) Anteilstausch im Wege der Aufgabe von Anteilen an der abspaltenden Z-GmbH gegen Übernahme von Anteilen an der übernehmenden A-GmbH vor. Da eine verhältniswahrende Spaltung beschlossen wurde, muss das Beteiligungsverhältnis der Gesellschafter der spaltenden Gesellschaft nach Spaltung bei der übernehmenden A-GmbH zueinander gleich bleiben. Dieser Anteilserwerb ist nach § 36 Abs. 1 erster Satz UmgrStG steuerneutral. Nach § 36 Abs. 4 UmgrStG wird dieser Vorgang, abweichend zum Unternehmensrecht (mit der Protokollierung wird der Vermögensübergang auf Gesellschaftsebene und der Anteilstausch auf Ebene der Gesellschafter bewirkt), in zwei Fiktionsschritte geteilt:

- Zunächst ist fiktiv eine Abspaltung zur Neugründung zu unterstellen (1. Fiktionsschritt). Dabei haben die Gesellschafter A und B ihre Anschaffungskosten an der spaltenden Z-GmbH im Verhältnis des Verkehrswertes des übertragenen Vermögens in Höhe von 900 zum gesamten Verkehrswert der übertragenden Z-GmbH von 2.000 abzustocken und in Höhe der Abstockung als Anschaffungskosten bzw. Buchwert an der fiktiv neu gegründeten Gesellschaft anzusetzen:

abspaltende Z-GmbH:	Gesellschafter:	
	A	B
Beteiligungsverhältnis	50%	50%
Anschaffungskosten vor Spaltung	500	500
Abstockung im Verkehrswertverhältnis (900/2.000)	–225	–225
Anschaffungskosten der Z-Anteile nach Spaltung	275	275

Die Anschaffungskosten der Anteile an der fiktiven Zwischengesellschaft betragen je 225, das Beteiligungsverhältnis je 50% und die Verkehrswerte der Anteile je 450 (50% des übernommenen Vermögens in Höhe von 900).

- In der Folge ist eine fiktive Verschmelzung der neuen fiktiven Zwischengesellschaft auf die übernehmende A-GmbH zu unterstellen und die Anschaffungskosten sind nach den Regeln des § 5 UmgrStG zu bestimmen (2. Fiktionsschritt). Somit sind die Anschaffungskosten an der fiktiven Zwischengesellschaft den gewährten Anteilen an der übernehmenden A-GmbH zuzuschreiben. Die Anschaffungskosten des Gesellschafters S werden durch die Spaltung nicht verändert, jedoch sinkt sein Anteil an der übernehmenden A-GmbH durch die Übernahme des von der Z-GmbH abgespaltenen Vermögens, mit einem Verkehrswert in Höhe von 900, von 100% auf 10%.

übernehmende A-GmbH:	Gesellschafter:	
	A	B
Beteiligungsverhältnis vor Spaltung		
Verkehrswertanteil vor Spaltung		
Anschaffungskosten vor Spaltung		
Aufstockung der Anschaffungskosten	225	225
Anschaffungskosten der A-Anteile nach Spaltung	225	225
Verkehrswertzugang durch Spaltung	450	450
Verkehrswertanteil nach Spaltung	450	450
Beteiligungsverhältnis nach Spaltung	45%	45%

(BMF-AV Nr. 175/2014)

6.5.4.2 Verhältniswahrende Konzernspaltung

Bei reinen Konzernspaltungen liegen Fälle vor, bei denen unter Umständen   1740
auf Grund des nach § 17 SpaltG anwendbaren § 224 AktG die Ausgabe von Anteilen anlässlich der Übernahme des Vermögens unterbleibt bzw. zu unterbleiben hat (§ 224 Abs. 1 und Abs. 2 AktG). Hinsichtlich der Fälle des Fehlens einer
unmittelbaren oder mittelbaren hundertprozentigen Verflechtung siehe Rz 1766.
(BMF-AV Nr. 175/2014)

6.5.4.2.1 Verhältniswahrende down-stream-Aufspaltung

Bei einer down-stream-Aufspaltung wird Vermögen von einer Mutter- bzw.   1741
Obergesellschaft auf mindestens zwei unmittelbar oder mittelbar hundertprozentig verbundene Untergesellschaften aufgespalten.

Bei den Gesellschaftern der aufspaltenden Muttergesellschaft werden die
spaltungs- und übernahmsvertragsgemäßen Beteiligungsverhältnisse an den
übernehmenden Gesellschaften in umgründungssteuerrechtlicher Betrachtung in
den zwei Fiktionsschritten der verhältniswahrenden Aufspaltung erreicht (§ 36
Abs. 4 UmgrStG sowie Rz 1739):

• Zuerst erfolgt eine fiktive verhältniswahrende Aufspaltung auf neue fiktive
  Zwischengesellschaften. Zur Ermittlung der Anschaffungskosten der Gesellschafter der spaltenden Gesellschaft an den fiktiven Zwischengesellschaften
  siehe Rz 1739.

• Zu der im zweiten Schritt durchzuführenden fiktiven down-stream-Verschmelzung der Zwischengesellschaften auf die übernehmenden Tochtergesellschaften und der Bestimmung der Anschaffungskosten an den Tochtergesellschaften siehe Rz 1739. *(BMF-AV Nr. 175/2014)*

Für die Anteilsinhaber der aufspaltenden Gesellschaft kommen die Rege-   1742
lungen des § 36 UmgrStG mit der Maßgabe zur Anwendung, dass die Beteiligungen der spaltenden Mutter-Gesellschaft an den übernehmenden Tochter Gesellschaften mit dem übrigen übertragenen Vermögen auf die übernehmenden
Tochter Gesellschaften übergehen und ebenso wie bei down-stream-Verschmelzungen als Gegenleistung für die untergehenden Anteile an die Anteilsinhaber
der spaltenden Mutter Gesellschaft ausgegeben (dh. durch die übernehmende
Tochtergesellschaft durchgeschleust) werden.

Bei Vorliegen einer verhältniswahrenden Aufspaltung sind alle Anteilsinhaber in der Folge an allen übernehmenden Gesellschaften in dem der Beteiligung
an der spaltenden Gesellschaft entsprechenden Ausmaß beteiligt. Die Anschaffungskosten bzw. Buchwerte der untergegangenen Anteile an der spaltenden
Muttergesellschaft abzüglich erhaltener Zuzahlungen sind von den Anteilsinhabern auf die erworbenen Anteile an den übernehmenden Gesellschaften, entsprechend des nach § 36 Abs. 3 UmgrStG anzuwendenden § 36 Abs. 2 Z 1
UmgrStG, nach dem Verhältnis der Verkehrswerte der übernehmenden Gesellschaften aufzuteilen.

Beispiel:
Die natürlichen Personen A und B sind je zu 50% Gesellschafter der A-GmbH. Die
Anschaffungskosten betragen für A 100 und für B 200. Die A-GmbH (Verkehrswert
zum 31.12.02 in Höhe von 2.000) soll zum 31.12.02 auf ihre beiden 100% Tochtergesellschaften B-GmbH und C-GmbH dergestalt aufgespalten werden, dass der Betrieb (Verkehrswert zum 31.12.02 in Höhe von 900) der A-GmbH inkl. Beteiligung an
der B-GmbH auf die B-GmbH und eine 100% Beteiligung an der V-GmbH (Verkehrswert zum 31.12.02 in Höhe von 100) inkl. Beteiligung an der C-GmbH auf die

§§ 36, 37

C-GmbH übertragen werden soll. Die Verkehrswerte der übernehmenden Tochtergesellschaften bei der spaltenden A-GmbH betragen für die Beteiligung an der B-GmbH 400 und für die C-GmbH 600.

Hinsichtlich der steuerlichen Wirkungen und der Durchführung der Spaltung ist zu unterscheiden:

Zu dem auf Ebene der übernehmenden Gesellschaften B-GmbH und C-GmbH durch die Übernahme des Vermögens und Wegfall der auf sie übertragenen eigenen Beteiligung entstehenden Buchgewinn bzw. -verlust siehe Rz 1694.

Auf Ebene der Gesellschafter sind die Anschaffungskosten der Anteile an der aufgespaltenen A-GmbH nach der Regel in Rz 1739 (fiktive verhältniswahrende Aufspaltung zur Neugründung mit nachfolgender Verschmelzung mit der übernehmenden Gesellschaft) im Verkehrswertverhältnis des auf die übernehmenden Gesellschaften übertragenen Vermögens aufzuteilen.

abspaltende A-GmbH:	Gesellschafter:	
	A	B
Beteiligungsverhältnis	50%	50%
Anschaffungskosten vor Spaltung	100	200

Bei der Aufteilung der Anschaffungskosten der spaltenden A-GmbH ist von dem bei den übernehmenden Gesellschaften verbleibenden Vermögen (Betrieb und Beteiligung an der V-GmbH) auszugehen, da die übertragenen eigenen Beteiligungen an die Gesellschafter A und B weiterzugeben sind.

übernehmende B-GmbH:	Gesellschafter:	
	A	B
Anschaffungskosten vor Spaltung	0	0
Aufstockung im Verkehrswertverhältnis (900/1000)	90	180

übernehmende C-GmbH:	Gesellschafter:	
	A	B
Anschaffungskosten vor Spaltung	0	0
Aufstockung im Verkehrswertverhältnis (100/1000)	10	20

(BMF-AV Nr. 175/2014)

1743   Sollte bei der Aufspaltung Vermögen auf eine mittelbar mit der spaltenden Gesellschaft verbundene Gesellschaft übertragen werden, ergibt sich bei der Zwischengesellschaft, im Falle des Verzichts der Gesellschafter nach dem nach § 17 SpaltG anwendbaren § 224 Abs. 2 Z 2 AktG auf Anteile an der übernehmenden Gesellschaft, in Höhe des steuerlich maßgebenden Buchwertes des übertragenen Vermögens eine Zuaktivierung auf die Beteiligung an der übernehmenden Gesellschaft und die Bildung einer entsprechenden Rücklage.

Beispiel:

Fortsetzung des obigen Beispiels. Abweichend davon besteht zwischen der spaltenden A-GmbH und der übernehmenden C-GmbH ein zu 100% mittelbares Beteiligungsverhältnis über die X-GmbH. Demnach sind abweichend von obiger Lösung die Anschaffungskosten der spaltenden A-GmbH soweit auf die C-GmbH Vermögen übertragen wurde auf die Anschaffungskosten an der X-GmbH zu übertragen. Bei der X-GmbH ist der steuerlichen Übertragungswert des auf die C-GmbH abgespaltenen Vermögens auf den steuerlichen Buchwert der Beteiligung an der C-GmbH zu übernehmen.

6.5.4.2.2 Verhältniswahrende down-stream-Abspaltung

1744   Bei down-stream-Abspaltungen wird Vermögen der Muttergesellschaft auf eine oder mehrere unmittelbar oder mittelbar verbundene Untergesellschaften abgespalten. Dabei bieten sich nach dem SpaltG unternehmensrechtlich zwei Gestaltungsmöglichkeiten mit unterschiedlichen Auswirkungen auf die Bewertung der Anteile der Gesellschafter der spaltenden Gesellschaft:

• Spaltung ohne Anteilsgewährung, bei der die Gesellschafter der spaltenden Gesellschaft nach dem nach § 17 SpaltG anwendbaren § 224 Abs. 2 Z 2 AktG auf Anteile an den übernehmenden Gesellschaften verzichten.

• Spaltung mit Anteilsgewährung, bei der die Gesellschafter der spaltenden Gesellschaft nach § 1 SpaltG neue Anteile an den übernehmenden Gesellschaften erhalten oder Anteile an diese ausgekehrt werden. *(BMF-AV Nr. 175/2014)*

6.5.4.2.2.1 Verhältniswahrende down-stream-Abspaltung ohne Anteilsgewährung

Auf Ebene der Gesellschafter der abspaltenden Gesellschaft ergibt sich in diesem Fall durch die Spaltung keine Änderung ihrer Anschaffungskosten bzw. Buchwerte ihrer Anteile an der spaltenden Gesellschaft. Bei der spaltenden Gesellschaft erfolgt eine Zuaktivierung in Höhe des steuerlichen Übertragungswertes auf die Beteiligungen an den übernehmenden Gesellschaften, entsprechend des nach § 36 Abs. 4 UmgrStG in Verbindung mit § 33 Abs. 7 UmgrStG anzuwendenden § 20 Abs. 4 Z 1 UmgrStG, sodass kein Buchverlust bzw. -gewinn entsteht. Siehe dazu Rz 1684 ff. Buchgewinne oder Buchverluste aus Confusiotatbeständen sind jedoch steuerwirksam. Zur down-stream-Abspaltung von Kapitalanteilen siehe Rz 1747. *(BMF-AV Nr. 175/2014)* 1745

Sollte bei der Abspaltung Vermögen auf eine mittelbar mit der spaltenden Gesellschaft verbundene Gesellschaft übertragen werden, ergibt sich bei der Zwischengesellschaft, im Falle des Verzichts der Gesellschafter nach dem nach § 17 SpaltG anwendbaren § 224 Abs. 2 Z 2 AktG auf Anteile an der übernehmenden Gesellschaft, in Höhe des steuerlich maßgebenden Buchwertes des übertragenen Vermögens eine Zuaktivierung auf die Beteiligung an der übernehmenden Gesellschaft und die Bildung einer entsprechenden Rücklage. 1746

6.5.4.2.2.2 Verhältniswahrende down-stream-Abspaltung mit Anteilsgewährung bzw. mit Anteilsauskehr *(BMF-AV Nr. 175/2014)*

Die Gesellschafter der spaltenden Gesellschaft erhalten spaltungsbedingt verhältniswahrend neue Anteile an den übernehmenden Gesellschaften bzw. werden Anteile an die Gesellschafter der spaltenden Gesellschaft ausgekehrt. Dabei ist nach § 36 Abs. 4 UmgrStG Folgendes zu beachten: 1747

• Im ersten Fiktionsschritt wird das übertragene Vermögen von der übertragenden Gesellschaft zunächst auf eine neue, fiktiv zu gründende Gesellschaft abgespalten. Die Anteilsinhaber der abzuspaltenden Gesellschaft haben im Verhältnis des Verkehrswertes des abgespaltenen Vermögens zum gesamten Verkehrswert der spaltenden Gesellschaft die Anschaffungskosten/Buchwerte auf die Beteiligung an der spaltenden Gesellschaft abzustocken; gleichzeitig sind die abgestockten Anschaffungskosten/Buchwerte auf die Beteiligung an der fiktiv neu gegründeten Gesellschaft zu übertragen. Damit einher geht gemäß § 36 Abs. 1 letzter Satz UmgrStG auch die Übertragung des Anschaffungszeitpunkts der Beteiligung an der spaltenden Gesellschaft auf die Beteiligung an der fiktiv neu gegründeten Gesellschaft.

- Im zweiten Fiktionsschritt wird die fiktiv neu gegründete Gesellschaft auf die übernehmende (Ziel-)Gesellschaft verschmolzen. Die im ersten Fiktionsschritt ermittelten Anschaffungskosten/Buchwerte an der fiktiv neu gegründeten Gesellschaft sowie deren Anschaffungszeitpunkt werden auf die „verschmelzungsbedingt" neu erworbenen Anteile übertragen (§ 36 Abs. 4 iVm § 5 UmgrStG).

Handelt es sich bei dem von der Muttergesellschaft abgespaltenen Vermögen um die Beteiligung an der Tochtergesellschaft, ist im Zuge des zweiten Fiktionsschrittes von einer down-stream-Verschmelzung auszugehen. Dabei kommt es zu einer Auskehrung der Anteile an der übernehmenden Tochtergesellschaft an die Gesellschafter der verschmelzenden fiktiv gegründeten Körperschaft (Anteilsdurchschleusung), während die Anteile an der fiktiv verschmelzenden Körperschaft verschmelzungsbedingt untergehen. Dabei sind gemäß § 36 Abs. 4 UmgrStG die Vorschriften des § 5 UmgrStG anzuwenden: Gemäß § 5 Abs. 2 UmgrStG haben die Gesellschafter der fiktiv neu gegründeten Körperschaft die Anschaffungskosten/Buchwerte sowie den Anschaffungszeitpunkt der untergehenden Beteiligung auf die verschmelzungsbedingt ausgekehrten Anteile zu übertragen.

Die Übertragung der Anschaffungskosten/Buchwerte ist grundsätzlich steuerneutral. Zu einem steuerpflichtigen Tausch kommt es gemäß § 5 Abs. 1 Z 4 UmgrStG jedoch insoweit, als das Besteuerungsrecht Österreichs hinsichtlich der Anteile der übertragenden Körperschaft an der übernehmenden Körperschaft umgründungsbedingt verloren geht; dies wird explizit für down-stream-Auf- oder -Abspaltungen von Kapitalanteilen mit Anteilsgewähr (somit Ab- oder Aufspaltung der Beteiligung der Muttergesellschaft an der Tochtergesellschaft auf die Tochtergesellschaft) auch explizit in § 36 Abs. 3 Z 1 UmgrStG geregelt (siehe Rz 1736a).

Buchgewinne oder Buchverluste aus Confusiotatbeständen sind steuerwirksam. *(BMF-AV Nr. 175/2014)*

1748   Sollte bei der Abspaltung Vermögen auf eine mittelbar mit der spaltenden Gesellschaft verbundene Gesellschaft übertragen werden, ergibt sich bei der Zwischengesellschaft auf Grund der Anteilsgewährung an die Gesellschafter der spaltenden Gesellschaft keine Änderung der Höhe des steuerlich Buchwertes und ihres Verkehrswertanteils an der übernehmenden Gesellschaft. Eine Änderung tritt nur im Ausmaß ihrer Beteiligungsquote ein, da durch die Spaltung eine neue Gesellschafterstruktur in Verbindung mit veränderten Verkehrswertrelationen der Gesellschafter der übernehmenden Gesellschaft entsteht.

Zu der Behandlung des auf Ebene der spaltenden Gesellschaft durch die Vermögensübertragung entstehenden Buchgewinnes bzw. -verlustes siehe Rz 1684 ff.

6.5.4.2.3 Verhältniswahrende up-stream-Aufspaltung

1749   Bei einer up-stream-Aufspaltung wird Vermögen der Tochtergesellschaft auf die Muttergesellschaften aufgespalten. Die übernehmende Muttergesellschaft hat das übernommene Vermögen mit dem steuerlichen Buchwert der aufgespaltenen Tochtergesellschaft anzusetzen. Da in diesem Fall die übernehmenden Gesellschaften gleichzeitig Gesellschafter der spaltenden sind, kommt gemäß § 36 Abs. 4 UmgrStG § 34 Abs. 2 UmgrStG vorrangig zur Anwendung; somit ist steuerlich nicht von einer Zerlegung in zwei Fiktionsschritte gemäß § 36 Abs. 4 UmgrStG auszugehen. Da es bei der Aufspaltung – anders als bei der Abspaltung (siehe Rz 1750) – zu einem Wegfall der Beteiligung an der spaltenden Tochtergesellschaft kommt, hat die übernehmende Muttergesellschaft in Höhe der Differenz zwischen Buchwert der abgehenden Beteiligung und dem Buchwert des Vermögenszuganges einen steuerneutralen Buchgewinn bzw. Buchverlust (analoge Anwendung von § 34 Abs. 2 Z 1 iVm Z 2 UmgrStG).

Buchgewinne oder Buchverluste aus Confusiotatbeständen sind jedoch steuerwirksam. Siehe dazu auch Rz 1699.

Dabei können die Möglichkeiten zur Adaptierung der Teilungsmassen mit steuerlicher Wirkung genützt werden, solange dadurch die Eigenschaft eines Vermögens im Sinne des § 12 Abs. 2 UmgrStG nicht verloren geht. Daneben oder zusätzlich kann durch eine Querbeteiligung der vermögensmäßig benachteiligten Gesellschaft an der begünstigten Gesellschaft eine Verhältniswahrung hergestellt werden. *(BMF-AV Nr. 175/2014)*

6.5.4.2.4 Verhältniswahrende up-stream-Abspaltung

Bei einer up-stream-Abspaltung wird Vermögen der Tochtergesellschaft auf eine Muttergesellschaft übertragen. Da in diesem Fall die übernehmende Gesellschaft gleichzeitig Gesellschafter der spaltenden Tochtergesellschaft ist, sind gemäß § 36 Abs. 4 UmgrStG die Bestimmungen des § 34 Abs. 2 UmgrStG vorrangig anzuwenden; somit ist steuerlich nicht von einer Zerlegung in zwei Fiktionsschritte gemäß § 36 Abs. 4 UmgrStG auszugehen (diese würde jedoch zum selben Ergebnis führen). Vielmehr hat die Muttergesellschaft die Beteiligung an der Tochtergesellschaft in dem Verhältnis abzustocken, in dem sich der Verkehrswert der Tochtergesellschaft durch die up-stream-Abspaltung vermindert. Die Differenz aus der Verminderung der Beteiligung und dem Buchwert des übernommenen Vermögens stellt bei der übernehmenden Muttergesellschaft einen steuerneutralen Buchgewinn bzw. Buchverlust dar (§ 34 Abs. 2 Z 1 iVm Z 2 UmgrStG). | 1750

Buchgewinne oder Buchverluste aus Confusiotatbeständen sind jedoch steuerwirksam. Siehe dazu auch Rz 1699. Zur steuerlichen Behandlung der bei der abspaltenden Tochtergesellschaft durch die Spaltung entstehenden Buchgewinne und -verluste siehe § 33 Abs. 7 erster Satz UmgrStG sowie Rz 1684 ff. *(BMF-AV Nr. 40/2017)*

6.5.5. Nichtverhältniswahrende Spaltung zur Aufnahme

Zum Begriff „nichtverhältniswahrend" siehe Rz 1652 und zur Spaltung zur Aufnahme siehe Rz 1651. | 1751

6.5.5.1. Konzentrationsspaltung

Bei einer nichtverhältniswahrenden Spaltung zur Aufnahme ist hinsichtlich der Bestimmung der Anschaffungskosten bzw. Buchwerte von Dreifachfiktionen auszugehen. | 1752

- Zunächst ist wie bei der verhältniswahrenden Spaltung zur Aufnahme von einer fiktiven Auf- oder Abspaltung zur Neugründung auszugehen (1. Fiktionsschritt),

- der eine fiktive Verschmelzung der fiktiven Zwischengesellschaft auf die übernehmende Gesellschaft folgt (2. Fiktionsschritt, siehe dazu Rz 1739).

- In der Folge wird abgabenrechtlich der Anteilstausch vorgenommen (3. Fiktionsschritt). Der Anteilstausch führt nur dann zu keiner Realisierung der in

den Anteilen enthaltenen stillen Reserven, wenn spaltungs- und übernahmsvertragsgemäß

• der Anteilstausch ausschließlich zwischen den Gesellschaftern der spaltenden Gesellschaft erfolgt,

• lediglich Anteile an der spaltenden und der (den) Nachfolgekörper-
schaft(en) getauscht werden und

• keine wesentlichen Zuzahlungen geleistet werden. Zu den Rechtsfolgen
im Fall von wesentlichen Zuzahlungen siehe Rz 1737 f.

Beispiel:

Nicht verhältniswahrende Konzentrationsabspaltung zur Aufnahme:

Fortsetzung des Beispiels in Rz 1739. Abweichend davon soll zum 31.12.02 spal-
tungs- und übernahmsvertragsgemäß eine nicht verhältniswahrende Abspaltung zur
Aufnahme des Teilbetriebes 1 auf die bereits bestehende A-GmbH erfolgen. Dabei
soll mit Protokollierung der Spaltung der Gesellschafter A nur an der übernehmenden
A-GmbH beteiligt sein und Gesellschafter B Alleingesellschafter der spaltenden
Z-GmbH werden.

Dieser Vorgang ist abgabenrechtlich abweichend zum Unternehmensrecht in drei
Fiktionsschritten erreicht zu sehen:

Zunächst ist fiktiv eine Abspaltung zur Neugründung zu unterstellen. Hinsichtlich der
Wirkungen siehe Beispiel in Rz 1739. Die Anschaffungskosten an der fiktiven Zwischengesellschaft betragen je 225, das Beteiligungsverhältnis je 50% und der Verkehrswertanteil je 450 (je 50% des übernommenen Vermögens). Die Anschaffungskosten an der spaltenden Z-GmbH je 275, das Beteiligungsverhältnis an beiden Gesellschaften je 50% und der Verkehrswertanteil je 550 (50% des verbliebenen
Vermögens in Höhe von 1.100).

	Gesellschafter:		
	S	A	B
Verkehrswertanteil nach Spaltung	100	450	450
Beteiligungsverhältnis nach Spaltung	10%	45%	45%

Eine juristische Sekunde später gilt der Anteilstausch zwischen A und B als bewirkt,
der zum spaltungs- und übernahmsvertragsgemäßen Beteiligungsstand führt. A überträgt mit seinem 50% Anteil an der Z-GmbH einen Wert von 550 (50% des bei der
spaltenden verbleibenden Verkehrswertes von 1.100) und erhält von B dessen Anteile
im Ausmaß von 45% und im Wert von 450. Da der Anteilstausch nicht wertgleich erfolgt, steht dem A eine Ausgleichszahlung in Höhe von 100 zu. Diese Zahlung ändert
nichts an der Steuerneutralität des Anteilstausches, wenn sie ein Drittel des Wertes
des Anteils des Zahlungsempfängers nicht übersteigt. Ein Drittel von 450 ist 150, daher ist die Zuzahlung gedeckt. Da die Zahlung als Veräußerungsentgelt gilt, fällt diese
bei A unter § 27 EStG 1988 und ist im Jahr der Vereinnahmung zu versteuern.

Die Anschaffungskosten der Beteiligungen von A und B an den Gesellschaften
A-GmbH und Z-GmbH betragen nunmehr bei

A: für die 90% Beteiligung an der A-GmbH 500 (eigene spaltungsgeborene Beteili-
gung in Höhe von 225 an der A-GmbH plus erhaltene Beteiligung, bewertet mit den
Anschaffungskosten in Höhe von 275 der hingegebenen Anteile an der spaltenden
Z-GmbH).

B: für die 100% Beteiligung an der Z-GmbH 600 (eigene Beteiligung in Höhe von
275 an der spaltenden Z-GmbH plus erhaltene Beteiligung, bewertet mit den Anschaffungskosten der hingegebenen spaltungsgeborenen Anteile an der übernehmenden A-GmbH in Höhe von 225 plus Zuzahlung von 100).

6.5.5.2. Nicht verhältniswahrende Konzernspaltung

6.5.5.2.1. Nicht verhältniswahrende down-stream-Aufspaltung

Bei Vorliegen einer nichtverhältniswahrenden Spaltung ist nach § 37   **1753** UmgrStG von spaltungs- und übernahmsvertragsgemäßen Austauschvorgängen nach Durchführung einer verhältniswahrenden Spaltung auszugehen. Zur verhältniswahrenden down-stream-Aufspaltung siehe Rz 1741 ff. Zu den steuerlichen Rechtsfolgen von Zuzahlungen zum Ausgleich eines nicht wertgleichen Anteilstausches siehe Rz 1736.

6.5.5.2.2. Nicht verhältniswahrende down-stream-Abspaltung

Siehe dazu auch sinngemäß Rz 1753.   **1754**

Eine nicht verhältniswahrende down-stream-Abspaltung kann nur bei Anteilsgewährung an die Gesellschafter der spaltenden Gesellschaft auftreten. Abgabenrechtlich wird die nicht verhältniswahrende down-stream-Abspaltung im ersten Schritt als verhältniswahrende down-stream-Abspaltung mit nachfolgendem Anteilstausch fingiert. Zur Ermittlung der Anschaffungskosten bzw. Buchwerte der übernehmenden Gesellschaft siehe Rz 1747 zur verhältniswahrenden down-stream-Abspaltung mit Anteilsgewährung. Zu den Grundsätzen und Rechtsfolgen des nachfolgenden Anteilstausches siehe Rz 1736 und zur steuerlichen Behandlung von Zuzahlungen siehe Rz 1737 f.

6.5.5.2.3. Nicht verhältniswahrende up-stream-Aufspaltung

Zur verhältniswahrenden up-stream-Aufspaltung siehe Rz 1749. Sollte bei   **1755** einer up-stream-Aufspaltung keine Verhältniswahrung zwischen den Verkehrswerten der auf die Muttergesellschaften übergegangenen Teilungsmassen und den Beteiligungsverhältnissen bestehen und diese auch nicht durch Adaptierung der Teilungsmassen oder durch Querbeteiligung herstellbar sein, ist die Regel des § 37 Abs. 4 UmgrStG über Zuzahlungen bei nicht verhältniswahrenden Spaltungen im Rahmen der „Drittelbegrenzung" entsprechend anzuwenden. Siehe dazu Rz 1737.

6.5.5.2.4. Nicht verhältniswahrende up-stream-Abspaltung

Zur verhältniswahrenden up-stream-Abspaltung siehe Rz 1750.   **1756**

Eine up-stream-Abspaltung bei einer Mehrheit von Gesellschaftern ist auch in nicht verhältniswahrender Form möglich. Dabei wird nur auf eine Gesellschafter-Kapitalgesellschaft oder nur auf einzelne Gesellschafter-Kapitalgesellschaften abgespalten.

Ein Ausgleich für den Vermögens- und Werteabgang auf Ebene der Gesellschafter kann erfolgen

• durch eine im Spaltungs- und Übernahmsvertrag verankerte

   • Gewährung von neuen Anteilen durch die übernehmende Gesellschafter-Kapitalgesellschaft im Wege der Kapitalerhöhung und/oder Abfindung mit eigenen Anteilen, oder

   • Gewährung (Übertragung) von Anteilen der übernehmenden Gesellschafter-Kapitalgesellschaft durch deren Gesellschafter, oder

   • Gewährung (Übertragung) von Anteilen an der spaltenden Gesellschaft durch die übernehmende Gesellschafter-Kapitalgesellschaft an die übrigen Gesellschafter der abspaltenden Kapitalgesellschaft im Rahmen des § 37 UmgrStG

• durch Zuzahlungen gemäß § 37 Abs. 4 UmgrStG. Siehe dazu Rz 1737 f.

1757   Liegt bei einer up-stream-Abspaltung im Konzern eine teilweise unmittelbare und teilweise mittelbare Beteiligung über eine hundertprozentige Tochter-Kapitalgesellschaft (Zwischengesellschaft) an der spaltenden Tochter-Kapitalgesellschaft vor, kann die Gegenleistung für den durch die Spaltung erfolgten Vermögensverlust bei der Zwischengesellschaft auf Grund des § 224 Abs. 1 AktG nicht in der Ausgabe von Anteilen seitens der übernehmenden Mutter-Kapitalgesellschaft erfolgen. Es kommt daher nur

• die Abtretung von Anteilen an der spaltenden Körperschaft durch die übernehmende Mutter-Kapitalgesellschaft an die Zwischengesellschaft und

• der Verzicht der Zwischengesellschaft auf Anteile gemäß § 224 Abs. 2 Z 2 AktG in Betracht.

1758   Für den eintretenden Vermögensverlust sind unternehmensrechtlich Sanierungsmaßnahmen der Muttergesellschaft (Gesellschafterzuschuss an die Zwischengesellschaft) geboten, da andernfalls der Tatbestand der verbotenen Einlagenrückgewähr gegeben wäre, sodass mit der Zurückweisung des Begehrens auf Eintragung der Spaltung in das Firmenbuch gerechnet werden muss. Im Falle der Protokollierung nach Sanierung muss die Zwischenkapitalgesellschaft die Beteiligung an der abspaltenden Kapitalgesellschaft in Höhe des spaltungsbedingten Wertverlustes (nach Verkehrswertgrundsätzen berechnet) steuerneutral abwerten.

Wird die Spaltung ohne Begleitmaßnahmen (rechtsverbindlich zugesagter Gesellschafterzuschuss, ordentliche Kapitalherabsetzung oder Sachausschüttungsbeschluss) dennoch protokolliert, ist eine von der Zwischengesellschaft auf die Beteiligung an der abspaltenden Tochtergesellschaft durchzuführende Teilwertabschreibung steuerneutral.

Beispiel:

Die A-GmbH ist zu 99% unmittelbar an der abspaltenden B-GmbH und zu 1% mittelbar über eine weitere 100% Tochtergesellschaft die X-GmbH beteiligt. Die B-GmbH spaltet Vermögen gemäß § 12 Abs. 2 UmgrStG im Ausmaß von 50% ihres Verkehrswertes ab. Bei der übernehmenden A-GmbH ist nach der Regel des § 34 Abs. 7 UmgrStG das übertragene Vermögen zu Buchwerten zu übernehmen und die Beteiligung an der abspaltenden B-GmbH im Ausmaß von 50% spaltungsbedingt steuerneutral abzustocken. Der durch diese Abspaltung bei der X-GmbH eingetretene Vermögensverlust der 1% Beteiligung an der B-GmbH wäre unternehmensrechtlich durch die Muttergesellschaft auszugleichen (zB Abtretung von Anteilen an der B-GmbH zugunsten der X-GmbH oder durch einen den Wertverlust ausgleichenden Gesellschafterzuschuss). Eine eventuell notwendige Teilwertabschreibung der Beteiligung der X-GmbH an der B-GmbH ist spaltungsbedingt steuerneutral zu stellen. Werden keine unternehmensrechtlichen Ausgleichsmaßnahmen vorgenommen und kommt es dennoch zur Eintragung der Spaltung in das Firmenbuch, ist die Teilwertabschreibung steuerneutral.

6.5.6. Side-stream-Ab- oder Aufspaltung

1759   Side-stream-Spaltungen liegen bei Auf- oder Abspaltung von Vermögen der spaltenden Gesellschaft auf Schwestergesellschaften oder auf andere über letztlich alle Anteile in einer Hand haltenden Obergesellschaft(er) mittelbar verbundene Kapitalgesellschaften vor. Soweit Side-Stream-Spaltungen im Konzern in verhältniswahrender oder nicht verhältniswahrender Form vorgenommen werden, sind die in den Rz 1739 ff und Rz 1751 ff dargestellten Grundsätze anzuwenden. Dabei sind im Falle einer unmittelbaren Beteiligung an den spaltenden Gesellschaften die Grundsätze über die Konzentrationsspaltung und weiters im Fall der Entflechtung der Gesellschafterstruktur § 37 UmgrStG anzuwenden. Sind in Fällen der side-stream-Spaltungen mittelbar an der spaltenden Kapitalgesellschaft beteiligte Kapitalgesellschaften betroffen, richten sich die steuerlichen Folgen

- in den Fällen der Anteilsgewährung nach den Grundsätzen der Konzentrationsspaltung.

- in den Fällen ohne Anteilsgewährung, hinsichtlich der durch eine Spaltung bei einer Zwischengesellschaft eingetretenen Vermögensverluste, nach allgemeinen steuerlichen Grundsätzen. Dabei sind spaltungsbedingte Vermögensverluste steuerneutral zu stellen.

Eine Aufspaltung einer Gesellschaft in zwei oder mehrere unmittelbare **1760** Schwesterngesellschaften (die Muttergesellschaft ist Alleingesellschafterin aller Tochtergesellschaften) ist hinsichtlich der Bestimmung des Buchwertes der übernehmenden Schwesterngesellschaften bei der Muttergesellschaft nach den Grundsätzen der verhältniswahrenden Abspaltung zur Aufnahme vorzunehmen. Siehe dazu Rz 1739 ff. Dabei erfolgt bei der gemeinsamen Muttergesellschaft eine Umschichtung des Buchwertes der untergehenden Beteiligung an der übertragenden Tochtergesellschaft nach dem Verkehrswertverhältnis des übertragenen Vermögens auf die Beteiligungen an den übernehmenden Gesellschaften gemäß § 36 Abs. 1 UmgrStG.

Im Fall einer Abspaltung in eine oder mehrere unmittelbare Schwestern- **1761** gesellschaften ist die weiterhin bestehen bleibende Beteiligung an der übertragenden Gesellschaft auf Grund des nach § 36 Abs. 2 Z 2 UmgrStG anzuwendenden § 20 Abs. 4 Z 3 UmgrStG nach Verkehrswertgrundsätzen abzustocken und den Beteiligungen an den übernehmenden Gesellschaften zuzuschreiben. Siehe dazu sinngemäß das Beispiel zur Konzentrationsabspaltung zur Aufnahme in Rz 1739.

Ist bei der Aufspaltung einer Schwestergesellschaft an einer der übernehmen- **1762** den Schwesterngesellschaften eine Konzerngesellschaft mitbeteiligt (die übernehmende ist daher eine mittelbare Schwesterngesellschaft), ist zu unterscheiden:

- Kommt es zu einer Gewährung von Anteilen an die Gesellschafter der spaltenden Gesellschaft, kommen die Grundsätze über die Konzentrationsspaltung (Umschichtung des Buchwertes an der spaltenden Gesellschaft im Verkehrswertverhältnis auf die übernehmende Gesellschaft) zur Anwendung. Siehe dazu Rz 1739.

- Unterbleibt eine Gewährung von Anteilen an die Gesellschafter der spaltenden Gesellschaft, ist die im Fall der Anteilsgewährung angesprochene Umschichtung unter Umständen mit einer Teilwertabschreibung in Höhe des, mangels Gewährung von Anteilen, „verlorengegangenen" Vermögensteiles erforderlich, die als spaltungsverursacht steuerneutral zu stellen ist.

Bei der gemeinsamen Obergesellschaft hat jedenfalls eine Umschichtung im Sinne des § 20 Abs. 4 Z 3 UmgrStG Platz zu greifen.

Ist bei einer Abspaltung einer Schwestergesellschaft an der/einer übernehmen- **1763** den Schwesterngesellschaft eine Konzerngesellschaft mitbeteiligt (die über-

§§ 36, 37

nehmende ist eine mittelbare Schwesterngesellschaft), sind die für den Fall der Aufspaltung dargestellten Rechtsfolgen mit der Maßgabe anwendbar, dass die Beteiligung an der spaltenden Gesellschaft bestehen bleibt und im Fall der Anteilsgewährung an die Muttergesellschaft der spaltenden Gesellschaft nur eine Teilumschichtung oder im Fall ohne Anteilsgewährung eine spaltungsbedingte steuerneutrale Teilwertabschreibung (bzw. verdeckte Ausschüttung bei Fehlen von unternehmensrechtlichen Begleitmaßnahmen, die den durch die Spaltung ausgleichenden Wertverlust ausgleichen) vorliegt.

1764   Ist die Anteilsinhaberin der aufspaltenden Gesellschaft bei einer Aufspaltung einer Tochtergesellschaft an einer übernehmenden Konzerngesellschaft nicht beteiligt,

- kommt es im Fall der Anteilsgewährung zur Anwendung der Grundsätze über die Konzentrationsspaltung bzw.

- kommt es bei Unterbleiben der Gewährung von Anteilen bei der Muttergesellschaft in Höhe der ersatzlos untergehenden Beteiligung an der spaltenden Gesellschaft zu einem steuerneutralen Buchverlust. Bei der Konzernobergesellschaft kommt es hinsichtlich der Beteiligung an der Anteilsinhaberin der aufspaltenden Gesellschaft zu einer Umschichtung im Sinne des § 20 Abs. 4 Z 3 UmgrStG. Bei allfälligen Zwischengesellschaften (zwischen Konzernobergesellschaft und der Anteilsinhaberin der aufspaltenden Gesellschaft) ist jeweils eine Abstockung der Beteiligung im Verkehrswertverhältnis vorzunehmen (siehe dazu Rz 1759). Das Unterbleiben unternehmensrechtlicher Begleitmaßnahmen der Obergesellschaft zur Deckung des durch die Spaltung bei der Muttergesellschaft der spaltenden Gesellschaft und bei allfälligen Zwischengesellschaften eingetretenen Vermögensverlustes bewirkt steuerlich die Rechtsfolge der verdeckten Ausschüttung in Höhe des durch die Abstockung der Beteiligung eingetretenen Buchverlustes. Bei allfälligen Zwischengesellschaften zwischen der Konzernobergesellschaft und der übernehmenden Gesellschaft kommt es (steuerlich) zur Aktivierung auf die jeweilige Beteiligung in Höhe der bei der Konzernobergesellschaft vorgenommenen Umschichtung und zur Bildung einer entsprechenden Rücklage.

1765   Ist die Anteilsinhaberin der abspaltenden Gesellschaft bei der Abspaltung an einer übernehmenden Konzerngesellschaft nicht beteiligt, sind die zur Aufspaltung dargestellten Rechtsfolgen mit der Maßgabe anzuwenden, dass die Beteiligung an der abspaltenden Gesellschaft nicht untergeht. Wird auf die spaltungsbedingte Anteilsgewährung verzichtet, hat die Anteilsinhaberin der abspaltenden Gesellschaft die Beteiligung an der abspaltenden Gesellschaft im Verkehrswertverhältnis des abgespaltenen Vermögens zum Verkehrswert der spaltenden Gesellschaft abzustocken (siehe Rz 1133).

Beispiel:

Die Konzernmuttergesellschaft M hält die beiden Tochtergesellschaften T1 und T2 zu je 100%. T1 hält wiederum eine 100-prozentige Beteiligung an E1; T2 hält ihrerseits eine 100-prozentige Beteiligung an E2. Spaltet E1 einen Teilbetrieb auf E2 oder T2 ab und wird auf eine spaltungsbedingte Anteilsgewährung verzichtet, hat die T1 aufgrund der Wertminderung ihrer Beteiligung an der E1 eine Abstockung im Verkehrswertverhältnis des abgespaltenen Vermögens zum Verkehrswert der E1 vorzunehmen.

6.5.7. Gemischte Spaltungen bzw. Konzernspaltungen unter Mitbeteiligung konzernfremder Gesellschafter

Liegt eine Spaltung zur Aufnahme vor, bei der Vermögen auf eine verbundene Gesellschaft übertragen wird und an der spaltenden Gesellschaft konzernfremde Gesellschafter (unabhängig von ihrer Eigenschaft und Rechtsform) beteiligt sind, werden diesen im Fall der nicht verhältniswahrenden Spaltung als Abgeltung für untergehende oder im Wert geminderte Anteile andere Anteile (im Sinne der Darstellung in Rz 1756) zukommen müssen (steuerneutrale Variante im Sinne der §§ 36 und 37 UmgrStG), soweit sie nicht einer nicht verhältniswahrenden Spaltung widersprechen und abfindungsberechtigt werden (grundsätzlich steuerwirksame Variante). Siehe auch Rz 1735 und Rz 1731. **1766**

Sind an einer übernehmenden Gesellschaft andere (konzernfremde) Gesellschafter beteiligt, hat der Ausgleich für untergehende oder im Wert geminderte Anteile zugunsten der Konzerngesellschafter zu erfolgen.

Sind an einer Muttergesellschaft einer spaltenden Gesellschaft, die nicht Konzernobergesellschaft ist, konzernfremde Gesellschafter beteiligt, wird ein Ausgleich für untergehende oder im Wert geminderte Anteile an die konzernfremden Gesellschafter erforderlich sein, soweit nicht Vermögen einer hundertprozentigen Tochtergesellschaft auf die Muttergesellschaft abgespalten wird.

6.5.8. Internationale Schachtelbeteiligung

Zu den Rechtsfolgen einer umgründungsbedingt entstehenden bzw. erweiterten internationalen Schachtelbeteiligung im Sinne des § 10 Abs. 2 KStG 1988 siehe allgemein Rz 172 ff. **1767**

Sind von einer Auslandsspaltung im Sinne des § 32 Abs. 1 Z 1 UmgrStG auf Ebene der Anteilsinhaber inländische, unter § 7 Abs. 3 KStG 1988 fallende Körperschaften betroffen, kann es zu folgenden Veränderungen in der Beteiligungsquote oder der Zusammensetzung der Beteiligungen kommen:

- Entstehen einer internationalen Schachtelbeteiligung (siehe Rz 1768 f)

- Erweiterung (Veränderung des Ausmaßes) einer internationalen Schachtelbeteiligung (siehe Rz 1770)

- Veränderung des Ausmaßes durch Zurechnung zu einer bestehenden internationalen Schachtelbeteiligung (siehe Rz 1771)

- Untergang bzw. Wegfall einer internationalen Schachtelbeteiligung (siehe Rz 1772).

Die Tatbestände des Entstehens, der Erweiterung und Veränderung des Ausmaßes einer internationalen Schachtelbeteiligung können bei Spaltungen nach dem SpaltG nicht eintreten, da von diesem nur Spaltungen inländischer Kapitalgesellschaften erfasst sind. *(BMF-AV Nr. 175/2014)*

6.5.8.1 Entstehen einer internationalen Schachtelbeteiligung

§ 36 Abs. 5 Z 1 UmgrStG regelt das Entstehen von internationalen Schachtelbeteiligungen bei Auslandsspaltungen. Im Zuge einer Auslandsspaltung entsteht eine internationale Schachtelbeteiligung, wenn vor der Spaltung weder an der spaltenden noch an der übernehmenden Kapitalgesellschaft eine internationale Schachtelbeteiligung bestand, eine solche jedoch nach der Spaltung an einer der an der Spaltung beteiligten ausländischen Kapitalgesellschaften entsteht. Dieses Entstehen kann **1768**

- einerseits durch eine nicht verhältniswahrende Auslandsspaltung oder

- andererseits durch eine Spaltung einer bisher nicht unter § 10 Abs. 2 KStG 1988 fallenden ausländischen Kapitalgesellschaft (zB deutsche Genossenschaft), an der eine qualifizierte Beteiligung besteht, auf eine Kapitalgesellschaft, an der vor der Spaltung keine Beteiligung bestand, die aber die Voraussetzungen für eine internationale Schachtelbegünstigung im Sinne des § 10 Abs. 2 KStG 1988 erfüllt. Kommt es im Zuge dieser Spaltung zum Entstehen einer entsprechenden qualifizierten Beteiligung der inländischen Gesellschafterkapitalgesellschaft, entsteht eine internationale Schachtelbeteiligung.

Mangels Vorliegen eines Anschaffungstatbestandes entsteht spaltungsbedingt bei den Anteilsinhabern der spaltenden bzw. übernehmenden Körperschaft immer eine steuerneutrale internationale Schachtelbeteiligung (siehe Rz 988). Das bedeutet, dass eine Option zur Steuerwirksamkeit anlässlich der Spaltung nicht ausgeübt werden kann. Die Rechtsfolge des Entstehens einer internationalen Schachtelbeteiligung ist, dass sowohl die stillen Reserven in den Anteilen an der spaltenden Gesellschaft als auch die stillen Reserven in den Anteilen an der übernehmenden Gesellschaft – als Ausnahme vom für internationale Schachtelbeteiligungen geltenden Grundsatz der Steuerneutralität – steuerhängig bleiben. Im Falle einer späteren Veräußerung kommt es daher hinsichtlich dieser bis zum Spaltungsstichtag entstandenen stillen Reserven zu einem steuerpflichtigen Veräußerungsgewinn; dabei ist von den Wertverhältnissen am Spaltungsstichtag auszugehen. Ab dem Spaltungsstichtag entstehende stille Reserven in der nunmehrigen internationalen Schachtelbeteiligung sind steuerneutral.

Die einjährige Behaltefrist des § 10 Abs. 2 KStG 1988 beginnt bei den Anteilsinhabern aufgrund der Rückwirkung des Beteiligungserwerbs gemäß § 36 Abs. 1 zweiter Satz UmgrStG mit dem Tag nach dem Spaltungsstichtag zu laufen (vgl. Rz 297 letzter Bulletpoint zur Verschmelzung sowie Rz 1163 zur Einbringung). *(BMF-AV Nr. 175/2014)*

1769   Treten im Falle

- einer Aufspaltung zur Neugründung oder zur Aufnahme einer ausländischen Körperschaft, an der ein die internationale Schachtelbeteiligung verkörpernder Anteil besteht, andere Beteiligungen an ausländischen Kapitalgesellschaften, die die Voraussetzungen für eine internationale Schachtelbeteiligung erfüllen, bzw.

- einer Abspaltung zur Neugründung oder zur Aufnahme neben die bestehen bleibende internationale Schachtelbeteiligung andere Beteiligungen im gleichen Ausmaß,

ersetzt bzw. ergänzt die neue Beteiligung die bereits bestehende. Da dieser Vorgang nach § 36 Abs. 1 erster Satz UmgrStG nicht als Tausch gilt, liegt kein Untergang und kein anschließender Neuerwerb von Anteilen vor (Beteiligungsfortsetzung). Demnach liegt auch kein Entstehen einer internationalen Schachtelbeteiligung mit der Rechtsfolge einer Ausnahme von der Steuerneutralität vor; das bedeutet, dass die Option zur Steuerwirksamkeit nicht ausgeübt werden kann. Die neuen und die ggf. bestehen bleibenden Anteile setzen die ursprüngliche internationale Schachtelbeteiligung an der spaltenden Kapitalgesellschaft ab dem dem Spaltungsstichtag folgenden Tag unverändert fort.

Beispiel:

An der deutschen Y-GmbH und der deutschen Z-GmbH sind die inländische A-GmbH mit jeweils 5% und die inländische B-GmbH mit jeweils 95% beteiligt. Die beiden deutschen Kapitalgesellschaften werden nicht verhältniswahrend auf die neugegründeten deutschen Kapitalgesellschaften C-GmbH und D-GmbH dergestalt aufgespalten, dass die A-GmbH 100% der Anteile an der C-GmbH und die B-GmbH 100% der Anteile an der D-GmbH erhält.

Für die A-GmbH ist durch die Spaltung eine internationale Schachtelbeteiligung entstanden. Dies hat zur Folge, dass die in den Anteilen an den untergegangenen Beteiligungen enthaltenen stillen Reserven in Form einer Ausnahme von der Steuerneutralität an der Nachfolgegesellschaft C-GmbH steuerhängig bleiben. Bei der B-GmbH ersetzt die 100% Beteiligung an der D-GmbH die internationalen Schachtelbeteiligungen an den übertragenden Gesellschaften.

Zum Entstehen einer internationalen Schachtelbeteiligung kommt es allerdings dann, wenn eine bisher nicht unter die internationale Schachtelbegünstigung fallende Beteiligung durch eine Auslandsspaltung zu einer internationalen Schachtelbeteiligung wird, selbst wenn die Beteiligung an der spaltenden Kapitalgesellschaft eine internationale Schachtelbeteiligung darstellt.

Beispiel:

Die inländische A-GmbH ist Alleingesellschafterin der deutschen B-GmbH. Diese Beteiligung stellt eine internationale Schachtelbeteiligung im Sinne des § 10 Abs. 2 KStG 1988 dar. Weiters ist die A-GmbH im Ausmaß von 8% Gesellschafterin der deutschen C-GmbH. Kommt es im Zuge einer Abspaltung von der B-GmbH auf die C-GmbH zu einer Beteiligungsquotenerhöhung der A-GmbH an der C-GmbH auf 30%, ist eine internationale Schachtelbeteiligung hinsichtlich der ursprünglichen 8% entstanden. Die diesbezüglichen stillen Reserven bleiben in Form einer Ausnahme von der Steuerneutralität steuerhängig. Die spaltungsveranlasst erworbene 22%-Beteiligung setzt die ursprüngliche internationale Schachtelbeteiligung an der B-GmbH fort.

Die Nichterfüllung der einjährigen Behaltefrist bei einer sonst alle Voraussetzungen für eine internationale Schachtelbeteiligung im Sinne des § 10 Abs. 2 KStG 1988 erfüllenden Auslandsbeteiligung im Zuge einer Spaltung im Ausland ist für sich kein Anwendungsfall für das Vorliegen einer Ausnahme von der Substanzgewinnbefreiung bzw. von der Steuerneutralität. Siehe dazu auch Rz 172 ff.

Wird im Wege einer verhältniswahrenden Abspaltung zur Aufnahme Vermögen (zB Teilbetrieb) durch eine ausländische Körperschaft, an der eine steuerneutrale internationale Schachtelbeteiligung besteht, auf eine neu gegründete ausländische Körperschaft übertragen, hinsichtlich der die Jahresfrist gemäß § 10 Abs. 2 KStG 1988 bei der inländischen gemeinsamen Gesellschafterin noch nicht erfüllt ist, setzt sich die hinsichtlich der Anteile an der übertagenden Körperschaft bereits erfüllte Behaltefrist in den Anteilen an der übernehmenden Körperschaft fort: Mit der verkehrswertmäßigen Aufstockung der Anschaffungskosten/Buchwerte an der fiktiv neu gegründeten Zwischenkörperschaft (1. Fiktionsschritt) geht die Übertragung des Anschaffungszeitpunktes der Beteiligung an der spaltenden Gesellschaft einher; dieser Anschaffungszeitpunkt ist für die im Zuge der fiktiven Verschmelzung der Zwischenkörperschaft auf die ausländische übernehmende Körperschaft erhaltenen Anteile maßgeblich (§ 36 Abs. 1 letzter Satz UmgrStG und § 36 Abs. 4 iVm § 5 UmgrStG; siehe auch Rz 1739). Werden in weiterer Folge (innerhalb eines Jahres ab Gründung) die Anteile an der übernehmenden Körperschaft veräußert, kommt die Steuerneutralität des § 10 Abs. 3 erster Satz KStG 1988 nur hinsichtlich der auf das übertra-

§§ 36, 37

gene Vermögen entfallenden stillen Reserven zur Anwendung, während hinsichtlich der bisherigen Beteiligungsquoten mangels Erfüllung der Jahresfrist gemäß § 10 Abs. 2 KStG 1988 ein steuerwirksamer Veräußerungsgewinn vorliegt. *(BMF-AV Nr. 175/2014, BMF-AV Nr. 40/2017)*

6.5.8.2. Erweiterung bzw. Veränderung im Ausmaß einer steuerneutralen internationalen Schachtelbeteiligung (BMF-AV Nr. 175/2014)

1770   Wenn eine bereits bestehende steuerneutrale internationale Schachtelbeteiligung im Zuge einer Auslandsspaltung zur Aufnahme erhöht wird, treten die Rechtsfolgen der Ausnahme von der Steuerneutralität nur für die im Zuge der Spaltung neu erhaltenen Anteile ein, die die Voraussetzungen des § 10 Abs. 2 KStG 1988, mit Ausnahme der Behaltefrist, nicht erfüllt haben. Im Falle einer späteren Veräußerung kommt es daher hinsichtlich der stillen Reserven zum Spaltungsstichtag in der bisher nicht steuerbefreiten, übertragenen Beteiligungsquote zu einem steuerpflichtigen Veräußerungsgewinn. Hinsichtlich der Auswirkungen der Nichterfüllung der einjährigen Behaltefrist für eine internationale Schachtelbeteiligung im Zuge einer Spaltung siehe Rz 1768 ff. *(BMF-AV Nr. 175/2014)*

6.5.8.3. Veränderung des Ausmaßes durch Zurechnung zu einer bestehenden steuerneutralen internationalen Schachtelbeteiligung (BMF-AV Nr. 175/ 2014)

1771   Durch diesen Tatbestand werden all jene Fälle der Auslandsspaltung zur Aufnahme erfasst, bei denen es zu keiner Veränderung in der Beteiligungsquote an der übernehmenden, alle Voraussetzungen des § 10 Abs. 2 KStG 1988 erfüllenden Gesellschaft kommt, auf die aber Vermögen von einer diese Voraussetzungen nicht erfüllenden Gesellschaft übertragen wird.

Die in der bisher nicht begünstigten Beteiligung bis zum Spaltungsstichtag enthaltenen stillen Reserven unterliegen folglich der Ausnahme von der Steuerneutralität; sie sind somit weiter steuerhängig.

Beispiel:

Die inländische A-GmbH ist Alleingesellschafterin der deutschen B-GmbH. Diese Beteiligung stellt eine internationale Schachtelbeteiligung im Sinne des § 10 Abs. 2 KStG 1988 dar. Weiters ist die A-GmbH 8%-Gesellschafterin der deutschen C-GmbH. Im Zuge einer nicht verhältniswahrenden Abspaltung von Vermögen im Sinne des § 12 Abs. 2 Z 2 UmgrStG zur Aufnahme von der C-GmbH auf die B-GmbH scheidet die A-GmbH als Gesellschafterin der C-GmbH aus. Durch diese Spaltung wurde das Beteiligungsausmaß der A-GmbH an der B-GmbH nicht verändert. Durch den Zurechnungstatbestand sind aber die bisher bei der A-GmbH entstandenen stillen Reserven im Anteil an der C-GmbH weiterhin bei der A-GmbH steuerhängig.

Die Rechtsfolgen des Zurechnungstatbestandes treten auch in den Fällen ein, bei denen es durch die Spaltung zu einer Verringerung der bestehenden Beteiligungsquote an der übernehmenden Gesellschaft kommt („Verwässerung"), ohne dass bei dieser die Voraussetzungen für eine internationale Schachtelbeteiligung gemäß § 10 Abs. 2 KStG 1988 wegfallen. *(BMF-AV Nr. 175/2014)*

6.5.8.4. Untergang einer steuerneutralen internationalen Schachtelbeteiligung (BMF-AV Nr. 175/2014)

1772   Fallen auf Grund einer Auslandsspaltung die Voraussetzungen für eine steuerneutrale internationale Schachtelbeteiligung gemäß § 10 Abs. 2 KStG 1988 weg, gilt der höhere Teilwert, abzüglich auf Grund früherer Umgründungen entstandener Ausnahmen von der Steuerneutralität, als Buchwert der Beteiligung. Damit bleiben die bis zum Spaltungsstichtag bei der internationalen Schachtelbeteiligung angesammelten steuerneutralen stillen Reserven auch nach dem umgründungsbedingten Wegfall der internationalen Schachtelbeteiligung steuerfrei. Sollte beim Untergang einer internationalen Schachtelbeteiligung der Buchwert über dem Teilwert liegen, ist der Buchwert fortzuführen. Liegt aber der Teilwert über dem Buchwert, nach Abzug der von der Steuerneutralität ausgenommenen Teile aber darunter, ist kraft ausdrücklicher gesetzlicher Anordnung der Teilwert abzüglich der von der Steuerneutralität ausgenommenen Teile als Buchwert anzusetzen (§ 36 Abs. 5 Z 2 UmgrStG).

Als Bewertungsstichtag im Falle des Wegfalls einer internationalen Schachtelbeteiligung auf Gesellschafterebene im Zuge einer Spaltung gilt der gesetzliche Spaltungsstichtag.

Beispiel:

Die inländische A-GmbH ist zu 50% Gesellschafterin der deutschen B-GmbH. Diese Beteiligung stellt eine internationale Schachtelbeteiligung im Sinne des § 10 Abs. 2 KStG 1988 dar. Wird dieser Kapitalanteil im Zuge einer Abspaltung von Vermögen im Sinne des § 12 Abs. 2 Z 2 UmgrStG zur Aufnahme von der deutschen X-GmbH auf die B-GmbH auf weniger als 10% verringert, sind damit die Voraussetzungen für eine internationale Schachtelbeteiligung auf Grund der Spaltung weggefallen. Der Buchwert des weniger als 10% betragenden Anteils an der B-GmbH ist daher um die bis zum Spaltungsstichtag steuerfreien stillen Reserven des bisherigen 50%-Anteils steuerneutral aufzuwerten.

Eine steuerneutrale Aufwertung auf den höheren Teilwert erfolgt nicht, wenn die Beteiligung an der ausländischen Körperschaft zwar formal eine internationale Schachtelbeteiligung ist, aber auf Grund des § 10 Abs. 4 KStG 1988 in der Fassung vor JStG 2018 oder § 10a KStG 1988 die Wirkungen des § 10 Abs. 3 KStG 1988 nicht tatsächlich vermittelt. *(BMF-AV Nr. 175/2014, BMF-AV Nr. 131/2018)*

6.5.9. *entfällt (BMF-AV Nr. 175/2014)*

Randzahlen 1773 bis 1775: *entfallen (BMF-AV Nr. 175/2014)*

6.5.10. Behaltefristen in Zusammenhang mit spaltungsgeborenen Anteilen

Die Ausgabe spaltungsgeborener Anteile ist zwar ein Anteilserwerb, dh. ein Beteiligungszugang, dieser ist aber im Sinne der in § 36 UmgrStG festgelegten Vorgangsweise nicht als Anteilsanschaffung zu sehen. Da die Spaltung einen Fall der unternehmens- und steuerrechtlichen Gesamtrechtsnachfolge darstellt, treten für die spaltungsgeborenen Anteile die Anschaffungszeitpunkte der untergehenden Anteile an der spaltenden Gesellschaft ein. Dies gilt auch für den Fall der nicht verhältniswahrenden Spaltung, solange die Grenze für Zuzahlungen gemäß § 37 Abs. 4 UmgrStG nicht überschritten wird.

1776

§§ 36, 37

Ob im Zuge einer Spaltung eine Anteilsgewährung vorgenommen wurde oder diese infolge einer unmittelbaren oder mittelbaren Identität der Beteiligungsverhältnisse an der spaltenden und übernehmenden Körperschaft nach § 224 Abs. 2 Z 1 AktG unterblieb, ändert nichts an der Rechtsfolge des Eintritts der spaltungsgeborenen, fiktiv auf Grund der gemäß § 36 Abs. 2 UmgrStG in Verbindung mit § 20 Abs. 4 Z 3 UmgrStG anzuwendenden Umschichtungsregel erworbenen Anteile an der übernehmenden Körperschaft in die Anschaffungszeitpunkte der bisherigen Anteile an der spaltenden Gesellschaft.

Bedeutung hat die Gesamtrechtsnachfolge weiters für einen spaltungs-bedingten Umtausch einer Mitarbeiterbeteiligung. Dieser Umtausch gilt nicht als Übertragung im Sinne des § 3 Abs. 1 Z 15 lit. b EStG 1988 und führt daher nicht zur Versteuerung als sonstiger Bezug. Die auf Grund eines derartigen Vorganges erhaltenen Anteile treten an die Stelle der ursprünglich erworbenen Anteile. Als Zeitpunkt der Anschaffung bzw. Beginn der fünfjährigen Behaltefrist gilt jener Zeitpunkt, der für die ursprünglich erworbenen Anteile maßgeblich war. Alle Vorschriften des § 3 Abs. 1 Z 15 lit. a EStG 1988 sind auf die ursprünglich erworbenen Anteile anzuwenden. *(BMF-AV Nr. 175/2014)*

Sonstige Rechtsfolgen der Spaltung

§ 38. (1) Die spaltende Körperschaft bleibt bis zur Eintragung der Spaltung in das Firmenbuch Arbeitgeber im Sinne des § 47 des Einkommensteuergesetzes 1988. Dies gilt auch für die Beurteilung von Tätigkeitsvergütungen als solche im Sinne des § 22 Z 2 des Einkommensteuergesetzes 1988.

(2) Die Annahme eines Barabfindungsangebotes (§ 9 SpaltG) gilt als Anteilsveräußerung. Beim Erwerber gilt der Spaltungsstichtag als Anschaffungstag der Anteile.

(3) Spaltungen gelten nicht als steuerbare Umsätze im Sinne des Umsatzsteuergesetzes 1994; neue oder übernehmende Körperschaften treten für den Bereich der Umsatzsteuer unmittelbar in die Rechtsstellung der übertragenden Körperschaft ein.

(4) Erfolgen die spaltungsplanmäßigen Anteilstauschvorgänge außerhalb des § 37 Abs. 2 nicht wertgleich, ist § 6 Abs. 2 anzuwenden.

(5) Spaltungen nach § 32 sind von den Kapitalverkehrsteuern befreit, wenn

– bei Aufspaltungen die spaltende Körperschaft am Tag der Anmeldung der Spaltung zur Eintragung in das Firmenbuch länger als zwei Jahre besteht und

– bei Abspaltungen das zu übertragende Vermögen am Tag der Anmeldung der Spaltung zur Eintragung in das Firmenbuch länger als zwei Jahre als Vermögen der spaltenden Körperschaft besteht.

(6) Werden auf Grund einer Spaltung im Sinne des § 32 Erwerbsvorgänge nach § 1 des Grunderwerbsteuergesetzes 1987 verwirklicht, so ist die Grunderwerbsteuer gemäß § 4 in Verbindung mit § 7 des Grunderwerbsteuergesetzes 1987 zu berechnen.

(BGBl I 2015/118)

Gliederung:

§ 38

6.6. Sonstige Rechtsfolgen der Spaltung (§ 38 UmgrStG)

6.6.1. Arbeitsverhältnisse

6.6.1.1 Lohnsteuerliche Rechtsnachfolge

1777   Die übernehmende(n) Körperschaft(en) tritt (treten) als zivilrechtliche(r) Gesamtrechtsnachfolger gemäß § 19 BAO grundsätzlich in die lohnsteuerlichen Verhältnisse der spaltenden Gesellschaft ein. Auf Grund der Anordnung in § 38 Abs. 1 UmgrStG geht die Arbeitgebereigenschaft gemäß § 47 EStG 1988 im Zeitpunkt der Eintragung der Spaltung in das Firmenbuch auf die neue oder übernehmende Körperschaft über. Es bestehen allerdings keine Bedenken, wenn der Übergang der Arbeitgebereigenschaft in Abstimmung mit der Abgabenbehörde mit dem der Anmeldung zur Eintragung im Firmenbuch folgenden Lohnzahlungszeitraum angenommen wird.

Hinsichtlich der lohnsteuerlichen Rechtsnachfolge gilt die Rückwirkungsfiktion nicht. Sämtliche lohnsteuerlich relevanten Fristen laufen weiter. Die Nachfolgegesellschaft ersetzt die spaltende Gesellschaft als Arbeitgeber in den von der spaltenden Gesellschaft abgeschlossenen Dienstverhältnissen zivilrechtlich auf Grund der Gesamtrechtsnachfolge.

6.6.1.2 Wesentlich beteiligter Gesellschafter-Geschäftsführer

Gehälter und sonstige Vergütungen, die ein wesentlich Beteiligter von der   1778
Kapitalgesellschaft auf Grund eines Dienstverhältnisses im Zeitraum zwischen
Spaltungsstichtag und Tag der Eintragung der Spaltung ins Firmenbuch erhält,
werden nicht als Einkünfte aus nichtselbständiger Arbeit, sondern als Einkünfte
aus selbständiger Arbeit gemäß § 22 Z 2 EStG 1988 besteuert. Für die steuerliche Beurteilung einer derartigen Vergütung kommt die Rückwirkungsfiktion
nicht zur Geltung.

Beispiel 1:
Die A-GmbH spaltet ihren Teilbetrieb 1 zum 31.12.01 auf die B-GmbH ab. An der
A-GmbH ist C mit 50% beteiligt. Nach der nichtverhältniswahrenden Abspaltung
sinkt sein Anteil an der A-GmbH auf 20% ab.
Bis zum 11.11.02 (=Tag der Eintragung der Spaltung ins Firmenbuch) erzielt C Ein-
künfte aus selbständiger Arbeit, danach Einkünfte aus nichtselbständiger Arbeit.

Beispiel 2:
Die A-GmbH spaltet ihren Teilbetrieb 1 zum 31.12.01 auf die B-GmbH ab. Der mit
25% an der A-GmbH beteiligte C ist Arbeitnehmer dieser Gesellschaft und soll spaltungsbedingt Arbeitnehmer der B-GmbH werden. An der B-GmbH hält er 40%. Nach
der Spaltung wird die Beteiligung des C an der Nachfolgegesellschaft 45% betragen.
Die Eintragung der Spaltung ins Firmenbuch erfolgt am 11.11.02. Bis zur Eintragung
der Spaltung ist C Arbeitnehmer der A-GmbH und bezieht als solcher Einkünfte aus
nichtselbständiger Arbeit.

6.6.2. Anteilsabfindung

§ 11 SpaltG sieht vor, dass den Gesellschaftern der spaltenden Körperschaft   1779
ein Barabfindungsangebot anzubieten ist, wenn eine nicht verhältniswahrende
Spaltung (§ 9 SpaltG) oder eine rechtsformübergreifende Spaltung (§ 11 SpaltG)
vorgenommen werden soll. Gemäß § 38 Abs. 2 UmgrStG gilt die Annahme des
Barabfindungsangebots als Anteilsveräußerung. Die Bezugnahme auf § 9
SpaltG in § 38 Abs. 2 UmgrStG inkludiert jedoch auch eine Barabfindung, die
unter Anwendung von § 11 SpaltG angeboten und angenommen wurde. Die
steuerliche Behandlung der Abfindung richtet sich nach den ertragsteuerlichen
Regelungen der Anteilsveräußerung (§§ 4, 5 und 27 EStG 1988).

Abweichend von der steuerlichen Behandlung des Abzufindenden gilt für
den Erwerber der Spaltungsstichtag als Anschaffungszeitpunkt der Anteile.
(BMF-AV Nr. 175/2014)

§ 38

6.6.3. Äquivalenzverletzung

Nach dem Äquivalenzprinzip müssen die Anteilsverhältnisse nach der Spal-   1780
tung den tatsächlichen Wertverhältnissen zwischen der spaltenden Gesellschaft
und der Nachfolgegesellschaft entsprechen. Auf Grund einer Spaltung soll es zu
keiner Werteverschiebung kommen, allerdings schließt eine Äquivalenzverletzung die Anwendung des Art. VI UmgrStG nicht aus.

Zur grundsätzlichen Frage des Äquivalenzgrundsatzes siehe Rz 305 ff. Eine
Verletzung des Äquivalenzprinzips führt zu ertragsteuerlichen Rechtsfolgen
(siehe KStR 2013 Rz 488), allenfalls auch zu einer gemäß § 121a BAO meldepflichtigen Schenkung. Es sind die fiktiven Beteiligungsquoten zu ermitteln,

die sich bei Einhaltung des Äquivalenzgrundsatzes ergeben hätten. Diese werden den tatsächlichen Beteiligungsquoten gegenübergestellt. Die sich dabei ergebenden Differenzquoten gelten mit Beginn des auf den Spaltungsstichtag folgenden Tages als unentgeltlich zugewendet.

Die ertragsteuerlichen Rechtsfolgen bestehen darin, dass die durch die Äquivalenzverletzung begünstigten Anteilsinhaber zusätzliche Anschaffungskosten in Höhe der ihnen unentgeltlich zugewendeten Anteile erhalten. In gleicher Höhe vermindern sich die Anschaffungskosten bzw. der Buchwert der Anteile der Mitgesellschafter, die diese Vorteile unentgeltlich zuwenden.

Für das Vorliegen einer gemäß § 121a BAO meldepflichtigen Schenkung muss zusätzlich zur objektiven Unentgeltlichkeit einer der in § 3 ErbStG 1955 genannten Tatbestände (Bereicherungswille) verwirklicht werden. *(BMF-AV Nr. 175/2014)*

6.6.4. Umsatzsteuer

1781   Auch die Spaltung nach dem SpaltG stellt keinen umsatzsteuerbaren Vorgang dar (§ 38 Abs. 3 UmgrStG), wenn sie unter Art. VI UmgrStG fällt. Durch Spaltungen kommt es auch nicht unmittelbar zu einer Vorsteuerberichtigung. *(BMF-AV Nr. 40/2017)*

6.6.5. Kapitalverkehrsteuern

1782   Für Umgründungsvorgänge, die noch Gesellschaftsteuerpflicht auslösen können (zum Auslaufen der Gesellschaftsteuer siehe Rz 323), sind die folgenden Ausführungen zu beachten:

Gemäß § 38 Abs. 5 UmgrStG sind Spaltungen nach § 32 UmgrStG von der Gesellschaftsteuer befreit, wenn

• bei Aufspaltungen die spaltende Körperschaft am Tag der Anmeldung der Spaltung zur Eintragung in das Firmenbuch länger als zwei Jahre besteht und

• bei Abspaltungen das zu übertragende Vermögen am Tag der Anmeldung der Spaltung zur Eintragung in das Firmenbuch länger als zwei Jahre als Vermögen der spaltenden Körperschaft besteht. *(BMF-AV Nr. 40/2017)*

1783   Voraussetzung für eine Befreiung nach § 38 UmgrStG ist das Vorliegen einer Spaltung im Sinne des SpaltG nach Maßgabe des § 32 UmgrStG. Die Beurteilung, ob eine Spaltung nach § 32 UmgrStG gegeben ist, erfolgt nach unternehmensrechtlichen bzw. ertragsteuerlichen Grundsätzen. Zur Beurteilung bei Zweifelsfragen siehe Rz 1657.

• Bei der Aufspaltung im Sinne des SpaltG nach Maßgabe des § 32 UmgrStG ist die Befreiung von der Gesellschaftsteuer von der Dauer des Bestehens der spaltenden Körperschaft abhängig. Die Ausführungen zur Verschmelzung im Rz 323 ff gelten sinngemäß.

• Bei der Abspaltung im Sinne des SpaltG nach Maßgabe des § 32 UmgrStG ist die Befreiung von der Gesellschaftsteuer davon abhängig, seit wann das zu übertragende Vermögen als Vermögen der spaltenden Körperschaft besteht.

Im Gegensatz zur Gesellschaftsteuerbefreiung für Einbringungen nach Art. III UmgrStG ist der Ablauf der Zweijahresfrist nicht vom Tag des Abschlusses des

Spaltungsplans bzw. des Spaltungs- und Übernahmsvertrages sondern vom Tag der Anmeldung der Spaltung zur Eintragung in das Firmenbuch abhängig.

Im Übrigen gelten die Ausführungen zur Zweijahresfrist bei der Einbringung sinngemäß (siehe Rz 1228 ff).

Liegt bei einer im Firmenbuch eingetragenen Spaltung die Anwendungsvoraussetzung des § 32 UmgrStG für die Anwendung des Art. VI UmgrStG nicht vor, weil auch nicht begünstigtes Vermögen auf ein und dieselbe neue oder übernehmende Körperschaft übertragen wird, ist die Gesellschaftsteuerbefreiung auch für das an sich begünstigte Vermögen verwirkt. *(BMF-AV Nr. 40/2017)*

6.6.6. Grunderwerbsteuer

Werden Erwerbsvorgänge nach § 1 GrEStG 1987 auf Grund einer Spaltung im Sinne des § 32 UmgrStG verwirklicht, ist gemäß § 38 Abs. 6 UmgrStG die Grunderwerbsteuer nach § 4 iVm § 7 GrEStG 1987, somit ausschließlich nach den Vorschriften des GrEStG 1987 zu berechnen. | 1784

Die Grunderwerbsteuer ist daher bei nicht land- und forstwirtschaftlichen Grundstücken in Höhe von 0,5% vom Grundstückswert (§ 4 Abs. 1 iVm § 7 Abs. 1 Z 2 lit. c GrEStG 1987), bei land- und forstwirtschaftlichen Grundstücken in Höhe von 3,5% vom einfachen Einheitswert (§ 4 Abs. 2 Z 4 iVm § 7 Abs. 1 Z 3 GrEStG 1987) zu berechnen; dies gilt unabhängig davon, ob eine Gegenleistung vorliegt oder nicht.

Diese mit dem StRefG 2015/2016 angepasste Bestimmung des UmgrStG ist erstmals auf Spaltungen mit einem Stichtag nach dem 31.12.2015 anzuwenden. Für alle Spaltungen mit einem früheren Stichtag, unabhängig davon, ob die Grundstücke zivilrechtlich erst im Jahr 2016 erworben werden, gilt nach wie vor die Rechtslage des UmgrStG idF vor dem StRefG 2015/2016. Für diese Fälle ist als Bemessungsgrundlage der zweifache Einheitswert heranzuziehen, der Steuersatz beträgt 3,5%.

Zur Beurteilung bei Zweifelsfragen siehe Rz 1657. *(BMF-AV Nr. 40/2017)*

6.7. Spaltung und Unternehmensgruppen
6.7.1 Allgemeines

Zu den Grundfragen der Gruppenbesteuerung im Zusammenhang mit Umgründungen siehe Rz 349, Rz 349a und Rz 349b. *(AÖF 2008/243)* | 1785

6.7.2 Begründung einer Unternehmensgruppe

Die Gründung einer Unternehmensgruppe ist spaltungsbedingt nicht möglich, die Spaltung kann hinsichtlich der Vermögensübertragungen aber eine Gründung mit Hilfe der Rückwirkungsfiktion unterstützen. Entsteht durch eine Konzentrationsspaltung eine finanziell ausreichende Verbindung der übernehmenden Körperschaft zu einer Kapitalgesellschaft, kann dies in der Folge zur Bildung einer Unternehmensgruppe führen. Die Wirksamkeit hängt vom Beginn der finanziellen Verbindung zur künftigen Beteiligungskörperschaft und dem Einhalten der für die Gründung einer Unternehmensgruppe erforderlichen Handlungen gemäß § 9 KStG 1988 ab. *(BMF-AV Nr. 175/2014)* | 1785a

6.7.3 Spaltung innerhalb der Unternehmensgruppe

6.7.3.1 Gruppeninterne Aufspaltungen

6.7.3.1.1 Gruppeninterne Aufspaltung eines Gruppenmitglieds

6.7.3.1.1.1 Gruppeninterne Aufspaltung zur Neugründung

1785b   Bei der gruppeninternen verhältniswahrenden Aufspaltung zur Neugründung geht das spaltende Gruppenmitglied mit Ablauf des Spaltungsstichtages unter und treten an seine Stelle mit Beginn des dem Spaltungsstichtag folgenden Tages mindestens zwei neue Gesellschaften, die das Vermögen des spaltenden Mitglieds nach Maßgabe des Spaltungsplans übernehmen. Handelt es sich um begünstigtes Vermögen im Sinne des § 32 Abs. 2 UmgrStG, ist Art. VI UmgrStG anzuwenden.

Die Unternehmensgruppe bleibt trotz des Wegfalls des spaltenden Gruppenmitglieds erhalten, da die finanzielle Verbindung der beteiligten Körperschaft(en) oder des Gruppenträgers durch die finanzielle Verbindung zu den neuen Gesellschaften ersetzt wird und die rechtsnachfolgenden neuen Gesellschaften das spaltende Gruppenmitglied auf Grund des § 9 Abs. 5 KStG 1988 ersetzen. Dies gilt auch für den Fall, dass bei dem aufspaltenden Gruppenmitglied die Mindestzugehörigkeit am Spaltungsstichtag noch nicht gegeben ist. Die neuen Körperschaften setzen die begonnene Zugehörigkeit der spaltenden Körperschaft fort, für sie beginnt daher keine (neue) Dreijahresfrist. Formell liegt eine Änderung der bis zur Spaltung bestehenden Unternehmensgruppe vor, diese ist daher nach § 9 Abs. 9 KStG 1988 innerhalb eines Monats nach der Eintragung des Spaltungsbeschlusses in das Firmenbuch bei dem für die Unternehmensgruppe zuständigen Finanzamt anzuzeigen; dh. es muss kein Antrag auf Aufnahme der durch die Spaltung neugegründeten Gesellschaften gestellt werden. Es ist nur der bestehende Feststellungsbescheid abzuändern.

Hat eine beteiligte Körperschaft oder der Gruppenträger auf die vor dem 1.3.2014 angeschaffte Beteiligung am spaltenden Gruppenmitglied die Firmenwertabschreibung gemäß § 9 Abs. 7 KStG 1988 idF vor AbgÄG 2014 vorgenommen, geht diese im Hinblick auf die Steuerneutralität des Anteilstausches gemäß § 36 Abs. 1 UmgrStG auf die Beteiligungen an den neuen Körperschaften insoweit über, als letztere (Teil)Betriebe übernehmen; die Firmenwertabschreibung geht nach Maßgabe des dem spaltenden Vermögen zuordenbaren Firmenwertes über.

Beispiel:

Die Unternehmensgruppe besteht aus dem Gruppenträger A (Wirtschaftsjahr = Kalenderjahr) und den Gruppenmitgliedern B (100-prozentige Tochter von A), C (Anteilsinhaber sind A zu 75% und B zu 25%, Wirtschaftsjahr = Kalenderjahr), D (75-prozentige Tochter von C) und E (100-prozentige Tochter von C).

Auf Grund der verhältniswahrenden Aufspaltung zur Neugründung von C zum 31.3.01 (Firmenbucheintragung am 3.12.01) entstehen mit 1.4.01 die neuen Gesellschaften CA und CB (Wirtschaftsjahr jeweils das Kalenderjahr), an denen A und B zu je 75% bzw. 25% beteiligt sind. Die Gesellschaft CA hat einen Teilbetrieb von C und die Beteiligung an der Beteiligungskörperschaft D, die Gesellschaft CB hat den zweiten Teilbetrieb mit Ausnahme der Betriebsliegenschaft und die Beteiligung an der Beteiligungskörperschaft E übernommen.

Die von A auf die vor dem 1.3.2014 angeschaffte Beteiligung an C begonnene Firmenwertabschreibung (zB 20.000 jährlich) kann in Bezug auf die neuen Beteiligungen an den betriebsführenden CA und CB nach Maßgabe des den aufgespalteten Teilbetrieben zuordenbaren Firmenwertes (zB 60 : 40, daher mit 12.000 und 8.000) fortgesetzt werden. A macht daher im Wirtschaftsjahr 01 unabhängig von dem am 3.12.01 wirksam werdenden Anteilstausch insgesamt 20.000 geltend.

Die von C auf die vor dem 1.3.2014 angeschafften Beteiligungen an D und E begonnenen Firmenwertabschreibungen (iHv 5.000 bzw. 7.000 jährlich) werden von CA hinsichtlich der Beteiligung an D und von CB hinsichtlich der Beteiligung an E fortgesetzt. C setzt daher in ihrem mit dem Spaltungsstichtag endenden Rumpfwirtschaftsjahr 1.1. bis 31.3.01 insgesamt 12.000 ab. Die neuen Gesellschaften machen erst in ihrem nächsten Wirtschaftsjahr (1.1.-31.12.02) das nächste Fünfzehntel mit 5.000 (CA) und 7.000 (CB) geltend.

Vor- oder Außergruppenverluste der spaltenden Körperschaft gehen nach Maßgabe des § 35 UmgrStG auf die neuen Körperschaften über und werden dort zu Außergruppenverlusten.

Fortsetzung des Beispiels:

Vor- oder Außergruppenverluste von C (zB 55.000) gehen nach Maßgabe des § 35 UmgrStG auf CA und CB über und können ab 02 als Sonderausgaben Im Sinne des § 8 Abs. 4 Z 2 KStG 1988 gemäß § 9 Abs. 6 KStG 1988 abgesetzt werden. Da C im Rumpfwirtschaftsjahr 01 einen Gewinn iHv 25.000 erzielt, ist der vortragsfähige Verlust von 55.000 zunächst in voller Höhe mit dem Gewinn zu verrechnen, der Rest von 30.000 ist danach zu prüfen, ob und wieweit er auf CA und CB übergeht.

Zur „Fortsetzung" der Firmenwertabschreibung aufgrund eines spaltungsbedingten Übergangs einer in der Unternehmensgruppe die Firmenwertabschreibung auslösenden Beteiligung auf eine andere Unternehmensgruppe siehe Rz 354 sowie KStR 2013 Rz 1123.

Offene Vorgruppen-Mindestkörperschaftsteuerbeträge der spaltenden Körperschaft gehen nach dem Verkehrswertverhältnis der Spaltungsmassen auf die neuen Körperschaften über.

Ist zum Spaltungsstichtag die dreijährige Mindestbestandsdauer noch nicht gegeben, führt dies bei der spaltenden Körperschaft dennoch nicht zu einer selbständigen Steuerpflicht für die Jahre bis zur Spaltung, da mit der Vermögensübernahme durch die neuen Körperschaften ein Fortsetzungstatbestand gegeben ist. *(BMF-AV Nr. 175/2014)*

Für Spaltungen mit einem Beschlussdatum ab 1.12.2011 gilt Folgendes: 1786

Hinsichtlich jener Verluste des inländischen übertragenden Gruppenmitgliedes und des inländischen übernehmenden Gruppenmitgliedes, die seit der Gruppenzugehörigkeit entstanden, in den Verlustvortrag des Gruppenträgers Eingang gefunden haben (siehe KStR 2013 Rz 1062 und 1105) und zum Spaltungsstichtag noch nicht verwertet sind, ist § 35 UmgrStG iVm § 21 und § 4 UmgrStG unter Berücksichtigung der gruppenbezogenen Betrachtungsweise zu beachten (siehe Rz 1245ad):

Maßgebend für den Objektbezug bzw. die Vergleichbarkeit ist grundsätzlich, ob das verlustverursachende Vermögen des übertragenden bzw. übernehmenden Gruppenmitglieds (zB Betrieb) zum Spaltungsstichtag in der Unternehmensgruppe in vergleichbarer Form noch vorhanden ist.

Im Falle der Aufspaltung gelten die Ausführungen zur Verschmelzung sinngemäß, weil die übertragende Körperschaft untergeht (Rz 352).

Beispiel:

Eine Unternehmensgruppe besteht aus dem GT, seiner 100-prozentigen Tochtergesellschaft GM1 und den beiden 100-prozentigen Enkelgesellschaften GM2 und GM3. GM1 hat vor 5 Jahren einen verlustträchtigen Betrieb in GM3 eingebracht, wo dieser nach wie vor in vollem Umfang erhalten ist. GM2 hat vor 2 Jahren einen Teilbetrieb mit Verlust veräußert (dieser wurde dem GT zugerechnet und ist im Verlust-vortrag des GT noch voll erhalten).

Vor Spaltung:

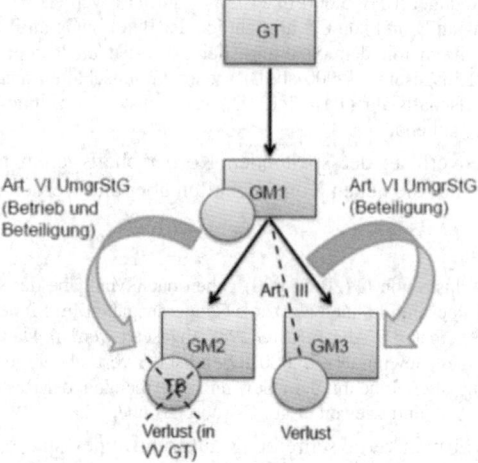

GM1 wird nun auf GM2 und GM3 aufgespalten, wobei GM2 den Betrieb von GM1 sowie die Beteiligung an sich selbst übernimmt, während auf GM3 lediglich die Be-teiligung an sich selbst übertragen wird.

Nach Spaltung:

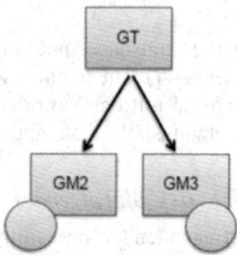

Aufgrund der gruppenbezogenen Betrachtung kommt es zu einer Kürzung der Verluste aus der Veräußerung des Teilbetriebes durch GM2 auf Ebene des GT. Die Verluste aus dem – in GM3 eingebrachten – Teilbetrieb bleiben erhalten. *(BMF-AV Nr. 175/2014)*

1786a   Bei der gruppeninternen nicht verhältniswahrenden Aufspaltung zur Neu-gründung gelten die Aussagen in der Rz 1786 mit der Maßgabe, dass die Rege-lungen des § 37 UmgrStG zu beachten sind. Die Unternehmensgruppe bleibt be-stehen, es kann sich die finanzielle Verbindung verschieben.

Beispiel:

Die Unternehmensgruppe besteht aus dem Gruppenträger GT und den Gruppenmit-gliedern GM1 (100-prozentige Tochter von GT) und GM2 (75-prozentige Tochter von GT und 25-prozentige Tochter von GM1). GM2 führt zwei Teilbetriebe. Die Teil-betriebe weisen ein Firmenwertverhältnis von 60:40 auf.

GM2 wird nun entflechtend zur Neugründung auf die Gesellschaften A und B aufgespalten, wobei GT alleinige Gesellschafterin von A wird und GM1 alleiniger Gesellschafter von B.

GT hat auf die angeschaffte Beteiligung an GM2 eine Firmenwertabschreibung in Höhe von 20.000 jährlich begonnen. Liegen die Voraussetzungen für einen steuerneutralen Tausch nach § 37 UmgrStG vor, kann GT nach der Spaltung weiterhin 60% des ursprünglichen Betrages (damit 12.000 jährlich) als Firmenwertabschreibung geltend machen.

Das Gruppenmitglied GM1 kann den von GT nicht mehr fortführbaren Teil der Firmenwertabschreibung im Ausmaß von 40% des ursprünglichen Betrages weiterführen (hinsichtlich des übernommenen Teilbetriebes) und damit 8.000 jährlich geltend machen. Für den Fall, dass GM1 auf die Beteiligung an GM2 nur mangels ausreichender finanzieller Verbindung bisher keine Firmenwertabschreibung vornehmen konnte siehe KStR 2013 Rz 1120. *(BMF-AV Nr. 175/2014)*

6.7.3.1.1.2 Gruppeninterne Aufspaltung zur Aufnahme

Bei gruppeninternen Aufspaltungen zur Aufnahme mit Anteilsgewährung 1786b geht das Vermögen des spaltenden Gruppenmitglieds auf andere übernehmende Gruppenmitglieder oder auch den Gruppenträger über und kommen die spaltungsveranlasst gewährten Anteile an den übernehmenden Gruppenmitgliedern den Anteilsinhabern des spaltenden Gruppenmitglieds zu. Die um die aufgespaltene Körperschaft verminderte Unternehmensgruppe besteht weiter, es kann sich unter Umständen eine Verschiebung der finanziellen Verbindungen ergeben. Zu den mit der Änderung der Unternehmensgruppe verbundenen Verpflichtungen siehe Rz 1785b.

Beispiel:

Eine Unternehmensgruppe besteht aus dem Gruppenträger GT und den Gruppenmitgliedern GM1 bis GM5. GT hält je 100% an GM1, GM2, GM3 und GM4. An GM5 sind zu 60% GM1 und zu 40% GM2 beteiligt. GM5 wird nun derart aufgespalten, dass der Betrieb von GM5 auf GM3 und die Beteiligung von GM5 an einer gruppenfremden Körperschaft X auf GM4 übergehen. Umtauschverhältnisbedingt erhalten die am untergehenden GM5 beteiligten GM1 und GM2 neue Anteile an den übernehmenden Körperschaften GM3 und GM4. Dadurch sinken die Beteiligungen des Gruppenträgers GT an GM3 und GM4 prozentuell.

Vor Spaltung:

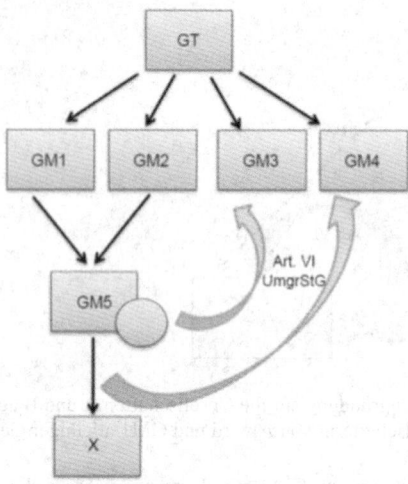

Nach Spaltung:

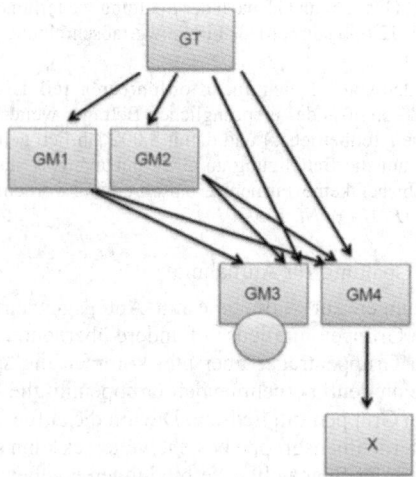

Sinken die Beteiligungen des GT auf 50% oder weniger, geht zwar die ausreichende finanzielle Beteiligung von GT verloren, gleichzeitig kann sich aber eine ausreichende finanzielle Verbindung von GM1 oder GM2 an GM3 und GM4 ergeben, sodass der Bestand der Unternehmensgruppe nicht gefährdet ist; zudem besteht die Möglichkeit, dass nach wie vor der GT durch Kombination seiner unmittelbaren Beteiligungen an GM3 und GM4 mit den mittelbar über GM1 und GM2 gehaltenen Beteiligungen ausreichend finanziell verbunden ist.

Bleibt GT an GM3 und GM4 ausreichend beteiligt, verändert sich die von GT auf GM3 und GM4 geltend gemachte Firmenwertabschreibung ungeachtet des umtauschbedingten prozentuellen Absinkens seiner Beteiligungen nicht. Die neuen Anteile von GM1 und GM2 an den übernehmenden Körperschaften GM3 und GM4 vermitteln in diesem Fall mangels einer mehr als 50-prozentigen Quote keine Firmenwertabschreibung.

Sollte GM1 an der übernehmenden Körperschaft GM3 ausreichend beteiligt sein, kann GM1 im Hinblick auf das in § 36 UmgrStG verankerte Fehlen eines Veräußerungs-Anschaffungs-Tatbestandes hinsichtlich des Ersetzens der Beteiligung an GM5 durch die Beteiligung an GM3 die auf die Beteiligung an GM5 bereits begonnene Firmenwertabschreibung auf die Beteiligung an GM3 fortsetzen, weil GM3 den die Firmenwertabschreibung begründenden Betrieb von GM5 spaltungsbedingt übernommen hat; in diesem Fall verliert GT eine allfällige Firmenwertabschreibung auf GM3. Die Firmenwertabschreibung kann GM1 unverändert unabhängig davon fortsetzen, ob er zB 60% oder 54% erhält.

Vor- oder Außergruppenverluste der spaltenden Körperschaft gehen nach Maßgabe des auf § 21 UmgrStG verweisenden § 35 UmgrStG auf die übernehmenden Körperschaften über und werden ab dem dem Spaltungsstichtag folgenden Veranlagungszeitraum

- bei den übernehmenden beteiligten Körperschaften zu Außergruppenverlusten und

- bei dem übernehmenden Gruppenträger zu vortragsfähigen Verlusten, die unter die 75%-Vortragsgrenze des § 8 Abs. 4 Z 2 lit. a KStG 1988 in Verbindung mit § 7 Abs. 2 KStG 1988 fallen.

Ob vortragsfähige Vor- und Außergruppenverluste übernehmender Gruppenmitglieder bzw. vortragsfähige Verluste des Gruppenträgers weiterbestehen, ist nach dem nach § 35 UmgrStG maßgebenden § 21 UmgrStG zu beurteilen.

Für Spaltungen mit einem Beschlussdatum ab 1.12.2011 gilt Folgendes:

Hinsichtlich jener Verluste des inländischen übertragenden Gruppenmitgliedes und des inländischen übernehmenden Gruppenmitgliedes, die seit der Gruppenzugehörigkeit entstanden sind, in den Verlustvortrag des Gruppenträgers Eingang gefunden haben (siehe KStR 2013 Rz 1062 und 1105) und zum Spaltungsstichtag noch nicht verwertet sind, ist § 35 UmgrStG iVm § 21 und § 4 UmgrStG unter Berücksichtigung der gruppenbezogenen Betrachtungsweise zu beachten (siehe Rz 1786).

Zur Mindestkörperschaftsteuer und zur Mindestbestandsdauer siehe Rz 1785b. *(BMF-AV Nr. 175/2014)*

Bei gruppeninternen Konzernaufspaltungen ist wie bei Verschmelzungen eine up-stream-Aufspaltung und eine down-stream-Aufspaltung möglich.   1786c

- Bei einer up-stream-Aufspaltung einer Beteiligungskörperschaft geht das Vermögen auf die beteiligte(n) Körperschaft(en) oder auch auf den beteiligten Gruppenträger nach Maßgabe des Spaltungs- und Übernahmsvertrages über. Analog zur Verschmelzung ergeben sich aus dem Unterschied zwischen der wegfallenden Beteiligung und dem übernommenen Vermögen steuerneutrale Buchgewinne oder Buchverluste. Vor dem 1.3.2014 begonnene Firmenwertabschreibungen auf die Beteiligung an der spaltenden Körperschaft enden mit dem steuerlichen Untergang der Körperschaft (siehe dazu auch Rz 352a). Die Unternehmensgruppe wird kleiner, bleibt aber aufrecht. Zu den mit der Änderung der Unternehmensgruppe verbundenen Verpflichtungen siehe Rz 1785b.

Beispiel 1:

Die Unternehmensgruppe besteht aus dem Gruppenträger GT (Wirtschaftsjahr = Kalenderjahr) und den Gruppenmitgliedern GM1 (Anteilsinhaber ist zu 100% GT), GM2 (Anteilsinhaber sind zu 75% GT und zu 25% GM1, Wirtschaftsjahr = Kalenderjahr), GM3 (Anteilsinhaber ist zu 75% GM2) und GM4 (Anteilsinhaber ist zu 75% ebenfalls GM2).

Vor Spaltung:

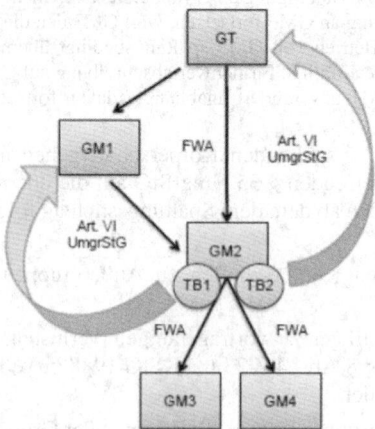

Auf Grund der up-stream-Konzern-Aufspaltung von GM2 zum 31.3.01 (Firmenbuch-eintragung am 3.12.01) übernehmen das begünstigte Vermögen mit 1.4.01 der Grup-penträger GT (Teilbetrieb 2) und die beteiligte Körperschaft GM1 (Teilbetrieb 1). Bei GT und GM1 entsteht im Unterschiedsbetrag zwischen der wegfallenden Beteiligung und dem Buchwert des übernommenen Vermögens ein steuerneutraler Buchgewinn oder Buchverlust. Mit dem Wegfall der Beteiligung an der spaltenden Körperschaft GM2 am 3.12.01 endet für GT die anlässlich der Anschaffung vor dem 1.3.2014 be-gonnene Firmenwertabschreibung; gemäß § 9 Abs. 7 letzter Teilstrich KStG 1988 kommt es zu einer Nachversteuerung bereits abgesetzter Fünfzehntel aus der Firmen-wertabschreibung. Da die Beteiligung nicht das gesamte Wirtschaftsjahr 01 besteht, kann das Firmenwertabschreibungs-Fünfzehntel letztmalig bei der Veranlagung für 00 abgesetzt werden. GT und GM1 übernehmen neben den Teilbetrieben von GM2 jeweils eine Beteiligung an einer Beteiligungskörperschaft (GM3 und GM4). Die von der spaltenden Körperschaft GM2 begonnene Firmenwertabschreibung auf GM3 und GM4 geht nach den Verhältnissen der einzelnen Beteiligung auf GT und GM1 über.

Nach Spaltung:

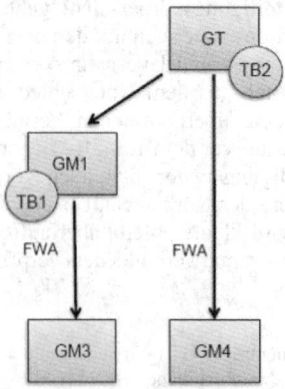

Hinsichtlich der steuerlichen Behandlung von vortragsfähigen Verlusten siehe Rz 1786a und 1786b.

Zur Vorgruppen-Mindestkörperschaftsteuer und zur Mindestbestandsdauer siehe Rz 1785b.

- Bei einer down-stream-Aufspaltung einer beteiligten Körperschaft geht das Vermögen nach Maßgabe des Spaltungs- und Übernahmsvertrages auf die Beteiligungskörperschaften über. Die Beteiligungen an den übernehmenden Körperschaften werden wie bei einer Verschmelzung durch diese an die Anteilsinhaber der spaltenden Körperschaft durchgeschleust (siehe dazu auch Rz 352a).

Beispiel 2:

Eine Unternehmensgruppe besteht aus dem Gruppenträger GT und den Gruppenmitgliedern GM1 bis GM4. GT ist an GM1 zu 75% beteiligt; GM1 wiederum zu je 100% an GM2, GM3 und GM4. GM1 wird zum 31.12.01 auf GM2 und GM3 aufgespalten. Auf GM2 geht der Betrieb über, auf GM3 die vom aufgespalteten GM1 gehaltenen Beteiligungen an den gruppenfremden Körperschaften X und Y, an der Beteiligungskörperschaft GM4 und an GM3 selbst.

Vor Spaltung:

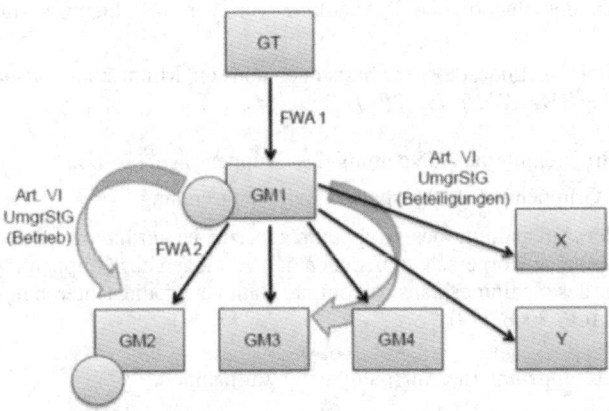

Nach Spaltung:

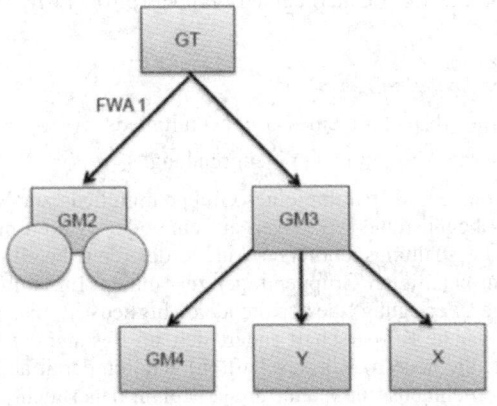

Mit 1.1.02 ist GM3 im Besitz dreier Beteiligungen (GM4, X, Y). Während die spaltungsbedingt zur eigenen Beteiligung gewordene 100%-Beteiligung an GM3 (anteilig) an den GT herausgegeben wird, ist GM3 nunmehr beteiligte Körperschaft gegenüber GM4.

Die von der übertragenden Körperschaft GM1 begonnene Firmenwertabschreibung auf die nunmehr an GT spaltungsbedingt ausgekehrte Beteiligung an der übernehmenden GM2 kann von GT nicht fortgesetzt werden und endet aufgrund des Wegfalls der Beteiligung. Gemäß § 9 Abs. 7 letzter Teilstrich KStG 1988 kommt es zu einer Nachversteuerung bereits abgesetzter Fünfzehntel aus der Firmenwertabschreibung. Der Gruppenträger GT hat auf die vor dem 1.3.2014 angeschaffte Beteiligung an der übertragenden Körperschaft GM1 eine Firmenwertabschreibung begonnen. Der Austausch der wegfallenden 75%-GM1-Beteiligung gegen die GM2- und GM3-Beteiligung ist steuerneutral. Der Gruppenträger GT kann auf die spaltungsbedingt von ihm übernommene GM2-Beteiligung die von ihm begonnene Firmenwertabschreibung fortsetzen, weil der Betrieb von GM1, der den GT ursprünglich zur Firmenwertabschreibung berechtigte, durch GM2 übernommen wurde.

Übergehende vortragsfähige Vor- oder Außergruppenverluste des spaltenden Gruppenmitglieds werden nach Maßgabe des auf § 21 UmgrStG verweisenden § 35 UmgrStG ab dem dem Spaltungsstichtag folgenden Veranlagungszeitraum objektbezogen zu Außergruppenverlusten.

Hinsichtlich der steuerlichen Behandlung von vortragsfähigen Verlusten siehe Rz 1786a ff.

Zur Vorgruppen-Mindestkörperschaftsteuer und zur Mindestbestandsdauer siehe Rz 1785b. *(BMF-AV Nr. 175/2014)*

6.7.3.1.2 Gruppeninterne Aufspaltung des Gruppenträgers

6.7.3.1.2.1 Gruppeninterne Aufspaltung zur Neugründung

1786d   Im Falle der Aufspaltung des Gruppenträgers zur Neugründung entstehen mindestens zwei neue Körperschaften, denen das Vermögen des Gruppenträgers nach Maßgabe des Spaltungsplans zukommt. Damit geht die Unternehmensgruppe unter. *(AÖF 2008/243)*

6.7.3.1.2.2 Gruppeninterne Aufspaltung zur Aufnahme

1786e   Als gruppeninterne Aufspaltung des Gruppenträgers zur Aufnahme kommt nur eine down-stream-Konzern-Aufspaltung auf mindestens zwei Gruppenmitglieder in Betracht. Damit endet die Unternehmensgruppe. *(BMF-AV Nr. 175/2014)*

6.7.3.2 Gruppeninterne Abspaltungen

6.7.3.2.1 Gruppeninterne Abspaltung eines Gruppenmitglieds

6.7.3.2.1.1 Gruppeninterne Abspaltung zur Neugründung

1786f   Bei der verhältniswahrenden Abspaltung eines Gruppenmitglieds zur Neugründung überträgt dieses begünstigtes Vermögen auf eine oder mehrere neue Körperschaft(en), wobei die spaltungsgeborenen Anteile der (den) beteiligten Körperschaft(en) oder dem beteiligten Gruppenträger zukommen. Im Hinblick auf die spaltungsrechtliche „Zerlegung" des spaltenden Mitglieds in eine verminderte und eine neue ergänzte Körperschaft ändert sich am Bestand der Unternehmensgruppen nichts, die neue(n) Körperschaft(en) gehören damit ab Beginn der bestehenden Unternehmensgruppe an; für sie beginnt daher nicht eine neue Dreijahresfrist. Die Abspaltung(en) ist (sind) dem Finanzamt anzuzeigen.

Beim abspaltenden Gruppenmitglied ergibt sich in Höhe des Buchwertes des übertragenen Vermögens ein steuerneutraler Buchverlust oder Buchgewinn. Bei dem (den) Anteilsinhabern des abspaltenden Gruppenmitglieds werden die Buchwerte der Beteiligung an der spaltenden Körperschaft nach den Verkehrswertverhältnisses abgestockt und der Abstockungsbetrag als Buchwert(e) der neuen Beteiligung(en) angesetzt.

Beispiel:

Die Unternehmensgruppe besteht aus dem Gruppenträger A und dem 100-prozentig verbundenen Gruppenmitglied B und deren 100-prozentige Beteiligungskörperschaft C. B spaltet zum 30.6.01 einen Teilbetrieb in die neue Körperschaft D und die Beteiligung an C in die neue Körperschaft E ab. Die Unternehmensgruppe erweitert sich mit 1.7.01 um die neuen Körperschaften E und D, wobei der Gruppenträger die 100-prozentigen Beteiligungen an ihnen hält.

Hat die beteiligte Körperschaft oder der Gruppenträger auf die Beteiligung am abspaltenden Gruppenmitglied eine Firmenwertabschreibung begonnen, kann diese im Hinblick auf die nach § 36 UmgrStG steuerneutrale „Zerlegung" der Beteiligung und des Buchwertes in einen verminderten Anteil und einen die Verminderung übernehmenden (formell neuen) Anteil an der übernehmenden Körperschaft fortgesetzt werden.

Fortsetzung des Beispiels:

A hat auf die vor dem 1.3.2014 erworbene Beteiligung an B die Firmenwertabschreibung begonnen. Da D einen Teilbetrieb übernimmt, vermindert sich verkehrswertverhältnisabhängig die Firmenwertabschreibung hinsichtlich der Beteiligung an B und setzt sich der verminderte Teil in der von A gehaltenen neuen Beteiligung an D fort.

Werden Beteiligungen an Beteiligungskörperschaften abgespalten, setzt die neue Körperschaft die vom abspaltenden Gruppenmitglied begonnene Firmenwertabschreibung fort.

Fortsetzung des Beispiels:

B hat auf die vor dem 1.3.2014 erworbene Beteiligung an C die Firmenwertabschreibung begonnen. Die neue Körperschaft E setzt die begonnene Firmenwertabschreibung fort.

Vor- oder Außergruppenverluste des abspaltenden Gruppenmitglieds gehen nach Maßgabe des nach § 35 UmgrStG anzuwendenden § 21 UmgrStG auf die neue(n) Körperschaft(en) über und stellen Außergruppenverluste dar. *(BMF-AV Nr. 175/2014)*

Zu einer nicht verhältniswahrenden Abspaltung eines Gruppenmitglieds zur Neugründung kann es kommen, wenn an diesem zwei oder mehrere Gruppenmitglieder oder auch der Gruppenträger beteiligt sind. Die spaltungsgeborenen Anteile kommen den Anteilsinhabern nach Maßgabe des Spaltungsplans abweichend von der bis zur Spaltung gegebenen Beteiligungsverhältnissen zu. An der Gruppenzugehörigkeit der neuen Körperschaften ändert dies nichts. 1786g

Beispiel:

Die beteiligten Körperschaften A und B sind zu 51% bzw. 49% an der Beteiligungskörperschaft C beteiligt. C spaltet je einen Teilbetrieb in die neuen Körperschaften C1 und C2 ab und behält das Liegenschaftsvermögen. Laut Spaltungsplan erfolgt eine entflechtende Spaltung dahingehend, dass A Alleingesellschafterin von C1 und B Alleingesellschafterin von C2 wird. Nach § 37 UmgrStG ist steuerlich dabei zunächst von einer fiktiven verhältniswahrenden Abspaltung mit einem nachfolgenden Anteilstausch auszugehen. Die von A auf die vor dem 1.3.2014 angeschaffte Beteiligung an C begonnene Firmenwertabschreibung im Ausmaß von 51% der Bemessungsgrundlage betreffend die beiden Teilbetriebe endet für diese Teilbetriebe mangels Vorliegen eines Betriebes. Liegen die Voraussetzungen des § 37 UmgrStG für einen steuerneutralen Anteilstausch vor (A hat zunächst 51% an C1 steuerneutral erworben und in der Folge tauschbedingt die restlichen 49%), setzt A die Firmenwertabschreibung in jenem Ausmaß fort, das sich auf den Firmenwertanteil des von C1 übernommenen Teilbetriebes bezieht. B konnte auf die Beteiligung an C mangels einer ausreichenden finanziellen Verbindung keine Firmenwert-

§ 38

abschreibung vornehmen; im Ausmaß des zugewachsenen Anteils iHv 51% kann B die Firmenwertabschreibung fortsetzen. *(BMF-AV Nr. 175/2014)*

6.7.3.2.1.2 Gruppeninterne Abspaltung zur Aufnahme

1786h   Die Abspaltung eines Gruppenmitglieds zur Aufnahme ist in der Wirkung ein der Konzerneinbringung entsprechender Vorgang. Soweit es zu einer Anteilsgewährung kommt, erwerben diese die beteiligte(n) Körperschaft(en) oder der Gruppenträger, ohne dass sich der Bestand der Unternehmensgruppe ändert. Soweit auf Grund einer down-stream-, upstream- oder side-stream-Abspaltung auf eine Gegenleistung verzichtet wird, bleiben die finanziellen Verbindungen unverändert bestehen.

Hinsichtlich der Firmenwertabschreibung gelten die Aussagen in Rz 1786f entsprechend.

Zur Behandlung vortragsfähiger Verluste siehe die Aussagen in Rz 1786a ff. *(BMF-AV Nr. 175/2014)*

6.7.3.2.2 Gruppeninterne Abspaltung des Gruppenträgers

6.7.3.2.2.1 Abspaltung zur Neugründung

1786i   Die Abspaltung des Gruppenträgers zur Neugründung bewirkt, dass auf Grund der Anteilsgewährung an den (die) Anteilsinhaber des Gruppenträgers die neue(n) Körperschaft(en) nicht in die Unternehmensgruppe einbezogen werden können. Soweit spaltungsveranlasst Beteiligungen an Gruppenmitgliedern auf die neue(n) Körperschaft(en) übergehen, scheiden diese mit dem dem Spaltungsstichtag folgenden Tag aus der Unternehmensgruppe aus. Sollten Gruppenmitglieder diesbezüglich vor Ablauf der Mindestzugehörigkeit ausscheiden, kommt es zur Rückabwicklung und selbständigen Steuerpflicht. *(AÖF 2008/ 243)*

6.7.3.2.2.2 Abspaltung zur Aufnahme *(BMF-AV Nr. 175/2014)*

1786j   Die gruppeninterne Abspaltung zur Aufnahme ist down-stream auf unmittelbar oder mittelbar mit dem Gruppenträger finanziell verbundene Gruppenmitglieder möglich. Dabei ist sowohl eine Abspaltung mit Anteilsgewährung an den (die) Anteilsinhaber des Gruppenträgers als auch unter Verzicht auf eine Anteilsgewährung möglich. Im Falle der Anteilsgewährung an den (die) Anteilsinhaber des Gruppenträgers kann es zum Ausscheiden des übernehmenden Gruppenmitglieds kommen, im Fall des Verzichtes auf eine Anteilsgewährung ändert sich nichts an der finanziellen Verbindung.

Beispiel 1:

Die Unternehmensgruppe besteht aus dem Gruppenträger GT und dem 100-prozentig verbundenen Gruppenmitglied GM1 und deren 100-prozentiger Beteiligungskörperschaft GM2. Alle gruppenangehörigen Körperschaften bilanzieren zum 31.12. GT spaltet zum 31.12.01 einerseits einen Teilbetrieb in B unter Verzicht auf eine Anteilsgewährung und andererseits die Beteiligung an einer gruppenfremden Körperschaft in GM2 mit Anteilsgewährung ab.

Die Teilbetriebsabspaltung ändert mangels einer Anteilsgewährung an der finanziellen Verbindung zu GM1 nichts. Der Teilbetrieb geht spaltungsbedingt in das Eigentum von GM1 über. Ist GM1 eine betriebsführende Körperschaft, ändert sich an der begonnenen Firmenwertabschreibung nichts. Ist GM1 eine vermögensverwaltende Körperschaft, kann durch die Übernahme des Teilbetriebes eine Firmenwertabschreibung nicht begründet werden.

Die Beteiligungsabspaltung bewirkt, dass die spaltungsgeborenen Anteile dem (den) Anteilsinhaber(n) des Gruppenträgers zukommen und die Beteiligung von GM1 an GM2 vermindern. Sinkt die Beteiligung auf 50% oder weniger, endet die Gruppenzugehörigkeit.

Soweit übergehende vortragsfähige Verluste in der Zeit des Bestehens der Unternehmensgruppe entstanden sind, stellen sie keine Außergruppenverluste, sondern sofort im nächsten Jahresergebnis verrechenbare Verluste dar. Soweit die übergehenden vortragsfähigen Verluste aus der Vorgruppenzeit stammen, werden sie zu Außergruppenverlusten.

Fortsetzung des Beispiels 1:

Der abgespaltene Teilbetrieb wird seit sechs Jahren vom Gruppenträger GT unterhalten. Zum Spaltungsstichtag wird ein objektbezogen auf den Teilbetrieb entfallender noch nicht verrechneter vortragsfähiger Verlust von 60.000 ermittelt, der mit 20.000 auf die Zeit vor Bildung der Unternehmensgruppe und mit 40.000 auf die Zeit in der Unternehmensgruppe entfällt. Das Gruppenmitglied GM1 übernimmt die vortragsfähigen Verluste. Im Rahmen der Einkommensermittlung für das Jahr 02 erzielt B einen Jahresgewinn von 10.000 und saldiert ihn mit dem übernommenen Verlust iHv 40.000, sodass dem Gruppenträger ein Einkommen von -30.000 zuzurechnen ist. Die übernommenen 20.000 sind zu Außergruppenverlusten geworden und können gegen nachfolgende Gewinne zu 100% verrechnet werden.

Vortragsfähige Verluste des Gruppenträgers gehen gemäß § 35 UmgrStG nach Maßgabe von § 21 UmgrStG objektbezogen auf das übernehmende Gruppenmitglied über (siehe dazu die Aussagen in Rz 1786a und 1786b). Dabei ist die gruppenbezogene Betrachtungsweise zu berücksichtigen. Bei der Abspaltung gelten die Ausführungen zu Einbringungen, weil die übertragende Körperschaft bestehen bleibt (siehe Rz 1245ad).

Beispiel 2:

Eine Unternehmensgruppe besteht aus dem GT, seiner 100-prozentigen Tochtergesellschaft GM1 und der 100-prozentigen Enkelgesellschaft GM2. GM2 hat vor 5 Jahren einen verlustträchtigen Teilbetrieb veräußert (die Verluste wurden dem GT zugerechnet und sind im Verlustvortrag des GT noch voll erhalten). Nun spaltet GM1 einen Teilbetrieb auf GM2 ab.

Aufgrund der gruppenbezogenen Betrachtung kommt es zu einer Kürzung der Verluste aus dem von GM2 veräußerten Teilbetrieb auf Ebene des GT. Allfällige von GM1 dem GT zugerechnete Verluste bleiben erhalten. *(BMF-AV Nr. 175/2014)*

6.7.4 Spaltung bei Vorliegen mitbeteiligter Gruppenfremder

6.7.4.1 Aufspaltung eines Gruppenmitglieds bei Mitbeteiligung von Gruppenfremden

6.7.4.1.1 Aufspaltung zur Neugründung

Das spaltende Gruppenmitglied geht steuerlich mit Ablauf des Spaltungsstichtages unter, mindestens zwei neue steuerlich mit Beginn des dem Spaltungsstichtag folgenden Tages entstehende Körperschaften übernehmen das Vermögen. Die spaltungsgeborenen Anteile gehen auf den/die Anteilsinhaber des spaltenden Gruppenmitglieds über.

Bei verhältniswahrenden Aufspaltungen ändert sich an der finanziellen Verbindung der beteiligten Körperschaft(en) oder des Gruppenträgers an den neuen Gesellschaften nichts, die Unternehmensgruppe bleibt im Wege der neuen Gesellschaften bestehen. Zu den mit der Änderung der Unternehmensgruppe verbundenen Verpflichtungen siehe Rz 1786.

Beispiel:

Die Unternehmensgruppe besteht aus dem Gruppenträger A und dem Gruppenmitglied B. Gesellschafter von B sind zu 60% A und zu 40% die Körperschaft C. Anlässlich der Aufspaltung von B übernimmt die neue Körperschaft B1 den Betrieb und die neue Körperschaft B2 Finanzanlagen und das Realvermögen. A ist nunmehr mit 60% an B1 und B2 beteiligt, beide sind als Rechtsnachfolger Gruppenmitglieder.

Bei nichtverhältniswahrenden Aufspaltungen hängt es von der Aufteilung der Beteiligungen an den neuen Gesellschaften ab, welche in der Unternehmensgruppe verbleibt und welche ausscheidet.

Fortsetzung des Beispiels:

Wird eine entflechtende Spaltung dahingehend vereinbart, dass A Alleingesellschafterin von B1 und C Alleingesellschafterin von B2 wird, ist B2 kein Gruppenmitglied. Die Fortsetzung der von A begonnenen Firmenwertabschreibung auf die Beteiligung an B hängt davon ab, ob der Betrieb der spaltenden Gesellschaft von B 1 übernommen wird. Wird nur ein Teilbetrieb übernommen, vermindert sich die Firmenwertabschreibung entsprechend. *(AÖF 2008/243)*

6.7.4.1.2 Aufspaltung zur Aufnahme

1787a   Bei der Aufspaltung eines Gruppenmitglieds zur Aufnahme übernehmen andere Gruppenmitglieder oder unter anderem auch der Gruppenträger das Vermögen. Sind an der spaltenden Körperschaft Gruppenfremde beteiligt, kann es zu einer Erhöhung oder Verminderung der Beteiligungen an den übernehmenden Gruppenmitgliedern kommen.

Beispiel:

Eine Unternehmensgruppe besteht aus dem GT und den GM1 bis GM3. GT ist zu 75% an GM1 beteiligt, GM1 ist wiederum zu 70% an GM2 und zu 60% an GM3 beteiligt; darüber hinaus hält auch die gruppenfremde Körperschaft X eine Beteiligung in Höhe von 40% an GM3. Nunmehr wird GM3 derart aufgespalten, dass der Teilbetrieb 1 des GM3 auf GM2 (side-stream) und der Teilbetrieb 2 des GM3 auf GM1 (up-stream) übertragen wird. GT macht eine Firmenwertabschreibung auf GM1 geltend; GM1 machte eine Firmenwertabschreibung auf die nunmehr aufgespaltene GM3 sowie auf GM2 geltend.

Vor Spaltung:

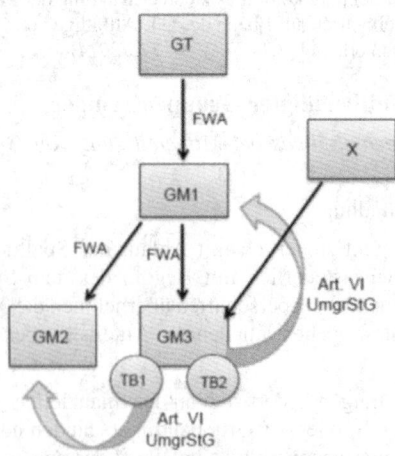

Nach Spaltung:

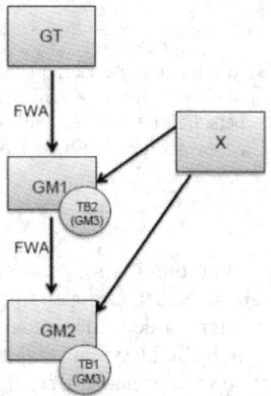

Auf Grund der spaltungsbedingten Vermögensübertragung des TB1 auf GM2 gehen die spaltungsgeborenen Anteile an der übernehmenden Körperschaft GM2 auf die Anteilsinhaber von der spaltenden Körperschaft GM3, somit auf die beteiligte Körperschaft GM1 und die gruppenfremde Körperschaft X über. Damit erhöht sich umtauschverhältnisbedingt die bereits bestehende Beteiligung von GM1 an GM2 („Aufstockung" ihrer bisherigen 70%-Beteiligung); X erhält neue Anteile an GM2.

Auf Grund der Vermögensübertragung des TB2 auf GM1 geht die Beteiligung von GM1 an GM3 unter, die gruppenfremde Körperschaft X erhält als Ersatz für den untergegangenen Anteil von 40% an GM3 einen Anteil an der übernehmenden GM1. Dadurch sinkt die Beteiligung des GT an GM1 umtauschverhältnisbedingt ab. Sollte sie auf 50% oder weniger sinken, ist die Gruppenzugehörigkeit von GM1 beendet; in diesem Fall würde die Gruppe insgesamt untergehen; weil GM1 beteiligte Körperschaft im Hinblick auf GM2 ist.

Die von GM1 auf die Beteiligung an der spaltenden Körperschaft GM3 vorgenommene Firmenwertabschreibung kann hinsichtlich des TB 1 durch die zusätzliche Beteiligung an GM2 im Ausmaß des auf den TB1 entfallenden Firmenwertanteils von GM1 fortgesetzt werden, ohne dass die bis zur Spaltung vorgenommene Firmenwertabschreibung auf die Beteiligung an GM2 eingeschränkt wird.

Die von GM1 auf die Beteiligung an der spaltenden GM3 vorgenommene Firmenwertabschreibung hinsichtlich des TB2 endet auf Grund des mit der spaltungsbedingten Übernahme des TB2 verbundenen Wegfalls der Beteiligung an GM3. Es kommt zu einer Nachversteuerung bereits vorgenommener Fünfzehntel aus der Firmenwertabschreibung gemäß § 9 Abs. 7 letzter Teilstrich KStG 1988.

Die vom GT auf die Beteiligung an GM1 vorgenommene Firmenwertabschreibung verändert sich ungeachtet des Absinkens auf Grund der neuen Beteiligung der gruppenfremden Körperschaft X an GM1 auf ein die finanzielle Verbindung nicht unterbrechendes Ausmaß nicht. *(BMF-AV Nr. 175/2014)*

6.7.4.2 Abspaltung eines Gruppenmitglieds bei Mitbeteiligung von Gruppenfremden

6.7.4.2.1 Abspaltung zur Neugründung

Die verhältniswahrende Abspaltung zur Neugründung ändert auch bei Vorliegen von gruppenfremden Anteilsinhabern nichts am Fortbestand der Unternehmensgruppe mit der neuen Körperschaft. — 1787b

Bei der nicht verhältniswahrenden Abspaltung zur Neugründung hängt es von der Aufteilung der Beteiligungen am spaltenden Gruppenmitglied und an

§ 38

der neuen Körperschaft ab, ob die Gruppenzugehörigkeit bestehen bleibt oder nicht.

Beispiel:

An der abspaltenden Beteiligungskörperschaft B sind die beteiligte Körperschaft A zu 60% und die gruppenfremde Körperschaft X zu 40% beteiligt. Der Teilbetrieb 1 der spaltenden Körperschaft B geht auf die neue Körperschaft B1 über. Im Falle einer entflechtenden Abspaltung bleibt B Gruppenmitglied, wenn die beteiligte Körperschaft Alleingesellschafterin wird. *(AÖF 2008/243)*

6.7.4.2.2 Abspaltung zur Aufnahme

1787c   Die verhältniswahrende Abspaltung zur Aufnahme durch Gruppenmitglieder führt zur Gewährung von Anteilen an die am abspaltenden Gruppenmitglied Beteiligten. Die Beteiligung beteiligter Körperschaften an dem (den) übernehmenden Gruppenmitgliedern vermindert sich dadurch. Sinkt sie auf 50% oder weniger ab, ist die finanzielle Verbindung in Summe mit der neuen Beteiligung von Gruppenmitgliedern an der übernehmenden Körperschaft weiterhin gegeben.

Bei nichtverhältniswahrenden Abspaltungen hängt es von der Aufteilung der Beteiligungen an den neuen Gesellschaften ab, welche in der Unternehmensgruppe verbleibt und welche ausscheidet.

Beispiel (aufbauend auf das Beispiel in Rz 1787a):

An der abspaltenden Beteiligungskörperschaft B sind die beteiligte Körperschaft A zu 60% und die gruppenfremde Körperschaft X zu 40% beteiligt. Der Teilbetrieb TB1 der spaltenden Körperschaft B geht auf das Gruppenmitglied C über, an dem A zu 70% beteiligt ist, der Teilbetrieb TB2 geht auf A über, das Restvermögen verbleibt bei B.

Durch die Vermögensübertragung des TB1 auf C ändert sich gegenüber dem Vorbeispiel nur dahingehend etwas, als bei der spaltenden Körperschaft B ein (steuerneutraler) Buchverlust bei positivem Buchwert des TB1 und Buchgewinn bei negativem Buchwert des TB1 entsteht.

Durch die Vermögensübertragung des TB2 auf A ändern sich die Beteiligungsverhältnisse an der spaltenden Körperschaft B nicht, X erhält als Ersatz für den wertmäßig gesunkenen 40%-Anteil an B einen Anteil an A. Dadurch sinkt die Beteiligung des an A beteiligten Gruppenträgers umtauschverhältnisbedingt ab. Sollte sie auf 50% oder weniger sinken, ist die Gruppenzugehörigkeit von A beendet. *(AÖF 2008/243)*

6.7.5 Spaltung aus der oder in die Unternehmensgruppe

6.7.5.1 Abspaltung auf einen Gruppenfremden

1787d   Spaltet ein Gruppenmitglied begünstigtes Vermögen auf eine gruppenfremde Körperschaft ab, kommt die Gegenleistung der (den) beteiligten Körperschaft(en) oder auch dem Gruppenträger oder gruppenfremden Anteilsinhabern zu.

Die Firmenwertabschreibung der beteiligten Körperschaft oder des Gruppenträgers auf die Beteiligung an der abspaltenden Körperschaft sinkt bei Abspaltung von Betrieben oder Teilbetrieben nach Maßgabe des Wertes des wegfallenden Vermögens.

Der Übergang vortragsfähiger Vor- oder Außergruppenverluste auf die übernehmende Körperschaft richtet sich nach dem nach § 35 UmgrStG maßgebenden § 21 UmgrStG.

Sollte das die Gegenleistung empfangende Gruppenmitglied oder der Gruppenträger eine mehr als 50-prozentige Beteiligung erhalten, kann die übernehmende Körperschaft nach Maßgabe der allgemeinen Voraussetzungen des § 9 KStG 1988 in die Unternehmensgruppe aufgenommen werden. *(AÖF 2008/243)*

6.7.5.2 Abspaltung durch einen Gruppenfremden

Bei der Abspaltung von begünstigtem Vermögen durch gruppenfremde Körperschaften auf Gruppenmitglieder oder den Gruppenträger kommt die Gegenleistung dem/den Anteilsinhaber(n) der spaltenden Körperschaft zu. Da die Beteiligung der beteiligten Körperschaft(en) oder/und des Gruppenträgers an der abspaltenden Körperschaft dadurch sinkt, kann die finanzielle Verbindung zu dieser verloren gehen. — 1787e

Bleibt die finanzielle Verbindung trotz Absinkens der Beteiligung erhalten, vermindert sich durch das spaltungsbedingte Absinken der Beteiligungsquote („Verwässerung") nicht die laufende Firmenwertabschreibung auf die Beteiligung an der spaltenden Körperschaft (siehe auch KStR 2013 Rz 1121). Die auf die spaltende Körperschaft übergehenden vortragsfähigen Verluste werden zu Außergruppenverlusten. *(BMF-AV Nr. 175/2014)*

6.8. Spaltung und atypisch stille Beteiligung

6.8.1 Allgemeines

Die Spaltung ist ein durch das SpaltG geregelter Vermögenstransfer auf eine neue oder übernehmende Kapitalgesellschaft. Hat sich jemand am Unternehmen der übertragenden oder übernehmenden Gesellschaft als atypisch stiller Gesellschafter im Sinne des § 179 UGB beteiligt, berührt diese Beteiligung den Spaltungsvorgang im Sinne des SpaltG nicht. — 1788

Steuerlich fällt der mit der Übertragung von Vermögen im Sinne des § 12 UmgrStG verbundene Spaltungsvorgang auf jeden Fall unter Art. VI UmgrStG. Es ist allerdings zu bedenken, dass die atypisch stille Gesellschaft eine Mitunternehmerschaft darstellt, die in Form eines Zusammenschlusses innerhalb oder außerhalb des Art. IV UmgrStG zustande gekommen ist. Die Kapitalgesellschaft, an der eine atypisch stille Beteiligung besteht, hat ihren (Teil)Betrieb auf diese stille Mitunternehmerschaft gegen Gewährung eines Gesellschafterrechts übertragen und verfügt daher lediglich über einen Mitunternehmeranteil an der mit dem (den) stillen Gesellschafter(n) gebildeten Mitunternehmerschaft.

Sollte der stille Gesellschafter nicht spaltungsbedingt ausscheiden (VwGH 28.11.2001, 97/13/0078 zur Umwandlung) sondern eine Fortsetzungsklausel im Gesellschaftsvertrag verankert haben, ist zur Abbildung des Spaltungsvorgangs ein zweistufiges Vorgehen nötig. Die Rechtsfolgen sind in den Gesellschaftsverträgen mit den atypisch stillen Gesellschaftern entsprechend den Ausführungen in Rz 1789 und Rz 1790 darzustellen. *(AÖF 2008/243)*

6.8.2 Abspaltung zur Neugründung einer Kapitalgesellschaft, an deren Unternehmen eine atypisch stille Beteiligung besteht

Da das abzuspaltende Vermögen steuerlich der stillen Mitunternehmerschaft zuzurechnen ist, die aus der Kapitalgesellschaft und dem atypisch Stillen gebildet wird, hängt die steuerliche Beurteilung von der Rechtsstellung des stillen Mitunternehmers nach der Spaltung ab: — 1789

- Soll der stille Mitunternehmer am Gesamtvermögen beteiligt bleiben, ist der Spaltungsvorgang zweistufig darzustellen:

  – Die stille Mitunternehmerschaft nimmt zunächst eine verhältniswahrende Abteilung zur Neugründung im Sinne des Art. V UmgrStG insofern vor, als das zu spaltende Vermögen zunächst auf die neue stille Mitunternehmerschaft, die bei der neuen Kapitalgesellschaft entstehen soll, übergeht. Die spaltende Kapitalgesellschaft und der stille Mitunternehmer sind nunmehr an beiden stillen Mitunternehmerschaften gleich beteiligt.

  – Die spaltende Körperschaft überträgt eine juristische Sekunde später den an der neuen Mitunternehmerschaft entstandenen Mitunternehmeranteil auf die übernehmende Körperschaft. Die Abspaltung von Vermögen nach dem SpaltG ist daher ertragsteuerlich als Abspaltung eines Mitunternehmeranteiles zu werten. Nach erfolgter Durchführung besteht bei der spaltenden Körperschaft weiterhin eine um das übertragene Vermögen verringerte Mitunternehmerschaft mit dem Stillen. Bei der neuen Körperschaft, auf die das Vermögen abgespalten wird, entsteht eine Mitunternehmerschaft mit dem atypisch Stillen, wobei auf die neue Körperschaft und den atypisch Stillen der abteilungsgeborene Mitunternehmeranteil (der das übertragene Vermögen repräsentiert) steuerlich übertragen wird.

Beispiel:

A hat sich atypisch still am Unternehmen der B-GmbH beteiligt. Steuerlich ist A zu 20% und die B-GmbH zu 80% an der stillen Mitunternehmerschaft beteiligt. Auf Grund der Abspaltung eines Teilbetriebes auf die neue C-GmbH im Ausmaß von 50% des Verkehrswertes des Vermögens der B-GmbH und der Fortsetzungsklausel des A ist zunächst eine nach den Vorschriften des Art V UmgrStG zu vereinbarende verhältniswahrende Realteilung dahingehend vorzunehmen, dass der abzuspaltende Teilbetrieb auf die neue Schwester-Mitunternehmerschaft übergeht; A und die B-GmbH sind nunmehr an der ursprünglichen und der neuen stillen Mitunternehmerschaft jeweils mit 20% bzw. 80% beteiligt. Nunmehr spaltet die B-GmbH spaltungsrechtlich den Teilbetrieb und steuerrechtlich den Mitunternehmeranteil an der neuen stillen Mitunternehmerschaft auf die neue (spaltungsgeborene) C-GmbH ab. Neben der bisherigen stillen Mitunternehmerschaft, an der unverändert A zu 20% und die B-GmbH zu 80% beteiligt sind, besteht die neue stille Mitunternehmerschaft, an der A mit 20% und die C-GmbH mit 80% beteiligt sind. Der mit der neuen C-GmbH zivilrechtlich abzuschließende Gesellschaftsvertrag ist kein Zusammenschluss iSd Art. IV UmgrStG, da nur ein spaltungsveranlasster und damit steuerneutraler Gesellschafterwechsel (die C-GmbH übernimmt die Mitunternehmerstellung der B-GmbH) in der neuen stillen Mitunternehmerschaft vorliegt.

- Soll der stille Mitunternehmer nur am Restvermögen der spaltenden Körperschaft beteiligt sein, kommt es ebenfalls zu einem zweistufigen Spaltungsvorgang:

  – Im ersten Rechtsschritt kommt es zu einer nicht verhältniswahrenden Abteilung im Sinne des Art. V UmgrStG dahingehend, dass die spaltende Körperschaft das abzuspaltende Vermögen gegen Verminderung der Beteiligung an der stillen Mitunternehmerschaft übernimmt.

  – Der zweite Rechtsschritt entspricht der in der ersten Variante dargestellten Abspaltung.

Nach erfolgter Durchführung besteht bei der spaltenden Körperschaft hinsichtlich des Restvermögens weiterhin eine um das übertragene Vermögen verringerte Mitunternehmerschaft mit dem stillen Mitunternehmer. Das abgespaltene Vermögen ist der neugegründeten Körperschaft unmittelbar zuzurechnen, die Beteiligung an dieser ist dem oder den Anteilsinhabern der spaltenden Körperschaft zuzurechnen.

- Soll der stille Mitunternehmer nur am abgespaltenen Vermögen beteiligt sein, muss der Vorgang dreistufig dargestellt werden:
  - Der erste Rechtsschritt entspricht der in der ersten Variante dargestellten verhältniswahrenden Abteilung.
  - Im Hinblick auf die realteilungsbedingte Anwendungsvoraussetzung des § 27 Abs. 1 UmgrStG, dass jeder Mitunternehmer begünstigtes Vermögen erhalten muss, kommt es im zweiten Rechtsschritt zu einem Mitunternehmeranteilstausch im Rechtskleid einer weiteren Realteilung im Sinne des Art. V UmgrStG dahingehend, dass der stille Mitunternehmer seinen Anteil an der das Restvermögen haltenden stillen Mitunternehmerschaft gegen Übernahme eines Teiles des von der spaltenden Körperschaft gehaltenen Anteils an der das gespaltene Vermögen haltenden stillen Mitunternehmerschaft tauscht. Die Funktion des Tausches als Fall der Realteilung ist mit einer gedanklichen Vereinigung der beiden stillen Mitunternehmerschaften begründet. Dadurch kommt es bei der spaltenden Körperschaft hinsichtlich des Restvermögens zu einer Anteilsvereinigung und damit diesbezüglich zum Untergang der stillen Mitunternehmerschaft. Die stille Mitunternehmerschaft hinsichtlich des abgespaltenen Vermögens ändert sich dahingehend, dass der stille Mitunternehmer höher und die Körperschaft geringer beteiligt sind.
  - Der dritte Rechtsschritt entspricht der in der ersten Variante dargestellten Abspaltung des Teilvermögens bzw. steuerlich des Mitunternehmeranteils.

Nach erfolgter Durchführung ist das Restvermögen der spaltenden Körperschaft unmittelbar zuzurechnen. Die stille Mitunternehmerschaft hinsichtlich des abgespaltenen Vermögens ändert sich nur dahingehend, dass an die Stelle der abspaltenden Körperschaft die neue Körperschaft im Wege der Gesamtrechtsnachfolge getreten ist.

Da es sich bei den dargestellten Vorgängen um Mehrfachumgründungen handelt, wird die Zusammenfassung auf einen Stichtag mittels eines Umgründungsplans im Sinne des § 39 UmgrStG erreicht werden können (siehe Rz 1874 ff). *(BMF-AV Nr. 175/2014)*

6.8.3 Abspaltung zur Aufnahme einer Kapitalgesellschaft, an deren Unternehmen eine atypisch stille Beteiligung besteht

Folgende Möglichkeiten sind gegeben: 1790

- Soll der stille Mitunternehmer am Gesamtvermögen beteiligt bleiben, dh. nach der Abspaltung am Restvermögen der spaltenden Körperschaft und nur am abgespaltenen Vermögen und nicht auch am bestehenden Vermögen der übernehmenden Körperschaft beteiligt sein, entspricht die steuerliche Beurteilung der in Rz 1789 beschriebenen Vorgangsweise.

- Soll der stille Mitunternehmer durch eine Vertragsanpassung nicht am abgespaltenen, sondern nur am Restvermögen der spaltenden Körperschaft in einem höheren Ausmaß beteiligt werden, ist – wie schon in Rz 1789 dargestellt – eine nicht verhältniswahrende Realteilung nach Art. V UmgrStG

§ 38

dahingehend zu unterstellen, dass die Körperschaft den abzuspaltenden Teilbetrieb als Abfindung für den Verzicht auf einen Teil ihres stillen Mitunternehmeranteils erhält und dadurch der stille Mitunternehmer in einem entsprechend höheren Ausmaß am verbleibenden Vermögen der stillen Mitunternehmerschaft beteiligt ist. Nunmehr kann die Körperschaft den ihr unmittelbar zuzurechnenden Teilbetrieb nach Art. VI UmgrStG abspalten.

- Soll der stille Mitunternehmer nach der Abspaltung nur am abgespaltenen Vermögen beteiligt sein, kommt der in Rz 1789 dargestellte dreistufige Vorgang zur Anwendung.

- Soll der stille Mitunternehmer weiterhin am abgespaltenen Vermögen beteiligt sein und zusätzlich am Vermögen der übernehmenden Körperschaft beteiligt werden, liegt nach der Realteilung im Sinne des Art. V UmgrStG und der Abspaltung ein Zusammenschluss mit der übernehmenden Körperschaft im Sinne des Art. IV UmgrStG vor.

Beispiel:

Sachverhalt wie im Beispiel zu Rz 1789 mit dem Unterschied, dass A auch am eigenen Vermögen der übernehmenden C-GmbH beteiligt wird. Steuerlich erfolgt nach der verhältniswahrenden Realteilung und der Abspaltung des den abgespaltenen Teilbetrieb repräsentierenden Mitunternehmeranteils ein Zusammenschluss, da die C-GmbH in die Mitunternehmerschaft ihren eigenen Betrieb oder ihr eigenes sonstiges Vermögen überträgt und dafür zusätzliche Gesellschafterrechte erhält. Die Regelungen des Art. IV UmgrStG sind zu beachten. *(BMF-AV Nr. 175/2014)*

6.8.4 Abspaltung zur Aufnahme auf eine Kapitalgesellschaft, an deren Unternehmen eine atypisch stille Beteiligung besteht

1791   Auf Grund der atypisch stillen Beteiligung am Unternehmen der übernehmenden Körperschaft verfügt diese steuerlich nur über einen Mitunternehmeranteil am Betrieb der atypische stillen Gesellschaft. Die spaltungsbedingte Übertragung von Vermögen auf die übernehmende Körperschaft führt zunächst zu einem Übergang in das Vermögen dieser Körperschaft, dh. sie erwirbt steuerlich zu ihrem Mitunternehmeranteil das übertragene Vermögen.

- Sollte der stille Mitunternehmer auch nach der Abspaltung nur am bereits bestehenden Vermögen der übernehmenden Körperschaft beteiligt sein, ergibt sich hinsichtlich der Mitunternehmerschaft keine Änderung.

- Sollte der atypisch Stille auch am spaltungsbedingt zugegangenen Vermögen beteiligt werden, unterliegt die bestehende Mitunternehmerschaft einer Änderung. Das auf die Kapitalgesellschaft übertragene Vermögen wird eine juristische Sekunde später auf die bereits bestehende Mitunternehmerschaft übertragen, wodurch ein Zusammenschluss im Sinne des Art. IV UmgrStG ausgelöst wird. *(AÖF 2008/243)*

6.9. Spaltung und Mindestkörperschaftsteuer

6.9.1 Mindestkörperschaftsteuer bei Aufspaltung

1792   Bei der Aufspaltung erlischt die übertragende Körperschaft. Die noch nicht verrechneten Beträge an Mindestkörperschaftsteuer gehen auf die neuen und/oder übernehmenden Körperschaften über. Die übergehende Mindestkörperschaftsteuer ist nach den Verkehrswerten des übertragenen Vermögens bzw. nach direkter Zuordenbarkeit den Rechtsnachfolgern zuzuweisen (siehe KStR 2013 Rz 1567). *(BMF-AV Nr. 175/2014)*

6.9.2 Mindestkörperschaftsteuer bei Abspaltung

Bei der Abspaltung bleibt die übertragende Körperschaft bestehen und auch   1793
alle noch nicht verrechneten Beträge an Mindestkörperschaftsteuer verbleiben
bei der abspaltenden Körperschaft (siehe KStR 2013 Rz 1567). *(BMF-AV
Nr. 175/2014)*

6.10. Spaltung und Einlagenrückzahlung

6.10.1 Allgemeines

Bei Spaltungen ist für die Beurteilung der Entwicklung des Evidenzkontos   1794
die einzelne Spaltungsform im Lichte der Regelungen der Art. VI UmgrStG zu
betrachten. Zu unterscheiden sind Spaltungsvorgänge, die eine Umschichtung
des Evidenzkontenstandes gemäß § 4 Abs. 12 EStG 1988 zwischen spaltender
und übernehmender Körperschaft zu Verkehrswertrelationen aufweisen und jenen Fällen, die einen ersatzlosen Untergang des Evidenzkontos (steuerneutrale
Einlagenrückzahlung) zur Folge haben. Wird der Buchwert des abgespaltenen
Vermögens durch behördliche Maßnahmen nachträglich verändert, sind die entsprechenden Buchwertkorrekturen und die Auswirkungen auf die Evidenzkonten zu beachten.

6.10.2 Aufspaltung zur Neugründung

Bei der Aufspaltung zur Neugründung liegt eine Aufteilung des Vermögens   1795
der spaltenden Körperschaft mit steuerlicher Buchwertfortführung des übertragenen Vermögens bei den neuen oder übernehmenden Körperschaften vor. Auf
Gesellschafterebene sind gemäß § 36 Abs. 2 Z 1 UmgrStG die Anschaffungskosten bzw. der Buchwert der Anteile an der spaltenden Körperschaft – abgesehen von Zuzahlungen – den Anteilen an den neuen Körperschaften nach Maßgabe der Verkehrswerte des jeweils übertragenen Vermögens zuzurechnen. Da
zwischen der spaltenden Körperschaft und ihren Anteilsinhabern kein Vermögenstransfer stattfindet, ist daher auch der Evidenzkontenstand der spaltenden
Körperschaft im Verhältnis der Verkehrswerte der übertragenen Vermögensteile
zu zerlegen und der entsprechende Teil im Evidenzkonto (primär im Indisponible Einlagen-Subkonto) der jeweiligen neuen Körperschaft anzusetzen. *(BMF-AV
Nr. 131/2018)*

6.10.3 Aufspaltung zur Aufnahme

- Bei der Konzentrations-Aufspaltung zur Aufnahme in Verbindung mit einer   1796
  Anteilsgewährung an die Anteilsinhaber der spaltenden Körperschaft ist bei
  der steuerlichen Behandlung der Anteilsinhaber eine Aufspaltung zur Neugründung mit einer nachfolgenden Verschmelzung der neuen Körperschaft
  auf die übernehmende Körperschaft gemäß § 36 Abs. 4 UmgrStG zu fingieren. Es ist daher Rz 1795 entsprechend anzuwenden (Aufteilung des Evidenzkontos im Verkehrswertverhältnis). Dies gilt auch für den Fall der Aufspaltung auf Schwesterkörperschaften unter Verzicht auf eine Anteilsgewährung im Sinne des § 224 Abs. 2 Z 1 AktG.

- Bei der reinen Konzern-Aufspaltung (keine fremden Anteilsinhaber) zur
  Aufnahme geht im Hinblick auf die Vergleichbarkeit mit dem Verschmel-
  zungstatbestand das Evidenzkonto der Tochterkörperschaft unabhängig von
  der Spaltungsrichtung (up-stream- und down-stream-Aufspaltung) ersatzlos
  unter (vgl. Rz 373 ff; wobei es bei der down-stream- Aufspaltung zu einer
  Aufteilung des Evidenzkontos der Muttergesellschaft im Verkehrswertver-

§ 38

hältnis kommt). Gleiches gilt bei einer Aufspaltung auf mittelbar verbundene Körperschaften.

• Bei einer kombinierten Aufspaltung zur Aufnahme (teils fremde und teils verbundene Anteilsinhaber) sind die Ausführungen zur Konzentrationsaufspaltung und zur Konzernaufspaltung nach den Beteiligungsverhältnissen entsprechend anzuwenden. *(BMF-AV Nr. 175/2014)*

6.10.4 Abspaltung zur Neugründung

1797   Bei der Abspaltung zur Neugründung ist im Hinblick auf die Überlegungen zur Aufspaltung in Rz 1796 der Evidenzkontenstand der spaltenden Körperschaft im Verhältnis der Verkehrswerte des/der abzuspaltenden Vermögens/teile zu vermindern und der entsprechende Teil im Evidenzkonto (primär im Indisponible Einlagen-Subkonto) der jeweiligen neuen Körperschaft anzusetzen. Bei Abspaltungsvorgängen besteht jedoch im Unterschied zur Verschmelzung die übertragende Körperschaft weiter. Die Verringerung des Evidenzkontenstandes nach Verkehrswertrelationen von übertragenem Vermögen zu Gesamtvermögen bei der spaltenden Körperschaft ignoriert eine eventuelle unternehmensrechtliche Verrechnung des entstehenden Buchverlustes mit unternehmensrechtlichen Eigenkapitalpositionen, die keine Einlagen im Sinne des § 4 Abs. 12 EStG 1988 darstellen. Betrachtungsgröße für den zu verringernden und übergehenden Einlagenstand kann aus diesem Blickwinkel nur der vorhandene Evidenzkontenstand der spaltenden Körperschaft sein. Kommt es bei der abspaltenden Körperschaft zwecks Wahrung des Summengrundsatzes zu einer Kapitalherabsetzung, ist in erster Linie das Indisponible Einlagen-Subkonto (alternativ: Nennkapital-Subkonto) entsprechend zu vermindern.

Beispiel:

Die A-GmbH spaltet laut Spaltungsplan einerseits einen ihrer Betriebe auf die neue B GmbH und andererseits eine hundertprozentige Beteiligung auf die neue C-GmbH ab.

Das bilanzmäßige Eigenkapital der A-GmbH beträgt 2.000 (Nennkapital 600, ungebundene Kapitalrücklage 200, Gewinnrücklagen 500, Bilanzgewinn 700) der Evidenzkontenstand beträgt 800 (im Indisponible Einlagen-Subkonto bzw. Nennkapital-Subkonto 600 und im Disponible Einlagen-Subkonto bzw. ungebundene Kapitalrücklagen-Subkonto 200). Der Verkehrswert der A-GmbH beträgt 10.000, davon entfällt auf den Betrieb 5.000 und auf die Beteiligung 2.000.

Die neue B-GmbH und die neue C-GmbH sollen mit einen Nennkapital von jeweils 500 ausgestattet werden, bei der spaltenden A-GmbH ist im Hinblick auf die Deckung des Nennkapitals durch das Restvermögen eine Kapitalherabsetzung nicht erforderlich.

Da auf den abzuspaltenden Betrieb 50% und die abzuspaltende Beteiligung 20% des Verkehrswertes entfallen, ist der Evidenzkontenstand bei der A-GmbH von 800 um 560 (=70% des Gesamtverkehrswertes vor Spaltungen) auf 240 zu vermindern, wobei zunächst das Disponible Einlagen-Subkonto bzw. ungebundene Kapitalrücklagen-Subkonto aufzulösen und in der Folge das Indisponible Einlagen-Subkonto bzw. Nennkapital-Subkonto um 360 zu vermindern ist.

Der Kürzungsbetrag von 560 ist bei der B-GmbH mit 400 (50% des Gesamtverkehrswertes vor Spaltung) im Indisponible Einlagen-Subkonto bzw. Nennkapital-Subkonto und bei der C-GmbH mit 160 (20% des Gesamtverkehrswertes vor Spaltung) im Indisponible Einlagen-Subkonto bzw. Nennkapital-Subkonto anzusetzen. *(BMF-AV Nr. 131/2018)*

Rz 1798: *derzeit nicht belegt (AÖF 2008/243)*

6.10.5. Abspaltung zur Aufnahme

Je nach Abspaltung ergibt sich folgendes: 1799

- Bei der Konzentrations-Abspaltung zur Aufnahme ist analog zur Aufspaltung bei der steuerlichen Behandlung der Anteilsinhaber eine Abspaltung zur Neugründung mit einer nachfolgenden Verschmelzung der neuen Körperschaft auf die übernehmende Körperschaft zu fingieren. Es ist daher die in Rz 1797 beschriebene Umschichtung eines Evidenzkontenanteils entsprechend anzuwenden, sodass der umgeschichtete Betrag in der nachfolgend fingierten Verschmelzung (horizontale Verschmelzung) auf die übernehmende Körperschaft übergeht. Dies gilt auch für den Fall der Abspaltung auf eine Schwesterkörperschaft (side-stream-Abspaltung) unter Verzicht auf eine Anteilsgewährung im Sinne des § 224 Abs. 2 Z 1 AktG.

- Bei der reinen Konzern-Abspaltung (keine fremden Anteilsinhaber) zur Aufnahme, durch die partiell der Verschmelzung ähnliche Wirkungen erzielt werden, ist die zur Verschmelzung vertretene Auffassung, dass der Einlagenkontenstand der Untergesellschaft unabhängig von der Verschmelzungsrichtung untergeht (steuerneutrale Einlagenrückzahlungswirkung), entsprechend anzuwenden.

  – Bei der up-stream-Abspaltung ist aus der Vergleichbarkeit mit der up-stream-Einbringung, die sich wiederum sinngemäß an der up-stream-Verschmelzung orientiert, der Evidenzkontenstand der abspaltenden Körperschaft im Verhältnis des Verkehrswertes des abgespaltenen Vermögens zum Gesamtvermögen vor Abspaltung zu verringern. Bei der übernehmenden Mutterkörperschaft kommt es zu keiner Änderungen des Evidenzkontenstandes (siehe Rz 1264).

  – Bei der down-stream-Abspaltung ist zu unterscheiden:

  – Bei einem Verzicht auf eine Anteilsgewährung ist im Hinblick auf die Vergleichbarkeit mit einer Einbringung durch den Alleingesellschafter der Evidenzkontenstand bei der übernehmenden Tochterkörperschaft in Höhe des positiven steuerlich maßgebenden Buchwertes zu erhöhen (siehe Rz 1264).

  Bei Anteilsgewährung an die Anteilsinhaber der spaltenden Mutterkörperschaft ist im Hinblick auf die Vergleichbarkeit mit einer Konzentrationsabspaltung die in Rz 1797 beschriebene Umschichtung eines Evidenzkontenanteiles vorzunehmen.

- Bei der kombinierten Abspaltung zur Aufnahme (teils fremde und teils verbundene Anteilsinhaber) sind die Ausführungen zur Konzentrationsabspaltung und zur Konzernabspaltung nach den Beteiligungsverhältnissen entsprechend anzuwenden.

Beispiel:

Die B-GmbH spaltet laut Spaltungsplan einerseits einen ihrer Betriebe auf ihre Muttergesellschaft A-GmbH und andererseits eine hundertprozentige Beteiligung auf ihre Tochtergesellschaft C-GmbH ab.

Das bilanzmäßige Eigenkapital der B-GmbH beträgt 2.000 (Nennkapital 600, ungebundene Kapitalrücklage 200, Gewinnrücklagen 500, Bilanzgewinn 700), der Evidenzkontenstand beträgt 800 (im Nennkapital-Subkonto 600 und im Kapitalrücklagen-Subkonto 200). Der Verkehrswert der B-GmbH zum Spaltungsstichtag beträgt 10.000, davon entfallen auf den Betrieb 5.000 und auf die Beteiligung 2.000.

Bei der übernehmenden Muttergesellschaft A-GmbH hat im Zuge dieser up-stream-

§ 38

Abspaltung gemäß § 224 Abs. 1 Z 1 AktG eine Anteilsgewähr zu unterbleiben. Bei der übernehmenden Tochtergesellschaft C-GmbH kann gemäß § 224 Abs. 1 Z 2 AktG wahlweise auf eine Anteilsgewähr an die Gesellschafter der spaltenden Körperschaft verzichtet werden.

Im Rahmen dieser Abspaltung laut Spaltungsplan ist bei der spaltenden B-GmbH im Hinblick auf die Deckung des Nennkapitals durch das Restvermögen eine Kapitalherabsetzung nicht erforderlich.

Da auf den, auf die Muttergesellschaft A-GmbH, up-stream abzuspaltenden Betrieb 50% des Verkehrswertes entfallen, ist der Evidenzkontenstand bei der B-GmbH von 800 um 400 (= 50% des anteiligen Verkehrswertes), somit auf 400 zu vermindern, wobei zunächst das Disponible Einlagen-Subkonto bzw. ungebundene Kapitalrücklagen-Subkonto aufzulösen und in der Folge gegebenenfalls das Indisponible Einlagen-Subkonto bzw. Nennkapital-Subkonto zu vermindern ist. Bei der übernehmenden Muttergesellschaft kommt es analog zur up-stream-Verschmelzung zu keiner Änderung des Evidenzkontenstandes.

In Zusammenhang mit der down-stream-Abspaltung der hundertprozentigen Beteiligung auf die Tochtergesellschaft C-GmbH ist zu unterscheiden:

- Wird die down-stream-Abspaltung gegen Anteilsgewähr an die Gesellschafter (A-GmbH) der spaltenden Körperschaft (B-GmbH) vorgenommen, ist eine aliquote Umschichtung des Evidenzkontostandes der spaltenden Körperschaft auf die spaltungsgeborenen Anteile an der C-GmbH vorzunehmen. Da auf die abzuspaltende Beteiligung 20% des Verkehrswertes vor Spaltung entfallen, ist der Evidenzkontenstand bei der B-GmbH von 800 um weitere 160 (= 20% des Gesamtverkehrswertes vor Spaltung) zu vermindern. Insgesamt ist das Evidenzkonto der spaltenden B-GmbH auf 240 (500 in Zusammenhang mit der up-stream-Abspaltung und 160 im Fall der down-stream-Abspaltung) zu vermindern, wobei zunächst das Disponible Einlagen-Subkonto bzw. ungebundene Kapitalrücklagen-Subkonto aufzulösen und in der Folge das Indisponible Einlagen-Subkonto bzw. Nennkapital-Subkonto um 360 zu vermindern ist.

- Wird die down-stream-Abspaltung ohne Anteilsgewähr an die Gesellschafter (A-GmbH) der spaltenden Körperschaft (B-GmbH) vorgenommen, bleibt diesbezüglich der Evidenzkontenstand der spaltenden Körperschaft unverändert. Bei der übernehmenden Tochtergesellschaft C-GmbH ist der Evidenzkontenstand in Höhe des positiven steuerlich maßgebenden Buchwertes zu erhöhen. *(BMF-AV Nr. 131/2018)*

6.11. Spaltung und Innenfinanzierung *(BMF-AV Nr. 40/2017)*

1800   § 2 Abs. 6 IF-VO regelt die Auswirkungen von Abspaltungen auf die Innenfinanzierung. Dabei kommt es grundsätzlich – unabhängig von der Art der Abspaltung – zu einer Abstockung der Innenfinanzierung der spaltenden Körperschaft und einer Aufstockung der Innenfinanzierung der übernehmenden Körperschaft jeweils in dem Ausmaß, in dem sich der Wert der spaltenden Körperschaft durch die Abspaltung vermindert hat (Aufteilung im Verkehrswertverhältnis, siehe schon zur Einbringung Rz 1266a); anders als Konzentrationsabspaltungen haben Konzentrationseinbringungen keine Auswirkungen auf die Innenfinanzierung, siehe Rz 1266a.

Beispiel:

Die A-GmbH spaltet einen Teilbetrieb auf die X-GmbH gemäß Art. VI UmgrStG ab (Konzentrationsabspaltung). Die A GmbH hat steuerliche Einlagen von 600 und eine Innenfinanzierung von 300. Die X-GmbH hat Einlagen von 50 und eine Innenfinanzierung von 200.

Das Wertverhältnis des Restvermögens zum abgespaltenen Teilbetrieb von der A-GmbH beträgt 1:2 (Restvermögen: Teilbetrieb). Gemäß § 2 Abs. 6 IF-VO ist die

Innenfinanzierung der A-GmbH im Verkehrswertverhältnis 1:2 abzustocken und im selben Ausmaß der Innenfinanzierung der X-GmbH zuzuschreiben. Die Innenfinanzierung der A-GmbH nach der Abspaltung beträgt folglich 100, die der X-GmbH 400.

Bei down-stream-Abspaltungen hat eine Aufteilung der Innenfinanzierung im Verkehrswertverhältnis jedoch nur dann zu erfolgen, wenn den Anteilsinhabern der spaltenden Muttergesellschaft Anteile gewährt werden. Wird hingegen auf die Anteilsgewährung an die Anteilsinhaber der spaltenden Muttergesellschaft verzichtet, ist § 2 Abs. 3 IF-VO sinngemäß anzuwenden (§ 2 Abs. 6 zweiter Satz IF-VO), weil diesfalls die down-stream-Abspaltung – wie die down-stream-Einbringung (siehe Rz 1266a) – steuerlich einen Einlagevorgang darstellt; die Innenfinanzierung der spaltenden und der übernehmenden Körperschaft bleibt folglich unberührt. *(BMF-AV Nr. 40/2017)*

§ 2 Abs. 7 IF-VO regelt die Auswirkungen von Aufspaltungen auf die Innenfinanzierung. Sowohl bei Konzentrationsaufspaltungen als auch bei Konzernaufspaltungen ist die Innenfinanzierung der aufspaltenden Körperschaft auf die übernehmenden Körperschaften entsprechend dem Wertverhältnis des übernommenen Vermögens aufzuteilen und von diesen fortzuführen.   1800a

Beispiel:

Die X-GmbH wird gemäß Art. VI UmgrStG auf die A-GmbH und die B-GmbH aufgespalten (Konzentrationsaufspaltung). Dabei übernimmt die A-GmbH den Teilbetrieb 1 und die B-GmbH den Teilbetrieb 2 der X GmbH.

Die X-GmbH hat steuerliche Einlagen von 300 und eine Innenfinanzierung von 600. Die A-GmbH hat Einlagen von 50 und eine Innenfinanzierung von 200, die B GmbH hat Einlagen von 300 und eine Innenfinanzierung von 150. Das Wertverhältnis der beiden Teilbetriebe der X-GmbH beträgt 1:2 (Teilbetrieb 1: Teilbetrieb 2).

Die Innenfinanzierung der A-GmbH (200) erhöht sich um 200 (600/3*1) und beträgt somit nach der Aufspaltung in Summe 400.

Die Innenfinanzierung der B-GmbH (150) erhöht sich um 400 (600/3*2) und beträgt somit nach der Aufspaltung in Summe 550.

Bei up- oder down-stream-Aufspaltungen ist eine Mehrfachberücksichtigung negativer Innenfinanzierungsbeträge aufgrund von Abschreibungen in der Beteiligungskette durch sinngemäße Anwendung von § 2 Abs. 1 letzter Satz IF-VO zu verhindern (siehe Rz 380). *(BMF-AV Nr. 40/2017)*

6.12. Auswirkung abgabenbehördlicher Feststellungen auf Spaltungen nach dem SpaltG *(BMF-AV Nr. 175/2014)*

Die Feststellungen im Rahmen abgabenbehördlicher Überprüfungen einer vollzogenen Spaltung nach dem SpaltG können zu nachträgliche Änderungen des Buchwertes und damit gegebenenfalls auch des Verkehrswertes des übertragenden Vermögens führen.   1801

Die Änderungen können auf bilanzsteuerrechtliche Berichtigungen aus der Zeit bis zum Spaltungsstichtag zurückzuführen sein und beeinflussen daher die der Spaltung zu Grunde gelegte Schlussbilanz, die darauf aufbauende Übertragungsbilanz und wirken sich zwingend auf die steuerlichen Verhältnisse bei der neuen oder übernehmenden Körperschaft und unter Umständen bei den Gesellschaftern aus.

Sollten die Feststellungen ergeben, dass ein positiver Verkehrswert des übertragenen Vermögens nicht vorliegt, hat dies keine Auswirkungen auf die Geltung des Art. VI UmgrStG. Sollte festgestellt werden, dass eine Anwendungs-

§ 38

voraussetzung des § 32 Abs. 1 UmgrStG nicht gegeben ist, kommen je nach Spaltungsform die Rechtsfolgen einer nicht unter Art. VI UmgrStG fallenden Spaltung ganz oder teilweise zur Anwendung.

Zur Auswirkung auf die Einlagenrückzahlung siehe Rz 1794 und Rz 1797 f. *(BMF-AV Nr. 175/2014)*

6.13. Rechtsfolgen einer nicht unter Art. VI UmgrStG fallenden Spaltung

6.13.1 Begriff

1802   Eine nicht unter das UmgrStG fallende Spaltung liegt vor, wenn

- die Spaltung zwar in das Firmenbuch eingetragen ist, jedoch kein begünstigtes oder nicht ausschließlich begünstigtes Vermögen gemäß § 12 Abs. 2 UmgrStG übertragen wird,

- das Besteuerungsrecht der Republik Österreich hinsichtlich der stillen Reserven einschließlich eines allfälligen Firmenwertes hinsichtlich des übertragenen Vermögens beim Rechtsnachfolger eingeschränkt wird (zur Einschränkung des Besteuerungsrechts auf Anteilsinhaberebene siehe Rz 1736a) oder

- ein Missbrauch gemäß § 44 UmgrStG vorliegt. *(BMF-AV Nr. 40/2017)*

1803   Eine teilweise nicht unter das UmgrStG fallende Spaltung liegt vor, wenn

- die Spaltung auf mehrere Körperschaften zwar in das Firmenbuch eingetragen ist, jedoch nicht in allen Fällen begünstigtes Vermögen übertragen wird,

- das Besteuerungsrecht der Republik Österreich hinsichtlich der stillen Reserven einschließlich eines allfälligen Firmenwertes hinsichtlich des übertragenen Vermögens beim Rechtsnachfolger zum Teil eingeschränkt wird (zur Einschränkung des Besteuerungsrechts auf Anteilsinhaberebene siehe Rz 1736a),

- bei einer nichtverhältniswahrenden Spaltung die Drittelgrenze überschritten wird oder

- ein nicht die gesamte Spaltung treffender Missbrauch gemäß § 44 UmgrStG vorliegt. *(BMF-AV Nr. 40/2017)*

6.13.2 Aufspaltung mit voller Besteuerung

6.13.2.1 Behandlung der übertragenden Körperschaft

1804   Auf Ebene der übertragenden Körperschaft kommt es gemäß § 20 Abs. 1 Z 1 KStG 1988 rückwirkend auf den Spaltungsstichtag zur Liquidationsbesteuerung nach § 19 KStG 1988 und dadurch zum Aufdecken der stillen Reserven einschließlich eines allfälligen Firmenwertes des übertragenen Vermögens. Das übertragene Vermögen ist gemäß § 20 Abs. 2 Z 1 KStG 1988 mit dem Wert der für die Vermögensübertragung gewährten Gegenleistung (Gesellschaftsrechte zuzüglich etwaiger barer Zuzahlungen) zu bewerten. Bei der spaltenden Gesellschaft ist somit der Unterschiedsbetrag zwischen den Buchwerten der übertragenen Vermögensgegenstände und dem gemeinen Wert der den Gesellschaftern der spaltenden Gesellschaft als Gegenleistung gewährten Anteile an den neuen oder übernehmenden Körperschaften der Körperschaftsteuer zu unterziehen. Werden keine Anteile gewährt, ist der Teilwert der übertragenen Wirtschaftsgüter einschließlich selbstgeschaffener unkörperlicher Wirtschaftsgüter (insb. Firmenwert) als Wert des übertragenen Vermögens anzusetzen. *(AÖF 2008/243)*

6.13.2.2 Behandlung der neuen oder übernehmenden Körperschaft

Die neue oder übernehmende Körperschaft hat gemäß § 20 Abs. 3 KStG 1988 die bei der übertragenden Körperschaft ermittelten Werte mit Beginn des dem Übertragungsstichtag folgenden Tages fortzuführen. Ungeachtet der Gesamtrechtsnachfolge ist die neue oder übernehmende Körperschaft nicht an die Bewertungs- und Abschreibungsmethoden der übertragenden Körperschaft gebunden. *(AÖF 2004/116)*   1805

6.13.2.3 Behandlung der Anteilsinhaber der übertragenden Körperschaft

6.13.2.3.1 Inlandsspaltung

Auf Ebene der Anteilsinhaber der übertragenden Körperschaft kommen ebenfalls die Grundsätze über die Liquidationsbesteuerung zur Anwendung: Werden die Anteile der übertragenden Körperschaft im Privatvermögen einer natürlichen Person oder einer Körperschaft gehalten, liegen Einkünfte aus Kapitalvermögen vor, weil nach § 27 Abs. 6 Z 2 EStG 1988 der Untergang von Anteilen auf Grund der Auflösung oder Beendigung einer Körperschaft für sämtliche Beteiligte, unabhängig vom Ausmaß ihrer Beteiligung, eine Veräußerung von Kapitalvermögen darstellt (siehe auch KStR 2013 Rz 1450). Sofern die Anteile in einem Betriebsvermögen gehalten werden, sind die Einkünfte nach den allgemeinen Grundsätzen der betrieblichen Gewinnermittlung zu ermitteln; bei natürlichen Personen kommt der besondere Steuersatz von 27,5% nach § 27a Abs. 1 Z 2 EStG 1988 idF StRefG 2015/2016, BGBl. I Nr. 118/2015 (bis 2015: 25%, siehe EStR 2000 Rz 6223) auch im betrieblichen Bereich zur Anwendung. Bei sämtlichen Anteilsinhabern ist daher der Unterschiedsbetrag zwischen dem gemeinen Wert und dem Buchwert bzw. den Anschaffungskosten der untergehenden Beteiligung an der übertragenden Körperschaft der Ertragsbesteuerung zu unterziehen (siehe KStR 2013 Rz 1450 ff, EStR 2000 Rz 6172).   1806

In einem nächsten Schritt ist gedanklich von einer Einlage iSd § 6 Z 14 EStG 1988 in die übernehmende Körperschaft auszugehen. Bei der verhältniswahrenden sowie bei der nicht verhältniswahrenden Aufspaltung ergeben sich somit die Anschaffungskosten der gewährten Anteile aus der Aufteilung des gemeinen Wertes der untergegangenen Anteile auf die neuen Anteile nach dem Verkehrswertverhältnis der Spaltungsmassen. Der Besteuerung sind die Wertverhältnisse zum Spaltungsstichtag zugrunde zu legen. *(BMF-AV Nr. 40/2017)*

6.13.2.3.2 Auslandsspaltung

Handelt es sich um eine mangels Übertragung von Vermögen im Sinne des § 12 Abs. 2 UmgrStG nicht unter Art. VI UmgrStG fallende Spaltung im Ausland und sind an der übertragenden Körperschaft Steuerinländer beteiligt, kommt es bei diesen Anteilsinhabern grundsätzlich, wie bei einer nicht unter Art. VI UmgrStG fallenden Inlandsspaltung, zur Liquidations bzw. Tauschbesteuerung der Anteile. Wenn es sich allerdings um eine einer inländischen Kapitalgesellschaft vergleichbare ausländische spaltende Kapitalgesellschaft handelt und an dieser eine inländische unter § 7 Abs. 3 KStG 1988 fallende Körperschaft im Sinne des § 10 Abs. 2 KStG 1988 (internationale Schachtelbeteiligung) beteiligt ist, bleibt auch die Liquidations- bzw. Tauschbesteuerung aufgrund von § 10 Abs. 3 KStG 1988 grundsätzlich außer Ansatz (siehe auch KStR   1807

2013 Rz 1453; zur Berücksichtigung eines tatsächlichen und endgültigen Vermögensverlustes siehe KStR 2013 Rz 1224). *(BMF-AV Nr. 131/2018)*

6.13.3 Abspaltung mit voller Steuerpflicht

6.13.3.1 Behandlung der übertragenden und der neuen oder übernehmenden Körperschaft

1808   Auf Ebene der übertragenden Körperschaft ist gemäß § 20 Abs. 1 Z 2 KStG 1988 der Tauschgrundsatz des § 6 Z 14 EStG 1988 anzuwenden. Abhängig davon, ob an sich begünstigtes oder nicht begünstigtes Vermögen abgespalten wird, kommt die Rückwirkungsfiktion zur Anwendung (Rückwirkungsfiktion nur bei an sich begünstigtem Vermögen). Das übertragene Vermögen ist mit dem gemeinen Wert der den Anteilsinhabern für die Vermögensübertragung gewährten Anteile an der neuen oder übernehmenden Körperschaft zu bewerten. In Höhe des Unterschiedsbetrages zu den Buchwerten kommt es somit zum Aufdecken der stillen Reserven einschließlich eines allfälligen Firmenwertes. Hinsichtlich der Bewertung des übernommenen Vermögens bei der (den) neuen oder übernehmenden Gesellschaft(en) wird auf die Ausführungen zur Aufspaltung verwiesen. *(AÖF 2008/243)*

6.13.3.2 Behandlung der Anteilsinhaber der übertragenden Körperschaft

1809   Auf Ebene der Anteilsinhaber der übertragenden Körperschaft kommt es zu einem Tausch von Anteilen an der übertragenden Körperschaft gegen Anteile an der neuen oder übernehmenden Körperschaft. Es ist daher der Unterschiedsbetrag zwischen den Anschaffungskosten bzw. dem Buchwert und dem gemeinen Wert der spaltungsbedingt abgestockten Anteile an der übertragenden Körperschaft der Ertragsbesteuerung zu unterziehen (siehe auch Rz 1656). Die diesbezügliche Steuerpflicht ergibt sich, sofern die Anteile im Privatvermögen gehalten werden, aus § 27 Abs. 3 EStG 1988 iVm § 6 Z 14 EStG 1988 (unabhängig vom Beteiligungsausmaß, siehe EStR 2000 Rz 6172); sofern die Anteile in einem Betriebsvermögen gehalten werden, ergibt sich die Steuerpflicht aus den allgemeinen Grundsätzen der betrieblichen Gewinnermittlung. Wie bei der Aufspaltung kann es auch hier zu keinem kapitalertragsteuerpflichtigen Vermögenstransfer von der übertragenden Körperschaft zu ihren Anteilsinhabern kommen.

Im Falle einer down-stream-Abspaltung ist der gemeine Wert des abgespaltenen Vermögens auf die Beteiligung an der übernehmenden Tochtergesellschaft zu aktivieren. Im Falle der up-stream-Abspaltung kommt es bei der spaltenden Körperschaft hinsichtlich des übertragenen Vermögens zur Gewinnverwirklichung und bei der übernehmenden Muttergesellschaft ist dem Grunde nach ein Rücktausch nach Art einer Einlagenrückzahlung gegeben, bei dem dem Vermögenszugang zum Realisierungswert der Verzicht auf die Beteiligung an der spaltenden Tochtergesellschaft gegenübersteht. *(BMF-AV Nr. 175/2014)*

6.13.4 Spaltung mit anteiliger Steuerpflicht

1810   Kommt es bei einer Spaltung aus den in Rz 1802 f genannten Gründen zu einer anteiligen Nichtanwendung des Art. VI UmgrStG, ist nach § 20 Abs. 1 KStG 1988 bei Aufspaltungen § 19 KStG 1988 und bei Abspaltungen § 6 Z 14 EStG 1988 auf die betroffenen Vermögensteile anzuwenden. In diesen Fällen kommt es nicht nur auf der Ebene der übertragenden Körperschaft zur Gewinnverwirklichung sondern entsprechend auch auf der Ebene der Anteilsinhaber.

Steuerspaltungen

§ 38a. (1) Steuerspaltungen im Sinne dieses Bundesgesetzes sind Auf- und Abspaltungen auf Grund eines Spaltungsvertrages (§ 38b) nach Maßgabe der Abs. 2 und 3.

(2) Eine Aufspaltung im Sinne des Abs. 1 liegt unter folgender Voraussetzung vor:

Die spaltende Körperschaft bringt Vermögen (§ 12 Abs. 2) in zwei oder mehrere übernehmende Körperschaften, die nicht an der spaltenden Körperschaft beteiligt sind, nach Art. III ein. § 32 Abs. 3 kann angewendet werden. Der spaltenden Körperschaft verbleiben zu dem in § 20 Abs. 1 genannten Zeitpunkt neben der Gegenleistung im Sinne des § 19 nur liquide Mittel und allfällige restliche Verbindlichkeiten. Die Auflösung der spaltenden Körperschaft wird innerhalb von neun Monaten nach dem Einbringungsstichtag zur Eintragung in das Firmenbuch angemeldet. Im Rahmen der Liquidation der spaltenden Körperschaft kommen die Kapitalanteile und restlichen liquiden Mittel den Anteilsinhabern im Verhältnis ihrer Beteiligungen im Sinne des § 38d oder nach Maßgabe des § 38e zu; dabei dürfen die restlichen liquiden Mittel 10 % des gemeinen Wertes des zu verteilenden Gesamtvermögens nicht übersteigen.

(3) Eine Abspaltung im Sinne des Abs. 1 liegt in folgenden Fällen vor:

1. Die spaltende Körperschaft bringt Vermögen (§ 12 Abs. 2) in eine oder mehrere übernehmende Körperschaften, die nicht an der spaltenden Körperschaft beteiligt sind, nach Art. III ein. § 32 Abs. 3 kann angewendet werden. Die spaltende Körperschaft überträgt die Anteile an der übernehmenden Körperschaft (§ 20) an ihre Anteilsinhaber im Verhältnis ihrer Beteiligungen im Sinne des § 38d oder nach Maßgabe des § 38e.

2. Die spaltende Körperschaft bringt Vermögen (§ 12 Abs. 2) in eine oder mehrere übernehmende Körperschaften nach Art. III ein, wobei die Gewährung von Anteilen nach § 19 Abs. 2 Z 5 unterbleibt, weil die Anteile an der spaltenden und übernehmenden Körperschaft in einer Hand vereinigt sind. § 32 Abs. 3 kann angewendet werden. Die Anteilsinhaber der spaltenden Körperschaft tauschen in der Folge Anteile nach Maßgabe des § 38e.

(4) Spaltende und übernehmende Körperschaften können nur unbeschränkt steuerpflichtige Kapitalgesellschaften, Erwerbs- und Wirtschaftsgenossenschaften und Versicherungsvereine auf Gegenseitigkeit (§ 1 Abs. 2 des Körperschaftsteuergesetzes 1988) und ausländische Gesellschaften eines Mitgliedstaates der Europäischen Union, die die in der Anlage zu diesem Bundesgesetz vorgesehenen Voraussetzungen des Artikels 3 der Richtlinie 2009/133/EG in der jeweils geltenden Fassung erfüllen, sein, wenn an der spaltenden Körperschaft am Spaltungsstichtag mehr als ein Anteilsinhaber beteiligt ist.

(5) Auf Spaltungen im Sinne des Abs. 1 sind die §§ 38b bis 38f anzuwenden.

(BGBl I 2012/112)

Gliederung:

7. Steuerspaltungen (Art. VI UmgrStG)

7.1. Anwendungsbereich und Anwendungsvoraussetzungen (§ 38a UmgrStG)

7.1.1. Allgemeines

1811   Neben der auf unternehmensrechtlichen Normen basierenden Spaltung nach dem SpaltG stellt die Steuerspaltung eine Rechtsfigur des Abgabenrechts dar. Damit werden Spaltungen ermöglicht, die nicht nach dem SpaltG, sondern nach allgemeinem Gesellschaftsrecht und damit in Einzelrechtsnachfolge und mehreren Rechtsakten erfolgen. Eine Steuerspaltung ist die durch einen Spaltungsvertrag (§ 38b UmgrStG) veranlasste:

- Steueraufspaltung unter unternehmensrechtlicher Abwicklung der (aufspaltenden) Körperschaft entweder nach Vermögenseinbringungen in mindestens zwei neugegründete oder bestehende entsprechende Nachfolgekörperschaften mit liquidationsbedingter verhältniswahrender Verteilung der von der aufspaltenden Körperschaft gehaltenen Anteile (Sachauskehrung) und einem möglichen der nicht verhältniswahrenden Spaltung Rechnung tragenden Tausch der erhaltenen Anteile zwischen den Gesellschaftern der spaltenden Körperschaft oder

- Steuerabspaltung durch Vermögenseinbringung einer fortbestehenden (abspaltenden) Körperschaft in eine oder mehrere neugegründete oder bestehende entsprechende

  – Tochterkörperschaft(en) mit nachfolgender verhältniswahrender Herausgabe (Durchschleusung) der der spaltenden Körperschaft gewährten oder von ihr schon vorher gehaltenen Anteile an die Gesellschafter der spaltenden Gesellschaft und möglichem nachfolgenden der nicht verhältniswahrenden Spaltung Rechnung tragenden Anteilstausch zwischen den Gesellschaftern oder

  – Schwesterngesellschaft(en) mit zwingend nachfolgendem Anteilstausch zwischen den Gesellschaftern der abspaltenden Körperschaft (stets nicht verhältniswahrenden Spaltung).

Steuerspaltungen können also wie Spaltungen nach dem SpaltG in Form der Aufspaltung und der Abspaltung erfolgen. § 38a UmgrStG definiert den sachlichen (§ 38a Abs. 2 und 3 UmgrStG) und persönlichen (§ 38a Abs. 4 UmgrStG) Anwendungsbereich der Steuerspaltungen. Sind die Anwendungsvoraussetzungen erfüllt, liegt eine steuerbegünstigte Steuerspaltung mit folgenden Rechtsfolgen vor:

- Unterbleiben der Gewinnrealisierung auf Gesellschaftsebene
- Steuerneutraler Anteilstausch auf Gesellschafterebene
- Umsatz-, kapitalverkehrs- und grunderwerbsteuerliche Begünstigungen. *(BMF-AV Nr. 175/2014)*

Soweit für die Durchführung der Steuerspaltung eine Einbringung notwendig ist, müssen die Anwendungsvoraussetzungen des Art. III UmgrStG erfüllt sein, andernfalls ist Art. VI UmgrStG zur Gänze unanwendbar. Liegen die übrigen Anwendungsvoraussetzungen des § 38a UmgrStG nicht vor, ist allgemeines Steuerrecht anzuwenden, ohne dass die Wirkungen des Art. III UmgrStG verloren gehen. **1812**

Gegenüber dem eingeschränkten Anwendungsbereiches der Spaltung nach dem SpaltG ist der Anwendungsbereich für eine Steuerspaltung weiter. Als spaltende oder übernehmende Gesellschaft bei der Steuerspaltung kommen gemäß § 38a Abs. 4 UmgrStG in Betracht:

- Unbeschränkt steuerpflichtige Kapitalgesellschaften
- Unbeschränkt steuerpflichtige Erwerbs- und Wirtschaftsgenossenschaften
- Unbeschränkt steuerpflichtige Versicherungsvereine auf Gegenseitigkeit
- Ausländische Gesellschaften eines EU-Mitgliedstaates, die unter Art. 3 Fusionsrichtlinie fallen (RL 2009/133/EG).

Die übernehmende Gesellschaft muss am Einbringungs- bzw. Spaltungsstichtag zivilrechtlich noch nicht bestehen oder errichtet sein (siehe dazu VwGH 18.10.2012, 2012/15/0114, auch Rz 749). *(BMF-AV Nr. 175/2014)*

Liegen die Anwendungsvoraussetzungen des § 38a Abs. 2 und 3 UmgrStG vor, kommt es nach § 38a Abs. 5 UmgrStG auch zur zwingenden Anwendung der steuerlichen Folgen außerhalb der Ertragsbesteuerung. Hat das Finanzamt für Gebühren, Verkehrsteuern und Glücksspiel Zweifel am Vorliegen der Anwendungsvoraussetzungen des Art. VI UmgrStG, wird im Interesse einer einheitlichen Vorgangsweise eine Abstimmung mit den für die Ertragsbesteuerung der spaltenden Körperschaft und der übernehmenden Körperschaft(en) zuständigen Abgabenbehörden zu erfolgen haben. *(BMF-AV Nr. 175/2014)* **1813**

7.1.2. Inländische Steuerspaltungen

§ 38a UmgrStG unterscheidet bei der Steuerspaltung zwischen **1814**

- Aufspaltung (Liquidationsspaltung) mit integrierter Einbringung
- Abspaltung mit integrierter Einbringung (siehe Rz 1817). *(AÖF 2008/243)*

7.1.2.1 Steueraufspaltung

7.1.2.1.1 Liquidationsspaltung mit Einbringung

Bei dieser Spaltungsvariante wird zunächst Vermögen im Sinne des § 12 Abs. 2 UmgrStG in zwei oder mehrere übernehmende Gesellschaften, die nicht an der spaltenden Körperschaft beteiligt sind, nach den Vorschriften des Art. III UmgrStG eingebracht. Die in § 32 Abs. 3 UmgrStG beschriebene Teilbetriebsfiktion für Forstbetriebe und kundenorientierte Betriebe kann auf Steuerspaltungen angewendet werden. Nach Anmeldung der Auflösung beim Firmenbuch innerhalb von neun Monaten nach dem Einbringungsstichtag müssen im Zuge der Liquidation die Kapitalanteile und restlichen liquiden Mittel im Umfang von **1815** höchstens 10% des Gesamtvermögens an die Anteilseigner verhältniswahrend oder nicht verhältniswahrend ausgekehrt werden (siehe Rz 1835).

Die Einbringung kann in eine bereits bestehende oder in eine neu zu gründende Gesellschaft erfolgen, sie kann in eine fremde (Konzentrationseinbringung) oder eine teilweise oder vollständig verbundene Gesellschaft erfolgen (down-stream-Konzerneinbringung). Eine up-stream-Einbringung in die Muttergesellschaft(en) ist nicht möglich. *(BMF-AV Nr. 175/2014)*

7.1.2.1.2 derzeit nicht belegt *(AÖF 2008/243)*

Rz 1816: *derzeit nicht belegt (AÖF 2008/243)*

7.1.2.2 Steuerabspaltung

1817   Die Abspaltung kann im Wege

- der „Anteilsdurchschleusung" (§ 38a Abs. 3 Z 1 UmgrStG, Durchschleusmethode) oder

- der „Schwestergesellschaft" (§ 38a Abs. 3 Z 2 UmgrStG, Schwesternmethode)

erfolgen. *(BMF-AV Nr. 175/2014)*

7.1.2.2.1 Abspaltung mit Anteilsdurchschleusung

1818   Bei der Anteilsdurchschleusung wird zunächst Vermögen im Sinne des § 12 Abs. 2 UmgrStG in eine oder mehrere neue oder bestehende übernehmende Körperschaften nach Art. III UmgrStG gegen Gewährung von Anteilen an die abspaltende Gesellschaft oder gegen Erweiterung bestehender Anteile übertragen. Die in § 32 Abs. 3 UmgrStG beschriebene Teilbetriebsfiktion für Forstbetriebe und kundenorientierte Betriebe kann angewendet werden. Im nächsten Schritt tritt die spaltende Körperschaft die einbringungsgeborenen oder -erweiterten Anteile an der übernehmenden Körperschaft spaltungsvertragsgemäß verhältniswahrend an ihre Gesellschafter ab. Die übernehmende Gesellschaft darf dabei nicht an der spaltenden Gesellschaft beteiligt sein. Die empfangenden Anteilsinhaber können in der Folge vertragsgemäß die erworbenen Anteile auch tauschen (nichtverhältniswahrende Abspaltung). Zu den Rechtsfolgen der Steuerspaltung mit Durchschleusmethode siehe weiters Rz 1840. *(BMF-AV Nr. 175/2014)*

7.1.2.2.2 Abspaltung mit Schwesternmethode

1819   Bei der Abspaltung mit Schwesternmethode wird das Bestehen einer Schwesterkörperschaft zur spaltenden Körperschaft vorausgesetzt. Die übernehmende Schwestergesellschaft muss am Einbringungs- bzw. Spaltungsstichtag zivilrechtlich noch nicht bestehen oder errichtet sein. Zunächst wird Vermögen im Sinne des § 12 Abs. 2 UmgrStG in eine oder mehrere Schwesterkörperschaften nach Art. III UmgrStG unter Verzicht auf eine Anteilsgewährung gemäß § 19 Abs. 2 Z 5 UmgrStG eingebracht. Die in § 32 Abs. 3 UmgrStG beschriebene Teilbetriebsfiktion für Forstbetriebe und kundenorientierte Betriebe kann auf Spaltungen angewendet werden. Im Anschluss an die Einbringung müssen spaltungsvertragsgemäße Anteilstauschvorgänge zwischen (den) Anteilsinhabern der spaltenden und der/den übernehmenden Körperschaften nach § 38e UmgrStG erfolgen (stets nicht verhältniswahrende Spaltung). Gegenstand des Anteilstausches können nur Anteile an der spaltenden und übernehmenden Körperschaft, nicht aber an anderen Körperschaften sein. Zu den Rechtsfolgen der Steuerspaltung mit Schwesternmethode siehe weiters Rz 1841. *(BMF-AV Nr. 175/2014)*

7.1.3. Ausländische Steuerspaltungen

Unter Art. VI UmgrStG fallende ausländische Steuerspaltungen liegen vor, wenn sie ausschließlich zwischen ausländischen den in § 38 Abs. 4 UmgrStG genannten vergleichbaren Körperschaften stattfinden und dabei inländisches Vermögen und/oder inländische Gesellschafter betroffen sind. § 16 Abs. 1 UmgrStG ist auch auf ausländische Steuerspaltungen anzuwenden, sodass diese grundsätzlich unter Buchwertfortführung erfolgen, soweit von der Spaltung in Österreich steuerhängiges Vermögen (Betrieb, Teilbetrieb, Mitunternehmeranteil, Kapitalanteil) betroffen ist. Kommt es durch die ausländische Steuerspaltung im Ausland zur Gewinnverwirklichung hinsichtlich des im Inland steuerhängigen Vermögens und liegt ein DBA mit Anrechnungsmethode oder eine vergleichbare innerstaatliche Maßnahme vor, kann das inländische Vermögen gemäß § 16 Abs. 3 Z 1 UmgrStG auf den gemeinen Wert aufgewertet werden. 1820

7.1.4. Grenzüberschreitende Steuerspaltungen

Grenzüberschreitende Steuerspaltungen können durch Vermögensübergang von unbeschränkt steuerpflichtigen Körperschaften auf übernehmende ausländische EUGesellschaften (so genannte Export-Spaltung) bzw. von ausländischen EU-Gesellschaften auf unbeschränkt steuerpflichtige Körperschaften (so genannte Import-Spaltung) erfolgen. Die Rechtsfolgen der grenzüberschreitenden Spaltung entsprechen hinsichtlich der Vermögensübertragung auf Grund des allgemeinen Verweises von § 38a UmgrStG auf Art. III UmgrStG denen der Einbringung. *(AÖF 2008/243)* 1821

7.1.5. Steuerliche Anwendungsvoraussetzungen

Die Anwendungsvoraussetzungen für eine Steuerspaltung liegen gemäß § 38a UmgrStG vor, wenn: 1822

- die spaltende Körperschaft (siehe Rz 1828 f)
- auf Grund eines schriftlichen Spaltungsvertrages (siehe Rz 1826 f)
- qualifiziertes Vermögen im Sinne des § 12 Abs. 2 UmgrStG (siehe Rz 671)
- in eine (oder mehrere) übernehmende Körperschaft(en) überträgt (siehe Rz 1812) und
- die Gegenleistung im Sinne des § 19 UmgrStG (= tatsächliche oder fiktive Anteile an den übernehmenden Körperschaften; siehe Rz 1847) den Anteilsinhabern der spaltenden Körperschaft im Verhältnis ihrer Beteiligungen gemäß § 38d UmgrStG (verhältniswahrende Spaltung, siehe Rz 1849 und Rz 1853 f) oder nach Maßgabe des § 38e UmgrStG (nicht verhältniswahrende Spaltung, siehe Rz 1851 f und Rz 1855 ff) zukommt. *(BMF-AV Nr. 175/ 2014)*

Bei der Spaltung nach dem SpaltG muss sowohl bei der spaltenden wie bei der übernehmenden Gesellschaft eine inländische Kapitalgesellschaft vorliegen. Hingegen können bei Steuerspaltungen neben den unbeschränkt steuerpflichtigen Kapitalgesellschaften – wie in Rz 1812 erwähnt – auch solche Unternehmungen spaltende und/oder übernehmende Gesellschaft sein, die auf Grund ihrer Rechtsform nicht unter das SpaltG fallen; dies betrifft unbeschränkt steuer- 1823 pflichtige Erwerbs- und Wirtschaftsgenossenschaften, unbeschränkt steuerpflichtige Versicherungsvereine auf Gegenseitigkeit sowie ausländische Gesellschaften im Sinne Art. 3 Fusionsrichtlinie.

Spaltungen auf und von Körperschaften, die in § 38a Abs. 4 UmgrStG nicht genannt sind, wie bspw. Vereine, Stiftungen, Sparkassen, fallen nicht unter das UmgrStG und haben die Liquidations(Aufgabe)besteuerung auf Ebene der spaltenden Körperschaft zur Folge.

Eine Einschränkung gegenüber der Spaltung nach dem SpaltG ergibt sich bei Steuer-Auf- und -Abspaltungen dadurch, dass die übernehmende Gesellschaft nicht an der spaltenden Gesellschaft beteiligt sein darf. Steuerspaltungen der Tochtergesellschaft auf die Mutter („upstream"-Steuerspaltungen) sind somit unter Anwendung des Art. VI UmgrStG nicht möglich, in einem derartigen Fall kann ausschließlich Art. III UmgrStG angewandt werden (siehe Rz 1120 ff). Die Spaltung von Vermögen der Mutter- auf die Tochtergesellschaft ist jedoch möglich. *(BMF-AV Nr. 175/2014)*

1824   Während bei einer Spaltung nach dem SpaltG grundsätzlich jeder Vermögensteil einer Spaltung zugänglich ist, erfolgt im UmgrStG eine Einschränkung des spaltungsfähigen Vermögens: Ebenso wie bei der Spaltung nach dem SpaltG können bei der Steuerspaltung steuerneutrale Umgründungen nur hinsichtlich von Vermögen im Sinne des § 12 Abs. 2 UmgrStG, das sind Betriebe, Teilbetriebe, Mitunternehmeranteile sowie bestimmte Kapitalanteile, vorgenommen werden. Sollte auch nur einer der übertragenen Vermögensteile die Voraussetzungen des § 12 Abs. 2 UmgrStG nicht erfüllen, fällt die gesamte Spaltung nicht unter Art. VI UmgrStG, es können allerdings die Regeln des Art. III UmgrStG anwendbar sein. Die Folgen der Unanwendbarkeit des Art. VI UmgrStG beziehen sich daher, abgesehen von dem Vermögen, das nicht die Voraussetzungen des § 12 Abs. 2 UmgrStG erfüllt, insbesondere auf die Gesellschafterebene, wo es zu einer steuerlichen Erfassung der ausgekehrten Anteile kommt. *(BMF-AV Nr. 175/2014)*

1825   Bezüglich der Anteilsinhaber kennt das UmgrStG keinerlei einschränkende Bestimmungen: Anteilsinhaber kann jede natürliche und juristische Person sein. Ebenso wenig ist die Höhe des Beteiligungsausmaßes von Bedeutung. Weiters kommt es bei den Anteilsinhabern nicht darauf an, ob sie beschränkt oder unbeschränkt steuerpflichtig sind. *(AÖF 2008/243)*

Spaltungsvertrag

§ 38b. **(1) Der Spaltungsvertrag bedarf eines Beschlusses der Anteilsinhaber nach Maßgabe der Mehrheitsverhältnisse für Spaltungsbeschlüsse im Sinne des Bundesgesetzes über die Spaltung von Kapitalgesellschaften. Er hat die Art und Durchführung der geplanten Spaltung genau zu beschreiben. Dabei sind die wesentlichen Umstände anzugeben, die der Bewertung des einzubringenden Vermögens und der auszutauschenden Anteile einschließlich allfälliger Ausgleichszahlungen zugrunde gelegt werden.**

(2) Der Spaltungsvertrag hat vorzusehen, daß die zur Durchführung der Spaltung erforderlichen Tauschvorgänge innerhalb eines Monats nach dem Zeitpunkt durchgeführt werden, ab dem sie gesellschaftsrechtlich zulässig sind.

(3) Der Spaltungsvertrag ist dem für die Erhebung der Körperschaftsteuer der spaltenden Körperschaft zuständigen Finanzamt innerhalb eines Monats vorzulegen.
(BGBl I 2010/9)

Gliederung:

7.2. Erfordernis eines Spaltungsvertrages (§ 38b UmgrStG)

7.2.1. Allgemeines

Der Abschluss eines Spaltungsvertrages ist zwingende Anwendungsvoraus- **1826** setzung des Art. VI UmgrStG. Liegt ein solcher nicht vor, tritt – abgesehen von der Anerkennung einer in die Steuerspaltung integrierten Einbringung als Anwendungsfall des Art. III UmgrStG – sowohl auf Gesellschafts- wie auf Gesellschafterebene Gewinnrealisierung in Form der Liquidations- und Tauschbesteuerung ein.

Im Gegensatz zum Spaltungsplan bzw. zum Spaltungs- und Übernahmsvertrag im Sinne des SpaltG ist der Spaltungsvertrag von den Anteilsinhabern der spaltenden Körperschaft abzuschließen, wofür zumindest eine Mehrheit von 75% des Nennkapitals erforderlich ist bzw. im Falle einer nicht verhältniswahrenden Spaltung letztlich eine 90%-Zustimmung des Nennkapitals bestehen muss. Der Vertrag kann auch höhere Mehrheiten oder Einstimmigkeit vorsehen.

Der Spaltungsvertrag muss vor Durchführung der ersten steuerspaltungsrechtlichen Maßnahme abgeschlossen sein. Der Abschluss eines Spaltungsvertrages setzt für die spaltende Körperschaft das Vorliegen einer Mehrzahl von Anteilsinhabern am Spaltungsstichtag voraus, hingegen muss bei der aufnehmenden Gesellschaft eine Gesellschaftermehrheit am Spaltungsstichtag nicht vorliegen. Die Spaltung einer Ein-Mann-Gesellschaft ist daher nicht möglich. Ein rückwirkendes Herstellen einer Mehrzahl von Anteilsinhabern ist nicht möglich, weil ein rückwirkender Gesellschafterbeitritt gesellschaftsrechtlich nicht möglich ist.

§ 38b

Der Spaltungsvertrag ist dem gemäß § 21 AVOG 2010 für die spaltende Körperschaft zuständigen FA (Betriebsfinanzamt) innerhalb eines Monats nach Vertragsabschluss vorzulegen (§ 38b Abs. 3 UmgrStG), wobei die rechtzeitige Anzeige keine Anwendungsvoraussetzung für Art. VI UmgrStG darstellt (Ordnungsvorschrift), jedoch im Rahmen der Beweiswürdigung von Bedeutung sein kann. *(BMF-AV Nr. 175/2014)*

7.2.2. Inhalt des Spaltungsvertrages

1827   Der Spaltungsvertrag ist inhaltlich an den Spaltungsplan gemäß § 2 SpaltG angelehnt und hat Art und Durchführung der geplanten Spaltung genau zu beschreiben; weiters sind die wesentlichen Umstände anzugeben, die der Bewertung des einzubringenden Vermögens und der auszutauschenden Anteile einschließlich allfälliger Ausgleichszahlungen zu Grunde gelegt werden.

Schriftlichkeit des Spaltungsvertrages fordert das Gesetz zwar nicht, auf Grund der Verpflichtung zur Vorlage beim FA sowie der geforderten Beschreibung der Art und Durchführung der Spaltung wird aber stets eine Urkunde zu errichten sein. Eine notarielle Beurkundung des Spaltungsvertrags ist nicht erforderlich. Der Spaltungsvertrag kann auch mittels Umlaufbeschluss abgeschlossen werden und kommt dann mit der letzten Unterfertigung zustande.

Als erste Spaltungsmaßnahme ist bei Auf- bzw. Abspaltung mit Einbringung die Einbringung des Vermögens in die Nachfolgegesellschaften vorzusehen.

Der Spaltungsvertrag hat im Interesse der Konzeption als rechtliche Einheit und damit einer straffen Durchführung auch zwingend vorzusehen, dass die zur Durchführung der Spaltung erforderlichen Tauschvorgänge innerhalb eines Monats ab dem Zeitpunkt durchgeführt werden, ab dem sie unternehmensrechtlich zulässig sind. Der Beginn der Monatsfrist ist nur allgemein beschrieben und muss im Spaltungsvertrag nicht bestimmt werden; sie beginnt jedenfalls mit der unternehmensrechtlichen Verfügungsberechtigung über die zu tauschenden Anteile zu laufen. Eine verspätete Durchführung des Anteilstausches führt zum Fehlen einer Anwendungsvoraussetzung des Art. VI UmgrStG und ist nur bei Vorliegen besonderer Gründe (zB Rechtsrisken, Rechtsstreitigkeiten) unschädlich. *(BMF-AV Nr. 175/2014)*

Spaltende Körperschaft

§ 38c. Bei einer Spaltung im Sinne des § 38a unterbleibt die Besteuerung der stillen Reserven im eingebrachten Vermögen (Art. III) und in den als Gegenleistung (§ 19) gewährten Anteilen sowie die Liquidationsbesteuerung nach § 19 des Körperschaftsteuergesetzes 1988 bezüglich der übertragenen Kapitalanteile im Sinne des § 38a Abs. 2. Der Buchverlust oder Buchgewinn auf Grund der Gewährung von Anteilen bleibt bei der Gewinnermittlung außer Ansatz.

(BGBl 1996/797)

Gliederung:

7.3. Die spaltende Körperschaft (§ 38c UmgrStG)

7.3.1. Allgemeines

Spaltende inländische Körperschaften können nach § 38a Abs. 4 UmgrStG 1828 sein:

- eine Kapitalgesellschaft (AG oder GmbH)

- eine Erwerbs- oder Wirtschaftsgenossenschaft jeglicher Haftungsart

- ein Versicherungsverein auf Gegenseitigkeit

- vergleichbare ausländische Körperschaften nach der Anlage zum UmgrStG.
  (BMF-AV Nr. 175/2014)

§ 38c UmgrStG regelt die steuerlichen Auswirkungen einer Steuerspaltung 1829 § 38c
auf die spaltende Körperschaft. Die Steuerneutralität ist für folgende Vorgänge vorgesehen:

- Einbringung nach Art. III UmgrStG

- Liquidation der Körperschaft mit Auskehr der Kapitalanteile und liquiden Mittel (bei Aufspaltungen)

- Anteilsauskehr an die Anteilsinhaber (bei Abspaltung mit Anteilsdurchschleusung).

§ 38c UmgrStG hat durch den allgemeinen Verweis auf Art. III UmgrStG auch Bedeutung für die übernehmende(n) Körperschaft(en), deren steuerliche Behandlung durch § 18 UmgrStG hinsichtlich der ertragsteuerlichen Buchwertfortführung, durch § 21 UmgrStG hinsichtlich des Übergangs der Verlustvorträge sowie durch § 22 UmgrStG hinsichtlich verkehrsteuerlicher Sonderbestimmungen geregelt ist. *(AÖF 2008/243)*

7.3.2. Spaltungsstichtag

1830   Der Spaltungsstichtag kann frei gewählt werden, wobei die Bestimmungen des § 13 Abs. 1 und 2 UmgrStG einzuhalten sind: Der Spaltungs- und damit gleichzeitig verbundene Einbringungsstichtag kann höchstens neun Monate vor der Anmeldung oder Meldung der Einbringung liegen. Die spaltende (einbringende) Körperschaft muss – den Regeln des § 13 Abs. 1 UmgrStG entsprechend – am Einbringungsstichtag über das zu spaltende (einzubringende) Vermögen verfügen können. Das Einkommen der spaltenden Körperschaft ist so zu ermitteln, als ob der Vermögensübergang mit Ablauf des Spaltungsstichtages erfolgt wäre. Rechtshandlungen der spaltenden Körperschaft nach dem Spaltungsstichtag sind hinsichtlich des übertragenen Vermögens bereits als Rechtshandlungen der übernehmenden Körperschaft zu behandeln. Bei der Spaltung zur Aufnahme ist daher zu klären, ob ein Rechtsgeschäft zwischen zwei Körperschaften oder ein innerbetriebliches Geschäft der übernehmenden Körperschaften vorliegt. Bei der Spaltung zur Neugründung (Einbringung im Wege der Sachgründung) stellt sich diese Frage nicht, da die übernehmende Körperschaft erst durch die Spaltung gegründet wird. *(AÖF 2008/243)*

7.3.3. Auf- bzw. Liquidationsspaltung mit Einbringungen

7.3.3.1 Allgemeines

1831   Die Liquidationsspaltung mit Einbringung setzt sich aus zwei im Spaltungsvertrag zu beschreibenden Schritten zusammen. Zunächst erfolgen Einbringungen, die innerhalb der Neunmonatsfrist abzuwickeln sind. In der Folge ist ebenfalls in der Neunmonatsfrist die Liquidation der durch die Einbringung zur Holding gewordenen spaltenden Körperschaft zu beschließen und beim zuständigen Firmenbuchgericht anzumelden. Die Anmeldung der Liquidation hat auch dann fristgerecht zu erfolgen, wenn eine beim Firmenbuchgericht angemeldete Sachgründung oder eine einbringungsbedingt begehrte Kapitalerhöhung noch nicht eingetragen ist. *(BMF-AV Nr. 175/2014)*

1832   Aus den Verweisen in § 38a Abs. 2 und 3 UmgrStG auf die Bestimmungen des Art. III UmgrStG ergibt sich, dass sämtliche Rechtsfolgen des Art. III UmgrStG zu beachten sind. Art. III UmgrStG umfasst nur die Einbringung von Betriebsvermögen, mitunternehmerischen Beteiligungen und Kapitalbeteiligungen, die in § 12 Abs. 2 UmgrStG taxativ aufgezählt sind. Einzelwirtschaftsgüter können nicht gesondert gemäß Art. III UmgrStG eingebracht werden, sondern nur gemeinsam mit dem (Teil-)Betrieb, dem sie zugerechnet werden. Die Einbringung eines Liebhabereibetriebes fällt nicht unter die Begünstigungen des Art. III UmgrStG und ist daher auch im Rahmen der Steuerspaltung nicht wirksam. *(BMF-AV Nr. 175/2014)*

7.3.3.2 Einbringungsphase

1833   Bei operativen Körperschaften erfolgt die letztmalige Gewinnermittlung hinsichtlich des Einbringungsvermögens im Jahres- oder Zwischenabschluss im

Sinne des § 12 Abs. 2 Z 1 UmgrStG (Anwendungsvoraussetzung), wobei das Einbringungsvermögen mit dem Wert anzusetzen ist, der sich nach den steuerlichen Vorschriften über die Gewinnermittlung ergibt.

§ 12 Abs. 1 UmgrStG verlangt in Verbindung mit § 15 UmgrStG bei der Einbringung von Betrieben, Teilbetrieben, Mitunternehmeranteilen und betriebszugehörigen Kapitalanteilen vom Einbringenden die Erstellung einer Einbringungsbilanz, in der das einzubringende Vermögen nach Maßgabe des § 16 UmgrStG und das sich daraus ergebende Einbringungskapital darzustellen ist (siehe dazu Rz 837 ff).

Zur Bewertung des übertragenden Vermögens siehe Rz 848 ff. Dies gilt auch für an der Spaltung beteiligte EU-Gesellschaften, jedoch können in- und ausländische Einbringende für qualifiziertes ausländisches Vermögen die Aufwertungsoption gemäß § 16 Abs. 3 Z 1 und 2 UmgrStG geltend machen. Ausländische Einbringende können für inländisches Vermögen die Aufwertungsoption gemäß § 16 Abs. 3 Z 1 UmgrStG ausüben (zur Aufwertungsoption siehe Rz 861).

Im Falle der Spaltung von Kapitalanteilen auf ausländische EU-Gesellschaften sind die Voraussetzungen gemäß § 19 Abs. 2 Z 5 zweiter Halbsatz UmgrStG und § 16 Abs. 2 UmgrStG zu erfüllen, um eine Gewinnrealisierung zu unterdrücken: Bei Aufspaltungen gemäß § 38a Abs. 2 UmgrStG sowie Abspaltungen mit Anteilsdurchschleusung gemäß § 38a Abs. 3 Z 1 UmgrStG sind diese regelmäßig gegeben, bei Schwesternabspaltungen gemäß § 38a Abs. 3 Z 2 UmgrStG auf eine ausländische EU-Gesellschaft müssen deren Anteilsinhaber ausschließlich inländische unbeschränkt steuerpflichtige Personen sein. *(BMF-AV Nr. 175/ 2014)*

Nach den Bestimmungen des § 16 Abs. 5 UmgrStG kann das Spaltungsvermögen durch folgende Maßnahmen im Nachhinein gestaltet werden: 1834

- § 16 Abs. 5 Z 4 UmgrStG ermöglicht das Verschieben von Wirtschaftsgütern zwischen den teilungsfähigen Vermögensmassen (siehe Rz 926 bis Rz 926d und Rz 1678)

- § 16 Abs. 5 Z 5 UmgrStG ermöglicht die rückwirkende Änderung der Spaltungsmasse durch Gewinnausschüttungen, Einlagenrückzahlungen gemäß § 4 Abs. 12 EStG 1988 und Einlagen gemäß § 8 KStG 1988 (siehe Rz 927 f und Rz 1679).

Zur Anwendungsvoraussetzung der tatsächlichen Vermögensübertragung siehe Rz 738 ff. Damit eine tatsächliche Übertragung von Vermögen erfolgen kann, muss das einzubringende Vermögen am Einbringungsstichtag und in der Folge bis zum Tag des Abschlusses des Einbringungsvertrages als Vermögen des Einbringenden existieren, womit eine gänzliche Veräußerung vor Durchführung der Einbringung auszuschließen ist (siehe Rz 739). *(BMF-AV Nr. 175/2014)*

7.3.3.3 Liquidationsphase

Der spaltenden Körperschaft dürfen nach Vollzug der Einbringungen nur 1835 mehr die einbringungsbedingte Gegenleistung, liquide Mittel und allfällige restliche Verbindlichkeiten verbleiben. Da die Holdingfunktion steuerlich mit Beginn des dem Einbringungsstichtag folgenden Tages beginnt, stellt eine gedanklich auf diesen Zeitpunkt aufgestellte Eröffnungsbilanz auch die Liquidationseröffnungsbilanz dar, in der nur die im Vorsatz genannten Wirtschaftsgüter aufscheinen dürfen. Die Bezugnahme des § 19 Abs. 5 KStG 1988 auf die letzte

§ 38c

mit dem Einbringungsstichtag idente Schlussbilanz hat diesfalls im Hinblick auf die gesetzliche Beschreibung der Steuerspaltung in § 38a Abs. 1 UmgrStG keine Bedeutung. Zu diesem Zeitpunkt ist das Verhältnis der liquiden Mittel zum Gesamtvermögen noch unbeachtlich. Unter liquiden Mitteln sind jedenfalls Kassenbestände, Bankguthaben, Wertpapiere des Umlaufvermögens und kurzfristige Forderungen zu verstehen.

Es findet nunmehr dem Grunde nach die Liquidationsbesteuerung im Sinne des § 19 KStG 1988 statt, die sich auf den Zeitraum bis zum Legen der Liquidationsschlussbilanz erstreckt. Eventuelle auftretende Zins- oder Kursgewinne sind im Rahmen der Liquidationsbesteuerung zu erfassen. Für die vollen Quartale des Liquidationszeitraumes fällt Mindestkörperschaftsteuer an.

Die Verteilung des aus den Anteilen und restlichen liquiden Mitteln bestehenden Schlussvermögens der spaltenden Körperschaft ist unter der Voraussetzung körperschaftsteuerneutral, dass die restlichen liquiden Mittel 10% des gemeinen Wertes des zu verteilenden Gesamtvermögens nicht übersteigen und neben den Anteilen an den übernehmenden Körperschaften direkt an die Anteilsinhaber übertragen werden (§ 38a Abs. 2 UmgrStG). Die Bewertung des ausgekehrten Vermögens zur Ermittlung der 10%-Grenze erfolgt zum Zeitpunkt des Abschlusses des Spaltungsvertrages, wobei die Kapitalanteile mit ihrem Einzelveräußerungswert anzusetzen sind, bei dessen Ermittlung die im Fachgutachten KFS BW 1 genannten Grundsätze herangezogen werden können. Andere aktivseitig auszuweisende Wirtschaftsgüter als liquide Mittel und die einbringungsbedingte Gegenleistung können ebenso wenig übertragen werden wie nicht bilanzierungsfähiges Vermögen. Es kann aber mittels einer Auffangklausel, die nachträglich hervorkommendes Vermögen den übernehmenden Körperschaften zurechnet, ein ungewolltes Zurückbehalten schädlicher Wirtschaftsgüter hintangestellt werden.

Die Übertragung von Verbindlichkeiten oder drohenden Lasten ist in § 38a UmgrStG nicht vorgesehen. Sollten solche unberichtigte Passiva in der Liquidationsschlussbilanz ausgewiesen werden und seitens des Firmenbuchgerichtes keine Bedenken gegen die Übernahme bestehen, ist dies auch steuerlich unbedenklich. *(BMF-AV Nr. 175/2014)*

Rz 1836 bis 1839: *derzeit nicht belegt (AÖF 2008/243)*

7.3.4. (derzeit nicht belegt)

Randzahlen 1836 bis 1839: *derzeit nicht belegt*

7.3.5. Steuerabspaltung mit Durchschleusmethode

1840   Um dem spaltungsgesetzlichen Ziel der Abspaltung mit Anteilsgewährung nahezukommen, sieht § 38a Abs. 3 Z 1 UmgrStG vor, dass der oder den Einbringungen gemäß Art. III UmgrStG das Zedieren der als Gegenleistung für die Einbringung(en) erhaltenen oder angereicherten Anteile an die Gesellschafter der spaltenden Körperschaft folgen soll.

Auf die abspaltende Körperschaft kommen somit in der ersten Phase alle Vorschriften der §§ 12 ff UmgrStG zur Anwendung. Das in der spaltenden Gesellschaft verbleibende Restvermögen muss nicht den Erfordernissen des § 12 Abs. 2 UmgrStG entsprechen.

Beispiel:

A und B sind je zur Hälfte Gesellschafter der AB-GmbH. Die AB-GmbH soll ihren gesamten Betrieb in die nach dem Spaltungsstichtag von A und B und der AB-GmbH bar gegründete C-GmbH abspalten. Es wird spaltungsplangemäß der Betrieb eingebracht, das Betriebsgrundstück hingegen nach § 16 Abs. 5 Z 4 UmgrStG zurückbehalten.

Die nachfolgende Anteilsabtretung (Anteilsdurchschleusung) löst keine steuerwirksame Realisierung der stillen Reserven aus. Nach § 38c letzter Satz UmgrStG ist lediglich der abtretungsbedingt eintretende Buchverlust (bei positivem Beteiligungsstand) oder Buchgewinn (bei steuerlich negativem Buchstand) steuerneutral. Die steuerliche Wirkung ist unabhängig davon gegeben, ob Maßnahmen zur Vermeidung der mit der Durchschleusung verbundenen verbotenen Einlagenrückgewähr getroffen werden (siehe Rz 1084 f). Zu den Auswirkungen auf die Anteilsinhaber siehe Rz 1853 f und Rz 1856.

7.3.6. Steuerabspaltung mit Schwesternmethode

Die zweite Methode der Steuerabspaltung ist dann durchführbar, wenn entweder schon vor der Steuerspaltung eine Schwestersituation besteht oder zwecks Spaltung eine solche geschaffen wird. Es müssen somit zwei Körperschaften vorliegen, an denen eine Person oder mehrere Personen gleich beteiligt sind (siehe Rz 1080 ff). Die Einbringung in die Schwesterkörperschaft erfolgt nach den allgemeinen Regeln der §§ 12 ff UmgrStG. Bei der Schwesternabspaltung bleiben bei beiden Körperschaften Buchgewinne und Buchverluste steuerlich außer Ansatz. Die steuerliche Wirkung ist unabhängig davon gegeben, ob Maßnahmen zur Vermeidung der mangels Anteilsgewährung an die einbringende Schwesterkörperschaft entstehenden verbotenen Einlagenrückgewähr getroffen werden (siehe Rz 1084 f).   1841

Mit der Trennung der Spaltungsmassen ist im Bereich der Körperschaften der Vorgang abgeschlossen.

Zur Gestaltung bei den Anteilsinhabern der beiden Körperschaften siehe Rz 1857. *(BMF-AV Nr. 175/2014)*

7.4. Übernehmende Körperschaft

7.4.1 Allgemeines

Sowohl bei der Steueraufspaltung nach § 38a UmgrStG wie der Steuerabspaltung nach § 38a UmgrStG ist für die spaltende wie für die übernehmende Körperschaft Art. III UmgrStG anzuwenden. Sowohl auf Seite der spaltenden Gesellschaft als auch auf Seite der übernehmenden Gesellschaft unterbleibt im Fall der Buchwertfortführung die Aufdeckung stiller Reserven, es gilt das Wertverknüpfungsgebot des § 18 Abs. 1 UmgrStG: Die übernehmende Körperschaft hat die Buchwerte aus der Einbringungsbilanz bzw. die Werte des § 16 UmgrStG und allenfalls § 17 UmgrStG fortzuführen. *(BMF-AV Nr. 175/2014)*   1842

7.4.2 Steuerliche Rechtsnachfolge

§ 38c

Die Rechtsfolgen des Art. III UmgrStG treten entsprechend auch bei der Steuerspaltung ein. Daher sind Steuerspaltungen mit zivilrechtlicher Einzelrechtsnachfolge verbunden. Die steuerliche Werteverknüpfung des § 18 Abs. 1 UmgrStG folgt dem Gedanken des Eintritts der übernehmenden Gesellschaft in die steuerrechtliche Position des Einbringenden, soweit diese sich auf das eingebrachte Vermögen bezieht. Die übernehmende Körperschaft tritt gemäß § 18 Abs. 1 Z 4 UmgrStG als ertragsteuerlicher Gesamtrechtsnachfolger in die Rechtsposition der spaltenden (= einbringenden) Körperschaft ein. Diese steuer-   1843 rechtliche Gesamtrechtsnachfolgefiktion gilt nur bei Buchwerteinbringungen, somit nicht in den Fällen der Aufwertungseinbringung und ist auf den Bereich der steuerlichen Gewinnermittlung beschränkt. Als ertragsteuerliche Gesamtrechtsnachfolgerin tritt sie insbesondere in die Behaltefristen (wie etwa § 94 Z 2 EStG 1988, § 10 Abs. 2 KStG 1988) der einbringenden Körperschaft, offene Schwebeverluste und dgl. ein und setzt deren Abschreibungsmethoden fort. *(BMF-AV Nr. 175/2014)*

7.4.3 Buchgewinne und Buchverluste

1844   Hinsichtlich von Buchgewinnen und -verlusten gelten auch bei Steuerspaltungen die Grundsätze des § 18 Abs. 6 UmgrStG: Buchgewinne und Buchverluste – ausgenommen Confusiotatbestände – bleiben steuerlich unberücksichtigt. *(BMF-AV Nr. 175/2014)*

7.4.4 Internationale Schachtelbeteiligung

1845   Durch die Steuerspaltung und dem damit verbundenen Einbringungstatbestand kann bei der übernehmenden Gesellschaft eine steuerneutrale internationale Schachtelbeteiligung entstehen oder deren Ausmaß erweitert werden. In Höhe der Differenz zwischen dem höheren Teilwert und dem Buchwert der bisher nicht begünstigten Beteiligungsquoten ist eine Ausnahme von der Steuerneutralität gegeben. Geht eine internationale Schachtelbeteiligung unter, kann eine Aufwertung auf den höheren Teilwert abzüglich umgründungsbedingter Ausnahmen von der Steuerneutralität erfolgen. Dies gilt auch für jene Schachtelbeteiligung, die noch nicht ein Jahr besteht, bei der jedoch die Behaltefrist im Zeitpunkt der tatsächlichen Anteilsveräußerung eingehalten wurde (siehe dazu Rz 1164 f). *(BMF-AV Nr. 175/2014)*

7.4.5 Verlustabzug

1846   Für den Verlustabzug ist § 21 UmgrStG anzuwenden, dh. es ist

*   der objektbezogene Verlustvortragsübergang und der Größenvergleich zu prüfen,

*   die Abzugsfähigkeit in der dem Stichtag folgenden Veranlagungsperiode zu beachten,

*   die Prüfung des Fortbestehens der eigenen vortragsfähigen Verluste der übernehmenden Körperschaft vorzunehmen,

*   das mögliche Vorliegen einer Doppelverlustverwertung und ihre Beseitigung zu beachten und

*   das allfällige Wirksamwerden oder Nichtwirksamwerden eines Mantelkauftatbestandes zu prüfen (siehe Rz 1205 ff). *(BMF-AV Nr. 175/2014)*

Behandlung der Anteilsinhaber bei einer die Beteiligungsverhältnisse wahrenden Spaltung

§ 38d. (1) Bei den Anteilsinhabern der spaltenden Körperschaft unterbleibt die Besteuerung hinsichtlich der übertragenen im Spaltungsvertrag festgelegten Gegenleistung im Sinne des § 38a. Dies gilt auch dann, wenn die spaltende Körperschaft nicht liquidiert wird.

(2) Die Anteilsinhaber haben den Buchwert oder die Anschaffungskosten der Anteile an der liquidierten Körperschaft, abzüglich liquider Mittel im Sinne des § 38a Abs. 2 und 3 fortzuführen und den gewährten Anteilen zuzuordnen. Kommen den Anteilsinhabern Anteile an übernehmenden Körperschaften zu, ohne daß die spaltende Körperschaft beendigt oder liquidiert wird, ist für die Bewertung der Anteile an der spaltenden und den übernehmenden Körperschaften § 20 Abs. 4 Z 3 anzuwenden.

(3) (aufgehoben)

(4) Für internationale Schachtelbeteiligungen im Sinne des § 10 Abs. 2 des Körperschaftsteuergesetzes 1988 gilt folgendes:

1. Entsteht durch die Spaltung bei einer Körperschaft als Anteilsinhaber eine internationale Schachtelbeteiligung oder wird ihr Ausmaß durch neue Anteile oder durch Zurechnung zur bestehenden Beteiligung verändert, ist hinsichtlich der bisher nicht steuerbegünstigten Beteiligungsquoten auf den Unterschiedsbetrag zwischen den Buchwerten und den höheren Teilwerten § 10 Abs. 3 erster Satz des Körperschaftsteuergesetzes 1988 nicht anzuwenden.

2. Geht durch die Spaltung die Eigenschaft einer Beteiligung als internationale Schachtelbeteiligung unter, gilt, soweit für sie keine Option zugunsten der Steuerwirksamkeit erklärt worden ist, der höhere Teilwert zum Spaltungsstichtag, abzüglich auf Grund einer Umgründung nach diesem Bundesgesetz von § 10 Abs. 3 erster Satz des Körperschaftsteuergesetzes 1988 ausgenommener Beträge, als Buchwert.

(5) (aufgehoben)

(BGBl I 2014/105)

Behandlung der Anteilsinhaber bei einer die Beteiligungsverhältnisse nicht wahrenden Spaltung

§ 38e. (1) Bei einer nicht unter § 38d fallenden Spaltung gilt der spaltungsvertragsmäßige Tausch eines Anteils an der spaltenden Körperschaft gegen Anteile an übernehmenden Körperschaften ohne oder ohne wesentliche Ausgleichszahlung (Abs. 3) nicht als Veräußerung und Anschaffung. Dies gilt auch, wenn die Anteilsinhaber der spaltenden Körperschaft spaltungsvertragsmäßig nur Anteile an den übernehmenden Körperschaften tauschen. Für neue Anteile sind die Anschaffungszeitpunkte der alten Anteile maßgeblich.

(2) Der Anteilsinhaber hat den Buchwert oder die Anschaffungskosten der bisherigen Anteile unter Beachtung des § 38d Abs. 2 fort-

zuführen und den nach der Spaltung bestehenden Anteilen zuzuordnen. § 38d Abs. 3 und 4 ist anzuwenden.

(3) Ausgleichszahlungen von Anteilsinhabern sind nicht wesentlich, wenn sie ein Drittel des gemeinen Wertes der in Anteilen empfangenen Gegenleistung des Zahlungsempfängers nicht übersteigen. Abweichend von Abs. 2 gilt in diesem Fall die Zahlung beim Empfänger als Veräußerungsentgelt und beim Leistenden als Anschaffung.

(4) Die Durchführung der im Spaltungsvertrag festgelegten Tauschvorgänge ist dem für die Erhebung der Körperschaftsteuer der spaltenden Körperschaft zuständigen Finanzamt innerhalb eines Monats anzuzeigen.

(BGBl I 2012/112)

Gliederung:

7.5. Behandlung der Anteilsinhaber (§§ 38d und 38e UmgrStG)

7.5.1. Allgemeines

1847   Die Rechtsfolgen für die Anteilsinhaber der spaltenden Körperschaft werden in § 38d UmgrStG (verhältniswahrende Spaltung) und § 38e UmgrStG (nicht verhältniswahrende Spaltung) geregelt: Die Steuerneutralität der Auf- oder Abspaltung ist auch auf Ebene der Anteilsinhaber der spaltenden Körperschaft gegeben und gilt sowohl für inländische als auch ausländische Anteilsinhaber, wenn sie im Zeitpunkt des Abschlusses des Spaltungsvertrages Anteilsinhaber waren. Im Hinblick auf die Bezugnahme auf Art. III UmgrStG gilt die Steuerneutralität nicht, soweit Art. III UmgrStG bei grenzüberschreitenden Einbringungen nicht zur Anwendung gelangt (zur Einschränkung des Besteuerungsrechtes siehe Rz 854a ff). Gesellschafterwechsel im Zeitraum zwischen rückwirkendem Spaltungsstichtag und tatsächlichem Abschluss des Spaltungsvertrages unterliegen aber den allgemeinen ertragsteuerlichen Grundsätzen für Anteilsabtretungen.

Die Steuerneutralität gilt für die im Spaltungsvertrag festgelegten und an die Anteilsinhaber der spaltenden Körperschaft übertragenen Anteile im Sinne des § 38a Abs. 1 UmgrStG bei Auf- und Abspaltungen. Die Festlegung im Spaltungsvertrag soll die steuerneutrale Gegenleistung von anderen Leistungen der

Körperschaft wie zB Gewinnausschüttungen oder Rechtsgeschäftsentgelte abgrenzen. Die Gegenleistung umfasst:

- bei Aufspaltungen mit Einbringungen die von der liquidierten Körperschaft einbringungsbedingt erworbenen oder erweiterten Kapitalanteile an den übernehmenden Körperschaften und liquide Mittel bis zu 10% der gesamten Gegenleistung

- bei Abspaltungen die abgetretenen Kapitalanteile (Durchschleusmethode) oder die nach § 20 Abs. 4 Z 3 UmgrStG veränderten und in der Folge getauschten Anteile (Schwesternmethode) an den übernehmenden Körperschaften. *(BMF-AV Nr. 40/2017)*

Der spaltungsbedingte Erwerb der Anteile führt nicht zur Übernahme des bei   1848
der spaltenden Körperschaft maßgebenden Buchwertes der Anteile sondern
stellt die Fortsetzung der untergehenden Anteile (Liquidationsfälle) oder verminderten Anteile (Abspaltungsfälle) an der spaltenden Körperschaft und damit keine Neuanschaffung dar. Die Anteilsinhaber haben daher dem Grunde nach die bestehenden steuerlich maßgebenden Anschaffungskosten bzw. den Buchwert der Anteile an der spaltenden Körperschaft fortzuführen und:

- im Falle der Liquidation der spaltenden Körperschaft (Aufspaltung) den von dieser erhaltenen Anteilen zuzuordnen bzw.

- im Falle des Weiterbestehens der spaltenden Körperschaft (Abspaltung) zwischen den bestehen bleibenden und den erhaltenen Anteilen aufzuteilen bzw. zwischen den Schwesteranteilen umzuschichten.

Bestehende steuerliche Fristen nach § 27 EStG 1988 iVm § 124b Z 185 EStG 1988, § 94 Z 2 EStG 1988 und § 10 Abs. 2 KStG 1988 laufen weiter. Die Auskehrung oder Durchschleusung der Anteile an die Anteilsinhaber der spaltenden Gesellschaft ist ausschließlich nach den Regeln des § 38d UmgrStG zu beurteilen.

Das UmgrStG begünstigt die Anteilsinhaber sowohl bei einer verhältniswahrenden Spaltung gemäß § 38d UmgrStG als auch bei einer nicht verhältniswahrenden Spaltung gemäß § 38e UmgrStG. Das bedeutet, dass anlässlich der Spaltung keine Liquidations- bzw. Tauschbesteuerung auf Ebene der Anteilsinhaber der spaltenden Gesellschaft eintritt. Steuerlich maßgebliche Fristen setzen sich in den Gegenleistungsanteilen fort (kein Anschaffungsvorgang, „Identitätsfiktion"). Anteile als Gegenleistung für nicht steuerhängigen Altbestand stellen daher ebenfalls nicht steuerhängigen Altbestand dar: Bei der nicht verhältniswahrenden Spaltung sieht § 38e Abs. 1 letzter Satz UmgrStG explizit vor, dass bei den Anteilsinhabern der spaltenden Gesellschaft für die neuen Anteile die Anschaffungszeitpunkte der alten Anteile maßgeblich sind. Dies gilt analog aber auch für verhältniswahrende Spaltungen iSd § 38d UmgrStG, da der Erwerb der neuen Anteile auch hier keine Neuanschaffung darstellt (siehe schon oben): Die in den hingegebenen Anteilen enthaltenen stillen Reserven werden folglich auf die erhaltenen Anteile übertragen. *(BMF-AV Nr. 175/2014)*

§§ 38d, 38e

7.5.2. Verhältniswahrende Liquidationsspaltung

Bei der Liquidationsspaltung mit Einbringung kommt es an Stelle der Vertei-   1849
lung des in liquiden Mitteln bestehenden Restvermögens zu einer Sachverteilung, bestehend aus den Anteilen an den einbringungsbedingt entstandenen oder veränderten Anteilen. Diese liquidationsbedingte Sachauskehrung der Anteile

ist eine besondere Form der Vermögensverteilung im Sinne des § 212 AktG bzw. § 91 Abs. 3 GmbHG.

Auf diese Anteilsübertragungen sind die Bestimmungen des § 38d UmgrStG anzuwenden. Nach § 38d Abs. 1 UmgrStG kommt es bei der Liquidationsspaltung mit Einbringungen (§ 38a UmgrStG) zu keiner Steuerpflicht hinsichtlich der übertragenen im Spaltungsvertrag festgelegten Gegenleistung bei den Anteilsinhabern. Die Gegenleistung umfasst alle Vermögenswerte, die die Anteilsinhaber für ihre Altanteile von der spaltenden Körperschaft erhalten. *(AÖF 2008/243)*

1850   Aus § 38d Abs. 2 erster Satz UmgrStG ergeben sich für die Anteilsinhaber die steuerlich maßgebenden Anschaffungskosten oder Buchwerte. Da die Anteile an der spaltenden Körperschaft steuerlich mit dem Tag ihrer Löschung untergehen, sind die steuerlich maßgebenden Anschaffungskosten oder Buchwerte dieser Anteile als Anschaffungskosten oder Buchwerte der übernommenen (ausgekehrten) Anteile anzusetzen und weiterzuführen. Im Falle der Auskehrung mehrerer Anteile hat eine Aufteilung der Buchwerte oder Anschaffungskosten der untergehenden Anteile auf die erworbenen Anteile nach Maßgabe der Verkehrswerterelationen zu erfolgen.

Beispiel:

A und B sind zu je 50% an der spaltenden AB-GmbH beteiligt. Die Anschaffungskosten der Beteiligung betragen bei A 80 und bei B 120. Nach Einbringung der beiden Betriebe der AB-GmbH in eine C-GmbH und eine D-GmbH geht die AB-GmbH in Liquidation und weist als verteilbares Vermögen die je 100-prozentigen Anteile an der C-GmbH mit 220 (Verkehrswert 240) und an der D-GmbH mit 300 (Verkehrswert 560) aus. Da eine verhältniswahrende Spaltung vereinbart wurde, erhalten A und B je 50% der Anteile an der C-GmbH und der D-GmbH. Die steuerlich maßgebenden Anschaffungskosten der erworbenen Anteile betragen bei

A für die C-GmbH 24 (30% von 80) und für die D-GmbH 56 (70% von 80)

B für die C-GmbH 36 (30% von 120) und für die D-GmbH 84 (70% von 120).

Bei außerbetrieblich gehaltenen Anteilen an der spaltenden Körperschaft ergibt sich die Steuerhängigkeit der übernommenen Anteile nach Maßgabe von § 27 Abs. 3 EStG 1988. Die Aufwertung auf den gemeinen Wert bei Entstehen einer Beteiligung iSd § 31 EStG 1988 idF vor BudBG 2011 nach Maßgabe von § 38d Abs. 3 UmgrStG entfiel mit dem AbgÄG 2012 (erstmals für Spaltungen anzuwenden, denen ein Spaltungsstichtag nach dem 31.3.2012 zu Grunde liegt). Die Aufwertung auf den gemeinen Wert gemäß § 38d Abs. 3 UmgrStG idF vor AbgÄG 2012 findet auch für Spaltungen mit einem Spaltungsstichtag vor dem 1.4.2012 insoweit keine Anwendung, als die Anteile an der spaltenden Gesellschaft nach dem 31.12.2010 entgeltlich – somit bereits als Neuvermögen iSv § 27 EStG 1988 – erworben worden sind. Somit kommt § 38d Abs. 3 UmgrStG idF vor AbgÄG 2012 für Neuvermögen iSd § 27 EStG 1988 (entgeltlicher Erwerb der Anteile nach dem 31.12.2010) auch für Spaltungen mit einem Stichtag bis zum 31.3.2012 nicht mehr zur Anwendung (siehe 3. Teil Z 21 und 22 UmgrStG).

Die steuerneutral erhaltenen liquiden Mittel iSd § 38a Abs. 2 und Abs. 3 UmgrStG kürzen gemäß § 38a Abs. 2 UmgrStG bei jedem Anteilsinhaber die steuerlichen Werte (Anschaffungskosten oder Buchwert) der Kapitalanteile und werden dadurch in die Steuerhängigkeit gemäß § 27 EStG 1988 einbezogen.

Fortsetzung des Beispiels:

Das Liquidationsschlussvermögen umfasst neben den beiden Beteiligungen auch Barmittel in Höhe von 80, die auf A und B je zur Hälfte übergehen. Die 10%-Grenze ist gewahrt. Die steuerlich maßgebenden Anschaffungskosten der erworbenen Anteile betragen nunmehr bei

A für die C-GmbH 12 (30% von 80 – 30% von 40) und für die D-GmbH 28 (70% von 80 – 70% von 40)

B für die C-GmbH 24 (30% von 120 – 30% von 40) und für die D-GmbH 72 (70% von 120 – 30% von 40). *(BMF-AV Nr. 175/2014)*

7.5.3. Nichtverhältniswahrende Steueraufspaltung (Liquidationsspaltung) *(BMF-AV Nr. 175/2014)*

7.5.3.1 Allgemeines

Im Falle einer nicht verhältniswahrenden Auf- oder Abspaltung erhalten die Anteilsinhaber der spaltenden Gesellschaft die Kapitalanteile samt allfälliger liquider Mittel in einem Verhältnis übertragen, das nicht jenem entspricht, in dem sie bisher zueinander beteiligt waren. Für die Anteilsinhaber ist – ähnlich wie bei der Spaltung nach dem SpaltG – die nicht verhältniswahrende Spaltung nach § 38e UmgrStG in zwei fiktive Schritte zu zerlegen: Zunächst wird stets eine verhältniswährende Spaltung unterstellt (1. Fiktionsschritt) und die Anteilsinhaber der spaltenden Gesellschaft nehmen in der Folge einen Anteilstausch in dem im Spaltungsvertrag festgelegten Umfang vor (2. Fiktionsschritt), um andere vereinbarte Beteiligungsverhältnisse zu erreichen. Diese Tauschvorgänge sind im Falle der Wahrung der Drittelgrenze grundsätzlich nicht als Tauschvorgänge im Sinne des § 6 Z 14 EStG 1988 zu werten (§ 38e Abs. 1 erster Satz UmgrStG). Somit gilt dieser Austausch von Anteilen weder als Anschaffung noch als Veräußerung. Für die spaltungsbedingt erhaltenen neuen Anteile an der übernehmenden Körperschaft sind die Anschaffungszeitpunkte der alten Anteile an der spaltenden Körperschaft maßgeblich (Identitätsfiktion, § 38e Abs. 1 letzter Satz UmgrStG). 1851

§ 38e Abs. 1 UmgrStG hat nur für die Anteilsinhaber der spaltenden Gesellschaft Bedeutung. Daher fallen Tauschmaßnahmen der Anteilsinhaber der übernehmenden Gesellschaft, die nicht gleichzeitig auch Anteilsinhaber der spaltenden Körperschaft sind, unter den allgemeinen Tauschtatbestand des § 6 Z 14 lit. a EStG 1988. Tauschen die Anteilsinhaber der spaltenden Körperschaft spaltungsvertragsmäßig nur Anteile an der übernehmenden Körperschaft, liegt gemäß § 38e Abs. 1 zweiter Satz UmgrStG hingegen keine Veräußerung bzw. Anschaffung vor (nicht entflechtende Spaltung).

Die Durchführung der im Spaltungsvertrag festgelegten Tauschvorgänge ist innerhalb eines Monats dem Betriebsfinanzamt der spaltenden Körperschaft anzuzeigen. Die Nichteinhaltung dieser Anzeigepflicht verhindert die Anwendung des Art. VI UmgrStG nicht.

Bei Wertneutralität – dh. § 38e Abs. 1 UmgrStG ist anwendbar – sind nach § 38e Abs. 2 UmgrStG die Anschaffungskosten oder Buchwerte der weggetauschten Anteile als Anschaffungskosten oder Buchwerte der eingetauschten Anteile anzusetzen. *(BMF-AV Nr. 175/2014)*

7.5.3.2 Ausgleichszahlung

Gelingt es nicht, die Wertgleichheit durch rückwirkende Korrekturen der Teilungsmassen gemäß § 16 Abs. 5 UmgrStG herzustellen oder ist dies nicht oder nur teilweise möglich, ermöglicht § 38e Abs. 3 UmgrStG einen Wertausgleich durch Ausgleichszahlungen der begünstigten Anteilsinhaber an die benachteiligten Anteilsinhaber, ohne dass darin insgesamt ein steuerwirksamer 1852

§§ 38d, 38e

Tausch zu erblicken ist. Voraussetzung dafür ist, dass die anspruchsberechtigten Anteilsinhaber eine Ausgleichszahlung von nicht mehr als ein Drittel des Wertes der Anteile erhalten, den sie bekommen haben (Drittelgrenze). Überschreiten die Ausgleichszahlungen diese Drittelgrenze, liegen für alle Anteilsinhaber Tauschvorgänge im Sinne des § 6 Z 14 lit. a EStG 1988 vor, die im Rahmen der Gewinneinkünfte (Erfassung der stillen Reserven) und im Rahmen des § 27 Abs. 3 EStG 1988 (Erfassung der Überschüsse) zu erfassen sind. Soweit Ausgleichszahlungen innerhalb der Drittelgrenze erfolgen, kann sich eine Steuerwirkung insoweit ergeben, als sie beim Empfänger als Veräußerungsentgelt anzusehen ist. Da damit kein Veräußerungstatbestand im einkommensteuerrechtlichen Sinne ausgelöst wird, ist der Bruttobetrag im Rahmen der Gewinneinkünfte und im Rahmen des § 27 EStG 1988 zu erfassen. Die nach § 38e UmgrStG gewonnenen Anschaffungskosten werden somit nicht verändert. Beim Zahlenden stellen die Ausgleichszahlungen zusätzliche Anschaffungskosten auf die eingetauschten Anteile dar.

Wird auf die Ausgleichszahlungen ganz oder teilweise (etwa in Höhe des die Drittelgrenze übersteigenden Betrages) verzichtet, liegt ein Fall der Äquivalenzverletzung vor, der die Steuerneutralität des Anteilstausches nicht berührt. *(BMF-AV Nr. 175/2014)*

7.5.4. Verhältniswahrende Steuerabspaltung (Abspaltung mit Anteilsdurchschleusung) *(BMF-AV Nr. 175/2014)*

1853   Die verhältniswahrende Steuerabspaltung ist nur im Wege der Durchschleusmethode gemäß § 38a Abs. 3 Z 1 UmgrStG möglich, da das Schwestermodell gemäß § 38a Abs. 3 Z 2 UmgrStG einen der Einbringung folgenden Anteilstausch erfordert.

Die Steuerabspaltung nach der Durchschleusungsmethode setzt voraus, dass die von der vorangegangenen Einbringung betroffenen Anteile der abspaltenden Gesellschaft an der oder den übernehmenden Gesellschaft(en) auf die Anteilsinhaber übertragen werden. Die Anteilsabtretung ist notwendiger Bestandteil dieser Steuerspaltung. Auf die Sachtrennung auf Ebene der Körperschaft folgt eine Auseinandersetzung auf Ebene der Gesellschafter. Die spaltungskonforme Abtretung (Durchschleusung) der einbringungsgeborenen oder erweiterten Anteile stellt in diesem Fall keine verdeckte Ausschüttung und keine Einlagenrückzahlung dar. Der Erwerb der Anteile ist ertragsteuerlich keine Anschaffung und führt auch nicht zur Übernahme der Buchwerte, sondern stellt sich als Zellteilung in verminderte Anteile an der spaltenden Körperschaft und daraus gewonnene Anteile an der oder den durchgeschleusten Anteilen dar. Die Steuerneutralität gemäß § 38d Abs. 1 UmgrStG erfordert keine inländische Steuerhängigkeit der Anteilsinhaber, womit auch ausländische Anteilsinhaber begünstigt sind.

Unternehmensrechtlich liegt im Durchschleusvorgang allerdings eine verbotene Einlagenrückgewähr gemäß § 52 AktG bzw. § 82 Abs. 1 GmbHG vor, die die Anteilsabtretung mit Nichtigkeit bedroht, wenn keine ausgleichenden Gegenmaßnahmen ergriffen werden (siehe dazu Rz 1084 f).

Da die spaltende Körperschaft nicht untergeht, kommt es bei ihr nach § 38c UmgrStG zu einem steuerneutralen Buchgewinn oder Buchverlust in Höhe des Buchwerts der durchgeschleusten Anteile. *(BMF-AV Nr. 175/2014)*

1854   Für die Bewertung der durchgeschleusten Anteile bei den Anteilsinhabern ist nach § 38d Abs. 2 UmgrStG die Bestimmung des § 20 Abs. 4 Z 3 UmgrStG anzuwenden (siehe Rz 1112 ff). Die steuerlich maßgeblichen Anschaffungs-kosten oder Buchwerte der Beteiligungen der Gesellschafter an der abspaltenden Gesellschaft werden im Verhältnis des Verkehrswerts des auf die übernehmende Gesellschaft übertragenen Vermögens zum Gesamtvermögen vor Spaltung ab-gestockt. Als Anschaffungskosten der durchgeschleusten neuen Beteiligungen an der übernehmenden Gesellschaft ist der Abstockungsbetrag anzusetzen. Die Verteilung der Werte auf die neuen Kapitalanteile erfolgt im Verhältnis ihrer Verkehrswerte am Tag des Spaltungsbeschlusses, die Beteiligungsbuchwerte der spaltenden Körperschaft gehen steuerneutral unter.

7.5.5. Nichtverhältniswahrende Steuerabspaltung (Abspaltung mit Anteilsdurchschleusung) *(BMF-AV Nr. 175/2014)*

Die nichtverhältniswahrende Steuerabspaltung ist beim Durchschleusungs-modell möglich, beim Schwesternmodell zwingend. Beide Modelle werden in einem zweistufigen Verfahren durchgeführt. 1855

7.5.5.1 Durchschleusmethode

Auch bei der Steuerabspaltung nach der Durchschleusungsmethode gilt stets zunächst eine verhältniswahrende Anteilsdurchschleusung als vorgenommen. Im zweiten Schritt kommt es zu einem Anteilstausch zwischen den Anteilsinha-bern der abspaltenden Körperschaft innerhalb der im Spaltungsvertrag verein-barten Monatsfrist. Dabei werden Anteile an der abspaltenden und der über-nehmenden Körperschaft wertgleich oder mit Ausgleichszahlung getauscht. Die Bandbreite des Anteilstausches geht bis zu einer entflechtenden Spaltung: Je-weils ein Anteilsinhaber kann zum Alleingesellschafter der spaltenden und zum Alleingesellschafter der übernehmenden Körperschaft werden. Der Anteils-tausch kann nicht nur spaltungsgeborene Anteile, sondern auch bereits zuvor be-stehende Anteile an der übernehmenden Körperschaft umfassen, wobei der Umfang des Anteilstausches im Belieben des Anteilsinhabers gelegen ist. An die Stelle der hingegebenen Anteile treten unmittelbar die neuen Anteile („Identi-tätsfiktion", siehe Rz 1848). 1856

Zur Behandlung von Ausgleichszahlungen auf Grund der Wertungleichheit der getauschten Anteile siehe Rz 1852. *(BMF-AV Nr. 175/2014)*

7.5.5.2 Schwesternmethode

Da bei der Schwesternmethode die Beteilungen an der spaltenden und der übernehmenden Schwesterkörperschaft zwecks Einbringung unter Verzicht auf eine Anteilsgewährung gleich sein muss, liegt damit von vornherein zunächst eine verhältniswahrende Teilungsmassentrennung vor. Der Begriff einer Steuer-spaltung wäre sinnlos, da mit der Einbringung nach Art. III UmgrStG das Ziel bereits erreicht ist. Der Begriff der Steuerspaltung kann daher nur dann sinnhaft sein, wenn der Einbringungsphase ein Anteilstausch zwischen den Anteilsinha-bern der beiden Körperschaften folgt, womit stets eine nicht verhältniswahrende Steuerspaltung vorliegt. 1857

Die steuerlich maßgebenden Anschaffungskosten bzw. Buchwerte der An-teile an den beiden Körperschaften vor der Steuerspaltung werden im Einbrin-gungsschritt nach § 20 Abs. 4 Z 3 UmgrStG durch Abstockung bei der ab-spaltenden Körperschaft und Aufstockung bei der übernehmenden Körperschaft mit Beginn des dem Spaltungsstichtag folgenden Tages verändert. (siehe Rz 1124 ff).

Auf Grund des nachfolgenden Anteilstausches zwischen den Anteilsinhabern hinsichtlich der Anteile an der abspaltenden und der übernehmenden Körperschaft erfolgt

- bei Wertgleichheit eine Zurechnung der Anschaffungskosten bzw. Buchwerte der weggegebenen Anteile zu den Anschaffungskosten bzw. Buchwerten der verbleibenden Anteile und

- bei Wertungleichheit zusätzlich eine Aktivierung des Zahlungsbetrages beim zahlenden Anteilsinhaber ohne Änderung beim Zahlungsempfänger (siehe Rz 1852).

7.5.6. Internationale Schachtelbeteiligung als Gegenleistung

1858   Der Anteilstausch kann einerseits zum Entstehen bzw. zur Veränderung der Beteiligungsquote einer internationalen Schachtelbeteiligung führen sowie andererseits eine bereits bestehende internationale Schachtelbeteiligung wegfallen lassen. Die dafür in § 38d Abs. 4 UmgrStG vorgesehene Regelung entspricht der Regelung des § 5 Abs. 7 Z 1 UmgrStG.

§ 38e Abs. 2 UmgrStG sieht daher die Anwendung von § 5 Abs. 7 UmgrStG vor (siehe Rz 290 ff).

Fällt durch eine Steuerspaltung die Eigenschaft einer internationalen Schachtelbeteiligung weg, verlangt § 38d Abs. 4 Z 2 UmgrStG analog zu § 5 Abs. 7 Z 2 UmgrStG die Aufwertung der restlichen Beteiligung auf den höheren Teilwert, vermindert um umgründungsbedingt von der Steuerneutralität ausgenommene Beträge. Fällt die Beteiligung an der ausländischen Gesellschaft zur Gänze weg, entfällt der von der Steuerneutralität ausgenommene Betrag zur Gänze, da der Anteilstausch gemäß § 38e Abs. 2 UmgrStG steuerneutral ist. *(AÖF 2008/243)*

Sonstige Rechtsfolgen der Spaltung

§ 38f. (1) Erfolgen die spaltungsvertragsmäßigen Anteilstauschvorgänge außerhalb des § 38e Abs. 1 nicht wertgleich, ist § 6 Abs. 2 anzuwenden.

(2) Spaltungen gelten nicht als steuerbare Umsätze im Sinne des Umsatzsteuergesetzes 1994; übernehmende Körperschaften treten für den Bereich der Umsatzsteuer unmittelbar in die Rechtsstellung der übertragenden Körperschaft ein.

(3) Ist der Anteilsinhaber am Tage des Abschlusses des Spaltungsvertrages an der spaltenden Körperschaft länger als zwei Jahre beteiligt, so ist eine Vermögensübertragung im Rahmen der Liquidation der spaltenden Körperschaft oder der Abspaltung oder ein Anteilstausch von den Kapitalverkehrsteuern und von den Gebühren nach § 33 TP 21 des Gebührengesetzes befreit.

(BGBl 1996/797)

Gliederung:

7.6. Sonstige Rechtsfolgen der Spaltung (§ 38f UmgrStG)

7.6.1. Äquivalenzverletzung

Eine Äquivalenzverletzung beim Anteilstausch stellt bei der Steuerspaltung kein Anwendungshindernis des Art. VI UmgrStG dar, sondern es treten die Rechtsfolgen des § 6 Abs. 2 UmgrStG bei Vorliegen objektiver Bereicherung und subjektiver Bereicherungsabsicht ein. Diese Bestimmung entspricht der Regelung in § 38 Abs. 4 UmgrStG (siehe Rz 1780).   1859

§ 38f

7.6.2. Umsatzsteuer

Die umsatzsteuerrechtliche Regelung in § 38f Abs. 2 UmgrStG ist analog zu den in allen anderen Artikeln des UmgrStG und entspricht § 38 Abs. 3   1860

UmgrStG: Auch die Steuerspaltung stellt keinen umsatzsteuerbaren Vorgang dar. Durch Spaltungen kommt es auch nicht unmittelbar zu einer Vorsteuerberichtigung.

7.6.3. Gebühren

1861   Für Spaltungen bis 31.12.2016 gilt Folgendes:

§ 38f Abs. 3 UmgrStG sieht für Vermögensübertragungen im Rahmen der Liquidation der spaltenden Körperschaft oder der Abspaltung sowie für einen Anteilstausch eine Befreiung von den Gebühren nach § 33 TP 21 GebG vor, wenn der Anteilsinhaber am Tage des Abschlusses des Spaltungsvertrages an der spaltenden Körperschaft länger als zwei Jahre beteiligt ist.

Ob eine Steuerspaltung nach § 38a UmgrStG gegeben ist, und somit die Grundvoraussetzungen für eine Gebührenbefreiung nach § 38f Abs. 3 UmgrStG vorliegen, ist nach ertragsteuerlichen Grundsätzen zu beurteilen. Hinsichtlich auftretender Zweifelsfragen siehe Rz 1813.

Ist für einen Anteilsinhaber die Zweijahresfrist nicht gewahrt, berührt dies nicht die Gebührenbefreiung für die Übertragung des Vermögens der anderen Anteilsinhaber.

Für die Zweijahresfrist ist bei zivilrechtlicher Gesamtrechtsnachfolge die Beteiligungsdauer des Rechtsvorgängers anzurechnen.

Die im Zuge einer Steuerspaltung erfolgten Einbringungsvorgänge sind nach § 22 Abs. 3 UmgrStG befreit. Dazu wird auf die Ausführungen zur Einbringung (Rz 1223 ff und Rz 1226 ff) verwiesen. *(BMF-AV Nr. 40/2017)*

7.6.4. Kapitalverkehrsteuern

1862   Für Umgründungsvorgänge, die noch Gesellschaftsteuerpflicht auslösen können (zum Auslaufen der Gesellschaftsteuer siehe Rz 323), sind die folgenden Ausführungen zu beachten:

§ 38f Abs. 3 UmgrStG sieht für Vermögensübertragungen im Rahmen der Liquidation der spaltenden Körperschaft oder der Abspaltung sowie für einen Anteilstausch eine Gesellschaftsteuerbefreiung vor, wenn der Anteilsinhaber am Tage des Abschlusses des Spaltungsvertrages an der spaltenden Körperschaft länger als zwei Jahre beteiligt ist.

Die Ausführungen zu den Gebühren (Rz 1861) gelten sinngemäß. *(BMF-AV Nr. 40/2017)*

7.6.5. Grunderwerbsteuer

1863   Zu Grunderwerbsvorgängen im Zuge von Einbringungen siehe Rz 1238 ff. *(BMF-AV Nr. 175/2014)*

7.7. Steuerspaltung und Unternehmensgruppen

1864   Auf Steuerspaltungen kommen die Regelungen des Art. III UmgrStG sinngemäß zur Anwendung (siehe Rz 1245 ff). *(BMF-AV Nr. 175/2014)*

7.8. Steuerspaltung und atypisch stille Beteiligungen

1865   Für die an den steuerspaltenden Körperschaften als atypisch stille Gesellschafter Beteiligten gelten die bei Einbringungen gemäß Art. III UmgrStG geltenden Grundsätze. Siehe dazu Rz 1249 f.

7.9. Steuerspaltung und Mindestkörperschaftsteuer

Wurde bei einer Steueraufspaltung mit Einbringung von der spaltenden Ge- **1866** sellschaft Mindestkörperschaftsteuer entrichtet und besteht daraus im Zeitpunkt der Spaltung ein nicht verrechnetes Guthaben, ist eine Übertragung dieses Guthabens auf die Nachfolgegesellschaften nicht möglich, da Einzelrechtsnachfolge besteht. Gleiches gilt bei der Abspaltung, das Mindestkörperschaftsteuerguthaben geht auch nicht aliquot im Verhältnis des übertragenen Vermögens über. Solange bei der Aufspaltung mit Einbringung die Liquidationsschlussbilanz nicht erstellt wird, fällt für volle Quartale nach dem Spaltungsstichtag Mindestkörperschaftsteuer an. *(BMF-AV Nr. 175/2014)*

7.10. Steuerspaltung und Einlagenrückzahlung (Evidenzkonten)

Bei Steuerspaltungen im Sinne des Art. VI UmgrStG in Verbindung mit Ein- **1867** bringungen im Sinne des Art. III UmgrStG gelten die in Rz 1255 ff dargestellten Grundsätze.

7.11. (derzeit nicht belegt)

Rz 1868: *derzeit nicht belegt (AÖF 2008/243)*

7.12. Auswirkung abgabenbehördlicher Feststellungen auf Steuerspaltungen

Die Feststellungen im Rahmen abgabenbehördlicher Überprüfungen einer **1869** vollzogenen Steuerspaltung können zu nachträglichen Änderungen des Buchwertes und damit gegebenenfalls auch des Verkehrswertes des übertragenden Vermögens führen.

Die Änderungen können auf bilanzsteuerrechtliche Berichtigungen aus der Zeit bis zum Spaltungsstichtag zurückzuführen sein und beeinflussen daher die der Spaltung zu Grunde gelegten Schlussbilanz, die darauf aufbauende Übertragungsbilanz und wirken sich zwingend auf die steuerlichen Verhältnisse bei der neuen oder übernehmenden Körperschaft und unter Umständen bei den Gesellschaftern aus.

Sollten die Feststellungen ergeben, dass ein positiver Verkehrswert des übertragenen Vermögens oder ein einbringungsfähiges Vermögen (vor allem Teilbetrieb) nicht gegeben ist, liegt, anders als bei der Spaltung nach dem SpaltG, eine Verletzung der Anwendungsvoraussetzungen vor, da im Rahmen der Steuerspaltung § 12 UmgrStG maßgeblich ist. Sollte sich der Verdacht einer Äquivalenzverletzung ergeben, ist das zuständige FA zu informieren. Sollte festgestellt werden, dass eine Anwendungsvoraussetzung des § 38a UmgrStG nicht gegeben ist, sind je nach Spaltungsform die Rechtsfolgen einer nicht unter Art. VI UmgrStG fallenden Spaltung ganz oder teilweise zu ziehen.

Geänderte Körperschaftsteuerbescheide für Zeiträume bis zum Spaltungsstichtag sind der abspaltenden Körperschaft zuzustellen. Bei Aufspaltungen muss davon ausgegangen werden, dass die persönliche Steuerpflicht nicht unbedingt mit der Löschung im Firmenbuch endet (KStR 2013 Rz 153 zur Beendigung der Steuerpflicht in wirtschaftlicher Betrachtungsweise). Geänderte Bescheide werden der aufspaltenden Körperschaft im Rahmen einer Nachtragsliquidation vorzuschreiben sein. *(BMF-AV Nr. 175/2014)*

§ 38f

7.13. Rechtsfolgen einer nicht unter Art. VI UmgrStG fallenden Steuerspaltung

7.13.1 Allgemeines

1870   Sind die Anwendungsvoraussetzungen des § 38a UmgrStG zur Gänze nicht gegeben, unterliegt die spaltende Körperschaft bei

• Aufspaltung der Liquidationsbesteuerung gemäß § 20 KStG 1988

• Abspaltung der Besteuerung der Gesamtreserven hinsichtlich des eingebrachten Vermögens gemäß § 6 Z 14 EStG 1988

und unterliegen die Anteilsinhaber der Besteuerung gemäß §§ 4, 27 EStG 1988.

Sind die Anwendungsvoraussetzungen des Art. III UmgrStG gegeben, nicht aber jene für einen steuerneutralen Tausch, kommt es nur bei den Anteilsinhaber zu den mit dem Tausch verbundenen Steuerwirkungen gemäß § 6 Z 14 bzw. § 27 EStG 1988. *(BMF-AV Nr. 175/2014)*

7.13.2 Aufspaltung

1871   Bei Liquidationsspaltungen mit Einbringungen kommt es schon einbringungsbezogen zu den Wirkungen einer nicht unter Art. III UmgrStG fallenden Einbringung (siehe Rz 1275 ff). Die nachfolgende Liquidation führt für das Vermögen praktisch zu keiner weiteren Körperschaftsteuerpflicht, da die Anteile an den übernehmenden Körperschaften infolge der verunglückten Einbringung mit den gemeinen Werten angesetzt sind.

Die Vermögensverteilung auf die Gesellschafter der spaltenden Körperschaft führt, wie in Rz 1870 angeführt, bei sämtlichen Gesellschaftern zur Besteuerung hinsichtlich des Unterschiedsbetrages zwischen den Anschaffungskosten bzw. dem Buchwert und dem gemeinen Wert des erhaltenen Vermögens. *(BMF-AV Nr. 175/2014)*

7.13.3 Abspaltung

7.13.3.1 Durchschleusmethode

1872   Bei der abspaltenden Gesellschaft ist bei der Durchschleusmethode die verunglückte Einbringung eine nicht unter Art. III UmgrStG fallende Einbringung, dh. bei der spaltenden Körperschaft kommt es zur Gewinnverwirklichung, bei der übernehmenden zur Übernahme der Realisierungswerte. Die Gegenleistung ist mit dem gemeinen Wert des eingebrachten Vermögens zu bewerten.

Die spaltungsplangemäße Übertragung (Durchschleusung) der Anteile an die Gesellschafter der abspaltenden Körperschaft stellt nach allgemeinem Steuerrecht eine verdeckte Ausschüttung dar, dh. sie führt bei der übertragenden Körperschaft zu einem steuerneutralen Buchabgang und bei der übernehmenden Gesellschaftern zur Einkommensteuerpflicht in Höhe des zukommenden gemeinen Wertes gemäß § 27 EStG 1988 bzw. bei Körperschaften als Anteilsinhaber zur Beteiligungsertragsbefreiung nach § 10 Abs. 1 KStG 1988. Bei Körperschaften als Anteilsinhaber ist die Wertminderung der Beteiligung an der spaltenden Körperschaft steuerneutral (§ 12 Abs. 3 Z 1 KStG 1988). *(BMF-AV Nr. 175/ 2014)*

7.13.3.2 Schwesternmethode

1873   Der Steuerspaltungsvorgang ist steuerlich in drei Schritte zu zerlegen:

- Zunächst ist die Schwesterneinbringung als Vermögenszuwendung der abspaltenden Gesellschaft an ihre Anteilsinhaber und damit als verdeckte Ausschüttung zu werten, die die Besteuerung natürlicher Personen nach § 27 EStG 1988 und die Nichtbesteuerung von beteiligten, unter die Beteiligungsertragsbefreiung nach Maßgabe von § 10 Abs. 1 KStG 1988 fallenden Körperschaften bewirkt.

- Nachfolgend ist eine Einlage des Vermögens durch die Anteilsinhaber der abspaltenden Gesellschaft in die aufnehmende Gesellschaft anzunehmen, die gemäß § 6 Z 14 lit. b EStG 1988 zu beurteilen ist.

- Schließlich kommt es zum Zwecke der Entflechtung zu einem Anteilstausch, der als Anschaffung und Veräußerung im Sinne des § 6 Z 14 lit. a EStG 1988 zu werten ist. Bei Anteilen im Privatvermögen liegen Einkünfte aus Kapitalvermögen nach Maßgabe von § 27 EStG 1988 vor, soweit erworbene Anteile an der neuen oder aufnehmenden Gesellschaft hingegeben werden oder die Anteile an der spaltenden Gesellschaft getauscht werden. Als Einnahme gilt der gemeine Wert der hingegebenen Anteile und eine allenfalls vereinbarte Zuzahlung. Bei im Betriebsvermögen gehaltenen Anteilen kommen die Gewinnermittlungsvorschriften nach den §§ 4 und 5 in Verbindung mit § 6 Z 14 EStG 1988 zur Anwendung. *(BMF-AV Nr. 175/2014)*

§ 38f

2. HAUPTSTÜCK
Ergänzende Vorschriften
Mehrfache Umgründungen auf einen Stichtag

§ 39. Werden mehrere Umgründungen, die dasselbe Vermögen ganz oder teilweise betreffen, auf einen Stichtag bezogen, gilt für ertragsteuerliche Zwecke erst die letzte Vermögensübertragung für den oder die davon betroffenen Rechtsnachfolger als mit dem Beginn des auf den ersten Umgründungsstichtag folgenden Stichtages bewirkt, wenn dies von sämtlichen an den Umgründungen Beteiligten in einem Umgründungsplan festgelegt wird. Voraussetzung ist, dass der Umgründungsplan spätestens am Tag der Beschlußfassung der ersten Umgründung gefasst und in allen Umgründungsverträgen auf diesen Plan Bezug genommen wird. *(BGBl 1996/797)*

Gliederung:

8. Ergänzende Vorschriften (2. Hauptstück)
8.1. Mehrfachumgründungen auf einen Stichtag (§ 39 UmgrStG)
8.1.1. Zweck

1874   Sollen mehrere Umgründungsschritte, die ganz oder teilweise das selbe Vermögen betreffen, auf einen Stichtag erfolgen, kann dies mit ertragsteuerlicher Wirkung nur mittels eines in § 39 UmgrStG beschriebenen Umgründungsplanes erfolgen. Es wird damit ertragsteuerlich erreicht, dass die Vermögensübernahme bei allen Zwischenumgründungen mit Ablauf des Umgründungsstichtages als bewirkt gilt und erst der letzte Rechtsnachfolger das Vermögen mit Beginn des dem Umgründungsstichtag folgenden Tages erwirbt. Dadurch wird das Entstehen von Rumpfwirtschaftsjahren im Ausmaß von 24 Stunden zwischen den einzelnen Umgründungsschritten vermieden. Entspricht der Umgründungsplan nicht den Anforderungen des § 39 UmgrStG, sind die Umgründungen zwar anzuerkennen, es wird aber der jeweilig folgende Umgründungsschritt erst mit dem Folgetag wirksam. Eine Gewinnermittlung für die entstehenden Rumpfwirtschaftsjahre kann unterbleiben.

1875   Mehrfachzüge im Sinne des § 39 UmgrStG liegen nur dann vor, wenn ein und dasselbe Vermögen im Zuge mehrfacher Umgründungsschritte auf denselben Umgründungsstichtag ganz oder teilweise übertragen wird; auch bei einer Anwachsung gemäß § 142 UGB ist von der Übertragung von ein und demselben Vermögens auszugehen. Folgt einer Einbringung von Mitunternehmeranteilen mit Anwachsung eine weitere Einbringung des angewachsenen (Teil)Betriebes, ist ein Mehrfachzug im Sinne des § 39 UmgrStG möglich.

Beispiel:

Nach der Verschmelzung der Betriebskapitalgesellschaft auf den 31.12.01 auf die Besitzkapitalgesellschaft soll die übernehmende Besitzgesellschaft den übernommenen Betrieb, angereichert um eine der Besitzgesellschaft gehörende dem übernommenen Betrieb dienende Liegenschaft, zum 31.12.01 auf eine weitere bisher vermögensverwaltende Kapitalgesellschaft abgespalten werden, der jemand zum 31.12.01 als atypischer stiller Gesellschafter beitreten will. *(BMF-AV Nr. 40/2017)*

Ein Mehrfachzug im Sinne des § 39 UmgrStG ist zB nicht gegeben, wenn nach Abspaltung eines Teilbetriebes aus einer Kapitalgesellschaft das dieser verbleibende Vermögen auf denselben Stichtag auf eine andere, an der Spaltung nicht beteiligte Kapitalgesellschaft durch eine Umgründung übertragen wird oder die spaltende Gesellschaft auf denselben Stichtag Vermögen von einer anderen Gesellschaft durch eine Umgründung übernimmt. In beiden Fällen ist daher die Aufstellung eines Umgründungsplanes nicht erforderlich, da unabhängig nebeneinander stehende Umgründungen vorliegen. **1876**

Gleiches gilt auch, wenn neben der Verschmelzung einer Komplementärgesellschaft auf eine andere Kapitalgesellschaft die Kommanditisten jener Kommanditgesellschaft, bei der die übertragende Gesellschaft Komplementärstellung hat, ihre Kommanditanteile auf jenen Tag, der auch Verschmelzungsstichtag ist, in die übernehmende Kapitalgesellschaft einbringen, wobei es unerheblich ist, ob die Komplementärgesellschaft Arbeitsgesellschafter oder am Vermögen der Kommanditgesellschaft beteiligt ist. **1877**

Ein Mehrfachzug im Sinne des § 39 UmgrStG liegt nicht vor, wenn die umzugründenden Anteile am (ersten) Umgründungsstichtag nicht bestanden haben und daher weder direkt noch indirekt ein und dasselbe Vermögen mehrfach umgegründet wird. Dies ist bei umgründungsgeborenen Kapitalanteilen der Fall, die durch Übertragung von Vermögen im Sinne des § 12 Abs. 2 UmgrStG im Wege der Einbringung nach Art. III UmgrStG oder Abspaltung nach Art. VI UmgrStG auf eine Körperschaft entstehen (Umgründung gegen Gewährung neuer Anteile). Gleiches gilt für die auf Grund der errichtenden Umwandlung einer Kapitalgesellschaft an dem dem Umwandlungsstichtag folgenden Tag entstehenden Mitunternehmeranteile. Eine diese Anteile betreffende Umgründung kann daher frühestens auf den auf den ersten Umgründungsstichtag folgenden Tag (Erwerbstag) bezogen werden. Dem Fall der Gewährung neuer Anteile gleichgestellt ist die Umgründung in Verbindung mit der Gewährung bestehender Anteile (Anteile der Anteilsinhaber der übernehmenden Körperschaft oder eigene Anteile derselben). Nicht davon betroffen und damit ein Anwendungsfall für einen Mehrfachzug sind umgründungsgeborene Mitunternehmeranteile, die durch eine Vermögensübertragung im Sinne des Art. IV UmgrStG entstanden sind, oder Vermögensteile, die für den Verzicht auf Anteile im Rahmen der Realteilung nach Art. V UmgrStG gewährt wurden. *(AÖF 2008/243)* **1878**

8.1.2. Umgründungsplan

Die Wirkung eines Mehrfachzuges im Sinne des § 39 UmgrStG ist davon abhängig, dass alle Umgründungsschritte von allen an der Erstellung des Umgründungsplanes Beteiligten (Eigentümer oder zuständige Vertreter) vor dem ersten Umgründungsschritt in einem Umgründungsplan festgelegt werden (Vertragscharakter). Der Plan soll sicherstellen, dass die Zusammenfassung vorbedacht und von allen an den Umgründungen Beteiligten gewollt ist. Eine über das Zusammenziehen mehrerer Umgründungsschritte auf einen Stichtag hinausgehende Bedeutung kommt diesem Vertrag nicht zu. **1879**

Spätestens am Tag der Beschlussfassung der ersten Umgründung muss der **1880**

§ 39

Umgründungsplan festgelegt sein. Bei allen Umgründungen ist auf diesen Plan Bezug zu nehmen. Es ist daher in jedem vom Umgründungsplan umfassten Umgründungsvertrag auf den Umgründungsplan ausdrücklich hinzuweisen und dieser beizulegen. Da die steuerlichen Wirkungen von der rechtzeitigen Planverfassung abhängen, wird der Abschluss und der Tag des Abschlusses des Plans in eindeutiger und nachprüfbarer Weise zu dokumentieren sein.

1881   Im Umgründungsplan sind die einzelnen Umgründungen in ihrer Reihenfolge mit Nennung des angesprochenen Artikels des UmgrStG, des Übertragenden und des Übernehmenden anzuführen. Das über mehrere Umgründungsschritte durchlaufende Vermögen ist dem Grunde nach zu beschreiben. Anders als beim Spaltungsplan ist hingegen eine genaue Beschreibung der Buchwerte, Anschaffungskosten, Verkehrswerte und der Gegenleistung nicht erforderlich. Außerdem ist der Stichtag anzuführen.

1882   Ist im Rahmen von Mehrfachumgründungen eine Spaltung vorgesehen, nach der die Rechtsnachfolger getrennte Folgeumgründungen planen, bestehen keine Bedenken, anstelle eines alle Vorgänge beschreibenden Umgründungsplans zwei Umgründungspläne zu verfassen, in denen die in der ersten Phase zunächst gemeinsam geplanten Umgründungsschritte gleich lautend festgeschrieben werden und die in der Folge unabhängig voneinander handelnden Personen jeweils ihre Folgepläne definieren.

1883   Stehen Umgründungsmaßnahmen in einem gewissen Zusammenhang mit einem abzuschließenden Umgründungsplan, die für sich alleine, ohne in einen Mehrfachzug eingebunden zu werden, auf einen eigenständigen Stichtag vorgenommen werden, zwar außerhalb der durch den Umgründungsplan vorgenommenen Stichtagsbündelung, können diese ohne steuerliche Auswirkungen aus der Sicht einer Gesamtschau aller vorzunehmenden Umgründungsvorgänge in den Umgründungsplan aufgenommen werden.

1884   Bei der einen Zusammenschluss im Sinne des Art. IV UmgrStG begründenden Beteiligung einer Mehrzahl von Personen als atypische stille Gesellschafter an einem betrieblichen Unternehmen kann für die präsumtiven stillen Gesellschafter auch ein Treuhänder (zB Anlageberatungsgesellschaft) als „an den Umgründungen Beteiligter" in Erscheinung treten. Die atypisch stillen Gesellschafter müssen bei Fassung des Umgründungsplanes nicht namentlich bekannt sein. Auf die Mitwirkung eines Treuhänders kann aber nicht verzichtet werden. Bis zum Ende der neunmonatigen Rückwirkensfrist müssen die stillen Gesellschafter aber ihre Beitrittserklärung abgeben, ihre bedungenen „Einlagen" leisten und es muss eine entsprechende Erklärung beim FA eingereicht werden (§ 108 BAO). *(AÖF 2008/243)*

8.1.3. Änderungen bei Vollzug des Umgründungsplans

1885   Die steuerliche Wirkung eines verwirklichten Umgründungsplans wird nicht dadurch beeinträchtigt, dass ein letzter Umgründungsschritt oder die letzten Umgründungsschritte letztlich nicht vollzogen werden. Im Umgründungsplan vorgesehene Zwischenschritte können nur dann entfallen, wenn die Ergebnisse der geplanten aber nicht durchgeführten Umgründungen zusammen mit den Ergebnissen der tatsächlich durchzuführenden Umgründungen letztlich keine entscheidenden Abweichungen vom planmäßigen Endergebnis zeigen. Eine Erweiterung auf zusätzliche Umgründungsschritte ist nicht zulässig. Bei einer Änderung des Planes nach Vornahme der ersten Umgründungsschritte sind beide Pläne anzuzeigen.

8.1.4. Strukturplan

Bei einem Zusammenfallen von nicht dasselbe Vermögen betreffenden aber wirtschaftlichen zusammengehörigen Umgründungsschritten bleibt es den an den verschiedenen Umgründungsschritten Beteiligten unbenommen, zwecks Dokumentation der Abläufe und Wirkungen für die Beteiligten und die betroffenen Abgabenbehörden einen Strukturplan zu erstellen, der mit § 39 UmgrStG nichts zu tun hat. Sollten im Rahmen eines Strukturplans auch Mehrfachzüge geplant sein, ist ein in den Strukturplan integrierter Umgründungsplan steuerlich anzuerkennen, wenn der die Voraussetzungen des § 39 UmgrStG erfüllt.

1886

§ 39

Rechtsgrundlage der Umgründungen

§ 40. **Gerichtliche Entscheidungen sind den jeweiligen Umgründungsbeschlüssen oder -verträgen im Sinne des ersten Hauptstückes gleichzuhalten.**

(BGBl 1993/818)

8.2. Rechtsgrundlage der Umgründungen (§ 40 UmgrStG)

1887   Umgründungen können nicht nur auf Beschlüssen oder Verträgen, sondern unter Umständen auch auf gerichtlichen Entscheidungen basieren. Als gerichtliche Entscheidungen kommen Urteile von in- und ausländischen Gerichten in Betracht, die in ihren Auswirkungen vertraglich vereinbarten Umgründungen im Sinne des UmgrStG entsprechen.

Lohnsteuerliche Verhältnisse

§ 41. Übernehmende Körperschaften, Personengesellschaften und Nachfolgeunternehmer treten hinsichtlich der lohnsteuerlichen Verhältnisse in die Rechtsstellung des bisherigen Arbeitgebers ein, soweit bei den übernommenen Arbeitnehmern auch arbeitsrechtlich die entsprechenden Folgerungen gezogen werden.

(BGBl 1993/818)

8.3. Lohnsteuerliche Verhältnisse (§ 41 UmgrStG)

Durch Umgründungen treten bei Dienstverhältnissen keine Änderungen bei der abgabenrechtlichen Kontinuität ein. Der Rechtsnachfolger tritt in die Rechtsstellung des bisherigen Arbeitgebers ein, soweit die Dienstverhältnisse auch arbeitsrechtlich fortgesetzt werden. Der Eintritt des Rechtsnachfolgers bei Umgründungen in die Stellung des Arbeitgebers erfolgt unabhängig von der umgründungssteuerlichen Rückwirkung zum zivilrechtlich relevanten Zeitpunkt.   1888

Zu den lohnsteuerrechtlichen Fragen hinsichtlich des

- Art. I UmgrStG siehe Rz 304
- Art. II UmgrStG siehe Rz 594 bis Rz 601
- Art. III UmgrStG sichc Rz 1216 ff
- Art. IV UmgrStG siehe Rz 1467 bis Rz 1471
- Art. V UmgrStG siehe Rz 1628
- Art. VI UmgrStG siehe Rz 1777 f.

§ 40
§ 41

Vertragsübernahme

§ 42. Rechtsgeschäfte, mit denen anläßlich eines gebühren- oder kapitalverkehrsteuerbegünstigten Vorganges nach Artikel III bis VI des ersten Hauptstückes eine Vertragsstellung übertragen wird (Vertragsübernahme), sind von den Stempel- und Rechtsgebühren befreit. Wird ein Darlehens- oder Kreditvertrag übertragen, bleibt der für den übertragenden Rechtsträger gebührenrechtlich maßgebende Zeitpunkt für Prolongationen durch den neuen Rechtsträger maßgeblich.

(BGBl 1993/818)

Gliederung:

8.4. Vertragsübernahme (§ 42 UmgrStG)

1889　　Nach § 42 UmgrStG sind Rechtsgeschäfte, mit denen anlässlich eines gebühren- oder kapitalverkehrsteuerbegünstigten Vorganges nach Art. III bis VI UmgrStG eine Vertragsstellung übertragen wird (Vertragsübernahme), von den Stempel- und Rechtsgebühren befreit. Wird ein Darlehens- oder Kreditvertrag übertragen, bleibt der für den übertragenden Rechtsträger gebührenrechtlich maßgebende Zeitpunkt für Prolongationen durch den neuen Rechtsträger maßgeblich.

8.4.1. Vertragsübernahme und Gesamtrechtsnachfolge

1890　　In § 42 UmgrStG sind Vorgänge nach Art. I UmgrStG und Art. II UmgrStG nicht genannt, da es bei Verschmelzung und Umwandlung auf Grund der Gesamtrechtsnachfolge ex lege zum Übergang aller Vertragsverhältnisse kommt. Da bei diesen Vorgängen keine vertragliche Übertragung der Vertragsstellung erforderlich ist, sieht das UmgrStG hierfür auch keine Gebührenbefreiung vor. Gleiches gilt für die unter Gesamtrechtsnachfolge erfolgenden Fälle des Art. III UmgrStG (Anwachsung) und die unter (Teil)Gesamtrechtsnachfolge erfolgenden Handelsspaltungen nach Art. VI UmgrStG.

1891　　Parteienvereinbarungen sind jedoch auch dann Gegenstand einer Gebühr, wenn der vereinbarte Erfolg auch ohne Vorliegen der Vereinbarung kraft Gesetz einträte (vgl. VwGH 17.3.1986, 84/15/0158), weshalb eine (auf Grund der Gesamtrechtsnachfolge überflüssige) beurkundete rechtsgeschäftliche Übertragung der Vertragsstellung Gebührenpflicht auslöst.

1892　　Halten die Parteien in einer Urkunde bloß die Tatsache fest, dass ein bestimmtes Vertragsverhältnis im Wege der Gesamtrechtsnachfolge übergegangen ist, begründet dies für sich allein keine Gebührenpflicht. Wird in dieser Urkunde zwecks Dokumentation des übergegangenen Rechtsgeschäftes auch der Inhalt desselben teilweise (zumindest in seinen wesentlichen Punkten) oder zur Gänze festgehalten, liegt grundsätzlich eine „weitere" Beurkundung des Rechtsgeschäftes vor. Da der Gesamtrechtsnachfolger in die rechtliche Stellung seines Vorgängers einrückt, ist die Gebührenpflicht dieser „weiteren" Urkunde nach § 25 Abs. 3 GebG zu beurteilen.

Wurde über ein Rechtsgeschäft eine die Gebührenpflicht begründende Urkunde errichtet, ist die Hundertsatzgebühr für dieses Rechtsgeschäft gemäß § 25 Abs. 3 GebG auf Grund jeder weiteren Urkunde nur dann nicht neuerlich zu entrichten, wenn diese Urkunde innerhalb eines Monats nach dem für sie maßgeblichen Zeitpunkt des Entstehens der Gebührenschuld einem für die Erhebung der Gebühren zuständigen FA mit dem Nachweis vorgelegt wird, dass auf Grund der ersten gebührenpflichtigen Beurkundung bei diesem FA die Hundertsatzgebühr zu erheben war oder an dieses FA die Hundertsatzgebühr auf Grund einer Selbstberechnung entrichtet wurde. In den Fällen einer Selbstberechnung der Gebühr gemäß § 3 Abs. 4 GebG ist die Hundertsatzgebühr auf Grund jeder weiteren Urkunde nur dann nicht neuerlich zu entrichten, wenn auf dieser von dem zur Selbstberechnung Befugten ein Vermerk angebracht wird, der die Bezeichnung des Bewilligungsbescheides und die fortlaufende Nummer der Aufschreibungen enthält, unter der die Hundertsatzgebühr für das Rechtsgeschäft selbst berechnet wurde. **1893**

Schließt der Gesamtrechtsnachfolger einen Zusatz oder Nachtrag zu einem von seinem Rechtsvorgänger abgeschlossenen Rechtsgeschäft ab, sind die Bestimmungen des § 21 GebG anzuwenden. **1894**

8.4.2. Vertragsübernahme bei Einzelrechtsnachfolge

Bei Umgründungsvorgängen, bei denen zivilrechtlich bloß Einzelrechtsnachfolge eintritt, kommt es typischerweise zu einer rechtsgeschäftlichen Übertragung von Vertragsverhältnissen. Befreit von den Stempel- und Rechtsgebühren sind deshalb Vertragsübernahmen, die anlässlich eines gebühren- oder kapitalverkehrsteuerbegünstigten Vorganges nach Art. III UmgrStG (Einbringung), Art. IV UmgrStG (Zusammenschluss), Art. V UmgrStG (Realteilung) oder Art. VI UmgrStG (Steuerspaltung gemäß § 38a UmgrStG) erfolgen. **1895**

Damit die Befreiung zur Anwendung kommt, muss einerseits ein kausaler Zusammenhang mit der entsprechenden Umgründungsmaßnahme gegeben sein. Andererseits muss es sich um einen gebühren- oder kapitalverkehrsteuerbegünstigten Vorgang handeln, weshalb für die Gebührenfreiheit von Vertragsübernahmen die Einhaltung der Zweijahresfrist Voraussetzung ist. **1896**

8.4.3. Begriff der Vertragsübernahme

Eine Vertragsübernahme liegt bei Übertragung eines Schuldverhältnisses als Gesamtheit mit allen wechselseitigen Rechten und Pflichten vor. Die Vertragsübernahme ist ein eigenes Rechtsinstitut und bewirkt, dass durch einen einheitlichen Akt nicht nur die Gesamtheit aller wechselseitigen Rechte und Pflichten übertragen wird, sondern dass der Vertragsübernehmer an die Stelle einer aus dem Schuldverhältnis ausscheidenden Partei tritt und deren gesamte vertragliche Rechtsstellung übernimmt, ohne dass dadurch der Inhalt oder die rechtliche Identität des bisherigen Schuldverhältnisses verändert werden. Die Vertragsübernahme enthält nicht nur eine Kombination von Forderungsabtretung und Schuldübernahme, sondern auch eine Übertragung der darüber hinausgreifenden rechtlichen Rahmenbeziehungen insb. also auch der vertragsbezogenen Gestaltungsrechte (vgl. VwGH 6.10.1989, 88/15/0086). **1897**

§ 42

8.4.4. Sonderfall Darlehens- oder Kreditvertrag

1898   Für die Übertragung eines Darlehens- oder Kreditvertrages enthält der zweite Satz des § 42 UmgrStG eine Spezialbestimmung, wodurch im Falle einer Prolongation des Darlehens- oder Kreditvertrages durch den Rechtsnachfolger der gebührenrechtlich maßgebliche Zeitpunkt des Rechtsvorgängers auch für den Rechtsnachfolger maßgeblich bleibt. Durch die Vertragsübernahme beginnt also der für gebührenfreie Prolongationen maßgebliche Zeitraum von 5 Jahren (siehe § 33 TP 19 Abs. 4 Z 1 GebG und § 33 TP 8 Abs. 2 Z. 3 GebG) nicht neu zu laufen, sondern steht dem Rechtsnachfolger für gebührenfreie Prolongationen nur mehr der Restzeitraum zur Verfügung. Dadurch soll verhindert werden, dass Prolongationen im Falle einer Vertragsübernahme gebührenrechtlich besser gestellt werden, als solche Fälle, in denen keine Vertragsübernahme stattgefunden hat.

Anzeige- und Evidenzpflicht

§ 43. (1) Wer Vermögen durch eine Umgründung überträgt oder übernimmt und nicht schon nach dem ersten Hauptstück zu einer Meldung verpflichtet ist, hat die Umgründung abweichend von der Frist des § 121 der Bundesabgabenordnung innerhalb der im ersten Hauptstück genannten Frist unter Nachweis der Rechtsgrundlage dem Betriebsfinanzamt oder dem für die Erhebung der Abgaben vom Einkommen und Vermögen zuständigen Finanzamt anzuzeigen.

(2) Die sich auf Grund einer Umgründung ergebenden oder die zu übernehmenden Buchwerte oder Anschaffungskosten von Anteilen sind von den davon Betroffenen und im Falle eines unentgeltlichen Erwerbes von ihren Rechtsnachfolgern aufzuzeichnen und evident zu halten. *(BGBl 1996/797)*

Gliederung:

8.5. Anzeige- und Evidenzpflicht (§ 43 UmgrStG)

8.5.1. Anzeigepflicht

Die Anzeigeverpflichtung gemäß § 43 Abs. 1 UmgrStG betrifft alle jene, die Vermögen im Rahmen des UmgrStG übertragen, wobei auch allfälliges in Zusammenhang mit einer Umgründung nicht begünstigtes Vermögen Übertragenden erfasst sind. Übertragungen außerhalb des UmgrStG sind nicht betroffen. Gleichzeitig ist von der Anzeigepflicht auch jeder Übernehmende betroffen. **1899**

Die Anzeige muss innerhalb von neun Monaten ab dem Umgründungsstichtag beim zuständigen FA einlangen. Diese Frist ist gemäß § 110 Abs. 1 BAO nicht verlängerbar; § 108 BAO kommt zur Anwendung. Allerdings stellt die rechtzeitige Anzeige keine Anwendungsvoraussetzung für das UmgrStG dar. *(BMF-AV Nr. 193/2015)* **1900**

Die Anzeige ist bei den jeweils zuständigen Betriebs- bzw. Wohnsitzfinanzämtern der Übertragenden und Übernehmenden einzubringen. **1901**

Mit der Anzeige ist auch die gesetzliche Rechtsgrundlage der Umgründung (bspw. Art. III UmgrStG) anzugeben. **1902**

Beispiel 1:

A bringt sein Einzelunternehmen nach Art. III UmgrStG in die ihm gehörende A-GmbH unter Verzicht auf Gewährung neuer Anteile ein. Mit der fristgerechten Meldung der Einbringung bei dem für die A-GmbH zuständigen FA erübrigt sich eine Anzeige. A hat die Einbringung und das damit verbundene Ende der Einkommensteuerpflicht innerhalb der Neunmonatsfrist dem für die Einkommensteuer zuständigen FA anzuzeigen.

Beispiel 2:

Die B-GmbH tritt der C-KG mit einer Geldeinlage als neuer Gesellschafter bei. Der Zusammenschluss ist bis zum Ablauf der Neunmonatsfrist bei dem für die KG zuständigen FA zu melden. Die B-GmbH hat innerhalb der Neunmonatsfrist die Vermö-

§ 43

genseinlage als Fall eines Zusammenschlusses ihrem für die Einkommensbesteuerung zuständigen FA anzuzeigen.

8.5.2. Evidenzpflicht

1903   Die Evidenzpflicht gemäß § 43 Abs. 2 UmgrStG umfasst einerseits die Verpflichtung zur Erfassung der umgründungsbedingt entstandenen oder veränderten steuerlich relevanten Anschaffungskosten oder Buchwerte von Anteilen und
andererseits die Evidenthaltung dieser Werte, d.h. die Aufbewahrung und Fortführung der entsprechenden Werte. Die Vorschrift soll sicherstellen, dass die infolge abweichender handelsrechtlicher Erfassung oder im außerbetrieblichen
Bereich unter Umständen sonst nicht erfassten Daten die Nachweisgrundlage für
die zukünftige steuerliche Behandlung des Anteilsinhabers darstellen.

1904   Betroffen sind die im Rahmen einer Umgründung übertragenen Anteile, sowie die von Anteilsinhabern von umgründungsbetroffenen Körperschaften gehaltenen Anteile, unabhängig davon, ob sie im Privat- oder im Betriebsvermögen gehalten werden. In Zusammenhang mit internationalen Schachtelbeteiligungen sind auch die als fiktive Teilwertabschreibungen geltenden Werte
evident zu halten.

1905   Diese Aufzeichnungs- und Evidenthaltungsverpflichtungen betreffen vor
allem die wirtschaftlichen Eigentümer der Anteile. Bei Treuhandschaften können diese Pflichten auch von den Treuhändern erfüllt werden. Bei nachfolgenden unentgeltlichen Übertragungen der von einer Umgründung betroffenen Anteile geht die Evidenzpflicht auf die Rechtsnachfolger über.

1906   Als Erfassungsdokument eignet sich in erster Linie der der Umgründung zugrunde liegende Vertrag. Der Pflicht ist bei betrieblich gehaltenen Anteilen z.B.
auch Genüge getan, wenn die steuerlichen Buchwerte in erstellten Steuerbilanzen ausgewiesen sind oder in einer detaillierten Aufgliederung der Beteiligungen in einer Anlage festgehalten werden.

Mißbräuchliche Umgründungen

§ 44. Die Anwendung der Bestimmungen dieses Bundesgesetzes ist zu versagen, wenn die Umgründungsmaßnahmen der Umgehung oder Minderung einer Abgabenpflicht im Sinne des § 22 der Bundesabgabenordnung dienen oder wenn die Umgründungsmaßnahmen als hauptsächlichen Beweggrund oder als einen der hauptsächlichen Beweggründe die Steuerhinterziehung oder -umgehung im Sinne des Artikels 15 der Richtlinie Nr. 2009/133/EG über das gemeinsame Steuersystem für Fusionen, Spaltungen, die Einbringung von Unternehmensteilen und den Austausch von Anteilen, die Gesellschaften verschiedener Mitgliedstaaten betreffen, sowie für die Verlegung des Sitzes einer Europäischen Gesellschaft oder einer Europäischen Genossenschaft von einem Mitgliedstaat in einen anderen Mitgliedstaat, ABl. L 310 vom 25.11.2009 S. 34 ff) in der jeweils geltenden Fassung haben.

(BGBl I 2011/112)

8.6. Missbräuchliche Umgründungen (§ 44 UmgrStG)

Die Anwendung der Bestimmungen des UmgrStG stellt für sich keinen Missbrauch im Sinne des § 22 BAO dar. Missbrauch von Gestaltungsmöglichkeiten im Sinne des § 22 BAO liegt dann vor, wenn eine mehrstufige Umgründungsmaßnahme ausschließlich oder fast ausschließlich der Umgehung oder Minderung der Abgabepflicht dient, ohne dass für diese Maßnahme außersteuerliche Gründe vorliegen. Ein einzelner Rechtsakt stellt keine Gestaltung im Sinne des § 22 BAO dar und ist daher als solche kein Missbrauch. **1907**

Als missbrauchsverdächtig können ua. folgende Maßnahmen eingestuft werden: **1908**

- Umgründungen, die bei formaler Erfüllung aller Voraussetzungen lediglich als Mittel dienen, um beabsichtigte Realisierungsvorgänge in steuerneutrale Vorgänge zu kleiden. Darunter fällt der kurzfristige Zusammenschluss zweier Einzelunternehmer, die in der Folge durch Realteilung wieder geteilt werden, um jeweils ohne Aufdeckung von stillen Reserven in den Besitz des anderen Betriebes zu gelangen. Darunter kann auch eine das Ausland einschließende Umgründungsfolge fallen, die ganz überwiegend zu einer ugründungsveranlassten Gewinnbelastung inländischer Steuerpflichtiger führt, ohne dass dafür entscheidende wirtschaftliche Gründe erkennbar sind.

- Mehrfache Umgründungen, die im Ergebnis zum Ausgangspunkt zurückführen. Erfolgt nach einer Einbringung eines Einzelunternehmens nach Art. III UmgrStG eine Rückumwandlung der Körperschaft gem. Art. II UmgrStG auf den Hauptgesellschafter oder nach einer Verschmelzung eine Spaltung, ohne dass sich die wirtschaftlichen Strukturen letztlich sinnvoll geändert haben, wird regelmäßig von Missbrauch auszugehen sein, insb. wenn die Umgründungen lediglich einer Verwertung der jeweils übergehenden Verlustvorträge dienen. Ein Missbrauch wird nur dann nicht vorliegen, wenn erwiesen wird, dass das Zurückkehren in die unternehmerische Ausgangsstellung wirtschaftlich begründet ist, bspw., wenn eine Umgründung dem Aufbau einer unternehmerischen Kooperation dient, diese Kooperation aber nicht den gewünschten Erfolg bringt und daher durch eine weitere Umgründung „rückabgewickelt" wird.

§ 44

1909   Keine missbräuchliche Gestaltung liegt vor, wenn eine Einbringung auf einen Tag vor dem Regelbilanzstichtag beschlossen wird, um eine Holding-Liquidationsspaltung gemäß Art. VI UmgrStG vorzubereiten.

1910   Formell betrachtet ist es zulässig, einem auszulagernden Kleinstbetrieb Vermögensteile zuzuordnen, die nach einkommensteuerlichen Grundsätzen gewillkürtes oder neutrales für sich nicht umgründungsbegünstigtes Betriebsvermögen darstellen. Diese formal unbedenkliche Gestaltungsmöglichkeit kann nur dann eine Gefährdung der Steuerwirkungen der Umgründung hervorrufen, wenn darin ein in § 44 UmgrStG angesprochener Gestaltungsfall zur Umgehung oder Minderung der Abgabepflicht zu erblicken ist. Dieser Verdacht wird umso größer sein, je höher das Missverhältnis zwischen dem Wert des zu übertragenden (Teil-)Betriebes und dem darüber hinausgehenden Wert des beigefügten gewillkürten bzw neutralen Vermögens ist.

Beispiel:

Eine vermögensverwaltende Kapitalgesellschaft soll Vermögen nach dem SpaltG in Verbindung mit Art. VI UmgrStG abspalten, das nicht den Voraussetzungen eines Vermögens im Sinne des § 12 Abs. 2 UmgrStG entspricht. Es wird daher vorbereitend vor dem Spaltungsstichtag ein Kleinstbetrieb geschaffen, um eine Rechtsgrundlage für die steuerwirksame Abspaltung zu besitzen. Dem Kleinstbetrieb im Verkehrswert von 10.000 werden Vermögensteile im Verkehrswert von 1 Mio „mitgegeben". Liegt das Ziel in der Vermeidung der Abgabepflicht, ist der Verdacht einer missbräuchlichen Nutzung des UmgrStG gegeben.

1911   Die Zwischenschaltung ausländischer Gesellschaften ist dann als missbräuchliche Gestaltung zu sehen, wenn für die Errichtung dieser Gesellschaft und deren Einschaltung wirtschaftlich beachtliche Gründe fehlen, wenn bei dieser Gesellschaft keine – über die bloße Vermögensverwaltung hinausgehende – wirtschaftliche Tätigkeiten entfaltet werden oder wenn die Umgründung der Vermeidung der Steuerpflicht von im Inland steuerpflichtigen Veräußerungstatbeständen dient. Im Regelfall werden die steuerlichen Anerkennungsvoraussetzungen bei Einschalten bloßer funktionsloser ausländischer „Briefkastengesellschaften" nicht erfüllt sein.

1912   Rechtsfolge einer als missbräuchlich gewerteten Umgründung ist im Sinne des § 22 Abs. 2 BAO, die Abgaben so zu erheben, wie sie bei einer den wirtschaftlichen Vorgängen, Tatsachen und Verhältnissen angemessenen rechtlichen Gestaltung zu erheben wären. Die zitierte Norm rechtfertigt allerdings nicht, eine formal rechtsgültige uU sogar im Firmenbuch eingetragene Umgründung als solche zu negieren. Für die nach § 79 BAO nach bürgerlichem Recht zu beurteilende Frage der Rechts- und Handlungsfähigkeit hat die Beurteilung eines Sachverhaltes als Missbrauch im Sinne des § 22 Abs. 2 BAO keine Bedeutung (VwGH 17.11.2004, 99/14/0254, ergangen zu einer Einbringung gemäß Art. III UmgrStG). *(AÖF 2005/273)*

Verweisung auf andere Bundesgesetze

§ 45. Soweit in diesem Bundesgesetz auf andere Bundesgesetze verwiesen wird, sind diese in ihrer jeweils geltenden Fassung anzuwenden. *(BGBl I 1998/9)*

3. Teil

Übergangs- und Schlußbestimmungen

1. a) Der 1. Teil dieses Bundesgesetzes ist auf Umgründungen anzuwenden, denen ein Stichtag nach dem 31. Dezember 1991 zugrunde gelegt wird.

    b) § 9 Abs. 6 dieses Bundesgesetzes gilt nur für Gewinne aus Wirtschaftsjahren, die nach dem 31. Dezember 1988 enden.

    c) § 9 Abs. 7 dieses Bundesgesetzes gilt auch, wenn die in § 4 Abs. 1 des Bundesgesetzes über steuerliche Maßnahmen bei der Kapitalerhöhung aus Gesellschaftsmitteln, BGBl. Nr. 157/1966, vorgesehene Frist noch nicht abgelaufen ist.

    d) Ist die einer Verschmelzung oder Einbringung nach Artikel I und III des Strukturverbesserungsgesetzes zugrunde zu legende Bilanz der übertragenden Gesellschaft oder des Einbringenden auf einen nach dem 30. Juni 1987 liegenden Zeitpunkt aufgestellt, so ist für alle nicht endgültig rechtskräftig veranlagten Fälle die Grunderwerbsteuer für Erwerbsvorgänge nach § 1 Abs. 1 oder 2 des Grunderwerbsteuergesetzes 1987 vom Zweifachen des Einheitswertes der Grundstücke zu berechnen. Dies gilt auch bei Zusammenschlüssen nach Artikel IV des Strukturverbesserungsgesetzes, wenn die Erwerbsvorgänge nach dem 30. Juni 1987 verwirklicht wurden.

2. Der 2. Teil dieses Bundesgesetzes ist, wenn die Steuern veranlagt werden, erstmalig bei der Veranlagung für das Kalenderjahr 1992 anzuwenden.

3. a) Abweichend von Abschnitt IX Artikel II des Bundesgesetzes vom 10. Juni 1986, mit dem das Kreditwesengesetz, das Postsparkassengesetz, das Rekonstruktionsgesetz, das Einkommensteuergesetz, das Körperschaftsteuergesetz, das Bewertungsgesetz, die Bundesabgabenordnung und das Strukturverbesserungsgesetz geändert und kapitalverkehrsteuerliche Bestimmungen geschaffen werden, BGBl. Nr. 325, gilt folgendes:

    Die Artikel I, III und V bis VII des Strukturverbesserungsgesetzes, BGBl. Nr. 69/1969, in der geltenden Fassung, sowie die Bestimmungen zu Vorgängen im Sinne des Kreditwesengesetzes, BGBl. Nr. 63/1979, in der jeweils geltenden Fassung, sind letztmalig auf Vorgänge anzuwenden, denen ein Stichtag vor dem 1. Jänner 1992 zugrunde gelegt wird.

    b) Die Rücklagen nach § 1 Abs. 3 und in § 8 Abs. 1 lit. d des Strukturverbesserungsgesetzes gelten ab dem 1. Jänner 1992 als versteuerte Rücklagen.

    c) Abweichend von § 1 Abs. 2 und § 8 Abs. 4 des Strukturverbesserungsgesetzes kann bei Einbringungen jeder Stichtag innerhalb der dort genannten Frist zugrunde gelegt werden. Voraussetzung ist bei der Einbringung von Betrieben oder Teilbetrieben, daß zum gewählten Stichtag eine Bilanz (§ 4 Abs. 1 des Einkommensteuergesetzes) des gesamten Betriebes vorliegt.

4. a) Die Abschreibung eines nach § 3 Abs. 2 Z 2 in der Fassung des Bundesgesetzes BGBl. Nr. 699/1991 ermittelten Firmenwertes gemäß § 8 Abs. 3 des Einkommensteuergesetzes 1988 kann letztmalig im letzten vor dem 1. Jänner 1997 endenden Wirtschaftsjahr geltend gemacht werden.

   b) § 3 Abs. 3 Z 1 in der Fassung des Bundesgesetzes BGBl. Nr. 699/1991 ist auch auf Umgründungen anzuwenden, denen ein Stichtag nach dem 31. Dezember 1995 zugrunde liegt.

   c) § 9 Abs. 8 in der Fassung des Bundesgesetzes BGBl. Nr. 201/1996 ist erstmalig auf Umwandlungen anzuwenden, denen ein Stichtag nach dem 30. Dezember 1995 zugrunde gelegt wird.

   d) § 2 Abs. 4, § 3 Abs. 2 und 3, § 8 Abs. 4, § 9 Abs. 3 und 6, § 16 Abs. 5 Z 5, § 18 Abs. 5 und § 34 Abs. 1, jeweils in der Fassung des Bundesgesetzes BGBl. Nr. 201/1996, sind erstmalig auf Umgründungen anzuwenden, denen ein Stichtag nach dem 31. Dezember 1995 zugrunde gelegt wird.

5. § 4 Z 1 in der Fassung des Bundesgesetzes BGBl. Nr. 201/1996 ist erstmalig auf Umgründungen anzuwenden, denen ein Stichtag nach dem 31. Dezember 1995 zugrunde gelegt wird.

6. a) § 2 Abs. 5, § 3 Abs. 4, § 4 Z 1, § 5 Abs. 7 Z 1, § 8 Abs. 5, § 9 Abs. 4 Z 1, § 10 Z 1 lit. a, § 12, § 13 Abs. 1, § 16 Abs. 5 Z 3, § 17 Abs. 2, § 18 Abs. 3, § 18 Abs. 4 Z 1, § 19 Abs. 2 Z 5, § 20 Abs. 7, § 21 Z 1, § 23 Abs. 1, § 24 Abs. 1, § 28 und § 30 Abs. 3, jeweils in der Fassung des Bundesgesetzes BGBl. Nr. 797/1996, sind erstmalig auf Umgründungen anzuwenden, denen ein Stichtag nach dem 31. Dezember 1996 zugrunde gelegt wird.

   b) Als Teilwertabschreibung im Sinne des § 4 Z 1 lit. d in der Fassung des Bundesgesetzes BGBl. Nr. 797/1996 gilt auch jener Betrag, um den sich die gewinnerhöhende Auflösung stiller Reserven im Sinne des § 3 Abs. 3 Z 1 zweiter Satz in der Fassung des Bundesgesetzes BGBl. Nr. 699/1991 vermindert.

   c) § 7 Abs. 1 und Abs. 2 in der Fassung des Bundesgesetzes BGBl. Nr. 797/1996 ist bereits auf Umwandlungen auf Grund des Bundesgesetzes über die Umwandlung von Handelsgesellschaften, BGBl. Nr. 304/1996, anzuwenden, die vor dem Inkrafttreten des Bundesgesetzes BGBl. Nr. 797/1996 im Firmenbuch eingetragen worden sind.

   d) § 9 Abs. 3 und § 27 in der Fassung des Bundesgesetzes BGBl. Nr. 797/1996 ist auf Umwandlungen und Realteilungen anzuwenden, denen ein Stichtag nach dem 31. Dezember 1995 zugrunde gelegt wird.

   e) In § 10 Z 1 lit. a in der Fassung vor dem Bundesgesetz BGBl. Nr. 797/1996 tritt an die Stelle des Verweises „§ 4 Z 1 lit. a und c" der Verweis „§ 4 Z 1".

   f) In § 21 Z 1 in der Fassung vor dem Bundesgesetz BGBl. Nr. 797/1996 tritt an die Stelle des Verweises „§ 4 Z 1 lit. c" der Verweis „§ 4 Z 1".

g) Die §§ 32 bis 38 in der Fassung des Bundesgesetzes BGBl. Nr. 797/1996 sind bereits auf Spaltungen auf Grund des Bundesgesetzes über die Spaltung von Kapitalgesellschaften, BGBl. Nr. 304/1996, anzuwenden, die vor dem Inkrafttreten des Bundesgesetzes BGBl. Nr. 797/1996 im Firmenbuch eingetragen worden sind. § 33 Abs. 6, § 34 Abs. 3 Z 1 und § 36 Abs. 4 Z 1, jeweils in der Fassung des Bundesgesetzes BGBl. Nr. 797/1996, ist auf Spaltungen anzuwenden, denen ein Stichtag nach dem 31. Dezember 1996 zugrunde gelegt wird.

h) Die §§ 32 bis 38 in der Fassung vor dem Bundesgesetz BGBl. Nr. 797/1996 sind, soweit sie sich auf Spaltungen im Sinne des § 32 Abs. 2 und 3 beziehen, letztmalig auf Spaltungen anzuwenden, denen ein Stichtag vor dem 1. Jänner 1997 zugrunde liegt. Die §§ 38a bis 38f sind auf Steuerspaltungen anzuwenden, denen ein Stichtag nach dem 31. Dezember 1996 und vor dem 1. Jänner 2023 zu Grunde liegt.

i) Bei Spaltungen im Sinne des § 32 Abs. 2 und Abs. 3 Z 1 in der Fassung vor dem Bundesgesetz, BGBl. Nr. 797/1996, und im Sinne des § 38 a Abs. 2 und Abs. 3 Z 1 in der Fassung des Bundesgesetzes BGBl. Nr. 797/1996, bei denen der Spaltungsvertrag nach dem 31. Dezember 1996 abgeschlossen wird, unterbleibt abweichend von § 32 Abs. 2 Z 1 in der Fassung vor dem Bundesgesetz, BGBl. Nr. 797/1996, bzw § 38 c in der Fassung des Bundesgesetzes BGBl. Nr. 797/1996 die Besteuerung nicht hinsichtlich stiller Reserven, die die spaltende Körperschaft nach § 12 des Einkommensteuergesetzes 1988 in der Fassung vor dem Strukturanpassungsgesetz 1996, BGBl. Nr. 201, innerhalb der letzten fünf Jahre vor dem Spaltungsstichtag beziehungsweise vor dem in § 19 Abs. 5 des Körperschaftsteuergesetzes 1988 genannten Zeitpunkt auf Anteile übertragen hat, die auf Anteilsinhaber der spaltenden Körperschaft übergehen. Der nachzuversteuernde Betrag vermindert sich insoweit, als auf Grund der Anwendung des § 12 des Einkommensteuergesetzes 1988 für die Anteile der Ansatz des niedrigeren Teilwertes zu unterbleiben hatte. Die Nachversteuerung hat in dem mit dem Einbringungsstichtag endenden oder dem der Auflösung vorangegangenen Wirtschaftsjahr zu erfolgen.

j) Die Aufzeichnungs- und Evidenzhaltungspflicht gemäß § 43 gilt ab 1. Jänner 1997 und erstreckt sich auch auf alle Buchwerte und Anschaffungskosten von Anteilen, die sich auf Grund einer Umgründung im Sinne dieses Bundesgesetzes ergeben haben oder zu übernehmen waren.

7. § 9 Abs. 6 in der Fassung des Abgabenänderungsgesetzes 2001, BGBl. I Nr. 144/ 2001, ist auf Umwandlungen anzuwenden, bei denen der Umwandlungsbeschluss nach dem 31. Dezember 2001 zur Eintragung in das Firmenbuch angemeldet wird.

8. § 5 Abs. 1, § 10 Z 1 lit. c, § 20 Abs. 2, § 22 Abs. 2, § 32, § 38a Abs. 2 Z 1 und § 38a Abs. 3 Z 1 und Z 2 in der Fassung des Bundesgesetzes

BGBl. I Nr. 71/2003 ist auf Umgründungen anzuwenden, denen ein Stichtag nach dem 30. Dezember 2002 zu Grunde liegt. § 10 Z 1 lit. c in der Fassung des Bundesgesetzes BGBl. I Nr. 71/2003 ist auf Umwandlungen anzuwenden, denen ein Stichtag nach dem 30. Dezember 1995 zugrunde liegt.

9. § 1, § 3 Abs. 1, § 5 Abs. 1, § 7, § 16 Abs. 2 Z 1, § 17 Abs. 2, § 18 Abs. 1, § 29 Abs. 1 und § 30 Abs. 1 in der Fassung des Bundesgesetzes BGBl. I 180/2004, ist auf Umgründungen anzuwenden, denen ein Stichtag nach dem 7. Oktober 2004 zu Grunde liegt. § 38a Abs. 2 in der Fassung des Bundesgesetzes BGBl. I 180/2004, ist auf Spaltungen anzuwenden, denen ein Stichtag nach dem 31. Dezember 2004 zu Grunde liegt.

10. Artikel V und Artikel VI sind auch dann anzuwenden, wenn kein Teilbetrieb im Sinne des § 12 Abs. 2 Z 2 vorliegt und die Übertragung im Zusammenhang mit gesetzlichen Unvereinbarkeitsvorschriften erfolgt. Dies gilt für Umgründungen, die nach dem 31. Dezember 2004 beschlossen oder vertraglich unterfertigt werden.

11. Die §§ 3, 5, 7 bis 9, 12 bis 20, 23, 25, 27, 30, 33, 34, 38d und 44, jeweils in der Fassung des Bundesgesetzes BGBl. I Nr. 161/2005, sind auf Umgründungen anzuwenden, bei denen die Beschlüsse oder Verträge nach dem 31. Jänner 2006 bei dem zuständigen Firmenbuchgericht zur Eintragung angemeldet oder bei dem zuständigen Finanzamt gemeldet werden.

12. Die §§ 5, 18, 20, 36 und 37, jeweils in der Fassung des Bundesgesetzes BGBl. I 24/2007, sind auf Umgründungen anzuwenden, denen ein Stichtag nach dem 31. Dezember 2006 zu Grunde liegt.

13. § 1 Abs. 2 zweiter Satz in der Fassung des Bundesgesetzes BGBl I Nr. 99/2007 ist erstmals auf Verschmelzungen anzuwenden, denen ein Stichtag nach dem 14. Dezember 2007 zugrunde liegt.

14. § 5 Abs. 1 Z 5 und § 36 Abs. 3 jeweils in der Fassung des Bundesgesetzes BGBl I Nr. 99/2007 sind erstmals auf Umgründungen anzuwenden, die nach dem 31. Dezember 2007 beschlossen werden.

15. § 18 Abs. 2 Z 1 in der Fassung des Bundesgesetzes BGBl I Nr. 99/2007 ist erstmals auf Zuwendungen nach dem 31. Dezember 2007 anzuwenden.

16. § 3 Abs. 1 in der Fassung des Bundesgesetzes BGBl. I Nr. 34/2010 ist erstmals auf Umgründungen anzuwenden, die nach dem 30. Juni 2010 beschlossen werden.

17. § 9 Abs. 6 in der Fassung des Budgetbegleitgesetzes 2011, BGBl. I Nr. 111/2010, ist erstmals auf Umwandlungen anzuwenden, die nach dem 31. Dezember 2010 beschlossen werden.

18. § 9 Abs. 1 Z 3 letzter Teilstrich in der Fassung des Bundesgesetzes BGBl. I Nr. 112/2011 ist erstmals auf Umwandlungen anzuwenden, bei denen der Umwandlungsbeschluss nach dem 31. Oktober 2011 zur Eintragung in das Firmenbuch angemeldet wird.

19. § 9 Abs. 8 in der Fassung des Bundesgesetzes BGBl. I Nr. 112/2011 ist erstmals bei der Veranlagung 2011 anzuwenden.

3. Teil

20. § 3 Abs. 1 Z 3 in der Fassung des Bundesgesetzes BGBl. I Nr. 112/ 2012 ist erstmals auf Verschmelzungen anzuwenden, die nach dem 31. Dezember 2012 zur Eintragung in das Firmenbuch angemeldet werden.

21. § 5 Abs. 2, § 36 Abs. 1, § 37 Abs. 2 und § 38e Abs. 1, jeweils in der Fassung des Bundesgesetzes BGBl. I Nr. 112/2012, sind erstmals auf Umgründungen anzuwenden, denen ein Stichtag nach dem 31. März 2012 zu Grunde liegt. Die Anwendbarkeit des § 27 Abs. 3 EStG 1988 auf neue Anteile richtet sich nach § 124b Z 185 lit. a EStG 1988.

22. § 9 Abs. 1 Z 3, § 17 Abs. 1, § 30 Abs. 1 Z 2, jeweils in der Fassung des Bundesgesetzes BGBl. I Nr. 112/2012, sind erstmals auf Umgründungen anzuwenden, denen ein Stichtag nach dem 31. März 2012 zu Grunde liegt. § 9 Abs. 1 Z 3 und § 30 Abs. 1 Z 2 zweiter Teilstrich in der Fassung des Bundesgesetzes BGBl. I Nr. 112/2012 sind sinngemäß anzuwenden, wenn die Steuerschuld auf Grund des § 31 des Einkommensteuergesetzes 1988 in der Fassung vor dem Budgetbegleitgesetz 2011, BGBl. I Nr. 111/2010, nicht festgesetzt wurde.

§ 5 Abs. 3 und 4 und § 38d Abs. 3, jeweils in der Fassung vor dem BGBl. I Nr. 112/2012, sind letztmalig auf Umgründungen anzuwenden, denen ein Stichtag vor dem 1. April 2012 zu Grunde liegt. Die Aufwertung gemäß § 5 Abs. 4 und § 38d Abs. 3 gilt nicht, insoweit Anteile nach dem 31. Dezember 2010 entgeltlich erworben worden sind.

23. § 9 Abs. 6 und § 10 Z 2 und 3, jeweils in der Fassung des Bundesgesetzes BGBl. I Nr. 112/2012, sind erstmals für Umwandlungen anzuwenden, bei denen der Umwandlungsbeschluss nach dem 31. Dezember 2012 zur Eintragung in das Firmenbuch angemeldet wird. Bei der Anwendung von § 9 Abs. 6 dritter Satz sind im Zuge von Vorumgründungen übernommene negative Buchwerte nur zu berücksichtigen, wenn der Vorumgründung ein Stichtag nach dem 31. Dezember 2007 zu Grunde lag. § 9 Abs. 7 ist letztmalig auf Umwandlungen anzuwenden, bei denen der Umwandlungsbeschluss vor dem 1. Jänner 2013 zur Eintragung in das Firmenbuch angemeldet wird.

24. § 12 Abs. 2 Z 3 letzter Satz in der Fassung des Bundesgesetzes BGBl. I Nr. 112/2012, ist erstmals auf Umgründungen anzuwenden, bei denen die Beschlüsse oder Verträge nach dem 31. Dezember 2012 bei dem zuständigen Firmenbuchgericht zur Eintragung angemeldet oder bei dem zuständigen Finanzamt gemeldet werden.

25. § 16 Abs. 6 und § 18 Abs. 5 in der Fassung des Bundesgesetzes BGBl. I Nr. 112/2012 sind erstmals auf Umgründungen anzuwenden, denen ein Stichtag nach dem 31. März 2012 zu Grunde liegt.

26. § 16 Abs. 6 letzter Satz in der Fassung des Bundesgesetzes BGBl. I Nr. 105/2014 ist auf Einbringungsverträge anzuwenden, die nach dem 31. Dezember 2014 abgeschlossen werden.

27. a) § 3 Abs. 1 Z 2 zweiter Teilstrich, § 9 Abs. 1 Z 3 zweiter Teilstrich, § 18 Abs. 1 Z 3 zweiter Teilstrich, § 24 Abs. 3, § 25 Abs. 5, § 29

Abs. 1 Z 2a und § 30 Abs. 4, jeweils in der Fassung des Bundesgesetzes BGBl. I Nr. 105/2014, sind erstmals auf Umgründungen anzuwenden, die nach dem Tag der Kundmachung dieses Bundesgesetzes im BGBl. I Nr. 105/2014 beschlossen oder vertraglich unterfertigt werden.

b) § 3 Abs. 1 Z 2 zweiter Teilstrich, § 9 Abs. 1 Z 3 zweiter Teilstrich und § 18 Abs. 1 Z 3 zweiter Teilstrich sind sinngemäß anzuwenden, wenn eine Beteiligung übernommen wird, an der das Besteuerungsrecht der Republik Österreich aufgrund einer Umgründung mit einem Stichtag vor dem 8. Oktober 2004 oder der Verlegung eines Betriebes vor dem 1. Jänner 2005 eingeschränkt worden ist. Dies gilt für Umgründungen, die nach dem Tag der Kundmachung dieses Bundesgesetzes im BGBl. I Nr. 105/2014 beschlossen oder vertraglich unterfertigt werden.

28. § 1 Abs. 1 Z 3 in der Fassung des Bundesgesetzes BGBl. I Nr. 34/2015 tritt mit 1. Jänner 2016 in Kraft.

29. § 6 Abs. 6, § 11 Abs. 5, § 18 Abs. 5 Z 1, § 22 Abs. 5, § 25 Abs. 5 Z 1, § 26 Abs. 4, 30 Abs. 4, § 31 Abs. 3 und § 38 Abs. 6, jeweils in der Fassung BGBl. I Nr. 118/2015 sind erstmals auf Umgründungen mit einem Stichtag nach dem 31. Dezember 2015 anzuwenden.

30. § 1 Abs. 2, § 3 Abs. 1, § 5 Abs. 1 Z 3 bis 5, § 7 Abs. 2, § 9 Abs. 1 Z 2 und 3, § 16 Abs. 1, 1a und 2, § 18 Abs. 1 Z 3, § 20 Abs. 2 Z 5 und Abs. 7 Z 1, § 21, § 24 Abs. 1 Z 3, § 25 Abs. 1 Z 2, § 29 Abs. 1 Z 3, § 30 Abs. 1 Z 2 und § 36 Abs. 3 Z 1 und 2, jeweils in der Fassung des Bundesgesetzes BGBl. I Nr. 163/2015, sind erstmals auf Umgründungen anzuwenden, die nach dem 31. Dezember 2015 beschlossen oder vertraglich unterfertigt werden.

31. Für Umgründungen mit einem Stichtag nach dem 31. Dezember 2018 ist § 6 Z 6 des Einkommensteuergesetzes 1988 in der Fassung des Bundesgesetzes BGBl. I Nr. 62/2018 erstmals anzuwenden. Dabei gilt § 124b Z 331 des Einkommensteuergesetzes 1988 sinngemäß für Umgründungen, denen ein Stichtag vor dem 1. Jänner 2019 zu Grunde liegt.

32. § 16 Abs. 5 in der Fassung des Bundesgesetzes BGBl. I Nr. 62/2018 ist auf Umgründungen anzuwenden, die nach dem 31. Juli 2018 beschlossen oder vertraglich unterfertigt werden.

(BGBl I 2018/62)

Stichwortverzeichnis

Die fettgedruckten Zahlen bezeichnen die Paragrafen, die mageren Zahlen die Randziffern.

Stichwortverzeichnis

Stichwortverzeichnis

Stichwortverzeichnis

1759, 1763, 1769, 1772, **38** 1786,
38d/e 1850, **39** 1884

Beteiligungsabstockung im Verkehrswertverhältnis, steuerneutrale
22 1264

Beteiligungsansatz **19** 1053

Beteiligungsausmaß **6** 358, **10** 574,
23 1298, 1365, **38a** 1825

Beteiligungsänderung **5** 297

Beteiligungsbuchwert **20** 1162, **38d/e**
1854

Beteiligungsdauer **38f** 1861

Beteiligungsgleichstand **20** 1124ff

Beteiligungsidentität **19** 1002, 1075,
1081

Beteiligungsprozentsätze **19** 1053

Beteiligungsqualität, Änderung **5** 277,
20 1134, **22** 1218

Beteiligungsquote **9** 562, **10** 575, 577,
580f, **11** 628, **16/17** 878, **18** 989,
20 1134, 1139, 1166, **25** 1454, **36/37**
1748, 1767, 1771

Beteiligungsübertragung **35** 1722

Beteiligungsverhältnis **4** 270, **19** 1046,
1060ff, 1064, 1078, **23** 1302f, 1311,
1316, 1321, 1328, 1380, **26** 1472,
27 1517, 1521, 1524, 1539, **30** 1625,
31 1629, **32** 1652, **36/37** 1733, 1736

Beteiligungsverschiebung **22** 1262

Betreuung, dauerhafte (Realteilung)
27 1559

Betrieb **4** 200, **7** 451ff, **10** 569, **12** 671,
16/17 857, 880, **19** 1025, **20** 1126,
21 1173, 1177, 1196, **22** 1245, 1279,
1284, **23** 1288, 1301, 1346, 1355ff,
1387, **24** 1446, **25** 1461, **27** 1550,
1559, 1561, **28** 1587, 1593, **32** 1655,
33 1663, 1669, 1673, 1676, **35** 1711,
38 1786, 1791, **38a** 1824, **44** 1910
– gewerblicher **27** 1550
– gewerblicher Art **12** 710f, **16/17**
860, 883, **18** 952, **23** 1360
– landwirtschaftlicher eigenständiger **27** 1558
– ruhender bzw. verpachteter **7** 452
– zu übertragender **24** 1388ff,
28 1576ff

Betriebliche Einheit **27** 1564

Betriebliche Einkünfte **23** 1355, 1361,
1384

Betriebliche Grundlage **6** 396

Betriebliche Tätigkeit **12** 701, **23** 1355

Betriebliche Zwecke **12** 694f

Betriebsaufgabe **12** 703, **28** 1574

Betriebsaufspaltung **16/17** 921,
23 1358

Betriebsausgaben **5** 268, **16/17** 903,
24 1438, **27** 1528, **29** 1612, **31** 1637

Betriebsausgaben, nachträgliche
19 1010

Betriebsausübung **27** 1559

Betriebseigenschaft **24** 1442

Betriebseignung **27** 1561

Betriebseinnahme **20** 1108, **27** 1528

Betriebseinnahmen, nachträgliche
19 1010

Betriebserfordernis **7** 449ff

Betriebseröffnung **7** 454

Betriebserwerb **7** 454, **26** 1507

Betriebsfinanzamt **38d/e** 1851,
43 1901

Betriebsfortführung **12** 751

Betriebsführend (operativ) **4** 202ff,
7 453, **21** 1199, **35** 1706

Betriebsführende übertragende Gesellschaft **10** 569

Betriebsgebäude **12** 696, **27** 1555

Betriebsgrundstück **22** 1242

Betriebskapital, Zuführung **11** 612

Betriebsliegenschaft **24** 1447

Betriebsprüfung **22** 1269

Betriebsstätte, **1** 72, **2** 108

Betriebsstättenstaat **1** 72

Betriebsübertragung **7** 423, 431, 436,
437, 444, 449ff, 454, 457, **10** 570,
16/17 925, **28** 1578f, **30** 1623
– Ausnahmefälle **7** 450
– durch eine Mitunternehmerschaft
auf einen Nachfolgeunternehmer
28 1578, 1579, 1582, 1583
– unentgeltlich **19** 1010

Betriebsvermögen **9** 523, **14/15** 810,
16/17 894, **19** 1026, **20** 1108, 1138,
1142, **24** 1387, 1421, 1445, **25** 1456f,
28 1574, **31** 1639, **33** 1663, 1669
– ausländisches **16/17** 929
– gewillkürtes **9** 513f, **12** 695,
19 1021
– notwendiges **9** 519, **19** 1021

Betriebsvermögenszugehöriger Kapitalanteil **21** 1173, 1177

Betriebsvermögenszugehörigkeit
12 670

Beurkundung **42** 1892

Beurteilung durch die Abgabenbehörde
1 53, **32** 1657

Bewertung

Stichwortverzeichnis

Stichwortverzeichnis

Stichwortverzeichnis

Stichwortverzeichnis

Stichwortverzeichnis

Stichwortverzeichnis

Stichwortverzeichnis

Stichwortverzeichnis

Stichwortverzeichnis

Stichwortverzeichnis

Stichwortverzeichnis

Vereinigung
- aller Anteile **18** 954, **19** 1047
- aller Mitunternehmeranteile in einer Hand **18** 968
- der Anteile an der stillen Mitunternehmerschaft in einer Person **6** 361
- von Aktiven und Passiven des Betriebsvermögens **9** 506
- von Forderungen und Verbindlichkeiten **20** 1122
- von Gläubiger- und Schuldnerstellung **9** 503
- von zwei oder mehreren Personen zu einer Personengesellschaft **23** 1286

Vereinnahmungs- und Verausgabungsfiktion **9** 530f, 536ff

Verfügungsberechtigung **13** 794, **38** 1786, **38b** 1827

Vergleichbarkeit **7** 433, **21** 1194, 1201ff, **32** 1653, **35** 1708, 1719, **38c** 1828
- am Verschmelzungsstichtag **4** 219, 250
- des ausländischen Umwandlungsrechts **7** 435ff
- des ausländischen Verschmelzungsrechtes **1** 38
- des vorhandenen Vermögens **4** 218ff, **10** 573, 587f, **21** 1172, 1189ff, 1194, 1200ff, **35** 1708
- mit inländischen Körperschaften **1** 39, **5** 296, **7** 438f, **12** 758f

Vergleichskriterien **4** 220ff

Verhältniswahrende Abteilung **27** 1524, **38** 1789

Verhältniswahrende Aufteilung **27** 1521

Verhältniswahrung **36/37** 1755, **38a** 1816

Verkehrsteuern **11** 634ff, **18** 957, **22** 1285

Verkehrswert **6** 308, 391, **11** 630f, **12** 680f, **13** 798, **16/17** 876, 894, 908, 914, 916, **19** 1036, **20** 1133, **22** 1268, **23** 1306f, 1311ff, 1317, 1347ff, 1352, 1433, **24** 1472, **26** 1503, **27** 1528ff, 1546, **28** 1576, **29** 1617, **36/37** 1738f, **38** 1798, 1801, **38d/e** 1854, **38f** 1869

Verkehrswertgrundsätze **36/37** 1761

Verkehrswertübernahme **23** 1312, 1315

Verkehrswertverhältnis **22** 1264, **23** 1312, **36/37** 1760, **38d/e** 1850, **38f** 1868

Verkehrswertzusammenschluss **23** 1311ff, **26** 1504
- Buchwertübernahme mit Quotenverschiebung **23** 1314
- bei Einnahmen-Ausgaben-Rechnung **23** 1312a
- mit Grundstücksübertragung **23** 1314a, 1314b
- Verkehrswertübernahme mit Ergänzungsbilanzen **23** 1315

Verletzung von Anwendungsvoraussetzungen **19** 1055

Verlust des Besteuerungsrechtes, teilweiser **7** 460

Verlustabzug **21** 1174, **38c** 1846
- Aussetzen **1996** und **1997** **4** 253f, **10** 590f, **35** 1727
- Fünftelregelung **4** 253f, **10** 591, **21** 1177
- Kürzung ab **2001** **10** 592f
- Überwachung **21** 1193

Verlustabzugsberechtigung **10** 576

Verlustabzugsbeschränkungen **10** 585

Verlustabzugsübergang **21** 1211

Verlustausgleich, vertikaler **21** 1184

Verluste **10** 569, 584, **14/15** 812
- außerhalb des Objektbezuges **21** 1178f
- der Mutterkörperschaft **4** 231
- ausgeschlossene **21** 1178
- betroffene **21** 1177
- eigene **10** 585, **21** 1194
- Ermittlung **21** 1182
- Kürzung **21** 1207, **35** 1723
- Übertragbarkeit **10** 566
- verursachte **21** 1177
- Vortragsfähigkeit **10** 566
- Zuordnung **10** 566, 570, **21** 1184f, **35** 1707, 1714

Verlustentstehung **21** 1206

Verlustentstehungsquellen **4** 197

Verlusterzeugendes Vermögen **4** 195ff, **35** 1704, 1720ff

Verlusterzeugendes Wirtschaftsgut **21** 1199

Verlustobjekt **10** 567, 572, 588

Verlustübergang und Äquivalenz **21** 1181

Verlustübergangsbeschränkungen **10** 593

Verlustübernahme **10** 566

Stichwortverzeichnis

Stichwortverzeichnis

Stichwortverzeichnis

Stichwortverzeichnis